Anonymus

Koloniale Monatsblätter

Anonymus

Koloniale Monatsblätter

ISBN/EAN: 9783741172366

Hergestellt in Europa, USA, Kanada, Australien, Japan

Cover: Foto ©ninafisch / pixelio.de

Manufactured and distributed by brebook publishing software (www.brebook.com)

Anonymus

Koloniale Monatsblätter

Beiträge

zur

Kolonialpolitik und Kolonialwirtschaft.

Herausgegeben

von der

Deutschen Kolonialgesellschaft.

Schriftleiter:

A. Seidel,

Schriftleiter der Deutschen Kolonialzeitung.

Dritter Jahrgang.

Wilhelm Süsserott,
Verlagsbuchhandlung.
Berlin.
1901—1902.

Inhaltsverzeichnis.

Seite

Unsere Kolonien im Jahre 1900. Nach einem in der Abteilung Duisburg der Deutschen Kolonialgesellschaft gehaltenen Vortrage von Dr. med. Hillemanns, Schrift f. d. Abt. 1, 41
Zur Sagenverwandtschaft fremder Völker- und Menschenrassen. Von Koloniedirektor a. D. O. Canstatt 10
Die Reise des amerikanischen Kanonenbootes Wilmington auf dem Amazonenstrom. Amtlicher Bericht des Kapitäns J. S. Todd. Autorisierte Übersetzung. (Mit 11 Abbildungen) 11, 51
Meteorologische Beobachtungen aus den deutschen Schutzgebieten. Von Professor Dr. R. Dove 23
Frankreich in Westafrika 33, 90, 100
Zur Frage der Anlage von deutschen Ackerbaukolonien. Von Koloniedirektor a. D. O. Canstatt 37
Die Eingeborenenpolitik der großen Kolonialmächte 60
Zur Arbeiterfrage im Bismarckarchipel 68
Meine Reise durch Ubehe, die Ulanganiederung und Uhena über das Livingstone-Gebirge zum Nyassa. Von Hauptmann Engelhardt. (Mit 5 Abbildungen) 69
Australischer Brief. (Aus einem Tagebuch) 97
Die Oelpalme in Togo. Von R. Fies. (Mit 3 Abbildungen) . . . 110
Die Entwicklung des Bismarckarchipels 124
„Die deutsche Flotte, ihre Entwicklung und Organisation, von Graf Reventlow, Kapitänleutnant a. D.," besprochen von Freiherr von Seltheim, Kapitänleutnant der Reserve 126
Studien zur Grammatik und Lexikographie der modernen nordchinesischen Umgangssprache. Von A. Seidel 129
Bericht über meine dritte Reise ins Nordwestgebiet des Hinterlandes von Kamerun. Von G. Spellenberg 138
Das Eßwirinoll in Kamerun. Von A. Seidel 149, 161, 193
Dahome 173

		Seite
Marokko. Von W. Jaby, Mogador		178
Aus Liberia		183
Ein Beitrag zur Land- und Völkerkunde des Kamerun-Hinterlands. Von G. Spellenberg	185, 211,	223
Menelik und Frankreich. Von Karl von Bruchhausen, Major a. D.		217
Die neueren Bestrebungen zur Bekämpfung der Malaria. Von Professor Dr. H. Kossel, Regierungsrat am Kaiserlichen Gesundheitsamt		221
Die wirtschaftlichen Interessen Deutschlands in Guatemala. Von F. C. von Erckert	235,	240
Swasiland. Von Moritz Schanz. (Mit 3 Abbildungen)		240
Ueber die Personen- und Gütertarife afrikanischer Eisenbahnen. Von Geheimen Regierungsrat a. D. Schwabe		249
Menelik's Machtgebiet und englisch-äthiopische Grenzfragen. Von H. Singer-Bromberg		257
Abessinien als Goldland. Von Major a. D. Karl von Bruchhausen		260
Die Ereignisse in Nigeria		263
Güterbeförderung mittels Straßenlokomotiven von Lüderitzbucht ins Innere. Von Schwabe, Geheimem Regierungsrat a. D.		267
Nochmals der Wettbewerb in Marokko. Von Dr. R. Hermann		285
Moderne Faustfeuerwaffen zur Ausrüstung in den Kolonien		287
Togo. Lehren für die deutsche Kolonialpolitik		288
Die Welserzüge in Venezuela. Das erste deutsche überseeische Kolonialunternehmen im 16. Jahrhundert. Von Professor Dr. Kurt Hassert		297
Welches sind die Ursachen der vielen Mißerfolge bei unseren kolonialen Unternehmungen? Von Forstverwalter Waldemar Krüger		318
Die deutsche Regierungsschule in Victoria (Kolonie Kamerun.) Von J. Scholze. (Mit 1 Abbildung)		324
Die wirtschaftlichen Verhältnisse auf den Stationen der Missionsgesellschaft Berlin I in Deutsch-Ostafrika. Von Pastor C. Hosser		329
Welcher Dialekt der Ewesprache verdient zur Schrift- und Verkehrssprache im Eweland (Togo) erhoben zu werden? Von G. Härter, Missionar		342
Handel und Wandel in Adis Abeba. Von Major a. D. Karl von Bruchhausen		347
Dr. Max Schoellers „Aequatorial Ostafrika und Uganda." Von Eugen Wolf, München		352
Karte des Kivu-Sees. Von Dr. R. Kandt		356
Versuch einer Monographie des Kivu-Sees und seiner Umgebung als Begleittext zu Dr. Kandts Karte. Von F. von Bockelmann		357
Die Bahn Swakopmund-Windhoek. Von Gerding, Oberst und Kommandeur des Eisenbahnregiments I. (Mit 1 Karte und 17 Abbildungen)		381
Die Besteuerung der Eingeborenen. Von Regierungsrat Dr. Jacobi		417
Landbau in Deutsch-Südwestafrika. Von G. Hermann, Komtas		421
Landbau in Deutsch-Südwestafrika. Von Professor Th. Rehbok		425
Die Rio Grande-Nordwestbahn als deutsche Kolonisationsgesellschaft (Südbrasilien.) Von A. Papstein, Curityba-Parana		428
Einige Bausteine zur Geschichte der Ewestämme (Togo.) Zusammengetragen von G. Härter, Missionar	432, 464,	434

— V —

	Seite
Formosa. (Mit Karte)	449
Südpatagonien. Von Paul Sander	460
Die Heranziehung der kolonialen Erwerbgesellschaften zu den direkten Steuern in Preußen. Von Regierungsrat Dr. E. Jacobi	481
Deportation nach Deutsch-Südwestafrika. Von einem deutsch-südwestafrikanischen Ansiedler (Genz, Kretmannshoop)	484
Madagaskar unter französischer Herrschaft. Von Dr. Emil Jung	487
Die Pflanzungen des Kamerungebirges	515
Das Fetischfest der Ewheneger in Togo. Von Missionar G. Härter in Calw	522
Angola und der gegenwärtige Stand seiner Erschließung. Vortrag, gehalten auf dem Herrenabend der Abteilung Berlin der Deutschen Kolonialgesellschaft am 17. Februar 1902 von Gustav Lengerendt	523
Deutsche Interessen in Zentralamerika. Von Dr. Emil Jung	538
Frankreichs koloniale Eisenbahnpläne	541
Die wirtschaftliche Entwicklung unserer Schutzgebiete in Afrika und der Südsee im Jahre 1900/1901. Auf Grund des amtlichen Jahresberichts dargestellt von Professor Dr. G. K. Anton (Jena)	549
Die transaustralische Eisenbahn. Von Oberleutnant a. D. Kürchhoff	574
Grund und Boden in Nordamerika. Von M. Hans Klössel	576
Aus dem Bereich der Mission in Deutsch-Südwestafrika. Von Pastor C. Hoefer	579
Über den Import von Kamelen und Dromedaren in unsere Schutzgebiete. Von Dr. Alexander Sokolowsky, Wissenschaftlichem Assistenten am Deutschen Kolonialmuseum, Berlin. (Mit 2 Abbildungen)	585
Die deutsche Kolonisation in Afrika und ihre sanitäre Bedeutung. Von Dr. Emanuel Cohn	589
Abessiniens Grenzen. Von Dr. Rudolf A. Hermann	610
Die Verkehrsverhältnisse in den deutsch-afrikanischen Schutzgebieten. Von Geheimen Regierungsrat a. D. Schwabe	617
Der panamerikanische Kongreß. Von Dr. Emil Jung, Leipzig	632
Aus dem Bereich der Mission in Deutsch-Ostafrika. Von Pastor C. Hoefer	637
Die deutsche Kolonialliteratur im Jahre 1900. Zusammengestellt von Maximilian Brose, Hauptmann a. D., Bibliothekar der Deutschen Kolonialgesellschaft.	(Sonderheft.)

Sachregister.

	Seite
Ackerbaukolonien, Zur Frage der Anlage von deutschen	37
Angola und der gegenwärtige Stand seiner Erschließung	523
Arbeiterfrage im Bismarckarchipel, Zur	65
Bahn Swakopmund-Windhuk, Die	381
Bakwirivolk in Kamerun, Das	149, 181, 193
Besteuerung der Eingeborenen, Die	417
Brief, Australischer	97
Dahome	173
Deportation nach Deutsch-Südwestafrika	484
Eingeborenenpolitik der großen Kolonialmächte, Die	60
Eisenbahn, Die transaustralische	574
Eisenbahnpläne, Frankreichs koloniale	541
Entwicklung des Bismarckarchipels, Die	124
Ereignisse in Nigeria, Die	263
Erwerbsgesellschaften, Die Heranziehung der kolonialen zu den direkten Steuern in Preußen	481
Haussteuerwaffen, Moderne, zur Ausrüstung in den Kolonien	287
Fetischessen der Eoheneger in Togo, Das	522
Flotte, Die deutsche, ihre Entwicklung und Organisation	128

	Seite
Formosa	449
Geschichte der Eohestämme, Einige Bausteine zur	432, 464, 492
Goldland, Abessinien als	260
Grammatik und Lexikographie der modernen nordchinesischen Umgangssprache, Studien zur	129
Grenzen, Abessiniens	610
Grund und Boden in Nordamerika	576
Güterbeförderung mittelst Strahenlokomotiven von Lüderitzbucht ins Innere	267
Handel und Wandel in Adis Abeba Interessen, Deutsche, in Zentralamerika	347
	538
Kamelen und Dromedaren, Ueber den Import von ... in unsere Schutzgebiete	585
Karte des Nivutees	316
Kolonialliteratur, Die deutsche, im Jahre 1900 (Sonderheft).	
Kolonien im Jahre 1900, Unsere	1, 41
Kolonisation in Afrika, Die deutsche, und ihre sanitäre Bedeutung	589
Kolonisationsgesellschaft, Die Rio Grande-Nordwestbahn als deutsche	428
Kongreß, Der panamerikanische	632
Lagos, Lehren für die deutsche Kolonialpolitik	289
Landbau in Deutsch-Südwestafrika	423, 425

— VII —

Land- und Völkerkunde von Kamerun-Hinterland, Ein Beitrag zur . . . 185, 211, 243
Liberia, Aus 183
Madagaskar unter französischer Herrschaft 487
Malaria, Die modernen Bestrebungen zur Bekämpfung der 221
Marokko 176
Menelik und Leontiew . . . 217
Meneliks Machtgebiet und englisch-äthiopische Grenzfragen 257
Meteorologische Beobachtungen aus den deutschen Schutzgebieten 23
Mißerfolge bei unseren kolonialen Unternehmungen, Welches sind die Ursachen der vielen? 318
Mission in Deutsch-Ostafrika, Aus dem Bereich der . . . 637
Mission in Deutsch-Südwestafrika, Aus dem Bereich der 679
Monographie des Lioulero und seiner Umgebung, Versuch einer 357
Oelpalme in Togo, Die . . . 110
Personen- und Gütertarife afrikanischer Eisenbahnen, Ueber die 248
Pflanzungen des Kamerungebirges, Die 515
Regierungsschule in Victoria, Die deutsche 323
Reise des amerikanischen Kanonenboots Wilmington auf dem Amazonenstrom, Die . . 11, 51

Reise durch Uhehe, die Ulanganiederung und Uhena über das Livingstone-Gebirge zum Nyassa, Meine 69
Reise ins Nordwestgebiet des Hinterlandes von Kamerun, Bericht über meine dritte . 138
Sagenverwandtschaft fremder Völker und Menschenrassen, Zur 10
Schoellers, Dr. Max, Aequatorial-Ostafrika und Uganda . 852
Schrift- und Verkehrssprache im Eheland (Togo), Welcher Dialekt der Ehesprache verdient zur . . . . . erhoben zu werden? 343
Südpatagonien 460
Swasiland 239
Verkehrsverhältnisse, Die, in den deutsch-afrikanischen Schutzgebieten 617
Welserzüge in Benezuela, Die . 297
Westafrika, Frankreich in 33, 90, 100
Wettbewerb in Marokko, Nochmals der 265
Wirtschaftliche Entwicklung, Die, unserer Schutzgebiete in Afrika und der Südsee im Jahre 1900/1901 549
Wirtschaftl. Interessen Deutschlands in Guatemala, Die 225, 289
Wirtschaftlichen Verhältnisse, Die, auf den Stationen der Missionsgesellschaft Berlin I in Deutsch-Ostafrika . . . 329

Geographisches Register.

	Seite		Seite
Abeſſinien	260, 610	Kamerungebirge, Das	515
Adis Abeba	347	Kivuſee, Der	356, 357
Äquatorial-Oſtafrika	352	Lagos	280
Äthiopien	257	Liberia	183
Afrika	240, 549, 589	Livingſtone-Gebirge, Das	60
Amazonenſtrom, Der	11, 51	Lüderitzbucht	267
Amerika	11, 51, 632	Madagaskar	487
Angola	523	Marokko	178, 285
Auſtralien	117, 574	Nigeria	263
Baumwirtſchaft, Das	149, 161, 193	Nordamerika	570
Bismarckarchipel, Der	65, 121	Nordchina	120
Dahome	173	Knaſſa, Der	60
Deutſch-afrikaniſchen Schutzgebiete, Die	617	Preußen	481
		Rio Grande	428
Deutſchen Schutzgebiete, Die 1,	23, 41, 585	Südbraſilien	428
		Südpatagonien	400
Deutſchen Schutzgebiete, Die, in Afrika und der Südſee	549	Südſee, Die	549
		Swakopmund	381
Deutſch-Oſtafrika	329, 637	Swaſiland	239
Deutſch-Südweſtafrika 423, 425,	484, 570	Togo 110, 342, 432, 464, 492, 522	
		Ubena	60
England	257	Uganda	352
Eoheland, Das	343	Uhehe	60
Eoheneger, Die	522	Ulanga-Niederung, Die	60
Eoheſtämme, Die	432, 464, 492	Venezuela	297
Formoſa	449	Victoria	323
Frankreich	33, 90, 100, 487	Weſtafrika	33, 90, 100
Guatemala	225, 269	Windhul	381
Kamerun 138, 149, 161, 185,	193, 211, 243, 323	Zentralamerika	538

Autorenregister.

Aengeneyndt, Gustav, Pflanzer, Berlin 523
Anton, Dr. G. R., Professor, Jena 549
Bodelmann, A. von, Oberlehrer, Danzig 357
Brose, Maximilian, Hauptmann a. D., Bibliothekar der Deutschen Kolonialgesellschaft (Sonderheft).
Bruchhausen, Karl von, Major a. D., Deutsch-Wilmersdorf 217, 260, 347
Constatt, O., Koloniedirektor a. D., Wiesbaden . . . 10, 37
Cohn, Dr. Emanuel, Sanitätsrat, Frankfurt a. M. . . . 589
Dove, Dr. A., Professor, Jena 23
Engelhardt, Hauptmann, Südkamerun 89
Erckert, F. E. von, Legationssekretär, Berlin . . . 225, 269
Fies, R., Lehrer, Oelsbhausen 110
Gentz, Farmer, Reetmanshoop 184
Gerbing, Oberst und Kommandeur des Eisenbahnregiments 1. 381
Härtter, G., Missionar, Kamerun . 342, 432, 464, 492, 522
Hassert, Dr. Kurt, Professor, Köln a. Rh. 297
Hermann, Dr. Rudolf A., München 285, 610

Hermann, C., Ansiedler Komitas 423
Hillemanns, Dr. med., Duisburg 1, 41
Haefer, Pastor C., Gräfenhainichen . . . 329, 579, 637
Joop, W., Mogador . . . 170
Jacobi, Dr. C., Regierungsrat, Berlin 417, 481
Jung, Dr. Emil, Schulrat, Leipzig 487, 538, 632
Kandt, Dr. R. 356
Klössel, M. Hans, Dresden 576
Kossel, Dr. H., Professor, Regierungsrat am Kaiserlichen Gesundheitsamt, Berlin . . 221
Krüger, Waldemar, Forstverwalter, Meißen 318
Lürchhoff, Oberleutnant a. D., Berlin 574
Papstein, A., Curityba-Paraná 428
Rehbad, Th., Professor, Karlsruhe 425
Sander, Paul, Posen . . . 400
Schanz, Moritz, Privatmann, Chemnitz 239
Scholze, J., Geometer, Karlsruhe 323
Schwabe, Geheimer Regierungsrat a. D., Halensee 249, 267, 617
Seidel, A., Schriftleiter der Deutschen Kolonialzeitung, Berlin . . . 129, 149, 161, 193

Singer, H., Redakteur, Bromberg 257	Todd, Kapitän z. S., Nordamerika 11, 51
Sokolowsky, Dr. Alexander, Assistent, Berlin 585	Veltheim, Freiherr von, Kapitänleutnant b. R., Cattenstedt 128
Spellenberg, G., Missionar, Kamerun . 138, 185, 211, 243	Wolf, Eugen, München . . 852

Abbildungen und Karten.

	Seite
Ababis, Pumpstation der deutsch-südwestafrikanischen Eisenbahn bei	397
Amazonenstrom, Auf dem unteren Deutsch-südwestafrikanische Eisenbahn; km 212	16
	405
Dorfrevier, Durchstich von	802
Dromedare, Turkestanische, von Hagenbeck als Zugtiere für den Tiertransport verwendet	587
Familie, Eine alteingesessene	65
Formosa (Karte)	459
Hehe-Weiber, Tanz der, im Lager von Malangali	77
Iquitos, Das Innere eines typischen Einwohnerhauses in	56
— Straßenszene in	57
Itandala (Livingstone-Gebirge), Missionsstation	87
Jakalswater, Empfangsgebäude und Brunnen in	391
Kaffernhütte, Bau einer	240
Kalunga (Uhehe), Station, von Hauptmann Engelhardt angelegt	71
Kamele, Sibirische, im Hagenbeckschen Tierpark in Stellingen bei Hamburg	586
Karibib, Arbeiterwohnhaus in	403
— Das Stationsgebäude der deutsch-südwestafrikanischen Eisenbahn in	401
Karibib, Einschnitt bei km 210 der deutsch-südwestafrikanischen Eisenbahn hinter	404
— Elektrische Anlage, Wasserturm und Maschinenhaus der deutsch-südwestafrikanischen Eisenbahn in	400
— Gesamtansicht von	398
Khanpforte	380
Khanrevier, Die deutsch-südwestafrikanische Eisenbahn unten im	388
Kivujees, Karte des. Von Dr. R. Kandt	358
Kubasfluß, Brücke der deutsch-südwestafrikanischen Eisenbahn über den	395
Kubas, Station der deutsch-südwestafrikanischen Eisenbahn	394
Mandos, Straßenszene in	20
— von Bord aus gesehen	18
Ölpalme, Gefälle	113
Palme, Anzapfen der	117
Palmweins, „Rufen" des	120
Puncharia, Indianerdorf bei Iquitos	58
Regierungsschule, Die, in Victoria (links im Vordergrunde Lehrer Fischer)	325
Richthofen, Station der deutsch-südwestafrikanischen Eisenbahn	385

— XII —

	Seite
Ria Tafel, Eingeborenenschule am	63
Rössing, Station der deutsch-südwestafrikanischen Eisenbahn	380
Ruhudje, Der, am Einfluß des Heja (Sakkamagangas)	84
See, Zweitausend Meilen von der	52
Sulu-Paar	242
Sulu-Schöne	241
Swakopmund, die Maschinenwerkstatt der deutsch-südwestafrikanischen Eisenbahn in	383

	Seite
Swakopmund — Windhuk, Die Bahn (Karte)	380
Swakopmund, Zug der deutsch-südwestafrikanischen Eisenbahn und Stationsgebäude in	382
Tabatinga, Kaserne in	64
Waldsteppe bei Dutumi	81
Wilmington, Das vereinigte Staatenboot, 2000 Meilen von der See	11

Unsere Kolonien im Jahre 1900.[1]

Nach einem in der Abteilung Duisburg der Deutschen Kolonialgesellschaft gehaltenen Vortrage
von Dr. med. Hillemanns, Schriftf. der Abt.

I.

Das Jahr 1900 bildet einen Markstein in der politischen Entwicklung unseres Vaterlandes. Das neue Reich hatte seinen ersten weltpolitischen Feldzug zu führen. Welch ein Abstand vom ersten fast schüchternen Schritt in die Kolonialpolitik hinein im Jahre 1884 unter Bismarcks Führung, als in der weltabgelegenen südafrikanischen Lüderitzbucht unsere Flagge zum ersten Male in deutscher überseeischer Kolonie gehißt wurde, zur vorjährigen Ausfahrt einer ansehnlichen deutschen Heeresmacht auf deutscher Transportflotte zum fernsten Osten zur Sühnung verletzter deutscher Ehre! Schnell und den meisten unerwartet kommen Ereignisse, die einem kräftigen, lebensvollen Volke ein mächtiger Ansloß sind auf der Bahn des Fortschritts, wenn seine Leiter es versiehen, mit weitschauendem Blick, und sei es auch im Kampfe gegen die fast stets nur allzu kurzsichtige Volksmeinung, die schlummernden Kräfte zu wecken und in richtige Bahnen zu lenken. Ohne nennenswerte Opfer an Blut, ohne Schädigung unserer sonstigen politischen und kulturellen Aufgaben sind wir seit jenem Jahre 1884 zur drittgrößten Kolonialmacht herangewachsen, mit einem Kolonialbesitz von 2 700 000 qkm, dessen Bevölkerung über 12 Millionen beträgt.

Kolonialkriege, wie alle anderen Kolonialmächte sie zu führen gehabt haben, sind uns erspart geblieben; selbst der Arabenaufstand von 1888/89 in Deutsch-Ostafrika verdient im Vergleich zu den Kämpfen der Engländer und Holländer in Indien, der Franzosen in Algier kaum diesen Namen. Unsere Kolonien sind uns, — wenn man historische Vergleiche zieht, möchte man versucht sein zu sagen — mit Ausnahme Samoas fast mühelos zugefallen. Dabei ist der deutsche Ehrenschild rein geblieben. Bedauerliche, nicht im System begründete Ausschreitungen einzelner konnten ihn nicht beflecken. Für Conquistadoren, Lord Clive's, Jameson's,

---

[1] Nachstehende Zeilen sind der etwas erweiterte Abdruck eines in der Abteilung Duisburg gehaltenen Vortrages, der die Entwicklung unserer Kolonien bis zum Frühjahr dieses Jahres (1901) berücksichtigt. Der Vortrag war manchem eine bequeme Gelegenheit sich über den derzeitigen Entwicklungsstand und die Zukunftsaussichten unserer Kolonien zu informieren, ohne das an den verschiedenen Stellen zerstreut Material zusammentragen zu müssen. Wenn der Abdruck nur etwas dazu beiträgt, Interesse und Verständnis für unsere kolonialen Aufgaben zu wecken und zu beweisen, hat er seinen Zweck reichlich erfüllt.

1

Cecil Rhode's ist in unsern Kolonien kein Platz, wenn man auch unserm Volke mehr Männer wünschen möchte, die mit deutscher Gewissenhaftigkeit und Pflichttreue englische Selbständigkeit, Zähigkeit und ein gewisses Maß von Rücksichtslosigkeit und Draufgängertum verbinden.

Gegenüber den chinesischen Wirren und dem unser Empfinden so tief berührenden „Kapitalistenkriege" in Südafrika traten die übrigen, unsere überseeischen und kolonialen Interessen betreffenden Ereignisse allerdings sehr in den Hintergrund. Seit glücklicher Lösung der Samoafrage haben sie die öffentliche Meinung nicht mehr zu erregen vermocht. Für uns Kolonialfreunde ist es aber doch ein Bedürfnis Umschau zu halten, was im verflossenen Jahre auf diesem Gebiete gearbeitet und geleistet worden ist. Jeder Staatsbürger sollte hierfür Interesse zeigen; denn die koloniale Bewegung ist nicht eine Liebhaberei unpraktischer Schwärmer, sie ist eine nationale Bewegung ersten Ranges geworden von großer realer Bedeutung, die an den Säckel des Steuerzahlers nicht unerhebliche Anforderungen stellt. Der Etat der Schutzgebiete für 1901 berechnet Einnahmen und Ausgaben auf über 40 Millionen Mark; an Reichszuschuß sind über 30 Mill. Mark vorgesehen. Ostafrika und Südwestafrika z. B. beanspruchen über 8 Millionen, Kiautschou über 10 Mill. Mark Zuschuß.

Es sind schon über 150 Millionen Mark deutsches und fremdes Kapital in unseren Kolonien angelegt, ohnedaß diese zu einer Quelle des Reichtums für das Mutterland geworden sind, ja nicht einmal selbst unterhalten können sie sich, ihre Bedürfnisse aus eigenen Einnahmen decken. Die Zahl der in unsern Kolonien lebenden Europäer ist wenig über 5000, wovon ein erheblicher Teil auf Beamtenschaft und Schutztruppe entfällt. Es kann leider nicht im entferntesten die Rede davon sein, daß wir den Überschuß der Bevölkerung in eigenem Neuland unterbringen. Diese Thatsachen entmutigen uns Kolonialfreunde nicht, wir wissen, daß die Zeit der Ernte kommen wird, wie sagen mit Wohltmann: nicht Zuschuß sondern Vorschuß verlangen die Kolonien, wir beachten, daß die hohen Reichszuschüsse überwiegend für produktive Anlagen, für Sicherung der Herrschaft, für Verkehrswege, Eisenbahnen, Hafenanlagen gefordert werden, deren Verzinsung nicht ausbleiben wird. Was sind 16 Jahre Kolonialbesitz? Und doch bedeuten unsere Kolonien schon mehr für den Welt- und speziell unsern Handel als gemeinhin angenommen wird.

Ihr Gesamthandel ist abgesehen von Kiautschou auf fast 60 Millionen Mark zu bewerten; die Beteiligung Deutschlands ist in den letzten 7 Jahren um 90 %, nämlich auf 21 Millionen Mark im Jahre 1899 gestiegen. Davon entfallen ⅔ auf die Einfuhr aus den Schutzgebieten, ⅓ auf die Ausfuhr nach denselben (nach „Handel und Verkehr in den deutschen Schutzgebieten" vom Geh. Legationsrat von König in Heft VIII des vorigen Jahrganges dieser Zeitschrift). Derselben Quelle entnehme ich die Angabe, daß 1899 in unsern Schutzgebieten 116 deutsche Wirtschaftsgesellschaften und Plantagenfirmen thätig waren, außerdem 16 fremde. „Die ungleich größere und allgemeine Vermehrung der deutschen Unternehmungen beweist die Richtigkeit des Wortes: trade follows the flag".

Ich werde im Folgenden versuchen, einen Überblick über die Fortschritte unserer Kolonien im vergangenen Jahre zu geben, ohne mich zu sehr in Einzelheiten zu verlieren. Es wird sich dabei auch Gelegenheit bieten, uns eine Ansicht zu bilden über den Entwicklungsstand derselben am Beginne des neuen Jahrhunderts, sowie über die Bedingungen, die nach Ansicht berufener Beurteiler erfüllt werden müssen, ehe dieselben zu größerer Blüte gelangen können. Um mit unserer größten Kolonie, Deutsch-Ostafrika, zu beginnen, so ist daselbst ein wirtschaftlicher Stillstand eingetreten. Ein- und Ausfuhr sind dort 1899 nicht höher gewesen als 1890. Gegen das Jahr 1898 ist sogar ein geringer Rückschritt des Gesamthandels festzustellen. Mag dieses letztere auch auf die Dürre des Jahres 1899 und die dadurch verminderte Kaufkraft der Bevölkerung zurückzuführen sein, so sind sich doch alle Kenner der Verhältnisse darüber klar, daß erst die Eröffnung neuer Verkehrswege und die Erleichterung des Verkehrs durch Eisenbahnen die Kolonie zur rascheren Entwicklung bringen können. Wenn auch nicht alle die besonders von Geheimrat Dechelhäuser verfochtene Zentralbahn, die von Dar-es-Salaam ausgehend in einer Länge von ca. 1300 km die Meeresküste mit der Seenküste am Tanganyika verbinden soll, für rentabel halten, so herrscht doch darin Übereinstimmung, daß, wenn man über die Kultivierung des Küstenstriches hinauskommen will, wenigstens Stichbahnen ins Innere gebaut werden müssen. Von diesen ist die wichtigste die im diesjährigen Etat vom Reichstage geforderte Linie Dar-es-Salaam—Mrogoro von 230 km Länge, die den ersten Teil der über kurz oder lang doch mit zwingender Notwendigkeit entstehenden großen Seenbahn bildet. Die Angelegenheit ist jüngst dadurch ein gut Stück weitergerückt, daß eine mächtige Bankgruppe den Bau der genannten Teilstrecke mit einem Kapital von 24 Millionen Mark übernehmen will, wenn das Reich eine mäßige Verzinsung gewährleistet und sonstige Rechte einräumt. Hoffentlich verschleppt die Volksvertretung die Entscheidung nicht wieder um ein Jahr. Ich verweise auf die Broschüre von Ernst Bohlen „Zur Deutsch-Ostafrikanischen Seenbahn-Frage", (Berlin 1901, Dietrich Reimer), in der er mit guten Gründen die Notwendigkeit und Rentabilität der Zentralbahn verficht. Aus der der Broschüre angehefteten Karte ersehen wir zu Größe des vom Verfasser berechneten Erschließungsbietes der Bahn, welches weit in den Kongostaat ausstrahlt. Zugleich giebt diese Karte sowie die der Broschüre Fleck: Über den Stand des Eisenbahnbaus in Afrika 1900" (Berlin 1901, D. Reimer) einen interessanten Überblick über die von den anderen Kolonialmächten fertiggestellten und geplanten Eisenbahnen im schwarzen Erdteil. Es wird deutlich, daß wir in dieser Hinsicht noch eine arg kümmerliche Rolle spielen. Die deutsch-ostafrikanische Zentralbahn würde in Tabora, etwa in der Mitte des Schutzgebietes, Anschluß an die Rhodesche Kap-Kairobahn finden. Dieses englischen Unternehmungsgeistes würdige Riesenprojekt ist keine Chimäre mehr; von Süden hat die Bahn Bulowayo in Rhodesia, von Norden her Chartum am Zusammenfluß des blauen und weißen Nils erreicht, die Hälfte der Strecke ist also annähernd fertig. Für unser Ostafrika in gewisser Beziehung gefährlich ist die englische Ugandabahn, die nahe seiner Nordostgrenze verläuft. Sie geht vom Hafen Milindini auf der Insel Mombasa aus, ist bereits mehr als zur Hälfte fertiggestellt und soll in Jahresfrist den Viktoria-Nyanza erreichen, wo sich leicht der Anschluß an die große transafrikanische Nordsüdbahn herstellen läßt. Die Engländer verfügen dann über eine neue Verbindung vom Mittelmeer zum Indischen Ocean unter Vermeidung des in Kriegszeiten leicht zu sperrenden Suez-Kanalweges. Die Bedeutung der Bahn liegt auch wohl mehr auf politisch-strategischem Gebiete als dem des Handels und Verkehrs, vorläufig wenigstens.

Für uns hat sie den Nachteil, daß sie dem englischen Hafen Mombasa, zum Teil sicher auf Kosten unserer Häfen, besonders Tangas, zur Blüte verhelfen wird, um so bedauerlicher, als schon das vorgelagerte englische Sansibar fast ganz den Handel D.-O.-A. beherrscht, und daß sie den Verkehr des benachbarten Teiles unseres Gebietes, besonders des reichen Kilima-Ndjaro an sich zieht. „The goods for German East Africa are landed at Mombasa and taken by the railway to Voi, from whence the caravans start for Kilima Njaro" lese ich in The Daily News vom 19. 3. 1901. Daran kann zwar meines Erachtens wegen der großen Entfernung auch die projektierte Zentralbahn nichts ändern, sondern nur eine spätere Fortführung unserer einzigen ostafrikanischen Bahn, der vom Reiche übernommenen Usambarabahn zum Kilima-Ndjaro. Diese Bahn die von Tanga ausgehend zu dem Plantagengebiet des Hochlandes Usambara führt wird noch in diesem Sommer Korogwe (84 km) erreichen, um dann zunächst bis Mombo fortgesetzt zu werden. Sie deckt bereits die Unkosten, trotzdem sie noch ein Torso ist. Als Hauptbeweis für die angebliche Unfruchtbarkeit D.-O.-A. führen die Gegner der Bahnen die geringe Bevölkerung an. Die im vorigen Jahre zum ersten Male vorgenommene Zählung ergab allerdings in dem doppelt so großen Gebiete wie Deutschland nur etwa 6 Millionen Einwohner, immerhin mehr als früher geschätzt worden war. Die Möglichkeit einer Volkszählung ist ein guter Beweis, wie sehr das Schutzgebiet, früher das Eldorado arabischer Sklavenhändler, bereits unter deutscher Verwaltung steht. Seit einigen Jahren wird von den Eingeborenen eine Haus- und Hüttensteuer erhoben, die 1898 ca. 700000 M. lieferte und für das folgende Jahr auf über eine Million M. veranschlagt ist. Zu begrüßen ist, daß 50% des Erträgnisses den Gemeindekassen überwiesen worden sind. Wir haben im vergangenen Jahre den P. Acker, der auf eine 14jährige Missionsthätigkeit in D.-O.-A. zurückblickt, sich über die Ursache der geringen Bevölkerungsdichtigkeit äußern hören und erinnern uns, wie er in lebhafter Schilderung die ewigen Fehden und Raubzüge der einzelnen Völkerschaften, die unmenschlichen Sklavenjagden der Araber, die Hungersnöte infolge von Mißernten, Dürren, Heuschreckenfraß, das Aussetzen und Töten vieler, vieler Kinder infolge haarsträubenden Aberglaubens beschuldigte. Je mehr sich die deutsche Herrschaft befestigt und Schutz von Leben, Eigentum und Arbeit gewährleistet, um so rascher wird die Bevölkerungszunahme und die wirtschaftliche Hebung sein. Der als faul verschrieene Neger arbeitet, wenn er der Nutznießung des Erarbeiteten sich erfreuen kann, wenn er höhere Bedürfnisse kennen gelernt hat, deren Befriedigung ihm nur der Ertrag seiner Arbeit ermöglicht. Für diese armen Naturvölker ist europäische Herrschaft eine Wohlthat, während sie unter der Araberherrschaft Handelsware waren und sich selbst überlassen ein elendes oft kaum mehr als tierisches Dasein fristen. Gewiß ist's nicht eitel Humanitätsdusel, was uns ins tropische Afrika führt, wir wollen in erster Linie unsere Macht und unsern Wohlstand wahren. Wenn wir Millionen in Ostafrika und Kamerun hineinstecken, dann thun wir das vorwiegend aus berechtigtem Eigennutz. Da wir aber nicht wie die Araber Raubbau treiben und die Länder aussaugen, sondern sie wirtschaftlich heben, so wird unsere kolonisatorische Thätigkeit auch für die Eingeborenen zur Wohlthat.

Seitdem das früher wertvollste Produkt D.-O.-A.s das Elfenbein an Bedeutung eingebüßt hat, teils weil infolge des Raubsystems früherer Zeiten eine starke Verminderung der Elefantenherden eingetreten ist, teils weil eine große

Menge desselben aus dem Norden der Kolonie über die Ugandabahn, aus dem Westen über die Verkehrswege des Kongostaates abgelenkt wird, beruht der Hauptwert des Schutzgebietes auf seinen Bodenprodukten. Die wichtigsten Gegenstände der Ausfuhr sind Kautschuk, Elfenbein, Kopal, Kopra, Sesam, Bastwaren ꝛc. Neben dem in Usambara angebauten Kaffee, der im vorigen Jahre eine vorzügliche Ernte ergeben haben soll, hat auch die Kultur der erst 1893 von Dr. Hindorf in Köln in D.-O.-A. eingeführten Sisalagave, mit deren Anbau sich Ende 1900 11 Pflanzungen beschäftigten, bereits Bedeutung erlangt. Die Faser dieses Hanfes soll der besten mexikanischen gleich sein. Das am Viktoriasee gefundene Gold und die Kohlen- und Eisensteinlager am Nyassa lohnen wegen der weiten Entfernung von der Küste nicht die Ausbeute. Das Vorkommen ist auch wohl nicht sehr bedeutend.

Die Hauptstadt des Schutzgebiets Dar-es-Salaam hat erheblich an Wert für unsere Marine gewonnen, seitdem daselbst ein in Kiel von der Howaldts-werft für 600000 M. erbautes Schwimmdock, in dem Schiffe bis zu 18000 tons gedockt werden können, eingetroffen ist. Auf dem Nyassasee fährt bereits seit längerer Zeit der Dampfer Hermann von Wißmann und erzielt schon nette Überschüsse, auf dem Tanganyikasee vertritt jetzt auch endlich ein Dampfschiff würdig die deutsche Flagge, da der Dampfer Hedwig von Wißmann nach jahrelangem Hinausziehen der Fertigstellung und ungemein schwierigem Transport über den Sambesi, Schire und Nyassa endlich im Oktober 1900 unter Führung des Oberleutnants Schloifer in Bismarckburg glücklich vom Stapel gelaufen ist. Auf dem riesigen See fährt jetzt, nachdem ein englischer Dampfer verunglückt ist, außer der „Hedwig von Wißmann" nur noch ein belgischer. Auf dem Viktoria-Nyansa läuft die deutsche Aluminiumpinasse „Mzerwe".

In der Verwaltung der Kolonie ist eine wichtige Veränderung vor sich gegangen. Generalmajor von Liebert ist zurückgetreten und an seine Stelle Graf Götzen zum Gouverneur ernannt worden. Der neue Gouverneur ist zwar noch jung an Jahren, aber reich an Erfahrung in afrikanischen Dingen. Er hat sich besonders durch seine Durchquerung Afrikas von Osten nach Westen 93—94 einen Namen gemacht, auf der er u. a. den Kiwusee nördlich des Tanganyikasees, mit diesem durch den Russisifluß verbunden — wegen dessen jetzt grade Grenzregulierungsverhandlungen mit dem Kongostaat schweben — und den Hauptquellfluß des Agera-Nils entdeckte. Als Militärattaché bei der deutschen Botschaft in Washington machte er später den Feldzug in Kuba mit. Hoffentlich ist er der richtige Mann, neues Leben in die Kolonie zu bringen; aber wenn keine Bahn gebaut wird, wird ebenso wie bei seinem verdienstvollen Vorgänger der beste Wille machtlos sein.

Während früher die Schutztruppe nur aus Sudanesen bestand, rekrutiert sie sich heute der Mehrzahl nach aus Eingeborenen unserer Kolonie, die sich bestens bewähren. Herr Hauptmann Leue, ein alter Afrikaner (den wir im vorigen Jahre über die Zentralbahn gehört haben) hebt überhaupt hervor, welche Veränderung in den letzten 10 Jahren mit den Eingeborenen der Küste vor sich gegangen sei, die unter der deutschen Verwaltung aus frechen, faulen Menschen zu bescheidenen und arbeitsamen geworden seien. Allerdings betont er, daß nicht alle europäischen Beamten und Aufseher die Eingeborenen richtig zu behandeln und ihr Vertrauen zu erwerben wissen.

Vielfach stellt man sich das Innere D.-O.-A.s als eine endlose, mehr oder weniger öde Steppe vor. Dies ist keineswegs der Fall. Außer dem Kilima-Ndjaro-gebiet, welches sich mit seinem höchsten Gipfel, dem Kibo, bis zu über 6000 Meter Höhe erhebt, treffen wir im Innern verschiedene Hochländer an, von denen die bekanntesten Usambara, Usagara und Uhehe sind, die von den Reisenden wegen ihres gesunden Klimas, ihrer Fruchtbarkeit und landschaftlichen Schönheit gerühmt werden. Es ist nicht ausgeschlossen daß diese Hochländer später für europäische Besiedlung in Betracht kommen. Nachdem unser berühmter Bakteriologe Robert Koch auf Grund eigener Ortskenntnis der Ansicht Ausdruck gegeben hat, daß in Westusambara Ansiedler fieberfrei leben können, nachdem die dortige Regierungsversuchsstation Kwai den Nachweis erbracht hat, daß daselbst europäische Landwirtschaft und Viehzucht mit Erfolg betrieben werden kann, besteht der Plan einen praktischen Versuch mit der Besiedlung durch deutsche Bauern zu machen. Das Experiment ist immerhin ein gewagtes, im Erfolge sehr unsicheres. Mehr Aussicht verspricht vorläufig das Bestreben der Regierung, indische Ackerbauer in unserer Kolonie anzusiedeln, für welchen Zweck 100000 Mark in den Etat ein-gestellt worden sind.

Die Hauptbedeutung Deutsch-Südwestafrikas (= 1½ × Deutsches Reich) dürfte aller Voraussicht nach fürs erste auf seinen Mineralschätzen be-ruhen. Wenngleich von allen unsern Kolonien sie die einzige ist, deren Klima europäische Ansiedlung in größerem Stile gestatten würde, so ist doch die Boden-beschaffenheit des weitaus größten Teiles der Kolonie nicht derart, daß sie eine Ackerbaukolonie werden wird. Es besteht kein Zweifel, daß reiche Kupfererz-lager vorhanden sind. Zwecks Ausbeutung der schon länger bekannten Otavi-minen im nördlichen Teile hat sich aus der englisch-deutschen South-Westafrika-Company eine angeblich rein deutsche Otaviminen- und Eisenbahngesell-schaft mit 40 Millionen Mark Kapital gebildet, die mit den Vorarbeiten für den Bergbau begonnen hat. Sehr schwierig ist die Frage des Endpunktes der die weit im Innern liegenden Erzlagerstätten mit der Küste verbindenden Bahn, da der nördliche Teil des Schutzgebietes hafenlos ist. In Aussicht genommen ist die 650 km Luftlinie entfernte, auf portugiesischem Gebiete gelegene Tigerbai, die angeblich ein guter Hafen ist; aber es hat sich dagegen lebhafte Opposition geltend gemacht, die Bahn auf fremdem Gebiete enden zu lassen, zumal in Anbetracht der engen englisch-portugiesischen kolonialen Beziehungen. Viel kürzer und auch mehr im Interesse unserer Kolonie wäre die nur 250 km lange Ver-bindung nach Süden mit der im Baubegriffenen Bahn Swakopmund—Wind-huk.[1]) Kürzlich kam die Kunde über neue reiche Kupfererzfunde viel näher der Küste zwischen dem Swakop- und Kuisebflusse. Über eine Verwertung der angeblich in der Kolonie gemachten Diamant-, Gold- und Silberfunde

---

[1]) Die Bahnfrage wird immer verwickelter. Die Tigerbai soll sich als un-brauchbar erwiesen haben und als Endpunkt der noch nördlicher in Angola ge-legene Porto Alexandre oder gar Wossauedes in Aussicht genommen sein. Es scheinen mit den deutschnationalen Interessen nicht übereinkommende Bestrebungen im Spiele zu sein. Andererseits wird immer energischer auf Anschluß der Otavibahn an die Windhukbahn gedrungen, neuerdings auch auf die Kap Croßbucht in unserer Kolonie als geeigneten Ausgangshafen hingewiesen. Jedenfalls heißt: Caveant consules. Vergl. D. Kol. Ztg. Nr. 21, 27, 29, 30.

— 7 —

ist nichts in die Öffentlichkeit gedrungen. Neben dem Bergbau ist die Viehzucht im großen Maßstabe auf den ausgedehnten Weidengebieten für die wirtschaftliche Entwicklung des Schutzgebietes besonders wichtig. Der nördliche Teil, das Damaraland, ist besonders geeignet für die Großviehzucht, der südliche, das Namaland, für die Zucht von Schafen und Ziegen. Es hat sich eine Gesellschaft mit ausschließlich deutschem Kapital (600 000 M.) gebildet, die „Südwestafrikanische Schäfereigesellschaft", der von der Deutschen Kolonialgesellschaft aus den Ergebnissen der Wohlfahrtslotterie 300 000 Mark gewährt worden sind, zwecks Einführung des Großbetriebes der Wollschaf- und Angoraziegenzucht. Es scheint dies ein aussichtsreiches Unternehmen zu sein, wenigstens wird in der Kapkolonie, deren Boden und Klimaverhältnisse besonders in den Karrugegenden sehr ähnlich sind, die Schaf- und Ziegenzucht in größtem Umfange betrieben und wurde dorther 1900 allein nach Deutschland Schafwolle im Werte von über 15 Millionen Mark exportiert. Unter den Ausfuhrartikeln der Kolonie sind erwähnenswert Guano, lebendes Vieh, Straußenfedern, Felle und Häute. Der Handel ist in Zunahme begriffen.

Als vor mehreren Jahren die Rinderpest große Verheerungen im Schutzgebiete anrichtete und dasjelbe in sehr kritische Lage brachte, unternahm die Regierung kurz entschlossen einen Bahnbau, um die Küste mit der Hauptstadt des Landes, Windhuk, zu verbinden. Trotzdem Swakopmund keinen Hafen und seine geschützte Reede besitzt, vielmehr durch eine starke Brandung vom offenen Meere abgeschlossen ist, nimmt die Bahn, um unabhängig von der unmittelbar südlich davon gelegenen englischen Enklave der Wallischbai zu sein, dort ihren Anfang. Um überhaupt ein geordnetes Löschen der Schiffe zu ermöglichen, wurde daselbst ein sehr kostspieliger Molenbau ausgeführt, für den der Reichstag 1 200 000 Mark bewilligt hat. Die Mole ist seit ende Januar 1900 im Betrieb, sodaß das Schutzgebiet wenigstens jetzt über eine geschützte Reede verfügt. Die Bahn Swakopmund—Windhuk ist seit vorigem Sommer bis Karibib, also etwa in ihrer ersten Hälfte, dem Betrieb übergeben worden. Sie wird ca. 400 km lang sein, etwa 12 Millionen Mark kosten und hat nur 60 cm Spurweite. Bis zur Fertigstellung vergehen noch etwa 1½ Jahre. Die Bahn verbilligt den Transport der Ein- und Ausfuhrgüter von und zur Küste um 60%, gegen den bisher üblichen Frachtverkehr mit Ochsenkarren, die mit 10—20 Ochsen bespannt eine Last von 30—50 Ztr. täglich, je nach dem Terrain, 20—35 km weiter schaffen. In tropischen Kolonien, wie den unseren, in denen die Lasten von Trägerkarawanen befördert werden müssen, bewirken Bahnen sogar ein Ersparnis von 2—300%. Um einen Begriff von den Schwierigkeiten des Bahnbaues zu geben, führe ich einige Stellen aus einem Vortrag des Oberleutnants Gerding über „Die Betrifung der afrikanischen Bahnen" an (Kolonialzeitung 1901 S. 49). „Ein durchschnittlich 200 km breiter Küstenstreifen trennt teils als Namib (d. i. Sandwüste), teils als ödes und zerrissenes Gebirgsland das entwicklungsfähige Innere von der Küste. Ebenso werden die im Innern gelegenen für Viehzucht, Ackerbau und Minenindustrie nutzbar zu machenden Flächen im Norden, Süden und im Zentrum des Landes durch weite, jeder Kultur und jeder sonstigen Ausnutzung unzugängliche, wasserlose Einöden von einander getrennt. Dabei steigt das Gelände im allgemeinen von der Küste aus, sodaß sehr bald beträchtliche Meereshöhen von über 1500 m erreicht werden. Steigungsverhältnisse, deren Schwierigkeit durch zahlreiche weitere Berigungen, tief eingeschnittene Thäler, einzelne stark aufsteigende Höhenzüge und teilweise wild durcheinander geworfenes, zerklüftetes Gebirgsgelände erhöht werden. Dieses Land wird niemals der Kultur eröffnet werden, noch Menschen eine dauernde Niederlassung ermöglichen. Die Bahn muß es im Fluge durcheilen, um von der Küste aus gastlichere Gefilde zu erreichen. Die bisherige Transportmethode ist dieser Aufgabe nicht gewachsen."

Wenn in weiten Kreisen unseres Volkes ein Mißtrauen gegen England herrscht, so tragen die Engländer entschieden Schuld daran. Da verbricht im Herbst vorigen Jahres der erste Minister der Kapkolonie die Äußerung: „Die Zeit ist wahrscheinlich nahe, wo das Hinterland der Walfischbai — D. S. W. A. — von den Engländern wieder erworben werden wird;" und Cecil Rhodes soll nach englischen Zeitungsmeldungen erklärt haben, er werde sich als Aktionär der South West Afrika Cy. der Ansiedelung von Buren in D. S. W. A. widersetzen. Die Rheinisch-Westfälische Zeitung brachte einen gepfefferten Artikel, in dem der Befürchtung Ausdruck gegeben wurde, die Regierung erblicke in einem großen Teile unserer afrikanischen Kolonien nur noch Tauschobjekte. Die Norddeutsche Allgemeine Zeitung beeilte sich, energisch zu erklären, daß nicht im entferntesten die Absicht bestehe, eins unserer afrikanischen Schutzgebiete ganz oder teilweise zu veräußern. Eine gewisse Beunruhigung war aber in die kolonialfreundlichen Kreise getragen. Die Abteilung Meiningen stellte auf der Vorstandssitzung der D. K. Gesellschaft am 1. Dezember 1900 in Berlin mehrere die Bureneinwanderung und Verstärkung der südwestafrikanischen Schutztruppe betreffende Anträge, die eine hochinteressante Debatte zur Folge hatten, im Verlaufe deren auch mehrere Erklärungen der Kolonialabteilung des Auswärtigen Amtes verlesen wurden.[1]) Ist auch die Grundlosigkeit der Befürchtungen der Rh. Westf. Zeitung glücklicherweise erwiesen, so sind die offenherzigen englischen Äußerungen doch nicht aus der Welt geschafft.

Infolge des englischen Krieges ist eine kleinere Anzahl von Burenfamilien mit Unterstützung unserer Regierung in unser Schutzgebiet eingewandert. Es ist zu hoffen, daß ihnen ein größerer Treck folgen möge; denn bessere Pioniere kann man ihm nicht wünschen. Wie schwierig aber gerade die Frage der Bevölkerungspolitik in D. S. W. A. ist, darüber wollen wir einen Kenner der dortigen Verhältnisse hören.

Dr. Hermann schreibt in Heft 15 des vorigen Jahrganges dieser Zeitschrift: „Es ist möglich, daß die nieder- und hochdeutschen Volksgenossen sich vereinigen, um das Postulat: „Südafrika englisch" zu beseitigen, und daß die kulturell den Buren unleugbar weitüberlegenen Reichsdeutschen erst politisch und wirtschaftlich erziehen und herüberziehen werden; es ist möglich, daß die Buren gute Reichsdeutsche werden. Aber sie sind uns leider in der Eigenschaft gerade überlegen, welche, um alles dies zu erreichen, dem Deutschen Südwestafrikas am meisten not thäte: in dem festen Beharren auf der eigenen Nationalität, in dem zähen Widerstand gegen fremde Einflüsse. Wer das Verhalten des Dentschen im fremden Land von diesem Gesichtspunkt aus beobachtet, der wird ihre Chancen in dem friedlichen Kulturkampf zwischen Hoch-

---

[1]) Derselben steht nach dem Rücktritt des Herrn von Puchta, der bisherige Kaiserliche Gesandte in Chile, Dr. Stübel — geb. in Dresden, thätig gewesen in den Vereinigten Staaten, Samoa, Shanghai, Santiago — vor.

und Niederdeutsch, der in Südwestafrika bevorzuziehen scheint, nicht für günstig halten. Kommen also Buren in Masse ins Schutzgebiet, so droht die Gefahr einer „Verburung"; hält man sie fern, so droht das englische Kapital und der Einfluß der englischen Umklammerung mit der „Verengländerung". So bleibt als einziges sicheres Mittel: Heranziehung deutscher Elemente um jeden Preis, wenn auch ohne Auswahl und vor allem nicht nach Dutzenden, sondern nach Hunderten oder Tausenden." Das ist sehr gut gemeint; aber für die verlangten laufende deutscher Einwanderer bietet das Schutzgiet bisher noch gar nicht die Möglichkeit einer Existenzbegründung. Unsere Regierung geht nicht ohne Grund sehr bedächtig vor. „Bemittelte wollen nicht — Unbemittelte läßt man nicht." Zu den kleinen Mitteln gehört aber die Einstellung von 100 000 M. zur Gewährung staatlicher Ansiedelungsbeihülfe an Schutztruppenangehörige, die überhaupt beim Landkauf ꝛc. eine Reihe von Vorrechten genießen. Übrigens ist die weiße Bevölkerung ziemlich rasch auf 3400 Personen gestiegen, wovon 88 % auf die Schutztruppe und Beamte, 60 %; auf die produktiv thätigen Stände entfallen. Da aber nur einige Hundert Männer mit weißen Frauen verheiratet sind, ist es im Interesse der Erhaltung des Deutschtums zu begrüßen, daß die D. Kolges. die Hinaussendung deutscher Frauen und Mädchen fördert und unterstützt. Natürlich wird mit größter Vorsicht und Sorfalt vorgegangen und werden nur solche hinausgesandt, für welche eine gesicherte Unterkunft gefunden ist. Eine ganze Anzahl soll sich schon sehr bald dort — hoffen wir recht glücklich — mit Landsleuten verheiratet haben. Die sehr abfällige Kritik Bebels im Reichstage über dieses Vorgehen dürfte die Kolonialgesellschaft schwerlich von weiteren Versuchen in dieser Richtung abhalten. Die Wohlfahrtslotterie hat wiederum eine größere Summe, 20 000 M., dem Herzog Johann Albrecht zur Verfügung gestellt.

Zur Sagenverwandtschaft fremder Völker- und Menschenrassen.

Von Koloniedirektor a. D. C. Canstatt

Der Hinweis auf die Gleichartigkeit vieler sprichwörtlicher Redensarten, Märchen, Volkssagen und Fabeln bei den verschiedenartigsten Völkern der Erde, welchem wir in einer Abhandlung A. Seidels über „Eine ideale Frucht der deutschen Kolonialpolitik" begegnen, (siehe Heft 15 II. Jahrg. der Beiträge zur Kolonialpolitik und Kolonialwirtschaft) enthält unter anderem ein prägnantes Beispiel aus Kamerun und China mit Seitenstücken zu unserer Tierfabel von dem Wettlauf zwischen Hase und Swinegel, wobei der erstere von letzterem überlistet wird. In Kamerun ist es die Gazelle und die Schildkröte, in China der Rabe und die Schildkröte, welche sich mit einander in der Schnelligkeit der Fortbewegung messen. Nun, beinahe übereinstimmend mit der Kameruner Fabel ist jene, welche zu den Überlieferungen der brasilianischen Indianer gehört. Die Helden derselben sind hier der brasilianische Hirsch und der Jabuti, eine Art Landschildkröte, die als Typus der Ausdauer und List dabei eine Hauptrolle spielen.

Die Schildkröte kehrt in der Volkssage und in dem indianischen Märchen Brasiliens übrigens noch mehrfach wieder. Originell ist, was wir von ihr aus einem brasilianischen Negermärchen erfahren. Danach erscheint der Panzer der Schildkröte deswegen aus vielen Stücken zusammengeflickt, weil das Tier einst, als ein Fest im Himmel gefeiert wurde, sich von dem Reiher dahin tragen lassen wollte und dieser sie rücklich hoch aus der Luft herabfallen ließ. Der liebe Gott aber hatte Mitleid mit ihr und setzte den zertrümmerten Panzer wieder zusammen. Eine Menge derartiger Geschichtchen ist unverkennbar einheimischen Ursprungs, manches aber ist auch als eingeführtes Gut zu betrachten. Viele der Tierfabeln entstammen unter anderem sichtlich dem Reinele-Fuchs-Kreise.

Dr. Sylvio Romero hat im Jahre 1883 eine ziemlich vollständige Sammlung der im Munde des brasil. Volkes umlaufenden Märchen, Sagen und Fabeln unter dem Titel Contos populares herausgegeben.

Die Reise des amerikanischen Kanonenbootes Wilmington auf dem Amazonenstrom.

Amtlicher Bericht des Kapitäns C. C. Todd.
Autorisierte Übersetzung. (Mit 11 Abbildungen.)

1.
Vorwort.

Im Frühjahr des Jahres 1899 erhielt das Kanonenboot der Vereinigten Staaten Wilmington den Befehl, den Amazonenstrom aufwärts zu dampfen und soweit vorzudringen, als es die navigatorischen und sonstigen Verhältnisse irgend gestatteten und ratsam erscheinen ließen. Zur Orientierung des Lesers sei bemerkt, daß das gewählte Fahrzeug seiner Zeit mit der Bestimmung gebaut wurde, in den chinesischen Flußgebieten Verwendung zu finden; daher weicht es in seinem Typ, wie dies sich schon in seiner äußeren Erscheinung verrät, nicht unwesentlich

Das vereinigte Staatenboot Wilmington 2000 Meilen von der See.

von dem gewöhnlichen Kanonenboot ab. Bei möglichst geringem Tiefgang sollte das Schiff doch bequeme luftige Wohnräume haben, und gleichzeitig von der Kommandobrücke und den Marsen aus einen Überblick über das an den Fluß angrenzende Land, sowie ein freies Feuer über die Deichkronen hinweg gestatten. Die Art und Weise, wie die Wilmington die ihr gestellte dankbare Aufgabe gelöst hat, — ihr Aufenthalt auf dem Flusse umfaßte im Ganzen 40 Tage — beweist, wie gut sie dafür geeignet war.

Bei Jquitos im Staate Peru, wo die Reise ihr Ende erreichte, hatte sie von Para aus nahezu 2400 Seemeilen zurückgelegt, das erste Kriegsschiff, welches jemals soweit in den Riesenstrom vorgedrungen und in das Peruanische Gebiet, von Ost kommend, eingetreten war. In grader Linie befand sie sich damals nur etwa 400 Sm. von der Pazifischen Küste entfernt und hätte etwa noch um dieselbe Strecke weiter vordringen können, wenn es nicht an Kohlen gemangelt hätte. Der derzeitige Kommandant des Schiffes, Fregattenkapitän Todd, hat diese Reise, abgesehen von seinem dienstlichen Bericht, in einer Beschreibung zur Darstellung gebracht, welche, wie ich glaube, auch einen weiteren Kreis von Lesern interessieren darf und daher mir Erlaubnis des Verfassers übersetzt worden ist.

Ohne Zweifel bietet das Stromgebiet des Amazon und seiner gewaltigen Nebenflüsse, welches, wie der Verfasser bemerkt, noch heutzutage zum großen Teil wie ein verschlossenes Buch daliegt, der wirtschaftlichen und kommerziellen Entwicklung noch einen so weiten Spielraum, daß ein jeder Versuch, es unserer Kenntnis zu erschließen mit Dank begrüßt werden muß. Und in diesem Sinn würde ein Versuch unserer eigenen Marine, das durch die Vereinigten Staaten gegebene Beispiel nachzuahmen, gewiß der Zustimmung weiter Kreise des deutschen Volkes sicher sein.

Die Friedensmission eines Kriegsschiffes.

Aus einer Reihe von Veröffentlichungen, welche während der letzten sechs Monate von Zeit zu Zeit erschienen sind, konnte man den Eindruck gewinnen, daß die Reise des V. S. Schiffes Wilmington ihre Anregung der plötzlichen Eingebung jemandes verdankte und eben so plötzlich unternommen wurde. Dies ist indessen nicht der Fall. Die Wilmington, ein Fahrzeug von geringem Tiefgang und besonders für den Dienst in Flußgebieten bestimmt, mit einer für ein Schiff ihrer Größe schweren Armierung, hatte in den südlichen Gewässern gekreuzt und sich dabei allmählich dem Teil der Nordküste von Südamerika genähert, wo der mächtige Amazonenstrom seine riesige Wassermasse in den Atlantischen Ozean ergießt.

Die Regierung, von dem Wunsch beseelt, ihre Grüße und den Ausdruck ihrer Freundschaft den im Amazonenthal lebenden Völkerschaften zu übermitteln, beauftragte den Kommandanten der Wilmington bei seiner Ankunft in Para in Nord-Brasilien den Amazonenstrom, soweit es sicher schien, hinauf zu dampfen und die Grüße unserer Nation unseren Freunden in Brasilien, und wo es sonst deren in den unbekannten Gebieten gab, zu überbringen.

Die Mission des Kriegsschiffes Wilmington war daher eine solche im Interesse des Friedens und der freundschaftlichen Beziehungen zu unseren Nachbarn. Bei einem Blick auf eine gute Karte des Landes wird der Leser an der Nordseite die Mündung des großen Flusses unmittelbar auf dem Äquator dort finden, wo die große Wassermenge in den Paten Ozean zum Ausfluß gelangt, welche von Puntien herkommt, die viele Tausend Meilen entfernt innerhalb 200 Meilen vom Pazifischen Ozean liegen. Die Karte zeigt zahlreiche Inseln vor und in der weiten Mündung, welche hier 150 Meilen breit ist. Diese Inseln haben sich aus Schlick, Sand und Bäumen gebildet, die in Zeiten der Überschwemmung stromabwärts kamen, sich ablagerten, aufeinander türmten und schließlich mit einem dichten Waldwuchs bedeckten, dessen Samen viele Meilen

— 13 —

weit flußabwärts getragen war. Die größte dieser Inseln heißt Marajo. Große Reisende, wie Alexander von Humboldt und Luis Agassiz haben sich mit ihrer Erforschung abgegeben, und der letztere bezeichnete sie als einen der interessantesten Flecken auf der Erde, da sie eine Reihe von lebenden und fossilen Arten beherbergt, die noch wenig bekannt sind. Die verhältnismäßig plötzliche Vermgung, welche die Flut bei ihrer größten Höhe bei Voll- oder Neumond innerhalb einer kurzen Entfernung von der Mermündung erfährt, ist die Ursache einer Erscheinung, welche die portugiesischen Kolonisten „Pororoca", die Eingeborenen „Amasonsib" nennen. Diese Erscheinung wird dadurch verursacht, daß die große Masse von Flutwasser landeinwärts gegen die Enge anstürmt und dabei eine Art von Wasserfall bildet, welcher sich viele Fuß hoch mit unglaublicher Geschwindigkeit vorwärts bewegt und in seinem Lauf Schiffe, Boote und Niederlassungen zerstört oder überschwemmt. Die Bedeutung des Wortes „Pororoca" ist „Zerstörer der Schiffe", die des indianischen Wortes „Amasonsib" „Zerstörer der Boote". Von der letzteren leitet der mächtige Fluß seinen Namen Amazon im Englischen, Amazonas im Portugiesischen oder Brasilianischen ab.

Anfangs März 1869 ankerte die Wilmington auf ihrer Kreuzfahrt nach Südamerika vor der Stadt Para, die an der östlichen Mündung des Amazon ungefähr 60 Meilen vom Ozean gelegen ist. Eine der ältesten Städte in Brasilien, hat sie sich in den letzten Jahren durch die weise Verwaltung solcher tüchtigen Leute wie Dr. Pars Carvalho die Stellung der Hauptstadt von Nord-Brasilien in Handel und Schiffahrt erobert. Unser Vaterland wird in geschickter Weise durch einen Konsul vertreten, der unsere Handelsinteressen und die Rechte unserer dort wohnenden Landsleute wahrnimmt. Mit seinen wohlgepflasterten Straßen, seinen schönen öffentlichen Gebäuden von moderner Bauart, um die sich Häuser eiliger Geschäftsleute drängen, bei seiner nahen Lage am Ozean und als Stapelplatz für den ungeheuren Verkehr im Flußgebiet des Amazonthals ist die Zukunft dieser Stadt als die Metropole jenes Teils der Erde gesichert.

Amerika hat hier ausgedehnte Geschäftsinteressen, darunter die allzeit offenen Karoussels, von denen zwei Tag und Nacht während unseres Besuches in Gebrauch waren.

Die freundschaftlichen Gefühle der Brasilianer für die Vereinigten Staaten kamen in vielfacher Weise in den Aufmerksamkeiten und der Gastfreundschaft zum Ausdruck, welche den Offizieren der Wilmington während ihres Aufenthaltes im Hafen erwiesen wurden. Bei seiner Ankunft erhielt Kapitän zur See Todd telegraphisch Befehl, den Amazonenstrom hinauf zu kreuzen, und später eine schriftliche Ordre, welche die Dauer dieser Reise nur davon abhängig machte, was nach seinem Ermessen sich mit Sicherheit erreichen ließ. Zur Förderung des amerikanischen Handels erschien es geraten, unseren Konsul in Para als Passagier einzuschiffen, damit er persönlich seine Beobachtungen über das Land und die Städte am Fluß, welche wir passierten, anstellen könnte. Am 19. März waren alle Vorbereitungen getroffen, und mit zwei Amazonenlotsen an Bord ging die Wilmington Anker auf, dampfte einige Meilen stromabwärts und drehte dann nach links in einen anderen Arm der Amazonmündung hinein, welcher als die Bucht von Para bezeichnet wird. Sie verfolgte dabei den Weg der Schiffe, welche den Riesenfluß hinauf gehen, war aber noch weit von seinem Hauptbett entfernt, da bis dahin noch 200 Meilen zurückzulegen waren.

Die Wilmington war schon früher den Hauptfluß von Venezuela, den Orinocco, hinaufgedampft, und so war dieses Experiment einer Fahrt in der Paramündung für die Besatzung an Bord nichts Neues; aber bei Eintritt der Nacht näherten wir uns ihrem Ende, und von nun an galt es, unseren Weg durch die Myriaden von Inseln, durch enge, gekrümmte Kanäle hindurch, die nur den Lotsen bekannt waren, zu finden. Bald nachdem wir die niedrigen Inseln, zwischen denen unser Weg lag, gesichtet hatten, sahen wir Lichter funkeln und erkannten bei der Annäherung zwei Flußdampfer, welche nahe beim Einfahrtskanal auf Grund geraten waren. Sie riefen nach Hilfe, um sie in tieferes Wasser zu bringen; aber da die Wilmington tiefer ging als sie selbst, konnten wir uns nicht genügend nähern, um ihnen Leinen zuzuwerfen und sie loszuschleppen. Sie befanden sich allerdings außerhalb des regelmäßigen Fahrwassers; aber es widerstrebte mir doch, so an ihnen vorbeizudampfen. Der Umstand, daß sie, obwohl von geringem Tiefgang, hoch und trocken festsaßen, war für uns eine bedeutsame Warnung, daß es zu Zeiten der sorgfältigsten Navigation bedürfen würde, wenn wir den Amazon sehr weit hinauf kommen wollten.

So mußten wir unsere armen Nachbarn zurücklassen, und vorsichtig dampfte die Wilmington vorwärts, mit einem Lotwurf alle halben Minuten auf jeder Seite, anscheinend in den dichten Wald hinein; aber das scharfe Auge des Lotsen wachte, und allmählich, wie auch unsere ungeübten Augen die dichten Schatten durchdrangen, welche die überhängenden Bäume auf das Wasser warfen, sahen wir unser gutes Schiff, wie es in Sicherheit seinen Weg nicht durch den Wald, sondern durch einen engen tiefen Wasserlauf zwischen den hohen schlanken Wachposten hindurch suchte, die seine Ufer einsäumten. Ein zauberhafter Anblick in der That für uns. Die Phantasie mag es sich ausmalen, was die Eingeborenen am Ufer davon dachten, als das geisterhafte weiße Schiff, belebt von strahlenden elektrischen Lichtern, wie ein riesenhafter Glühwurm lautlos vorbeiglitt. Es war meine erste Erfahrung dieser Art, und da ich wußte, daß es der ganzen Nacht bedurfte, um durch dieses Labyrinth zu gelangen, so blieb ich an des Lotsen Seite, zwar schweigend, aber scharf aufpassend, damit wir nicht etwa durch ein Versehen des Mannes am Ruder mit dem Vorsteven in die Bäume rannten.

In kurzen Zwischenräumen leuchtete bald auf der einen, bald auf der anderen Seite ein flackerndes Licht auf, wie mir gesagt wurde, von den Hütten der Eingeborenen am Ufer, deren Insassen sich nie zum Nachtschlafen niederlegen, ohne ein Feuer anzuzünden, welches sowohl die Abwesenden in ihren Kanus auf ihrem Heimwege geleiten, als auch wilde Tiere jeder Art fernhalten soll.

Ich wußte es damals nicht; aber in der That passierten wir den schwierigsten Teil unserer ganzen Reise, soweit es sich um genaue Navigation handelte. Und mit einem Gefühl größer Erleichterung traten wir gerade bei Tagesanbruch aus dem engen Kanal in ein breiteres Wasserbett ein, welches als der Vierarm bekannt ist. Wir hatten bis hierher eine Strecke von 200 Meilen von Pará aus zurückgelegt. Während des folgenden Tages kamen wir schnell vorwärts, indem wir zu Zeiten dicht am Ufer entlang, dann wieder in Mitte des Fahrwassers oder querdurch nach der anderen Seite dampften. Gelegentlich sah man eine kleine mit Stroh bedeckte Hütte, aus welcher der Kopf einer Frau oder vielleicht auch die Gesichter von ein oder zwei Kindern hervorlugten. Aber wenn wir dicht herankamen, verschwanden sie plötzlich, wie von Furcht ergriffen. Oder in der

— 15 —

Entfernung konnte man ein Kanu der Uferbank entlang rudern sehen; aber mit dem Momente, wo der Besitzer das weiße Schiff sah, verschwand das Boot augenblicklich im Walde, und ein starkes Glas war notwendig, um es in seinem Versteck hinter den tief herabhängenden, dichtbelaubten Zweigen zu entdecken, wo es verborgen blieb, bis wir uns genügend entfernt hatten. Ein Fahrzeug vom Aussehen der Wilmington hatten diese Leute eben nie gesehen, und es ist daher kein Wunder, daß sie entweder überrascht oder erschrocken waren. Das Auge ermüdet allmählich von dem immerwährenden Ausblick auf die Landschaft des dichten, durch nichts unterbrochenen Gebüsches; aber die plötzliche Erscheinung der Hütten mit den Strohdächern, bald einzeln, bald in Gruppen von vier oder fünf vereint, und aus jeder Öffnung ein Kopf oder eine Hand hervorlugend, belebt zeitweilig das Interesse. Man konnte sehen, wie die kleinen, vollkommen nackten Einwohner aus dem Gesichtsbereich flohen, wenn sie in einiger Entfernung von ihren Wohnungen das Schiff zu Gesicht bekamen.

Männer waren selten in der Nähe der Hütten zu sehen, wahrscheinlich weil sie auf der Suche nach Gummi abwesend waren. Wir konnten die Vögel im Walde schreien hören, sahen ihrer aber nur wenige mit Ausnahme des braunen Königsfischers und weißen Kranichs. Die Stille der Nacht war beinahe bedrückend; der gelegentliche Anblick einer riesigen Schildkröte oder der flachliegende Kopf eines Alligators, wie er quer durch den Fluß schwamm, gab denjenigen, die Gewehre hatten, Gelegenheit zum Schuß. Aber ohne Erfolg; denn sie tauchten schneller unter als einige Arten unserer Wildenten, die seit Generationen gejagt werden und mit dem Moment des Aufblitzes des Schusses, und bevor die Kugel sie erreichen kann, verschwinden.

Der Riesenfluß wurde in der Periode seines Steigens befahren, und ich möchte hier eine eigentümliche Thatsache erörtern, die mit dem Steigen und Fallen dieses größten aller Ströme zusammenhängt. Innerhalb 4 Tagen vom 15. Dezember jeden Jahres an beginnt der Fluß zu steigen und fährt damit fort jahraus jahrein bis innerhalb 4 Tagen vom darauffolgenden 15. Juni; dann beginnt ein allmähliges Fallen bis zum Dezember. Die Eingeborenen berechnen ihre Gummisuche nach dieser merkwürdigen Regelmäßigkeit und treffen dementsprechend ihre Maßnahmen. Kein anderes fließendes Gewässer besitzt diese Gleichmäßigkeit im Steigen und Fallen. Das Wasser steigt im Durchschnitt von seinem niedrigsten bis zum höchsten Stande um 30 Fuß, nie mehr als 32 und nie weniger als 29 Fuß. Die Hüttenerbauer wissen daher genau, wie hoch sie bauen müssen, um eine Überschwemmung zu vermeiden. Der Fluß ist so ungeheuer, daß eine plötzliche Überflutung nicht eintreten kann. Auch konnten wir beobachten, daß die Hütten immer auf kleinen Hügeln standen, die, nur um wenige Fuß erhöht, doch hoch genug lagen, da die Flut, als die Wilmington stromaufwärts ging, ½ ihrer Höhe erreicht hatte.

Ich hatte darauf gerechnet, den Hauptstrom gegen 5 Uhr nachmittags am zweiten Tage zu erreichen. So gewöhnt wie Alle an Bord an die verschiedenen Anblicke in allen Teilen der Erde waren, so fühlte doch jeder in gewisser Weise, daß sich hier bald etwas ganz Eigenartiges zeigen würde. Als wir uns näherten, wurde von einem Ende des Schiffes zum andern Kunde gegeben, und die Decks füllten sich mit erwartungsvollen Gesichtern. Wie die Wilmington um den letzten Vorsprung herumdrehte, da bot sich unseren Blicken ein Panorama, welches wir

nie vergessen werden: Der mächtige Amazonenstrom in der ganzen Majestät seiner
Größe, von trüber Färbung, wie er auf seiner viele Meilen breiten Fläche die
riesigen Stämme umgestürzter Bäume dahintrug, die vielleicht tausende von

Auf dem unteren Amazonenstrom.

Meilen von den Bergen Perus herabgeschwommen waren. Als das Schiff graziös
drehte, um gegen die Strömung mit einer Geschwindigkeit von nur 3—4 Meilen
die Stunde anzudampfen, da war die Schlacht gut im Gange; denn gegen diesen
Strom mußte unser Fahrzeug ankämpfen und ihn überwinden, wenn es sein Ziel

erreichen sollte. Bald nach dem Eindrehen in den Hauptstrom konnte man aus einer Lichtung sehen, auf welcher Vieh weidete. Ich beschloß, wenn möglich, frisches Fleisch für die Mannschaft zu beschaffen, da die Gesundheit der Besatzung während einer solchen Reise und in solcher Gegend eine der Hauptsorgen bildet. Eine Gruppe von Hütten kam zu Gesicht, um die sich eine Anzahl Menschen sammelten; allmählig hielten wir dichter ans Ufer, die Wilmington stoppte querab von der Niederlassung und ein Boot mit 2 Offizieren wurde an Land geschickt, um Fleisch zu kaufen. Sowie dasselbe nach Land zu abseßte, floh der Menschenhaufen mit lautem Schreckensgeschrei auseinander, die Frauen mit den kleinen Kindern auf dem Rücken, während die größeren nachrannten und bald zwischen den nahen Bäumen verschwanden. Zwei Männer am Hause versuchten sie zurückzurufen, aber ohne Erfolg. Unsere Offiziere näherten sich dem Hause, setzten ihr Anliegen auseinander und wurden freundlich aufgenommen. Dann wurde ein Horn geblasen; nach kurzer Zeit sah man einen kleinen schwarzen Kopf aus den Büschen hervorschauen, andere folgten, und bald sammelten sich die erschrockenen Eingeborenen unter jubelndem Lachen, als sie hörten, daß wir sie weder totschlagen noch wegschleppen wollten. Bald war das Vieh geschlachtet, an Bord gebracht, und die Wilmington setzte ihren Weg flußaufwärts fort, während die dunkele Nacht die weite Wasserfläche deckte und viele Augen nach vorne ausguck hielten, um dem schwimmenden Treibholz aus dem Wege zu gehen.

Am nächsten Morgen erschien zum ersten Mal, seit wir Para verließen, das erste hohe Land, auch dies nur eine kurze Landspitze, wenige Meilen lang und etwa 200 Fuß hoch, während wir in der Nacht die hellstrahlenden Lichter der Stadt Prainha, 400 Meilen von unserm Ausgangspunkt entfernt, zu Gesicht bekommen hatten. Man würde naturgemäß glauben, daß in dieser Entfernung von der Mündung eine Verengung des Flußbettes zu beobachten wäre. Doch nein — es schien vielmehr immer mehr in die Breite zu wachsen. Unsere Beobachtungen zeigten uns später, daß wir vollkommen die ungeheuren Wasservorräte unterschätzt hatten, welche sich zu dieser Totalmasse vereinigen. Ein Blick auf die Karte zeigt die großen Flüsse Toncatins, Xingu, Tapajos, Madeira, Purus, Teffé, Javari, welche von Süden her dem Amazon zuströmen, während der Negro, Jurua, Japura, Napo von Norden kommen, Flüsse, von denen ein jeder größer und sehr viel tiefer als unser Mississippi ist.

Im Lauf des Tages passierten uns zwei kleine Dampfer stromabwärts gehend, welche der Amazon-Dampfschifffahrts-Gesellschaft gehörten. Nicht weniger als 40 Fahrzeuge sind in dem Verkehr auf dem Amazonstrom beschäftigt, natürlich mit Einschluß der Nebenflüsse. Und hier zum ersten Male sahen wir die Mittel, mit Hülfe derer die Landesbewohner vom oberen zum unteren Teil des Stromes gelangen. Diese sind ein gewöhnliches Floß aus zusammengebundenen Baumstämmen etwa 30 Fuß lang, in dessen Mitte, etwa in ⅓ seiner Länge, eine Art Hütte gebaut ist, dadurch hergestellt, daß man Zweige bogenförmig zusammenbiegt und mit einem Dach von Blättern oder mit einer Art Schwertlilie bedeckt, wie sie im Überfluß an den Ufern wächst. Ein solches Haus soll die Leute vor dem Regen und der Nachtluft schützen; in seinem Innern werden Hängematten von geflochtenem Gras aufgehängt, welche die gewöhnliche Art der Schlafstätte bilden.

Diese Flöße tragen 10—30 Leute, das Arbeiterpersonal zum Einsammeln des Gummis, und fahren viele hundert Meilen stromab. Zu Zeiten sieht man nur eine Familie auf solchem Floß; aber es ist immer die ganze Familie, welche auf 6 Monate während der Gummifikation auf Reisen geht, weit von ihren Wohnungen entfernt lebt und beim Ende der Saison mit dem Dampfer zurückkehrt. Gewöhnlich machen sie während der Nacht am Ufer fest und lassen sich während des Tages treiben. Sie fürchten Zusammenstöße in der Dunkelheit mit Dampfern, da sie selbst keine Lichter führen.

Wir fanden nicht den Überfluß an Vögeln und tierischem Leben, der in dieser Gegend existieren soll. Die Lotsen erklärten es dadurch, daß der Fluß bei seinem hohen Stande die Sandbänke, die sonst bei niedrigem Wasser sichtbar sind, bedeckt und die Alligatoren, zur Flucht in das Dickicht zwingt, wo sie sich auf den umgestürzten Baumstämmen sonnen. Schwärme von Papageien und jener glänzend gefiederten Vogelart „Macaw" kamen oft in Sicht, waren aber sehr scheu. Affen zeigten sich häufig. Ab und zu konnte man eine große Schar derselben im Wipfel eines Riesenbaumes sehen, wo sie Turnkünste trieben und in einer Weise untereinander schwatzten, als ob sie ihrer Verwunderung über ein so merkwürdiges Fahrzeug wie die Wilmington Ausdruck geben wollten. Zahllose Kraniche, Störche und Königsfischer flogen dem Ufer entlang. Aber Vögel von besonders prächtigen Farben kamen nicht zum Vorschein. Wenn sie überhaupt, wie es nach Büchern heißt, existieren, so hatten sie sich fliehend vor der Gier des auf ihr glänzendes Gefieder bedachten Jägers in das Innere der Wälder zurückgezogen.

Am dritten Tage passierten wir die zweite Stadt, Obydos, auch auf einem Hügel gelegen und von Aussehen einer alten befestigten Stadt der alten Welt. Haufen von Menschen säumten die Wasserseite ein, als wir vorbei fuhren, und sahen mit Erstaunen auf das seltsame Schiff daß eine ihnen unbekannte Flagge trug. Es schien, als ob in einer geheimnisvollen Weise die Kunde von unserem Kommen zu den Leuten flußaufwärts gedrungen war. Und wie die Bevölkerung zunahm, so sammelten sich mehr und mehr Leute längs der Ufer, wo sie entweder aus ihren kleinen Hütten hervorsahen oder sich in Gruppen sammelten, die Kinder ängstlich hinter ihren Müttern verborgen, wie auch wir thaten, als wir den ersten Elefanten im Zirkus bei seinem Einzug in die Stadt sahen.

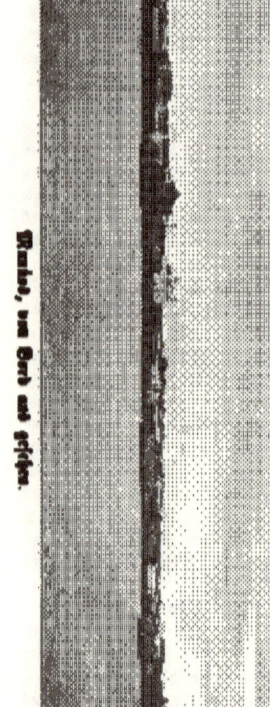

Manaos, vom Bord aus gesehen.

Am vierten Tage kamen wir an der Mündung des großen Flusses Tabachos vorbei, der von Süden zufließt. An seiner Einmündung liegt die alte Stadt Santarem, wo sich eine Anzahl Amerikaner aus den südlichen Staaten nach dem Bürgerkrieg niederließen. Aber nach einer unsicheren Existenz von mehreren Jahren kehrten sie schließlich nach den Vereinigten Staaten zurück, und heutzutage ist nur noch ein Einziger von der Kolonie übrig. Wir machten hier keinen Aufenthalt, da ein solcher auf dem Rückwege beabsichtigt war. Der vierte Tag fand die Wilmington querab von der Mündung des Madeiraflusses, an dessen Ufer die bedeutende Stadt Serpa liegt. Hier kreuzten wir die Grenze zwischen den Staaten Para und Amazonas, beide der großen Republik Brasilien angehörig.

In diesem Teil des Flusses ereignete sich eines jener Vorkommnisse, wie sie auf Flüssen mit Dampferverkehr ganz gewöhnlich sind. 8 Stunden, bevor die Wilmington Para verließ, ging von demselben Ort aus ein Dampfer der Boothlinie mit der Stadt Serpa als Bestimmungsort Anker auf. Zwischen Santarem und jenem Ort kam er rechts voraus in Sicht, und natürlich wollte jeder, daß wir ihn überholen sollten. Der andere anscheinend hatte ebenso den Wunsch voraus zu bleiben. Es war dasselbe Gefühl, welches die Lenker zweier edlen Gespanne auf einer guten Straße zu beleben scheint, und welches hier die Besatzungen der beiden Schiffe ansteckte. Während 12 Stunden war es ein Darauf und Daran, aber allmählig gewann die Wilmington Boden, und genau um Mitternacht passierte sie ihren Rivalen und erreichte schließlich mehrere Stunden früher den Hafen, als sie bei Manaos an der Mündung des Rio Negro, tausend Meilen von Para entfernt, zu Anker ging.

Es war nach Sonnenuntergang, als wir auf den Ankerplatz kamen, und so unterblieb der gewöhnliche Austausch der offiziellen Höflichkeitsbezeugungen bis zum folgenden Tage. Aber große Menschenmassen vor der Stadt sahen mit Erstaunen auf das merkwürdig aussehende Fahrzeug, das, so verschieden von allem Fremden, was sie bis dahin gesehen hatten, mit einemmal in ihrer Mitte auftauchte. Wie die Nacht herniedersank, bot sich uns an Bord ein eben so merkwürdiger Anblick an Land dar. Urplötzlich auf eine Meile längst der Wasserseite hin, leuchtete eine glänzende Masse von elektrischen Lichtern auf, ein Teil des Beleuchtungs-Systems der Stadt, auf welches wir durchaus unvorbereitet waren. Von einem hohen Hügel herab bot diese Ansammlung von verschieden gefärbten Lichtern ein glänzendes Schauspiel auf dem Wasser, das erste Anzeichen einer Stadt mit modernen Verbesserungen mitten im Herzen des südamerikanischen Kontinents. Am nächsten Morgen um 8 Uhr salutierten wir die brasilianische Flagge mit 21 Schuß, was Tausende an das Ufer lockte. Und bald erschienen auch Angehörige unseres eigenen Volkes, um uns zu begrüßen.

Ein einziges Kriegsschiff unserer Nation hatte jemals Manaos besucht, die Enterprise unter Commandeur Selfridge, 20 Jahre früher, sodaß beinahe eine Generation vorüber gegangen war, ohnedaß sich unsere Flagge in den Gewässern des Amazon gezeigt hätte. Wenn man nicht selbst während Jahren in einem fremden Lande gelebt hat, ohne seine Landesflagge zu sehen, kann man die Gefühle eines solchen schwer verstehen. Dankbarkeit, Stolz und eine innere Freude finden in mannigfacher Weise Ausdruck. Und manchmal ist es rührend, die Thräne im Auge eines amerikanischen Landsmannes zu sehen, wie er an Bord, eines unserer Kriegsschiffe kommt und sich dort des Empfanges unter der Flagge freuen darf, die wir alle so heiß lieben. Wir erfuhren bald durch unseren Konsularagenten, daß die Behörden mit Vergnügen die Offiziere der Wilmington in den Gewässern des Staates Amazonas willkommen heißen würden. Nach Abstattung der gewöhnlichen formellen Besuche durch den Kommandanten folgten bald Einladungen zu einer Reihe von festlichen Veranstaltungen durch den Gouverneur und andere. Nach verschiedenen interessanten Punkten wurden Ausflüge unternommen, wobei wir einen Einblick in die erstaunlichen Fortschritte thaten, welche dieser Ort, vor wenigen Jahren noch ein Dorf, in seiner Entwicklung zu einer modernen Stadt gethan hat. Mit Verbesserungen neuesten Stiles, bei einer Bevölkerungszahl von dreißigtausend Menschen mit elektrischer Beleuchtung, und Straßenbahn, Telephonanlage stählernen Brücken, alles Amerikanischen Unternehmungen, deuteten ferner eine in rapider Verbesserung begriffene Wasserver-

Straßenszene in Manáos.

sorgung, Pläne zu einem ausgedehnten Drainagesystem in der Stadt, schöne öffentliche Gebäude, Straßenpflasterung neuester Art, endlich die hoch mit Fracht geladenen Docks auf den wachsenden Reichtum und die Aussichten für eine viel versprechende Zukunft hin. Der Eindruck, welchen der Ort macht, ist am besten aus den Ansichten zu ersehen. Aber ich muß gestehen, daß selbst wir, die wir so viel in der Welt herumkommen, in hohem Maß über diese Stadt erstaunt waren, welche in diesem abseits von der großen Welt gelegenen Teil der Erde solche Fortschritte, eine solche Bevölkerung und so vortreffliche Anlagen aufwies.

Ein Blick auf die Karte zeigt Manaos an der Mündung des Rio Negro gelegen. In Wirklichkeit liegt es 7 Meilen oberhalb des Zusammenflusses des Rio Negro und des Solimoens, und eine scharf gezogene Linie läßt die Vereinigung der beiden Gewässer erkennen. Während der Solimoens gelbliche Färbung zeigt, erscheint der Negro vom Deck des Schiffes aus tiefschwarz, obwohl sein Wasser, in der Hand gesehen, vollkommen klar ist. Die Strömung an dem

Zusammenfluß beträgt in dem Solimoens zwischen 3 und 4 Meilen die Stunde, während sie in dem Negro so gut wie Null ist. Die Thatsache, daß der schnellfließende Strom innerhalb jener vorhin erwähnten Linie vollkommen in Schranken gehalten wird, ist eigentümlich und würde auf eine größere Dichtigkeit in dem anderen Fluß schließen lassen. Das Negro-Wasser besitzt alkalische Eigenschaften, wodurch es sich vorzüglich zum Waschen eignet, ohnedaß man Seife benötigt. Diese Eigenschaft sowohl wie die Farbe werden dem weit überhängenden und teilweise unter Wasser befindlichen Baumwuchs der Ufer zugeschrieben und findet sich nirgends sonst in der ganzen Länge des Amazon. Als Trinkwasser eignet es sich dagegen nicht. Der Rio Negro ist 7—800 Meilen lang und erstreckt sich nach Venezuela hinein, nahezu wenn auch nicht ganz bis zum großen Orinocco hin. Sicher ist es, daß die Venezuelaner bei Hochwasser in großen Kanus bis nach Manaos kommen und zwar nach ihren Angaben aus der Gegend des großen Orinocco. Der Fluß bei Manaos ist mehrere Meilen breit und sehr tief, nahezu 120 Fuß.

Die Brasilianer in Manaos behaupten, daß ihre Stadt an dem Ende des eigentlichen Amazonenstroms liegt; aber dieser Anspruch scheint wenig begründet, und mit ebenso viel oder wenig Recht könnten die Einwohner von Kairo oder Saint Louis in unserem eigenen Lande behaupten, daß der Missisippi an jenen Punkten sein Ende erreicht. Es ist lediglich Lokalstolz, der solchen Ansprüchen das Leben giebt, nicht Thatsache oder Geschichte; denn ich möchte schon hier sagen, daß der Hauptstrom 1600 Meilen flußaufwärts dieselbe Breite und Tiefe besitzt, und daß die Einwohner anderer Städte dieselben Ansprüche auf ebenso guter Grundlage machen. Man darf sagen, daß auch der wirkliche Ursprung des Amazon zur Zeit noch nicht bekannt ist und es vielleicht auch nie sein wird. Die Lösung dieser Frage ist dunkler und schwieriger als wie beim Nil, dessen Kenntnis so viel Jahrtausende sich der menschlichen Wissenschaft entzog. Auf das Ersuchen des Smithsonian-Instituts und auf Instruktionen des Marineministeriums hin begann der Kommandant der Wilmington hier mit der Sammlung lebender Tiere, wie sie sich längs des Amazonenthals finden. Wir ließen unsere Freunde am Land von unserer Absicht wissen und erhielten durch ihre Freundlichkeit mehrere Exemplare. Auf die Fürsprache des Dr. Jaramillo hin schenkte uns Seine Exzellenz der Gouverneur einen hervorragend schönen „Harpyen"-Adler, welcher für den größten und stärksten unter allen fliegenden Vögeln gilt. Ferner erhielten wir unter anderem ein Faultier, Peccary, Coatis, Affen, und kauften ein schönes Exemplar des südamerikanischen Tapirs. Diese sowohl wie andere, welche wir weiter stromaufwärts beschafften, sind jetzt in dem Zoologischen Garten in Washington.

Fische waren nicht im Überfluß vorhanden, und diejenigen, die wir außerhalb des Rio Negro mit dem Angelhaken und der Leine fingen, hatten keine Augen, oder wenigstens waren diese nicht voll entwickelt oder geöffnet. Sie ähnelten äußerlich jenen Fischen, welche wir in den schlammigen Flüssen unserer Südstaaten fangen. Doch giebt es in dem Rio Negro einen merkwürdigen kleinen Fisch, in der Form unserem Hecht ähnlich und sehr gefräßig. Er findet sich schaarenweise in Zügen formiert; sein totes Tier bleibt länger als wenige Minuten im Wasser, bevor es gänzlich verzehrt ist, und die Leute wagen es nie aus diesem Grunde, ohne ausreichende Kleidung zu baden, da ein sicherer Tod die Folge sein würde.

Die Wilmington brauchte zwei Wochen, um ihren Kohlenvorrat aufzufüllen, und während dieser Zeit waren die Offiziere der Gegenstand mannigfacher Gastfreundschaft seitens der Behörden und anderer Leute. In Erwiderung stand das Schiff jedem Besucher offen, und wir versuchten auf jede Weise unseren Dank zu bekunden sowie die Freundschaft unseres Landes für Brasilien und sein Volk an den Tag zu legen. Aber die Kohlen kamen, die Bunker wurden gefüllt, und nachdem wir zwei gute Lotsen für den oberen Lauf des Flusses an Bord genommen hatten, gingen wir am Abend des 6. April Anker auf. Erst dampften wir stromabwärts der Vereinigung des Negro und Solimoens zu, um dann den letzteren aufwärts in Gewässer einzubiegen, die vorher noch nie ein Kriegsschiff durchfahren hatte. Hier sollten wir vordringen, soweit es die Klugheit zuließ. Bis 10 Uhr herrschte eine undurchdringliche Dunkelheit, verstärkt durch die Schatten des dichten Laubgebüsches und der Riesenbäume, innerhalb deren wir uns halten mußten, um den starken Gegenstrom zu vermeiden. Als aber um jene Stunde der Mond im vollen Glanz einer Tropennacht aufging, da bot sich unseren staunenden Augen ein Anblick, wie er nur wenigen Sterblichen gegönnt ist. Inmitten der Todesstille, nur vom Rauschen des Flusses auf seinem Lauf zum Ozean unterbrochen, entfaltete sich mit einemmal eine weite Fläche trüben, sprudelnden Wassers, das auf seiner Oberfläche Treibholz in unzähligen schwarzen Flächen wie kleine Inseln trug, die schnell vorbeitrieben, während wir gegen den Strom ankämpften. Da wir uns nahe dem Südufer innerhalb des Schattens der Bäume hielten, erschien uns vielleicht die gegenüberliegende Seite weiter ab, als sie in Wirklichkeit war. Immerhin war sie in der That meilenweit entfernt, und wenn wir uns vergewisserten, daß wir uns mitten im südamerikanischen Kontinent wie auf einem Binnensee befanden, immer noch westwärts steuernd, so war dieser Gedanke in der That erhebend. Selbst der geschwätzige Lootse schwieg unter dem Eindruck dieses Schauspiels, das auch ihm ein ungewöhnliches war. Ein Anblick für das Leben, der nie vergessen wird. Zufällig, wie es manchmal an Bord vorkommt, hatte sich der größere Teil der Besatzung auf dem Verdeck zusammengefunden, um diesen ungewohnten Anblick zu genießen, aber kein Wort wurde gesprochen; ein Beweis für den Eindruck selbst auf solche, die an merkwürdige Bilder gewöhnt waren. Allmählich gingen sie zur Ruhe, und nur die Posten hielten scharf Ausguck, während wir durch das wogende Wasser in der Dunkelheit unseren Weg fortsetzten. Bei Tagesanbruch langten wir an der Einmündung des Rio Purus an. Von Süden her in den Amazon einmündend, breiter als unser Missisippi bei New-Orleans und zehnmal so tief, fließt dieser große Fluß durch einen Teil Brasiliens, welcher unter die reichsten Gummigebiete gezählt wird. Kleine Flußdampfer verkehren auf ihm, aber noch nie ist er regelrecht erforscht worden. Viele glauben, daß er auf viele hundert Meilen schiffbar sei. Es fehlen mir die Worte, um auch nur angenähert eine Vorstellung von diesen zahlreichen unerforschten, großen Nebenflüssen des größten aller Ströme zu geben. Noch mögen Jahrhunderte dahin gehen, bevor die Menschheit ihre Hülfsquellen, ihren wirklichen Wert und die Möglichkeiten, welche sie bieten, kennen lernt. Gegenwärtig erscheinen sie wie ein geschlossenes Buch, welches erst die Fortschritte in der menschlichen Wissenschaft uns lehren werden zu lesen.

Meteorologische Beobachtungen aus den Deutschen Schutzgebieten.
Von Prof. Dr. R. Dove.

Das Heft IX der von der Deutschen Seewarte gesammelten und herausgegebenen Deutschen überseeischen meteorologischen Beobachtungen enthält wieder die Zahlenreihen einer Anzahl von Stationen aus unseren Schutzgebieten, von denen ich einige der wichtigsten ausgewählt habe, um an dieser Stelle die Ergebnisse mitzuteilen.

1. **Tsingtau, Juli 1898 bis Juni 1899.**
36° 3′ N. B., 120° 17′ O. L., Seehöhe der Station 14. 9 m.

Die aus Tsingtau stammenden Aufzeichnungen dürften augenblicklich des größten Interesses sicher sein. Aus der Fülle der Einzelangaben seien hier wesentlich nur diejenigen wiedergegeben, die für die Leser kolonialer Zeitschriften von besonderer Wichtigkeit sind.

	Temperatur in Celsiusgraden				Rel. Feuchtigkeit in °/₀				Niederschläge	
	8ʰ	2ʰ	8ʰ	Mittel	8ʰ	2ʰ	8ʰ	Mittel	in mm	Tage
Juli (98)	24.6	25.8	23.5	24.6	89	84	81	85	(78.3)¹)	(6)
August	24.8	26.2	24.2	25.1	80	81	88	86	418.4	15
September	22.2	23.9	21.2	22.4	76	67	75	73	04.7	7
Oktober	18.0	20.2	17.0	18.4	68	55	70	64	4.3	2
November	9.8	12.5	9.8	10.7	72	59	69	67	7.4	3
Dezember	2.3	5.1	2.6	3.3	77	64	75	72	8.5	1
Januar (99)	−0.8	2.8	0.4	0.8	78	63	75	71	4.2	3
Februar	1.4	4.8	2.0	2.7	81	70	84	78	8.8	2
März	5.7	9.1	5.7	6.8	72	61	71	68	5.5	4
April	11.9	14.1	10.7	12.2	67	61	70	66	1.8	1
Mai	17.4	19.1	15.8	17.4	79	75	84	79	17.5	7
Juni	21.7	22.6	20.2	21.5	82	78	86	81	105.6	9
Jahr				13.8				74	(754.8)	(60)

Zu der Tabelle ist zunächst zu bemerken, daß die Temperaturmittel aus 8a. + 2p. + 8p. : 3 berechnet sind. Als Regentage sind nur diejenigen Tage gezählt worden, an denen mindestens 0.2 mm Niederschlag gemessen worden ist. Bei der großen Bedeutung, welche den Sommermonaten in Ostasien hinsichtlich der Niederschlagsmenge zukommt, erscheint es nicht angängig, die angegebene Summe (754.8 mm) als der wirklich in dem Beobachtungsjahre gefallenen Regenmenge gleichkommend anzusehen und sie dementsprechend ohne Klammer in die Tabelle einzusetzen.

¹) Die Summe für den Juli ist nicht vollständig, da die Niederschlagsmessungen erst am 9. Juli begannen.

Verweilen wir zunächst einen Augenblick bei den Temperaturbeobachtungen. Sie bestätigen wiederum zweierlei allmählich auch in Deutschland richtig aufgefaßte Thatsachen, nämlich einmal den dem Tropenklima entsprechenden täglichen Gang der Temperatur während der Sommermonate und sodann die außerordentlich begünstigte Stellung, welche Tsingtau und seine nähere Umgebung unter den ostchinesischen Gebieten einnimmt. Die erste Eigenschaft des chinesischen Sommers läßt sich als für das körperliche Wohlbefinden des Europäers wenig angenehm bezeichnen. Leider fehlen in der Beobachtungsreihe gerade für die heißesten Sommermonate die Maxima und Minima, doch läßt sich die verhältnismäßig sehr geringe Tagesschwankung der Wärme auch aus den Unterschieden der Morgen- und der Nachmittags-Temperaturen ersehen. Im Juni 1899 aber, dessen Temperaturmittel annähernd dem des Juli in Budapest entspricht, gab es nur 6 Tage, an welchen die Temperatur 27° überstieg, und nur einmal erreichte sie mit 29,6° einen Wert, wie er in entsprechend heißen Monaten in Mitteleuropa gewöhnlich eine ganze Anzahl von Malen überschritten wird. Dafür sind aber auch die nächtlichen Minima im Sommer sehr hoch; so betrug der durchschnittliche Unterschied zwischen dem Maximum und dem Minimum im Juni 1899 in Tsingtau nur 6.3°. In Berlin aber beträgt z. B. bei größerer Tageslänge der Unterschied zwischen dem Tagesmaximum und dem Nachtminimum im Durchschnitt der Sommermonate 9.1°. Die Nächte kühlten sich in der wärmeren Zeit nur sehr wenig ab. Wenngleich Tsingtau in dieser Beziehung wesentlich den Vorzug vor dem übrigen China verdient, wo z. B. in Taku das mittlere Minimalextrem des Juli 21.5°, das des August noch 17.8° beträgt, ist es doch durch recht warme Nächte während des Hochstandes der Sonne ausgezeichnet. Das vermag man auch aus den Zahlen für den Mai und den Juni zu entnehmen; denn in dem ersten der beiden Monate war das mittlere Minimum bereits auf 14.7° gestiegen, im Juni betrug es gar 18.7°. In der zweiten Hälfte dieses Monats sank das Thermometer in keiner Nacht mehr unter 18° und in derselben Zeit lag es bereits in zwei Dritteln aller Fälle höher als 20°. Das heißt nichts anderes, als daß selbst in dem günstigen und allgemein gerühmten Klima unseres deutsch-chinesischen Hafens die Sommernächte mehr und mehr tropischen Charakter annehmen.

Berücksichtigt man weiter die große Luftfeuchtigkeit, die umgekehrt wie bei uns gerade im Sommer ihre höchsten Werte erreicht, so kann man sich auch auf Grund des Zahlenmaterials der vorliegenden Beobachtungen ein Bild der drückenden Schwüle machen, die in der warmen Zeit in dieser von der mathematischen Tropenzone doch noch recht weit entfernten Kolonie unseres Reiches herrscht.

Durch ein über den Durchschnittssommer der wärmsten deutschen Landschaften hinausgehendes Mittel zeichneten sich vier Monate während des Beobachtungsjahres aus, der Juni, Juli, August und September. Aber schon der Mai und der Oktober kamen in der Höhe ihrer Mitteltemperatur dem Sommer mancher deutschen Gegenden gleich, sodaß die durch feuchte Wärme lästige Zeit einen um so unangenehmeren Einfluß auf den menschlichen Körper ausüben mag, als sie in den zwei heißesten Monaten ungefähr dem am Kamerungolfe herrschenden Mittelwerte gleichkam, mit dem unser Beobachtungsort während dieser Zeit auch hinsichtlich des Dampfgehaltes der Luft nahezu verglichen werden kann.

Ist somit der Sommer nach den vorliegenden Beobachtungen, die durch die Aufzeichnungen weiterer Jahre in ihrem Charakter wohl bestätigt werden dürften, als eine für den Nordeuropäer wenig angenehme Zeit zu bezeichnen, so ist in der entgegengesetzten Jahreszeit, im Winter, Tsingtau entschieden stark begünstigt im Vergleiche mit den nicht so sehr weit entfernten Gebieten des nördlichen China. Das zeigen nicht allein die hier wiedergegebenen Mittel sondern auch die Minimalwerte der Temperatur. Das durchschnittliche Minimum war selbst im Januar nicht niedriger als $-2.7°$, und das absolute Minimum des ganzen Winters war nicht tiefer als $-7.5°$ (am 14. Januar 1899). Von 84 Winterminimis lagen nur 12 unter 5°, und an 33 Tagen hielt sich auch die niedrigste Temperatur höher als 0°. Die Zeit der Fröste scheint ebenfalls ganz wesentlich auf den Winter beschränkt zu sein. Wenigstens in der vorliegenden Beobachtungsreihe ist der letzte stärkere Frost bereits am 12. März eingetreten, also sehr bald nach dem Aufhören der Fröste überhaupt (am 30. März sank die Temperatur eben noch einmal auf 0°). Sollte diese Erscheinung sich in weiteren Beobachtungsjahren als die Regel herausstellen, so wäre dies für gewisse Gartenkulturen von großer Bedeutung.

Der Eindruck der winterlichen Zahlenreihen weicht aber so nicht nur günstig von dem ab, was wir über den Winter von Peking und überhaupt von Nordchina wissen, d. h. dieser ist nicht nur viel milder als dort, sondern die kälteste Zeit unterscheidet sich auch sehr vorteilhaft von den entsprechenden Monaten in Deutschland. Wir sind gewohnt, in der kalten Zeit auch die Periode trübster Witterung zu sehen. Um hier einen Vergleich zu ermöglichen, stelle ich die Bewölkungszahlen für Berlin und für das Beobachtungsjahr von Tsingtau zusammen.

Mittlere Bewölkung	Dezember	Januar	Februar
in Berlin	77	74	71
in Tsingtau	26	33	40

Der Himmel ist also gerade in der kühlen Zeit viel klarer als bei uns, und obwohl Beobachtungen über die Sonnenscheindauer, die gerade in diesem Falle zur scharfen Bestimmung der winterlichen Eigenart von Deutsch-China recht wünschenswert wären, leider nicht vorliegen, kann man doch schon aus dem vorhandenen Material auf die große Klarheit dieser Zeit in jenem Gebiete schließen. Nebel ist, wie es scheint, nicht sehr häufig; ebenso scheint dunstige Bedeckung des Himmels nicht übermäßig oft einzutreten.

Die Niederschläge zeigen in ihrem Gange die völlige Verwandtschaft mit denen der gesamten ostasiatischen Küste. Das äußerst niederschlagsarme Winterhalbjahr und die ausgeprägte Monsunregenzeit während der warmen Monate sind auf das bestimmteste in der Tabelle zu erkennen; die scheinbar verhältnismäßig geringe Niederschlagsmenge des Juli darf nicht Wunder nehmen, da in diesem Monat fast ein Drittel der Tage aus der Beobachtungsreihe ausgefallen ist. Die Zahl für den August indessen zeigt, mit was für tropischen Güssen man in dieser Zeit rechnen muß und die Einzelbeobachtungen bestätigen dies vollauf. Unter den in den vier wärmsten Monaten beobachteten Tagesmengen befinden sich 15, welche eine Regenhöhe von über 10 mm erreichten, darunter 9 mit mehr als 30 mm. 60 mm wurden an 3 Tagen überschritten, und die gewaltige Tagesmenge von 135.9 mm am 5. August 1898 war das Maximum des ganzen

Jahres. Ganz interessant ist ein Vergleich der Windrichtungen in den verschiedenen Jahreszeiten, da er uns die Wirksamkeit des Monsuns in schärfster Weise vergegenwärtigt. Bei dreimaliger täglicher Aufzeichnung ist im Januar nur 27 mal Wind aus südlicher Richtung (SW. bis SO.) verzeichnet. Da von diesen 27 Aufzeichnungen 22 auf die Beobachtungen um 2 Uhr nachmittags und 6 Uhr abends entfallen, und da sie obendrein mit der durchschnittlichen Stärke 1.7 unter dem Gesamtmittel 1.9 liegen, so haben wir in ihnen offenbar den Seewind zu erblicken, also eine Erscheinung ziemlich lokalen Charakters, die sich weiter im Innern kaum noch so stark zeigen dürfte. Daß dies in der That der Fall sein dürfte, zeigt ein Vergleich mit den Temperaturmaximis der Tage, die hier viel höher sind als bei uns; denn die mittlere Tagesschwankung beträgt selbst in diesem kältesten Monat 7.0°.

Im Mai und Juni 1890 sehen wir bereits ein starkes Überwiegen der Winde von SW. bis SO., und auch ihre Stärke ist viel beträchtlicher als im Winter, ja sie übertrifft in vielen Fällen diejenige der winterlichen Winde aus vorwiegend nördlicher Richtung. So wehte im Juni 1899 der Wind in 90 Beobachtungsterminen 60 mal aus südlicher Richtung, und zwar betrug seine Stärke jetzt 2.6. Im Hauptregenmonat, dem August, traten neben nicht seltenen Winden aus rein östlicher Richtung im Gegensatze zu den übrigen wärmeren Monaten sehr häufige Windstillen ein. Ebenso wird in dieser Jahreszeit nicht selten Gewitter verzeichnet.

2. Apia, Januar 1894 bis Dezember 1895.

Die zweijährige Beobachtungsreihe von Apia ist deshalb von großem Wert, weil zwei Temperaturreihen in einem tropischen Küstenort meist genügen, um ein ziemlich zuverlässiges Bild der Wärmeverhältnisse zu geben. Ich lasse deshalb an dieser Stelle als besonders wichtig die Temperaturmittel der Beobachtungsstunden aus beiden Jahren, die mittleren Maxima und Minima, sowie die Niederschlagsbeobachtungen aus den beiden Jahren folgen. Zuvor sei jedoch die Lage von Apia mit 13° 49′ S. B., 171° 45′ W. L. und einer Seehöhe der Station von 4 m angegeben.

Temperatur und Regen in Apia im Mittel der Jahre 1894 und 1895.

| | Temperatur in Celsiusgraden | | | | | Regen in | Zahl der |
	7h a.	2h p.	9h p.	Mittel	Mittleres Maxim.	Mittleres Min.	mm	Tage
Januar	24.2	28.0	25.2	25.7	28.5	23.4	445.0	27.5
Februar	23.8	27.8	24.8	25.3	28.6	(22.4)	325.9	21
März	24.4	28.1	25.1	25.1	28.9	(23.2)	443.2	27
April	24.7	28.4	25.3	25.9	29.1	23.2	254.1	22
Mai	23.0	28.7	24.8	25.6	29.0	22.5	73.7	16.5
Juni	23.4	28.1	21.3	26.0	28.3	23.0	130.6	14
Juli	22.7	27.8	28.9	24.6	(28.3)	(21.0)	116.7	15
August	23.0	27.8	24.3	25.0	—		73.2	11.5
September	23.9	27.8	24.5	25.2	28.5	22.0	120.8	15.5
Oktober	24.8	28.3	25.1	25.8	28.9	22.7	261.2	17
November	24.5	28.2	24.8	25.6	28.8	22.9	235.9	17
Dezember	24.8	28.4	25.9	26.3	28.8	23.7	376.9	23
Jahr	2.41	28.1	24.8	25.5		—	2857.2	227

Die Beobachtungen in Apia sind zwar an einzelnen Tagen ausgefallen; indessen kann man bei der großen Gleichmäßigkeit der Temperatur die meisten Monatsreihen dennoch zur Bildung von Mittelwerten benutzen. Druckfehler haben sich, worauf hier hingewiesen werden mag, offenbar durch Verstellung der Maximalwerte an einzelnen Stellen eingeschlichen, so in den Reihen für den August 1893. Die in der Tabelle eingeklammerten Maximal- und Minimalwerte sind nur den Beobachtungen eines Jahres entnommen, können also nicht den gleichen Wert beanspruchen wie die übrigen Mittel der Zusammenstellung.

Auffallend ist die selbst in der Tropenzone außergewöhnliche geringe Verschiedenheit der einzelnen Monate untereinander; denn der wärmste und der kühlste Monat unterscheiden sich nur um 1.7° von einander, ein bei der an und für sich hohen Durchschnittswärme der einzelnen Jahreszeiten kaum fühlbarer Abstand. Ja, dies muß dem Körper noch weniger, als es nach dieser Zahl scheinen könnte, zum Bewußtsein kommen; denn von einem Monat zum andern ändert sich das Mittel durchschnittlich nur um 0.45°, und die größte Änderung zwischen den Mitteln zweier aufeinanderfolgender Monate beträgt nur 0.8°, während z. B. in Berlin die entsprechenden Änderungen 3.8° und 5.5° betragen, also beide etwa siebenmal so groß sind. Unheimlich berührt diese Gleichmäßigkeit auch, wenn wir die geringen Grenzen betrachten, innerhalb deren die Temperatur überhaupt schwankt. Keine Spur verraten die Zahlen für das Minimum und das Maximum der einzelnen Beobachtungstage von irgendwelchen nennenswerten Unterschieden. In beiden Jahren zusammen wurde, während die Messungen nur in insgesamt etwa ¹/₁ zusammenhängenden Monaten aussetzen, die Grenze von 30° 57 mal erreicht oder überschritten, und zwar kam dies in allen Jahreszeiten vor. Das absolute Maximum von 31.0° wurde sowohl im März wie im Oktober 1894 beobachtet. Recht unangenehm muß es sein, daß bisweilen mehrtägige Perioden hoher Maxima vorzukommen scheinen, bei denen die Luftfeuchtigkeit dennoch nicht sinkt, sodaß dann wahrscheinlich eine brückende Schwüle herrscht. So stieg das Thermometer in Apia vom 24. bis zum 30. Dezember 1895 täglich auf mehr als 30°, und gleichzeitig war die relative Feuchtigkeit der Luft um 2ʰ p m, höher als in den vorhergehenden kühlern Perioden, und sie war mit 81%, auch absolut hoch zu nennen.

Nicht selten sinkt das Minimum unter 20° herab, und zwar scheint dies vorwiegend im Halbjahr von Mai bis Oktober der Fall zu sein (hier fehlt leider besonders 1895 eine längere Reihe von Notierungen gerade während dieser Jahreszeit). In der nicht ganz vollständigen Reihe ist dies doch mehr als dreißigmal der Fall gewesen, und zwar kann in einzelnen Fällen ziemlich große Abkühlung, allerdings nur als Ausnahmeerscheinung, zu Stande kommen. Zwölfmal lag die niedrigste Temperatur unter 19°, unter 18° freilich nur einmal, als im Juni 1894 das absolute Minimum der ganzen Reihe mit 18.9° notiert wurde.

Die relative Feuchtigkeit ist zu allen Jahreszeiten hoch. Da sie ebenso wie die Windrichtung nichts für die koloniale Praxis besonders Bemerkenswertes bietet, können wir sie hier vernachlässigen. Die Stärke 7 ist bei dreimaligen täglichen Aufzeichnungen in beiden Jahren zusammengenommen nur 6 mal beobachtet worden und zwar stets bei östlichen Luftströmungen. Man darf sich also keineswegs in der Erinnerung an die schweren Katastrophen, welche sich in diesen Gewässern von Zeit zu Zeit ereignen können, die Samoainseln als eine Gegend vorstellen, in der heftige Stürme eine häufige Erscheinung seien.

Die Niederschläge, die zum größten Teil in das südliche Sommerhalbjahr fallen, sind von tropischer Ergiebigkeit nicht allein hinsichtlich ihrer Höhe, sondern auch mit Rücksicht auf die Häufigkeit sehr großer Tagesmengen verdienen sie diese Charakterisierung. Als Regentage sind auch hier nur diejenigen gezählt, an denen mindestens 0,2 mm gemessen wurden, und unter den 154 Niederschlagstagen waren allein 23 mit mehr als 60 mm Regenhöhe, davon 22 in den beiden Sommerhalbjahren (auch der eine Ausnahmefall ereignete sich in den ersten Tagen des April), und an 7 Tagen wurde, ebenfalls die Beobachtungen beider Jahre zusammengerechnet, die Regenhöhe von 75 mm überschritten. Der regenreichste Tag war ein solcher mit 77.1 mm Gesamtmenge. Der Gang der Bewölkung schließt sich mit Maximum und Minimum dieses Faktors der Niederschlagsverteilung zeitlich an.

3. Ralum, Neu-Pommern im Bismarckarchipel.
4° 19′ S. B., 152° 15′ Ö. L.

Ist auch in der Tabelle die Seehöhe nicht angegeben und fehlen auch Barometerbeobachtungen, so kann nach den Angaben der Lage die Meereshöhe der Beobachtungsstation nur unbedeutend sein.

Beobachtungen aus dem Jahre 1895.

	Temperatur in Celsiusgraden						Niederschläge	
	7h a.	2h p.	9h p.	Mittel	Extreme Min.	Max.	in mm	Tage
Januar	24.0	29.1	25.4	26.2	31.1	23.1	240.7	21
Februar	23.9	28.4	24.6	25.4	30.7	22.1	183.8	15
März	23.9	28.7	24.5	25.4	30.7	22.5	199.8	17
April	25.1	29.3	24.8	26.0	31.3	22.8	138.0	12
Mai	24.5	29.8	24.9	26.0	31.5	22.7	91.6	6
Juni	25.8	30.8	24.8	26.6	32.2	23.5	15.0	3
Juli	25.4	32.6	24.9	27.0	33.6	23.5	14.8	4
August	24.7	31.0	24.9	26.4	32.5	22.1	120.6	7
September	24.7	30.4	24.4	26.0	31.2	23.2	67.8	7
Oktober	24.8	29.8	24.2	25.9	30.4	22.2	60.0	7
November	24.0	28.9	24.5	25.7	30.6	21.9	161.0	10
Dezember	24.0	29.4	24.7	25.0	30.5	22.4	238.6	14
Jahr	24.8	29.9	24.7	26.0	31.4	22.7	1631.2	128

Es sei hier bemerkt, daß die Originaltabelle der Seewarte versehentlich für die 9 Uhr Beobachtung der Temperatur ein Mittel von 27.9 angiebt. Die Temperaturmittel sind nach (7a. + 2p. + 2 × 9p.) ¼ berechnet.

Die Temperatur ist auch an diesem Hafen der Südsee außerordentlich hoch, und zwar entspricht sie mit 26° im Beobachtungsjahr ungefähr dem in diesem Teile des Großen Ozeans herrschenden Mittelwerte, wie denn ja oben daran erinnert wurde, daß die Abweichungen der einzelnen Jahre vom langjährigen Mittel in dieser Zone weit geringer zu sein pflegen als in anderen.

Auffallend hoch im Vergleich mit den so verrufenen, an der afrikanischen Küste herrschenden Temperaturen sind die Maxima, die weit über das herausgehen, was wir beispielsweise über die höchsten Wärmegrade von Sansibar (mittleres Jahresmaximum 31.7°, absoluter Maximalwert in 5 Jahren 32.6) oder von Mombassa wissen. Ebenso auffallend, aber bei der Höhe dieser Maxima erklärlich ist die für ein tropisches Inselgebiet geringe relative Feuchtigkeit der Luft. In der Jahreszeit der höchsten Nachmittagswärme entspricht dieser eine verhältnismäßig geringe relative Feuchtigkeit. Daß diese stärkste Erhitzung in die Zeit des Südwinters fällt, darf bei der äquatorialen Lage des Ortes nicht Wunder nehmen. Während z. B. vom Dezember bis Februar die um 2 Uhr Nachmittags beobachtete Temperatur nur 29,0° betrug, war die relative Feuchtigkeit um dieselbe Stunde 73%; im Juli und August in denen die 2 Uhr-Beobachtung 32,6° und 31,0° ergab, betrug dagegen der gleichzeitige Stand der relativen Feuchtigkeit nur 68 und 66%. Man kann also daraus schließen, daß die größere Hitze in dieser Zeit durchaus nicht schwerer zu ertragen sein wird, als die zwar geringere, aber dafür auch wahrscheinlich drückendere Nachmittagswärme der Hauptregenmonate. Auch muß betont werden, daß in den Monaten um den Jahreswechsel die Windstärke in den Nachmittagsstunden geringer ist (2,4) als um dieselbe Tageszeit während der Monate, die sich durch größere Wärme eben dieser Stunden auszeichnen; denn sie betrug im Juli und August 3,5, ein Unterschied, den der Körper schon recht deutlich empfindet. Berücksichtigt man ferner, daß die Tagesschwankung der Wärme von Dezember bis Februar nur 8,3°, von Juni bis August dagegen 9,8° betrug, so kann man annehmen, soweit das vorliegende Material überhaupt solche Schlüsse zu ziehen gestattet, daß das Klima dieses Teiles unsrer Südseebesitzungen in der heißeren Zeit sich dennoch ebensogut erträgen lasse als in der doch auch nur um weniger kühlern Regenzeit.

Allerdings darf nicht unerwähnt bleiben, daß die Temperatur trotz der Küstenlage des Ortes bisweilen recht hohe Werte erreichen kann. Während vom Oktober bis März das Maximum nur an 4 Tagen mehr als 33° betrug, überstieg es in den sechs andern Monaten diesen Grenzwert an 34 Tagen, darunter 17mal während des Juli und August die Höhe von 34°, und an 6 Julitagen erreichte und überstieg es sogar 35°. Das absolute Maximum am 16. Juli erreichte sogar die an normalen Tropenküsten gewiß höchst seltene Höhe von 35,7°.

Die nächtlichen Minima gehen nur selten unter 22° herab. In der Zeit von Oktober bis März war dies 55mal, in der andern Jahreshälfte nur 23mal der Fall. Doch scheinen die kühlsten zwischen 20 und 21° liegenden Temperaturen eher zu der andern Jahreszeit vorkommen zu können; wenigstens entfallen von diesen Minimis nur 3 auf die Zeit von Oktober bis März, dagegen 9 auf die übrigen Monate. Das absolute Minimum betrug 20,1° und fiel auf den August.

Die Niederschläge zeigten in ihrer Verteilung über das Jahr eine deutlich ausgeprägte Regenzeit während des Sommerhalbjahres der Südhalbkugel, ohne ein besonders hervortretendes Maximum zur Zeit des höchsten Sonnenstandes. Wir haben daher in den Regen dieses Gebiets wohl noch die Wirkungen des Nordwestmonsuns zu sehen. Von den 85 nachmittägigen Windnotierungen in den drei Sommermonaten entfallen allein 62 auf den Quadranten N–W, die meisten sogar unmittelbar auf NW, so daß unsre Ansicht damit volle Bestätigung erhält. Auf das Sommerhalbjahr entfallen insgesamt über 70%, der Jahressumme. Dabei dürfen wir uns durch die hohe Regenmenge des August nicht zu falschen Schlüssen über die Niederschlagsverteilung verleiten lassen; diese ist lediglich die Folge eines einzigen, höchst wahrscheinlich in seiner vereinzelten Erscheinung abnorm dastehenden Regentages mit einer Tagessumme von 85 mm.

Recht bedeutende Tagesmengen sind allerdings öfters notiert, so wurden 50 mm an 8 Tagen überschritten, was meist im Sommer geschah. Die größte Regenmenge an einem Tage wurde am 22. Februar mit 95.5 mm gemessen.

4. Kamerun.

Das Heft IX der Seewarte enthält weiter die Beobachtungen der Kamerunstation vom 1. April 1890 bis zum 31. März 1891. Leider sind dieselben in vieler Hinsicht unvollständig, sodaß ich darauf verzichten muß, die Temperaturen in einer genaueren Tabelle mitzuteilen. Da indessen die Kameruner Verhältnisse durch von Danckelmans Verdienst den dafür interessierten Kreisen nicht allein durch die „Mitteilungen aus den deutschen Schutzgebieten" in größerem Umfange bekannt geworden sind, sondern auch schon in so wichtige Handbücher wie Hanns Klimatologie übergegangen sind, so kann füglich auf die Wiedergabe der Zahlen für ein einzelnes Jahr hier und bei der folgenden Station Batanga verzichtet werden. Höchstens einzelne Bemerkungen seien gestattet, namentlich im Hinblick auf die Thatsache, daß das ganze Küstenland der Kamerunkolonie zu den regenreichsten Gebieten der Erde gehört.

Obwohl die Regenmessungen im Januar 1892 nicht ganz vollständig waren — es fehlen zwei Tage — kann man die Beobachtungssumme doch als ziemlich genau einer Jahressumme entsprechend ansehen, da ja der fragliche Monat zu den trockensten in diesem Gebiet gehört. 4314 mm, also eine ganz erstaunliche Jahresmenge, wurde in der betreffenden Periode an der Kamerunstation gemessen, und sie verteilte sich in der Weise, daß auf das Sommerhalbjahr der Nordhalbkugel, also auf die Zeit vom April bis zum September, fast 75%. der gesamten Jahresmenge kamen. Ungeheuer groß ist ferner die Regendichte, d. h. die mittlere Menge des an jedem Tage gefallenen Regens, selbst in der Trockenzeit, wenn anders diese Bezeichnung hier überhaupt gebraucht werden darf, betrug sie 14,3 mm an zusammen 78 Tagen, während Berlin selbst in seinem regenreichsten Monat, dem Juli, nur eine solche von 5,4 mm aufweist. Im Sommerhalbjahr der nördlichen Halbkugel dagegen erreichte sie an insgesamt 165 Tagen eine Größe von 20,7 mm. Das bedeutet in Worten ausgedrückt, daß es in Kamerun an den weitaus meisten Tagen der Regenzeit von 1891 etwa viermal so stark regnete wie an einem Juliregentage in Berlin. In den drei Monaten Juli, August und September gab es in jenem Jahre überhaupt nur einen einzigen Tag, an dem es nicht regnete!

Der Niederschlagstage mit mehr als 50 mm Regenhöhe waren es in Kamerun 1891 24, von denen 18 auf die sommerliche Hälfte des Jahres kamen. Eine Regenhöhe von 100 mm wurde 5 mal in derselben Jahreszeit und einmal in dem mit ihr noch in einem gewissen Zusammenhange stehenden Monat Oktober überschritten, bisweilen um eine ganz beträchtliche Größe, wie das am 7. Juli eingetretene Maximum des ganzen Jahres mit einer Höhe von 187.0 mm zeigt.

Die Folge der so außerordentlich großen atmosphärischen Wassermassen und der mit ihnen unmittelbar zusammenhängenden dichten Bewölkung ist eigentlich eine Umkehrung der Jahreszeiten, welche der Laie hier erwarten würde. Obwohl die Station nur 4° nördlich vom Äquator liegt, ist hier die höchste Tagestemperatur hier mehrere Monate hindurch für eben diese Lageverhältnisse außerordentlich niedrig. Im Juli war das Mittel der um 2 Uhr nachmittags angestellten Beobachtungen nur 25.0°, im August 25.2°. Höchst gering war in dieser

Zeit die Tagesschwankung der Wärme (in diesem Falle, da Maximalbeobachtungen fehlen, der Unterschied zwischen dem Minimum und der 2 Uhrbeobachtung, der sich indessen in dieser Zeit nicht sehr von dem wahren Werte dieses Faktors entfernt haben dürfte), denn sie betrug nur 3° im Juli und auch im August nur 3.6°, während sie z. B. in dem ziemlich trockenen Februar auf 6.2° (Unterschied derselben Werte und nicht des Maximums und Minimums) anwuchs. Während ferner die relative Feuchtigkeit in dem eben genannten Monat um 2 Uhr nachmittags den zwar auch sehr hohen Wert von 84°/₀ hatte, betrug sie im Juli 90°/₀. Die Luftbewegung dagegen war in der Regenzeit stärker als man meinen sollte; denn ihr durchschnittlicher Betrag erreichte in der betreffenden Jahreszeit um die Nachmittagsstunden 2.9, und die Richtung des nachmittags herrschenden Windes entsprach im Allgemeinen dem Monsun.

5. Balanga.

Hier mögen auch die Zahlen für Groß-Balanga erwähnt werden, die sich auf die Zeit vom Januar 1893 bis zum November desselben Jahres beziehen. Leider sind die Aufzeichnungen hier noch lückenhafter als in den Beobachtungsresultaten von Kamerun; doch sind immerhin die Regenbeobachtungen der elf Monate vollständig. Da der Monat Dezember, der in dieser Reihe nicht enthalten ist, zu den weniger regenreichen Monaten gehört, so kann man die vorliegenden Ergebnisse der Barangamessungen wenigstens dazu benutzen, ein Bild der Häufigkeit bestimmter großer Regenmengen zu entwerfen, das wenigstens ungefähr dem wahren Verlaufe dieses ganzen Jahres entsprechen dürfte. In den 11 Monaten, deren Messungen hier mitgeteilt werden, fielen 4107,7 mm. Die Zahl der Regentage läßt sich in diesem Falle nicht genau angeben, weil, wie es scheint, öfters erst nach mehreren Tagen das Auffanggefäß abgezapft wurde. Immerhin mag erwähnt werden, daß im Gegensatz zur Kamerunstation trotz mehrfach sehr großer Monatsmengen nur einmal eine sicher an einem Tage gefallene Regenhöhe von über 100 mm gemessen wurde, diese allerdings in dem außerordentlich großen Betrage von 180 mm, also etwa ebensogroß wie der oben für Kamerun angegebene Maximalwert der dort beobachteten Reihe.

6. Walfischbai.

Die Beobachtungsreihe von Walfischbai ist leider ebenfalls nicht vollständig. Sie umfaßt die Zeit vom 1. Januar 1896 bis zum 31. Dezember desselben Jahres, weist jedoch vom 17. April bis zum 10. Mai eine völlige Lücke auf, wahrscheinlich infolge dienstlicher Abwesenheit des Beobachters, des Missionars J. Boehm, von dem auch die früheren Beobachtungen herrühren.

Die Temperaturen hier in tabellarischer Anordnung wiederzugeben, will ich unterlassen. Ich möchte zur Begründung hinzufügen, daß, trotzdem ich an mehreren Stellen auf die fehlerhafte Aufstellung der Instrumente gerade an dieser so wichtigen Stelle aufmerksam gemacht habe, eine Änderung der Aufstellung bisher nicht vorgenommen ist. Man kann daher die hier wiedergegebenen Temperaturzahlen wohl benutzen, um sich ein Bild vom Gange, nicht aber, um sich ein solches von der wahren Höhe dieses wichtigen Faktors zu machen; denn wie in dem hier bearbeiteten Heft ausdrücklich mitgeteilt ist, ist eine Änderung in der Aufstellung der Instrumente nicht vorgenommen worden. Damit ergeben die hier wiedergegebenen Beobachtungen ebenso wie die früheren offenbar zu hohe Temperaturen; denn der Kasten mit den Instrumenten ist gegen die vorherrschend aus südlicher

Richtung wehenden Winde vollständig geschützt und befindet sich außerdem unter einem Schutzdach, das die Ausstrahlung mehr, als wünschenswert ist, hindern muß. Bereits an mehreren Stellen habe ich Gelegenheit genommen, auf die fehlerhafte Aufstellung der Instrumente aufmerksam zu machen, und es ist umsomehr zu bedauern, daß meiner Anregung einer Änderung nicht Folge gegeben ist, als wir erst neuerdings in Swakopmund eine Station besitzen, sodaß wir über die meteorologischen Verhältnisse der Nordküste von Südwestafrika etwas nach jeder Richtung Zuverlässiges noch nicht wissen.

Der Luftdruck dieses Gebietes kann noch als am besten bekannt bezeichnet werden. Selbst in den Sommermonaten, in denen er seine niedrigsten Werte erreicht, hält er sich in ziemlich beträchtlicher Höhe; denn er beträgt in der hier in Frage kommenden Reihe in den drei (südlichen) Sommermonaten, also im Dezember, Januar und Februar 760,5 mm und erreicht in den drei Wintermonaten, Juli und August*) den hohen Durchschnittswert von 765,1 mm.

Walfischbai besitzt ein richtiges Seeklima, und die herrschenden Windrichtungen allein würden einen Schluß hierauf zulassen. Winde aus reiner Landrichtung sind eine äußerst seltene Erscheinung, und in der ganzen vorliegenden, mehr als zehn Monate umfassenden Reihe, sind solche in den Mittagsnotierungen (hier um 1ʰ p. m. statt um 2ʰ p. m.) nur 8 mal verzeichnet! Wenn sie herrschen, nehmen sie, worauf bereits von Dandelman aufmerksam gemacht hat, nicht selten die Eigenschaften eines Föhnwindes an, und in der That finden wir auch in der vorliegenden Reihe dies in ausgesprochener Weise besonders während einer Periode vom 1. bis 8. Juli bestätigt, während welcher Zeit in den Morgenstunden immer und mehrmals in den Mittagsstunden reine Landwinde herrschten. Gleichzeitig sank bereits in den Morgenstunden die relative Feuchtigkeit, die sonst in dieser Tageszeit sehr bedeutend ist, auf sehr geringe Werte und erreichte in den Mittagsstunden einigemale einen Stand, wie man ihn sonst erst weit im Innern beobachtet. Der föhnartige Wind des Juli 1890 läßt diesen seinen Charakter aber auch an den hohen Wärmegraden der Mittagszeit erkennen; denn am 6. Juli stieg die Temperatur auf 29,2°, am 7. erreichte sie 30,2° und am folgenden Tage 33,1°, während sie am 20. Juni, ebenfalls einem Tage mit Ostwind, gar den außergewöhnlich hohen Wert von 33,8° erreicht hatte. Dabei muß man berücksichtigen, daß die Wärme um 1 Uhr mittags in den 8 Monaten des höchsten Sonnenstandes nur an durchschnittlich jedem neunten Tage einmal den Grenzwert von 25° erreichte oder überstieg. Auch die schwere Bedeckung des Himmels mit dichtem Gewölk, das jedenfalls viel häufiger, als in der Tabelle angegeben ist, die Bezeichnung von Nebelgewölk verdient, geht aus den Zahlen der betreffenden Reihen hervor. Als wünschenswert zu bezeichnen wäre hier eine Ausdehnung der Beobachtungen auf die Dauer der Wolkenbedeckung und gleichzeitig die Einbeziehung der Bedeckung des Horizontes, die hier eine viel größere Rolle spielt als in den übrigen afrikanischen Gewässern, wie Verfasser aus in verschiedenen Jahreszeiten gewonnener Erfahrung angeben kann.

---

*) Aus dem Juni liegen, wohl wegen Abwesenheit des Beobachters, keine Aufzeichnungen vor.

Frankreich in Westafrika.

I.

In einem Blaubuch über die französischen Kolonien bemerkt der britische Botschaftssekretär Austin Lee: „Die koloniale Ausbreitung Frankreichs ist vielleicht eine der bemerkenswertesten Erscheinungen der zeitgenössischen Geschichte dieses Landes". In der That hat sich die Bildung, oder vielmehr die Neubildung des französischen Kolonialreiches in der Hauptsache erst nach 1870 vollzogen. Der ungeheure Besitz, auf den Frankreich im 18. Jahrhundert blickte, war beim Zusammenbruch des ersten Kaiserreiches fast ganz verloren gegangen, nur einen kleinen Teil vermochte es zu retten. Zu den Bruchstücken kam zunächst Algerien, es folgten Neukaledonien, Tahiti und Cochinchina. Die Erwerbung dieser Gebiete geschah indes völlig planlos, und erst die dritte Republik ging mit der Erweiterung und Sicherung des Kolonialbesitzes zielbewußt vor, namentlich in den 1880er Jahren, wo sie unter dem Einfluß des vielgeschmähten Jules Ferry Tonking erwarb und dadurch das Gebiet in Ostasien abrundete, ihre Schutzherrschaft über Tunesien verkündete und damit die Vorherrschaft in Nordafrika gewann, während gleichzeitig französische Forscher, an ihrer Spitze Savorgnan de Brazza, in Mittelafrika die Begründung der französischen Kongokolonie einleiteten. Nunmehr reifte auch der Plan, diese Kolonie mit den älteren Besitzungen an der afrikanischen Westküste einerseits und Algerien und Tunesien andererseits durch eine ununterbrochene Kette von französischen Gebietsteilen zu verbinden. In den 1890er Jahren kamen die französischen Forscher und Soldaten an den Nigerbogen bis nach dem trotz Heinrich Barth und Oskar Lenz noch sagenhaften Timbuktu, dann rückten sie den Niger abwärts vor und setzten sich durch Verträge und Anlage kleiner Forts in den Besitz des ferneren Hinterlandes ihrer eigenen Kolonien, setzten sich auch im Hinterlande der andern Mächte fest, so zwar, daß beim Abschluß der Grenzverträge mit Deutschland und Großbritannien die far la francese ihrer jugendlichen Pioniere einen reichen Lohn fand. Wenn auch der weitere Plan, Frankreich von der Westküste bis zur Ostküste, im Kreuz über die von Cecil Rhodes geplante Eisenbahn Kap-Kairo zu führen, an dem Widerstand der Briten beim Erscheinen Marchands in Faschoda gescheitert, Frankreich somit nicht mehr in der Lage ist, dem befreundeten Abessinien und seinem eigenen Somaliland vom Binnenlande aus die Hand zu reichen, so befindet es sich doch, kraft des Vertrages von 1899, der ihm die muhammedanischen Kleinstaaten im mittleren Sudan mitsamt der Saharawüste zuspricht, im Besitz einer Grenzlinie, die vom tripolitanischen Hinterlande bis zum Norden des belgischen Kongostaates reicht und alles Land westlich von dieser Linie seinem Einfluß oder seiner Verwaltung überläßt. Dermaßen, daß im Westen, von Marokko ausgehend, die fremden Besitzungen: die spanische Kolonie Rio de

3

Oro, Britisch-Gambia, Portugiesisch-Guinea, das britische Sierra Leone, der Negerfreistaat Liberia, die britische Goldküste, Togo, die britischen Kolonien Lagos und Nieder- und Ober-Nigeria, Kamerun und Spanisch-Guinea trotz ihrer Ausdehnung fast wie bloße Einschlußgebiete in dem neuen französischen Kolonialreich erscheinen, das sie an der Küste fast alle begrenzt und sie alle im Hinterlande in mehr oder weniger weitem Bogen umspannt. Wie in Nordafrika ist Frankreich auch hier die Vormacht. Das Glück war ihm so günstig, daß auch die letzte große, sehr gewagte Operation gelang, die zur Festigung des Besitzstandes notwendig war: das Zusammentreffen der drei Expeditionen am Tschadsee. Foureau und Lamy waren von Algerien aufgebrochen und durch die Wüste marschiert, nach zwei Jahren erreichten sie ihr Ziel. Vom Senegal waren die Hauptleute Voulet und Chanoine mit schwarzen Schützen ausgezogen; nachdem sie an ihrem Vorgesetzten Oberstleutnant Klobb zum Mörder geworden waren und einen abenteuerlichen Tod gefunden hatten, setzten Joalland und Meynier die Expedition glücklich fort. Der Kommissar des Kongogebietes, Gentil und Hauptmann Reibell, erreichten den See über den Scharifluß. Südlich vom See, auf Kameruner Gebiet, verfolgten und schlugen diese vereinten Streitkräfte den Eroberer Rabbeh, der vom östlichen Sudan hergekommen war und ein Reich gegründet hatte, mit dem er die Pläne der Franzosen ebenso zu durchkreuzen gedachte wie sie diejenigen der Briten, und wobei er auch Kameruner Gebiet bedrohte. Rabbeh fiel im Kampfe. Einer seiner Söhne, Fadelallah, setzte den Widerstand fort, wurde aber im Frühjahr 1901 ebenfalls geschlagen und fand dabei den Tod, und zwar auf Kameruner Gebiet bei Dikoa nachdem er unser Gebiet — wie es heißt bis Yola, — und das auf Britisch Nord-Nigeria übergreifende Reich Bornu unsicher gemacht hatte. Dieses Vorgehen der Franzosen am Tschadsee hat für uns auch eine Kehrseite indem, wie General von Bartenwerfer auf der Lübecker Hauptversammlung der Kolonialgesellschaft hervorhob, die Franzosen in der Lage sind, uns in wirtschaftlicher Hinsicht das Fett von der Suppe in einer für den Handel vielversprechenden Gegend abzuschäumen.

Große militärische Maßnahmen sind für Frankreich noch lange Zeit erforderlich. Zu den 488 000 Mann der Friedensstärke in der Heimat kommt eine Kolonialarmee von 140 000 Mann. Es ist dies ein Verhältnis von 78:22 %, was den Berichterstatter für das sechsjährige Budget, den früheren Kolonialgouverneur Le Myre de Vilers, zu folgender Bemerkung veranlaßt: „Wenn wir in Europa eine Niederlage erleiden, laufen wir Gefahr, unsere überseeischen Besitzungen zu verlieren; ein Sieg in Asien oder Afrika würde eine Niederlage an der Ostgrenze keineswegs ausgleichen". Von den Ausgaben für die Verteidigung zu Wasser und zu Lande kommen 400 Millionen Mark oder 73 %, auf Frankreich und 152 Millionen oder 27 %, auf die Kolonien. Für Westafrika betragen die militärischen Ausgaben, die das Budget des Mutterlandes trägt, 11—12 Millionen Mark jährlich. Beim Anbruch einer größeren Gefahr wäre die zum Teil aus europäischen Truppen bestehende algerische Armee von 53 500 Mann berufen, das neue Kolonialreich zu verteidigen; ihr fällt schon jetzt die Aufgabe zu, Algerien nach Süden auszubreiten, um die Verbindung mit dem westlichen Sudan durch die Sahara zu ermöglichen. Dazu ist vor allem eine Eisenbahn notwendig, deren Hauptvorkämpfer der bekannte Volkswirt und Kolonialpolitiker Paul Leroy-Beaulieu ist, und die trotz der Unwirtlichkeit der Wüste nicht ausschließlich als strategische Bahn aufgefaßt wird. Es kommen für die Verbindung nach dem Tschadsee und Timbuktu mehrere Strecken in Betracht, allein die westlichste, vom Süden der algerischen Provinz Oran aus über die Tuatoasen ist die wahrscheinlichste. Einstweilen erhält trast eines kürzlich ergangenen Gesetzes die letzte Strecke, Ain-Sefra-Djenien-Bureßg dem marokkanischen Grenzgebiet entlang eine Fortsetzung von 1000 km in der Richtung nach Jgli. Als Saharabahn erweist sie sich, entsprechend dem bisherigen Vordringen, als die natürliche strategische Linie und mit Bezug auf die Ausführbarkeit hat die Expedition Foureau-Lamy erkannt, daß auf der künftigen Strecke, über die Tuatoasen, mehr Wasser im Boden vorhanden ist als sonst in der Wüste¹).

Die neue politische Ordnung auf Grund des englisch-französischen Vertrages von 1899 und der Wiedereroberung des ägyptischen Sudans hat eine Verschiebung des Karawanenverkehrs in der Wüste zur Folge gehabt. Die Festsetzung der Franzosen in Timbuktu hat diesem Verkehr auf der westlichen Strecke, derjenigen, die für die Eisenbahn inbetracht kommt, ganz bedeutend gehoben.

Die vier westafrikanischen Kolonien und Französisch-Kongo wiesen vor der jetzigen politischen Einteilung folgende annähernde Areal- und Bevölkerungszahlen auf:

	Flächeninhalt.	Bevölkerung.
Senegal und Sudan	470 000 qkm	4 522 352 Einwohner
Guinée	238 350 „	1 500 400 „
Elfenbeinküste	310 000 „	2 400 000 „
Dahome	152 000 „	1 000 „
Sudanische Militärbezirke	465 00 „	(fehlt)
Französisch-Kongo	600 000 „	1 500 000 „

Eine im Jahre 1899 vorgenommene neue Gebietseinteilung hat jeder der vier westafrikanischen Kolonien das anstoßende Hinterland zur Verwaltung übergeben und weiter nördlich in den Territoires militaires du Soudan eine Art Militärgrenze errichtet. Dieses Gebiet ist dem Generalgouverneur für Westafrika unterstellt und in drei Bezirke eingeteilt: Timbuktu, Sinder und Say. In diesen Bezirken stehen 8 500 Mann, wovon 4 760 Eingeborene. Dazu kommt noch ein vierter, vom Kongo aus regierter Militärbezirk mit den Gebieten am Ubanghi und Schari bis zum Tschadsee. Zwischen Say am Niger und Sinder im Haussalande ist kein ordentlicher Verkehr über französisches Einflußgebiet möglich. Die durch den Vertrag von 1890 erfolgte Auseinandersetzung mit England hat letzterem die wertvolleren Gebiete zugesprochen; und der englische Besitz schiebt sich gerade zwischen Say und Sinder weiter nach Norden vor. Man empfindet dies gegenwärtig in Frankreich als einen Uebelstand und möchte eine Grenzregulierung herbeiführen. Einstweilen ist der Kommandant des Bezirkes Sinder bestrebt, Verbindungen mit Agades, dem Hauptort der Landschaft Air, anzuknüpfen, um den Karawanenverkehr zwischen beiden Ortschaften herzustellen.

Frankreichs Einflußgebiet reicht kraft des Vertrages von 1899 bis zum Nilbecken. Dem Scharibezirk zunächst liegt, östlich vom Fluß, das Sultanat

---
¹) Über die Feldzüge in der Sahara und die Bahnprojekte s. Kurchhoff: „Das französische Kolonialreich in Nordafrika und die transsaharische Eisenbahn", in der Geographischen Zeitschrift, 11. Heft, 1901.

Bagirmi, ein sumpfiges, von muhamedanischen Negern bewohntes Land, dessen Herrscher seit 1897 mit den Franzosen verbündet ist. Er hat sich zur Annahme eines französischen Residenten in seiner Hauptstadt Maffenia verstanden; der Resident war indes durch Rabbeh vertrieben worden. Bei den Kämpfen mit letzterem waren die Krieger Bagirmis auf Seiten der Franzosen. Der weiter östlich gelegene, zwei Millionen Einwohner zählende Staat Wadai hat noch keine engere Beziehungen zu den Franzosen. Die Vorgänge, die zuletzt zur Vertreibung des Sultans Ibrahim führten, bedürfen noch der Aufklärung. Die Ausgaben Frankreichs für den oberen Senegal und den mittleren Niger betragen 1,1 Mill. ohne den Eisenbahnbau, die für das Scharigebiet 1'', Mill. Fr.

Was die Verwaltung der fünf Kolonien betrifft, so steht dem Gouverneur ein Beirat zur Seite, der aus einigen Oberbeamten von Rechts wegen, sowie auf Zeit vom Gouverneur ernannten Ansiedlern besteht. Der Beirat (conseil privé) hat direkte Befugnisse nur als Verwaltungsgericht, wobei zwei richterliche Beamte zuzuziehen sind, sowie als erste Rechnungsinstanz. Im allgemeinen hat der Beirat nur über die Angelegenheiten zu beraten, die der Gouverneur ihm zur Begutachtung unterbreitet. Das Gutachten muß jedoch eingeholt werden: bei Lieferungen im Werte von 1000 Fr., bei Steuer- und Sterbegeldernachlässen, zur monatlichen Prüfung der bereits erfolgten kleineren Ausgaben, namentlich aber zur Vorbereitung des Budgets, das der Gouverneur feststellt und die heimatliche Regierung genehmigt, endlich zur Genehmigung der Konzessionen unter 10000 ha, für welche die Verwaltung der Kolonie zuständig ist. Es werden in der Regel drei Notable in den Beirat ernannt; das Beamten-Element hat die Mehrheit. Von dem Generalrat für Senegal wird bei dieser Kolonie die Rede sein.

Den Handel und die Finanzlage der einzelnen Kolonien veranschaulicht folgende Tabelle:

	Handel 1899:			Budget
	Einfuhr	Ausfuhr	Zusammen	(Einnahmen u. Ausgaben, je:)
	(Millionen Fr.)			(Mill. Fr.)
Senegal	50,0	23	73,8	4,0 (1900)
Guinée	15,5	9,5	25	1,5 (1901)
Elfenbeinküste	6,4	5,8	12,2	1,9 (1901)
Dahome	12,3	12,7	25	2,0 (1901)
Franz.-Kongo	6,7	6,6	13,3	6,5 (1900)

Mit Bezug auf das Verkehrswesen lassen sich folgende Zahlen zusammenstellen:

	Telegraphenlinien.	Eisenbahnen.		Straßen.
		geplant oder im Bau,	im Betrieb.	
Senegal und Sudan	5929 km	841 km	501 km	3888 km
Guinée	1102 „	680 „		135 „
Elfenbeinküste	730 „	501 „		713 „
Dahome	1365 „	701 „		? „
Franz.-Kongo	522 „	— „		? „

Zur Frage der Anlage von deutschen Ackerbau-kolonien.

Von Koloniedirektor a. D. C. Canstatt.

Obwohl nun schon 17 Jahre darüber verflossen sind, daß das junge Deutsche Reich in die Reihe der europäischen Kolonialmächte getreten ist, und Deutschland nachweislich von allen Festlandstaaten in früheren Jahrzehnten zeitweise den stärksten Auswandererstrom in die transatlantischen Länder entsandte, ein Umstand, welcher das Verlangen nach eigenem Kolonialbesitz ebenso sehr rechtfertigte wie die für nötig erachtete Erweiterung unserer Absatzgebiete, so muß die Frage der Begründung von sogenannten Ackerbaukolonien für kleine, weniger bemittelte Landleute oder Tagelöhner auf überseeischem Reichsgebiete nachweisvor noch als ungelöst betrachtet werden. Weder im afrikanischen Westen und Osten noch in Deutsch-China oder auf den Südseeinseln haben sich bis zur Stunde Oertlichkeiten gefunden, an denen man mit gutem Gewissen und ohne auf Widerspruch von irgend einer Seite zu stoßen, die Anlage von Ackerbaukolonien in größerem Umfange anraten, und wo man den arbeitsfreudigen, aber mittellosen deutschen Auswanderern ein sicheres Fortkommen versprechen könnte.

Die Jahr für Jahr Deutschland verlassenden und ihr Glück in weiter Ferne suchenden Landsleute vermögen deshalb nur zum allerkleinsten Teile aus dem Vorhandensein des deutschen Kolonialbesitzes Nutzen zu ziehen und sind leider wie von jeher in der Wahl ihres Reiseziels staatlicherseits nur äußerst wenig zu beeinflussen. Dennoch braucht man meines Erachtens die Hoffnung nicht aufzugeben, daß über kurz oder lang innerhalb des heutigen deutschkolonialen Besitzes oder der uns von ungefähr noch weiter zufallenden Gebiete doch noch Landstriche angefunden werden, welche namentlich in klimatischer Hinsicht eine gewisse Gewähr für das Gedeihen ausgedehnterer Ackerbaukolonien bieten und auch sonst eine so ergiebige Bodenausbeute versprechen, daß Mühe und Arbeit des Ansiedlers sich reichlich verlohnen.

Bis diese Zeit gekommen ist, müssen wir eben darauf bedacht sein, die Auswandernden, die auf die Gastfreundschaft anderer Staaten angewiesen sind, wenigstens möglich gut zu beraten, damit sie die ihrer Wohlfahrt zuträglichsten Gegenden zum Zielpunkt wählen und thunlichst unserer Nationalität erhalten bleiben. — Wir sind mit anderen Worten gezwungen, uns bis auf weiteres an den vielen überseeischen Ackerbaukolonien fremder Staaten genügen zu lassen, in denen mehr oder minder dicht gedrängt viele Tausende von guten Deutschen ein zweites Heim voll Zufriedenheit und Wohlstand gefunden haben, wie z. B. in Palästina, Siebenbürgen, Südrußland, Südbrasilien, Queensland und an so manchen anderen Punkten der Erde.

Das Studium dieser Siedlungen mit zum Teil schon viele Jahrzehnte hindurch kräftig pulsierendem deutschen Leben läßt den bisherigen Mangel reichseigener Ackerbaukolonien auf nicht deutschem Boden entschieden weniger schmerzlich empfinden und das Bestreben nach einer gewissen „nationalen Auswanderungspolitik" garnicht so aussichtslos erscheinen.

Wenn Nordamerika und England unausgesetzt trachten, durch kapitalistische Unternehmungen in fremden Ländern Fuß zu fassen, um zu geeigneter Zeit auf der Basis ihres finanziellen Rechtes weitere Ansprüche zu erheben, so ist damit ein deutlicher Fingerzeig auch für uns gegeben, wie Deutschland auf nicht deutscher Erde ebenfalls bis zu einem gewissen Grade Rechte erwerben kann. Auch die Kraft, der Fleiß und der wirtschaftliche Nutzen der deutschen Auswanderer ist ja einem Kapitaleinsatz gleich zu erachten.

Erfreulich ist es daher, daß auch in Deutschland die Auswanderungspolitik nicht ganz und gar vergessen ist und verschiedene Vereinigungen bestehen, welche diese Seite der Kolonialpolitik sich zur besonderen Aufgabe gemacht haben. Als solche kommen gegenwärtig in Betracht: Die Deutsche Kolonialgesellschaft, der St. Raphaelsverein für katholische deutsche Auswanderer, der evangelische Hauptverein für deutsche Ansiedler und Auswanderer, der Zentralverein für Handelsgeographie in Berlin, der Westdeutsche Verein und der Münchener Verein für Auswanderung, der Verein für Auswandererwohlfahrt in Hannover, die öffentliche Auskunftsstelle für Auswanderer in Dresden und der Deutsch-Brasilische Verein.

Sie alle streben darnach, den Auswandererstrom derart zu leiten, daß er dem Mutterlande auch in der Ferne noch ersprießliche Vorteile, namentlich handelspolitischer Art, bringen kann, und suchen das früher in dieser Hinsicht Versäumte nachzuholen.

Abgegeben wurden Millionen fleißiger deutscher Hände bekanntlich schon an die Vereinigten Staaten von Nordamerika, in nicht geringer Menge aber auch an Brasilien, die La Platastaaten, Australien und andere Länder. Die Erfahrungen, welche man dort mit den Einwanderern gemacht, bilden die Grundlage, auf welcher wir zur Zeit bei der Anlage neuer Ackerbaukolonien, deren Bedarf sich in der Zukunft noch erheblich steigern dürfte, weiter zu bauen haben.

Unbestritten ist ja, daß gerade auf dem Gebiete der Besiedelung von Neuland von den meisten kolonisierenden Staaten und Völkern empfindliche Mißgriffe begangen wurden, die sich im Laufe der Jahre schwer rächten, und daß heute noch bei der Seßhaftmachung geschlossener Massen von ackerbautreibenden Einwanderern nicht überall mit der nötigen Umsicht zu Werke gegangen wurde; erwiesen ist andererseits jedoch, daß, gleichviel welches die Bedingungen sind, unter welchen kolonisiert wird, der Deutsche sich überall den gegebenen Verhältnissen am leichtesten und anbequemt. Daraus erklären sich die günstigen Berichte über das Los der Kolonisten deutscher Zunge selbst dort, wo der Ansiedler mit klimatischen Schwierigkeiten, mangelhaften Verkehrs- und Absatzverhältnissen, behördlichen, rechtlichen oder konfessionellen Beeinträchtigungen und andern Hindernissen zu kämpfen hat.

Die besten Vorbilder für die Schaffung von Ackerbaukolonien finden wir in einzelnen Teilen von Nordamerika, Queensland, Argentinien und Südbrasilien.

In Nordamerika hat man namentlich den ersprießlichsten Kolonisationsergebnissen dadurch vorgearbeitet, daß man beizeiten eingriff, wie wichtig vor

Inangriffnahme der Massenherbeiziehung von Einwanderern der Ausbau von Zufahrtsstraßen und Schienenwegen sowie die gehörige Vermessung der zu besiedelnden Landstrecken sei. Auch die Engländer in Australien versäumten nicht, ihre Aufmerksamkeit diesen wichtigsten Erfordernissen zuzuwenden. Schwer gesündigt wurde hingegen in dieser Hinsicht von jeder seitens der verschiedenen südamerikanischen Kolonisationsländer. An den Folgen hat man heute noch zu tragen. Seit kurzem erst schickt man sich an, den gerechten Forderungen der Zeit allmählich zu entsprechen, einiges für die Hebung der Verkehrsmittel zu thun und mehr Ordnung in die Besitzverhältnisse zu bringen.

Zwei Hauptsysteme wurden bei Zurichtung größerer Landkomplexe für die Aufnahme von einwandernden Ackerbauern besonders bevorzugt, nämlich die Anlage der Kolonien in langgestreckten, geradlinigen Streifen Landes von geringer Breite längs einer als Hauptverkehrsstraße dienenden, auf den sog. Stadtplatz mündenden Schneise (Pikade) oder die Einteilung des zur Kolonisation bestimmten Terrains in schachbrettartig gruppierte, mit regelrecht quadratisch das Gelände durchschneidenden Durchhauen versehene Landlose.

Beiden Systemen haften unverkennbar Mängel an; doch ist das erstere immerhin noch vorzuziehen. Der Stadtplatz, auf dem Kirche, Schule, Wirtschafts- und Handelshäuser in der Regel neben einem Direktionsgebäude ihre Stätte finden, läßt sich zwar bei der schachbrettartigen Anordnung viel leichter in die Mitte der Gesamtniederlassung legen als bei der weithin ausgedehnten Nebeneinanderreihung von Kolonistengehöften; allein nicht geringe Schwierigkeiten ergeben sich aus dem gänzlichen Wassermangel auf so manchem Ansiedlungsquadrat und der unvorteilhaften Verteilung von Berg und Thal. Kann es doch vorkommen, daß Kolonisten Ansiedlungsplätze zugewiesen werden, welche auch nicht die allerunbedeutenste Quelle aufzuweisen haben. Ein nicht minder häufiger Übelstand, über den von den Kolonisten so ziemlich bei jedem größeren Ansiedlungsunternehmen Klage geführt wird, ist die allzugeringe Berücksichtigung der Anbauwürdigkeit der verschiedenen Ländereien. Eine dem Verkauf und der Verteilung der Ackerbau- bezw. Urwaldplätze vorausgegangene Einschätzung der Grundstücke nach Bonitätsklassen findet, so notwendig dies wäre, nur in den seltensten Fällen statt. In Südamerika wurde an dergleichen vorsorgliche Maßnahmen früher überhaupt nicht gedacht und das steinigste, unwegsamste Stück Land eines sich neuansiedelnden Hinterwäldlers diesem zu demselben Preise abgelassen, wie einem anderen das humusreichste, viel leichter zugängliche Terrain im Vordergebiete einer Ackerbaukolonie.

Sehr verläßliche Fingerzeige für die Beurteilung der Bodengüte liefern übrigens, wie jeder Land- oder Forstwirt weiß, die nirgends fehlenden sogenannten Standortsgewächse. Durch das Vorkommen gewisser Gräser, Kräuter, Sträucher und Baumarten auf dem Steppengelände oder Urwaldboden kann man in allen Weltteilen ziemlich sichere Schlüsse auf das Gedeihen der unterschiedlichen Kulturgewächse oder Kolonialprodukte liefernden Pflanzen ziehen. An vielen Orten hat man darüber schon so weitreichende Kenntnisse gesammelt, daß die Auffindung besonders charakteristischer Vegetationsbestandteile genügt, um Landstücke von mehr oder minder großer Ausdehnung von vornherein für Kolonisationszwecke zu verwerfen.

Ich möchte deshalb raten, soweit thunlich, nirgends die Anlage von Ackerbaukolonien ohne Zuziehung eines mit den örtlichen Pflanzenwuchs hinlänglich vertrauten Eingebornen oder Sachkundigen vorzunehmen. Viele Unkosten und Enttäuschungen lassen sich durch Befolgung dieser Vorsichtsmaßregel ersparen. — Zu warnen ist ferner vor Niederlassung von Ansiedlern an gar zu entlegenen Punkten des Landes, wo überhaupt keine oder nur äußerst wenig Aussicht auf lohnenden Absatz der Bodenprodukte vorhanden ist, und wohin in absehbarer Zeit weder geregelte Straßen und noch viel weniger Schienenwege führen werden.

Man möge sich in diesem Punkte nur die Schwierigkeiten vor Augen halten, mit denen z. B. seiner Zeit die kolonialen Gründungen des Freiherrn von Schütz in Peru, des Dr. Förster in Paraguay und andere zu kämpfen hatten, und wieviele Unternehmungen kolonisatorischer Art gerade ihrer Entlegenheit halber in ihren ersten Anfängen schon gescheitert sind.

Meines Erachtens empfiehlt sich demgemäß in einem zu kultivierenden und zu kolonisierenden Lande die etappenmäßige Anlage von Ackerbaukolonien gleichzeitig mit dem Bau von Straßen und Eisenbahnen, sei es auf Staats- oder auf Privatkosten, vorzunehmen. Die Landpreise hätten alsdann sich nicht allein nach der Bonitätsklasse des Ackerbodens, sondern vor allem auch nach der Entfernung vom Hafenplatz, der Eisenbahnstation oder dem Hauptabsatzmarkt zu richten.

Durchaus verkehrt muß es jedoch erscheinen, bei der Gründung von Ackerbaukolonien, wie dies z. B. in Brasilien früher so oft geschehen, immer nur auf den fetten Urwaldboden zu reflektieren und das sogenannte Kampland ganz aus dem Spiele zu lassen. In den La Platalländern hat man ja den sprechendsten Beweis, was für reiche Ernten sich aus den Kampsgebieten gerade ziehen lassen.

Als vorzugsweise geeignet für den landwirtschaftlichen Kleinbetrieb der Ansiedler in überseeischen Ackerbaukolonien, namentlich in Südamerika und Australien, sind von Feldfrüchten sämtliche Körnerfrüchte wie in Europa, desgleichen Mais, Kartoffeln (die allerdings selten so schmackhaft wie in nördlicheren Zonen geraten), Luzerne, Bohnen, sonstige Hülsenfrüchte, und Kürbisse; außerdem aber Erdnüsse, Zuckerrohr, Tabak, Mandiola, Batatas, Baumwolle und Reis. Stellenweise auch Kaffee und Kakao, an dem man in nichttropischen Klimaten jedoch nicht viel Freude erleben wird. Gute Resultate würde voraussichtlich ferner der Hopfenbau wie die Kultur von Raps und dergleichen mehr ergeben. Als recht gewinnbringend hat sich in der südbrasilianischen deutschen Kolonie in S. Lourenço auch die persische Kamille, das Pyrethrum, erwiesen, welches zur Herstellung des Insektenpulvers Verwendung findet. Dasselbe würde sich vielleicht mit Nutzen ebenso im Bereiche unserer afrikanischen Schutzgebiete anpflanzen lassen.

Wenn man weiß und gesehen hat, wie durch derartige Nutzungen auf südamerikanischem Boden ganz mittellos gelandete Einwanderer — allerdings unter Einsetzung großer Willenskraft, Fleiß und Beharrlichkeit — es nach Jahren zu einem ganz hübschen eigenen Besitz gebracht, so muß man sich fragen: warum schickt man die Armen, die den Gemeinden in Deutschland zur Last fallenden — vorausgesetzt, daß sie über ein paar kräftige Hände verfügen — statt in die Armenhäuser, nicht lieber zur Begründung von deutschen Siedelungen über See?

Unsere Kolonien im Jahre 1900.
Nach einem in der Abteilung Duisburg der Deutschen Kolonialgesellschaft gehaltenen Vortrage
von Dr. med. Hillemanns, Schriftf. d. Abt.

II.

Kamerun, welches die Größe des Deutschen Reiches hat, ist zweifellos eine unserer zukunftsreichsten Kolonien. Es wird hoffentlich einmal unser Java. Besonders das Gebiet der mächtigen vulkanischen Erhebung des Kamerungebirges, welches mit seinem höchsten Gipfel, dem Götterberg, bis zu 4060 m Höhe ansteigt, ist von unbegrenzter Fruchtbarkeit und ausgezeichnet durch für tropische Kulturen ungemein günstige Niederschlagsverhältnisse. Hier haben denn auch besonders auf den Süd- und Ostabhängen ein Dutzend deutscher Pflanzungsunternehmungen ausgedehnte Gebiete in Plantagenkultur genommen, vorwiegend zum Anbau von Kakao, von dem 1899 bereits 20000 Zentner zur Ausfuhr gebracht werden konnten. Wenn es gelingt, dem Kamerun-Kakao seinen strengen bittern Geschmack zu nehmen, wegen dessen er bisher bei der Chokoladenfabrikation nur als Zusatz zu andern Kakaos benutzt werden kann, wird Kamerun eins der Hauptkakaoländer der Welt werden. Die Plantagen leiden bedauerlicherweise stets an Arbeitermangel, da im vorigen Jahre kaum die Hälfte der benötigten 800 Arbeiter aufzutreiben waren, die z. T. von Dahome, Accra, Lagos, Togo ꝛc. hergeholt werden mußten. Der Mittelpunkt des Pflanzungsbezirks ist Victoria an der Küste, während der Regierungssitz von Duala (Kamerun) an der ungesunden Kamerunflußmündung nach dem am Abhang des Kamerunberges in Höhe von 960 m viel gesünder belegenen Buea verlegt worden ist. Interessant sind die Viehzuchtversuche, die hier vorgenommen worden sind. Allgäuer Kühe und Stiere, Zuchtschweine und Ziegen sind eingeführt worden, die unter der Pflege von Schweizer Sennen in dieser Höhenlage gut gedeihen. Durch Kreuzung mit einheimischen Rassen wurden letztere bedeutend verbessert. Die Versuche haben vorwiegend den Zweck, eine Versorgung der Europäer mit frischem Fleisch, die für die Gesundheit unbedingt nötig ist, aber bisher sehr schwer zu erreichen war, sicher zu stellen.

Der Handel Kameruns ist nicht unbedeutend und in Zunahme begriffen, ebenso wie die Zahl der deutschen Firmen, in deren Hand er liegt. Neben Kakao kommen für die Ausfuhr besonders in Betracht: Kautschuk, Palmkerne, Palmöl, Elfenbein, Ebenholz, Kolanüsse. Das muß aber unbedingt zugegeben werden, Kamerun ist noch lange nicht das, was es selbst heute schon sein müßte. Der letzte Etat sieht trotz 2193000 M. Reichszuschuß nur 3789000 M. Einnahmen vor, darunter 1400000 M. aus Zöllen.

Die Kolonie wird erst dann ihre wahre Bedeutung für das Mutterland und den Welthandel erlangt haben, wenn wir nicht nur auf der Karte, sondern auch faktisch von dem weitern Hinterlande bis zum Tschadsee Besitz ergriffen haben. Um die Bedeutung des Hinterlandes zu verstehen, muß man eine wenigstens oberflächliche Kenntnis der eigenartigen geographischen und ethnographischen Verhältnisse desselben haben. Die Küste wird durch einen breiten Urwaldgürtel von dem teils ein Grasland und hügelige Parklandschaft, teils ein Bergland bildenden Hinterlande getrennt. Auch die Bevölkerung zerfällt in 2 Hauptgruppen: an der Küste und im Waldgebiet Bantuneger, im Hinterlande Sudanneger: die mohamedanischen Fullah oder Fulbe, die erst im Verlaufe des vorigen Jahrhunderts von Norden her eingedrungen sind, die heidnische Urbevölkerung verdrängt oder zu Sklaven gemacht und das Reich Adamaua gegründet haben. Wenngleich infolge der fortwährenden Kämpfe der mohamedanischen Eindringlinge mit den Bantus, ihrer Raubzüge und Sklavenjagden, sowie infolge der vielen Kämpfe der Adamauafürsten und Vasallen unter einander weite Strecken entvölkert sind, und auch hier Wüsten und Ruinen vielfach den Weg der Mohamedaner bezeichnen, so ist doch das eigentliche Adamaua, das weitere Hinterland unseres Kameruns, eins der reichsten Länder Zentralafrikas, mit einer großen Anzahl bevölkerter, z. T. befestigter, sehr ausgedehnt gebauter Städte z. B. Yolo, Tibati, Banyo, Ngambe, Kontiha, reich an Früchten des Feldes und Haustieren, unter denen das Buckelrind und das von den Erobern eingeführte Pferd neben den Sklaven den Hauptreichtum der Fullahs ausmachen. Das Grasland ist reich an Elefanten, Büffelherden und sonstigem Wild, die Flüsse an Flußpferden. Die herrschende Rasse, die Fullahs, sind ein lebhafter, intelligenter und fleißiger Menschenschlag, der teils im Gebirge der Viehzucht, teils auf dem Lande dem Ackerbau obliegt. Haussahändler vermitteln mit dem englischen Nigergebiet und den nördlichen Sudanländern einen regen Handelsverkehr, der sich noch nicht recht bis zur Küste hat durcharbeiten können, weil die Bantunegerstämme ein höchst störendes Monopol des Zwischenhandels ausüben. Dieses Adamaua ist kein politischer Einheitsstaat; es zerfällt in eine Anzahl von mehr oder weniger vom Emir in Yola abhängigen Vasallenstaaten. „Es ist Sitte, daß alle Adamauafürsten behufs Erlangung ihrer Anerkennung nach Yola reisen, um dort vom Emir feierlich installiert zu werden, wenn auch das Verhältnis kein übermäßig festes zu nennen ist und sich auf jährliche Lieferungen von Sklaven und Elfenbein beschränkt, wie solche auch seitens des Emirs an den Sultan von Sokoto, der als Beherrscher der Gläubigen des Westens gilt, geschehen" (von Stetten).

Wenn wir auf der Karte die westliche, Kamerun von der englischen Kolonie Nigeria trennende Grenze uns ansehen, dann fällt uns in 9° n. Br. eine Ausbuchtung der sonst ziemlich geradlinig zum Tschadsee verlaufenden Grenze in unser Gebiet hinein auf. Hier liegt am Benue, dem Hauptfluß des Niger, die erwähnte Stadt Yola. Wir werden jetzt verstehen, warum die Engländer auf eine solche Grenzfestlegung viel Wert legten; uns kann aber die politische Abhängigkeit eines großen Teiles unseres Schutzgebietes von einem auf englischem Gebiete wohnenden, englischem Einflusse und Golbe unterworfenem Fürsten nicht gleichgültig sein. Hand in Hand mit dieser politischen Anomalie geht das Gravitieren des Handels Adamauas zum englischen Handelswege über den Niger. Soll hierin Änderung geschaffen werden, dann muß die deutsche Herrschaft in Adamaua festen Fuß fassen. Der erste Schritt hierzu wurde 1899 gethan, in welchem Jahre Yolo und Tibati in Südadamaua von der Schutztruppe eingenommen und den Sklavenjagden der Mohamedaner daselbst ein Ende gemacht wurde. Bis dahin hatte die Schutztruppe im wesentlichen in vielen kleinen Kämpfen mit den Negerstämmen des Waldlandes die Ruhe im Küstengebiet zu sichern gehabt. Diese unruhigen Völker benutzten aber die Abwesenheit der Schutztruppe in Adamaua zu neuen Erhebungen, bei denen verschiedene Deutsche von Lueiß, Conrau Plehn (die beiden ersten in der Gegend der Croßschnellen, letzterer in der Südostecke im Sanga-Ngologebiet) getötet wurden. Die Strafexpedition des Hauptmanns von Belfer 1900 mißlang anfänglich, da sämtliche Offiziere getötet wurden. Infolge dessen bewilligte der Reichstag eine Vermehrung der Schutztruppe auf 900 Mann nebst den entsprechenden europäischen Chargen. Es wurde der Plan gefaßt, in Garua am Benue einen Hauptstützpunkt deutscher Herrschaft und des Handels zu begründen. Die Schutztruppe sollte auf dem Landwege von Kamerun durch Adamaua dorthin vordringen, sodaß eine den Niger und Benue hinauffahrende Handelsexpedition, zu deren Unterstützung die D. Kolonialgesellschaft aus der Wohlfahrtslotterie bezw. eigenen Mitteln 125000 Mark ausgeworfen hat, im Juli dieses Jahres (1901) dort eine befestigte deutsche Station vorfinden sollte. Der Plan ist bisher nicht zur Ausführung gekommen, wie es scheint, weil es nicht gelungen ist, die Verstärkung der Schutztruppe rechtzeitig durchzuführen. Mit dem saumseligen deutschen Vorgehen vergleiche man das der Franzosen, denen bekanntlich im Fafchoba-abkommen der westliche Sudan als Interessensphäre zugefallen ist. Von Norden — Algier — von Westen — Senegal und Niger — von Süden — Französisch-Kongo und Scharifluß (fließt in den Tschadsee) — her dringen sie immer weiter vor. In den Tschadseeländern Bornu und Babai hatten sie im vorigen Jahre eine Reihe erfolgreicher Kämpfe mit dem Eroberer Rabbeh und dessen Sohn zu bestehen, die sich teilweise auf deutschem Gebiete abgespielt haben. Wer sich eine Stunde genußreicher Lektüre verschaffen und Land und Volk von Adamaua kennen lernen will, der lese den Bericht des Rittmeisters von Stetten über seinen Marsch von Balinga nach Yola im Jahre 1893, der in „Deutschlands Kolonien und Kolonialkriege" von von Bülow (Leipzig, Pierson 1900) abgedruckt ist.

Zusammenfassend kann man über Kamerun sagen: weitere Erschließung durch Anlage von Stationen und Verkehrswegen, Einstellung höherer Mittel in den Etat dieser von jeher etwas stiefmütterlich behandelten Kolonie, das ist, was ihr not thut.

Die kleine Kolonie Togo (von der Größe Bayerns) ist als Baumwollenland ausersehen. Mit Unterstützung der Kolonialges. und Wohlfahrtslotterie (10 resp. 30000 Mark) hat das Kolonialwirtschaftliche Komitee amerikanische Baumwollfarmer, Neger aus Alabama und mit Baumwollsaat verschiedener Herkunft ausgerüstet, im vergangenen Jahre nach Togo entsandt, zwecks Einführung der Baumwollkultur. In der Nähe der Station Mijaböbe ist mit der Anlage einer Pflanzung begonnen worden. Zur Zeit sind die wichtigsten Ausfuhrprodukte Palmkerne, Palmöl und Kautschuk, und ist der Handel in einem zwar langsamen aber stetigem Aufschwung begriffen, hauptsächlich infolge reicherer Ergebnisse der Ölpalmenkulturen der Eingeborenen, für die die letzten niederschlagsreichen Jahre günstig waren. Im Vordergrunde des Interesses steht die Frage der Verkehrserleichterung. Zunächst handelt es sich um die Anlage einer eisernen Landungsbrücke in Lome, da wegen der sehr heftigen Brandung die Schiffe weit ab von der Küste vor Anker gehen und die Güter in Kanus, die nur Eingeborene durch die Brandung unter großer Gefährdung zu rudern verstehen, umgeladen werden müssen. Nach Beendigung der Meeresbodenuntersuchung ist jetzt ein Projekt fertig gestellt worden. Gleichzeitig mit dem Bau der Brücke wird in diesem Sommer die Verbindung der Orte Lome und Klein-Popo durch eine 42 km lange Küstenbahn in Angriff genommen, während die zur Erschließung des Hinterlandes nötige Bahn ins Innere wohl noch einige Jahre frommer Wunsch bleiben wird.

Begeben wir uns jetzt in den fernen Osten, so begrüßen wir es mit großer Genugthuung, daß unser „Pachtgebiet" Kiautschou (515 qkm. groß, 85(???) E.) trotz der chinesischen Wirren, von denen es ziemlich verschont geblieben ist, in erfreulicher Weiterentwicklung sich befindet. Es wächst da aus dem Boden heraus eine deutsche Stadt Tsingtau, die eine der gesundesten der chinesischen Küste und mit der Zeit eine der bedeutendsten Handelsstädte derselben werden wird. An Stelle des chinesischen Unrats erheben sich bereits stolze Gebäude an breiten Straßen und Plätzen, die kahlen entwaldeten Berge werden systematisch aufgeforstet, Wasserleitung und Kanalisation sorgen für Gesundheit und Reinlichkeit, mächtige Hafenbauten schaffen Unterkunft für eine Flotte von Handelsschiffen. Die erste 74 km lange Strecke Tsingtau—Kiautschou der Schantung-Eisenbahn ist am Ostermontag feierlich eingeweiht worden. Übers Jahr werden die Kohlenfelder bei Weihsien erreicht sein, denen bei Fortführung der Bahn die noch wertvolleren bei Poschan folgen werden. Von Tsingtau wurde nach Schanghai ein Kabel gelegt und dadurch Anschluß an das weltumspannende Kabelnetz gewonnen. Dieser Kabel ist das erste Erzeugnis der von der Kölner Firma Felten & Guilleaume gegründeten Norddeutschen Seekabelwerke in Nordenham.

Auch die Nachricht ist erfreulich, daß die bisher von der Firma Jebsen in Apenrade mit Reichsunterstützung betriebene Linie Schanghai—Tsingtau von der Hamburg-Amerika-Linie angekauft worden ist. Allein durch den Bahnbau sind bis jetzt der heimischen Industrie Aufträge im Werte von 20 Millionen Mark zugeflossen, ohne den Transport durch heimische Handelsdampfer zu rechnen. Interessieren dürfte folgendes englisches Urteil. Der North China Daily News wird aus Tsingtau geschrieben: „Die Ausrüstung der neuen Eisenbahn beweist, daß die Deutschen nicht gewohnt sind, eine Sache halb zu thun. Die Stationsgebäude würden allen westländischen Städten zur Zierde gereichen. Die Beschotterung ist durch Steine gesprengter Felsen hergestellt. Maschinen und Wagen sind vortrefflich. Wenn sich die Beispiele, die die Deutschen den Chinesen geben wollen, später auf gleicher Höhe halten, wie diese Eisenbahn, dann wird die Niederlassung der Bürger des Landes Wilhelms II. im Reiche der Mitte für dieses von größtem materiellen und moralischen Segen sein."

Eine Hauptbefürchtung des vorigen Jahres war die, daß die Engländer nach alter liebgewonnener Gewohnheit die chinesischen Wirren benutzen würden, um sich im Yangtsekiangthale und besonders in der bedeutendsten Handelsstadt des Ostens, in Schanghai, an der Mündung dieses Stromes festzusetzen. Wenige Schiffahrtswege giebt es in der Welt von so gewaltiger Ausdehnung und solch großer Bedeutung für den Handel wie das riesige Becken des Yangtse, welches die Engländer als ihre besondere Interessensphäre ansehen. Weiter als 1000 km, bis oberhalb Hankau, dringen die Dampfer auf diesem Strome in das Innere Chinas ein. Zweifellos sind die englischen Handelsinteressen denen aller übrigen Nationen weit überlegen, England hat zuerst diese gewaltige Eingangspforte eröffnet und „wie fast überall in der Welt, so ist auch hier der deutsche Handel unter dem Schutze der englischen Flagge groß geworden." Dies wollen wir gerne dankbar anerkennen, aber in Schanghai erhebt sich auf schönem Platze ein schlichtes erhebendes Denkmal, einen gebrochenen Mast darstellend, zum Andenken an die Tapferen der Iltis, die mit einem Hoch auf den Kaiser an der Küste Schantungs untergegangen sind, ein Wahrzeichen, daß auch wir dabei sein wollen und können, wenn über die Geschicke des Reiches der Mitte entschieden wird. Es spricht Bände, daß England mit uns im vergangenen Jahre das sogenannte Yangtseabkommen geschlossen hat, in dem beide Teile sich verpflichteten, für die Erhaltung des unverminderten Territorialbestandes und der „offenen Thür" dieses wichtigsten Teiles Chinas einzustehen. Wer vor wenig Jahren, so ähnlich schrieb eine englische Zeitung, von einer chinesischen Politik Deutschlands gesprochen hätte, wäre ausgelacht worden. Kürzlich lachten die Engländer nicht, als die Nachricht der Belegung Schanghais mit einer deutschen Garnison kam. Nur Blinde oder grundsätzliche Nörgler können anderes als Befriedigung über die Erfolge unserer ostasiatischen Politik empfinden.

Betreffs unserer australischen und Südseekolonien, Neuguinea, Bismarckarchipel, Palauinseln, Marianen, Karolinen, Marshallinseln und Samoa, können wir uns kürzer fassen. Diese Besitzungen sind wirtschaftlich noch zu unentwickelt, um heute schon größere Bedeutung zu haben. Ihre natürliche Fruchtbarkeit ist aber eine so kolossale, daß sie für den Anbau der verschiedensten tropischen Kulturpflanzen immer mehr in Betracht kommen und so reichlich dazu beitragen werden, uns für den Bezug kolonialer Produkte vom Auslande unabhängig zu machen. Bisher spielt unter den Ausfuhrprodukten nur die Kopra, d. i. der getrocknete Kern der Kokosnuß, dessen Öl zu Nahrungs- und technischen Zwecken vielfach Verwendung findet, eine größere Rolle. Der Ertrag der Kokosanpflanzungen der Gesellschaften und Eingeborenen war im vorigen Jahre recht bedeutend, wodurch die Kaufkraft der letzteren günstig beeinflußt wurde. Die beiden bedeutendsten deutschen Gesellschaften: Die Deutsche Handels- und Plantagengesellschaft der Südseeinseln zu Hamburg, die hauptsächlich auf Samoa und den Tangainseln (engl.) arbeitet, und die auf den Marshall- und Karolineninseln thätige Jaluit-Gesellschaft zu Hamburg, stehen auf ein gutes Geschäftsjahr zurück und verteilten 8°/₀ resp. 12°/₀ Dividende.

Hören wir, was Dr. Irmer, der frühere Landeshauptmann in Jaluit (Marshallinseln) in einem Vortrage gesagt hat: „Indem die deutsche Politik Kiautschou, die Karolinen und Samoa erworben, hat sie uns eine beherrschende koloniale Stellung im großen Ozean geschaffen. Da unten im Süden Neuguinea mit seiner gewaltigen wirtschaftlichen Zukunft, im Westen die Karolinen mit ihren sicheren Berghäfen, im Norden Kiautschou, im Osten Samoa wie ein Wegweiser hinüber nach Südamerika und nach dem Panamakanal. In diesem großen Seebecken, das 40 Breitengrade umspannt, kann nun der deutsche Handel noch sicherer als ehedem seine Bahnen ziehen. — Wie aus tiefem Schlafe ist diese ganze australische und chinesische Welt erwacht und aus vereinsamter Ferne in die Mitte des Weltverkehrs und der Weltpolitik gerückt. Die Südsee ist erst jetzt in die Geschichte eingetreten, und die Entwicklung aller dortigen Verhältnisse wird mit Riesenschritten in großartigem Maßstabe vor sich gehen. Was war diese Südsee noch vor wenigen Jahrzehnten? War sie nicht eine fast unerreichbare, wüste und völlig tote Stätte, lediglich ein beliebter Zufluchtsort der Verschmähten und Ausgestoßenen aller Völker, von Taugenichtsen und verbummelten Genies aus aller Herren Länder, der Tummelplatz der berüchtigsten Seeräuber aller Zeiten und ein von jedem friedlichen Mann gern gemiedenes Gebiet der Gesetzlosigkeit und des brutalen Faustrechts. — Schaut es denn nicht ganz so aus, als wenn dieser große stille Ozean, der bisher in der That totenstill war, seinen älteren Bruder, das Atlantische Weltmeer, in seiner wirtschaftlichen und politischen Bedeutung allmählich ablösen wollte, etwa so, wie es um die Wende des 15. Jahrhunderts der Atlantische Ozean mit dem Mittelländischen Meer gethan hat?"

In diesen Wein müssen wir etwas Wasser thun; wir dürfen den Südseekolonien, speziell Samoa, keine übertriebene Bedeutung für den Weltverkehr beilegen; denn der mittelamerikanische Kanal (Panama- oder Nicaraguakanal) wird niemals die Bedeutung des Suezkanals erlangen, und zwar aus dem Grunde, weil von den europäischen Häfen und ebenso von New York der kürzere Weg nach Ostasien durch den Suezkanal führt. Wir haben auch so Grund genug, uns über den schönen, abgerundeten Besitz daselbst zu freuen.

Wir zahlen dem Auslande jährlich eine Milliarde für koloniale Produkte. Soll das so weitergehen, wo wir doch selbst eine Anzahl tropischer Kolonien besitzen? Es würde zu weit führen, eingehend die Gründe zu untersuchen, weshalb unsere Kolonien bisher unsere Erwartungen nur wenig erfüllt haben. Zweifellos sind Fehler gemacht worden. Entschuldigend müssen wir aber anführen, daß uns als einer jungen Kolonialmacht die nötigen Erfahrungen fehlten, daß uns die geeigneten Beamten und Pflanzer nicht in erforderlicher Anzahl zur Verfügung stehen, daß das deutsche Kapital sich allzu schüchtern von einer Anlage in unsern Kolonien fernhält, daß in vielen unserer Kolonien die Arbeiterfrage viele Schwierigkeiten macht, daß der niedrige Preisstand vieler kolonialer Produkte auf dem Weltmarkt der Plantagenwirtschaft ungünstig ist. Ein Fehler war es wohl auch, Privatgesellschaften so riesige, monopolartige Landkonzessionen zu verleihen, da manchen dieser Gesellschaften der Vorwurf nicht erspart werden kann, daß sie bisher wenig oder nichts zur Erschließung ihrer großen Ländergebiete gethan haben. Nicht unbedenklich ist es, daß gerade in Deutsch-Südwestafrika das englische Kapital so viel Einfluß besitzt. Es ist der Verdacht laut geworden, daß die von Cecil Rhodes abhängige, stark an den südwestafrikanischen Gesellschaften beteiligte De Beers Company absichtlich die Entdeckung und Gewinnung von Diamanten in unserer Kolonie zurückhält, da sie als absolute Beherrscherin des Diamantenmarktes gar kein Interesse an der Ausbeutung neuer Gruben habe. Auf der vorjährigen Hauptversammlung der D. Kolonialgesellschaft am 1. und 2. Juni 1900 in Koblenz kam die Konzessionsfrage und die Beteiligung englischen Kapitals zu sehr erregter Besprechung. Die Hauptvertreter zweier entgegengesetzter Richtungen platzten heftig aufeinander und vertraten beide wohl etwas einseitig ihren Standpunkt, Dr. Passarge mehr den nationalen, Rechtsanwalt Dr. Scharlach aus Hamburg vorwiegend den des Kapitals.

Die älteren Kolonialmächte sind vor hundert und zweihundert Jahren leichter über ihre kolonialen Kinderkrankheiten weggekommen. Da gab es noch billige Sklavenarbeit, da besaß das Mutterland ein absolutes Handelsmonopol. Heute ziehen weder England noch Holland aus ihren indischen Besitzungen annähernd den Reichtum wie früher. Heute sind dort alle Nationen handelspolitisch gleichgestellt, und die deutschen Kaufleute treiben in Singapore und Batavia unter denselben Bedingungen Handel wie die Engländer und Holländer. Der deutsche Tabakpflanzer findet in Deli auf Sumatra bessere Aussichten für erfolgreiche Arbeit und angenehmere Lebensverhältnisse, es zieht ihn wenig in das noch unerschlossene Neuguinea. Verschiedene Anzeichen liegen indessen vor, welche das redlichste Bestreben der Behörden und der Privatinitiative erkennen lassen, den wirtschaftlichen Aufschwung der Kolonien zu beschleunigen. In mehreren Orten, Dar-es-Salaam, Windhuk, Apia, sind wenigstens die Anfänge kommunaler Selbstverwaltung geschaffen. Die Hamburger Handelskammer hat sich bereit erklärt, vom Kolonialamt überwiesene angehende Kolonialbeamte zu beschäftigen. Eine kräftige Dosis kaufmännischen Geistes aus der freien Hansestadt wird den Assessoren für ihren kolonialen Verwaltungsberuf eine gute Rüstung sein. Die Deutsche Kolonialschule Wilhelmshof in Witzenhausen a. d. Werra bereitet junge Männer für die praktische Arbeit als Pflanzer und Kulturtechniker vor. Allgemeine und naturwissenschaftliche Vorlesungen wechseln daselbst ab mit theoretischem und praktischem Unterricht in Landwirtschaft, Kulturtechnik und Handwerk. Zu den Lehrern gehören tüchtige Kräfte der benachbarten Universität Göttingen und Forstakademie Münden. Eine ganze Anzahl ehemaliger Schüler hat die Anstalt bereits in guten Stellen in unseren Kolonien untergebracht. Ich empfehle Interessenten und Freunden derartige Bestrebungen, die unter dem Titel: Der deutsche Kulturpionier erscheinenden Nachrichten aus der Deutschen Kolonialschule, herausgegeben von Direktor Fabarius.

Sehr erfreulich ist auch die Nachricht, dass auf einer Eingabe der Kolonialgesellschaft: der Deutsche solle seine Reichsangehörigkeit nur auf seinen Antrag verlieren können, kürzlich der Reichskanzler eine Antwort erteilt hat, welcher die baldige Lösung dieser wichtigen Frage in obigem Sinne in Aussicht stellt. Tausende von Deutschen im Auslande sind seit Generationen ihres Deutschtums verlustig gegangen, weil sie, sei es aus Gleichgültigkeit, sei es wegen der weiten Entfernungen und sonstigen Unbequemlichkeiten, die Erneuerung der Eintragung in die Konsulatslisten versäumen.

Ganz besonders ist aber die Thätigkeit des 1896 gegründeten Kolonial-Wirtschaftlichen Komitees lobend zu erwähnen, dessen Zweck es ist, uns vom Auslande wirtschaftlich unabhängig zu machen und uns dadurch eine möglichst unbeschränkte handelspolitische Freiheit zu sichern. Es sendet alljährlich eine Reihe von Expeditionen aus zwecks Studiums der Kulturen in fremden Kolonien und Förderung des Anbaus tropischer Nährstoffe und technischer Rohprodukte in unseren eignen. Es würde zu weit führen, auf alle bereits ausgeführten, im Gange befindlichen oder geplanten Expeditionen näher einzugehen. Eingehend wird über dieselben berichtet in dem von Warburg und Wohltmann herausgegebenen Organ des Komitees, dem Tropenpflanzer (Berlin; jährlich 12 Hefte für 10 Mark). Erwähnt haben wir bereits die Baumwollexpedition nach Togo. Die grosse Bedeutung dieses Unternehmens wird klar, wenn wir bedenken, dass Deutschland den Vereinigten Staaten und England für den Bezug von Rohbaumwolle jährlich 320 Millionen Mark zahlt. Die deutsche Baumwollenindustrie ist die erste des europäischen Kontinents, sie ernährt über eine Million Arbeiterfamilien. Im Jahre 1900 war rohe Baumwolle im Werte von 318 Mill. Mark unser bedeutender Einfuhrartikel, und Baumwollenwaren standen unter unseren Ausfuhrartikeln mit 245 Mill. Mark an der Spitze. Diese Zahlen sprechen eine beredte Sprache. Neben der Baumwolle hat das Komitee im vergangenen Jahre besonders dem Kautschuk und dem Guttapercha eingehende Beachtung geschenkt, zwei tropischen Pflanzenprodukten, deren ersteres eine vielseitige Verwendung in der elektrischen Industrie, der Fahrradfabrikation u. s. w. findet, während das zweite als Isolationsmittel für unterseeische Kabel unersetzlich ist, bei denen es in enormen, bei dem steigenden Bedarf kaum noch zu beschaffenden Mengen verbraucht wird.

In einem auch als Reisebeschreibung höchst interessanten Buche hat Schlechter die „Kautschukexpedition nach Westafrika" beschrieben, welche ihn nach Togo, Lagos, Kamerun und zum Kongo führte, und die das erfreuliche Ergebnis gehabt hat, daß eine Anzahl wichtiger, Gummi- und Kautschukliefernder Pflanzer nach Kamerun übergeführt wurden, um dort als Grundlage einer zu schaffenden Großkultur zu dienen. Eine zweite Kautschuk- und Guttaperchaexpedition ist nach Britisch- und Holländisch-Indien und den Südseeinseln unterwegs, für welche die Koloniale Wohlfahrtslotterie 30000 Mark Beihülfe gewährt hat. Letztere haben wir schon mehrfach rühmend erwähnen können. Sie hat aus den Erträgnissen ihrer bisherigen 5 Ziehungen ungemein viel zur Förderung kultureller und humanitärer Zwecke in unseren Kolonien beigetragen. So gab sie z. B. ferner 20000 Mark für das Krankenhaus in Tanga (D. O. A.), 10000 Mark für den Ankauf einer Dampfpinasse zur Unterhaltung der Verbindung zwischen Tanga und dem neuen Sanatorium auf der Insel Ulenge. Auch der eine überaus segensreiche Thätigkeit entfaltende Deutsche Frauenverein für Krankenpflege in den Kolonien ist mit seinen Einnahmen vorwiegend auf die Zuweisungen aus der Wohlfahrtslotterie angewiesen. Die Schwestern, die der Frauenverein in die Krankenhäuser und die Gesundheitsstationen der Schutzgebiete entsendet, werden im Eppendorfer Krankenhaus ausgebildet. Vier Schwestern waren im vorigen Jahre auf dem südafrikanischen Kriegsschauplatze, 16 in unseren Kolonien thätig. Nicht nur für Damen interessant sind die Briefe der Schwestern, die die Zeitschrift des Frauenvereins „Unter dem rothen Kreuz" veröffentlicht. Auch ist dem Frauenverein die Pflegethätigkeit in dem neugegründeten, mit dem Seemannskrankenhause in Hamburg verbundenen Institut für Schiffs- und Tropenkrankheiten übertragen worden, welches aus einer wissenschaftlichen und Krankenabteilung besteht, wo die aus tropischen Ländern Heimkehrenden sowie auch die an Malariarückfällen Leidenden sachverständige Behandlung finden. Unsere Ärzte finden dort Gelegenheit zu theoretischer und praktischer Belehrung, wie auch zu wissenschaftlicher Forschung.

Hier ist es am Platze, der Beitreibungen zur Bekämpfung der Malaria, des schlimmsten Feindes in den Tropen, zu gedenken. Die neuere medizinische Forschung hat uns gezeigt, daß die Malariaparasiten, die Ursache der Krankheit, durch den Stich einer Mosquitoart, der Anophelesmücke ins Blut gelangen. Hauptaufgabe des individuellen Schutzes ist also, sich vor dem Stich dieser Moskitos zu sichern durch Anbringen zweckmäßiger Gitter vor den Thüren und Fenstern der Wohnungen, von Schutznetzen um die Betten und durch das Tragen von geeigneten Schleiern nach Sonnenuntergang. Der zweite Hauptgesichtspunkt ist die Durchführung allgemeiner hygienischer Maßregeln und die Reinigung durchseuchter Gegenden und Ortschaften. Wir verdanken es unserem Bakteriologen Robert Koch, daß wir auf diesem Wege ein gut Stück weiter gekommen sind. Er hat im vergangenen Jahre einen großen Teil unserer und fremder tropischer Länder bereits. In Stephansort auf Neuguinea ist es ihm z. B. gelungen, durch umfassende Blutuntersuchungen bei Europäern und Farbigen und planmäßige Chinindarreichung die Malaria zum Verschwinden zu bringen. Es eröffnet sich so die höchst bedeutsame Perspektive, wenn auch nicht einer Besiedlungsfähigkeit der Tropen mit Europäern, so doch die Möglichkeit jahrelangen Aufenthaltes daselbst in körperlicher Rüstigkeit und Arbeitsfreudigkeit.

In engster Beziehung zu unsern kolonialen Interessen stehen unsere allgemein-überseeischen, die auch im verflossenen Jahre vielfach wesentlich gefördert worden sind. Erfreulich wäre es, wenn das Gerücht Bestätigung finden würde, daß Deutschland von der Türkei die Insel Farisan im Roten Meere an der arabischen Küste erworben habe, da wir dann endlich eine der auf dem weiten Wege nach China unbedingt nötigen Kohlenstationen besäßen. Die Entwicklung unserer Handelsflotte hält mit der Erweiterung unserer überseeischen Beziehungen gleichen Schritt. Die Postdampferfahrten nach Ostasien sind seitens des Norddeutschen Lloyd und der Hamburg-Amerikanischen Dampfschiffsfahrtsgesellschaft verdoppelt worden, sodaß wir jetzt dort vor der ausländischen Konkurrenz einen Vorsprung haben; die Verbindungen mit Australien und Afrika sind wesentlich dadurch verbessert worden, daß beide Erdteile durch den Nordd. Lloyd resp. die Ostafrikalinie sowohl von Ost nach West, als auch in umgekehrter Richtung in den Reichspostdampferverkehr einbezogen sind; der Lloyd hat durch Einrichtung einer neuen Linie von Hongkong über Saipan, Ponape, Neuguinea, Sidney unsere Marianen und Karolinen in den Weltverkehr eingefügt; es hat sich unter dem Protektorate des Großherzogs von Oldenburg ein Schulschiffverein gebildet und Schulschiffe sind eingerichtet worden zur Ausbildung junger Leute zu späteren Offizieren der Handelsflotte.

Das gewaltige, vorwiegend deutsche Unternehmen der Bagdadbahn, welches durch Kleinasien und Mesopotamien einen Überlandweg zum persischen Meerbusen schaffen wird, ist gesichert, da der Sultan der deutschen Anatolischen Bahngesellschaft die Konzession zum Weiterbau ihrer Linie erteilt hat. Die Trasse der Bahn ist endgiltig im vorigen Jahre durch eine deutsche Baukommission festgestellt worden. Sie verläuft von Konia nach Adana, Biredschik, wo der Euphrat überschritten wird, dann nach Mosul am Tigris, nach Bagdad, Basra, Kuëit am persischen Meerbusen. Es wird so zwischen Konstantinopel und Basra eine 2000 km lange Schienenverbindung hergestellt werden, wodurch z. B. der Weg von Wien nach Bombay von 16', Tag durch den Suezkanal auf 9', Tag abgekürzt wird. Die Früchte dieses weitsichtigen Unternehmens werden unsere Kinder und Kindes-Kinder ernten, wenn erst unter dem befruchtenden Einflusse deutscher Arbeit, diese einst so reichen und bevölkerten uralten Kulturländer — Assyrien und Babylonien — zu neuer Blüte erwacht sind.

Es ist beschämend, daß Deutschland, dessen Handel gleich hinter dem Großbritanniens folgt, nur 2%, der unterseeischen Kabel sein eigen nennt, dagegen England 60%. Diese Abhängigkeit von England im telegraphischen Überseeverkehr hat sich besonders empfindlich während der ersten Zeit des südafrikanischen Krieges geltend gemacht. Die allerersten Schritte zur Besserung sind aber getan worden. Von den 13 Kabellinien nach Nordamerika ist jetzt vorigem Jahre wenigstens eine deutsche, die von Borkum über die Azoren nach New-York gelegte. Da eine englische Gesellschaft das alleinige Landungsrecht für Kabel auf den Azoren hat, erlaubte sie die Landung auf Yapal nur gegen Übertragung der Herstellung der Linie. Dagegen ist das bereits erwähnte Kabel Tsingtau—Schanghai ein rein deutsches Unternehmen.

Unser Rundgang ist beendet. Haben wir es auch nicht überall so angetroffen, wie es sein sollte und möchte, so hat doch nicht manch sonniger Ausblick gefehlt. Über dem in der Ferne Liegenden vergessen wir nicht, was deutsche Arbeit und Ausdauer auch im vergangenen Jahre geleistet haben. War es auch in kolonialer Hinsicht nicht reich an hervorragenden Ereignissen, so doch auch nicht arm an praktischer Arbeit und Erfolgen. Überall beobachten wir den durch mancherlei Enttäuschungen und Mißerfolge nicht gelähmten Drang nach Fortschritt. Dies in Verbindung mit dem Vertrauen in die erprobten kolonisatorischen Fähigkeiten unseres Volkes giebt uns die Gewißheit, daß unser schöner Kolonialbesitz seine Aufgabe, das Reich zu mehren an Macht und Wohlstand, in steigendem Maße erfüllen wird. Er ist kein Schlaraffenland, dessen Bäume ungeschüttelt goldene Früchte senden, aber blödswillig-dumm ist die Ansicht, er sei grade gut genug, je eher je besser an den Meistbietenden losgeschlagen zu werden. Nur ein unglücklicher Krieg kann uns seiner berauben. Ein im Übersee, auf dem Weltmarkte zurückgedrängtes Deutschland würde materiell so zurückgehen, daß ihm auch die Aufrechterhaltung seiner europäischen Großmachtstellung schwierig sein würde.

Wenn das Bewußtsein von der Notwendigkeit eigenen Kolonialbesitzes und das Interesse für denselben bereits so tief im Volke Wurzeln geschlagen hat, so ist dies ein Verdienst der Deutschen Kolonialgesellschaft, die, am 18. Dez. 1887 als Nachfolgerin des seit 1882 bestehenden Deutschen Kolonialvereins gegründet, unermüdlich thätig ist, dem kolonialen Gedanken neue Anhänger zu werben und über koloniale Angelegenheiten aufzuklären, aber auch sich praktisch an der Lösung kolonialpolitischer und -wirtschaftlicher Fragen beteiligt. Unter der bewährten Leitung des Herzogs Johann Albrecht zu Mecklenburg genießt sie als die angesehenste und sachverständigste Vertretung der öffentlichen kolonialen Meinung das volle Vertrauen der Reichsregierung, nicht zum wenigsten, weil sie sich von chauvinistischen Einseitigkeiten freihält und über dem Wünschenswerten das Erreichbare nicht aus dem Auge verliert. Sie zählt annähernd 35000 Mitglieder in 8 Gauverbänden und 338 Abteilungen, wovon 11 außerhalb der Reichsgrenzen: Alexandria, Antwerpen, Apia, Bagamoyo, Batavia, Chicago, Grootfontein (D. SW. A.), London, Paris, Palermo, Tokio. Möchte jedes Mitglied es für seine Pflicht halten, der kolonialen Sache neue Freunde zu gewinnen, möchte jeder gebildete Deutsche es für seine nationale Pflicht halten, den kolonialen Ereignissen mit Aufmerksamkeit und Verständnis zu folgen. Dazu genügt nicht ein gelegentlicher Blick in die Kolonialzeitung; Atlas und Wandkarte sind unentbehrliche Hülfsmittel dabei.*)

Je mehr unser Verständnis wächst, umsomehr Unterhaltung und Befriedigung gewährt uns die Beschäftigung, um so freudigere Mitarbeiter werden wir an der hohen Aufgabe, im neuen Jahrhundert ein blühendes deutsches Kolonialreich zu schaffen.

---

*) Die Deutsche Kolonialgesellschaft liefert für b M. eine angegossene, mit Stäben versehene Kiepertsche Wandkarte der deutschen Kolonien im Maßstabe 1 : 3000000 und die neue Ausgabe des Kleinen Kolonialatlas 1901 für 60 Pf., eine für Verbandzwecke bestimmte einfache Ausgabe sogar für 20 Pf. bei Bezug von mindestens 10 Stück. Bestellungen sind an die Geschäftsstelle der D. K.G., Berlin W. 9, Schellingstr. 4 zu richten.

Die Reise des amerikanischen Kanonenbootes Wilmington auf dem Amazonenstrom.

Amtlicher Bericht des Kapitäns J. T. Todd.

Autorisierte Übersetzung. (Mit 11 Abbildungen.)

II.

Zwischen der Mündung des Rio Negro (Manaos) und der des Rio Javari an der Westgrenze Brasiliens zieht sich ein Streifen niedrigen Landes etwa elfhundert Meilen weit hin, ähnlich demjenigen, welches flußabwärts von dem erstgenannten Fluß liegt. Der Unterschied liegt darin, daß die langsame Entwicklung des oberen Landes neueren Datums ist. Es ist daher weniger stark bevölkert und auf dieser ganzen langen Strecke von 1100 Meilen findet sich nicht eine einzige Niederlassung, welche die Bezeichnung einer Stadt verdient. Man passiert Dörfer, 5—20 Häuser stark, mit Namen beinahe so lang wie die Orte selbst. Aber die Länge oder das schöne Aussehen dieser Namen auf den Karten ist durchaus kein zuverlässiges Anzeichen für die Bedeutung dieser Ortschaften. So zog sechs lange Tage hindurch die Wilmington ihre Furchen durch das schlammige Wasser. Am Ende des sechsten Tages vor Einbruch der Dunkelheit passierten wir die Mündung des Rio Javari, welcher die Westgrenze Brasiliens (südlich vom Amazon bildet, und eine Stunde später gelangten wir an die Grenzvereinigung dreier Republiken — Brasilien, Ecuador und Peru, 2000 Meilen von der See. Trotz der natürlichen Fruchtbarkeit des Bodens, wie sie für gewöhnlich in allen tropischen Gegenden, Dank dem massenhaften Absterben von Laub und Pflanzenwuchs, sich im Übermaß findet, waren wir von Anfang an überrascht durch den gänzlichen Mangel an Erzeugnissen von Lebensmitteln längs des Amazonenthales. Obgleich hohes Land zur Vieh- und Schafweide reichlich vorhanden ist und die Bevölkerung nur die geeigneten Sämereien zu pflanzen brauchte, ist sie doch fast gänzlich von der fremden Einfuhr an Nahrungsmitteln abhängig. Ackerbau ist so gut wie unbekannt. Was sich erreichen ließe, läßt sich am besten an einer kleinen Niederlassung, an der Mündung des Rio Taffé gelegen, ersehen. Vor wenigen Jahren kamen vier französische Geistliche nach Manaos und erhielten dort auf ihr Gesuch ein Stück Land geschenkt. Sie suchten sich etwa 40—50 junge Eingeborene und unterwiesen sie im Häuser- und Ackerbau. Als Ergebnis gewinnen sie heutzutage heimische Früchte in genügendem Maß, um einen großen Teil des benachbarten Landes damit zu versorgen. Es ist Hoffnung vorhanden, daß diese Versuchsstation schnell wachsen und sich durch die ganze Gegend ausdehnen wird. Das Wohlbefinden der schnell wachsenden Bevölkerung hängt für die Zukunft in weitem Maß von der Produktion der nötigen Nahrung

2000 Meilen von der Erde.

an Ort und Stelle ab. Zur Zeit hat die Gier nach dem Gummi es zuwege gebracht, daß alle anderen Mittel für die Beschaffung des Unterhalts aufgegeben sind.

Die riesigen Preise, welche für Nahrungsmittel zu bezahlen sind, verschulden eine mangelhafte Ernährung in dem an und für sich angreifenden Tropenklima, woraus sich die hohe Sterblichkeit unter der männlichen Bevölkerung erklärt; diese ist besonders der Ansteckung ausgesetzt, da die Gummisucher, tief in das Innere der Wälder bringen müssen, wo sie bis zum halben Körper in dem mit modernder Vegetation angefüllten Wasser stehen.

Da ich wußte, daß sich ein brasilianischer Grenzposten mit einer kleinen Garnison in Tabatinga befand, wo man üblicher Weise stoppen und sich, bevor man weiter westwärts ging, melden sollte, hatte ich die Absicht gehabt, mich dort lange genug für diesen Zweck aufzuhalten. Da aber die Dunkelheit einbrach,

Eingeborenenschule am Rio Tassó.

beschloß ich bis an den peruanischen Grenzposten 7 Meilen weiterzugehen und nach meiner Meldung daselbst die Reise fortzusetzen. In Tabatinga wollte ich mich dann auf meinem Rückwege aufhalten. Bei unserer Ankunft in San Felice gegen 9 Uhr abends, ließen wir bei dem peruanischen Posten, wie es Sitte ist, wiederholt die Dampfpfeife ertönen, um den Besuch eines Offiziers abzuwarten. Unsere Erscheinung, im Glanz der elektrischen Beleuchtung, muß an Land eine gewisse Bestürzung hervorgerufen haben, da niemand erschien, um unsere Meldung entgegen zu nehmen. Nachdem ich eine Weile gewartet hatte, ließ ich den Scheinwerfer auf das Ufer richten, wo die Militärbaracke stand. In dem Augenblick, wo der starke Strahl das Haus traf, erhob sich ein wildes Geschrei, dem eine eilige Flucht in die umgebenden Gebüsche folgte. Nach kurzer Zeit konnte man sehen, wie ein Kopf um die Ecke schaute, bald erschienen andere, und als man sich anscheinend überzeugt hatte, daß kein Schade geschehen, sammelten sich 3 oder 4 in eifriger Beratung im Lichte des Scheinwerfers, von denen schließlich einer zum Wasser sprang und in einem Kanu auf uns losruderte. Längsseit wollte er nicht kommen, sondern fragte nur aus sicherer Entfernung, was wir wollen. Nachdem ihm auf Spanisch auseinandergesetzt war, daß wir das Kriegsschiff Wilmington der Vereinigten Staaten auf dem Wege nach Iquitos wären, antwortete er nur „bueno" und machte sich eilig in der Dunkelheit davon. Der

— 54 —

Loise schien höchst belustigt und meinte, sie hätten früher noch nie einen Scheinwerfer gesehen und würden auf Jahre hinaus davon sprechen.

Nach Erledigung dieser Formalität ging es wieder vorwärts, immer weiter nach nach Westen, nachdem wir den peruanischen Staat von Osten her erreicht hatten, eine Sache, bisher noch nie von einem Kriegsschiff irgend einer Nation unternommen, und noch lagen Hunderte von Meilen vor uns.

Der größere Teil der Bevölkerung von der Mündung des Amazon bis nach Tabatinga, der Westgrenze Brasiliens, setzt sich aus einer Mischrasse von Portugiesen und Indianern zusammen, ein dunkler Typ, in dem die Indianerfarbe anscheinend vorherrscht. Anders in Peru, wo das Spanische Blut in einer viel

Kaserne in Tabatinga.

helleren Farbe zum Vorschein kommt. Wir hatten dies nicht vermutet, und waren daher sehr überrascht am Tage nach dem Passieren der Grenze einen plötzlichen Wechsel in der Volksart und dem allgemeinen Aussehen der Ufergegenden zu bemerken.

In dem unteren Lande war der Gesichtsausdruck der Leute ruhig, gedrückt, fast traurig, wie unter der steten Last von Kummer und Sorge. In Peru war das Wesen lebhafter und, obwohl auch ruhig, doch frei von jenem bekümmerten Aussehen, wie es so häufig bei dem Nachbarvolk zu bemerken war. Auch die besseren sozialen Verhältnisse mußten sofort auffallen, die Wohnungen waren zahlreicher und dauerhafter gebaut, das Volk, besser gekleidet, schien auch über das Auftauchen der Wilmington nicht erschrecken, wie es in dem unteren Teil des Flusses der Fall war. Auch der wahre Typ des peruanischen Indianers kam zum Vorschein aber die große Masse zeigte eine Beimischung von spanischem Blut. Die kleinen Anpflanzungen von Kokospalmen standen sehr viel dichter an den Ufern, zahlreicher waren die schmalen Streifen hohen Landes, wie sie sich für den Anbau eigneten. Überall trat die größere Wohlhabenheit zutage. Wir an Bord hatten den Eindruck, daß wir in Tabatinga den von unserer Zivilisation am weitesten entfernten Punkt erreicht hatten, und daß wir jetzt in eine andere Sphäre derselben eintraten.

Die Weite und Tiefe des großen Flusses zeigten keine Abnahme wie auch die allgemeine Erscheinung der Ufer sich kaum merklich änderte. Auch hier passierten wir keine Städte, sondern nur kleine Niederlassungen von 10—20 Köpfen. Aber vorwärts ging es auf unser Ziel Iquitos hin, und am Vormittag des 13. April ging die Wilmington dort zu Anker, 2500 Meilen von der Mündung des Amazon und nur 400 Meilen in der Luftlinie von dem Pazifischen Ozean entfernt.

Eine alteingesessene Familie.

In irgend einer Weise mußten einige der Bewohner die Wilmington in dem oberen Fluß erwartet haben; anders dagegen die Menge, und als die Landesflagge Perus sich im Topp entfaltete und der erste Salutschuß an Land hörbar wurde, strömten Tausende ans Ufer um sich den wunderbaren weißgekleideten Friedensboten anzusehen, der die Grüße unseres Volkes der peruanischen Nation überbringen sollte. Den ganzen Tag lang säumte das staunende Volk die Ufer ein und verfolgte mit aufmerksamer Spannung alle Vorgänge an Bord. Unser eigenes Volk hat keinen konsularischen Vertreter in diesem fernen Lande, wohl aber Großbritannien, und unter den ersten, die an Bord kamen, um uns ihre freundschaftlichen Dienste anzubieten, war Mr. Sanderson, Konsul Ihrer Majestät von Großbritannien. Seine liebenswürdige Aufmerksamkeit war uns außerordentlich dienlich und wurde während unseres Aufenthaltes voll gewürdigt.

Ihm folgte bald der Hafenkapitän, ein peruanischer Seeoffizier, Kapitän Ragado, der, ein Altersgenosse und Freund des Verfassers von über 30 Jahren her, uns in mehr als einer Weise Höflichkeiten erwies. Nachdem am folgenden Tage mit dem Gouverneur und anderen Behörden die üblichen Besuche ausgetauscht waren, wurde das Schiff für den Besuch aller derer, die an Bord kommen wollten, offengehalten. Ich hatte darauf gehofft, noch einige Kohlen in Iquitos zu finden,

Das Innere eines typischen Einwohnerhauses in Iquitos.

sodaß die Wilmington ihre Reise noch etwa 400 Meilen weiter bis nach Purumaguas an der Einmündung des Ucayli-Flusses in den Amazon fortsetzen könnte. Aber der vorhandene Vorrat war so gering, daß wir keine erhalten konnten, und so war das Ende unserer langen Reise gekommen.

Dagegen zeigte im übrigen die Bevölkerung von Iquitos in jeder Weise durch Festveranstaltungen aller Art, wie vollkommen sie unseren Besuch würdigte.

In einer Bevölkerung von 10000 Köpfen, mehr kosmopolitisch zusammen-

— 57 —

gesetzt als die von Manaos, soweit es die Geschäftswelt anbetrifft, schlossen sich doch alle zusammen, um unseren Aufenthalt angenehm zu gestalten. Die Handels-

Strassenpartie in Iquitos.

kammer gab ein hübsches Festessen, an dem 100 der ersten Bürger teilnahmen. Einen Eindruck von den Gefühlen, die uns beseelten, kann man aus den

Bemerkungen des präsidierenden Mitgliedes, die ich nachstehend anführe, gewinnen: „An den Kommandanten und die Offiziere des Kriegsschiffes der Vereinigten Staaten Wilmington. Die Kaufleute dieser Stadt haben an mich das ehrenvolle Ansuchen gestellt, Sie in ihrem Namen zu diesem bescheidenen Mahle einzuladen. Ich bitte Sie, dasselbe als einen Beweis des großen Vergnügens anzusehen, welches Ihr Besuch in dieser weltfernen Gegend uns verschafft. Ich darf Sie versichern, daß wir auf lange Zeit hinaus dankbar die angenehmen Erinnerungen daran bewahren werden, beides, Ihrer persönlichen Verdienste wegen wie aus Anlaß der Bedeutung, welche Ihr Besuch dieser Landesprovinz verleiht."

Die Wirkung des Besuchs der Wilmington war auch aus der Ansprache des Gouverneurs ersichtlich, die er gelegentlich der Erwiderung meines Besuches an Bord des Schiffes hielt; indem er auf die Bedeutung dieses größten aller Wasserwege für die Entwickelung der Beziehungen in Handel und Verkehr hinwies, gab er im Besonderen der Hoffnung Ausdruck, daß, nachdem durch unsern Besuch die Möglichkeit des Verkehrs erwiesen, die Mittel dafür eine weitere Ausgestaltung erfahren und damit auch die Beziehungen unserer beiden Staaten zu einander sich inniger gestalten würden.*)

Wir ließen die Leute an Land wissen, daß wir gern unsere Sammlung an Tierarten aus jener Gegend bereichert sehen würden. Und in kürzester Zeit erhielten wir verschiedene Sorten zugeschickt. Scharen von merkwürdigen Affen, Papageien und seltsameren Kreaturen kamen unaufhörlich an Bord; bei vielen wurden indessen Zweifel laut, ob wir sie nach Hause bringen würden, da andere derartige Versuche fehlge-

Indianerhof Randería bei Iquitos.

schlagen hatten. Wir mußten fleißig arbeiten, um Käfige, Kasten ꝛc. für die Unterbringung der Tiere herzustellen und, noch bevor wir Abschied nahmen, waren die Decks mit diesen uns neuen Reisegefährten überfüllt. Aber unter der vortrefflichen Leitung unseres Arztes gelang es, den größeren Teil derselben wohl-

---

*) Die Rede war im Original im Wortlaut wiedergegeben.

behalten im Zoologischen Garten in Washington abzuliefern, wo man sie heute besichtigen kann.

350 Jahre sind es her, daß der Jesuiten-Pater Francisco Orelana von Iquitos aus, den großen Strom flußabwärts bereiste, und ihm verdanken wir die erste Geschichte über die Ostregion der Anden und über die Flüsse, die in diesem Teil der Erde entspringen. In früheren Tagen gaben die Spanier dem Amazon seinen Namen, und noch heute erscheint er so auf einigen Karten. Aber es herrscht auch nicht der geringste Zweifel, daß der Lauf des Amazon sich noch 1000 Meilen weiter erstreckt und seinen Ursprung in der Bergkette der Anden, etwas östlich von Lima, der Hauptstadt Perus, an dem Ostabhange findet. Alle anderen Namen verdanken ihre Entstehung lediglich irgend welchem Lokalstolz und sind in geographischer wie physischer Hinsicht ungenau.

Infolge des geringen Kohlenvorrats gestaltete sich der Aufenthalt der Wilmington in Iquitos kürzer als wir gehofft hatten. Aber die Klugheit behielt den Sieg, und nach 5 Tagen drehte sich der Bug des Schiffes stromabwärts, und begleitet von einem Regierungsfahrzeug, das uns mit einem Abschiedssalut begrüßte, sagten wir unseren Freunden Lebewohl. Ohne Aufenthalt ging es bis Tabatinga, wo wir gegen 8 Uhr morgens beidrehten und einen Salut für die brasilianische Landesflagge feuerten, als Beweis der Freundschaft Nordamerikas für die Schwesterrepublik im Süden. Ein Offizier ging an Land, um persönlich den Gruß unseres Präsidenten auszurichten, der mit gebührender Anerkennung von dem diensttuenden Offizier auf dem brasilianischen Grenzposten entgegengenommen wurde.

Nachdem auch diese Formalität erfüllt war, ging es wieder unterwegs nach Marnos, ohne weitere Unterbrechungen, bis dieser Ort erreicht war. Hier hielten wir uns nur grade lange genug auf, um Kohlen zu nehmen, und dampften dann geradenwegs nach Para, wo wir am Morgen des 29. April ankamen. Unsere Reise stromauf- und stromabwärts hatte 45 Tage gedauert, in denen wir nahezu 6000 Meilen gedampft waren.

Beim Verlassen Paras zur Reise stromaufwärts strahlte die Wilmington im Glanz ihrer Geschütze. Bei ihrer Rückkehr waren weithin von ihrem Deck die Käfige und die in Freiheit belassenen Tiere sichtbar, die ihr zweifellos mehr die Erscheinung einer schwimmenden Menagerie als die eines Kriegsschiffes gaben. Aber die Mission des Kriegsschiffes war ja auch eine solche des Friedens gewesen.

Die Eingeborenenpolitik der großen Kolonialmächte.

In der Abteilung Frankfurt a. M. der Deutschen Kolonialgesellschaft hat Herr Privatdozent Dr. von Knoille aus Halle einen Vortrag über die Eingeborenenpolitik der großen Kolonialmächte gehalten, der im Aprilheft der Preußischen Jahrbücher zum Abdruck gelangt ist. Wir können es uns nicht versagen, diesen Vortrag einer eingehenden Betrachtung zu unterziehen, nicht nur wegen der Wichtigkeit des darin behandelten Themas, sondern auch, weil die Grundgedanken einer vernünftigen Eingeborenenpolitik mit außerordentlicher Schärfe und Klarheit herausgearbeitet sind. Wir geben deshalb in folgendem einen Auszug aus dem Vortrage, um unsern Lesern die Grundgedanken zu unterbreiten.

Bei jeder Kolonisation treten sich zwei Kulturen, zwei Gesellschaftsordnungen, zwei Wirtschafts- und Rechtssysteme gegenüber, die sich miteinander abzufinden haben: die des kolonisierenden Volkes und die der Eingebornen. Das System der Unterworfenen kann höher sein; es kann dem der Eroberer gleichwertig, aber verschieden von ihm sein; endlich kann es ihm unterlegen sein. Letzteres ist bei den neuzeitlichen Landerwerbungen der Fall, wo die Europäer den wilden Völkerstämmen oder halbzivilisierten Nationen entgegentraten. Die Sitten und Bräuche der Besiegten, ihre Rechts- und Besitzverhältnisse sind jedoch mit der Eroberung nicht aufgehoben. Es kommt also darauf an, wie sich die Eroberer hierzu stellen sollen. Nach zwei gänzlich von einander verschiedenen Grundsätzen lassen sich die Beziehungen zwischen Eroberern und Eingebornen regeln, dem der Eigensucht und dem der wahren Sittlichkeit. Der erste Grundsatz schreibt einseitige Wahrung und Förderung der heimischen Interessen, der letzte gleichmäßige Beachtung aller Interessen, auch der der Eingebornen vor. Wahrhaft berechtigt scheint nur die sittliche Tendenz zu sein; denn nur bei ihrer strikten Befolgung läßt sich die Erwerbung fremder Länder, die politische Unterwerfung fremder Völker rechtfertigen; denn der materielle Nutzen darf nicht der einzige, nicht der Hauptzweck der Kolonien sein. Grundfalsch ist die jetzt herrschende Meinung, daß nur ertragsfähige Kolonien einem Volke Gewinn brächten, und daß dieser Gewinn um so größer sei, je ertragreicher die Besitzungen. Was die Kolonien einem aufstrebenden, gesunden Volke wertvoll macht, das ist gerade die Arbeit, die neue eigenartige Arbeit, die sie ihm auferlegen, das sind die schweren Aufgaben, die ihm aus der Kolonialpolitik erwachsen. Daran kräftigt und stählt es sich. Sie sind selbst durch schwere Geldopfer nicht zu teuer erkauft. Aber innerlich gesund muß das Volk sein; sonst vermag es diese Aufgaben nicht zu lösen. Dann bleibt die Erhaltung der inneren, der sittlichen, sozialen, politischen Gesundheit immer die erste Pflicht. Das Erheben tiefer Stehender zu höherer

Kultur, zu wahrer Sittlichkeit veredelt das Volk. Die Erziehung der Eingebornen ist eine heilbringende Aufgabe, die aus der Kolonisation erwächst. Und die Veredlungsfähigkeit fremder Völker steht fest. Der Entfaltung des einzelnen Individuums mögen enge Grenzen gesetzt sein; denn dies bleibt von der augenblicklichen Entwicklungsstufe des Ganzen abhängig; an der Vervollkommnung der Rasse, des Stammes aber braucht man nie zu verzweifeln, mögen die Fortschritte auch noch so langsam, noch so unmerklich sein.

In der Eingebornenbehandlung ist jedoch das sittliche Prinzip nur wenig zur Geltung gekommen, und das egoistische hat weitaus den Vorrang behauptet, fast mehr noch als in der älteren in der neueren Zeit. Nur die Art, wie der Egoismus sich äußert, ist eine andere, den Eingebornen vielfach günstigere geworden, da die Kultur der Kulturmächte selbst gestiegen ist, da sie Schäden und Gefahren erkannt haben, die ihnen selbst und ihren Kolonien aus dem früheren Verhalten erwachsen. Aus dem egoistischen Prinzip heraus gelangten verschiedene Arten der Behandlung der Eingebornen zur Anwendung. Die Eingebornen wurden als Feinde der kolonisatorischen Bethätigung vernichtet oder verdrängt; da, wo man die Arbeitskraft der Eingebornen nicht entbehren konnte, wie in den Tropen, wurden sie, da freiwillige Leistungen nicht zu erwarten waren, zu Diensten in harter oder milder Sklaverei gezwungen. Wo die wirtschaftlichen Verhältnisse die Sklavenarbeit entbehrlich machten, hat man den Charakter der Eingebornen studiert und die Mittel gefunden, sie sich ohne rohen Zwang dienstbar zu machen. Schien endlich die Kraft der Eingebornen der Ausnutzung nicht wert, überließ man sie ohne Schutz den schädlichen Einwirkungen der fremden Kultur und damit ihrem allmählichen Untergange.

Merkwürdigerweise hat gerade in Spanien und Portugal das sittliche Prinzip anfangs eine Stätte gefunden, nicht aber in England und Holland. Der Grund lag in den politischen und kirchlichen Gestaltungen, in denen sich die romanischen und germanischen Seemächte damals scharf unterschieden. In ersteren blieb ein starkes Königtum sich trotz despotischer Neigungen doch seiner sittlichen Verantwortung bewußt: in letzteren führten die reichen Klassen das Regiment, deren Geldbeutel an den Erträgen der Kolonien direkt interessiert war. Wie damals ist auch heute noch eine starke Monarchie weit befähigter, in der Eingebornenfrage die Sittlichkeit zur Geltung kommen zu lassen als ein parlamentarisches Regiment, bei dem die materiellen Rücksichten immer weit überwiegen werden. Dazu kam damals die Macht der katholischen Kirche in den romanischen Staaten, die es ihrem Ausdehnungsbedürfnis entsprechend durchsetzte, daß Schutz, Belehrung und Erziehung der Eingebornen ohne Rücksicht auf materiellen Vorteil zu einem Grundzug der kolonialen Gesetzgebung wurde. Sie konnte dies; denn sie war eine Macht im Staate — in England dagegen war die Kirche dem Staat untergeben, in Holland ging sie im Staate auf.

Kein Staat hat solche Mühe aufgewandt, die Eingebornen zu schützen und ihr Los zu verbessern wie Spanien. Freilich war es schwer für die Regierung, den eigenwilligen Eroberern aus so weiter Ferne Zügel anzulegen, den zweckmäßigen Gesetzen Gehorsam zu verschaffen, die Kolonialbeamten selbst mit ihrer Gesinnung zu erfüllen. Überhaupt, und das gilt auch für heute, werden Grundsätze der heimischen Regierung niemals durchzudringen und Erfolge zu erzielen vermögen, wenn es nicht gelingt, ihren Vertretern in den Kolonien die gleichen Grundsätze einzupflanzen. So genau und bestimmt lassen sich Gesetze, und namentlich Kolonialgesetze, nicht fassen, daß sie nicht durch die Art ihrer Ausführung wirkungslos gemacht werden könnten. In Spanien hatte man schon früh erkannt, daß es nicht genug sei, den Eingebornen Rechte zu verleihen, sie vor roher Gewalt und Rechtsverletzungen zu sichern, sondern daß sie der sorgsamen Leitung, der steten Fürsorge bedurften, wenn sie das plötzliche Eindringen überlegener Kultur mit allen ihren Gefahren überdauern sollten. Und nicht nur die Regierung war bestrebt, nach dieser Erkenntnis zu handeln, sondern auch die katholischen Missionen, wie z. B. die Jesuiten in Paraguay. Denn auch die spanischen Kolonien in Südamerika sich in der Folgezeit sämtlich gewaltsam vom Mutterlande abgetrennt haben, so ist dies nicht etwa eine Folge dieser Eingebornenpolitik, sondern des Mangels entsprechender Kraft und Gesundheit des Mutterlandes. Spanien hat seinen Kolonien an Kultur gegeben, was es vermochte. Seine Eingebornenpolitik aber kann ihm, trotz des politischen Abfalls, dereinst reichen Segen bringen; denn die Mischnationen, die sich dort gebildet haben, tragen durch und durch spanischen Charakter und werden zu Spanien hinneigen, sobald dieses seine innere Gesundheit wiedererlangt hat.

Die Portugiesen sind in der Grundtendenz dem spanischen Muster in ihrer brasilischen Eingebornenpolitik gefolgt.

Das Charakteristische der französischen Eingebornenpolitik ist beständiges Schwanken zwischen verschiedenen Prinzipien und Methoden. Hingegen haben die Franzosen, wie sie in Kanada und Ostindien bewiesen, ein eigenes Talent, mit den Eingebornen zu verkehren, auf ihre Ideen und Bräuche einzugehen und so ihre Zuneigung zu gewinnen. Nicht ganz gelingt ihnen dies den Muhammedanern in Algier gegenüber. Die Muhammedaner stehen andersgläubigen Eroberern stets feindlich gegenüber; Strenge reizt sie zu Empörungen, Milde verschafft ihnen die Mittel, Empörungen ins Werk zu setzen. Aber auch ihnen gegenüber ist das sittliche Prinzip angebracht; denn bei der unerschütterlichen Geduld der Orientalen gewinnt man durch strenges, gerechtes Regiment und Fernhaltung jedes Zündstoffes Zeit, und diese läßt sich benutzen, um der orientalischen Weltanschauung die Wurzeln abzugraben. Nicht aber darf der Europäer mit den orientalischen Waffen der Lüge und des Betrugs kämpfen; sonst verlieren seine guten Lehren jede Wirkung. In Algier ist besonders infolge der schwankenden Politik Frankreichs in der Landfrage eine Spannung zwischen Eroberern und Eingebornen vorhanden. Frankreich ist hier von dem richtigen Wege in der Eingebornenbehandlung, den es früher gelegentlich eingeschlagen hatte, wieder abgekommen; aber infolge seines Geschicks im Verkehr mit den Eingebornen sind hieraus besonders schädliche Folgen nicht zu erwarten.

Was den Sklavenhandel betrifft, auf den Dr. von Rudille in diesem Zusammenhange interessante Streiflichter wirft, so behaupten seine Verteidiger die tropischen Pflanzungen bedürften der farbigen Arbeiter, und der Neger sei in keiner andern Weise als in der Sklaverei zur Arbeit zu bewegen. Indes ist die zwangsweise Ausnutzung der eingebornen Kräfte im Privatinteresse, mag sie auch noch so verhüllt auftreten, mit Entschiedenheit zu verwerfen und zu verbieten, während sich gesetzliche Nötigung zu gewinnbringender Thätigkeit und namentlich die Anlernung der Eingebornen zu solcher Thätigkeit wohl empfehlen kann. Zur Aufhebung der Institution der Sklaverei, die von den verschiedenen Kolonialmächten verschieden gehandhabt wurde, und wiederum am mildesten in den spanischen Besitzungen, hat England das Meiste beigetragen, aber zu einem guten Teil auf Rechnung der Eigensucht und der Staatsraison.

Die Eingebornenpolitik der Holländer wurde anfänglich ganz vom kommerziellen Standpunkte aus betrieben. Ein richtiges Verantwortlichkeitsgefühl für das Wohl der Eingebornen kam nicht auf; man bediente sich ihrer unter der Herrschaft der Ostindischen Kompagnie zur Produktion der Gewürze, und im übrigen ließ man sie in ihrer Eigenart fortleben. Erst später sind durch die Staatsregierung neben egoistischen auch wahrhaft sittliche Motive in der Eingebornenbehandlung zur Geltung gekommen. Man suchte die Eingebornen nach Möglichkeit zu vermehren und kulturell zu heben, damit hier gesunde Rebenreiche mit einer nicht blutö-, aber kulturverwandten Bewohnerschaft entständen. So ist es gekommen, daß man die Eingebornen weder knechtet noch ausnutzt noch auch ungezügelt und ungeschützt in Freiheit dahinleben läßt. Der Gedanke, daß der Eingeborne der Erziehung, des Schutzes, der Bevormundung bedarf, kommt in den holländischen Kolonien voll zur Geltung, ohnedaß man ihm seine gewohnten Lebensformen zu nehmen sucht. Man schützt die Eingebornen gegen Knechtung und Aussaugung durch die eingebornen Herrscher, man bewahrt sie vor Ausnutzung und Übervorteilung durch Europäer und höherstehende Asiaten und erzieht sie zur Arbeit. Dieses System wird von englischer Seite als freiheitsfeindlich und veraltet hingestellt. Aber nicht nach dem Maß an Freiheit bewertet sich eine Eingebornenpolitik, sondern nach dem Segen, den sie Herrschern und Beherrschten bringt. Praktisch muß eine solche Politik vor allem sein.

Im englischen Kolonialreich ist in der Eingebornenfrage das sittliche Moment am wenigsten zur Geltung gekommen; das egoistische hingegen hat aller Orten, und oft in recht krasser Weise, Ausdruck gefunden. Das beweist vor allem die beinahe vollständige Ausrottung der Indianer in Nordamerika. In Kanada sind die Engländer auf die Eingebornen angewiesen, und nur diesem Grunde verdanken diese ihr Dasein. In den afrikanischen Kolonien schwankt das Verfahren der Engländer, aber nicht zwischen dem sittlichen und egoistischen Prinzip, sondern nur zwischen den Methoden, wie dem Egoismus am besten Genüge geschehen könne. Der Staat hat die Aufgabe der Eingebornenerziehung in der Hauptsache abgelehnt. Im Kapland insbesondere galt ein offenkundiges Verdrängungssystem; man vertrieb die Eingebornen, teilweise in gefährlichen Kriegen, in das Innere. In den Kolonien selbst wurden die befreiten Farbigen mit den Weißen politisch gleichgestellt; das ist jedoch eine Gabe von sehr zweifelhaftem Wert. Weit wichtiger wird es immer sein, die Eingebornen gegen Ausbeutung zu schützen und auf die Stufe der Bildung zu erheben, die sie erst zur Ausübung politischer Rechte und zu wirtschaftlicher Selbstbehauptung fähig macht. Und daran hat es England eben fehlen lassen. Es wollte den Ruhm der Menschenfreundlichkeit gewinnen, ohne die entsprechenden Lasten zu tragen. Auch in Ostindien sind im Grunde nur egoistische Tendenzen der englischen Regirung zur Geltung gekommen.

Der Grund, weswegen sich England nirgends zum wahrhaft sittlichen Prinzip hat aufschwingen können, ist in dem Überwiegen von Handel und Industrie im Mutterlande zu finden. Kaufleute und Fabrikanten werden immer die finanzielle Seite in den Vordergrund rücken und schwer einer Politik ihre

Zustimmung geben, die von idealen Gesichtspunkten ausgeht. Und die parlamentarische Staatsordnung, die des Gegengewichts eines starken Königtums entbehrt, giebt gerade diesen Klassen das Heft in die Hand oder wenigstens einen überwiegenden Einfluß.

In Deutschland hat sich bei seiner kurzen kolonialen Vergangenheit ein allgemein anerkannter Grundsatz in der Eingebornenpolitik noch nicht herausgebildet. Jedoch tritt das, was Dr. von Ruville als die sittliche Tendenz bezeichnet hat, nach seiner Ansicht in den Gesetzen und Verordnungen nicht klar und bestimmt genug hervor. Auch erscheint es ihm bedenklich, daß unter den Kolonialbeamten die verschiedenartigsten, seltsamsten Anschauungen über Eingebornenpolitik herrschen; Beweis: die von Franz Giesebrecht gesammelten Äußerungen hervoragender Kolonialpolitiker über die Eingebornenfrage. Das Verhalten der Kolonialbeamten weist dementsprechend die größten Widersprüche auf.

An dieser Stelle kann sich der Berichterstatter die Bemerkung nicht versagen, daß, wenn in den Gesetzen und Verordnungen der Regierung die sittliche Tendenz nicht deutlich hervortritt, man schließlich von den Beamten in den Kolonien nicht erwarten kann, daß sie sich diese sittliche Tendenz (in dem engen Sinne des Herrn von Ruville) zur Richtschnur ihres Handelns machen werden. Erst dann, wenn die Regierung in dieser Hinsicht klare Grundsätze aufstellt, kann man von den Beamten einheitliche Anschauungen und eine dementsprechende Handlungsweise in der Eingebornenfrage erwarten.

Deshalb ist allerdings anzustreben, daß das Ziel klar festgelegt und verfolgt werde. Das letzte Ziel der deutschen Kolonialpolitik, dem nachgestrebt werden muß, ist die kulturelle Hebung, das Wohl der Völker, deren Land wir uns angeeignet, deren Leitung wir übernommen haben.

Unser Vaterland hat die heilige Mission, in der Weltpolitik und so auch in der Eingebornenpolitik das sittliche Element zur Geltung zu bringen, das daraus zu verschwinden droht. In diesem Punkte soll es der Lehrmeister der alten Kolonialmächte werden. Ihm gebührt diese Mission, weil es befähigt ist, sie zu erfüllen. Unser Volk ist sittlichen Ideen in hervorragendem Maße zugänglich; unsere Verfassung läßt es nicht zu, daß interessierte Klassen allein entscheidenden Einfluß gewinnen. Das Wichtigste aber ist: der Schwerpunkt unserer Staatsordnung ruht in einer mächtigen, durch und durch sittlichen Dynastie, die den Schutz der Schwachen als ihre wichtigste Aufgabe betrachtet.

Wir aber müssen, wenn unsere kolonialen Bestrebungen in allen Schichten des Volkes Anklang finden sollen, uns daran gewöhnen, nicht bloß von Ausnutzung und Gewinn zu reden, sondern die edlen, segensreichen Pflichten und Aufgaben zu betonen, die uns daraus erwachsen, vornehmlich die Pflichten gegen die Eingebornen.

D. D.

Zur Arbeiterfrage im Bismarckarchipel.

Seitens des Gouvernements, der verschiedenen Firmen Neuguineas¹) und der Firmen in Samoa werden zur Zeit im ganzen etwa 3000 Arbeiter aus dem Archipel beschäftigt, sodaß bei dreijähriger Verpflichtung im Laufe eines Jahres rund tausend Mann anzuwerben sind.

Bislang geschieht dieses Anwerben durch die größeren Firmen selbständig. Diesen kostet der einzelne Arbeiter einschließlich Rekrutierungskosten, Kopfsteuer an die Regierung, Lohn, Verpflegung, Wohnung und ärztliche Behandlung jährlich 60—70 Mark.

Das Gouvernement hat die Absicht, für die Polizeitruppe Malayen aus Niederländisch-Indien kommen zu lassen, weil die mit der Handhabung des Gewehrs vertraut gemachten ausgedienten Polizeijungen aus dem Archipel zu Hause ihre Stammesgenossen im Gebrauch desselben unterweisen und diese zu dem Wunsche führen, sich in den Besitz von Schußwaffen zu setzen. In diesem Verlangen nach dem Gewehr, mittels welchem sie in die Lage sich versetzen, ihre feindlichen eingeborenen Nachbaren siegreich zu bekriegen, nicht in dem Haß gegen den weißen Mann ist die Ursache der verschiedenen Morde zu suchen, welche bisher an weißen Händlern und Schiffsführern begangen sind.

Mißstände bei Arbeiteranwerbungen.

Die Anwerbung der Arbeiter geschieht seitens der Firmen an den Küsten von Bougainville, Buka, Neu-Hannover und Neu-Mecklenburg, deren Bevölkerung im großen und ganzen mit dem Weißen noch auf Kriegsfuß steht. Daher wird das Land selten betreten; die Verbindung und der Verkehr geschehen mittels Kanus. Feindschaft besteht hauptsächlich deswegen, weil die Dorfschaften die Jungen (so werden auch ausgewachsene Arbeiter genannt), welche selbst willig sind, als Arbeiter mitzugehen, nicht loslassen wollen; denn sie werden zu Hause gebraucht als Krieger und zum Arbeiten. Die Jungen, — so ist für die Polizeisoldaten auch die Bezeichnung „Polizeijunge" gebräuchlich, — selbst ziehen das Leben als Arbeiter in den Plantagen vor, wo es ihnen augenscheinlich besser ergeht als in dem ewigen Kriegs- und Notzustand ihrer Heimat.

Auch die Arbeiterinnen, die übrigens nur aus Neu-Mecklenburg kommen, werden gegen den Willen ihrer Angehörigen geworben. Es wird gewöhnlich ein Platz abseits vom Dorf verabredet, von welchem sie abends heimlich abgeholt

---
¹) Vgl. die Ausführungen von E. Hernsheim in Nr. 35 der „Deutschen Kolonialzeitung", Jahrg. 1901, S. 343 f., welche einen anderen Standpunkt in dieser Frage vertreten.

werden. Die Arbeiterinnen sind insofern nützlich, als sie während der Dauer des Arbeitskontraktes vielfach sich mit Arbeitern von Buka ꝛc. verheiraten. Diese Ehepaare bleiben dann, weil Angehörige fremder Stämme im eignen Dorf nicht zugelassen werden, lieber für immer in den Plantagen als Arbeiter, als daß sie sich nach Ablauf ihrer drei Jahre wieder trennen. Solche Ehepaare bilden den besten Arbeiterstamm.

Natürlich bildet das beschriebene Verfahren der Anwerbung gegen den Willen der Angehörigen einen Grund für feindliche Gefühle der Eingeborenen gegen Weiße. Eine Beaufsichtigung seitens der Regierung findet überhaupt nicht statt.

Wenn auch zur Zeit noch der Bedarf an Arbeitern gedeckt wird, so steigert sich derselbe von Jahr zu Jahr, und es werden immer neue Listen erdacht werden müssen, die unter Umständen das Maß des gesetzlich Erlaubten noch mehr überschreiten werden, als es augenscheinlich jetzt schon geschieht.

Die Neupommern als Arbeiter.

Der Eingeborene Neupommerns, an dessen Nordostküste die hauptsächlichsten Plantagen liegen, wo also der Hauptbedarf an Arbeitern ist, ist als Arbeiter für die Plantagen in seiner Nachbarschaft kaum zu haben, lediglich, weil er sich seinen Stammesgenossen gegenüber schämt.

Es giebt allerdings Ausnahmen in einzelnen Fällen, wo die Unternehmer es durch Ueberredungskunst und Kenntnis der Art und Weise, wie die Leute behandelt sein wollen, verstehen, diese als Arbeiter zu gewinnen.

Daß die Neupommern sich leicht dem Druck einer Autorität fügen, haben sie schon dadurch bewiesen, daß sie auf Anordnung des Gouvernements Wege durch das Land bauten, die sie auch in Stand halten.

Auf der bevölkerten Insel Matupi waren in früheren Jahren die Eingeborenen sehr leicht gegen Lohn für die Firma Hernsheim & Co. zur Arbeit zu bekommen, weil die in ihnen sitzende Hochachtung für den weißen Mann ihnen den Gehorsam von selbst beibrachte. Nachdem sie aber durch das ihnen gebrachte Evangelium erfahren, daß alle Menschen vor Gott gleich sind, sieht ihre Einfalt darin eine Berechtigung zum Faullenzen, und die Firma muß seitdem Arbeiter in fernen Gegenden für sich anwerben. Dieses sei bloß als ein weiteres Beispiel dafür angeführt, daß die Neupommern sich leicht leiten lassen.

Anregung zur Einführung des Regierungs-Monopols der Arbeiteranwerbung.

Wenn ich hiernach die Behauptung aufstelle, daß das Gouvernement es unschwer in die Hand nehmen könnte, die Anwerbung der Arbeiter für alle Firmen und auch für sich zunächst in Neupommern und sogar auf Buka, Bougainville und Neu-Mecklenburg in die Hand zu nehmen, so glaube ich nicht zuweitzugehen, obgleich diese meine Ansicht von den meisten Interessenten im Archipel nicht geteilt werden wird. Und zwar werden die Firmen der Regierungsverwaltung nicht das nötige Geschick zutrauen, nur eine Verteuerung der Arbeitspreise argwöhnen, und die Regierungsverwaltung selbst halte ich, offen gesagt, für zu sehr unter dem Banne des Rates der Firmen stehend, um sich zu einem so weitgehenden Schritt zu entschließen.

Es wird allgemein geglaubt, das wilde und kriegerische Volk von den Salomonsinseln und Neu-Medlenburg würde jeden, der unter ihm festen Fuß fassen wollte, erschlagen. So mutig sind diese Wilden denn doch nicht. Allerdings würden wohl Niederlassungsversuche, wie sie die mutigen ersten Ansiedler auf Kalum in Neupommern f. Zt. ohne Unterstützung einer Kriegsmacht mit eigener Kraft durchsetzten, in den angeführten Ländern bedeutend schwieriger sein. Dagegen würde eine geringe, bewaffnete Macht, wie sie ein Trupp Polizeijungen unter der Führung eines verständigen Weißen darstellen würde, sich unbedingt halten und binnen kurzem sogar die Herrschaft im Bereich der Bevölkerung des nächsten Umkreises erlangen.

Ein solcher Posten, als der Stärkere bald anerkannt, würde die umliegenden Stämme gegen deren entfernter wohnende feindliche Nachbaren mit derartigem Erfolg kriegerisch unterstützen, daß sie sich dankbar der Herrschaft fügen, unter der sie Schutz gefunden, und in absehbarer Zeit auch die bisher unbekannten Segnungen des Friedens kennen lernen würden.

Gerade die Thatsache, daß es so kleine Parteien der Eingeborenen sind, die gegeneinander Krieg führen, wird es dem Europäer leicht machen, mit verhältnismäßig kleiner Macht und geringen Kosten Herrschaft und Einfluß zu gewinnen.

Der gute Erfolg von Herrschaft und Einfluß wird der Friede sein. Hat der Eingeborene den Frieden, so wird er frei zur Arbeit für sein eigenes Wohlbefinden, und in zweiter Linie gegen Lohn für die Entwicklung des Landes. Buka, Bougainville und Neumecklenburg sind stark bevölkert. Die Völker sind arm, weil sie gegenseitig im Kriege ihre Plantagen und Dörfer verwüsten, aus welchem Grunde sie auch nur das aller Notwendigste bauen. Sie hungern viel, und deshalb sehnt sich so mancher von ihnen nach dem verhältnismäßig besseren Leben, das er als Plantagenarbeiter führen kann. Viel, viel mehr von ihnen würden sich als Arbeiter anwerben lassen, wenn sie nicht als Teil der Kriegsmacht, der sie angehören, diese schwächen würden. Bei hergestelltem Frieden wiederum würden wegen der Stärke der Bevölkerung immer noch reichlich Leute zum Bebauen der eigenen Pflanzungen zurückbleiben, wenn soviele weggenommen würden, wie für die Pflanzungen der Europäer benötigt werden. Der Befehlshaber des Polizeipostens hätte im Bereiche seiner Machtsphäre für die Arbeiteranwerbung nicht viel mehr zu thun, als jedem der Häuptlinge aufzugeben, eine bestimmte Zahl Arbeiter zu stellen zu der Zeit, wo das Arbeiterschiff zum Zurückbringen der ausgedienten und Abholen der neuen Leute erscheint.

Sämtliche neuen Arbeiter wären nach Herbertshöhe zu bringen, wo ein Depot zu errichten wäre, und von wo aus die Firmen, die von ihnen benötigten Leute abzuholen hätten.

Die Regierungsverwaltung hat selbst viele Arbeiter nötig, die sie zur Zeit zu nicht zu billigen Preisen von den Firmen mieten muß, und könnte im Falle eines zu reichlichen Ausfalles der Rekrutierung die überflüssigen zum Anlegen von Regierungsplantagen verwerten. Solche Anlagen werden sich immer bezahlt machen, sei es, daß sie die Regierung in eigenem Betriebe behält oder an Privatunternehmer verkauft oder verpachtet.

Zahlt die Regierungsverwaltung die Arbeiter nach Ablauf ihrer Dienstzeit selbst aus, auch die an die Privatfirmen abgegebenen, so haben die Firmen ihr einen Preis für jeden Arbeiter der Regierung zurückzuzahlen, welcher den dieser erwachsenen Rekrutierungskosten mit einem Zuschlag entspricht, der, wenn er etwa 10 Mark pro Kopf und Jahr beträgt, bei 1000 Arbeitern jährlich eine Einnahme von 10000 Mark bedeutet, die als „Indirekte Arbeiter-Kopfsteuer" zu buchen wäre. Solches Monopol der Regierung verhindert die durch die Konkurrenz der Firmen bei den jetzigen Zuständen erfolgende fortwährende Steigerung der Arbeiterlöhne.

Berechtigung des Kolonialstaates, die Arbeitsdienstpflicht gesetzlich vorzuschreiben.

Wenn jeder Deutsche seinem Vaterlande mit der Waffe dienen muß zum Zwecke des Bestandes des Ansehens und der Macht desselben, warum sollte da nicht der schwarze Schutzbefohlene für dessen Sicherheit und Kultivierung der Staat Opfer bringt, gesetzlich gehalten sein, das Seinige zur Entwicklung seines Landes beizutragen?

Förderung der Lieferung von Produkten aus eigenen Kolonien, um sich darin frei vom Auslande zu machen, ist das Bestreben des Kolonialstaates. Da alle Plantagenunternehmungen des Weißen in diesem Sinne arbeiten, fördern sie das Bestreben des Staates, wofür ihnen dieser die staatsdienstpflichtigen Arbeiter zu gesetzlich bestimmten Preisen vermieten würde.

Solche Einrichtung würde meines Erachtens doch nicht an Sklaventum erinnern.

Meine Reise durch Uhehe, die Ulanganiederung und Ubena über das Livingstone-Gebirge zum Nyassa.

Von Hauptmann Engelhardt[1]).
(Mit 5 Abbildungen).

Wie bekannt, wird die Nutzbarmachung unserer großen ostafrikanischen Kolonie durch den Mangel an Verkehrswegen außerordentlich erschwert. In dem weiten Gebiet ist der Verkehr in der Hauptsache an schmale, vielfach gewundene Fußpfade gebunden, und der bei weitem größte Teil aller Güter wird noch heute, wie vor tausend Jahren, von Menschenschultern und Menschenköpfen getragen, eine überaus kostspielige Beförderungsart, die tausende von Menschen zu Lastieren erniedrigt, sie einem produktiven Berufe entzieht und vielen von ihnen ein frühes Ende bereitet. Besonders in den letzten Jahren ist viel für Wege- und Straßen-

---

[1]) Verfasser war Offizier der Kaiserlichen Schutztruppe für Deutsch-Ostafrika von 1893—99, hat 1894 an den Kämpfen gegen Bwana Heri teilgenommen und drang bei der Erstürmung der Veste Kwankwa des Suahilifürsten als erster in diese ein. Ende des Jahres focht er unter dem Gouverneur Freiherrn v. Schele gegen die Wahehe, bei der Erstürmung von Iringa der befestigten Hauptstadt des Hehelandes wurde er verwundet. Nachdem er an dem schwierigen, in voller Regenzeit durchgeführten Zug der 3. und 4. Kompagnie (unter Hauptmann Prince) von Uhehe nach Kilimatinde teilgenommen und bei der Gründung der Station gleichen Namens mitgeholfen hatte, wurde er Chef der wichtigen Station Kilossa. Mitte 1896 aus dem Heimatsurlaub zurückgekehrt, wurde er mit der Verwaltung des Bezirksamts Lindi beauftragt, wo er insbesondere dem Wegebau seine Aufmerksamkeit widmete; 1897 zwang er die widerspenstigen Magengwara zum Gehorsam, legte in ihrem Lande die Station Songea an und erschloß so den bis dahin gesperrten, fruchtbaren und volkreichen südwestlichen Teil des Schutzgebietes dem Handel und Verkehr. Lindi und Mikindani blühten dadurch aufs neue auf. 1898 nach Uhehe berufen, half er Prince, den dort ausgebrochenen Aufstand unterdrücken und führte insbesondere den Kampf gegen die Aufständischen in den schwer zugänglichen Waldgebirgen von Ulolungwe und Ulalinga durch. Nach Unterdrückung des Aufstandes erkundete er im Auftrage des Gouverneurs v. Liebert das Flußsystem der Ulanga-Ebene, wobei er zweimal das Livingstone-Gebirge überstieg.

E. hat keine Gelegenheit versäumt, zur Kenntnis von Land und Leuten beizutragen, wozu er durch seine gründliche Kenntnis des Kisuahili besonders befähigt wurde. Durch seine zahlreichen topographischen Arbeiten hat er wesentlich mitgeholfen, das kartographische Bild des Schutzgebietes zu vervollständigen.

1899 trat er als Hauptmann und Kompagniechef zu den bayrischen Pionieren, aus denen er hervorgegangen ist, zurück, wandte sich aber in diesem Jahre wieder der kolonialen Thätigkeit zu und ist gegenwärtig Chef der Südkamerun-Grenzexpedition, die gemeinsam mit einer französischen Expedition die Grenze zwischen Kamerun und Congo français vermißt und festlegt.

bauten geschehen, viele Flußpfade wurden zu sogen. Barabaras, 3—5 Meter breiten Durchhauen erweitert, und fahrbare Straßen angelegt, deren Benutzung aber vorläufig nur eine spärliche ist, da geeignete Zugtiere in genügender Menge nicht vorhanden sind.

Die einzige in der Kolonie bestehende Eisenbahn, die Usambarabahn, führt nur 80 Kilometer ins Innere des Landes und hat das Plantagengebiet von Usambara, nach dem sie den Namen trägt, noch nicht erreicht. Die Zentralbahn, die die Küste mit dem Seengebiet verbinden soll, ist leider noch immer Projekt.

Die Flüsse: der Pangani und der Wami im Norden, der Umbemkurru, Lukuledi und Rovuma im Süden sind nur wenige Kilometer von ihren Mündungen an aufwärts schiffbar; nur einer, der die Kolonie in eine südliche und nördliche Hälfte teilende Rufidji, ist auf eine größere Strecke landeinwärts als Schiffahrtsweg brauchbar. Im Sommer vorigen Jahres ist der für diesen Fluß gebaute Heckraddampfer ca. 150 Kilometer stromaufwärts, bis nahe an die Panganifälle herangefahren. Bei diesen aber hat jegliche Schiffahrt ein Ende. Erst nach weiteren 100 Kilometern landeinwärts, bei Ngahomasdorf — am Eingange der großen Ulanganiederung — wird der Fluß wieder schiffbar. Das war im Jahre 1897 schon bekannt, ja Teile des Flusses waren bereits erkundet worden[1]; aber ein klares Bild des vielverzweigten, ausgedehnten Flußsystems fehlte noch. Als im Sommer 1897 der Gouverneur, General von Liebert, das Land Uhehe, das zum Quellgebiet des Rufidji gehört, bereiste und sich aus eigener Anschauung überzeugte, daß das gesunde und fruchtbare Plateau nur eines guten und billigen Verkehrsweges zur Küste bedürfe, um durch Besiedlung von Europäern, in erster Linie von unsern Landsleuten, nutzbar gemacht zu werden, richtete sich sein Augenmerk auf den westlichen Teil des Flusses, mit dessen Erkundigung er zwei seiner Offiziere beauftragte. Dem Hauptmann Freiherrn von Prittwitz war der kleinere östliche Teil, mir der größere westliche Teil des Flußsystems der Ulanganiederung zugewiesen worden.

Über den ersten Teil dieser Erkundigungsreise, die mich auf teilweise bisher von Europäern noch nicht begangenen Wegen bis an einen der großen innerafrikanischen Seen, den Nyassa, geführt hat, will ich an dieser Stelle unter Erläuterung durch einige, von mir aufgenommene Abbildungen berichten.

Ich beabsichtigte zunächst die Schritte nach Südwesten, nach Rshuerrsdorf, zu wenden, um an die Quelle des Mpanga zu gelangen, von dort aus wollte ich in weitem Bogen Südost—Ost—Nordost diesem Fluß und weiterhin dem Muhera folgen, bis er nach Einmündung des Ruhudje den Kilombero bildet und den Kihanse aufnimmt. Von dieser Stelle aus, wo meine Aufnahme an die des Hauptmanns v. Prittwitz anschloß, wollte ich längs des Kilombero und Ruhudje aufwärts bis zur Quelle gehen und alsdann wegen des Anschlusses der Route an die geographisch festliegenden Nyassa über das Livingstone-Gebirge zu dem großen See hinuntersteigen. Bei Einhaltung dieser Route wurde ich in die Lage gesetzt, ein in großen Zügen genaues Bild des zu erkundenden Flußsystems zu geben.

Am 27. September 1898 marschierte ich von der von mir während des Aufstandes in Uhehe gegründeten Station Malinga ab. Obgleich die in kaum

[1] Diese Erkundungen sind von den Offizieren der Ulanga-Station, Hauptmann von Kleist und Stabsarzt Arning, ausgeführt worden.

— 71 —

4 Wochen erbauten Lehmhütten, die kraft einer Verfügung des Gouverneurs den stolzen Namen Station Ralinga erhalten hatten, an sich jedes Reizes entbehrten, wurde mir doch der Abschied nicht leicht. Ich war damals schon fest entschlossen,

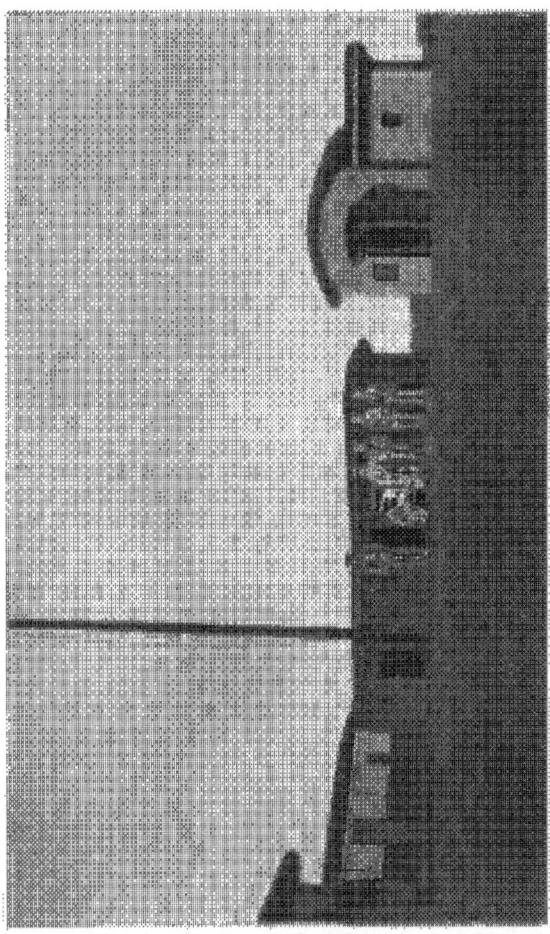

Station Ralinga (Westen), von Hauptmann Engelhardt angelegt.

aus dem kolonialen Dienst auszuscheiden, und so war für mich die Übergabe von Amt und Würden eines Stationschefs an meinen Nachfolger thatsächlich das Scheiden von einem liebgewordenen Wirkungskreis, dem ich die beste Kraft meiner

Jugend gewidmet hatte. Vor dem Aufbruch zu meiner großen Reise gab es indessen so viel für mich zu thun, daß ich keine Zeit hatte, meinen Gedanken nachzuhängen; in den ersten Stunden des Marsches aber kam mir das, was ich aufgegeben hatte, voll ins Bewußtsein und oft kehrten meine Blicke zurück zu der auf mächtiger Kuppe gelegenen Station, über der die Kriegsflagge des Reiches im Morgenglanze leuchtete.

Meine Karawane bestand aus einem Ombascha und 10 Askari meiner Kompagnie, meinen 4 Boys, denen meine persönliche Bedienung oblag, meinem Maultier Sora und 20 Trägern, Leuten vom unteren Rufidji, die Zelt, Feldbett, Tisch und Stuhl und die wenigen Verpflegungslasten, die ich mit mir führte, trugen. Alle waren reisegewohnte Leute, die meisten kannten mich seit Jahren, und alle gingen gerne mit mir, weil sie wußten, daß ich vom Nyassa aus die Schritte wieder nach Osten wenden und nach der Küste, dem Eldorado aller unserer Soldaten und Träger, marschieren würde. Ich war damals 5 Jahre im Schutzgebiete und während dieses ganzen Zeitraumes mit geringen Unterbrechungen auf Reisen und Expeditionen zu Friedens- und Kriegszwecken gewesen. Mir war das Reisen, die Safari, wie der Suahili sagt, eine liebe Gewohnheit geworden, ich spürte ihre Beschwerden u. Entbehrungen nicht mehr und ließ mich nicht schrecken durch ihre mir so gut bekannten Gefahren. Der Mühe und des nicht geringen Aergers, der keinem Europäer auf seiner ersten Reise erspart bleibt, war ich zum größten Teil enthoben. Die Verkehrssprache der Kolonie, das Kisuahili, handhabte ich wie meine Muttersprache; ich kannte die Sitten und Gebräuche der Eingebornen; während monatelangen Alleinseins mit ihnen hatte ich tiefe Blicke in ihr Inneres gethan; ich wußte, daß diese schwarzhäutigen stattlichen Gesellen mit dem freien, selbstbewußten und beinahe gentlemenlichen Auftreten des Naturmenschen nur große Kinder waren, leicht bewegt von jedem äußeren Eindruck, in der Leidenschaft zu jeder Unthat fähig, materiell und egoistisch wie eben Kinder sind, aber auch gutmütig, anhänglich und leicht zu leiten von dem, den sie als über sich stehend betrachteten, und der ihr Zutrauen genießt. Ich kannte ferner die Grenze ihrer Leistungsfähigkeit und wußte, daß sie kräftigem Wollen nur dann ihre Mithülfe versagen würden, wenn dabei gegen ihre Gebräuche oder ein eingefleischtes Vorurteil verstoßen würde. Und sie kannten mich auch, sie wußten, daß mir auf den vielen Kriegszügen und Reisen das Glück immer treu zur Seite gestanden hatte, daß es ihnen in den fremden Gebieten, die ich mit ihnen durchwandern wollte, besser gehe mit mir als ohne mich.

So entstand zwischen mir und meinen Leuten rasch ein patriarchalisches Verhältnis, das schon in ihrer Anrede an mich zum Ausdruck kam. Selten hörte ich das landesübliche „bwana kuba", der große Herr, meist wurde ich „Baba wangu" mein Vater, angesprochen. Ich hatte, um bei meinen Leuten Gehorsam zu finden, kein Rangabzeichen, keine Waffe nötig, und bin während der fünfmonatlichen Reise, die ich mit ihnen durchgeführt habe, niemals auf Widerstand gestoßen, ich war eben ihr Führer geworden, zu dem sie in allen Widerwärtigkeiten Hilfe suchend und vertrauend emporblickten; und der Freudestrahl, von dem ihre dunklen Augen erglänzten, wenn wir uns nach mehrtägiger Trennung, die auf dem Rückmarsch öfter eintrat, wiedersahen, ist mir immer eine liebe und stolze Erinnerung an jene wechselvolle Zeit.

Wenige Tage nach meinem Abmarsch von Kalinga gesellten sich zu meiner kleinen Karawane die Weiber der verheirateten Askari und Träger, die es dort ohne ihre Gatten nicht länger ausgehalten hatten und trotz meiner Warnung heimlich von der Station weggelaufen waren. Die jungen Frauen haben mutig und ohne Klage die Unbilden der langen Reise ertragen. Ihre Treue und Anhänglichkeit ist ihnen aber leider schlecht gelohnt worden; als ihre Männer in Dar-es-Salam die leichtfertigen, geputzten Schönen der Küste sahen, ließen sie sich von deren Reizen umstricken und gaben den Frauen, die das harte Los der Reise mit ihnen geteilt hatten, den Laufpaß.

Die Reise fand unter keinen günstigen Auspizien statt. In Uhehe war infolge des lang anhaltenden Krieges Hungersnot ausgebrochen, und die Station war nicht im Stande gewesen, aus eigenen Mitteln meine kleine Karawane mit genügender Verpflegung für den Marsch zu versehen. So zwang mich das Auflaufen und der Nachschub von Verpflegung schon bald zu unliebsamem Aufenthalt. Der Winter 1898/99 war durch Trockenheit und das Auftreten ungeheurer Schwärme von Wanderheuschrecken eine Hungerszeit für die Eingeborenen des Schutzgebietes geworden, und ich habe im weiteren Verlaufe meiner Reise oft Mühe und Sorge gehabt, das tägliche Brot für meine Leute aufzutreiben. Noch ein anderes Reisehindernis trat ein. Kaum hatte ich die Station verlassen, so brachen unter meinen Leuten die Pocken aus; der unheimliche Gast hat uns bis an die Küste begleitet, merkwürdigerweise aber kein Opfer gefordert. Allerdings wurde ein als krank in Kalinga zurückgelassener Träger, der sich später als pockenkrank entpuppte, von einem Löwen verzehrt.

Auch ich selbst wurde einigemale durch ernstliche Erkrankung marschunfähtig gemacht. Schon am Tage nach meinem Abmarsch wurde ich von einem heftigen, glücklicherweise kurzen Fieber befallen, das mich zum Halten zwang.

Der Weg führte mich zunächst über Rikueres-Dorf nach der Station der protestantischen Mission Berlin I, Kufindi, durch einen der landschaftlich schönsten Teile des Hehe-Landes, das hier oft lebhaft an die deutsche Heimat erinnert. Die stark gewellte Hochebene hat hier Gebirgscharakter angenommen und gleicht vielfach unsern deutschen Mittelgebirgen. Dunkler Urwald wechselt mit dichtem, schier undurchbringlichem Busch, in dem sich unsere Brombeere häufig findet. Wiesen und dunkelgrüne, mit mannshohem Farn bewachsene Flächen unterbrechen die Waldbestände. Silberne Bächlein plätschern in dunklen Schluchten oder winden sich in sonnigen Wiesenthälern dahin. Kühle, nebelfeuchte Luft erhält Körper und Geist frisch und kräftig zur Arbeit und kleidet die Pflanzenwelt in saftiges Grün. Der tiefrote Boden nur, der den Tropen eigentümliche Laterit, der in Mächtigkeit von oft vielen Metern auf dem granitenen Massiv der Hochebene ruht, stört die Illusion und zeigt uns, daß wir im fremden Land sind. — Bei Rikueres-Dorf, das sich in nahezu 2400 Meter Seehöhe befindet, wird der Raum der Hochebene erstiegen. Gen Norden fließen die Gewässer dem großen Ruaha zu, der sich wenig oberhalb der Panganifälle in den Rufidji ergießt; das nach Süden abfließende Wasser nährt die Ströme der Ulanga-Ebene. Von dem Pfade aus, der sich auf dem Kamme, entlang der Grenze zwischen dem Waldland und der Steppe dahinzieht, übersieht man weit in die Runde die großartige Landschaft. Zur Rechten, gen Norden und Nordosten schweift der Blick über die in einförmiges Grüngelb getauchte Savanne. Wie die Wogen des Weltmeeres rollte das Gelände dahin, bis die mächtigen Höhen des Idoierro und Malanana dem Blick begrenzen. Auf der anderen Seite zeigt sich uns ein wechselreicheres Bild: Die Waldberge von Kalinga und dem Ngolollo, getrennt durch grüne Wiesenthäler mit silbernen Wasseradern.

Mufindi, wo sich die Missionare niedergelassen haben, ist ein reizender Fleck Erde; man wird hier kaum daran erinnert, daß man sich nur ca. 8 Grad südlich des Aequators befindet. Frische, kräftige Bergluft bewegt die bemoosten Baumriesen des Urwaldes, der hier parkartigen Charakter zeigt, kristallklare Bächlein, von Weiden- und Erlen ähnlichem Busch besäumt, bewässern die grünen Wiesenthäler. Die damals im Bau begriffene Station selbst liegt dicht am Rande des hier gleich einer Mauer nach Süden abfallenden Ngolollo und gewährt eine herrliche Fernsicht über die Niederung des Somwe Nuaha bis zu den blauen Bergen von Jlondo.

Ich war vom Dorf des Miagira Kihuere nach Mufindi gegangen, um einen Weg dahin zu suchen und aufzunehmen, aber noch ein anderer Grund war dabei maßgebend gewesen. In Mufindi, wußte ich, gab es viele Elefanten, darunter mächtige Bullen mit gewaltigen Stoßzähnen. Es war mein sehnlicher Wunsch, ehe ich Afrika verließ, noch einen solchen König des Urwaldes zu fällen. Schon am zweiten Tage meiner Anwesenheit in Mufindi wurde ein Elefantenpärchen ausfindig gemacht. Als ich aber auf die frische Fährte der Tiere kam, erhielten diese infolge von Ungeschicklichkeit und Furchtsamkeit eines meiner Begleiter Witterung und wurden flüchtig. In tollem Lauf jagte ich hinter ihnen her, und es gelang mir durch Abschneiden des Weges mit dem Bullen, der sich auf der Flucht von seinem Weibchen getrennt hatte, zu gleicher Zeit auf dem Gipfel eines Waldberges anzukommen. Im Jagdeifer war ich auf kaum 6 Schritt Entfernung an das Tier herangelaufen, das gleich einem mächtigen Schemen im Halbdunkel des Waldes vor mir stand und in weitschallenden Trompetentönen nach seiner Gefährtin rief. Einen Augenblick nötigte mir dies Bild der gewaltigen Schöpferkraft der Natur, neben dem ich mir klein und ohnmächtig erschien, Bewunderung ab, dann aber zog ich die Büchse fest in die Schulter und dicht hinter den Ohrenansatz zielend, gab ich Feuer. Der Elefant brach auf den Schuß leicht in die Knie und schon meinte ich ob meiner stolzen Beute frohlocken zu können, als er sich wieder aufrichtete. Ich hatte im Jagdfieber, als ich den zweiten Schuß abgeben wollte, eine Patrone auf die andere geladen und stand nun wehrlos dem mächtigen Tier gegenüber. Eine Minute wohl, die mir zur Ewigkeit wurde, blieb ich regungslos bei dem Elefanten stehen, bis mich mein Boy Mohamadi, der herbeigelaufen war, aus der unangenehmen Lage erlöste. Er schoß auf den Elefanten, und, obgleich er fehlte, ging doch der große Dickhäuter, dem der Knall unserer Gewehre unangenehm geworden sein mußte, in rasender Eile ab, richtig ausgedrückt, er fuhr auf seinem breiten Hinterteil auf dem jenseitigen Hang des Berges ab.

Da ich dieses Experiment nicht mitmachen konnte, gewann der Elefant einen bedeutenden Vorsprung und blieb trotz angestrengtester und andauernder Verfolgung für mich verloren. Niedergeschlagen ob meines jagdlichen Mißgeschickes kehrte ich nach Kihueresdorf zurück, von wo aus ich am 7. Oktober meine Erkundigungsreise längs des Mpanga fortsetzte. — Wie ich nebenbei bemerken möchte, ist mir St. Hubertus wieder günstig gesinnt worden. Am Tage vor Weihnachten 1898 habe ich im Lupembes-Gebiet einen prächtigen alten Elefanten zur Strecke gebracht

und dadurch 6 Elefantenweibchen zu Witwen gemacht, hoffentlich nicht für Lebensdauer.

Der Weg nach Süden längs des Mpanga führt zunächst auf breiten Rücken
kaum merklich abwärts. Je weiter wir hinunterkommen, desto reicher wird die
Vegetation, ihr Charakter aber bleibt der alte, Urwald und Bulch wechseln mit
Gras- und Farnflächen. Bei dem durch eine Waldhaube kenntlichen Nya-Shumi-
Berg, in dessen Nähe der Mpanga in mächtigem Falle von der obersten Plateaustufe herabstürzte, stiegen auch wir die ca. 400 Meter hohe Plateauwand, die sich,
soweit das Auge reicht, gen Osten und Westen erstreckt, hinab, um dem Lauf des
mehrgenannten Flusses bis zu seinem Eintreten in die Ulanga-Niederung zu folgen.

Das Uhehrplateau, das in einer Seehöhe von 1400—2000 Meter liegt,
stürzt in drei Absätzen zur Ulanga-Ebene, die eine Meerhöhe von 300 Meter hat,
ab. Die zweite Plateaustufe, von etwa 1000—1200 Meter Meerhöhe, gleicht in
Geländegestaltung der oberen, nur ist sie durchschnittener und von kleineren Formen
als diese. Infolge der geringeren Bewässerung ist ihr Pflanzenwuchs ärmer;
an Stelle des tropischen Regenwaldes mit seiner Fülle und Pracht ist lichter
Majulu- und Miombowald getreten, unter dem der von der Sonne hartgebrannte
lateritische Boden häufig nackt zu Tage tritt.

Beim Einfluß des Mlimbui, der am 15. Oktober erreicht wurde, fällt der
Mpanga in schmaler Felsenrinne von der zweiten Plateaustufe, die mehr und
mehr den Charakter des Berglandes angenommen hat, zu dem ihr südöstlich vorgelagerten Hügelland ab, das ich wegen der Aehnlichkeit und fast gleichmäßigen
Höhe der Erhebungen als Plateau, und zwar als die dritte Plateaustufe, bezeichnet
habe. Es liegt zwischen 400 und 800 Meter Meereshöhe und ist wesentlich
wasserärmer als das Bergland. Während dort noch die Thalgründe und der
untere Teil der Hänge mit großblätterigen, schattenreichen Bäumen, die in herbst-
lich buntem Schmuck prangten oder saftiges Grün zeigten, geschmückt waren, sah
ich hier unten nur kahlen, häufig mit Bambus untermischten Steppenwald. Nur
längs des Mpanga und seinen größeren z. B. wasserführenden Nebenflüssen stand
schmaler Galeriewald, dem das Austreten mehrerer Palmenarten tropisches Gepräge verlieh.

Am 17. Oktober erreichte die Karawane, die auf einem der südöstlichen
Ausläufer des Hügellandes gelegene Boma des Sultans Kiwanga. Der elf-
tägige Marsch, auf dem ich froh war, wenn ich den von Elefanten und Flußpferden getretenen Pfaden folgen konnte und mir den Weg durch das Dickicht
nicht selbst bahnen mußte, war ein sehr anstrengender und mühseliger gewesen;
dabei waren, in Luftlinie gerechnet, doch nur etwa 120 Kilometer zurückgelegt
worden; die im Thal des Mpanga häufig wachsenden Bipupu, die Juckbohnen,
deren feine, bei Berührung abfallende Härchen sich in der Haut festsetzten, haben
mich und meine Leute manchmal an den Rand der Verzweiflung gebracht.

Ehe ich zur Schilderung des weiteren Verlaufes meiner Reise übergehe,
sei mir ein Wort über das Hehe-Volk gestattet, gegen das ich dreimal, zuletzt
beinahe ein Jahr, auf dem Kriegspfade war.

Die Wahehe sind echte Hochlandssöhne, hohe, schlanke Gestalten von stolzer
gerader Haltung und freien, kraftvollen Bewegungen. Ihre Gesichter sind hart
und knochig, oft verraten die Züge große Intelligenz, und unter den alten Kriegern
findet man prächtige Charakterköpfe. Sie sind gewandte, ausdauernde Bergsteiger.

in ihren Leistungen im Marschieren und Laufen schwer zu übertreffen, nie fehlend im Gelände, sicher auf der Fährte des Wildes und der Feinde wie der beste Schweißhund.

Ihre Kleidung besteht aus einem Stück baumwollenen Tuches, meist von weißer oder blauer Farbe, das am liebsten so groß genommen wird, daß sich sein Besitzer mehreremale damit umwickeln kann. Die Weiber nähen es aus kleineren Stücken recht geschickt und sauber mit bunten Fäden zusammen, säumen es und verzieren es durch Aufnähen einzelner, kleiner, bunter Flicken. Vornehm und Gering unterscheidet sich nur durch den Wert und die Größe des die Gewandung bildenden Tuches, das alle Wahehe in gleich malerischem Faltenwurfe zu tragen verstehen. Die Wahehe tragen keinen Bart, reißen die Gesichtshaare vielmehr sorgsam mit einer Pinzette aus. Das ist übrigens die einzige Berichtigung der Natur, die sie an sich vornehmen; sehr im Gegensatze zu den meisten übrigen Bantustämmen verabscheuen sie jede Verstümmelung, selbst die Tätowierung.

Die Wahehe sind von Charakter rauh, hartnäckig und mißtrauisch, tapfer und unternehmend; wie die meisten Bergvölker sind sie außerordentlich anhänglich an das Land, das sie geboren hat.

Die Wahehe sind ein Kriegervolk, dessen militärische Eigenschaften selbst einem deutschen Offizier Achtung abnötigen. Uebung im Gebrauch der Waffen, Ausdauer im Marschieren und Schnelligkeit im Angriff, Widerstandsfähigkeit gegen Anstrengungen und Entbehrungen haben die Wahehe mit anderen Kriegerstämmen der Bantu gemeinsam, ihre Zucht und Ordnung auf dem Marsche und im Gefecht aber, der pünktliche Gehorsam, den sie ihren Führern entgegenbringen, Eigenschaften, die sie auch zur wirkungsvollen Verwendung in größeren Massen geeignet machen, erheben sie über jene.

In früher Jugend wird mit der Erziehung der Hehe zum Krieger begonnen. Schon Knaben von 8—10 Jahren folgen ihren Vätern auf dem Kriegspfade und tragen ihnen Proviant oder die Schlafmatte nach. So lernen sie früh die Anstrengungen des Krieges ertragen und seinen Gefahren trotzen; so erwerben sie sich, bis sie zum Manne heranreifen, die soldatischen Tugenden, die die Krieger ihres Stammes schmücken.

Die Wahehe führen zumeist noch ihre alten Waffen, die denen der Sulu-Stämme sehr ähnlich sind, den kurzen Stoßspeer mit dem etwa 25 Zentimeter langen schmalen Blatt, mehrere Wurfspeere und den fast mannshohen Schild aus ungegerbter Rindshaut, auf dem die Zahl der getöteten Feinde durch eingenähte Zeichen sorgfältig vermerkt wird. Seitdem die Wahehe mit den Feuerwaffen bekannt geworden sind und ihre Uebergelegenheit kennen gelernt haben, geht natürlich das Bestreben jedes Hehekriegers dahin, ein Gewehr sein eigen zu nennen.

Die Frauen und Mädchen der Wahehe machen neben ihren stattlichen Männern einen geradezu verkümmerten Eindruck, sie sind durchschnittlich um mehr als einen Kopf kleiner als die Männer, nur unter den vornehmen sieht man ab und zu ein liebliches oder schönes Gesicht. Ihre Kleidung besteht in Glasperlenschnuren um die Hüften, deren oft so viele getragen werden, daß sie einen Wulst bilden oder wie ein kurzes Röckchen bis zum halben Knie herabhängen. Zwischen den Beinen ist ein Zeuglatzen durchgezogen, der vorn und hinten an den Perlenschnuren so befestigt ist, daß seine Enden vorn und hinten herabhängen. Hinten ebenfalls an den Perlenschnüren befestigt trägt die Hehe-Schöne ein schwalbenschwanzförmiges Stück Leder von etwa 25 Zentimeter Länge, das mit geschmackvoller Perlstickerei verziert ist und uguo genannt wird. Ein Schurz von Leder, der statt vorn hinten getragen wird, vervollständigt den Anzug. Die vornehmen

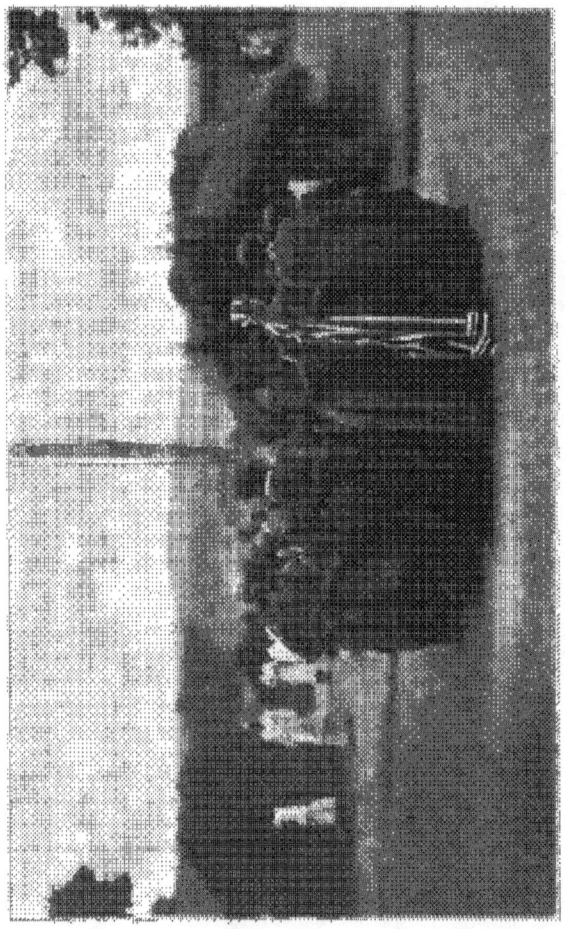

Tanz der Hehe-Weiber im Lager von Malangali.

Frauen und Mädchen drapieren sich bei festlichen Gelegenheiten oft recht geschmackvoll mit bunten Tüchern, im Hause und bei der Arbeit aber kleidet sich Vornehm und Gering gleich.

Die Wahehe wohnen in einstöckigen Lehmhäusern, die gewöhnlich rechteckigen Grundriß zeigen und ein flaches, gestampftes etwa 2 Meter über dem Boden befindliches Dach haben. An Stelle der Fenster findet man unregelmäßig angeordnete, gewehrschartenähnliche runde Löcher; die Thüröffnungen sind niedrig, sodaß man nur gebückt eintreten kann; sie werden nachts mit einer aus Strauch hürdenartig geflochtenen Schiebethüre verschlossen. Eine solche Wohnung ist infolge der spärlich bemessenen Oeffnungen dunkel; das Tag und Nacht brennende Herdfeuer spendet angenehme Wärme, giebt aber nur wenig Licht und erfüllt das Innere mit beizendem Rauche. So ist die Behausung der Wahehe kein angenehmer Aufenthalt für den Europäer, ihren Bewohnern aber gewährt sie vollen Schutz gegen die Kälte der Nacht — ich habe als niedrigste Temperatur 3 Grad Celsius gemessen; indessen soll nach Aussagen der Wahehe, denen auch der Reif bekannt ist, die Temperatur an hochgelegenen Stellen unter den Nullpunkt sinken — und die fast unausgesetzt über die Hochebene streichenden scharfen Winde. Ein Haus nimmt gewöhnlich eine Familie mit den zugehörigen Sklaven und dem Vieh auf; in größeren Bauten, die meist einen viereckigen Hof umschließen, wohnen ganze Dorfschaften. Die Bauten ihrer Häuser, die Temben genannt werden, haben die Wahehe wahrscheinlich von den Wanyamwesi entlehnt, die nordwestlich von ihnen wohnen und mit denen sie vielfach in Berührung getreten sind. Auch wir sind ihnen darin gefolgt; fast alle während des Aufstandes errichteten provisorischen Stationen und die zahlreichen über das Land zerstreuten befestigten Posten wurden von uns im Tembenstile erbaut. Die Möglichkeit, aus den Landesbewohnern im Trembenbau geübte Arbeiter zu entnehmen, die an sich rasche Herstellungsart der Temben, ihre verhältnismäßig große Feuersicherheit und gute Verteidigungsfähigkeit legten dies nahe.

An Hausgerät birgt eine Tembe wenig. Aus einem Stück geschnitzte niedrige Schemel, irdene Koch- und Pombetöpfe, diese oft von erstaunlicher Größe, sauber und dicht aus Stroh geflochtene oder mit eingebrannten einfachen Verzierungen versehene, aus Bambus hergestellte Pombebecher, Matten und roh mit Fell bearbeitete Rindshäute sind meist alles, was sich daran findet.

Der freie Hehe arbeitet wenig; in Gesellschaft der Nachbarn rauchend und Hirsebier (Pombe) trinkend, verbringt er seine Zeit, wenn ihn nicht Krieg und Jagd von zu Hause fernhalten. Der Hauptteil der Arbeit wird den Weibern überlassen, sie bestellen die Felder, tragen das Feuerholz herbei, bereiten das Essen und brauen die Pombe. Nur das Hüten des Viehes und das Roden des Waldes wird von Knaben und Männern besorgt.

An Feldfrüchten wird im Lande angebaut: Mais, Viasi (Bataten oder Süßkartoffeln), Bohnen, Erbsen und Ulesi, eine unserer Hirse ähnliche Frucht, die hauptsächlich zur Pombebereitung verwandt wird, ferner Mahogo (Manyok), außerdem Tabak; das Mtama, die Hauptgetreideart unseres Schutzgebietes, gedeiht nur in den wärmeren Teilen des Landes.

Der Hauptteil des Landes ist Weideland, das früher von zahlreichen Rinderherden bevölkert wurde. Sie bildeten den Reichtum Uhehes, der durch die 1890 bis 1892 auftretende Rinderpest und die in den nächsten Jahren folgenden Kriege fast ganz verloren gegangen ist. Als wir mit den Wahehe zusammenstießen, waren sie auf der Übergangsstufe vom Hirten zum Bauern, aber in ihrem Vorstellungen spielte das Herdentier, das Rind, noch die Hauptrolle. Die Ahnen der

Sultane und der Großen des Landes leben nach ihrer Vorstellung in den schönsten und stärksten Rindern weiter, wobei merkwürdiger Weise Ochsen bevorzugt werden; der Willkommengruß, den der Uhehe knieend seinem Sultane darbringt, lautet „Ake Senga" zu deutsch: „Wie geht's Dir, Ochse?"

Auch bei diesem Kriegervolk lassen sich die ersten Anfänge künstlerischer Thätigkeit bemerken. Kochtöpfe und Pombebecher sind mit einfachen, aber geschmackvollen Verzierungen, die je nach dem Material aufgemalt, eingeritzt oder eingebrannt sind, versehen. Die Sultansstemben zu Alt-Jringa und Gadiro waren an den Wänden mit Darstellungen aus Krieg und Jagd, die in schwarzer, roter und weißer Farbe Federzeichnungen ähnlich ausgeführt waren, versehen. Da die Perspektive nicht beachtet war und sich der Künstler im allgemeinen auf die Wiedergabe der Konturen seiner Menschen und Tiere beschränkt, dafür aber deren charakteristische Merkmale besonders hervorgehoben hatte, erinnerte sein Werk an die Randzeichnungen des kleinen Moritz.

Die Sprache der Wahehe ist ein Bantu-Dialekt und der Verkehrssprache, dem Kisuahili, nahe verwandt. Da der Mhehe wie manche Bergvölker in vielen Kehltönen spricht und ihm einige Sprachfehler eigentümlich sind, ist er nicht eben leicht zu verstehen.

Durch zwei gewaltige Herrscher, Kjugumba und Kwawa, Vater und Sohn, ist in den vergangenen 3 Jahrzehnten das Hehevolk zu einem strafforganisierten Militärstaate, der bald allen Nachbarstämmen furchtbar wurde, zusammengeschweißt worden. In fast ununterbrochenen Kriegszügen wurden nacheinander alle angrenzenden Stämme von den beiden Königen unterworfen. Im Jahre 1890 war ihr Reich bereits eine Macht geworden, die für unsere Herrschaft eine ernste Gefahr bildete, und deren weiterem Anwachsen wir nicht länger ruhig zusehen konnten. Um die Wahehe unter unsere Oberherrschaft zu beugen, wurde im folgenden Jahre der Kommandeur der Schutztruppe v. Zelewsky mit dem größten Teil der Truppe nach Uhehe gesandt. Bei Lula erlitt er eine vernichtende Niederlage, bei der er fiel und die Truppe nahezu aufgerieben wurde. Durch die Erstürmung von Jringa, der befestigten Hauptstadt des Sultans, am 29. Oktober 1894 wetzten wir die Scharte aus. Die auf dem Rückmarsch Lula passierenden Kompagnien sahen die auf hohe Stangen gesteckten, gebleichten Schädel der dort gefallenen Kameraden; an der edleren Form des Schädels, teilweise auch an Goldplomben, konnten die Weißen unschwer wiedererkannt werden. In den Jahren 1897 und 118 mußten wir abermals gegen die Wahehe kämpfen, die sich unter ihrem Könige, dem Kwawa, in vollem Aufstande gegen uns befanden. Erst im Sommer 1898 war es uns gelungen, das Land wieder zur Ruhe zu bringen. Der König Kwawa hatte sich, als er der Gefangennahme nicht mehr entgehen konnte, selbst den Tod gegeben, tausende seiner tapferen Krieger waren im Verlauf des langen Krieges gefallen, große Teile des Landes lagen verwüstet und menschenleer.

Am 19. Oktober begann von der Sultans-Boma des Kiwanga aus die Erkundungsfahrt auf dem Mpanga durch die große Ulanganiederung. Für die Flußfahrt hatte ich nur einen 10 m langen, aber kaum 40 cm breiten Einbaum auftreiben können, sodaß der größere Teil meiner Karawane mir zu Fuß längs des Flusses folgen mußte.

Die Plätze im Boot waren folgendermaßen verteilt: vorn kauerte mein Boy Maona, der mit einem mit Marken versehenen Bambusstocke die Wassertiefe maß, dann folge ich auf einer Kiste sitzend, den Peilkompaß und das Notenbuch auf den Knien, unausgesetzt beobachtend, messend, schreibend und schwitzend, hinter mir arbeiteten die schwarzen Bootsleute mit Paddelrudern und Staken. Zwischen ihnen war ein Askari mit schußbereitem Gewehr postiert, der die Flußpferde, die uns gelegentlich das Fahrwasser versperrten und, wie ich daraus bemerken will, uns zweimal durch unvermuteten Angriff in ernste Gefahr brachten, verscheuchen sollte.

Die Fahrt im Einbaum war infolge der glühenden Sonnenstrahlen, denen ich täglich 8—10 Stunden schutzlos ausgesetzt war und der angestrengten Thätigkeit, der ich mich dabei ununterbrochen hingeben mußte und schließlich wegen der unbequemen Stellung, die ich ohne das Boot in die Gefahr des Kenterns zu bringen, nicht verändern durfte, eine Qual. Ich habe alle Minuten den Kompaß abgelesen und die zurückgelegte Strecke in der bestimmten Richtung eingetragen. Dazu kamen Notizen über Flußtiefe und Breite, Höhe und Art der Ufer, Charakter und Bebauung der durchfahrenen Landschaft, Namen der Ortschaften usw., kurzum ich hatte oft kaum Zeit, mir die perlenden Schweißtropfen aus dem Gesicht zu wischen.

Die Fahrt führte mich zunächst den Mpanga abwärts bis zu seiner Einmündung in den Mnyera, dann in diesem Fluß, der von rechts den Ruhudye aufnimmt und später den Namen Kilombero trägt, abwärts bis zur Einmündung des ihm von links zugehenden Kihanse, der Anschlußstelle an die Route des Hauptmann v. Prittwitz, die ich am 26. Oktober erreichte. Dort verließ ich das Boot wieder und wanderte längs des Kilombero und Ruhudye aufwärts bis Uramba, dem Haupthandelsplatz der Ulangaebene.

Die Ulangaebene, die sich in nordöstl. Richtung in einer Länge von ca. 100 Kilometer und einer Breite von 30—50 Kilometer erstreckt, ist eine alluviale Niederung von ca. 300 Meter Meereshöhe, die im Nordwesten von den bis zu 2000 Meter schroff und unvermittelt aus ihr aufsteigenden Randgebirgen des Uheheplateaus, im Südosten von niedrigeren Gebirgsketten, die verschiedene Namen tragen, eingesäumt wird. Sie zeigt im allgemeinen Steppencharakter, der größte Teil ihrer Fläche ist mit mehr als mannshohem, schilfigem Grase bedeckt. Die Einförmigkeit der Landschaft wird hie und da durch einzelne hohe Laubbäume und Paraffußpalmen, die man ab und zu auch zu lichten Hainen vereinigt findet, unterbrochen. Von den die Niederung im Nordosten begrenzenden Gebirgsketten reicht der Myombo-Wald bis in die Ebene hinein und geht dort zuweilen in Parkwald über. Ab und zu sieht man an den Flüssen schmalen Galleriewald.

Der Ruhudye, der Mnyera und der Mpanga nehmen bei ihrem Eintritt in die von ihnen geschaffene Ebene, in der sie sich in zahlreiche Arme verzweigen, um sich zuletzt zum Kilombero zu vereinigen, den Charakter von Steppenflüssen an. Ihre gelbbraunen Gewässer wälzen sich meist im kanalartigen Bett in langsamem, gewundenem Lauf durch die Steppe. Meist haben die Flüsse nahezu senkrechte, 1,—3 Meter hohe Ufer, an einzelnen Stellen aber werden die Uferwände so niedrig, daß auch bei dem am Ende der Trockenheit tiefsten Wasserstande das Nachbargelände überschwemmt wird. Auf den überschwemmten Flächen, die Nguaba genannt werden, kommt auch der in der Trockenzeit gepflanzte Reis, der Sommerreis, zur Reife.

Am Ende der Regenzeit, im März oder April, treten die Flüsse über ihre

Ufer und verwandeln die Ebene in einen See, aus dem nur die höchstgelegenen Punkte gleich Inseln herausschauen. Oft bis in den Mai hinein hält sich das Wasser hoch, im Juni verläuft es allmählig, aber bis zum August und September

Weldsteppe bei Dünamu.

findet man Wasser in den zahlreichen Tümpeln und Gräben der Ebene und häufig sumpfige, schwer passierbare Flächen. Im Oktober erreichen die Flüsse ihren niedrigsten Wasserstand.

Der aus Lehm und grauem bis graublauem Thon bestehende Boden, der von schmalen Sandschichten durchzogen wird, ist da, wo ihm genügend Wasser zugeführt wird, außerordentlich fruchtbar. Es wird hauptsächlich Reis, in zweiter Linie Mais gebaut; bei voller und richtiger Ausnützung der fruchtbaren Niederung könnte sie allein das gesamte Schutzgebiet mit Getreide versorgen.

Die Ulanganirderung wird von drei Stämmen bewohnt, den Wandamba, Watemelwira und den Wambunga. Die Wandamba sitzen wohl am längsten in der heißen Niederung; sie sind Fischer und Reisbauern und wohnen, oft in Pfahlbauten, dicht an den Ufern der Flüsse. Unkriegerisch und eines einheitlichen Oberhauptes entbehrend, sind sie von den Watemelwira unterjocht worden, als diese von den Wahehe aus dem südlichen Uhehe vertrieben wurden. Die Watemelwira, die in der älteren Generation noch die schlanken, hohen Männergestalten mit den harten, knochigen Gesichtern, mit einem Wort, den echten Typus der Wahehekrieger zeigen, scheinen in der heißen Fieberluft der Ulanga zu degenerieren. Die Jungen gleichen den Alten nicht mehr. Sie sitzen meist als Wansagira d. i. Statthalter und Dorfälteste unter den Wandamba und treiben Feldbau und Viehzucht; wo es ihnen der Holzmangel nicht verbot, haben sie an ihrem Tembenbau festgehalten. — Die Wambunga sind die nördlichsten der früher von den Sulus unterjochten Stämme, wahrscheinlich Wandonde, die Sulugebräuche und Sitten angenommen haben. Sie haben sich 1891 und 92 an den bekannten Masitiéinfällen, deren einer bei Bagamayo vom Hauptmann von Grabenreuth blutig zurückgeschlagen worden ist, stark beteiligt. Heute bestellen sie friedlich ihre Felder und gehen dem Fischfang und der Jagd nach.

Die große Niederung ist in manchen Teilen sehr wildreich. Das Zebra, die Pyraantilope, der Buschbock und das Warzenschwein kommen häufig vor. Gelegentlich wechselt der Elefant durch die Steppe; auf den flachen, bewaldeten Hängen der nach Nordosten die Ebene begrenzenden Berge habe ich mit Erfolg auf die Kuhantilope und die nach dem Auftreten der Rinderpest so selten gewordene Elenantilope gepirscht. Der langgezogene Ruf des Leoparden, das gellende Gelächter der Hyänen und das laute Geheul der Schakale, die sich miteinander um ein Aas streiten, unterbricht oft die tiefe Stille der Nacht, bis die dumpf grollende Stimme des Königs der Tiere ertönt und den übrigen Tieren Schweigen gebietet. Die Flüsse bergen zahlreiche Fische, darunter sehr wohlschmeckende Arten, aber auch deren gefräßige Feinde, die Krokodile, in einer selbst für den Afrikaner staunenerregenden Menge. Besonders im Ruhudje habe ich, wenn ich im Einbaum lautlos den Strom hinaufglitt, fast auf jeder Sandbank mehrere der großen Eidechsen in der Sonnenglut schlafen gesehen. Die Wandamba essen das Fleisch der Tiere, das, wenn sie noch jung sind, wie ich aus eigener Erfahrung weiß, recht wohlschmeckend ist. Die Flußpferde, die die Flüsse bevölkern, und die sich damals bei dem niedrigen Wasserstande in den tieferen Austollungen aufhielten, haben mich und meine Leute mehrmals in Gefahr gebracht. Auf der Fahrt den Ruhudje abwärts griff ein starker Bulle, als ich sorglos an ihm vorüberfuhr, das Boot an, schlug seine mächtigen Zähne in dessen Wand und versuchte es umzuwerfen; glücklicherweise widerstand der aus Eisenholz gebaute Einbaum, zwei meiner Leute aber wurden ins Wasser geschleudert. Ein glücklicher Schuß von mir, der das Tier tötete, beendigte die Gefahr. Die Wandamba, die das Fleisch der großen Dickhäuter gerne essen, erlegen die Tiere mit der

Harpune, die vom Boote aus geworfen wird; ein ziemlich gefahrvoller Sport. Die Flüsse und Seen der Niederung sind von zahlreichen Wasservögeln der verschiedensten Arten belebt; der Reichtum daran ist an manchen Plätzen ein ganz außerordentlicher.

Die Ulanga-Ebene ist für den Europäer kein angenehmer Aufenthalt; tagsüber herrscht große Hitze, die durch keinen Lufthauch gemildert wird; auch wenn die glühende Sonnenkugel am westlichen Horizont untergetaucht ist, wartet man vergebens auf Abkühlung; der durchglühte Boden und die Hänge der hohen Randgebirge geben dann die während des Tages aufgesogene Hitze zurück; es tritt jene entnervende Schwüle ein, die jede Arbeit zu einer Qual macht und doch den Schlaf verhindert. Scharen von Moskitos erfüllen die Luft und peinigen mit ihren Stichen den Menschen. In das brennende Lagerfeuer stürzen sich laufende der nächtlich schwärmenden Insekten, und kein Löffel Suppe, kein Bissen Fleisch kann gegessen werden, ohnedaß nicht mindestens ein paar fliegende Ameisen mit verschluckt werden müssen. Daß der Aufenthalt in der alljährlich überschwemmten und dann in der stärksten Sonnenglut langsam austrocknenden Niederung häufige und schwere Malaria-Erkrankungen mit sich bringt, hat noch jeder Europäer erfahren müssen, der hier geweilt hat, und habe auch ich gespürt. Die 1894 gegründete Ulangastation, die in politischer und wirtschaftlicher Beziehung an sehr günstigem Platze lag, hatte, weil in kurzer Zeit einer der dort stationierten Offiziere und Unteroffiziere nach dem andern starb, aufgegeben werden müssen. Selbst die Neger, die von den Hochlanden in die Niederung herunterkommen, erkranken an Malaria und sterben oft rasch dahin.

Der vorgehend erwähnte Handelsplatz Urambo, der aus mehreren kleinen Dörfern besteht, liegt an der Handelsstraße, die aus Ukehe über Perondo nach Ungoni im Süden und Sakkamaganga Gebiet im Südwesten führt. Er ist bekannt dadurch, daß sich hier mehrere der bedeutendsten Silwa-Händler aufhalten, die Gummi, Elefanten- und Flußpferdzähne gegen Zeuge eintauschen. Der Gummi wird in ziemlich großen Mengen in den Wäldern, die die Randgebirge der Ulanganiederung bedecken, sowie in den Gebieten von Sakkamaganga und Massagati gewonnen.

Vom 11. November ab marschierte ich von Urambo aus zunächst in südwestlicher Richtung längs des Ruhudje aufwärts. Schon nach etwa 10 Kilometer Marsch treten zu beiden Seiten des Flusses flache Hügelketten auf und nahe an den Fluß heran. Sie weichen später wieder weiter zurück, um dann, höher geworden, den Fluß eng einzurahmen. Mit Ueberschreitung des Pitu, des größten Nebenflusses, den der Ruhudje von rechts erhält, trat ich in das Gebiet Sakkamagangas ein. Der Fluß, dessen Lauf jetzt ein mehr östlicher ist, trennt das hügelige und bergige fruchtbare Land, das auch Matumbi genannt wird, von dem nördlich davon liegenden, ähnlich beschaffenen Massagati. Beide Landschaften sind wegen ihres Gummis berühmt. Die gut bewässerten, schmalen Thäler zeigen üppigsten Pflanzenwuchs, die Höhen selbst aber sind meist nur mit trockenem Buschwald bestanden. Die Bewohner von Massagati und Matumbi sind Watemelira und Wambunga, die den Wahehe in Sitten und Sprache gefolgt sind, und gleich dem größten Teil der Bewohner der Ulangaebene dem Sultan Kiwanga, einem langjährigen und irren Freunde der Deutschen, unterthan sind.

Am 17. Oktober erreichte ich, nachdem ich dem Fluß von Urambo aus ca.

70 Kilometer aufwärts gefolgt war, bei Malawisdorf die unterste Schnelle des Flusses. Dort sind die vom Nyassaplateau auslaufenden Bergketten so nahe an den Fluß herangetreten, daß sie ihren Fuß in seine Wasser tauchen. Im schmalen,

Im Ruhuhje am Eintritt des Fels (Defileemarsch).

steil eingeschnittenen Thale des Flusses, der von Fels zu Fels abstürzt, bahnte sich meine Karawane mühsam den Weg aufwärts. Bei der Einmündung des Rauli, eines rechten Nebenflusses des Ruhuhje, mußte ich, nachdem ich in 6

Stunden beschwerlichsten Marsches kaum 10 Kilometer vorwärts gekommen war, den Ruhudje verlassen, um weiter ab vom Flusse einen bequemeren Weg zu suchen.

Da ich aus der Geländegestaltung schließen konnte, daß weiter aufwärts der Fluß nicht mehr schiffbar sein würde, war er selbst nunmehr von geringem Interesse; Land und Leute zu seinen beiden Ufern waren in den Vordergrund getreten. Mich nach Südwesten vom Fluß abwendend, erkletterte ich am folgenden Tage das Hochplateau von Ubena; mein Lager am Abend war bereits in einer Höhe von 1400 Metern. Ich war wieder angelangt in der Region des Urwaldes und des Farn und atmete wieder froh die kühle Höhenluft ein.

Zur Rechten brauste der Ruhudje in mächtigem, tief und steil eingeschnittenem Thale. Vor mir gen Westen erdehnte sich die langsam aufsteigende, stark gewellte Hochebene von Ubena, und, wenn ich den Blick rückwärts wandte, sah ich, wie das Plateau in langen, sich wie die Finger einer Hand teilenden Rücken, auf die immer kleiner werdende Kuppen und Kegel aufgesetzt waren, zur Ulamganiederung abfiel.

Die Hochebene von Ubena, die ich, dem Laufe des Ruhudje folgend, vom 20.—27. November durchwandert habe, ist in Bodengestaltung und Bewachsung dem Uheheplateau ganz ähnlich, nur viel holzarmer als dieses. Der Waldreichtum von Ukalinga und dem Ngolollo ist nirgends vorhanden.

Das Hochland, das von 1000—2200 Meter aufsteigt, ist reich bewässert und größtenteils fruchtbar. Angebaut werden hauptsächlich Bataten, Erbsen und Mais. Die Bewohner, die eine Zeit lang unter der Herrschaft der Wahehe gestanden haben und diesen verwandt sind, ähneln ihnen in Sprachen und Sitten. Sie unterscheiden sich von den eigentlichen Wahehe nur durch ihren friedlichen Charakter und die Bauart ihrer Temben, bei denen an Stelle des flachen Stampfdaches der Wahehe ein spitzes, mit Schilf eingedecktes Dach tritt. Charakteristisch für die Landschaften, die längs des Ruhudje liegen, sind die Bambusgärten bei den Temben, die der Pombegewinnung wegen angelegt sind. Wenn im Herbst die ersten Regen fallen, steigt der Saft des Bambus nach oben. Die Bewohner schneiden alsdann die Bambusstangen schräg ab, hängen ein aus Bambus hergestelltes Gefäß unter den Schnitt, das nach wenigen Stunden sich mit einem süß-säuerlichen, stark moussierenden Saft füllt, der einem genügsamen Reisenden selbst den Sekt ersetzen kann.

Der Ruhudje zeigt oben auf dem Plateau nichts besonders; bald fließt er langsamen Laufes in vielen Windungen durch ein breites Wiesenthal, bald stürzt er, von Bergwänden eingeengt, in Kaskaden über Felsblöcke und Steine herab. Von beiden Seiten fließen ihm zahlreiche Bäche und Flüßchen zu und etwa drei Tagemärsche von seiner Quelle nimmt er den ihm an Wasserreichtum fast gleichkommenden Quellfluß, den Hagafiro, auf. Etwa 20 Kilometer oberhalb dieser Stelle liegt die Quelle des Mnyera, kaum eine Stunde vom Ruhudje entfernt.

Am 27. November wurde die Quelle des Ruhudje erreicht; der Fluß entspringt aus dem Sattel zwischen zwei breiten, grasbewachsenen Rücken, dem Rugenge im Norden und dem Wanyakuhu im Süden, in etwa 2200 m Meereshöhe. Ganz in der Nähe entspringt auch der Pandu, ein Quellfluß des mehrgenannten großen Ruaha.

Am 28. November brach ich von der Quelle des Ruhudje auf, um das Livingstonegebirge zu überqueren und meine Route an den See anzuschließen. Das Reisen war jetzt recht unbequem geworden, täglich wurden wir einigemale bis auf die Haut von kaltem Gewitterregen durchnäßt; dazu kam, daß die Temperatur empfindlich kühl war, sie betrug am Morgen nur 6—8 Grad Celsius. Die Verständigung mit den Bewohnern, die selten oder noch nie Europäer gesehen hatten, wurde umständlich und die Beschaffung von Verpflegung schwierig.

Der Weg ging anfangs über sanft abfallende Hänge durch ein flaches Wiesenthal hindurch, dann aber führte der Pfad auf hohen mächtigen Rücken, die mit saftigem, frisch grünem Gras bewachsen waren, stetig bergan. Je weiter ich nach Westen vordrang, desto mehr nahm die Landschaft Gebirgscharakter an. Auch anderes geologisches Gebiet wurde betreten; an Stelle des Laterits sah man settigen, braunroten Schiefer, später Kalk- und Sandstein, ferner thonige und mergelige Gesteinsarten, die das aus Granit bestehende Massiv zu bedecken scheinen. Schon am Nachmittag des 28. hatte ich den höchsten Punkt, den mächtigen Rücken Jtoo, erreicht. Das Aneroid zeigte 554,5 mm bei 14 Grad Celsius Lufttemperatur, ich befand mich also in ca. 3400 m Meereshöhe. Regen und Nebel verhinderten leider jeglichen Ausblick. Als ich aber am andern Morgen, der Karawane vorausgehend, eine vom Wege abseits befindliche Höhe erklomm, und das vor mir liegende Chaos von Bergen und Thälern durchmusterte, sah ich zwischen schroffen Spitzen einen Streifen metallischen Blaus, den Nyassa, unter erreichtes Ziel.

Am 20. Dezember lagerte ich in der Station Jtanbala, der protestantischen Mission Berlin I, wo ich die Gastfreundschaft des Missionars Wolff und seiner Frau genoß. Von dem Missionar, der die Sprache der Gebirgsbewohner, der Wakinga, beherrschte, erfuhr ich manches Wissenswerte über das noch wenig bekannte Bergvolk. Auch versorgte er mich mit zuverlässigen Wegführern, die es mir möglich machten, in Verkehr mit den scheuen Wakinga zu kommen.

Am nächsten Tage setzte ich den Marsch nach Westen fort. Der Weg bot zunächst wenig Schwierigkeiten; er führte durch große Mulden und über breite Rücken. Am 30. November aber mußte in das ca. 500 m tiefe, steil eingeschnittene Thal des Mlumbira hinabgestiegen und bei jenseitige, gleich hohe Hang wieder erklettert werden. Von da ab wurde der Weg immer schwieriger und halsbrecherischer. Auf kaum fußbreiten Graten, von denen zu beiden Seiten die Wände 400—500 m tief abfielen, führte er auf- und abwärts. Treffend charakterisierte einer meiner Träger eine besonders gefahrvolle Stelle, indem er sagte: „Kaburi oya kulia, faburi oya kushoto", rechts ein Grab und links ein Grab.

Am 30. November, 12 Uhr nachts kam ich mit todmüden Trägern in dem ca. 10 km nördl. Langenburg gelegenen Kanda am Nyassa an und hatte damit das erste Ziel meiner Reise erreicht.

Das Livingstonegebirge, das Randgebirge des zum Nyassa abfallenden Ubenaplateaus hat da, wo ich es kennen gelernt habe, einen plateauartigen Kamm, von dem aus mächtige Rücken, die in schmale, scharf gezackte Grate auslaufen, zum See abfallen. Der oberste Teil des Gebirges ist gut bewässert, aber holzarm; die gegen den See zu abstürzenden Grate sind mit lichtem Steppenwald bedeckt.

Missionar Wolff hält den Boden für nicht besonders fruchtbar, indessen stand das, was ich bei ihm in Feld und Garten gesehen habe, sehr gut; auch ist das Gebirge teilweise verhältnismäßig dicht bevölkert, sicher ein Zeichen, daß der Boden gute Erträgnisse liefert. ... ...ten scheint mir der Kamm und der nach Osten nach Ubena zu ... ... Gebirges. Ich habe dort so prächtige,

— 87 —

mit Erbsen, Bohnen und Mais bestellte Felder gesehen, wie kaum wieder anderswo.

Die Holzarmut des größeren Teiles des Livingstonegebirges und der Ubena-

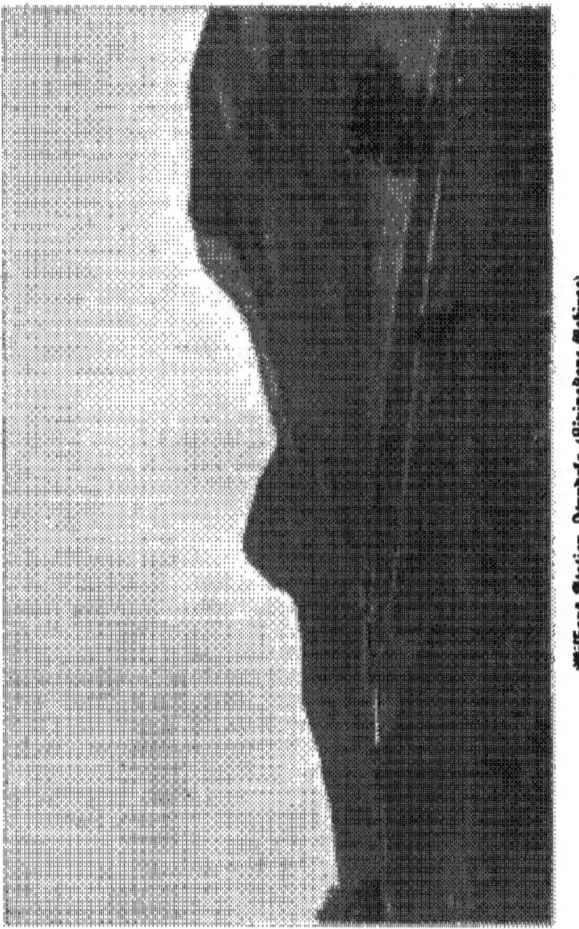

Missions-Station Jtumbele (Livingstone-Gebirge).

hochebene wie in Uhehe ist eine Folge der unsinnigen Rodungen der Eingeborenen und der alljährlichen Grasbrände. Sollen die ihres kühlen Höhenklimas wegen zur Besiedelung durch Nordeuropäer größtenteils fruchtbaren und reich bewässerten

Gebiete durch den Raubbau der Eingeborenen nicht noch weiter herunterkommen, so thut schleunige Hilfe not; die noch vorhandenen, spärlichen Holzbestände müssen vor den Eingeborenen und gegen Grasbrände geschützt werden.

Der südliche Teil des Livingstonegebirges wird von den Wapangwa, der nördliche von den Walinga, die nach Westen mit Wamawemba untermischt sind, bewohnt.

Die Walinga sind ein kräftiger, mittelgroßer Menschenschlag, von braunroter, bis braunschwarzer Farbe; aufgefallen ist mir an ihnen und einzelnen das Gebirge bewohnenden Wamawemba die graue oder graubraune Iris, die ich bei anderen Negerstämmen nie gesehen habe. Die Männer gehen nackt oder ziehen einen Streifen Tuch zwischen den Beinen durch, den sie an einem um die Hüften gebundenen Strick befestigen. Die Weiber tragen ein aus den Wedeln der Hyphäne hergestelltes, kaum 10 cm langes Röckchen, das vorn zusammengebunden wird und ähnlich wie der Rock einer Balleteuse vom Leibe absteht. Ein vorn vorgesteckter Zweig vervollkommnet die wohlfeile Toilette, die sich täglich kostenlos mehreremale erneuern läßt. Männer und Weiber haben die zwei mittleren, unteren Schneidezähne ausgeschlagen; Tätowierungen sind mir nicht aufgefallen; die Frauen und Mädchen durchbohren jedoch die Ohrläppchen und tragen darin einen oder mehrere messingene Ringe. Außerdem sind bei beiden Geschlechtern messingene, um das Handgelenk getragene Ringe und aus starkem Messingdraht hergestellte Manschetten beliebt.

Bei den Walinga soll der Preis, den der Freier dem Vater des Mädchens, das er heiraten will, zahlen muß, sehr hoch sein, sodaß er meist mehrere Jahre arbeiten muß, bis er den Preis für die Braut vollständig erlegt hat. Infolgedessen treten die Mädchen nicht in dem unreifen Alter in die Ehe, wie es sonst bei den Negern üblich ist, und man sieht hier kräftige, voll entwickelte Mädchengestalten. Im allgemeinen herrscht Monogamie.

Die Walinga wohnen in sorgfältig aus Bambus hergestellten, runden Hütten mit spitzem Dach, die zu kleinen, sauber gehaltenen und mit Dornenhecken umgebenen Dörfern vereinigt sind. Die Leute bauen Ulesi, Erbsen, Bohnen und Bataten und haben kleine, aber gut gepflegte Herden von Rindern, Ziegen und Schafen. Merkwürdigerweise verstehen sie nichts vom Melken.

Die Bergbewohner, die vielen kleinen Häuptlingen unterstehen, haben trotz ihres Mutes und ihrer Übung im Gebrauch der Waffen, gleich ihren Nachbarn, oft unter den Einfällen der Wahehe und Wangoni zu leiden gehabt. Die zu lose staatliche Organisation zersplitterte ihre Kraft und machte sie zu erfolgreicher Gegenwehr unfähig.

Wenn ich nunmehr das Ergebnis der ganzen Erkundungsreise einschließlich der Rückreise vom Nyassa zur Küste zusammenfasse, so war bei dem Wasserstande, den ich vom Oktober 1898 bis Januar dieses Jahres vorfand, keiner der drei Flüsse, die ich in einer Gesamtlänge von ca. 300 Kilometer befahren habe, durchgehend als Verkehrsstraße brauchbar.

Ein einigermaßen leistungsfähiger Heckraddampfer muß, soweit mir bekannt, mindestens 3 Meter breit und 15 Meter lang sein und einen Tiefgang von 40 Zentimeter haben. Das hierfür erforderliche Mindestprofil von 5 Meter Breite und 50 Zentimeter Tiefe war bei keiner der von mir befahrenen Wasseradern überall vorhanden, außerdem aber hatten die Flüsse streckenweise so scharfe und kurze Windungen, daß es der ganzen Geschicklichkeit meiner sehr gewandten Bootsleute bedurfte, meinen nur 10 bezw. 12 Meter langen Einbaum, ohne anzustoßen, durchzubringen. Diese Strecken würden also ebenfalls von einem solchen Dampfer nicht passiert werden können. Die Teilstrecken der Flüsse aber, die durchgehend von einem Heckraddampfer befahren werden können, sind meiner Ansicht nach zu kurz, als daß sich für sie die Beschaffung eines solchen lohnte.

Das eben Gesagte gilt nur für den Wasserstand zur Zeit meiner Erkundung, der damals infolge der teilweise ausgebliebenen Regenzeit ein abnorm niedriger war.

Wenn im April und Mai die meisten Flüsse aus ihren Ufern treten und die Ulanganiederung zum großen Teil überschwemmen, kann ein flach gehender Dampfer wahrscheinlich an Stellen gelangen, die in der Trockenzeit weitab von den Wasserstraßen liegen; ebenso wird er dann anstandslos die drei Flüsse aufwärts bis zu ihren Schnellen befahren können. Das gilt aber nur für zwei bis drei, ausnahmsweise vier Monate im Jahr. Für diese kurze Zeit wird sich die Anschaffung eines Dampfers meiner Ansicht nach nicht bezahlt machen.

Flußkorrektionen provisorischer Art dürften nicht ,schwierig herzustellen sein; aber das Hochwasser der Regenzeit würde solche Bauten alljährlich zerstören, sodaß ihre Kosten mit dem Nutzen, den sie gewähren, wahrscheinlich nicht in Einklang gebracht werden können. Uferbauten aber, die die Flüsse der Ulanganiederung in dauerhafte Verkehrsstraßen verwandeln sollen, müssen wohl einer späteren Zeit vorbehalten bleiben, in der das umliegende Gebiet eine höhere Kultur als jetzt erreicht hat.

Wenn ich die von mir erkundeten Flüsse der Ulanga-Niederung für nicht geeignet für den Verkehr von Heckraddampfern erachte, so soll damit kein abschließendes Urteil gefällt sein. Da die alljährlich im Gefolge der Regenzeit eintretenden Hochwasser große Veränderungen an dem Bett und dem Lauf der Flüsse bewirken können und der Unterschied zwischen dem Durchschnittswasserstande in einem regenreichen und regenarmen Jahre ein ganz bedeutender sein kann, so ist von einer Erkundung kein feststehendes Ergebnis zu erwarten.*)

Welches Ergebnis auch weitere Erkundungen haben mögen, zwei große Nachteile haften dem Rufidji an: Sein Lauf wird durch eine reichlich hundert Kilometer lange unbefahrene Strecke unterbrochen, und er führt durch die fieberreichsten, ungesundesten Landschaften unserer Kolonie. Die deutschen Bauern, die mit Weib und Kind auf dem Wasserwege nach Uhehe reisen, werden zum großen Teil schwer erkranken, zum mindesten stark mit Malaria infiziert werden und niedergeschlagen, mutlos und arbeitsunfähig an der Stätte ihrer künftigen Thätigkeit ankommen. Dort aber haben sie Gesundheit, Arbeitslust und Arbeitskraft besonders nötig.

Unter diesen Verhältnissen erscheint es mir notwendig, den Bau einer Bahn nach Uhehe und den Nyassagebieten, die bei Kilossa an die Zentralbahn anschließen könnte, in Erwägung zu ziehen. Sie würde die Besiedlung der gesunden und fruchtbaren Hochlande sicher ermöglichen. Hoffen wir, daß sie dem Schutzgebiete bald beschert werde!

---

*) Hauptmann v. Kleist und der Arzt Arning haben in den Jahren 1895 und 1896 die Flüsse der Ulanga-Niederung mit dem Einbaum und teilweise auch mit einer tiefergehenden Thau befahren und nicht die Schwierigkeiten gefunden, die ich hatte.

Frankreich in Westafrika.

II.

Eine Schilderung der Verhältnisse in den einzelnen Kolonien soll darthun, wieweit die Franzosen uns in Bezug auf staatliche Leistungen gegenüber Togo und Kamerun überholt haben, und wie sich infolgedessen die Entwicklung der Küstenkolonien und Franz.-Kongos gegenwärtig anzeigt. Vorher sei bemerkt, daß die Franzosen die ersten Europäer gewesen sein dürften, welche die Guineaküste bereisten; denn laut den übereinstimmenden Zeugnissen mittelalterlicher Chronisten waren kühne Schiffer aus Dieppe und Rouen bereits im 14. Jahrhundert dort gelandet und hatten Niederlassungen gegründet, die indes schon infolge der langen Kriege mit England frühzeitig aufgegeben wurden.

1. Senegal.

In Senegambien fanden die Franzosen die ältesten Stützpunkte für die heutige Entwicklung. Mehrere große Gesellschaften hatten auf den Inselchen Gorée und Saint-Louis, hart am Festlande vom Jahre 1626 an Faktoreien gegründet, die 1758 in den Besitz der Briten fielen, 1779 von dem Herzog von Lauzun wieder erobert, 1800 abermals von den Briten besetzt und erst gemäß dem Pariser Vertrag von 1814 Frankreich endgültig zurückgegeben wurden. England behielt seinen Besitz am Gambiafluß; allein bei der späteren Erforschung des Innern ergab sich, daß dieser Fluß nicht weiter als bis zur Gebirgskette des Fuła Djalon hinaufreicht, wogegen Frankreich auf dem Senegalfluß um das Gebirge weithin vordringen konnte. Letzteres geschah indes erst in den 1850 er Jahren, hauptsächlich unter der Leitung des nachmaligen Generals Faidherbe, der sich auch im Kriege 1870/71 rühmlich hervorthat. Dieser Offizier war es, der den Plan für das Vordringen nach dem Niger entwarf. An die Eroberung des senegalischen Binnenlandes knüpfen sich glorreiche militärische Erinnerungen. Die dortigen und die weiteren westafrikanischen Feldzüge der Franzosen wurden kürzlich in einer Reihe von Aufsätzen im Militärwochenblatt geschildert; sie haben für die Kolonialgeschichte eine weittragende Bedeutung. Ein Mann wie Faidherbe wäre nicht aus bloßem Thatendrang vorgegangen. Als er zum ersten Mal nach dem Senegal kam, fand er eine ziemlich trostlose Lage. Es gab größere Niederlassungen nur auf den beiden Inselchen, kleinere an einzelnen Punkten des Festlandes. Die Kaufleute, die sich ins Innere wagten, stießen auf den Widerstand der Tuareg, die Tribut und Durchgangszölle forderten. Hier galt also noch für alle Zeit, daß die Flagge dem Handel folgt. Solange es sich um das nahe Innere handelt, mag dieser Satz gelten; allein er kehrt sich in das Gegenteil um, sowie das Hinterland erschlossen werden soll. In Deutschland vermag man, auf einen noch vor fünfzehn Jahren richtigen Ausspruch Bismarcks hinweilend, sich immer noch nicht ganz mit diesem Gegenteil zu befreunden. Dagegen haben die Franzosen in neuerer Zeit durch zahlreiche, bis zum Sudan ausgedehnte Feldzüge dem Handel die Wege erst geebnet, die sonst auf immer verschlossen geblieben wären, und es verschlägt nicht, daß ihr früher manchmal schlecht unterrichtetes Parlament muhammedanischen Fanatikern gegenüber friedliche Eroberung vorschrieb, d. i. in Wirklichkeit Entfaltung und Stillstand. Um einem Feind entgegenzutreten, der nicht weniger kampffähig und tapfer war als die Moghrabiner, bildete Faidherbe eine Eingebornentruppe; denn nur eine solche ist den Anstrengungen eines heißen Klimas gewachsen. Es ergab sich, daß solche Truppen sich leichter ausbilden lassen, als man auch nach den algerischen Erfahrungen annahm, daß sie als Naturmenschen wegen ihrer Gewandtheit die elementaren Stufen des soldatischen Handwerks leichter ersteigen als solche europäische Rekruten, die aus Stadt und Land eine erbliche oder berufliche Ungelenkigkeit mitbringen, daß sie sich bei geschickter Führung mitsamt dem unaufbröselbaren Weibertroß wohl im Zaume halten lassen und die nicht zu hohen Anforderungen an ihre Fähigkeiten im Felddienst mit genügender Sicherheit erfüllen. Heute sind die Senegalschützen die Kerntruppen Frankreichs in Westafrika. Sie haben Marchands Zug nach Faschoda mitgemacht, sie haben am Kongo und am Tschad gefochten, und bei der jetzt vor sich gehenden Bildung des dritten Militärbezirks in Sinder und des vierten am Schari geben sie die untern Cadres ab. Faidherbes Schöpfung ward vorbildlich für die Briten und die Deutschen, von den Portugiesen abgesehen, die sich bekanntlich leicht mit den Eingebornen verschmelzen. Der Kern der britischen Streitmacht in Westafrika ist die W. A. Frontier Force, deren Standorte mit 3500 Mann die Nigerkolonieen sind, wo gegenwärtig fortwährend Kriegszüge im Gange sind.¹) Ein afrikanisches Stimmungsbild ohne gleichen ist Pierre Lotis Roman d'un spahi, vielleicht sein bestes Werk, das auf senegalischem und guineeischem Boden die Empfindungen und die Leiden eines europäischen Soldaten ganz packend schildert. Im eigentlichen Senegal stehen gegenwärtig 2600 Mann, davon 1180 Eingeborene.

Wenn indes Lord Senegal als eine schon altersschwache Kolonie bezeichnet, weil die Eingebornen des Vorlandes ihr Gebiet entwaldet haben wie die Spanier ihr Land, so widerspricht dem die seitherige Entwicklung; denn die giebt sich schon dadurch kund, daß der Handel sich innerhalb der letzten zehn Jahre verdoppelt hat. Die Zunahme von 1888 auf 1890 beträgt 11 Millionen Fr.²) Von der Einfuhr von 50 Millionen kommen 30 Millionen auf Frankreich, das während des letzten Berichtsjahres u. a. bei der Haupteinfuhrwaare, den Baumwollstoffen, durch einen gewaltigen Sprung das Ausland beinahe eingeholt hat, freilich mit Hülfe seiner indischen Kolonien. Die europäischen oder indischen Tücher erfreuen sich einer solchen Beliebtheit im Innern, daß die Tuareg der Wüste, die man sich nicht anders als in flatterndem weißen Wollgewande einherreitend vorstellt, sich bereits in

---

¹) Historie de la Conquête du Soudan, par le lieutenant Gatelet. Paris 1901.
²) Der Handel wurde im Jahre 1900 durch die Gelbfieberseuche ungünstig beeinflußt. Trotzdem ist ein Niedergang, von 50 auf 46,8 Mill. Fr. nur in der Einfuhr zu verzeichnen, wogegen die Ausfuhr wieder von 27,2 auf 32,9 Mill. Fr. gestiegen ist; die Mehrausfuhr kam ausschließlich Frankreich zugute.

blaue Tücher hüllen, die sie in Timbuktu erhandeln. Die Handelsstatistik umfaßt übrigens nur den Küstenhandel, da Zollämter im Binnenlande nicht bestehen. Bei der Ausfuhr haben die Erdnüsse mit 12 Mill. Fr. den Löwenanteil. Die Verschiffungen finden nach Bordeaux und Marseille statt, wo man diese Frucht bereits seit 1840 kennt. Wie oft mögen wir afrikanisches Erdnußöl, in Marseille gepreßt, als echtes Provencer Olivenöl genossen haben. Auch in Togo und Kamerun, bei den ackerbautreibenden Hinterländern, kommt die Erdnuß in Betracht. In Senegal ist sie schon Pflanzungsobjekt. Im Jahre 1900 wurden 600000 t Erdnußöl gewonnen. Wenn man für die Erdnüsse vom Senegal einen Oelertrag von 32%, annimmt gegen 40%, bei denen der Koromandelküste, ergiebt diese Menge 190000 t Oel. Kopalgummi (3,5 Mill.), gewonnen aus mehreren Akazienarten, wird gegenwärtig wegen des niedrigen Marktpreises vernachlässigt. Der Kautschuk (2,2 Mill.) erzielt befriedigende Preise. Die Regierung hat das Land auf Kautschukgewinnung sachmännisch untersuchen lassen, und das Urteil des französischen Spezialisten ist durchaus günstig. Der Tearabaum wird vielfach angepflanzt. Die Kautschukausfuhr ist mit einem Wertzoll von 5%, belastet. Die zukunftsreichste der heimischen Pflanzen scheint die Baumwollstaude zu sein. Da wir dieser auch Togo mehr eröffnen wollen, würde sich vielleicht ein Besuch eines deutschen Kulturtechnikers in Senegal mit Bezug auf Erdnüsse und Baumwolle lohnen. Versuchsgärten befinden sich in Sohr gegenüber Saint-Louis und Richard-Toll am Senegal. Die Kolonie stellt Kulturtechniker an, die ein Staatsdiplom besitzen müssen; sie erhalten sehr geringe Gehälter, die man in Deutschland für den Kolonialdienst nicht anzubieten wagen würde. Die Eingebornen des Nigerthales bauen für ihren eigenen Gebrauch bereits Reis; sie haben sich daran gewöhnt, freilich bei gemischter Nahrung, sodaß der Reis sich doch wohl als Teilkost für die binnenländischen Pflanzungsarbeiter am Kamerunberg eignen würde. Bergreis reift auf Höhen von 600—1800 m. Im Jahre 1898 sind 182000 gr Gold aus Galam ausgeführt worden. Seit einigen Jahren haben sich in der Kolonie und der benachbarten Guinée syrische Händler eingefunden, die bis nach dem Sudan ziehen, um Landeserzeugnisse zu erhandeln. Sie sind kürzlich einer besondern Steuer von 30 Fr. monatlich unterworfen worden. In St. Louis bestand seit längerer Zeit eine Notenbank (Banque du Sénégal) mit 800000 Fr. Aktienkapital. Sie ist in der neugegründeten Banque de l'Afrique occidentale aufgegangen, deren Kapital 1', Mill. beträgt; Zweigstellen sind in den andern Küstenkolonien errichtet. Die Einfuhrzölle betragen 5%,; ausländischer Branntwein wird neuerdings mit 17% verzollt. Da der Islam sich rasch ausbreitet — was auch noch aus Dahome berichtet wird — hofft man, daß die Branntweineinfuhr bald abnehmen wird. Die vier Städte, die eine regelrechte Ortsverwaltung für sich und das umliegende Gebiet haben und unmittelbar dem Gouverneur unterstehen, erheben Octroi. Es sind: Saint-Louis mit 20200, Dakar mit 1200, Gorée mit 2000 u. Rufisque mit 8000 Einwohnern.

Dem Aufschwung des Geschäfts entsprechend ist die Finanzlage so günstig, daß die Kolonie seit einigen Jahren keines Zuschusses des Mutterlandes zur Begleichung des Budgets mehr bedarf, sondern bereits die ihr vorgeschriebene Vermögensrücklage mit 6 Mill. Fr. voll besitzt, einen festen Beitrag zu den allgemeinen Verwaltungskosten für die Kolonien an das Mutterland abführt und ihre für öffentliche Arbeiten aufgenommenen Anleihen (20 Mill.) verzinst. Im vorigen Jahre hat das gelbe Fieber das Geschäft gelähmt und die Finanzen beeinträchtigt; doch werden die Verluste bald verschmerzt sein. Hoffentlich findet sich einmal ein Statistiker, der berechnet, wie viele Millionen Frankreich hat ausgeben müssen, bis die heute ohne Zuschuß dastehenden Kolonieen sich selbst genügen konnten. Das deutsche Reich hat bis jetzt im ganzen 70 Mill. M. für seine Schutzgebiete ausgegeben, die militärischen Ausgaben einbegriffen. So viel wenigstens muß Senegal allein Frankreich gekostet haben, das heute noch die militärischen Kosten für diese wie für die andern Kolonieen trägt. Bei einer ihrer kühnen, aber doch fruchtbringenden Ausgaben, dem Bau der 264 km langen Eisenbahn von St. Louis an der Senegalmündung bis Dakar am Kap Verde, erweist sich der Zuschuß bereits als einen Vorschuß, indem die Betriebsgesellschaft dem Staat schon 1 Mill. Fr. zurückerstattet hat. (Einnahme 1899: 2 Mill. Fr.)

Größere Schmerzen verursacht noch der vom Staat unternommene Bau der sog. Sudanbahn, die von Kayes am obern Senegal eine 577 km lange Verbindung nach Kulikoro, dem Punkte, wo der Niger schiffbar wird, herzustellen bestimmt ist. Das Mutterland trägt die eine Hälfte, die Kolonie die andere Hälfte der Ausgabe. Der Bahnbau dauert nun schon über zehn Jahre, und die Verzögerung scheint nicht so sehr dem noch vor einigen Jahren nötigen Feldzügen als dem Mangel an Berechnung und Verwaltung zu entspringen. Ursprünglich waren die Baukosten auf 24 Mill. Fr. veranschlagt, es sind jedoch einige Millionen mehr erforderlich, und es ist zweifelhaft, ob die nun für 1903 in Aussicht gestellte Vollendung bis dahin Thatsache wird. Einstweilen betragen die Betriebseinnahmen auf der fertigen Strecke von 287 km rund 500000 Fr. jährlich. Eine halbe Kompagnie Geniesoldaten ist fortlaufend am Bau beschäftigt. Ein weiterer Umstand, den man der Kolonialverwaltung erschwerend anrechnen kann, ist, daß sie doch die besten Arbeiter, die man überhaupt in Westafrika kennt, grade in Senegal findet; auch für die Kongobahn mußten Arbeiter aus Senegal angeworben werden, und sie haben sich bestens bewährt. Der Endpunkt der Bahn ist gegenwärtig Badugu. Bis in die Gegend von Kita bieten sich keine Bodenschwierigkeiten; die dort vorkommenden Hindernisse werden verhältnismäßig leicht beseitigt werden, da die Arbeiten an dieser Stelle eingeleitet sind. Weiter, bis Kulikoro, soll die Ausführung wieder leicht sein. Da die sudanischen Stämme des Nigerbogens arbeitsam und gute Abnehmer für bessere europäische Waren sind, ist vorauszusehen, daß die Bahn sich rentieren wird. Das Reisen ist für Europäer schon jetzt im ganzen Nigerbogen wesentlich erleichtert; denn die Verwaltung sorgt für gute Verkehrswege. Die unvollendete Strecke der Sudanbahn kann man auf einer, wenn auch unbeschotterten Straße mit dem Motorwagen zurücklegen; für den Frachtverkehr haben sich dabei allerdings Schwierigkeiten ergeben, die jedoch nur bei dem Unternehmer zu liegen schienen, an dessen Stelle eine leistungsfähige industrielle Gesellschaft getreten ist. Eine schmalspurige Eisenbahn wird vorgeschlagen, um von Luga, einer Station der Küstenbahn St. Louis—Dakar, die Kopalvorräte des Kolosfgebietes zu erreichen, und in weiterer Ferne liegt der Plan einer Bahn von Thies (auf derselben Küstenstrecke) nach Kayes am obern Senegal. Was die Schifffahrt betrifft, so kommt zunächst der Senegalfluß bis Kayes mit beinahe 700 km in Betracht, dann der Niger von Kulikoro bis Buffang auf einer Länge von 2500 km. Allein während ersterer bis Bammalo wenigstens das ganze Jahr schiffbar ist, hängt die Benutzung des mittleren Niger von dem Wasserstande und vom Tiefgang der Fahrzeuge ab. Eine wichtige Wahrnehmung ist die des Majors Toutée, des bekannten Dahomeyforschers: daß die Stromschnellen des Niger bei Bussang, die man bis vor einigen Jahren für unüberwindliche Hindernisse hielt, bei hohem Wasserstande von flachgehenden Booten mit einiger Vorsicht sehr wohl genommen werden können, wie Toutées eigenes Vorgehen, noch unter den Pfeilen der Anwohner, beweist. Das Hemmnis steht also in keinem Vergleich zu dem, das die afrikanische Terrasse an den Sannagafällen in Kamerun bietet. Da der Niger von seinen Mündungen aus bei Bussang ohne Schwierigkeit schiffbar ist, schicken die Franzosen sich an, die günstigen Umstände, die ihnen einen fortlaufenden, wenn auch Umladungen bedingenden Verkehr von der Senegalmündung über den Nigerbogen bis zu den Nigermündungen ermöglichen, auszunutzen, indem sie Boote aus Stahlblech sowohl für die Stromschnellen von Bussang wie zum Befahren des mittleren Laufes des Nigers bereits ausgesandt haben. Die schiffbare Strecke von 1400 km, zwischen Djenne und Say kommt für die Baumwollkultur in Betracht, da sich hier Ueberschwemmungsverhältnisse wie am Nil vorfinden. Der Telegraph reicht bereits über Timbuktu hinaus und soll bis Zinder geführt werden. Binnen kurzem wird Say am Niger erreicht sein. Senegal wird durch ein Seekabel mit dem Mutterlande verbunden werden, und da die französischen Kolonien Westafrikas bereits unter sich durch Land- und Seekabel verbunden sind (80 c. für das Wort im interkolonialen Verkehr), wird Frankreich, sobald es will, in ganz Westafrika von England im Kabelverkehr unabhängig sein. Einstweilen hat es der West African Telegraph Company, die seine Besitzungen berührenden Kabellinien: Bathurst-Dakar, Bathurst-Conakry, Alfred-Saint Louis, Alfred-Kotonu, Kotonu-Sâo Thomé, Sâo Thomé-Libreville für 3,6 Mill. Fr. abgekauft.

Erwähnen wir noch eine 500 m lange Eisenbahnbrücke, die vor fünf Jahren an die Stelle einer noch von Faidherbe angelegten Schiffbrücke zwischen St. Louis und dem Feklande gesetzt worden ist, und eine zerlegbare Lokalbahn, die der Rüstenhabi Rufisque fortwährend bedeutende Mengen Erdnüsse zuführt, als Beispiele dafür, wie sehr die Franzosen ihre afrikanische Lieblingskolonie zu schätzen und auszunutzen wissen. Geplant sind noch Arbeiten für 7 Mill. Fr.: Hafenbauten in Dakar, Rufisque und Gri-Ndar auf der Nehrung gegenüber Saint-Louis; die Anlage einer eisernen Landungsbrücke in Gri-Ndar ist kürzlich beschlossen worden. Im Laufe des politischen Wettlaufs um Afrika ist Frankreich den am Gambiafluß ansässigen Briten so sehr zuvorgekommen, daß der letzteren Gebiet heute nur noch als ein schmales Einschiebsel in Senegal erscheint. Dabei haben die Franzosen, dank ihrer geographischen Lage und den zuletzt erwähnten Arbeiten, den Löwenanteil des Handels Gambias an sich gerissen. Die senegalischen Küstenplätze thun sogar, wie amtliche englische Berichte zugeben, dem Handel des weiter südlich gelegenen Sierra Leone Abbruch, von dem näheren portugiesischen Guinea gar nicht zu reden.

Die Verwaltung Senegals untersteht der Oberleitung des Generalgouverneurs von Westafrika, dann einem eigenen Gouverneur, dem außer einem zum Teil aus Beamten, zum Teil aus Privaten bestehender Regierungsrat conseil privé ein nach heimatlichem Muster gebildeter, aus dem allgemeinen Wahlrecht hervorgehender, mit parlamentarischem Budgetrecht ausgestatteter Generalrat von 20 Mitgliedern beigegeben ist. Wähler sind alle Einwohner der organisierten Gemeinden, also des Küstengebietes, Weiße und Schwarze. Die Zuständigkeit des Generalrats erstreckt sich nur auf das Gebiet der organisierten Gemeinden. Diese Einrichtung der Verwaltung ist verfrüht gewesen und auf die jüngeren Kolonieen nicht übertragen worden. Das schlimmste ist, daß man an den Küstenplätzen, die allein als französisches Gebiet gelten, wogegen das übrige Land noch unter Schutzherrschaft steht, den Schwarzen das allgemeine Wahlrecht mitverliehen hat! Die Ansiedler sorgen jedoch dafür, daß bei der Wahl des Abgeordneten für die Pariser Kammer der richtige Mann bezeichnet wird und sie selbst Herren im Generalrat bleiben. Bei den Wahlen zu dem letzteren im Jahre 1893 machten die Schwarzen Krawall und riefen: „Ins Wasser mit den Franzosen!" Auch der Generalrat bewährte sich nicht ganz, indem die Mitglieder die Gelder der Kolonie durch persönliche Zuwendungen vergeudeten; dem Unfug ist nun Einhalt geboten worden. Gouverneur und Regierungsrat setzen die Budgets der einzelnen Kreise fest und verleihen die Landkonzessionen. Bemerkenswert ist die in einer kürzlich verliehenen Konzession vorkommende Bestimmung, wonach Eingeborene aus Reservaten, welche im Pflanzungsgelände die Ordnung stören oder den Betrieb schädigen, auf Veranlassung des Konzessionärs durch den Gouverneur aus den Reservaten verwiesen werden können. Eine solche Bestimmung thäte am Kamerunberg not. Das Bodenrecht ist nach dem Muster der australischen Torrensakte, wenn auch einfacher, geregelt; eine Waldordnung bezweckt den Schutz der stets bedrohten Bestände. Besonders beachtenswert ist die Anordnung, daß das Hinterland, das obere Senegalgebiet, wie es kurzweg genannt wird, bei der Angliederung des Hinterlandes an die einzelnen Kolonieen der Verwaltung des Gouverneurs des Senegals, nicht aber auch der des Generalrats unterstellt wurde.

2. Französisch-Guinea.

Die Guinée, früher Rivières du Sud, schließt im Hinterlande die Hauptketten des Futa-Djalon, der „afrikanischen Schweiz" und einen bis zum Niger reichenden Gebirgsstreifen ein. Die Erwerbungsgeschichte der Kolonie deckt sich bis in die neuesten Zeiten und derjenigen des südlichen Senegal, des Cazamancegebiets. Letzteres war unter diesem Namen den Portugiesen vom 15. Jahrhundert an bekannt. Der Name wurde später mehr auf den Fluß bezogen, der dort ein Ästuar bildet. An dem Fluß ließen sich in den 1820er und 1830er Jahren Franzosen nieder, die dann nach Süden ausschwärmten und die Grundlagen zur Erwerbung der heutigen Guinée schufen. Mit Portugal fand 1868 eine Auseinandersetzung statt, mit England wegen Sierra Leones eine im Jahre 1881. Drei Jahre später erschien Generalkonsul Gustav Nachtigal an Bord der Ariadne an der Mündung des Dubreíaflusses und schloß einen Schutzvertrag mit dem Häuptling Katia ab, worauf er die deutsche Flagge hißte. Die Franzosen machten indes geltend, daß dieser Häuptling kein Recht habe, über das Land zu verfügen, da er in einem Vasallenverhältnis zu eingeborenen Herrschern stehe, die ihnen schon ergeben seien, und das deutsche Reich mußte auf das Gebiet, die sogenannte Kerrhlüste, verzichten.

Auch die Guinée befindet sich in günstigen Verhältnissen. Das Budget weist einen namhaften Ueberschuß auf, sodaß die Rücklage bereits ganz bedeutend ist, die Kolonie ihre Anleihen verzinst und abgesehen von den üblichen militärischen Kosten keinen Zuschuß vom Mutterlande erhält. Das Gebiet des Futa-Djalon bildet ein Schutzgebiet. Der Beamtenstab beträgt ein Fünftel der weißen Bevölkerung; für eine französische Kolonie ist das nicht viel, allein in Kamerun kommt man mit einem Siebentel und weniger aus. Bei den Einnahmen kommen hauptsächlich in Betracht: ein Tabakzoll von 60 Fr. für 100 kg, ein allgemeiner Einfuhrzoll von 6%, ein Branntweinzoll von 140 Fr. für 100 l. (Deutschland liefert für 470000 Fr. Branntwein.) Die Zölle haben infolge Übereinkunft mit England gleiche Sätze wie in Sierra Leone. Eine Kopfsteuer für die Eingebornen brachte 1899: 862000 Fr. ein, ein Drittel mehr als im Vorjahr. Am Schluß des Finanzjahres 1900 verblieb ein Einnahme-Überschuß von 3,4 Mill. Fr., wovon allerdings noch Ausgaben für bereits bewilligte Arbeiten abgehen.

Die auf der Insel Tumbo gelegene Hauptstadt Conakry hatte vor einigen Jahren 8500 eingeborene und 150 weiße Bewohner; jetzt wird ihre Bevölkerung schon auf 13000 Einwohner geschätzt. Sie ist gut angelegt, gilt als verhältnismäßig gesund, ist der Sitz von etwa 30 Faktoreien und besitzt zwei private Landungsbrücken und seit kurzem eine öffentliche Landungsbrücke von 250 m Länge. Eine feste Brücke verbindet sie mit dem Festlande. Der Verkehr nach dem Innern geschieht auf mehreren Flüssen, die, wenn auch nicht weit landein und nicht fortdauernd schiffbar, sich immerhin als nützlich erweisen. An dem stetig zunehmenden Geschäft hat das Ausland einstweilen noch den größten Anteil. Deutschlands Anteil, so behauptet ein Bericht, wäre größer, wenn es die geeigneten Baumwollzeuge liefern könnte; unsere Fabriken sind indes wohl in der Lage, für Westafrika zu liefern, vielleicht sind die Handelsverhältnisse von deutscher Seite nicht genügend erkundet. Unter den Ausfuhrwaren nimmt mit 60%, des Ausfuhrhandels der Kautschuk die erste Stelle ein. Vor einigen Jahren wurde er noch mit 9 Fr. das Kilogramm bezahlt, dann schnellte der Preis um 2 Fr. hinab, einmal, weil die gewinnsüchtigen Eingeborenen die Ballen mit Steinen beschwerten, dann weil infolge des Raubbaus der Belgier am Kongo der Markt überhaupt gedrückt ist. Um ersterem Übelstand abzuhelfen, dürfen in der Guinée nur mehr aufgeschnittene Ballen verkauft werden, damit die Fälschung erkannt wird. Andere Ausfuhrwaren sind: Kopra, Palmöl, Kopalgummi, Leder aus der Nigergegend, Sesam, Erdnüsse, Wachs, Kaffee, Goldstaub aus der Gegend von Bambuk am Fuß des Fula Djalon. Liberia-Kaffee wird versuchsweise am Dubrela, arabischer im Gebirge gebaut. Kaffee gehört zu den Erzeugnissen, die kraft des Zolltarifgesetzes von 1892 bei der Einfuhr aus franz. Kolonien im Mutterlande nach einem Vorzugssatz verzollt werden; die betreffenden Mengen, die zu diesem Satz zugelassen werden, werden vorher kontingentiert. Im Hochlande verspricht die Viehzucht den besten Erfolg. Es wird dort auf einer Musterwirtschaft zwar kein europäisches Vieh gezüchtet, wie in Buka am Kamerunberg, sondern das kleine einheimische Rind, das jedoch mit 60—80 Fr. das Stück einen lohnenden Absatz nach Sierra Leone, der Elfenbeinküste und bis nach Franz.-Kongo findet. Dieses Vieh wird auch gezähmt und zur Arbeit verwandt. Damit das Schlachtvieh vor allem franz. Kolonien zugeführt werde, trifft ein Ausfuhrzoll von 20 Fr. jedes Stück, das für eine fremde Kolonie bestimmt ist.

Australischer Brief.
(Aus einem Tagebuch.)

Im Frühjahr 1901 besuchten S. M. SS. Hansa und Cormoran die australischen Häfen, um an den Feierlichkeiten teilzunehmen, mit denen Australiens Bevölkerung die neue Regierungsverfassung eröffnete. Bekanntlich war, um diesem, vielleicht ersten Schritte zur Unabhängigkeit Australiens vor den Augen der Welt ein anderes Aussehen zu geben, das englische Kronprinzenpaar zu den Festlichkeiten erschienen. Melbourne, die Hauptstadt, war aufs Prächtigste und Kostbarste geschmückt, Triumphbögen, Ehrenpforten, Fahnen, Guirlanden, Feuerwerk, 200000 Fremde, Paraden, Soirées, Galavorstellungen u. s. w. erhöhten den Jubel der Bevölkerung.

In und um Melbourne leben an 20000 Deutsche, teils naturalisierte Australier, teils Leute, die unter englischer und deutscher Nationalität weiterleben, und zum Teil auch Menschen, die echte Deutsche geblieben sind.

Seit 16 Jahren waren S. M. SS. Hansa und Cormoran die ersten deutschen Kriegsschiffe, welche im Hafen von Melbourne anlerten, zum allerersten Male wehte hier auf dem Wasser die deutsche Admiralsflagge, ein besonderes Fest für die deutsche Kolonie. Ungezählte Massen besuchten die Schiffe, und man darf sagen, die deutschen Elemente darunter betrachteten mit freudigem Stolz den stählernen Gruß aus der Heimat, sie waren für diese Zeit sicherlich alle gute Patrioten. Aber unwillkürlich drängte sich einem doch die Vorstellung auf: Sind die deutschen Schiffe erst fort, so wird bei vielen das patriotische Gefühl wieder den Geschäftsinteressen weichen müssen. Ubi bene, ibi patria, der Spruch enthält für uns Deutsche zuviel traurige Wahrheit.

Der Mehrzahl der Deutschen hier draußen scheint es glücklicherweise gut zu gehen. Viele von ihnen sind in angesehenen Stellungen, sei es als Arzt, beim Eisenbahnwesen, als Techniker oder Kaufmann. Sie alle beweisen, wie hoch deutscher Fleiß, deutsche Tüchtigkeit und Zuverlässigkeit im Auslande angesehen sind. Auf diese Pioniere kann das Vaterland stolz sein, besonders wenn sie dem Deutschtume erhalten bleiben. Doch damit steht es leider nicht so glänzend.

Die englische Sprache ist gewiß die Weltsprache, die Sprache des Verkehrs, wohin man kommt. Aber wenn die Geschäftssprache aus praktischen Gründen auch in der deutschen Familie das Übergewicht über die deutsche erlangt, so ist das eine sehr bedauerliche Thatsache. Und wenn einmal außerhalb der Familie deutsch gesprochen wird, so hört es sich traurig an; besonders sind es die jungen Kaufleute, die sich auf ein recht ausländisch durchsetztes Deutsch fast etwas einzubilden scheinen. „No, ich muß zur office, die mail schließt, der steamer verläßt heute Abend die pier, acht o'clock fährt unsere launch zum letzten Mal." In der

Art wird unsere schöne Muttersprache tausendfach mißhandelt. Ein älterer Mann entschuldigte sich sogar, er sei des Deutschen nicht mehr so recht mächtig, seit 20 Jahren spräche er nur englisch. Die Kinder vieler deutschen Familien verstehen und sprechen auch noch deutsch; aber man merkt es ihnen an, den meisten ist es ungeläufig. Woher sollen sie es auch können, wenn zu Hause sogar das Englische bevorzugt wird. Die bessern Schulen sind englisch; der deutsche Junge wird gehänselt und gekränkt, wenn er sich auf seine deutsche Abstammung etwas zu Gute thun will. Unsere lieben, angelsächsischen Vettern scheinen es meisterhaft zu verstehen, alles Gute, Edle, Große zur englischen Tugend zu stempeln, das Gegenteil dem deutschen Namen anzuhängen.

Einen großen Teil der Schuld hieran aber müssen wir auf unsere Schultern nehmen. Wir machen es den Leuten zu bequem, das Deutschtum aufzugeben.

Die Überproduktion an Bevölkerung, die in den 80er Jahren ins Ausland ging, hat sich draußen nunmehr eine feste Existenz geschaffen. Dafür ist es ihr gestattet, unter zweierlei Nationalität weiterzuleben, als Engländer und Deutsche in diesem Falle. Nun besteht aber ein Gesetz, daß derjenige Deutsche, der das Reichsgebiet verläßt und sich 10 Jahre lang ununterbrochen im Auslande aufhält, ohne sich in die Matrikel eines Konsulats eintragen oder ein etwaiges Reisepapier oder Heimatschein entsprechend verlängern zu lassen, dadurch seine Reichsangehörigkeit verliert. Der Engländer bleibt Engländer, so lange er lebt, und wo es auch sei. Er hat stets seinen festen Rückhalt an der Regierung, von der mit Stolz ein englischer Führer im Parlament vor wenigen Jahren erklären durfte, sie sei so stark und mächtig, daß keinem ihrer Unterthanen auf der Welt ungestraft ein Haar gekrümmt werden könne. Und wir, wir stoßen unsere Landesbrüder nach 10 Jahren aus unserer Gemeinschaft aus.

Ein zweiter großer Nachteil liegt für uns im Wehrgesetz. Der junge Mann, der das dienstpflichtige Alter erreicht, muß, um seiner Militärpflicht genügen zu können, die weite Reise nach der Heimat auf eigene Kosten antreten, um Soldat zu werden.

Zum Teil freilich können sie der Dienstpflicht auch auf unsern Schiffen draußen genügen. Aber das ist ein verschwindend kleiner Teil, zumeist Seefahrer, die so wie so nach der Heimat zurückkehren. Die große Mehrzahl gehört der erstgenannten Gruppe an.

Damit werden die Menschen ihrem Wirkungskreise auf Tausende von Meilen entzogen. In der Heimat, Deutschland, angelangt, steckt man sie als Ersatzpflichtige auf 2 oder 3 Jahre in die Truppe; denn etwaige Zeugnisse über den erfolgreichen Besuch einer höheren englischen Schule berechtigen nicht zum Einjährigen-Dienst. — Hat der Betreffende glücklich seine Dienstzeit hinter sich, so steht er gänzlich losgelöst von seinem Berufe da, entweder sucht er in Deutschland neue Beschäftigung, oder er ist gezwungen, auf eigene Kosten nach Australien zurückzukehren, wo nun seine Altersgenossen während der letzten Jahre in ganz andere Stellungen gekommen sind; er ist überflügelt, das Ziel seines ehemaligen Strebens hat ein anderer erreicht.

Zu kritisieren ist leicht; wie aber dem Übelstand abhelfen? Vielleicht tritt eine berufenere Feder für einen Vorschlag ein.

Das gegebene Element, das Deutschtum im Auslande zu fördern, ist die Marine. Verlese man doch den Kommandanten der deutschen Auslandskreuzer die Vollmacht, die betreffenden Dienstpflichtigen, ihrem Berufe und der damit verbundenen Bildung gemäß, als Einjährige an Bord einzustellen. Wenn sie auch nicht als Seeleute dienen können, so verwende man sie als Artilleristen oder beim technischen Personal. Wer den Ehrgeiz und die Fähigkeit hat, Reserveoffizier zu werden, dem gebe man auch ruhig die Qualifikation für die Stellung, die er sich gelegentlich, bei der Matrosen-Artillerie beispielsweise, erringen mag. Für Techniker entspräche der Maschinist, beziehungsweise Marineingenieur der Reserve. Vom militärischen Standpunkte mag man manches dagegen einwenden, aber wir wollen mit solcher Erleichterung einem größeren Zwecke dienen als dem Militarismus, dem nationalen.

Genügen die Mittel der Marine nicht, fehlt es an Kreuzern, um die Menschenmassen zu bewältigen, so opfere man dafür die nötigen Summen; sie werden hundertfältige Zinsen tragen, nicht an Reingewinn im kaufmännischen Sinne, aber an Kraft und Stärke für das größere Deutschland, dessen Zukunft auf dem Ozean liegt. Es wird eine Versicherungssumme dafür sein, daß Deutschland nicht zum Amboß werde.

Wie sieht es aber jetzt, im Augenblick, um unsere heranwachsende Generation dort draußen? England-Australien kennt keine Wehrpflicht. Um dem lästigen, deutschen Wehrgesetze zu entgehen, wird man eben Engländer, und damit scheint die eigene, persönliche Zukunft gesichert; dabei stets nur höflich, verbindlich und äußerst zartfühlend erscheinen den englischen Landeswirten gegenüber, Rücksicht üben in jeder Richtung gegenüber der Common-Wealth of Australia. Hierfür ein Beispiel:

Zur Begrüßung des neuen deutschen Generalkonsuls, des Admirals und der deutschen Seeoffiziere in Sydney gab der deutsche Klub in seinem Hause ein Festmahl. Unter den Gastgebern befanden sich mehrere Herren, die sich das Eiserne Kreuz erworben haben. Um jedoch bei den australischen Mitbürgern nicht anzustoßen, haben die betreffenden Herren Deutschen ihr Ehrenkreuz zu dieser Feier nicht angelegt, obgleich nach Art der Einladung kein Zweifel bestand, daß großer, offizieller Anzug erbeten sei!

Ein jeder ist sich selbst der nächste; wer hungert, der muß betteln gehen. Und so kommt es dazu, daß unsere Jugend dort draußen um ihr Brot betteln gehen muß bei Fremden; sie wird selbst zu Fremden, weil ihr die Thür zum großen Vaterhaus verschlossen scheint.

Drum öffne man die Pforten, mache sie groß und weit und reiße die trennende, alte Mauer nieder! Den richtigen Weg führt uns die Flotte, ein starkes, mächtiges Kreuzergeschwader.

K.

Frankreich in Westafrika.
III.

Die Kulturarbeit ist noch wenig gefördert. Die Regierung ist sich bewußt, daß die natürlichen Bodenschätze bei der jetzigen Betriebsweise vermindert werden und hat daher zunächst einen Versuchsgarten in Conakry angelegt; sie stellt den Ansiedlern Land auf Tumbo unentgeltlich zur Verfügung und vermittelt ihnen auf dem Festlande die Erwerbung von Pflanzungsland. Während man sich in den übrigen franz. Küstenkolonien nach dem Vorgang von Franz.-Kongo zu dem System der „großen" Konzessionen entschieden hat, will man in der Guinée nur „kleine" Konzessionen erteilen, d. i. solche bis zu 10000 ha. (Die größten Konzessionen am Kamerungebirge haben 14000 ha.) Daß der Verkehr aus dem Hinterlande von dem englischen Freetown (Sierra Leone) meist nach Conakry abgelenkt worden ist, verdankt die Kolonie der Entwicklung ihres Straßenwesens. Eine Straße von 135 km ist von Conakry bis Fringuiabé vollendet und völlig fahrbar; darüber hinaus bis zum Niger, 500 km von Conakry, ist ein guter Weg in der Richtung vorgebaut, welche die Trägerkarawanen benutzen, und welche auch die Eisenbahn verfolgen soll. Der letzteren ist der Telegraph zum Niger bereits vorgeeilt, und es ist dem Gouverneur und der Pariser Regierung jederzeit möglich, Befehle bis zu den entferntesten Posten ergehen zu lassen. Wie ärmlich erscheinen gegenüber solchen Verkehrsanlagen die Verhältnisse in den deutschen Schutzgebieten! Man hat es jedoch in Frankreich als einen Übelstand empfunden, daß die Nigerbahnen nicht vorhanden oder vollendet sind, sodaß die fällige Ablösung am Niger wegen des Feldzuges gegen Rabbeh und der Fieberseuche am Senegal um ein Jahr verzögert wurde, und will nun mit dem Bahnbau in der Guinée vorangehen. Die Eisenbahn wird unter Umgehung des Fuła-Djalon nach Kardamania am obern Niger, oberhalb des wichtigsten Handelsplatzes Kuruffa führen. Außerdem soll eine Zweigbahn den Fuła-Djalon mit seiner rührigen Peulhbevölkerung erreichen; letztere sind schon nicht mehr weit von der Senegalbahn entfernt. Man berechnet die Kosten einer schmalspurigen Anlage bei der Nigerbahn auf 80000 Fr. für das Kilometer, da das Gelände bei einer Umgehung des Gebirges — die höchsten Berge sind übrigens entgegen früherer Annahme nur 1300 m über Meeresspiegel — keine besonderen Schwierigkeiten bietet. Die erste Strecke von 60 km ist vor Jahresfrist in öffentlicher Verdingung an einen Unternehmer vergeben worden; die Erfahrung in Senegal hat also genutzt, und der Staat tritt zurück. Die Ertragsberechnung beruht darauf, daß der gegenwärtige Handelsverkehr mit dem Binnenlande fünf Millionen Fr. beträgt. Man gedenkt die 120 ersten Kilometer in drei Jahren zu vollenden, da die Briten eine Erschließungsbahn in Sierra Leone auf 100 km hin bereits gebaut haben und den Niger überhaupt auf der kürzesten Strecke zu erreichen vermögen. Die Kolonie Guinée trägt zu dem Bahnbau 400000 Fr. jährlich bei. Wenn wir schließlich hervorheben, daß die franz. Herrschaft in der Kolonie sich noch 1889 auf vier oder fünf Militärposten beschränkte, daß auf der oben Insel Tumbo nur ein größeres Haus, das der englischen Telegraphenbeamten, neben einer deutschen und einer franz. Faktorei stand, so wird man zugeben, daß die Franzosen, die mittlerweile noch Kämpfe im Lande zu bestehen hatten, gewaltige Fortschritte gemacht haben.

5. Die Elfenbeinküste.

Auf die Guinée folgen an der Küste Sierra Leone, Liberia und die Elfenbein- oder Zahnküste (Côte d'Ivoire.) Nebenbei sei gleich darauf aufmerksam gemacht, daß der vortreffliche Urstamm aus Liberia auch noch an der Elfenbeinküste zu Hause ist, sodaß die Franzosen diese unentbehrlichen Bootsleute, die besten Überwinder der westafrikanischen Brandung, nicht nach Liberia suchen gehen müssen. Frankreich hat seit 1812, dem Zeitpunkt der ersten Ansiedlungen seiner Landsleute, geraume Zeit gezögert, bis es das Gebiet endgiltig erwarb oder eroberte. Nach allen Angaben ist der Küstenstrich wie das Hinterland ungemein fruchtbar. In dieser Kolonie erreicht der westafrikanische Urwald mit stellenweise 300 km seine größte Breite.

Der Handel, von dem etwa drei Viertel noch auf das Ausland kommen, wurde bis zum vorigen Jahre von etwa 15, meist englischen, Firmen betrieben. Eine gut fundierte Unternehmung, die Société française de l'Afrique occidentale, hat sich kürzlich an die Stelle mehrerer englischen Firmen gesetzt, sodaß die nächste Statistik einen größeren Anteil Frankreichs am Geschäft aufweisen wird. Im Jahre 1900 war die Einfuhr weiter auf 9, die Ausfuhr auf 8,1 Mill. Fr. gestiegen. Zur Ausfuhr gelangen Palmöl, Kopra, Kautschuk und Mahagoni in stetig steigenden Mengen; wie in der Guinée nimmt die Ausfuhr von Kopalgummi ab. Um die Kautschukgewinnung zu fördern und zu sichern, hat der Bezirksamtmann von Tuba bestimmt, daß die Eingebornen die Kopfsteuer in Kautschuk entrichten können; gleichzeitig aber läßt er sie in der rationellen Anzapfung der Pflanzen unterweisen. Auch über den Urwald hinaus giebt es Kautschuk, in der Landschaft, Baulé. Die Kulturarbeit ist gut eingeleitet; indes sind die Eingebornen dazu wenig brauchbar und müssen Pflanzungsarbeiter aus Sierra Leone, Liberia und Elmina (Goldküste) herangezogen werden. Tabak und Zuckerrohr werden von den Eingebornen gebaut; jenseits des Urwaldes herrscht Negerkorn vor. Die Europäer bauen auf den Pflanzungen Kautschuk, Kaffee, Kakao, Tabak und Vanille; die älteste Kulturanlage, die von Elima im Küstenkreise Kassinie, liefert bereits über 40000 kg jährlich. In diesem Kreise sind 125000 Kaffeebäume auf 200 ha angepflanzt. Die Enthülsung geschieht auf mechanischem Wege. Andere Pflanzungen befinden sich am Cavallyfluß an der Grenze gegen Liberia. Ein Erlaß vom Jahre 1893 bestimmt, daß die Pflanzer eine Abgabe von 50 c jährlich für das Hektar konzedierten Landes zu entrichten haben; indes sind die meisten Konzessionen auf fünf Jahre, d. i. bis zu den ersten Erträgen, von der Abgabe befreit. Ein kleines Versuchsfeld befindet sich in Dabu, einem Pflanzungszentrum an der Lagune. Das Zollwesen ist so geregelt, daß die eingeführten Waren einer einheitlichen Verbrauchssteuer unterliegen, mit demselben Satz wie in der benachbarten britischen Goldküstenkolonie (Grenzvertrag vom 14. Juni 1898).

Auch in dieser Kolonie sind dank einer günstigen Finanzlage wichtige öffentliche Arbeiten in der Vorbereitung. Zur Erleichterung des Landungsverkehrs auf der hafenlosen Küste ist bei dem bisherigen Hauptort Grand-Bassam über die Brandungswellen eine eiserne Landungsbrücke errichtet worden, nach dem Muster der älteren Brücke von Kotonu (Dahome). Eine ähnliche Brücke wird jetzt auch Lome in Togo erhalten. Der Brückenbetrieb in Grand-Bassam ist an einen Unternehmer verpachtet. Die Sätze betragen: ein Reisender mit 20 kg Gepäck 3,50 Fr. bei der Landung und 4 Fr. bei der Einschiffung; Waren 10 Fr. für die Tonne, einschließlich Bestellung im Orte. Die Brücke ist indes bloß ein zeitweiliger Behelf, bis bei Petit-Bassam, vor der Lagune von Abidjean, ein Durchstich der Nehrung ausgeführt sein kann, wodurch die Lagune zu einem Hafen ausgestaltet werden soll. Der Kanal wird 30 m breit, 800 m lang und 7 m tief. Man fand sich zu diesem Unternehmen angeregt durch das Gelingen des Durchstichs der Goletta vor dem See und der Stadt Tunis. Die Lagune von Abidjean ist 50 km lang, und mit einigen Baggerarbeiten hofft man, sie mit den benachbarten Lagunen verbinden zu können und so eine fortlaufende Wasserfläche von 2400 qkm zu erhalten. Die Kosten dieser sämtlichen Arbeiten werden auf 3,2 Mill. Fr. veranschlagt, wofür die Kolonie allein aufkommen wird. Die Arbeiten sollen in drei Jahren vollendet sein. Im Hinblick darauf hat die Verlegung der Hauptstadt von Grand-Bassam nach Bingerville (Adjamei, jenseits der Lagune, stattgefunden. Bingerville ist sofort telegraphisch und telephonisch mit Grand-Bassam verbunden worden. Noch in diesem Jahre wird mit dem Bau einer Eisenbahn begonnen, die von Bingerville in einer Länge von 200 km zunächst bis in die Parklandschaft Boulé reichen und später bis auf 500 km fortgesetzt werden soll. Die Baukosten werden auf 60000—90000 Fr. für das Kilometer geschätzt, und man erwartet von der Stichbahn einen Verkehr von 250000—300000 t jährlich. Beim Bahnbau soll der Urwald in einer Breite von 100 m gerodet werden; das bedingt zwar erhebliche Ausgaben, allein man rechnet mit Sicherheit auf den Erlös der geschlagenen Nutzhölzer. In der britischen Goldküstenkolonie schätzt man den Wert der letzteren auf 200 M. für das Hektar. Bei den Vorstudien fand die Expedition Houbaille bis zu 16 Holzarten auf einem Hektar, davon 14 harte. Bis jetzt wird nur Mahagoni und Olume ausgeführt, und zwar fast ausschließlich nach Liverpool. Die Expedition berechnet den Holzreichtum auf 50 cbm für das Hektar; die Urwaldfläche beträgt etwa 6 Mill. Hektar, sodaß dort 300 Mill. cbm vorhanden wären, die zu 50 Fr. das Kubikmeter, d. i. zu dem Preise des roh behauenen Tannenholzes, einen Gesamtwert von 15 Milliarden Fr. darstellen. Die Richtigkeit dieser Berechnung dahingestellt, wollen wir den Holzreichtum an sich gelten lassen. Bei den mangelhaften Verkehrsverhältnissen in unsern Kolonien hat man die Gewinnung von Nutzhölzern im Großen kaum erwägen können. Auf einer Fahrt auf dem Sannaga in Kamerun kann man den ungeheuren Reichtum an turmhohen, kerzengeraden Mahagoni- und andern wertvollen Nutzhölzern bewundern, die bis jetzt niemand zu schlagen unternehmen kann. Die Aussichten der Goldgewinnung in dem zu erschließenden Gebiet seien bloß angedeutet. Einstweilen erreichen die Franzosen auf Grund eines Abkommens mit der britischen Regierung das Hinterland der Kolonie, namentlich die Landschaft Kong, auf dem Wasserwege, zunächst über den Volta, dann über den Schwarzen Volta im Hinterlande der Goldküste; eine Flußflotille dient diesem Zweck. Die weiter östlich gelegene britische Goldküste hat außer ihren bekannten Goldgräbereien bereits einen ziemlich regen Pflanzungsbetrieb. Eine Erschließungsbahn nach der Aschanti-Stadt Kumassi ist seit der Niederwerfung des letzten Aufstandes gebaut worden. Wie es indes mit den Verkehrsverhältnissen in Togo beschaffen ist, wissen wir nur zu gut. Professor H. Lorin schreibt in dem Werke: L'Afrique à l'entrée du vingtième siècle: „Nur das deutsche Togo, das schlechte Verbindungen mit der See hat, hat noch keinen Erschließungsplan aufgestellt."

In der Kolonie sind Unterhandlungen wegen mehrerer Landkonzessionen im Gange; eine Gruppe bewirbt sich um eine solche von 50000 ha. Das Konzessionswesen ist neuerdings in der Guinée, an der Elfantenküste, in Dahome und Franz.-Kongo für die „kleinen" Konzessionen, d. i. die unter 10000 ha, die der Gouverneur verleihen darf, auf der Grundlage von steigenden Ertragsabgaben organisiert worden. Man unterscheidet zwischen Küstenstrich und Binnenland, und in diesen Gebieten wieder zwischen Pflanzungs- und Weideland. Die nach dem Hektar bewiesenen Sätze sind für Pflanzungsland höher und steigen von 0,10 im ersten Jahre auf 0,50 nach 10 Jahren im Vorlande und von 0,05 auf 0,40 Fr. im Hinterlande. Bei der Anpflanzung von Kautschukbäumen oder Lianen tritt u. a. in Dahome Befreiung von der Abgabe während sechs Jahren ein. Falls die Konzessionäre nach einem gewissen Zeitraum ihr Land nicht in Betrieb genommen haben, werden sie ihrer Rechte verlustig.

Der Kolonialminister hat eine Kommission ausgesandt, die das Gewohnheitsrecht der Eingebornen erkunden soll. Ihr Bericht soll die Grundlage zu Weisungen bilden, die bestimmt sind, Rechtsbeugungen der eingebornen Häuptlinge umzustoßen.

4. Dahome.

Auf Togo folgt an der Küste Dahome, ein ganz gefährlicher Nebenbuhler. Hier hatten die Marseiller Firmen Borelli de Régis und Daumas u. Cartigue vor Jahrzehnten der staatlichen Besitzergreifung vorgearbeitet und ganze Gebiete für sich erworben und kolonisiert. Die denkwürdigsten Ereignisse aus der Geschichte der Kolonie sind die Streitigkeiten und Kämpfe mit den gewaltigen Thrannen von Abome, Glegle und Behanfin. Lange Zeit ließ Frankreich sich von diesen Barbaren Demütigungen gefallen. Romantische Abenteuer gab es genug. Das Parlament erwies sich auch hier solange zaghaft, bis alles auf dem Spiele stand, und bewilligte dann mit einem Male 7 Millionen, sodaß der Feldzug des Jahres 1894 stattfinden konnte, in welchem General Dodds mit Behanfin, seinen Amazonen und Menschenschlächtereien aufräumte. Seither herrschen friedliche Zustände und sind die kolonialen Aussichten überaus günstig.

Über den Handel dieser Kolonie liegen bereits die Zahlen für 1900 vor: Einfuhr 15,2, Ausfuhr 12,7, zusammen 27,9 Mill., 2,9 Mill. Fr. mehr als 1899, und etwa das Doppelte vom Außenhandel des Jahres 1892. Dagegen betrug der Handel Togos im Jahre 1892 nur 5,61 Mill. Mark. Vom Jahre 1900 erwartete man in Dahome bei diesen Geschäftsverhältnissen einen Einnahmeüberschuß von 800 000 Fr. für die Kolonialfinanzen. An der Einfuhr war Frankreich 1899 erst mit einem Viertel beteiligt; doch tritt auch hier allmählich eine Verschiebung zu seinen Gunsten ein. Deutschlands Anteil ist der größte. Bei der Ausfuhr, die wegen der zu hohen Frachtsätze der französischen Dampfergesellschaften vielfach auf englische und deutsche Schiffe über Lagos gelenkt wird, kommen die gewöhnlichen Stapelwaren in Betracht. Palmöl und Palmkerne stehen an erster Stelle mit 11,9 Mill. Fr. Der Kautschuk erzielt einen Preis von 5 Fr. für das Kilogramm; man pflanzt auch hier Guttabäume an und hofft, in drei Jahren deren 200000 zu besitzen. Im Küstenstrich werden Kokospalmen reichlich angepflanzt, namentlich in den Gegenden von Porto Novo und Whydah, wo auch seit etwa sieben Jahren der Kaffeebau mit großer Sorgfalt getrieben wird, sodaß die Ware in Frankreich sehr gute Preise erzielt. Auch Kakaopflanzungen sind bereits angelegt und im Ertrag. Ein Vergleich der Darstellungen des franz. Majors Toulée für Dahome mit denen Prof. Wohltmanns für Togo ergibt für beide Kolonien ähnliche Bodenverhältnisse, und dementsprechend haben sich im Küstenstreifen und im nahen Hinterlande die Pflanzungsverhältnisse in gleicher Weise entwickelt. Ferner lauten die Berichte über den Anbau von Baumwolle durch die Eingebornen ganz ähnlich, nicht aber was die regelrechte Kultur betrifft; denn Dahome ist hier voraus, indem sich in Togba, 60—70 km von der Küste, eine größere Baumwollpflanzung befindet. Der hauptsächlich in der Gegend von Sabalu durch die Eingebornen gebaute Tabak ist minderwertig. Wie in Togo sind auch hier die wohlhabenden Eingebornen bereit, mit den Europäern in Geschäftsgemeinschaft zu treten. Das Konzessionswesen im Sinne der „großen Konzessionen ist erst vor kurzem geregelt worden. Im vorigen Jahre hat die Compagnie de l'Ouemé 130000 ha im Osten der Kolonie erhalten; sie hat für die ersten fünf Jahre je 1000 Fr., für die folgenden fünf Jahre 2000 Fr. und vom 10. Jahre an 5000 Fr. nebst 15%. des Reingewinns zu entrichten

Die erste größere öffentliche Arbeit war die Anlegung der Landungsbrücke bei dem Hauptort Kotonu, die durch einen über die Kehrung führenden Schienenstrang mit der Lagune von Porto Novo in Verbindung steht. Die Verladungsgebühr beträgt 9 Fr. für die Tonne. Von Kotonu soll eine 700 km lange Eisenbahn nach dem Niger geführt werden, sodaß der mittlere Niger über französisches Gebiet unter Umgehung der Stromschnellen von Bussang mit der Küste verbunden werden wird. Dieses Unternehmen wird auch Togo einen gewaltigen Abbruch thun, wenn man sich nicht schleunigst entschließt, für unsere Kolonie eine praktische Verkehrspolitik sofort einzuleiten. Im Hinterlande der beiden Kolonieen führt nämlich ein Karawanenweg vom Tschad und vom Niger her über Paralu (Dahome) nach Kete Kratschi am Volta (Togo). Die Franzosen wollen diesen Verkehr nach Kotonu ablenken und daher ihre Bahn möglichst schnell bis Paralu führen. Von Kotonu wird zunächst eine Abzweigung nach Whydah angelegt. Die Hauptbahn geht durch das fruchtbare Alada und das volkreiche eigentliche Dahome. Die Vorstudien sind bis über die Hauptstadt des letzteren, Abome, hinaus beendet, sodaß der Leiter der Arbeiten hofft, den Unterbau bis Pauignan, 205 km, für Januar 1902 fertig stellen zu können. An diesen Arbeiten sind 16000 Arbeiter aus Alada und Dahome beschäftigt; ihre Beköstigung und Löhnung beträgt zwischen 60 Pf. und 1 Mk. täglich. Ob sie freiwillig arbeiten, darüber widersprechen sich die Berichte. Den Unterbau stellt die Kolonie selbst fertig; sie wirft dafür 500000 Fr. jährlich aus. Die Anlage des Oberbaues hat eine Gesellschaft übernommen, bei der belgisches Kapital stark beteiligt ist. Sie hat die Konzession vorläufig bis Tschamu und erhält während der acht ersten Betriebsjahre einen Zuschuß von 2000 Fr. für das Kilometer, sowie 265 (?) ha Land. Man hofft, daß die Eisenbahn auf diese Weise, mit Meterspur, nicht über 55000 Fr., das Kilometer zu stehen kommen wird. Das Endziel am Niger befindet sich zwischen Karima und Madilali. Was den Ertrag angeht, so rechnet man darauf, daß der Verkehr mit Palankernen sich bedeutend heben wird, da er gegenwärtig über 120 km von der Küste aufhört, mit Trägerdienst lohnend zu sein. Für das weitere Binnenland rechnet man auf die Arbeitsamkeit der Bewohner, die Hirse und Reis bauen und sich für neue Kulturen bereitwillig zeigen. Man hat in Kotonu bereits den Bahnhof errichtet. Bei alledem ist hervorzuheben, daß Dahome in dem Ueme und Mono doch einigermaßen brauchbare Wasserstraßen hatte.

Von der Kolonie Dahome hängen die zwei Einschlußgebiete von je 50 km ab, die Frankreich durch den Vertrag von 1890 in Joreabos am Nigerdelta und Badjibo am Niger zugestanden worden sind, und die es gegenwärtig zu Stapelplätzen herrichtet. Auch die Verkehrspolitik der Briten in Lagos stimmt mit der der Franzosen überein. Die erste Strecke einer Eisenbahn, die von Lagos nach dem Hochland Illorin und von da nach dem Niger und der Landschaft Sokoto führen wird, ist im März d. J. eröffnet worden. Unter- und Ober-Nigeria haben im Niger und Benuë zum Nachteile Kameruns vortreffliche Wasserstraßen, allein niemand denkt an eine Eisenbahn für unsere wertvollste Kolonie.

Ein Oberrichter, der die Berufungsinstanz und überhaupt eine vereinfachte Rechtspflege für die drei guineischen Kolonieen einrichtet, hat seinen Amtssitz in Kotonu. Eine 1890 eingeführte Kopfsteuer von 2,25 Fr. für jeden Eingebornen in der Küstenniederung und von 1,25 Fr. darüber hinaus hat in demselben Jahre schon 260 000 Fr. ergeben. Im Hinterlande darf die Steuer in Waren und Vieh entrichtet werden. Für die Beitreibung erhalten die Dorfschulzen 20°, vom Ertrag. Der Telegraph reicht bis zum Niger; die Verbindung mit der von dort nach Say geleiteten Linie ist entweder schon hergestellt oder wird es in nächster Zeit sein. Die 1200 km lange Linie von Kotonu nach dem Niger ist bisher von den Eingebornen nicht beschädigt worden.

5. Französisch-Kongo.

Der Ausgangspunkt für die koloniale Ausbreitung war hier die Niederlassung am Gabuner Haff, die seitdem zu der Kongokolonie geschlagen worden ist. Die Portugiesen waren die ersten, die sich dort angesiedelt hatten; allein im Jahre 1838 fand der französische Admiral Bouët-Willaumez den Ort geeignet als Marinestützpunkt für die Unterdrückung des Sklavenhandels, worauf Frankreich 1843 das umliegende Land von den Häuptlingen erwarb. Noch 1870 war eine zeitlang die Rede von einem Umtausch (Gabuns) gegen Brittisch-Gambia. Von den Ländern, welche dann die deutsche Loango-Expedition unter Bastian und Güßfeldt erforschte, ist kein Zipfel deutsch geworden. Nach ihr gelang es dem jugendlichen S. de Brazza, auf dem Ogoweifluß mit diesem entlang ins Innere zu dringen, was später zu den bekannten Auseinandersetzungen zwischen Brazza und Stanley und den Abmachungen auf dem Berliner Kongreß führte, wobei Frankreich sich außer dem Gabun- und Ogowegebiet das große Reich im Norden des Kongo-Staates sicherte, das es erst vor einigen Jahren durch eine sehr vorteilhafte Abgrenzung mit den Belgiern nach dem Ubanghi und Uelle hin endgiltig abrundete.

Bis vor zwei Jahren mochte man daran zweifeln, ob Frankreich in dem weiten Gebiet von Libreville am Gabun bis zum Uelle, abgesehen von dem Küstenstrich, eine andere Thätigkeit entfalten würde als Schildwachen stellen. Die Eröffnung der Kongobahn änderte die Lage mit einemmale. Die Franzosen erreichen nunmehr bequem ihre Hauptniederlassung Brazzaville am Stanley-Pool und haben für ihr Gebiet ein großes Netz schiffbarer Flüsse vor sich; doch eröffnet dieses Netz der Schiffahrt keine solch günstige Entwicklung wie dasjenige des Kongostaates. Man wird sich erinnern, daß der Gouverneur von Kamerun, Herr v. Puttkamer, vor zwei Jahren genötigt war, auf einer Reise nach der Südostecke unseres Schutzgebietes, der Gegend zwischen Sanga und Ngoko, umzukehren: es war zur Trockenzeit, bei niedrigem Wasserstande, und nachdem Herr v. Puttkamer am Stanley-Pool die ihm zugesagte Fahrgelegenheit mit großer Verspätung erhalten hatte, war der durch französisches Gebiet fließende Sanga so gesunken, daß es nur mehr mit der zeitraubenden Kahnfahrt hätte vorangehen können. Überhaupt war auf französischem Gebiet das Verkehrswesen kaum in Angriff genommen; alles mußten die Belgier besorgen, auf deren Eisenbahn dann die Franzosen die Bestandteile ihrer Dampfer endlich nach dem Stanley-Pool schaffen konnten, an dem ihre Hauptstadt Brazzaville liegt. Bei der Verhandlung des vorjährigen Budgets konnte der Berichterstatter in der Kammer noch ausführen: „Mit Ausnahme einiger hygienischen Arbeiten in Libreville und der Legung eines Kabels von Loango nach Mayumba und des Landtelegraphen von Loango nach Brazzaville (letztere Arbeit ist noch nicht vollführt) giebt es am Kongo wenig öffentliche Arbeiten. Man muß auch zugeben, daß das Gebiet keine Spuren einer geordneten Verwaltung aufweist, obschon es Beamte dort genug giebt." 1898 waren es nämlich allein 114 Zivilbeamte.

Seither ist eine Wendung zum Bessern eingetreten, insofern 33 Dampfer und Motorboote von 2—40 t von den französischen Erwerbsgesellschaften eingestellt worden sind. Die Belgier verfügen über 29 Staats- und 19 Privatdampfer. Das Wesentliche ist die vom Kolonialminister Guillain 1899 begonnene, von seinem Nachfolger Decrais fast vollführte Aufteilung der Kolonie, Küsten- und Hinterland, unter etwa 60 Gesellschaften mit durchschnittlich einer Million Fr. eingezahltem Kapital. (Das im belgischen Kongo thätige Kapital wird auf 254 Mill. Fr. geschätzt.) Diese Thatsache beweist, daß das sonst für gewerbliche und erst recht für überseeische Unternehmungen so spröde französische Kapital — das allerdings bei Zeiten, wie beim Panamakanal, einer fieberhaften Spekulationslust verfällt — bereit ist, sich auf koloniale Unternehmungen einzulassen. Für die Anleihen der Kolonien wird der offene Markt nicht angerufen; sie werden bei der Hinterlegungskasse aufgenommen. Es muß jedoch bemerkt werden, daß die Konzessionäre, vielleicht auch die von Madagaskar, vielfach belgische Kapitalisten hinter sich haben. Das den einzelnen Gesellschaften verliehene Gebiet beträgt zwischen 2000 und 180000 qkm. Man ist also hier noch weiter gegangen als in Süd- und Nordwestkamerun, wo die Konzessionen 50000 qkm, je über ein Siebentel des Schutzgebietes, betragen. Die größte der französischen Gesellschaften, die der Sultanats du Haut-Oubanghi, verfügt über das ganze Land rechts von diesem Fluß und dem Mbomu; ihr Kapital beträgt 9 Mill. Fr. Konzessionen bis zu 10 000 ha darf der Gouverneur verleihen; darüber hinaus entscheidet der Minister, der sich zu diesem Zweck hinter eine Begutachtungskommission verschanzt, damit man ihm nicht, wie das unter der dritten Republik Sitte ist, vorwerfen kann, er habe im eigenen Interesse seine Freunde begünstigt. Die Hauptkonzessionsbedingungen sind: Vorwiegen des französischen Einflusses bei der Kapitalbildung, Mehrheit von Franzosen im Aufsichtsrat, Verpflichtung zum Aufforsten mit Kautschukpflanzen in dem Maße, wie der Bestand an solchen abnimmt, aufsteigende Geldleistung an den Staat (wir haben in dieser Hinsicht bei Dahome ein Beispiel gegeben), Einstellung von Dampfbooten in den Verkehr und zur Verfügung für öffentliche Zwecke. Diese Bedingungen sind mit peinlicher Genauigkeit aufgesetzt; wer sie aufmerksam liest, erkennt bald, daß die Konzessionen nichts weniger als geschenkt sind und die Inhaber sich in ihrem Besitz nie ganz sicher fühlen werden. Es ist daher zu befürchten, daß die Kapitalisten unter diesen Umständen Raubbau mit dem Kautschuk treiben und ihre Aktien dann losschlagen, ihren Nachfolgern das Nachsehen überlassend; denn die Verwaltung ist mit ihrem nicht allgegenwärtigen und nur zum Schreiberdienst vorgebildeten Personal nicht imstande, zu überlegen, ob der Aufforstungsklausel genügt wird. Auch die Vorschriften wegen der Schiffahrt werden als drückend empfunden und sind zum Teil schon gemildert worden. Einzelne Gruppen von Gesellschaften haben mit Zustimmung der Regierung kleine Schiffahrtsunternehmungen gegründet, auf die sie ihre Verpflichtungen in Bezug auf den Verkehr abgewälzt haben. Bis dahin habe ich mich an die französische Kritik des Konzessionswesens gehalten, es sei aber auch eine deutsche Stimme erwähnt, die des Botanikers R. Schlechter, der auf seiner Kautschukexpedition folgende Wahrnehmung gemacht hat: „Es ist interessant und recht bezeichnend für das Konzessionssystem der Franzosen, daß man hier zwischen dem Lisuala-aux-herbes, welcher von Norden kommend, mit dem Sanga parallel läuft, und dem Sanga eine Landkonzession ausgegeben hat, welche fast nur aus großen Sumpfflächen ... besteht. Bedenkt man nun, daß der Hauptanziehungspunkt zum Ankauf dieser Konzessionen der vermutliche Kautschukreichtum der Gegenden ist, so wird man wohl begreifen können, wie die durch Anlauf nutzloser Sümpfen enttäuschten Konzessionäre sobald als möglich versuchen werden, ihre Konzessionen, auf denen sie kaum genug trockenen Boden haben, um ein Haus zu bauen, zu verkaufen.“ Ebenso ungünstig beurteilt Schlechter das untere Sangathal. Das Land zwischen Sanga und Ubangi wird jetzt erst erforscht.

Der Handel hat sich im vergangenen Jahre weiter gehoben. Bis jetzt ist bekannt, daß die Ausfuhr der drei Hauptstapelwaren folgende Zahlen ergiebt: Nutzhölzer (475 t (+ 772 t gegen 1899); Elfenbein 152 t (+ 52 t); Kautschuk 650 t (— 14 t). Die Elfenbeinausfuhr hat einen Wert von 2´, Mill. Fr. Der Anteil Frankreichs an dem Ausfuhr-Handel des Jahres 1899 betrug 1,6, der des Auslandes 5 Mill Fr.; bei der Einfuhr stellte sich das Verhältnis auf 2,4 und 4,2 Mill. Der Kongo ist von den fünf Kolonien die einzige, die außer den militärischen Ausgaben noch immer eines Zuschusses bedarf, in letzter Zeit 2 Mill. Fr., und trotzdem weisen die Jahresrechnungen Fehlbeträge auf. Letzteres kommt daher, daß die Kolonie die Ausgaben des bisher noch nicht reichlichsten Schati-

gebiets zu tragen hatte, die nunmehr mit 1', Mill. Fr. im franz. Kolonialbudget besonders aufgeführt werden; der Kongo enthält noch ', Mill. Das Vorgehen der Franzosen vom Kongo zum Tschadsee hat für uns auch
eine bedenkliche Seite. Am oberen Sanga bestehen Militärposten
und hat der wirtschaftliche Betrieb bereits begonnen, wogegen auf der
Kameruner Seite, abgesehen von der Thätigkeit der Gesellschaft
Südkamerun in der Sanga-Ngolo Ecke, so ziemlich alles ruht. Es
war daher den Franzosen möglich, die Einwohner von unserm Gebiet
auf das ihrige hinüberzuziehen. Es wäre daher sehr erwünscht, daß
außer der unter Herrn v. Carnap-Quernheimb stehenden gegenwärtigen Expedition der genannten Gesellschaft auch die künftige
Tschadsee-Forschungs-Expedition bald stattfinden könnte, die auf
ihrem Rückwege den östlichen Teil des Kameruner Schutzgebietes
erkunden soll. Sollte noch der von Foureau und Fondère empfohlene
Plan einer Eisenbahn vom Gabun nach dem Sanga zur Ausführung
kommen, so wäre der Verkehr Kameruns mit seinem Hinterlande,
wie im Westen durch den Benuë, so auch hier auf fremdes Gebiet
abgelenkt. Der Zeitpunkt zur Ausführung dieses Planes ist vielleicht nicht
mehr fern; denn mit dem Handel müssen sich die Finanzen der franz.
Kongokolonie heben, die durch unrationelle Maßnahmen, wie u. a., die
Belastung mit den Kosten der Marchandschen Expedition, in Verwirrung
geraten waren. Die Erhebung einer Kopfsteuer von 1—3 Fr. oder einer
Hüttensteuer wird bei einer geschickten Verwaltung Millionen einbringen. Im
Küstenstrich bezeichnet man diese Steuer richtig als Schutzsteuer; denn die europäische Verwaltung sichert in Afrika den Eingeborenen Leben und Eigentum. Leider
ist die Verwaltung noch sehr bureaukratisch. Die Zahl der Rundschreiben ist ganz
ungeheuer. Ein Oberbeamter weist seine Untergebenen an, auf eine Besserung
des Loses der Frauen hinzuarbeiten, sagt aber nicht, mit welchen Mitteln dies
geschehen könnte. Der Gouverneur verlangt von jedem Karawanenführer eine
namentliche Liste seiner Träger, für afrikanische Verhältnisse eine lächerliche
Forderung, kurz, das Kongogebiet braucht zunächst einen verständigen Gouverneur.
Immerhin hat der jetzige sich dadurch verdient gemacht, daß er außer dem Ver-
waltungsbeirat eine Handels- und Landwirtschaftskammer in Brazzaville eingesetzt
und einen Verein zur Wahrung der landwirtschaftlichen Interessen der Ansiedler
ermächtigt hat. Ein abschließendes Urteil über die Zukunft dieser Kolonie ist noch
nicht möglich; es sind noch zu viele Verhältnisse im Fließen begriffen.

Am Ende dieser Ueberschau wären die Schlußfolgerungen
für unsere eigene Kolonialpolitik zu ziehen. Wir sind gewohnt, die
Hinweise auf die kolonialen Leistungen und Fortschritte der Anderen deshalb
nicht anzunehmen, weil die ganze Stellung Großbritanniens es auf die
Kolonialpolitik verweist und weil es über ganz gewaltige finanzielle Mittel
verfügt. Wir pflegen den Schwerpunkt unserer Interessen, und mit
vollem Recht, in Europa zu finden. Dies trifft aber auch für Frankreich

zu, das nach wie vor seiner gewaltigen Ausbreitung über See vor allem eine festländische Macht bleiben will. Dennoch hat Frankreich nach 1870 nicht bloß Kolonien erworben, sondern sie auch mit den Einrichtungen ausgestattet, die dem Staat überall, in Europa wie in Afrika, zu schaffen obliegen. Mögen seine Leistungen in Westafrika und anderwärts im einzelnen der Kritik Raum geben, im ganzen hat es gut gewirtschaftet und den namentlich von Guyana her gellenden Satz, daß die Franzosen nicht kolonisieren können, Lügen gestraft. Man blicke nur auf Tunesien, in welchem man aus den in Algerien gewonnenen Lehren Nutzen gezogen hat, und das unter der französischen Schutzherrschaft eine Blüte erlebt, wie einst zur Römerzeit. Für uns muß Frankreich, namentlich in Verkehrsfragen, vorbildlich sein, schon weil es uns in Westafrika das Fett von der Suppe wegschäpfen wird, wenn wir uns nicht aufraffen und Eisenbahnen und Wege bauen. Bei solch' großen Ausgaben muß das Mutterland beispringen und die kleinlichen Mittel, die ihm bislang gut genug schienen, durch größere ersetzen. Was sind beispielsweise 100 000 Mk., die nach mehrjährigem Ringen endlich einmal für das zukunftsreiche Kamerun bewilligt worden sind?

August 1901.

Die Oelpalme in Togo.
Von R. Fies.
(Mit 3 Abbildungen.)

Nach dem als Beilage zum Deutschen Kolonialblatt 1901 erschienenen Jahresberichte über die Entwicklung der deutschen Schutzgebiete im Jahre 1899/1900 nehmen unter den Ausfuhrartikeln Togos die Produkte der Oelpalme die erste Stelle ein. Nach der angegebenen Statistik wurden 681461 kg Palmkerne im Werte von 1201680 Mark und 2287103 Liter Palmöl im Werte von 774635 Mark von Togo ausgeführt. Die beständige große Nachfrage nach Kernen und Oel und die verhältnismäßig hohen Preise, die dafür bezahlt werden, lassen erkennen, wie wichtig und bedeutsam die Oelpalme ist. Togo eignet sich, was Boden und Klima betrifft, vorzüglich für die Oelpalmenkultur. (Geh. Reg.-Rat Prof. Dr. Fr. **Wohltmann** rühmt in seinem Bericht über seine Togoreise (Beiheft zum „Tropenpflanzer" Dez. 1900, Verlag des Kolonial-Wirtschaftl. Komitees, Berlin NW., Unter den Linden 40) die schönen Palmenhaine, welche er auf dem Wege von Lome nach dem Innern antraf. In seiner Erörterung über die Waldfrage empfiehlt er in erster Linie die Anlage von Oelpalmenhainen als Waffenkultur seitens der Neger.

In der That, es sind zur Zeit in Togo noch weite Strecken von unnutzbarem Buschwerk und hohem Elefantengras bewachsen, wo Palmenpflanzungen vorzüglich gedeihen und der Bevölkerung großen Nutzen bringen würden. Jetzt trifft man größere Oelpalmenhaine gewöhnlich nur in der Nähe der Dörfer, die am Fuße von Gebirgszügen oder an Flußniederungen liegen.

Die Oelpalme (Elaeis guineensis) macht keine großen Ansprüche an den Boden, sie wächst im Innern von Togo fast überall; allerdings gedeiht sie in gutem Boden besser, als in magerem. Am liebsten wächst sie am Fuße solcher Gebirge, wo die Verwitterungsprodukte sich abgelagert haben und der Boden mehr eine lehmige oder gar thonige Beschaffenheit zeigt und wo außerdem die Niederschläge reichlich sind. Auch in Flußthälern, wo der Boden feucht, wenn auch sandig ist, wächst sie gut. Bei Wawa am Todschefluß, wo der Boden so sandig ist, daß der Jams kaum wächst, finden wir die üppigsten Palmenwälder. Es ist eben da feucht, und oft stehen die Palmen wochenlang während der Regenzeit im Wasser, was ihnen jedoch durchaus nicht schadet. Etwa eine halbe Stunde südlich vom Adaklu haben wir den geführbieten, sich weit von Osten nach Westen erstreckenden Adaklusumpf, der zwei bis drei Monate im Jahr kaum zu passieren ist. Auch hier finden wir vereinzelt schöne Palmengruppen; das ganze Terrain würde sich aber unbedingt aufforsten lassen. So liegt das Land brach; für

— 111 —

Jams- und Maispflanzungen eignet es sich nicht, da es zu feucht ist und nach jedem schweren Regen das Wasser oben steht. Würde nun etwas wenigstens für Abzug des Wassers gesorgt, so wäre das Land für die Ölpalme wie geschaffen. Ähnlich oder noch günstiger liegen die Verhältnisse am Salagba und Anwornu zwischen Adallu und Ho. Selbst auf dem steinigen Stationsterrain von Ho haben wir schöne Exemplare von Palmen, wie die beigegebenen Bilder zeigen. Auf trockenem, steinigem Boden wachsen sie bedeutend langsamer; aber sie können viel Trockenheit vertragen, und ich habe nie gesehen, daß eine Palme infolge von Trockenheit eingegangen ist. Außerordentlich üppig gedeiht die Ölpalme am Fuße des Agu, an den Ausläufern des Tavievhegebirges und im Tavievhe- und Maise-thal; auch in den Einschnitten und Thälern des Avatimegebirges kommt sie gut fort.

Bei den primitiven Verkehrsmitteln- und Wegen kommen in diesen gesegneten Distrikten Palmkerne gar nicht und Öl nur wenig für den Export in Betracht. Die Leute müßten mit einer Traglast vier bis fünf Tage nach der Küste unterwegs sein und würden nichts verdienen. Die entstehenden Kerne, deren Inhalt der Eingeborne für Seifenbereitung und zur Herstellung einer Hautsalbe nicht benötigt, werden weggeworfen und verderben. Das Öl wird im Binnenlande verkauft und für die Zubereitung der Speisen und als Brennöl verwandt. Würde natürlich über kurz oder lang eine Eisenbahn in's Innere, etwa bis Misahöhe oder Apando gebaut werden, so würde sich die Ölpalmenkultur enorm heben; denn der Togoneger hat die Palme sehr gerne, versteht ihr großen Nutzen und versteht es, sie rationell zu behandeln. Gerade der letztere Umstand ist für die Hebung dieser Kultur außerordentlich wichtig. Wir brauchen für diese Arbeit keine auswärtigen Kräfte. Außerdem mag darauf hingewiesen sein, daß die Ölpalme in Togo keine Feinde hat, die ihr die Lebensbedingungen stören. Die Webervögel, die es lieben, die Blätter zu zerzausen, um aus den langen, schmalen Streifen, die sie herunterreißen, ihre Nester zu bauen, kommen nur für solche Palmen in Betracht, die in einem Dorfe stehen oder in nächster Nähe desselben; denn der Webervogel hält sich, ähnlich wie unser Sperling, nur in der Nähe menschlicher Niederlassungen auf. An Palmengruppen und auch an einzelne Exemplare, die nur wenige Minuten vom Dorfe entfernt stehen, kommt er gar nicht heran; abgesehen davon, daß von einer Schädigung der Palme durch Webervögel überhaupt kaum die Rede sein kann. Wie schon erwähnt, kann sie Wasser und Trockenheit vertragen; der Nashornkäfer, welcher die Kokospalmen ungeheuer schädigen kann, schadet ihr nicht; auch die Heuschreckenschwärme lassen sie in Ruhe, während sie die Blätter der Kokospalme zuweilen bis auf die Rippen abfressen. Auch ein Begießen kennt man nicht; die einzige Pflege besteht eigentlich darin, daß man ihr von Zeit zu Zeit die unteren Äste abhaut. Was dem Hindu die Kokospalme, das ist dem Togoneger in gewissem Sinne seine Ölpalme (de). Hätte er diese nicht, so wäre er ein armer Mann, und reich ist nicht nur der, welcher Geld und mehrere Frauen besitzt, sondern auch einen Palmenwald sein eigen nennt. Aus einer achtjährigen Erfahrung heraus, will ich es in Folgendem versuchen, zu zeigen, wie der Togoneger seine Ölpalme behandelt, und welchen Nutzen er aus ihr zieht.

Eine nicht geringe Zahl von Ölpalmen wächst dem Neger, ohne daß er sie selbst pflanzt. Verschiedene Vögel lieben die reifen, rotgelben Nüsse, picken sie ab, tragen sie fort, und nachdem sie die den Kern umgebende Fleischhaut gefressen haben, laffen fie jenen auf die Erde fallen, er geht auf und die junge Palme wächst heran, ohnedaß der Neger sich dabei gerührt hätte. Sie werden aber auch vom Neger ordentlich gepflanzt. Er gräbt die reifen Palmennüsse, ohne sie enthält zu haben, draußen im Palmenwald, oder wo er solchen anlegen will, in die Erde, aus welcher sie nach etwa vier Monaten hervorwachsen. Sind die Pflanzen ungefähr einen Fuß hoch geworden, so werden sie verpflanzt, ziemlich nahe bei einander (etwa mit 1,5—2 m Zwischenraum). Oder der Palmenbauer steckt die Kerne auf dem hergerichteten Lande gleich in der richtigen Entfernung von einander in die Erde, sodaß eine spätere Umpflanzung nicht mehr nötig ist. Die Aussaat der Kerne ist mit einem religiösen Akt verbunden. An der Seite des Weges, der zum bestellten Palmacker führt, und in der Nähe des letzteren, macht der Eigentümer zwei kleine, runde Beete zurecht. Auf jedes derselben legt er je zwei Stückchen Jams und betet folgenden Spruch: „Ihr alle meine Volksgenossen, Handelsleute und Ackerbauern! Die Saaten, die ich hier gepflanzt, sie gehören auch Euch! Möge keiner von Euch den Kopf drehen und durch einen bösen Blick mein Eigentum schädigen! Möge Thauregen fallen! Der Mann erwärmt sich nicht bei dem Feuer, das im Zimmer brennt, sondern bei demjenigen, welches im Freien ist (ein Sprichwort und bedeutet hier so viel als: vom Ackerbau lebt man). Ihr Saaten springet wie ein Frosch, d. h. wachset schnell! Großer Gott Sodyea, der du wohl zürnst, aber auch wieder gnädig bist, mache den Boden weich wie Öl und sende Thauregen!"

In den ersten drei bis vier Jahren sieht man nichts von einem Stamm; es scheint als ob ein Büschel Palmzweige, die in der Mitte das hellgelbgrüne Herzblatt umschließen, aus der Erde hervorwachse. Jeder Palmast hat zu beiden Seiten nicht nur die langen, schmalen, dunkelgrünen Blätter, sondern auch, namentlich von unten herauf, scharfe Dornen oder Stacheln. Hat der junge Baum 10—15, etwa zwei bis drei Meter lange Äste, so baut sie der Neger ab und läßt nur das Herzblatt und höchstens zwei bis drei junge Blätter, die das erstere einschließen, stehen. Der nur aus Mark und Fleisch bestehende Stamm entwickelt sich jetzt rasch und zeigt eine schwarze, ruppige Rinde. Nach ungefähr acht Jahren wächst der Stamm nicht mehr an Dicke, sondern nur noch in die Höhe. Die vielen Zweige, welche die Ölpalme treibt, müssen immer von Zeit zu Zeit abgehauen werden, weil dadurch ihr Wachstum beschleunigt wird. Was hier von Menschenhand geschehen muß, besorgt die Kokospalme selbst, indem sie die unteren Äste von selbst abstößt. Ist die Ölpalme acht bis zehn Jahre alt, und hat sie eine Höhe von drei bis vier Meter erreicht, so beginnt sie, Früchte zu tragen. Zwischen den Ästen wächst aus dem Stamm eine ziemlich große Blütendolde hervor, die sich ungefähr wie die Wallnußblüte entwickelt, nur daß die Blüten nicht einzeln, sondern in der Dolde zusammenstehen. Die Dolden stehen rings um den Stamm herum, aufrecht zwischen den Ästen. Ist die weibliche Blüte abgestoßen, so wächst eine mit scharfen Dornen versehene Dolde aus dem Blütenstiel hervor. Zwischen den Dornen sitzen die Nüsse, die aus einer Kapsel hervorkommen, dicht beieinander. Nicht alle Fruchtknospen entwickeln sich; von den 1500 und noch mehr Knospen an dem Fruchtstengel entwickeln sich etwa 3—500 Nüsse. Diese Fruchttraube gleicht einer riesengroßen Erdbeere. Im Anfang sehen die Nüsse schwarz aus; jede hat an der Spitze ein Dörnchen. Reist die Nuß, so fängt sie an, von innen heraus gelb zu werden, bis sie, wenn sie reif ist, feurig rot erscheint. Die

Größte Oelpalme.

reife Nuß geht leicht von ihrem Sitz ab, während die unreife mit bloßer Hand nicht gebrochen werden kann. Um eine reife Traube abzunehmen, muß man erst einige Palmwedel abhauen, ehe man zum Stiel der Frucht gelangen kann. Festsitzende Nüsse kann man der spitzen Stacheln wegen nicht gut anfassen; wird nun der Fruchtbüschel abgehauen und auf die Erde geworfen, so fallen die Nüsse von selbst ab.

Diese Palmnuß ist nun zunächst für den Neger von großem Wert. Hätte sie der Neger nicht, so würde ihm das Leben fast unmöglich sein. Will die Negerfrau am Mittag oder gegen Abend die Hauptmahlzeit bereiten, so bringt sie einige Dutzend frische Palmnüsse in einem bis über die Hälfte mit Wasser gefüllten Kochtopf aufs Feuer und kocht sie weich. Hierauf bringt sie die gekochten Nüsse in einen Mörser und stößt die gelbe, mit vielen Fasern durchzogene Fleischmasse von dem inneren, schwarzen und harten Kern los. Die ganze zerstoßene Masse wird nun in eine mit vielen kleinen Löchern versehene Kalabasse gebracht und samt dem Wasser, in dem die Nüsse gekocht wurden, gereit. Die schwarzen Kerne (Kernel) samt den Fasern, die in dem Sieb zurückbleiben, werden auf die Seite gelegt oder auch weggeworfen. Die reine, gelbe und ölhaltige Brühe wird in den eigentlichen Suppentopf gebracht und mit den nötigen Zuthaten von Salz, Pfefferschoten, Fritzi oder Kaschakeln (das ist ein sehr eiweißhaltiges und nahrhaftes Gemüse, die einzelnen Früchte haben die Form einer Karotte, nur daß sie nicht glatt, sondern gefurcht sind) und einigen getrockneten Fischen oder sonstigem Fleisch ein bis zwei Stunden auf dem Feuer gekocht. Das ist die berühmte Palmölsuppe, die mit dem Nationalgericht der Togoneger, dem Fufu oder Jamsbrei, verzehrt wird.

Der Nutzen dieser Palmnuß erweist sich aber noch viel ausgiebiger in der sehr einträglichen Ölbereitung. Gewöhnlich werden die frischen Palmnüsse in der Nähe des Dorfes auf einem freien Platz ausgebreitet, um von der tropischen Sonne erhitzt zu werden. Das dauert so lange bis sie „schwitzen" oder, wie der Neger sagt, das Öl zum Vorschein kommt. Sind die Nüsse nach Wochen so weit, so werden sie in ein mit Steinplatten ausgelegtes Loch gebracht, das oben einen Durchmesser von 1—2 m hat, etwa 1 m tief ist und sich nach unten hin verengt. Jetzt beginnt das Geschäft der Frauen. Mit einem 2 m langen, nach unten zugespitzten Pfahle stoßen sie das Fleisch von den Nüssen. Gewöhnlich stehen mehrere Frauen um das Loch herum und stampfen aus Leibeskräften. Ist der harte Kern von seinem Fleische befreit, so wird Wasser in die Grube gegossen. Dadurch tritt das Öl an die Oberfläche und wird jetzt abgeschöpft. Die vielen Fleischfasern werden noch, um sie gründlich vom Öl zu reinigen, mit den Händen ausgerungen. Jetzt hat die Frau ihr ami murnu, d. h. frisches Öl. Sind schlechte Nüsse mit ausgestampft worden, so schmeckt das Öl darnach, und nicht umsonst sagt der Neger in seinem Sprichwort: Doku deka kple deku kata, d. h.: eine Palmnuß ist imstande, alle Palmnüsse zu verderben. Da dieses frische Öl nun aber noch viel Wasser enthält, so wird es aufs Feuer gebracht und tüchtig gekocht, bis nur das reine Öl zurückbleibt. Dieses wird nun noch um der feinen Fasern willen durch ein durchlöchertes Kalabassen gesiebt. Dann wird das so fertig zubereitete Öl in große Thontöpfe gebracht, mit einem Deckel geschlossen und mit Lehm gut verklebt. Ein großes Quantum dieser teuerangegebenen Fettmasse wird von dem Neger selbst im Lande verbraucht. Die Wüstenbewohner sind, da die Ölpalme bei ihnen nur spärlich vorkommt, darauf angewiesen, dieses Öl für die

Zubereitung ihrer Speisen zu kaufen. Ihren Suppenjaucen wird dieses reine Öl zugesetzt und mit Akple, das ist ein aus Maismehl in Wasser gekochter, dicker Brei, zusammen verzehrt. Auch die kleinen Fische der Lagune pflegt die Negerin in diesem Öl zu braten; sodann werden drei bis vier Brotarten als kleine, runde Kuchen in Palmöl gebacken. Im Innern des Landes, wo das Petroleum noch selten und sehr teuer ist, dient es dem Eingeborenen in einer primitiven Lampe als Brennöl. Letztere ist eine kleine, viereckige Blechschale, an welcher die vier Ecken etwas eingedrückt sind. In die mit Palmöl gefüllte Schale legt der Neger einen fingerdicken, aus Baumwollfäden gedrehten Docht; das obere Ende desselben ruht auf einem nach außen verlängerten Einschnitt einer Ecke. Dieses Ende wird angezündet und von Zeit zu Zeit mittels eines Stäbchens mit Palmöl bestrichen. Es ist dies aber ein qualmiges, schlechtes Licht. Eine weitere Verwendung findet das Öl zur Bereitung der Landesseife. Auch zum Einsalben seiner spröden Haut gebraucht es der Neger; doch muß es zu diesem Zweck noch stundenlang gekocht werden, bis es weiß oder wenigstens hellgelb wird. Die Eingebornen gebrauchen aber zu diesem Zweck lieber das aus den Nüssen des In-Baumes gewonnene Fett, Jokumi genannt; noch angenehmer ist ihnen europäische Pomade. Der weitaus größte Teil dieses Palmöles, das hinter dem Nüstensirich und bis auf 4 Tagereisen ins Innere hinein produziert wird, kommt in den Handel und wird nach Europa ausgeführt. Wie ich in Atupe, einem für Palmöl sehr bedeutenden Ort jenseits des Volta, gesehen habe, kochen die Maußleute das Öl in großen eisernen Kesseln noch einmal, bevor sie es kaufen.

Die eigentlichen Kerne oder Steine, die nach dem Stampfen in der Grube zurückgeblieben sind und schwarz oder dunkelgrau aussehen, werden an der Sonne getrocknet und, falls der Weg nicht zu weit, an den Kaufmann oder schwarzen Händler verkauft resp. als Tauschobjekt gegen europäische Waren angeboten. Diese sogenannten Kernel werden zu Tausenden von Zentnern jährlich aus Westafrika ausgeführt. Früher wurden diese Nüsse oder Kerne von den Negerfrauen mit einem Stein aufgeklopft, der Kern, etwa in der Größe einer Haselnuß, herausgenommen und in größerer Anzahl geröstet, gemahlen (auf der Handmühle) und ausgekocht. Dies so gewonnene Öl verwandte man hauptsächlich für Seife, auch wurde es bei Hautausschlägen zum Einreiben gebraucht, da ihm eine besondere Heilkraft zugeschrieben wird. Doch geben sich die Negerfrauen heute nur selten zu dieser langweiligen Arbeit her.

Die Ölpalme liefert dem Eingebornen aber auch den sehr geschätzten Palmwein, das Nationalgetränk der Togoneger. Ist die Palme zehn bis zwölf Jahre alt geworden, so ist sie auch fähig, Palmwein zu geben. Sie muß aber zu dem Zweck gefällt werden. Wie oben gezeigt, werden die Palmen dicht gepflanzt, und schon deshalb muß eine Anzahl Bäume herausgenommen werden (wie dies ähnlich in unseren Forsten geschieht); überdies wachsen wieder junge nach. Bei der Kokospalme ist es allerdings so, daß, wenn sie Wein liefern soll, der Bauer hinaufklettert und den Blütenstengel oben abschneidet. Aus diesem fließt dann der Saft in einen oben festgebundenen Topf. Die Palme wächst fort, und die Früchte an den übrigen Fruchtstengeln wachsen und reifen weiter. Unsere Ölpalme liefert aber nur dann einen genießbaren Wein, wenn sie gefällt und, wie im Folgenden gezeigt werden soll, behandelt wird. Palmwein wird übrigens das ganze Jahr gemacht; die beste Zeit jedoch ist die trockene, heiße Jahres-

Zeit von Dezember bis März. Da hat der Neger Zeit, diese Arbeit zu thun; außerdem steht die Palme in dieser Zeit gut im Saft und kein Regen verdirbt den Wein. Handelt es sich nur um wenige Exemplare, dann besorgt gewöhnlich der Eigentümer die ganze Arbeit selbst; höchstens hilft ihm ein Freund beim Fällen der Bäume.

Soll aber Palmwein im Großen gemacht und zu diesem Zweck 60—80—100 Palmen gefällt werden, so ist das eine äußerst umfangreiche Arbeit, an der der Palmenbesitzer jedoch nur geringen Anteil nimmt.

Zunächst geht der Palmenbesitzer, vielleicht von seinen Söhnen begleitet, in den Palmenhain und vollzieht einen religiösen Akt. Er hat ungefähr ein halbes Pfund Maismehl mitgenommen, wovon er die Hälfte mit Palmöl vermischt. Beide Mehlsorten legt er unter die dem Fetisch gepflanzten Palmen, die den besonderen Namen „Akabe" tragen und nie gefällt werden dürfen. Dann nimmt er das reine weiße Mehl in die Hand, ruft die Namen aller seiner Vorfahren, welche diesen Palmenwald besessen, und betet: „Wenn ich jetzt Palmen fällen will, so thue ich das nicht von mir aus, sondern im Auftrage meiner Väter, auch treibt mich Hunger und Leben dazu. Ich bin auch bei diesem Palmenwald geboren und groß geworden, und darum darf ich wohl, wenn mich der Hunger plagt, die Nüsse essen, welche ich finde, wenn ich hierher komme. Deshalb möge den Leuten, die ich jetzt senden werde, um Palmen zu fällen, nichts passieren! Möge, o Gott, ihnen alles wohlgelingen, und mögen sie mir alles, was sie finden, Totes und Lebendiges, bringen!" Das weiße Mehl streut er während des Gebetes als Fetischgabe und Dankopfer unter eine Fetischpalme; hierauf nimmt er auch das mit Palmöl vermischte Mehl in die Hand, und, während er um die Fetischpalmen herumgeht und dabei auf die Erde fallen läßt, sagt er: „Wer kein weißes Mehl ißt, möge dieses gelbe hinnehmen!"

Hat der Palmenbesitzer so seiner religiösen Pflicht genügt, dann geht er nach Hause und bittet 15—20 junge Männer aus seiner Verwandtschaft, ihm die Palmen zu fällen. Diese Leute werden dochola (do-Palme, cho-herausnehmen, la ist der Artikel) genannt und haben weiter nichts zu thun, als die Palmen zu fällen, was sie in einem Tage fertig bringen. Der Bittsteller hat jedem der Männer das erforderliche Werkzeug zu geben. Letzteres heißt dxo und ist ein 20—30 cm langes, obenherein hohles, nach unten hin breiter werdendes, scharfes Eisen, das von den Eingeborenen geschmiedet wird. Oben in die runde Öffnung wird ein circa 1,5 m langer Holzstiel getrieben. Mit diesem Werkzeug, das nach unten zu ganz unserer Axt gleicht, werden, nachdem rings um die Palme herum die vielen Wurzeln etwas bloßgelegt sind, dieselben direkt unter dem Stamme abgeschlagen, bis derselbe fällt.

Nachdem so alles vorbereitet, führt eines Morgens der Palmenbesitzer seine Arbeiterschar in den Palmenhain, wo er ihnen die betreffenden Palmen, welche herausgenommen werden sollen, bezeichnet. Er selbst geht nun nach Haus und sorgt dafür, daß für den Nachmittag, wenn die Arbeiter nach Haus kommen, ein kräftiges Mittagessen für sie bereit ist. Seine Söhne oder Verwandte bleiben draußen, überwachen das Ganze und sorgen für Trinkwasser. Das Fällen der Palmen ist entschieden die schwerste Arbeit beim Palmweinmachen. Sind die Stoßeisen stumpf geworden, so werden sie auf einem eigens zu diesem Zweck mit hinausgenommenen Schleifstein geschärft. Gegen Mittag ist die Arbeit gethan. Die

Zapfen der Palme.

Leute gehen nach Haus, nehmen ein Bad und essen hierauf bei dem Palmenbesitzer. Letzterer begiebt sich am folgenden Morgen mit Frau und Kindern zu jedem einzelnen deeboли und sagt ihm Dank. Lohn in Geld giebt es nicht; aber wenn die Palmen später Wein liefern, so bekommt jeder einige Kalabassen als Dank.

Nachdem die Palmen 1—2 Wochen so gelegen haben, bittet der Besitzer etwa fünf Männer, die ihr Geschäft gut verstehen, die Zweige von den Palmen zu entfernen und letztere anzuzapfen. Diese Leute sind die Fodelawo (fo-Palmast, dela- der Entferner, wo-Pluralform). Zu ihrer Arbeit brauchen sie jeder ein gewöhnliches Messer, ein Buschmesser und eine schmale Axt. Letztere muss ihnen der Arbeitgeber besorgen. Mit Buschmesser und Axt hauen sie zunächst hart am Stamm die Äste ab. Dann wird da, wo das markige Fleisch in das Herzblatt ausläuft, ein etwa 20—25 cm langes und 15 cm breites Loch in den Stamm geschnitten bis beinahe auf die Rinde der unteren Seite des Stammes. Damit haben die Fodelawo ihre Arbeit gethan. Haben sie ein grosses Quantum von Palmen anzuzapfen, so müssen sie etwa zwei Tage, von Morgen bis gegen Nachmittag, arbeiten. Vormittags essen sie nur Jams, der draussen geröstet wird; gegen Mittag schickt ihnen der Arbeitgeber ein kräftiges Mittagessen hinaus, auch etwas Rauchtabak, damit sie ihre Arbeit gut machen. Mit klingender Münze werden auch sie nicht bezahlt, sie bekommen später ebenfalls ihren „Schluck" Palmwein. Ist der Palmenbesitzer geizig und schickt kein gutes Essen, oder kommt der Essenträger zu spät, sodass die Arbeiter auf ihrem Heimweg ihm begegnen, so haben sie Zorn und essen nicht mehr. Es kann dann vorkommen, dass der eine oder andere der Männer am folgenden Tag mehrere Palmen verdirbt, dadurch, dass er sie schlecht anzapft.

Jetzt beginnt die eigentliche Palmweinbereitung. Hiermit hat der Palmenbesitzer bereits vier bis fünf Männer aus seiner Verwandtschaft und ebenso viele Knaben, diese im Alter von 12—14 Jahren, beauftragt. Die ersteren sind die achakpalawo (kpa = ziehen und in Verbindung mit acha = Wein gewinnen); die Knaben heissen achayolawo (yo = rufen, in Verbindung mit acha bedeutet es, den Palmwein durch Feuerblasen flüssig machen.)

Nachdem die Palmen angezapft sind, beginnen die achakpalawo sofort ihre Arbeit, indem sie mit einem runden, scharfen Eisen (eine Art Bohrer, den der afrikanische Schmied für 25 Pf. anfertigt) am Boden des Loches durch die untere Rinde hindurch eine kleine, runde Öffnung bohren. Durch dieses kleine Loch wird eine ausgehöhlte Holzröhre gesteckt, die mit dem unteren Ende in einen darunter gestellten Topf mündet. So viele Palmen, so viele Töpfe; jeder kostet 5 Pf. und wird von den afrikanischen Töpferinnen geformt und gebrannt. Der Saft fliesst nun nach oben in das Loch und kommt in Tropfen um Tropfen durch die Röhre in den Topf. Letzterer sowohl, als auch die Öffnung an der Palme wird mit dem flechtenartigen Zeug, aus dem der Blütenstengel hervorwächst, gut verschlossen; sonst würden sich die wilden Bienen über den zuckerhaltigen Stoff hermachen.

Am ersten Tag kommt ein Saft, Tagam genannt, der süsslich ist und einen widerlichen Beigeschmack hat. Von den Männern wird er verachtet; die Frauen dagegen trinken ihn gerne; sie vermengen ihn wohl auch mit Maismehl und kochendem Wasser und machen sich einen Brei (dzogbo) daraus, den sie mit grossen hölzernen Löffeln essen. Der Saft nun, welcher am folgenden Morgen und Abend weggenommen wird, heißt Dante, ist sehr süß, etwas klebrig und führt stark ab. Das ist der Wein der Frauen, die ihn mit Vorliebe trinken. Nachdem nun am zweiten Tag gegen Abend der letzte „Dante" weggenommen ist, wird das Loch der Palme ausgebrannt, nicht aber wird, wie C. Heßler in seinem Buch, „Die deutschen Kolonien" (Beschreibungen von Land und Leuten unserer auswärtigen Besitzungen, vierte Auflage, Leipzig 1897) Seite 207 sagt, an den Wurzeln Feuer angelegt und dadurch der im Stamme befindliche Saft nach oben getrieben. Ein Junge bindet eine Anzahl dürrer Palmrippen zusammen, steckt dieses dünne Bündel mit dem untern Ende ins Feuer; sobald die Palmrippen glühen, steckt er sein Bündel in das Loch der Palme, und zwar gegen das Herz derselben, und bläst durch eine Holzröhre Luft in die Glut. Diese Erhitzung ist eigentlich der „Anstich." Durch das Ausbrennen, das etwa 4—5 Minuten bei jeder Palme in Anspruch nimmt und jeden Abend wiederholt werden muß, verliert der Saft seinen Beigeschmack, wird heller und stärker, und die Poren bleiben geöffnet. Ist die Palme so ausgebrannt, daß die Wände des Loches schwarz sind, so kommt der achakpala und schneidet mit einem scharfen Messer ganz wenig von den Wänden, namentlich dem Herzen zu, weg und verschließt das Loch. Das wiederholt er jeden Morgen und Abend, nachdem er zuvor den Palmwein weggenommen. Die achakpalawo und achayolawo müssen daher, solange der Saft läuft (etwa 4 Wochen), jeden Tag mehrere Stunden im Palmenhain sein. Für ihr tägliches Essen müssen sie selbst aufkommen; das heißt, sie dürfen vom Abendpalmwein zusammen für 50 Pf. verkaufen, wofür sie sich das nötige Fleisch rc. anschaffen. Sodann kann jeder trinken, soviel er will; außerdem bekommt jeder der Männer vom Morgenpalmwein zwei Kalabassen geschenkt, und schließlich erhält jeder von ihnen 3—4 Palmen, jeder der Jungen 1—2 Stück, deren Saft sie für sich verkaufen, als Lohn.

In den ersten 16 Tagen fließt der beste Wein, während der 10—15 Tage nachher wird er immer stärker. Der Palmwein wird jeden Morgen und Abend abgenommen und zunächst in große Töpfe, die auf einem schön geebneten Platz im Palmenhain eingegraben sind, geschüttet. Diese Stelle ist der Verkaufsplatz und das öffentliche Wirtshaus. Der Morgenpalmwein wird gewöhnlich nach auswärts in die umliegenden Ortschaften verkauft; auch Händlerinnen kaufen ihn, eilen mit ihrer Last zum Markt oder an belebte Durchgangsstraßen, wo sie den Wein mit Gewinn an die Fremden verkaufen. Was morgens nicht abgeht, wird abends mit verkauft. Der Abendpalmwein bleibt gewöhnlich im Dorf; ein großes Quantum wird schon im Palmenhain getrunken. Von nachmittags 3 Uhr an stellen sich die meisten Männer ein mit der Kalabasse und etwas Muschelgeld in der Hand. Von allen Seiten kommen sie von ihren Plantagen hier zusammen. In das Dorf wird der Wein nur gebracht, wenn große Menge vorhanden ist, oder wenn ein gemeinsames Trinkgelage veranstaltet wird, was gewöhnlich an oder nach einem Gerichtstage geschieht. Wird der Palmwein nicht zu rasch an Ort und Stelle getrunken, so nimmt jeder noch ein Töpfchen auf dem Kopf nach Hause mit. Auf dem Palmweinplatz herrscht immer die fröhlichste Stimmung; die Männer treiben Politik und besprechen die Tagesgeschichten, dabei trinken sie und rauchen gemütlich ihr Pfeifchen. Tabak wird an Ort und Stelle von einer Verkäuferin angeboten. Oft treibt erst die hereinbrechende Dunkelheit die fröhliche Gesellschaft auseinander.

Der frische Saft, am besten mit frischem Apfelmost, auch in seiner Wirkung,

"Nutzen" des Palmweins.

— 121 —

zu vergleichen, ist süß und schmeckt sehr angenehm, falls die Bedienung der Palme eine reinliche ist. Bleibt der Palmwein stehen, so gährt er stark, wird sauer und berauscht. Dieser Wein, „Saß" genannt, wird nur bei großen Festlichkeiten, wie Todtenfesten, Häuptlings- und Königswahl ꝛc., getrunken. Weil die erforderlichen Quantitäten nicht an einem Tage produziert werden können, laufen die Leute den Palmwein von etwa drei Tagen hintereinander auf und schütten ihn in große Töpfe, wo er durchwegt zu „Saß" wird. In manchen Gegenden wird scharf darüber gewacht, daß der Palmwein nicht mit Wasser vermischt wird; an anderen Orten, zum Beispiel im Anyambo-Gebiet am Agu, darf kein reiner Wein verkauft, sondern muß mit einem Drittel Wasser vermischt werden.

Der Preis für den Wein ist verschieden; gewöhnlich kostet die Kalabasse (¼—⅛. l) einen Pfennig, an Markttagen wird das Doppelte und Dreifache bezahlt. Eine reife Palme wird 22—30 Tage fließen, und der Erlös aus Wein beträgt für das Stück 1 ℳ bis 1,50 ℳ.

Der älteste der Palmweinbauern oder der nächste Verwandte des Eigentümers hat während der Palmweinperiode die Aufsicht über das Ganze; er hat auch das Geld für den verkauften Wein an Ort und Stelle zu vereinnahmen und genaue Rechnung zu führen. Zu diesem Zweck hat er eine Anzahl Schnüre im Palmenhain. So oft er für eine Mark Wein verkauft, fädelt er in eine bestimmte Schnur eine Muschel oder einen Maisstern; verkauft er für 50 Pf., so fädelt er in eine andere Schnur einen Kern oder einen halben ein; ebenso hat er seine besondere Schnur für 25, 20, 10, 5 und 1 Pf. Hat er so seine Eintragungen gemacht, so übergiebt er das ganze Geld, Silber oder Muschelgeld, einem seiner Genossen, der zugleich sein Zeuge ist. Dieser bewahrt das Geld auf bis zum Schluß der Periode, da dann großer Rechnungsabschluß gemacht und der ganze Betrag abgeliefert wird. Jeden Abend giebt aber der Vertrauensmann dem Besitzer Bescheid, was eingegangen; dieser hat auch seine verschiedenen Schnüre und macht dieselben „Buchungen" wie jener. Wenn alles vorbei, ist Rechnungsablage; erst werden die in den Schnüren gesammelten Muscheln oder Maiskörner, dann die Geldsumme gezählt. Ist das Geschäft gut ausgefallen, so bekommt jeder der Palmweinbauern noch ein kleines Geldgeschenk.

Nachdem der Saft abgezapft ist, stirbt die Palme und der Baum fällt rasch in sich zusammen. Von einer Verwendung des Stammes zu Brenn- oder Baumaterial kann gar keine Rede sein. Und doch findet man kaum eine Negerhütte, die nicht, was Holzwerk betrifft, gerade von der Ölpalme hergestellt ist. Baut der Togoneger sein Haus, so steckt er auf 30 cm Entfernung Pfähle in den Boden; an diese wird auswendig und inwendig der gespaltene Palmast, immer 15—20 cm von einander entfernt, quer festgebunden. Die so hergestellten Wände werden hierauf von außen und innen mit Lehm beworfen und mit der Hand glatt gestrichen. Was bei unseren Häusern die Latten auf den Dachsparren sind, das ist der Palmast bei der Negerhütte. Auf die Dachstangen bindet der Neger die Palmäste quer fest. Ist nun eine Schicht dürres Gras aufgetragen, so werden wieder Palmäste quer darüber gelegt und diese mit den unteren mittelst dürrer Schlingpflanzen verbunden. Der Dachdecker benützt hierzu eine Nadel, die ebenfalls aus dem Palmast hergestellt ist. Damit das Dach schön aussieht, wird die letzte Schicht Gras an den darunter liegenden Palmästen „festgenäht." Der Neger gebraucht ferner die Palmäste zu Thüren und Einfriedigungen, zur Errichtung seines Badezimmers; die Plantagenhütte besteht, außer wenigen Stäbchen und der Dachbedeckung, ganz aus Palmästen. Aus den geschlitzten Palmrippen stellt der Neger auch Fischkörbe, Maiskörbe zc. her. Kräftige Palmäste werden auch als Jamsstangen, an denen sich die Jamsranke hinaufwindet, benützt. Bei der Errichtung des Jamshauses, in welchem die reifen Jamsstücke an den Innenwänden sein gebunden und aufbewahrt werden, spielt der Palmast eine wichtige Rolle. Die biegsamen Enden der langen Wedel bindet die Negerfrau zu einem Besen zusammen und kehrt damit jeden Morgen ihr Gehöfte.

Aus dem Gesagten erhellt, wie hochwichtig die Ölpalme auch für den Neger ist, und daß er es versteht, dieselbe vernünftig zu behandeln und sich nutzbar zu machen. Es ist für die Kolonie wie für das Mutterland von großer Wichtigkeit, daß die Palmenkultur möglichst gefördert wird. Leider ist in den letzten Jahrzehnten in den mir bekannten, inneren Distrikten von Togo auf diesem Gebiet nicht nur kein Fortschritt, sondern ein Rückgang zu verzeichnen. Das bestätigten mir auch ältere, durchaus glaubwürdige Neger. Es kommt nicht mehr oder höchst selten vor, daß in dem Umfange, wie vorhin gezeigt, Palmwein gemacht wird; erstens giebt es nicht mehr sovielen Palmen, weil selten nachgepflanzt wird, und zweitens scheuen die Leute die nicht leichte Arbeit. Fragt man nach der Ursache, so bekommt man die Antwort: Der Branntwein untergräbt die Palmenkultur. Man hat zwar schon das Gegenteil behauptet und den Satz aufgestellt: Wir müssen den Branntwein einführen, denn trinken muß der Neger; trinkt er keinen Branntwein, so trinkt er Palmwein und ruiniert zu dem Zweck die Palmenhaine und in Verbindung damit die Ausfuhr von Kernen und Öl. Das ist aber, abgesehen davon, daß der Neger nicht trinken muß und zwischen den Wirkungen des Branntweines und denjenigen des Palmweines ein sehr großer Unterschied ist, — eine ganz verkehrte Ansicht und widerspricht den thatsächlichen Verhältnissen. Wo der Branntwein ganz oder teilweise an die Stelle des Palmweines getreten ist, da giebt es auch keine richtigen Palmenhaine mehr. Ein durchaus glaubwürdiger, vernünftiger und an Erfahrungen reicher Neger hat mir einmal gesagt: „Früher wurden viele Palmen gepflanzt, heute nicht mehr; denn die Leute scheuen die Arbeit, sie können sich ja, seitdem der Branntwein so billig und überall zu haben ist, schon für 25 Pf. zu jeder Tages- und Nachtzeit einen Rausch antrinken." Früher wurde der Gast vom Gastgeber mit Palmwein bewirtet, heute stellt sich letzterer ein Armutszeugnis aus, wenn er keinen Branntwein vorsetzt. So verhält sich die Sache, mag man dagegen sagen und schreiben, was man will. Der Branntwein verdrängt nicht nur den Palmwein, sondern die Palme selbst. Und wo Palmwein ist, da finden sich auch Öl und Kerne genug.

Man braucht nicht nach Togo zu gehen, um sich zu überzeugen, wie der Branntwein seine Verehrer demoralisiert, faul und interessenlos macht. Und wenn Prof. Dr. Wohltmann in seinem Bericht, Seite 221, sagt, daß seines Erachtens unsere Aufgabe in Togo vor allem die ist, die Eingebornen-Bevölkerung in jeder Beziehung zu fördern, um so den größten Gewinn aus ihr zu ziehen, so gehört dahin gewiß auch die Beseitigung oder Einschränkung solcher Mittel, die gerade in Togo geeignet sind, eine gesunde Kulturentwicklung unter den gut beanlagten und fleißigen Bewohnern zu hindern.

Es ist sehr erfreulich, daß die Regierung durch die letzte bedeutende Zollerhöhung die Einfuhr von Branntwein erheblich erschwert hat. Schreiten wir auf dieser Bahn weiter und kommt dazu die Fürsorge für Verbesserung der Wege, Anlagen guter Brunnen, Sicherstellung von gesundem und reichlichem Wasser und wird die schon oft besprochene Eisenbahn von Lome nach dem Innern über Misahöhe gebaut und können die Palmbauern ihre Produkte an Öl und Kernen, ohne sie Tagereisen weit auf dem Kopf tragen zu müssen, in nächster Nähe zu annehmbaren Preisen verkaufen, so wird das einen ungeahnten Aufschwung der Ölpalmenkultur in den fruchtbaren Binnendistrikten zur Folge haben und dem Mutterland selbst großen Nutzen bringen.

Die Entwicklung des Bismarck-Archipels.

Der hauptsächlichste Ausfuhrartikel des Archipels ist die Kopra, von der die größte Masse zur Zeit durch Händler, die im Schutzgebiet zerstreut sitzen, von den Eingebornen eingehandelt, der bis jetzt noch geringere Teil aus bereits tragenden Bäumen der großen Pflanzungen gewonnen wird. Die um Herbertshöhe herumliegenden Pflanzungen werden in wenigen Jahren soweit sein, daß aus diesen allein bis zu 3000 Tonnen Kopra im Jahr gewonnen werden können. Daher sollten die Firmen schon jetzt darauf bedacht sein, praktische Anlagen für die Beladung der Dampfer zu bauen. Diese hätten nach meiner Ansicht am besten aus einem gegen Brandung geschützten, so geräumigen Bootsbasen zu bestehen, daß die Ladeprähme Platz fänden. Die Herstellung eines Anlageplatzes für Dampfer ist wegen zu geringer Wassertiefe ausgeschlossen. Die Regierung hat ebenfalls ein Interesse daran, für sich selbst einen geschützten Platz für ihre Boote zu bekommen; also könnte sie in dieser Frage Hand in Hand mit den Firmen vorgehen und sich einen großen Teil der Kosten ersparen.

Der Archipel ist hauptsächlich für Kopra geeignet.

Im Archipel giebt es noch sehr viel für Kokosnüsse bebaubares freies Land. Die Humusschicht ist meistens zu dünn für andere Tropenpflanzen; der Kokos gedeiht indessen fast überall, wo er die Seebrise hat.

Kopra ist dasjenige Pflanzprodukt, welches auf dem Markt am wenigsten Preisschwankungen unterworfen ist, und auch insofern ist sein Anbau ein sicheres Unternehmen, als die Ernten, wenn auch spät, doch mit Sicherheit eintreten und nie versagen.

Rentabilität der Kokospflanzungen.

Das Pflanzen von Kokosnüssen erfordert verhältnismäßig wenig Arbeit; Erträge fangen aber erst nach 6 Jahren an, die vollen Erträge erst nach 10 bis 12 Jahren. Indessen fehlen die Mißernten. Die Kapitalverzinsung geschieht erst nach langer Zeit, dann aber mit Sicherheit.

Eine volltragende Kokosnußpflanzung erzielt 12 Jahre nach Beginn ihrer Anlage etwa 30 Prozent des angelegten Kapitals jährlich.

Neue Unternehmer

Legt man diesen Satz zu Grunde, so würde z. B. derjenige, welcher 100000 Mark im Laufe von 12 Jahren zum Betrieb in eine Kokosnußpflanzung von 300 ha gesteckt hat, nach Ablauf dieser Zeit einen Reinertrag von jährlich 30000 Mark zu erwarten haben.

Hierbei ist ganz abgesehen von den üblichen Zwischenpflanzungen, Baumwolle (dieselbe gedeiht zwar gut, erfordert aber zuviel Arbeitsunkosten, hat sich in den letzten Jahren nicht bewährt), Mais u. s. w., die, wenn sie glücken, die Gesamtunkosten verringern oder gar decken und den Ertrag noch günstiger gestalten dürften.

Jeder Pflanzer wird nebenher Kopra-Tauschhandel mit den benachbarten Eingeborenen unternehmen und kann hierbei je nach seiner eigenen Geschicklichkeit darin und je nach der Kauflust und Zahl seiner Kunden und nach der Lieferfähigkeit derselben es bis zu einem ansehnlichen Nebeneinkommen bringen.

Hieraus mag ersehen werden, welche Mittel ein neuer Unternehmer im Archipel haben müßte, um sein Kapital zu vergrößern.

Für Unbemittelte giebt es manchmal Stellen als Händler für die Firmen. Zuverlässigkeit, Nüchternheit und Tropensähigkeit sind außer einem gewissen Talent für das Handeln mit Tauschwaren Vorbedingungen, wenn solche Leute etwas hinter sich bringen wollen. Sie bekommen Tauschwaren rc. vorschußweise von ihrer resp. Firma geliefert und haben die Verpflichtung, Kopra einzuhandeln und zu einem bestimmten, vereinbarten Preis derselben abzuliefern. Der Verdienst dieser Händler besteht in dem Unterschied zwischen dem Preis, für welchen sie die Ware einhandeln, und dem mit der Firma abgemachten Preis. Einzelne derartige Händler haben recht bedeutende Verdienste erzielt.

Der Handel in dieser Form ist aber nicht das, was zur Entwicklung der Kolonie beiträgt, höchstens allerdings insofern, als die Eingeborenen dadurch angeregt werden, von selbst mehr Kokosnüsse zu pflanzen; dies tritt aber selten ein.

Das meiste Glück haben die Händler in solchen Gegenden, wo die Eingeborenen unter Hinterlassung ihrer tragenden Kokosbäume infolge von Seuchen u. dergl. ausgestorben sind.

Für die Entwicklung des Gebietes halte ich Leute mit einem eigenen Kapital von 30000 bis 100000 Mark und mehr, die neue Kokosnußplantagen anlegen wollen, für die geeignetsten.

Es giebt auch solche Leute genug; ich habe persönlich eine ganze Reihe getroffen, denen es selbst nicht darauf ankäme, jahrelang in der Wildnis zu leben. Jedoch weiß keiner von diesen unternehmungslustigen Leuten, wie die Verhältnisse dort liegen, wo sie Auskunft einholen können, und wie man mit dem Anfang zu beginnen hat.

Die bis jetzt erschlossenen Gebiete, d. h. die Nachbarschaft von Herbertshöhe in Neupommern und das Aula-Gewässer (zwischen Neumecklenburg und Neuhannover) sind von den bereits im Schutzgebiete ansässigen Firmen so ziemlich mit Beschlag belegt. Damit ist aber das für die Anlage von Kokospflanzungen geeignete Land noch lange nicht erschöpft. Da sind die Admiralitätsinseln, die Salomonen, St. Mathias, Neuhannover und das ganze südliche Ende von Neupommern. Die Firmen strecken ihre Fühlhörner auch bereits nach allen diesen Ländern aus. Sie haben ihrerseits schwerlich ein Interesse daran, die Niederlassung von Konkurrenten in der Erschließung der Bodenschätze des Schutzgebietes zu fördern.

Die Regierungsverwaltung informiere neue Unternehmer.

Die Regierungsverwaltung ist allein in der Lage, hier zu helfen, und sie allein hat das Interesse an der allgemeinen Entwicklung des Gebietes; also sollte sie auch Mittel und Wege finden, in dieser Richtung die Entwicklung zu fördern.

Litteratur.

Das kürzlich erschienene Buch „Die deutsche Flotte, ihre Entwickelung und Organisation" von Graf Reventlow, Kapitänleutnant a. D. — Verlag von Fr. Lehmanns Buchhandlung, Zweibrücken i. Pfalz — nimmt entschieden in der auch für Laien bestimmten Marinelitteratur der Neuzeit einen hervorragenden Platz ein.

In leicht faßlicher Weise wird zunächst die Vorgeschichte, die Entstehung und die Weiterentwicklung unserer Kriegsmarine geschildert und hierbei namentlich deren bisherige Thätigkeit zum Schutze unserer überseeischen Interessen eingehend gewürdigt.

Nachdem sodann die Organisation der Kaiserlichen Marine geschildert ist, wird Deutschlands schwimmendes Flottenmaterial ausführlich und anregend veranschaulicht. Panzerlinienschiffe, Küstenpanzer, Panzerkreuzer, geschützte und ungeschützte Kreuzer, Kanonen- und Torpedoboote, Schulschiffe, Vermessungsfahrzeuge und die Kaiserliche Yacht „Hohenzollern", sie alle sind genau — viele sogar noch durch beigefügte Skizzen — dargestellt.

Hierauf werden die Vorschriften über die verschiedenen Laufbahnen in der Marine mitgetheilt, weshalb man das Werk den Vätern oder Vormündern derjenigen jungen Leute, die sich der Marine als Seeoffizier, Marine-Ingenieur, Sanitäts-Offizier, Marine-Zahlmeister, Schiffbau- oder Maschinenbau-Beamter widmen wollen, nur angelegentlichst empfehlen kann.

Dasselbe wird aber auch allen denen willkommen sein, die überhaupt ein Interesse für unsere Uebermacht zur See besitzen; giebt es doch sozusagen wohl über alles Auskunft, was der Nichtfachmann wissen möchte. Kaliber und Länge der Geschütze, Gewicht der Rohre, Laffeten, Kartuschen, Stahl- und Sprenggranaten und die Durchschlagskraft dieser Geschosse werden angegeben. Desgleichen sind Torpedos und Seeminen beschrieben. Selbst die Seezeichen unserer heimlichen Fahrwasserstraßen finden eingehende Erwähnung.

Ferner enthält das Buch Angaben über Zahl und Raumgehalt der Schiffe der Kriegs- und Handelsflotten der in Betracht kommenden Seestaaten, wodurch sowohl der großartige Aufschwung unserer Reederei seit 1871, als auch die Schwäche unserer Seestreitkräfte, im Vergleich zu denjenigen anderer Mächte, so recht zur Geltung kommt, sodann über die Schiffsbauten der letzten Zeit, sowie über die allen Nationen gemeinsamen Vorschriften bezüglich Ausweichens und Lichterführung der Schiffe.

Die Erklärung einer großen Anzahl technischer Ausdrücke bildet endlich den Schluß der trefflichen Ausführungen.

Einige kleine, an sich belanglose Irrthümer, wie z. B. die leider nicht zutreffende Angabe, daß auch Tutuila unter deutscher Botmäßigkeit gelangt sei, werden bei der hoffentlich bald erscheinenden zweiten Auflage zu vermeiden sein.

Außer den beiden Titelbildern Seiner Majestät des Kaisers und Seiner Königlichen Hoheit des Prinzen Heinrich haben noch viele gut gelungene Photographien, welche Episoden aus dem Bordleben, sowie verdienstvolle Seeoffiziere und Offiziere der Marine-Infanterie darstellen, Aufnahme gefunden.

Am Ende sind dem Werk noch mehrere Tafeln mit Uniformsbildern, Flaggen und Kommandozeichen der deutschen Flotte, Kriegsflaggen verschiedener auswärtiger Seemächte, sowie die Flaggen des internationalen Signalbuchs angeheftet.

Die äußere Ausstattung des 300 Seiten enthaltenden Buchs ist gediegen, der Preis desselben — 3 ℳ — bei der Reichhaltigkeit des Inhalts niedrig bemessen.

Gattenhedt b. Blankenburg a. Harz.

von Veltheim,
Kapitänleutnant der Reserve.

Studien zur Grammatik und Lexikographie der modernen Nordchinesischen Umgangssprache.

Von A. Seidel.

Vorbemerkung.

Die nachstehenden Studien befassen sich nur mit der Grammatik und der Lexikographie der modernen chinesischen Sprechsprache und zwar lediglich mit den sogenannten Mandarin-Dialekten oder dem Hochchinesischen (vergl. die Einleitung zu meiner Gramm. S. 2). Ein Mandarin-Dialekt wird z. B. in der Provinz Schantung gesprochen, der unsere deutsche Besitzung Kiautschou zugehört. Mandarin-Dialekte werden ferner auch gesprochen in den Provinzen Tschili, Schansi, Kansu, dem nördlichen Kiangsu bis zum Yangtse, einschließlich Nankings; Anhui, Honan, Hupe, Setschuan, Kueitschou, einem Teile von Kuangsi und Hunan, sowie in der Mandschurei, Mongolei und den Thienschan-Ländern (soweit in den beiden letztgenannten Gebieten überhaupt chinesisch gesprochen wird).

Die Mandarin-Dialekte lassen sich wieder in drei große Gruppen teilen, nämlich

    a) die nordchinesischen,
    b) die mittelchinesischen,
    c) die westchinesischen Dialekte,

als deren Hauptrepräsentanten die Dialekte von Peking (Nord), Nanking (Mittel), und Setschuan (West) angesehen werden können. Die nachfolgenden Ausführungen bewegen sich ausschließlich auf dem Gebiete der nordchinesischen Dialekte (insonderheit des Peking-Dialekts) und streifen nur gelegentlich ausdrücklich auch das mittelchinesische Mandarin (Mittel-Hochchinesische).

Dabei ist indessen zu bemerken, daß wenigstens der Nanking-Dialekt in der Grammatik im großen und ganzen sich mit dem Peking-Dialekt völlig deckt und nur in Einzelheiten kleine Abweichungen aufweist.

Die vorkommenden Beispiele sind daher nach der Pekinger Aussprache transskribiert. Hierbei ist das System zu grunde gelegt, das ich in meiner Grammatik verwendet habe und das sich nicht weit von Wade's Umschrift entfernt.

Grammatik und Wörterbuch des Nordchinesischen befinden sich noch in ziemlich unordentlichem Zustande. Die nachfolgenden Studien werden für diese Behauptung mehr als einen Beweis erbringen. Auf dem Gebiete der Grammatik sind selbst viele ganz grundlegende Punkte bisher noch völlig verkannt, obwohl ein so bedeutender Gelehrter wie Jos. Edkins schon im Jahre 1857 seine Grammar of the Chinese colloquial Language veröffentlicht hat. Seine Arbeit ist auch heute noch das Gründlichste, was wir über die Grammatik des Mandarin-Dialekts besitzen. Auch durch die neuesten Arbeiten von Arendt ist zwar viel wertvolles Material beigebracht, aber wenig zur Aufhellung der grammatischen Struktur dieser Sprache geleistet worden.

Vieles von dem, was im Folgenden besprochen werden soll, ist in Kürze und ohne nähere Begründung bereits in meiner im Jahre 1901 (bei Jul. Groos in Heidelberg) erschienenen „Chinesischen Konversations-Grammatik im Dialekt der nordchinesischen Umgangssprache" dargelegt worden. Für diese Aufstellungen trete ich hier den Beweis an. Anderes ist völlig neu.

Die Beispiele, die zur Stütze meiner Aufstellungen angezogen werden, sind den allgemein bekannten Textsammlungen entnommen. Wo sie im einzelnen zu finden sind, habe ich daher nur in besonderen Fällen anzugeben zu sollen geglaubt.

I. Der absolute Kasus des Substantivs.

Auf S. 231 der ersten Auflage seiner obenerwähnten Grammatik des Mandarin-Chinesischen sagt Edkins: The object is frequently taken from its position, after the verb, and placed before the copula. When in such cases the subject is omitted by ellipsis, the object seems to take its place. Ebenso heißt es S. 234: the object also stands before its verb without an introductory verb.

Zu der ersten Stelle giebt er folgende Beispiele:

a) t'ang' êh' šou' š'üe' pu' kan' tung' = er wagt es nicht seine Hände zu rühren. In diesem Satze ist šou' zweifellos dem Sinne nach Objekt zu tung'; das grammatische Subjekt ist nicht ausgedrückt, sondern liegt in kan' tung' (=t'a' er); jedenfalls wäre es ganz ausgeschlossen, šou' als grammatisches Subjekt zu betrachten.

b) i' kü' hua' mei' šuo'-wan' er hat nicht einen Satz ausgesprochen. Hier ist ebenso zweifellos wie im vorigen Beispiele hua' logisches Objekt zu šuo' und kann keinesfalls grammatisches Subjekt zu i'm' sein.

Auch hier scheint also nur der Schluß übrig zu bleiben, daß hua' nicht nur logisch sondern auch grammatisch als Objekt von šuo' aufzufassen sei, daß also das grammatische Objekt zu Zeiten auch vor das regierende Verbum treten könne.

Dies ist denn auch, soviel ich sehe, die Auffassung späterer Grammatiker geblieben. Erst noch neuerdings hat Arendt sich diesen Irrtum wiederum angeeignet und ihn im Tone eines großen Entdeckers vorgetragen.[1]) Ich werde zeigen, daß sich diese Anschauung nicht halten läßt.

Zunächst wäre es merkwürdig, wenn eine Sprache, die in der Wortstellung ihr vornehmstes syntaktisches Hilfsmittel und den Ersatz für die Flexionsmittel anderer Sprachen zu sehen hat, die Stellung eines so wichtigen Satzteils wie des Objekts derartig freigäbe. Denn von einer völligen Freigabe müßte wohl die Rede sein. Ließen sich doch die Beispiele für einen Satzbau nach den obigen Vorbildern häufen, ohne daß man einen anderen Grund — und dieser Grund ist

---

[1]) Handbuch der nordchinesischen Umgangssprache, II. passim. Ebenso F. G. von Mollendorf, Praktische Anleitung, S. 21.

gleichzeitig die einzige Beschränkung — für die Voranstellung des logischen Objekts erblicken könnte, als den Wunsch, diesen Satzteil im gegebenen Falle hervorzuheben. In der That kann man jedem chinesischen Satz, der ein Objekt enthält, statt der gewöhnlichen Wortfolge, wie wir jeder Kenner der Sprache bestätigen wird, so umformen, daß man das Objekt ohne weiteres an die Spitze des Satzes bringt. Man müßte also voraussetzen, daß die sonst so streng festgehaltenen Stellungsgesetze in einem so wichtigen Punkte durchbrochen worden wären. Dies ist aber gänzlich unwahrscheinlich.

Allerdings giebt es zwei Fälle, in denen die Stellung nicht minder wichtiger Satzteile in gleicher Weise, wie hier angenommen werden soll, in der That freigegeben ist. Es kann nämlich das **Subjekt intransitiver Verben** sowohl vor wie hinter dem Zeitwort stehen[1]) und ebenso das **Prädikat** vor wie hinter die **Kopula** bi' gesetzt werden. Da der letztere Fall bisher nicht beachtet worden ist, so sei hier eine Belegstelle angeführt[2]):

S. 10, Z. 6: i' wo¹ tseng' ši° ti lai° lã = ein Schwarm Bienen seiend kamen sie = sie kamen wie ein Bienenschwarm.

In diesen beiden Fällen ist aber die laxere Auffassung im Punkte der Stellung dadurch gerechtfertigt, daß einmal durch die besondere Natur der intransitiven Verben Mißverständnisse ausgeschlossen sind, da diese kein Objekt bei sich haben, andrerseits das Prädikat, wenn es auch vor ši' tritt, immer noch hinter dem Subjekt stehen bleibt, z. B. tai⁴-fu¹ lai° ti bi° = tai⁴-fu¹ ši° lai' ti = der Arzt ist kommend (kommt).

In diesen beiden Fällen ist also die größere Freiheit in der Stellung wohl begründet und unschädlich. Ganz anders würde es beim Objekt sein.

Wohlgemerkt, ich behaupte nur, daß die Nichtkennzeichnung des Objekt durch die Stellung — denn hiermit würde die Freiheit in der Stellung gleichbedeutend sein — dem Geiste der chinesischen Sprache nicht entsprechen würde. Dies würde indessen sicherlich kein durchschlagender Grund gegen die Möglichkeit sein, daß trotzdem in diesem Falle wie in den oben erwähnten beiden andern die Sprache sich in der thatsächlichen Entwicklung von ihrem Prinzip einmal entfernt habe. Praktische Schwierigkeiten würden sich dem gewiß nicht immer in den Weg stellen; wenigstens würden die beiden oben aus Edkins angezogenen Beispiele vor Mißverständnis völlig geschützt sein, in andern Fällen aber würde eben natürlich eine derartige Konstruktion vermieden werden müssen.

Die Konstruktion des vorangestellten Objekts widerstritte also zwar dem Geist der chinesischen Sprache, wäre aber an sich nichts destoweniger möglich und ohne große praktische Bedenken.

Es bedarf daher keiner weiteren Gründe, um nachzuweisen, daß kɯa' und baa' in den oben zitierten Beispielen nicht grammatisches Objekt sein können, oder, allgemein gesprochen, daß das grammatische Objekt nicht vor dem Zeitworte stehen kann.

Wenn wir das in den beiden Beispielen nicht ausgedrückte Subjekt (t'a')

---

[1]) Vergl. hierüber und zugleich über den Unterschied im Gebrauch meiner Gramm. § 264. (Obwohl S. 224 hält auch die Auffassung für möglich, diese Verben als transitiv zu betrachten; das ist unhaltbar).
[2]) aus G. Imbault-Huart, Anecdotes, historiettes et bons mots en chinois parlé. Peking 1882.

ergänzen wollen, so fragt sich, welche Stelle es einzunehmen haben würde. Nun kommen im allgemeinen bei rhetorisch nicht beeinflußter Wortstellung in der menschlichen Sprache nur zwei Wortstellungsarten vor, nämlich

a) 1. Subjekt. 2. Prädikat. 3. Objekt.
b) 1. Subjekt. 2. Objekt. 3. Prädikat.

Daß das Objekt sogar auch vor das Subjekt tritt, kann allerdings in vielen Sprachen durch rhetorische Gründe veranlaßt werden, z. B. im Deutschen: Seine Hände wagte er nicht zu rühren", aber z. B. nicht im Französischen: Ses mains il n'osa remuer¹). Im Chinesischen müßten also, wenn die Stellung des Objekts nicht gebunden wäre, folgende Ausdrucksweisen denkbar sein

a) t'a' k'ue' pu' kan' tung' liang' ři' šon'.
b) t'a' liang' ři' šon' k'ue' pu' kan' tung'.
c) liang' ři' šon' t'a' k'ue' pn' kan' tung'.

Hier ergiebt sich nun aber die auffällige Thatsache, daß zwar die Ausdrucksweisen unter a und c gestattet, die unter b dagegen im Chinesischen verpönt ist²). Grade die Stellung also, deren Zulässigkeit man erwarten müßte, wenn die Voraussetzung hinsichtlich der Position des Objekts richtig wäre, gerade die Stellung ist ausgeschlossen. Es kann also nicht zutreffend sein, daß das Objekt auch vor dem Zeitwort stehen darf, und wo es so scheint, wie in den eingangs angezogenen Beispielen, muß eine andere Erklärung platzgreifen.

Dies wird durch andere Umstände noch weiter erhärtet. Die Stellung des Objekts zwischen dem Subjekt und dem Verbum (s. oben unter b), ist nämlich in einem Falle zulässig, wenn man dasselbe nämlich mit einer der Präpositionen pa', liang' oder na' verbindet, also: t'a' pa' (liang', na') liang' ři' šou' k'ue' pn' kan' tung' (vgl. Gramm. 202 c, 261 b, und 276 f.)³). Bekanntlich sind diese Präpositionen nichts als adverbial-partizipialisch gebrauchte Zeitwörter (pa" = fassen, greifen; liang' und na" = nehmen). Das mit ihrer Hülfe vorangestellte Objekt ist also im Grunde als Objekt von pa', liang' oder na' und nicht mehr von dem Hauptverbum (oben tung') des Satzes abhängig. Es bildet vielmehr mit pa', liang' oder na' eine adverbiale Bestimmung zum Hauptverbum und steht als solche wie gewöhnlich vor demselben.

Auch hier zeigt sich also die Regel von der Nachstellung des Objekts nicht durchbrochen.

Ein mit pa' (liang' oder na') umschriebenes Objekt kann aber auch aus Gründen des Nachdrucks an die Spitze des Satzes, also vor das Subjekt gesetzt werden. Man kann also sagen:

pa' liang' ři' šou' t'a' k'ue' pu' kan' tung'.

In der Bedeutung unterscheidet sich dies in nichts von der Ausdrucksweise: liang' ři' šou' (t'a') k'ue' pn' kan' tung'.

---

¹) hierfür vielmehr: ses mains il n'osa les remuer, worin ses mains nicht mehr grammatisches Objekt ist.
²) Gbling giebt zwar (l. c) auf S. 225 ein Beispiel (t'a' ši'-ši' pu' ši'), das hierher zu gehören scheinen könnte und von ihm auch so gefaßt wird, dasselbe ist aber weiter unten korrekt erklärt.
³) Vergl. z. B. bei Imbault-Huart S. 60, Z. 5: wo' tiang' liang' p'i' kan" = ich breite die beiden Flügel aus.

pa² liang⁴ tị¹ tou⁴ und liang⁴ ti¹ tou⁴ pa² find beide logische Objekte zu tung⁴, das erstere — wenn auch mit Hülfe einer Umschreibung — zweifellos auch grammatisches Objekt. Wie steht es aber mit dem letzteren? Die Ausdrücke mit und ohne pa² (siang¹, na²) ohne Weiteres als grammatisch gleichwertig zu betrachten, wird durch die obigen Ausführungen ausgeschlossen, wonach zwar die Ausdrucksweise: t'a¹ pa² liang² ti¹ tou² t'ae⁴ pu⁴ kan⁴ tung⁴, nicht aber die andere: t'a¹ liang² ti¹ tou⁴ t'ue⁴ pu⁴ kan⁴ tung⁴ zulässig ist.

Beide find also grammatisch verschieden; liang² ti¹ tou⁴ ist nur logisches, nicht grammatisches Objekt.

Wenn es dies aber nicht ist, was kann es denn sein? Auch grammatisches Subjekt kann es nicht sein, denn dies ist in den beiden Beispielen, von denen wir ausgingen, das zu ergänzende Pronomen t'a¹, das ebensogut dabei stehen könnte ohne die Sachlage zu verändern.

Wir haben also ein logisches Objekt, das an der Spitze des Satzes steht, sonst durch nichts gekennzeichnet ist, jedenfalls aber nicht grammatisches Objekt sein kann.

Derselbe Fall findet sich nun aber in vielen anderen Sprachen. So z. B. im Japanischen. Hier würde derselbe Satz mit regulärer Objektskonstruktion folgendermaßen lauten:

are ga ryōte wo koto ugokasan¹).

Hier ist ryōte wo (die beiden Hände) regelmäßiges Objekt, abhängig von ugokashi¹) (bewegen). Daneben ist aber auch eine andere Ausdrucksweise zulässig, nämlich:

ryōte wa are ga koto ugokasan¹.

D. h. das logische Objekt ryōte wird aus dem engeren grammatischen Zusammenhang herausgenommen und, losgelöst von demselben, (mit oder ohne die trennende Postposition wa) des Nachdrucks wegen an die Spitze des Satzes gestellt. Logisch bleibt ryōte Objekt, grammatisch ist es vollständig ohne Beziehung zu dem Verbum oder einem andern Satzteil, es steht absolut (losgelöst) an der Satzspitze.

Ähnlich kann sich bekanntlich auch der Franzose ausdrücken: ses mains il n'ose les remuer, nur daß er die zerissene Beziehung zwischen Verbum und Objekt durch Einschiebung eines rückweisenden Pronomens wieder etwas enger gestaltet. Im deutschen wird etwas ähnliches erreicht, wenn man das Objekt mit der Wendung „was . . . . anlangt" an die Satzspitze stellt und nachher durch ein Pronomen wieder aufnimmt. Eine eigentliche absolute Konstruktion kennen wir nicht.

Der Chinese verfährt genau wie der Japaner. Sollten hierüber noch Zweifel sein können, so würden dieselben noch durch folgende Thatsachen widerlegt werden.

Die Trennung eines absolut an der Satzspitze stehenden Satzteils wird im Japanischen durch die Partikel wa oder durch eine kleine Pause beim Sprechen markiert. Genau so macht auch der Chinese nach dem absoluten Kasus eine

¹) Im Japanischen steht das Objekt, durch die Postposition wo gekennzeichnet, stets vor dem Verbum.

Pause, die z. B. nach dem Subjekt — es sei denn mit vielen Nebenbestimmungen verstehen und daher sehr lang — nicht eintritt. Nicht selten findet man diese Pause in sorgfältigen Drucken durch ein Komma markiert.[1]) Das Chinesische hat aber auch eine Partikel, die wie das japanische wa zur Trennung des absoluten Kasus vom übrigen Satze verwendet wird; dies ist tin'. So würde man sehr gut sagen können: liang' ti' bon' Hu' Fün' pu' kan' tung'. Auch hierauf ist bisher wenig geachtet worden.

Was aber schließlich jeden Zweifel beseitigen muß, ist die Thatsache, daß die absolute Konstruktion, die Loslösung aus dem grammatischen Zusammenhang und Stellung an die Satzspitze, durchaus nicht auf das Objekt beschränkt ist, sondern auf jeden Satzteil (mit Ausnahme des Subjekts) Anwendung finden kann.

Nehmen wir z. B. die Stelle bei Imbault-Huart (l. c.) S. 611, Z. 4: ta' li fa'-tze tze'-ti' kang' la tang' = (was) sein Mittel (anlangt), (so) wird er selbst in die Falle fallen. Hier kann fa'-tze nicht Subjekt sein, denn dies ist tze'-ti', auch nicht Objekt, denn dies ist tang'. Seine Beziehung zum Prädikat ist eine viel entferntere, wir würden im deutschen etwa sagen: Mit (oder bei) seinem Mittel wird er selbst hineinfallen. Diese entferntere Beziehung ist durch nichts weiter angedeutet als durch den Mangel jedes grammatischen Beziehungsausdrucks. Grade für solche entfernteren Beziehungen, die bei uns vielfach durch Verhältniswörter gegeben werden müssen, ist die absolute Konstruktion im Chinesischen außerordentlich beliebt.

Gleichzeitig wird hier der Unterschied in der Bedeutung klar, der zwischen der absoluten Konstruktion und dem mit pa' (tiang', na') vorangestellten Objekt besteht. Beide Ausdrucksweisen heben das Objekt hervor, die letztere im Gegensatz zu andern möglichen Objekten, die erstere im Gegensatz zu andern möglichen Thätigkeiten (Prädikaten).

Es ist also erwiesen, daß a) das Objekt im Chinesischen nicht vor dem Verbum stehen kann, es sei denn mit pa' (tiang' oder na') verbunden. b) das Chinesische einen absoluten Kasus besitzt.

Einige beliebig aus der Litteratur herausgegriffene Beispiele für die letztere Aufstellung werden den Sachverhalt noch klarer stellen.

tsé-kù li'-Fing', kai' li' ni' tsi'-i'' na' tü'-i' = was diese Angelegenheit anlangt (oder: in dieser Angelegenheit) mußt du selbst einen Entschluß fassen.

ne'-pai' t'lan', mai' tö' pen' tu' ni' k'an' pien'-i' pu' pien'-i' = 400 Käsch, um dies Buch zu kaufen, hältst du (das) für billig?

tö'-ku t'ap', hsien'-sēng' ming'-pai' pu' ming'-pai' = diese Ansicht anlangend, verstehen Sie (sie) oder nicht? u. s. w.

Die Annahme eines absoluten Kasus bietet die einzige Möglichkeit für die grammatische Erklärung solcher Konstruktionen, und ich verstehe nicht, wie die Grammatiker der modernen chinesischen Sprechsprache ohne diese Erkenntnis haben arbeiten können. Man scheint sich etwaigen Schwierigkeiten gegenüber damit ge-

---

[1]) Vergl. z. B. Abschnitt 40, Satz 1 im Chinesischen Text zu Anfang. Chinesische Lektionen: wu' tso' ti bua', ni' nēng' t'ing'-t'u'-lai' = meine Worte, kannst du (sie) verstehen.

tröftet zu haben, daß in der chinesischen Grammatik ja alles ein wenig uebelhaft sei. Nur so kann man auch die ganz unzutreffenden Übersetzungen verstehen, die ein so hervorragender Kenner des Chinesischen wie P. G. von Möllendorf (Praktische Anleitung zur Erlernung der hochchinesischen Sprache) zu vielen Stellen seiner chinesischen Texte geben konnte. Ich habe schon in dem Vorworte zu meinem Lehrbuche darauf hingewiesen, daß die Grammatik des Nordchinesischen einfach, klar und reich an feinen Nüancen, aber auch andrerseits streng und gegen Abweichungen unduldsam ist.

Die Herrschaft des absoluten Kasus reicht nun aber im Chinesischen erheblich weiter, als es auf den ersten Blick scheinen möchte. Eine ganze Reihe auffälliger und sonst unerklärlicher Erscheinungen findet durch die absolute Konstruktion eine einfache und völlig befriedigende Erklärung.

Vorerst sei indessen darauf aufmerksam gemacht, daß auch die Fälle nicht selten sind, in denen zwei absolute Kasus neben einander treten. Ein gutes Beispiel dafür giebt Ebkins (l. e. Seite 225), das er natürlich durch die fälschliche Annahme eines vorangestellten Objekts erklärt: t⁻a' tiʻ-tiʻ puʻ ti' = Was ihn betrifft (und) was den Weiſslauf betrifft, (ſo) kennt er (ihn) nicht.

Nur ſo läßt sich auch die Konstruktion von ... te' (= ... bar ſein) erklären. Man ſagt z. B. kʻ-kö san' ti' te' = dieſe Speise iſt eßbar, kann gegessen werden. Mit der bloßen Angabe (f. Ärnds), daß tʻ, einem Verbum angehängt, „können" bedeute und das ſo gewonnene Kompositum aktiv und paſſiv gebraucht werden könne, iſt nichts gewonnen. Es bleibt unerklärt wie tʻ zur Bedeutung „können" kommt, warum das davon abhängige tʻ davor ſteht und warum ſchließlich san', das doch offenbar dem Sinne nach Objekt zu tʻ-tʻ iſt, demſelben nicht nachfolgt. Man erwartet vielmehr gerade die entgegengesetzte Stellung: tʻ tʻ tʻ-kö san' = man erlangt (d. h. bringt es fertig, zuſtande = kann) zu eſſen dieſe Speiſe. Alles dies iſt leicht, wenn man die abſolute Konſtruktion zu Hilfe nimmt und ſowohl san' wie auch tʻ-tʻ als abſoluten Kaſus erklärt: Was dieſe Speiſe betrifft (und) das Eſſen betrifft, ſo erlangt man (es) = ſo geht es. Ich gehe hier auf dieſe Konſtruktion nicht näher ein, da ich ſie an anderer Stelle ausführlicher zu behandeln gedenke.

Mitunter kann man im Zweifel ſein, ob man es mit einem abſoluten oder einem Adverbialkaſus (vergl. Gramm. § 184) zu thun hat, da es an einem äußeren Unterſcheidungszeichen mangelt und der Sinn nicht immer eine Entſcheidung nach der einen oder der anderen Seite zuläßt, z. B. kʻ-ko yüo' ko' tʻ heu' = a) was dieſen Monat anlangt, ſo iſt es ſehr heiß (abſolut), b) in dieſem Monat iſt es ſehr heiß (adverbial).

Die Verkennung der abſoluten Konſtruktion hat zu einer Reihe von Irrtümern in Grammatik und Wörterbuch geführt, deren wichtigſte hier dargelegt werden ſollen; dabei wird es möglich ſein, gleichzeitig einen Überblick über die hauptſächlichſten Gebrauchsweiſen des abſoluten Kaſus zu gewinnen.

In vielen Fällen iſt der Abſolutus bisher als reiner Subjektskasus aufgeſtellt worden.

Hierher gehört beſonders das Verbum yoʻ und die Verneinungen weiʻ, mei yoʻ und waʻ. Einen Satz wie woʻ yoʻ tien' überſetzt man meiſt einfach mit „ich habe Geld", erklärt woʻ als Subjekt, tien' als Objekt und giebt demgemäß dem Verbum yo' die Bedeutung „haben" (vergl. Edkins S. 178: to have; Stent, Chinese and English Vocabulary, s. v. yu': to be, to have, to possess). Freilich kommt man schon in Verlegenheit, wenn man auf die Wendung yo' jen' ino! (= es giebt Menschen, welche sagen) trifft; hier hat yo' also die Bedeutung „vorhanden fein". Aber auch wo' tien' yo' findet sich neben wo' yo' tien;' nach dem vorher ausgeführten kann tien' also doch unmöglich Objekt sein. Aus allen diesen Schwierigkeiten hilft auch hier wieder der absolute Kasus. Yo' hat nie und nirgends eine andere Bedeutung als „vorhanden sein" und entspricht genau dem japanischen aru. Die japanische Konstruktion watak'shi wa kane ga aru (= was mich anlangt, so ist Geld da = ich habe Geld) findet ihr genaues Gegenstück in dem chinesischen wo' tien' yo'; wo' ist also absoluter Kasus, und tien' ist das Subjekt von yo'. Da nun aber das Subjekt intransitiver Verben auch hintergestellt werden kann, so ist auch der Ausdruck wo' yo' tien' zulässig. Durch die Verkennung dieses Sachverhalts hat sich aber für yo' in alle Wörterbücher die Bedeutung „haben" eingeschlichen und die eigentlich beinahe überwuchert.

Solcher Beispiele lassen sich noch eine ganze Reihe anführen; besonders werden die Verben teng' (entstehen) und ch'u' (herauskommen) häufig falsch konstruiert. Beide sind stets intransitiv. Ein Objekt, das oft mit ihnen verbunden zu sein scheint, ist in Wirklichkeit das Subjekt, z. B. teng' ch'i = es entsteht Zorn, nicht etwa: Zorn erzeugen. Der Satz wo' teng' ch'i bedeutet also nicht: Ich erzeuge Zorn", sondern: „Was mich betrifft, (so) entsteht Zorn. Die Bedeutung „to bear" ist daher im Wörterbuch bei teng' zu streichen (vergl. Stent). Ebenso bedeutet ch'u' nur „to go forth or out, niemals to produce oder to beget (Stent). Wo' ch'u' li heißt nicht „ich bringe Kraft hervor", oder „ich wende Kraft an" (to exert strength), sondern immer nur: „Was mich betrifft, so kommt Kraft hervor" = von mir geht Kraft aus.

Man sieht, wie sehr hierdurch die Unbestimmtheit in der Bedeutung vieler Wörter eingeschränkt wird, die eine der größten Schwierigkeiten des Chinesischen bildet, und wie sehr man genau zusehen muß, wenn es von einem chinesischen Verbum heißt, es komme sowohl in transitiver wie in intransitiver, sowohl in der Grundbedeutung wie auch in der davon abgeleiteten kausativen Bedeutung vor; (vergl. meine Gramm. § 105, hiernach zu ändern). Nicht, daß nicht derartige Fälle vorkämen, aber eine große Zahl von Verben, die bisher hierher gerechnet wurden, sind zweifellos auszuscheiden.

Noch in einer anderen Beziehung hat die Auffassung des absoluten Kasus als eines Subjektskasus große Verwirrung angerichtet. Indem man in einem Satz wie: „ta'-ku ken' ta-ssu' la" den Komplex ta'-ku ken' als Subjekt auffaßte, konnte man zu dem passiven Sinn, den die Phrase haben soll, nur gelangen, indem man erklärte, jedes Verbum habe zugleich aktiven und passiven Sinn. Diese irrige Anschauung ist auch von den letzten Sinologen auf diesem Spezialgebiete (Arendt) nicht völlig aufgegeben. Die ganze Wendung ist aber durchaus aktiv zu fassen, das vermeintliche Subjekt ist absoluter Kasus, das wirkliche Subjekt ist unbestimmt („man"), also: „Was diesen Mann betrifft, (so) hat (man ihn) totgeschlagen").*) Auf diesem einfachen Wege gelangt man leicht zur Erklärung aller sogenannten passiven Wendungen.

---

*) noch genauer: (so) ist das Totschlagen vollendet (ta-ssu' liao).

In einer andern Verbindung ist eine doppelte Erklärung möglich. Ausdrücke wie k˙an¹ pu¹ tien¹ (nicht sehen können) oder šuo¹ pu¹ č˙u¹ lai¹ (nicht aussprechen können), können entweder als reine adversative Nebeneinanderfügungen erklärt werden, also: „Hinsehen, aber nicht bemerken" und „aussprechen, aber nicht (damit) herauskommen." Es wäre aber auch möglich, sie so aufzufassen, daß man den ersten Teil als absoluten Kasus betrachtet, also: „Was das Hinsehen betrifft," so bemerkt man nicht bez. „was das Aussprechen betrifft, so kommt man nicht (damit) heraus."

Bericht über meine dritte Reise ins N.-W.-Gebiet des Hinterlandes von Kamerun.

Von G. Spellenberg.

Grewenalp, den 24. August 1901.

Obwohl die im folgenden zu beschreibende Reise ins Nordwest-Hinterlandsgebiet schon voriges Jahr ausgeführt worden ist, möchte ich doch noch eine kleine Übersicht über dieselbe geben, um in der Entwickelungsgeschichte unserer Missionsanfänge in diesem Gebiet keine Lücken zu lassen. Sie reiht sich an die beiden ersten „Reisen ins Barondsland" an, welche von Brr. Keller und Spellenberg in den letzten Jahren dorthin ausgeführt worden sind.

Meine Absicht war, diesmal bis zu den nördlichsten Barue- (Balue-) Städten vorzubringen, dann gegen Südwesten das Barue- bezw. Rumpi-Gebirge zu durchziehen und womöglich einen Landweg bis zur Küste zu finden und schließlich noch zu versuchen, ob man am Meeresstrand entlang nach Viktoria zu Fuß gelangen könne. Von dort aus war die Rundreise über Buea den Ostabhang des Kamerungebirges hinunter nach Mubuea und weiter, den Mongofluß entlang bis Bombe, in vier Tagereisen vollends leicht zu vollenden.

Wenn man in Afrika reisen will, so ist dies mit einer Menge von Vorbereitungen verknüpft und wenn man endlich glaubt, es sei alles bereit und marschfertig, ja wenn man schon im Abmarsch begriffen ist, so kann's nochmals ein oder zwei Tage gehen, bis die Karawane wirklich in Bewegung kommt, denn der Neger versteht es, nach dem Grundsatze zu leben: „Nur nichts übereilt". Da ich schon einmal einige Bakundu-Leute auf einer dreiwöchigen Reise als Träger gehabt hatte, wobei sie manchmal tüchtige Märsche machen mußten, so wollte den neuangeworbenen Trägern bereits Angst werden, als sie von den früheren über diesen Punkt aufgeklärt wurden. Die Schwarzen der Küstengebiete reisen nicht gerne über das Gebiet des eigenen oder gar des an sie grenzenden Stammes hinaus. Als der Tag der Abreise immer näher kam, rückten sie eines Tages an und baten um Aufschluß, ob das Gerücht wahr sei, welches im Dorfe gehe, daß ich nämlich in ein fremdes Gebiet nach dem Innern reisen wolle, wo gegenwärtig Krieg sei; zudem solle der Weg über Seen und durch große Flüsse gehen, wo es Krokodile und allerlei böses Getier gebe; wenn das wahr sei, so würden sie nicht mitgehen. Da war ich nun überfragt, denn ich kannte selber nur die Gegend bis zum Sodemeer hinauf; von dem, was darüber hinauslag, waren mir nur einige Namen vom Hörensagen und von den Karten her bekannt. Ich konnte die Frager nur dadurch beruhigen, daß ich ihnen sagte: „Da wo der Weiße durchkommt, werdet ihr, als Kinder des Landes, hoffentlich auch mitfolgen können." Als endlich alles gepackt war und der Abmarsch beginnen sollte, fehlte nur noch der Übersetzer, ein eingeborener Lehrer, welcher die im Hinterland übliche Balundu-sprache verstand. Wir gingen eine halbe Stunde weit bis zum Zweigweg, wo der Lehrer von seinem Dorfe her mit uns zusammenstoßen sollte. Dort warteten wir in Geduld ¹½ Stunden, aber vergeblich: es blieb nichts anderes übrig, als mit Sack und Pack wieder heimzukehren und nochmals Boten hinzuschicken, um den Lehrer zu rufen. Da ließ dieser sagen, er könne nicht kommen, er hätte anderes zu schaffen und müßte nach seinen Gemeindegliedern und Schülern sehen. Der eigentliche Grund war eben Furcht vor den Anstrengungen auf der Reise. Da ich mir keinen großen Erfolg versprach, wenn man „den Hund zum Jagen tragen muß", so mußte ein anderer Lehrer bestellt werden, welcher nach zwei Tagen seine Sachen zur Abreise fertig gerichtet hatte, so daß wir endlich, nachdem wir drei Tage lang im Abmarsch begriffen waren, doch wirklich noch auf die Beine kamen. Das heißt reisen in Afrika, wo man auf Schwarze angewiesen ist. Und wenn der Weiße fast vergehen möchte vor Ungeduld und Entrüstung über solche Lang-weilerei, so wundert sich der Neger höchstens, wie man's nur auch so sonderbar eilig haben könne. Wer da nicht Geduld lernt, lernt sie überhaupt nicht mehr.

Nun aber zur Reise. — Rüstig ging's mit dem schwarzen Lehrer, seinem Jungen und vier Trägern vorwärts. Ersterer hielt es trotz meines Warnens für nötig, statt wie die anderen barfuß zu gehen, in schlotternden Gummirohrstiefeln, welche er irgendwo erhandelt hatte, aufzutreten, dabei ohne Strümpfe, so daß er nach einem halben Tag mit wundgelaufenen Füßen hintennach hinkte und sein Junge das Vergnügen hatte, die Stiefel wochenlang auf der Reise mitzutragen. — Der Weg führte nun erst durch ein verlassenes Dörfchen Mbalange und Obiti. Gleich am ersten Tag gingen wir im Urwald irre wegen der vielen Elephanten-pfade, welche den Negerfußwegen ganz ähnlich sind. Doch führte uns der Weg dabei in ein mir vorher unbekanntes Barombidorf „Kong", von wo aus einige Führer uns den Weg bis „Komba", einer Außenstation von Bombe unweit vom Elephantensee gelegen, zeigten. Infolge unfreundlichen Verhaltens der Häuptlings-familie entschloß ich mich, noch bei Nacht den einstündigen Weg nach Kale (Be-fingi ba Kale) zu machen, woselbst ich einer freundlichen Aufnahme versichert sein konnte. In später Nachtstunde zeigten wir noch unsere biblischen Bilder mit laterna magica und zogen am anderen Morgen nach kurzer Predigt weiter über Bomba nach der am Elephantensee gelegenen Regierungsstation Johann Albrechts-höhe, dann den See übersetzend, ans jenseitige Ufer ins Töpfer- und Fischer-städtchen Barombi ba mbu. Nach kurzer Predigt brachen wir dort wieder auf, um an selben Tage noch über einen hohen Bergrücken weg den mehrstündigen Weg nach Belondo zurückzulegen. Damit war ich bereits wieder im Gebiet unserer ersten Barondoreise, welche ich mit Br. Keller 1½ Jahre früher gemacht hatte. Damals waren wir nur durchgereist, heute wollte ich dort übernachten. Schon vor der Stadt begegnete ich einigen ahnungslos plaudernden Frauen, welche über mein Erscheinen sich so entsetzten, daß sie mit großem Geschrei ins Gebüsch rannten. Wir kamen vollends in die Stadt, welche zu den größten im Gebiete zählt und etwa 1600 Einwohner haben mag, was für dortige Verhält-nisse viel heißt. Als wir nach dem Häuptlingshaus fragten, in dem der Fremde, wenn er nicht gegen die Sitte verstoßen will, zuerst anlehren und nötigenfalls übernachten muß, wiesen uns die erschreckten Leute die Straße hinauf; von dort wurden wir wieder in die Unterstadt geschickt, und erst als die Leute merkten, daß wir uns nicht abtreiben ließen, wurde uns die richtige Häuptlingswohnung gezeigt. Ehe wir aber noch über die Schwelle kamen, wurde uns die Thüre vor der Nase zugedrückt und von den Hausbewohnern gemeinsam zugehalten. Im Bewußtsein unseres guten Gastrechts klopften wir erst ganz anständig, dann als dies nichts half, etwas stärker, wobei wir die Leute durch die Thürspalte hindurch mit freundlichen Worten zu beruhigen suchten. Als jedoch auch dies fruchtlos war, mußten wir eben auch afrikanisch vorgehn. Gemeinsam stemmten sich meine Crute gegen die Thüre, einige Leute aus der Stadt kamen nun auch hinzu und halfen durch Drücken und Schimpfen mit; plötzlich flog die Thür auf und staunend stand man sich gegenüber. Doch ohne Übelnehmerei. Wir verstanden uns bald. Ich fragte mit scheinbarer Entrüstung, ob das wohl anständig sei, einem sie besuchenden Weißen die Thüre zuzuhalten, — das übrige besorgen dann immer die Schwarzen selber, indem sie den Weißen noch zu übertreffen suchen. So schimpften sie auch hier noch eine Weile ganz entrüstet über den unbegreiflichen Mangel an Anstand bei den Buschleuten, diese gaben kleinlaut bei und schließlich lachten beide Parteien über die „Dummheit der Schwarzen", was ein stehender Ausdruck unter ihnen ist; der Friede war damit hergestellt. Der Häuptling selbst war scheints zuerst durchgegangen und kam erst später zurück, als ihm seine Kundschafter wohl die Nachricht überbracht hatten, daß ich kein gefährlicher Weißer sei. Mit großem Interesse hörten sie der Predigt und den Erzählungen zu den biblischen Bildern abends und am andern Morgen zu, doch blieben sie immer noch etwas zurückhaltend, und auf meine Frage, ob sie nicht auch einen Lehrer für ihre Stadt wünschten, erwiederten sie, nein, nein, sie wollten noch keinen. Die armen Leute sind eben durch jeweils erfahrene Gewaltthätigkeiten von seiten der Weißen mißtrauisch gemacht; dazu kommt ihre echt heidnische, selbstsüchtige Anschauungsweise, nach der sie nicht begreifen noch glauben können, daß die Weißen zu ihnen in selbstloser Weise kommen, nur um ihnen gute Lehren zu bringen. Sie glauben meist, unsere Predigt sei nur Mittel zum Zweck, und wir beabsichtigten im Stillen andern selbstsüchtige Zwecke. Darum wurde ich auch so viel belogen, wenn ich im Hinterlande nach Wegen und Städten fragte. So fragte ich auch hier nach einer dem Namen nach mir bekannten Stadt Butu, welche ich besuchen wollte. Da behaupteten sie, ich würde etwa zehn Tage bis dorthin gehen müssen; thatsächlich kam ich aber in einem Tag dorthin. In solchen Fällen des Mißtrauens erzeigten sich zwei unbedeutende Mittelchen als sehr erfolgreich, um das Zutrauen der Leute zu gewinnen. Ich ließ in jedem Dorf die Kranken zu mir kommen und verabreichte ihnen Medizin, wofür sie sehr dankbar waren. Die Kinder aber rief ich her und gab jedem ein klein wenig Zucker, welchen sie „Salz des Weißen" nannten. Ich brauchte nur ein Würfelchen unter vier bis sechs Kinder zu verteilen, um fröhliche und zutrauliche Gesichter zu sehen. Wenn irgendwo, so ist hier das Sprüchwort angebracht: „Der Weg zum Herzen geht durch den Magen." Gilt das schon bei den weißen Kindern, so gilts bei den schwarzen noch viel mehr. Als ich von Belondo abmarschieren wollte und um einen Führer bat, hieß es erst, es sei keiner da, der den Weg dorthin wisse. Nachdem sie jedoch mein Verhalten zu den Kindern beim Zuckerverteilen beobachtet hatten, war scheints das Mißtrauen verschwunden, und plötzlich erhielt ich drei Mann auf einmal, welche uns auf den rechten Weg leiten sollten. Solche Wirkung kleiner Freundlichkeiten konnte ich oftmals auf meinen Reisen wahrnehmen. Unser Weg ging nun etwas östlich vom Sotensee vorbei gegen „Butu", welches angeblich zehn Tagereisen weit sein sollte. Abends kamen wir dorthin. Butu ist bereits am Fuße des Rumpi-Gebirges gelegen, auf Felsen erbaut und hat einen interessanten Hintergrund gegen Norden. Düster und wild heben sich die dunkelblauen Rumpiberge mit den kahlen, steilabfallenden Felswänden am Horizonte ab, den sie begrenzen und es scheint, als ob eine geheimnisvolle Welt dahinter verborgen liege. Als ich abends predigen wollte und die Leute zusammenrief, hörte ich, daß die meisten Leute im Wald beim Zerlegen eines Leoparden beschäftigt seien, den sie heute gefangen hatten; da den Frauen der Anblick eines Leoparden vom Fetisch verboten sei, so habe man das Tier nicht in die Stadt bringen und dort zerlegen dürfen. Ich konnte daher erst spät abends beim Mondenschein den Leuten das Evangelium verkündigen durch Predigt und Bilder, was ihnen ganz neu war. Während der Nacht hörte ich in der Nachbarhütte häufiges Stöhnen und Klagen, und als ich morgens nach der Ursache fragte, erzählten die Leute, daß gestern bei der Jagd auf den Leoparden zwei Männer von diesem gepackt und verwundet worden seien. Ich ließ mich zu den Leuten führen und besah ihre Wunden. Der eine war mit langen Kratzwunden an den Beinen davongekommen, wogegen der andere noch eine tiefe Bißwunde im Schenkel hatte, die ihm von der Bestie beigebracht worden war. Ich verband nun die Wunden und ließ ihnen noch etwas Verbandsmaterial zurück, was sie mit Dank annahmen. Dagegen erbat ich mir als Andenken den Schädel und einige Krallen des Leoparden, was ich auch nach einigem Zögern erhielt. Die Leute pflegen nämlich solche Jagd-Trophäen zu Fetischen und Zaubermitteln zu verwenden. — Von Butu aus ging unser Marsch am nächsten Tage nach Agili, dann über den Urwe-Fluß mit seinem charakteristischen Felsenbett, bis wir abends nach Bakumba, einer ebenfalls größeren Mbonge-Stadt gelangten. Dort stellte sich bald ein „alter Freund" in Gestalt eines jungen Burschen bei mir ein. Der erzählte mir, er kenne mich von einer früheren Reise her, da sei ich ihm im Walde begegnet, als er vom Handel kam, und hätte ihn gefragt, woher er sei, und ihm versprochen, ich würde später auch einmal in seine Stadt kommen. Als Zeichen seiner Freundschaft brachte er mir gleich einen Topf voll Essen mit Pfeffersauce, was ich unter einem Strom von Thränen verzehrte. Die Thränen waren weniger eine Folge der Rührung, als des entsetzlich scharfen Pfeffers. Während der Predigt, die ich am andern Morgen noch hielt, passierte eine Handelskarawane, die vom Innern herkam, unsere Straße. Der Anführer, ein hochgewachsener Neger, war mit Lendentuch, Juppe und einem feuerroten, breitränderigen Filzhut bekleidet. Ich forderte die Hinterwäldler, welche von der Höhe des Rumpi-Gebirges herkamen, auf, ihre Lasten abzulegen und der guten Botschaft zuzuhören, damit sie die Kunde auch in ihre Heimat bringen können, bis ich Gelegenheit bekäme, selbst in ihr Land zu kommen. Es waren die ersten Nord-Balundu, die ich zu sehen bekam, und von denen auch unsere Süd-Balundu in Bonibe, Banga u. s. w. abstammen. Mit großem Interesse hörten sie, und ich versprach schließlich bald in ihre Heimatgegend zu kommen. Wiederum setzten wir den Marsch weiter nach Norden fort über Colondo, woselbst einige hübsch kostümierte Lojangomänner mir eins vortanzten. Der eine hatte silbergestickte, mit feinen Glöckchen besetzte Gamaschen an den

Beinen, der andere steckte in einer roh gewobenen Kleidermaske, die vom Kopf bis zum Fuß aus einem Stücke bestand. Auf dem Kopfe flatterte an einigen Fäden ein von weiß und roter Leinwand hergestellter kleiner Drache hin und her, um die Lenden waren eine Anzahl seiner Tücher schärpenartig gebunden und aufgebauscht, während an der Seite eine Glocke baumelte, die beinahe so groß war, wie eine unserer kleinen Eisenbahnglocken. Zwei Schritte hinter diesem Losangsmann folgte sein Flügel-Adjutant mit einer Lederpeitsche; wozu und für wen letztere bestimmt war, konnte man nicht leicht erkennen, denn er hielt sie beständig wie zum Schlage bereit und folgte dabei seinem scheinbaren Gebieter auf dem Fuße nach. Nachdem wir auch hier das Wort vom Kreuz verkündigt hatten, zogen wir am nächsten Tage weiter, immer bergan steigend gegen Difume la Barue. Daß wir uns in höhern Regionen befanden, merkten wir nicht nur an der kühlen und leichten Luft, sondern auch an der veränderten Vegetation: die Palmen hörten hier auf, und an ihre Stelle traten die eigenartigen Baumfarrn. Nachmittags kamen wir in Difume an. Ich war überrascht über die Anlage und Größe dieser nördlichst gelegenen Baruestadt, welche 170 Häuser zählte, also eine Einwohnerschaft von 1700 Seelen haben dürfte. Hier sah ich zum erstenmal in Afrika Ziegenhirten, Knaben, welche nackt und nur mit Täschchen und Stecken versehen, ganze Herden von Schafen und Ziegen über die Berge weg in grasreiche Thäler zur Weide führten und abends wieder nachhause brachten. Nirgends hatte ich vorher in einer Stadt so viel und so prächtiges Vieh beisammen griesen. Als ich meine Sachen auspackte und unter anderem meine Trompete zum Vorschein kam (im Häuptlingshause), trat aus der umstehenden Menge plötzlich ein alter Mann auf mich zu und reichte mir die Hand zum Gruße. Auf meine verwunderte Frage, warum er jetzt erst mich grüße, da er doch schon lange hier stehe, sagte er, er komme von einer weit entfernten Stadt im Süden, wohin ich vor einem Vierteljahr gekommen sei, aber er hätte doch nicht wissen können, daß ich derselbe Weiße sei. „Ihr Weißen", sagte er, „seht doch alle einer wie der andere aus, und erst als du deine Trompete herausnahmst, habe ich dich an derselben wieder erkannt." Die Bewohner waren erst ängstlich und mißtrauisch, da sie fürchteten, ich sei vielleicht der Vorläufer einer so gefürchteten militärischen Expedition. Doch wurden sie allmählich zutraulicher. Nach Sonnenuntergang konnte ich die Leute zur Predigt zusammenblasen und hatte eine große und andächtige Zuhörerschaft. Nachher als es Nacht geworden und der herrliche Mond die Straßen beleuchtete, vernahm ich plötzlich die untere Stadt herauf ein Schreien, vermischt mit einer Handglocke. Ich glaubte, es seien Händel. Der Lärm kam näher, und schließlich stellte sich zu meinem Staunen heraus, daß es ein Stadtältester war, welcher die Hauptsachen meiner Predigt wiederholte und den Leuten noch einmal an's Herz legte, mit der Ermahnung, sie sollten sich merken, was der Weiße heute gesagt habe, sie müßten anders werden, und besonders die Jugend müsse sich bessern und den Alten mehr gehorchen. Das war immerhin eine erfreuliche Wirkung meiner Predigt. Bis tief in die Nacht hinein saßen wir beim Mondschein auf der Straße und unterhielten uns über allerlei. Schließlich wollten sie auch meinen Namen wissen und nannten mich nun Sango Esiembegu. Nachdem die Leute einige Klarheit über den Zweck meines Besuchs erlangt hatten, baten sie, ich sollte ihnen nun durch einen Machtspruch ihre schädlichen und gefährlichen Tiere, als Leoparden, Wildschweine u. dgl. vertreiben oder töten, welche nach ihrem Aberglauben von zauberkundigen, bösen Menschen ihnen zugerichtet werden.

Nach meinem ursprünglichen Reiseplan wäre nun Dikume das nördlichste Reiseziel gewesen, von wo aus ich über den Gebirgsrücken gegen Südwesten ziehen wollte; da wurde mir aber in Dikume gesagt, daß die Nord-Bakundu, von denen ich schon öfters gehört hatte, unweit von hier ihre Wohnsitze hätten, und ich in einem oder zwei Tagen nach Mbakoa, der nächsten Bakundustadt gelangen könne. Da meine Träger Süd-Bakundu, also Stammes-Verwandte waren, so hielt ich es für eine passende Gelegenheit, wenigstens in die nächste Bakundustadt einen ersten Vorstoß zu machen. Der Weg führte uns zuerst nach Jfanga, der nördlichsten Mbongostadt, welche auf einem hohen Berge liegt. Sie bietet gegen Südosten hinunter eine herrliche Fernsicht nach den etwa 20 Stunden entfernten Batosi- und Manenguba-Bergen. Der Häuptling dieser Stadt zeigte ein reges Interesse an der Predigt und machte oft seine Bemerkungen dazwischen. Und als beim Vorzeigen der Bilder das Staunen allzulauten Ausdruck fand, schimpfte der Alte dermaßen, daß ich durch seinen Lärm noch mehr gestört wurde, als durch das Geschrei der Jugend. In dieser Nacht wurde unsere Nachtruhe mehr als sonstwo von hungrigen Ratten gestört. Obwohl ich in hochgesestigter Hängematte schlief, erwachte ich doch plötzlich, da ich die kalten Füßchen einer Ratte fühlte, welche auf dem Seile herübergeturnt war und mir eben auf dem Gesicht herumlief. Ich verscheuchte sie und schlief wieder ein; aber nach kurzer Zeit war wieder eine an meinen Ohren; ärgerlich über solche Aufdringlichkeit warf ich sie energisch auf den Boden und hatte nun Ruhe. Dafür machten sie sich nun hinter meine schwarzen Begleiter und nagten ihnen Löcher in die Fußsohlen, so daß einer von ihnen am folgenden Tage hinten nachhinken mußte. Die Schwarzen haben nämlich einen solch tiefen Schlaf, daß sie es oft nicht spüren, wenn die Ratten ihnen die dicken Fußsohlen anfressen, wofür sie eine besondere Vorliebe zeigen. Es besteht übrigens unter ihnen der feste Glaube, daß die Ratten bei dieser Arbeit eine List gebrauchen, indem sie beim Nagen durch öfteres Anblasen den Wunden kühle Luft zufächeln, damit der Benagte nichts davon merke. Von Jfanga aus erreichten wir andern Tags auf schauerlichen Pfaden die ersehnte Bakundustadt Mbakoa mit ihrer eigenartig imposanten Lage. Auf einem Bergrücken, am äußersten Nordrand des Barne- (bezw. Rumpi-)Gebirges hoch droben gelegen, gestattet sie von hoher Warte aus einen Rundblick in ungeheure Weite nach dem Innern zu. Über ein tief unten liegendes Bergland, welches hauptsächlich von dem Banhangstamm bewohnt ist, schweift der Blick hinweg und hinein ins Innere wohl 40 Stunden weit bis zum fernen Horizont, wo die Berge in blauer Ferne wieder höher hinaufsteigen und die Treppe zum Hochland von Inner-Afrika bilden. Da liegen in der Tiefe außer den Banhang noch die Stämme der Bakundu, Batanga, Bolo; gegen Nordwesten die Bangue und andere Völkerschaften. Dort wo am fernen Horizont die Waldlandschaften der Küstengebiete aufhörten und das Hochland von Inner-Afrika sich erhebt, da beginnen auch bereits die Grasländer des Sudan, wo die Stämme der bekannten Bali, der Basut, Bandeng und andere wohnen. O, welch ein ergreifendes Gefühl ist es doch für den Missionar, ein solches Gebiet zu überschauen, von dem er weiß, Nacht deckt so weithin noch das Land. Ach, wie gerne hätte ich mögen jedem Stamm und Dorf und jedem einzelnen Bewohner das Prophetenwort in Ohr und Herz hineingerufen: O Land,

Land, Land, höre des Herrn Wort! Vorerst aber war ich am Ziel meiner Reise angelangt und mußte mich damit begnügen, wenigstens einen Blick in dies gelobte Land gethan zu haben, in dem einst auch noch dem Herrn Kinder geboren werden sollen, wie der Tau aus der Morgenröte. Die Bewohner von Mbaloa waren erst in großer Furcht, was wohl der Besuch eines Weißen in ihrer entlegenen Gebirgsstadt zu bedeuten habe, denn ich war der zweite Weiße, der überhaupt in ihre Gegend kam. Beim Gruß hatte ich ihnen gesagt, ich sei auch ein Mulundu (Einzahl von Bakundu), denn ich wohne unter ihren Stammverwandten im Süden. Das wirkte schon etwas beruhigend. Als dann die Stadtältesten samt dem Häuptling versammelt waren, riefen sie mir zu: A Mulundu ijala! (Du Mulundu, komm jetzt!) Im Häuptlingshaus wurde nun eine volle halbe Stunde zwischen dem Häuptling und seinen Stadträten mit meinen schwarzen Begleitern mit solchem Geschrei und Lärm über mich und den Zweck meines Besuchs debattiert, daß mir's manchmal gruselte, wenn ich die erregten Gesichter sah, wie sie ihre rollenden Augen auf mich richteten. Dem dicken Häuptling liefen oft die Thränen über die Wangen, die aber nur durch den Eifer der Verhandlungen hervorgerufen waren. Endlich waren sie durch meine Leute soweit aufgeklärt, daß sie sich einigermaßen beruhigten und uns als Freunde willkommen hießen. Der Häuptling schrie auf der Straße hinaus, man solle Pisang c. für meine Leute bringen und schließlich führten sie gar ein Schaf am Strickchen her und übergaben mir es feierlich als Stadtgeschenk. Am Nachmittag hatte ich vollauf zu thun mit Krankenbesuchen in den Häusern hin und her. Ein etwas aufgeregter Stadtältester, der mich seinen Freund nannte, führte mich zu den Kranken, bis er endlich am Abend sagte, jetzt solle ich aber aufhören und etwas essen. Auch hier hatte ich bei den Predigten sehr dankbare und aufmerksame Zuhörer. Als ich aber am andern Morgen nach der Predigt die Frage stellte, ob ihnen das gehörte Wort gefallen habe und ob sie vielleicht bald einen Lehrer wünschten, so sagte der Häuptling in naiver Weise, nein, sie wollten noch keinen Lehrer, denn sie könnten der Sache nicht recht trauen, sie hätten in letzter Zeit so viel Böses über die Weißen gehört, und erst kürzlich sei so ein weißer Kriegsmann in der Nähe mit Soldaten durchmarschiert, hätte da und dort Leute mitgenommen und manche erschossen oder sonst umgebracht. Sie könnten nun nicht wissen, ob ich auch so einer sei und irgend welche böse Absicht gegen sie im Schilde führe. Was ich ihnen verkündigt hätte, sei zwar gut und hätte sie sehr gefreut; denn sie hätten derlei noch nie gehört und wollten's schon gern wieder hören — aber einen Lehrer wollten sie noch nicht. Sie wollten erst mich und meine Sache kennen lernen, und wenn ich dann wiederkäme, dann könne man ja wieder über die Sache sprechen. — Ich war von diesen Erklärungen keineswegs überrascht, denn sie bezogen sich auf die Cross-Schnellen-Expedition. So schied ich mit dem Versprechen, sie später wieder zu besuchen.

Wir nahmen nun unsern Rückweg unmittelbar über die Berge hinweg nach Tikume, woselbst wir abends anlangten. Dort hatte mittlerweile ein großes Trauerfest zu Ehren des verstorbenen Häuptlings stattgefunden. Tausende von Menschen waren daselbst von allen umliegenden Stämmen teils zwanzig Stunden weit zusammengeströmt, um den Feierlichkeiten beizuwohnen. Von weitem schon hörte man den Lärm der Trommeln, der tosenden Massen und als ich die Straße durchschritt, bot sich mir ein Anblick, der mich beinahe erschaudern ließ. Die breite

Straße war gefüllt mit halbnackten Menschen, während der Festplatz vor der Häuptlingshütte von lauter Fetischleuten besetzt war. Diese hatten die mannigfaltigsten carnevalartigen Kostüme angelegt oder waren an Gesicht und Körper schrecklich bemalt. Als Zeichen der Trauer trugen die meisten ein schwarz-blaues Baumwollendentuch. Viele hatten farbenreiche Gewänder, rote englische Waffenröcke oder aus Pflanzenschnüre gewobene, den Leib von Kopf zu Fuß einhüllende Kleidermasken, allerlei Flitterwerk, Schürzen, von dem Körper baumelnde Glocken, schellernden und Lärm hervorrufenden Fetischkram u. dergl. Auf dem Kopfe prangten die feurigroten Lozangomützen, von der Richard-See-Insel, mit ihren gleich den Stacheln des Igels sich spreizenden Papageifedern. Zur Vollendung des grauenerregenden Anblicks waren die Tänzer noch beschwänzt. Ein aus Rohr geflochtener Lendengürtel mit einem lang hinten hinausstehenden, steif gebogenen Endforsatz bewerkstelligte diese künstliche Schwanzvorrichtung. Zur Vervollständigung waren die Schwänze mit Fellen von Leoparden, Affen, Antilopen oder Ziegen überzogen, und das Schwanzende zeigte oft noch einen bunten Federschmuck. So bewegten sie sich in weitem Kreise, die Musikbande, der Trommler und Pfeifer mitten inne in rasendem Einzeltanz in der Runde, daß man glaubte, man habe lauter Verrückte und Beseffene vor sich. Bis in die Nacht hinein dauerte die Feier, so daß ich erst am andern Morgen noch einmal predigen konnte. Dabei hatte ich aber nun den Vorteil, daß viele fremde Festbesucher dem Evangelium zuhörten. So wurde die Kunde von dem weißen Gottesmann im ganzen Lande herumgetragen, und überall, wohin ich nachher kam, sagten die Leute, sie hätten bereits von mir gehört und auf meinen Besuch gewartet. Es war eine merkwürdige Bewegung und ein Befragen über den Weißen, den Gottesmann und den Zweck seines Kommens in den Städten umher, was für meine Arbeit von großem Nutzen war. — Dikume ist bei seiner etwa 1200 Meter hohen Lage ohne Zweifel fieberfrei, was für die Anlegung einer Missionsstation von großer Wichtigkeit sein dürfte. Von Dikume aus reisten wir nun gegen Südwest auf dem Rücken des Gebirges und besuchten eine ganze Reihe von Barun-Städten: Nosalo, Ebobe, Belenge, Jiende, Bongi, Weme, Bisoro, Narendi, Berilo und Kita. Fast überall wurde ich mit Freuden aufgenommen und sollte überall übernachten, da die Leute von Predigten, Geschichten und biblischen Bildern vernommen hatten. Besonders erkenntlich zeigten sie sich auch für die Verabreichung von Arzneien. Hunderte und aber Hunderte von bedauernswerten Kranken und großen Wunden hatte ich zu behandeln, ja selbst beim Marsch durch die Wälder holten die Leute ihre Kranken aus dem Busch geholt und an den Weg gesetzt, damit ich ihnen helfe. Manchmal wurde mir aus Dankbarkeit und Freude ein Huhn geschenkt. In Belenge traf ich auch zum erstenmal die Spur von einem Missionsbesuch von Seiten eines englischen Missionars von Calabar. In Weme fand ich eine freudige Aufnahme des Evangeliums. Als mein schwarzer Lehrer meine Predigt zu übersetzen anfing, bat ihn der Häuptling, er möchte doch recht langsam sprechen, damit sie ja alles verstünden. Nachts beim Vorzeigen der Bilder hatte ich den Leuten beim Bild des gekreuzigten Heilandes den Namen Jesu einzuprägen gesucht. Ich sagte unter anderem, daß dieser Jesus auch für die Sünden der Leute von Weme habe sterben müssen, und daß sie nicht denken dürften, er gehe nur die Weißen an. Da meinte ein junger Mann: nein, dieser Jesus habe nichts mit ihnen zu schaffen, sei auch nicht für ihre Sünden gestorben, denn sie hätten nichts böses gethan.

Da fuhren die andern über ihn her und schimpften mit ihm. Es entstand eine Händelei, bis der erstere sich ganz kleinlaut zurückzog. Einer aber sagte, sie sollten doch nur dieses Bild ansehen, wie dieser Mann am Kreuze dahinge, das sei doch ein jammervoller Anblick, und gewiß habe er das auch für sie, die Beme-Leute, gelitten, denn es sei wahr, sie hätten auch viele Sünden auf dem Herzen. Vor dem Abschied bat mich der Häuptling im Namen des Dorfes, ich solle auch für ihre Stadt zu Gott beten, um seinen Segen und Schutz. Die nächsten Dörfer, Bisoro und Karembi, welche wir noch passierten, machten in ihrer Bergeinsamkeit einen armseligen Eindruck. Sie hatten zum Teil auch viel durch Krankheit gelitten. Ich bekam beim Abfragen meiner Predigt dort durch die Antworten einen Einblick in traurige sittliche Zustände, die man hier nicht wiedergeben kann. — Die letzten Tagesmärsche durchs Barue-Gebirge waren überaus anstrengend und führten auf Wegen, die aller Beschreibung spotten, denn sie bestanden nur aus einem graußigen Chaos von Felsblöcken und Steingeröll. Von Karembi über Berito kam ich endlich nach dreiwöchiger Tour in bekanntes Gebiet nach Lito, woselbst ich vier Monate früher den ersten Besuch gemacht hatte. Dort wurde ich gebeten, ihnen doch bald einen Lehrer zu geben. Von hier aus machten wir nun einen kurzen Besuch in die aus früheren Barandoreisen bekannten Städtchen Gtondo, Rdiba, Retongo, Mukoro, Lieni, woher wir seiner Zeit eine Anzahl Schüler nach Viktoria mitbekommen hatten. Zum Teil hatten sich diese ordentlich gehalten, zum Teil auch nicht.

Nun wollte ich meine letzte Absicht noch ausführen, nämlich einen Weg zu suchen, der vom Barondo-Gebiet nach der Meeresküfte führt und wenn möglich von dort am Meeresstrand entlang zu wandern. Beides gelang, wenn auch unter großen Strapazen. Zwei meiner Träger entließ ich auf dem nächsten Weg nach Bombe zurück und ging mit den übrigen nun über Marumba und die Mbongu Faktorei, woselbst wir am Himmelfahrtstage wieder aufbrachen, den Memefluß übersetzten und nun eine Anzahl halb oder ganz verlassener Weiler und Städte passierten. Der erste Weiler hieß Meme, sodann kamen wir durch die einst blühende Stadt Moani, von der nur noch Ruinen standen, da sie von einem Beamten zerstört war. Die Leute waren in die Wälder geflüchtet und kein Mensch in der Ruinenstadt zu sehen. Weiter führte der Weg durch einen Weiler, welcher von einer einzigen Familie bewohnt war. Kurz vor Sonnenuntergang kamen wir dort an und fragten den Hausherrn, ob wir noch vor Nacht das nächste Dorf erreichen könnten. Der Mann bejahte dies, da er offenbar fürchtete, wir würden ihn zum Haus hinaus essen! Wir gingen also guten Muts weiter, liefen in beschleunigtem Gang eine halbe Stunde, eine Stunde — es wurde Nacht, aber von einem Dorfe keine Spur. Ich geriet in eine schwierige Lage, wenn wir nicht bald zu einem Dorf kamen, denn im Urwald ohne Zelt und Essen zu übernachten, konnte, vollends wenn noch ein Regen käme, für meine Gesundheit schlimme Folgen haben. Ich rannte allein im dunklen Urwald voraus. Das Nachtkonzert hatte im Walde bereits eingesetzt. Ringg um mich her tönte das Brüllen, Pfeifen, Zwitschern und Singen von Ciladen, Vögeln, Nachtaffen und andern Tieren. Auch der große himmelblau gefiederte Turako hatte längst seine letzten majestätischen Lockrufe ertönen lassen. Es war ein unheimlicher Marsch. Den Weg mußte ich mit den Füßen tasten und wenn er eine Biegung machte, fiel ich manchmal ins Gebüsch. Als ich schon die Hoffnung aufgegeben hatte, noch ein Dorf zu erreichen, vernahm ich plötzlich menschliche Stimmen. Was das für eine Wonne ist mitten in finsterer, einsamer Verlassenheit des Urwaldes wieder menschliche Laute zu hören, das habe ich erst damals schätzen gelernt. Ich machte nun Halt, und als meine Leute eine Viertelstunde später auch angelaufen kamen, und froh waren, daß ihre Befürchtung, es sei mir etwas zugestoßen, nicht eingetroffen war, da rückten wir in später Nachtstunde ins Dörfchen Mbongo ein, zur großen Ueberraschung der Leute. Wir hatten, statt einen Weg von einer halben Stunde zu machen, zwei volle Stunden marschieren müssen; so rücksichtslos hatte uns jener Mann belogen. Doch die Leute waren hier so freundlich und fürsorglich gegen uns, daß wir alle Strapazen vergaßen und trotz Müdigkeit bis nachts 12 Uhr unsere Bilder vorzeigten. Mit kindlichem Eifer übten sie unter sich den Namen Sango Jesu und freuten sich über die Geschichten von Jesu Sünderliebe. Andern Tages kamen wir noch durch einen Weiler Banjari und eine verlassene Stadt Boa. Eine Stunde später gelangten wir zu einem schwarzen Händler, der uns auf kürzerem Wege im Kanu vollends nach dem Meeresstrand bringen ließ. Wir kamen unerwartet beim Fischerdorfe Bamoso heraus, das mir von der ersten Barondoreise her bekannt war. Dort übernachteten wir. Die Bewohner, ein reiches Fischervölkchen, wünschten auch einen Lehrer. Nur der Häuptling, ein alter ergrauter Sünder, benahm sich ganz ruppig. Statt daß er mich und meine Leute am andern Morgen über den Meerarm an den jenseitigen Strand bringen ließ, damit wir weiter marschieren konnten, ging er mitsamt seinen Leuten hinaus aufs Meer zum Fischfang, und nur mit Mühe konnte ich einen Fährmann bekommen. Dieser suchte meine gerechte Entrüstung dadurch zu beschwichtigen, daß er mir unterwegs erklärte, ihr Häuptling habe eben seinen Sinn für etwas Besseres; er trinke viel Schnaps; aber das jüngere Volk im Dorfe würde für einen Lehrer sehr dankbar sein. Wir gingen nun im Meersand marschierend bis Betikamalale, woselbst der Häuptling sich ebenfalls sehr unfreundlich benahm. Nur ein kleiner achtjähriger Knabe des Hauses fühlte scheints ein menschliches Rühren darüber und schenkte mir plötzlich zu meiner freudigen Verwunderung einen Fisch. Als die Mutter des Knaben meine Freude sah, beschenkte sie mich ebenfalls und allmählich wurde auch die Eiskruste des Alten erweicht, daß er freundlich wurde. Die beiden Knaben waren bald so anhänglich, daß sie beinahe ihren Wunsch bei den Eltern durchsetzten, mich nach Viktoria zu begleiten und dort die Schule zu besuchen. Auch die Predigt hatte einen guten Eindruck hinterlassen und am andern Morgen begleiteten mich Kinder und Alte und schüttelten mir herzlich die Hand zum Abschied mit der Bitte, doch bald wieder zu kommen. Wie dankbar war ich da immer dem Herrn, wenn sich schließlich doch alles zum Guten hatte wenden lassen und ich nirgends unzufrieden scheiden mußte, sondern dem Evangelium Christi einen guten Geruch bei den Leuten machen durfte. Nun hatten wir noch drei anstrengende Tagmärsche über die Europäer-Ansiedelungen Bibundi, Dibundja nach Viktoria. Die Sonne brannte mit aller Macht hernieder, der Sand war ebenfalls heiß. Bald stieg auch die Flut, daß wir kaum mehr Raum fanden zwischen unwegsamem Gestrüpp und der anrauschenden Brandung durchzukommen, welche mir Stiefel und Strümpfe durchnäßte. Als wir nach viertägigem Marsch am Meeresstrand endlich Viktoria erreichten, hatte ich infolge der fortwährend durchnäßten Stiefel beide Füße wund gelaufen und mußte erst zwei Tage auszuruhen. Dann ging der Schlußmarsch nach Bombe über Bara, wo wir Pfingsten mit den Geschwistern feierten. Von Bara stiegen wir den Ostabhang des Kamerungebirges hinab nach dem Mongofluß und kamen über Mupula, Pote, Malende. Zwischen Malende und Banga (Bakundu ba Nambele) verirrten wir uns nochmal. Die dort häufigen Elefantenherden hatten überall neue Pfade getreten, so daß wir die menschlichen Pfade von denen der Tierriesen nicht unterscheiden konnten. Wir konnten nur dadurch uns helfen, daß wir den Mongofluß aufsuchten und diesem entlang durch dick und dünn, durch Strauch und Gestrüpp, oft auf dem Bauche kriechend uns durchzwängten. Spät nachts kamen wir doch endlich am Balandustrande an, übernachteten bei einigen Sklaven und erreichten am andern Tage nach fünfwöchiger Reise, nun von Süden herkommend, wohlbehalten Bombe, von wo wir gegen Norden aus gezogen waren. Damit war die große Rundreise glücklich beendigt und ich konnte mit Befriedigung auf den Verlauf und die Erfahrungen derselben zurückblicken. Ich hatte den Namen des Herrn in fremde Gebiete tragen dürfen, wo die Predigt des Evangeliums bisher noch unbekannt gewesen war. Gebe Gott, daß dieses Hinterlandsgebiet bald in Angriff genommen und von einer festen Missions-Niederlassung aus bearbeitet werden kann.

Das Bakwirivolk in Kamerun.
Von A. Seidel.

Vorbemerkung:

Das Material zu den nachstehenden Aufzeichnungen über die Bakwiri verdanke ich in der Hauptsache dem Herrn Geometer J. Scholze, der sich längere Zeit im Lande aufgehalten hat und in der Lage war, seine eigenen fleißigen und verständigen Beobachtungen mit denen der unter dem Volke thätigen Missionare zu vergleichen und durch dieselben zu ergänzen. Ich habe dazu gefügt, was ich in der Litteratur über Kamerun hier und da an zerstreuten Notizen gefunden habe. Wo Scholze den Namen seines Gewährsmannes in seinen Notizen genannt hat, habe ich seine Angabe in Klammern wiedergegeben. Im übrigen beschränkt sich meine Arbeit auf die kritische Prüfung, übersichtliche Anordnung und, wie ich hoffe, lesbare Darstellung des Materials.

Wohnsitze der Bakwiri.

Die Bakwiri bewohnen die südlichen und südöstlichen Abhänge des Kamerungebirges. Im Osten erstreckt sich ihr Gebiet bis an den Mongo (auf den Karten gewöhnlich fälschlich Mungo genannt) doch sind die Dörfer Mpundu, Muhuke sowie Groß- und Klein-Jole (letzteres ist ein Sklavendorf) von Angehörigen des Balonstammes (Balung) bewohnt. Nach der deutschen Admiralitätskarte liegt ein Bakwiridorf sogar auf dem jenseitigen Ufer des Mongo. Im Westen dürfte Kap Dibundja die Grenze ihres Gebietes sein. Allerdings giebt Kurz an (Einiges über Sitten und Gebräuche der Bakwiri, Deutsche Kolonialzeitung 1893, Seite 109), daß auch noch in Bibundi im Norden von Kap Dibundja Bakwiri gesprochen werde. Wie weit die Bakwiri ihre Siedelungen nach Norden hin ausgedehnt haben, ist noch nicht genau festgestellt. Wahrscheinlich erstreckt sich ihr Gebiet mindestens bis 4° 2l'. n. Br. Kurz (a. a. O. f. o.) nennt als nördlichste Orte, in denen die Bakwirisprache gesprochen wird, Jlata am Mongoflusse und Bakundu Rambere (Bakundu ba Namwele.) Im Süden wohnen sie bis an das Meer, den Bimblafluß und den Mörsee. Doch ist das Dorf Bota ba Wose ebenso wie die vorgelagerten Inseln Mondole und Bobya ba Munja von Botaleuten sowie die Dörfer Bimbia (von den Eingeborenen Bonabile und Bonangombe genannt) und Difolo (auf den Karten fälschlich Difußu) von Subuleuten bewohnt. Das letztere Volk wird korrekt mit dem Namen Subu bezeichnet, nicht Jsubu, ein Name, welcher ihre Sprache bezeichnet (nach Miss. Spellenberg). Die Gesamtanzahl der Angehörigen des Bakwiristammes wird von Kurz auf 20000 geschätzt, ſie wohnen in 80 Ortſchaften. Die bevölkertſten und gleichzeitig auch die am höchſten gelegenen Dörfer der Bakwiri ſind Buea, Boba und Liſoka. Der Name der Völkerſchaft wird verſchieden geſchrieben. Die korrekte Schreibweiſe ist Bakwiri (Spellenberg: Bekwedi), daneben kann höchſtens Bakwili in Frage kommen, da der Laut, der hier durch r beziehungsweiſe l bezeichnet wird, beiden gleich nahe ſteht. Die Bakwiri gehören zu den Bantu, wie ſowohl ihre körperliche Beſchaffenheit als auch ihre Sprache ausweiſen. Ihre Farbe variiert zwiſchen hellbraun und dunkelbraun, vorherrſchend iſt ein ſchokoladenbrauner Ton, ausnahmsweiſe findet ſich auch kupferrote Färbung. Die Männer ſind mittelgroße bis große, kräftige Geſtalten und gut gebaut, die Frauen klein und ſchmalſchulterig. Sie werden früh häßlich. Dem entſprechen auch die Unterſuchungen Virchows an Bakwiriſchädeln (Zeitſchrift für Ethnologie 1897, Seite 154.) Scholze hebt hervor, daß die Männer die Füße meiſt auswärts, die Frauen dagegen einwärts ſtellen. Die Körperhaltung beider Geſchlechter wird durch das Tragen aller Laſten auf dem Kopf vorteilhaft beeinflußt.

Die materielle Kultur der Bakwiri.

Kleidung.

Die urſprüngliche Tracht der Bakwiri war wahrſcheinlich eine Lendenbekleidung aus Farnkraut, die ſich nur noch bei den Ηenkuweibern (ſ. u.) erhalten hat. Heute tragen die Männer ein Lendentuch, die Frauen zwei übereinander; auch Kinder gehen ſelten ganz nackt. Die Lendentücher ſind nach Farbe und Muſter von der Mode abhängig. In neuerer Zeit trägt man ſogar Tücher von Atlas und Sammet. Viele Frauen verhüllen auch die Bruſt mit einem Tuche. Auch europäiſche Kleidung beginnt bereits ſich einzubürgern; ſie ſteht den Eingeborenen indeſſen, da ſie ſich nicht recht darin zu benehmen wiſſen, vorläufig nicht beſonders zu Geſicht. Allerlei buntes Zeug kaufen ſie mit Vorliebe. Alte Uniformen und kurze Hemden erregen ihr beſonderes Wohlgefallen. Scholze ſah einſt einen Häuptling mit einem Winter-Damenjaquet bekleidet, einen Schleppſäbel an der Seite und dazu nur mit einem Lendentuch angethan. Die Füße bleiben ſtets unbekleidet.

Als Kopfbedeckung tragen die Frauen Tücher, die Männer Filzhüte, Strohhüte, Zipfelmützchen, kurz allerlei, was ſie in den Faktoreien kaufen können. Viele Männer und Frauen gehen aber auch barhäuptig. Zum Schutze gegen Regenwetter ſind europäiſche Regenſchirme ſehr verbreitet und beſonders bei den Frauen beliebt. Wer keinen Regenſchirm hat, ſucht ſich durch ein Stück Bananenblatt zu ſchützen, das mit der Hand über dem Kopf gehalten wird. Oft wird auch die Rippe des Blattes in der Mitte in drei Teile geſpalten. Die zwei äußeren Sehnen halten das Blatt an beiden Seiten des Kopfes feſt. Seltener ſieht man ein aus Palmzweigen geflochtenes gewölbtes Schutzdach.

Schmuck.

Die Bakwirimänner tragen außer Kupferringen an den Handgelenken keinen Schmuck. Dagegen ſchmücken ſich die Frauen auf mancherlei Weiſe. In den Ohren tragen ſie Federkiele, Holzſtückchen, kleine Perlenketten, europäiſche Ohrringe und Patronenhülſen, welch letztere gleichzeitig als Schnupftabaksbüchſen dienen. Jüngere Mädchen tragen indeſſen keinen Ohrſchmuck. Um den Hals pflegen die Frauen eine oder mehrere Perlenketten zu schlingen. Die Perlen werden meist einzeln gekauft, und die Ketten schwanken im Werte zwischen 1 und 20 Mark. In Form und Farbe sind sie stark der Mode unterworfen; so waren im Jahre 1899 goldene Perlen und Achatsteine die latest novelty. Die goldenen Perlen heben sich sehr vorteilhaft von dem dunklen Körper ab. Auch unter dem Lendentuch tragen die Frauen 5 bis 10 Ketten von kleinen Perlen, die den Unterleib wie einen Gürtel umspannen. Das Handgelenk wird durch Elfenbeinmanschetten (im Werte von 10 bis 20 Mark), Elfenbeinringe, Perlen- Eisen- und Kupferringe, sowie mit europäischen Armspangen geschmückt; die gleichen Gegenstände mit Ausnahme der Manschetten dienen auch zur Zier der Fußknöchel. An den Fingern werden Ringe von europäischer Arbeit getragen. Amulette sind nicht im Gebrauch, nur pflegt man kleinen Kindern, um ihnen das Zahnen zu erleichtern, Leopardenzähne umzuhängen. Bei Trauerfällen pflegt man sich schwarz zu bemalen. Das Stammeszeichen besteht aus zwei kleinen neben den äußeren Augenwinkeln angebrachten gleichseitigen Dreiecken mit aufwärts gerichteter Spitze und einer Höhe von etwa 1 1/2 bis 2 cm. Auch sonstige Ziernarben kommen vor. Tätowierungen sind bei beiden Geschlechtern häufig, besonders aber beim weiblichen Geschlecht. Die Frauen sind vielfach am ganzen Körper tätowiert. Die Tätowierungen werden erst nach der Reife angebracht. Die Eckzähne werden bei beiden Geschlechtern spitz geseilt. Die Männer lassen ihr Haar bis 3 cm lang wachsen, rasieren aber zeitweise den Kopf ganz kahl, wahrscheinlich des Ungeziefers wegen, oder lassen nur vereinzelte Büschel stehen. Sie haben nur wenig Bartwuchs und flechten die Barthaare zu kleinen Zöpfchen. Die Frauen lassen ihre Haare etwa 5 bis 10 cm lang wachsen und flechten sie in mehreren Wülsten zu verschiedenen Formen. Eine solche Frisur erfordert mehrere Stunden Arbeit und muß von einer anderen Frau ausgeführt werden. Dafür wird sie aber erst wieder erneuert, wenn das Ungeziefer allzulästig wird. Die Kämme sind aus Holz geschnitzt und haben an der oberen Kante einen Holzgriff. Die Bakwiri essen ihre Läuse. Sie sagen, sie essen ihr Blut wieder, welches ihnen die Tierchen genommen hätten. Die Männer und Frauen rasieren sich die Schamhaare, die Haare in der Achselhöhle und oft auch die Augenbrauen, die sie für unnütz erklären. Die Zähne werden sehr gepflegt. Nach jeder Mahlzeit wird der Mund, wenn möglich, mit Wasser ausgespült. Die Zähne werden täglich mehrmals mit einer weichen faserigen Wurzel gereinigt, die, meist im Wollhaar steckend oder im Lendentuch eingebunden, stets mitgeführt wird. Die Nägel hält man kurz.

Ganz kleine Kinder werden täglich gebadet, größere Kinder und Erwachsene waschen und baden sich oft, wenn sie am Wasser wohnen. In Gegenden, wo das Wasser in der Trockenzeit mitunter 1/2 Stunde weit hergeholt werden muß, wäscht man sich nur Gesicht und Hände, den übrigen Körper bei günstiger Gelegenheit oder gar zu dringender Notwendigkeit. Häufig benutzt man den Saft abgeschlagener Bananenstauden zum Waschen wie zum Trinken. Nach dem Bade wird der ganze Körper mit Palmöl eingerieben, was den üblen Geruch der Ausdünstung beseitigt und der Haut ein schönes, glänzendes Aussehen verleiht.

Waffen.

Die ursprünglichen Waffen der Bakwiri sind Speer und Schwert. Das Schwert hat einen Holzgriff, der mit einem Bleimantel umgeben ist. Doch sind beide Waffen heute nur noch selten zu finden. Statt der Schwerter führt man jetzt die Buschmesser (Culrū), die mitunter in einer Scheide aufbewahrt und meist unter der Achselhöhle getragen werden. Balidolche und Balispeere sind sehr beliebt. Bogen und Pfeile kennen die Bakwiri nicht, nicht einmal als Kinderspielzeug. Dagegen kennen die Kinder eine Art Armbrust, die vielleicht durch die Portugiesen eingeführt ist. Im Kriege und bei Festlichkeiten tragen die Bakwirihäuptlinge eine Art Raupenhelm (mbili). Er besteht aus einem korbähnlichen Geflecht und ist mit schwarzem langhaarigem Ziegenfell überzogen. Das Ziegenhaar fällt dem Krieger in einem Busch bis in die Stirne. Diese Helme sind indessen nur noch selten zu finden. Die Leute entäußern sich derselben sehr ungern. Steinschloßflinten, die für 25 M. in den Faktoreien gekauft werden können, findet man fast in jeder Hütte. Das Pulver kaufen die Bakwiri in kleinen Fäßchen. Als Geschoß benutzen sie Kugeln aus geschmolzenem Zinn, Bierflaschen und in kleine Stücke zerhackte alte eiserne Töpfe. Die Munition wird in kleinen Kalebassen, die häufig mit Leder überzogen sind, mitgeführt, manchmal für jede Ladung abgemessen und in Blauidblüten eingewickelt. Nur der Häuptling Efolou in Bonjongo hat von der Regierung die Erlaubnis, einen Hinterlader zu tragen.

Hausbau und Siedlung.

Die Bakwiri wohnen nach Kurz in weitläufig angelegten, mitunter 4 bis 5 km lang sich hinziehenden Ortschaften. Jedes Dorf ist zum Schutz gegen plötzliche feindliche Überfälle mit einem Pallisadenzaun umgeben. Wenn Thore existieren, so sind sie so eingerichtet, daß sie rasch verstellt werden können. Meistens wird der Zugang zum Dorfe dadurch vermittelt, daß an den Stellen, wo die Hauptwege auf den Pallisadenzaun münden, auf der Innen- und Außenseite desselben in schräger Lage Baumstämme mit eingehauenen Tritten angelegt werden. Über diese Stämme hinweg erfolgt der Verkehr. Ist Krieg in Sicht, so werden dieselben entfernt. Die Höfe liegen zerstreut im Gras- und Buschland und sind meist von einem Bananenhaine umgeben. Die Haupthütten stehen gewöhnlich parallel zum Wege, manchmal auch rechtwinklig dazu. In einigen Dörfern zieht der Hauptweg ziemlich gradlinig in einer Breite von 1 bis 2 m von einem Ende zum andern. Meistens sind die Dorfwege indessen schmal und durchziehen das Dorf nach allen Richtungen. Die einzelnen Dörfer sind nur durch schmale Buschpfade mit einander verbunden. Für die Instandhaltung derselben wird nichts gethan. Versperrt ein umgefallener Baum den Weg, so klettern der schwarze Wanderer entweder darüber oder kriecht unter seinen Ästen durch oder bahnt durch den Busch einen neuen Weg, der das Hindernis umgeht. Vom Wasser ausgefressene Löcher werden nicht zugefüllt, Steine nicht entfernt. Zur Regenzeit gleichen diese Pfade kleinen Bächen und sind nicht ungefährlich zu passieren.

Einige Dörfer haben Marktplätze, die innerhalb oder außerhalb der Dorfgrenze liegen, meist kreisrund und von hohen Bäumen beschattet sind. In Bittoria befindet sich der Marktplatz am schattenlosen Meeresstrande. Auch vor den Häuptlingshütten pflegt man etwas mehr Platz als gewöhnlich zu lassen. Palaverhäuser und Tempel hat Scholze nicht beobachtet.

Die Hütten werden zum Schutz gegen das Regenwasser auf einem 1 bis

2 Fuß hohem Aufsatz aus gestampftem Lehm errichtet, der mit Steinen eingefaßt ist. Der Grundriß der Hütten ist rechteckig. Je nach Reichtum und Ansehen des Besitzers haben sie eine Länge von 9 bis 20 und eine Breite von 2 bis 6 m. Die Wände sind 1½ bis 2 m hoch. Der First hat eine Höhe von 2½ bis 3 m und ruht auf 2 bis 4 Baumstämmen, die etwa 15 bis 20 cm dick sind. Eine dieser Säulen ist nicht selten mit Schnitzereien bedeckt. Die Wände bestehen aus armdicken Pfosten, die in grader Linie und einem mittleren Abstand von 25 cm in den Aufsatz eingeschlagen werden. Sie bilden das Gerippe der Wand. Die Pfosten werden untereinander mit der Rippe der Raphiapalme verbunden. Zum besseren Schutze gegen Wind und Regen wird die innere Seite der Wand häufig noch mit Tafeln von Baumrinde bekleidet. Das Dach fällt nach zwei Seiten ab und ruht auf dem Firstbalken und den vier Wänden. Auf drei bis vier armdicken Pfosten sind Raphiarippen in einem Abstande von etwa 35 cm als Dachsparren befestigt; Matten von Palmblättern bilden die Bedeckung, wie bei den Duala. Das Innere einer Hütte zerfällt in verschiedene durch Zwischenwände getrennte Abteilungen. Alle Hütten sind einstöckig. Ein Gehöft besteht gewöhnlich aus 2 bis 6 Hütten, die in kleinen Zwischenräumen oder auch unmittelbar miteinander zusammenhängend gebaut sind. Vielfach stehen die Nebenhütten aber auch der Haupthütte gegenüber; eine bestimmte Regel für die Anordnung der Höfe scheint nicht zu bestehen. Die Nebenhütten dienen gewöhnlich als Fruchtspeicher, Schlafräume oder dergleichen. Im allgemeinen werden Höfe und Hütten reinlich gehalten. Die ersteren von Zeit zu Zeit von Unkraut gesäubert, die Hütten täglich zwei- bis dreimal gefegt. Jede Hütte besitzt zwei Thüren, 150 bis 180 cm hoch, die einander an den Längsseiten der Hütte gegenüber liegen. Die Thüröffnungen werden durch Schiebethüren geschlossen, die an den Thürpfosten anliegen und im Innern der Hütte durch zwei dünnere Pfosten festgehalten werden. Sie bestehen aus schmalen Brettern, die an beiden Enden in ausgenutzte Pfosten eingeklemmt sind und so eine kleine verschiebbare Wand bilden. Meist werden die Thüren nur nachts geschlossen. Kleine Hütten haben nur einen Herd, größere dagegen zwei, links und rechts der Thür je einen. Der Herd besteht aus einigen Steinen, auf welche der Kochtopf gesetzt wird. In jeder Hütte befindet sich auf einer Seite unter dem Dache eine kleine offene Kammer, die zur Aufbewahrung von allerlei Hausgeräten, Früchten und Feuerholz dient. Die Frauen suchen ihren Stolz darin, viel Holz im Hause zu haben. Der Boden dieser Rumpelkammer besteht aus Pfosten und rohen Brettern. Die Hütten werden nachts nur durch das Herdfeuer erleuchtet. Zur Beleuchtung des Weges benutzt man einen glühenden Holzspan, der durch Hin- und Herfuchteln glühend erhalten wird. Petroleumlaternen und kleine Lampen finden allmählich Eingang. Wenn die Nächte nicht mondhell sind, gehen die Bakwiri nicht gern aus, weil sie sich vor Geistern fürchten und auch leicht auf eine Schlange treten können.

Hausrat und Utensilien.

Fast in jeder Ecke der Hütte befindet sich eine Bettstelle. Dieselben sind ¾ m breit und hoch und so kurz, daß man nur mit eingezogenen Knien darauf liegen kann. Eine Bettstelle besteht aus vier gabelförmigen in die Erde geschlagenen

Pfählen. Auf je zwei Gabeln liegen starke Stecken, auf denen dicht aneinander Querstecken mit Lianen befestigt sind. Hierauf wird eine Matte gelegt. Damit der Schlafende nicht von dem in der Hütte befindlichen Vieh belästigt werden kann, ist die Bettstelle mit einer aus Palmzweigen geflochtenen spanischen Wand oder von einem auf hohen Stecken hängenden Vorhang aus alten Lendentüchern umgeben. Stillende Frauen schlafen mit dem Kinde auf einigen aneinandergelegten auf Klötzen ruhenden Brettern unmittelbar neben dem Herdfeuer. Als Unterlage dient eine Matte oder eine Decke, unter den Nacken wird ein Stück Holz gelegt. Die nicht sehr zahlreichen Hausgeräte liegen entweder auf dem Boden der Dachkammer oder hängen an den Wänden und Säulen. An einzelnen Gegenständen wie Töpfen, Löffeln, Hacken befinden sich Halen zum Aufhängen an den Palmrippen der Wände. Kalabassen und dergleichen werden mittels Lianen oder Lederriemchen an die vielfach mit Schlitzen versehene Baumrinde gehängt, Messer und Stemmeisen einfach in das Holz gespießt, Tragekörbe an die Wand gebunden. Zum Kehren benutzt man kurze Reisbesen oder zusammengewickelte Bananenblätter und als Kehrichtschaufel ein Geflecht aus Ruthen.

Als Kochgeschirr benutzen die Batwiri selbstgefertigte Töpfe, die 1", bis 2 Liter Wasser fassen. Neuerdings kommen die in den Faktoreien feilgebotenen eisernen auf drei Beinen stehenden Töpfe immer mehr in Gebrauch. Die im Gebrauch befindlichen Holzschüsseln haben einen Durchmesser von 25 bis 50 cm, eine Aushöhlung von 12 bis 18 cm, sind 2 bis 3 cm dick und mit einfachen eingebrannten Verzierungen versehen. Als Teller dienen die Blätter der Bananen und des Malabo. Schöpflöffel fertigt man aus Kokosnüssen, sonst besitzen die Batwiri weder Löffel noch Gabeln; doch kaufen sie neuerdings Löffel, Rückenmesser und anderes Küchengeschirr immer häufiger in den Faktoreien. Als Reibeisen benutzt man irgend ein Stück Blech, in welches Löcher geschlagen werden. Als Trichter dient ein trichterförmig zusammengewickeltes Blatt. Kalebassen giebt es von 5 bis 25 cm Durchmesser und 10 bis 30 cm Höhe. Die Kürbisse werden am Feuer oder an der Sonne getrocknet, worauf die Körner bald herausfallen. Am Halse der Kalebassen befestigt man einen kleinen geflochtenen Henkel und an diesem dünne Lianen zum Aufhängen. Kleine Kalebassen benutzt man zum Aufbewahren von Medizinen oder als Pulverhörner und Schnupftabaksdosen. Große Kalebassen dienen zum Wasserholen; sie kommen aber immer mehr außer Gebrauch, denn fast in jeder Hütte sieht man jetzt eine oder mehrere 1 bis 10 Liter enthaltende Schnapsflaschen, die zum Wassertragen benutzt werden. Auch leere Petroleumtins werden gern zum Wassertragen gebraucht. Halbe Kürbisschalen und alte Konservenbüchsen vertreten die Stelle von Gläsern. Auf der Reise benutzt man als Trinkbecher ein großes Blatt, welches zu einem Trichter geformt wird.

Das Brennholz wird von den Frauen gesammelt; sie hacken es mit einheimischen stumpfen Beilen von Bäumen los, die sich vom Sturm geknickt in ganz trockenem Zustande befinden.

Nahrungs- und Genußmittel.

Mit zweierlei Holz oder mit Feuerstein und Zunder Feuer zu machen, verstehen die Batwiri nicht. Europäische Zündhölzer sind wenig im Gebrauch, weil sie durch die Feuchtigkeit schnell verderben. Das Feuer wird daher beständig unterhalten. Geht es einmal aus, so holt man sich aus einer Nachbarhütte einen glühenden Span. Im allgemeinen werden nur zwei Mahlzeiten eingenommen, eine Mittagsmahlzeit, zwischen 11 und 3 Uhr und eine Abendmahlzeit zwischen 6 und 7 Uhr. Beide Mahlzeiten bestehen aus Fleisch und Gemüse. Bei Fleischmangel lebt man lediglich von gerösteten Bananen und Maiskolben, Njams Malabo, Mielle, Planten, Reis mit Palmölbrühe und Bananen. Mais und Obst werden als Nachtisch und zwischen den Mahlzeiten genossen. Beliebte Früchte sind: Mango, Orange, Kokosnuß, Erdnuß, Ananas, Saba-Saba, Sau und Papaje. Auch Zuckerrohr und manche Feldfrüchte werden gern gegessen. Fleischnahrung liefern Rinder, Schafe, Ziegen, Schweine, Hunde, Hühner, das Wild des Waldes, Vögel, Fische, ungiftige Schlangen, Schildkröten, Krebse und Schnecken. Ziegen, Hunde und Hühner werden nur bei festlichen Gelegenheiten verspeist. Schnecken essen gilt als Zeichen von Armut. Njams und Malabo wird erst in einer Holzschüssel oder am fließenden Wasser gewaschen, dann in kleine Stücke geschnitten und gekocht. Mielle wird von der Schale entblößt und ebenfalls in Stücke geschnitten. Ueber die gekochten Schnitze wird eine warme, mit Landespfeffer stark gewürzte Palmölsauce gegossen. Spinat wird möglichst klein geschnitten und wie bei uns gekocht. Die beliebteste Speise ist Musu. Gekochte Malabo wird in einer Holzschüssel zu Brei gestampft und mit der erwähnten gepfefferten Palmölsauce übergossen. Die so zubereitete Speise ist wohlschmeckend und gesund. Mais ißt man gewöhnlich geröstet oder frisch. Den sehr beliebten Reis kaufen die Batwiri von den bei der Regierung oder in den Pflanzungen beschäftigten Arbeitern, denen Reis Hauptnahrung ist. Er wird gekocht und gleichfalls mit Palmölsauce genossen. Die Saufrucht hat blaßröliche bis blaue Farbe, Form und Größe einer Dattel und auch einen ähnlichen Kern. Sie schmeckt bitter und wird geröstet oder gekocht. Das Fleisch wird meist in kleine Stücke geschnitten und in einem Topf gekocht. Seltener wird es über dem Feuer gebraten. Milch, Butter und Käse sind unbekannt. Eier werden nie roh gegessen, sie werden nicht im Wasser gekocht, sondern ins Feuer gelegt, bis sie innen hart sind.

Beim Schlachten wird kleineren Haustieren der Kopf abgeschnitten, Hühnern und anderen Vögeln der Kopf umgedreht oder abgerissen. Rinder werden gestochen. Großen Tieren, wie Rindern, Schafen und Ziegen u. a. wird das Fell abgezogen. Kleinere Vierfüßler (auch Schweine) zerschneidet man mit samt dem Fell in Stücke oder hält sie solange übers Feuer, bis sich die obere behaarte Haut abziehen läßt. Das Gefieder der Vögel wird ebenfalls abgebrannt. Die Eingeweide der Schlachttiere werden gereinigt und gelten als Leckerbissen. Ein Teil des Fleisches wird in einem Räucherkasten oder einem über dem Feuer hängenden Tragkorbe geräuchert, ein Teil, in große Blätter eingeschlagen, an Nachbarn und Freunde verkauft.

Anthropophagie scheint nach den Beobachtungen der Missionare bei den Batwiri niemals üblich gewesen zu sein.

Die einzigen einheimischen Getränke sind Wasser und Palmwein. Der Palmwein wird folgendermaßen zubereitet: Frühmorgens und gegen Abend wird die Weinpalme mittels eines durch zwei kunstvolle Knoten zusammengehaltenen Kleitergurtes bestiegen. In die Krone des Baumes wird mit einem Sterneisen ein Loch geschlagen und der Saft dann in einer Glasflasche oder Kalebasse aufgefangen. Der Palmwein wird ſtets in friſchem Zuſtande getrunken. Man läßt ihn höchſtens einige Stunden ſtehen. Er wirkt bei weitem nicht ſo berauſchend und hat auch nicht im entfernteſten die ſchädlichen Folgen des leider ſo maſſenhaft eingeführten Branntweins. Man braucht nur an einem Marktage in Viktoria das wüſte Treiben zu beobachten, das ſich vor den Faktoreien abſpielt oder den Feſtlichkeiten der Bakwiri beizuwohnen, um ſich über die unheilvolle Wirkung des Schnapſes auf die Eingeborenen klar zu werden. Einſt übernachtete ich, erzählt Scholze, in Buenga, wo mich der Häuptling bat, ſeinem etwa neunjährigen kranken Mädchen Medizin zu geben. Da ich keine geeignete Arznei bei mir hatte, gab ich dem Häuptling, der noch an demſelben Tage nach Viktoria aufs Bezirksamt mußte, den Auftrag, bei dem Miſſionar Keller Medizin zu kaufen. Auf ſeine Bitte ſchenkte ich ihm dazu 50 Pf., verlangte aber, daß er am folgenden Tage nach Viktoria in meine Wohnung komme, und mir das Gekaufte zeige. Er kam auch wirklich, aber in ganz betrunkenem Zuſtande. Nach anfänglichem Leugnen geſtand er ein, daß er das geſchenkte Geld für Schnaps verwendet habe und bat gleichzeitig um eine weitere Gabe, die ihm natürlich verweigert wurde. Der Schnaps war ihm alſo lieber geweſen als ſein krankes Kind. Das iſt ein Beiſpiel für Viele von dem unheilvollen Einfluß, den der Schnaps auf die Sittlichkeit der Eingeborenen ausübt.

Rauchen und Schnupfen iſt ſehr beliebt, Tabakkauen dagegen nicht bekannt. Die Bakwiri kaufen den Tabak, der der gangbarſte Tauſchartikel im Lande iſt, in Blättern von den Weißen. Sie rauchen den Tabak aus Thonpfeifchen. Frauen rauchen nicht, ſchnupfen aber ebenſo leidenſchaftlich wie die Männer. Ein Bakwiri erzählte dem Miſſionar Keller in Viktoria, daß er die Leidenſchaft des Schnupfens von ſeiner Mutter geerbt habe. Kurz vor ihrem Tode habe ſie ihn gerufen und zu ihm geſagt: „So, jetzt nur noch eins, gieb mir noch eine Priſe." Sie erhielt dieſelbe und ſtarb zufrieden mit den Worten na m'ala (ich gehe dahin). Damit die Mutter auch im Jenſeits noch ſchnupfen kann, legt ihr der Sohn von Zeit zu Zeit etwas Schnupftabak aufs Grab.

Der Schnupftabak wird folgendermaßen hergeſtellt: Gut getrocknete Tabaksblätter werden auf einem flachen Stein mittels eines kugelförmigen kleineren Steines zu Pulver zerrieben und dann mit Aſche von der Bananenſtaude und mit zerriebenem Landespfeffer vermiſcht. Die Männer tragen ihn meiſt in kleinen Kalebaſſen, die Frauen in Patronenhülſen im Ohr oder, in ein Blatt eingewickelt, im Lendentuch. Andere Alkoholika oder ſonſtige Reizmittel ſind nicht bekannt.

Phyſiologiſches und Hygieniſches.

Die Bakwiri erreichen kein hohes Alter. Die meiſten ſterben vor dem 40. Lebensjahre. Weißhaarige ſieht man ſehr ſelten.

Die Unmäßigkeit und Unregelmäßigkeit ihrer Mahlzeiten, durch welche viele Erkrankungen veranlaßt werden, mag nicht wenig hierzu beitragen. Im oberen Bezirke, wo namentlich in der Regenzeit ziemlich niedrige Temperaturgrade vorkommen, iſt auch Lungenentzündung nicht ſelten. Die Pocken fordern viele Opfer, ſind aber infolge der Schutzimpfungen bereits ſtark zurückgegangen. Geſchlechtskrankheiten ſcheinen bei den Bakwiri nicht häufig oder wenigſtens nicht bösartig zu ſein, ſobald ſie ſich der Beobachtung entziehen. Sehr häufig ſieht man Nabelbrüche, manchmal bis zur Größe eines kleinen Kinderkopfes. Auch Elefantiasis ist häufig zu finden. Albinos hat Scholze nur in vier Fällen (zwei Männer und zwei Frauen) beobachtet. Einen Fall von auffallendem Muskelschwund fand er in Bonjongo, wo ein sonst völlig gesunder Mann einen total abgemagerten Arm hatte.

Nach den übereinstimmenden Aussagen der Eingeborenen sind die Gebirgsgegenden in der Höhe von Buëa fieberfrei. Die Bewohner der höheren Küste denen ein wirksames Mittel gegen das Fieber fehlt, kommen ungern für längere Zeit in die Küstengegenden (Kurz, a. a. O.).

Die medizinischen Kenntnisse der Bakwiri sind sehr gering. Bei jeder inneren Erkrankung, bei Fieber, Kopfschmerz und Husten legen sie sich ans Feuer, bei Kopfschmerz wird die Stirn durch eine Liane oder ein Tuch fest eingeschnürt. Beliebte Arzeneien sind Hundeblut und Fleischbrühe von Hühnern, womit die Kranken eingerieben werden. Abscesse schneiden die Bakwiri mit irgend einem Küchenmesser auf. Die dadurch entstehenden Wunden verstehen sie ebenso wenig zu behandeln wie andere Verletzungen. Ohne die Wunde vorher zu reinigen, legen sie einen Brei darauf und binden ein Blatt oder ein altes Tuch darüber. Dieser Brei besteht aus einem Pflanzensaft und Pflanzenasche, wird in ein Blatt eingewickelt und am Feuer heiß gemacht. Schlangenbisse scheinen sehr selten zu sein. Dagegen wurde einer von Scholze's Leuten von einem Skorpion gestochen. Durch die Einreibung von Salmiakgeist in die Wunde wurden indessen üble Folgen verhütet. Gegen Schlangengift besitzen die Medizinmänner der Bakwiri wirksame Mittel. Diese Mittel beruhen auf folgender Beobachtung: Wenn zwei kämpfende Schlangen verwundet sind, so pflegt die Siegerin heilsame Kräuter und Blätter zu sammeln, um damit die verwundete wieder gesund zu machen. Diese Pflanzen werden nun von den Medizinmännern gesammelt. Gegen Brandwunden werden kühlende Pflanzensäfte angewandt. Sandflöhe verstehen die Bakwiri gut zu entfernen, ohne das Fleisch zu verletzen; sie werden von diesen Tieren sehr geplagt. Auch Ringwurm und Krätze kommen häufig vor. Zahnkrankheiten sind dagegen fast unbekannt, weil die Zähne sehr sorgfältig gepflegt werden. Die Kinderpflege ist ziemlich primitiv. Kleine Kinder bis zu einem Jahre werden häufig klystiert. Dabei legt die Mutter das Kind auf den Schoß und bläst ihm durch ein trichterförmiges Rohr eine grüne Brühe ein. Neugeborenen Kindern, deren Stirn etwas einwärts gebogen ist, wird eine Schnecke daraufgesetzt, wodurch die Stirn ihre normale Form wiedererhalten soll. Die Heilkunst liegt in den Händen der Medizinmänner. In schweren Krankheitsfällen läßt der Zauberer (Ngambi) den Penku (J. u.) erscheinen. Ein Penkuweib läßt in der Nacht außerhalb der Hütte des Kranken die Stimme des Penku und die Penkuklapper ertönen. Dafür wird der Zauberer mit allerhand Gaben bedacht. Durch Spiel und Tanz, Essen und Trinken wird am folgenden Tage das Erscheinen des Penku gefeiert. Stirbt der Kranke, so ist der Zauberer nicht in Verlegenheit, sondern gebraucht die Ausrede, daß irgend jemand den Verstorbenen verhext (seine Seele gegessen) haben müsse. Die Familie gerät dann in große Besorgnis, daß der unbekannte Mörder noch weitere Opfer verlangen könne und bittet den Zauberer, denselben gegen Bezahlung ausfindig zu machen. Durch die Penkuweiber über die Familienverhältnisse unterrichtet, giebt er gewöhnlich eine Person an, die mit der Familie verfeindet ist. Durch Gottesurteil muß diese ihre Unschuld beweisen. Stirbt eine jugendliche Person, so glaubt man stets an einen unnatürlichen Tod und Hexerei. Einen solchen Fall erlebte Scholze im Juni 1898 in Mapanja (oberhalb Engelberg). Dort starb ein etwa 18jähriges Mädchen, die Tochter des Häuptlings, nach kurzer Krankheit. Vor dem Tode hatte man sie durch eine katholische Schwester taufen lassen, weil man glaubte, sie könne dadurch gesund werden. Einige Tage vorher hatte sich nämlich eine kranke Frau taufen lassen und wurde darauf gesund, was man als eine Wirkung der Taufe ansah. Der herbeigerufene Zauberer bezeichnete als Übelthäter einen jungen verheirateten Mann, der früher dem Mädchen Liebesanträge gemacht hat. Er wurde zum Trinken des Gisibechers verurteilt, flüchtete sich aber ins Schwesternhaus in Mapanja und wurde von der Regierung beschützt. Ein anderer Fall ereignete sich in Bulumbu, Anfang September 1899. In der letzten Hälfte des August hörte Scholze in seinem Wohnorte Boniadikombo oft stundenlang heftiges Gewehrfeuer, dem er anfangs wenig Bedeutung beimaß, weil man ihm sagte, es sei nur „Plan" (Spiel, Unterhaltung). Bald aber schien es ihm auffallend, daß seine aus Busumbu gebürtigen Arbeiter eine große Unruhe zur Schau trugen und sich oft ohne Erlaubnis von der Arbeit entfernten. Als er dann ferner den Häuptling von Boniadikombo häufig nach Busumbu gehen und ihn eines Abends ein Zauberlied (s. u.) singen hörte, fragte er einige seiner Leute nach der Ursache der Aufregung. Nach einigem Ausweichen erhielt er die Auskunft, daß ein Mann die Frau des Njo ermordet habe, und daß bereits drei Personen auf den Ausspruch des Zauberers mittels Gift getötet worden seien und drei andere schwer krank darnieder lägen. Durch eine Anzeige beim Bezirksamt wurde natürlich sofort der Angelegenheit ein Ende gemacht.

Die Bakwiri sind in Krankheitsfällen äußerst ängstlich und empfindlich und fürchten bei jeder Krankheit ihren baldigen Tod. Allmählich lernen sie auch europäische Medizin schätzen und kaufen viele Arzeneien bei den Missionaren. Sehr beliebt sind Hoffmannstropfen auf Zucker und Ricinusöl. Viele von Scholze's Arbeitern stellen sich krank, um diese beiden Arzeneien zu erhalten; eine Dosis bitteres Chinin heilte sie aber bald. Buttenbonbons sind ein gangbares Tauschmittel.

Familienleben.

Nach dem Glauben der Bakwiri schmiedet der fliegende Hund ein Kind im Mutterleibe, wenn er seine Stimme „keng, keng" ertönen läßt, was ähnlich dem Hammerschlag des Schmiedes klingt. Wenn eine Bakwiri-Frau schwanger ist, so geht der Ehemann vor allen Dingen zu einem kundigen Mann, meistens einem Ngambi und bittet ihn, seiner Frau die Geburt leicht zu machen. Der Ngambi fertigt eine lange Kette von einer gewissen Art schwarzer Bohnen. Diese Kette (issea genannt) wird von der Frau um den Hals geschlungen, so daß sie bis zum Nabel herabfällt. Die Kette wird bis zur Entbindung getragen und nachher wieder abgenommen. Für seine Bemühungen erhält der Ngambi zwei Ziegen, ein Huhn und einen Faden Zeug (Kurz a. O.).

Vor der Niederkunft pflegen arme Frauen und ihre Männer reichlich Fische zu sammeln. Bei der Geburt liegt die Mutter oft auf feuchter schmutziger Erde, selbst eine Matte wird ihr entzogen. Die Entbindungen sind meist leicht. In der Geburtshilfe etwas bewanderte Frauen sind als Helferinnen zugezogen und waschen sich nach der Geburt die Hände in einer aus Pisangen gekochten grünen

Frühe. Die Nabelschnur wird erst nach einigen Stunden gelöst. Bei der Entbindung sind Nachbarn, Freunde, Verwandten und große Kinder zugegen. Kleinere Kinder dürfen die Hütte erst hernach betreten. Knaben sieht man lieber als Mädchen, weil letztere die Eltern früh verlassen müssen, um ihrem Käufer zu folgen. Zwillinge sieht man nicht gern, weil die Mutter nicht imstande ist, sie zu ernähren.

Die Wöchnerin ißt keinen Brei, sondern nur Suppe, sitzt 3 bis 4 Tage neben einem glosenden Klotz und verbleibt nach der ersten Geburt neun, bei späteren Geburten fünf Tage in der Hütte. Einen Monat nach der Geburt beginnt sie wieder mit leichterer Feldarbeit.

Die Kinder werden viel gebadet und zwar setzt man sie in eine Holzschüssel und bespült sie mittels der Hand mit Wasser oder reibt sie mit einer schwammigen Baumrinde ab. Die Mutter nährt die Kinder zwei bis drei Jahre. Vom vierten Monat an bekommen sie auch feste Speise, die von der Mutter vorgekaut wird. Vom ersten Tage an erhalten die Kinder auch Wasser zu trinken und zwar immer reichlicher, damit sich, wie die Bakwiri sagen, der Bauch ausweitet und sie später tüchtig essen können. Die Kinder werden entweder auf dem Rücken in einem Sacke getragen, aus dem sie kaum mit dem Kopfe herausschauen können, oder man setzt sie rittlings auf die Hüften und hält sie mit einem Arm fest. Uneheliche Kinder werden den ehelichen gleichgeachtet und sind dann Eigentum des Mannes, der das Mädchen kauft.

Von einer Kindererziehung kann nur in ganz beschränktem Maße die Rede sein. Die Kinder wachsen ziemlich aufsichtslos heran und erhalten nur selten Schläge. Zur Reinlichkeit werden sie nicht angehalten. In mehreren heidnischen Familien bemerkte Scholze zwar, daß man die Kinder anwies, ihm die Hand zu geben und für Geschenke zu danken, dies mögen aber Ausnahmen sein. Die Mädchen müssen der Mutter frühzeitig bei der Arbeit helfen und kleinere Geschwister abwarten.

Am zweiten Tage nach der Geburt giebt der Vater dem Kinde einen Namen und zwar mit Vorliebe den eines verstorbenen Verwandten. Später legen sich die Knaben noch besondere Mpelanamen (Stutzernamen) bei und bevorzugen dabei solche Wörter, die sie oft von Weißen hören, wie Bismarck, Compas, Kamerun, Sixpence u. a. Oft geben sie sich auch Namen, die eine Eigenschaft bedeuten wie, der Starke, der Mutige und dergleichen. Häufige Bakwirinamen (männliche) sind: Agoßo, Aye, Abi, Malob, Agumbe, Potemba, Pita Lionga, Manga, Elanga, Ctembe, Ayo (Leopard), Buenga (Taube), Eloffe, Molange, Elenge, Mongi (Affe), Mulango (Frieda), Eboff, Mewmbe. Die Bakwiri haben stets zwei Namen, einen Geschlechtsnamen und einen Vornamen. Nach Mitteilung des Reichsschullehrers Füscher in Viktoria heißt eine seiner Schülerinnen Linjon La Negumou. Linjon ist Vorname (Mädchenname), Negumou der Name des Vaters. Ein Knabe heißt Ndumb'a Soppo, d. h. Ndumbe (Name des Vaters aus dem Dorfe Soppo).

Die Reife tritt bei den Mädchen im 10. bis 12. Jahre, bei den Knaben im 12. bis 14 Jahre ein. Der Knabe wird nach Eintritt der Reife beschnitten.*

---

*) Nach Kurz (a. a. O.) findet die Beschneidung bereits im vierten Lebensjahre statt. Haben die Eltern einen Knaben nicht beschneiden lassen, so wird er später verlacht und nicht für voll angesehen.

Die Beschneidung wird von wenigen darin geübten Männern ausgeübt (nicht dem Zauberer). Mittels eines kleinen aus Draht gefertigten Messerchens wird die Vorhaut abgeschnitten und dann in der Nähe der Hütte in die Erde gegraben und darauf oder daneben eine Banane gepflanzt. Drei bis zehn Tage sind die beschnittenen Knaben arbeitsunfähig und halten sich in dieser Zeit unbekleidet in der Hütte hinter einem Verschlage auf. Die Wunde wird mit einem Pulver aus Baumrinde bestreut, aber nicht wie bei den Duala mit einem Blatt umwickelt. Nach der Heilung schlachtet und bereitet die Mutter ihrem Sohn ein Huhn und kauft ihm ein neues Lendentuch. Der Sohn dagegen erjagt ein Wild und macht seiner Mutter damit ein Gegengeschenk. Nach der Beschneidung kauft der Vater seinem Sohne eine Frau, die dieser selbst wählen darf. Reiche Väter kaufen ihren Söhnen schon vor der Beschneidung eine Frau. Der Kaufpreis beträgt gewöhnlich 30 Schafe, kann aber auch in anderem Vieh oder europäischen Waren und zwar auf einmal oder in Raten entrichtet werden. Töchter von angesehenen reichen Leuten können bis 2000 Mark kosten. Heiraten mit Angehörigen eines anderen Dorfes oder Stammes sind erlaubt. Auf Unberührtheit der Braut wird kein Wert gelegt. Man betrachtet es vielmehr als ein gutes Zeichen, daß die Braut fruchtbar ist, wenn sie ledig gebiert, und hat damit eine gewisse Gewähr, daß das angelegte Kapital Zinsen bringen wird. Der Kaufpreis der Frau kann rückgängig gemacht werden, wenn sie keine Kinder zur Welt bringt. Diese Landessitte wird (nach Kurz) bonto wo liva genannt. Daraus entstehen oft Prozesse und der geschädigte Ehemann stiehlt mitunter eine andere Tochter oder Frau seines Schwiegervaters, um sich schadlos zu halten. Stirbt eine Frau ohne Kinder zu hinterlassen, so muß der Schwiegervater den Kaufpreis zurückzahlen oder eine andere Tochter hergeben.

Meist wird die Braut im Alter von 6 bis 10 Jahren verkauft und bleibt bis zur Reife bei ihren Eltern. Der Bräutigam kann seine Braut zu sich nehmen, auch wenn der Kaufpreis noch nicht völlig bezahlt ist. Das einer solchen Ehe entspringende Mädchen bleibt aber solange Eigentum des Vaters der Mutter, bis die Frau ganz bezahlt ist.

Vor der Hochzeit schlachtet der Brautvater eine Kuh oder eine Ziege und bringt dann das Fleisch des Tieres mit seiner Tochter zum Schwiegersohn. Die Hochzeitsfeier besteht nur in einem festlichen Schmaus, an dem die Verwandten des jungen Ehepaares teilnehmen. Nach Kurz findet sich auch die Sitte des Brautraubs. Einen Monat lang braucht die junge Frau nicht zu arbeiten. Ihre Mutter oder eine Verwandte besorgt in den Flitterwochen das Hauswesen. Nach Ablauf dieser Zeit schlachtet der Mann eine Ziege, bereitet der Wirtschafterin einen Schmaus und erklärt ihr, daß von nun an seine Frau arbeiten und kochen müsse.

Scheidungen sind sehr leicht. Der Mann kann seine Frau wegen Ehebruchs verkaufen, aber auch schon, wenn sie ihm die Wirtschaft nicht gut führt.

Das Bakwirivolk in Kamerun.
Von A. Seidel.
II.

Neun Monate lang trägt eine Witwe Trauertracht. Diese besteht darin, daß sie ihre alte Kleidung bis auf die Elaka ablegt und den ganzen Körper mit Ruß und Oel beschmiert. Die Elaka besteht aus einer um die Hüften gebundenen Schnur, an der sich vorn ein aus Bananenbast geflochtenes etwa handgroßes Schürzchen und hinten ein ebenfalls aus Bast bestehender Schwanz befinden. Nach Ablauf der Trauerzeit trägt sie wieder ein Lendentuch und als Zeichen, daß sie wieder zu haben ist, an der Hüfte ein viereckiges aber ein rundes Stück Blech von 2 bis 3 cm Durchmesser oder hinter den Ohren eine kleine Fruchtknolle von gleicher Größe.

Von einer anderen Sitte, an welche die Witwen gebunden sind, berichtet Spellenberg (privatim). Sie müssen die rote Frucht des wilden Korkbaumes (londo) an die Stirn binden oder hinter dem Ohr tragen und sieben Monate lang (bei angesehenen Bakwiri auch länger) von den Kernen dieser Früchte in den Mund nehmen und einen nach dem andern im Hause nach verschiedenen Richtungen ausspeien mit den Worten: O si po pe. o si po pel (Komme nicht wieder!) und: O ma bole, ndɛ wala di kandan! (Du bist nun gegangen, wir sind fertig miteinander.

Setzt sich eine Ente auf die Hütte, so fürchten die Bakwiri, daß darin bald jemand sterben muß. Sterben kurze Zeit nacheinander mehrere Personen in benachbarten Hütten, so glaubt man, der Tod habe dort Wohnung genommen. In beiden Fällen bricht man die Hütten ab und baut sie an einer anderen Stelle auf, um dem Tode zu entfliehen. Die Toten werden gewaschen, in neue Lendentücher gewickelt und in ihren Hütten begraben. Einem sterbenden Häuptling aber Zauberer giebt man stets ein Buschmesser in die Hand und ins Grab, andern Männern nur auf Verlangen. Das Grab ist etwa ½ m tief. Die Hütte wird dann verlassen und verfällt. In Bibunda ist indessen durch die Fürsorge der Regierung bereits ein eigener Begräbnisplatz eingerichtet worden.

Schalze hatte Gelegenheit, im Juli 1898 im Dorfe Banjongo eine Totenfeier zu sehen, die er, wie folgt, beschreibt:[1]

Am 8. Juli hatte ich nachmittags 1 Uhr in der Nähe meiner Wohnung lautes Weibergeschrei und die Töne einer großen Sprechtrommel. Als ich deshalb vor die Hütte ging, sah ich einige Männer einen Toten bringen, den sie auf einer

---
[1] Vergleiche damit die Schilderung bei Autz (a. a. C. S. 111.)

aus Aesten und Lianen gefertigten Bahre liegen hatten. Der Mann war ein naher Verwandter des Häuptlings Cheioa und im Spital zu Victoria gestorben. Da in der Hütte des Toten wenig Platz war, wurde die Leiche in der geräumigen Häuptlingshütte auf einem *, m hohen Gerüst aufgebahrt. Nach einer Stunde strömten von allen Seiten Männer und Weiber schreiend und heulend herbei und traten in die Hütte, wo der Tote lag. Die Frauen desselben wälzten sich auf der Erde herum, schlugen mit Händen und Füßen um sich, legten sich zeitweise auf die Leiche und heulten dabei ganz entsetzlich. Manchmal stürzten sie auch ins Freie und liefen vor der Hütte verzweifelnd auf und ab. Fortwährend schreiend, die Oberarme fest an die Seite drückend, den Unterarm wagerecht vorgestreckt und die Fäuste geballt, schritten sie auf und ab, die Beine dabei so steifend, wie die Rekruten, wenn sie langsamen Schritt üben. Von Zeit zu Zeit machten sie eine Pause, um bald wieder von neuem zu beginnen.

Immer mehr Menschen kamen herbei, sodaß nach einer Stunde über 200 Männer, Frauen und Kinder versammelt waren. Vier Männer trommelten unaufhörlich auf vier Trommeln, acht andere schossen fortwährend aus Steinschloß-flinten, einige bliesen auf Hörnern, und die große Menge brüllte so furchtbar, daß ein wahrer Höllenlärm entstand.

Die anfängliche Trauer ging aber bald in ausgelassenste Fröhlichkeit über. Mehrere Männer sprangen wie toll auf dem Platze umher, suchtelten mit den Händen in der Luft herum und nahmen mit den Beinen alle nur denkbaren Stellungen ein. Hierauf führten 20 Männer mit Steinschloßflinten, alten Säbeln, Buschmessern, Stecken und Steinen ein Scheingefecht aus. Während dieses Kriegs-spiels rissen sie Gras aus der Erde, bekränzten sich mit Schlingpflanzen und zogen schreiend vor die Hütte, in welcher der Tote mit einem Tuche bedeckt lag. Als wollten sie der entflohenen Seele das Wiederkommen wehren, rechten sie drohend ihre Waffen gegen die Leiche. Bis abends 1 ̧6 Uhr wurde ununter-brochen gelärmt und geschossen. Dadurch soll die Seele des Verstorbenen, vor deren Wiederkommen man sich fürchtet, vertrieben werden.

Während sich beim Dunkelwerden die Menge verlief, trugen die Weiber den Leichnam hinter die Hütte, wuschen ihn ab, kleideten ihn in neue Lendentücher und legten ihn dann wieder auf die Bahre. Die Angehörigen des Toten blieben die ganze Nacht bei ihm und ließen fortwährend ihre Klagerufe erschallen. Am nächsten Vormittag wurde der Tote begraben. Zimmerleute aus Victoria hatten in Nachahmung des europäischen Brauchs einen einfachen Brettersarg gezimmert. Dem Begräbnis selbst konnte ich nicht beiwohnen. Als ich nachmittags 4 Uhr nach Bonjongo zurückkehrte, waren trotz des strömenden Regens wiederum etwa 300 Personen vor des Häuptlings Hütte versammelt und verursachten durch Trommeln, Schreien und Lachen einen großen Lärm. Vor der Hütte waren zwei Ziegen an einen Pfahl gebunden, um welche sechs Männer mit unsinnigen Sprüngen und Gebärden wie rasend herumrannten. Sie ergriffen alsbald blanke, geschliffene Säbel, schwangen dieselben wild um sich und umkreisten dabei die ge-ängstigten Tiere. Erst stießen sie nur zum Schein nach ihnen, bis endlich einer nach dem andern mit trustlicher Lust seinen Säbel durch den Leib der Tiere rannte, bis sie verendeten. Hierbei brach die Menge des umstehenden Volkes in großen Jubel aus und entfernte sich dann allmählich. Die getöteten Tiere wurden ohne Zeremonien dem Toten ins Grab gelegt.

An den folgenden Tagen war Ruhe. Nur am 12. und 13. war abends bis Mitternacht in der Häuptlingshütte großer Lärm und Tanz. Am neunten Tage sollte das Hauptfest stattfinden, mußte aber aus mir unbekannten Gründen bis zum 20. Juli verschoben werden. Die auswärtigen Verwandten des Verstorbenen verweilten solange auf Besuch in Bonjongo.

Am 20. Juli mittags 1 Uhr begannen die Vorbereitungen zum Schluß der Totenfeier. Der Platz vor der Häuptlingshütte wurde gereinigt und das Gras abgemäht. Vor der Hütte schlug man in zwei parallelen Reihen in etwa 1½ m Abstand 25 meterhohe Stecken in den Boden. Seitwärts davon errichtete man aus dicken Pfählen ein Podium, auf dem vier Männer mit Trommeln Platz nahmen.

Um drei Uhr waren nur erst wenig Leute anwesend, als Häuptling Ekloa mit einer schönen Ziege aus seiner Hütte kam. Eine kurze Zeit lang sprang er mit dem Tier unter Gesang und allerlei Grimassen auf dem Platz herum und band dann die Ziege an einen der 50 Pfähle. Bald darauf brachte er und ein Zauberer je noch eine Ziege und verfuhren mit denselben ebenso. Der Zauberer hatte dabei ein Blechinstrument in der Hand (Minke genannt), das er mit einem Stück Holz schlug. In der nächsten Stunde strömten gegen 700 Leute herbei viele aus großer Entfernung. Eine Anzahl von ihnen führte Ziegen und Schafe mit sich, die mit Schlingpflanzen, Blumen und Früchten geschmückt waren. Etwa 100 Personen beiderlei Geschlechts gingen den Ankommenden ein kleines Stück Wegs entgegen und begleiteten sie jubelnd auf den Festplatz. Auch diese Tiere wurden an die Pfähle gebunden. Nun teilte sich die Versammlung in zwei große Haufen, nach den Geschlechtern getrennt und stellte sich einander gegenüber auf. Sie eilten jubelnd auseinander los, durchbrachen gegenseitig die Reihen und kehrten dann wieder um, aufs neue sich begegnend. Dabei schwenkten sie Pflanzenwedel, Stöcke und Buschmesser in der Luft und einige drehten aufgespannte Regenschirme wie Kreisel in der Hand. Die sonderbarsten Gestalten erblickte man unter der Menge, allerlei buntes Zeug, das aus einem Trödlerladen zu stammen schien, wurde zur Schau getragen. Selbst Frauen, die ihre Säuglinge auf dem Rücken trugen, beteiligten sich an dem Durcheinander. Die größte Freude malte sich auf allen Gesichtern mit Einschluß der trauernden Angehörigen des Toten, und durch Schreien, Singen, Trommeln und Hörnerblasen wurde ein ohrenbetäubender Lärm verursacht. Hieran beteiligte sich der größte Teil der Menge, während etwa 150 Personen verschiedenen Alters und Geschlechts auf den zwei Längsseiten des Platzes saßen oder standen und zuschauten.

Gegen 5 Uhr verstummten die Trommeln, das Volk bildete einen großen Kreis um die angebundenen Tiere herum und harrte in tiefer Stille der kommenden Dinge. Innerhalb des Kreises lief der Zauberer herum, schlug von Zeit zu Zeit auf die „Minke" und richtete hin und wieder eine Anrede an das Volk. Der Häuptling Ekloa erklärte mir, daß er des Verstorbenen Tugenden rühme und dem Volke mitteile, wie viele Ziegen an diesem Tage getötet werden sollten. Darauf begann der Lärm von neuem. Von den Tieren wurden nun 15 Stück losgebunden und an zwei Pfählen befestigt, welche gesondert von den beiden Pfahlreihen in die Erde gestoßen waren. Die übrigen Tiere wurden fortgeführt. Darnach schlug ein Mann jedem Tier für Tier mit einem Buschmesser auf den Kopf zwischen Augen und Nase, sodaß bei manchen die Nase herunterhing. Nur ein Schaf blieb unverletzt. Dies wurde an einen Baum gehängt, wo es nach einigen

11*

Augenblicken starb. Das Aufhängen geschah zum Zeichen, daß im Dorfe ein reicher Mann gestorben sei. Diese Sitte wird nach Kurz „kwili" genannt. Die verwundeten und schreienden Tiere wurden darauf wiederum an einen anderen Pfahl gebunden, einige Männer sprangen wild um sie herum und schlugen sie mit Anduieln zu. Das Volk war ganz rasend vor Freude über diese grausame Metzelei. Die noch zuckenden Tiere wurden nun losgebunden, in verschiedene Hütten geschleift und am folgenden Tage verspeist. Die entfernter wohnenden Teilnehmer an der Festlichkeit brachen gegen 6 Uhr auf, während die übrigen bis zum Dunkelwerden in einer dicht mit Menschen gefüllten Hütte tanzten. Um 7 Uhr war nur noch die Dorfjugend auf dem Platze versammelt. Später tanzten nur noch die jüngeren Leute von Bonjongo einige Stunden lang in einer Hütte. Damit war das „big play" beendet." Zum Schluß der Totenfeierlichkeiten für einen Häuptling oder sonstigen einflußreichen Mann wird (nach Kurz) von den Verwandten desselben ein Sklave getauft. Ein bestimmter Tag wird zu dieser letzten Feierlichkeit („Ego-) festgesetzt, und sämtliche Verwandte und Bekannte werden hierzu eingeladen. Frühmorgens wird der Sklave, meist ein Kriegsgefangener, nach dem Platze herausgebracht, wo der Tote gewohnt hat, und hier an einem in den Boden getriebenen Pfahl festgebunden. Den ganzen Vormittag tanzen Weiber und Kinder auf dem Platze herum. Nachmittags kommen sämtliche Männer in vollem Kriegsschmuck, mit Sperren, Schwertern und Gewehren bewaffnet, und beginnen den Kriegstanz um den Sklaven aufzuführen. Hierbei darf sich sein Sklave in der Nähe sehen lassen, sonst wird er getötet. Der Tanz wird allmählich wilder und wilder, die Krieger geraten in immer größere Raserei, und nun wird nach dem Sklaven solange mit Sperren geworfen, wohl auch mit Pfeilen geschossen, bis er tot ist. Am nächsten Morgen scheren sämtliche Männer, welche an dieser letzten Totenfeier teilgenommen haben, an einer Seite des Kopfes ihr Haar ab.

Frauen tragen die Trauertracht, wie sie oben für die Witwen beschrieben ist, neun Monate lang, wenn sie in erster Linie verwandt sind. Entferntere Verwandten beruhen nur das Gesicht. Männer trauern fünf bis sieben Monate, tragen in dieser Zeit wie gewöhnlich ihr Lendentuch, schwärzen aber gleichfalls den Körper. Doch scheint das letztere nicht allgemein üblich zu sein. Missionar Blzer in Buea erzählte, daß ein Bakwiri sich einst weigerte, eine Last zu tragen, weil er zwei Jahre (d. h. eine trockne und eine nasse Zeit) nicht arbeiten dürfe, denn sein Bruder sei gestorben. Seine Haare ließ er lang wachsen.

Alle Gegenstände, die der Verstorbene (Mann oder Frau) zu seinem eigenen Bedarf gebraucht hatte, werden von niemand mehr benutzt, auch wenn sie noch neu sind. Lendentücher, Mützen, Hüte, Schüsseln, Gläser, Tabakspfeifen, Schemel und dergleichen werden entweder außen auf dem Dache befestigt oder auf eine Stange oder einen Baum gehängt. Manchmal baut man auch eine besondere einer Jahrmarktsbude ähnliche Hütte, in welcher diese Gegenstände ausgestellt werden, bis sie verwesen.

Beschäftigung und Lebenserwerb.

Wie alle Gebirgsbewohner sind die Bakwiri Ackerbauer, Viehzüchter und Jäger. Die Bestellung der Felder erfolgt hauptsächlich durch die Weiber. Doch roden die Männer den Urwald. Auch die Bananen werden meist von Männern gepflanzt. Alle übrige Feldarbeit aber liegt den Frauen ob. Die hauptsächlichsten Ackerwerkzeuge sind kleine eiserne Hacken mit kurzem Holzstiel. Die Aussaat geschieht im Monat Februar. Jede Frucht wird auf einem besonderen Stück Land gepflanzt. In neuerer Zeit ist es jedoch üblich geworden, Pflanzen als Schattenpflanzen zwischen Malabo und Jams zu pflanzen. Kakao, Bananen und Pflanzen werden in Reihen, Jams, Malabo, Mais in Flächen gesät. Das üppig wuchernde Unkraut wird sorgfältig gejätet. Düngung kennen die Bakwiri nicht. Ihre Felder erschöpfen sich deshalb nach einigen Jahren, dann wird ein neues Stück Urwald urbar gemacht. Auf dem brach liegenden Felde wuchert Unkraut. Solches Land dient den Haustieren zur Weide. Eine Hütte besitzt durchschnittlich 20 bis 30 a Feld. Auf diesen Umstand wurde leider bei der Berechnung und Abmessung der Eingeborenen-Landreservate nicht Rücksicht genommen. Die Dörfer erhielten pro Hütte meist 1 1/2 ha Land. Rechnet man hiervon das Land für Feld, Hofraum (etwa 10 a) und das reichlich vorhandene unbrauchbare Terrain ab, so ergiebt sich leicht, daß das übrig bleibende für Felderwechsel und Weide nicht ausreicht.

Besondere Erntegebräuche sind nicht beobachtet worden. Die Früchte wachsen das ganze Jahr hindurch, sodaß fast ohne Unterbrechung geerntet werden kann. Obstbäume erfreuen sich geringer Pflege. Pfeffer wächst wild und wird nur selten gepflanzt. Die Bananen werden gewöhnlich rings um die Hütten gebaut, sodaß die letzteren manchmal völlig in einem schattigen Haine von Bananen verschwinden. In vielen Dörfern beginnen die Bakwiri auch bereits mit der Kakaokultur, wenn auch meist erst in geringem Umfange.

Das eigentliche Vermögen der Bakwiri besteht in Vieh. Mit Vieh kaufen sie ihre Wriber und auch die europäischen Handelsartikel: Gewehr, Pulver, Rum, Baumwollenzeuge, Salz, Tabak, soweit sie diese Waren nicht gegen Ebenholz, Palmöl, Palmkerne und Kolanüsse eintauschen. Als Haustiere werden kleine, gut genährte, meist schwarze Rinder (die aber nicht gemolken werden), Schafe, Ziegen, kleine schwarze Schweine, Hunde und Hühner gehalten. Sie wachsen ziemlich wild auf. Am Tage suchen sie ihr Futter selbst, nachts halten sie sich in den Hütten auf. Zur Tränke geht das Vieh nicht, weil die Futterpflanzen genügend saftreich sind. Die Hühner schlafen nachts auf einer Stange, die etwa 2 m hoch über der Erde angebracht ist. Brütende Hühner werden zum Schutz gegen Schlangen in Tragkörbe gesetzt, die an der Wand befestigt sind. Nach Kurz wird im Gebirge viel Honig von wilden Bienen gefunden.

Die Jagd ist eine Leidenschaft der meisten Bakwiri. Sobald die Knaben heranwachsen, begleiten sie ihren Vater. Die Bakwiri sind gute Jäger, da sie ein scharfes Gesicht und Gehör haben. Beim Schießen legen sie das Gewehr nicht an die Schulter, sondern halten es möglichst weit von sich, weil sich oft ein Teil des Pulvers nach rückwärts entzündet. Gejagt werden hauptsächlich Elefanten (jetzt verboten), Flußpferde (am unteren Mongo), Leoparden (selten), Schimpansen, kleinere Affen, Zwergantilopen, Stachelschweine, kleine rötliche Wildschweine, Schuppentiere, Eichhörnchen, wilde Katzen, fliegende Hunde, Leguane, Schildkröten, Schlangen, Adler, Weihen, Pelikane, Papageien, wilde Tauben usw. Sämtliche Wildarten werden gegessen. Als Jagdtrophäen scheinen nur Affenschädel und Antilopenhörner verwendet zu werden. Elefanten werden in Fallgruben, viele andere Tiere mit Pfeilen und Schlingen gefangen. Die Jagd wird stets gemeinschaftlich von mehreren Männern betrieben. Mit Hilfe von Hunden, denen man Klappern um den Hals gehängt hat, damit sie recht viel Lärm verursachen, treibt ein Teil der Jagdgesellschaft den Jägern das Wild zu. Diese Klappern bestehen aus einer harten schwarzen Fruchtschale mit einem Knochen als Klöppel. Seefischerei treiben die Bakwiri nicht, woraus man schließen kann, daß sie erst vor nicht allzulanger Zeit in ihre jetzigen Wohnsitze eingewandert sind. Die Flußfischerei wird meist von Weibern und Kindern betrieben. Bäche und seichte Flüsse werden mit Steinen abgedämmt. Mit trichterförmigen Körben von etwa 1 2 m Länge schöpft man dann die Fische und Krebse aus dem Wasser. Fischnetze scheinen ursprünglich nicht bekannt gewesen zu sein. Nur in den Küstenorten fertigt man mittels hölzernen Nadeln kleine Netze von Zwirn oder Schnur. Die Netzflechterei scheint von den Kru- oder Weinegern eingeführt worden zu sein. Angeln sind unbekannt.

Was die Metalltechnik anlangt, so sollen die Bakwiri das Eisen früher aus Raseneisenstein gewonnen haben. Jetzt verwenden sie zu ihren Schmiedearbeiten Draht, Faßreifen und ältere Eisenabfälle. Geschmiedet werden hauptsächlich folgende Gegenstände: Beile aus Bandeisen, Stemmeisen, kleine Messer, Tätowierungsmesserchen usw. Europäische Cutlasse werden hier und da zu Schwertern umgearbeitet. Der Blasebalg ist den Bakwiri bekannt. In Viktoria werden auch Zodiakalringe gefertigt, aber nicht durch einen Bakwiri, sondern durch einen fremden Neger.

Die Töpferei ist im Rückgang begriffen. Sie wird noch in der Gegend östlich von Buenga geübt. Die Töpfe scheinen lediglich in verschiedenen Größen, aber alle in einerlei Form und Verzierung hergestellt zu werden. Die Weiber bringen dieselben aus der erwähnten Gegend nach Viktoria auf den Markt. Geschickte Holzarbeiter giebt es nur einzelne. Das Zubereiten von Holz zu Thürpfosten, Thürschwellen und Brettern sowie das Schnitzen von Hausgeräten wird indessen von den meisten Bakwiri geübt. Nur kleine Bäumchen werden mit dem Beile und dem Buschmesser gefällt, sonst liegen in den Urwäldern genug umgestürzte Stämme, die ohne weiteres in Gebrauch genommen werden können. Sägen kennt man nicht. Das Holz wird mit Glasscherben geglättet. Als Schnitzwerkzeuge dienen Stemmeisen und Messer. Löcher werden mit glühendem Draht gebohrt. Zierschnitzereien findet man meist nur an Säulen, Schüsseln und Häuptlingsstöcken (aus Ebenholz). Jedoch sind die Schnitzarbeiten der Bakwiri von geringer Bedeutung. Die Korbmacherei ist Hausindustrie und nicht in allen Dörfern zu finden. Matten und Körbe sah Scholze z. B. in Busumbu verfertigen. Die Herstellung der großen Körbe und Matten liegt vermutlich ausschließlich den Männern ob; kleine Körbe und die Holzklappern werden auch von Frauen hergestellt. Außer den Körben zum Fischfangen sind hauptsächlich drei verschiedene Formen in Gebrauch. Nämlich Körbe in Form einer Kugelhaube mit oder ohne Fuß und in Form eines Kegelstumpfes. Aus Bananenbast und dünnen Lianen werden Tragbänder geflochten. Über Leberöl und Fettbereitung ist bisher nichts bekannt geworden. Gefärbt wird mit Rotholz. Die Matten werden nur in einem Muster, aber in verschiedenen Größen hergestellt. Die Rinde einer Sumpfpflanze wird in dünne Stäbchen geschnitten, diese nebeneinander gelegt und an einem Ende durch Holz beschwert. Von links beginnt man nun zu flechten. Die ersten neun Stäbchen werden hochgehoben und darunter drei Querstäbchen gelegt. Dann legt sich das Querstäbchen über die nächsten

neun Längsstäbchen, dann wieder unter die neun folgenden usw. Der zweite
Querstreifen legt sich zunächst über 1 bis 6 der Längsstreifen, dann unter 7 bis
18 und so fort. Die Ränder der Matten werden mit Schnüren verflochten. Sie
haben im Durchschnitt eine Länge von 1,20 bis 1,70 m und eine Breite von
0,60 bis 0,75 m. Spinnerei und Weberei sind bei den Bakwiri unbekannt.
Berufsmäßige Schneider sind gleichfalls nicht zu finden. Die Bakwiri nähen
mit Lederriemchen, die Löcher werden mit einem Messer vorgestochen. Doch finden
Nähnadeln und Zwirn allmählich Aufnahme. In Viktoria und Buea sind auch
bereits einige Nähmaschinen zu finden.

Soziales Leben.

Wald, Busch, Grasland, Gewässer sind gemeinschaftliches Eigentum.
Sobald jedoch ein Bakwiri ein Stück Land urbar gemacht hat, so geht sowohl
dieses wie auch die darauf errichteten Hütten und die dazu gehörigen Hofräume,
Felder und der Baumbestand in seinen Privatbesitz über. Läßt er sein Land
aber brach liegen, so fällt es wieder an die Gemeinde. Grundstücksgrenzen werden
nicht festgelegt. Die einzelnen Gehöfte und Felder sind meist durch Gebüsch von
einander getrennt. Zäune, mit denen die Felder oft umgeben sind, sind nur als
Schutz gegen Beschädigung durch das Vieh anzusehen.

Die Bakwiri haben kein gemeinsames Stammesoberhaupt, doch herrscht
(nach Spellenberg) über 4—5 Dörfer ein Oberhäuptling. Jedes Dorf hat
einen Häuptling, „ango a mondi genannt, und einen Unterhäuptling nebst einigen
„Ältesten". In Dorfe Bonjongo, das man in Ober-, Mittel- und Unter-Bonjongo
einteilen kann, sind drei Unterhäuptlinge vorhanden. Der Unterhäuptling ist der
Vertreter des Häuptlings bis zum Regierungsantritt des Nachfolgers. Als
Zeichen seiner Würde trägt der Häuptling einen geschnitzten Ebenholzstock. Nachrichten und Befehle giebt er durch die Sprechtrommel oder durch einen Boten
kund, welcher als Beglaubigung den Häuptlingsstock oder auch den Häuptlings-
hut mitterhält. Der Amtsantritt des Häuptlings wird durch ein Fest gefeiert,
bei dem einige Ziegen unter ähnlichen Zeremonien wie bei den Totenfeiern
geröstet und verspeist werden. Die Verfassung ist durchaus patriarchalisch; die
Häuptlingswürde vererbt auf den ältesten Sohn (auch bei den Boia). Ist ein
männlicher Nachkomme nicht vorhanden, so wird (nach Spellenberg) ein neuer
Häuptling gewählt. Einem Gemeindenrat, der auf Ruhe, Ordnung und Kinder-
zucht zu sehen hat, gehören (bei Bakwiri und Bola) alle ältesten Leute an. Zur
Teilnahme an den Volksversammlungen sind alle freien Männer berechtigt. Auch
die jungen Männer haben Zutritt.

Häuptlinge oder reiche Leute halten Sklaven, aber wohl nie mehr als drei.
Die Gesamtzahl der Sklaven ist daher sehr gering. Sie verlassen ihre Herren
äußerst selten und sind durchaus nicht völlig rechtlos. Sie dürfen nicht veräußert
werden, können aber durch Erbschaft an einen anderen Herrn übergehen. Sie
wohnen in eigenen Hütten, die neben der Hütte des Herrn oder derselben gegenüber stehen. Sie werden gut behandelt, besitzen eigene Felder, müssen aber ihrem
Herrn einen Teil der Früchte abliefern und Frondienste leisten. Der Sklave
redet seinen Herrn mit „ango (Vater) an, die Herrin mit nyango (Herrin). Die
Bezeichnung für Sklave ist mokum. Nach Aussage von Missionaren giebt es
auch Schuldsklaven. Genaueres darüber ist nicht bekannt. Spellenberg stellt

inbeffen merfwürbigerweise das Vorhandensein von Sklaven ganz in Abrede. Das Wort mokum bedeute lediglich einen Mann, der der Trommelsprache nicht mächtig sei. Seine Ansicht steht also der des Miss. Müller, von dem die obigen Notizen stammen, direkt entgegen, und es müssen zur Klärung der Sache weitere Feststellungen abgewartet werden.

Was die Stellung der Frauen anbetrifft, so führen dieselben meist das Regiment im Hause. Polygamie giebt es nur bei den Wohlhabenden; arme Bakwiri haben nur eine Frau, reiche nur selten mehr als fünf. Die väterliche Gewalt über die Kinder ist gering, die Ehrfurcht der Kinder nicht sehr entwickelt. Nach dem Tode des Vaters erbt der älteste Sohn die Hütte und eine der Frauen seines Vaters. Die übrigen Frauen, Schwestern und Sklaven werden unter den Brüdern gleichmäßig verteilt, ebenso auch das Vieh und das bewegliche Eigentum. Sind direkte männliche Erben nicht vorhanden, so geht die Erbschaft an weitere Verwandte über. Schulden vererben sich gleichmäßig.

Der übliche Gruß bei Begegnungen ist mola koko, was (nach Pater König) guter Freund oder lieber Vetter bedeutet. Europäern gegenüber wird dieser Gruß nicht angewendet. Ein anderer Gruß ist die Frage „o ja! hwam?" d. h. befindest du dich wohl? Die Antwort darauf lautet fast stets „eh" (gedehnt gesprochen). Beim Abschiede sagt man „na w'ala" (ich gehe). Bei der Begrüßung reicht man sich die Hand, oder man legt die Arme so aneinander, daß eine Hand den Oberarm des andern umfaßt. Freunde und Verwandte grüßen sich, indem sie je einen Arm um des andern Hüften legen und die Schultern aneinanderstoßen. Küssen ist bei den Bakwiri unbekannt. Sie lachen, wenn sich Europäer küssen. Vertraute Freunde trinken gegenseitig von ihrem Blute. Will ein Bakwirimann in der Erzählung bezeugen, wie treu und fest seine Freundschaft zu einem Dritten sei, so hält er seine beiden Zeigefinger ineinander und sagt dabei „so innig ist unsere Freundschaft."

Europäer werden durch Abnehmen der Kopfbedeckung, den Versuch einer Verbeugung und den Worten: „good morning" begrüßt. Viele gehen auch stumm vorüber, nehmen aber meist schon auf 20 bis 30 Schritte Entfernung Hut oder Mütze ab und halten sie entweder in der Hand oder drücken sie an die Brust. Manchmal grüßen die Männer in militärischer Art, bald mit einer Hand, bald mit beiden, aber immer in höchst drolliger Weise. Tritt ein Bakwiri in eine Hütte, in welcher gerade gegessen wird, so sagt er „libao" (d. h. komm' ich gerade recht?) Durch ein lautes „eh" (ja) wird er darauf gastfreundlich zum Mithalten eingeladen.

Spiele aller Art sind bei den Kindern der Bakwiri sehr beliebt. Künstliches Spielzeug besitzen sie nicht. Knaben tummeln sich gern am Strande, malen allerlei Figuren in den Sand und vergnügen sich stundenlang im Wasser. Wie unsere Kinder waten sie mit Vorliebe in schmutzigen Regenpfützen herum. Sehr gern spielen sie mit Armbrüsten, welche genau die Form europäischer Armbrüste haben, nur fehlt ihnen der Drücker. Die Sehne wird deshalb mit einem Finger losgeschnellt. Statt der Pfeile für den Bolzen befinden sich an den Armbrüsten zwei hölzerne Röhren, in welche dünne Holzstäbchen gesteckt werden. Die früh in den Knaben erwachende Jagdlust verleitet sie häufig zu grausamen Tierquälereien. Die Mädchen spielen mit Vorliebe Kochen. Schaukeln, Haschen und Versteckspielen (sisusutsu), Ballwerfen mit Zitronen und Apfelsinen, Würfeln mit kleinen weißen

Muscheln, die auf der offenen Seite mit einer Art Pech ausgefüllt sind, gehören zu den beliebtesten Spielen. Sehr gern wird auch mit Klappern gespielt, sie bestehen aus zwei hohlen Fruchtschalen, die innen zum Teil mit kleinen Steinchen ausgefüllt und außen durch eine Schnur miteinander verbunden sind. Die Schnur wird zwischen zwei oder drei Finger genommen und die Hölle dann im Takt bald auf der einen bald auf der anderen Seite aneinander geschlagen. Die beliebtesten Gesellschaftsspiele sind „Irrie und Sklaven", Livanga und Jega. Bei dem ersteren Spiel bilden Knaben und Mädchen einen Kreis oder zwei Reihen. Unter Singen und taktmäßigem Händeklatschen werfen sie bald das linke bald das rechte Bein mit großer Geschwindigkeit nach vorn. Der Mitspieler, welcher den Sklaven darstellt, steht in der Mitte des Kreises oder zwischen den Reihen. Seine Aufgabe ist es, auf einen der Umstehenden loszuspringen und dabei zu versuchen, daß er gleichzeitig mit demselben dasselbe Bein in die Höhe wirft (also links auf links und rechts auf rechts). Gelingt ihm das, so ist er frei, der andere wird nunmehr Sklave und trachtet, sich auf dieselbe Weise wieder zu befreien. Beim Livangaspiel sitzen Knaben und Mädchen auf einem Baumstamm. Ein Knabe hat in der Hand eine Nuß oder einen Stein, geht zu jedem sitzenden Mitspieler und drückt seine Hand dem Knaben in den Schoß, den Mädchen aber in die offene Hand. Ein seitwärts stehender Mitspieler muß nun erraten, wer die Nuß erhalten hat. Gelingt ihm das, dann darf er die Nuß verstecken und ein anderer muß raten. Beim Jegaspiel stellen Knaben und Mädchen sich in zwei Reihen auf und legen vor sich in je einer geraden Linie kleine Steinchen. Eins nach dem andern treibt dann einen Kreisel auf die gegnerischen Steinchen. Wenn ein solches weggestoßen wird, so sagen alle: mbonge o! (das Schneckenhäuschen). Als Kreisel benutzen sie ein etwa 11 cm langes Schneckengehäuse, das am breiten Ende gleichmäßig geschnitten wird. Es wird mit den Fingern in Drehung versetzt.

Die Männer beschäftigen sich oft Stunden lang mit einem Brettspiel (ngasa genannt), das wahrscheinlich dem der Togoneger ähnlich ist (Deutsche Kolonialzeitung 1899, Seite 372).

Frühzeitig üben sich Knaben und Mädchen im Tanzen und nehmen an den Festlichkeiten der Alten häufig teil. Die Batwiri tanzen meist zu zweien in folgender Weise: Ein Mann und eine Frau umfassen sich so, daß sie sich umschlingend sich gegenseitig die Arme auf den Rücken legen und die nackten Brüste fest aneinander drücken. In dieser Haltung gehen sie Schritt am Ort, zucken mit den Arm- und Brustmuskeln und singen dabei. Dazu wird die Trommel geschlagen. Die Umstehenden stimmen in den Refrain des Gesanges mit ein. Ein solcher Tanz dauert etwa 15 bis 20 Minuten, bis die Tanzenden von Schweiß triefen. Oft tanzen viele Paare gleichzeitig. Bei jeder Gelegenheit, bei Totenfesten wie bei Gelagen, wird dieser Tanz geübt.

Scholze hatte Gelegenheit, im Jahre 1898 einen Teil einer Tanzfeierlichkeit zu beobachten, die von 6 bis 12 Uhr nachts währte. Etwa 30 Personen versammelten sich in einer Hütte, 8 Männer, 3 Knaben, 3 Frauen und 3 Mädchen tanzten, zwei Männer trommelten, und die übrigen sahen zu. Die tanzenden Männer und Knaben trugen ein Lendentuch und in einer Hand ein Büschel Farnkraut. Auch die drei Frauen waren mit Lendentüchern bekleidet und trugen in einer Hand Farnkraut, in der andern die Klapper (Yola). Die Mädchen hatten nur eine Schnur um die Hüften gebunden, an welcher vorn ein Schutzschürzchen, hinten einige Büschel Farnkraut hingen. Schräg über die Brust trugen sie eine aus Bananenbast geflochtene, rot gefärbte Schnur, in welche mitten auf der Brust ein Stück Schwamm eingebunden war. Bei Beginn des Tanzes traten Männer und Knaben den Frauen und Mädchen gegenüber. Darauf bildeten sie einen Kreis, die Gesichter nach innen gekehrt. Nun nahmen die Mädchen ihre Klappern zur Hand, und alle begannen sich von links nach rechts in aufrechter Haltung zu drehen, indem sie mit geschlossenen Füßen seitwärts rutschten und abwechselnd kleine Schwenkungen des Körpers nach rechts und links machten. Dabei zuckten sie mit den Brust- und Armmuskeln, wie bei allen Tänzen, drückten den Oberarm leicht an die Seite und streckten den Unterarm wagrecht nach vorn. Bei den Seitenschwenkungen klapperten die Weiber im Takte mit der Pola. Nach Verlauf einer Minute beugten alle den Oberkörper nach vorn und bewegten sich in dieser Haltung weiter. Dabei klapperten die Weiber und die übrigen sangen. Diese Figur, die etwa eine halbe Minute währte, wurde viermal wiederholt, dann eine Pause gemacht und der Tanz von neuem begonnen. Dies wurde etwa eine halbe Stunde fortgesetzt.

Nach kurzer Ruhe wurde zum zweiten Tanz angetreten. Nach Geschlechtern geordnet, stellten sie sich kreisförmig hintereinander und bewegten sich langsam vorwärts. Die Knie wurden ein wenig gebeugt, die Arme wie vorher gehalten und mit den Muskeln gezuckt. Alle Tanzenden sangen und die Weiber klapperten dazu. In kurzen Zwischenräumen sprang ein Mann oder eine Frau singend in die Mitte des Kreises, machte die tollsten Sprünge und Grimassen und kehrte dann in die Reihe zurück. Je wilder die Geberden, desto höher die Freude. Dieser Tanz dauerte zehn Minuten.

Wieder folgte eine kurze Pause, worauf ein neuer Tanz seinen Anfang nahm. Etwa fünf Minuten lang bewegte man sich wie zu Beginn des soeben beschriebenen Tanzes, blieb dann plötzlich stehen und stellte sich in Form eines Dreiecks hintereinander auf, wobei die Hintermänner die Hände auf die Schultern der Vorstehenden legten. In dieser Stellung verharrten sie einige Minuten und stampften mit den Füßen. Darauf kehrten sie in die ursprüngliche Aufstellung zurück und tanzten in derselben noch ungefähr fünf Minuten.

Der Takt der begleitenden Tanztrommel bestand aus 8 Schlägen, wovon 1 bis 4 und 6 bis 8 leichter und schnell hintereinander, 5 dagegen stark und ein wenig länger angeschlagen wurden. Die begleitenden Gesänge waren wegen des großen Lärmes schwer zu verstehen. Zwei Balwiri diktierten Scholze nachträglich einen Teil des Gesanges, der, wie sie sagten, nicht in der gewöhnlichen Balwirisprache abgefaßt sein soll. Ich gebe sie im Folgenden so, wie sie nach dem Gehör aufgeschrieben sind. Kein Balwiri wollte den Text übersetzen. Erst durch die Vermittlung eines Duala, eines ehemaligen Lehrers der katholischen Mission in Bonjongo, wurde die Bedeutung zum Teil festgestellt und dementsprechend neben dem Text angegeben: Eine Frau: meyénku onümals ngomo = wir führen einen Tanz auf. Von den Frauen wiederholt.

Männer: ye ele mobená mendondo = die Frauen essen ein Schwein.

Frauen: maóndö masoko bala ngoa = wir singen beim Mondschein und essen viele Schweine.

Alle: alá eá, alá eá, yá e lobéná, e e r cee, mindálelo = die Frauen essen Ziegen und Schafe, ja, ja, ja, wir singen viel.

Dies letztere wird nach folgender Melodie gesungen:

e o e   o e e   mindalelo.

Nach einer Pause alle: ngúaye eee, ngúaye eoe.

Während der zweiten Figur des Tanzes springt eine Frau mit einem Stecken in die Mitte des Kreises und alle singen:
mɔngɔ nedndɔ = die Frau hat einen Stock.

Nachdem die Frau wieder in die Reihe eingetreten ist, singen alle:
languia o kilmá nángɔlɔ = ? spucken in den Topf.

Eine einzelne Frau erwiedert:
ngún múngɔ e, ngúa múngo e.

Darauf alle (die Frauen und Mädchen tüchtig klappernd):
yóla o néá, yóla eee, eoe.

Nach einer Pause wieder ein Mann:
ndánga wɔkɔ wnbuá eoe.

u. s. w.

Andere Gesänge weigerte man sich, zu diktieren, deutete aber an, daß sie geschlechtliche Gegenstände beträfen. Da unter den 3 geschmückten Mädchen eines etwa 13 Jahre alt und manubar sein mochte, so ist es wohl möglich, daß es sich bei der Festlichkeit um eine Vorbereitung auf die Pubertätsfeier handelte. Auch das Wort yentu beim Anfange des Gesanges spricht dafür, daß es sich um ein Fest religiösen Charakters handelte.

Der Gesang der Balwiri bewegt sich nur innerhalb 5 oder 6 Tönen. Ihre Lieder sind Improvisationen, zu denen der Chor den Refrain singt. Einer singt etwa: „die Sonne steht schon hoch, ich habe Hunger", dann wiederholen die andern: „ja, wir haben Hunger". Reichsschullehrer Fischer beobachtete beim Tanzen einen Gesang, der mit ai begann, das drei- bis viermal wiederholt und mit Händeklatschen begleitet wurde. Auf jedes ai antwortete der Chor mit ho. Darauf der erste: eongonya yqeq (d. h. ich habe viel Geld), worauf die andern antworteten he! = o! = ja, das ist wahr.

Ein anderer Gesang lautete: mola na ninembi na lemba (d. h. ich kenne dich, Freund).

Darauf folgte: na minye woli libaa (d. h. ich habe dir viele Fliegen gegeben. Wirst du sie mir wiedergeben). Der Schluß ist dann ho!

Die Tanztrommel wird schief zwischen die Beine geklemmt und mit beiden Händen geschlagen. Der Daumen liegt dabei am Rande der Trommel, während die vier übrigen Finger zu gleicher Zeit mit einander auf das Fell schlagen. Sonst sind noch folgende Musikinstrumente in Gebrauch: Hölzerne Kriegstrompeten (ca. ¹/₂ m lang), Elfenbeinhörner in verschiedenen Größen (am häufigsten 40 cm lang), ein Monochord in Form eines Bogens und eine Art Guitarre mit sieben Saiten, die mit den Fingern gerissen wird. Die Sprechtrommel ist fast in jeder Hütte zu finden, und fast alle erwachsenen Männer verstehen die Trommelsprache. Sie ist genau wie bei den Duala gearbeitet.[1]

[1] Vergl. Mittheilungen aus den deutschen Schutzgebieten, Bd. XI, 2. 1 ff.

Handel und Verkehr.

Ihren Nachbarvölkern liefern die Bakwiri Yams, Makabo, Bananen, Matten, Körbe, Töpfe. An die Europäer werden außerdem verkauft: Vieh, Hühner, Rotholz, Ebenholz, Palmöl, Palmkerne, Bauschul und etwas Elfenbein und Kolas. Vieh, Hühner und Eier verkaufen sie ungern. Sie werden deshalb seit 1899 zu regelmäßigen Lieferungen von Schlachtvieh gezwungen. Ihrerseits beziehen die Bakwiri von den Balongleuten gewebte Rindertragkiste, von den Duala geschnitzte Schemel, von den Bota- und Subuleuten Fische, von den erstern außerdem runde Schachteln aus Baumrinde. Die in den Plantagen arbeitenden Bali liefern ihnen gewebte Taschen, Dolche und Speere. In den Faktoreien kaufen sie hauptsächlich wollene Decken, Lendentücher, Hemden, fertige Kleider, Hüte, Mützen, Regenschirme, Perlen, Schmucksachen, Spiegel, Toutabakspfeifchen, Tabak, Schnaps, Salz, Seife, Buschmesser, Küchenmesser, Zielnichloßflinten, Pulver, eiserne Kochtöpfe, Blechkoffer, Draht, kleine Feilen zum Schärfen der Messer usw. Haupthandelsort ist Victoria. Bis 1898 fand daselbst alle drei Tage ein Markt statt. Jetzt sind Dienstag und Freitag dagegen Markttage (gleichzeitig Gerichtstage). Dort kommen morgens von 7 bis 10 Uhr Bakwiri, Bota und Subu zusammen. Die Bakwiri, selbst aus einer Entfernung von 5 bis 6 Stunden, brechen schon am Tage vorher von Hause auf und übernachten unterwegs. Im Durchschnitt kommen 0 bis 800 Personen zusammen. Der Meeresstrand ist der Marktplatz; die Ordnung wird durch einen schwarzen Polizisten aufrecht erhalten. Nach dem Markte nehmen die Bakwiri (Männer und Frauen) Traglasten mit in ihr Dorf, oft bis zu 70 Pfund, und bringen sie von dort aus nach der Regierungsstation Buea und in die Missionsfarmen und Pflanzungen. Der mittlere Traglohn für eine Last nach Buea beträgt Mk. 2,50. Das Geld wird erst am Bestimmungsort ausgezahlt. Kleinere Marktplätze sind noch Buenga, Muea Evona, Malanga und Mose am Mongo. Auch in der Regierungsstation Buea findet jeden Montag ein kleiner Markt statt. Besondere Maße scheinen bei den Bakwiri nicht bekannt zu sein. Doch haben wahrscheinlich ihre Körbe eine bestimmte Größe. Ein Rind kostet im Durchschnitt 120 bis 160 Mk., ein Schwein 6 bis 10 Mk., ein Huhn 1 bis 1,50 Mk., sechs Eier 0,50 Mk. Früchte, Hühner, Eier und dergleichen kauft man am besten mit Tauschartikeln ein. Als solche sind am gangbarsten Tabak, Streichhölzer, Schnupftabaksdosen, Lendentücher, Perlen, Löffel, Spiegel, tönerne Tabakspfeifen, Wurmbonbons und dergleichen. Deutsches Geld ist ziemlich allen Bakwiri bekannt. Doch bezeichnen sie es mit englischen Namen. Die Mark nennen sie Schilling, 10 Mark Halfpound, 20 Mark Pound, 50-Pfennig-Stücke Sixpence. Kupfergeld und Nickel, das sie mit dem Namen Copper bezeichnen, nehmen sie nur ungern. Sparen ist ihnen unbekannt. Alles Geld ist in kurzer Zeit wieder verbraucht. Sie entschuldigen sich damit, daß sie keinen sicheren Platz für die Aufbewahrung hätten, das Geld werde ihnen in ihrer Hütte gestohlen. Die Einrichtung einer Sparkasse für Schwarze wäre deshalb gewiß von segensreichen Folgen, namentlich auch für die in Kamerun lebenden Kru- und Weileute, die sehr sparsam sind, und von denen mancher durch Diebstahl um sein sauer verdientes Geld gebracht wird. Scholze berichtet, daß seine Arbeiter ihm stets dankbar gewesen seien, wenn er ihnen ihr Geld gegen eine Cuittung (Book) aufbewahrte. (Schluß folgt.)

Dahome.

Nachdem wir kürzlich in der D. Kol.-Ztg. 1901 Nr. 37 über die Konzession der Erschließungsbahn für dieses Schutzgebiet berichtet haben, seien heute einige Angaben über den Stand der Arbeiten mitgeteilt. Bekanntlich wird die Kolonie den Unterbau auf der ganzen Strecke fertigstellen, um letztere der Konzessionsgesellschaft in Abschnitten von je 50 km zu überweisen, und zwar vom 26. Dezember d. J. an. Die Arbeiten begannen in Kotonu am 20. Juni 1900, nachdem das Gestrüpp gerodet worden war, mit 250 von den Häuptlingen von Allada und Calavi gestellten Eingeborenen, zu denen noch Freiwillige aus Porto-Novo, Lagos, Togo und Norddahome kamen, so daß die Zahl der Arbeiter bald zwischen 500 und 1500 schwankte, je nach der Jahreszeit. Ende Juli erreichte der Unterbau bereits die Lagunen, die auf eine Länge von 3 km das sandige Gelände zwischen Kotonu und Godomon durchschneiden. Das Aufschütten von Dämmen von 2—3 m Höhe in dem oft meterhohen Brackwasser erforderte zwei Monate. Anfangs Dezember waren die Bahnarbeiten bis Weida (Whydah) gefördert; das Bahnhofsgelände wurde von dortigen Arbeitern geebnet. Unterdes wurde die Anfüllung der 250 m langen und bis 15 m tiefen Lagune von Pahu in Angriff genommen; die Arbeiten für die Anlage eines Dammes, der die Wasserfläche um 5 m überragt, dauern noch fort. Die Herstellung des Bahnkörpers auf der 40 km langen Küstenstrecke von Kotonu nach Weida erforderte 7 Monate.

Beim Eintritt der Trockenzeit im Oktober 1900 hatte ein Offizier die Bahnstraße und das als Konzessionsland in Aussicht genommene anstoßende Gebiet in Niederdahome und der Provinz Allada zum größten Teil vermessen. Da man in dieser Gegend nur 4—5 Monate im Jahre arbeiten kann, wurde sofort mit den Rodungsarbeiten begonnen. Der Häuptling von Allada hatte aufgrund eines Vertrages Arbeiter gestellt; die Leute arbeiteten meist nach einem Turnus. In wenigen Monaten war die 21 km lange Strecke von Wagbo bei Tschloppa entwaldet und der Unterbau auf eine Länge von 12 km von Wagbo bis Toffo fertiggestellt. Für die Rodungsarbeiten wurden dem Häuptling 600—700 Frcs. für das Kilometer bezahlt, je nach der Dichtigkeit des Waldes; die Bodenarbeit, bei der 65000 cbm zu bewältigen waren, kostete auf dieser ersten Strecke nach Norden, wie auch an der Küste, 1 Frc. für das cbm.

Die Arbeiten über die Lama hinaus wurden der Arbeiter wegen von Norden nach Süden unternommen und zwar von Cana aus. Die Abstedung und die Bodenarbeit folgten einander hier unmittelbar. Arbeitsverträge waren mit den Häuptlingen der Provinz Abome abgeschlossen worden. Es konnten mit einem Male Ende 1900 2500 Mann eingestellt werden, die in drei Monaten

80000 cbm bewältigten. Die Hälfte dieses Abschnittes von 50 km ist fertiggestellt; man arbeitete darauf mit 200 Mann, die auf je einen Monat eingestellt werden, um die übrigen 25 km abzuholzen und 75000 cbm Boden zu bearbeiten; für letztere Arbeit stellt sich hier der Preis auf 0,₁₁ Frc. Nach der Erntezeit gedachte man wieder eine größere Anzahl Arbeiter einzustellen. Mittlerweile wurden jedoch nördlich von Atscheribe die ersten Arbeiten unternommen, da die Strecke bis Pauignan zum Juni 1903 der Vorrillischen Gesellschaft übergeben werden soll. Hauptmann Bachellery wird die Trassierung von Atscheribe bis Sawa (letztere liegt 260 km von der Küste) vollführen.

Nachdem das Kolonial-Wirtschaftliche Komitee beschlossen hat, eine Expedition zu Vorstudien für eine Eisenbahn nach Togo zu entsenden, dürften vorstehende Angaben auch in deutschen Kreisen Interesse erregen. Auch für unseren westafrikanischen Handel ist Dahome wichtig, da das dortige Geschäft vorwiegend in deutschen und englischen Händen liegt und voraussichtlich auf lange Zeit bleiben wird, wenn nicht durch die Konzessionen von Ländereien an die Eisenbahngesellschaft das Prinzip des freien Wettbewerbs, wie es für die Länder des Nigerbeckens festsieht, durchbrochen wird. Die Hauptursache dieser Überlegenheit des nicht französischen Handels ist der Unterschied in den Frachtsätzen, die auf den übrigens wenig zahlreichen französischen Dampfern höher sind als auf den deutschen und englischen.

Der Gesamtwert des Außenhandels der Kolonie stieg von 25„ Millionen auf 27„ Millionen Frcs. von 1899 auf 1900. Die Einfuhr stieg von 12„₁ auf 15„, Millionen, wobei allerdings zu berücksichtigen ist, daß die Zollverwaltung seit vorigem Jahre höhere Wertbestimmungen eingeführt hat. Die Erhöhung des Einfuhrzolles auf Branntwein hat die bezweckte und erwartete Verminderung der Einfuhr von 4625 auf 3028 hl ergeben. An dem Einfuhrhandel ist Frankreich mit seinen Kolonien nur mit 3„, Millionen Frcs. oder 24 Prozent beteiligt. Ein Teil dieser Einfuhr ist fremder Herkunft und in Frankreich nur verschifft worden; der Branntwein wurde meist aus Ungarn als Spiritus bezogen und in Marseille durch Zuthat von Essenzen zubereitet; das Mehl kommt von russischem Getreide, das in Frankreich zollfrei verarbeitet wurde. Wenn man noch berücksichtigt, daß Kaffee, Holz, Schmalz, Zement, Glasperlen, Seide, Steinkohle und zum Teil auch Wein vom Auslande kommen, so ergiebt sich, daß Frankreich kaum 19°/₀, 2 Millionen Frcs., eigener Waren in Dahome einführt.

Die Ausfuhr ist von 1899 auf 1900 von 12„₁ auf 12„₁ Millionen Frcs. gestiegen. Palmöl, Palmkerne, Kopra und Kautschuk bilden die Hauptstapelwaren. Die Verschiffungen geschahen im vorigen Jahre, wie folgt:

Nach:	Palmkerne	Palmöl	Kautschuk	Kopra
Frankreich . . kg	2851517	6353230	11002	218580
England . . . . „	36958	2000	72	—
Deutschland . . „	8229126	905140	979	—
Lagos . . . . „	10827916	1652383	7732	2000
Togo . . . . „	40556	6588	. .	—
Zusammen . kg	21986043	8920359	19875	220580

Hiernach hat Deutschland den Löwenanteil, da ein sehr großer Teil des Frachtverkehrs in Lagos über die Woermanndampfer geht. Den Anteil

genau zu berechnen, geht jedoch nicht an; ein Versuch eines englischen Konsulats-
berichtes in diesem Sinne ist als mißlungen zu bezeichnen.

Die Londoner Wochenschrift „West Africa" hat an einige in Dahome
thätige Firmen Umfragen über die voraussichtliche Wirkung der Borellischen
Landkonzessionen auf den Handel der Kolonie gerichtet. Antworten sind von
Witt & Büsch in Hamburg und John Holt and Co. in Liverpool eingegangen.
Erstere Firma spricht die Ansicht aus, daß die Eisenbahnstationen und die Faktoreien der Bahngesellschaft meist zusammengelegt erscheinen werden, und die Gesellschaft ihr Recht, Ländereien in der Nähe der Bahnstrecke auszuwählen, gegen
den freien Handel ausnutzen wird; John Holt and Co. verweisen auf die Vorgänge in Französisch-Kongo hin, wo die Konzessionäre sich gewissermaßen mit
Gewalt ein Monopol verschaffen. Wir können hinzufügen, daß deutsche Firmen
vom Gabuner Bezirk sich bereits von den Konzessionären haben auskaufen lassen,
um den Mißhelligkeiten zu entgehen. Auch glauben John Holt and Co., daß
trotz der guten Absichten des Herrn Borelli die Rechte der Eingeborenen auf
das Land im Eifer des Geschäfts geschmälert werden. Die verdeckte Monopol-
wirtschaft, die jetzt am Kongo eingeleitet wird, beschäftigt bereits das britische
Auswärtige Amt.

Einem Berichte des Gouverneurs Liotard ist zu entnehmen, daß die
öffentlichen Arbeiten in der Kolonie gut gefördert werden. In Athieme ist
eine Residenz errichtet worden. In Kotonu hat man mit dem Bau eines Krankenhauses begonnen. Zwei weitere Residenzgebäude für Bezirksbeamte sollen demnächst
errichtet werden. In Porto-Novo sind die Straßen gerichtet und kanalisiert, die
Lagunen gebaggert und vertieft worden. Letztere Arbeit war schwierig, weil keine
Dampfbaggermaschine vorhanden war; es soll eine solche mit 20 Pferdekräften
angekauft werden.

Die Finanzlage ist befriedigend. Im vorigen Jahre betrugen die Einnahmen
3,„ Mill. Frcs. gegen 2,„ Mill. Frcs. im Jahre 1899; die Steigerung ist hauptsächlich den örtlichen Verbrauchsabgaben zuzuschreiben. Die Hüttensteuer hat
548515 Frcs. ergeben; sie war mit 350000 Frcs. veranschlagt. Die Ausgaben
betrugen 2,„ Mill. Frcs. gegen 2,„ Mill. Frcs. im Vorjahre. Sie stellten sich
im einzelnen wie folgt: Fällige Schulden 3600 Frcs., allgemeine Verwaltung
144268 Frcs., politische und Eingeborenen-Angelegenheiten 180503 Frcs., Polizeitruppe 109300 Frcs., Finanzverwaltung 403324 Frcs., verschiedene Dienstzweige
318604 Frcs., öffentliche Arbeiten, Flottille, Landungsdienst, 704581 Frcs.,
Sanitätsdienst 128639 Frcs., Ober-Dahome 478034 Frcs., Verschiedenes und
Unvorhergesehenes 292161 Frcs., Ausgaben aus früheren Jahren 148609 Frcs.
Bei fast allen diesen Posten sind Kreditüberschreitungen zu verzeichnen, insgesamt
für etwa 800000 Frcs. Am 1. Juli 1901 betrug die Vermögensrücklage der
Kolonie 810616 Frcs.

Marokko.

Von B. Jaap, Mogador.

In Nr. 32 der Deutschen Kolonialzeitung findet sich ein Aufsatz, der in verschiedenen Punkten der Richtigstellung bedarf, die in nachfolgenden Zeilen versucht sein möge.

Zunächst ist die Behauptung ein Irrtum, daß eine zahlenmäßige Feststellung deutscher Interessen niemals erfolgt sei. In dem vom Reichs-Marine-Amt der Flottenvorlage beigegebenen Bericht heißt es S. 9:

„Im Konsulatsbezirk Tanger bestehen 16 deutsche Handelshäuser (inzwischen 20) mit einem Betriebskapitale von fast 2 Millionen Mark, die Einfuhr-, Ausfuhr- und Kommissionsgeschäfte besonders mit Deutschland und England betreiben. Die dem Handel durch deutsche Häuser gewährten Kredite übersteigen 2 Millionen Mark und sollen namentlich in Zeiten guter Ernten noch wesentlich höher sich bewerten . . . . . . Der Grundbesitz beschränkt sich auf die Städte und ihre Umgebung; sein Wert überschritt 1897 nicht dreiviertel Millionen. In dem Schiffsahrtsverkehre von vier der maurischen Häfen, auf die fast 1 Million Registertons entfielen, überwog die deutsche Flagge. Einschließlich der recht florierenden Vertretungen deutscher Industriefirmen und Versicherungen wird sich der Gesamtbetrag der mit diesem Lande verknüpften deutschen Geldinteressen auf 8 bis 10 Millionen Mark stellen."

Soweit der amtliche Bericht, bei dem nur noch zu bemerken bleibt, daß die Erwerbung von Grundbesitz sich nur auf Tanger und dessen nähere Umgebung beschränkt. Über diesen Kreis hinaus ist sie unmöglich, weil die marokkanische Regierung jedem Kauf seitens eines Europäers derartige Hindernisse zu bereiten versteht, daß dieser schließlich erlahmen muß und auf seine Absicht verzichten. Weiterhin wird hierauf noch zurückzukommen sein.

Durch den obigen amtlichen Bericht erledigt sich die Behauptung des Herrn Dr. Hermann, die Zahl der angesessenen Reichsangehörigen auf Null einzuschätzen. Selbst in Fez, der nördlichen und Marrakesch, der südlichen Hauptstadt ist heuer je eine deutsche Firma ansässig. Keine andere Nation vermag diese Ziffern aufzuweisen und auch deutsche Handelsreisende besuchen in mindestens ebenso großer Zahl die Handelsplätze wie diejenigen anderer Nationen.

Wenn deutsche Interessen nicht noch bedeutender sind, nicht noch mehr Reichsangehörige sich angesiedelt haben, der deutsche Kaufmann Marokko etwas beiseite gestellt hat und der Schwerpunkt deutscher Interessen südlicher gewandert ist, so liegt dies alles an sehr verschiedenen Umständen.

Die hauptsächlichsten Gründe, auf die unseres Wissens niemals hingewiesen worden ist, bildeten:
a. die dünne Bevölkerung des Landes.
b. die Fremdenfeindlichkeit der jeweiligen Regierungen (nicht der Bevölkerung) und deren Bestreben, den Fremden nur nicht über die Küste hinauskommen zu lassen und hierdurch:
c. die Unmöglichkeit einer Aufschließung der Reichtümer des Landes.

In Marokko, mit einem Flächeninhalt so groß wie Deutschland, leben nach allgemeiner Schätzung etwa 6—8 Millionen Menschen. Wieviel sollen diese denn schließlich an europäischen Erzeugnissen verbrauchen? Wenn eine Vermehrung der Bevölkerung im Laufe der Jahrhunderte nicht stattgehabt hat, so ist das bei den Kriegen und inneren blutigen Umwälzungen weiter nicht zu verwundern, und diese inneren Kriege werden nicht aufhören, so lange das Land von gänzlich verrotteten Regierungen gelenkt wird, deren junge Weisheit darin besteht, die Unterthanen so arm zu erhalten, daß sie an nichts anderes denken sollen, als nur an die Aufbringung der ewigen Steuern. Ein Fernstehender kann sich gar keinen Begriff davon machen, in welch entsetzlicher Art und Weise das Land nach diesem Grundsatz ausgesogen wird.

Ein bezahltes Amt giebt es nicht, im Gegenteil, die Regierung verkauft die einzelnen Verwaltungsstellen an den Meistbietenden und die glücklich zu Amt und Würden gelangten, in den weitaus meisten Fällen vollständig unfähigen Personen quetschen aus den Untergebenen neben den fortwährend von der Regierung verlangten Summen (Steuern) selbstverständlich das für die Stellung Gezahlte mit Zins und Zinseszinsen heraus. Ein ewiges Wechseln der Beamten ist die Folge des Systems. Hat der Eine seine Untergebenen mit Ruten gezüchtigt, so peinigt der Folgende sie mit Skorpionen. Mag der Boden noch so ergiebig sein, mögen die Ernten noch so groß sein, dem hart arbeitenden Araber verbleibt von alledem nichts. Sein Kaid (unumschränkter Gerichtsherr und Verwaltungsbeamter einer größeren oder kleineren Provinz bezw. gewisser Kabylen) zwackt ihm alles gründlich wieder ab, sodaß die meisten Araber schließlich nur das zu erlangen suchen, was zur Bezahlung der Steuern und zum Leben unumgänglich notwendig ist. Kommt er trotz dieser Steuerschraube (bezw. Steuerschraube, nämlich Steuern und unersättlicher Kaid) durch eine günstige Konjunktur oder sonstigen Zufall zu einem kleinen Kapital, so verbirgt er diesen Reichtum vor seinen Blutsaugern, indem er das Bargeld vergräbt und weiter in Lumpen einhergeht. Auf diese Weise werden große Summen dem Verkehr entzogen und stirbt ein Araber, der (Gelber vergraben hat, plötzlich oder fern von seinem Wohnort, dann nimmt er den Ort der Vergrabung als Geheimnis mit ins Grab. Das Eintreiben der Steuern geschieht mit aller nur denkbaren Strenge. Kann ein Araber nicht zahlen, so wandert er ins Gefängnis, wo er für sein Leben sorgen mag; denn die Regierung giebt ihm nicht einen Bissen Brot. Sorgt er auch jetzt noch nicht für Geld, so wird seine Habe um jeden Preis verkauft. Entfliehen kann er nicht, denn ein anderer Stamm nimmt ihn nicht auf.

Ist es unter solchen Umständen zu verwundern, wenn der Absatz europäischer Fabrikate ein recht beschränkter ist und ist es ferner etwa verwerflich bei dieser wunderbaren Wirtschaft der marokkanischen Regierung, wenn die europäischen Kaufleute Araber unter Schutz nehmen, um sie ihren Blutsaugern zu

12

entziehen? Viel schon ist über dieses Protektionswesen geschrieben, aber, anstatt es einzuschränken, wie es in den letzten Jahren von den verschiedenen Gesandtschaften beliebt worden ist (jeder Firma werden nur noch 2 Vollbeschützte und eine mäßige Anzahl Halbbeschützter, sog. Mochalaten zugestanden), sollte man gerade im Gegenteil es so viel wie möglich ausbreiten und vergrößern; denn der Reichsitzte, also der der marokkanischen Quetschmaschine Entzogene, gelangt bald infolge der Ergiebigkeit des Bodens zu einem gewissen Wohlstand und wird größerer Verbraucher europäischer Industrieerzeugnisse. Je mehr man durch dieses Schutzsystem der marokkanischen Regierung an Untergebenen entzöge, desto schneller würde sie zu Reformen gelangen, die ihr durch diplomatische Noten nun und nimmermehr werden beigebracht werden.

Wenn bei diesem ganzen System nicht mehr europäische, in unserem Falle, deutsche Interessen festgelegt sind, so sollte man froh sein. Wir glauben nicht zu weit zu gehen mit der Behauptung, daß von den erpreßten Steuern wohl 80%, aus europäischen Krediten und Vorschüssen an Eingeborene herrühren, die dann meist als uneinbringliche Posten in den Büchern der europäischen Kaufleute stehen und von Jahr zu Jahr weitergeschleppt werden.

Es muß als Hohn bezeichnet werden, daß die Gesandtschaften einem sterbenskranken Staat gegenüber es noch nicht erreicht haben, daß ein Europäer Grundbesitz erwerben kann. Die Fremdenfeindlichkeit der Regierung geht so weit, daß mit Ausnahme von Tanger, ein Europäer auch nicht bauen darf. Der Neuangekommene mag zusehen, wo er Unterkunft findet und da die Bevölkerung in den Hafenplätzen fortgesetzt sich mehrt (durch Anwesenheit der Konsulate und vielen Europäer kann die marokkanische Quetschmaschine hier nicht unumschränkt arbeiten), so wird der Wohnungsmangel täglich fühlbarer; in einzelnen Plätzen ist überhaupt nicht ein leeres Gelaß zu finden. Der Regierung fällt es gar nicht ein, zu bauen; es könnten dadurch noch mehr Fremde ins Land gelockt werden. Walten nun derartige Verhältnisse an den Küstenplätzen, so ist es den Fremden natürlich ganz unmöglich, im Innern festen Fuß zu fassen und so lange der Europäer nicht ins Land eindringen kann und solange das Aussaugungssystem weiter betrieben wird, so lange wird an ein Gedeihen von Marokko nicht gedacht werden können — von Marokko, das, vor den Thoren Europas gelegen, dessen Kornkammer sein könnte. —

Nachfolgend einige Tabellen, die die Ein- und Ausfuhr der wichtigsten Erzeugnisse vom Hafen Mogador aufweisen:

	Einfuhr:	Anteil Deutschlands in %.	Ausfuhr:	Anteil Deutschlands in %
1891	M. 7.105.820	7,2	M. 5.975.500	10,4
1892	„ 4.757.740	5,	„ 5.046.190	11,5
1893	„ 4.768.500	5,8	„ 5.273.580	16,75
1894	„ 5.308.625	4,5	„ 5.651.700	19,9
1895	„ 5.248.470	7,	„ 6.995.800	12,5
1896	„ 5.260.760	13,3	„ 5.700.700	17,9
1897	„ 4.330.540	16,8	„ 5.356.420	14,5
1898	„ 7.000.980	6,4	„ 6.925.385	22,1
1899	„ 5.134.035	11,6	„ 7.154.380	24,7
1900	„ 7.909.765	5,7	„ 9.137.090	34,3

Einfuhr von

	Baumwollwaaren	Thee	Zucker
1891	M. 3616960	M. 351260	M. 945720 = 2544 Tons
1892	„ 2126300	„ 350300	„ 1244960 = 3179 „
1893	„ 2112000	„ 321000	„ 800200 = 2265 „
1894	„ 1850000	„ 277200	„ 1139700 = 2648 „
1895	„ 1583800	„ 514000	„ 1210500 = 3026 „
1896	„ 1740430	„ 487400	„ 820475 = 2725 „
1897	„ 1018045	„ 248360	„ 1156588 = 3855 „
1898	„ 2304500	„ 647415	„ 1137337 = 3791 „
1899	„ 1756015	„ 302630	„ 1350316 = 4500 „
1900	„ 1942000	„ 525500	„ 1495600 = 4985 „

Diese drei Artikel machen 75% der gesamten Einfuhr aus. Von den restlichen 25%, bilden 10% vielleicht noch Bedarfsartikel der Eingeborenen; die weiteren 15% sind schon Luxusgegenstände für sie.

Interessant ist die Verteilung der Zuckereinfuhr auf die Herkunftsländer. Es entfielen auf:

	Deutschland	England	Frankreich	Belgien
1891	365 t	280 t	1738 t	161 t
1892	100 „	15 „	2907 „	157 „
1893	21 „	74 „	2090 „	80 „
1894	86 „	70 „	2437 „	255 „
1895	— „	187 „	1670 „	1169 „
1896	17 „	12 „	1513 „	1193 „
1897	251 „	37 „	2421 „	1146 „
1898	500 „	40 „	2380 „	871 „
1899	156 „	16 „	3247 „	1081 „
1900	32 „	108 „	4147 „	674 „
	5%	2%	73%	20%

Ausfuhr der bedeutendsten Erzeugnisse:

	Mandeln		Olivenöl		Ziegenfelle	
	Tons	Wert i. M.	Tons	Wert i. M.	Tons	Wert i. M.
1891	890	531500	940	829500	1297	1872480
1892	009	909000	156	109200	1126	1351600
1893	853	683600	1049	589000	1199	1300000
1894	858	540850	1093	496700	900	907800
1895	1045	717500	1298	649200	1308	1635100
1896	886	708800	219	887000	859	857000
1897	1047	837600	120	60000	1349	1666250
1898	1925	2309300	51	25500	1429	1715400
1899	1590	1918800	1515	984750	1329	2325750
1900	2968	4780800	981	480500	998	1416000

	Wachs		Eier		Gummi-Sandaraf	
	Tons	Wert i. M.	Wert i. M.		Tons	Wert i. M.
1891	270	324900	14700		239	336500
1892	233	419600	4800		254	414400
1893	194	391100	3600		232	332200
1894	280	564400	10160		208	271800
1895	178	428900	102500		217	304000
1896	138	300600	96180		287	312100
1897	103	236900	88100		402	482400
1898	273	629050	80250		334	334000
1899	145	377000	130550		315	315000
1900	253	632500	326200		363	320700

Bei den meisten Ausfuhrgütern spielt ersichtlich die Ernte, also das Wetter und eventl. die Heuschrecken eine maßgebende Rolle. Die Einfuhrgüter werden durch die größere oder geringere Kaufkraft der Bevölkerung beeinflußt. Bei übergroßen Ernten wird auch mehr von Einfuhrgütern gekauft, aber — das ist wohl zu beachten — nicht im Verhältnis, denn wie oben ausgeführt, zieht der Araber vor, — sein überflüssiges Geld zu vergraben und keinen Luxus — wenn dieses Wort in der uns geläufigen Bedeutung für Marokko überhaupt angewendet werden kann — zu zeigen. Was heißt überhaupt Luxus für den Landbewohner, also der großen Masse des Volkes? Ein paar Gläser, besser als die, aus denen er sonst seinen Thee trinkt, eine neue Theekanne, ein neuer Hail (Burnus), ein neues seidenes Kopftuch für die Frau und ein paar Meter Schirting für neue Unter- bezw. Oberkleider. Dieses alles ist schon Luxus für die große Masse.

Bei der Einfuhr sind in vorhergehenden Tabellen nur die drei großen Stapelartikel in Rücksicht gezogen und wenn Deutschland bisher einen so geringen Anteil bei der Einfuhr aufwies, so liegt das an der deutschen Zuckerindustrie, die sich zur Erzeugung der hier einzig und allein verkaufsfähigen kleinen Brode (1,8 bis 2 kg) nicht entschließen konnte. Im gegenwärtigen Jahre hat selbst Österreich diesen Artikel angefaßt und ist mit Frankreich und Belgien erfolgreich in Wettbewerb getreten. Nimmt die Entwickelung der kubanischen Zuckerindustrie weiteren Fortgang, so wird sich auch Deutschland wohl oder übel für den bisher nach Amerika gewanderten Zucker ein anderes Absatzfeld suchen müssen und, der Not gehorchend, nicht dem eigenen Trieb, die kleinen Brode in den Betrieb der Fabrikation ziehen müssen.

In den Baumwollwaren (Manchester) wird England vorläufig noch auf absehbare Zeit hinaus unbestritten den Markt beherrschen; es ist indessen nicht einzusehen, weshalb dies auch bei Thee der Fall sein muß. Bei den heute zwischen deutschen Häfen und Asien bestehenden Verbindungen sollte es doch auch Hamburg oder Bremen nicht zu viel Mühe machen, London mit Erfolg das Feld in Gunpowder und Hysson streitig zu machen. Nur diese beiden Arten werden von der Marokkanischen Bevölkerung verlangt.

Wenn Herr Dr. Hermann behauptet, daß bei der Einfuhr die Herkünfte von Österreich, Schweiz und Italien nicht genügend auseinandergehalten werden, so mag das im allgemeinen zutreffen. Aber diese Werte kommen ausschließlich in der Statistik Frankreich zugut, weil die genannten Länder über Marseille, als nächsten Hafen verladen, nur ein geringer Bruchteil österreichischer Erzeugnisse nimmt den Weg über Hamburg und erscheint in der Statistik unter Deutschland. Zu bemerken ist indessen noch, daß aus den genannten Ländern stammende und in Marokko eingeführte Erzeugnisse ausschließlich durch deutsche Häuser finanziert werden. Daß Deutschland in der Ausfuhr fast die erste Stelle einnimmt, weshalb das wohl?

Die Industrie benötigt Rohprodukte und bezieht sie von dort, wo sie am günstigsten oder für ihre Zwecke am geeignetsten zu haben sind.

Von den anderen Häfen liegen uns die Statistiken in diesem Augenblick nicht vor, aber sie können leicht im „Handelsarchiv", wo die Konsulatsberichte ergebnismäßig veröffentlicht werden, nachgesehen werden.

Was nun die politisch geographische Stellung Marokkos anbetrifft, so möge der Behauptung des Herrn Dr. Hermann insofern beigepflichtet werden, als die Nordküste für Deutschland nicht in Betracht kommt, weil England, Frankreich und Spanien ein weit größeres Interesse, wohl auch ein historisch älteres Recht zur Geltung bringen können, wennschon es bei Land- und Hafenerwerbungen weniger hierauf, als auf die Macht ankommt, die sie vornehmen will. Billig zu bezweifeln ist aber, ob die berregten Umstände auch für die Atlantische Küste zutreffen.

Der große wichtige Stützpunkt aller Verbindungen nach der Westküste Afrikas und ganz Südamerika sind die der Südgrenze Marokkos vorgelagerten Canarischen Inseln. Vorläufig gehören sie noch Spanien, aber wie lange noch? Die, wenn sie in die Hände einer anderen Macht (Macht) gelangt und es von deren gutem Willen abhinge, sie den übrigen Nationen als Stützpunkt dienen zu lassen oder nicht? Daß auf dem Wege von Deutschland bis zu seinen westafrikanischen Kolonien ein Stützpunkt nötig ist, wird wohl niemand in Abrede stellen wollen. Und niemals ist dieser besser zu finden, als an der Atlantischen Küste Marokkos. Eigentliche Häfen hat diese nicht aufzuweisen, als einzig in Frage kommen könnten nur Mogador oder Agadir, die geschütztesten von allen Rheden und beide mit dem geringsten Kostenaufwand in ausgezeichnete Häfen umzuwandeln. Agadir ist dem Handel bis jetzt noch geschlossen, ist aber der natürliche Hafen des südlich vom Atlas gelegenen reichen Landes, der sogenannten Provinz Sus, die bis jetzt Mogador als Hafen benutzen muß. — Marokko geht langsam, aber mit Sicherheit seinem Untergange entgegen, und wird die europäischen Kapitalien, wovon, wie oben ausgeführt, der größte Teil in die grundlose Kasse der Regierung geflossen ist, einzugreifen und es liegt doch wahrlich genügend Grund für die deutsche Regierung vor, die Gelegenheit nicht unbenutzt vorübergehen zu lassen und sich den erwähnten Stützpunkt zu schaffen, ganz abgesehen davon, daß mit dessen Erwerbung der große Vorteil verknüpft ist, ein in jeder Hinsicht von der Natur reich bedachtes Stück Erde in Besitz zu nehmen, dessen Bevölkerung irgend eine europäische Regierung mit Freuden aufnehmen wird, ja noch ihrer solchen sucht. Oder soll Deutschland ruhig zusehen, wie ein anderer den fetten Bissen herunterschluckt oder wohl noch gar den ehrlichen Makler spielen? Wo ist denn auf der Erde noch ein Stückchen frei? Unter keinen Umständen kann ein Eingreifen Deutschlands ein Abenteuer genannt werden. Nimmt Frankreich das Land in Besitz, so ist es mit Deutschlands Handel vorbei; Algier und Tunis sind hierfür redende Beispiele. In französischen Kolonien will allein der Franzose herrschen und jeder Fremde wird solange drangsaliert, bis er den Staub von seinen Füßen schüttelt. England hat genügend Kolonien und schaut bei Marokko auch einzig und allein nach der Nordküste aus. Spanien kann wohl kaum in Betracht kommen.

Ziehen wir zum Schluß diese Ausführungen zusammen, so ergiebt sich: Deutschland hat in Marokko bedeutende Interessen, die bei Aufschließung des Landes sich gewaltig vergrößern würden; Marokko geht an sich selber zu Grunde und früher oder später muß eine Intervention der Mächte erfolgen; es bildet in seinem südwestlichen Teile den idealen Stützpunkt für Deutschland auf dem Wege zu seinen westafrikanischen Kolonien; und Deutschland muß in seinem eigensten Interesse dafür sorgen, daß ihm dieser Stützpunkt nicht durch eine andere Macht genommen werde.*)

Mogador, im September 1901.

---

*) Der vorstehende Aufsatz ist im Einverständnis mit der deutschen Kolonie zu Mogador auf Grund langjähriger Kenntnis des Landes verfaßt. D. R.

Aus Liberia.

Nachdem wir in Nr. 34 der Deutschen Kolonialzeitung verschiedene Mitteilungen über diesen Freistaat gebracht haben, sei im Anschluß an die Meldung über einen Besuch einer Abordnung von drei leitenden Politikern aus Liberia in Liverpool und London mitgeteilt, daß die Abordnung wieder abgereist ist mit dem Erfolge, daß zahlreiche Kapitalisten ihr Anerbieten für eine Anleihe gemacht haben. Sie war indes zum Abschluß eines Anleihegeschäftes nicht ermächtigt, sondern die Angelegenheit soll im Dezember in der ordentlichen Tagung des Kongresses zu Monrovia verhandelt werden.

Ob jedoch das Geschäft zustande kommen wird, ist vielleicht infolge von Streitigkeiten, die sich mittlerweile in dem Freistaat wegen der Zulassung fremder Gesellschaften zum Geschäftsbetrieb im Lande abgespielt haben, fraglich geworden. Im Jahre 1869 wurde ein Gesetz erlassen, wonach es den Bürgern des Freistaates freigestellt wird, sich mit ausländischen Kapitalisten zwecks Schürfungen nach Steinkohle und andern Mineralien zu vereinigen. Eine zu diesem Zweck gegründete Gesellschaft soll Zollfreiheit für die zu ihrem Betriebe notwendigen Gerätschaften genießen. Sie erhält ein Anrecht auf ⅓ der von ihr auf öffentlichen Ländereien entdeckten Minerallager auf einen Zeitraum von 40 Jahren; außerdem werden die Ausfuhrzölle auf die Förderungsergebnisse auf 6% vom Werte nach oben gebunden. Der Entdecker von Minerallagern ist ferner berechtigt, zum Zwecke des Bergwerkbetriebes Ländereien in Abschnitten von 100 Acker oder 40 ha in Pacht zu nehmen; es wird ausdrücklich bestimmt, daß Liberianer sich zu diesem Ende mit Ausländern vereinigen dürfen. Endlich erhält nach Landessitte jede etwaige Bergwerk-Gesellschaft das Recht zur Notenausgabe.

Im Jahre 1883 erhielt eine Gruppe Liberianer eine Bergwerkkonzession, die natürlich nicht verwertet wurde. Sechs Jahre später versuchte sie in Gemeinschaft mit europäischen Kapitalisten eine Gesellschaft zu gründen, was jedoch fehlschlug, weil der Kongreß Aenderungen am Gesellschaftsvertrag verlangte. Eine andere Gruppe Liberianer hatte sich Bergwerksrechte gesichert, die jedoch auf die Grafschaft Maryland beschränkt waren. Beide Gruppen vereinigten sich in diesem Jahre zu der Union Mining Company of Liberia, die darauf im Vertrauen auf das Gesetz von 1869 mit der Londoner Firma Cuirl and Downing einen Vertrag abschloß, wonach gegen eine angemessene Entschädigung die vorhandenen Bergwerksrechte übertragen wurden. Diese Firma gründete die Londoner Firma die West African and Gold Mining Company. Einer der Leiter dieser Gesellschaft machte dann einem Zeitungsberichterstatter Mitteilungen über die Aussichten des Unternehmens. Die Gesellschaft habe Schürfrechte auf einem Gebiete von 180 000 qkm in Liberia, Moldquarz sei reichlich vorhanden, 5 km von einem brauchbaren Hafen befinde sich ein abbauwürdiges Kohlenfeld u. s. w. Die liberianische Regierung habe Aktien der Gesellschaft, deren Kapital zwar nur 500000 £ betrage, die jedoch vorhabe, Tochtergesellschaften zu gründen. Als die betreffende Zeitung nach Monrovia kam, entstand eine große Aufregung. Es wurde eine Volksversammlung unter freiem Himmel abgehalten, die den Beschluß faßte, der englischen Gesellschaft sei die Daseinsberechtigung zu entziehen. Der Beschluß deutete klar an, daß einige Beamte sich bei der Sache persönlich bereichern wollten.

Der Präsident der Republik G. W. Gibson erwiderte andern Tags auf den ihm mitgeteilten Beschluß, daß er bereits vorher dem Abkommen auf Uebertragung der Konzessionen seine Zustimmung verweigert habe. Eine Sonderberatung des Parlaments, worin das Gesetz über die Eintragung der liberianischen Union Mining Compagno abgeschafft werden soll, erklärte er sich zum Oktober einzuberufen bereit. Auch gestand er die von der Volksversammlung gelobte Absetzung von Beamten, richterlichen und anderen, bereitwillig zu. Ferner erfahren wir durch sein Antwortschreiben, daß die Liverpooler Reederei Elder, Dempster and Co. die Kosten für die Sendung der drei Liberianer nach England bestreitet; die Reise ist überhaupt auf Einladung dieser Firma erfolgt.

Aus diesen Vorgängen geht hervor, daß die Liberianer noch keineswegs geneigt sind, die Geschäftstätigkeit von Ausländern in größerem Umfang zuzulassen. Immerhin ist es doch möglich, daß eine Anleihe zustande kommt, denn die Abgesandten haben eine Eröffnung der sämtlichen Landungsplätze an der Küste für den fremden Handel in Aussicht gestellt. Ohne ein Zugeständnis dieser oder anderer Art giebt es wohl keine Anleihe, und wenn es eine giebt, dürften die dafür gewährten Rechte ein Monopol darstellen, ein Monopol für Engländer. Dies sei den maßgebenden Stellen zur Beachtung empfohlen. Leider hat das Deutsche Reich nicht wie Frankreich ein Berufskonsulat in Liberia, um die dortigen Vorgänge verfolgen zu können.

Da von einem Monopol die Rede ist, sei erwähnt, daß englische Zeitungen die vorzeitige Aufhebung des von der deutschen Firma Wiechers & Helm ausgeübten Arbeiterausfuhr-Monopols, das noch bis März 1902 zu Recht besteht, in Aussicht stellen. Es heißt, die Abfassung des Vertrages sei derart, daß die liberianische Regierung ihn jederzeit gegen Zahlung von 12000 M. kündigen könne. (Wer würde ihr die vorstrecken?) Uebrigens soll über das Arbeitermonopol in der Dezembertagung verhandelt werden.

* * *

Ein Beitrag zur Land- und Völkerkunde von Kamerun-Hinterland.

Von G. Spellenberg.

In Nachfolgendem soll eine Beschreibung in den Hauptzügen gegeben werden über Land und Leute des vom Kamerungebirge aus nördlich gelegenen Hinterlandgebietes, welches nach Norden bis an den Banyang-Stamm, nach Osten bis zum Mongofluß, und nach Westen bis ins Barue- bezw. Rumpigebirge sich erstreckt, und ein Gebiet von ca. 6000 Quadrat-Kilometer mit ungefähr 40000 Einwohnern umfaßt.

Das Gebiet wird von folgenden Stämmen bewohnt: Barondo, Mbonge, Barue, Bakundu; ferner von einigen Stämmeresten, bezw. Ausläufern von solchen: Barómbi, Balong, Bafó, Elombe und Bayl.

I. Wohnsitze, Charakter und bedeutendere Städte der einzelnen Stämme.

A. Solche mit besondern Sprachen:
1. Elombe und Bayl,
2. Bafó,
3. Balóng,
4. Barómbi.

Um bei den kleineren anzufangen, können

1. Elombe und Bayl zusammengenommen werden, denn sie zählen je einige kleine Städte und sprechen eine Sprache, welche dem Bafú nahe verwandt, aber mit der Bakundusprache vermischt sein soll. Die bedeutendste Elombestadt: Elombendene (gleich: Großelombe) liegt im Süden an dem imposanten Memefall, den sogenannten „Dübenfällen", welche mit weit hörbarem Donner in der Breite von annähernd 100 m über eine 12 m hohe Felsentreppe herunterstürzen. Zum Bayl-Stamme gehören die Städtchen: Manyá, Sombe und Ebili. —

2. Die Bafó mit ihrer eigenen Sprache, dem Bafú, haben im Süden ein paar Städtchen als Ausläufer: „Bafú ba Liela" und Rjanga nahe der Südwest- und Westbiegung des Memeflusses, wogegen der Hauptsitz des Stammes am Elefantenfuße (mit Komba, Mambanda) und nordwärts von demselben (mit Kilivoindi ꝛc.) zu suchen ist.

3. Die Balong, die etwa 12 Städte bewohnen ziehen sich von ihren nördlichsten Wohnsitzen: Mulonne und Mondame hauptsächlich dem Mongofluß entlang gegen Süden bis Mpondo. Sie haben ebenfalls ihre eigene Sprache, die zwar ihre Verwandtschaft mit dem „Bakundu" erkennen läßt, aber doch sehr

verschieden von diesem, der Palastsprache näher steht. Die Balong beschäftigen sich hauptsächlich mit dem Zwischenhandel zwischen den Inlandsstämmen und den von der Küste her den Mongofluß heraufsahrenden Dualahändlern. Sie zeigen auch in ihrer Art und Lebensweise viel Aehnlichkeit mit den letzteren, besonders in Bezug auf Reinlichkeit, fleißiges Baden und Salben, wodurch ihre Haut stets in schwarzem Ebenholzglanze erscheint.

Ein anderer kleiner Stamm, der zwischen den Hauptstämmen des Hinterlandes eingeteilt sitzt, ist der

4. Barombistamm mit ungefähr 10 Städtchen. Das Hauptgebiet der Barombi ist: Bekurá, (mit Ndiba und Neronga,) Liwruja, Bangongo, Mulona. Diese Städtchen sind von den Barondo, — Barue — und Mbangegebieten umschlossen; doch sind noch mehrere ihrer Dörfer an anderen Orten verstreut. Sie haben von den, in diesen Gegenden gelegenen 3 Inlandsseen, 2 im Besitz. Da ist die Töpfer- und Fischerstadt Barambi ba Mbn am Elefantensee gelegen, gerade gegenüber der auf den hohen Felsen des jenseitigen Ufers kühn aufgebauten Regierungsstation „Johann Albrechtshöhe," zu deren Gebäulichkeit der Aufstieg von der Seeseite her durch hölzerne, an den steilen Felswänden angebrachte Treppen ermöglicht ist. Der andere, von den Barambi besetzte See ist der kleine „Richardler" mit einem mitten drin gelegenen Inselchen, das seinen Ursprung einer vulkanischen Eruption verdankt, und mit Lavaschlacken übersät ist. Dieses Inselchen, „Koto" genannt, ist von einigen 100 Barombileuten bewohnt. Nebst dem Feldbau, der in den um den See gelegenen Waldungen betrieben wird, leben diese Leute besonders vom Fang der im See vorhandenen kleinen Fische. Was sie nicht selbst brauchen, wird geräuchert und getrocknet, um an umliegende Stämme verhandelt zu werden. Außerdem besteht hier eine Felsschmützeninbustrie, die in einer Eigentümlichkeit der dortigen Vogelwelt ihren Ursprung gefunden hat. Und zwar ist es die Sippschaft des grauen, ratschwänzigen Papageis, der sonst ein scheues Leben führt, und in unzugänglichen Mangrovenwäldern nistend, den Menschen meidet. Hier nun macht er eine sonderbare Ausnahme, welche wohl auf einer uralten, in der Vorzeit menschlicher Besiedlung der Insel zurückreichenden Gewohnheit beruhen dürste. Allabendlich nämlich strömen von allen Richtungen die Papageien der ganzen, weiten Umgebung auf der kleinen Insel zusammen und lassen sich in unmittelbarer Nähe der Hütten auf einigen, nicht allzuhohen Bäumen des Dorfes, zur Nachtruhe nieder. Dabei werden diese Bäume von den grauen Scharen derart bedeckt, daß die zuletztkommenden sich ihren Platz erst erringen müssen. Das gegenseitige Rupfen und Puffen, Schreien und Händeln währt bis tief in die Nacht, und erst gegen Mitternacht tritt allgemeine Ruhe ein. Beim ersten Morgengrauen ertönt der Weckruf für sämtliche Inselbewohner; denn selbst der Neger mit seinem benribmswerrt guten Schlaf, kann sein Ohr dem Alles übertönenden Spektakel der wachgewordenen Jakos nicht verschließen. Menschen und Tiere erheben sich. Die gefiederten Schreier aber, welche unter lebhafter, von Ast zu Ast geführter Unterhaltung noch kurze Toilette gemacht haben, schwingen sich unter ungeheurem Jubelgeschrei, mit Jauchzen und schrillen Pfiffen wie eine Wolke in die Lüfte empor, und ziehen schwarmenweise in alle Winde hinaus, um in den Wäldern, oder auch) in den Maispflanzungen und Palmen sich gütlich zu thun, bis sie spät abends wieder zum altgewohnten Schlafplatz zurückkehren. Diese Erscheinung dürfte in ihrer Art einzig dastehen. Sie wird aber auch von

den Bewohnern des Inselstädtchens gewürdigt, und dadurch gepflegt, daß sie jede Störung der Vögel vertreiben und daher nie mit einem Gewehr nach ihnen schießen. Sie schmieren, zum Fang von Papageien einen Pflanzenleim auf die Äste, in dem die aufsitzenden Vögel durch Trippeln und Flügelschlag sich derart verkleben, daß sie schließlich bäugen bleiben, oder beim Flugversuch herunterfallen und von den Leuten ohne viel Lärm in Empfang genommen werden. Manche der jüngeren Vögel werden lebend verkauft, die meisten aber gegessen, während die roten Schwanzfedern zu Fetisch- oder Losangomützen verarbeitet werden, was einen besondern Industriezweig der Insel bildet. Die Mützen bestehen aus einem netzartigen Beutel, worin die roten Federn, fest eingeflochten, wie die Stacheln des Igels sich spreizen, während die innere Seite aus den Bastbändern der Colospalme ein natürliches Futter erhält. Die Mützen werden überall im Hinterland bei heidnischen Festen und Tänzen von den Fetischleuten getragen und lassen sich nach dem Gebrauch mit einem Druck umstülpen, so daß die Federn in spiralförmiger Stellung kunstvoll, ohne verwirrt zu werden, sich in einander legen. — Der Richardsee mit seinem kleinen Inselstädtchen Barombi ba Kotto, ist mit dem Elefantensee und dem „Dübenfällen" des Merne bei Clombendeme unter die romantischsten Gegenden der Hinterlandsgebiete zu zählen. Der Weg zum erstern, zum Memewasserfall, ist auch in wenigen Stunden zurückzulegen und führt durch eine ebenfalls hochinteressante Grassteppe, mit weitausgedehntem, prachtvollem Fächerpalmenwald, der als ein Unikum in den Urwaldsdistrikten Kameruns dasteht.

Was nun die Sprache des Barombistammes betrifft, so ist sie von derjenigen der umliegenden Stämme ganz verschieden; denn es ist die Bankonsprache, d. h. die Sprache der Abobevölkerung (besser „Bo"), welche am Abofluße, Mangamba und Umgegend wohnt.

Die Barombi sind jedoch der ursprüngliche Stamm, von welchem die Abobevölkerung eine Abzweigung bildet, deren Vorfahren seinerzeit von ihrem ursprünglichen Wohnsitz und Stamm sich abgelöst haben, und über den Mongofluß nach dem Mangambagebiet gegen Südosten gezogen sind. Ein Verbindungsglied zwischen Barombi und Abostamm ist auch das Barombistädtchen „Kang", welches, unweit vom Mongofluß gelegen, auf den Weg hinweisen dürfte, den die Abo bei ihrer Auswanderung von Barombi her gemacht haben.

Die Barombi sind ein gutmütiges, gastfreundliches Völkchen, aber erregbarer als die sie umgebenden Stämme. Der reisende Weiße findet bei ihnen meist freundliche und verständnisvollere Aufnahme als im Hinterlande; auch scheint hier die Frau mehr Bedeutung zu haben als dort, wenigstens beteiligt sie sich mehr am Gespräch der Männer. In Ordnung und Reinlichkeit lassen sie manches zu wünschen übrig.

8. Stämme mit gemeinsamer Sprache.
(Bakundusprache.)
1. Barondo (auch Balondo),
2. Abonge,
3. Barue (auch Balue),
4. Bakundu.

Die bedeutendsten Stämme des Hinterlandsgebiets sind die zur Bakundusprache gehörigen, welche, von kleinen dialektischen Unterschieden abgesehen, alle die Bakundusprache reden. Es sind dies die obigen 4 Stämme.

1. Die **Barondo** sind an Zahl der kleinste Stamm und scheinen überhaupt auf dem Aussterbeetat zu stehen. Sie haben ihren Wohnsitz am Unterlauf des Memeflusses, ziehen sich aber von dort gegen die Küste, dem Delta des Rio del Rey zu. Doch sind diese Städte meist verlassen und zum Teil zerstört besonders die Zerstörung von „Moani" (u. „Boa") hat dem Südgebiet den Todesstoß gegeben; denn diese beiden waren die bedeutendsten Barondostädte, mit je ungefähr 100 Häusern, was nach den Ruinen noch zu schätzen ist. Die noch vorhandenen Bewohner dieser Städte leben meist zerstreut in den Wäldern. Die Pocken, die uns Jahr 1898 und 97 im Hinterland wüteten, haben besonders unter den Barondo furchtbar aufgeräumt; zahlreiche Häuser sind vollständig ausgestorben und stehen heute verlassen da. Außer einigen Weilern giebt es nur noch drei eigentliche Barondostädtchen: **Elondo**, **Lobe** (alsch „Kbobe") und **Kumbe**. Alle andern sind mehr oder weniger verfallen, besonders die am linken Memeufer, nach der Küste zu gelegenen. Die Barondo sind von sanfter, ruhiger Gemütsart und ohne viel Energie. Bei ihnen, wie auch bei dem nahverwandten Mbongestamm ist die Sitte des Weiberkaufs weniger vorhanden. Die Heiraten kommen durch freie Wahl zustande, doch stellt sich der Bräutigam beziehungsweise Schwiegersohn durch die Heirat dem Schwiegervater gegenüber in ein gewisses Dienstverhältnis, indem er verpflichtet ist, für diesen jede gewünschte Arbeit zu verrichten. — Bis in die letzten Jahre hinein hatten die Barondo in ihrem Gebiet viel von Elefanten zu leiden, welche ihre Plantagen plünderten und verwüsteten. Sie wohnten daher häufig in den Pflanzungen, um sie des Nachts durch Feuer und Lärm vor den einbrechenden Elefanten zu schützen. Zahlreiche Knochen und Elefantenschädel werden auch noch in den Städtchen umher gern zu Sitzbänken verwendet, wobei etwa zwei Schädel mittelst eingesteckter Querstangen und Baumstämmchen zu einer Ruhebank verwendet werden. Auch die dort üblichen, zusammenlegbaren Bocksitzbänkchen sind häufig mit einem Elefantenohr statt Antilopenfell als Sitzleder bespannt. Doch auch hier ist dieser gewaltige Urwaldbewohner in starkem Abnehmen begriffen.

2. Die **Mbonge** mit ungefähr 20 Städten sind den Barondo an Sprache, Typus und Sitten am nächststehenden. Ihr Gebiet grenzt an das der Barondo und erstreckt sich in nordöstlicher und nördlicher Richtung hauptsächlich dem Memefluß entlang bis hinauf ins Rumpigebirge. Ihre westlichen Nachbarn sind die Barombi und Barue, ihre östlichen die Südbakundu und Basi. Die größte Mbongestadt ist das am Weg vom Elefantensee zum Sodenfee (bezw. Visonidoris) gelegene „**Belondo**" mit 160 Häusern. Sie macht einen günstigen Eindruck schon durch die sorgfältige Pflege der etwas abschüssigen Straße, welche auf beiden Seiten mit schräg eingehauenen Stufen versehen ist, um ein sicheres Gehen auf dem schlüpfrigen Lehmboden zu ermöglichen. Eine weiter südlich gelegene, größere Stadt desselben Stammes „**Marumba**" macht trotz ihrer sonst hübschen Anlage einen weniger guten Eindruck, da ihren Bewohnern in der nahegelegenen Mbongefaktorei Gelegenheit zu übermäßigem Schnapsgenuß gegeben ist, der sie von Jahr zu Jahr dem Ruine ersichtlich näher bringt. — Die nördlichste Mbongestadt ist das, auf einem hohen Berge des Rumpigebirges gelegene „**Ifanga**". Der Platz, auf dem die öffentlichen Verhandlungen abgehalten werden, ist hier die höchstgelegene Stelle in der Stadt, und ist mit einem hübschen Rasen bewachsen. Von diesem Sion aus schweift der Blick gegen Südosten wohl 40 Stunden weit

über das Tiefland weg, aus welchem die bläulichen Gruppen der Kafossi- und Manengubaberge sich isoliert erheben und aus der Ferne herüber grüßen.

In den südlichen Mbongestädten des tiefer gelegenen Hügellandes, sowie in einigen andern Städten dieses Gebietes trifft man auffallend häufig Leute, welche mit sonderbaren, lipomartigen Auswüchsen an Armen, Rücken oder andern Stellen behaftet sind. Sackartig herunterhängend übertreffen dieselben oft die Größe eines Kinderkopfes. Auch Kröpfe sind nicht selten. Die bei den Küstennegern so verbreitete, unter dem Namen „Kola" (auch „Jora") bekannte Hautkrankheit mit schrecklichen, von innen aufbrechenden Wunden, ist auch in vielen Hinterlandsdistrikten häufig. Ferner haben seinerzeit die Pocken nicht nur unter den Barondo und Barombi, sondern auch den Mbonge gehaust.

3. Die Barue (auch Balue) mit etwa 20 Städten beginnen nahe bei den Riobel Rey-Kreeks (Meerarmen) mit Sita und ziehen sich in dem nach ihnen benannten Baruegebirge nach Nordosten bis gegen das Nordende desselben, woselbst es auch Rumpigebirge genannt wird. Die Barue sind als Gebirgsvolk etwas rauher als die Mbonge und Barondo, aber von gutmütiger und friedlicher Natur. Die Verkehrswege ihres Gebietes sind dem gebirgigen Terrain entsprechend meist sehr schlecht. Besonders der ungefähr 12stündige Weg zwischen Sita, Narrndi und Bisoro, desgleichen der nach Bafaka (auch Malala) besteht aus einem, oft steil ansteigenden, fortgesetzten Chaos von Felsblöcken und Steinen. Diese Wege sind deshalb nicht nur äußerst ermüdend, sondern von den Weißen geradezu unter Gefahren zu passieren. Auch in den höchstgelegenen Nordostgebieten des Gebirges erfordert das Begehen der Wege die größten Anstrengungen infolge beständigen Wechsels von hohen Bergen und tief eingeschnittenen, engen Thälern; ebenso verhindern viele ausgetretene Löcher, massenhaft über den Pfad sich ziehende Baumwurzeln, und glatt abgetretenes, reiches Basaltuffgestein ein sicheres Marschieren.

— Die nördlichste, wohl 1200 Meter hoch gelegene Baruestadt „Dikume" (= Barum = das Dikume des Baruestammes) mit 170 Häusern ist vielleicht die bedeutendste Stadt des Gebietes bis zu den Banyang und nimmt auch unter den umliegenden Stämmen eine hervorragende Stellung ein. Dies konnte man z. B. wahrnehmen in der allgemeinen Teilnahme der letzteren an einem Trauerfest für den im Frühjahr 1900 verstorbenen Oberhäuptling von Dikume. Dieser hatte zwar schon einige Wochen zuvor das Zeitliche gesegnet und war, wie es beim Tode angesehener Persönlichkeiten Sitte ist, in aller Stille begraben worden. Dagegen wurden in alle Barondo-Balunda, Mbonge- Baruestädte Boten gesandt, um zu einem großen „Agando" (= Festreigen) für den „schwerkranken" Häuptling einzuladen. Erst am Fest wurde den zusammengeströmten Besuchern die Mitteilung vom Ableben des Stadtoberhauptes gemacht. Bei dieser Gelegenheit waren Leute der genannten Stämme trotz der schlechten Wege zum Teil 15—20 Stunden weit hergewandert, um an den Festlichkeiten teilzunehmen. Für schwachbevölkerte Länder wie Kamerun, ist es ein ganz überraschender Anblick, Tausende von Menschen in einer Stadt versammelt zu sehen. Der Eindruck gestaltete sich aber zu einem grausigen und mußte den ahnungslos eintreffenden Weißen, der nur von einigen eingebornen Trägern begleitet, durch die tosenden Massen seinen Weg zu nehmen hatte, ein Gruseln überkommen, beim Anblick des sich ihm bietenden Schauspiels: die breite Straße der Stadt wimmelte von halbnackten Menschen, während der Festplatz vor der Hütte des verstorbenen Häuptlings fast ganz von den Fetischleuten besetzt war. Einige Hundert von diesen hatten die mannigfaltigsten karnevalartigen Kostüme angelegt, oder waren an Gesicht und Körper schrecklich bemalt. Fast alle Tänzer hatten als Zeichen der Trauer ein schwarzblaues Baumwolllendentuch. Viele trugen farbenreiche Gewänder, rote englische Waffenröcke oder aus Pflanzenschnüren gewobene, den ganzen Körper von Kopf bis zu Fuß einhüllende Kleidermasken, allerlei Flitterwerk, Schärpen, um den Körper baumelnde Glocken, schetternden und Lärm hervorrufenden Fetischkram, ja sogar silbergestickte, mit kleinen Glöckchen besetzte Gamaschen. Auf dem Kopf prangten die feurigroten Vosonga-Mützen von der Richardier-Insel, mit ihren, gleich den Stacheln des Igels sich spritzenden Papageifedern. Zur Vollendung des grauenerregenden Anblicks waren die Tänzer noch beschwänzt. Ein aus Werkzoh geflochtener Lendengürtel mit einem lang hintenausstehenden, steif gebogenen Endfortsatz bewerkstelligte diese künstliche Schwanzvorrichtung. Zur Vervollständigung waren diese Schwänze mit allerlei Fellen von Leoparden, Affen, Antilopen oder Ziegen u. dergl. überzogen, und das Schwanzende zeigte oft noch einen bunten Federschmuck. — In weiten, die Straße füllenden Kreise, die Musikbande der Trommler und Pfeifer mitten inne gelagert, bewegte sich nun die höchsterregte Gesellschaft in rasendem Einzeltanz in der Runde. Bald trippelnd und tänzelnd, oder hüpfend und Sprünge machend, oder in lauernder Haltung, wie auf Beute vorwärts stürzend, oder mit dröhnendem Getöse den Boden stampfend und Staubwolken aufwirbelnd, drehte sich die Masse in immer schnellerem Tempo, unartikulierte, fast heulende Laute hervorstoßend. Auch das Mienenspiel wurde immer erregter und schrecklicher, die Muskeln des Oberkörpers fingen an zu vibrieren und selbst die Schwänze gerieten jetzt in auf- und abwärtssiedende Bewegungen, wobei sie, dem Takte der Beine folgend, fortwährend am Hinterkopf des Trägers leicht an- und abprallten. Der an solchen Anblick nicht gewohnte Weiße bekommt unwillkürlich den Eindruck, als habe er lauter Besessene und Verrückte vor sich. Der ganzen Festlichkeit war übrigens der Stempel des Feierlichen dadurch aufgedrückt, daß eine schwarze, in Lebensgröße geschnitzte Menschen-Figur, auf einem Stuhle sitzend und in seine Tücher gekleidet, auf dem Dache der Häuptlingshütte aufgesetzt war. Vor dem Hause standen auf einem, mit rotem Tuch überdeckten Tisch zwei kleine Blumenvasen, während an der Dachtraufe des Hauses ein prächtiger Plüschteppich mit eingewirkter Löwenfigur herunterhing. Das Ganze sollte das verstorbene Oberhaupt in seiner Häuptlingsherrlichkeit darstellen. — Das war eine Totenfeier, wie sie selten einem Häuptling widerfährt; sie ließ aber auch deutlich erkennen, welch hervorragende Stellung die Stadt Difume la Barue unter den Balundu sprechenden Hinterlandstämmen einnimmt.

Eine andere, angenehme auffallende Erscheinung in dieser Stadt sind die Schaf- und Ziegenhirten, welche an der Küste nicht vorhanden sind. Difume ist nämlich einer der viehreichsten Orte, welche im weiten Hinterlande zu finden sind. Schafe und Ziegen werden täglich von Knaben, welche nackt und nur mit einem Täschchen und Stöcken ausgerüstet sind, in kleinen und größeren Herden über die Berge hinweg in grasreiche Thäler zur Weide geführt und gegen Abend wieder nach Hause zurückgebracht. Diese höchstgelegene Baruestadt macht überhaupt den Eindruck einer angesehenen und wohlhabenden Stadt.

Von Difume aus erhebt sich nun das Barue- bezw. Rumpigebirge noch eine Tagereise nordwärts bis zu der Nord-Balundu-Stadt „Albaloa", woselbst es die Höhe von ca. 1500 m erreicht und weiterhin sehr rasch nach Norden abfällt. Von dieser Höhe bezw. der Stadt Mbaloa aus bietet sich dem Auge gegen Norden und Nordosten ein ungeheuer weiter Ausblick über das tief unten nach dem Innern sich ausbreitende Banyang-Land dar, dessen Bewohner von den bisher erwähnten Küstenlandsstämmen verschieden sind und nach Sprache und Typus schon zu den Grenzstämmen des Sudan gehören. Fast glaubt der Beobachter ein zauberhaftes Nebelgebilde in der Tiefe vor sich zu haben, wenn er von den äußersten Höhen des Barue-Gebirges den überraschten Blick in die endlose Ferne über das Banyang-Land hinweg schweifen läßt, denn wie ein gewaltiges Meer von Bergen dehnt es sich aus so weit das Auge reicht und nur noch höher aufsteigende Berge scheinen es am blauen Horizonte zu begrenzen, welche zugleich die Treppe zum innerafrikanischen Hochland des Sudan-Gebiets bilden. Ein ebenfalls interessanter Aussichtspunkt nach der entgegengesetzten Seite ist die Baruestadt Betenge, welche in zwei getrennten Teilen auf einem Bergrücken gegen Südwesten am Wege Dikume—Mosako—Kita liegt. Der Nordwest-Abhang des Kamerungebirges nebst dem zugehörigen Tiefland ist bis gegen die Ausläufer der Rio del Rey-Merrarome hin noch sichtbar. Jene Städtelinie von Dikume, Mosako, Ebobe, Betenge, Itende, Banji, Bewe, Bisovo, Norendi, Berilo nach Kita zieht sich über die höchsten Rücken des Barue-Gebirges und endet bei Berilo-Kita im Tiefland nicht weit von den Arrels entfernt.

Der Hauptstamm der Hinterlandsbewohner bis zur Banyang-Grenze, welcher durch Seelenzahl und gute Eigenschaften seiner Bewohner eine in jeder Beziehung dominierende Stellung unter den sprachverwandten Stämmen einnimmt, sind die

4. Bakundu. Sie haben eine energische und als Gebirgsvolk etwas rauhe Art, was sie im Verkehr nicht gerade zu den höflichsten und feinsten Manieren verleitet. Der ganze Stamm mit annähernd 50 Städten zerfällt in zwei Teile, welche ihre Wohnsitze in zwei getrennten Gebieten haben, deren Grenzen etwa 20 Stunden von einander liegen. Es sind die Nord-Bakundu, welche an die Banyang-Grenze stoßen und die Süd-Bakundu, die das Gebiet zwischen Mongo- und Memefluß (O. u. W.) und dem Elefanten- und Richardsee (N. u. S.) größtenteils besetzt haben. Die Nord-Bakundu mit 30—35 Städten befinden sich noch am Ursitz des Stammes. Derselbe zieht sich in einem Halbkreisbogen, beim Bakosi-Gebiet (O.) beginnend, gegen N.-W. über die Nordspitze des Rumpi- bezw. Barue-Gebirges und biegt dann, dem Westabhang dieses Gebirges sich anlehnend, nach S.-W. gegen das Rio del Rey-Gebiet. Einige bekanntere Städte sind: Rombone, Ronye, Roba, Mbaloa, Iberni, Iloki, Molange, Itula, Mondemba, Adiaul ꝛc. Die Südbakundu zählen kaum 15 Städte, wovon besonders bekannt sind: Bombe (Basler Missionsstation), Banga (Bakundu ba Kambele), Kake, nahe beim Elefantensee, Marumba ꝛc. Dieser südliche Bakundu-Teil ist nur ein Ableger der Nordbakundu und ist ein vorgeschobener Posten einer früher stattgehabten kleinen Völkerwanderung, die einem allgemein vorhandenen Zug der Inlandsstämme nach der Küste und dem Stapelplatz der von den Weißen ins Land gebrachten Schätze und Herrlichkeiten entsprungen ist. Mehrere solcher Völkerwanderungen sind von den Bakundu schon ausgeführt worden. Nur die letzte ist den Älteren noch in Erinnerung, da viele von ihnen als Kinder noch daran teilgenommen haben. Dieselbe fand, nach den Angaben

und dem Alter derselben zu schließen, vor etwa 15—20 Jahren statt. Ein Balumbu-Mann von Mbaloa, welcher als junger Bursche die Auswanderung nach Süden mitgemacht hatte und später wieder nach dem alten Wohnsitze zurückkehrte, erzählt darüber folgendes:

Nachdem schon in früheren Zeiten Teile ihres Stammes nach dem Süden ausgewandert waren, entstand auch in Mbaloa und anderen Städten wie Ibemi, Roba u. s. w. eine Bewegung zur Auswanderung. Sie wollten auch dorthin, wo man den Schätzen der Weißen so nahe sei und sie so billig bekomme. Sie zogen nun nach (Süd-) Kombone, nach Boa, nach Kate und Bote u. s. w. und siedelten sich unter ihren Stammesgenossen dort an in der Hoffnung, jetzt bekämen sie die Güter und Waren der Weißen halb umsonst und müßten nicht mehr so viel Palmöl, Gummi und dergl. dafür an Zwischenhändler bezahlen, wie in ihrer Heimat. Aber bald hatten sie erfahren müssen, daß man hier die gehofften Herrlichkeiten auch nicht umsonst bekomme. Zu aller Enttäuschung hin seien sie vollends von ihren egoistischen Stammesgenossen tüchtig übers Ohr gehauen und auf jede Weise ausgenützt worden. Waren Wege zu reinigen oder andere städtische Arbeiten zu thun, so hieß es immer: „besorget ihr's!" Kamen stammverwandte Gäste, welche solidarisch verbundenen Bereiten anderer Städte angehörten und daher von amtswegen freie Verköstigung zu beanspruchen hatten, so hieß es: Ihr Hergezogenen, bringet Bijang, bringet Palmöl und Fleisch für die Gäste. Für all dies mußten die Zugezogenen aufkommen. Gab es aber einmal Jagdbeute, so wurden sie mit Stillschweigen übergangen oder übervorteilt. Außer dieser Aschenbrödelstellung behagte ihnen als freien Bewohnern luftiger Bergregionen das dumpfigheiße Klima des Tieflandes gar nicht. Und als zu alledem auch noch ihre Kinder von der „Pola" befallen wurden, welches eine tropische, unter den Küstennegern allgemein verbreitete Krankheit mit schweren oft handgroßen Wunden ist, da kam der größere Teil dieser Wandervögel zu dem Entschluß: Auf, lasset uns wieder zurückkehren in unser altes Heim, hinaus aus diesem Dampfhafen und hinauf auf unsere Berge mit ihrer kühlen, herrlichen Luft. Fort aus diesem Land, wo wir statt der erhofften Schätze der Weißen nur Knechtschaft und Betrug erfahren und unsere Kinder verderben unter Krankheiten hinsiechen müssen. So kehrten die meisten nach zweijährigem Aufenthalte im Süden wieder zurück in ihre alten Wohnstätten und tragen nun ihr Palmöl, Gummi rc. 20 Stunden weit auf dem Rücken nach dem Süden, woselbst sie in den Mbonge- und Kila-Faktoreien Bulchmesser, Tücher, Tabak und leider auch Schnaps eintauschen. Das ist die Geschichte der letzten Balumbu-„Völkerwanderung."

Das Bakwirivolk in Kamerun.
Von A. Seidel.

III.

Lasten werden meist auf dem Kopfe getragen, auch wenn sie sehr leicht sind. Ein Bananenblattwickel dient als Unterlage. Gefüllte Tragkörbe mit Früchten oder kleinen Gegenständen werden auf dem Rücken getragen und mit einem Gurt befestigt. Hühner bindet man mit den Füßen aneinander und trägt sie an der Hand. Rinder befestigt man an den Hörnern und am Schwanz mit Lianen, welche vorn und hinten von je 5 bis 10 Männern festgehalten werden. Wird das Tier unruhig, so zieht man auf beiden Seiten fest an. Ein solcher Transport verursacht den Leuten große Aufregung; auf dem ganzen Wege singen sie dazu. Schweine werden beim Transport an einem Hinterbein, Ziegen und Schafe am Kopf angebunden.

Schwere Gegenstände befestigt man an einer Tragstange, die von 2 Personen auf den Schultern getragen wird. Personen werden in europäischen Hängematten befördert. Der Lohn für Transport von Victoria nach Buea beträgt für 6 bis 8 Träger, die sich im Tragen abwechseln, 24 bis 32 Mark.

Die Flüsse müssen durchwatet werden; nur selten dient ein quergelegter Baumstamm als Brücke. Brücken aus Lianen sind im Bakwirigebiet nirgends zu finden. An kleinen seichten Flüssen und Bächen sind an manchen Stellen große Steine aneinandergelegt, um den Uebergang zu erleichtern.

Die geistige Kultur der Bakwiri. Religiöse Anschauungen der Bakwiri.

Die Bakwiri glauben an das Dasein Gottes, den sie Loba nennen, aber nicht verehren; denn Gott zürne ihnen und wolle nichts mehr von ihnen wissen. Wenn aber ein Bakwiri in großer Not ist, ruft er nach Gott: E Loba! Sie glauben, daß Gott die Erde und alles was darauf ist, geschaffen hat, auch die Gestirne in ihren Bahnen lenkt. Nach ihrem Glauben zerfällt das Weltall in drei Abteilungen: die Oberwelt (wase), das Reich des Mukasse (s. u.) und das Totenreich*) (mundi ma bedima).

Weil Gott den Menschen nicht half, machten sich die Bakwiri Götzen. Der Götzendienst scheint jetzt gänzlich verschwunden zu sein. Nur selten noch findet man Götzenfiguren. Ein Untergott ist Mukasse, den man als Teufel bezeichnen kann. Sie stellen sich ihn als ein mächtiges, menschenähnliches Wesen von riesiger Gestalt und weißem Aussehen vor. Mukasse verwehrt den Verstor-

*) Nach Miss. Keller.

benen den Eingang in die andere Welt (s. u.). Neben Loba und Mulaſſe werden viele Geiſter verehrt. So wohnt ein großer Geiſt auf dem Kamerunberg, der früher ein feuriges Ausſehen gehabt haben ſoll, jetzt aber nur in weißer Geſtalt erſcheint.[1]) Im Meere wohnen Waſſergeiſter. Wen dieſe lieben, den holen ſie zu ſich (er ertrinkt). Geiſtesgeſtörte glaubt man von einem böſen Geiſte beſeſſen und hat deshalb große Scheu vor ihnen. Die Geiſter werden Udimo genannt.[2]) Der vornehmſte Geiſt iſt der N̶enku. Man glaubt, daß er im Buſche wohne und allgegenwärtig ſei. Als Scholze einſt mehreren Bakwiri ein zoologiſches Bilderbuch zeigte und ſie das Walroß erblickten, ſagten alle, das ſei der N̶enku. Das gewöhnliche Volk kann den N̶enku nicht ſehen, nur die Zauberer und N̶enkuweiber (ſ. u.) ſehen ihn. Der Buſchn̶enku ſcheint in irgend einem Zuſammenhange mit den Meergeiſtern zu ſtehen. Als nähmlich an einem Markttage von den Bergen ein vom N̶enku bewohntes Weib nach Victoria kam und des Meeres anſichtig wurde, verhüllte ſie ſofort das Geſicht und ließ ſich von andern Frauen führen, weil, wie die Bakwiri ja auf Befragen antworteten, eine ſolche Frau das Meer nicht ſehen darf. Geſpenſtiſche, von böſen Geiſtern beſeſſene Tiere ſind der Schimpanſe, der Elefant, der Leopard und die Eule. Auch vor einer dicken, ½ m langen, gelb und ſchwarz gemuſterten Blindſchleiche haben die Bakwiri eine Abneigung, da ſie nach ihrem Glauben vom Himmel fallen ſoll und deshalb nyam a loha, (d. h. Gottestier) genannt wird. Einen Schlangenkultus giebt es indeſſen bei den Bakwiri nicht. Vor Blitz und Donner haben ſie wenig Furcht. Sie beſitzen auch weder heilige Bäume noch Tempel, dagegen mancherlei Fetiſche Amulette), (bei den Bakwiri ewungu genannt). Um z. B. junge Küchlein vor Raubvögeln zu ſchützen, ſteckt der Zauberer drei halbe Eierſchalen (von den ausgeſchlüpften Küchlein herrührend) auf einen Stab und befeſtigt ihn in einer Fuge unter dem Dache. Eine geſchnitzte Säule Gras- und Farnbüſchel ſchützen die Haustiere vor Krankheiten. Ein Oelpalmzweig, ſo an einem Dachſparren befeſtigt, daß die einzelnen Blätter herabhängen, ſoll die Ziegen vor Krankheit ſchützen und bewirken, daß ſie oft trächtig werden. (Dieſe letzteren Mitteilungen rühren von Herrn Reichsſchullehrer Fiſcher her.) Eine einflußreiche Rolle ſpielen die Zauberer, die unter ſich in geheimen Verbindungen ſtehen und als Helferianen Weiber zur Seite haben, die dem N̶enkuorden angehören. Die Zauberer behaupten u. a. verlorene Gegenſtände wiederzufinden oder einen Dieb zu ermitteln, wobei ſie das Volk durch mancherlei Taſchenſpielkünſte zu täuſchen wiſſen. Sie ſind beſonders gefürchtet, weil ſie behaupten, Medizin legen zu können, welche einen Menſchen tötet. Im ganzen Bakwiriſtamm giebt es indeſſen (nach Mitteilungen Spellenbergs) nur drei Zauberer. Bei den Bola heißen die Zauberer bato ba ugambi. Neben den Zauberern giebt es auch Regenmacher. Sie nehmen dünne, mit kleinen Blättchen verſehene Grashalme, reißen die Blättchen vom Stengel, zerreißen ſie mit den Händen und werfen ſie dann ins Feuer. Mit einem geſpaltenen Stecken ſpießt der Regenmacher das brennende Gras auf und ſuchtelt damit in der Luft herum. Darnach ſoll es regnen; er ſelbſt aber darf von dieſem Regen nicht trinken; weil er daran ſterben würde.

[1]) Hierin eine deutliche Hinweiſung auf die frühere vulkaniſche Thätigkeit des Kamerunberges. Die Bakwiri nennen dieſen Berg übrigens nicht mongo ma loba, ſondern fako. Der erſtere Name iſt bei den Balong gebräuchlich.
[2]) Vergleiche die Baſimo in Cha᷵talta.

Die Nkukuweiber bilden einen Orden, der mit dem Gerokebund in Togo Ähnlichkeit zu haben scheint.¹) Der Nenku nimmt nur in jungen, wohlbeleibten Frauen Wohnung. Die Ausbildung der Nenkuweiber dauert ein Halbwirtjahr. Während dieser Zeit tragen sie kein Lendentuch, sondern die Trauerkleidung der Wittwen, ohne sich jedoch mit Ruß zu beschmieren. Ihre Hütte darf von anderen Leuten nicht betreten werden. Nach der Vorbereitungszeit wird das Nenkuweib dem Volke vorgeführt und trägt dabei und auch einige Zeit darnach eine Lendenbekleidung aus Büscheln von Farnkraut. Durch allerlei Verzerrungen der Glieder, Verdrehung der Augen und die unheimlich klingende, wahrscheinlich durch Bauchrednerkunst hervorgebrachte Stimme des Nenku wird dem Volke die Gegenwart des Geistes dargethan. In der Hand tragen die Nenkuweiber eine geflochtene Klapper, die Pola genannt wird. Wenn ein Nenkuweib die Pola an die Thür einer Hütte steckt, darf der Nenku den Bewohnern derselben nicht helfen. Kann jemand den Zauberer nicht bezahlen, dann setzt ihm die Nenkufrau die Pola auf die Stirn, worauf er blind wird. Wahrscheinlich streut sie ihm ein Pulver in die Augen. Um das Volk von der Allgegenwart des Nenku zu überzeugen, verstecken sich die Nenkufrauen zu gleicher Zeit an verschiedenen Orten und lassen die Nenkustimme hören, was das Volk in große Angst versetzt.²)

Die Bakwiri glauben an ein Fortleben der Seelen, aber nicht an eine Auferstehung. Die Seelen stellen sie sich als sehr lang und weiß vor. Sie leben unter der Erde in Städten und Dörfern, genau so wie die Menschen auf der Erde, befinden sich aber in einem vergeistigten Zustand. Bevor die Seele in die Unterwelt kommt, muß sie auf einem Baumstamm über eine tiefe Schlucht wandern, in welcher der Mukasse sich befindet und den Wanderer herunterzuziehen trachtet. Hat nun jemand Angst, so packt ihn der Mukasse am Unterkiefer und renkt ihm denselben aus (f. u.). Schreitet er aber mutig vorwärts, so reicht ihm der Mukasse schließlich die Hand und führt ihn selbst in die unterirdische Stätte (mundi ma bedimo — Geisterstadt, nach Miss. Keller). Doch kommen nur die Seelen der Reichen in die Geisterstadt; die Seele eines Bakwiri, der im Busche starb oder wegen Armut keine Ziege ins Grab bekam, kommt in einen Schimpansen. Damit die Seele mit dem Mukasse besser kämpfen kann, giebt man Häuptlingen und Zauberern stets, anderen Leuten nur auf Verlangen, ein Buschmesser in die Hand, wenn sie im Sterben liegen. Dasselbe legt man ihnen auch ins Grab (s. o.). Wenn ein Toter im Todeskampf den Mund offen gelassen hat, so sagt man: a ngoki mo modumba, d. h. er (der Teufel) hat ihn besiegt. Bei seiner Ankunft im Geisterreich wird er dort ausgelacht und verspottet (Miss. Keller). So erzählte Missionar Keller in Victoria, der Vater des jetzigen Häuptlings in Boniadikombo nahm im Todeskampf ein Schwert in die Hand. Darnach hatte er den Mund geschlossen, also den Teufel besiegt, wie die Überlebenden sagten. Der Mukasse habe deswegen gefürchtet, der Häuptling werde ihm seine ganze Herrschaft abnehmen und ihn gebeten, laß los, ich gebe dir die Hälfte meiner Herrschaft! Daher sei der Häuptling aus der anderen Welt wiedergekommen und habe mehrere Leute seines Stammes umgebracht, damit er in der anderen Welt Bekannte habe. (Die Leute

---
¹) Vergleiche darüber O. Seidel „Der Nrowkelult in Togo". Zeitschrift für afrikanische und ozeanische Sprachen. Jahrgang 3. Seite 157.
²) Über die Thätigkeit der Nenkuweiber und der Zauberer bei schweren Krankheitsfällen ist bereits auf S. 157 f. berichtet worden.

wurden wahrscheinlich durch Zauberei heimlich getötet). Um diesem Morden ein Ende zu machen, seien die Leute von Boniabikombo in den Busch gezogen und hätten mit ihren Gewehren nach allen Seiten hin geschossen, um dadurch die Seele zu vertreiben. Den jetzigen Häuptling Moloko von Boniabikombo beobachtete Scholze, wie er an mehreren Tagen gegen Abend etwa ¹, Stunde lang auf einer Palme, von der er Palmwein holte und hernach ebensolange vor seiner Hütte immerfort sang: tato tata mdoa awale mokala. Auf Befragen erklärte man ihm, dies bedeute: mein Vater lebt bei den weißen Leuten.¹)

Die Wiederkunft der Seelen fürchtet man sehr. Wer nachts eine Seele sieht, muß sterben. Den Seelen bringt man mitunter Essen in den Busch, und um das Verbundensein einer Seele mit den noch lebenden Angehörigen darzuthun, essen auch diese von der Speise, dürfen dabei aber nicht vorwärts sehen, weil dadurch die Seele vertrieben würde. Auch das Seelenessen ist bei den Bafwiri bekannt. In Musumbu starb ein Mann und der Zauberer gab an, daß ein anderer dessen Seele gegessen habe (a dadi madi mdoa). Er wurde des Mordes angeklagt und nach Bictoria zur Untersuchung eingeliefert, wo er bald darauf im Gefängnis starb. In einen Sack eingenäht, sollte er zum Friedhof getragen werden, erwachte aber unterwegs, da er nur scheintot gewesen war und sagte zu seinen Trägern: „Begrabt mich nicht, ich lebe". Trotzdem wurde er von denselben lebendig begraben. Außer gewissen Feiertagen, die dem Nkulu geweiht sind, giebt es noch den Njo (= Leopard) Feiertag.

Gerichtswesen.

Der Häuptling ist der oberste Richter; ihm stehen der Unterhäuptling und die Aeltesten als Schöffen zur Seite. Die Gerichtsverhandlungen werden in der Häuptlingshütte abgehalten. Kläger und Beklagter samt den Zeugen müssen persönlich anwesend sein. Die Verhandlungen werden sehr gerecht geführt und dauern nicht selten bis in die Nacht hinein. Bei der Rechtsprechung spielen Willkür und Bestechen eine große Rolle. Ein geschriebenes Gesetz ist nicht vorhanden. Die einzige Richtschnur ist die mündliche Ueberlieferung. Beim Fehlen anderer Beweismittel kann die Wahrheit durch Eid oder durch Gottesurteil erhärtet werden. Bei geringem Vergehen, genügt nach Missionar Müller der Ausspruch „bei meinem Vater oder bei meinem Blovie" zur Feststellung der Wahrheit. Die Ausführung der Gottesurteile geschieht durch den Zauberer, und zwar vermittels der Oelprobe (bei Diebstahl, Hurerei und Notzucht) oder vermittels der Giftprobe (wurde bei Hexerei). In ersterem Falle muß der Verurteilte seine Hand in heißes Oel stecken. Bekommt er Blasen, dann ist seine Schuld erwiesen. Durch ein Pflanzenpulver jedoch, das der Zauberer auf das Oel streut, und welches die Haut sofort mit einer dünnen Schicht überzieht, kann das Verbrennen der Hand nach Belieben verhütet werden (nach Missionar Zeller). Bei der Giftprobe, muß der Angeklagte eine Schale Gift trinken, das aus einer Pflanze bereitet wird und bawe heißt. (Nach Missionar Müller heiß es kwa.)

Die Strafen sind mannigfaltig. Mörder wurden früher mit einem Buschmesser oder Schwert enthauptet. Totschläger wurden gehängt. Der Verurteilt, mußte auf einen Baum steigen, den Kopf in eine Schlinge stecken und sich selbst

---

¹) Dies steht im Widerspruch mit der Angabe auf S. 185.

erhängen. Einem Dieb wurde das Ohr abgeschnitten, zugleich mußte er das Gestohlene zurückzahlen. Merkwürdigerweise pflegt man auch stehlenden Hunden und Katzen die Ohren abzuschneiden. Wer bei Hurerei und Ehebruch erwischt wird, erhält Prügel. Ist der Ehebrecher ein fremder Mann, so muß er dem geschädigten Gatten zwei bis fünf Ziegen geben; ein Verwandter hat nur ein Schwein als Entschädigung zu liefern. Läßt sich ein Bafwiri mit einem ledigen, aber schon verkauften Mädchen ein, so muß er dem Eigentümer des Mädchens 10 Fläschchen Pulver oder 6 bis 7 Ziegen zahlen.

Beleidigungen läßt sich der Bafwiri zunächst ruhig gefallen, vergißt sie aber nicht, sondern rächt sich bei passender Gelegenheit. Sehr häufig kommt es vor, daß er einem Stück Vieh des Beleidigers, das sich auf seine Farm verirrt, auf dem Rücken mit dem Buschmesser eine klaffende Wunde beibringt, die den Eigentümer oft nötigt, das Tier zu schlachten, oder man pflegt auch das Vieh des Gegners zu vergiften, wozu das Gift einer Pflanze namens mbodo benutzt wird. (Nach Aussage des Häuptlings Elefoa von Bonjongo). Ueber die Blutrache der Bafwiri berichtete Gouverneur Zimmerer im Deutschen Kolonialblatt, Jahrgang 1893, Seite 288.

Können die Bafwiri eines Verbrechers nicht habhaft werden, so vollziehen sie nach der Mitteilung von Missionaren die Strafe an einem Angehörigen oder einem Sklaven desselben.

Rechnen, Zeitrechnung, Himmelskunde, Verschiedenes.

Die Bafwiri können bis 11x) zählen. Ihr Zahlensystem ist dekadisch. 0 gilt als heilige Zahl. Kommt im Gespräche eine Zahl von 1 bis 10 vor, so spricht der Redner dieselbe nicht aus, sondern zeigt sie mit seinen Fingern an Der andere nennt dann die Zahl. Die Zahlen von 1 bis 7 werden z. B. folgendermaßen angedeutet:

1 = Vorstrecken des Zeigefingers der rechten Hand.
2 = Vorstrecken des Zeige- und Mittelfingers derselben Hand.
3 = Vorstrecken des Mittelfingers, Gold- und kleinen Fingers der rechten Hand.[1]
4 = Wie bei drei mit Hinzufügung des Zeigefingers.
5 = Alle Finger der rechten Hand.
6 = Mittelfinger, Goldfinger und kleiner Finger ausgestreckt, Daumen und Zeigefingers eingeschlagen.
7 = Die Hände auseinanderlegen oder Zeigefinger und Mittelfinger der linken Hand auf den kleinen Finger der rechten Hand legen und alle übrigen Finger ausstrecken usw.

Beim Rechnen pflegt man ein Blatt in gleich große Stücke zu zerreißen und sie zunächst nebeneinander auf den Boden zu legen. Ein Mann hebt hierauf jedes Blattstück auf und zeigt es einzeln den Umstehenden, damit sie sich überzeugen können, daß er nicht betrügt. Dann wird Blatt für Blatt in dekadischer Ordnung

[1] Dies ist mir zweifelhaft, da gewöhnlich hierzu der Zeigefinger, der Mittelfinger und der Ringfinger von den Schwarzen benutzt werden. Hiervon stammt auch die gewöhnliche Bezeichnung für die Zahl drei bei den Bantu. Vergl. darüber meine Abhandlung in meiner Zeitschrift für afrikanische und ozeanische Sprachen, Jahrgang I, Seite 27.

wieder auf den Boden gelegt und damit ähnlich operiert, wie mit der Rechenmaschine eines ABC-Schützen.

Regen- und Trockenzeit bezeichnen sie als je ein Jahr, zählen aber diese Jahre nicht. Sie wissen daher auch ihr Alter nicht anzugeben. Den Tag teilen sie in Morgen, Mittag, Abend und Nacht. Die Zwischenzeiten werden nach der Länge des Schattens oder nach dem Rufe des Stundenvogels, der etwa alle drei Stunden ruft, bestimmt. Ihre Feste bestimmen die Bakwiri nach dem Monde, zählen aber die Mondumläufe nicht. Fragt man nach einer Entfernung, so erhält man nur zur Antwort, der Weg ist sehr weit oder der Weg ist nicht weit. Das Himmelsgewölbe stellen sie sich als Wasser vor. Von Sternbildern kennen sie den Orion und wahrscheinlich den großen Bären. Die Venus nennen sie Frau des Mondes. Eine Sternschnuppe halten sie für einen reichen Mann, der auf einem vollbesetzten Boote oben schnell vorüberfährt und dabei auf kurze Zeit sichtbar wird. Ebenso glauben sie vom Gewitter, daß es von einem reichen Manne im Zorn erzeugt wird. Farbenbezeichnungen haben sie nur für die Hauptfarben. Doch können sie blau und grün unterscheiden.

Volkslitteratur.

Sicherlich haben die Bakwiri, wie alle Bantuvölker auch einen reichen Schatz von Fabeln und Sprichwörtern. Doch ist bisher nichts davon gesammelt worden. Nur zwei Rätsel werden von Missionar Müller mitgeteilt:

1. Welche Frau trauert immer? — Der Dachfirst.

Erklärung: Trauernde Frauen bestreichen sich mit Ruß. Der Dachfirst ist immer von Ruß geschwärzt.

2. Welche Frau bekommt ihre Kinder unter der Erde? — Die Malabopflanze.

Erklärung: Malabo heißt die Mutter. Mit diesem Namen bezeichnet man aber auch ein Auge einer alten Frucht, das in die Erde gepflanzt wird, und aus welchem sich dann neue Knollen (ihre Kinder) bilden.

Von ihren Tanzliedern und improvisierten Gesängen ist bereits auf S. 170 f. die Rede gewesen.

Die Sprache.

Vorbemerkung: Die Sprache der Bakwiri gehört zu den Bantusprachen. Als Bantusprache kennzeichnet sich das Bakwiri

a) durch den Mangel der grammatischen Bezeichnung des natürlichen Geschlechts. So heißt mu sowohl „er" wie auch „sie".

b) durch die grammatische Unterscheidung zwischen lebenden und leblosen Wesen, z. B. mu-lana (Weib), aber li-opa (Thür), bw-eo (Baum) u. s. w.

c) durch die vorzugsweise Verwendung von Vorsilben (Präfixen) zur Bezeichnung grammatischer Unterschiede, z. B. mu-lana (Weib): ba-lana (Weiber); nasi (habe), aasi (hat) u. s. w.

d) durch die Einteilung der Hauptwörter in eine Anzahl durch Präfixe unterschiedene Klassen, z. B. mu-lana (Weib), bw-eo (Baum), i-nyni (Vogel) u. s. w. Die Plurale dazu lauten: ba-lana, mi-eo, la-nyni.

e) durch die Existenz eines besonderen persönlichen Fürworts für jede Nominalklasse, das, als Verbalpräfix verwendet, die Person bezeichnet, z. B. bwau bo-pangwa nde bwee boko: der Bahn er wird gemacht aus einem Baum; eto e-tu, die Maus sie ist klein u. s. w.

f) durch die Wiederholung der Präfixe des Substantivs, beziehungsweise die Wiederaufnahme derselben durch die entsprechenden persönlichen Fürwörter vor andern, mit dem Substantiv in Beziehung stehenden Wörtern desselben Satzes (Attribut, Prädikat, Genitiv, Verbum). Hierdurch entsteht eine Art Alliteration, die wir mit dem Namen Konkordanz bezeichnen, z. B.

molimi ma molo = ein Alter von einem Manne – ein alter Mann.
lina l-ségo, bein Name. boyombo bo mboa, Tiere des Hauses.

g) durch die Stellung des Genitivs hinter seinem Regens, z. B. beyembe be-mboa, Tiere des Hauses.

h) durch den Mangel an Postpositionen (nachgestellten Verhältniswörtern), z. B. o wanga -- auf den Feldern.

i) durch die Wortstellung: 1. Subjekt, 2. Prädikat, 3. Objekt, z. B. na (ich) nagele (erwarte) oa (dich).

Andere Momente, die für Bantusprachen charakteristisch zu sein pflegen¹), finden sich in der Bakwirisprache, zum Teil in Übereinstimmung mit den sonstigen Bantusprachen Kameruns¹), weniger entwickelt oder fehlen ganz. So sind die schließenden Vokale vor n oder à häufig abgefallen. Die objektive Form des Verbums, die in anderen Bantusprachen eine so hervorragende Rolle spielt, scheint verschwunden zu sein. Auch die pronominale Antizipation des Objekts habe ich in dem bisher vorliegenden Materiale nicht beobachtet.

Die Meinhof²) richtig vermutet hat, gehört die Bakwirisprache zu den Bantusprachen mit Duala-Charakter, für die der Gebrauch von motoba (mutoba) für die Zahl „sechs" kennzeichnend ist.

Quellen.

Die Quelle für die nachfolgende Skizze bildet hauptsächlich eine Reihe von Aufzeichnungen, welche der verstorbene Lehrer Flad in Kamerun gemacht hat, und die mir von der Kolonial-Abteilung des Auswärtigen Amtes zur Verfügung gestellt worden sind. Auch Scholzes Aufzeichnungen über das Bakwirivoll enthalten einige Notizen. Das Fladsche Material besteht aus einem Wörterverzeichnis, etwa 80 kurzen Sätzchen mit Duala-Übersetzung und der Wiedergabe einiger Lesestücke der Christallerschen Dualafibel. Da Flad des Duala mächtig war, so hat er auch das Bakwiri offenbar ziemlich gut gehört und niedergeschrieben. An der Korrektheit seiner Übersetzungsversuche habe ich aber nach genauer Prüfung erhebliche Zweifel und durfte daher diesen Teil seiner Aufzeichnungen nur mit großer Beschränkung benutzen. Das bisher vorliegende Material genügt natürlich bei weitem nicht, um alle Einzelheiten der Grammatik schon jetzt klarzustellen. Immerhin wird die nachfolgende Skizze, wie ich hoffe, nicht ohne Nutzen für den praktischen Gebrauch wie auch als Unterlage für weitere Forschungen sein.

Die Laute und ihre Bezeichnung.

Die Vokale sind

¹) Vergl. meine Grundzüge der Grammatik der Sprache von Karagwe und Nkole in Deutsch-Ostafrika, Zeitschr. für afr. und ozean. Sprachen IV, S. 369.
²) f. E. Meinhof, Die Sprachverhältnisse in Kamerun. Ebenda II, S. 134 ff.

ç und ꝑ lauten offen, also wie ä und ō (ꜳ in im englischen water), die übrigen wie im Deutschen. Die Vokale sind meist kurz oder mittellang; besonders lange Vokale werden durch das Längezeichen (ā) angedeutet.

Eigentliche Zwielauter giebt es nicht; ei, ao, oa, oa, oe, ai, ea, ia und andere Vokalverbindungen sind getrennt zu sprechen.

Den Konsonantenbestand der Sprache zeigt die folgende Übersicht:

	Verschlußlaute		Reibelaute	Zitterlaute	Resonanzlaute
	1. tenues	2. mediae			
a) Kehllaute	k	g, ńg	h	—	ṅ
b) Gaumenlaute	—	j, nj	y, ny	—	—
c) Zungenlaute	—	—	—	l, r, d	—
d) Zahnlaute	t	nd	s	—	n
e) Lippenlaute	p	b, mb	f, w	—	m

Hiervon lauten wie im Deutschen k, g, b; l, s, n; p, b, f¹), m, nd, mb.
j lautet wie dsch, ń wie ng (ohne Lautung des g), y wie j (in jagen).
w wird mit beiden Lippen gesprochen, wie im Englischen; ńg lautet wie ng (in lange), ny wie deutsches nj.
l, r und d werden durch Vibration der Zungenspitze am vorderen Gaumen gebildet und sind praktisch nicht zu unterscheiden.

Doppelkonsonanten oder Konsonantenverbindungen (außer der nasalierten Reihe ńg, nj, ny, nd, mb) giebt es nicht.

Jede Silbe besteht entweder aus einem Vokal allein oder aus einem Konsonanten mit folgendem Vokal. Nur am Wortende finden sich geschlossene Silben auf n oder ń, die durch Vokalabfall entstanden sind (s. o.).

Wichtig ist auch in der Bakwirisprache der Tonfall der Wörter, der, wie es scheint, den gleichen Gesetzen folgt wie im Duala²), z. B.

wàńgà: sprich *wa-ńga* | màńgà: sprich *ma-ńga*

Dieser Tonfall haftet fest am Worte und dient in manchen Fällen zur Unterscheidung der Bedeutung gleichlautender Wörter. Der Gravis (à) bezeichnet den tiefen, der Akut (á) den hohen Ton.

Das Hauptwort.

Das Hauptwort hat weder Artikel noch Deklination. Dativ und Akkusativ unterscheiden sich vom Nominativ nur durch ihre Stellung hinter dem Zeitwort. Über die Umschreibung des Genitivs s. u.

Die Hauptwörter zerfallen in folgende Klassen:

I. Wörter mit dem Präfix mu-, die Personennamen bezeichnen.

Z. B. mulana, Weib. muhàńga, Sklave. muana, Kind.
Als Nebenform findet sich auch mo-, z. B. moto, Mensch.

¹) p und f erscheinen in dem vorliegenden Material oft miteinander vertauscht, z. B. ufa neben opa (haben). Dies läßt vermuten, daß weder p noch f den eigentlichen Laut richtig bezeichnen.
²) Vergl. Th. Christaller, Handbuch der Duala-Sprache. Basel 1892. S. 21.

Unter gewissen Verhältnissen scheint das Präfix auch die volle Form *wa*-annehmen zu können¹).

Diese Wörter bilden die Mehrzahl mit dem Präfix ba-, das anstelle von wa- oder ma- tritt: balana, hatanga, bato. Vor folgendem a steht nur b-, z. B. bana (Kinder).

II. Sonstige Wörter mit dem Präfix ma-.

Z. B. muloàgu, Schaf. mulell, Eisen muçbe, Küche. muadgo, Sprache; Streit. mukv, Pisangstaude. musai, Korb. munye, Finger. mukomba, Gewehr. Vor folgendem o (o) lautet das Präfix m-, z. B. m-opo, Kopf. m-opi, Fluß. Ebenso ist auch m-ala (Schulter) gebildet.

Den Plural bilden diese Wörter mit dem Präfix mi-., z. B. miloàgu, micbe, milkó, misai, minye, mikomba u. s. w.

Mit dem gleichen Präfix bilden auch einige zu andern Klassen gehörige Wörter ihre Mehrzahl, z. B. bakalala (Mais), Pl. mibakalala.

III. Wörter mit dem Präfix bw-.

Z. B. bwee, Baum. bwao, Kahn. Daneben kommt eine verlängerte Form der Vorsilbe vor, z. B. obwao (Kahn). Für die Formen bo- (und b-) des Präfix, die im Duala häufig sind, fehlen Beispiele.

Auch diese Wörter bilden ihre Mehrzahl mit mi- (vor Vokalen mitunter zu m- verkürzt), z. B. miee (Bäume), mao (Kähne).

IV. Wörter mit dem Präfix di- (li-).

Z. B. diopa, Thür. disoñga, Zahn. libonlo, Becher, Tasse. liwendi, Messer. lina, Name. linki, Salbe. libalo, Tuch. diwuñga, Bauch, dimvbgu, Bett. Vor Vokalen nimmt das Präfix gewöhnlich die Form j- an, z. B. jimbi, Sprechtrommel.

Die Mehrzahl bilden diese Wörter mit der Vorsilbe ma- (vor Vokalen mitunter verkürzt zu m-), z. B. maopa (Thüren), masoñga (Zähne), mabondo (Becher, Tassen) u. s. w.

Viele Wörter haben das Singularpräfix verloren, bilden aber ihre Mehrzahl dennoch mit ma-, z. B. ndawo (Haus): mandawo; loba (Gott): maloba u.f.w.

V. Wörter mit dem Präfix e-.

Z. B. obwie, Banane. oto, Maus. syombu, Habicht. exau, Feder. ediba, Schnalz. exelg, Pfand. oboki, Teller. eliñgu, Seele, Geist.

Die Mehrzahl bilden diese Wörter mit der Vorsilbe be-, z. B. bubwie (Bananen), beto (Mäuse), beyombo (Habichte), besau (Federn) u. s. w.

Auch manche Abstrakta haben das Präfix bu-, ohne Pluralbedeutung zu haben, z. B. beboteri, Anfang.

Anm. Statt e- und bo- schreibt Flad in einzelnen Fällen i- und bi-²).

VI. Wörter mit dem Präfix i-.

Z. B. inoni, Vogel. ikaku, Rippe. iluwan, Schlüssel. Einzelne Wörter haben im Singular das Präfix j-, z. B. jondu, Ring. Die Mehrzahl hat das Präfix lo-: lonyni (Vögel', loluwan (Schlüssel), londo (Ringe). ikako hat im Plural okaku.

¹) Ähnlich wie in der Sprache von Uganda, der Nao, der Herero u. s. w.
²) Im Wörterbuch sind solche Wörter vorerst unter e— eingereiht.

VII. Wörter ohne besonderes Präfix.

Eigentlich haben die Wörter dieser Klasse das Präfix n, das vor b und p zu m, vor g zu ŋ, vor Vokalen zu ny- (längere Formen auch en-, em-, eñ-, eny-) wird, sonst aber meist abgefallen ist.

Im Plural bleiben sie unverändert.

Hierher gehören z. B. njo, Leopard. ajoka, Elefant. mboli, Ziege. mbaŋgu, ŋgoso, Papagei. ŋgaŋgo, Regenschirm. ŋgomba, Stachelschwein. nyama, Tier, mbende, Gesetz. mbwa, Hund u. s. w.

Das Genitivverhältnis.

Der Genitiv steht hinter dem regierenden Hauptwort. Zwischen beide tritt eine Partikel, welche aus dem charakteristischen Pronomen der Klasse des regierenden Hauptwortes mit (oder ohne) Hinzufügung der Präposition a (von) gebildet ist, z. B. masoŋga ma eio — die Zähne die von (ma . ma-a) der Maus die Zähne der Maus.

Die Genitivpartikeln der einzelnen Klassen sind

	I.	II.	III.	IV.	V.	VI.	VII.
Sing.	a, mo	ma, mo	ba	la	a	a	a
Plur.	ba	ma	ma	ba, be	la	a	a

Die durch den Druck hervorgehobenen Formen, die aus dem vorhandenen Material nicht zu belegen waren, sind nach Analogie des Duala ergänzt und wohl völlig sicher.

Der Schlußvokal des vorausgehenden Wortes wird vor der Genitivpartikel a elidiert, z. B. mot'a disoŋgo, Mann der Jagd (= Jäger); muaa' a eyombe, Junges des Habichts.

Das Eigenschaftswort.

Ist schon im Duala die Zahl der Eigenschaftswörter sehr beschränkt, so scheinen sie in der Bakwirisprache ganz zu fehlen. Sie werden ersetzt

a) durch Zeitwörter wie

noŋy, milde sein. yoka, fröhlich sein.
woka, krank sein. pili, traurig sein.
lv, schön, gut sein. tu, klein sein.

b) durch abstrakte Hauptwörter im Genitiv (attributiv) oder im Nominativ (prädikativ), z. B. masoŋga ma leyaŋa = Zähne der Schärfe = scharfe Zähne. bwao bo beli bowawa, Mahn er ist Länge = der Mahn ist lang.

Das Fürwort.

Das persönliche Fürwort hat zwei Formen, eine längere, die wir das französische pronom disjoint gebrauchen wird, und eine kürzere, die als Subjekt mit dem Verbum verbunden wird.

a) das absolute Pronomen:

mba, ich, mir, mich.   so (?)[1], wir, uns.
oa, du, dir, dich.   anyu (?), ihr, euch.
mo, er, ihm, ihn; sie, ihr, sie.   babo, sie, ihnen.

Diese Formen bezeichnen, wie man sieht, sowohl das Subjekt wie auch das (nähere und entferntere) Objekt.

---

[1] Klak giebt mhumbite und so.

— 203 —

b) **das Konjugationspronomen.**

na, ich.   di, wir.
o, du.   lo, ihr.
a, er, sie.   ba, sie.

Die Pronomina a und ba können nur mit Bezug auf lebende Wesen gebraucht werden, gleichviel, welcher Klasse im übrigen das Hauptwort angehört, auf welches sie sich beziehen.

Bezieht sich das Fürwort der dritten Person dagegen auf ein Hauptwort, das einen leblosen Gegenstand bezeichnet, so treten besondere Formen, je nach der Klasse und Zahl des Hauptwortes ein:

	II.	III.	IV.	V.	VI.	VII.
Sing.	mu	bo	li	e	i	o
Plur.	mi	mi	ma	ba	bi	i

Bezeichnet ein Hauptwort der II.—VII. Klasse ein Lebewesen, so können in Beziehung darauf entweder die Pronomina a und ba oder die eben erwähnten Klassenfürwörter gebraucht werden.

Die besitzanzeigenden Fürwörter stehen hinter dem Hauptworte; sie lauten:

-am, mein.   ? unser.
-añgo, dein.   -anyu, euer.
-ao, sein, ihr.   -abu, ihr.

Vor diese Silben tritt nun noch die entsprechende Genitivpartikel, mit welcher sie zu folgenden Formen verschmelzen.

	I.		II.		III.		IV.	
	a) Sing.	b) Pl.	a) Sing.	b) Pl.	a) Sing.	b) Pl.	a) Sing.	b) Pl.
mein	am	bam	wam	mam	bam	mam	lam	mam
dein	añgo	bañgo	wañgo	mañgo	bañgo	mañgo	lañgo	mañgo
sein	ao	bao	wao	mao	bao	mao	lao	mao
euer	anyu	banyu	manyu	manyu	banyu	manyu	lanyu	manyu
ihr	abu	babu	mabu	mabu	babu	mabu	labu	mabu

	V.		VI.		VII.	
	a) Sing.	b) Pl.	a) Sing.	b) Pl.	a) Sing.	b) Pl.
mein	am	bam	am	bam	am	am
dein	añgo	bañgo	añgo	bañgo	añgo	añgo
sein	ao	bao	ao	bao	ao	ao
euer	anyu	banyu	anyu	banyu	anyu	anyu
ihr	abu	babu	abu	babu	abu	abu

Die Formen mit anlautendem a werden also gebraucht bei den Klassen Ia, Va, VIa, VIIa und VIIb; die mit anlautendem b bei Klasse Ib, IIIa, Vb; mit anlautendem l bei Klasse IVa, VIb, mit anlautendem m bei Klasse IIa, IIb, IIIb, IVb.

Beispiele: lina lañgo, dein Name; bana bam, meine Kinder.

Die hinweisenden Fürwörter sind noch nicht bekannt; sie unterscheiden sich vermutlich, wie im Duala, nach Klassen und Zahl. Nur zwei Beispiele finden sich in meinem Material: y'elanda, dieser Käfer (statt yo elanda), und oin koko, diese Frucht.

Auch über die relativen und die fragenden Fürwörter wissen wir noch wenig. ne heißt wer? z. B. lina lañgo li beli ne, dein Name (er) ist wer? wie heißt du?

Das Zahlwort.

Die Grundzahlen stehen hinter dem Hauptwort. Die von 1—5 sind veränderlich nach Zahl und Klasse des Hauptwortes; die Abwandlung erhellt aus der folgenden Übersicht:

Klasse	1.	2.	3.	4.	5.
I.	mọ, meko	babake	bayao	bangi	bata
II.	mọ, moko	mibake	miyao	minei	mita
III.	bó, boko	mibake	miyao	minei	mita
IV.	diwo, diwoko	mabake	mayao	manel	mata
V.	ewo, owoko, epoko	bebake	beyao	benci	beta
VI.	iwo, yoko (yo, jo'	lobake	loyao	longi	lota
VII.	po, poko	ibake	iyao	inci	ita.

Beim Zählen verwendet man die Formen yoko (epoko), ibake (bebake), iyao (beyao), inei (bene), ita (beta).

Die folgenden Zahlen sind unveränderlich; nur 1—5 werden auch in zusammengesetzten Zahlen abgewandelt:

- 6. motoba
- 7. disamba
- 8. ewambi
- 9. dibus
- 10. diome
- 11. diome na yoko
- 12. diome na -bake
- 13. diome na -yao
- 14. diome na -nei
- 15. diome na -ta
- 16. diome na motoba
- 20. mbange¹)
- 30. muayao
- 40. muanei
- 50. mutata
- 60. mumotoba
- 70. mudisamba
- 80. muewambi
- 90. mudibus
- 100. ebwe
- 200. bebwe bebake
- 300. bebwe boyao u. f. w.

1000 ist iko. Pl. loko (-li); 10000 diome la lokoli. Die einzelnen Teile zusammengesetzter Zahlen werden durch na (und) verbunden, z. B. lokoli lota na bebwe ewambi na muayao na bebake 5832. Wie die veränderlichen Zahlen scheint auch -ti (wieviel?) behandelt zu werden, z. B. balana bati (wieviel Frauen?), mao mati (wieviel Bote?).

Das Zeitwort.

Das Zeitwort bildet ein Aktiv und ein Passiv, hat eine Form für die Gegenwart und die Vergangenheit, muß aber das Futur durch Umschreibung bilden. Die Person wird durch Vorsetzung der persönlichen Konjugationsfürwörter gebildet, z. B.

na beli, ich bin   li beli, wir sind
o beli, du bist   lo beli, ihr seid
a beli, er (sie) ist.   ba beli, sie sind.

Anm. In der dritten Person gelten natürlich hinsichtlich der Wahl des Fürworts die oben S. 203 gegebenen Regeln.

Die Grundform ist der Imperativ: bola, gieb!
Gleichlautend damit ist der Infinitiv, der oft mit o (zu) verbunden wird: o bola, zu geben.

---

¹) oder muayo (?).

— 205 —

Die Grundform endigt meist auf a, oft aber auch auf o oder i (auch u und i?) z. B.

la, essen
bla, wissen, kennen
ja, kommen
dia, sitzen, wohnen
wa, sterben
bwea, thun

samba, sagen
mende, zurückkehren
kokise, vermehren
ke, schön sein
tu, klein sein
cur, sehen.

Das Präsens wird einfach durch Verbindung des Subjektsfürworts mit der Grundform gebildet: na la, ich esse; eine Dauerform desselben scheint durch die zwischen Fürwort und Verbum tretende Partikel o¡n (ma) bezeichnet zu werden: na mu la, ich esse eben gerade (englisch: I am eating).

Die Vergangenheitsform hat wie im Duala teils die Endungen -i, -u (e), teils die Endung -edi, z. B. na sambi, ich sagte; na ledi, ich aß; na jedi, ich kam; a wedi, er starb. Genaueres darüber läßt sich z. Zt. noch nicht sagen.

Eine Vergangenheitsform der Dauer wird mit Hilfe von bei (= boli, sein) gebildet, z. B. di bel di ofa, wir hatten (entsprechend dem Duala: di ta di bea).

Das Futurum wird mit dem Hilfszeitwort ende (gehen) und folgendem Infinitiv umschrieben:

n'ende bene, ich werde haben
o ende bene, du wirst haben
a ende bene, er wird haben.

Das Verbum haben wird teils durch bene (verkürzt ben), teils durch ofa (oder opa) ausgedrückt. Das letztere wird für das Präsens in der Vergangenheitsform gebraucht, scheint also eigentlich „bekommen" zu bedeuten:

n' ofi, ich habe
o 'fi, du hast
a ofi, er hat

di ofi, wir haben
l' ofi, ihr habt
ba ofi, sie haben.

Die Verneinung ist sa (oder si?); sie tritt zwischen Subjektspronomen und Verbum, z. B. a sa bei a opa, er hatte nicht.

Das Passiv ist bisher nur in einer Form nachgewiesen: o sambabe es wird gesagt, von samba (sagen); es wird also wie im Duala gebildet.

Von abgeleiteten Grundformen finden sich die Kausativform auf be und die Gegenseitigkeitsform auf ne(e), z. B. kokise, vermehren; longamene, einander begegnen.

Verhältniswörter.

Mit Sicherheit läßt sich bisher o als allgemeine Ortspräposition (in, an) feststellen.

Wörterverzeichnis.

a. Balwiri-Deutsch.

Vorbemerkung: Die Pronina und die Zahlwörter sind nicht nochmals aufgeführt.

andi, laufen.
bakalala, Pl. mibakalala, Mais.
banga, laufen.
beboteri, Anfang.

bele, rufen.
bende, zerbrechen.
bene, haben.
benge, wieviel.

— 203 —

beono, Yams (f. loyono).
bia, wiſſen, kennen.
bola, geben.
bowawa, Länge.
bwao (ebwao), Pl. mao, Hahn.
hwea mosyn (musyni), arbeiten.
bwee, Pl. mee, Baum.
da, Perf. dedi (f. la), eſſen.
diá, ſitzen, wohnen.
din, Hand, f. lia.
diañgaka, erwarten.
dibua la, eine Menge von viel.
dikuá, der untere, mit dem Stamme
   verwachſene Teil des Blattſtieles der
   Piſangſtaude.
dike, fällen (Holz).
diko, Pl. mako, Piſangſtaube (f. muko).
dinoñgo, Pl. manoñgo, Bett.
dioñgo, Pl. maoñgo, Topf.
diopa, Pl. maopa, Thür.
disoñga, Pl. masoñga, Zahn.
disoñgo; mot'a disoñgo, Jäger.
dityba, Erbſe.
litumbe, Ohrfeige.
diwoñgo, Sprechtrommel (lwoñgo).
diwuñga, Pl. mawuñga, Bauch.
diwuse, Pl. mawuse, Termite.
diya, Felſen.
doñgamene, einander begegnen.
duá, Weinen.
ebamba, Brett.
ebenye, ein Stück Wellblech.
eboñgo, Pl. beboñgo, Stock.
ebwei, Sonne.
ebwie, Pl. bebwie, Banane.
ediba, Pl. bediba, Schnecke.
eja (fiab ija), Pl. beja (bija), Schuppentier.
eboki, Pl. beboki, Teller.
ekoko, Bruſt.
ekola, Pl. bekola, Korb.
ekidi (ikidi), Ebenholz.
ekopi, Trinkglas.
ekuto, Mitze.
elaka, Trauerſchürzchen.
eliñge, Pl. beliñge, Seele, Geiſt.
eluka (iluka), Flaſche.

oma, Pl. oma, Meertatze.
emo, Pl. bemo, Geſpenſt.
endene, bringen (hin).
ene, Perf. eni, ſehen.
enyano, Biene.
enyos, Gürtel.
epaka, Pl. bopaka, Zimmer.
epaki, Ruder.
epindi, Schießpulver.
eponji, Faß.
esae, Pl. bosae, Feder.
esilo (isilo), Fauſt.
eso, Säge (engl. saw).
osopi, Seife (vom engl. soap).
etanda, Pl. betanda, Käfer.
etenge (itenge), Thongefäß.
eto, Pl. beto, Maus.
etoko, Löffel.
etono, Nagel.
ewañg'a moto, reicher Mann.
eycki, Pl. beycki, Eiſen, Waffen.
eya, ja.
eyemba, Pl. beyemba, Freund.
eyi, Schärfe.
eyoba, Schuppe (des Fiſches).
eyoko, unbeſchnitten.
eyorabe, Habicht.
eyubo, Huhn (f. yuba).
ijnko, Pfeffer.
ikako, Pl. okako, Rippe.
ikidi, Kamm.
ikoadi, Bohne, Reis.
ikwa, Salz.
ilawan, Pl. loluwan, Schlüſſel.
Imbi, Palmnuß.
inoni, Pl. lononi, Vogel.
iwoñgo, Sprechtrommel.
ja, Perf. jodi, kommen.
jao, nein.
jaje; muana jeje, mein Bruder, meine
   Schweſter.
jeli, o-onu, geht es dir gut?
jimbi, Sprechtrommel.
jodi, Brennholz.
jojo, viel.
jondo, Pl. londo, Ring.
joñge, Ente.

juñgo, Pl. loñgo, Topf.
juñgo, Leguan.
jomete, etwas.
jumbe, nagen.
kema, Pl. kema, Meerkatze.
kokise, vermehren.
kule, fertig sein.
la, Perf. leli, essen (f. da).
lea, teilen.
lee, zeigen.
lende, gehen.
leli, sehr.
leyañga, Schärfe (?).
lla, Hand.
libain, Tuch.
libonde, Becher, Tasse, Krug.
lina, Name.
liokl, Salbe.
liwendi, Messer.
luyono, Yams.
lo, schön sein, gut sein.
loba, Pl. maloba, Gott, Götze.
loo; mas'a loo, Fischer.
malmbi, Kraft, Macht.
makuwe, Frösche.
mañga, Lederlasche.
mañchgr, Flossen (?).
mata, Pl. miata, Schulter.
mbañgo, Pl. mbañgo, Löwe.
mavuja, Palmöl.
mbambe ágo, meine Großmutter.
mbende, Gericht.
mbeñga, Taube.
mboa, Haus.
mboll, Pl. mboll, Ziege.
mbwa, Hund.
meko, Pisangfrüchte.
mende, zurückkehren.
mimba, Palmwein.
miso, Augen.
mondo, Schwanz.
monye, Erbe, Grundstück.
mopi, Pl. miopi, Fluß.
mopo, Pl. miopo, Kopf.
moso, Wasser.
mowo (... musuni), f. bwea.
mote, lang.

moto, Pl. bato, Mensch.
moto, müde sein.
mnambala, Katze.
mhana, Pl. bana, Kind.
muañgo, 1) Sprache, 2) Streitsache,
   Palaver.
muebe, Pl. miebe, Küche.
muen (omuen), Gast.
muendo, Fuß.
mueñgu, Pl. mleñgu, Halskette.
muko, Pl. miko, Pisangstaude.
mukomba, Pl. mikomba, Gewehr.
mulana, Pl. balana, Weib.
mulebe, na beli — ich bin faul.
mulell, Pl. milell, Essen.
muliñgan, lieben, gern thun.
muloñge, Pl. miloñga, Schaf.
muna, all.
mundeneñgo, Pl. bandeneñgo, Häuptling.
munya, das Grasabbrennen.
manye, Finger.
mupesa, Knabe, Diener.
mosai, Pl. misai, Korb.
mutañga, Pl. batañga, Sklave.
na, und (wortverbindend).
naiena, bis.
ndawo, Pl. mandawo, Haus.
nde, und (satzverbindend)
ndidi (indidi), Wind.
ndosanja, Krofodil.
neni, bekommen, erhalten.
ñga, sehr.
ñgañgo, Regenschirm.
ñgata, Korb.
ñgoa, Pl. ñgoa, Schwein.
ñgomba, Stachelschwein.
ñgombe, Zeit.
ñgonja, Matte aus Palmblättern.
ágoso, Papagei.
ni, wo?
njambi, Buschmesser, Schwert.
njo, Leopard.
njoku, Pl. njoku, Elefant.
nolo, müde sein (u'olo?)
nyama, Pl. nyama, Tier, Fleisch, nyama-
   bwabe, Schlange.

nyapinga, Apfelsine.
o, in.
oba (yaba?), sprechen; oba maañgo, er-
　zählen; obana, sagen zu.
oka (woka?), krank sein.
olo, Größe.
omu, s. jeli.
opa (usa), bekommen; n'opi, ich habe.
oten, dort.
paki, Ruder (s. epaki).
pe, auch.
pili, traurig sein.
pimba, werfen.
saa, werden (Hilfszeitwort der Zukunft?).
samba, sagen; sambany, sagen zu.
see, nicht (da) sein.
tate, Herr.
tati (Perf.), a tati, er wurde zornig.
te, wenn; a eni te, wenn er sieht.
teh, klein sein.

tinda, steuern.
tofo, Streit.
tu, klein sein.
wa, Perf. wedi, sterben.
waúga (baúga), davonlaufen.
wángá, Feld, Wald.
waúga, sagen.
wawa, lang sein.
wele, können.
wilaúga, wegnehmen.
woñgo, Kartoffel.
wunya, Tag.
wusa, herauskommen, hinausgehen.
yabon, heute.
yoho, Arznei.
yoka, fröhlich sein.
yokwe, Trockenzeit.
yoma, Ding, Sache.
yondañga, o-, zu Hause.
yuba (s. eyube), Huhn.

b) Deutsch-Balwiri.

alt, mana, mutiti.
Anfang, buhoteri.
Apfelsine, nyopinga.
arbeiten, bwea mosou.
Arznei, yoho.
auch, pe.
Augen, miso.
Banane, ehwie, Pl. behwie.
Bauch, diwuóga, Pl. mawuóga.
Baum, bwoe, Pl. mice.
Becher, libondo.
begegnen, einander, dongamene.
bekommen, ueni.
Biene, euyano.
bis, untena.
Bohne, ikondi.
Brennholz, jodi.
Brett, ebaubu.
Bruder, mein, muana jeje.
Brust, ekoko.
Buschmesser, njambi.
da, nicht — sein, see.
davonlaufen, waúga (baúga).
Diener, mujusa.
Ding, yoma.

dort, oten.
Ebenholz, ekidi (ikidi).
Eisen, eyeki.
Elefant, njoku, Pl. njoku.
Enie, Johge.
Erbse, ditoho.
Erde, muuye.
erhalten, (= bekommen), ueni.
erwarten, diañgaka.
erzählen, oba muañgo.
Essen, umloli, Pl. mileli.
essen, la (das, Perf. loli.
etwas, jomete.
fällen (Holz), dike.
Faß, epoaji.
faul, ich bin —, na heli mulebe.
Fauh, esilu (isilu.
Feder, esae, Pl. besae.
feilen, lea.
Feld, wáñgá.
fertig, kube.
Finger, munye.
Flüdier, ma' a loo.
Flasche, eluka (iluka).
Fleisch, uyama.

Floſſen, maseng⸗ (?).
Fluß, mopi, Pl. miopi.
Freund, eyemba, Pl. beyemba.
fröhlich ſein, yoka.
Fröſche, makuwe (Sing. dikawe?).
Fuß, maendo.
Gaſt, (o) muyn.
geben, bola.
geben, lẹadẹ; gebt es dir gut? o jeli ouu?
Geiſt, eliöge, Pl. beliṅge.
gern thun, maliögau.
Geſeg, mbende.
Geſpenſt, ewo, Pl. bewo.
Gewehr, mukomba, Pl. mikomba.
Gott, loba, Pl. maloba.
Göße, loba, Pl. maloba.
Grasabbrennen, munya.
Größe, olo.
Großmutter, meine, mbambọ́ǵo.
Grundſtück, mọnye.
Gürtel, enyoa.
gut ſein, lọ.
haben, bcuẹ, opa (ofa).
Habicht, eyombe.
Halsſeite, mueögo, Pl. mieùgu.
Hand, dia (lia).
Häuptling, mundẹuuôgo, Pl. bandẹ⸗
naṅgo.
Haus, ndawo, Pl. maadawo; inbos,
zu Hauſe, o youdańga.
herauskommen, wuan.
Herr, tate.
heute, yahou.
hinausgehen, wusa.
hinbringen, ndẹuẹ.
Huhn, eyube (yube?).
Hund, mbwa.
in, o.
ja, aya.
Jäger, inot' a disoögo.
Käſer, etanda, Pl. botanda.
Kahn, bwao, Pl. mao.
Kamm, ikidi.
Kartoffel, woüǵo.
Kaße, muambala.
laufen, andi.
kennen, bia.

Kind, muana, Pl. bana.
klein ſein, teö, to.
Knabe, mupesa.
kommen, ja, Perf. jedi.
können, weſẹ.
Kopf, mopo, Pl. miopo.
Korb, ekola, Pl. bekola; musai, Pl.
missai; ȧgain.
Kraft, maimbi.
krank ſein, oka (woka?).
Krokodil, ndosaja.
Krug, libonde.
Küche, muẹbe, Pl. misbẹ.
lang, motẹ (?); -- ſein, wawa.
Länge, bowawa.
laufen, baṅga.
Lederiaſche, maṅga.
Leguan, jobgo.
Leopard, ojo.
lieben, muliögan.
Löffel, etoko.
Löwe, mbaögo, Pl. mbaögo.
Macht, maiubi.
Mais, bakalala, Pl. mibakalala.
Matte (aus Palmblättern), ȧgonja.
Maus, eto, Pl. beto.
Meerkaße, ema, Pl. ema; kema, Pl.
kema.
Menge, dibua.
Menſch, moto, Pl. bato.
Meſſer, liwendi.
müde ſein, mọto, nọtọ. mutiti, oti
(j. muna).
Müße, ekoto.
Nagel, otyuọ.
nagen, jumbẹ.
nein, jae.
Ohrringe, diumbẹ.
Palaver, muaögo.
Palmnuß, imbi.
Palmöl, mavuja.
Palmwein, mimha.
Papagei, ügoso.
Pfeffer, iJoko.
Piſangfrüchte, mekọ.
Piſangſtaude, muke, Pl. mikọ; dike,
Pl. makọ.

Regenschirm, ŋgaŋgo.
reicher Mann, owing' a moto.
Reis, ikandi.
Ring, jyndi, Pl. lyndi.
Rippe, ikake, Pl. okako.
Ruder, epaki.
Rufen, bele.
Sache, yeum.
Säge, oso.
sagen, kamba, oba, waŋga; — zu, obana, kambane.
Salbe, lioki.
Salz, ikwa.
Schal, moleŋgo, Pl. meleŋgo.
Schürze, eyi, loyaŋga (?).
Schießpulver, epindi.
Schlange, nyama — bwaba, Pl. nyama — bwaba.
Schlüssel, ilowan, Pl. belowan.
Schnecke, ediba, Pl. bediba.
schön sein, le.
Schulter, mata, Pl. **miata.**
Schuppe (d. Fisches), eyaba.
Schuppentier, eja, Pl. beja (Kind: ija, Pl. bija).
Schwanz, **mondo.**
Schwein, ŋgoa, Pl. **ŋgoa.**
Schwert, njandi.
Schwester, meine, mŭnaa jeje.
Seele, elliŋgo, Pl. belliŋgo.
sehen, **ene,** Pl. eni.
sehr, **ŋga,** tuti (?).
Seife, esapi.
sitzen, dia.
Sklave, mutaŋga, Pl. betaŋga.
Sonne, ekwei.
Sprache, mwaŋgo.
sprechen, oba (yoba), tamba.
Sprechtrommel, iwaŋga, ilwaŋga, jindi.
Stachelschwein, ŋgomba.
sterben, wa, Perf. wedi.
steuern, tinda.
Stück, ebeŋga, Pl. **beboŋgo.**
Streit, njo.

Streitsache, **muaŋgo.**
Tag, wunya.
Tasse, likonde.
Taube, mbeŋga.
Teller, eboki, Pl. beboki.
Termite, diwuse, Pl. miwuse.
Thongefäß, eweŋge (beweŋge).
Thür, dipa, Pl. miopa.
Tier, nyama, Pl. nyama.
Topf, jwiŋga, Pl. loŋgo; diŋgo, Pl. maŋgo.
Trauerschürzchen, elaka.
traurig sein, pili.
Trinkglas, ekapi (vom engl. cup.).
Trockenzeit, yokwe.
unbeschnitten, eyoko.
und, na (wortverbindend), ndo (satzverbindend).
vermehren, kekise.
viel, jeje; diŋgo la (v. eine Menge von).
Vogel, inoni, Pl. lononi.
Waffen, beyeki.
Wald, waŋga.
Wasser, mopo.
wegnehmen, wisiŋga.
Weib, muitsa, Pl. bokiri.
Weinen, ɗiŋ.
Wellblech, ein Stück, ebenge.
wenn, le.
werfen, **pimba.**
wieviel, **bwŋge.**
Wind, **(i)udidi.**
wissen, **bia.**
wo, ni.
wohnen, dia.
Yams, luyono, beono.
Zahn, disoŋga, Pl. masoŋga.
Zeit, ŋgombe.
zerbrechen, bende.
Ziege, mboli, Pl. mboli.
Zimmer, epaka, Pl. bepaka.
zornig; er wurde —, a tati.
zurückkehren, mende.

Ein Beitrag zur Land- und Völkerkunde von Kamerun-Hinterland.

Von G. Spellenberg.

II.

Ungefähr um dieselbe Zeit hat übrigens auch bei einem Teil der Süd-Bakundu einige Verschiebung stattgefunden, welcher die beiden, am rechten Ufer des Mongo-Flusses gelegenen Städte „Bombe" und „Banga" (Bakundu ba Namwele; ihre Entstehung verdanken. Erstere ist Basler Missionsstation. Diese südlichsten Bakundu hatten ihre alten Wohnsitze südlich vom Elefantensee verlassen und sich am Mongo-Fluß angesiedelt, um nicht nur den Duala-Händlern näher zu sein, welche die Schätze der Weißen von der Küste herzubrachten, sondern auch um an einem fischreichen Wasser für ihre tägliche Nahrung besser versorgt zu sein. Die Bombe-Leute kamen von der Bakundu-Stadt „Kole" her, deren Bewohner noch heute in nahen Beziehungen zu Bombe stehen, und noch heute werden auch die letzteren oft kurz die „Balale", d. h. die von Kole, genannt. Den Namen Bombe erhielt die Stadt, wie dies sehr häufig Sitte ist, vom betreffenden Quell oder Flüßchen „Bombe", an dem sie gegründet wurde. Die Bewohner von „Banga", die ihre Stadt ebenfalls nach dem an ihr vorbeifließenden kleinen Wasser „Banga" benannten, hatten ihren früheren Wohnsitz nahe bei der Bakundustadt „Marumba", woselbst noch jetzt ein verwachsener Grasplatz die Stelle des verschwundenen Dorfes kennzeichnet.

A. Lebensweise.

Die Lebensweise der Hinterlandstämme ist im ganzen bei allen ziemlich gleich. Sie unterscheiden sich von den Küstenstämmen in wohltuender Weise vor allem durch größeren Fleiß und Arbeitsamkeit, durch Ordnung in Stadt und Haus und weniger anspruchsvolles Benehmen. Auch fällt auf, daß, je mehr man ins Innere kommt, desto größer und bevölkerter auch die Dörfer werden. Und während die Küstenstämme ihre Städte in zerstreuter Ausdehnung oder gar in versteckten Einzelhütten und -höfen im Busch anlegen, wie besonders die Bakwedi am Kamerungebirge, so betritt man hier beim Passieren der Palisadeneingänge eine breit und schön angelegte, lange Straße, welche von den dicht aneinandergebauten Häusern der Stadt eingefaßt wird und zuweilen noch Seitengassen besitzt. Wo aber Lücken vorhanden sind, da stehen Pisang und Bananen oder sieht man hübsche Kürbisanlagen, deren riesige, flaschenartige Früchte auf vorsorglich eingerichteten Stangengerüsten der Reife entgegenharrend ruhen, um später zu Oel- und Wassergefäßen verwendet zu werden. Die meist mit Lehm ausgemauerten Häuser sind höher und luftiger als die der Müstenstädte. Auf der Hinterseite schließen sich kleinere, im Viereck dicht angebaute Hütten an, welche für die Frauen des Hauses als Wohnung dienen und ein kleines Höschen zur Verrichtung häuslicher Arbeiten umfassen. Zweistöckige Hütten kommen nur selten vor, zeugen aber doch von einem Sinn für Schönheit und Zweckmäßigkeit. Die Schlafstätten befinden sich in Haupt- und Nebengebäuden und bestehen in Holzpritschen. Meist sind sie mittels einer Art spanischer Wand aus Matten oder Tüchern abgeschlossen. An den Wänden der Hüttenräume sind auf starken Ballengerüsten mächtige Lager von Brennholz aufgetürmt. Diese werden während der Trockenzeit täglich vermehrt, indem die Frauen und Mädchen bei der Heimkehr vom Felde noch die schwersten Laken dürrer Holzscheite, welche von umgestürzten Bäumen des Urwaldes losgespalten werden, nach Hause schleppen. Obgleich unmittelbar unter diesen Holzstößen die offenen Feuerstellen am Boden sich befinden und scheinbar eine große Feuers- gefahr für jene bilden, so gehören doch sonderbarer Weise Brandfälle zu den Seltenheiten. Ein vollbesetzer Holzspeicher ist der Ruhm der Hausfrau und nach dem Tode wird ihr Fleiß nach der Größe des hinterlassenen Holzvorrates beurteilt. — Die Arbeiten des täglichen Lebensunterhaltes sind hier gleichmäßiger auf Mann und Frau verteilt, als dies unter den Küstenstämmen geschieht. Bei letzteren hat die Frau nicht nur die Haushaltungs-, sondern auch die Feldarbeiten zu verrichten, wobei der Mann nur dem Fischfang, Jagd, Handel und Nichtsthun obliegt und jeder Feldarbeit sich schämen würde. Die Hinterländler dagegen arbeiten täglich einen halben Tag im Felde, und was ihnen an Gelegenheit zum Fischfang fehlt, das suchen sie durch Jagd zu ersetzen; denn Ziegen, Schafe und Ochsen werden nur bei seltlichen Gelegenheiten geschlachtet, und Hühnerfleisch zu essen ist dem gemeinen Manne vom Fetisch bei Strafe verboten, nur der Häuptling hat als Oberpriester das Monopol, und höchstens bei Feierlichkeiten dürfen auch Mitglieder der Polangsvereine im Fetischhaus Hühner als Götzenopferfleisch verschmausen. Eine strafbare und schwere Beleidigung ist es, wenn einer den andern beschicht, er hätte im geheimen Hühnerfleisch gegessen. Statt dessen ist alles Getier des Waldes, „was da kreucht und fleucht", wenigstens den Männern eine erlaubte und stets will- kommene Beute. Außer dem Elefanten, den sie teils in Gruben fangen, teils ihm mit Steinschloßgewehren, welche mit Eisen-, Kupfer- und Messingsplittern vollgepfropft sind, zu Leibe rücken, besteht das Wild in allerlei Antilopen, deren es wohl sechs oder mehr Arten giebt. Auch kleinere Büffelarten kommen vor. Die Wildschweine sind zahlreich und bilden an manchen Orten eine Plage, indem sie die Felder ver- wüsten. Auch Stachelschweine mit ihrem wohlschmeckenden Fleisch sind sehr beliebt; Wildkatzen und besonders Zibethkatzen werden häufig als Jagdbeute nach Hause gebracht. Mit den Affen, als Meerkatzen, Paviane und dergl., gelingt es den schwarzen Jägern nicht so leicht wegen der großen Behendigkeit, mit der jene vom Baum zu Baum eilen, und vor dem Schimpansen fürchtet sich der Schwarze einerseits, weil er dem Menschen so ähnlich sei, und andererseits wegen seiner Ohrfeigen und Schläge, welche dieser Affe mit solcher Wucht austeilen könne, daß einem nicht nur Hören und Sehen, sondern sogar das Lebenslicht ausgehen könne. Gelingt es zuweilen, einen Leoparden zu erlegen, so geht es natürlich selten ohne mehr oder minder schwere Biß- und Kratzwunden ab. Hat sich ein solcher schon mancher Vieh- diebstahls im Dorfe schuldig gemacht, so kann ihm noch das ehrenrührige Los zuteil werden, daß zum Streite, vor dem Galgen kommt, wie es in Bombe einmal geschah, wo der manëtote Leopard an einem Baum in der Stadt aufgeknüpft worden ist. Diesem Leoparden wurde eine Festschmütze aus Papageifedern auf den Kopf gesetzt; und während ein wilder Freudentanz um den Biehräuber herum aufgeführt wurde, fühlten die Leute ihr Mütchen an ihm, indem sie ihn noch weidlich durchprügelten, dann zerteilten, in Kessel und Töpfe wandern ließen und zu einem guten Schmause zubereiteten. Schädel, Zähne und Krallen solcher Tiere werden dem „Jiango" ((Götzen) zu Ehren dem städtischen Götzenkram einverleibt. — Bemerkenswert ist beiläufig noch eine Behauptung der Schwarzen, daß gewisse Antilopenarten auch Fleisch fressen sollen, was als bekannte Thatsache unter ihnen feststeht.

Die Jagd auf all dieses Wild wird mittelst Netzen ausgeführt. Sie ist Gemeindesache und legt als solche jedem fähigen Manne die Verpflichtung auf, an den jeweiligen Jagden teilzunehmen. In jedem Hause hängen zu diesem Zwecke ein oder mehre weitmaschige Jagdnetze, die etwa 1½ Meter breit und 20 Meter lang sind. Jeder hat sein Netz an das des andern anzufügen und am Boden und Gebüsche in vertikaler Stellung gut festzubinden. Auf diese Weise wird ein größeres Stück des Urwaldes im Halbkreis umzäunt. Während außerhalb des Netzes in entsprechenden Entfernungen Leute mit Buschmessern und Gewehren aufgestellt sind, dringen bewaffnete Treiber von der offenen Seite her mit großem Geschrei und Lärmen vor und scheuchen das aufgescheuchte Wild gegen das Netz, in dem es hängen bleibt und von den Treibern oder Wächtern niedergehauen oder geschossen wird. Hat einer sein Netz nicht vorschriftsmäßig befestigt, jodaß ein Tier entschlüpft ist, so hat nach altem Brauche jeder Knabe das Recht, den Schuldigen, selbst wenn dieser schon graue Haare hat, wie einen Buben zu beschimpfen. Außerdem erhält der Schuldige keinen Beuteanteil und muß sogar den Wert des entlommenen Wildes ersetzen. Nach Beendigung der Jagd wird auf einem freien Platze nahe der Stadt sämtliche Beute niedergelegt, gemeinsam zerhauen und verteilt.

In Ermangelung von Wildbret werden besonders von den Weibern Bäche und Flüßchen mit kleinen, reusörmigen Handnetzen nach kleinen und kleinsten Krebschen und Fischchen ausgefischt. Viele Tier- und Vogelarten sind den Weibern überhaupt zu essen verboten. Als Delikatessen gelten auch fette Engerlinge und Raupen, welche mit Pfefferunke zubereitet werden und „jehr gut" sein sollen. Die tägliche Hauptnahrung besteht hauptsächlich aus Bisang mit Pfefferunke. Zur Abwechselung werden auch einige Arten von Knollenfrüchten, Jams, Minde, Colocasia, Malabi und Süßkartoffeln gegessen. Mais und Bohnen werden viel gepflanzt und geröstet oder mit Pfefferunke gekocht, meist aber zu Mehl zerrieben, mit etwas Palmöl vermischt, tüchtig mit Pfeffer gewürzt und der orangefarbige Brei in einem Bananenblatte gekocht. Der daraus entstehende Kuchen hat mit weichem Brot viel Ähnlichkeit und ist eine nahrhafte Speise. Alle Mahlzeiten werden von den Negern aus hölzernen und irdenen Geschirren mittelst der Finger eingenommen, dabei wie üblich auf dem Boden hockend, und zwar essen die Männer und Söhne gemeinsam, desgleichen jede Frau mit ihren Mädchen hernach für sich. Übrigens haben die Hinterländer zum schmelhafte Essen, die sie bei besonderen Anlässen zu den Mahlzeiten als Speisetafeln zurichten. Dazu gehören dann noch die überall gebräuchlichen, zusammenlegbaren Klappsesseln, welche mit Antilopenfell oder Elefantenohr überspannt sind und zu allen Sitzungen und Verhandlungen mitgebracht werden. Zur Beleuchtung ihrer Hütten haben diese

„Buschlampe" ebenfalls eine praktische Einrichtung, einfach und sinnreich zugleich. Während die Küstenbewohner gar kein ständiges Licht besitzen oder auf die Erdöllampen der Weißen angewiesen sind, schmieden die Buschleute eiserne Lampen in Form von kreisrunden, flachen Schalen mit daran angebogenem langen Haken zum Aufhängen an Dach oder Wänden. Das gelbe Palmöl dient als Brennmaterial. Der aus einem alten Tuchfetzen gerollte Docht wird derart in das Öl gelegt, daß das angezündete Ende über dem Rand der Schale vorsteht und eine geruchlose, helle Flamme giebt. Das Eindringen der letzteren in die Ölpfanne wird durch Auflegen eines Scherbens hinter derselben verhütet. Nicht selten trifft man sogar Kronleuchter, die von 6—8 an eisernen Armen angehängten Lampen zusammengestellt sind.

III. Soziale Einrichtungen und Religion.

Was nun das soziale Leben betrifft, so wird dieses in seinen hauptsächlichsten Äußerungen durch die Religion bezw. den heidnischen Kultus geregelt. Dieser ist Gemeindesache und wird vom Häuptling und den Stadtältesten ausgeübt. Auf ihnen ruht die Verwaltung der weltlichen und religiösen Angelegenheiten, weshalb auch im Häuptling weltliche und religiöse Gewalt vereinigt ist und von ihm allein gehandhabt wird. Wird jemand wegen eines Vergehens bestraft, so geschieht dies durch den „Ifango" (Götzen), im Hinterland auch „Petari" genannt. Der Übelthäter kann zur Prügelstrafe verurteilt werden, meist hat er jedoch eine materielle Buße in Vieh oder Lebensmitteln u. dergl. zu entrichten. Dem Verurteilten wird unter Umständen ein Fetisch vors Haus gesteckt, den niemand anzurühren wagt. Derselbe hat den Zweck, einen Druck auf den Schuldigen behufs schleuniger Bezahlung seiner Strafe auszuüben, und wird erst nach Entrichtung derselben wieder entfernt. Diese Gerichtseinkünfte werden zwischen Häuptling und Stadtältesten, welche in Festlichkeiten verbunden sind, verteilt.

Der Kultus der besprochenen Hinterlandsstämme zeigt nebst vielen Ähnlichkeiten mit dem der Küstenstämme mehr Ursprünglichkeit als bei letzteren. Von allen Stämmen nehmen besonders auch im Kultus wieder die Bakundu eine maßgebende Führerstelle ein. Alle Zeremonien und Ritualformen, sowie die wehmutsvoll klingenden, religiösen Hymnen, welche nicht selten sogar zweistimmig vorgetragen werden, stammen nach ihren eigenen Aussagen von den Bakundu. Die hauptsächlichsten Erscheinungen des religiösen Lebens sind vielerlei Zeremonien, Verehrung von Götzenfiguren, Festlichkeiten mit wilden Tänzen, Gebeten zu Gott, den sie ohnni nennen, besonders aber Verehrung und Anbetung der „medimi"-Geister ihrer verstorbenen Eltern und Voreltern, von denen sie alle Hilfe, allen Schutz und Segen für ihr Leben, für die Stadt, für Feldbau und Jagd und Bewahrung vor zauberischen Einflüssen böser Leute erwarten. Die Webete ist das öffentliche Wohl der Stadt verrichtet der Oberpriester, bezw. der Häuptling auf einem eigens dazu errichteten Gebets- und Zeremonienhügel, „Ilono" oder „Dilili" genannt, wobei er eine Trommel vor sich schlägt und unter lautem Rufen sein Gebet an Gott und besonders die Geister vorträgt. Aber auch der einzelne Familienvater betet bei besonderen Anlässen. Wenn z. B. der Bakundu morgens zur Jagd ausziehen will, verrichtet er etwa den Abend vorher folgende Gebetszeremonie: Er holt eine Schüssel mit Wasser, stellt sie im Hause nahe der Thürschwelle auf den Boden, nimmt ein gewisses Kräutchen und legt es neben die Schüssel. Sodann gebietet er seiner Familie Stille. Niemand darf jetzt mehr zur Thüre aus- oder eingehen. Nun setzt er sich vor die Schüssel, faßt die Erdnüchen und schlägt damit fortwährend auf den Schüsselrand; dazu betet er etwa folgendermaßen: „Bitte, bitte, bitte, bitte, bitte, o Gott des Himmels, und bitte, bitte ꝛc. . . ., ihr Geister meiner Eltern und Vorfahren, bitte, helfet mir morgen auf der Jagd, daß ich viel Beute mache. Bitte, Gott, hilf mir, und bitte, ihr Geister von Vater und Mutter, wie ihr auch auf Erden einst gewesen sein möget, ob bös oder gut, bitte, erbarmet euch meiner und segnet mich bei der Jagd!" — Nach diesem Gebet nimmt er sein Kind, stellt seinen eigenen und den Fuß seines Kindes zusammen vor die Thürschwelle und schüttet das Wasser der Schüssel darauf. Damit sind seine Tritte und Handlungen gesegnet und geweiht. — Die Geister denkt sich der Bakundu im Innern der Erde, woselbst eine große Stadt sein soll. Die Geister der Guten haben dort ein ruhiges, friedliches Leben, aber die der Bösen werden von andern Geistern fortwährend geplagt, auch läßt man sie nur auf schlechten und ungereinigten Wegen gehen. — Eine andere Erscheinung religiöser Art, welche große Bedeutung für das Volksleben hat, ist das Bestehen vieler heidnischer Vereine „Belari", b. heißt Fetischvereine, unter dem Protektorat der Häuptlinge und Stadtältesten, welche die leitenden Glieder derselben sind. Der Oberhäuptling hat dabei als Oberpriester die Oberleitung aller Vereine, er ist also auch Mitglied derselben. Im Gegensatz zur gewöhnlichen Art von Fetischvereinen werden aber hier nicht bloß einige Auserkorene zu Mitgliedern angenommen, sondern jeder junge Mensch hat nicht nur das Recht, sondern auch die Pflicht, dem einen oder andern dieser Vereine beizutreten. Er muß aber zu diesem Zwecke jahrelang erst seinen Eintrittstribut in Tüchern, Vieh, Feldfrüchten, Jagdbeute und anderen Dingen entrichten, bis er den festgesetzten Eintrittspreis abbezahlt hat; dann erst wird er aufgenommen. Auf diese Weise fließen den Vereinen schöne Einkünfte zu, welche dem Oberhäuptling unter die Mitglieder verteilt werden und ihm selber den größten Gewinn einbringen. Darum halten auch besonders die Alten mit Zähigkeit an diesen Bräuchen fest, soweit sie dies ungestraft fortsetzen können. Die deutsche Regierung hat zwar diese Einrichtungen im Grundsatz verboten; doch bestehen sie in etwas unauffälligerer Form fast überall noch weiter. Diese heidnischen Vereine veranstalten von Zeit zu Zeit gewisse Festlichkeiten, die je nach ihren Veranstaltern bestimmte, oft sonderbare Formen haben. So fällt zum Beispiel dem Reisenden auf, daß in jeder Stadt nicht nur ein oder zwei, der Zahl der Häuptlinge entsprechende Fetischhäuser bezw. -ruinen vorhanden sind, sondern auch je ein oder zwei kuselformige Erdhügel, welche mitten in der Straße errichtet, sprungbreitartig anlaufen und ringsum mit Pflöcken eingedämmt sind. An unsere Wappenform erinnernde kleine Steinplatte ist am Rande des 1 bis 2 m tiefen Steilabfalls angelehnt und ist geeignet, den ganzen Erdhaufen den Anschein eines Grabhügels zu verleihen. Die Hügel heißen „Ifono" oder „Difili" und dienen gewissen Vereinen zu zeremoniellen Zwecken; z. B. wird die erwähnte Steinplatte als Sprungbrett für Knaben und junge Vereinsmitglieder benutzt, welche von früher Jugend auf sich darin üben, gleich den Cirkus-Clowns Luftüberschläge vom Hügel herab auszuführen, sodaß sie unten wieder auf die Beine zu stehen kommen. Es sind meist Knaben, die wegen besonders eifriger Teilnahme an den Fetischangelegenheiten schon frühe in die Gemeinschaft des sogenannten „Geistervereins" aufgenommen wurden. Gelingt ihnen dann gar diese Kunst des Überschlagens, dann dürfen sie diese Purzelbäume als Festzeremonie zum Stolz ihrer Angehörigen aufführen und werden dafür von jedermann gepriesen und beneidet.

Dem Oberhäuptling bezw. Oberpriester dient der Hügel als Gebetsort, wenn er bei Festen seine offiziellen Gebete für die Stadt zu verrichten hat. Dies besorgt er bei Tagesanbruch. Er sieht dabei auf dem Hügel, bearbeitet eine vor ihm stehende hohe Trommel, um die Geister aufmerksam zu machen, und trägt dazwischen sein Gebet an „obasi"-Gott und besonders an die „medüü"-Geister der Eltern und Vorfahren mit lautem Rufen vor. Er bittet letztere um Hilfe, Schutz und Segen für die Stadt, für Feldfrüchte, für Jagd und Abwendung aller verderblichen Einflüsse von Zauberern und Herenmeistern. Außerdem dienen die Itono noch dem Oberhäuptling als Rednerbühne. Er hält von da aus bei besonderen Festen mit großer Selbstgefälligkeit unter üblichem Wortschwall und zugehörigem Armesuchteln eine gewaltige Rede an die erstaunte Festmenge, zählt all die Vereine mit Namen auf, welchen er als Mitglied und Oberhaupt angehört und rühmt seine Macht und Herrlichkeit und seinen Reichtum. Die Menge aber beneidet sein herrliches Los, preist ihren Häuptling ehrfurchtsvoll und ruft: Was ist doch das für ein großer Herr, so reich und mächtig und angesehen!

So sehr nun diese Vereine mit ihren Einrichtungen an unsere sozialen Versorgungsinstitute erinnern, und wenn auch bei zweckmäßiger Regelung ihnen ein gewisser Nutzen nicht abzusprechen ist, umsoweniger, weil in ihnen auch die Autorität des richterlichen Amtes eine große Rolle spielt, so sind sie doch andererseits ein Krebsschaden für das gedeihliche Volksleben. Sie waren seither als gleichzeitige Vertreter der richterlichen Gewalt und der sie stützenden religiösen Einrichtungen ein notwendiges Übel, wirken aber da, wo eine europäische Regierung oder Mission eingesetzt hat, nicht nur nutzlos, sondern hemmend und schädigend: denn der Arme oder Schwächliche, der den Tribut behufs Mitgliedschaft nicht aufbringen kann, ist, statt unterstützt zu werden, den Brandschatzungen der Vereine schutzlos preisgegeben und muß oft sein weniges Ersparies an Vieh u. dergl. den brutalen Forderungen eines Vereins zum Opfer bringen und für diesen schlachten. Will er sich aber dessen weigern, so werden ihm noch weitere Tributleistungen als Strafe auferlegt. Auch greifen diese Vereine in die persönlichsten Angelegenheiten des einzelnen ein. So ist es zum Beispiel einem Nichtmitglied nicht gestattet, Hosen oder bessere Tücher und Kleider anzulegen. Das dürfen sich nur Vereinsgenossen erlauben.

(Ein dritter Artikel folgt)

Menelik und Leontiew.

Von Karl von Bruchhausen, Major a. D.

Noch heute wird vielfach das „Zukunftsreich Leontiews" als ein belächelnswertes Sagengebilde betrachtet, obgleich es eine durchaus greifbare Gründung darstellt, hinter der europäische Handelsgesellschaften stehen. Der russische Gardeleutnant Leontiew war gelegentlich einer halbamtlichen Mission — die russische geographische Gesellschaft entsandte ihn — zuerst nach Abessinien gelangt. Er war unternehmungslustig, Menelik fand Gefallen an dem hellen Kopf mit der stattlichen Erscheinung und verlieh ihm den — nach und nach auch in Rußland anerkannten — Grafentitel. Dann ernannte er ihn unterm 1. Juli 1897 zum Generalgouverneur der „Abessinischen Aequatorialprovinzen", d. i. weitgestreckter Gebiete zwischen dem weißen Nil und Dschuba einerseits und dem 2. Grad und etwa 5', Grad nördlicher Breite andererseits, auf die Menelik Anspruch machte, ohne sie thatsächlich unterworfen zu haben. Nach anderen Angaben begriffe das ungeheure Reich im Westen sogar noch das Thal des Sobat in sich, erstreckte sich also hier etwa bis 8', Grad nördlicher Breite.

Aus diesen Angaben ergiebt sich ohne Weiteres, daß das Leontiewsche Reich den Engländern ein Dorn im Auge sein mußte; denn es schloß ausgedehnte Länder in sich, die auch England für sich verlangte. Bekanntlich hat Menelik sich mit seinem Nachbarn im ägyptischen Sudan äußerlich auf einen guten Fuß gestellt; aber die Grenzregelung kommt nicht vom Fleck. Das kann sie auch nicht, da Menelik die Länder zwischen dem Bahr-el-Dschebel (Oberlauf des weißen Nil) und dem Rudolf-See für sich verlangt und am 2. Grad nördl. Breite als Südgrenze seines Reiches hartnäckig festhält. Hiernach würde diese bis an die Nordspitze des Albert-Sees stoßen!

Aber der mögliche Verlust eines schon als sichere Beute betrachteten, in vieler Beziehung wertvollen Gebietes von etwa 150,000 oder gar 300,000 qkm ist es nicht allein, der in England verschnupft. Diese abessinischen Ansprüche stellen, sofern es nicht gelingt, sie zu beseitigen, den liebgewonnenen Plan der Kap-Kairo-Bahn in Frage. Die Verbreiterung des Nil zu einem ausgedehnten Seen- und Sumpflande oberhalb der Sobatmündung erlaubt nicht, die Eisenbahn wie unterhalb Khartum im Nilthale weiterzuführen. So ist man bereits auf den Gedanken gekommen, die Bahn den blauen Nil hinauf und dann westwärts am Rudolf und Baringo-See (besonders ausbeutefähige Gebiete) vorbei nach Uganda zu bauen. Hier soll sie durch den Anschluß an die beinahe fertige Uganda-Bahn dem britischen Reiche eine Schienenverbindung zwischen dem Mittelmeer und dem Indischen Ozean bieten, die bei einer Sperrung des Suezkanals (im Kriegsfalle etwa) von der allergrößten Wichtigkeit sein würde. Ihre Bedeutung erlitte aber eine Einbuße, wenn die Bahn auf eine Strecke von vielleicht 1000 km durch abessinisches Gebiet geführt werden müßte. Eine andere Möglichkeit würde sich eröffnen, wenn der gewaltige, in Lord Cromers jüngstem Jahresbericht erwähnte Plan zur Ausführung gelangte, den Nil um mehr Wasser im Unterlauf für Schiffahrt und Berieselung zu gewinnen — auf der 250—300 km langen Sumpfstrecke regelrecht einzudeichen. Die Ausführung eines solchen Planes, die vielleicht mehr als eine halbe Milliarde kosten würde, liegt aber noch in sehr weitem Felde, und erst nach ihrer Ausführung könnte die Eisenbahn den Fluß begleiten. Daher die britische Verstimmung gegen die abessinischen Aequatorialprovinzen unter Leontiew, die noch dadurch verstärkt wird, daß es sich gerade um einen Russen handelt, dessen Regierung seinem Vorhaben freundlich gegenüber steht, wenn sie sich auch hütet, direkt fördernd einzugreifen.

Menelik hatte Leontiew Abgabenfreiheit auf fünf Jahre und Förderung seiner Pläne durch abessinische Soldaten zugesagt. Später sollte er, ebenso wie die anderen Ras, einen Tribut von 10000 zahlen. Auf diese Bedingungen hin brachte Leontiew in Brüssel die „Société anonyme des provinces équatoriales" mit einem Kapital von 1,000,000 fres. zusammen, die sich die wirtschaftliche Ausbeute der in Rede stehenden Gebiete nach jeder Richtung hin zum Ziel setzte. Anfänglich war auch der kürzlich verstorbene Prinz Heinrich von Orleans mit im Bunde; er sollte der Adlatus seines russischen Freundes sein. Doch verunreinigten sich die beiden bald, und der Prinz schied aus. Im Herbst 1898 ging Leontiew, dessen Pläne durch eine schwere Schußverletzung, die er sich durch Unvorsichtigkeit zugezogen, eine starke Verzögerung erlitten hatten, mit einer Menge Waren und einem Stabe französischer Ingenieure wieder nach Abessinien ab. Anfang Juni 1899 wurde er zu Adis-Abeba feierlich in sein Amt als Statthalter-Unternehmer eingeführt, und am 18. Juni zog er mit einer Anzahl französischer Schützen vom Senegal und etwa 2000 abessinischen Soldaten aus, um sein Reich erst zu erobern.

Das ist zum Teil auch geschehen. Ende Dezember desselben Jahres kehrte Leontiew (nach französischen Quellen) mit starken Viehherden und vielem Elfenbein nach Adis-Abeba zurück. Ob er diese Schätze im Wege eines einwandsfreien Tauschhandels oder — more abessinico — durch eine verheerende Razzia erworben hat, entzieht sich der Kenntnis. Ohne Bedenken kann man in letzterer Beziehung nicht sein; denn das Beispiel des Kongostaates lehrt klar, wohin es führt, wenn die mit Truppenmacht ausgestattete Verwaltung eines afrikanischen Kolonialstaates selbst Unternehmer und Kaufmann ist.

Ueber diesen Zug in die Aequatorialprovinzen hat Leontiew, der am 11. Februar 1900 in Marseille landete, und sich jetzt mit Vorliebe Deschal (abessinischer General, nächste Stufe unter Ras) nennen läßt, selber mancherlei erzählt. Danach hat er den ganzen Omo erkundet (zum Teil ist das schon vor ihm durch den Italiener Bottego geschehen) und festgestellt, daß dieser Fluß schon fünf Tagemärsche von Adis-Abeba entfernt, schiffbar ist. So verspricht er, dereinst einmal eine wichtige Handelsstraße zu werden; denn die Ausfuhr aus den hier in Frage kommenden rücken (Gegenden) weit nach Fertigstellung der Bahn Dschibuti-Adis-Abeba nach dem genannten französischen Hafen. Erst eine Bahn Khartum-Uganda vermöchte darin Wandel zu schaffen. Außer diesen beiden Linien könnte nur noch der Wasserweg des Tschuba in Frage kommen.

Leontiew hat nun am Rudolf See die dort gehißte englische Flagge entfernt. Nach einer Meldung der „Morning Post" vom 21. März 1900 aus Adis-Abeba hätte sich der Engländer Herbert Bivian von dort aufgemacht, um die niedergeholte Flagge neuerdings an derselben Stelle zu hissen. Er dürfte wenig Erfolg damit gehabt haben. Am 12. Juli 1900, nachdem also die Erzählungen des längst nach

Europa zurückgekehrten Leontiew durch alle Blätter gegangen waren, mußte Mr. Brodrick, damals noch Unterstaatssekretär im Auswärtigen Amt, auf eine Anfrage im Unterhause nur mitzuteilen, die Expedition Leontiews solle am Rudolf-See angekommen sein! — Dieser hatte längst in den durchzogenen Gebieten eine Anzahl von Posten errichtet, die mit Senegalesen unter dem Kommando von Weißen (Franzosen) — augenscheinlich nur schwach — besetzt sind. Leontiew nannte das die „administrative Ordnung" jener Länder, und er hat ihr im Frühjahr 1900 daheim, d. h. in Frankreich, Belgien und Rußland, die „kommerzielle" folgen lassen.

Widerstand seitens der Bevölkerung der durchzogenen Gebiete fand er dank seiner starken Schutztruppe nirgends; ja, die Eingeborenen ließen sich willig zur Verstärkung der einzelnen Posten anwerben und von den Senegalesen eindrillen. Bis zur Südspitze des Rudolf-Sees oder gar über diese hinaus scheint Leontiew aber nicht vorgedrungen zu sein; im übrigen mag er mit der Behauptung, daß der wichtigste Zweck der Expedition: die Ausbreitung der abessinischen Herrschaft, erreicht sei, nicht ganz Unrecht haben. Es ist ein Gebiet thatsächlich besetzt, auf dem bislang nur wenig briogende Flaggenschiffungen vorgenommen waren.

Leontiew benutzte seinen europäischen Aufenthalt, um die Geschäfte der hinter ihm stehenden Gesellschaft zu besorgen, den abessinischen Pavillon auf der Pariser Weltausstellung einzurichten und dem Zaren seine Aufwartung zu machen. Im Mai 1900 ging auch das Gerücht durch die Blätter, er habe seine Anrechte auf die Ausbeutung der abessinischen Aequatorial-Provinzen dem belgischen Oberst Thys gegen Zahlung von 20°. vom Reingewinn (wovon dann wieder 10°, an Menelik abzuführen gewesen wären) überlassen. Leontiew hat dies auf das Entschiedenste in Abrede gestellt. Am 30. Januar 1901 ging er von Marseille wieder nach Abessinien ab. Diesmal scheint es ihm hauptsächlich um die Goldgewinnung im Baro-Gebiet zu thun zu sein; denn ihm ist Anfang Juni für diesen Zweck eine Anzahl von belgischen Offizieren und französischen Ingenieuren gefolgt. Diese Expedition ist mit allem Nötigen — sogar mit 150 Brieftauben — ausgestattet.

Ob die Ausbeutung der Goldlager am Baro Leontiew auf Grund seiner Generalgouverneurschaft in den Aequatorial-Provinzen zusteht oder von Menelik in einer besonderen Konzession zugebilligt ist, läßt sich nicht klar erkennen. Nach verschiedenen Angaben wäre letzteres der Fall und Lagarde (entweder der bisherige Vertreter Frankreichs am Hofe von Abis-Abeba oder dessen Bruder) wäre Teilhaber der Konzession.

Nach einem Bericht der „Nowosti" hat sich Leontiew einem Ausfrager gegenüber dahin geäußert, daß der Wert der Goldlager am Baro (Oberlauf des zum weißen Nil abfließenden Sobat, auch Upeno und von dem Italiener Bottego Saint Bon genannt) von englischen Ingenieuren auf fünf Millionen Fr. geschätzt sei, daß diese Schätzung aber höchst wahrscheinlich absichtlich hinter der Wahrheit zurückbleibe, weil jene Engländer so am leichtesten die Konzession von Menelik zu erlangen hofften. Er selbst habe sich an Ort und Stelle mit Goldgewinnung beschäftigt und veranschlage den Wert auf mindestens das Doppelte. Auch Silber und Aluminium kämen dort vor. Die großen Schwierigkeiten und Kosten der Ausbeutung beruhten auf den mangelhaften Transportmitteln (der Baro ist infolge von Kataralten, Sperren durch fortgeschwemmte Riesenbäume und sumpfartigen Erweiterungen nicht schiffbar) und der Arbeiterfrage. Die Eingeborenen des Landes seien wohl willig, aber sie leisteten nichts, sodaß er sich bei freilich viel kostspieligeren weißen Arbeitern doch besser stehen würde. Für diese sei wieder die Verpflegung besonders schwierig. Wenn er einige Millionen hinter sich hätte, wie die in Abessinien spekulierenden Engländer, so wäre sein erstes, daß er den Baro schiffbar machte.

Zu bemerken bleibt hierzu, daß Marchand, als er z. B. unter dem Drucke Englands Faschoda räumen mußte, mit seinem Dampfer „Faidherbe" den Sobat-Baro bis Jchou, d. i. fast bis zum 35. Grad östlicher Länge von Greenwich, hinauffuhr. Der Weg zum Nil existiert aber anscheinend für den Russen in abessinischen Diensten nicht.

Leontiew ist dann Mitte ds. Js. nach dem Baro abgezogen; aber gleichzeitig war „sein Stern bei Menelik gänzlich untergegangen". Schon vor mehr als einem Jahre sagte Jlg, die rechte Hand Meneliks, zu einem Bekannten, daß es lediglich von Leontiews Takt abhänge, ob er es zu etwas bringen werde. Diesen Takt scheint er nicht besessen zu haben; denn der Engländer Pease schrieb im April ds. Js. aus eigener Anschauung: „Leontiew ist mit der Zeit allzu sehr Geschäftsmann geworden, als daß er sich den Takt und die diplomatische Finesse bewahrt hätte, wodurch er früher Menelik bezauberte." — Im April ds. Js. kam aus Paris die unaufgeklärt gebliebene, überraschende Meldung, Leontiew habe bei zwei Antwerpener Banken mit Rücksicht auf seine Goldminenkonzessionen Beschlag auf die Depots Jlgs in der Höhe von fast zwei Millionen gelegt. Ein so überraschender Schritt ließ sich nur mit der Thatsache in Verbindung bringen, daß Jlg inzwischen von Menelik auf fünfzig Jahre die Konzession der Goldminen im Lande der Wallega, hart nördlich des Baro, erhalten hat und Antwerpener Goldleute hinter ihm stehen. Dann wurde Ende August der Londoner „Colonial Review" aus Adis-Abeba gemeldet, daß es zwischen Menelik und Leontiew so ziemlich zum Bruch gekommen sei. Leontiew habe die bisherigen Erträgnisse der Aequatorial-Provinzen auf die Goldgewinnung am Baro verwandt. Da er aber infolge der gewaltigen Schwierigkeiten des Unternehmens mit dem Gelde nicht gereicht habe, sei er, ohne Menelik erst zu fragen, auf ein günstiges Angebot der „Abyssinian Exploration Company Lim." zu London eingegangen, das in Frage kommende Gebiet auf eigene Rechnung nach Mineralien auszubauen. Menelik habe erst davon erfahren, als ein Abgesandter der Gesellschaft in Adis-Abeba eingetroffen sei und die demnächstige Ankunft englischer Ingenieure angekündigt habe. Der Negus habe voller Zorn den Durchzug der letzteren verbieten wollen, ihn schließlich, um das gute Einvernehmen mit der englischen Regierung nicht zu trüben, aber doch gestattet.

Es kann sich, falls diese aus englischen Quellen stammende und mit Rücksicht auf die oben erwähnten Vorgänge nicht recht begreifliche Nachricht auf Wahrheit beruht, vorläufig nur um die Erlaubnis und nicht um den thatsächlichen Durchzug der englischen Ingenieure gehandelt haben; denn diese sind erst am 26. Juli ds. Js. von London abgegangen, konnten also Ende August unmöglich bis nach Adis-Abeba gelangt sein.

Mit Leontiews abessinischer Herrlichkeit dürfte es aber — immer unter der Voraussetzung, daß die englische Darstellung des Sachverhalts zutreffend ist — sortan schnell bergabgehen.

Die neueren Bestrebungen zur Bekämpfung der Malaria.

Von

Professor Dr. H. Kossel,

Regierungsrat am Kaiserl. Gesundheitsamt.

Die Fortschritte, welche während der letzten Jahre in der Erkenntnis der Ursachen der Malariaerkrankungen zu verzeichnen sind, haben abgesehen von dem hohen wissenschaftlichen Wert eine große praktische Bedeutung. Eine ganze Reihe verschiedener Vorschläge sind gemacht worden, um die Ergebnisse der wissenschaftlichen Untersuchungen für die Bekämpfung der Malaria in den heißen Ländern zu verwerten. Einer Aufforderung der Redaktion dieser Zeitschrift nachkommend, will ich versuchen, auf dem knappen, mir zur Verfügung stehenden Raum eine Skizze dieser Bestrebungen zu entwerfen.

Als unumstößliche Thatsache müssen wir seit den Beobachtungen von R. Koch und vor allem seit den Arbeiten des englischen Arztes Roß und seiner Nachfolger, der italienischen Forscher, anerkennen, daß die Malaria auf den Menschen durch den Stich gewisser Stechmücken der Gattung Anopheles übertragen wird. Der niedrigsten Klasse des Tierreichs entstammt der von dem Franzosen Laveran entdeckte Parasit, welcher durch seine Ansiedlung auf den roten Blutkörperchen und durch seine Vermehrung im Körper des Menschen die Krankheit hervorruft. Diese äußert sich bekanntlich in ihrem akuten Stadium durch hohes, das Leben unmittelbar bedrohendes Fieber, in den chronischen Fällen durch eine zunehmende schwere Blutarmut, welche die Folge der Wirkung des Parasiten auf die roten Blutkörperchen und die blutbildenden Organe ist. Wird das parasitenhaltige Blut eines erkrankten Menschen von einer Stechmücke aufgesogen, so können sich die Parasiten in dieser weiterentwickeln. Vorbedingung hierfür ist, daß sich gewisse Entwicklungsstadien der Malariaparasiten in dem aufgenommenen Blut befunden haben, welche in eine für das Leben in der Mücke geeignete Form überzugehen vermögen. In der Wand des Verdauungskanals der Mücke findet ihre erste Ansiedlung statt; hier wachsen sie und bilden sehr zahlreiche kleine Keime, welche sich im Körper der Mücke ausbreiten, schließlich in die Speicheldrüsen wandern und sich dem von der Drüse abgesonderten Saft beimengen. Mit diesem werden sie entleert, sobald die Mücke sticht, und so können sie abermals den Wirt wechseln und z. B. in den Blutkreislauf eines gesunden Menschen gelangen, um von neuem ihre krankmachende Wirkung zu entfalten.

Ließ schon das Ergebnis der höchst mühevollen wissenschaftlichen Untersuchungen keinen Zweifel an der Richtigkeit dieser Auffassung, so wurde der direkte Beweis durch gelungene Übertragungsversuche geliefert. Z. B. ließ sich der Sohn des hochverdienten englischen Arztes Manjon, selbst ein Arzt, in London, also an einem völlig malariafreien Orte, von Mücken stechen, welche in Rom Blut von Fieberkranken gesogen hatten und dann nach London gesandt waren. Er bekam einen echten Anfall von Malaria, in seinem Blut konnten die Malariaparasiten nachgewiesen werden.

Wir haben keine Beweise dafür, daß die Malaria noch auf andere Weise übertragen werden kann als durch den Stich infizierter Mücken. Alle gegenteiligen Behauptungen haben sich bisher als nicht begründet erwiesen. Natürlich hat die „Mückentheorie", wie jede neue Anschauung, noch viele Gegner, weniger unter den Ärzten als unter den Laien. Es wiederholt sich hier dieselbe Erscheinung wie nach der Entdeckung der Erreger und der Übertragungsweise bei anderen Infektionskrankheiten. Vielen Leuten erscheint die Erklärung zu einfach, und sie können sich nicht von alten Anschauungen losreißen, die grade durch ihre Unklarheit einen besonderen Reiz auszuüben scheinen. Daß eine so unbedeutende Verletzung wie ein Mückenstich Malaria hervorrufen solle, will ihnen nicht in den Sinn. Sie vergessen dabei, daß nicht der Stich der gewöhnlichen Mücke die Krankheit verursacht, sondern nur der Stich der Anophelesmücken, und dieser auch nur da, wo dieselben Gelegenheit haben, die Parasiten der Malaria in sich aufzunehmen.

Will man also auf Grund dieser Erfahrungen an die Bekämpfung der Malaria herangehen, so stehen zwei Wege offen. Entweder man bemüht sich, den Menschen vor den Stichen der gefährlichen Mücken zu schützen, oder man sucht zu verhindern, daß die letzteren sich immer wieder mit dem Infektionsstoff beladen.

Die Schwierigkeit, den einzelnen Menschen gegen Mückenstiche zu schützen, ist nun unter verschiedenen Verhältnissen recht verschieden groß. Durch ein gut schließendes Mosquitonetz kann man dieses Ziel in vielen Fällen zur Nachtzeit, der Hauptschwärmzeit der Anopheles, wohl erreichen; ebenso verleiht die in Indien allgemein verbreitete Punkah durch den steten Luftzug, den sie hervorruft, Schutz vor den Mücken. Um auch außerhalb der Stunden, in denen man das Mosquitonetz zu benutzen pflegt, den gefährlichen Insekten zu entgehen, hat man vorgeschlagen, die Fenster und Thüren der Häuser in den Tropen durch Gaze zu verschließen, und besonders in Italien hat man diesen Vorschlag ausgeführt. Englische Ärzte haben z. B. in den verrufensten Sümpfen bei Ostia in einem solchen Hause gelebt, ohne von der Malaria befallen zu werden. Es ist aber sehr unwahrscheinlich, daß sich ein solches Vorgehen in den Tropen allgemein durchführen läßt. Vor allen Dingen würde diese Maßregel nur an dem ständigen Wohnort in Frage kommen; auf Expeditionen z. B. würden die Europäer dieses Schutzes entbehren müssen. Neuerdings werden auch von F. Plehn für diesen Zweck mosquitosichere Zelte empfohlen. Die Praxis wird lehren, ob dieser Vorschlag sowie das Tragen von Mückenschleiern u. dgl. sich bewähren wird. Bei der leichten Kleidung, welche die Europäer in den Tropen tragen, werden sich trotz der Benutzung von Schleiern wohl immer noch genug Angriffspunkte für die Mosquitos finden.

Ferner ist man bestrebt, den gefährlichen Mückenarten das Leben möglichst schwer zu machen. An eine gänzliche Ausrottung derselben durch Abtödtung ihrer im Wasser lebenden Larven (Begießen der Gewässer mit Petroleum u. s. w.) ist natürlich im Ernst nicht zu denken. Selbst wenn auch zeitweilige Erfolge mit

— 223 —

diesem Vorgehen erzielt werden sollten, so kann eine dauernde Wirkung nicht erwartet werden. Hier kann eine nachhaltige Abhilfe nur durch Besserung der Bodenverhältnisse (Trockenlegung von Sümpfen u. dergl.) geschaffen werden. Allerdings sind manche Maßnahmen geeignet, wenigstens in der Nähe der von Europäern bewohnten Häuser die Zahl der Mücken einzuschränken. In dieser Richtung kann sicherlich Manches von den Bewohnern selbst geschehen. Bei der Anlage der Ortschaften muß möglichst darauf Rücksicht genommen werden, daß nicht solche Plätze gewählt werden, in deren unmittelbarer Umgebung sich geeignete Brutplätze für den Anopheles befinden. Die Bewohner müssen darauf achten, daß nach Möglichkeit Wasseransammlungen in der unmittelbaren Umgebung der Häuser vermieden werden; es ist dabei zu beachten, daß nicht nur größere Wasseransammlungen, sondern auch leere Konservenbüchsen, Regentonnen u. dgl. Gefäße zu Brutstätten der Anopheles werden können. Ferner ist daran zu denken, daß die Anopheles nachdem sie gestochen haben, mit Vorliebe dunkle Schlupfwinkel in den Häusern und Wohnräumen aufsuchen, wo sie bleiben, bis ihre Eier gereift sind. Hier kann also gleichfalls etwas zu ihrer Beseitigung geschehen.

Aber wie gesagt, alle diese Maßnahmen sind nur geeignet die Gefahr für den Einzelnen zu vermindern, nicht sie zu beseitigen. Der einzelne Mensch kann überhaupt in vielen Fällen sich sehr wirksam gegen eine Erkrankung an Malaria dadurch schützen, daß er in bestimmten, regelmäßigen Zwischenräumen Chinin nimmt (nach Kochs Vorschrift am besten jeden zehnten und elften Tag je 1 Gramm Chinin). Unser Hauptbestreben aber muß es sein Maßnahmen zu treffen, welche der Allgemeinheit zu Gute kommen. Zu dem letzteren Ziel versucht K. Koch dadurch zu gelangen, daß er den Mücken die Gelegenheit, sich mit Malariakeimen zu beladen, zu nehmen sucht.

Wie wir oben gesehen haben, nehmen die Anopheles den menschlichen Parasiten auf, wenn sie Blut eines Malariakranken saugen. K. Koch hat nun nachgewiesen, daß in den Malarialändern eine Altersklasse die Mücken stets reichlich mit Malariaparasiten versorgt; das sind die Kinder. Er fand, daß bei den Völkerschaften, welche man bisher als nicht empfänglich für die Malaria angesehen hat, bei den Eingeborenen derjenigen Gegenden, in denen anscheinend nur die Europäer schwer unter der Malaria leiden, auch nicht alle Individuen gegen die Malaria gefestigt (immun) sind. Bei sehr ausgedehnten Untersuchungen in Neuguinea fand Koch, daß zwar die erwachsenen Eingeborenen sich einer Immunität gegen die Malaria erfreuen, daß jedoch die Kinder schwer unter der Krankheit leiden, und daß die Zahl der Kinder, welche in ihrem Blut Malariakeime beherbergen, besonders in den ersten Lebensjahren, außerordentlich groß ist. Er fand zuweilen 80—100% der Eingeborenenkinder unter 2 Jahren mit Blutparasiten behaftet; mit steigendem Alter nahm die Zahl der infizierten Personen ab. Diese Thatsache ist ein Beweis für die Richtigkeit der zuerst vielfach bestrittenen Behauptungen Kochs, daß bei der Malaria, ebenso wie bei anderen Infektionskrankheiten, das Ueberstehen der Krankheit einen gewissen Grad von Unempfänglichkeit (Immunität) hinterläßt. Dann aber giebt sie einen Fingerzeig, wo wir die Parasiten treffen können, wenn wir sie vernichten wollen.

K. Kochs Methode der Malariabekämpfung besteht nun darin, daß an dem befallenen Orte möglichst alle Menschen, welche Malariakeime beherbergen, ausfindig gemacht und durch eine zweckmäßige Behandlung mit Chinin von den Parasiten befreit werden. Dann wird den Anopheles die Möglichkeit entzogen, sich immer wieder mit den Ansteckungskeimen zu beladen. Die erstere Forderung läßt sich natürlich nur mit Hülfe geschulter, mit der mikroskopischen Untersuchung vertrauter Aerzte erfüllen, welche zugleich die Behandlung der als krank befundenen Individuen übernehmen. Derartige Bestrebungen werden unter Oberleitung R. Kochs augenblicklich in verschiedenen Teilen unserer Kolonien praktisch durchgeführt. Man darf gespannt sein auf das Ergebnis, und es ist nur zu wünschen, daß alle Europäer bestrebt sind, durch strenge Befolgung der Vorschriften das Ihrige zu dem Gelingen des Werkes beizutragen. Die Schwierigkeiten, welche bei der farbigen Bevölkerung zu überwinden sind, werden vielfach nicht geringe sein, und da ist es doppelt wünschenswert, daß die weiße Bevölkerung Gemeinsinn genug zeigt, an der Lösung einer Aufgabe geschlossen mitzuarbeiten, welche eine Lebensfrage unserer Kolonien betrifft.

Die wirtschaftlichen Interessen Deutschlands in Guatemala.

Von J. C. von Eckert.

I.

Einleitung. Wirtschaftliche Entwickelung des Landes und der deutschen Interessen.

Als anläßlich der letzten Flottenvorlage eine amtliche Statistik der deutschen Kapitalsanlagen in überseeischen Ländern erschien, riefen manche der darin enthaltenen Ziffern durch ihre unerwartete Höhe Erstaunen hervor, darunter diejenigen über Mittelamerika und namentlich über die Republik Guatemala, in der die deutschen Kapitalien anfangs 1898 auf 183 Millionen ℳ geschätzt wurden. Diese an sich schon hohe Ziffer fällt noch mehr ins Gewicht, wenn man die für überseeische Begriffe geringe Ausdehnung des Landes, nach Abzug der Urwälder von Peten kaum ⅓ derjenigen Deutschlands, ferner die schwache Bevölkerung von 1⅓ Millionen, worunter mehr als die Hälfte Indianer, in Betracht zieht. Es dürfte kaum ein zweites transozeanisches Gebiet geben, auf dem, natürlich nicht absolut, wohl aber relativ so bedeutende deutsche Interessen bestehen, d. h. letztere in solchem Umfang auf so kleinem Raum konzentriert sind. Selten auch dürfte der wirtschaftliche Einfluß Deutschlands auf die Geschicke eines fremden Landes sich so fühlbar gemacht haben wie in jener kleinen Republik. Es verlohnt daher der Mühe die dortigen deutschen Interessen einer näheren Betrachtung zu unterziehen. Wir werden dabei ein interessantes Stück transatlantischen wirtschaftlichen Lebens kennen lernen, wir werden ein schönes Beispiel dafür finden, was Fleiß und Unternehmungsgeist deutscher Landsleute in fernen Ländern zum eigenen und des Vaterlandes Nutzen zu schaffen und zu erreichen vermögen, wir werden aber auch auf der andern Seite sehen, mit welchen Schwierigkeiten und welchem Risiko wirtschaftliche Thätigkeit in derartigen Ländern verbunden ist, und was für schwere Rückschläge dabei zu gewärtigen sind.

Die Entwickelung unserer Interessen in Guatemala ging Hand in Hand mit dessen wirtschaftlicher Erschließung überhaupt. Nach der Eroberung durch die Nachfolger des Cortes schlief das Land, dessen früher auf hoher Kulturstufe stehende Bevölkerung von den Spaniern mit Absicht geistig niedergedrückt wurde, den Schlaf aller jener spanischen Kolonien, in denen edle Metalle sich nicht fanden oder bald erschöpft waren. Die Lostrennung von Spanien, die sich in den 20er Jahren ohne Kampf vollzog, brachte zunächst keine Änderung. Erst als das jeglicher Neuerung abgeneigte konservativ-klerikale Regiment der Republik durch die liberale Revolution von 1870 gestürzt wurde, die statt der Krеolen die Ladinos, d. h. die Mischlinge von Weißen und Indianern, ans Ruder brachte, kam ein frischerer Zug in das wirtschaftliche Leben Guatemalas. Unter der langen Regierung des Präsidenten Rufino Barrios, dessen rücksichtsloser Energie trotz der großen Schattenseiten seines Charakters das Land viel verdankt, hoben sich Handel und Landwirtschaft, hauptsächlich durch Verbreitung des Kaffeebaues. Auch die folgenden Präsidenten Barillas und Reina Barrios erstrebten die wirtschaftliche Hebung des Landes. Alle drei begünstigten den Zuzug fremder Geschäftsleute und fremden Kapitals.

Bei den natürlichen Schätzen und den günstigen klimatischen Verhältnissen des Landes entstand bald eine Periode großer Prosperität. Allenthalben wurden Pflanzungen angelegt oder vergrößert, die Wege wurden verbessert, Eisenbahnen gebaut, Banken gegründet, neben dem Exportgeschäft entwickelte sich die Einfuhr durch den Bedarf der Landwirtschaft — kurz, alles hob sich. Der Höhepunkt fiel in die Jahre 1890—97. Es waren die Glanzjahre, aber zugleich auch die Gründerjahre, und als solche bargen sie bereits den Keim naher Gefahren.

Seit 1897 ist denn auch thatsächlich ein Rückschlag[1]) eingetreten, der anfänglich nur vorübergehend zu sein schien, der aber nun schon über 3 Jahre angehalten hat und daher doch recht bedenklich geworden ist. Den ersten Anstoß zur Krisis gaben die die Hülfskräfte des Landes übersteigenden Unternehmungen, in die Reina Barrios den Staat stürzte, wie der Bau der Nordbahn, die Hafenbauten von Iztapa, große Anlagen in und bei der Hauptstadt, und die resultatlose zentralamerikanische Ausstellung. Leider kristeten die leitenden Finanzkreise diesen und privaten Handels- und Plantagenunternehmungen über ihre Mittel Vorschub; bezüglich letzterer gingen die europäischen (deutschen) Kreditgeber in der Gewährung von Vorschüssen ebenfalls zu weit. Geld und Kapital wurden nun knapp. Banken und Finanzleute hatten ihre Mittel erschöpft bezw. in der Art fest angelegt, daß ihre Flüssigmachung zu weitgehenden Zahlungseinstellungen geführt hätte. Der Banknotenumlauf war so gewachsen, daß nur noch 20°/₀ durch Metall gedeckt waren, und es mußte für dieselben zeitweise der Zwangskurs eingeführt werden. Das Goldagio stieg enorm, die Aktien fielen, die ausländischen Kredite wurden entzogen oder eingeschränkt, und Geld wurde immer seltener. Das Verlangen der Kreditgeber nach nachträglichen Sicherheitsleistungen brachte viele Landwirte und Kaufleute in arge Verlegenheiten und führte zu Moratorien und Liquidationen. Man begreift, daß der Importhandel unter diesen Umständen auf das Nötigste beschränkt wurde und die Zollerträge sanken. Dazu trat noch das Fallen der Kaffeepreise, das auf die Pflanzer ebenso drückte, wie die Geldknappheit, also der Mangel an Betriebskapital, diese und die Kaufleute störte und ihnen teilweise das Weiterarbeiten unmöglich machte. Durch alle diese Umstände wurde auch die Finanzlage der Regierung immer mehr verschlechtert, wozu noch die schweren innerpolitischen Wirren der Jahre 1897 und 1898, während deren Reina

---
[1]) Vgl. Deutsches Handels-Archiv, Mai-Heft 1899, Teil 2, Seite 219.

Barrios ermordet wurde, beitrugen. Es ist also kein erfreuliches Bild, das das Land gegenwärtig bietet.

Die Zunahme der deutschen Interessen ging mit der Entwicklung des Landes gleichen Schritt, ja letztere war bis zu einem gewissen Grade die Wirkung der ersteren. Nachdem bereits in den 60er Jahren sich einzelne Deutsche, Hamburger und Bremer, in Guatemala niedergelassen hatten, nahm die deutsche Kolonie seit Mitte der 70er Jahre stetig zu. Deutsche Geschäftshäuser wurden in der Hauptstadt und den größeren Provinzialorten gegründet, zahlreiche Pflanzungen und zur Anlage von solchen geeignete Ländereien wurden von Deutschen erworben und durch rationelle Bewirtschaftung wertvoll gemacht, wobei die von Hamburg und Bremen gewährten Kredite eine große Rolle spielten. Auch einheimischen Kaufleuten und Pflanzern wurden große Vorschüsse gegeben. In Aktienunternehmungen und Staatspapieren wurden deutsche Gelder angelegt. Eine Reihe von Jahren hindurch wurden aus allen diesen Geschäftszweigen beträchtliche Gewinne gezogen, die zum Teil nach Deutschland gelangt sind, zum Teil aber auch im Lande selbst wieder Anlage gefunden haben. Daß durch die Krisis nun leider auch die deutschen Interessen stark bedroht sind, ergiebt sich nach dem Gesagten von selbst.

Einen Maßstab für das Anwachsen unserer Interessen gewährt die Art der amtlichen Vertretung Deutschlands in Guatemala. 1875 wurde dort ein Generalkonsul, der zugleich als Geschäftsträger fungierte, ernannt. Nach einigen Jahren wurde die deutsche Vertretung zur Ministerresidentur und darauf zur Gesandtschaft erhoben, die mit der Zeit ein vollzähliges Personal erhielt. Zu ihrem Geschäftsbereich gehören auch die vier anderen mittelamerikanischen Republiken. Die konsularische Vertretung wird durch das Konsulat in Guatemala (für die ganze Republik, aber auch mit engerem Amtsbezirk), ferner durch die Vizekonsulate in Quezaltenango, Retalhuleu und Coban, sowie durch die Konsularagenturen in S. José und Ocos besorgt. Sie werden sämtlich durch Wahlbeamte verwaltet.

Ehe wir nun zur Schilderung der deutschen Interessen auf den verschiedenen Gebieten des wirtschaftlichen Lebens übergehen, sei noch bemerkt, daß sich die Angaben im allgemeinen auf Anfang 1898 beziehen. Die meisten Daten sind an Ort und Stelle gesammelt; daneben sind auch die im deutschen Handelsarchiv veröffentlichten Mitteilungen benutzt worden. Für die letzten Jahre fehlt es an statistischen Unterlagen; doch ist der veränderten Verhältnisse überall durch entsprechende Hinweise gedacht worden. Wo von Deutschen die Rede ist, sind stets Reichsangehörige gemeint.

1. Plantagenbesitz. Landwirtschaftliche Kredite.

Unsere landwirtschaftlichen Interessen verdienen an erster Stelle geschildert zu werden, einmal weil sie ihrer Wertziffer nach die bedeutendsten sind, ferner weil sie gewissermaßen die Grundlage des ganzen Systems bilden, auf der sich die übrigen Interessen aufbauen, endlich weil es sich hier um Verhältnisse handelt, die für Guatemala besonders charakteristisch sind.

Man kann ohne Übertreibung behaupten, daß in keinem außerdeutschen Gebiete, unsere eigenen Kolonien nicht ausgenommen, ein, wenn nicht absolut, so doch relativ so umfangreicher und örtlich so konzentrierter ländlicher Grundbesitz in deutschen Händen ist wie in Guatemala. Dabei muß man allerdings von den Ackerbaukolonieen in Südbrasilien absehen; aber die dortigen Deutschen besitzen nur zum geringsten Teile noch die deutsche Staatsangehörigkeit. Ein nicht unbedeutender deutscher Plantagenbesitz besteht auch in andern amerikanischen Staaten wie Venezuela, Nicaragua und Mexiko, nirgends aber findet man ihn auf so kleinem Gebiete in solcher Ausdehnung bei einander liegend.

Es soll hier zunächst eine tabellarische Zusammenstellung unserer Plantagen in Guatemala im Jahre 1898 gegeben werden. Zur Erläuterung ist Nachstehendes zu bemerken:

Die einzelnen Grundstücke sind numeriert. Falls mehrere derselben dem gleichen Besitzer bezw. der gleichen Besitzergruppe (Consortium, Aktiengesellschaft) gehören, so sind sie durch Buchstaben bezeichnet und ohne Rücksicht auf ihre oft getrennte Lage einheitlich unter einer Nummer zusammengefaßt. Das Gesamtareal des unter derselben Nummer aufgeführten Plantagenbesitzes ist, in Quadratkilometern¹) ausgedrückt, in Klammern hinter den Namen der Besitzer angegeben; seine Größe hat als Grundlage für die in der Tabelle beobachtete Reihenfolge gedient. Der Flächeninhalt der einzelnen Plantagen ist außerdem, soweit er sich feststellen ließ, in der vorletzten Rubrik besonders erwähnt. Zur Bezeichnung der Lage sind häufig außer den Namen der staatlichen Departements auch die vielfach gebräuchlicheren geographischen Distriktsbezeichnungen in die Tabelle aufgenommen. In der Rubrik „Anbau und Produktion" ist für das Haupterzeugnis, den Kaffee, durch die in Klammern dahintergesetzten beiden Ziffern eine Klassifikation gegeben worden. Die erste Ziffer bezieht sich auf die Anzahl der Kaffeebäume, die zweite auf die jährliche Produktion in den einzelnen Plantagen bezw., wenn für diese die Ziffern nicht zu ermitteln waren, dem Gesamteigentum desselben Besitzers, und zwar sind unterschieden worden folgende

Anbau-Klassen und Produktions-Klassen.

Kl. 1 mehr als 1,000,000 Bäume. Kl. 1 mehr als 10,000 Ztr.²) enthülsten Kaffees.
Kl. 2 500,000—1,000,000 „ Kl. 2 5000—10,000 „ „ „
Kl. 3 250,000—500,000 „ Kl. 3 2500—5000 „ „ „
Kl. 4 100,000—250,000 „ Kl. 4 1000—2500 „ „ „
Kl. 5 unter 100,000 Kl. 5 unter 1000 „ „ „

Schließlich ist noch zu betonen, daß die Tabelle zwar mit möglichster Sorgfalt zusammengestellt worden ist, daß deren Ziffern aber doch zum Teil auf Schätzungen beruhen und daher auf absolute Genauigkeit keinen Anspruch erheben können. Immerhin dürften die Abweichungen von der Wirklichkeit unerheblich genug sein, um die Gesamtresultate nicht wesentlich zu beeinträchtigen. Ueber einige Besitzungen geringeren Umfanges waren keine Daten zu erhalten. Auf diese, sowie auf gewisse Länderreien, deren Besitzverhältnisse noch streitig waren, bezieht sich der letzte Absatz der Tabelle. Wir lassen nun diese selbst folgen:

---

¹) Das landläufige Flächenmaaß ist die Caballeria = 44,7 ha. Der besseren Verständlichkeit halber ist hier die Umrechnung auf das metrische System vorgenommen worden.

²) Es sind stets spanische Zentner zu 46 Kilogramm zu verstehen. Die Produktion ist auch dort, wo der Kaffee in Hülsen ausgeführt wird, stets auf enthülsten Kaffee umgerechnet.

Tabellarische Zusammenstellung des deutschen Grundbesitzes in Guatemala.

Nr.	Name des Grundstücks	Namen der Besitzer (Gesamt-Areal)	Departement (Distrikt)	Areal in qkm	Anbau und Produktion
		A. Besitztümer von mehr als 100 qkm Gesamtareal.			
1	Trapiche Grande	Hamburger Konsortium. (516,4)	Suchitepequez	516,4	Wald, Weide, Kakao, Zuckr. Wenig bebaut.
2a	Serriquiché		Alta Verapaz		
2b	Sillap		"		
2c	Chijolom	F. Sarlach (380,3)	"	367,2	Kaffee (8,8)
2d	Kdela		"		
2e	Tzalamilia		"		
2f	Dias de Rosa		Sololá/Chicacaox	2,7	Kaffee (5,5)
3a	Amazonas	Dockmeyer, Sauber & Co. (160)	Alta Verapaz	134,1	Kaffee (5,5)
3b	Capucul		Jacapa	25,9	Kaffee (4,5), Zuckr.
		B. Besitztümer von 50–100 qkm Gesamtareal.			
4a	Chiacam		Alta Verapaz	—	
4b	Campur		"		
4c	Chirriquin	Sappert & Co. (88,9)	"	—	Kaffee (8,3)
4d	Chinama		"		
4e	Chirriguitché		"	—	
5	Tres Aguas	Gebr. Zidert-Forst (81,5)	"	80,5	Kaffee, (4,5)
6	Porvenir	Porvenir Plant. Ges. (88,8)	San Marcos (Tumbador)	82,8	Kaffee (1,1), Zuckr.
7a	Las Binas	Hanseatische Plantagen Gesellschaft (88,4)	Santa Rosa	26,9	Kaffee (3,2)
7b	Zapote		Escuintla	32,6	Kaffee(2,3),Zuckr.
7c	Los Diamantes		"	8,9	Kaffee(2,3),Zuckr.
8a	Cubilquitz	H. v. Türckheim (58,1)	Alta Verapaz	53,6	Kaffee (4,4)
8b	Chicoyo		"	4,5	Kaffee (5,5)
9a	Casa		"	—	Kaffee (3,5)
9b	Chicur	O. v. Nostitz (55,9)	"	—	Zuckr.
9c	Chimox		"		
10a	Dipan				
10b	Chajcar	G. P. Dieseldorff (55,9)		44,7	Kaffee (5,0)
10c	Chiochal				
10d	Secar				
10e	Gracio			11,2	Kaffee (5,5)
11a	Chulac		Alta Verapaz		
11b	Raguzua	F. H. Knapp (51,5)	"	—	Kaffee (5,5)
11c	S. Cristobal		"		

Nr.	Name des Grundstücks	Namen der Besitzer (Gesamt-Areal)	Departement (Distrikt)	Areal in qkm	Anbau und Produktion
		C. Besitzungen mit 25—50 qkm Gesamtareal.			
12a	Setal	M. Hesse & Co. (44,7)	Alta Verapaz	—	Kaffee (4,4)
12b	Chibul		"	—	
13a	Sarabnab	J. Hartmann (44,7)	"	—	Kaffee (5,0)
13b	Sejaj		"	—	
14	Unbenannte Ländereien	Verapaz-Bahn-Gesellschaft (44,7)	"	44,7	Noch unbebaut.
15a	La Medria	Plant. Ges. Rockelay	Escuintla	—	Kaffee (1,1)
15b	S. Andres Osuna	Osuna (44,7)	"	—	
16a	Conception u.	Plant. Ges.	"	—	Kaffee (2,2),
16c	4 Dependenzen	Conception (41,1)	"	—	viel Zucker
17	Cerro Redondo	G. Müller, G. Thomsen, A. Kleinschmidt (41,1)	Santa Rosa	41,1	Zucker, Kaffee (2,5)
18a	S. Vicente		Alta Verapaz	—	
18b	Chipax	Gebr. Müller (40,2)	"	—	Kaffee (4,4)
18c	Chirrejo		"	—	
19a	Izal	Euler & Co. (85,8)	"	—	Kaffee (5,4)
19b	Rubelnae		"	—	
20a	Chimay		"	—	
20b	Semox	N. Capper (36,8)	"	—	Kaffee (5,5)
20c	Unbenannte		"	—	
20d	Ländereien		"	—	
21a	Panzamala	E. Enssen (33,5)	"	—	Kaffee (4,4)
21b	Sajabal		"	—	
22	Semliba	B. A. Dieseldorff, C. Thomsen (33,5)	"	33,5	Kaffee (5,0)
23a	S. Rafael	Andersen & Höpfner (32,2)	Solola	13,5	Kaffee (2,2), Zucker
23b	Potosi		"	2,2	Kaffee (4,4), Zucker
23c	Ol Gualalon		"	10,7	Zucker, Kakao
23d	La Chorrera		"	5,4	Kaffee (5,5)
24a	Guazpom	Dieseldorff & Co. (31,8)	Alta Verapaz	—	Noch unbebaut
24b	La Tinta		"	—	
25a	Sayur	B. Herrenschmidt (31,3)	"	—	
25b	Cahal		"	—	Kaffee (4,4)
25c	Chirrimoy		"	—	
26a	S. Fr. Miramar	Rodh, Hagmann & Co. (30,4)	Cuqaltenango (Costa Cuca)	9,8	Kaffee (3,1)
26b	Reposo			9,0	Reibe
26c	Morelia		Escuintla	11,6	Kaffee (3,2)
27a	Xiracao	Lippraud & Co. (26,8)	Alta Verapaz	—	Kaffee (4,4)
27b	Rubelcruz		"	—	
28	Sarux	Dieseldorff & Co. (26,8)	"	26,8	Noch unbebaut
29a	Chamiquin	B. Rösch & Co. (26,8)	"	—	Kaffee (5,5)
29b	Pancus		"	—	
30	Chocola	Chocola Plant. Ges. (25)	Suchitepequez (Costa Grande)	25	Kaffee (2,1), viel Zucker.

— 231 —

D. Besitztümer mit 5—25 qkm Gesamtareal.

Nr.	Name des Grundstücks	Namen des Besitzers (Gesamt-Areal)	Departement (Distrikt)	Areal in qkm	Anbau und Produktion
31a	E. Isidro		Suchitepequez	2,2	Kaffee(5,5),Weide
31b	Zambo		"	1,8	Kaffee(4,4),Weide
31c	Las Rubes	Glode,	"	7,2	Kaffee (4,4)
31d	Mazatira	Temaxco.(23,8)	"	1,5	Kaffee (4,4)
31e	Chinan		Cololá(Chicacao)	0,9	Kaffee(5,5),Weide
31f	Milan		"	9,0	Kaffee (4,4)
32	Albaro	G. Rosen (92,4)	Alta Verapaz	92,4	Noch unbebaut.
33a	Baija	G. B. & B. R.	"	—	} Kaffee (5,5)
33b	Gallo	Tiefelbdorf (22,4)	"	—	
34a	China	Plant. Ges.	"	—	} Kaffee (5,4)
34b	Caqub	China-Caqub (20,1)	"	—	
35a	E. Tirgo		Escuintla	13,4	Kaffee (4,4) ofei Zucker.
35b	Helvetia	Brauß. Schröder & Co. (18,3)	Chimaltenango	1,8	Mais, Holz, Mühle¹)
35c	E. Bonaventura		Cololá	9,1	Kaffee (5,5), Mühle¹)
36a	Esperanza	Gebr. Zirckel (17,9)	Alta Verapaz	—	} Kaffee (4,4)
36b	Gequaid		"	—	
37	Paxtunja	Spiegeler & Hagemann (18,9)	"	13,8	Kaffee (5,5)
38	Unbenannte Länderrien	J. Christ (18,4)	Alta Verapaz	—	Noch unbebaut
39	E. Clemente	Gebr. Irwitz Humbert&Co.(13,4)		18,4	Kaffee (5,5)
40	Germania	Roscoll & Rockstroh (13,4)	Jacapa	18,4	Kaffee(4,5),Zucker
41a	Mercedes	E. J. Hockmeyer (11,2)	Cuczaliecaango	9,4	Kaffee (3,1)
41b	E. Domingo		(Costa Cuca)		Weide
41c	Berlin			1,8	Weide
42	E. Jacinto	B. R. Tiefelbdorff (11,2)	Alta Verapaz	11,2	Kaffee (5,4)
43	Samac	A. Helmrich (11,2)	"	11,2	Kaffee (5,4)
44a	Dolores	G. Altschul (11,2)	"	6,7	Kaffee (5,5)
44b	Sachamach		"	4,5	Kaffee (5,4)
45	E. Ursa	B. Thom (11,2)	Chimaltenango	11,2	Holz,Sägemühle
46a	Buena Vista	Rubsel & Koch (8,9)	Arialhulea	8,0	Kaffee 4,4),Zucker
46b	Monte Christo		Cuczalienango	0,9	Kaffee (4,4)
47a	E. José	A. Schilling & Co. (8,9)	Alta Verapaz	—	} Kaffee (5,5)
47b	Carantla		"	—	
48	Viola Braube	G. Colmeyer (8,0)	Jacapa	8,0	Kaffee (4,5)

¹) Getreide-Mühle.

— 232 —

Nr.	Name des Grundstücks	Namen der Besitzer (Gesamt-Areal)	Departement (Distrikt)	Areal in qkm	Anbau und Produktion
49	Chicoy	Clasing & Dieselhorst (6,7)	Alta Verapaz	6,7	Noch unbebaut
50	La Providencia	Sieg & Ludwig (6,7)	"	6,7	Kaffee (5,5)
51	Seraso	G. Nuß (6,7)	"	6,7	Noch unbebaut
52a	Chilap	Bohnstedt bun (6,7)	"	—	Kaffee (5,5)
52b	Chirrepec		"		
53	Rosario	Mailhos & Lüsmann (6,7)	S. Marcos (Tumbador)	6,7	Kaffee (3,3)
54	Soledad	R. Roßbach (6,7)	Chimaltenango	6,7	Holz. Sägemühle
55a	La Corona	Kaun & Weinbrig (6,5)	Sololá (Chicacao)	2,2	Kaffee (4,5)
55b	La Baßa			1,2	Kaffee (4,5)
56c	E. Jlabel			3,1	Kaffee (5,5)
56a	La Humildad		Chimaltenango	—	
56b	S. Juliana	Prizner & Co. (6,5)	Sololá	—	Kaffee (4,4)
56c	Luisiana				
57	Alameda	H. Neuhe (5,8)	Chimaltenango	5,8	Getreide, Flachsic.
58	Canbelaria	Th. Meyer (5,0)	Quezaltenango (Colhuiz)	5,0	Kaffee (4,3)
59	S. Geronimo	H. Peper (5,0)	Sololá	5,0	Kaffee (4,4) Zucker
60a	Monte Carlo	H. Span (5,0)	Sololá (Chicacao)	—	Kaffee (4,5)
60b	Pie de la Cuesta			—	

E. Besitztümer von 1—5 qkm Gesamt-Areal.

61	Israel	R. Wilhelm (4,5)	Alta Verapaz	4,5	Kaffee (5,5)
62	Chimo	Th. Clasing (4,5)	"	4,5	Kaffee (5,5)
63a	Soledad	G. Hockerger (3,6)	S. Marcos (Costa Cucho)	—	Kaffee (4,3)
63b	Margaritas			—	
64	La Paz	R. S. Fahr (3,4)	S. Marcos (C. Cucho)	3,4	Kaffee (4,3)
65	Armenia	H. Wundram (3,1)	S. Marcos (Tumbador)	3,1	Kaffee (4,5)
66	Rohusanciller	Edelmann & J. Lüttmann (3,1)	S. Marcos (Tumbador)	3,1	Kaffee (3,2)
67	Belel	Friedr. Sallwig (2,7)	Alta Verapaz	2,7	Kaffee (5,5)
68	Canbelaria	A. Horn (2,6)	S. Marcos (C. Cucho)	2,6	Kaffee (4,3)
69	Gl Eden	R. Schulp (2,3)	Quezaltenango (Colhuiz)	2,3	Kaffee (4,4)
70a	Chipoc	H. R. Dieseldorf (2,2)	Alta Verapaz	—	Kaffee (5,5)
70b	Eoban		"	—	
71a	Chivencorral	M. Thomä (2,2)	"		Kaffee (5,5)
71b	Tucuru		"		Beibe
72a	Krabia	Münter & Lüttmann (2)	S. Marcos (Costa Cucho)	1,1	Kaffee (4,4) Zucker
72b	Rayanjo			0,9	Kaffee (5,5)
73	Chimalba	E. Zapper & Co. (1,8)	Alta Verapaz	1,8	Kaffee (5,5)
74	Los Fuentes	C. A. Bierguß (1,5)	Quezaltenango (Colhuiz)	1,5	Kaffee (5,5)

Nr.	Name des Grundstücks	Namen der Besitzer (Gesamt-Areal)	Departement (Distrikt)	Areal in qkm	Anbau und Produktion
75	El Tránsito	Süß & Hermann (1,1)	Cuzaltenango (Costa Cuca)	1,1	Kaffee (4,4)
76	Esmeralda	H. Hermann (1,0)	Cuzaltenango (Costa Cuca)	1,0	Kaffee (4,4)
77	La Marina	G. Einner (1,0)	S. Marcos (Tumbador)	1,0	Kaffee (5,5)
78	Madrid	R. Jühlroth (1,0)	Sololá (Chicacao)	1,0	Kaffee (5,5)
79	Esperanza	Borrath (0,9)	Sololá	0,9	Kaffee (5,5)
80a	S. Dionisio	C. & J. Bach (0,9)	Retalhuleu	—	
80b	Patrocinio			—	Kaffee (5,4)
81	Bej. bei Antigua	B. Pelzer (0,9)	Sacatepequez	0,9	Kaffee (5,5)
82	Aurora	C. Augener (0,6)	Retalhuleu	0,6	Kaffee (5,0)
83	Chichochor	O. Helmrich (0,5)	Alta Verapaz	0,5	Ziegelei

Hierzu treten noch etwa 8 Besitzungen geringen Umfangs, über die nähere Daten nicht erhältlich waren, sowie zwei etwas größere Grundstücke, deren Besitzverhältnisse streitig waren. Ihr Areal kann zusammen mit 3,3 qkm veranschlagt werden.

Aus der Tabelle ergiebt sich zunächst für den deutschen Plantagenbesitz ein Gesamtareal von nicht weniger als 2725 qkm, das etwa den Gebieten von Sachsen-Altenburg, Schaumburg-Lippe und den 3 Hansestädten zusammengenommen gleichkommt. Die Plantagen[1]) bedecken 2,14% der Oberfläche von Guatemala, oder 3,7% derselben, wenn man das fast ganz unkultivierte, von Urwäldern bedeckte Gebiet von Petén im Norden abrechnet. Erheblich höher noch fällt der Prozentsatz aus, wenn man die sonstigen zur Bebauung ungeeigneten Landstrecken auf den Gebirgen des Innern und in den heißen Küstengegenden abzieht und nur die überhaupt anbaufähigen oder gar nur die für den eigentlichen Plantagenbetrieb geeigneten Distrikte ins Auge faßt. Ein großer Teil gerade dieser fruchtbarsten Landstriche ist im Besitz von Deutschen.

Auffallend sind die sehr großen Unterschiede, die in dem Umfang der einzelnen Besitzungen bezw. Komplexe bestehen. Selbst wenn wir von dem über 500 qkm großen, nahezu unbebauten Tropiche Grande absehen, bewegen sich die Areale noch zwischen den Extremen von ½ und mehr als 100 qkm. Die Erklärung dafür liegt in der noch näher zu besprechenden Thatsache, daß die Besitzungen in den einzelnen Landesteilen sehr verschieden lange in Kultur befindlich und infolgedessen mehr oder weniger dicht bebaut sind, was wieder bedeutende Unterschiede in den Erträgen und im Wert zur Folge hat. Für einen geringeren Preis als der, den man in älteren Plantagengegenden für eine verhältnismäßig kleine Finca hätte bezahlen müssen, wurden in noch wenig bebauten Gegenden, namentlich im Norden, Landgüter erworben, die jene um ein Mehrfaches an Areal übertrafen.

[1]) Das Wort „Plantagen" wird hier und im Folgenden, wo stets nur von deutschen Besitzungen die Rede ist, im Sinne von „Landgüter" ohne Rücksicht auf den Stand der Bebauung gebraucht. Die in Guatemala dafür übliche Bezeichnung ist „Finca".

Für die Anzahl der deutschen Fincas wird man verschiedene Ziffern erhalten, je nachdem man aneinandergrenzende, demselben Besitzer gehörige und gemeinsam bewirtschaftete Landgüter (vgl. z. B. Nr. 15 der Tabelle) als eine oder mehrere Plantagen rechnet. Zählt man alle einen eigenen Namen führenden deutschen Grundstücke, so sammelt man auf die ansehnliche Ziffer von etwa 170, in 83 Besitzgruppen verteilt, die den Nummern unserer Tabelle entsprechen.

An dem Besitz beteiligt sind ungefähr 150 Personen, vorwiegend Hamburger, dann Bremer, daneben auch Süddeutsche und andere. Zunächst giebt es als Eigentümer von zusammen 10 Plantagen, worunter einige der besten des Landes, 7 Aktiengesellschaften. Es sind dies neben der weniger bedeutenden China-Gabun- und der Berapaz-Bahn-Gesellschaft, der größere unbebaute Ländereien gehören, die Panleatische Plantagengesellschaft mit drei großen Fincas, diejenige von Rochela-Osuna mit den 2 gleichnamigen Fincas, die Guatemala-Plantagen-Gesellschaft und diejenigen von Concepcion und Chocola. Die Zahl der Aktionäre dieser Gesellschaften ist übrigens eine sehr beschränkte; die Aktien sind meist in Hamburg und Bremen in festen Händen und schwer käuflich. Eine weitere Anzahl von Plantagen gehört Konsortien oder Firmen mit 2 oder mehreren Teilhabern; der Rest ist Eigentum einzelner Besitzer.

Bei den Aktionären sowohl wie bei den Einzelbesitzern ist zu unterscheiden zwischen im Lande selbst ansässigen Deutschen und solchen, die ihre Kapitalien von hier aus dort angelegt haben. Letztere lassen ihre Plantagen durch deutsche Verwalter bewirtschaften; unter ersteren sind außer den berufsmäßigen Landwirten, die sich ausschließlich ihren Pflanzungen widmen, auch 15 kaufmännische Firmen des Landes zu verzeichnen. Manche heutige Besitzer begannen ihre Laufbahn in Guatemala als Angestellte deutscher Handelshäuser oder Landgüter.

Zur Lage und Verteilung der deutschen Plantagen übergehend, wollen wir zunächst bemerken, daß für den Anbau von Kaffee und Zucker, den weitaus wichtigsten Erzeugnissen Guatemalas, sich am meisten eignen, einerseits die atlantischen Abfälle des Kettengebirges von Mittelguatemala, andererseits die dem Stillen Ozean zugewendeten Abhänge der langen Vulkanreihe, welche sich parallel der Meeresküste von der Grenze von Salvador nach derjenigen von Mexiko hinzieht. Beide Regionen besitzen sehr fruchtbaren Boden und feuchtes Klima; letzteres ist auf der atlantischen, ersteres auf der pazifischen Seite günstiger, wo die Aschenerde der Vulkane vorzügliche Eigenschaften besitzt. Der Höhenlage nach kommen für den Plantagenbau nur Gebiete zwischen 400 und 1500 m Höhe über dem Meeresniveau in Betracht. Im Gegensatz zur heißen Küstenregion und zum kalten Hochland bezeichnet man die Plantagengegend als tierra templada, d. h. gemäßigtes Land. Zucker wird nur auf der unteren Stufe derselben gepflanzt. Die beiden genannten Zonen, durch ein 100—125 km breites Gebirgsland von einander getrennt, sind mit deutschen Landgütern bedeckt.

Auf die atlantische Seite fallen dem Areal nach etwa ⅓ derselben, während Wert, Kaffeeanpflanzungen und Produktion dieses Bezirksteiles nur 15 %, der betreffenden Gesamtsumme ausmachen. Der pazifische Abhang weist dagegen bei nur ⅔ des Gesamt-Areals 85 %, des Werts, der Baumzahl und des Ertrages aller deutschen Pflanzungen auf. Die Erklärung dafür liegt darin, daß die Plantagen am Stillen Ozean, namentlich im Westen, viel länger unter Kultur sind als die meisten auf der atlantischen Seite, daß demgemäß dort ein größerer Teil des

Grund und Bodens überhaupt wie innerhalb der einzelnen Plantagen angebaut ist, und daß dort ein viel intensiverer Wirtschaftsbetrieb herrscht. Die Landgüter des Westens besitzen bei kleinerem Areal relativ, und auch absolut, größere Anpflanzungen und daher auch größeren Ertrag und Wert als viele der östlicher gelegeneren, und diese sind wiederum denen der atlantischen Seite im allgemeinen in demselben Sinne überlegen. Auch die Verkehrswege sind auf letzterer, wo die Landwirtschaft an vielen Punkten erst neuesten Datums ist, weniger ausgebildet.

Betrachten wir nun die beiden Plantagenzonen etwas genauer.

Auf der pazifischen Seite ziehen sich die Fincas von der Eisenbahn, die die Hauptstadt mit dem Hafen S. José verbindet, in einer langen Kette bis nach Mexiko hinüber. Innerhalb der angegebenen Grenzen von 400—1500 m schwankt die Höhenlage der einzelnen Plantagen nicht unbedeutend. Zum Teil liegen sie dicht über dem tropischen Küstenstreifen, der sich längs des Ozeans in einer Breite von vielleicht 20 km hinzieht, an den untersten Ausläufern der Vulkane, zum Teil findet man sie höher hinauf an den Hängen der letzteren oder ihrer Vorberge. Bei größeren Besitzungen, wie Conzepcion, Rochela-Osuna u. a. bestehen auch innerhalb einer Pflanzung erhebliche Höhenunterschiede; so erstreckt sich z. B. erstere in Form eines schmalen länglichen Rechtecks vom Tiefland bis zum Gipfel des 3870 m hohen Vulkans Agua. Einzelne Besitzungen sind wie Außenposten auf das innere Hochland vorgeschoben, so die Farm Alameda bei Chimaltenango, auf der mit dem Anbau allerhand nordischer Gewächse Versuche angestellt werden, dann der Herrn Thom gehörige schöne Bergwald von Santa Elena, bei Tecpan in einer Höhe von 3000 m, ein anderer Wald am Vulkan Acatenango in 2300 m Höhe, und die Mühlen von Helvetia und Bonaventura, letztere entzückend an dem großen Gebirgssee von Atitlan 1500 m über dem Meeresspiegel gelegen. Auch östlich der genannten Bahn nach Salvador zu liegen 2 große deutsche Plantagen, Las Viñas und Cerro Redondo.

In der Hauptkette bildet, von Osten aus gerechnet, das erste Glied, bei Escuintla an der Eisenbahn Guatemala-S. José liegend, die schöne Finca Concepcion, die aus 4—5 aneinandergrenzenden Grundstücken besteht. Sie gehört jetzt einer Hamburger Gesellschaft und weist neben umfangreichen Kaffeepflanzungen neueren Datums prächtiges Zuckerrohr auf, zu dessen Verarbeitung sie die modernsten Maschinen besitzt. Auch das benachbarte S. Diego hat große Zuckerfelder. Kaffeepflanzungen von je etwa ¹⁄₂ Million Bäume sowie Zuckerfelder weisen ferner die gleichfalls im Departement Escuintla gelegenen Fincas Morelia, Zapate und Los Diamantes auf, letztere beiden wie Las Viñas der Hanseatischen Plantagengesellschaft gehörend. An Diamantes grenzen La Rochela und S. Andres Osuna, die der Gesellschaft dieses Namens gehören und mit etwa 2 Millionen Bäumen zu den wichtigsten Besitzungen zu rechnen sind. Unterhalb der genannten Plantagenreihe geht parallel derselben eine Zweigbahn von Escuintla über Santa Lucia nach Patulul, das den Ausgangspunkt eines andern wichtigen Plantagenbistrikts bildet.

Zu den Departements Chimaltenango und Solola gehörend finden wir dort zwischen den Vulkanen Fuego und Atitlan und an den Vorbergen des letzteren und seiner Nachbarn die unter den Namen Pochuta, Panan, Pamachan, Chicacao und Costa Grande bekannten Landstriche mit zahlreichen größeren und kleineren, gut angebauten und ertragsreichen Plantagen. Hervorzuheben sind unter diesen

S. Rafael Panan, vor allem aber die der Plantagengesellschaft Chocola gehörige Finca dieses Namens, beide mit großen Zuckerfeldern, moderner Maschinerie und Kaffeepflanzungen von ½ Million Bäumen. Chocola gilt unter der langjährigen Leitung eines als Autorität in ganz Mittelamerika bekannten deutschen Verwalters als eine der Perlen des deutschen Besitzes.

In dem nach Westen anschließenden Departement Suchitepequez liegt außer einigen kleineren, aber ertragsreichen Kaffee-Plantagen der Herren Glade und Temme das unter dem Namen Trapiche Grande bekannte Grundstück, das größte von allen in deutschem Besitz befindlichen. In Form eines langen Rechtecks von über 500 qkm Flächeninhalt erstreckt es sich bis in die Nähe der Küste herunter, ist fast noch garnicht in Anbau genommen und dürfte für die zur Zeit in Guatemala in Frage kommenden Kulturen auch nur in seinem obersten Teile geeignet sein. Die Seitenlinie Mulupa-Mazatenango verbindet dieses Departement mit der das Departement Retalhuleu durchlaufenden, nach dem Hafen Champerico führenden Weltbahn, die für den Absatz dieser Gegenden von größter Wichtigkeit ist.

Mit dem Departement Retalhuleu beginnen die fruchtbaren Gebiete des „Occidente" (Westens), welche außerdem noch die tiefer gelegenen Teile der Departements Quezaltenango und S. Marcos umfassen. Retalhuleu selbst besteht hauptsächlich aus Tiefland und erstreckt sich nur in einem schmalen Streifen die untersten Gebirgsstufen hinauf; hier liegen nur einige wenige Besitzungen, wie die Plantagen der Herren Koch und Kubiel.

Um so reichhaltigeren deutschen Besitz weist das westlich angrenzende Departement Quezaltenango auf, dessen hochgelegene gleichnamige Hauptstadt die zweite Stadt des Landes ist. Wir finden dort zunächst den Distrikt Zolhuiz, der die untersten Ausläufer des Vulkans Santa Maria bedeckt, mit der schönen Finca Candelaria und drei kleineren ebenfalls sehr ertragsreichen Pflanzungen. Es folgt die Costa Cuca (Costa, Cuesta, röm.-Hang, Abhang) mit zwei kleineren und den sehr bedeutenden, fast aneinandergrenzenden Plantagen Mercedes und S. Francisco Miramar. Letztere beiden, dem Herrn G. J. Hochmeyer bezw. der Firma Koch, Hagmann & Co. gehörend, sind mit nahezu je ½ Million Kaffeebäumen zu den schönsten und wertvollsten Besitzungen im ganzen Lande zu rechnen und zeichnen sich durch besonders intensive Bewirtschaftung aus.

In dem westlichen Departement S. Marcos endlich treffen wir in der Costa Cucho ein halbes Dutzend nicht sehr gut großer, aber gut angebauter und ertragsreicher Grundstücke, desgleichen weiterhin im „Tumbador", wo namentlich Nahualcatello mit außergewöhnlich intensivem Betrieb und Rosario zu nennen sind, die je etwa 400000 Bäume aufzuweisen haben. Das über 70 qkm große Bordenis, der Guatemala-Plantagengesellschaft in Hamburg gehörig und am Fuße des Vulkans Tajamulco hart an der Grenze von Merilo gelegen, schließt mit 1½ Millionen Bäumen und einer durchschnittlichen Jahresproduktion von etwa 15000 Zentnern würdig die lange Reihe der deutschen Besitzungen ab.

Eine Art Filiale des deutschen Besitzes in Guatemala bildet der S. Marcos benachbarte Plantagendistrikt von Tapachula, der deshalb hier kurze Erwähnung finden möge, obschon er als auf mexikanischem Gebiet liegend eigentlich nicht in den Rahmen dieser Abhandlung gehört. Es sind dort ziemlich dicht bei einander nicht weniger als 15 Plantagen in den Händen von 18 deutschen Besitzern. Sie haben ein Areal von insgesamt 65 qkm, wovon etwa 8 qkm mit Kaffee bepflanzt find. Der Ertrag beläuft sich auf jährlich an 6700 Zentner im Wert von rund 400,000 Mk.; der Wert der Plantagen selbst kann auf etwa 2½ Million Mk. veranschlagt werden. Bodenbeschaffenheit und sonstige Bedingungen für die Landwirtschaft sind hier nahezu dieselben wie jenseits der Grenze. Die Eigentümer sind entweder aus Guatemala herübergekommen oder durch dort ansässige Verwandte oder Bekannte veranlaßt worden, sich dort anzukaufen. Der Aussuhrhafen S. Benito wird von deutschen Dampfern besucht.

Wenden wir uns nun der Plantagengegend des Nordens, den atlantischen Abdachungen der Gebirge von Inner-Guatemala zu. Das Bild ist hier ein wesentlich anderes. Abgesehen von drei nicht unbedeutenden Besitzungen im Departement Zacapa, wo an den Bergzügen am linken Ufer des Rio Grande, des bedeutensten Wasserlaufes der Republik, Kaffee und Zucker gebaut wird, und von einigen Plantagen an der Peripherie des Departements Baja Verapaz, die aber ihrer Verbindungen wegen füglich zur Alta Verapaz gerechnet werden können, gehört der gesamte deutsche Grundbesitz auf dieser Seite dem letzteren Departement, dem größten mit Ausnahme des unbebauten Peten, an.

Die deutschen Ländereien bedecken mit einem Areal von etwa 1500 qkm nahezu ein Drittel der Oberfläche der Verapaz. Sie liegen demnach dort viel mehr zusammengedrängt als auf dem pazifischen Abhange. Das Areal der einzelnen Besitzungen ist, wie schon angedeutet, im Durchschnitt viel größer als das der Plantagen im Westen, Süden und Osten. Mehrere demselben oder verschiedenen deutschen Besitzern gehörige Grundstücke grenzen oft aneinander und bilden große zusammenhängende Komplexe. Die Erschließung eines bedeutenden Teils der Verapaz für den Plantagenbau fällt nämlich wesentlich erst in das letzte Jahrzehnt und ist ein Werk gerade des deutschen Kapitals, das sich in dieser Zeit besonders für Landankäufe in Guatemala interessierte.

Bei den niedrigen Preisen, zu denen unkultivierte oder wenig bebaute Waldländereien vom Staat oder von Privatbesitzern erworben werden konnten, und bei der Leichtigkeit, in Deutschland Kredit in Gestalt von Hypotheken und Betriebsvorschüssen auf die Ernten zu erhalten, wurden große Flächen solchen Landes mit deutschem Geld angekauft, in der Hoffnung, dieselben in ertragsreiche Plantagen umzuwandeln, und vereinzelt wohl auch mit der Absicht eines parzellenweisen Weiterverkaufs. Da der Anbau, falls nicht ein den Ankaufspreis weit übersteigendes Kapital hineingesteckt werden sollte, nur sehr allmählich vor sich gehen konnte und die Kaffee-Pflanzungen erst 4—6 Jahre nach ihrer Anlage Erträge bringen, begreift man, daß unsere Statistik im Vergleich zur pazifischen Seite so hohe Ziffern für Areal, dagegen vorläufig so niedrige für Anbau, Produktion und Wert aufweist. Bei dem großen Areal der Besitzungen spricht ferner eine Eigentümlichkeit der Arbeiterverhältnisse in der Verapaz mit. Man erlaubt dort den Indianern, sich auf dem Grund und Boden der Plantagen anzubauen und ihren Lebensbedarf zu produzieren, gegen die Verpflichtung, eine gewisse Zeit hindurch für die Plantage zu arbeiten. Die Grundstücke müssen also dementsprechend größer bemessen werden.

Dichter bebaut sind übrigens eine Anzahl älterer deutscher Besitzungen, namentlich der Kern derselben im oberen Coban-Thale um die gleichnamige Departements-Hauptstadt herum. Einige kleinere Plantagen liegen in nächster Nähe der Stadt, wie Chicoyo, Samac, Chipoc und Chimax, ein paar mit Kaffee bepflanzte deutsche Grundstücke liegen sogar in derselben. Diese Nachbarschaft zusammen mit dem Bestehen von vier deutschen Geschäftshäusern verleiht der zwischen Gärten und Pflanzungen freundlich sich ausdehnenden Landstadt in ihrem geschäftlichen Leben und Treiben ein ganz deutsches Gepräge. Überhaupt spielen unsere Landsleute in der Verapaz wirtschaftlich die Hauptrolle. ⁴/₅ des Kaffees wurden 1897 von ihnen produziert, und die erwähnten vier Häuser nebst ihren drei Filialen monopolisieren so ziemlich den Handel.

Die übrigen Plantagen in der Verapaz verteilen sich fast über das ganze Departement mit Ausnahme der Nordwestecke und eines schmalen Randstreifens. Wir finden sie an beiden Thalrändern des Polochic auf dem oberen Drittel seines Laufes, ferner zwischen diesem und seinem längeren Nebenflusse, dem Rio Cahabon oder Coban, endlich auch auf dem linken Ufer des letzteren und im Quellgebiet der Zuflüsse des Rio de la Pasion und des Rio Chixoy, die nach ihrer Vereinigung als Usumacinta dem Golf von Mexiko zuströmen.

Um noch einige Besitzungen besonders zu erwähnen, so ist Serritquiché mit den angrenzenden Grundstücken bei einem Gesamtareal von 357 qkm die zweitgrößte deutsche Besitzung in Guatemala, hatte aber 1897 erst etwa 300000 Bäume in seinen Pflanzungen. Chimax, Campur und Filialen wiesen bei 90 qkm Fläche etwa 400000 Bäume auf; Anpflanzungen von mehr als 150000 Bäumen hatten noch die Besitzungen der Herren Selpprand & Co., Gebr. Sterkel, von Rostiz, von Türckheim und Herrenschmidt.

Betrachten wir weiter den Anbau und die Produktion. Das weitaus wichtigste Erzeugnis der deutschen wie der übrigen Plantagen Guatemalas ist der Kaffee; daneben kommt an zweiter Stelle der Zucker, mit einem großen Abstande an Menge und Wert. Ersterer ist der große Exportartikel des Landes; letzterer wird zu dessen Verbrauch erzeugt, reicht ungefähr dafür aus und wird nur in kleinen Quantitäten ausgeführt. Von einigen unten zu erwähnenden Ausnahmen abgesehen, bauen also fast alle deutschen Fincas Kaffee, bezw. sind sie, wenn noch unbebaut, für Kaffeekultur in Aussicht genommen. Zucker wird neben Kaffee auf 14 Besitzungen, außerdem auf 2 neben Kakao angebaut.

An Kaffeebäumen weist unser Grundbesitz insgesamt ungefähr 18 Millionen auf. Die Größe des bepflanzten Areals ließ sich nur für 9,6 Millionen Bäume feststellen und betrug für diese 77,3 qkm, was durchschnittlich etwa 124 000 Bäume auf 1 qkm ergeben würde. Legt man dieselbe Ziffer auch für die übrigen 8,4 Millionen Bäume zu Grunde, so erhält man im Ganzen 145 qkm als Areal der Kaffeepflanzungen. Mit Zuckerrohr bebaut sind an 10 qkm, die fast alle auf der pazifischen Seite liegen.

Die Produktion der deutschen Plantagen ergab in neuerer Zeit, je nach den Jahren 200—250 000 Zentner bei einer Gesamtproduktion von 600 000 bis 750 000 Zentnern in Guatemala, entsprach also einem Drittel der letzteren oder 1,33—1,66°/₀ der Weltproduktion von 15 000 000 Zentnern. Infolge der vielen Neuanpflanzungen und stellenweise intensiverer Bewirtschaftung ist die deutsche Produktion noch in der Zunahme begriffen. Bei der Zuckererzeugung ist zu unterscheiden zwischen raffiniertem Zucker und der sog. Panela, einem bräunlichen Rohzucker geringer Qualität, der von den indianischen Eingeborenen konsumiert wird. Von ersterem werden an 74 000, von letzterem an 51 000 Zentner jährlich produziert.

Swasiland*).
Von Moritz Schanz.

Werfen wir einmal einen Blick auf das Swasiland, welches seit 1895 unter der Verwaltung Transvaals steht. Dieses zwischen dem Transvaal, Portugiesisch-Ostafrika und Amatonga-Land liegende, 18 140 qkm große Gebiet westlich von den Lebombo-Bergen, ein gebirgiges, bis 1800 m hohes, wohlbewässertes, fruchtbares und waldreiches Land, das sich auch trefflich zur Viehzucht eignet, ist lange Zeit hindurch ein Streitapfel zwischen der Südafrikanischen Republik und England gewesen.

Die ersten Boeren-Siedler Transvaals hatten dem König Umswasi zur Herrschaft verholfen und beanspruchten aus diesem Grunde eine gewisse Vorherrschaft im Swasiland; die Engländer wieder machten für sich geltend, daß sie durch ihren Krieg gegen die Zulus auch die Swasis vor deren Angriffen gerettet hätten.

Schon 1854 hatte ein Schotte hier einen großen Landstrich gekauft und plante ein großes Transportunternehmen durch Swasiland, dasselbe kam aber nicht zur Ausführung, da während der nächsten Jahre die Besitzverhältnisse der von drei Staaten in Anspruch genommenen Delagoa-Bai keine feste Basis boten, und in den Konventionen von Pretoria und London war Swasiland für unabhängig erklärt worden. Eine regere Einwanderung Weißer daselbst begann erst seit 1865, nachdem unser Landsmann Bremer, ein in Lourenzo Marques ansässiger Kaufmann, in Handelsbeziehungen zu König Umbandine getreten war. Der Herrscher verlieh Bremer eine Landschenkung von 32 000 Acres unweit seines Kraals, wo kurz darauf Bremersdorp entstand und außerdem gegen eine jährliche Abgabe von 300 £ das Handelsmonopol für Swasiland auf 100 Jahre. Goldfunde zogen bald weitere Fremde an, und der den Freuden eines guten Lebens wohlgeneigte König erteilte gegen verhältnismäßig kleine Vergütungen viele Hunderte von Handels-, Minen- und landwirtschaftlichen Konzessionen, darunter auf Unternehmen, die für ein nur von 40 000 „Wilden" bewohntes Land lächerlich genug waren; es gab nämlich u. a. Monopole für Aerzte, Rechtsanwälte, Landmesser und Bankgeschäfte, für Lotterie, Eisenbahnen, Post und Telegraph, für Münze und Märkte, eine Konzession auf Besorgung der Steuererhebung für den König, ja sogar ein Privileg auf das ausschließliche Recht: „Konzessionen für Dritte auszuwirken."! Die im Lande ansässigen, verhältnismäßig wenigen, untereinander natürlich uneinigen Weißen erhielten einen Freibrief und verwalteten ihre Interessen durch ein in Bremersdorp ansässiges Komitee. Die Fremdenfreundlichkeit des Königs fand aber bei seiner Umgebung nicht allgemeinen Anklang, und als er 1889 einer langsamen Vergiftung erlegen war und sein unmündiger Sohn U'bunu unter der Regentschaft seiner Mutter folgte, erschien weder Leben noch

---

*) Aus: „Ost- und Südafrika von Moritz Schanz". Preis M. 10.—, gebd. M. 12.—. Wilhelm Süsserott, Verlagsbuchhandlung, Berlin.

Eigentum sicher. England und Transvaal, deren Staatsangehörige durchaus die Hauptzahl der Fremden bildeten, ernannten deshalb zur Ordnung der Landesangelegenheiten eine gemischte Kommission, welche zunächst die vorhandenen Konzessionen prüfte und von diesen nicht weniger als 400 anerkannte. England hatte bei dieser Gelegenheit gern das Land übergeschluckt und machte allerlei Schwierigkeiten, aber die Buren hatten die wichtigsten Konzessionen, z. B. auf Eisenbahnen, Zölle und Ländereien, für sich gesichert, und durch Vermittelung Hofmeyr's kam am 2. August 1890 eine Konvention zu Stande, welche für eine unbestimmte Zeit eine gemeinsame Herrschaft festsetzte, die von Vertretern Englands, Transvaals und der Swasis ausgeübt werden sollte. Gleichzeitig wurde Transvaal der Bahnbau durch Swasiland nach der Kosi-Bai gestattet, unter der Voraussetzung, daß Transvaal innerhalb von 3 Jahren der südafrikanischen Zollunion beitrete, anderenfalls könne die Konvention nach diesem Termin jederzeit von beiden

Von einer Kaffernhütte.

Teilen gekündigt werden; England ließ sich außerdem bei dieser Gelegenheit die Zusicherung erneuern, daß die Transvaal-Regierung jede organisierte Auswanderung von Buren in das Gebiet der Chartered Company verhindern werde.

Bremer hatte 1890 8000 Acres des ihm gehörigen Landes in und bei Bremersdorp für 4000 £ an die Transvaal-Regierung verkauft und es wurden hier nun von der neuen Regierung ein Gerichtshof und der Sitz einer Landespolizei mit 250 Mann berittener Truppe eingerichtet.

Nach Ablauf und kurzer Verlängerung der Konvention von 1890 traten England und Transvaal Anfang 1894 in Lange, neue Verhandlungen ein, die im Dezember 1894 zu einem am 14. Februar 1895 vom Volksraad genehmigten abgeänderten Vertrag führten. Darnach wurde Swasiland zwar nicht dem Transvaal direkt einverleibt, aber doch dessen ausschließlicher Verwaltung unterstellt; die Eingeborenen, denen es erlaubt ist, sich unter ihrem König nach eigenen Gesetzen zu regieren, soweit dieselben nicht zivilisierten Sitten widersprechen, bezahlen die üblichen Abgaben; die britischen Ansiedler behalten ihre erworbenen Rechte und die seit 20. April 1893 angesiedelten übrigen Weißen gewinnen alle Bürgerrechte und politischen Privilegien der Südafrikanischen Republik. England dagegen annektierte kurz darauf Pongola- und Tonga-Land, womit den Buren die erstrebte Ausdehnung zur See abermals abgeschnitten wurde; ein von der Transvaal-Regierung dagegen eingelegter Protest blieb wirkungslos.

Als sich auch die Swasis diesem neuen Vertrag nicht sofort unterwerfen wollten, zwang sie Joubert mit bewaffneter Macht dazu und setzte 1898 den König U'buru ein, der unter dem Beistand von 30 Häuptlingen recht und schlecht der einheimischen Verwaltung vorstand, bis er und seine Mutter Ende 1899 auf-

Sulz-Schöne.

fallend schnell hintereinander starben und nun eine Schreckensherrschaft im Lande ausbrach.

Zentrum der Verwaltung und des Handels ist das 15 km nordwestlich von des Königs Kraal Embekelweni, unweit der Ostgrenze gelegene Bremersdorp mit etwa 200 Weißen, deren Gesamtzahl im Lande gegen 1000 beträgt. Die Verwaltung erfordert verhältnismäßig große Zuschüsse seitens Transvaals, denn den Ausgaben für Polizeitruppen, Beamte u. s. w. im Betrage von 148 800 £ standen 1898 nur 2—3000 £ Einnahmen gegenüber. Trotz aller „Konzessionen" sind die Wege wenig zahlreich und schlecht, an eine Eisenbahn ist noch nicht gedacht worden und der meist über die Delagoa-Bai gehende Verkehr wies 1896 eine Einfuhr von 67 000 £ auf.

Der Hauptreichtum des Landes liegt in seiner Rinderzahl; in höheren Lagen wird auch Schafzucht betrieben. Die Golderträge, welche sich 1896 auf 1288, 1897 auf 4979, 1898 auf 8250 Unzen beliefen, haben den Erwartungen bislang nicht entsprochen, mehr Aussicht scheint noch das im Alluvialland vorhandene

Swazi-Paar.

Zinn zu bieten. Auf den Ebenen östlich der Lebombo-Berge ist auch Kohle gefunden worden. Die Fremden haben Pflanzungen der Gerberakazie (Acacia decurrens) angelegt; auch das reichlich vorhandene Bienenwachs und Gummi arabicum bilden Ausfuhrartikel. Bremer's Geschäft hier ist in die Hände der „Mercantile Association of Swaziland" übergegangen und diese besitzt 8 Filialen im Lande. Zur Bestellung ihrer Felder haben die Fremden, da die Kaffern dazu zu faul sind, indische Kulis importieren müssen, welche 45 bis 60 Schillinge Monatslohn bekommen und sich dafür selbst zu verpflegen haben.

Ein Beitrag zur Land- und Völkerkunde von Kamerun-Hinterland.

Von A. Spellenberg.

III.

Vermischt mit ihren religiösen Anschauungen spielt bei den Bewohnern des Hinterlandes der Aberglaube eine so große Rolle, daß er im täglichen Leben einen breiteren Raum als die Geisterverehrung einnimmt. Es ist die Furcht vor „Lemba" d. h. Zauberei und Hexerei, welche das Leben und die Handlungen der Leute in leiblicher und geistiger Hinsicht beherrscht und sie hinter jedem besonderen Ereignis eine von bösen Menschen betriebene Zauberei erkennen läßt. Fast alle Krankheiten und Todesfälle sind nach ihrer Ansicht auf menschliche, mit Zauberei umgehende Ursachen zurückzuführen. Und da sind es wieder vor allem die Bakundu, welche es in der Ermittelung von Todesursachen und besonders auch der Zauberer und Hexenmeister zu einer eigentlichen Wissenschaft gebracht haben. Diese Untersuchungen können freilich erst nach dem Tode am Menschen vorgenommen werden, denn sie geschehen auf dem Wege der Sezierung und Eingeweidebeschau. So starb z. B. in Bombe eines Tages ein Bakundu-Mann im kräftigsten Alter nach kurzer Krankheit. Da er aus der Verwandtschaft des Häuptlings war, so wurden ihm zu Ehren krachende Gewehrsalven abgefeuert. Nachdem ihm eine Anzahl der besten, neuen Tücher und ähnliche Kleidungsstücke umgebunden worden waren, traf man die nötigen Vorbereitungen zum Begraben des Toten. Im Fußboden des Hauses wurde ein schon früher benütztes Grab geöffnet. Es durfte nur 1 m tief aufgegraben werden, so stieß man auf einen Absatz, der mit Dielen bedeckt eine verengte Öffnung abschloß, um einen menschlichen Körper durchzulassen, während das eigentliche, etwa 3 m tiefe Grab sich nach unten zu einer kleinen Gruft etwas erweiterte. Der Tote wurde nun in den Hof gelegt. Die Sezierbehörde samt dem Häuptling erschienen; zwei von ihnen waren mit alten, scharfgeschliffenen Messern bewaffnet. Diese schnitten alsbald unter der gespanntesten Aufmerksamkeit der umstehenden Menge von Knaben und Männern den Bauch des Toten (vom Nabel) bis an das Brustbein auf. Das auffallendste Organ war die Leber, welche stark vergrößert war und ein schmutziggelbes Aussehen zeigte, offenbar war der Mann an einem Leberleiden gestorben. Die Männer der Eingeweideschau konstatierten jedoch an dieser unnatürlichen Lebervergrößerung, daß der Verstorbene einen „Njoku"-Elefanten gehabt habe, d. h. er war ein Zauberer, der sich in einen Elefanten verwandeln konnte. Da ferner der Grimmdarm stark aufgeblasen war, kamen die schwarzen

Sachverständigen zur Überzeugung, daß das Objekt ihrer Untersuchung sogar eine zweite Art von Zauberei, nämlich ein „Nyama bwaba"-Giftschlange besaß, sich also auch in eine Schlange hatte verwandeln und dadurch schädigen konnte. Schließlich wurde das Herz herausgenommen und aufgeschnitten. Es enthielt einige Klümpchen geronnenen Blutes und einer durchsichtigen gläsernen Masse. Mit besonderer Entrüstung wurde auf Grund dieses Befundes festgestellt, daß dieser gefährliche Mensch noch eine dritte Zauberei ein „Nyam'a moto"-Menschentier besessen habe. Dies bedeutet einen Menschen, der durch Zauberei am Körper anderer Leute „ißt", und zwar sind darunter die „Pola" gemeint. Diese Pola sind eine eigentümliche, mit Syphilis-Wunden oft verwechselte Negerkrankheit. (Unter „Bakundu" bereits angedeutet.) Sie verursacht nach außen schreckliche, oft bis zu Handgröße anwachsende Wunden, die sich über den ganzen Körper verbreiten können, meist aber an den Extremitäten ihre Verheerungen anrichten. Sie heilen häufig erst nach Monaten oder Jahren und endigen oft erst nach vollständigem Abfaulen einzelner Zehen oder Finger oder in Verkrüppelung von Armen, Händen oder Füßen. Und diese Krankheit beruht nach dem Aberglauben der Buschstämme auf Zauberei böser Menschen, zu welchen laut Befund auch der Sezierte gehörte. Die Eingeweide wurden nach vollbrachter Untersuchung wieder in die Bauchhöhle gethan, mit Ausnahme der aus dem Herzen genommenen Klümpchen, welche in ein Blatt gehüllt und zu einem dem Beobachter unbekannten Zwecke fortgetragen wurden. Der Leichnam wurde dann sorgfältig in Tücher eingebunden, in die Hütte geschleppt und in die erwähnte Gruft versenkt; die Dielen wurden eingelegt und bis zur Fußbodenfläche mit Erde bedeckt und festgestampft. Die Leute aber schimpften entrüstet über den Toten. Man habe ihn für einen braven Menschen gehalten und derweil habe er sich mit schlechter Zauberei abgegeben und Andern Schaden zugefügt, ja in seiner eigenen Verwandtschaft sogar einem Knaben die „Pola" angehängt. — Solche Resultate der Eingeweideschau können unter Umständen schlimme Folgen für die Hinterbliebenen nach sich ziehen, wie Händel, Streit und Strafen. So hatten in einem Dorfe die Leoparden nach und nach eine Anzahl Ziegen und anderes Vieh geraubt und zerrissen. Als dann ein Mann dieses Dorfes starb und bei der Eingeweideschau die Entdeckung gemacht war, daß der Verstorbene einen „Rjo"-Leoparden gehabt habe, in welcher Eigenschaft er nächtlicherweile auf Viehraub und dergl. ausgehen konnte, da mußte dieser Mann durch seine Zauberei all das zerrissene und geraubte Vieh verschuldet haben. An seiner Stelle wurden darum die Angehörigen des vermeintlichen Missethäters zur Verantwortung gezogen und mußten sämtliches Vieh entschädigen. Hat man vollends bei einem Häuptling nach seinem Tode „Kemba"-Zauberei gefunden, so ist die Entrüstung der Stadt umso größer, denn die Bewohner sagen: Wir haben diesem Manne die Herrschaft über das Volk und die Sorge für das Wohl der Stadt anvertraut; statt dessen hat er uns durch Zauberei und Hexerei geschädigt und Unheil über seine Unterthanen gebracht. Auch hier kann unter Umständen die hinterbliebene Familie für das verstorbene Oberhaupt büßen müssen.

Die Theorie dieses Aberglaubens, welcher das Volksleben so außerordentlich schädigend beeinflußt und eine verstandesmäßige Überlegung im Handel und Wandel so oft lahm legt, ist zwar eine verschwommene und unklare Vorstellung, enthält aber doch bestimmte Grundzüge, welche mit unserem alten Hexenaberglauben manches ähnlich haben. Ein Mensch, welcher Lemba hat, kann mehr als gewöhnliche Menschen. Er wohnt lieber in einsamen Waldhütten, als in der Stadt, weil er von dort aus ungestörter seiner nächtlichen, unsauberen Thätigkeit nachgehen kann. Er hat eine Art Doppelgänger, ein zweites Ich. — z. B. ein solcher Zauberer hat einen „Njoku"-Elefanten. Der Mann liegt ganz ruhig zu Hause auf seinem Lager, während sein zweites Ich in eine Elefantenhaut schlüpft, dadurch zum Elefanten wird und nun die Wälder durchstreift, sowie die Felder und Pflanzungen zerstampft und verwüstet. Gegen Morgen kehrt er dann vielleicht wieder zur Hütte zurück, hängt die Elefantenhaut irgendwo unsichtbar auf und verbindet sich wieder mit seinem menschlichen Körper. Zwischen dem Zauberer und seinem geheimnisvollen Doppelgänger besteht ein inniger Lebenszusammenhang. Eins steht und fällt mit dem andern. So kam es vor, als bei der Erlegung eines Elefanten ein Mann in einem benachbarten Dorfe auffallend schnell starb, daß beide Fälle zur großen Angst der betreffenden Jäger in Zusammenhang gebracht wurden und daß man behauptete, jener Elefant habe dem Manne gehört, er sei also ein Menschenelefant gewesen. Durch seinen Tod hätte auch der Besitzer desselben, der Herrenmeister, sterben müssen.

Die hauptsächlichsten Arten des Lemba sind: 1. „Njoku" = Elefant, er richtet allerlei Schaden in Feld und Wald an und kann auch den Menschen gefährlich werden. 2. „Njo" = Leopard: raubt und zerreißt Vieh. 3. Njama bwaba = giftige Schlange. 4. „Nyani a batos = Menschenvier: Zehrt an Menschen durch Wunden und Krankheit. 5. „Ekululu" = Eule: Zehrt ebenfalls an Menschen. 6. „Ngoä" = Schwein: Macht Schaden im Feld rc. „Luma" = Riesenschlange: Ebenfalls schädlich. 7. „Disanyi" = Fettleibigkeit: Bewahrt den Mann beim Sturz von Bäumen rc. vor Verletzung. 8. „Nyati" = eine starke Antilopenart, welche bei Verfolgungen den Jäger unerschrocken angreift: Macht den Menschen stark und händelsüchtig. 9. „Ejobo" = Zitterkatze: Ermöglicht seinem menschlichen Besitzer auch in Nebel und Dunkelheit zu wandeln. 10. „Nyeu" = Schimpanse: Macht einen Menschen stark und streitsüchtig. 11. „Ngia" = Löwe (wahrscheinlich Gorilla gemeint). Der Inhaber dieses Zaubers wird ein Kraftmensch. Fängt jemand Streit mit ihm an, so faßt er nur dessen Arm, zieht ihn an den Boden, legt ihm einen Baumstamm darauf und geht ruhig weiter, während jener auf dem Boden gefesselt bleibt. 12. „Enete" = Eidechse: befreit sich überall leicht von Ketten-Fesseln und Gefangenschaft. 13. „Iwili" = Fledermaus: Weiß stets alles, was im Hause vorgeht, weiß auch, wenn er abwesend ist, ob seine Frauen nicht auf bösen Wegen gehen. 14. „Ngomba" = Stachelschwein: Kann zur Nachtzeit wandeln. 15. „Ngando" = Krokodil: Der Besitzer desselben kann durch sein Tier andere Menschen töten, indem das Krokodil sie ins Wasser zieht; oder es legt einem Menschen Gier in den Bauch, woran dieser stirbt. Außer diesen Arten von Zaubern giebt es noch allerlei andere. Als die verhaßtesten und verwerflichsten werden natürlich diejenigen verurteilt, welche andern Menschen direkten Schaden bringen. Über die Aneignung bezw. Beibringung solcher Zauberkräfte erzählen sich die Bakundu Schauergeschichten wie die folgende: Ein Zauberer wollte einem jungen Manne „Lemba" beibringen. Er nahm ihn ganz allein mit in den Busch und sagte ihm, er wolle ihm nun einen „Njo" beibringen, mittelst dessen Zauberkraft er vielen Gewinn machen werde. Der Jüngling weigerte sich, solcher Schlechtigkeit sich teilhaftig zu machen; er wolle kein Lemba und möchte überhaupt mit derlei Dingen nichts zu thun haben. Darauf drohte ihm der Andere, er werde ihn, falls er die Annahme verweigere, sofort umbringen. In seiner Angst erklärte sich der Junge nun damit einverstanden und empfing auf geheimnisvolle Weise das Lemba des „Ayo", mußte aber zugleich das Versprechen geben, daß er niemand was davon sage, sonst werde jener ihn durch Zauberei umbringen. Der Zauberer ging nach vollbrachter Handlung voraus in die Stadt, während der Andere, um keinen Verdacht zu erregen, erst später nachkommen durfte. Der Junge ging nach Hause, ohne jemand etwas zu sagen. Nach einigen Tagen bekam er große Bauchschmerzen und klagte darüber bei seiner Mutter, welche sich wunderte, daß ihr Sohn, der seither so wohl und gesund gewesen, nun auf einmal so krank sei. Schließlich rief der Kranke seinen Vater und erzählte ihm im Geheimen die ganze Geschichte, bat jedoch den Vater inständig, keinem Menschen etwas zu sagen, weil der Zauberer ihm mit dem Tod gedroht habe, falls er etwas aussage. Der Vater nahm ihn nun in aller Stille zu einem Medizinmann, dem er die ganze Begebenheit erzählte. Dieser behandelte den Kranken, bis alle Zauberei aus dessen Bauch vertrieben war. Die Sache wurde jedoch bekannt, die Einwohnerschaft fing den Zauberer, schlug ihn mit dem Stock und setzte ihn mehrere Tage lang von morgens bis abends ohne Essen der glühenden Sonnenhitze aus, bis der Mann durch diese Folter zum Geständnis seiner schlechten Umtriebe gezwungen wurde. Nachts jedoch soll dieser schlimme Patron durch Zauberei sich befreit und den Burschen, welcher ihn verraten hatte, mit einer Krankheit geschlagen haben, an welcher derselbe starb.

Diese Illustration samt den vorausgehenden Ausführungen über den Aberglauben des „Lemba" läßt zur Genüge erkennen, was für ein unheimlicher Druck auf allen Handlungen und Bewegungen eines solchen Volkes lastet, das hinter jedem besonderen Ereignis die Triebfedern einer geheimnisvollen, unheilstiftenden Zaubermacht erkennen zu müssen glaubt. Das Lemba ist daher auch viel mehr gehaßt als der eigentliche Lojango-Dienst der Bekari-Vereine, denn diese letzteren drangsalieren und schröpfen das Volk wenigstens öffentlich, während das Lemba, nirgends faßbar noch sichtbar, die Phantasie des Volkes in stete Aufregung und Furcht versetzt.

Die aus dem obigen Lemba-Aberglauben vorangegangenen Totensezierung dürfte nun auch einiges Licht auf die Frage werfen, ob die Bakundu Antropophagen sind. Es wurde schon öfters von Kamerunreisenden die Behauptung aufgestellt, daß die Bakundu Menschenfleisch äßen; sie dürfte aber wohl auf Mißverständnis und Täuschung beruhen und ist zum mindesten sehr zweifelhaft. Wahrscheinlich hat jener Glaube seine Ursache in zwei eigenartigen Gewohnheiten: Die eine ist die oben erwähnte Sezierung der Toten, die andere ist die besonders bei angesehenen Persönlichkeiten übliche Sitte der Verheimlichung vom Ableben eines solchen, so daß selbst den Frauen des Dahingeschiedenen vom Tode ihres Mannes nichts mitgeteilt wird. Die Männer der Verwandtschaft und Familie begraben den Leichnam in aller Stille und halten darauf eine übliche Totenmahlzeit. Erst nach 3 bis 4 Tagen wird die Stadt von dem Todesfall in Kenntnis gesetzt. Vielleicht geschieht dies, um bei der Eingeweideschau möglicherweise zutage tretenden, belastenden Anzeichen von betriebener Zauberei vorweg der Öffentlichkeit abzuschneiden und den Toten vor etwaiger Leichenschändung zu bewahren. Auf Grund dieser Gebräuche haben dann die Duala, welche des Handels wegen den Mongo-

Fluß herauf kommen, schon früher, teils aus falscher Vermutung, teils um die Bakundu anzuschwärzen, das Gerücht verbreitet, die Bakundu seien Menschenfresser.

Noch ein das Volkswohl schädigender Aberglaube besteht betreffs der Säuglinge, denen die Mutter stirbt. Solche Kinder sind gewöhnlich rettungslos verloren, da andere Mütter unter keinen Umständen ein solches Kind zur Ernährung annehmen. Sie sagen sich: Nehme ich das Kind der Verstorbenen an, so wird diese sich an mir rächen, indem sie, daß heißt ihr Geist, mein eigenes Kind tötet; denn sie verlangt ihr Kind bei sich zu haben. Daher werden solche Kinder meist zur Mutter ins Grab geworfen und zugeschüttet, oder man läßt sie erst allmählich verhungern, oder es wird den Kindern der Kopf an einem Pfosten zerschmettert, um dem Leiden ein Ende zu machen. Auf diese Weise fallen alljährlich viele Kinder dem schrecklichen Aberglauben zum Opfer. Schon mehrere solcher wurden von den Vätern aus Bedauernis nach Missionsstationen gebracht, woselbst sie mit kondensierter Milch ernährt wurden und dem Leben erhalten blieben.

Fast alle diese Sitten, Anschauungen u. s. w., wie sie im bisherigen beschrieben sind, bestehen jedoch nicht nur unter den Bakundu, sondern auch unter den Balong und den andern Hinterlandsstämmen, wohl aber scheinen sie in erster Linie von den Bakundu ausgegangen zu sein, da sie unter den Hinterlandsstämmen als der bedeutendste in allen wichtigen Angelegenheiten eine maßgebende Stellung einnehmen. Es wäre empfehlenswert, daß gerade diesem Stamme eine besondere Beachtung und Aufmerksamkeit geschenkt würde, damit ihr Einfluß auch für Verbreitung von christlicher Kultur und Zivilisation einst verwendet werden könnte.

Anhang.

Verläßt man nun das Hinterland und schlägt den nächsten Weg nach der Küste ein, so durchzieht man, von der Abongestadt Marumba ausgehend und den Memefluß überschreitend, gegen Südwesten das früher erwähnte, im Aussterben befindliche Hauptgebiet des Barondo-Ländchens. Ein bequemer Landweg, der das Mamurungebirge umgeht, aber wenig begangen ist, wenigstens von Weißen fast nie, führt über Ngani (die Trümmerstadt), Ditume, Mbongo, Banjari, Boa, Diongo direkt an den Meeresstrand nach dem früheren „Berilaba Bisama", welches vom Meere weggewaschen ist. Alte erstorbene Baumriesen, welche auch dem Küstenstrich entlang aus dem pflanzenlosen heißen Sanduser sich erheben und seit Jahren schon von den täglichen Fluten des Meeres umspült werden, stehen als stumme, aber zuverlässige Zeugen der fortwährenden Abspülung des Festlandes noch in einsamer Größe da und bieten dem Auge des Schiffers, der in der Ferne vorbeizieht, eine täuschende Ähnlichkeit mit grauen verwitterten Felsensäulen dar. Die Bewohner des Dörfchens haben sich in dem ³/₄ Stb. westwärts gelegenen „Bamoso" bei ihren Verwandten niedergelassen. Statt den Landweg bis zur Küste zu benützen, ist es fast bequemer, von Boa (-Stadt) aus gegen W.-N.-W. nach Boa-Strand zu gehen, woselbst eine Zweigfaktorei unsern Sitz hat. Von dort gelangt man nach ³/₄ stündiger Kanufahrt durch die Kreek nach Bamoso, einem an der Ostgrenze des Rio del Rey-Gebietes idyllisch gelegenen Fischersdörfchen. Bamoso ist ein zweiteiliges Dorf und wird von den verschiedenen Stämmen, die an dieses Gebiet stoßen, verschieden genannt. Seine Namen sind: Bamoso, Bole, Bilama, Kombi, Penda. Die bekanntesten sind die beiden ersten.

Bamofo bildet famt dem in ihm verschmolzenen Bilama und dem 4—5 Stunden entfernten „Betilama bala" (besser „Betika ba mabale"), welches gegen Südosten ebenfalls am Meeresstrand liegt, einen kleinen Stamm für sich. Obwohl er zwar nicht Duala, sondern eine eigene, dem Isubu und Mongo ziemlich ähnliche Sprache redet, so sind sie doch dem Duala blutsverwandt. Ihr Stammvater Kol'a mberi, woher der Name „Kole", war ein Bruder zu den Stammvätern der Duala: Dual'a Mberi und Bojong a Mberi. Als jener einst auf dem Meere dem Fischfang oblag, wurde er samt seinen Leuten durch einen Sturm nach Westen verschlagen und siedelte sich dann am Strande seines jetzigen Wohnsitzes an. So berichten die Sagen der Duala über die Geschichte des Bamoso-Stammes, der übrigens, was Bevölkerungszunahme und Intelligenz betrifft, von dem ersteren weit überflügelt worden ist, denn die Gesamtseelenzahl des Bamoso-stammes beträgt einige Hundert, wogegen die Duala nach vielen Tausenden zählen. — Von Beilkama lale ab gegen S.-S.-O. dem Meeresstrande folgend, erreicht man nach vierstündigem Marsche die Kakao- und Tabaksplantagen von Bibundi am Südwest-Fuß des Kamerungebirges. Die Eingeborenen dieser Gegenden gehören dem den Balwedi (falsch Balwiri) nahestehenden Bambuko-Stamme an. Diese halten die westliche, jene die östliche Hälfte des großen Gebirgsstockes in den unteren, bewohnbaren Lagen besetzt. Von Bibundi weiter dem Meeresstrand folgend gelangt man drei bis vier Stunden später nach der Dibundscha-Pflanzung des Schweden Since II, der nicht nur bei Weißen, sondern auch bei seinen schwarzen Arbeitern einer besonderen Achtung sich erfreuen soll. Von Dibundscha an beginnt bald das Balwedi-Gebiet, welches nur durch den kleinen, 7 Stunden weiter süd-östlich am Meer gelegenen „Bota"-Stamm unterbrochen wird. Dieser Ort „Bota" mit der zum Teil bewohnten Gruppe der „Räuber-Inseln" (bewohnt sind „Bobia" und „Mondole") und dem Weiler „Ngeme" bilden den Botastamm mit eigener, der Bota-Sprache. Sie sind ausschließlich Fischervolk. Von Bota führt der Weg durch die Plantagen der „Westafrikanischen Pflanzungsgesellschaft" und durch den „botanischen Garten" in einer Stunde vollends nach Victoria mit dem Bezirksamt der kaiserl. deutschen Regierung und anderen Europäerniederlassungen von Missionen und Faktoreien. Eine englische Baptistenmission, welche s. 3. eine Anzahl Negerchristen von Fernando-Po her an diesem Orte ansiedelte, gab der Kolonie den Namen Viktoria. Die im Hintergrunde der Ansiedlung befindliche Urbevölkerung, dem Balwedi-Stamme angehörend, nennt ihr Dorf mit dem ursprünglichen Namen „Bwe" Jo).

Ueber die Personen- und Gütertarife afrikanischer Eisenbahnen.

Von Geheimem Regierungsrat a. D. Schwabe.

Die Tarifbildung für den Personen- und Güterverkehr kolonialer Eisenbahnen ist insofern mit besonderen Schwierigkeiten verbunden, weil die wirtschaftlichen Verhältnisse in den Kolonien so weit von denen in Deutschland abweichen, daß unsere aus den Erfahrungen eines halben Jahrhunderts hervorgegangenen Tarife in keiner Weise als maßgebend für die Kolonien angesehen werden können, und weil es überdies aus leicht erklärlichen Gründen an statistischen Ermittelungen fehlt, um den Einfluß der Tarifsätze auf die wirtschaftliche Entwickelung der Kolonien und auf die Ertragsfähigkeit der Eisenbahnen mit einiger Sicherheit beurteilen und darnach die Höhe der Tarifsätze bemessen zu können. Immerhin ist

---

¹) Normalpersonentarif für 1 km in Pfennigen:

I. Kl.	II. Kl.	III. Kl.	IV. Kl.
8	6	4	2

Normaltransportgebühren:

A. Streckensätze für 100 kg und 1 km, Eilgut das Doppelte von Stückgut

Stückgut	1,1 Pf.
Klasse A¹	0,67 „
„ B	0,60 „
„ A²	0,50 „
Spezialtarif I	0,45 „
„ II	0,35 „
„ III	0,28 „
bis 100 km	0,22 Pf.
über 100 km	

B. Abfertigungsgebühren:

Stückgut und Klasse A¹: 1—10 km 10 Pf., für je weitere 10 km 1 Pf. mehr bis 20 Pf. (bei 101)

Klasse B: für 1—10 km 8 Pf., für je weitere 10 km 1 Pf. mehr bis zu 12 Pf. (bei 41 km)

Klasse A²:

Spezialtarif I   für 1—50 km 6 Pf.
„ II   von 51—100 „ 9 „
„ III über 100 „ 12 „

es nicht ohne Interesse, die untenstehenden Normalsätze[1] der Preußischen Staatseisenbahn-Verwaltung mit den weiterhin angegebenen Tarifsätzen der afrikanischen Bahnen zu vergleichen, um auf diese Weise einen Maßstab zur Beurteilung der letzteren zu gewinnen.

Bei diesem Vergleich darf übrigens auch nicht außer Acht gelassen werden, daß vor der Eisenbahnzeit bei uns die Sätze für die Güterbeförderung ebenfalls überaus hoch waren und erst seit Beginn der Eisenbahnperiode nach und nach mit den Fortschritten im Eisenbahnwesen und mit der Zunahme des Verkehrs auf die gegenwärtige Stufe ermäßigt worden sind. So betrug z. B. der gewöhnliche Frachtwagenlohn zwischen Elberfeld und Düsseldorf für den Zentner bei ca. 4 Meilen Entfernung 6 Sgr., mithin 40 Pf. für 1 tkm; ferner kostete der Zentner Steinkohlen zu jener Zeit (Ende der 30er Jahre) im Siegen'schen 4 Thlr. 5 Sgr., in Remscheid, 12 Meilen davon entfernt, 4 Thlr. 22½ Sgr.; es kommen also auf die Landstraßenbeförderung ebenfalls rund 40 Pf. für 1 tkm.

In welchem Maße nach und nach die Tarife ermäßigt worden sind, zeigen insbesondere nachstehende Sätze für die Beförderung von Kohlen auf den Preußischen Staatsbahnen:

vom Jahre 1878 1881 1888 1848 1838 vor der Eisenbahnzeit
für 1 tkm in Pf. 1,2 2,2 2,25 11,1 40
wie 1 : 1,83 : 1,87 : 9,25 : 33,3

oder mit anderen Worten: der niedrigste Ausnahmetarifsatz beträgt ungefähr den 33. Teil der vor der Eisenbahnzeit auf den Chausseen üblichen Sätze. In Afrika kommen für den Verkehr Straßen überhaupt nicht in Betracht. In Deutsch-Ostafrika, sowie im Kongostaat wird der Verkehr durch Träger-Karawanen, in Deutsch-Südwestafrika durch Ochsenwagen vermittelt. Die Beförderungskosten mittels Träger einschließlich Verpflegung derselben stellen sich hierbei in Ostafrika auf rund 1,50 bis 2,30 Mark für 1 tkm, während beim Ochsenwagenverkehr auf der Strecke Swakopmund–Windhoek sich die Beförderungskosten je nach den Umständen auf 1,20–1,55 Mark für 1 tkm stellen.

Von den afrikanischen Bahnen, welche hier in Frage kommen, verdient die 398 km lange Kongobahn[1] (0,75 m Spurweite) Matadi-Dolo (Stanley-Pool) in erster Reihe Erwähnung, weil es ungeachtet der sehr hohen Anlagekosten (dieselben waren am Schluß des Betriebsjahres 1899/1900 auf 59948520 Mark oder 150625 Mark für 1 km gestiegen) gelungen ist, schon im ersten Betriebsjahre eine Verzinsung von 3,88% zu erzielen. Auch die weitere Entwickelung des Eisenbahnbetriebes zeigt eine fortdauernde außerordentliche Steigerung, sodaß nach dem nachstehenden Jahresabschluß für das am 30. Juni 1900 abgelaufene Betriebsjahr

Credit	Francs
Vortrag auf 1899/1900	11 806
Diskonto-Zinsen	245 193
Betriebseinnahmen	13 182 801
Einnahmen aus Nebendiensten	612 913
Sa.	14 051 423

[1] Die Entfernung Matadi-Dolo beträgt 388 km, die Gesamtlänge der Kongobahn einschl. der 10 km langen Verlängerung von Dolo bis Leopoldville 398 km, die Tariflänge 400 km.

Debet	Francs
Betriebsausgaben	4 023 644
Verzinsung und Amortisation der Schuld	1 778 379
Erneuerungsfonds	2 00 000
Betriebsüberschuß	8 001 500
Sa.	14 003 423

die Betriebseinnahmen den hohen Betrag von 26 498 Mark für 1 km erreichen, während die Betriebsausgaben nur 8087 Mark für 1 km betragen und somit ein Überschuß von 10 083 Mark für 1 km verbleibt.

In welchem Verhältnis sich diese Zahlen zu den Betriebsergebnissen der verkehrreichsten deutschen Schmalspurbahnen verhalten, dürfte durch einen Vergleich mit den Ergebnissen der nachstehenden Bahnen im Rechnungsjahr 1899 ersichtlich sein:

Bezeichnung der Schmalspur-Bahnen	Länge km	[Kapital]	Einnahmen		Betriebs-		
			Personen	Güter Tonnen	Einnahmen	Ausgaben	Überschuß auf 1 km der Bahnlänge Mark
I. Staatsbahnen.					im Ganzen		
Oberschlesische (Tarif: Privatverwaltung)	120,01 0,785	—	3 656 793	1 245 160	151 102	1 041 068	
Sächsische	660,05 0,750	22 830	3 797 893	937 828	5 609	5 743	—
Württembergische	78,48	30 973	569 001	81 157	4 467	3 961	506
II. Privatbahnen.							
Zillerbahn	27,78 1,00	78 389	1 235 058	21 196	13 321	10 619	2 802
Mannheim-Weinheim-Heidelberg	55,38 1,00	81 208	2 472 608	269 402	12 791	8 521	4 271

Allerdings ist dieses überaus günstige Ergebnis der Mangobahn nur den so hohen Tarifen zu verdanken, wie dieselben aus Nachstehendem ersichtlich sind:

Personentarife
für 1 km in Mark

I. Klasse	II. Klasse
1	0,10

Der Satz in der II. Klasse wird auf die Hälfte ermäßigt für Soldaten, und wenn 30 oder mehr eingeborene Arbeiter im Dienste eines Herrn fahren.

Gütertarife
für 1 Tonne und 1 km in Mark

Einfuhrgüter	2,00
Ausfuhrgüter:	
Elfenbein	2,00
Kautschuk	0,86
Tabak	0,54
Kaffee	0,34
Palmöl	0,24
Bauholz	0,20

u. s. w.

Alle im Tarif nicht besonders aufgeführten Güter werden zu dem Satze von 0,15 Mark zuzüglich 10%, des Wertes, den das betreffende Gut in Europa hat, befördert.

Aus dem Vorstehenden ist ersichtlich, daß der Satz von 100 Pf. für 1 km für die Personenbeförderung in der I. Klasse den Satz von 120 Mark für die 360 km lange Postkarrenfahrt von Swakopmund bis Windhoek um das dreifache übersteigt, während der höchste Gütertarifsatz von 20 Pf. für 1 tkm den z. B. von der Verwaltung für die 230 km lange Strecke Dar-es-Salâm—Mrogoro gezahlten Trägertarif in Ostafrika mit 160 Pf. noch um ½ übertrifft.

Diese außerordentliche Höhe der Tarife hat nunmehr auch Veranlassung gegeben, dieselben um 25%, zu ermäßigen, während die Franzosen mit der Kongobahn-Gesellschaft einen Vertrag abgeschlossen haben, nach welchem sogar eine Tarifermäßigung von 60%, gewährt wird.[1])

Um ein vollständiges Bild von der außerordentlichen Entwickelungsfähigkeit des Kongostaates zu geben, darf nicht unerwähnt bleiben, daß außer dem Eisenbahnverkehr auch die Schiffahrt eine starke Zunahme zeigt. Während Stanley Ende Dezember 1881 den ersten Dampfer nach dem Stanley-Pool brachte, sind gegenwärtig auf dem oberen Kongo schon 103 Dampfer vorhanden, von welchen 19 Dampfer belgischen Gesellschaften, dagegen 39 den Franzosen gehören; Deutschland ist zur Zeit nur durch 2 Schiffe vertreten.

Es ist ferner als ein Zeichen des kühnen Unternehmungsgeistes des Kongostaates wie seiner Kopitalkraft anzusehen, daß derselbe, gestützt auf die Erfolge der Kongobahn, ein großartiges Projekt zur wirtschaftlichen Erschließung von Zentral-Afrika in Aussicht genommen hat, und zwar einerseits durch eine Eisenbahnlinie, welche ungefähr 1400 km östlich von der Endstation Polo der Kongobahn am oberen Kongo bei Stanleyville, unterhalb der Stanleyfälle beginnend, nach Mobogi am Albert-Njanza-See auf eine Entfernung von etwa 1000 km geführt werden, und so eine Verbindung zwischen Kongo und Nil herstellen soll, während andererseits unter Benutzung der schiffbaren Strecke des Lualaba und Überwindung der verschiedenen Stromschnellen durch Anlage einer Eisenbahn nach dem Tanganjika-See eine Verbindung mit demselben erreicht werden soll. Man will auf diese Weise die starkbevölkerten Ufer des Albert- und Tanganjika-Sees in unmittelbare Verbindung mit dem schiffbaren Kongo bringen und rechnet darauf, daß diese Gebiete, wenn sie einmal in den europäischen Verkehr einbezogen sind, durch ihren fruchtbaren Boden und ihre dichte Bevölkerung zu einer raschen Entwickelung gelangen werden.

Daß man auch englischerseits außer dem Bau der Uganda-Bahn noch energische Anstrengungen macht, um das englische zentralafrikanische Schutzgebiet zu erschließen, geht aus dem mit der Schire—Highlands-Eisenbahn-Gesellschaft „Nyassaland" getroffenen Abkommen hervor. Nach demselben soll zur Erschließung des Nyassagebietes der Wasserweg Sombesi—Schire benutzt und zur Überwindung der

---

[1]) Die Kongoeisenbahngesellschaft hat es bisher vermieden, ihre so überaus günstige Lage öffentlich ganz zu enthüllen, um zuweitgehenden Tarifermäßigungen vorzubeugen. Man hat indessen berechnet, daß auch nach dem bis jetzt ermäßigten Tarif die Aktionäre noch eine Dividende von etwa 13%, beziehen können, ohne die Rückzahlungsprämie von 200 Frs. auf jede Aktie von 500 Frs. zu rechnen.

Stromschnellen nach dem Nyassa hin eine Eisenbahn Chiromo—Blantyra und von dort nach dem Südufer des Sees in einer Gesamtlänge von etwa 400 km angelegt werden.

Den Tarifsätzen der Kongobahn nachgebildet, wenn auch schon wesentlich niedriger und nach der Entfernung staffelförmig abgestuft, sind die im Bedingnisheft für die französische, westafrikanische Dahome-Bahn Kotonu-Tschauru (1 m Spurweite) vorgeschriebenen Höchstsätze für den Personen- und Güterverkehr für 1 km:

	bis	bis darüber	darüber	
Personen	125 km	250 km		
	Franken	Franken	Franken	
I. Klasse	0,50	0,40	0,30	Reisegepäck:
II. „	0,25	0,20	0,15	0,20 Fr. für 100 kg
III. „	0,07	0,05	0,03	
Waren				
für die Tonne				
1. Gruppe	1,50	1,25	1,00	
2. „	1,00	0,75	0,50	
3. „	0,60	0,40	0,20	

Unter die erste Gruppe gehören die Einfuhrgüter, sowie Elfenbein; die zweite Gruppe umfaßt vorzugsweise Ausfuhrgüter, Landesprodukte pp.

Eine ganz abweichende Stellung und den Tarifsätzen der deutschen Eisenbahnen schon sehr nahe kommend, zeigen die Beförderungssätze der Usambarabahn und der Teilstrecke Swakopmund-Karibib.

Personen- und Gütertarife der Usambarabahn (41,5 km).

I. **Personengeldsätze für die Strecke Tanga-Muheja.**

		für 1 km
I. Klasse	6 Rp.[1])	rd. 20 Pf.
II. „	3 „	„ 10 „
Ein Träger mit Last 48 P.		„ 2,5 „

II. **Gütertarifsätze für die Strecke Tanga-Muheja.**

1. Stückgüter: für 1 tkm
1 Trägerlast von ungefähr 30 kg = 32 P. rd. 56 Pf.
Für je 100 kg . . . . 1 Rp. = 32 „ „ 50 „

2. Wagenladungen:
Eine ganze Wagenladung
enthaltend 225 Lasten
= 7000 kg . . . . 80 Rp. . . rd. 43,4 Pf.
Niederbordwagen von
5000 kg . . . . . . 60 „ . . „ 44,5 „

Die nachstehenden Betriebsergebnisse der Usambarabahn:

---

[1]) Der Durchschnittskurs der Rupie, welche 4 Anas zu 16 Pesas hat, betrug rd. 1,4 Mark.

	Personen	Tonnen	Einnahme	
	km		M	Pf.
Vom 1./4. 1899—31. 3. 1900 gegen Bezahlung	395600	98860	68278	28
Vom 1./4. 1899—31./3. 1900 ohne Bezahlung	167240	113434	56569	23
Zusammen	662840	212294	124847	51
mithin für 1 Bahnkilom.			3008	
Vom 1.'4. 1900—31.3. 1901 gegen Bezahlung	911475	122733	117493	25
Vom 1.'4. 1900—31./3. 1901 ohne Bezahlung	236609	301133	142571	87
Zusammen	1148084	423806	260065	12
mithin für 1 Bahnkilom. 6267 Mk.				

gestatten zwar, weil, nach abweichenden Grundsätzen von der Reichseisenbahnstatistik aufgestellt, nur einen teilweisen Vergleich mit den deutschen Schmalspurbahnen; immerhin ist doch daraus zu ersehen, daß, abgesehen von der starken Inanspruchnahme durch Baugüter, auch die Einnahmen aus dem öffentlichen Verkehr eine starke, fast das Doppelte betragende Zunahme zeigen.

Personen- und Gütertarife der Bahnstrecke Swakopmund-Karibib vom 5. Mai 1900.

1. Personenverkehr.

1. Für Weiße für 1 km   I. Klasse   II. Klasse
                                 10 Pf.   6 Pf.
2.   „   Eingeborene   4 „

2. Güterverkehr.

Stückgut		Wagenladungen	
Gewöhnlicher Tarif-Satz für 100 kg und 1 km	Besondere Tarifsätze und zwar Ausnahmetarif für 100 kg und 1 km	Gewöhnliche Wagenladungsklasse bei Aufgabe von 5000 kg oder Zahlung für dieses Gewicht für 100 kg und 1 km	Besondere Tarifsätze und zwar Spezialtarif für Güter des Ausnahmetarifs bei Aufgabe von über 5000 kg oder Zahlung für dieses Gewicht pro 100 kg und 1 km
	1 2		I. II.
Mark 0,04	Mark 0,03 Mark 0,02	Mark 0,03	Mark 0,012 Mark 0,012

Grundsätze für die Frachtberechnung.

a. Stückgut.

Der Ausnahmetarif 1 kommt in Anwendung in der Richtung Swakopmund-Inneres und umgekehrt bei Aufgabe von Kohlen, Bauholz, Wellblech, Zement, landwirtschaftlichen Geräten, Geräten und Materialien für Wege-, Wasser- und Dammbauten, Walz- und Stabeisen, Maschinen jeder Art, zur Aussaat bestimmten Saatfrüchten, lebenden Bäumen und Sträuchern, Zuchtvieh aller Art, auch Zuchtgeflügel.

Der Ausnahmetarif 2 nur für Güter der Richtung Inneres-Swakopmund kommt für Landesprodukte im allgemeinen, Erzeugnisse des Feld- und Gartenbaues und der Viehwirtschaft in Anwendung.

b. Wagenladungen.

Zu den Sätzen der Wagenladungsklassen werden diejenigen Güter befördert, welche der Absender mit einem Frachtbrief für einen Wagen als Wagenladung aufgiebt. Die Güter werden eingeteilt in 3 Klassen: Güter der gewöhnlichen Wagenladungsklasse, Güter des Spezialtarifs I und Güter des Spezialtarifs II.

Zu den Gütern der gewöhnlichen Wagenladungsklasse zählen die Güter der gewöhnlichen Stückgutklasse, zu den Gütern des Spezialtarifs I die Güter des Ausnahmetarifes 1 und zu den Gütern des Spezialtarifes II die Güter des Ausnahmetarifes 2.

Die vorstehenden Tarifsätze, insbesondere die der Bahn Swakopmund-Karibib, zeigen im Verhältnis zu den bisher im deutsch-südwestafrikanischen Schutzgebiet üblichen Beförderungsgebühren eine sehr weitgehende Ermäßigung, indem der Satz von 10 Pf. für 1 Personenkilometer in der I. Klasse nach nicht ½, der bisherigen Postkarrenfahrt, und selbst der höchste Frachtsatz von 0,40 Mark für 1 tkm Stückgut auch nur etwa den 3. Teil der bisher für die Ochsenwagenbeförderung üblichen Sätze bei Wagenladungen beträgt.

Es mag dahingestellt bleiben, ob in der That eine Notwendigkeit vorhanden war, eine so weitgehende Ermäßigung einzuführen, die vielleicht für die Einfuhr der nicht für die Landesverwaltung, sondern für den öffentlichen Verkehr bestimmten Güter auf die Dauer nicht wird aufrecht erhalten werden können. Da indessen nach der dem Reichstage zugegangenen von dem Oberstleutnant Gerding aufgestellten Ertragsberechnung selbst bei diesen Sätzen, allerdings mit Rücksicht auf die sehr geringen Baukosten von 34 334 Mark für 1 km eine 3prozentige Verzinsung des Anlagekapitals ermöglicht wird, so dürfte vom kolonialwirtschaftlichen Standpunkte aus, gegen diese Sätze nichts zu erinnern sein, wenn auch voraussichtlich höhere Tarifsätze und in Folge dessen ein günstiger Ertrag dazu beigetragen haben würde, der Stimmung des Reichstages für die Anlage kolonialer Eisenbahnen zu verbessern.

Wenn es auch nach dem Vorhergehenden notwendig erscheint, die Höhe der Personen- und Gütertarife für jede in den deutschen Kolonien anzulegende Bahn nach den besonderen Verhältnissen derselben und nach der wirtschaftlichen Lage des Landes zu bemessen, so dürfte es dessenungeachtet von Interesse sein, in der nachfolgenden Zusammenstellung der Höchstsätze für die Personen- und Güterbeförderung einen Maßstab für die Beurteilung zu gewinnen.

Höchstsätze
für die Personenbeförderung

Beförderungsstrecke	Länge km	Tarifsätze für 1 Personenkilometer			
		I. Klasse Pf.	II. Klasse Pf.	IV. Klasse Pf.	
Swakopmund-Otyimbingue-Windhoek	360	33	—	—	Die Beförderung mit der Bierbetterei kostete 120 Mk.
Kongobahn	389	100	12,5	—	
Dahomebahn	300	40	20	6	
Usambarabahn	41,5	20	10	2,5	Letzter Satz gilt für 1 Träger mit Last.
Südwestafrikanische Eisenbahn Swakopmund-Karibib	194	10	6	4	Letzter Satz gilt für Eingeborene.
Preußische Staatsbahnen	—	8	6	2	

Höchstsätze
für die Güterbeförderung.

	Beförderungsstrecke	Länge km	Satz für 1 Tonnenkilometer	
1.	Träger für die Strecke Dar-es-Salâm-Tanganyikasee	1445	230	Die Trägerlasten haben ein Gewicht von höchstens 30 kg.
2.	Kongobahn	389	200	für Einfuhrgüter und für Elfenbein.
3.	Ochsenwagen mit 2,5 bis 3 t Ladegewicht in Südwestafrika		120 bis 155	
4.	Dahomebahn Kotomi-Tschaura	300	120	desgl.
5.	Usambarabahn Tanga-Muhesa	41,5	56 / 44,5	Stückgut / Wagenladungen.
6.	Südwestafrikanische Eisenbahn Swakopmund-Karibib	194	40 / 30	Stückgut. / Wagenladungen.
7.	Preußische Staatsbahnen		11 / 4,5	Stückgut. / Spezialtarif I
8.	Schiffsfrachten der Woermannlinie Hamburg-Swakopmund	8200	14,65	12,5 Mark für 1 Tonne Stückgut.

Menelifs Machtgebiet und englisch-äthiopische Grenzfragen.

Von H. Singer-Bromberg.

Die Karten lassen uns heute mit Angaben über die Ausdehnung des neu-äthiopischen Reiches völlig im Stich, und in der That mangelt es hier allein noch in Afrika — abgesehen etwa von der ebenfalls unsicheren Südgrenze Marokkos — sogar an jenen am grünen Tisch entstandenen geraden Linien, die an sich ja wenig besagen, aber doch zum mindesten die Grundzüge für die spätere Verständigung andeuten. Die abessinischen Grenzen liegen nur gegen das italienische Eritrea fest, und allenfalls auch noch gegen Britisch-Somaliland; im übrigen aber „fließt" noch alles.

Der Grund dafür liegt in der Thatsache, daß Menelifs Machtbereich heute nicht nur die alten Landschaften Tigre, Amhara und Schoa, sondern auch solche Gebiete umfaßt, die die Engländer zwar gern dem ägyptischen Sudan, dem Uganda-protektorat und Britisch-Ostafrika zuzurechnen pflegen, in denen sie aber ihren Ansprüchen durch eine auch nur teilweise thatsächliche Besetzung keinen Nachdruck haben verschaffen können. Menelik aber hat die letzten sieben Jahre fleißig im Interesse der Ausdehnung seines Reichs benutzt und seine Scharen nach allen Seiten weit in die Ebenen vorgeschoben. Es ist vielleicht von Interesse, diesen Spuren der heutigen abessinischen Macht nachzugehen.

Nachdem Menelik II. 1889 seinen Frieden mit den Italienern geschlossen und das Reich innerhalb seiner jüngeren historischen Grenzen geeint hatte, suchte er für das im Norden an Italien verlorene Gebiet zunächst in den Galla- und Somalländern des Südostens einen Ersatz zu gewinnen. Als der amerikanische Naturforscher Dr. D. Smith 1894—95 das Osthorn durchzog, begegnete er abessinischen Truppen in der Gegend von Milmil am oberen Faf, ferner südwestlich davon im Lande der Arussi-Galla am Webi Schebeli, sodaß etwa der 7. Breitengrad damals die Südgrenze des abessinischen Machtbereichs bezeichnete. Einzelne Streifscharen waren aber schon zu jener Zeit bis in die Nähe von Lugh, d. h. bis in die Nähe des 4. Breitengrades, vorgedrungen, und Smith fühlte sich vor ihnen erst sicher, als er den Daua nach Westen überschritten hatte. Am Abaya-see (dem Gandjule der Erlanger-Neumannschen Expedition), sowie am Rudolfsee und am unteren Omo fand Smith 1895 die Abessinier noch nicht vor, doch wissen wir aus des Franzosen Banderhrym Berichten, daß Menelik um dieselbe Zeit sich anschickte, auch in diesen Gegenden seine Herrschaft aufzurichten: er unterwarf sich nämlich die Ualamo-Galla, die in der Nähe und nordwestlich des Sees Pagade wohnen. Als dann Ende 1898 der englische Jäger Cavendish über Lugh zum Rudolfsee zog, fand er bereits alles Land an den unteren Djubaquellflüssen in Händen der Abessinier, die es südlich und westlich bis ins Gebiet der Boran-Galla hinein verheerten, während der Italiener Bòttego einige Monate vorher, im Juli 1890, am mittleren Omo die Truppen Menelifs antraf, die dort den Grund zu den späteren „Aequatorialprovinzen" legten. Sie hatten damals, wie Neumann un-

17

längst errichtete, gerade die bis dahin unabhängigen Landschaften Kaffa, Djimma Gera und Gnarea unterworfen, nachdem das Heer Menelils nach der Katastrophe der Italiener bei Adua (1. März 1896) für andere Unternehmungen frei geworden war. Seit dem Tage von Adua, der Menelil im Norden Ruhe schaffte und ihm ganz Tigre wiedergab, beginnt überhaupt ein planmäßiges Erobern und Besetzen der Galaländer, die bis dahin nur mehr der Schauplatz abessinischer Raubzüge gewesen waren. Der frühere russische Artilleriehauptmann und jetzige abessinische Graf Leontjeff war es, der seit 1898 Menelils Fahnen bis ans Nordende des Rudolfsees führte, ja sogar am Westufer dieses Sees entlang bis südlich des 3. Breitengrades, wo er im Oktober 1899 einen Militärposten, das Fort Menelik II. errichten ließ. Zwar hatte kurz vorher, im September 1898, der britische Major Austin von Uganda aus das Nordende des Rudolfsees erreicht, aber eine Besetzung irgendwelcher Art nicht durchführen können, sobald nun auch hier verschiedene abessinische Posten Menelils Herrschaft deutlich zum Ausdruck bringen. Daß die letzte amtliche britische Ugandakarte den Uferteil des Sees, wo das abessinische Fort Menelil II. liegt, als zum Ugandaprotektorat gehörig betrachtet, sei nur nebenher erwähnt, um anzudeuten, daß hier bereits eine sehr wesentliche Meinungsverschiedenheit zwischen England und Menelil sich zu erkennen giebt. Nicht soweit nach Süden geht der abessinische Machtbereich an der südäthiopischen Seenreihe, nämlich nach Neumann nur bis zum Gandjulsee etwa (6° n. Br.); doch ist das Land bis dahin und westlich bis an den Rudolfsee thatsächlich besetzt und wird von abessinischen Statthaltern regiert.

Inzwischen waren nun abessinische Scharen auch nach Westen hin ins Sobatgebiet gekommen, ja einmal sogar bis an den Weißen Nil. Nachdem die französische Mission de Bonchamps, die sich bekanntlich am Nil mit Marchand vereinigen sollte, den Abessiniern den Weg in die bisher von ihnen gefürchteten Ebenen der Sobatquellflüsse gezeigt hatte, drang der abessinische General Tessama-Nado mit einem starken Korps bis nach Faschoda vor, wo er am 30. April 1898, also 4½ Monate vor der Einnahme Omdurmans durch Kitchener, anlangte. Auch in der Folgezeit zeigten sich mehrfach abessinische Truppen im Sobatgebiet, und obwohl es zu einer dauernden Besetzung oder zur Errichtung von Posten in den für die Abessinier sehr gefährlichen Sumpfniederungen niemals gekommen ist, so steht doch eben soviel fest, daß Menelil hier seine Flagge viel eher und öfter gezeigt hat, als die Engländer. Wie weit die Abessinier nach Südwesten gekommen sind, erhellt aus den Mitteilungen des verstorbenen englischen Kapitäns Wellby, der im Mai 1899 Spuren der Truppen Menelils an den südlichsten Sobatquellflüssen unter 6° 30' n. Br. vorfand.

Auf der Strecke endlich nördlich vom Sobat (Baro) bis zum Blauen Nil umfaßt Menelils Machtgebiet zum mindesten das Bergland der Ualega-Galla, reicht also im Süden bis in die Nähe des 9. Längengrades. Von Menelils Einfluß bei den Ualega wußten bereits die überlebenden Mitglieder der zweiten Bóttegoschen Expedition, die Leutnants Citerni und Vannutelli, 1897 zu berichten, auch hat Menelil unlängst eine Goldminen-Konzession für das Ualegaland und die Striche am oberen Baro vergeben. Am Blauen Nil selber liegt nach einer Mitteilung des Amerikaners Crosby der fernste abessinische Posten bei Rombera, dort, wo der Tideria von Süden her einmündet; doch sind abessinische Scharen dort mehrfach 150—200 km weiter westlich gelangt.

In den beiden letzten Jahren ist nun England bemüht gewesen, den oben angedeuteten unsicheren Zuständen ein Ende zu machen und im Einverständnis mit Menelik zunächst die Grundlagen für eine Grenzfestsetzung in Gestalt von Aufnahmen in solchen Gebieten zu schaffen, die vor allen Dingen strittig sind, nämlich vom Blauen Nil südwärts durch das Sobatsystem bis zum Rudolfsee. Dieser Arbeit haben sich auf mehreren Reisen die britischen Majore Austin und Gwynn unterzogen. Gwynn beging 1900 die Strecke zwischen Famaka am Blauen Nil und dem Sobat (Baro), und zwar entspricht sein Reiseweg ungefähr dem Meridian 34° 30′ ö. L.; der schon oben genannte Austin versuchte im selben Jahre vom Sobat im Anschluß an die Route Gwynns in südlicher Richtung zum Rudolfsee vorzudringen, wurde aber — angeblich infolge eines Mißverständnisses — von den abessinischen Grenzbehörden unter dem 7. Breitengrad am Acobo (Abjuba) zur Umkehr genötigt. Dagegen gelang es Austin auf einer zweiten Reise im vorigen Jahre seinen Zweck zu erreichen; er ging durch das östliche Sobatgebiet zum Rudolfsee und kam im September in Mombasa an. Ebenso setzte Gwynn 1901 die Arbeiten nördlich des Blauen Nil, von Famaka über Galabat bis Gedaref, mit Erfolg fort, sobald es nun an „Unterlagen" für die Grenzregulierung wohl nicht fehlen wird.

Da fragt es sich aber, ob Menelik auf Grund aller dieser Aufnahmen zu einer England genehmen Grenzfestsetzung sich wird bereit finden lassen; denn zunächst ist soviel klar, daß die britischen Offiziere doch mit die Aufgabe hatten, sich die Gebiete im Westen und Südwesten Abessiniens daraufhin anzusehen, ob es sich für England verlohnt, sie zu beanspruchen — z. B. das Ualegaland. Unterhandlungen darüber waren in Adis Abeba schon im letzten Frühjahr und Sommer im Gange, sie zeitigten aber kein Ergebnis, und der britische diplomatische Agent Oberstleutnant Harrington kehrte im Juli v. J. nach England zurück. Menelik ist gut beraten, und französische und russische Einflüsse, die zur Zeit am Hofe von Adis Abeba wieder die herrschenden zu sein scheinen, werden dafür sorgen, daß der „König der Könige" sich von den Briten nicht übervorteilen läßt. Wir haben oben festzustellen versucht, wie weit heute die Macht Meneliks reicht, und danach würde ein Eingehen auf englische Vorschläge, denen die Routen Austins zu Grunde liegen, eine Schmälerung dieses Machtbereichs bedeuten, wenn auch Menelik an den Sobatebenen nicht viel gelegen sein kann; reichen doch dessen Ansprüche, wie von Bruchhausen unlängst an dieser Stelle gezeigt hat, sogar bis zum Bahr el Dschebel und bis zum Albertsee!

Es hat zur Zeit den Anschein, als ob weder England noch Menelik auf eine schleunige Regulierung der beiderseitigen Grenze viel Gewicht legen. Das ist vom Standpunkt Englands aus wohl verständlich. England hat ein Interesse daran, die Grenzen des ägyptischen Sudan und des Ugandaprotektorats für sich möglichst vorteilhaft festzulegen, und da sich Meneliks Wünsche damit durchaus nicht vertragen wollen, könnte dieser Interessengegensatz sich sehr leicht gefährlich zuspitzen; England ist aber augenblicklich nicht in der Lage, es darauf ankommen zu lassen, da seine Aktionsfähigkeit unterbunden ist. Vom Standpunkt Meneliks aus ist die Hinauszögerung weniger zu verstehen; denn er könnte seine Ansprüche England gegenüber heute eher durchsetzen als später, wenn dieses seine Hände wieder freibekommen hat.

Abessinien als Goldland.
Von Major a. D. Karl von Bruchhausen.

Es hat allen Anschein, als ob das Reich Menelils in nicht allzu ferner Zeit in die Reihen der wichtigeren Goldländer treten werde. Der Norden Abessiniens, zu dem ja rein geographisch auch die italienische Kolonie Erythraea gehört, birgt an verschiedenen Stellen Gold. Bei Asmara (ital.) sind seit einem halben Jahre Goldminen in maschinenmäßigem Betrieb; im Anseba-Thal wurden — unweit Keren (ital.) — Goldspuren gefunden. Nach bestimmt auftretenden Nachrichten gäbe es ein beträchtliches Goldlager nicht weit von Adua (abessinisch), doch hat von irgend welchen Maßnahmen zur Ausbeutung nichts verlautet. Mittelabessinien zeigt in seinen Wasserläufen vielfach geringe Mengen Goldes, die aber eine planmäßige Auswäsche nicht lohnen. Aus dem Süden des weit gestreckten Reiches, und zwar angeblich aus Kaffa, sind hin und wieder Karawanen, die auch mäßige Mengen Goldes mit sich führten, in Massaua angekommen. Es fragt sich aber, ob das Ursprungsland dort richtig angegeben ist; denn die eigentlichen Goldbezirke Abessiniens liegen im äußersten Westen des Reiches von $7^{1/2}°$ bis $11°$ nördl. Breite, dort, wo die Vorberge des abessinischen Gebirgsmassivs sich anschicken, zur weiten Senkung des ägyptischen Sudan überzugehen. In diesen zum Teil erst frisch gewonnenen Westprovinzen liegt die Quelle zu Menelils Zahlungsfähigkeit, die ihm — schon der Möglichkeit einer ergiebigen Versorgung mit modernen Waffen wegen — wesentlich die politische Bedeutung von heute verschafft hat.

Bislang fand in diesen reichen Goldbezirken gar keine oder eine nur ganz primitive Gewinnung des edlen Metalles statt; Menelil hat aber neuerdings einzelnen Europäern, selbstverständlich gegen entsprechende Abgaben vom Reingewinn, Goldminen-Konzessionen erteilt. Die Konzessionäre säumen nicht mit der Ausnutzung, und so dürfte schon im Laufe der nächsten Jahre abessinisches Gold in beträchtlicher Menge gefördert werden. Eine große Schwierigkeit liegt fürs erste freilich noch in den Transportverhältnissen. Von den Flügeln der sich von Norden nach Süden erstreckenden Goldbezirke beträgt die Entfernung nach Adis Abeba 450 bezw. 400 km in der Luftlinie, und auf diese Strecken sind die Lasten bei schlechten Wegen auf dem Rücken von Maultieren, Eseln und Menschen zu befördern. Von Adis Abeba aus bis zur Küste (bei Dschibuti) sind abermals 750 km zurückzulegen, davon freilich 200 per Eisenbahn, da die Fertigstellung der Eisenbahn Dschibuti-Harrar in $1^{1/2}$—2 Jahren zu erwarten steht. Sehr viel brauchbarer wäre für die nördlichen Goldbezirke die Ausfuhr auf der fast bis Famaka, also bis dicht heran, benutzbaren Wasserstraße des Blauen Nil, für die südlichen auf dem Baro-Sobat (Schiffbarkeit durch Marchand bis Jhov, d. i. bis zur Höhe des Landes der Wallega, festgestellt) und dann auf dem Weißen Nil. Aber es fragt sich, ob Menelik für solche politisch wie wirtschaftlich verhängnisvollen Pläne zu haben sein wird, zumal sie die Kontrole erschweren würden.

Beginnen wir im Norden, so ist im Laufe der Jahre durch mehrere englische Expeditionen festgestellt, daß der Gold- (und Kaffee-) Reichtum des Landes der Beni Schangul, oder vielmehr des ganzen Landes der Schangalla, noch unerschöpft ist. Schon Mehemed Ali ließ im Gebiet des Tumat und anderer linker Nebenflüßchen des eben aus Abessinien getretenen Blauen Nil mit Erfolg Gold suchen; aber schon sein Nachfolger Abbas I. gab diese Gebiete wieder auf, da er sie bei der gewaltigen Entfernung von Kairo (3000 km) nicht behaupten zu können glaubte. England würde gern die alten ägyptischen Ueberlieferungen wieder aufnehmen; aber es scheint, als ob es doch zu spät mit diesen Plänen gekommen ist. Menelik hat die Zeit wohl benutzt und die Grenzen seines Reiches im Laufe des letzten Jahrzehnts beträchtlich nach Westen vorgeschoben. Noch ist die Grenzlinie zwischen England und Abessinien hier nicht fest vereinbart, aber an zwei Punkten stehen sich die Vorposten der beiden Mächte hart gegenüber: bei Famaka am Blauen Nil und bei Nassar am Sobat. Verbindet man diese Punkte durch eine gerade Linie, so fällt das Land der Schangalla mit seinen Schätzen an Abessinien. Es ist nicht anzunehmen, daß Menelik weiter zurückweicht, da nach alter abessinischer Ueberlieferung eigentlich der Weiße Nil als die zu fordernde Westgrenze des Reiches angesehen wird. Der vor kurzem heimgekehrte englische Hauptmann Cobbold — er nahm auf abessinischer Seite an dem verfehlten Feldzuge gegen den sogenannten Mahdi des Somalilandes teil — hat den Reichtum von Beni Schangul gepriesen und berichtet, Menelik habe dort bereits verschiedene Ausbeutungskonzessionen, auch an englische Gesellschaften, gewährt. Näheres ist darüber nicht bekannt geworden.

Südlich an das Land der Schangalla schließt sich die bedeutendste Goldquelle Abessiniens: das Land der Wallega, mehr noch als durch sein Gold bekannt geworden durch das traurige Ende der Expedition Bottego (17. März 1897). Dieser verdiente italienische Forscher war mit seinen Genossen der zweite Europäer, der den Boden des Landes betrat. Der erste war Meneliks rechte Hand, der schweizerische Ingenieur Alfred Ilg. Menelik hatte ihn mit einer Schutztruppe hingesandt, um das im Beginn der neunziger Jahre eroberte Land in Augenschein zu nehmen. Bis zu dieser Eroberung hatten die Wallega jedem Fremden den Eintritt in ihr Land eifersüchtig gesperrt. Die Goldgewinnung durch einfaches Auswaschen des goldhaltigen Sandes betrieben sie seit undenklichen Zeiten, und sie hatten es trotz der ursprünglichen Gewinnungsmethode bis auf 1000 kg chemisch reinen Goldes im Jahr gebracht, das meist nach Abessinien ging. Seitdem ist das Land mehr eröffnet worden. Menelik hat ein paar Mal englischen Forschern den Durchzug gestattet, und auch der Franzose Hughes le Roux hat es im vergangenen Jahr besucht. Damals hatte Menelik bereits seinem getreuen Staatsrat Ilg — dieser steht nun 22 Jahre an der Seite des Negus Negesti — die ganze mineralische Ausbeutung des Landes auf 50 Jahre konzessioniert. Staatsrat Ilg genießt Zollfreiheit für die Einfuhr von Maschinen und sonstigem Material und hat 8% des Reinertrages abzuliefern. Hinter Ilg steht eine in Antwerpen gebildete Gesellschaft, an der auch italienisches Kapital stark beteiligt ist. Ihre Dauer ist auf 30 Jahre berechnet, und sie wird neben der Metallförderung auch Handel, Industrie und Bodenbau betreiben.

Wieder ein Stück südlich, durch den Baro vom Lande der Wallega getrennt, liegen die Goldgründe des Russen Leontiew. Er scheint seine Thätigkeit als Gouverneur der abessinischen Aequatorial-Provinzen neuerdings stark hinter die Ausbeutung der ihm und dem Franzosen Lagarde gleichfalls von Menelik verliehenen Goldminenkonzession am Baro zurücktreten zu lassen. Die in Frage kommenden, zunächst von einer englischen Gesellschaft erforschten Gebiete, sollen reiche Schätze an Gold und anderen Metallen (Silber, Aluminium) bergen. Leontiew ist gegenwärtig bei den ersten vorbereitenden Schritten; er hat namentlich Arbeiter- und Wegeschwierigkeiten zu überwinden. Anscheinend hat er sich aber die früher im hohen Maße besessene Gunst Meneliks dadurch verscherzt, daß er aus Geldverlegenheit einer englischen Gesellschaft eigenmächtig eine Unterkonzession abtrat. Anfänglich schien es, als wolle Menelik über diesen Vertrauensbruch hinwegsehen. Nach den letzten Nachrichten hat aber der z. Zt. mit Urlaub daheim weilende englische Resident in Adis Abeba, Oberstleutnant Harrington, im direkten Auftrage Meneliks bekannt gegeben, daß jener die von Leontiew eingegangenen Verträge nicht anerkenne und für die nächste Zeit auch überhaupt keine neuen Minengerechtsame an englische Gesellschaften verleihen werde; er wolle erst abwarten, was aus den bislang verliehenen werde. Das ist jedenfalls das Beste, was er thun kann, um den wirklichen Mineralabbau zu beschleunigen und nutzlosen Konzessionsschacher zu verhindern.

Die Ereignisse in Nigeria.

Eine seltsame Überraschung haben die Franzosen jetzt den Briten in Nord-Nigeria bereitet, indem sie den neuen Herrscher von Bornu, den sechsundzwanzigjährigen Fadelallah, offenbar auf britischem Gebiet aufgesucht und vernichtet haben. In den von uns an dieser Stelle kürzlich erwähnten englischen Berichten über das Zusammentreffen des englischen Majors M'Clintock mit Fadelallah war nicht angegeben, um welche Zeit diese Begegnung stattgefunden hatte. Ein vom Generalgouverneur von Französisch-Westafrika in Paris vor einigen Wochen eingegangene telegraphische Meldung besagt, daß die am Schari stehenden französischen Truppen am 23. August d. J. mit Fadelallah zusammengestoßen sind. Zwei Tage darauf fiel Fadelallah im Kampfe. Darauf ergaben sich seine 1500 Krieger — nach dem Bericht von Major M'Clintock waren es 2000 — und lieferten die Waffen ab. Damit ist die Macht der ostsudanischen Eroberer im westlichen Sudan endgültig gebrochen, fügt die französische Behörde hinzu. Sie giebt nicht an, wo die Katastrophe stattfand; nach englischen Depeschen, die schon etwas früher, aber unverbürgt, den Tod des Herrschers von Bornu meldeten, geschah es in Kia, etwa 250 km innerhalb der Grenzen Nord-Nigerias, was für die Briten sehr empfindlich wäre.

Wie unsern Lesern erinnerlich, hatte Fadelallah die britischen Behörden um die Anerkennung als Herrscher von Bornu und um den britischen Schutz gebeten. Major M'Clintock hatte keine Vollmacht, ihm dies zu gewähren, der Oberkommissar des Schutzgebietes, General Sir Frederick Lugard, der aus Europa zurückerwartet wurde, sollte die Entscheidung treffen. In England war man sicher, daß sie bejahend ausfallen würde; denn die britische Verwaltung hält seit an dem System, die Macht der eingebornen Herrscher zur Festigung ihrer eigenen Macht zu benutzen. Mit andern Worten, sie übernimmt die allgemeine, politische Verwaltung und überläßt den Sultanen, Emiren oder Häuptlingen unter den gegebenen Einschränkungen die Lokalverwaltung in mehr oder weniger großen Verbänden. Fadelallah hatte sich dazu verstanden, die Entscheidung Sir Frederick in Bornu ruhig abzuwarten. Daß er nichts gegen die Franzosen unternahm, geht schon aus den Angaben über Zeit und Ort der Begegnung mit dem englischen Truppenführer und des Kampfes mit den Franzosen bevor. Welche Gründe mögen nun diese letzteren dafür anführen, daß sie dem Sohne Rabbehs soweit weg nachgestellt haben? Es sei daran erinnert, daß sie Fadelallah bereits vor zwei Jahren, nach der Niederwerfung Rabbehs und seiner Macht, verfolgt hatten, und zwar, wie Hauptmann Robillot berichtet, „etwa 600 km weit westlich vom Tschadsee, bis südwestlich von Gujba."

Lassen wir die Briten und Franzosen sich über diese neue Gebietsverletzung auseinandersetzen, und fragen wir uns wiederum: wie stehen wir dazu? Mit verschränkten Armen sehen wir zu. Zuerst erfuhren wir, daß die Franzosen bei den Kämpfen und den Verfolgungen gegen Rabbeh hin und her über das deutsche Gebiet südlich vom Tschadsee gezogen waren, dann, daß eine der drei Expeditionen, die am Tschadsee zusammengetroffen waren, nämlich die von Senegal ausgesandte, ihren Rückweg nicht mehr über das unwirtliche Damergu, sondern südlicher erst über deutsches Gebiet, dann über das britische Bornu genommen hatte. Darauf der erste Vorstoß gegen Jabelallah, und nun der Zug bis Ala, immer in derselben Richtung, zuerst über deutsches Gebiet. Die Schlußfolgerung daraus ergiebt sich für uns von selbst: es ist die höchste Zeit, daß wir auch das Land nördlich vom Benuë bis zum Tschadsee, thatsächlich in Besitz nehmen. Die jetzigen Zustände widersprechen den Begriffen, die man von dem Ansehen einer Großmacht haben muß, und den wirtschaftlichen Erfordernissen.

Wenden wir uns nun nach Süd-Nigeria. Dort ist der Feldzug gegen die Aro am Crotzfluß in vollem Gange. Dem von Anfang gefaßten Feldzugsplane gemäß gehen Truppenteile von Nord- und Süd-Nigeria zusammen, so zwar, daß die Aro in die Mitte gefaßt werden. Die von Norden kommenden Truppen hatten zuerst einen Kampf auszuhalten, der sie jedoch nicht aufhielt. Ein Telegramm vom 12. Dezember aus Bonny in der Gegend der Oelflüsse meldet: „Die Kolonne I, 21 Offiziere und 300 Mann, hat am 3. Dezember Oguta verlassen und geht in östlicher Richtung vor. Die Kolonne II, 21 Offiziere und 400 Mann unter Hauptmann Mackenzie, hat am selben Tage Ungwana am Croßfluß verlassen und ohne Widerstand Etoli, den Hauptort der Abdagegend, besetzt. Die Kolonne III, 21 Offiziere und 400 Mann, unter Oberstleutnant Festing, hat am 1. Dezember Alwede verlassen und marschiert nach Norden. Die Kolonne IV, 25 Offiziere und 400 Mann, unter Hauptmann Heneker, hat sich am 25. November in Itu am Croßfluß gesammelt. Am 28. November wurde eine Erkundung des Enyong-Kriels auf dem Flußkanonenboot „Jackdaw" und einer Anzahl bewaffneter Kanus unternommen. Man stieß auf den Feind und beschoß dessen Stellungen, welche die Truppe darauf einnahm. Am 30. November wurde Hauptmann Henekers Lager angegriffen, die Aro wurden jedoch zurückgeworfen; hierbei schadeten die Geschütze der „Jackdaw" dem Feinde beträchtlich. Oberstleutnant Montanaro, Kommandeur der Truppen in Süd-Nigeria, Major Carleton, Offizier beim Stabe und Leutnant James, Chef des Kundschaftsdienstes, welche die Erkundung des Enyong-Kriels mitgemacht hatten, begaben sich am 29. November nach Ungwana und kehrten am 3. Dezember nach Itu zurück. Der für die Expedition ausgearbeitete Plan wird glatt ausgeführt, und alle europäischen Offiziere befinden sich wohl."

Weitere Telegramme melden, daß die Kolonne IV mehrere Hauptschläge gegen die Aro geführt hat. Arotschuku, der Ort, den diese Telegramme jetzt als den Hauptsitz des Fetischdienstes des „Langen Juju" bezeichnen, ist erstürmt worden; er liegt westlich vom Croßfluß, etwa 130 km in der Luftlinie von der Küste. Ebenso wird berichtet, daß Bendi, „die Hauptstadt der Aro", genommen worden ist. Bei diesen Operationen, die über den Enyong-Kriek in einen andern Kriek unternommen wurden, wurde die Kolonne von der Kolonne III unterstützt. In einem Dorfe, wo die Aro ihre Verheerungen angerichtet hatten, fanden sich 230 Leichen. Die Truppen säubern den Fluß von den zahlreichen Piraten, die ihn unsicher machen.

Diesen verhältnismäßig kleinen, wenn auch blutigen Feldzug — in einem der ersten Gefechte tödteten die Aro 80 Eingeborene — sind die Briten also in der Lage, mit 78 Offizieren (und Unteroffizieren) und 1600 Mann auszuführen. Das dritte Regiment der West African Frontier Force war seit Monaten im Buschkampfe geübt worden. Die Ursachen des Feldzuges sind mannigfaltig. Eine Ingenieurgruppe, die längs der Küste einen Landtelegraphen zur Herstellung einer Verbindung von Bonny nach Old Calabar legen sollte, wurde von den Oron angegriffen. Es stellte sich heraus, daß die Inokun oder Aro die andern Stämme, auch die weiter landein zwischen dem Niger und dem Croß, gegen die Briten aufhetzten. Die Aro üben auf diese Stämme bis zur Küste hin eine große Macht dank dem als „Langen Juju" bis nach Sierra Leone bekannten Fetisch aus; wo indes letzterer seinen Sitz hatte, vermochte bis zur Einnahme von Aroschuku kein Europäer zu ergründen. Man behauptet, daß die Aro ihre Fetischmacht seit Jahrhunderten ausüben; sie pflegen Menschenopfer und treiben weithin Sklavenjagden. Die Rasse ist kräftig und ansehnlich; die Aro sind gute Schmiede und können Gewehrläufe anfertigen. Da die durch Spione gut unterrichteten Aro erfuhren, daß ein Feldzug gegen sie geplant sei, sandten sie den Briten freche Botschaften: „Frisches Fleisch" sei ihnen willkommen. Sie hatten sich von langer Hand mit Gewehren und Schießvorrat versorgt. Sie erklärten es für jeden Weißen für unmöglich, vom Niger nach dem Croßfluß zu ziehen. Wirklich mußten zwei Beamte unweit der Küste, noch im Gebiete der Oron, ihr Leben durch eine schleunige Flucht retten. Die Oron konnten schon im September nachdrücklich gezüchtigt werden, und diese kleine Operation wird gute Folgen haben, wenn man bedenkt, daß Augenzeugen sie als schlimme Menschenfresser schildern.

Für das Verhalten der Aro aber giebt es keine Worte. Die Frauen und Mädchen gehen völlig nackt. Den Menschenraub treiben die Aro so rücksichtslos, daß ein Ansiedler Süd-Nigerias berichtet, vor einigen Monaten hätten sie eine friedliche Grenzbevölkerung überfallen und sechshundert Frauen und Kinder nach Itu geschleppt, wo der Gewährsmann sie auf offenem Markte verlaufen sah. Daß die Expedition notwendig ist, geben die Missionare zu. Seit mehr als dreißig Jahren ist eine presbyterianische Mission am Croßfluß thätig, es war ihr jedoch nicht möglich, weiter als höchstens 8 km vom Fluß weg vorzugehen; dies gilt auch für eine katholische Mission, die sich in Onitscha auf dem linken Ufer des Nigers niedergelassen hat. Nur ein Pater vermochte etwa 50 km weit nach Osten zu reisen, weil er sehr arzneikundig war; wenn er aber noch weiter zu einem Kranken wollte, mußte er sich die Augen zubinden lassen.

Wir gehen wohl in der Annahme nicht fehl, daß die Zähmung der Aro mit dem gegenwärtigen Feldzuge nicht vollendet sein wird. Gleichwohl wird die Säuberung des Croßflusses den Verkehr über letzteren von Old Calabar nach den Fällen und von da nach den deutschen Stationen und Faktorien der Gesellschaft Nordwest-Kamerun wesentlich erleichtern. Es bleibt nur die Frage, in welchem Maße die zurückgedrängten Piraten sich etwa auf unser Gebiet zum Schaden des letzteren flüchten werden. Schließlich sei noch auf den großen Wandel hingewiesen, der seit den zwei Jahren sich vollzogen hat, wo Nigeria unter britischer Reichsverwaltung steht und nicht mehr unter der Verwaltung der königlichen Nigergesellschaft: die Erschließung nach Gando zu hat begonnen, die Macht der Emirs von Yola ist gebrochen, andrerseits ist der Stromverkehr frei, und freundnachbarliche Beziehungen zu Kamerun sind möglich geworden. Vorläufig aber ist das Kameruner Hinterland der salon des refusés für Nigeria.

* * *

Nachschrift: Ein Privatbrief des Rittmeisters Dangeville bestätigt die Annahme, daß er Fabelallah auf britischem Gebiet geschlagen hat, und zwar geschah dies bei dem bereits früher im Zusammenhang mit den Verfolgungen Fabelallah's durch die Franzosen genannten Ort Gudschba. Fabelallah's jüngerer Bruder Niébé wurde als Gefangener hinweggeführt. Den Rückweg nach dem Schari nahm der Rittmeister wiederum über Kamerun-Gebiet.

Güterbeförderung mittels Straßenlokomotiven von Lüderitzbucht ins Innere.

Von Schwabe, Geh. Regierungsrat a. D.

Der Oberleutnant à la suite der Kaiserl. Schutztruppe für Südwestafrika, Herr Troost, welcher sich durch Herstellung einer regelmäßigen Wüsten-Dampfschiffahrt zwischen Kapstadt und Swakopmund, sowie durch die Einführung des sogenannten Dampf-Ochsen an Stelle des Ochsenwagenbetriebes auf dem Bahnwege um die Hebung der Verkehrsverhältnisse von Deutsch-Südwestafrika verdient gemacht hat, ist neuerdings, bei der vollständigen Aussichtslosigkeit auf die Anlage einer Bahn, von Lüderitzbucht nach dem Innern in der Richtung nach Reetmannshoop, mit dem Vorschlage hervorgetreten, dafür eine Güterbeförderung mittels Straßenlokomotiven einzurichten.

Über die ganz eigenartigen Geländeverhältnisse der von diesem Verkehr durchschnittenen Gegend berichtet Herr Oberstleutnant Gerding aufgrund eigener Anschauung folgendes:

„Die Lüderitzbucht ist der einzige, wirklich gute Hafen, welchen die Küste der südwestafrikanischen Kolonie aufzuweisen hat.

Dieser Umstand hat schon seit Jahren den Plan nahegelegt, die Bucht durch eine Eisenbahnverbindung nach dem Innern in der Richtung nach Reetmannshoop zu einem leistungsfähigen Eingangshafen für den südlichen Teil der Kolonie umzugestalten. Das Hinterland dieses Hafens aber ist ein derartiges, daß sich der Ausführung einer Bahnverbindung, wenn nicht unüberwindliche, so doch erhebliche Schwierigkeiten entgegenstellen. Namentlich ist das unmittelbare Hinterland, welches ich durchstreiten konnte, für jeden Bahnbau außerordentlich ungünstig. Von der Küste stetig ansteigend, erhebt sich das Gelände da bald zu beträchtlicher Höhe über dem Meere. In steilen, zerrissenen und jeder Vegetation entbehrenden Kuppen tritt überall der Granit zutage, und zwischen diesen Kuppen lagert in ewiger Bewegung der fliegende Sand, welcher beim leisesten Windstoß aufgewirbelt, die Luft in seinen Wolken durchzieht, in die Poren der Haut eindringt, und die Augen schmerzen macht.

Mühsam suchen zwischen diesen wandernden Sanddünen die Ochsenwagen immer neue Wege; denn der Weg, welcher, wie die frischen Wagenspuren zeigen, noch vor wenigen Tagen benutzt werden konnte, wird heute durch mächtige Sanddünen, welche eine Höhe bis zu 40 m und mehr erreichen, gesperrt. Einer unbedeckten Eisenbahn würde es also ebenso ergehen.

Ungefähr 16 bis 17 km von der Küste entfernt hören allerdings die fliegenden Dünen auf; aber auch dann noch erschwerten die anhaltenden starken Steigungen und eine vollkommen wasserlose Einöde den Bau und Betrieb einer Bahn außerordentlich.

Das erste brauchbare Wasser soll in Kubub und Anas, ungefähr 125 bis 130 km von der Küste, gefunden werden; nach den mir gegebenen Beschreibungen dieser Wasserstellen ist es jedoch mehr als zweifelhaft, ob sie genügendes Wasser für den Betrieb einer längeren Bahnstrecke und für den Bedarf der Bautrupps werden liefern können".

Da unter solchen Verhältnissen bei dem zur Zeit außerordentlich geringem Verkehr und bei den hohen Bau- und Betriebskosten an die Anlage einer Bahn irgend welcher Art in absehbarer Zeit nicht zu denken ist, so macht Herr Troost in einer kleinen Schrift „Durch, zeitgemäße Verkehrsvorschläge", mit dem treffenden Ausspruch John Mackays: „Man wird nicht ein Zweigespann verwenden, wo ein Schubkarren genügt", den Vorschlag, für die Güterbeförderung von Lüderitzbucht ins Innere Straßenlokomotivbetrieb einzuführen. Um aber bei möglichst geringem Eigengewicht des Motors, durch welches das Einsinken in den losen Sand der Wanderdünen thunlichst beschränkt wird, eine möglichst große Nutzlast fortzubewegen, soll auf Steigungen der Motor, unbelastet, 300—500 m allein vorausfahren und dann mittels eines Drahtseiles, welches auf einer Trommel auf dem Motor aufgewickelt ist, den mit etwa 2,5 Tonnen beladenen Lastwagen nach sich ziehen. Auf diese Weise würden sich die Steigungen in Absätzen von 300—500 m überwinden lassen, während im Gefälle der Motor mit dem Lastwagen zusammengekuppelt sich fortbewegt.

Daß diese Betriebsweise mit großem Zeitverlust verbunden ist, liegt auf der Hand; immerhin ist anzunehmen, daß es auf diese Weise gelingen wird, die schlimmste, etwa 12 km lange Wanderdünenstrecke, in einem Tage zurückzulegen, und damit würde dem Ochsenwagenverkehr gegenüber außerordentlich viel gewonnen sein, da erfahrungsmäßig auf dem Rückwege mit beladenen Wagen die abgetriebenen, fast bis zum Tode erschöpften Trekochsen — nachdem sie drei und mehr Tage so gut wie nichts mehr zu fressen bekommen haben — nicht mehr die Hälfte der normalen Zugkraft zu leisten imstande sind. Es würde zu weit führen auf die Bauart der Fahrzeuge und die Betriebsweise näher einzugehen, sowie die Frage zu erörtern, ob diese Art der Güterbeförderung auf die Durchquerung der Wanderdünenstrecke zu beschränken, oder unter Weglassung des Seilbetriebes bis Keetmannshoop auszudehnen ist. Es wird dies umsomehr der praktischen Erfahrung überlassen werden können, da Herr Troost auf Seite 2 seiner Schrift folgendes erklärt:

„Der Beweis endlich, daß ich bezüglich der Ausführbarkeit meines Vorschlages meiner Sache ganz sicher bin, liegt darin, daß ich die ganze Ausführung, sowie das damit verbundene Risiko auf meine eigenen Kosten zu tragen bereit bin".

Da die Regierung, wie in der Schrift ferner bemerkt wird, nicht nur im Interesse des Landes, sondern auch im allereigensten die Sache mit Freude begrüßen kann, da sie doch ebensowie der Ansiedler und Kaufmann unter der andauernden Notlage der Transportverhältnisse unausgesetzt zu leiden hat, so ist zu wünschen, daß das Anerbieten des Herrn Troost zur Verbesserung der Verkehrsverhältnisse von Lüderitzbucht ins Innere die thatkräftige Unterstützung der Regierung finden und möglichst bald zur Ausführung kommen möge.

Die wirtschaftlichen Interessen Deutschlands in Guatemala.

Von F. C. von Erckert.

II.

Wenn wir Produktion und Anbau der einzelnen Besitzungen betrachten, so finden wir wieder die oben erläuterten großen Unterschiede. Das größte mit Zuckerrohr bepflanzte Areal und die größte Produktion an Zucker und Panela weisen auf Concepcion mit 3,5 und Chocola mit 2,7 qkm und mit je über 20,000 Zentnern Jahresernte, ferner S. Diego, S. Rafael, Zapote und Santa Juliana mit mehr als 1 qkm und je etwa 10,000 Zentnern, endlich 5 Besitzungen mit mehr als ½ qkm und 2000—5000 Zentnern Ertrag.

Die absolut höchsten Anbauziffern für Kaffee treffen wir auf einigen der großen Plantagen der pazifischen Seite, wie Rochela-Ojuna, das mit 2 Millionen Bäumen an der Spitze steht, dann Porvenir mit 1,2 Millionen, Las Vidas und Chocola mit über 1,. Million und ein halbes Dutzend mit ungefähr ½ Million Bäumen. Wie unsere Tabelle zeigt, enthielten 6 weitere Besitzungen zwischen ½ und ½ Million Bäume; in die 3. Anbauklasse mit 100—250,000 Bäumen fallen 31, der Rest besitzt unter 100,000 Bäumen. Zu letzteren gehören viele neue, darunter überhaupt noch unbebaute Ländereien der Berapaz, wo die höchste Ziffer eines Besitzkomplexes 400,000 Bäume beträgt.

Was die Dichtigkeit des Anbaus betrifft, so finden wir als Durchschnittsziffer das Verhältnis von 1 zu 10 zwischen dem bebauten Land und dem Gesamtareal aller Besitzungen, wo Kaffee und Zucker bereits in Anbau genommen sind. In Wirklichkeit stellt sich das Verhältnis im Norden im allgemeinen weniger, auf der pazifischen Seite und besonders im Westen mehr zu Gunsten des bebauten Landes. Im Westen giebt es einige kleinere Besitzungen, die nahezu ganz angebaut sind; manche andere am Stillen Ozean haben 50—60 %, und darüber unter Kultur, während in der Berapaz die meisten Kaffee-Pflanzungen weniger als 5%, des Grund und Bodens der betr. Finca einnehmen[1]). Für die Dichtigkeit der Bäume in den Pflanzungen ergeben sich, soweit sich dieselbe feststellen ließ, statt der erwähnten Durchschnittsziffer von 124,000 pro qkm für die einzelnen Plantagen ziemlich von einander abweichende Zahlen, die sich zwischen 40,000 und 180,000 Bäumen pro qkm bewegen.

[1]) Als Beispiele seien genannt: Monte Cristo, fast zu 100%, bebaut. Nahuatancillo 85%, Naranjo, Diamantes 75 %, Chocola 64 %, Eden 60 %, Armenia 57 %, Mercedes 42 %, Rochela-Ojuna 34 %, Las Vidas 25 %.

Bezüglich der Menge und Qualität des produzierten Kaffees rücken manche Plantagen in eine höhere Stellung, als sie nach Baumzahl bezw. Umfang der Pflanzungen einnehmen würden. Einmal stehen auf vielen Besitzungen eine Menge noch nicht bezw. noch nicht voll ertragsfähiger Bäume, dann aber ist auch bei Bäumen im Alter bester Ertragsfähigkeit das gerentete Quantum verschieden, was neben den Unterschieden in den Bodenverhältnissen und der Höhenlage namentlich auf die größere oder geringere Intensivität der Bewirtschaftung zurückzuführen ist. Sorgfältig gepflegte und beschnittene, wenn nötig auch gebüngte Bäume, deren Umgebung gut gereinigt ist, und die je nach der Lage richtig beschattet oder der Sonne ausgesetzt sind, liefern natürlich eine größere Ernte von besserer Qualität als andere. Auf letztere wirken günstig auch die größere Sorgfalt beim Pflücken, das wiederholte Abernten der Bäume je nach der Reife der Beeren, ferner deren Trocknen, maschinelle Behandlung u. s. w. ein, die wieder von der Zahl der Arbeitskräfte und dem Zustand der betr. Einrichtungen abhängen.

Die größte Durchschnittsernte weist Osuna-Rochela mit etwa 19—20,000 Zentnern auf, es folgen Porvenir mit 15,000, Mercedes, Chocola und Miramar mit etwa 13, 12 und 11,000, Las Viñas, Conception, Nahualaneillo, Diamantes und Morelia mit 5—10,000 Zentnern und 12 Plantagen mit 2500—5000 Zentnern. Die 4. Anbau-Klasse mit 1000—2500 Zentnern ist durch 27 Besitzungen vertreten; der Rest produziert weniger als 1000 Zentner. Die größte Produktion eines Plantagenkomplexes in der Verapaz beträgt nur 300 Zentner; dagegen finden wir dort die kleinsten Ertragsziffern bis zu 100 Zentnern und selbst bis zu völliger Ertragslosigkeit herab.

Der Durchschnittsertrag pro Baum beläuft sich auf 1 1/9 Pfund, wenn man die noch nicht bezw. noch nicht voll ertragsfähigen Bäume mitzählt. In der Verapaz bleiben etwa 2,3 der Plantagen unter diesem Durchschnitt, während derselbe auf der pazifischen Seite, insbesondere im Westen, vielfach überschritten wird. Den Glanzpunkt intensiver Kultur bilden Mercedes mit 2,8 und Miramar mit 2,7 Pfund pro Baum, dann Chocola, S. Diego und Cubilquitz mit über 2 Pfund, denen sich je ein halbes Dutzend Plantagen im Westen und in der Verapaz mit 1½ Pfund pro Baum würdig anschließen. Die Durchschnittsziffern sind im Steigen begriffen, da der beginnende oder zunehmende Ertrag vieler Neuanpflanzungen zur Geltung kommt, während alte Bäume mit abnehmenden Erträgen in Guatemala noch selten sind bezw. denselben durch rationelle Düngung aufgeholfen werden kann.

Alle anderen Produkte außer Kaffee und Zucker haben eine untergeordnete Bedeutung. Kakao wird auf zwei oder drei Fincas in kleinen Mengen angebaut, Maulchul fast noch gar nicht gewonnen. Weideland besitzen die meisten Plantagen. Es ist oft ziemlich umfangreich und bildet mitunter abgesonderte Grundstücke, die an den Verkehrsstraßen liegen. Die Weiden dienen fast nur zum Unterhalt der eigenen Reit-, Zug- und Lasttiere; Schlachtvieh wird auch nur vereinzelt zum Selbstkonsum gehalten. Von Milchwirtschaft ist nur ein Fall bekannt. Bananen und Mais, die Hauptnahrungsmittel der Indianer, werden in genügenden Mengen für den eigenen Bedarf angebaut. Ebenfalls höchstens für letzteren findet die Ausnutzung des reichen und mannigfaltigen Holzbestandes statt, der fast alles nicht in Kultur genommene oder als Weide dienende Land der Plantagen bedeckt. Der Transport aus dem Wald lohnt bei den primitiven Wegeverhältnissen noch so wenig, daß man Material für Holzhäuser aus S. Franzisko kommen läßt! Als Ausnahmen sind die beiden schon genannten Waldbesitzungen Soledad und Santa Elena zu erwähnen, in denen Holz zum Verkauf geschlagen und in Sägemühlen verarbeitet wird.

Der Art der Bewirtschaftung wie dem Areal nach, das selbst bei den kleinsten noch 200—400 Morgen beträgt, verdienen sämtliche Plantagen die Bezeichnung als Großbetriebe. Als solche kennzeichnen sie sich u. a. durch ihre oft sehr ausgedehnten und vollkommenen Anlagen, wie Trockenplätze für den Kaffee, Wasserleitungen und Staubassins zum Spülen und dergl., ferner durch teils primitiven, teils neueren und teils sogar hochmodernen und kostspieligen maschinellen Einrichtungen zur Gewinnung von Rohzucker, zur Herstellung von rohsniertem Zucker und Zuckerschnaps und zur Verarbeitung des Kaffees.

Auch die Arbeiterverhältnisse tragen die Signatur des Großbetriebes. Nur die Oberleitung der Plantagen ist in Händen von Deutschen. Außer dem Besitzer bezw. dem Verwalter als Vertreter desselben gibt es von Deutsche in Unterstellungen als Inspektoren der landwirtschaftlichen Arbeiten, zur Besorgung der kaufmännischen Geschäfte, als Buchführer und Maschinisten. Es steht also ein meist aus mehr als einer Person bestehender Stab von Deutschen, dessen Mitgliederzahl sich nach dem Umfang des Betriebes richtet, an der Spitze jeder Plantage. Als Feldarbeiter dagegen dienen ausschließlich eingeborene Indianer. Letztere sind anstellig und gutmütig und geben bei richtiger Behandlung tüchtige Arbeiter ab. Nur scheut sich der Indianer aus Faulheit, sich auf den Plantagen zu verdingen; er zieht es vor, als freier Mann sich seinen unglaublich geringen Bedarf zum Lebensunterhalt zu verschaffen, was mit sehr wenig Arbeit möglich ist. Nur dadurch, daß man ihm Bedürfnisse angewöhnt, ist es möglich, ihn zur Arbeit zu erziehen, und auf diesem Wege wird auch fortgefahren werden müssen, um die häufigen Klagen über Arbeitermangel verstummen zu lassen. Die Verwendung europäischer Arbeiter ist wegen der klimatischen Verhältnisse ausgeschlossen, aber für eine gewisse Ausdehnung der Landwirtschaft reichen die vorhandenen Indianer noch aus, wenn man sie nur heranzuziehen versteht. Man unterscheidet Tagelöhner, die mit ihren Familien auf den Plantagen wohnen, und Ernteardeiter, die nur gewisse Monate hindurch dort beschäftigt werden. Auf die interessanten Arbeiterverhältnisse einzugehen ist uns leider hier nicht möglich.

Wir haben nun noch über einen der wichtigsten Punkte, nämlich Wert und Rentabilität unserer Plantagen, einiges zu bemerken.

Die Berechnung des Wertes ist nicht leicht. Man findet keinen Anhalt an amtlichen Unterlagen und ist auf Schätzungen angewiesen, auf Grund von Größe, Lage, Bodenverhältnissen, Umfang der Kulturen und Höhe der Produktion. Ferner sind die Werte der Plantagen in neuerer Zeit großen Schwankungen unterworfen gewesen. Etwa bis 1896 waren dieselben in stetigem Steigen begriffen, sowohl wegen des zunehmenden Anbaus als wegen der Verbesserung der wirtschaftlichen Anlagen und der Absatzverhältnisse und wegen der bei den hoffnungsreichen Aussichten starken Nachfrage nach Grundstücken. Übrigens ist durch eigentliche Grundbesitz-Spekulationen deutscherseits wohl kaum etwas verdient worden; auch die Fälle, daß deutsche Plantagen, nachdem sie durch längere Bewirtschaftung und den Aufschwung der Verhältnisse im Wert gestiegen waren, mit größerem Gewinn weiter verkauft worden sind, sodaß ihre Besitzer eine erhebliche Summe herauszuziehen vermochten, sind selten gewesen. Die Plantagen blieben vielmehr meist im Besitz derselben Deutschen und wurden dort mit der Zeit ein entsprechend höheres Wertobjekt. Viele Besitzer hätten in der guten Zeit ihre Plantagen selbst zu besseren Preisen als den der nachstehenden Gesamtziffer zugrundegelegten nicht verkauft und würden andererseits auch in den eingetretenen schlechten Zeiten nicht zum Verkauf schreiten wollen, weil die jetzt zu erzielenden Preise unter dem reellen Wert der Plantagen bleiben würden. Wir haben es hier mehr mit letzterem als mit dem für die meisten Plantagen eher fiktiven Verkaufswert zu thun. Solches vorausgeschickt, dürfte der Gesamtwert der deutschen Plantagen in Guatemala auf Grund eingehend geprüfter Schätzungen mit 64 Millionen Mark richtig angegeben sein.

Von den einzelnen Besitzungen haben 6 je einen Wert von 3 Millionen Mark oder mehr, 10 weiter einen solchen zwischen 1 und 3 Millionen; auf der Wertstufe zwischen 0,5 und 1 Million befinden sich etwa ein Dutzend Besitzungen, an 30 im Norden gelegene und noch gar nicht oder wenig angebaute Grundstücke dürften mit Ziffern unter 100 000 Mark zu bewerten sein, alle übrigen Fincas, also die Mehrzahl derselben, gehören in die Wertklasse zwischen 0,5 und 0,1 Millionen Mark. Vorstehende Ziffern beziehen sich auf einzelne Plantagen und zusammenhängende Komplexe, nicht aber auf, demselben Besitzer gehöriges, zerstreut liegendes Gesamteigentum.

Seit 1897 hat ein Teil der Besitzungen durch beginnende oder zunehmende Ertragsfähigkeit der Anpflanzungen und durch neue Anlage von solchen an Wert gewonnen. Die Verminderung des Verkaufswertes infolge der Krisis fällt dagegen vorläufig nicht sehr ins Gewicht, da die solide Bewirtschaftung den deutschen Besitzern bisher gestattet hat, sich zu halten, und Verkäufe in der Hoffnung auf bessere Zeiten kaum stattfanden. Nur falls letztere gegen Erwarten nicht wiederkehren sollten, würde die Entwertung einen Wiederverlust mühsam erworbenen deutschen Geldes bedeuten.

Was die Erträge betrifft, so könnte der Verkaufspreis des Kaffees, der sehr gute Qualitäten besitzt, 1897 mit etwa 80 Mark für den Zentner im Norden und mit etwa 60 Mark in den übrigen Landesteilen als Durchschnitt angenommen werden. Die von den einzelnen Plantagen und Sorten erzielten Preise bewegten sich zwischen 50 und 118 Mark. Für die deutsche Kaffeeproduktion Guatemalas erhalten wir somit einen jährlichen Wert von 12,5 Millionen Mark. Der Guatemala-Kaffee hatte sich bei seiner guten Qualität lange gegen den Preissturz dieses Produktes auf dem Weltmarkt gewehrt; dann aber wichen auch für ihn die Preise. Im letzten Jahre hat sich jedoch die Marktlage bereits wieder gebessert.

Die Zuckerpreise gingen infolge vermehrter Produktion von 24 pesos im Jahre 1896 auf 10 in 1897 zurück, panela erzielte etwa 6 pesos pro Zentner. Die Ernte von 1897 repräsentierte also einen Wert von 1,05 Millionen pesos = 1,6 Millionen Mark. Rechnen wir hierzu noch die minder wichtigen Erzeugnisse, so ergiebt sich für 1897 ein Gesamtertrag im Werte von 14,6 Millionen Mark für die deutschen Plantagen.

Sehr schwer sind die Reinerträge, also die Rentabilität der Plantagen, festzustellen. Hierbei müssen die Betriebskosten und die Verschuldung des Besitzers in Betracht gezogen werden. Ein Betriebskapital haben die Fincas nur ausnahmsweise. Nach dem in Guatemala allgemein üblichen System werden die Betriebskosten aus kurzfristigen Vorschüssen bestritten, die von deutschen Häusern auf die Ernte gewährt und nach Einbringung derselben mit entsprechender Verzinsung zurückgezahlt werden. Die Summe der auf deutsche Plantagen gewährten Hypotheken und Erntevorschüsse zusammen wird schätzungsweise auf etwa 18 Millionen Mark berechnet. Im allgemeinen war in den Blütejahren eine sehr gute Rentabilität die Regel; Verzinsung des angelegten Kapitals zu 10%, und selbst erheblich mehr waren durchaus nichts seltenes. Als besonders glänzendes Beispiel sei erwähnt, daß Chocola 5 Jahre hindurch jährlich 20% Dividende gab, also in dieser Zeit sein Aktienkapital zurückzahlte. Eine andere Plantage erzielte mehrere Jahre hindurch einen Reingewinn von jährlich ¹, Million Mark. Letzthin sind die Erträge nun leider erheblich zurückgegangen. So gab S. Andres Osuna 1896 8%, 1897 nur 4%, und in den beiden folgenden Jahren überhaupt keine Dividende, was allerdings mit besonders ungünstigen Verhältnissen zusammenhängt. Selbst wenn der jetzige, für die Besitzer wenig erfreuliche Zustand längere Zeit anhalten sollte, so darf man doch nicht vergessen, daß eben jahrelang große Summen verdient worden sind, daß Vermögen erworben wurden, und daß das Anlagekapital in vielen Fällen längst zurückgezahlt ist. Als Beweis dafür, daß auch heute noch sich schöne Resultate erzielen lassen, sei der Bericht von Porvenir für 1899 erwähnt, wonach dort die bisher größte Ernte mit 16600 Zentnern erzielt und eine Dividende von 8% verteilt wurde; ferner warf Concepcion im gleichen Jahre nach reichlichen Abschreibungen 6% ab.

Zum Schlusse bleiben uns noch einige Worte über die landwirtschaftlichen Kredite zu sagen. Außer den Hypotheken auf deutsche Plantagen und den Vorschüssen auf deren Ernten sind solche Kredite auch an einheimische Pflanzer in großem Betrage gewährt worden. Die genaue Höhe derselben läßt sich nicht feststellen; doch werden die kaufmännischen und landwirtschaftlichen Kredite an Nichtdeutsche zusammen auf 40 Millionen Mark beziffert. Rechnet man hierzu die Kredite an Deutsche, so kommt man auf die enorme Summe von 80 Millionen Mark. Etwa 25 Hamburger und Bremer Häuser sind an der Gewährung dieser Kredite beteiligt, einzelne mit Summen von mehreren Millionen, wobei früher gute Verzinsungen erzielt wurden. Man ist aber in der Kreditgewährung an Einheimische entschieden viel zu leichtsinnig vorgegangen. Als dann infolge der Krisis eine ganze Reihe von diesen nicht in der Lage waren, ihre Vorschüsse zurückzuzahlen, sah man sich entweder zur Gewährung langer Aufschübe genötigt, oder man mußte, um es nicht zum Konkurs kommen zu lassen, die Besitzungen auf eine Reihe von Jahren in Verwaltung nehmen und versuchen, sich aus deren Erträgen schadlos zu halten. Wenn auch also wirkliche Verluste für die Kreditgeber demnach bisher in großem Umfange nicht eingetreten sind, so sind doch ihre Gelder mehr, und auf länger als ihnen lieb war, immobilifiert worden.

2. Handel und Handelshäuser.

Bezüglich des ebenfalls recht bedeutenden deutschen Handels mit Guatemala können wir uns kürzer fassen, da dessen Verhältnisse denen des sonstigen deutschen überseeischen Handels so ziemlich entsprechen und weniger eigentümlich sind als die Plantagenwirtschaft.

Auch heute noch spielen Hamburg und Bremen, von wo aus in den 60er Jahren die ersten Beziehungen angeknüpft wurden, eine nahezu exklusive Rolle im Handel mit Guatemala. Derselbe geht fast durchweg über jene Plätze und durch die dortigen Kommissionshäuser, und ein großer Teil der Inhaber und der deutschen Angestellten unserer Geschäftshäuser stammt aus jenen beiden Hansestädten.

Da Guatemala ein Agrikulturstaat ist, so hat sich sein Handel, überhaupt wie mit Deutschland, erst mit dem Aufschwung der Plantagenwirtschaft im letzten Vierteljahrhundert entwickelt und steht mit jener im engsten Zusammenhang. Die Plantagen sind es, welche einerseits in Gestalt von Kaffee fast die gesamte Exportware liefern, andererseits die Hauptabnehmer für einen großen Teil der Einfuhrwaren, z. B. Eisenwaren und Maschinen, bilden. Der Umstand, daß viele und wertvolle Plantagen in deutschen Händen sind, daß deren Beispiel nachgeahmt wird, und daß deutsche und einheimische Pflanzer aus Deutschland Hypotheken und Vorschüsse erhalten, hat naturgemäß dahin geführt, daß sowohl die Ausfuhr größtenteils Deutschland zum Ziele hat als auch die Einfuhrwaren in erheblicher Menge von dort bezogen werden. Als Beispiel dafür, daß unsere Industrie guten Absatz findet, sei erwähnt, daß eine Plantage 1897 eine Zuckermaschinerie für 360000 Mark aus Deutschland bezog, und daß die vollständige Einrichtung für einen großen Mühlenbetrieb ebenfalls von dort kam. Eine andere große Finca bezog 1897 aus Deutschland für 65000 Mark Waren aus Hamburg; als Hauptposten befanden sich dabei: eine elektrische Beleuchtungsanlage 20000 Mark, eine eiserne Brücke 9000 Mark, eiserne Tauts 7000 Mark, ferner Medizinen, chirurgische Instrumente, Thomasphosphormehl, Steinsalz, Buschmesser, Jutesäcke, lederne Treibriemen, Öl, eiserne Zaunpfähle, Haushaltsgeräte, Holzleim, Phosphorine, Maultierbeden, Kontorutensilien und ein Geldschrank, sowie ein Ausstellungspavillon. Dieselbe Plantage bezog für etwa 20000 Mark ausländische Ware über Hamburg.

Eine so exklusive Stellung unter den Ausländern wie im Grundbesitz nimmt der Deutsche im Handel freilich in Guatemala nicht ein. England und Nordamerika, das dort eine Reihe Geschäftshäuser und eine zahlreiche Kolonie besitzt, treten namentlich bezüglich der Einfuhr von Industrie-Erzeugnissen in einen scharfen Mitbewerb mit uns, daneben in geringerem Maße auch andere Länder. Die Einfuhr Guatemalas betrug in Tausenden von Mark:

Verschiffungsland[1])	1895	1896
Ver. Staaten von Amerika	10 508	12 692
Deutschland	6 572	8 048
Großbritannien	6 120	8 856
Frankreich	3 428	4 788
Insgesamt, einschließlich der Einfuhr aus andern Ländern	28 516	36 572

Deutschland kam also 1895 mit einer Einfuhr von rund 6,5 Millionen Mark = 23 %, an zweiter Stelle hinter Nordamerika, 1896 mit rund 8 Milli-

---

[1]) Nur dieses wird in den leider nicht über 1896 hinaus reichenden Statistiken erwähnt. Nach dem Ursprungsland berechnet, würden sich die Ziffern einigermaßen, wenn auch kaum sehr erheblich, ändern.

einem Mark = 22 %, an dritter Stelle hinter diesem und England. Dabei ist zu bemerken, daß aus Nordamerika große Mengen landwirtschaftlicher Erzeugnisse wie Mehl, Gerste, Weizen, Kartoffeln, Holz eingeführt werden (1896 für 4½ Millionen Mark), sodaß die industrielle Einfuhr von dort derjenigen Deutschlands kaum überlegen ist. Die wichtigsten von uns eingeführten Artikel waren 1896 (in Tausenden von Mark): Baumwollwaren und Gewebe (1648), wollene Garne, Gewebe und fertige Kleider (748), Material für Eisenbahnen und elektrische Beleuchtung (656), bearbeitetes Eisen (408), ferner Papier, Bier, Geschirr aus Glas und Thon, Weißblech, (je über 200).

Bei der Ausfuhr kann von allen andern Artikeln außer Kaffee bei deren verhältnismäßiger Geringfügigkeit abgesehen werden. Die Kaffeeausfuhr betrug, auf enthülsten Kaffee berechnet:

1895 691 000 Zentner, davon 403 000 Zentner = 58 %, nach Deutschland
1896 646 000   „   „   410 000   „   = 63 %   „   „

Der Wert des ausgeführten Kaffees frei an Bord betrug 1896, zum Kurse von Ende Dezember berechnet, 41,4 Millionen Mark, der des deutschen Anteils 26,3 Millionen Mark. Sowohl bezüglich der Ausfuhr als bezüglich des Gesamthandels mit Guatemala steht Deutschland also unter allen Ländern an erster Stelle.

Aus- und Einfuhr im Handel mit Deutschland nehmen ihren Weg mit deutschen Dampfern durch die Magalhaes-Straße oder mit amerikanischen Dampfern bis bezw. von Panama, mit der Bahn über den Isthmus, und von bezw. bis Colon mit Dampfer der Hamburg-Amerika-Linie. Letztere befördern auch die Ein- und Ausfuhr des Nordens. Nähere Angaben hierüber folgen in dem Absatz über Schiffahrt.

Träger des deutschen Handels sind zum Teil die Plantagen, von denen die größeren, namentlich die deutschen, vielfach ihre Waren direkt importieren und ihren Kaffee direkt ausführen, dann aber vor allem die im Lande etablierten deutschen Handelshäuser, die durchweg einen guten Ruf genießen. Es giebt deren im ganzen 60, von denen 9 je eine oder mehrere Filialen an anderen Orten, zusammen deren 19, besitzen. Von diesen 69 Geschäftsstellen entfallen 28 auf die Hauptstadt, 12 auf Quezaltenango, 5 auf Retalhuleu und 4 auf Coban, der Rest verteilt sich auf 16 kleinere Orte. Da viele Firmen mehrere Teilhaber zählen, dürften insgesamt etwa 80 Personen als Besitzer der Geschäfte zu rechnen sein. 15 Firmen haben nebenbei Plantagenbesitz.

Von den Geschäften betreiben 39 Import, darunter 12 außerdem auch Export-, Bank- oder Agentur-Geschäfte. 7 weitere Häuser betreiben Export-, Bank- und Kommissionsgeschäfte, bezw. mehrere dieser Zweige zugleich. Außerdem giebt es eine Brauerei und drei Gasthöfe. Alle Importfirmen beziehen mindestens die Hälfte ihrer Waren aus Deutschland, manche auch ⅔ oder ¾ und einzelne sogar ihren ganzen Bedarf.

Es besteht auch in Guatemala das im deutschen Überseehandel vielfach bekannte und bewährte System, daß die deutschen Häuser im Auslande vielfach ihre Waren durch Vermittlung von Kommissionshäusern beziehen, die in Hamburg und Bremen etabliert sind, die Bedürfnisse des bet. Landes genau kennen und oft unter ihren Teilhabern Personen besitzen, die sich selbst längere Zeit in demselben aufgehalten haben. Der Weiterverkauf der Importwaren erfolgt teils en détail an die Konsumenten, teils en gros an einheimische Geschäfte, wobei sich ein weitgehendes Kreditsystem herausgebildet hatte.

Eine Reihe von Jahren hindurch, die mit der Blütezeit der Landwirtschaft zusammenfiel, warf der Handel schöne Erträge ab und die Geschäfte konnten immer mehr ausgedehnt werden. Dann begann auch dort wie auf den andern Gebieten des wirtschaftlichen Lebens der Rückgang, der sich u. a. in der schwierigen Einbringung von Außenständen, in verminderter Nachfrage und dementsprechend in verminderter Einfuhr äußerte, die auch deswegen eingeschränkt werden mußte, weil bei den schwankenden Kursen die Möglichkeit des Weiterverkaufs mit Gewinn höchst problematisch war.

Das Kapital, mit dem die deutschen Häuser arbeiten, beziffert sich auf 27,5 Millionen Mk. Die Kredite, die ihnen von Deutschland gewährt waren, wurden für 1897 auf 20—30 Millionen Mk. geschätzt, dürften aber seitdem etwas eingeschränkt worden sein. Im Geschäftsumfange der einzelnen Häuser bestehen große Unterschiede. Es giebt 14 Häuser, von denen eins jedes über mehr als eine Million Mark, Kapital und Kredit zusammengenommen, verfügt; bei anderen 15 Firmen bleibt diese Ziffer unter 100000 Mk., bei den übrigen 21 bewegt sie sich zwischen diesen beiden Grenzen.

Das im Handel mit Guatemala arbeitende deutsche Kapital beläuft sich also auf 45—55 Millionen Mk., und die Ein- und Ausfuhr im Handel mit Deutschland hatte 1898 einen Wert von zusammen 44,4 Millionen Mk.

Der an Einheimische gewährten Handelskredite ist bereits gemeinsam mit den landwirtschaftlichen Krediten gedacht worden.

3. Industrielle Unternehmungen.

Die Industrie befindet sich in Guatemala noch in ihren ersten Anfängen. Industrielle Betriebe, bei denen Maschinen Verwendung finden, giebt es nur wenige. Zwei solcher Betriebe sind deutsch.

Der eine ist das Mühlenunternehmen von Krauß, Schröder & Co., dem die bereits erwähnten Mühlen von Bonaventura und Helvetia angehören. Letztere ist ein Betrieb ersten Ranges mit vollständiger, ganz moderner Einrichtung. Ein ansehnliches Kapital steckt in diesem Unternehmen, das gute Erträge abwirft. Gemahlen wird Getreide, welches teils von den kleinen indianischen Besitzern der Umgegend — die Mühlen liegen innerhalb der Getreidezone — und zwar oft in minimalen Einzeltransporten geliefert, teils aber von weiter her und selbst aus dem Auslande zugeführt wird.

Eine zweite wesentlich deutsche Unternehmung ist die Empresa Electrica de Guatemala. Unter Ausnutzung der Wasserfälle von Palin, die an der nach dem Hafen San José führenden Bahn etwa 40 km von der Hauptstadt entfernt liegen, besorgt sie die elektrische Straßenbeleuchtung der letzteren und der Landstadt Amatitlan und liefert außerdem Licht für die innere Beleuchtung von Häusern und Kraft für kleinere Motoren zu industriellen Zwecken. Die 1884 gegründete Gesellschaft mußte, um der Nachfrage zu genügen, bald ihre maschinellen Einrichtungen in Palin erweitern. Diese sowie das sonstige Material sind von der Firma Siemens & Halske geliefert worden. Das technische, sowie ein Teil des Verwaltungspersonals sind Deutsche, die meist aus den Diensten der genannten Gesellschaft übergetreten sind. Das Aktienkapital beträgt etwa 3,2 Millionen Mark, einschließlich 720000 Mk. Hypothekenbonds. Letztere sind sämtlich, von den Aktien der größte Teil in Deutschland oder unter Deutschen in Guatemala plaziert.

Die Reinerträge des Unternehmens hatten, laut Rechenschaftsbericht vom Juli 1894, bis dahin nur für die Verzinsung der Hypothekenbonds mit 12°/₀ und für eine bescheidene Dotierung des Reserve-Fonds ausgereicht, ohne eine Verteilung von Dividenden zu gestatten. Daß das finanzielle Ergebnis bis dahin kein glänzendes war, liegt an einer Reihe von anfänglichen Schwierigkeiten. Die Leitung zwischen der Hauptstadt und Palin war bei ihrer Anlage eine der längsten, die überhaupt je für dauernde Beleuchtungszwecke gebaut worden waren. Dieser Umstand, verbunden mit den Einwirkungen der täglichen Gewitter und Wolkenbrüche der tropischen Regenzeit, denen das anfangs verwendete Material nicht genügend Stand zu halten vermochte, und mit Thorheit und Aberglauben der Eingeborenen, erschwerten und verteuerten Anlage und Betrieb. Bei den unerwartet bald notwendig werdenden Erweiterungsbauten trat ein Materialverlust durch ungeschicktes Ausladen auf der Reede von S. José ein. Wurden dadurch einerseits die Anlagekosten bedeutend höher, als ursprünglich angenommen worden war, so ließen andererseits die Erträge infolge der wirtschaftlichen Krisis zu wünschen übrig. Die Nachfrage nach Licht und Kraft nahm nicht mehr genügend zu, die Einkassierung der Außenstände stieß auf Schwierigkeiten, selbst die Regierung blieb Geld schuldig. Trotzdem erhofft man, nachdem die Konzession bis 1924 verlängert worden ist, für die folgenden Jahre ein günstigeres Ergebnis. Ob ein solches wirklich eintritt, wird großenteils von dem weiteren Verlauf der allgemeinen Krisis abhängen.

4. Verkehrsunternehmungen.

Das Unternehmen der Westbahn, einer von dem Küstenplatz Champerico über Retalhuleu nach S. Felipe am Fuß des Gebirges führenden Eisenbahn von etwa 70 km Länge, die den Zugang zu verschiedenen Plantagenbezirken und zum Hochland von Quezaltenango bildet, und zu der auch der Molo und die sonstigen Hafenanlagen in Champerico gehören, trägt in mancher Hinsicht einen deutschen Charakter. Deutsches Kapital ist zwar nur durch einen Aktionär dabei vertreten; dieser ist jedoch mit bedeutenden Summen dabei beteiligt und fungiert zugleich als Direktor. Die beförderten Ein- und Ausfuhrgüter gehen großenteils auf Rechnung deutscher Plantagen und deutscher Geschäftshäuser in Retalhuleu und Quezaltenango. Das feste Material, wie Schienen, Brücken u. s. w., wird aus Deutschland bezogen. Für die im Bau befindliche 25 km lange Seitenlinie von Mulupa nach Mazatenango war 1898 ein Segelschiff mit Material (für 300000 Mk. aus Deutschland unterwegs. Eine Anleihe von 500000 Mk. wurde ebendort für die Vollendung dieser Linie aufgenommen, die namentlich den deutschen Plantagen in den Departements Solola und Suchitepequez von Nutzen sein wird. Wegen Materiallieferungen für den Fall eines Weiterbaues der Hauptlinie nach Quezaltenango haben Verhandlungen nach Deutschland geschwebt.

Mit der Ocos-Eisenbahngesellschaft, der auch Molo, Agentur und andere Hafeneinrichtungen in Ocos gehörten, sind ebenfalls ansehnliche deutsche Interessen verknüpft. Von dem 1½ Millionen Pesos betragenden gezeichneten Aktienkapital waren 1896 erst ¹/₃ eingezahlt, davon 2500000 Pesos durch deutsche Teilhaber. Da die Einziehung des Restbetrages bei der Saumseligkeit der einheimischen Aktionäre infolge der wirtschaftlichen Krisis auf Schwierigkeiten stieß, ging man an eine Reorganisation der Gesellschaft auf der Basis ausschließlich deutschen Kapitals, wozu 1¹/₂ Millionen Mk. in Deutschland aufgenommen wurden. Direktion und Betriebsleitung der Bahn sind deutsch, für den Bau kam viel deutsches Material zur Verwendung. Die 55 km lange Bahn, die eine waldige ungesunde Küstenniederung durchquert, ist inzwischen bis zu ihrem Endpunkt Coatepeque am Fuße des Gebirgsabhanges fertiggestellt, an dem die Plantagendistrikte Tumbador, Costa Cucho und Costa Cuca mit vielen deutschen Besitzungen liegen, deren Versorgung und Absatz wird die Bahn erleichtern. Bereits im ersten Betriebsjahre wurden an 100000 Zentner Kaffee befördert.

Eine dritte Unternehmung von ausgesprochen deutschem Charakter ist die der vereinigten Nordagentur und Verapaz-Eisenbahn. Die 1893 gegründete Nordagentur-Gesellschaft hatte unter Verdrängung der amerikanischen Fluß-Schiffahrt einen regelmäßigen Verkehr von flachgehenden Schleppdampfern mit eisernen Kähnen unter deutscher Flagge von Livingstone an der atlantischen Küste aus, wo sie Vorrichtungen zum Umladen in die Ozeandampfer besaß, über den als Golfo Dulce bekannten Ausfluß des Izabal-Sees, diesen selbst und den Polochic-Fluß hinauf bis nach Panzos und in umgekehrter Richtung eingerichtet. Dieses Unternehmen nun, das den einzigen Zugangsweg zu dem aufblühenden Departement Verapaz mit seinem vorwiegend deutschen Grundbesitz beherrschte, vereinigte sich 1896 mit der kurz vorher gegründeten Verapaz-Bahn-Gesellschaft, die eine weitere Erleichterung des Verkehrs mit eben jenen Gegenden verfolgte.

Die seitdem fertiggestellte Bahn, deren festes Material wie Brücken, Stahlschwellen und Schienen ebenfalls deutschen Ursprungs ist, während das rollende Material wie bei allen Eisenbahnen Guatemalas aus Nordamerika bezogen wird, führt von Panzos im Thale des Polochic aufwärts nach dem 64 km entfernten, am Fuß des Gebirges gelegenen Tucuru. Für eine Fortsetzung nach Coban, das 1390 m über dem Meeresspiegel liegt, haben zwar wiederholt, auch von deutscher Seite, Vorstudien stattgefunden; doch ist eine solche wegen der beträchtlichen Steigung und der voraussichtlich hohen Kosten noch nicht ernstlich geplant. Aber schon die Strecke Panzos—Tucuru erleichtert den Handel mit der Verapaz erheblich, da der Karrenweg durch das Polochic-Thal sehr mangelhaft und in der Regenzeit selbst für Maultiere schwer passierbar ist. Der Handelsverkehr der Unternehmung über Panzos, der ungefähr identisch ist mit dem der Verapaz überhaupt, gestaltete sich wie folgt in den Jahren

	1894	1895	1896	1897
Kaffee-Ausfuhr, Zentner	45 927	48 729	43 291	55 327
Einfuhr, Zentner	19 530	27 871	44 258	26 090

Das jetzt vereinte Unternehmen kommt wesentlich deutschen Interessen zu Gute. Nicht nur berührt die Bahn viele deutsche Ländereien, die die Thalhänge zu beiden Seiten des Polochic bedecken und in ihren höheren Teilen gutes Kulturland enthalten, sondern es gehen auch die beförderten Importwaren an deutsche Plantagen oder an die 4 deutschen Häuser in Coban — andere giebt es dort überhaupt nicht — und von der Kaffee-Ausfuhr des Jahres 1897 kamen etwa ⁴/₅ von deutschen Besitzungen. Im Zusammenhang hiermit steht auch die noch näher zu erwähnende Bevorzugung der Hamburg-Amerika-Linie für den Kaffee-Transport nach Europa.

Die Gesellschaft selbst erhält ihren deutschen Charakter dadurch, daß die Aktionäre zumeist Deutsche, namentlich Kaufleute und Pflanzer aus der Verapaz, sind. Ihnen gehören etwa ⅘ der auf 772 000 Pesos lautenden Aktien und sämtliche Hypothekenbonds in Höhe von 450 000 Pesos. Die Leitung des Unternehmens ist im wesentlichen deutsch, und es wird Wert darauf gelegt, Deutsche bei demselben anzustellen.

Die Regierung zahlt eine Subvention, deren regelmäßiges Eingehen durch Konsignation des Importzolles der über Livingstone eingeführten Waren bis zur Höhe von 3 Pesos pro Zentner sicher gestellt ist. Die Rentabilität war anfänglich eine gute. Im ersten Jahre nach der Vereinigung konnten 8% Dividende verteilt werden. Seitdem hat die Abnahme des Imports und die allgemeine Geschäftskrisis die Finanzen auch dieses Unternehmens ungünstig beeinflußt, wozu bis zur Vollendung der Bahn bis Tucuru noch andere Schwierigkeiten traten. Der mit dem Bau kontraktlich beauftragte amerikanische Ingenieur stellte die Arbeiten nach Vollendung der ersten Strecke ein, und die Gesellschaft mußte nicht nur an dieser, da sie sich tropischen Witterungseinflüssen gegenüber nicht genügend widerstandsfähig zeigte, Verbesserungen vornehmen, sondern auch den wegen der Terrainverhältnisse und der Fieberluft im mittleren Polochic-Thale schwierigen Weiterbau ganz in die eigene Hand nehmen.

Im allgemeinen wird die Ertragsfähigkeit der hier geschilderten Verkehrsunternehmungen von der weiteren Gestaltung der wirtschaftlichen Lage, namentlich der landwirtschaftlichen Verhältnisse, abhängen. In welcher Hinsicht die Aussichten allerdings noch immer trübe sind. Übrigens haben die Bahnen unserer Industrie und Schifffahrt schon gewissen Nutzen gebracht, und für einen Teil der Aktionäre, wie z. B. die Pflanzer der Verapaz, kam es auch weniger darauf an, eine gut verzinsbare Anlage für ihr Geld zu suchen, als die Verkehrswege ihres Interessengebietes zu bessern, wofür man wohl auch sonst Beiträge à fonds perdu zu geben pflegt.

Es sei hier noch kurz der Nordbahn gedacht, die die Hauptstadt mit dem Hafen Puerto Barrios, unweit Livingstone am Busen von Amatique, dem innersten Teil des Golfs von Honduras, verbinden soll. Der größere Teil der Strecke, 216 km von Puerto Barrios bis San Agustin, ist schon seit Jahren von der Regierung gebaut und in Betrieb genommen, bringt aber wenig ein. Nunmehr ist der Betrieb und der Bau der fehlenden schwierigen 117 km, wobei an 1200 m Höhenunterschied zu überwinden sind, von der American Improvement Company übernommen worden.

5. Schiffahrt.

Der lebhafte Warenaustausch, der sich zwischen Guatemala und Deutschland durch die Entwicklung der deutschen Plantagenwirtschaft und die Etablierung zahlreicher deutscher Import- und Exportfirmen herausgebildet hat, ist auch unserm Schiffahrtsgewerbe zu Gute gekommen. Regelmäßige deutsche Dampferlinien bestehen nach beiden Gestaden Guatemalas.

An der pazifischen Seite werden die 3 dortigen Häfen oder richtiger gesagt offenen Reeden von S. José, Champerico und Ocos schon seit vielen Jahren regelmäßig von den Dampfern der Kosmos- und denjenigen der Hamburg-Pazifischen Linie, auch Kirsten-Linie genannt, angelaufen, die auf ihrer langen Reise Montevideo, die Falkland-Inseln und die meisten pazifischen Küstenplätze Süd- und Mittelamerikas besuchen und ihre Fahrt gewöhnlich bis zu dem schon genannten mexikanischen Hafen S. Benito ausdehnen. Die Kirsten-Linie erhielt bis 1897 gegen gewisse Verpflichtungen eine Subvention von 1000 Pesos pro Dampfer von der Regierung von Guatemala. Die Kosmos-Linie, die in früheren Jahren eine gleiche Subvention genossen hatte, verzichtete darauf, um ungebundener zu sein, ohne daß ihr die sonstigen mit der Subvention verknüpften Vergünstigungen deshalb entzogen wurden. Einer anfänglichen scharfen Konkurrenz zwischen beiden Linien folgte später ein Einvernehmen, das sie beide gedeihlich neben einander arbeiten ließ. Als weiterer Fortschritt kam dann 1898 eine Verschmelzung der Kosmos- und Kirsten-Linie zustande, unter Beibehaltung des Namens der ersteren für das vereinigte Unternehmen, das nunmehr eine stattliche Dampferflotte aufzuweisen hat.

Über den Verkehr deutscher Dampfer, die nahezu alle den beiden genannten bezw. der vereinigten deutschen Linie angehören, an den 3 Küstenplätzen überhaupt und im Verhältnis zu andern Dampfern giebt nachstehende Tabelle Aufschluß. Es liefen ein an Dampfern

	1896		1897		1898[*]
	Deutsche	Nichtdeutsche	Deutsche	Nichtdeutsche	Deutsche
in S. José	34	149	43	142	46
in Champerico	20	136	26	99	30
in Ocos	20	104	18	72	19

Sämtliche deutschen Dampfer pflegen auf der in S. Benito endigenden Ausreise und kurz darauf wieder auf der Heimreise S. José anzulaufen, ein Teil von ihnen auch Champerico bezw. Ocos oder beide Plätze. Sie bringen Einfuhrwaren aus Deutschland und laden dafür als Rückfracht Kaffee, der teils in Deutschland konsumiert, teils nach England weiterausgeführt wird. Auf dem weiten Wege durch die Magalhaes-Straße gelangt er allerdings erheblich später nach Hamburg als bei gleichzeitiger Versendung über den Isthmus von Panama, trotz des mit letzterer verbundenen doppelten Umladens an diesem Ort und in Coban. Teilweise aus diesem Grunde wurde früher nicht so viel Kaffee den deutschen Linien zur Beförderung anvertraut, als in deren Interesse zu wünschen und bei dem Umfang des deutschen Einflusses in der Plantagenwirtschaft zu erwarten gewesen wäre. Letzthin ist es jedoch gelungen, durch besonders entgegenkommende Gestaltung des Fahrplanes und der Tarifsätze einen größeren Anteil am Kaffee-Transporte zu gewinnen. Bei der Ausfuhr der 1897er Ernte waren die Kosmos-Dampfer allein mit 120000 Zentnern = 20—25% beteiligt. Passagiere können nur in geringer Anzahl aufgenommen werden; die Beförderung von solchen, ebenso wie von Küstenfracht zwischen Plätzen des pazifischen Gestades spielt nur eine untergeordnete Rolle.

Deutsche Segelschiffe gelangen selten nach Guatemala. Unter den Schiffen nichtdeutscher Flagge wiegen die nordamerikanischen weitaus über; englische sind in erheblich geringerer Anzahl als deutsche darunter.

---

[*] Für die beiden letzten Jahre liegen keine Daten vor.

Auf der atlantischen Seite beschränkt sich die Aus- und Einfuhr, bis zu der vorläufig noch nicht absehbaren Fertigstellung der Nordbahn, außer auf einige wirtschaftlich wenig bedeutende Departements nur auf das Gebiet der Verapaz. Die Schiffahrt ist daher hier weniger entwickelt als an der Küste des Stillen Ozeans. Trotzdem hat die deutsche Schifffahrt als eine direkte Folge des Aufblühens von Landwirtschaft und Handel in der Verapaz durch deutschen Unternehmungsgeist auch hier einen erfreulichen Erfolg zu verzeichnen. Auf Grund eines 1897 zunächst auf 3 Jahre abgeschlossenen Kontrakts mit der schon erwähnten deutschen Schleppschiffahrts- und Eisenbahn-Unternehmung verpflichtete sich die Hamburg-Amerika-Linie Livingstone monatlich einmal und während der Ausfuhrzeit der Kaffeeernte monatlich zweimal anlaufen zu lassen, und Kaffee zu festen Frachtsätzen zu befördern. Dadurch stieg die Zahl der Livingstone berührenden deutschen Dampfer von 7 im Jahre 1896 auf 12 in 1897 und 13 in 1898. Binnen kurzem sicherte sich die Hamburger Linie nahezu die ganzen nach Europa bestimmten Kaffeetransporte, sodaß die Verschiffungen über New-York aufhörten und die nichtdeutsche Atlas- und Tweedie-Linie verdrängt wurden. Es wurden ausgeführt von Livingstone

	Überhaupt	Davon	
		nach Hamburg	mit deutschen Dampfern
1893	40640 Zentner	23 %.	—
1896/97 (Ernte 1896)	60290	57 %.	24 %.
1897/98 (Ernte 1897)	66102	55 %.	91 %.

Die Hamburger Dampfer berühren Guatemala gewöhnlich am Schluß ihrer Westindien-Reisen und kehren von dort nach Europa zurück.

Die Weiterentwicklung der deutschen Schiffahrt nach Guatemala hängt natürlich auf das engste mit der Zukunft unserer landwirtschaftlichen und kaufmännischen Interessen daselbst zusammen.

6. Aktien, Staatspapiere, Forderungen an den Staat.

Von Aktienunternehmen kommen für die Beteiligung deutschen Kapitals außer den bereits geschilderten im wesentlichen nur noch die Banken in Betracht, deren 6 in Guatemala konzessioniert sind. Von 5 derselben waren Anfang 1898 Aktien zum Subskriptionswert von insgesamt 1,680,000 Pesos = 2,8 Millionen M., d. h. ungefähr 1,8 aller Banlaktien, in deutschem Besitz, worauf 984,000 Pesos = 1,6 Millionen M. eingezahlt waren. Im 2. Halbjahr 1897 waren darauf zusammen 270,000 M. zur Verteilung gelangt, was einer durchschnittlichen Dividende von 18 % pro Jahr entsprechen würde. Nahezu die Hälfte aller Aktien war in Deutschland selbst untergebracht. Der Kurswert aller Bankaktien und infolge des Steigens des Goldagios noch sehr viel mehr ihr Gegenwert in deutschem Gelde sind durch die Krisis leider sehr gesunken. Am stärksten, nämlich mit 80 %, war deutsches Kapital an dem Banco Americano de Guatemala beteiligt, einem Unternehmen, das sich unter der tüchtigen Leitung eines deutschen Direktors eines besonderen Rufes erfreute.

An Staatspapieren Guatemalas waren 1898 Titel der 4 %. äußeren Anleihe (Nennwert 1 %. Millionen Pfd. Sterl.) in Höhe von etwa 200,000 Pfd. Nominalwert in Händen von Deutschen in Frankfurt a. M. und den Bankftädten. Sie stellten nach den Londoner Kursen von Anfang 1898 an 1', Millionen M. Wert dar. Nicht feststellen ließ sich, wie viel solcher Schuldtitel die Deutschen in Guatemala besaßen, ebensowenig wie hoch die Titel der inneren und schwebenden Schuld in deutschem Besitz zu bewerten sind.

Von besonders zu erwähnenden Forderungen an die Regierung bestanden 1898 noch eine solche von ', Million M. seitens eines deutschen Hauses, durch dessen Vermittlung u. a. die Firma Krupp Kriegsmaterial an Guatemala geliefert hatte, ferner diejenigen der Hamburger Firma Müller & Thomsen und des damit in Verbindung stehenden Syndikats, in Höhe von etwa 6½ Millionen M. Außer gewissen anderen Einnahmen zur Amortisation des auf eine Million M. sich belaufenden Restes einer älteren Anleihe war dieser Firma für ein Ende 1897 der Regierung gewährtes Darlehen, sowie als Kompensation für den von ihr übernommenen Dienst der auswärtigen Schuld für 1898 09, der auf etwa 4', Millionen M. berechnete Ertrag des Kaffee-Exportzolles für diese Zeit verpfändet worden. Als die kritische Lage der Landwirtschaft eine Agitation gegen diesen Zoll hervorrief, entstand ein gewisser Interessenkonflikt zwischen den Inhabern jener Forderung und den deutschen Pflanzern. Parlament und Regierung entschieden sich thatsächlich für Herabsetzung des Zolles, während dem Syndikat nach mannigfachen Verhandlungen andere Garantieen zugesichert wurden.

7. Reichsangehörige.

Die Zahl der im Gebiet der Republik Guatemala 1897 ansässigen deutschen Reichsangehörigen ergiebt sich aus nachstehender Tabelle unter Zugrundelegung der Konsulatsmatrikeln und Schätzung der nicht eingetragenen Personen.

Konsulatsbezirk	Männer		Frauen und Kinder
	eingetragen	nicht eingetragen	
Guatemala (engerer)	360	100	42
Coban	100	50	31
Retalhuleu	55	11	15
Quezaltenango	62	33	41
Summa:	577	194	129

Die hieraus ersichtliche, an sich vielleicht nicht so sehr hoch scheinende Gesamtziffer von etwa 900 Reichsangehörigen gewinnt Bedeutung, wenn man sie im Verhältnis zur Einwohnerzahl des Landes betrachtet (etwa 1:1060), noch mehr aber, wenn man die Berufsthätigkeit unserer Landsleute ins Auge faßt. Wir finden darunter große und kleine Kaufleute und deren Angestellte, Agenten, Pflanzer, landwirtschaftliche Verwalter und Angestellte, einige Ärzte, Techniker und Ingenieure, wozu noch in geringer Anzahl Maschinisten, Handwerker und Dienstboten kommen. Die Klassen der landwirtschaftlichen und industriellen Arbeiter sind nicht vertreten. Fast alle Reichsangehörigen sind also den gebildeten Ständen zuzurechnen.

Dementsprechend genießt auch unter den fremden Kolonien die deutsche das größte Ansehen. Wie aus allem bisher Gesagten ersichtlich, spielen die Deutschen im wirtschaftlichen und finanziellen Leben des Landes die erste Rolle, die ihnen bisher selbst von den unternehmenden Nordamerikanern nicht mit Erfolg streitig gemacht werden konnte. Ihnen hauptsächlich ist der in letzter Zeit leider stark gelähmte Aufschwung des Landes zu verdanken.

Mit ganz geringen Ausnahmen erhalten sich unsere Landsleute in Guatemala ihre Staatsangehörigkeit, ebensowie ihre deutsche Gesinnung und Sprache. Das wird auch in Zukunft kaum anders werden; denn fortwährend werden der Kolonie neue Elemente zugeführt, während manches der älteren Mitglieder nur den geeigneten Moment abwartet, um sich nach Deutschland zurückzuziehen. Ehen mit Einheimischen sind selten. Deutsche Kirchen giebt es noch nicht, da die Kolonie über das ganze Land verstreut ist; für die Gründung von Schulen ist die heranwachsende Generation noch nicht zahlreich genug. Wohlhabende Familien halten sich deutsche Hauslehrer oder schicken ihre Kinder, wenn sie älter werden, nach Deutschland. Zur Pflege deutschen Wesens tragen auch 3 Vereine in der Hauptstadt, Curzaltenango und Coban bei, die an 200 bezw. 125 und 100 Mitglieder zählen. Daneben bestehen 2 Unterstützungsvereine und in Coban ein deutsches Hospital.

Schluß-Zusammenfassung, Blick in die Zukunft.

Für den Geldwert der deutschen Interessen in Guatemala auf den verschiedenen Gebieten des wirtschaftlichen Lebens finden wir unter Zugrundelegung der im Vorstehenden enthaltenen Angaben folgende auf Anfang 1898 bezügliche Ziffern:

Wert des ländlichen Grundbesitzes	64 Millionen Mk.
Kredite an deutsche Pflanzer	18 " "
Kapital der deutschen Geschäftshäuser	25,5 " "
Kredite an deutsche Geschäftshäuser	20 " "
Kredite an einheimische Pflanzer und Kaufleute	40 " "
Anteil an Verkehrs- und industriellen Unternehmungen	7 " "
Wert der Bankaktien, Staatspapiere und Forderungen an den Staat	10 " "
Insgesamt	184,5 Million. Mk.

Wohl haben diese Summen seitdem eine starke Entwertung erfahren, die angesichts des Umstandes, daß die Krisis schon seit über 3 Jahren anhält, nicht ohne weiteres als vorübergehend bezeichnet werden kann. Trotzdem braucht die Hoffnung auf eine Wiederkehr besserer Zustände nicht aufgegeben zu werden. In mancher Hinsicht hat die Krisis wie ein reinigendes Gewitter gewirkt, wie das ja bei Gründerperioden oft der Fall ist. Man hat gelernt, die Spreu vom Weizen zu sondern, solide Unternehmungen von zweifelhaften zu unterscheiden, und gerade die deutschen Häuser haben dabei die Feuerprobe bestanden. In der Arbeitgewährung wird man in Zukunft vorsichtiger sein, wobei die Geschäfte vielleicht an Umfang einbüßen, aber an Sicherheit gewinnen werden. Auch muß anerkannt werden, daß alle beteiligten Faktoren nach Kräften bestrebt sind, die Gefahren der Lage zu bekämpfen.

Von großer Bedeutung für die Zukunft Guatemalas wird es sein, ob die Kaffeepreise, die im letzten Jahre wieder gestiegen sind, sich so halten werden, daß der Anbau dieses Produkts sich in dem bisherigen, bezw. in gesteigertem Umfang lohnt. Das Land eignet sich allerdings auch für den Anbau aller anderen tropischen Produkte, wie Kakao, Kautschuk und Tabak recht gut, ganz abgesehen von seinem Holzreichtum und etwaigen mineralischen Schätzen; der Übergang zu anderen Produktionen würde aber doch eine große Umwälzung bedeuten, die erneute Aufwendung großer Kapitalien erfordern und letztere für längere Zeit ertraglos immobilisiren. Immerhin wird unter Umständen auch mit dieser Möglichkeit gerechnet werden müssen. Wichtig für unsern Handel mit Guatemala kann die Nordbahn werden, wenn sie einmal vollendet ist. Schwer beurteilen läßt sich, wie der Nicaragua-Kanal, dessen Bau ja nun beschlossene Sache ist, auf Guatemala einwirken wird. Das politische Gewicht Nordamerikas in Mittelamerika wird jedenfalls dadurch gestärkt werden, und dieser Umstand könnte sich leicht auch auf handelspolitischem Gebiete fühlbar machen.

Birgt somit die Zukunft auch manche Gefahren und dunkle Punkte in sich, so ist doch kein Grund vorhanden, an einer weiteren günstigen Gestaltung unserer Interessen in Guatemala zu verzweifeln. Dieselben haben sich auch in schweren Zeiten bisher lebensfähig gezeigt, und so wollen wir unsern Landsleuten wünschen, daß ihnen für ihre mühevolle energische Thätigkeit in jenem Lande, mit der sie zur Förderung unseres Handels und unserer Industrie und zur Mehrung unseres Nationalwohlstandes nach Kräften beigetragen haben, in einer weiteren gedeihlichen Entwicklung Guatemalas der Lohn werde.

Nochmals der Wettbewerb in Marokko.
Von Dr. A. Hermann.

In Heft 6 der „Beiträge zur Kolonialpolitik und Kolonialwirtschaft" und zugleich in Nr. 15 der „Kolonialzeitung" (hier ein Auszug des Aufsatzes in den „Beiträgen") finden sich Ausführungen über meinen Artikel „Wettbewerb in Marokko", die meine Behauptungen richtig zu stellen bestimmt sind, die ich aber deshalb nicht unerwidert lassen kann, weil sie m. E. keine Richtigstellung enthalten. Wie ich deutlich genug ausgesprochen habe, war der Zweck meiner Darlegungen der, zu beweisen, daß „Deutschlands Handelsinteressen in Marokko einerseits im Vergleich zu denen anderer Mächte daselbst erst an 3. oder 4. Stelle stehen, andererseits im ganzen Handel Deutschlands überhaupt keine nennenswerte Stelle einnehmen". Die Bemessung der deutschen Interessen war also durchweg eine relative; denn gegenüber können daher nicht einige deutsche Kaufleute oder einige Millionen dort investierten deutschen Kapitals als Gegenbeweis geltend gemacht werden. Es ist mir nie beigefallen, zu behaupten, daß in Marokko kein Deutscher ansässig oder keine Mark deutschen Kapitals investiert sei. Ein Beweis der relativen Überlegenheit oder Ebenbürtigkeit deutscher Interessen in Marokko ist aber in keinem der genannten Artikel versucht worden. Die wenig günstigen Verhältnisse des gegenwärtigen Handelsgeschäftes in Marokko, die Ein- und Ausfuhrprodukte des Landes waren mir bekannt. Daß der Anteil der deutschen Flagge im Schiffsverkehr in den marokkanischen Häfen keinen Ausschlag giebt, habe ich bereits ebenso begründet wie meine Behauptung, daß für Deutschland ein Stützpunkt an der keineswegs sehr günstigen Westküste Marokkos viel weniger wichtig ist, als an vielen anderen Orten. Über den Wert dieser Küstenstrecke vom Standpunkt des Welthandelsverkehrs, sowie über den wirtschaftlichen Wert der marokkanischen Länder überhaupt giebt übrigens eine eingehende Arbeit von Dr. R. Arnold-Marburg Auskunft, welche unter dem Titel „Vier Karten und Studien zur Wirtschaftsgeographie von Marokko" im letzten Jahresbericht des Frankfurter Vereins für Geographie und Statistik (1901) erschienen ist. Man findet daselbst auch ein reichliches Litteraturverzeichnis wissenschaftlicher Quellen über Marokko. — Des Weiteren möchte ich auf eine neuere Veröffentlichung des des statistischen Amts der Vereinigten Staaten von Nordamerika[1]) verweisen, die den Gesamthandelsverkehr der Länder Afrikas zu berechnen sucht, und auch für Marokko einige (natürlich nur geschätzte) Angaben macht.

[1]) Die Ziffern sind auch verwertet in „Weltpolitisches", Beiträge und Studien zur modernen Kolonialbewegung; von Reg.-R. Dr. Alfr. Zimmermann, Berlin 1901, S. 34 ff.

Dort wird Marokkos Einfuhr auf 8 402 000 $ = 26 888 400 ℳ,
„   Ausfuhr   6 261 000 „ = 26 296 200 „
der Gesamthandel somit auf 12 663 000 $ = 53 174 000 ℳ;
Englands Einfuhr nach Marokko auf 350 700 £ = 7 014 000 ℳ,
seine Ausfuhr von dort auf 634 800 „ = 12 690 000 „
der Gesamthandel somit auf 985 200 £ = 19 704 000 ℳ
geschätzt. Für Deutschland wird die Ausfuhr nach Marokko auf 5 000 000 ℳ angegeben; die Einfuhr wird durch einen Strich gekennzeichnet, was in der Statistik soviel bedeutet als „gleich Null" — natürlich auch hier nicht absolut, sondern relativ! Bei Frankreich sind leider die Ziffern für Marokko nicht besonders ausgeschieden.

Es ist ja sehr begreiflich, wenn die deutschen Kaufleute in Marokko bestrebt sind, ihre Interessen gegenwärtig in den Vordergrund der Politik zu stellen und eindringlich die Notwendigkeit eines Eingreifens seitens des Reichs in die wenig rosigen Zustände des Sultanats zu vertreten; es war dies ja auch anderwärts in ähnlichen Fällen so. Aber es sind dies eben doch Äußerungen aus Interessentenkreisen. Welches Gewicht in der politischen Wagschale den deutschen Interessen in Marokko seitens der Reichsregierung beigemessen wird, wenn der letzte Tag des Sultanats anbricht, wird sich ja in absehbarer Zeit herausstellen; bis dahin kann ich die Entscheidung getrost abwarten.

Moderne Faustfeuerwaffen zur Ausrüstung in die Kolonien.

Soldat und Nichtsoldat kommen in den Kolonien in gleichem Maße in die Lage, einer Faustfeuerwaffe zu bedürfen; es erscheint geboten, sie Tag und Nacht am Körper zu haben, um gegen überraschend auftretende Feinde gewappnet zu sein. — Der Soldat (Offizier, Beamte, Unteroffizier oder Gemeiner ohne sonstige Schußwaffe) gebraucht sie bei Erkundungen des Landes, bei kriegerischen Unternehmungen, selbst bei Spaziergängen oder Ritten, der Kaufmann bei Geschäftsreisen u. s. w.

Solch eine Faustfeuerwaffe muß handlich sein, einen schnellen und wiederholten Gebrauch zulassen, genügende Treffsicherheit und Durchschlagskraft auf etwa 50 m und eine absolut zuverlässig arbeitende Sicherung haben.

Die seitherigen Revolver besitzen diese Eigenschaften nur zum Teil; sie sind, wie alle Waffen mit rauchstarkem Pulver, veraltet.

Die vielen Nachteile des Revolvers sind so bekannt, daß ihre Aufzählung hier überflüssig erscheint. Die zahlreichen Mängel haben daher die Waffenkonstrukteure veranlaßt, eine Ersatzwaffe zu schaffen, die neuerdings in den Selbstladepistolen erfunden ist.

Sie sind zumeist leichter als die Revolver, haben eine gefällige Form, vermeiden die unangenehmen scharfen Kanten, haben erheblich größere Treffgenauigkeit und Durchschlagskraft, schießen schneller, erlauben eine bequeme und sehr rasch ausführbare Neufüllung ihrer Magazine und sind auch für Jagdzwecke verwertbar.

Solche Selbstladepistolen sind Mehrlader, bei denen der durch den Schuß erfolgende Rückdruck der Pulvergase die sämtlichen Vorrichtungen bewirkt, durch welche die Waffe wieder feuerbereit gestellt wird, solange der eingelegte Patronenvorrat reicht. Die mechanische Arbeit des Schützen ist somit auf das Zielen und Abfeuern, dann auf das Nachfüllen des Magazins beschränkt. Letzteres enthält 8—10 Patronen und gestattet, da diese meist in einem Lader aufgereiht sind, sie schnell in die Waffe einzuführen. — Durch die Verringerung des Kalibers, den Gebrauch rauchschwachen Pulvers und die Anwendung von Mantelgeschossen sind die ballistischen Leistungen der Selbstladepistolen natürlich denen der bisherigen Revolver erheblich überlegen.

Im allgemeinen ist die Laufweite der verschiedenen Systeme — und deren giebt es, wie weiter unten angedeutet werden soll, schon eine ganze Anzahl — 7—8 mm. Dadurch gestaltet sich schon das Gewicht der Munition niedriger als beim Revolver; ein Unterschied, der bei den längerdauernden Reisen eine Anzahl Kilogramme betragen mag. Während man zufrieden sein kann, wenn man mit den sechs Schuß des deutschen Armee-Revolvers auf 25 m innerhalb der Mannsbreite bleibt, ist es als kein nennenswertes Ergebnis zu bezeichnen, wenn 8 Schuß einer Repetierpistole 8 Treffer innerhalb einer Scheibe von Kopfgröße aufweisen. Ich habe gesehen, wie ein guter Schütze mit der weiter unten erwähnten „Parabellum-Pistole" auf 100 m Entfernung in 100 Schuß nur eine Gesamtabweichung von 18 und eine Höhenabweichung von 28 cm bei Gebrauch eines Ansatzkolbens im Anschlage „stehend aufgelegt" hatte. Solche großen Entfernungen werden ja nun im Kampfe oder bei Ueberfällen selten vorkommen; wohl aber kann diese geringe Streuung bei der Jagd vorzüglich ausgenutzt werden. Die klare Luft der Tropenländer erlaubt oft einen Schuß gegen großes Wild bis auf 200, ja 300 m; natürlich kann man mit einer Faustfeuerwaffe auf solchen Distanzen nichts treffen, dazu bedarf es des eben erwähnten Ansatzkolbens. Dieser bildet gewöhnlich die Tragelasche der Pistole und ist meist ohne jegliches Instrument und in einigen Sekunden an der eigentlichen Waffe zu befestigen. So erhält man einen kleinen Karabiner, der sehr gut gegen Wild aller Art verwendbar ist.

Die Durchschlagskraft der Geschosse ist vermöge Gebrauchs rauchschwachen Pulvers und Stahlmantels größer als die der Revolver. Sie durchschlagen bei einer Anfangsgeschwindigkeit bis zu 350 m auf 50 m Entfernung dicke Bäume und Eisenbleche von 8 mm Stärke. Das ist sehr vorteilhaft, weil die Faustfeuerwaffe den Getroffenen durchaus außer Gefecht setzen muß. Diese Wirkung wird neuerdings besonders gut durch den Gebrauch von Halbmantelgeschossen erzielt; bei ihnen ist der vordere Teil des Stahlmantels fortgeschnitten und häufig die Bleispitze abgestumpft. Die Wirkung im menschlichen und tierischen Körper ist eine expansive, die Fleischteile werden an den getroffenen Stellen in Atome zersetzt. Deshalb eignen sich solche Teilmantelgeschosse ganz besonders gegen dickhäutige wilde Tiere.

Das schnelle Laden endlich ist ein weiterer Vorzug der, wie ihr Name so bezeichnend ausspricht: Selbstladepistolen. Zwar muß nach Verbrauch des eingeführten Schießbedarfes ein neues volles Magazin eingesetzt werden, aber dies geschieht schnell, und das bei den Revolvern so lange aufhaltende Entladen von Hülsen fällt hier ganz fort.

Die am meisten bekannt gewordenen Arten der neuen Pistolen sind die von Bergmann, Browning, Borchardt, Mauser und Borchardt-Luger. Sie haben sich im Burenkriege, wo doch die Verhältnisse häufig eine große Aehnlichkeit mit denen in den deutschen Kolonien hatten, und in den chinesischen Wirren bewährt. Besonders die letzte Art, die sogenannte Parabellum-Pistole[1]) hat Vorzüge, die sie über alle anderen Arten stellt. Diese sind: Schußgeschwindigkeit bis zu 100 Schuß in der Minute, große Treffsähigkeit, Leichtigkeit, Billigkeit und eine ausgezeichnete selbsttätige Sicherung.

Wer sich eine Selbstladepistole zulegt, wird immer gut thun, sich nach einer Anleitung für deren Gebrauch und Behandlung umzusehen. Eine solche ist über die Selbstladepistole „Parabellum" in der Verlagsbuchhandlung von R. Eisenschmidt (Offizier-Verein) in Berlin erschienen, die in sachlicher Form und durch zahlreiche Abbildungen die notwendigen Erläuterungen giebt.

[1]) Durch das Warenhaus für die Armee und Marine zu beziehen.

Lagos. Lehren für die deutsche Kolonialpolitik.
Von
• •

Geschichtliches. — Gebietsumfang. — Verkehr zu Wasser. — Telegraph. — Verwaltung. — Häuptlingsrecht. — Finanzen. — Handel. — Eisenbahn. — Verkehrspolitik. — Bevölkerung. — Prämienzahl. — Sanitätsdienst. — Kampf gegen die Malaria. — Hygienische Arbeiten. — Branntweinpest? — Arbeiterfrage. — Schlußfolgerung für Kamerun.

Der Gouverneur dieser Kolonie, Sir William Mac Gregor, hielt kürzlich in einem von ihm ins Leben gerufenen literarischen Verein in der Stadt Lagos den ersten Vortrag, und zwar über die von ihm verwaltete Kolonie. In Ermangelung frischer Jahresberichte über die Entwicklung der Kolonie seien hier an der Hand dieses Vortrages und anderer zuverlässiger Mitteilungen einige Angaben zusammengestellt.

Die Kolonie ist eine verhältnismäßig junge Besitzung. Im Jahre 1851 wurde der König Kosoko von Lagos, der seine Mitwirkung zur Unterdrückung des Sklavenhandels versagt hatte, durch eine britische Streitmacht abgesetzt. Seinem Vetter und von den Briten anerkannten Nachfolger wurde ein Konsul beigegeben, der die Bekämpfung des Sklavenhandels überwachte. Da der folgende König, Dossemo, sich nicht an den Vertrag mit England hielt, wurde er i. J. 1861 genötigt, gegen eine Jahresrente von 1000 Pf. St. seine Rechte an die britische Krone abzutreten. Die neue Kolonie wurde zunächst von Sierra Leone, dann von der Goldküste aus verwaltet, und wurde erst 1886 selbständig. Vor und nach dieser Zeit wurde das Gebiet, das zuerst nur aus den Lagunen-Inselchen Lagos und Iddo bestand, durch Erwerbungen an der Küste und im Binnenlande erweitert; dabei kam im Jahre 1890 durch Gebietsaustausch Kotonu, die heutige Hauptstadt der französischen Dahomekolonie, an Frankreich. Die Entwicklung der kleinen, mit Süd- und Nordnigeria zusammenhängenden Kolonie Lagos ist ziemlich ruhig vor sich gegangen. Einige Feldzüge waren notwendig, um die Stämme des nahen Binnenlandes zu zwingen, unter sich Frieden zu halten und den Sperrhandel nach dem weiter landein gelegenem Yorubalande aufzugeben.

Der als Kolonie verwaltete Küstenstrich hat einen Umfang von 8961 qkm, das Schutzgebiet, das durch Dahome und Nord- und Süd-Nigeria umgrenzt wird, einen solchen von 65915 qkm, zusammen rund 75000 qkm oder soviel wie der Flächeninhalt des Königreichs Bayern. Sir William Mac Gregor nimmt an, daß 90% dieser Fläche sich für die eine oder andere Kultur eignen. Die Küstenlinie ist 207 km lang; in gerader Linie beträgt die Entfernung von Dahome bei Südnigeria durch Lagos 237 km. An diesem ganzen Küstenstrich befindet sich nur ein Hafen, der von Lagos, der allerdings häufig nur für Schiffe von

3—4 m Tiefgang und noch weniger zugänglich ist. Es liegt dies daran, daß der Ausfluß der Lagune die Seebrandung im rechten Winkel schneidet, wodurch eine allen Westafrikanern wohlbekannte Barre entsteht. Die Tiefe des Wassers über der Barre ist bald größer, bald geringer; sie beträgt gegenwärtig nicht volle 4½ m, doch läßt sich nicht mit dieser Tiefe rechnen. Eine Regulierung des Hafens würde etwa eine Million Pfund kosten. In diesem Jahre ist es mehreren, zu diesem Zweck besonders erbauten Seedampfern gelungen, über die Barre zu schiffen und ihre Ladung an dem Staden in der Stadt zu löschen. In der Regel wird dieser Verkehr zwischen den Seedampfern und Lagos auf offener Reede durch kleine Woermannsche Dampfer vermittelt. Das neue Unternehmen ist von dem bekannten Liverpooler Kapitalisten Sir Alfred Jones eingeleitet worden.

Der Verkehr leidet sehr unter dem Mangel an telegraphischen Verbindungen. Die Stadt Lagos ist allerdings mit dem englischen Kabelnetz an der westafrikanischen Küste verbunden. Es wird eine Verbindung mit Forcados, dem in Südnigeria gelegenen Hauptstapelplatz an den Nigermündungen, gewünscht. Die Kolonie würde eine Landlinie bis zur Grenze Südnigerias anlegen, und der Gouverneur der letzteren Kolonie, Sir Ralph Moor, hat zugesagt, die Verbindung auf seinem Gebiete weiterzuführen. Die Kabeltaxe von nahezu 7 Sch. für das Wort von Lagos nach England findet man zu hoch. Die Verwaltung der Kolonie zahlt der Kabelgesellschaft einen jährlichen Zuschuß von 1000 Pfd. St., wofür ihre Telegramme (Ausgabe 500 Pfd. St. jährlich) zum halben Satze befördert werden. Der französische Gouverneur von Dahome wünscht die Anlage einer Telegraphenverbindung zwischen Lagos und Porto Novo, und Sir W. Mac Gregor ist von diesem Gedanken eingenommen, zumal die Regierung nicht gebunden wäre, die bereits bestehende Linie zu benutzen. Auch eine Beschleunigung des Dampferverkehrs mit Europa wäre erfreulich. Die Fahrt nach Liverpool dauert etwa zwanzig Tage. Da jedoch die Kolonie keine Zuschüsse an Dampferlinien gewährt, hat sie auf die Gesellschaft Elder, Dempster and Co. keine Einwirkung. Letztere hat indes zwei neue, prächtige und schnellere Dampfer für den Verkehr mit Westafrika bauen lassen; der eine, die „Nigeria", ist bereits im Dienst und hat einen Schnelligkeitsrekord zu verzeichnen. Dem Mangel an Küstenhäfen hilft der Verkehr auf der Lagune einigermaßen ab; letztere ist fast in der ganzen Breite der Kolonie schiffbar. Eine Regierungspinasse fährt einmal wöchentlich zwischen Lagos und Porto Novo und alle neun Tage die Lagunenorte entlang. Diese Einrichtung wird wahrscheinlich die Kosten aufbringen, jedenfalls kommt sie dem Publikum zugute.

Die Verwaltung der Kolonie ist die einer Kronkolonie, womit gesagt ist, daß alle wichtigen Entscheidungen durch den Kolonialminister in London getroffen werden. Dem Gouverneur steht ein Gesetzgebender Rat (Legislative Council) zur Seite, dem gegenwärtig fünf beamtete und fünf nicht beamtete Mitglieder angehören. Der Gouverneur ist nun in Bezug auf Lokalverwaltung einen Schritt weiter gegangen als man bisher in Westafrika im allgemeinen gewagt hat. In den deutschen Schutzgebieten beschränkt sich die Verwaltung darauf, den Häuptlingen in denjenigen Gebieten, wo sie ihre Oberherrschaft schon begründet hat, eine schriftliche Bestallung für die Ortsverwaltung und die niedere Gerichtsbarkeit über die Eingeborenen auszufertigen. Sir W. Mac Gregor geht einen Schritt weiter und will eine regelrechte Eingeborenen-Provinzialverwaltung einsetzen, wozu er den Herrn in der Herrschaft der mächtigen Oberhäuptlinge, des „Alafin" von Oyo, des „Alake" von Abeokuta und des „Balschorun" von Jbadan für vorhanden hält. Deshalb auch hat er diesen Häuptlingen bei deren Besuchen in Lagos besondere Ehrungen erweisen lassen. Sie und ihre Sippen sind seiner Ansicht nach ans Herrschen gewöhnt und wenn ihre Gesinnung auch gewiß konservativ ist, so haben sie doch den Wunsch, einzelne Reformen zu unterstützen. Ein Entwurf einer Verordnung, der die Stellung und die Macht der eingeborenen Häuptlinge sowie die Einsetzung und die Befugnisse der ihnen beizugebenden Räte ordnen soll, liegt dem Gesetzgebenden Rate der Kolonie vor.

Der Gouverneur weiß sich in dieser Angelegenheit einverstanden mit dem Kolonialminister, der das letzte Wort zu sprechen hat. Allein sein Plan stößt in der Kolonie auf lebhaften Widerspruch, und zwar nicht blos bei den Weißen, sondern auch den Eingeborenen des Küstengebietes, die eine mehr oder weniger halbe Bildung genossen haben. Bekanntlich stehen diese Eingeborenen wegen ihres unermeßlichen Dünkels den Briten häufig hindernd entgegen, in Sierra Leone, an der Goldküste und in Lagos. Einer der Vorgänger Sir W. Mac Gregors berichtete vor einigen Jahren, daß die Eingeborenen das Handwerk verschmähten, sobald sie die Schule besucht hätten. In Lagos ist für die Förderung der Handfertigkeit weniger geschehen als z. B. in Kamerun, wo indes auch in dieser Richtung weit mehr geschehen könnte. Jene schreibkundigen Neger führen in ihrem Blättchen einen unverfrorenen Feldzug gegen Sir William wegen des Verordnungsentwurfs. Den Gegnern des letzteren, weißen und schwarzen, hält er vor, daß die von ihnen befürchteten Mißbräuche der Gewalt auch anderswo möglich seien, daß manches, was den Europäern als Mißbrauch erscheint, den Eingeborenen ganz natürlich vorkommt, daß Uebelstände auf die Dauer nicht unbekannt bleiben, und daß es notwendig ist, das Ansehen der Häuptlinge zu stärken gegenüber denen, die eine Schulbildung genossen haben, oder die auswärts Soldaten oder Arbeiter waren, und die bei dem geringsten Zwischenfall zu dem erstbesten Europäer, Kaufmann oder Missionar laufen, um seine Unterstützung gegen den Häuptling anzurufen. Die Annahme des Entwurfs ist wahrscheinlich. Es wird also für uns interessant sein zu beobachten, wie nach dem Inkrafttreten der Verordnung die Dinge sich entwickeln werden.

Die Finanzen der Kolonie stehen jetzt ziemlich günstig. Von 1895 bis 1899 überstiegen die Ausgaben die Einnahmen um zusammen 33764 Pf. St. oder 674,080 M.; nur 1895 wies eine günstige Gebarung auf. Die Einnahmen betrugen während dieses fünfjährigen Zeitraumes durchschnittlich 177,799 Pf., die Ausgaben 184,537 Pf. Da der Eisenbahnbau erst nachher das Budget mit einer Ausfallast beschwerte, nimmt der Gouverneur an, daß nicht ganz richtig gewirtschaftet wurde. Für 1900.1 betrugen die Einnahmen 211,467, die Ausgaben 187,124 Pf. St. Für das laufende Finanzjahr werden die Einnahmen auf 231,850 Pf. St. oder 3,10 M. auf den Kopf der Bevölkerung, die Ausgaben auf einen um 300 Pf. St. geringeren Betrag veranschlagt. Eine Vermehrung der Einnahmen erscheint notwendig, eine weitere Erhöhung der Zölle jedoch unmöglich, weil sie, wie die Erfahrung mit dem Branntweinzoll ergiebt, einen Rückgang des Handelsverkehrs herbeiführen würde. Zu wünschen wäre eine Abschaffung der Uebergangsgebühren, die im Verkehr über Porto Novo zu entrichten sind, allein wie wäre der Ausfall an Einnahme zu ersetzen? Die öffentliche Schuld der Kolonie beläuft sich auf 1,055,700

Pf. St. oder 21,074,000 M. oder 14 M. auf den Kopf der Bevölkerung, und der Schuldendienst erfordert eine jährliche Ausgabe von 1,036,000 M. Diese Last ist sehr hoch, und es werden in der englischen Fachpresse häufig Klagen darüber laut, daß die in London beim Kolonialamt thätigen Agenten der Kronkolonien keine günstigeren Anleihebedingungen für letztere erwirken, weil sie sich nicht an den offenen Markt wenden. Die französischen Kolonien Westafrikas nehmen ihre Anleihen zu 3½% in der Regel bei der Hinterlegungskasse auf. Der Ertrag der Anleihe der Kolonie Lagos wurde ausschließlich auf den Eisenbahnbau verwandt.

Der Handel, der sich im letzten Jahrzehnt stetig gehoben hatte, weist für 1900 einen erheblichen Rückgang auf. Die Einfuhr betrug 832,749 Pf. St. gegen 966,695 Pf., die Ausfuhr 885,138 Pf. St. gegen 915,034 Pf. St. Eine Uebersicht über die Jahre 1891—1900 ergiebt, daß die Einfuhr von Baustoffen sich verdreifacht, die von Baumwollwaren um etwa 8%, die von Metallwaren um 140% zugenommen, die von Branntwein um über 38% abgenommen infolge der Zollerhöhung von 1 M. auf 3 M. für die Gallone von 4½ l, während bei Salz und Tabak nur kleine Verschiebungen zu verzeichnen sind. Bei der Einfuhr von Baustoffen sind die für den Bahnbau bestimmten nicht eingerechnet. Bei der Ausfuhr schwankt die Menge an Palmöl und Palmkernen je nach dem Regenfall: 1900 48514 t Kerne gegen 42342 t im J. 1891, Oel 13400 bl gegen 18900 bl. Kaffee und Kakao sind stetig geblieben. Elfenbein weist infolge der Ablenkung des Verkehrs nach dem Niger eine wesentliche Abnahme auf. Die Ausfuhr von Mahagoni, die 1891 noch nicht üblich war, ist schnell auf 1250 Blöcke im Werte von über 58000 Pfd. St. i. J. 1900 gestiegen. Die Ausfuhr von Kautschuk begann 1894; vier Jahre später belief sie sich auf über 1,700,000 kg im Werte von 285,408 Pfd. St. Daraufhin wurden einschneidende Maßregeln gegen die Raubwirtschaft getroffen, und die Ausfuhr fiel 1900 auf etwa 250000 kg im Werte von 48238 Pfd. St.

Man hat beobachtet, daß seit zwanzig Jahren die Gewinnung von Palmöl um etwa ein Drittel abgenommen hat und schreibt dies der Auswanderung zu, da Arbeiter aus Lagos vielfach für andere westafrikanische Kolonien, u. a. Kamerun, begehrt werden. Um dem Raubbau mit Kautschuk zu wehren, hatte der Gouverneur mit den Häuptlingen Verträge abgeschlossen, wodurch große Länderstrecken als Schonung erklärt und der britischen Verwaltung gewissermaßen als Domäne überwiesen wurden. Für andere Strecken hatte der Gouverneur die Abschaffung der Kautschulpflanzen nur während eines Teiles des Jahres gestattet. Die Verordnungen mußten rückgängig gemacht werden, weil sie zu sehr in das Bestimmungsrecht der Häuptlinge und die Handelsverhältnisse eingriffen.

Von allen europäischen Gebieten in Westafrika ist Lagos im Verhältnis zu seinem Umfang am weitesten voran mit der Anlage von Eisenbahnen. Seit März 1901 ist eine 196 km lange Strecke von der Insel Iddo in der Lagune hinter Lagos-Stadt aus nach Ibadan im Betriebe. Der Bahnbau ist für afrikanische Verhältnisse eine bedeutende Leistung, und der Unternehmer ist stolz darauf, daß er seine Brückenbauten in weit kürzerer Zeit vollendete als die britische Militärverwaltung die ihrigen am Tugela und selbst am Atbara. Eine Brücke von 600 m Länge führt zunächst von der Lagosinsel über die Lagune nach der Iddo-Insel, wo sich die Hauptstation befindet. Von der Insel Iddo führt eine Eisenbahnbrücke von 275 m mit Fußgängersteig nach dem Festlande. Zwei Brücken überspannen den Ogunfluß. Von der Stadt Lagos führt eine Trambahn nach der Eisenbahnstation; störend wirkt, daß die Spurweite schmäler ist als die der Vollbahn, allein die Fahrzeuge der letzteren hätte die Brücke nicht zu tragen vermocht, da für schon jetzt nachgiebt, weil der Lagunensand weicht. Die Hauptbahn ist flüchtig gebaut und eröffnet worden, bevor sie vollendet war; es bleibt daher manches nachzuholen, umsomehr als die Regengüsse Schäden angerichtet haben. Eine Zweigbahn von etwa 5 km Länge, die von der Station Aro nach Abeokuta, dem starkbevölkerten Hauptort der Provinz Egba, geleitet wurde, wurde kurz vor Weihnachten 1901 in Betrieb gesetzt.

In finanzieller Hinsicht sind die ersten Monate des Eisenbahnbetriebes besser ausgefallen, als man erwartet hatte, obschon die Frachtsätze gering bemessen sind, z. B. 24', M. für Palmöl und Kerne auf der ganzen Strecke. Man verspricht sich einen sehr regen Verkehr, sobald die Zweigstrecke nach Abeokuta eröffnet ist, das auch klimatische Residenz für die Europäer werden wird. Bezeichnend ist, daß auf der Bahn keine Freipässe gewährt werden dürfen, die sonst auf den englischen Bahnen allgemein üblich sind. Daß die Betriebskosten gedeckt werden, nimmt der Gouverneur mit Sicherheit an.

Eine Fortführung der Bahn ist zunächst nach dem volkreichen Lande Ilorin ins Auge gefaßt. Die Vorstudien dazu sind auf zwei Strecken im Gange: Ibadan-Oyo-Ogbomosho-Ilorin und Ibadan-Iwo-Ede-Olchogbo-Ilerim-Ilorin. Aus wirtschaftlichen Gründen glaubt der Gouverneur sich jetzt schon für die zweite dieser Strecken aussprechen zu können, weil sie am meisten volkreiche Gegenden berühren würde. Allein Ilorin ist kein natürliches Endziel. Dem Gouverneur von Lagos schwebt die Weiterführung bis an den Niger vor, zumal die Franzosen von Dahome aus mit der im regen Bau begriffenen Eisenbahn, über die wir kürzlich an dieser Stelle berichtet haben, den Niger zu erreichen streben. Eine Eisenbahn von Lagos über Ilorin nach dem Niger würde nach den jetzigen Berechnungen etwa 650 km lang werden, wovon kaum 200 fertiggestellt sind. Ueber Ilorin hinaus würde sie durch das Gebiet von Nord-Nigeria führen, sodaß eine Verständigung mit dieser Kolonie und Südnigeria notwendig wird, zumal in einer nicht allzu fernen Zeit die drei Gebiete zu einer einzigen Kolonie vereinigt werden dürften. Und da auch die Landschaft Nano jenseits des Nigers durch eine Eisenbahn erschlossen werden muß, da es überhaupt gilt, die britische Herrschaft in Westafrika im Wettbewerb mit dem reglamen Frankreich zu festigen, hofft Sir William, daß das britische Reich einen Teil der Ausgaben übernehmen wird. Diese Hoffnung ist berechtigt; denn trotz dem südafrikanischen Kriege und dessen finanziellen Folgen hat die britische Regierung den westafrikanischen Besitzungen niemals soviele Gelder in dem beschränktesten Maße, das für die finanzielle — in der Regel mittelbare Unterstützung der Kronkolonien gilt — als gegenwärtig zur Verfügung gestellt. Auch in weiteren Kreisen steht bei den Briten Westafrika mehr im Vordergrunde des Interesses als früher.

Die Bevölkerung der Kolonie und des Schutzgebietes wurde bisher nach Schätzungen auf 3 Millionen Einwohner geschätzt. Gouverneur Mac Gregor jedoch nimmt nur die Hälfte dieser Zahl an, sobaß auf ein Quadratkilometer 20 Einwohner kämen. Eine richtige Zählung hat nur in der Stadt Lagos stattgefunden, deren Bevölkerung rund 42000 Seelen beträgt. In der Stadt sind 233, im ganzen Gebiet 308 Europäer ansässig. Etwa 3400 Personen, oder 1 auf 640, können lesen und schreiben; 673 können Englisch lesen; 5068, oder 1 auf 300, können Englisch sprechen. In der Stadt Lagos werden 106:38 Personen als Christen aufgeführt, 22080 als Muhammedaner und 9171 als Heiden. Die Zahl der Muhammedaner nimmt stets zu, und zwar, wie der Gouverneur erwähnt, auf Kosten des Christentums sowohl wie des Heidentums.

Es sei hier erwähnt, daß nach der Colonial Office List den 308 Europäern der Kolonie und des Schutzgebietes 228 Beamte gegenüberstehen, die schwarzen Hülfsbeamten natürlich eingerechnet. Dagegen kommen wir in Kamerun mit einem weißen Beamten auf sieben Europäer aus, und die Zahl der schwarzen Hülfsbeamten ist verschwindend gering.

Dem gegenüber ist als eine lobenswerte Thatsache hervorzuheben, daß die Zahl der Regierungsärzte in Lagos 16 beträgt gegenüber 2 in Kamerun, wo nach der letzten Statistik 527 Europäer leben. Von jenen Regierungsärzten sind 4 Eingeborene, die ihre Ausbildung in England genossen haben. Europäische Krankenpflegerinnen sind im Regierungskrankenhause thätig und bilden eingeborne Pflegerinnen aus. Mehrere Sanitätsinspektoren, ein Sanitätsingenieur und eine Sanitätskommission arbeiten mit dem ärztlichen Personal zusammen. Aehnlich liegen die Verhältnisse in den übrigen westafrikanischen Kolonien Englands. Unsere Kolonialverwaltung kann sich ein Beispiel daran nehmen. Warum aber, da unsere Mittel nicht ausreichen, um es den Briten ganz nachzuthun, wird nicht gelegentlich ein Arzt in Togo oder Kamerun zum Bezirksamtmann ernannt? Seine Kunst ist ein ausgezeichnetes instrumentum regni den Eingebornen gegenüber.

Andererseits ist es wiederum verwunderlich, daß bei einem solch ausgedehnten Personal die Krankheits- und Sterblichkeitsstatistik sich auf die Stadt Lagos beschränkt. Gouverneur Mac Gregor bestätigt in einer Erörterung dieser Statistik die auch anderwärts gemachte Wahrnehmung, daß die Eingebornen gegen Brustleiden weniger widerstandsfähig sind als die Europäer; er schreibt dies der abschwächenden Wirkung der Kinderkrankheiten zu. Das Hauptgewicht wird jedoch in Lagos wie anderwärts in Britisch-Westafrika auf die Bekämpfung der Malaria gelegt. Hier macht sich die Einwirkung der vor etwa zwei Jahren durch den Kolonialminister Chamberlain und die Freigiebigkeit Sir Alfred Jones' ins Leben gerufenen Liverpooler Schule für tropische Heilkunde geltend, deren Leiter, der bekannte Bakteriologe, Militärarzt Major Ronald Roß, häufig nach Westafrika zu Studien reist und die von der Liverpooler Schule ausgesandten Aerzte sowie das ansässige Sanitätspersonal zum Kampf gegen den heimtückischen Feind anspornt. Dr. Roß steht ganz auf dem Standpunkte Lochs und Grassis, daß die Uebertragung der Malaria durch die Moskitos bewirkt wird und hat dementsprechende Maßregeln angeordnet, die namentlich in Sierra Leone nachdrücklich durchgeführt werden. In Lagos sind die Räumlichkeiten des Krankenhauses durch Anbringung von Gittern nach italienischem Muster so moskitosicher geworden, daß kein anderes Krankenhaus in Westafrika sich mit dem dortigen messen kann, und auch vielleicht keines in Europa, wie Sir William Mac Gregor glaubt behaupten zu können, nachdem er erst kürzlich die Vorkehrungen besichtigt hatte, die gegenwärtig in Italien gegen die Malaria getroffen werden.

Mit der bloßen Abwehr ist es jedoch nicht gethan, der Feind muß ausgerottet werden. Zu diesem Ende greift die britische Verwaltung in die Privatverhältnisse mit einer Thatkraft ein, die sie sonst in ihrer Eingebornenpolitik nicht zeigt. In Sierra Leone bringen die Beamten des Sanitätsdienstes einfach in die Hütten und ordnen die Vernichtung der Gegenstände an, die der Zersetzung ausgesetzt sind und daher Brutstätten für Malariaparasiten sein können. Namentlich Konservenbüchsen müssen daher vernichtet werden. Man zwingt die Eingeborenen, Tümpel aufzufüllen, und der Gouverneur von Lagos legt daneben viel Gewicht auf die Anlage von Brunnen mit gesundem Wasser. Er strebt sogar die Erlegung der Strohdächer durch galvanisiertes Eisenblech an, damit in der Regenzeit das Wasser für die Hausbrunnen reiner aufgefangen werden kann. Ein größerer Morast in der Stadt Lagos wird aufgeschüttet und in einen Spielplatz umgewandelt. Wie diese verschiedenen Maßregeln wirken, kann Sir William dadurch bezeugen, daß er das einst als malariagefährlich verschrieene Gouverneurshaus heutzutage für völlig moskitofrei erklären kann.

Nachdem das höher gelegene Binnenland durch die Eisenbahn erschlossen worden, ist die Möglichkeit für die Europäer gegeben, dort Erholung zu suchen. Die Regierung hat sich daher von den Häuptlingen der Gegenden von Abeokuta und Jbadan Ländereien abtreten lassen, die sie zum Verkauf an europäische Ansiedler in Villenparzellen aufzuteilen gedenkt.

Hoffentlich wirken diese Zeilen dahin, daß man in unsern Kolonien dem Beispiel der Briten in Bezug auf Verkehrspolitik und Tropenhygiene folgt. Mögen die Bestrebungen unserer Kolonialfreunde dahin gerichtet sein.

Der Gouverneur hat in seinem Vortrage noch zwei Fragen berührt, die für uns Interesse bieten. Einmal tritt er den übertriebenen Vorstellungen entgegen, die man in England über die schädlichen Wirkungen des Branntweins hat. Es gehört für einen Briten ein gewisser Mut dazu, eine solche Stellung einzunehmen. Sir William versuchte eine Zeit lang, zu beobachten, wie viele Joruba in betrunkenem Zustande zu sehen seien: das Zählen war ganz unnötig, es gab keine Betrunkene. Wenn allerdings 1½ Millionen Menschen jährlich 4½ Millionen Liter Branntwein verzehren, so ist das noch lange nicht soviel wie der Verbrauch in England. Das Volk verlangt ein anregendes Genußmittel; würde ihm der Branntwein entzogen, so würde es sich ein anderes suchen. Er erinnert dies an eine Erfahrung, die man vor einer Reihe von Jahren in Irland machte: man hatte den Leuten irgendwo durch Bedrängen der Schankwirte den Branntweingenuß unmöglich gemacht, worauf sie sich ans Theelaufen gaben, derart, daß sie in hellen Haufen irrsinnig wurden. Uebrigens kann von chemischem Standpunkt nur gegen den aus Bahia eingeführten Rum oder Spiritus ein Einwand erhoben werden. Schon die verstorbene Mary Kingsley hatte durch Analysen feststellen lassen, daß der von Europa nach Westafrika versandte Branntwein chemisch rein sei. Sir W. Mac Gregor kommt dann auf sein Coterum censeo und spricht den Wunsch aus, daß man den Eifer gegen den Branntwein eher gegen die hygienewidrigen Zustände kehren sollte. Wie dem auch sei, unserer Kameruner Pflanzer haben wohl daran gethan, die früher an der Küste übliche Auslöhnung in Branntwein daranzugeben.

Die andere Frage ist die Arbeiterfrage. Die Nachfrage nach Arbeitern für die Bergwerke der Goldküstenkolonie ist gegenwärtig ungemein rege. Sir William warnt seine Leute indes vor der Auswanderung nach dort. Vor einiger Zeit war in Sierra Leone ein lebhafter Streit ausgebrochen, weil man auch von dort massenhaft Leute für die Goldbergwerke der andern britischen Kolonie anwarb.

Die Handelskammer von Freetown wehrte sich dagegen und verlangte ein Ausfuhrverbot, das der Gouverneur ihr auch zusagte. Darauf wandte sich die Interessenten des Goldbergbaus an den Kolonialminister mit einer Beschwerde. Herr **Chamberlain** war der Ansicht, daß die Beschäftigung in der Landwirtschaft der eigenen Kolonie den Leuten zuträglicher sei als die Auswanderung nach der Goldküste, und der Gouverneur von Sierra Leone dürfte sein Verbot oder doch erschwerende Bestimmungen erlassen. Sir William findet, daß Lagos nicht genug bevölkert ist. Von den Auswandernden kehren manche nie wieder, andere verlieren draußen den Familien- und den häuslichen Sinn und kommen mit leeren oder schlecht gefüllten Taschen zurück. Der Verlust, den das Land durch eine Auswanderung erleidet, könnte nach seiner Ansicht wenigstens teilweise dadurch ausgeglichen werden, daß die Werber dem Kolonialschatz eine namhafte Kopfabgabe für jeden ausgeführten Arbeiter entrichten, auch wären Bestimmungen zu treffen, um die Heimkehr der Leute zu sichern und die Hälfte des Lohnes für zahlbar in Lagos zu erklären. Wenn auch der Gouverneur erklärte, sich für ein völliges Ausfuhrverbot nicht entschließen zu können, so ließ er doch den Erlaß einer Verordnung in dem angedeuteten Sinne als bevorstehend erscheinen, auch warnte er die Leute davor, ihre Kräfte in den Gruben oder auf den Pflanzungen anderer Kolonien zu vergeuden. In der That ist kürzlich die Verordnung erschienen; sie führt eine Kopfabgabe von 20 M. ein; die sonstigen Bedingungen sind noch nicht bekannt, da erst eine telegraphische Meldung vorliegt. Es sei noch hervorgehoben, daß Sir William der Spekulation entgegentritt, die bereits ausposaunt hatte, daß am gegenwärtigen Endpunkt der Eisenbahn in Ibadan Gold gefunden worden sei. Bis jetzt, sagt er, ist kein Beweis dafür vorhanden, daß das Land Mineralschätze birgt; seine Zukunft scheint hauptsächlich in der Landwirtschaft zu liegen, wenngleich auch günstige Bedingungen für die Viehzucht gegeben sind. Der französische Kolonialwirtschafter Chaillez-Bert äußerte sich kürzlich mit Bezug auf die beginnenden Unternehmungen im Goldbergbau der Elfenbeinküste, der Drang nach dem letzteren sei zwar nicht aufzuhalten, allein für die richtige Kolonisierungsarbeit, die Gesittung bringt und die Erschließung des weiteren Hinterlandes bedingt, wäre der Goldbergbau eine unvorteilhafte Ablenkung.

Die Absicht Sir W. Mac Gregors, die Arbeiterausfuhr zu erschweren, muß auch uns zu bedenken geben, und so können wir aus seinen Aeußerungen eine dritte Lehre ziehen. Vor zwei Jahren, als in den Pflanzungen am Kamerungebirge Arbeitermangel herrschte, half Lagos aus, und zwar mit der bereitwilligsten Unterstützung seines Gouverneurs. Lagos ist jetzt noch einer der wenigen Orte der Weltküste, von wo wir eine Arbeiterzufuhr erwarten dürfen. Da sie uns auch von dort noch erschwert wird, so haben wir eine Ursache mehr, die baldige völlige Erschließung Kameruns zu verlangen durch Errichtung von Stationen und Anlage von Straßen und Eisenbahnen, damit wir aus dem eigenen Innern den Bedarf an Arbeitern bei den jetzigen Pflanzungen fortlaufend sichern und das in nächster Nähe dahinter liegende vorzügliche Land in Angriff nehmen können, das der Gouverneur, Herr von Puttkamer, vorsorglich nicht als Pflanzungsland veräußern, solange die Arbeiterfrage nicht gelöst ist.

Die Welserzüge in Venezuela.
Das erste deutsche überseeische Kolonial-Unternehmen im 16. Jahrhundert.[1])
Von Professor Dr. Kurt Haffert.

I.

An einem alten Augsburger Patrizierhaus befindet sich eine Steinplatte mit der kurzen, aber vielsagenden Inschrift: „Hier war ehedem die Wechselbank der Familie Welser, der ersten Deutschen, die Schiffe nach Indien sandten. Bartholomäus Welser besaß Venezuela, das man das Welserland nannte."

[1]) Außer den einschlägigen spanischen Geschichtswerken (Medina, Las Casas, Herrera, Oviedo y Baños, Mendoza, Oviedo u Valdes, Simon) sind folgende zusammenfassende Arbeiten zu nennen: K. Häbler. Eine deutsche Kolonie in Venezuela. Historisches Taschenbuch. 6. Folge Bd. 8 (1890), S. 205—236. — K. Häbler, Welser und Ehinger in Venezuela. Zschr. d. Hist. Vereins f. Schwaben u. Neuburg 21 (1894), S. 66—146. — K. Häbler, Die Welser in Venezuela. Allg. Ztg. 1896, Beilage Nr. 246, 239. — P. Hantzsch, Deutsche Reisende des 16. Jahrhunderts. Leipziger Studien aus dem Gebiete der Geschichte I, 4 (1895), S. 1—49. Ausführliche Litteraturnachweise. — F. A. Junker v. Langegg, El Dorado. Geschichte der Entdeckungsreisen nach dem Goldlande El Dorado im 16. und 17. Jahrhundert. Leipzig 1888, S. 9—22. — P. Sapff, Schwaben in Amerika seit der Entdeckung des Weltteils. Württemb. Neujahrsblätter Nr. 10 (Stuttgart 1893), S. 4—7. — G. A. v. Klöden, Die Welser in Augsburg als Besitzer von Venezuela. Zschr. f. Allg. Erdk. Berlin 1856, S. 434—485. — K. Klunzinger, Der Anteil der Deutschen an der Entdeckung von Südamerika oder Abenteuer des Ambrosius Dalfinger und des Nikolaus Federmann, beider von Ulm. Stuttgart 1857. — M. v. Bolschwing, Deutsche Kolonialgeschichte. Leipzig 1888. Bd. I, S. 47—49. — G. Reichard, Die Welser in Venezuela. Im neuen Reich 1875ff, S. 41—56. — H. A. Schumacher, Die amerikanischen Unternehmungen der Augsburger Welser. Deutsche Geogr. Blätter Bremen 12 (1889), S. 5—21. — H. A. Schumacher und H. Schumacher, Die Unternehmungen der Augsburger Welser in Venezuela und Juan de Castellanos. Hamburgische Festschrift zur Erinnerung an die Entdeckung Amerikas. Hamburg 1892. Bd. I, S. 1—329. Wichtigstes Quellenwerk mit ausführlichen Litteraturangaben. — Schürmeyer, Die Welser in Venezuela. Jahresbericht d. Frankfurter Vereins f. Geogr. u. Statistik. Frankfurt a. M. 1899, S. 26—31. — H. Topf, Deutsche Statthalter und Konquistadoren in Venezuela. Smlg. gemeinverständl. wiss. Vorträge Heft 163. Hamburg 1893. — A. Zimmermann, Kolonialgeschichtliche Studien. Oldenburg und Leipzig 1895, S. 307—321. — Für wertvolle Berichtigungen bin ich Herrn Professor Dr. Konrad Häbler in Dresden, dem besten Kenner jenes Zeitabschnittes, zu großem Dank verpflichtet.

Dieſe wenigen Worte laſſen nicht ahnen, welch' großartige Mittel ein ſchwäbiſches Kaufhaus aufwandte, um vaterländiſchem Kapital und deutſcher Unternehmungsluſt einen Anteil an den Wunderländern der Neuen Welt zu ſichern, welcher Anſtrengungen es bedurfte, um das Erworbene zu behaupten und welch' trauriger Ausgang das wahrhaft nationale Werk und damit die verheißungsvollen Anfänge einer überſeeiſchen deutſchen Kolonialpolitik zum Scheitern brachte.

Und doch ſind die Koloniſationsverſuche, die ſüddeutſche Kaufherren im 16. Jahrhundert in Südamerika wagten, lange Zeit hindurch wenig bekannt und bis vor kurzem auch verkannt geweſen. Man war gewöhnt, das Welſerſche Unternehmen als keine rühmliche That, ſondern nur als eine ununterbrochene Reihe von Grauſamkeiten und Willkürlichkeiten zu betrachten, die dem deutſchen Namen wenig Ehre gemacht hätten.¹) In unerhörteſter, eigennützigſter Weiſe ſollten die Welſer und ihre Feldhauptleute in Venezuela gehauſt haben. Man hat ſie als fahrende Glücksritter, als rohe Landverwüſter und als gewiſſenloſe Abenteurer von unbegrenzter Habſucht hingeſtellt, die auf tollkühnen, aber ergebnisloſen Raubzügen die fruchtbarſten Gegenden verheerten und, ſchlimmer als Raubtiere, 4—5 Millionen Indianer um des Goldes willen hinmordeten. Die ſpaniſchen Konquiſtadoren Cortez, Pizarro und andere, die ebenfalls haarſträubende Greuel begingen, ſollen im Vergleich zu den Deutſchen noch gute Menſchen geweſen ſein!

Dieſe einſeitigen und nichts weniger als ſchmeichelhaften Urteile entſtammen ſpaniſchen Quellen, die den Deutſchen aus nationaler, religiöſer und handelspolitiſcher Eiferſucht nie freundlich geſinnt waren. Zu dieſen Gegnern gehört in erſter Linie der ſonſt ſo ehrenwerte Dominikanerprior und Indianerapoſtel Bartolomé de las Caſas. Seine durchaus parteiiſch abgefaßten Schriften, in denen er als edler Menſchenfreund ſich der armen, geknechteten Indianer gegen ihre europäiſchen Bedrücker annimmt und als ſpaniſcher Patriot vor allem die deutſchen Eindringlinge angreift, haben ſeitdem die geſchichtliche Darſtellung in tiefgreifender Weiſe beeinflußt, obwohl viele der erhobenen Anſchuldigungen von vornherein den Stempel der Übertreibung und Unwahrheit an der Stirn tragen und mit daraus zu erklären ſind, daß Las Caſas ſelbſt das Welſerland erwerben und nach ſeiner Art koloniſieren wollte. So haben die Deutſchen kaum 4—5 Millionen Eingeborene getötet, und die Welſer zogen aus ihrem ſüdamerikaniſchen Beſitz niemals den ihnen angedichteten Gewinn, im Gegenteil, ſie vermochten nicht einmal die Unkoſten zu decken. Gewiß iſt nicht zu leugnen, daß nur der Golddurſt die Deutſchen wie alle Fremden in die Neue Welt trieb, daß ſie ſich viele Gewaltthaten und Bedrückungen zu Schulden kommen ließen, und daß bei ihren Unternehmungen der Sklavenhandel eine große Rolle ſpielte. Aber derartige unentſchuldbare Handlungen waren damals in Amerika an der Tagesordnung, und die an den Pranger geſtellten Deutſchen haben in Venezuela nicht anders gewirt-

---

¹) Sehr ſcharf gegen die Welſerſchen Feldhauptleute ſprechen ſich z. B. aus: Der franzöſiſche Reiſende Tauxion Lavauſſe (in Vulpius). Nikolaus Federmann und ſein merkwürdiger Zug ins Goldland der Neuen Welt. Bertuchs Geogr. Ephemeriden 46 [1815], S. 183—188); R. Kleinſchmidt, Augsburg, Nürnberg und ihr Handelsſtocken im 15. und 16. Jahrhundert. (Kaſſel 1881 (Kapitel 6: Venezuela); B. Sievers, Venezuela. Hamburg 1888, Z. 7.

schalter als ihre Richter, die Spanier. Auch der Sklavenhandel galt bis ins 19. Jahrhundert als ein ehrliches Gewerbe — einer unserer eifrigsten Patrioten und Kolonialschwärmer, Joachim Nettelbed, der berühmte Verteidiger Kolbergs, der die preußischen Könige wiederholt zur Erwerbung einer Kolonie in Guinea und Guyana aufforderte, ist Kapitän eines Sklavenschiffes gewesen — und Las Casas wurde selbst der Vater des unmenschlichen Negerhandels, indem er vorschlug, statt der unter der harten Behandlung massenhaft dahinsterbenden schwächlichen Indianer die kräftigen Afrikaner zur Zwangsarbeit zu verwenden. So erhielten auch die Welser wie alle Kolonisatoren das Recht, feindselige Eingeborene zu Sklaven zu machen und unter gewissen Einschränkungen zu verkaufen. Im übrigen aber liegen manche Beweise vor, daß es bei weitem nicht so schlimm um die Indianer Venezuelas bestellt war, wie es Las Casas behauptete. Außerdem waren die Indianer keineswegs die von ihm geschilderten friedfertigen Naturkinder, sondern kriegerische, zum Teil menschenfressende Wilde, die durch ihre unausgesetzten Überfälle und ihre vergifteten Pfeile eine stete Gefahr für die Ansiedler bildeten.

Seit einem Jahrzehnt hat endlich auch die deutsche Geschichtsforschung sich der alten Welserkolonie angenommen und die durch einseitige, lückenhafte Quellen entstellten Thatsachen wesentlich berichtigt. Namentlich die wertvollen Untersuchungen von Hermann Schumacher und Konrad Häblers hingebende archivalische Studien in London und Sevilla haben eine ganze Reihe bisher unbekannter und unbenutzter Urkunden zu Tage gefördert, und ihre vorurteilslosen, kritischen Erörterungen, welche die deutscherseits begangenen Übergriffe weder entschuldigen noch beschönigen, gewähren einen völlig neuen Einblick in die damaligen Verhältnisse. Nur aus Neid und Haß hat man an das Vorgehen unserer Landsleute einen anderen Maßstab angelegt als an das Verhalten der Spanier, und mit wehmütigem Stolz können wir heute auf die Thaten unserer deutschen Pioniere in Venezuela zurückblicken.

II.

Die Entdeckungen der Spanier und Portugiesen hatten die alten Landhandelswege durch die neu aufgefundenen Seewege fast völlig verdrängt und dadurch eine Verschiebung des Handels von Mittel- nach Westeuropa nach sich gezogen. Jedes Jahr wurden neue, Aufsehen erregende Entdeckungen gemacht, neue unerschöpfliche Gold- und Gewürzländer erschlossen, und die mit Schätzen beladenen Abenteurer aus aller Herren Ländern verbreiteten überall den Ruf von fabelhaften Goldreichtümern in der Neuen Welt. Der Gedanke, jene wertvollen Fundstätten leicht und auf Unkosten der fremden Völker auszubeuten, die den europäischen Waffen nicht gewachsen waren, regte die Auswanderungslust mächtig an, und von dem Goldfieber, das alle Nationen ergriff, blieben auch die bedächtigen Deutschen nicht verschont. Zahlreiche deutsche Landsknechte, Seefahrer, Kaufleute und Missionare haben damals in fremden Diensten und für fremde Interessen in Asien und Amerika Gut und Leben gelassen, während sich in den Haupthandelsplätzen des Mittelmeergebietes und längs der Atlantischen Küste die Agenten und Faktoren der großen Nürnberger, Augsburger, Ulmer und Straßburger Geschäftshäuser niederließen. Die frisch aufblühenden Stapelplätze Sevilla und Lissabon und das langsam dahinsiechende Venedig waren damals die bevorzugten Sitze und die hohen Schulen der Kaufmannschaft; dorthin wurden die Söhne der hervorragendsten Firmen zur Vervollkommnung ihrer Ausbildung geschickt.')

Obwohl Deutschland in demselben Maße, als der Einfluß der meerbeherrschenden Mächte Portugal und Spanien stieg, durch die Ablenkung des bisherigen Landhandels in Gefahr kam, seine wichtigste Wohlstandsquelle zu verlieren, hielt es sich untätig im Hintergrund. Einmal nahm die gewaltige Reformationsbewegung die allgemeine Aufmerksamkeit voll und ganz in Anspruch, und nach dem unaufhaltsamen Niedergang der Hansa, die den neuen Entdeckungen teilnahmslos gegenüberstand und kaum noch die Trümmer ihres nordischen Verkehrs behauptete, fehlte andererseits die Grundbedingung kolonialer Entwicklung, eine starke Flotte. Erst als ein guter Teil Amerikas vergeben war, fiel es den Deutschen ein, sich ebenfalls in der Neuen Welt festzusetzen. Diese leider mißglückten Versuche gingen von den tatkräftigen, unternehmungslustigen süddeutschen Kaufherren aus, die den veränderten Zeitläuften in genialer, großartiger Weise Rechnung trugen, indem sie in solcher Erkenntnis der neuen Verhältnisse sofort die nötigen Maßnahmen trafen, um auch trotz des Wechsels der Dinge ihren Vorteil zu wahren. Die Schwaben waren überhaupt die einzigen Deutschen, die nicht, wie die Flamländer, aus unbestimmtem Abenteurerdrang, sondern planmäßig und berechnend die neugefundenen Länder in Indien und Amerika aufzusuchen und auszunutzen trachteten. Vor allem sind es die Augsburger Patriziergeschlechter der Fugger und Welser gewesen, die den deutschen Überseehandel in ihre Hand brachten und sich einen bleibenden Namen in unserer Kolonialgeschichte erworben haben. Indem sie an den Handelsfahrten der Spanier und Portugiesen teilnahmen, ließen sie als erste Deutsche eigene Schiffe nach Amerika und Indien gehen, ließen sich durch ihre Agenten über jede Bewegung auf dem Gebiet des Handels und der Politik unterrichten, legten Faktoreien und Pflanzungen an und dachten endlich an überseeischen Landerwerb.')

') Vor allem war das kleine Portugal als Beherrscherin des Indienhandels zu ungeahntem Aufschwung gelangt. Seine Hauptstadt Lissabon wurde der Sitz eines Weltverkehrs, der sich bis nach China und Japan erstreckte, und ragte auch durch wissenschaftliche Tätigkeit unter allen Auslandsbahnen hervor. In denen sich eine stärkere deutsche Kolonie niedergelassen hatte. Hier wohnte der Nürnberger Ritter Martin Behaim, der mit Diego Caô 1485 die Kongomündung entdeckte und den ersten erhaltenen Globus verfertigte. Sein Schwiegervater Joost v. Hurter aus Brügge wurde zum Statthalter der Azoren ernannt und besiedelte sie mit flämischen Kolonisten, nach denen die Inselgruppe bis ins 17. Jahrhundert Ilhas Flamengas (Flämische Inseln) hieß. Flamländer und Schwaben erscheinen überhaupt als die unternehmungslustigsten Auswanderer der damaligen Zeit. Der in Lissabon ansässige mährische Buchdrucker Valentin Ferdinand ist erwähnenswert als Herausgeber einer Anzahl zeitgenössischer Reisebeschreibungen und als Rater der Firma Welser. Dort hielt sich auch längere Zeit deren aus Augsburg stammender Faktor Lucas Rem auf, einer der hervorragendsten, vielgereisten Kaufleute des beginnenden 16. Jahrhunderts. Nicht genau kennt man den Namen eines Deutschen, der bei den Portugiesen João Rodriguez heißt und mehrmals die Guineaküste besuchte. Unbekannt ist endlich der Name eines flämischen Matrosen, der Vasco da Gamas zweite Indienfahrt mitmachte und sie in einem uns bruchstückweise erhaltenen Tagebuch beschrieben hat. Auch an Magellans Weltumsegelung nahmen vier Deutsche teil.

') B. Greiff, Tagebuch des Lucas Rem aus den Jahren 1494—1541. Ein Beitrag zur Handelsgeschichte der Stadt Augsburg. 26. Jahresbericht d. Hist. Kreisvereins im Reg.-Bez. von Schwaben und Neuburg f. d. Jahr 1860, Augsburg 1861, S. VIII—XX, 1—110. — Kleinschmidt, a. a. O. Kap. 1, 5, 6. — Danzich, a. a. O. S. 1—9.

Schon seit dem 15. Jahrhundert waren die aus den bescheidensten Verhältnissen entsprossenen Fugger durch geschickte Geldgeschäfte, ausgedehnten Bergwerksbetrieb und großartige Handelsunternehmungen zu hohem Reichtum gelangt, sodaß alle Welt von den reichen Fuggern sprach und das geflügelte Wort „Reich wie ein Fugger" aufkam. 1505, wenige Jahre nach der Entdeckung des Seeweges nach Indien durch Basco da Gama, trat die Firma mit den Welsern, Höchin und andern Augsburger Kaufherren zu einer Gesellschaft zusammen, um mehrere Schiffsladungen der kostbaren Gewürze, die man bis dahin zu Lande über Venedig erhalten hatte, auf dem neuen Seeweg unmittelbar aus Ostasien zu beziehen. Die erste, aus drei Schiffen, jedoch unter portugiesischen Kapitänen und aus portugiesischer Bemannung bestehende Expedition, die nach langwierigen Unterhandlungen mit dem König von Portugal zustande kam und im Gefolge des ersten Bizekönigs von Indien, Almeida, dorthin abging, brachte auch nach Abzug der sehr beträchtlichen Unkosten 150%, Kringewinn¹). Eine zweite Indienfahrt dagegen schlug fehl, weil zwei Schiffe zu Grunde gingen, wenn auch die Ladung gerettet wurde. Da aber infolge des Schiffbruches unliebsame Streitigkeiten mit der Krone Portugal entstanden und da letztere die Pfefferpreise immer höher hinauftrieb, so wurde der Indienhandel aufgegeben und ein Verkehr mit den spanischen Besitzungen im Stillen Ozean angebahnt. Die Fugger beteiligten sich mit 10000, die Welser mit 2000 Dukaten an dem voraussichtlichen Ertrag einer spanischen Expedition, die 1526 den Portugiesen die Hauptlieferstätte der Gewürze, die Molukken, entreißen sollte. Allein das Unternehmen scheiterte, und die angelegten Kapitalien gingen völlig verloren. Wohl vermochten die Spanier ihre Herrschaft auf der Inselgruppe zu begründen. Als jedoch die Nachricht dorthin gelangte, daß der spanische König Karl V. seine Ansprüche auf die Molukken an die Portugiesen verkauft habe, wurden die Spanier von letzteren überfallen und teils getötet, teils gefangen genommen. Damit erhielt der eben im Aufblühen begriffene spanische Gewürzhandel den Todesstoß.

Ohne den Ausgang eines Jahre lang sich hinschleppenden Rechtsstreites abzuwarten, den die Fugger zur Wiedererlangung ihres Geldes angestrengt hatten, faßten sie den neuen weit ausschauenden Plan eines Kolonisationsunternehmens in Chile. 1530 kamen sie um die Erlaubnis ein, für alle Inseln, die sie binnen acht Jahren zwischen der chilenischen Küste und einem 1100 km von ihr entfernt gedachten Längenkreis auffinden würden, das Entdeckerrecht zu beanspruchen und sie zu einer Provinz unter ihrer Verwaltung zu vereinigen. Vielleicht leitete sie die Absicht, den von den Spaniern aufgegebenen Gewürzhandel mit den Molukken auf dem Wege durch die Magellanstraße auf eigene Faust wieder aufzunehmen. Die von den Fuggern gestellten, ziemlich weitgehenden Bedingungen wurden von dem ihnen tief verschuldeten König Karl V. nach langen Verhandlungen angenommen; doch ist über den Fortgang des Unternehmens aus Mangel an Urkunden nichts mehr bekannt geworden. Möglicherweise machten die Fugger gar keine ernstlichen Anstrengungen, den Kolonialplan zu verwirklichen, oder sie gaben

---

¹) Über den Verlauf dieser Expedition berichten die Tagebücher von Lucas Rem, Hans Raye und Balthasar Sprenger. Vgl. nach F. Kunstmann, Die Fahrt der ersten Teutschen nach dem portugiesischen Indien. München 1861. — S. Ruge, Geschichte des Zeitalters der Entdeckungen. Berlin 1881, S. 148—151.

ihn auf, nachdem sie die Mißerfolge des gleichzeitigen Kolonisationsversuches der Welser in Venezuela sahen¹).

Neben den Fuggern waren als ihre Nebenbuhler in Augsburg auch die Welser emporgeblüht. Klein anfangend, gewannen sie durch glücklichste Benutzung der Verhältnisse, durch Monopolisierung einzelner Handelszweige, durch Umsicht und Sachkunde, endlich durch gewagte Geld- und Kreditgeschäfte ein fabelhaftes Vermögen, aber auch viele Feinde, die ihnen nicht mit Unrecht vorwarfen, daß sie als Volksschinder und Großwucherer durch übermäßige Verteuerung notwendiger Bedürfnisse, durch einen drückenden monopolistischen Handelsbetrieb die Leute ausbeuteten und fremde Kaufleute schädigten. Zur Vertretung ihrer ausgebreiteten Interessen unterhielten sie in den bedeutendsten europäischen Handelsplätzen ständige Agenten, Kontore und Niederlagen und sicherten sich auf Grund weitgehender Privilegien nicht nur einen schwunghaften Levantehandel, sondern verstanden es auch, aus der Kolonialpolitik Nutzen zu ziehen, indem sie sich in Spanien und Portugal naturalisieren ließen und dadurch alle die Vorteile erlangten, welche die Krone sonst bloß ihren eigenen Untertanen einzuräumen pflegte. Namentlich die mit dem portugiesischen König abgeschlossenen Verträge über den Gewürzhandel brachten den Welsern ungeheure Reichtümer ein. Daher konnte man sicher sein, überall dort, wo sich im Ausland die Aussicht auf ein gewinnbringendes Geschäft eröffnete, Welserische Schiffe und Faktoren anzutreffen. Ferner besaß die Firma auf Madeira Niederlassungen und auf der Kanareninsel Palma eine Plantage, die aber als wenig einträglich wieder verkauft wurde²). Dafür knüpften die Welser, als die Monopolmaßnahmen der Portugiesen ihren Indienhandel immer mehr erschwerten, mit dem spanischen Amerika Beziehungen an, was um so leichter war, als Karl V., derselbe mächtige Herrscher, in dessen Reich die Sonne niemals unterging und dem die unermeßlichen Schätze der Neuen Welt zuströmten, sich in ständiger Geldverlegenheit befand. Wie den Fuggern, so war er auch den Welsern beträchtliche Vorschüsse — nicht weniger als 12 Tonnen Goldes — schuldig geblieben. Diese Thatsache scheint der Anlaß gewesen zu sein, daß er

---

¹) K. Häbler, Die Fugger und der spanische Gewürzhandel. Ztschr. d. Hist. Vereins f. Schwaben und Neuburg 19 (1892). S. 25—44. — K. Häbler, Die kolonialen Unternehmungen der Fugger, Ehinger und Welser im 16. Jahrhundert. Ztschr. d. Ges. f. Erdkunde Berlin 27 (1892), S. 405—419.

²) Das betreffende Aktenstück enthält eine Zuschrift, in der ein Kölner Bürger über ein Geschäft Klage führt, das sein Schwiegervater mit den Welsern gemacht habe, indem er ihre Besitzung beim heutigen Hafen Tazacorte auf Palma for 11 000 Gulden gekauft habe. Die Welser hatten sich über die Ertragsfähigkeit jener Niederlassung getäuscht und suchten, sie sobald als möglich los zu werden. Auch der neue Besitzer scheint nicht viel Freude an ihr gehabt zu haben; denn der von ihm zur Abschließung des Kaufvertrages abgeschickte Faktor ließ sich in Köln nicht wieder sehen, verweigerte jede Zahlung und Rechnungsablegung und verlangte vielmehr immer neue Summen zum Geschäftsbetrieb, wobei er, der vorher ein armer Schlucker war, ein wohlhabender Mann wurde. Auf ihn bezieht sich denn auch jene Klageschrift. Welchen Ausgang sie oder ein später geführter Prozeß gehabt hat, ist eben so wenig bekannt geworden wie die weiteren Schicksale des deutschen Besitzes auf den Kanaren. C. Rottwo, Aus einem Kölner Aktenstück über den Besitz der Welser auf den Kanarischen Inseln im 16. Jahrhundert. Ztschr. d. Hist. Verband f. Schwaben und Neuburg 23 (1896), S. 248.

nach längeren Verhandlungen den Welsern 1525 die wichtige Erlaubniß erteilte, „aus Spanien segeln zu lassen nach dem neuen Indien auf eigene Kosten und Abenteuer, wann und so oft sie wollten, als wären sie Spanier." Die Firma gründete deshalb auf der westindischen Insel St. Domingo, dem damaligen Mittelpunkte des europäisch-amerikanischen Verkehrs, ein eigenes Kontor, mit dessen Einrichtung und Leitung sie einen ihrer bewährtesten Vertreter, Ambrosius Ehinger aus Ulm, beauftragte. Er sollte zugleich die dortigen Zucker- und Baumwollpflanzungen seines Hauses bewirtschaften, sowie die Aus- und Einfuhr überwachen.

III.

Der mit den spanischen Verhältnissen wohlvertraute Mann hörte während seines Aufenthaltes von dem Gerüchte, daß die Nordküste des benachbarten Festlandes von Südamerika, die von ihrem Entdecker Hojeda wegen der Ähnlichkeit eines auf Pfählen erbauten Indianerdorfes mit Venedig Venezuela oder Klein-Venedig genannt worden war, reich an Sklaven, Perlen und fruchtbarem Boden sei und den Eingang zu einem märchenhaften Goldland bilde. Ueberdies hoffte man damals noch, in jenen Gegenden eine sehnlichst gesuchte Wasserstraße vom Atlantischen zum Stillen Ozean zu finden. Endlich ging wahrscheinlich das Engagement zu Ende, das Ambrosius Ehinger und seine Brüder, der damaligen Gewohnheit entsprechend, nur für wenige Jahre mit den Welsern abgeschlossen hatten¹). Die Ehinger faßten also im Verein mit dem Welserischen Agenten Hieronymus Sailler den Plan, auf eigene Gefahr in dem vielversprechenden, von der spanischen Krone noch nicht vergebenen Venezuela ein Kolonialunternehmen ins Leben zu rufen. Thatsächlich wurde dank dem diplomatischen Geschick und der einflußreichen Stellung Heinrich Ehingers 1528 der Lehensbrief ausgefertigt, durch den die Ehinger und Hieronymus Sailler Eroberungsrechte auf Venezuela erhielten. Ihr Besitz durfte sich vom Atlantischen bis zum Stillen Ozean erstrecken, während die Binnengrenze nicht fest bestimmt wurde. Einer der Vertragschließenden sollte im Einverständnis mit der spanischen Krone das Amt eines Königlichen Statthalters bekleiden und neben der militärischen und Gerichtsverwaltung das Recht haben, alle andern Beamten in der Kolonie zu ernennen. Außerdem gewährte das Abkommen noch die sonst üblichen Vorteile und Gerechtsame und gestattete die jährliche Einfuhr von 400 Negersklaven nach Amerika. Dafür verpflichteten sich die neuen Herren, gemäß den damals für koloniale Unternehmungen erlassenen Bestimmungen, unverzüglich 400 Ansiedler abzusenden, binnen zwei Jahren auf einer 200 Stunden langen Strecke 2 Städte und 3 Festungen anzulegen und die in Amerika geltenden Gesetze zu beobachten, insbesondere nur solche Indianer zu Sklaven zu machen, die sich der Unterwerfung und der Annahme des Christentums hartnäckig widersetzten. Endlich sollten behufs planmäßigerer Ausbeutung der Bodenschätze der Neuen Welt 50 gelernte deutsche Bergleute mitgenommen werden. Bezüglich des Seeleches mit Europa blieb die für alle spanischen Kolonien maßgebende Vorschrift in Kraft, daß kein unmittelbarer Handel mit Deutschland getrieben werden durfte, sondern daß aller Schiffs-

---

¹) Vielleicht bestand auch eine ebenfalls nur für kurze Zeit zusammengetretene Handelsgesellschaft Ehinger-Welser, in der die drei Brüder Heinrich, Georg und Ambrosius Ehinger eine wichtige Stimme hatten.

verkehr über Spanien gehen mußte. Zu diesem Zweck war den beigegebenen spanischen Kronbeamten ein Kontrolrecht eingeräumt worden. Somit waren die Ehinger keineswegs unbeschränkte Herren des Landes, das man auch streng genommen nicht als eine deutsche Kolonie bezeichnen darf. Doch konnten sie im übrigen innerhalb ihres Besitzes nach Belieben schalten und walten, in dem freilich die deutschen Ansiedler stets entschieden in der Minderheit blieben. Auch kennt man keinen Fall daß sich ein deutscher Kolonist dort durch Heirat seßhaft gemacht hätte.

Ambrosius Ehinger erhielt die Oberleitung Venezuelas, und nach Häblers Forschungen kann kein Zweifel mehr darüber bestehen, daß er derselbe Mann ist, der in Amerika fortan Ambrosius Alfinger oder Dalfinger heißt und unter diesem Namen der Nachwelt als erster Feldhauptmann und Statthalter der neuen Kolonie überliefert worden ist. Während er in den spanischen Urkunden stets Alfinger oder de Alfinger geschrieben wird, nennt ihn sein Stellvertreter, der ebenfalls aus Ulm gebürtige Nikolaus Federmann, Dalfinger und einmal sogar Talfinger, ein Name, der sich auf seinen Geburtsort Thalfingen bei Ulm bezieht. Häbler meint nun, daß Ambrosius seinem Familiennamen Ehinger, der für die Spanier unaussprechbar war, eine seiner fremden Umgebung verständlichere Form gegeben habe, und daß er wegen des großen Wertes, den die Spanier auf eine adelige Geburt legten, gleich vielen andern deutschen Patriziersöhnen sich das Adelsprädikat beilegte. Die Namensänderung selbst geht nach Nestle darauf zurück, daß die Ehinger, eine in Ulm sehr weit verzweigte und deshalb durch Beinamen unterschiedene Familie, seit alters auch in dem jetzt bayrischen Nachbarort Thalfingen begütert waren. Von ihm aus konnte Ehinger leicht zu seinem neuen Namen de Alfinger gekommen sein, wie überhaupt Namensänderungen eine damals sehr beliebte Willkürlichkeit waren, der zu Liebe gar mancher seinen guten deutschen Namen mit einem griechischen oder lateinischen vertauschte. Jedenfalls ist daran festzuhalten, daß der erste deutsche Gouverneur von Venezuela von Haus aus Ambrosius Ehinger hieß[1]).

Sofort nach Abschluß des Vertrages trafen die Ehinger die erforderlichen Vorbereitungen und rührten die Werbetrommel. Bald war eine stattliche Schar von Soldaten und Kolonisten um sie versammelt, unter denen aber sehr viele minderwertige Elemente waren. Sie mußten versprechen, allen Aufwand ihrer Herren für Ausrüstung und Überfahrt wieder zurückzuerstatten und hatten, um dem spanischen Auswanderungsgesetz zu genügen, durch je zwei ehrbare Zeugen zu erhärten, daß sie weder Juden oder Ketzer, noch der Inquisition verdächtig, auch sonst nicht wegen unehrenhafter Verbrechen vorbestraft, sondern als gute Leute und Christen Kinder und als Unterthanen der Kirche und des Kaisers geboren seien.

An Bord der vier von den Welsern gestellten Schiffe befanden sich 13 der vertragsmäßig zu stellenden Bergleute, die unter günstigen Bedingungen angeworben und in St. Domingo zurückgelassen wurden. Einer von ihnen durfte seine Frau mitnehmen, „auf daß die Gesellen alles Kochens und Waschens halber einen Trost

---

[1]) K. Häbler, Ambrosius Dalfinger, der Feldhauptmann von Venezuela. Allgemeine Zeitung 1895, Beilage No. 62. — E. Nestle, Ambrosius Dalfinger, der Feldhauptmann von Venezuela. Ebd. 1895, Beilage No. 289.

von ihr haben möchten." Später schickten die Welser noch 24 andere Berggesellen nach, die wie die früheren sämtlich aus Böhmen und dem Sächsischen Erzgebirge, insbesondere aus Joachimsthal, stammten. Doch scheint ihnen trotz aller Verträge und Versprechungen das Leben in den Tropen bald unerträglich geworden zu sein, sodaß sie schon nach einem Jahr wieder enttäuscht und mittellos heimreisten und truppweise in jämmerlichem Zustande in Sachsen anlangten. Dort beschwerten sie sich bitter über die ihnen widerfahrene Behandlung und strengten einen Prozeß gegen die mit ihrer Anwerbung betrauten Personen an, gaben sich aber schließlich mit einer bescheidenen Entschädigungssumme zufrieden.[1])

Ambrosius Alfinger übergab die Faktorei auf St. Domingo seinem mitgereisten Landsmann Sebastian Renz aus Ulm, der sich durch vielfache Handelsfahrten in Asien, Afrika und Amerika einen Namen gemacht hat, und landete 1529 mit 400 Mann und 80 Pferden in Venezuela. Dort hatte der spanische Zuckerbauer Juan de Ampies die Indianer der Küste und der vorgelagerten Inseln durch menschenfreundliches Benehmen zu friedlicher Ackerbaukolonisation veranlaßt und dadurch eine gedeihliche Entwicklung angebahnt. Er hoffte bestimmt, daß ihm die Krone die nachgesuchten Entdeckerrechte verleihen würde, und war um so bitterer enttäuscht, als sein Land, wo er zwei Jahre früher den Küstenplatz Coro gegründet hatte, einem Fremden zufallen sollte. Trotz aller Bemühungen vermochte er aber den kaiserlichen Beschluß nicht umzustoßen und mußte nach langem Sträuben widerwillig den Deutschen das Feld räumen. Leider haben diese Ampies' aufblühende Schöpfungen bald wieder vernichtet; andererseits freilich stellen ihn die von Häbler im Britischen Museum aufgefundenen neuen Urkunden keineswegs in so vorteilhaftem Licht dar wie die spanischen Quellen. Er scheint durchaus nicht, dem kaiserlichen Befehl gehorchend freiwillig das Land verlassen zu haben, sondern wurde verhaftet und der größten Übergriffe überführt.

Leider war der Frieden der jungen Kolonie von Anfang an dadurch gestört, daß zwischen Alfinger, der sich sofort als Statthalter huldigen ließ, und den ihm beigeordneten spanischen Beamten anliebsame Kompetenzstreitigkeiten ausbrachen, in die auch die Ansiedler hineingezogen wurden. Dazu kam, daß letztere sehr streng behandelt und in einem straffen Abhängigkeitsverhältnis gehalten wurden, und daß sie für alle Bedürfnisse und Lebensmittel die höchsten Preise zahlen mußten, weil sie den Welsern tief verschuldet waren, und weil letztere bei den durch Todesfälle und Desertion unvermeidlichen Verlusten ihr Kapital nicht wegwerfen wollten. Wenn also Alfinger verlangte, daß seine Untergebenen die von den Welsern empfangenen Vorschüsse zurückzahlen sollen, und wenn er sie zu diesem Zweck scharf überwachte, so ist das leicht zu verstehen. Eben so begreiflich ist es aber auch, daß diese Maßnahmen den vielen zweifelhaften Elementen lästig fielen und wenig geeignet waren, ein freundschaftliches Verhältnis zwischen ihnen und dem Statthalter anzubahnen.

Da die Küste bei weitem nicht so fruchtbar war, wie sie das übertreibende Gerücht geschildert hatte, sodaß die Ernährung der zahlreichen Soldaten in Coro auf die Dauer unmöglich schien, und da der größte Teil des Landes erst nach

---

[1]) J. Falke. Sächsische Bergleute auf St. Domingo. Archiv f. s. Sächsische Geschichte. Leipzig 7 (1869), S. 406—411.

erobert werden mußte, so hielt es Alfinger fürs beste, zunächst das ihm zugefallene Gebiet näher kennen zu lernen. Kaum war daher in Coro einigermaßen Ordnung eingekehrt, als er eine kleinere Expedition längs der Küste nach Osten sandte, während er selbst mit 100 Mann und einem Troß als Lastträger gepreßter Indianer eine vorläufige Kundschaftsreise zum Maracaibo-Golf unternahm, wo das eigentliche verheißungsvolle Goldland liegen sollte. Die tief ins Innere einbringende Meeresbucht wurde an ihrer schmalsten Stelle in Booten und einem riesigen ausgehöhlten Baumstamm übersetzt und am Westufer die, wie die Zukunft lehrte, wenig entwickelungsfähige Niederlassung Maracaibo gegründet. Von diesem zweiten Stützpunkte aus vollführten Alfinger und seine Offiziere eine Reihe von Streifzügen um den Maracaibo-Golf herum und bis ins Schneegebirge der Heiligen Martha, teils um das Entdeckungswerk zu fördern, teils um die Leute zu beschäftigen, die wegen der übermäßig strengen Behandlung meuterten, aber durch die Hinrichtung des Rädelsführers schnell zum Gehorsam zurückgebracht wurden. Diese Züge, auf denen zum ersten Mal das Verschwinden ganzer Ortschaften, das seitdem so gefürchtete „Sich Verhausen" der Eingeborenen, beobachtet ward, die vor den habgierigen, grausamen Eindringlingen in unzugängliche Verstecke flüchteten, waren sehr mühsam und verlustreich, brachten aber ziemlich viel Gold und mehrere Sklavenladungen ein; denn die spanischen Missionare begannen sofort ihr Belehrungswerk, und wer von den Indianern sich der Taufe hartnäckig widersetzte, wurde ohne weiteres in die Sklaverei geschleppt. Wie weit man den in verschiedenem Mundarten redenden Wilden den Zweck und Wert der Mission auseinanderzusetzen vermochte, bleibe dahingestellt. Jedenfalls reichte die Vorzeigung von Meßgewändern und Heiligenbildern und die Verleihung einer Urkunde entschieden über das Auffassungsvermögen jener einfachen Naturkinder hinaus, die man über die Abstammung des Menschengeschlechts von einem Paar und über die Gewalt des heiligen Petrus über alle Menschen auf Erden belehren wollte. Der Papst als rechtmäßiger Nachfolger Petri in der Weltherrschaft habe dann die neue Welt dem spanischen König verliehen, und damit seien auch die Indianer unweigerlich zur Annahme des Christentums und zum Gehorsam gegen den König verpflichtet. Widrigenfalls sollten sie mit Feuer und Schwert bekämpft werden, und auf ihr Haupt solle die Verantwortung für all das Unglück fallen, das daraus entstehen würde. Kein Wunder, wenn unter solchen Umständen der Sklavenraub als ein so einträgliches Geschäft erschien, daß auch Alfinger mit ihm sein Glück versuchte.

Da der Statthalter über ein Jahr von Coro fern geblieben war, so herrschte dort die größte Unordnung, als sein Bruder Georg Ehinger mit 150 neuen Kolonisten eintraf. Der unerfahrene, jähzornige, anmaßende Mann verstand indes weder mit den stolzen, eigensinnigen Spaniern, die von den Deutschen überhaupt nichts wissen wollten, noch mit den eigenen Landsleuten gute Beziehungen anzuknüpfen und meinte, daß er auf Grund des Lehensvertrages nur zuzugreifen brauche, um in der Kolonie die ihm und seinen Brüdern zukommenden Rechte auszuüben. Die mißvergnügten Ansiedler dagegen waren durchaus nicht gewillt, statt eines Fremden deren zwei als Herren über sich zu dulden. Es kam zu ernstlichen Unruhen, die damit endeten, daß Georg Ehinger das Land verlassen mußte, worauf ihm ein kaiserlicher Erlaß die Rückkehr dorthin für alle Zeiten untersagte.

Bald darauf kamen zwei neue Welserische Flotten mit Mannschaften und Vorräten an, und Hans Seißenhofer, der Führer des letzten Transportes, wies eine von den Welsern ausgefertigte Urkunde vor, die ihn zum neuen Statthalter der Kolonie ernannte, weil man Alfinger für tot hielt. Da Seißenhofer über 500 Leute mitbrachte, die in ihm das rechtmäßige Oberhaupt des Landes sahen, so konnten die Spanier nicht wagen, mit ihm ebenso zu verfahren wie mit Georg Ehinger und huldigten ihm alle als Gouverneur.

Mit Seißenhofers Ankunft machen die Welser zum ersten Mal Besitzansprüche auf Benezuela geltend, nachdem sie und ihre Agenten jedenfalls schon vorher als ständige Berater und Helfer der Ehinger bei allen früheren Unternehmungen ihre Hand im Spiel gehabt hatten; denn sie beförderten die Kolonisten auf ihren Schiffen nach Benezuela und übten dort ein drückendes Handelsmonopol aus. Da jedoch nach Häblers scharfsinnigen Darlegungen der Lehensvertrag von 1528 bloß den Ehingern und Hieronymus Sailler ein Anrecht auf die Eroberung und Verwaltung der Kolonie einräumte und der Welser mit keinem Wort gedenkt, so muß man annehmen, daß erstere mit der geldkräftigen Augsburger Firma ein Sonderabkommen getroffen hatten, wonach sie ihr vielleicht gegen Darleihung des Anlagekapitals einen entsprechenden Gewinnanteil gewährten und ihr im Unvermögensfalle das Land selbst zu überlassen versprachen. Vermutlich ist dieser letztere Fall eingetreten, weil die Ehinger nicht über genug Mittel zur Bestreitung der Ausgaben verfügten, die in den ersten Jahren erheblich größer als die Einnahmen waren, sodaß sich die kapitalkräftigen Welser zur Uebernahme Benezuelas für berechtigt hielten. Anfänglich war aber das südamerikanische Unternehmen keine rein welserische Angelegenheit, und entgegen der althergebrachten Anschauung sind nicht die Augsburger Welser, sondern die Ulmer Patrizierfamilie der Ehinger und Hieronymus Sailler als selbständige Handelsgesellschaft, nicht im Auftrage der Welser, die Gründer der ersten deutschen überseeischen Kolonie gewesen. Auch waren nicht die Geldgeschäfte der Welser mit dem ihnen tief verschuldeten Karl V. die unmittelbare Ursache zur Erwerbung Benezuelas, wenngleich sie vielleicht den Abschluß des neuen Vertrages erleichtert haben mögen. Jedenfalls traten ihnen die Ehinger später mit Genehmigung der spanischen Krone ihre schon früher erworbenen Anrechte auf den südamerikanischen Besitz ab, der seitdem das Welserland genannt wurde.

Als Alfinger die Kunde von Seißenhofers Ankunft vernahm, kehrte er eilends nach Coro zurück, und es gelang ihm, seinen Nachfolger zur Abdankung zu bewegen. Doch war seine Gesundheit so angegriffen, und es wurden auch seitens der spanischen Beamten und Ansiedler soviele Anschuldigungen gegen ihn und den von ihm eingesetzten Stellvertreter erhoben, daß er seinem Ulmer Landsmann Nikolaus Federmann die Verwaltung übergab und nach St. Domingo reiste, um sich dort zu erholen und zu verantworten. Es glückte ihm auch nach und nach, die stark übertriebenen, obschon nicht ungerechtfertigten Anklagen vor dem spanischen Kolonialgerichtshof, der Audiencia, zu entkräften und mit den Welsern eine Einigung zu erzielen, sodaß er nicht zum wenigsten um seiner reichen Erfahrung willen, in der Statthalterwürde belassen wurde. Doch scheint er selbst eingesehen zu haben, daß die Ehinger mit ihren beschränkten Mitteln die Kolonie nicht würden behaupten können, daß vielmehr nur ein Welthaus wie die Firma Welser das begonnene Werk zu erhalten und fortzuführen vermöchte.

Darauf kam im Februar 1531 jener Vertrag zu stande, durch den Venezuela als spanisches Kronlehen von den Ehingern auf die Welser überging. Die höchste Gewalt sollte eine im Einverständnis mit dem spanischen König von ihnen ernannte und von der Krone zu bestätigende Persönlichkeit ausüben, die ebensogut ein Deutscher als ein Spanier sein konnte und besonders in den letzten Jahren der Welserischen Herrschaft meist ein Spanier gewesen ist.[1]

IV.

Obwohl Federmann von Alfinger den gemessenen Befehl erhalten hatte, während seiner Abwesenheit keinen Vorstoß ins Innere auszuführen, war die Abenteuerlust in ihm so mächtig, daß er sich nicht an das gegebene Wort band und mit 120 Christen und 100 Indianern einen Entdeckungs- und Raubzug antrat. Im fruchtbaren Thal von Barquisimeto war die bunte Kunde von einem zweiten großen Meer verbreitet, und Federmann glaubte nunmehr dem Zugang zum Stillen Ozean auf der Spur zu sein. Obwohl seine Soldaten massenweise erkrankten und die als Träger gepreßten Indianer entflohen, zog er über die Bergeinöden und durch die ungeheueren Urwälder der venezolanischen Cordillere südwärts. Da die Erzählung von einem großen Wasser, auf dem sich ein hölzernes Haus mit weißen, bärtigen Männern gezeigt habe[2], nach Süden hin immer bestimmter wurde, so drang Federmann trotz unsäglicher Entbehrungen in die endlosen Llanos ein, bis er endlich jenes Wasser erblickte, das, weil er zur Regenzeit die weithin überschwemmten Uferlandschaften betrat und weil Nebel die Fernsicht verhinderten, allerdings den Eindruck eines unbegrenzten Meeres machte. Eine nähere Untersuchung wurde durch die unaufhörlichen Angriffe der Indianer verhindert, sodaß Federmann nicht feststellen konnte, daß er nur einen der nördlichen Zuflüsse des Orinoko erreicht hatte. Ein Vorstoß nach Westen, der auf dem Rückzug zur Entdeckung der Südsee versucht wurde, blieb ergebnislos, und ohne eigentliche Erfolge, durch Fieber, Nahrungsmangel und unausgesetzte Kämpfe mit den Eingebornen schwer mitgenommen, kehrten die Reste der Expedition, die nur wenige Meilen über das schon früher erkundete Gebiet hinausgekommen war, nach Coro zurück.

Wider alles Erwarten fand Federmann nicht, wie er gehofft, die Botschaft vom Tode Alfingers vor, sondern den Statthalter selbst, gesund und thatenlustig, aber auch höchst aufgebracht über die Eigenmächtigkeit seines Untergebenen, der soviele Kräfte und Barrüte nutzlos vergeudet hatte. Aber trotzdem wagte Alfinger nunmehr selbst im Einverständnis mit den Welsern einen sorgsam vorbereiteten Zug; und da Federmanns Erfahrungen seine alte Meinung bestätigten, daß das hoffnungsvollste Gebiet der Kolonie im Westen liege, so übergab er einem seiner spanischen Freunde die Oberleitung des Welserlandes und marschierte zunächst nach seiner Lieblingsschöpfung Maracaibo. Von dort aus wandte er sich erst nach Westen und dann nach Süden, um den Zugang zur Südsee und die Goldlagerstätten zu finden. Der Weg führte über die wilden Gebirgsmauern der Sierra Nevada de Sta. Martha in die Thäler des heutigen

[1] K. Häbler, Welser und Ehinger. — K. Häbler, Der Welser-Kodex im British Museum zu London. Allgemeine Zeitung 1894, Beilage No. 285, 286.
[2] Es waren Leute von der großen Erpedition unter Diego de Ordaz, dem berühmten Gefährten von Cortez, gewesen.

Columbiens. Hier machte Alfinger lohnende Beute, und um sie der unverhohlenen Lüsternheit seiner Leute zu entziehen und gleichzeitig durch Proben von dem Goldreichtum neue Nachschübe zu erhalten, schickte er eine kleine Abteilung mit 1¹/₂ Millionen Mark nach Coro zurück. Die Boten verirrten sich aber im Urwald, und gingen, nachdem sie den quälenden Hunger mit dem Fleisch getöteter Indianer vergebens zu stillen gesucht, samt dem Gold elend zu Grunde. Nur ein einziger blieb am Leben. Er irrte mehrere Jahre lang nach in den Wäldern umher und nahm vollständig die Gewohnheiten der Wilden an, bis er zufällig von den heimkehrenden Resten der Alfingerschen Expedition aufgefunden wurde.

Auf dem Weitermarsch hoffte Alfinger in einem nach Süden fließenden Strom schon einen Wegweiser zum Stillen Ozean gefunden zu haben, als er ihn zu seiner bittern Enttäuschung in einen entgegengesetzt gerichteten Strom einmünden sah. Es war der zur Regenzeit gewaltig angeschwollene Magdalenenstrom, der, zum Atlantischen Ozean fließend, unmöglich die sehnlichst gewünschte Wasserstraße sein konnte. Die ungeheure Wasserfülle vereitelte alle Ueberschreitungsversuche; und da die inzwischen eingetroffenen Verstärkungen sehr ungünstige Nachrichten von der Küste mitbrachten, entschloß sich der Feldhauptmann zur Umkehr trotz des Murrens seiner Leute, die infolge dunkler Andeutungen seitens der Indianer das sabelhafte Goldland unmittelbar am linken Ufer des Magdalenenstromes zu finden glaubten. Mit Entschiedenheit trat Alfinger ihren Zumutungen entgegen, sodaß der Tumult ohne ernstere Folgen blieb. Nur das eine Zugeständnis machte er seinen Soldaten, daß er auf einem andern Wege über das Hochgebirge zur Küste zurückwanderte.

Der Rückzug war außerordentlich mühevoll. Wochenlang ging es durch überschwemmte Urwälder, bis man nach vielen Verlusten wieder zum Schneegebirge der heiligen Martha kam. Mit größten Anstrengungen erklommen die Erschöpften die steilen, tief durchschluchteten Berghänge, bei Tage die Angriffe der streitbaren Indianer, die ihre Dörfer niederbrannten und zu keiner Verständigung zu bewegen waren, mit heldenmütiger Tapferkeit zurückweisend, nachts schutzlos dem Schnee und den eisigen Winden preisgegeben, bei mangelhafter Kleidung vom Fieber geschüttelt und vor Kälte fast erstarrt. Tagelang waren auf den menschenarmen, baumlosen Hochflächen keine Lebensmittel und kein Brennmaterial aufzutreiben, sodaß fast 20 Christen und Indianer verhungerten oder erfroren, während die Verwundeten aus Mangel an Pflege dahinstarben. Als endlich die immer mehr zusammenschmelzende Schar nach unsäglichen Entbehrungen und schweren Verlusten am Nordfuß des Gebirges anlangte, wurde in einer Waldschlucht, die seitdem das Ambrosiusthal heißt, Alfinger auf einem Kundschafterritt von den vergifteten Pfeil eines Indianers in den Hals getroffen und erlag nach viertägigen qualvollen Leiden seiner Verwundung. Die Ueberlebenden schlugen sich unter harten Kämpfen bis Maracaibo durch.

Der Tod Alfingers, des ersten deutschen Gouverneurs von Venezuela und des ersten Entdeckers des Binnenlandes, bedeutete für die Sache der Augsburger Handelsherren einen unersetzlichen Verlust. Als Deutscher und wegen seines strafsen Regiments hat Ambrosius Alfinger viele Anfeindungen seitens der Spanier erfahren. Er war ein ehrgeiziger, selbstbewußter, abenteuerlustiger Mann, nicht frei von Jähzorn und Grausamkeit, der im Einklang mit den rohen Anschauungen seiner Zeit keine Gewissensbisse kannte, wenn er gefangene Indianer zu Trägern preßte oder in die Sklaverei verkaufte. Man hat ihn deshalb den Henker der Indianer genannt. Aber er war auch ein tapferer Krieger und ein geschickter, zuverlässiger Verwalter, der das Interesse der Welser in den Vordergrund stellte, bei aller Strenge und Rücksichtslosigkeit ein fürsorglicher Vorgesetzter, ein treuer, aufrichtiger Charakter und ein Mann von rastloser Thatkraft, alles in allem ein echter deutscher Soldat der Landsknechtszeit [1]).

V.

In Coro entstand bei der Ankunft der Reste von Alfingers Expedition unbeschreibliche Verwirrung. Die Spanier, welche die Mehrheit der Kolonisten ausmachten, hatten sich nur widerwillig der strengen Fremdherrschaft gefügt und wollten die Gelegenheit benutzen, um den lästigen Druck abzuschütteln, indem sie eine Gesandtschaft mit einer flammenden Beschwerdeschrift an den König schickten. Die Welser verloren aber keineswegs den Mut und ernannten auf die Kunde von Alfingers Tode sofort einen neuen Statthalter, Don Juan Aleman (Johann der Deutsche), wahrscheinlich Hans Seißenhofer, mit dem auch die Spanier zufrieden gewesen zu sein scheinen. Leider starb er schon nach kurzer Zeit; und da ein Nachfolger nicht so schnell eintreffen konnte, so bat der in Coro ansässige Faktor der Welser die Audiencia zu St. Domingo, einstweilen einen thatkräftigen Stellvertreter zu senden. Der günstige Augenblick, der Krone einen größeren Einfluß im Welserlande zu sichern, wurde gern wahrgenommen und der Bischof Rodrigo de Bastidas mit der zeitweiligen Statthalterwürde betraut. Erklärlicherweise begünstigte er seine Landsleute in jeder Beziehung, sodaß eine kurze Periode spanischer Reaktion eintrat. Den Welsern aber, die über ihre Vorrechte eifrig wachten, und deren Geldmacht Karl V. gerade damals bringend bedurfte, gelang es ohne sonderliche Anstrengungen, wenn auch nicht ohne Opfer, 1534 einen neuen Vertrag zu erwirken. Nikolaus Federmann, der durch sein prahlerisches, zuversichtliches Auftreten ihr Vertrauen gewonnen hatte, wurde zum Statthalter bestimmt. Allein die spanischen Ansiedler in Venezuela, die gegen ihn aufs höchste erbittert waren, hatten in der oben erwähnten Anklageschrift die schärfsten Anschuldigungen gegen seine frühere Amtsführung erhoben, und da er die ihm gemachten Vorwürfe nicht genügend widerlegen konnte, so verweigerte die Krone die erforderliche Bestätigung. Trotzdem setzten die Welser ein zweites Mal seine Ernennung bei Karl V. durch, und nur dem entschiedenen Einspruch der Kolonisten wie der Welserischen Faktoren ist es

---

[1]) Pfister, Ambrosius Dalfinger. Allg. Deutsche Biographie IV (1876), S. 710. — Einer der wenigen unparteiischen spanischen Zeitgenossen, Juan de Castellanos, der als einziger spanischer Dichter deutsche Thaten, insbesondere die Welserzüge, verherrlicht hat, sagt über Alfinger (nach der Übersetzung von Schumacher):

Dalfinger, ihm gebührte große Ehr';
In Worten war er gut und gut in Thaten,
Voll Einigkeit und freundlich im Verkehr,
Durch Achtsamkeit und Einsicht wohlberaten.
Doch — der Erfolg, der kommt von ungefähr —
Dalfinger, statt zu ernten reiche Saaten,
Fand schon am Thor, das ihm Eintritt gab,
Vor seinem Fuß das frühe offne Grab.

— 311 —

zu danken, daß Federmann, der sein Ernennungsdekret nie erhalten hat, nicht in den Besitz der höchsten Gewalt gelangte, sondern daß sie Georg Hohermuth von Memmingen, der sich wegen eines längeren Aufenthaltes in Speyer gewöhnlich Georg von Speyer nannte, übertragen ward.

Wenn die Welser trotz der bisherigen geringen Erfolge immer neue Aufwendungen machten, so geschah es hauptsächlich wegen der inzwischen bekannt gewordenen Nachrichten von dem Goldlande Peru und der Entdeckung des silberreichen La Platastromes. Man konnte und wollte nicht glauben, daß das an so reiche Gebiete grenzende Venezuela nicht auch eine Fülle von Schätzen berge, um so mehr als Federmann wertvolle Perlen mit nach Europa gebracht hatte, die am Segelvorgebirge (Cabo de la Vela) gefunden worden waren. Man gab deshalb die ganz bestimmte Weisung, die erträumten Reichtümer nun endlich zu heben.

Georg Hohermuth sammelte 600 Gefährten aus den verschiedensten Teilen Deutschlands und Europas; auch Italiener, Griechen und Albanesen fehlten nicht. Um den Anmaßungen der Spanier besser begegnen zu können, warb er mehr deutsche als spanische Offiziere an, darunter Philipp von Hutten aus Königshofen in Franken, einen Verwandten des großen Humanisten Ulrich von Hutten, Franz Lebzelter aus Ulm und Andreas Gundelfinger aus Nürnberg. Wiederum wurden Bergleute mitgenommen, ebenso 18 Geistliche zur Bekehrung der Wilden und Bluthunde zur Bestrafung derjenigen Indianer, die sich der Taufe hartnäckig widersetzen würden.

Hohermuth zog bald nach seiner Ankunft (1535) mit 400 Mann und einer Schar indianischer Trogknechte über Barquisimeto nach Süden, um das noch kaum bekannte Orinologebiet weiter zu erforschen. Auf dieser Expedition wurden die Welserischen zum ersten Mal gezwungen, im tropischen Tiefland Regenzeit quartiere zu beziehen. Da mehrere Versuche, die paßarme Gebirgsmauer der bis in die Schneegrenze emporragenden Kordillere von Meriba zu erklimmen, fehl schlugen, so bahnte man sich unter Widerwärtigkeiten aller Art, bedroht von bösartigen Fiebern und feindlichen Angriffen, die schwere Verluste im Gefolge hatten, einen Weg durch den dichten Urwald längst des Gebirgsfußes. Am südlichsten Punkte von Federmanns erster Expedition wurden die Kranken nebst einer von Gundelfinger befehligten Schutzwache zurückgelassen. Nach dessen Tode marschierten sie auf eigene Faust zur Küste zurück, während die übrigen unter wachsenden Kämpfen und Entbehrungen bis zum Opiastrom vordrangen, wo sie von der mit Macht einsetzenden Regenzeit vier Monate lang festgehalten wurden. Sorgenvoll beobachtete man die nicht enden wollenden Platzregen, die zusehends anschwellenden und sich immer mehr ausbreitenden Gewässer. Die Ernährung wurde taglöglich schwieriger, da alles Wild sich aus den überschwemmten Niederungen flüchtete, die wilden Jaguare schwammen, vom Hunger getrieben, bis ins Lager, wo sie mehrere Menschen und Pferde zerrissen, und die riesigen Krokodile kamen immer näher. Endlich konnte man den Opia und zahlreiche andere zum Orinoko eilende Riesenströme überschreiten, bis man inmitten des Urwaldes auf die Quellen des Metastromes stieß. Gewaltige Goldklumpen, von denen die Eingeborenen erzählten, sollten aus den Ländern im Westen der dortigen Gebirge stammen. Allein die hemmenden Felswände blieben unüberschreitbar, weil man trotz aller Bemühungen nirgends einen Paß entdecken konnte.

Schließlich waren unter unaufhörlichen Kämpfen die mächtigen Nordzuflüsse des Amazonas erreicht, und die Entfernung vom Äquator betrug bloß noch einen Grad, als am Rio Bermejo, dem Roten Fluß[1]), Krankheiten und drückendster Mangel zur Umkehr zwangen. Eine zweite Regenzeit drohte, kaum 40 Mann waren noch verteidigungsfähig, und die Not stieg zu solcher Höhe, daß man Hunde, Pferde und die widerlichsten Dinge wie Häute und Ungeziefer, insgeheim sogar Menschenfleisch verzehrte. Als man auf dem Rückweg den Apure passierte, war kurz zuvor eine Expedition unter Federmanns Führung vorübergezogen; doch gelang es den Erschöpften nicht mehr, sie einzuholen. Erst nach dreijähriger Abwesenheit traf Hobermuth 1534 in Coro wieder ein. Von seinem Heerhaufen brachte er nur 125 halb verhungerte, durch Leiden aller Art entstellte Menschen zurück. Mehr als Zweidrittel der Mannschaften und Pferde, dazu Hunderte der bedauernswerten, zum Lasttragen gepreßten Eingeborenen hatte der verunglückte Zug weggerafft und dabei kaum für 140000 Mark Goldausbeute eingebracht.

Bei dem Abkommen mit Hohermuth hatte Federmann die wertvollere Westhälfte der Kolonie in Anspruch genommen und bereitete sich am Segelvorgebirge, wo er eine Festung anlegen sollte, unverweilt zu einer Expedition ins Binnenland vor, da er unerkläglich Nachrichten von einem neuen verheißungsvollen Kulturzentrum am oberen Magdalenenstrom erhalten hatte. Um in seinen Plänen nicht gestört zu werden und unabhängig Entdeckungen zu machen, bog er trotz seiner gegenteiligen Versicherung absichtlich von Hohermuths Marschrichtung ab und wanderte durch die Urwälder und Grasteppen des Orinoko- und Metagebietes auf die kahlen, rauhen Hochebenen der Kordilleren. Rings von beschneiten Gipfeln umgeben, erschienen sie anfangs gänzlich unbewohnt und völlig baumlos, und die Verwegenen hatten durch Kälte und Schneestürme schwer zu leiden; doch bewahrten sie unzählige Kaninchen vor dem Verhungern.

In einem fruchtbaren, wohlbevölkerten Hochtal stieß Federmann zu seiner nicht geringen Enttäuschung auf eine spanische Konquistadorenschar unter seinem nachbarlichen Nebenbuhler Quesada, der schon ein halbes Jahr früher das Land in Besitz genommen und dort die Stadt Sta. Fé de Bogotá, die Hauptstadt der heutigen Republik Neu-Granada oder Kolumbien, gegründet hatte.[2]) Gleichwohl ließ er sich herbei, ihm bezw. den Welsern einen Teil der neu eroberten Provinz abzutreten. Mit reichen Gold- und Smaragdschätzen fuhren beide den Magdalenenstrom abwärts und segelten 1539 nach Europa, wo sich Federmann zur Anerkennung seiner Ansprüche erst nach Spanien, dann nach Antwerpen zu seinem dort am Hoflager weilenden Chef Bartholomäus Welser sen. begab. Dieser ließ ihn aber unverzüglich verhaften unter der Anklage, die ihm anvertrauten sehr beträchtlichen Geldjummen unterschlagen zu haben, und es entspann sich ein langwieriger, unerquicklicher Prozeß, der teils in Antwerpen, teils in Spanien geführt wurde und schließlich eine teilweise Verständigung anbahnte. Noch während der Verhandlungen erkrankte Federmann und starb 1542 in Madrid.

Federmann hat große Charakterschwächen gehabt, und wie er aus Eigennutz und Gewinnsucht das Leben eines Indianers für nichts achtete, so kümmerte er sich wenig um Pflichten, Verträge und um das gegebene Wort, sobald ihm

---

[1]) Wahrscheinlich der Oberlauf des Rio Caqueta.
[2]) Die lange gehegte Ansicht, daß Federmann, also ein Deutscher, der Mitgründer von Bogotá gewesen sei, läßt sich somit nicht mehr aufrecht erhalten.

eine andere Handlungsweise vorteilhafter dünke. Das beweist sein Benehmen gegen seine Chefs, die Welser, wie gegen seine Vorgesetzten Alfinger und Hohermuth. Daher nannten ihn seine zahlreichen Feinde, insbesondere die Spanier, bei denen er sich völlig unmöglich gemacht hatte, nicht ohne Grund einen Dieb und Betrüger und warfen ihm unerhörte Habsucht und Grausamkeit vor. Aber der hochstrebende, treulose Mann mit dem weiten Gewissen war auch ein tapferer, umsichtiger Soldat und ein wagemutiger, gewandter Führer, der als echter Konquistadoren-General es wie selten einer verstand, seine Leute an sich zu fesseln, weil er kein Mittel für unerlaubt hielt, das ihm die rasche Erfüllung ihrer Wünsche zu versprechen schien. Er war ein kräftiger, mittelgroßer Mann mit langwallendem rotem Bart, voll deutscher Wander- und Kampfeslust, denn die aufreibenden Beschwerden des Konquistadorenlebens nichts anzuhaben vermochten, sodaß er als reicher Kapitalist nach Europa zurückkehrte, während soviele andere in Venezuela ein frühes Grab fanden. Mit Recht nannte ihn Philipp von Hutten einen geschickten Gesellen, auf dem das Glück des Landes stehe[1]).

So wenig beliebt Federmann war, so sehr war es Georg Hohermuth, der denn auch von den Welsern in seinem Amt belassen wurde, als die über ihn verhängte Untersuchung in seinem langen Ausbleiben nichts Unrechtes finden konnte. Die Nachschübe aus Europa wurden freilich immer seltener, als plötzlich die Kunde von Federmanns überraschenden Erfolgen ruchbar ward. Mit einem Schlage regte sich neuer Mut, und auch Hohermuth rüstete auf eigene Faust zu einem zweiten Unternehmen, als er inmitten seiner Pläne und Vorbereitungen 1540 dem Tropenfieber erlag. Jedenfalls ist er nicht, wie einige vermuten, von den Spaniern ermordet worden.

Georg von Speyer war noch ein Neuling auf dem Gebiete der Konquista und hat keine solchen Erfolge gehabt wie seine Vorgänger, nimmt aber eine hervorragende Stellung als Entdecker der westlichen Zuflüsse des Orinoko und Amazonas ein. Seinem Charakter nach wird er als ein tadelloser, energischer und thatenlustiger Mann von untadelhaftem Ruf geschildert, und alle rühmen seine Tapferkeit, Leutseligkeit, Milde und Gerechtigkeit: ein Zeugnis, das bei einem Konquistador der damaligen Zeit schwer wiegt[2]).

---

[1]) Pfister, Nikolaus Federmann. Allg. Deutsche Biographie VI (1877), S. 594. — Über seine erste Reise hat Federmann eine, wenn auch ungewandt und nicht ohne Übertreibungen abgefaßte, so doch noch heute wertvolle Beschreibung, einen der wenigen deutschen Reiseberichte des Zeitalters der Entdeckungen, hinterlassen. Sie wurde nach seinem Tode von seinem Schwager Hans Kiffhaber, Bürger zu Ulm, herausgegeben und führt den Titel: Indianische Historia. Eine schöne kurzweilige Historia Niclaus Federmanns des Jüngern von Ulm erster Raise so er von Hispania vnd Andolosia auß in Indias des oceanischen Mörs gethan hat, vnd was ihm allda in begegnet biß auf sein Widerkunfft inn Hispanien, auffs kurtzeſt beſchriben, gantz luſtig zu leſen". Hagenow 1557. Neu herausgegeben von K. Klüpfel, Nikolaus Federmanns und Hans Stades Reisen in Südamerika 1529—1555. Bibl. d. Litterarischen Vereins in Stuttgart 47 (1859). Französisch von H. Ternaux, Belle et agréable narration du premier voyage de Nicolaus Federmann le jeune aux Indes de la Mer Océane etc. Paris 1837. — Vgl. auch Sulpius, a. a. O. S. 145—162. — A. Seinhold, Nikolaus Federmanns Reise in Venezuela. Jahrsber. G. f. Erdk. Dresden 1891, S. 91 fg.

[2]) P. Rapel, Georg Hohermuth. Allg. Deutsche Biographie XII (1880) S. 702.

VI.

An Hohermuths Stelle erhielt sein Begleiter, der 26jährige Philipp von Hutten, von dem interimistischen spanischen Gouverneur Bastidas die Würde eines Generalkapitäns, und die Welser, der schweren Opfer an Geld und Menschenleben, der fortgesetzten Mißerfolge und der eigenmächtigen Übergriffe ihrer Beamten müde, versuchten ein letztes kräftiges Mittel, indem sie 1541 den ältesten Sohn ihres Chefs und zukünftigen Leiter des Hauses, den erst 28jährigen, aber tüchtigen und thatkräftigen Bartholomäus Welser jun., in die drangsalvolle Kolonie sandten. Bald nach seiner Ankunft trat er mit Hutten einen Zug ins Innere an, um das verheißungsvolle Neu-Granada und jenes sagenhafte Land zu erreichen, wo der goldene Kazike, ein Indianerhäuptling, wohnen sollte, der sich jeden Tag neu mit Goldstaub einrieb und deshalb El Dorado, der Vergoldete oder Goldkönig, genannt ward. Weil frühere Expeditionen aufs Geratewohl ins Unbekannte hineinmarschiert und infolgedessen sehr verlustreich waren, bemühte man sich diesmal, den Weg so gut als möglich im voraus festzustellen und, soweit angängig, den Spuren Federmanns und Hohermuths zu folgen. Kein anderes Unternehmen in Venezuela war mit soviel Umsicht und gutem Willen ins Werk gesetzt, sodaß man endlich einmal auf einen durchschlagenden Erfolg rechnete. Allein auch über diesem letzten Wagnis waltete kein freundlicher Stern; die unablässige, mühevolle Jagd nach dem Golde sollte mit dem Tod von Mörderhand enden.

Ohne besondere Hindernisse drangen die Welserischen in die Llanos ein, wo sie von einem Indianerstamm neben Gold auch silberne Kugeln erhielten, die offenbar aus den Ländern jenseits der Kordilleren stammten. Nachdem zu ihrer Gewinnung Monate lang vergebliche Anstrengungen gemacht worden waren, blieb nichts übrig, als wieder in die Ebene hinabzusteigen, wo die Truppe in beständigem Kampf mit den Indianern, mit den Unbilden des Klimas und dem nagenden Hunger – sogar Schlangen, Ameisen und gekochtes Leder wurden verzehrt – so zusammenschmolz, daß schließlich bloß noch 70 Mann am Leben waren. Dennoch streiften Welser und Hutten mehrere Jahre lang ruhelos im Gebiet der nördlichen Quellströme des Amazonas, noch heute einem der unbekanntesten Teile Südamerikas, umher, immer in der Hoffnung, Gold, Edelsteine und den goldenen Kaziken zu entdecken. Umsonst, es wurde nichts gefunden, was die aufgewandte Mühe lohnen konnte, und als sich das kleine Häuflein endlich nach fünfjähriger Abwesenheit fast entkräftet und mit leeren Händen zum Rückmarsch nach der Küste entschließen mußte, waren dort inzwischen die Zustände völlig ins Wanken geraten.

Ohne Wissen der Krone und der Welser hatte die Audiencia von St. Domingo einen früheren Notar Alfingers, Juan de Carabajal, mit der Ordnung der Verhältnisse beauftragt. Durch Gewaltthätigkeiten und Fälschungen riß er in böswilliger Absicht die Herrschaft an sich und wähnte sich um so sicherer, als er die Welsersche Expedition längst vernichtet glaubte. Als ihre Reste nun plötzlich auftauchten, war er anfänglich unangenehm überrascht. Sowie er aber deren Schwäche wahrnahm, gedachte er, sie zur Anerkennung seiner Macht zu zwingen. Er lud Welser und Hutten zu einer Zusammenkunft ein und wollte sie verhaften, weil sie sich weigerten, seinem Ansinnen Folge zu geben. Als auch das nicht gelang, ließ er sie angreifen, wurde indes selbst von Welser verwundet und mußte sich auf Ehrenwort verpflichten, ihnen freien Abzug zur Küste zu gewähren. Da jedoch der Usurpator mit Recht befürchten mußte, daß sie sein Ränkespiel verraten und ihn nicht als Herrn von Venezuela dulden würden, so überfiel er die im Vertrauen auf sein Versprechen sorglos weiterziehende Schar, nahm ihre Führer gefangen und ließ sie in Ketten werfen. Darauf erklärte er sie mit Zustimmung der spanischen Ansiedler ohne weiteres des Todes für schuldig und ließ, ohne den Verurteilten die gewünschte Beichte zu gestatten, in der Karwoche des Jahres 1546 auf dem Marktplatz der von ihm angelegten Stadt Tocuyo in Gegenwart eines Welserischen Faktors erst zwei vornehmen Spaniern, dann Philipp von Hutten und zuletzt Bartholomäus Welser von einem Negersklaven mit einem stumpfen Waldmesser den Kopf abschneiden. Den Kranken, die man wegen ihres elenden Zustandes gar nicht erst gefesselt hatte, scheute Caravajal mit fürchterlichem Spott das Leben, das ihnen die Indianer oder die Beschwerden des Marsches ohnehin früh genug nehmen würden. Wunderbarerweise schleppten sich die Überlebenden, soweit sie nicht zu Caravajals Truppen übergegangen waren, bis nach Coro, das sie vor fünf Jahren mit frohen Hoffnungen verlassen hatten.

Die Strafe für die begangene Untat ließ nicht lange auf sich warten; denn als der zur Klärung der Wirrnisse abgeschickte spanische Untersuchungsrichter von dem Geschehenen hörte, zog er sofort gegen den Rebellen zu Felde und überraschte ihn gerade noch rechtzeitig, um mehrere Offiziere zu retten, die, weil sie ihm nicht blindlings ergeben waren und ihn selbst beseitigen wollten, am nächsten Tage hingerichtet werden sollten. Nun wurde auch mit Caravajal kurzer Prozeß gemacht. Er ward durch ein Pferd zur Richtstätte geschleift und an demselben Baum aufgeknüpft, unter dem er seine unglücklichen Opfer so schrecklich zu Tode gemartert hatte. Trotzigen Sinnes, wie er gelebt, starb er. Der Baum aber verdorrte.

Philipp von Hutten war ein kühner, unerschrockener Ritter, mit einem biederen, treuen Gemüt und einem edlen, warmen Herzen. Wenngleich ein Sohn seiner harten Zeit, war er weniger grausam als die andern Konquistadoren, und bei ihm allein trat die Goldgier nicht in ihrer abstoßenden Nacktheit hervor. Vielmehr betont er in einem seiner Briefe, von denen sich noch acht erhalten haben, daß vornehmlich Ruhmbegierde und Abenteuerlust ihn über das Meer lockten. Leider fehlte ihm nichts weniger als alles, um seine Stellung auszufüllen. Strategisches Talent ging dem jugendlichen Heißsporn gänzlich ab, und auch der hinterlistigen Schlauheit der Spanier vermochte er nicht entgegenzutreten. Die Bemühungen seiner Angehörigen, die Bestrafung aller Schuldigen und die Auslieferung der Hinterlassenschaft ihres unglücklichen Verwandten durchzusetzen, blieben ohne Erfolg.[1]

VII.

Der letzte und schwerste Schlag, den die Welser durch das ungerechte Ende ihres jungen Chefs, des vielversprechenden Erben eines Welthauses, erlitten

---

[1] F. Kapp, Notizen zur Biographie Philipps von Hutten. Jahresber. d. Geogr. Ges. München für 1877-79 (1880), S. 153—158. — F. Kapp, Philipp von Hutten. Allg. Deutsche Biographie XIII (1881), S. 463. — Zeitung aus India Junckher Philipps von Hutten. Aus seiner zum Teil unleserlich gewordenen Handschrift. J. G. Meusels Historisch-Litterarisches Magazin. Bayreuth u. Leipzig I (1785), S. 51—117.

hatten, konnte durch die Bestrafung des Mörders nicht wieder gut gemacht werden, und mit diesem tragischen Ereignis klingt die Geschichte der Welserzüge in Deutsch-Indien aus. Gleichwohl erhielt die Firma ihre Hoheitsansprüche noch aufrecht, wenn auch die Handelsbeziehungen mit der venezolanischen Küste schon seit Jahren nicht mehr fortgesetzt wurden[1]). Aber die wachsenden Mißverständnisse über die Verwaltung der Kolonie verwickelten sie in eine ununterbrochene Reihe von langdauernden Prozessen und brachten es schließlich dahin, daß den Welsern am 13. April 1556 die Provinz wieder abgesprochen und der mit ihnen abgeschlossene Lehensvertrag für ungültig erklärt wurde. Sie erhoben zwar unverzüglich Einspruch und erwirkten auch die Einsetzung eines neuen Gerichtshofes. Obgleich aber dessen Entscheidung nicht bekannt ist, scheint es kaum zweifelhaft, daß sie das frühere Urteil bestätigt hat. Jedenfalls haben die Welser nicht den geringsten Einfluß mehr auf das fernere Geschick ihres ehemaligen Lehenslandes ausgeübt, das sie einst mit stolzen Erwartungen übernahmen.

Trotz umsichtiger Vorbereitung, thatkräftigster Leitung und zähester Ausdauer, die ungeachtet aller Widerwärtigkeiten und Mißerfolge die einmal begonnene Aufgabe mit Aufwand erheblicher Mittel immer wieder angriff, ist also das denkwürdige Unternehmen der Augsburger Kaufherren gänzlich mißlungen. Die Gründe lagen hauptsächlich in den unüberwindlichen Schwierigkeiten, die Haß und nationale Eifersucht der Spanier ihren gefürchteten Nebenbuhlern heimlich und offen in den Weg legten, und gegen die weder die diplomatische Gewandtheit, noch die kraftvolle Energie der Welser und ihrer schwäbischen Feldhauptleute anzukämpfen vermochte. Auch verstand man es nicht, sich mit der Audiencia und den beigeordneten königlichen Beamten auf guten Fuß zu stellen, sodaß unerquickliche Rechtsstreitigkeiten und gerichtliche Einmischungen unausbleiblich waren. Gedeihliche Arbeit war unter solchen Umständen unmöglich und die Kolonie von vornherein zu einem kränkelnden Dasein verurteilt. Dann waren aber auch die Welser in der Wahl ihrer Statthalter nicht immer glücklich, und ihre Kolonialpolitik war verfehlt, indem man, dem Zug der Zeit folgend und nur auf augenblicklichen Gewinn bedacht, lediglich Handel trieb und edle Metalle suchte, statt sich die wirtschaftliche Ausnutzung des Besitzes angelegen sein zu lassen. Auf ergebnislosen Irrfahrten jagten die Welserischen dem Dämon Gold nach, und durch ein rücksichtsloses Monopol- und Ausbeutungssystem wurden die Kolonisten, die nur mit den Welsern Handel treiben durften und vieles zu unerhörten Preisen auf Borg nehmen mußten, in ein auf die Dauer unerträgliches Abhängigkeitsverhältnis gebracht. Auch die Verwaltung Venezuelas war weder nach dem Wunsch der Krone, noch nach dem Sinn der Welser durchgeführt, ja der Lehensvertrag in wichtigen Punkten überhaupt nicht erfüllt worden. So konnte sich die Kolonie nicht entwickeln und blieb ein armseliges Land, das weder für die Krone noch für die Statthalter auch nur die Verwaltungskosten einbrachte. Die angelegten Siedelungen, Bergbau und Perlenfischerei gingen wieder ein, die Südsee war nicht erreicht, kein neues Goldland entdeckt. Endlich konnte die Macht des Kapitals allein das Fehlen eines politischen Machthintergrundes auf die Dauer nicht ersetzen, und die innern Zustände Deutschlands trugen dazu bei, daß jenseits des

---

[1]) Schon seit 1535 hatten die Welser Venezuela als kaufmännisches Unternehmen aufgegeben und den größten Teil ihres Personals nach St. Domingo zurückgezogen.

Meeres ein kühner Kolonisationsversuch, wenn auch nicht in unrühmlicher Weise, sondern erst nach heldenmütigen Anstrengungen scheiterte.¹) Das erste deutsche überseeische Kolonialunternehmen war nach 27 jährigem Bestand zu Grabe getragen und damit der günstige Augenblick, in Amerika Fuß zu fassen, unwiederbringlich verloren gegangen. Blickt man auf das fruchtbare, an Naturschätzen überreiche Tropenland zurück, das in der Hand einer schwachen Regierung der Schauplatz ewiger Unruhen ist, das erst jetzt wieder mit der Nachbarrepublik Columbien in Fehde liegt, vom Bürgerkrieg heimgesucht wird und wegen der Beeinträchtigung deutscher Interessen zu nachdrücklichem Vorgehen des Deutschen Reiches Anlaß gegeben hat: dann kann man ein Gefühl wehmütigen Trauerns nicht unterdrücken, daß ein solcher Besitz wieder aufgegeben werden mußte. Den Augsburger und Ulmer Kaufherrn aber bleibt der unvergängliche Ruhm, in die großen Aufgaben ihrer Zeit verständnisvoll und opferfreudig mit eingegriffen und deutschem Thatendrang und Wagemut für alle Zeiten einen Platz in der Geschichte der Neuen Welt gesichert zu haben.

¹) Außer dem fehlgeschlagenen amerikanischen Unternehmen, dessen Ausgang K. Häbler (Die Welser in Venezuela, a. a. O.) nach neuen Urkundenfunden ausführlich schildert, hatten die Welser noch anderwärts Handelsverbindungen. Aber seitdem schien ihr Stern erblichen zu sein, namentlich seit 1563 der alte erfahrene Bartholomäus Welser sen. aus der Firma ausgeschieden war. Die 1493—1518 Anton Welser, Bohlin und Genossen hieß, worauf sie nach den leitenden Mitgliedern des Hauses, den Brüdern Bartholomäus und Anton Welser, und dann bis 1663 Bartholomäus Welser und Gesellschaft genannt wurde. Unternehmungen und Kapitalien gingen verloren, und 1614 erfolgte der völlige Zusammenbruch des Hauses, dessen Bankerott in ganz Europa ungeheures Aufsehen erregte.

Welches sind die Ursachen der vielen Mißerfolge bei unseren kolonialen Unternehmungen.

Von Forstverwalter Waldemar Krüger.

Diese Frage beschäftigt gar Viele im deutschen Volke und gewisse Zeitungen und Gegner unserer Kolonialpolitik werden nicht müde, ihnen zu sagen, daß das ungesunde Klima, der unfruchtbare Boden, Wasserarmut, Heuschrecken, Viehseuchen, das gänzliche Fehlen von Verkehrswegen und anderes mehr jeden Erfolg, namentlich auf dem Gebiete der Land- und Viehwirtschaft und des Plantagenbaues hindern.

Die Folge ist, daß bei einem großen Teil des deutschen Volkes diese pessimistische Vorstellung von unseren Kolonien die vorherrschende ist, auch selbst in Kreisen, die wohl Gelegenheit hätten, sich besser hierüber zu unterrichten.

Die schlechte Meinung über den Wert der deutschen Kolonien wird ja nun leider noch befestigt und scheint bestätigt zu werden durch das zum Teil recht jämmerliche Fiasko, das viele Unternehmungen bereits gemacht haben und noch fortwährend machen, zur hämischen Freude der kolonialfeindlichen Presse, die nie versäumt, jeden einzelnen Fall gewissenhaft zu registrieren und mit den üblichen Zutaten den gläubigen Lesern als einen neuen Beweis für die Wertlosigkeit unseres kolonialen Besitzes vor Augen zu halten.

Daß dadurch das Interesse für die Kolonien beim großen Publikum immer mehr abgeschwächt und namentlich das Kapital von Unternehmungen zurückgeschreckt wird, ist begreiflich, und deshalb dürfte es angezeigt und nützlich sein, die wirklichen Ursachen dieser vielen Mißerfolge offen und ehrlich zu beleuchten; denn ein Übel kann erst dann mit Erfolg bekämpft und geheilt werden, wenn man seine Ursachen kennt.

Wir würden uns und das Ansehen der Kolonien weiter schädigen, wenn wir ferner noch die Augen verschließen und nicht den Mut finden, das Messer an die Wunde zu legen.

Jeder, der Afrika kennt, und ich will hier speziell von Deutsch-Ostafrika sprechen, weiß, daß weder Klima und Boden, noch Heuschrecken oder andere Kalamitäten die Schuld an den Mißerfolgen der verschiedenen Unternehmungen tragen. Man könnte nur sagen, daß das Fehlen von Verkehrswegen, speziell von Eisenbahnen die Erfolge vorläufig teilweise recht sehr erschwert und hier und da sogar ganz ausschließt; aber diesem Übelstand wird hoffentlich bald abgeholfen werden. Klima und Boden sind aber, wenn für das in Aussicht genommene Unternehmen richtig und mit Sachkenntnis gewählt, sogar meist sehr günstig, und

das Gespenst der Heuschreckenplage existiert auch mehr in den Köpfen der Zeitungs-
schreiber, die unser schönes Ostafrika nicht kennen, oder seinen Wert absichtlich
herabdrücken wollen. Mit dieser, wie auch mit der Viehseuche ꝛc. ist es meist
nicht so schlimm. Mehr oder weniger empfindliche Schäden, die hierdurch ab
und zu in einigen meist engbegrenzten Teilen der Kolonie angerichtet werden,
macht die große Fruchtbarkeit Ostafritas bald wieder gut.

Wollte man dieserhalb von kulturellen Unternehmungen in Afrika Abstand
nehmen, dann wäre das mindestens ebenso thöricht, als wenn die Bevölkerung
einer sehr fruchtbaren Niederung aus Furcht vor möglichen Wasserschäden diesen
kostbaren Landstrich unbebaut lassen wollte.

Bei einiger Aufmerksamkeit und gründlicher sachverständiger Prüfung aller
örtlichen Verhältnisse muß es möglich sein, in nicht zu langer Zeit mit einiger
Sicherheit herauszufinden, welche Gegenden diesem oder jenem Wirtschaftsbetriebe
besonders günstig oder ungünstig sind, und wenn man dann auf Grund dieser
Prüfungen und Beobachtungen sein Unternehmen zunächst in bescheidenen Grenzen
aufbaut und Schritt für Schritt, dem Bedürfnis folgend, vorwärts geht — wobei
aber immer eine sachverständige Leitung Bedingung ist — dann sind solche
Schlappen, wie wir sie erlebt haben, meiner Ansicht nach nicht gut möglich,
wenigstens nicht in solchem Umfange.

An diesen gründlichen sachverständigen Vorprüfungen und an einer eben-
solchen Leitung, sowie an dem geizigen Haushalten mit den Mitteln, solange nicht
einigermaßen abgeschlossene Erfahrungen vorliegen, hat es wohl zu oft gefehlt.

Auf Grund irgendwelcher, oft zu optimistisch gefärbter Berichte, manchmal
von Leuten, die gar nicht zu einem Urteil über die behandelte Sache befähigt
sind, hat man ohne weitere gründliche Untersuchung, ob auch für das geplante
Unternehmen wirklich die notwendigen Bedingungen vorhanden sind, oft Gründungen ins Leben gerufen, die sich dann nach wenigen Jahren schon als gänzlich
verfehlte erwiesen.

Die gleich im größten Maßstabe betriebene Kultur irgend einer Nutz-
pflanze, von der man sich und anderen goldene Berge versprochen, mußte man
aufgeben und ging — wiederum ohne die nötigen Vorstudien gemacht zu haben
— zu einer anderen über, um vielleicht nach einem längeren oder kürzeren Zeitraum dieselben traurigen Erfahrungen noch einmal zu machen, ehe man das den
gegebenen und endlich besser erkannten Verhältnissen mehr Angepaßte fand.

Manche Unternehmungen, wie z. B. das Sägewerk in den Mangrovenwäldern des Rufidji, trugen den Keim des Todes, für jeden Sachkenner offen
sichtbar, schon bei ihrer Geburt in sich, weil ihnen von Hause aus die wichtigsten
Lebensbedingungen fehlten.

So sind riesige Summen ganz nutzlos verausgabt, die nie wieder herein-
gebracht werden können.

Diese Millionen-Unternehmungen, die gleich von vornherein auf das aller-
größte Maß zugeschnitten und angelegt sind und als schädliches Anhängsel noch
einen sehr großen und deshalb sehr kostspieligen, meist wenig sachverständigen
Verwaltungsapparat haben, sind meiner Ansicht nach ein großer Fehler, der sich
denn auch überall zeigt.

Man erwirbt, wie oben schon erwähnt, oft auf Grund ganz ungenügender
Berichte ungeheuere, oft unnütz große Landflächen, erbaut darauf — beispielsweise

— die zu einem Plantagenbetriebe nötigen kostspieligen Gebäude, engagiert irgendwoher einen unbekannten Pflanzer, der nun teils auf Antreiben seines Chefs, teils um selbst seine Tüchtigkeit zu dokumentieren, mit Eifer bemüht ist, so schnell und so viel wie möglich — sagen wir Kaffeebäumchen — in den Boden zu bringen.

Wie das oft geschieht, das machte z. B. manchem dieser Herren wenig Kummer. Die Hauptsache war, seiner Gesellschaft in Europa melden zu können, daß er in dem und dem Zeitraume so und so viel tausend Kaffeebäumchen ausgepflanzt habe. Der Himmel ist hoch und der Zar ist weit! — er hat also eine allzustrenge Kontrolle darüber, wie er seine Aufgabe gelöst hat, nicht zu fürchten, abgesehen davon, daß seine Chefs meist nicht in der Lage sind eine solche Kontrolle überhaupt auszuüben oder ausüben zu lassen, weil ihnen die dazu nötigen Sachverständigen meist fehlen.

Da kann es denn vorkommen, wie ich es mit eigenen Augen gesehen habe, daß entweder die Pflanzlöcher zu klein oder unnötig groß und tief gemacht werden — das eine ist schädlich für die junge Pflanze und das andere nimmt unnötiger Weise den Geldbeutel der Unternehmer in Anspruch — und daß das so sehr wichtige Pflanzgeschäft selbst sehr häufig herzlich schlecht ausgeführt wird. Der die vielen noch sehr wenig geschulten schwarzen Arbeiter beaufsichtigende Europäer und seine Aufseher sind einmal meist nicht imstande, diese Arbeit gehörig zu überwachen, und zum andern verstehen sie es schließlich selbst nicht genügend; denn sie haben bis dahin vielleicht nur Tabak oder überhaupt noch nie eine Pflanze gepflanzt und kaum eine Ahnung von den Lebensbedingungen einer solchen. Ich habe gesehen, daß die Arbeiter ihre Pflanzen ohne jede Bedeckung der Wurzeln von Pflanzloch zu Pflanzloch trugen, und daß infolgedessen die feinen Faserwurzeln nach kurzer Zeit vollständig trocken waren.

Ich habe auch gesehen, daß auf einer andern Plantage — nomina sunt odiosa — auf einer größeren Fläche die Kaffeebäume in kaum 2 Fuß Abstand gepflanzt und daher vollständig in einander verwachsen waren, sodaß eine Entwickelung der Blüten und Früchte ganz unmöglich war. Hier kann nur ein Mensch gehaust haben, der entweder keine blasse Ahnung von seiner Aufgabe hatte, oder der — pflichtvergessen — auf möglichst kleinem Raum (denn das Roden des Urwaldes ist ein schwieriges und zeitraubendes Geschäft) möglichst viel Pflanzen unterbringen wollte, um in dem Bericht nach Europa mit großen Zahlen aufwarten zu können.

Noch Schlimmeres sah ich. Auf einer großen Fläche hatte man die schon erwachsenen Kaffeebäumchen in einer bösen Stunde ca. 1 Fuß über dem Boden abgehauen, vielleicht in der Absicht, dieselben mehr strauchartig zu ziehen und dadurch das Pflücken der Kirschen zu erleichtern. Die Folge war, daß sich im weiteren Verlauf die stehengebliebenen unteren Zweige zu einem ganz dichten, keinen Licht- und Sonnenstrahl durchlassenden Gewirr, ähnlich einem s. g. Hexenbesen, auswuchsen, aber keine Neigung zeigten, neue Höhentriebe zu bilden.

Daß diese Krüppel keine Früchte tragen konnten, schien auch dem damaligen Leiter endlich klar geworden zu sein; deshalb fügte er zu der ersten Thorheit — Dummheit wäre richtiger — die zweite und pikante unter jeden dieser Büsche, 10—15 cm vom Stamm entfernt, eine, auch zwei, junge Kaffeepflanzen, die, wenn sie angewachsen waren, den wertlosen Strauch ersetzen sollten. Dabei hatte er aber freilich vergessen, daß eine junge Pflanze ohne Licht und Sonne überhaupt nicht wachsen kann, und so sind denn auch diese jungen Pflänzchen, wie das andere gar nicht zu erwarten war, bereits nach kurzer Zeit sämtlich eingegangen. Nebenbei erwähne ich nur noch, daß sehr viele dieser Pflänzchen so unter aller Kritik schlecht gepflanzt waren, daß kaum die Hälfte der Wurzeln mit Erde bedeckt war.

Welch' horrende Summen durch dergleichen unverständige Maßnahmen eines verantwortlichen Leiters auf die Straße geworfen werden, und welche kostbare Zeit außerdem durch solche unwiederbringlich verloren geht, das möge sich jeder selbst ausmalen.

Auf derselben Plantage hatte man, um bei der Regenzeit die fallenden größeren Wassermassen schneller aus einem bestimmten Gebiet abzuführen, den Lauf eines kleinen, in vielen starken Krümmungen fließenden Baches nicht etwa derart reguliert, daß man diesen durch das fragliche Gebiet mit der dem Gefälle entsprechenden Böschung gerade legte, sondern man stach einfach von beiden Ufern ca. 10—20 cm senkrecht ab und verbreiterte damit nur die Bachrinne um etwas, ohne den gewollten Zweck zu erreichen. Auch das für diese Arbeit verausgabte Geld ist weggeworfen.

Noch manche Beispiele von der nutz- und sinnlosen Vergeudung ungeheuerer Summen ließen sich hier anführen; aber für den, der einigermaßen Verständnis für die Sache hat und die Wurzeln des Uebels sehen will, für den genügt es vollkommen.

Noch eins gehört hierher. Im Jahre 1898 inspizierten „im Auftrage" zwei junge Herren aus Berlin, Juristen natürlich, die deutsch-afrikanischen Kolonien. Alle Achtung vor dem juristischen Stand! Diese Herren wissen und können ohne Zweifel sehr viel, aber doch längst nicht Alles. Ich frage jeden Praktiker, ob er einen Juristen für befähigt hält, sich eine zutreffende Meinung über die Verwaltung einer Plantage, einer Viehzuchtstation, einer Sägewerkanlage ꝛc. zu bilden und darüber ein maßgebendes, oft tief einschneidendes Urteil abzugeben?

Man betraue tüchtige Praktiker mit dergleichen Missionen, ernste, gewissenhafte, wenn auch nichtgelehrte Männer! In die Hände solcher lege man auch die Verwaltung der verschiedenen Unternehmungen, dann werden wir auch vorwärts kommen.

Wie kann beispielsweise ein Plantagenunternehmen gedeihen, wenn der Leiter desselben und zu allermeist auch seine Assistenten in jeder Hinsicht Laien auf diesem Gebiete und ihrer Aufgabe nach keiner Richtung gewachsen sind! Wie soll ein Sägewerk rentieren, das man mitten in die Mangrovensümpfe stellt! Allein schon die unsäglichen Schwierigkeiten des Fällens der eisenharten Stämme in diesem sehr schwierigen Terrain, ihr Transport auf diesem zum offenen Wasser und die mühsame und teuere Weiterschaffung zum festen Land durch Anhängen an Kähne — denn Mangrovenholz schwimmt nicht — würden jedem Sachverständigen ein derartiges Unternehmen von vornherein aussichtslos erscheinen lassen. Nun kommt hinzu, daß das Mangrovenholz, das bis zur Anlieferung zum Sägewerk schon sehr viel Geld gekostet hat, infolge seiner enormen Härte sich schwer schneiden läßt, die Arbeitsleistung der Säge also eine verhältnismäßig geringe und daher teuere ist, und daß das Holz sehr zum Reißen neigt. Diese Eigenschaft und die enorme Härte beschränken seinen Gebrauchswert sehr.

Der Tischler kann es aus diesem Grunde nicht gebrauchen, oder wird es nur im Notfalle verarbeiten, und aus demselben Grunde eignet es sich nicht zum Schneiden von Brettern. Nur als Kantholz hat es einen Wert. Kantholz allein kann ein Sägewerk in Afrika aber nicht liefern wollen; denn wer dieses gebraucht, muß meistens daneben auch Bretter, Latten x. haben.

Deshalb war die Anlage eines Sägewerkes in den Mangrovenwäldern des Rufidji eine ganz verfehlte. Ein solches wird nur dort vollen Erfolg haben, wo, wie in Usambara, die Holzgewinnung eine billigere und die Möglichkeit gegeben ist, allen Anforderungen im ausgedehntesten Maße gerecht zu werden. —

Mit unseren kolonialen Unternehmungen würde es besser aussehen, wenn man diese in ihren Anfängen in bescheideneren Grenzen gehalten und gewissermaßen zunächst als Versuchsstationen behandelt hätte, wozu ein seiner Aufgabe vollständig gewachsener, ehrlicher und gewissenhafter Leiter bis zum Abschluß seiner Beobachtungen und Versuche nur wenig Leute und deshalb auch nur geringe Mittel gebraucht hätte. Hätte er sich nach längerer oder kürzerer Zeit ein festes Urteil gebildet, dann würde er, gestützt auf die mit geringen Mitteln gemachten Erfahrungen, den Zeitverlust in den meisten Fällen so ziemlich wieder eingeholt haben. Jedenfalls aber wären durch ein derartiges Vorgehen den Unternehmern ungeheure Summen und viele Enttäuschungen erspart geblieben.

Dazu gehört aber, wie gesagt, ein tüchtiger Fachmann, der ehrlich und gewissenhaft an seine Aufgabe herantritt und nicht allein nach Afrika geht, um dort in möglichst kurzer Zeit viel Geld zu verdienen, sondern auch ein warmes Herz für die Kolonie und einen gewissen Ehrgeiz mitbringt, der ihn die Erfüllung seiner Aufgabe als höchstes Ziel verfolgen läßt.

Geht man mit solchen Männern, mit wirklichen Fachleuten an der Spitze von Unternehmungen, namentlich von solchen, die auf einem neuen Gebiet liegen, für welches nach keinerlei Erfahrungen in Afrika vorliegen, schrittweise und bedächtig vor, dann wird man sehr viel Geld ersparen und ungweiselhaft mit der Zeit auch schöne Erfolge erzielen. Eile mit Weile! gilt besonders auch für afrikanische Unternehmungen, und wenn die Leitung derselben, was nicht oft genug betont werden kann, in sachverständigen, energischen und gewissenhaften Händen liegt, dann wird man den Boden unter den Füßen sicher nicht verlieren.

Die bisherigen Mißerfolge in Afrika sind zum größten Teil ganz natürlich und selbstverständlich; ja sie sind fast immer selbst verschuldet und können auf kein anderes Konto geschrieben werden.

Ganz dasselbe würde man hier erleben, wenn man z. B. an die Spitze einer Forstverwaltung einen Offizier, Kaufmann oder sonst einen Laien stellen und diesem ein Hilfspersonal geben würde, das ebensowenig von der Sache versteht, wie er selbst.

Die deutsche Regierungsschule in Victoria.
(Kolonie Kamerun.)
Von J. Scholze.

Als im Jahre 1858 der englische Missionar Saker von den Spaniern aus Fernando Poo ausgewiesen wurde, gründete er mit seinen verschiedenen Negerstämmen angehörenden Anhängern an der so überaus herrlich am Fuße des mächtigen Kamerungebirges liegenden Ambas-Bucht den Ort Victoria. Die Mitglieder dieser kleinen Baptistengemeinde, die ein kleines Staatswesen für sich bildeten, suchten die Herrschaft über ihre heidnischen Nachbarn zu erringen, was ihnen auch teilweise gelang. In der Gemeinde selbst herrschte aber die größte Unordnung, und erst der energischen deutschen Regierung gelang es, geordnete Verhältnisse zu schaffen. Bald verlernten die Eingewanderten ihre Muttersprache, und ihre Umgangssprache wurde das Englische, in dem sie von den Missionaren unterrichtet wurden. Im Handel und Verkehr mit ihren Nachbarn, den Bakwiri, wurde ihnen auch deren Sprache geläufig. Nur schwer konnten sich die Victorianer, die sich hochmütig schwarze Europäer (black civilized people) nannten, in die neuen Verhältnisse schicken. Allmählich mochten sie aber das Thörichte ihrer Abneigung gegen Deutschland einsehen. Auch machte sich die Eifersucht bei ihnen geltend, als sie sahen, welche Vorteile die am Kamerunflusse wohnenden Duala durch den Besuch der deutschen Regierungsschule in der Station Kamerun erlangten.

Sie richteten deshalb an die Regierung von Kamerun eine Bitte um Errichtung einer Regierungsschule in Victoria. Die Regierung erfüllte diese Bitte mit größter Bereitwilligkeit, und zwar um so lieber, als man sich von den Victorianern bessere Erfolge versprach als von den Duala. Diesen fehlt es durchaus nicht an Fleiß und Begabung; aber sie haben zum großen Teil die schlechte Eigenschaft, das Gute, das sie in der Schule gelernt haben, bald wieder zu vergessen oder gar ihre Kenntnisse zu Betrügereien zu benutzen. Die Victorianer dagegen haben diese Fehler nicht an sich und sind auch eher zum Arbeiten geneigt als die Duala. Die Regierung versuchte schon mehrmals, junge Leute aus Victoria in Deutschland ausbilden zu lassen, was aber immer daran scheiterte daß sie das nordische Klima nicht gut vertrugen. Aus diesem Grunde war es notwendig, den Leuten in ihrer Heimat Gelegenheit zu einer guten Schulbildung zu geben

Im Jahre 1897 wurde deshalb ein einfaches Schulhaus wie die meisten Europäerhäuser in Kamerun nur aus Holz und Wellblech — gebaut, welches wegen der ungesunden Ausdünstung des Bodens auf Steinpfeilern ruht. (Siehe die Abbildung auf S. 325). Rund um das Gebäude läuft eine Veranda, und das Innere besteht aus einem großen Unterrichtsraum und einem kleinen Zimmer, welches dem Lehrer am Tage zum Aufenthalt dient. Die Einrichtung des Schulraumes besteht aus 8 Bänken in zwei Abteilungen, einem riesengroßen Pulte, einigen Tischen und Stühlen, einer Wandtafel und einem Bücherbrett; alles ist aus hartem afrikanischem Holz gearbeitet. Eine Anzahl Tafeln mit Bibelsprüchen, die Bilder des Kaisers, der Kaiserin, Bismarcks, Moltkes, einige Anschauungsbilder und Landkarten zieren die Wände.

Der erste Lehrer dieser Anstalt, Sembritzky, mußte leider schon nach einem halben Jahre wegen schwerer Fieber in die Heimat zurückkehren, und viele Monate wurde die Schule nur von dem eingeborenen Hilfslehrer Senga Quo geleitet. Er war von dem um die Kolonie Kamerun so sehr verdienten, leider zu früh gestorbenen Oberlehrer Christaller erzogen worden. Zwar wurde er in seiner Arbeit öfters von dem in der Station Kamerun wohnenden deutschen Lehrer Lederbogen inspiziert; aber wenn die Schule nicht rückwärts gehen sollte, war es hohe Zeit, daß bald wieder ein deutscher Lehrer die Leitung übernahm. Da Sembritzky nicht mehr tropendienstlauglich war, wurde Lehrer Fischer, ein Württemberger, nach Vietoria gesandt, wo er im September 1898 ankam. Die Wahl Fischers war sehr glücklich, sein kräftiger Körper ertrug das ungesunde Klima sehr gut, und mit großem Eifer und viel Liebe zur Sache unterzog er sich seiner nicht leichten Aufgabe*).

Nur ein fester, im Glauben an Gott gegründeter Charakter kann dort mit Erfolg arbeiten; denn es erfordert große Geduld und Selbstüberwindung und kostet viel Mühe, diese kleinen und großen schwarzen Kinder zu sittlichen Menschen zu erziehen — inmitten der so verderblichen Einflüsse der heidnischen Umgebung und der vielfach so unsittlich lebenden Europäer. Ebenso schwer ist es, diese Schwarzen an geregelte Arbeit, Pünktlichkeit, Ordnung und Reinlichkeit zu gewöhnen; denn der Lehrer darf dort nicht, oder nur im geringen Maße, auf die Mithilfe der Eltern rechnen. Die Hauptaufgabe besteht aber darin, den Eingeborenen eine gute, den dortigen Verhältnissen angepaßte Schulbildung zu geben, damit sie entweder als Unterbeamte bei der Regierung, als Gehilfen der Kaufleute und Pflanzer Anstellung finden, oder zu tüchtigen Handwerkern herangebildet werden können. Die Schule soll aber auch noch den Zweck haben, den Schülern Achtung vor Deutschlands Macht und Größe einzuflößen, die Liebe zu ihrer Heimat und zum deutschen Kaiser zu wecken, mit einem Wort: sie sollen gute deutsche Staatsbürger werden.

Diesen Zielen entspricht der Unterrichtsplan, der dem einer württembergischen Volksschule ähnlich ist. Die Unterrichtsfächer sind: Anschauungsunterricht, Lesen, Schreiben, Rechnen, deutsche Grammatik, deutscher Aufsatz, Geschichte, Geographie, Naturgeschichte, Physik, Zeichnen, Singen und Turnen. Der Unterricht wird nur in deutscher Sprache erteilt, und zwar mit Erklärung möglichst vieler Anschauungsbilder. Können die jüngeren Schüler etwas nicht verstehen, und kann es ihnen der Lehrer weder bildlich darstellen noch übersetzen, so muß es ihnen von einem älteren Schüler übersetzt werden.

Diese Methode hat sich vorzüglich bewährt, und die Kinder lernen dadurch die deutsche Sprache ohne große Mühe. Auffallend ist es, daß sie meist eine sehr schöne Handschrift haben. Macht so der Schreibunterricht dem Lehrer wenig

*) Leider trat er nach 2jähriger Dienstzeit aus dem Kolonialdienste aus, so daß schon wieder ein neuer Lehrer an diese Stelle treten mußte, was der Schule nicht gerade förderlich sein kann.

Die Regierungsschule in Victoria (Unten im Vordergrunde schwere Silshern).

Mühe, so bietet der Unterricht im Rechnen Lehrer und Schülern um so größere Schwierigkeiten; denn für diese Kunst scheint in ihrem Gehirn wenig Platz vorgesehen zu sein. Die größte Freude bereitet den schwarzen Schülern das Singen. Es ist eine wahre Luft, ihrem gutgeschulten und wohlklingenden Gesange zuzuhören und ihre strahlenden Gesichter zu sehen, wenn die „Wacht am Rhein", „Deutschland über alles" oder „Ich hatt' einen Kameraden" gesungen werden. Oberlehrer Christaller hat das letztere auch in die Dualasprache übersetzt, und es fand solchen Anklang bei den Kamerunern, daß es von Alt und Jung, Männlein und Weiblein gesungen und fast zum Gassenhauer wurde. Große Freude macht es auch den Schülern, wenn sie gelegentlich dem Herrn Gouverneur oder einem andern hohen Beamten ein Ständchen bringen dürfen, und der größte Jubel herrscht, wenn sie beim Turnen — das in Ermangelung von Turngeräten im Klettern auf Bäume, in Freiübungen und Marschieren besteht — singen dürfen. In jedem Deutschen, der dort die schönen deutschen Volkslieder aus schwarzem Munde hört, erwacht die Sehnsucht nach der Heimat, und er fühlt sich in seine eigene Schulzeit zurückversetzt.

Die Zahl der Schüler betrug 1899 64 Knaben und 17 Mädchen im Alter von 6 bis 23 Jahren. Außer diesen besuchten einige ältere „höhere Töchter", die schon in der englischen Baptistenschule Unterricht genossen hatten, die Schule, um die deutsche Sprache zu erlernen. Das Alter der Schüler ist oft nur annähernd zu bestimmen; nur wenige wissen Jahr und Tag ihrer Geburt. Da aber alle einen Geburtstag haben wollten, half sich Lehrer Fischer dadurch, daß er ihr Alter schätzte und den Geburtstag auslofte. Die Schüler waren damit zufrieden und freuten sich, einen Geburtstag feiern zu können.

Lehrer Fischer erteilte täglich von 7—11 und von 3—5 Uhr Unterricht, wobei er von dem eingeborenen Hilfslehrer William, den er sich selbst ausgebildet hat, unterstützt wurde. Einen Schulzwang giebt es in Kamerun noch nicht, ebensowenig wird Schulgeld verlangt. Die Schüler müssen nur ihre Bücher und Schreibmaterialien bezahlen. Die Kinder gehen im allgemeinen gern zur Schule, die außer den Kindern der in Victoria ansässigen Negerchristen auch noch von heidnischen Bakwirikindern besucht wird, deren Eltern den Nutzen der Schule erkannt haben. Die Schulstrafen sind dieselben wie in unserer Heimat: Stockschläge, Strafarbeiten, Nachsitzen und schlimmsten Falles Ausweisung. Von letzterer wurde zu Fischers Zeit nur zweimal Gebrauch gemacht; ein Schüler wurde wegen Unsittlichkeit entlassen, ein anderer wegen gänzlich ungenügender Leistungen, aber erst nach mehrmaliger Warnung.

Der letztere Fall beweist, daß die Schwarzen auch Ehrgefühl besitzen, was man ihnen oft gänzlich absprechen möchte. Der betreffende Schüler war ungefähr 21 Jahre alt, hatte das Schneiderhandwerk erlernt und mußte seine Mutter und Geschwister ernähren. So fleißig er auch war, er konnte doch den Forderungen der Schule nicht genügen. Dem Lehrer blieb nichts anderes übrig, als ihm zu erklären, er solle entweder nur schneidern, oder nur in die Schule gehen; es sei besser für ihn und seine Mutter, wenn er seinem Berufe allein nachgehe. Daß er die Schule verlassen mußte, nahm er sich aber so zu Herzen, daß er verschwand, und niemand wußte, wo er sich aufhielt, so daß seine Angehörigen auch der Lehrer in großer Sorge waren. Nach einigen Tagen kam er endlich ganz betrübt wieder und wollte wiederum in die Schule woran, natürlich nicht zu denken war. Da er aber durchaus Beamter werden wollte und die deutsche Sprache ziemlich verständlich sprach, war der Lehrer froh, daß er ihm auf dem Bezirksamt Victoria eine Stelle als Dolmetscher verschaffen konnte. Nun ist der Schneider glücklich, ein „kaiserlicher" Dolmetscher zu sein, wie er sagt, und er hat nebenbei noch Zeit genug für sein Handwerk übrig.

Zwei andere junge Victorianer seien hier auch noch erwähnt. Der eine, ungefähr 20 Jahre alt, zeigt, trotzdem ihm das Lernen sehr schwer fällt, einen rühmenswerten Fleiß und Eifer; nicht genug, daß er seine Arbeiten alle pünktlich fertigt, er erteilt sogar noch in seinen Mußestunden in der Baptistenschule den kleinen Kindern täglich zwei Stunden Elementar-Unterricht für einen ganz geringen Lohn*). Der andere war der Sohn des schwarzen Baptistenpredigers Wilson, der zwar nicht die Regierungsschule besuchte, aber in einem Berliner Seminar seine Ausbildung erhielt, wo er einer der besten Schüler war. Leider starb er zum großen Schmerze seines Vaters im vorigen Jahre nach mehrjährigem Aufenthalt in Deutschland, kurze Zeit vor der Abfahrt des Schiffes, mit dem er in die Heimat zurückkehren wollte. Diese beiden Fälle mögen als Beweis dafür genügen, daß die Neger nicht bildungsunfähig sind. Wie sie nach Bildung streben, ersieht man auch daraus, daß einst zu Lehrer Fischer eine Anzahl junge Victorianer kamen und ihn baten, doch an Wochentagen abends mehrere Fortbildungsstunden zu geben, wofür sie ihn gern bezahlen wollten. Fischer konnte leider ihren Wissensdurst nicht befriedigen, weil es für ihn zu anstrengend gewesen wäre.

Da die Uhren in Cameruu wenig bekannt sind, werden die Kinder mit einer Glocke zur Schule gerufen. Selten kommt ein Kind zu spät. Sie wissen, daß der mango muledi (der Herr Lehrer) darin sehr streng ist. Daß ein strenger Herr in der Schule regiert, kann jeder Weiße schon daran sehen, daß alle Schüler bei seinem Eintritt in das Schulzimmer sich wie ein Mann erheben, laut und deutlich „Guten Tag!" rufen, und wenn sie seinen Namen wissen, auch diesen hinzufügen. Der Unterricht beginnt mit Gesang und Gebet und wird ebenso geschlossen. Die Regierungsschulen sind zwar aus naheliegenden Gründen religionslos; es ist aber dem Lehrer freigestellt, ob er Religionsunterricht erteilen will oder nicht. Lehrer Fischer gab seinen Schülern Religionsstunden, und man merkte, daß ihm dies Herzenssache war und seine Worte bei den Schülern nicht auf unfruchtbaren Boden fielen. Dieser Umstand mag wesentlich dazu beigetragen haben, daß zwischen Lehrer und Schülern ein so gutes Einvernehmen herrschte. Die Schüler fühlten die Liebe ihres Lehrers und zeigten sich ihm dafür oft dankbar. Hatte der Lehrer einmal Fieber, dann freuten sich die Schüler zwar auch, daß der Unterricht ausfiel, aber sie nahmen doch Anteil an seiner Krankheit, besuchten ihn und frugen nach seinem Befinden, was bei unsern deutschen Schülern wohl seltener der Fall sein dürfte. Umgekehrt besuchte auch der Lehrer seine erkrankten Kinder und suchte zu helfen und die Eltern zu trösten, wofür sich diese erkenntlich zeigten. So machte einmal ein Mütterchen dem Lehrer ein Huhn zum Geschenk und war sehr betrübt, als er es anfangs nicht annehmen wollte.

Wer wollte es aber diesen schwarzen Schülern verdenken, daß sie sich auch auf die Ferien freuen, trotz alles Guten, das sie in der Schule empfangen. Sie können freilich in ihrem Lande keine Ferienreisen machen, erfreuen sich aber an

*) Zur Zeit befindet er sich in Berlin, wo er als Lehrer ausgebildet wird.

allerlei Spielen, an denen sie nicht arm sind; und mancher arme Schüler, der gern ein neues Lendentuch, ein Hemd oder eine Mütze kaufen möchte, sucht sich das Geld hierzu in der Ferienzeit durch Arbeit bei einem Europäer zu verdienen.

Den Glanzpunkt im Leben der Regierungsschüler bilden die Weihnachtsfeier und Kaisers Geburtstag. Jene erhielt im Jahre 1898 zwar einen etwas bitteren Beigeschmack, indem am Tage vorher der Herr Bezirksamtmann Schulprüfung abhalten ließ. Umso größer war dann die Freude, als sie am ersten Weihnachtstage abends den im hellen Lichterglanz strahlenden, künstlichen Weihnachtsbaum und die um ihn ausgebreiteten Geschenke sahen, die ihnen der Lehrer im Auftrage der Regierung übergab. Bevor die Schüler die Geschenke erhalten, tragen sie die Weihnachtsgeschichte in deutscher Sprache und wegen der anwesenden Eltern auch in der Landessprache vor. Eine Ansprache des Lehrers, Gebet und Gesänge folgen, so daß sich die Feier würdig gestaltet, und Jung und Alt, Schwarze und Weiße, welche hierzu zahlreich erscheinen, ihre Freude daran haben. Wenn die Kinder sich noch in lebhafter Erinnerung des schönen Weihnachtsfestes freuen, kommt schon wieder ein Fest: Kaisers Geburtstag. Er wird in ähnlicher Weise wie bei uns gefeiert, nur mit dem Unterschiede, daß die Schüler dort nochmals kleine Geschenke erhalten. Wenn man sieht, mit welch' freudiger Begeisterung sie ihre Lieder und Gedichte vortragen, und wie aufmerksam sie den Erzählungen des Lehrers über ihren geliebten Kaiser lauschen, so glaubt man fast, trotz ihrer schwarzen Farbe wirkliche deutsche Kinder vor sich zu haben. Als bei einer solchen Feier ein Schüler das nachstehende Gedicht vortrug, konnte man so recht erkennen, daß er aus dem Herzen sprach:

> „Ich bin ein Bub' von Kamerun,
> Der deutschen Kolonie.
> Fürst Bismarck hatte viel zu thun,
> Bis er erworben sie.
>
> Der Kaiser baute Schulen bald,
> Die Freud' ist riesengroß,
> Denn lernen will hier Jung und Alt;
> Und kräftig geht's jetzt los.
>
> Ob wir auch schwarz, wir fühlen warm:
> Der Kaiser ist uns gut!
> Drum weihen wir ihm Herz und Arm
> Und unsern Mut und Blut!
>
> Herr Kaiser Wilhelm zu Berlin,
> Bist unsrem Herzen nah!
> Wir grüßen Dich, mög' Glück Dir blüh'n!
> Hurra, Victoria!"

Begeistert stimmten alle kräftig mit ein in den Ruf: „Hurra, Victoria!"

So wird also in dieser Regierungsschule eine gute Saat in die Herzen unserer jungen schwarzen Landsleute gesäet, aus der einst gute Früchte hervorgehen werden. Was man erstrebt und erhofft, das wird in Erfüllung gehen: die in der Regierungsschule erzogenen Schüler werden zu einem guten und festen Bindemittel werden zwischen Deutschland und unserer Kolonie Kamerun.

Die wirtschaftlichen Verhältnisse auf den Stationen der Missionsgesellschaft Berlin I in Deutsch-Ostafrika.

Von Pastor C. Oehler

Die Visitationsberichte des Missionsdirektors Gensichen, welcher am 18. Oktober d. Jahres von seiner 2 jährigen Visitationsreise in den zu Berlin I gehörigen Missionsstationen Südafrikas und Deutsch-Ostafrikas nach Berlin zurückkehrte, geben in Verbindung mit dem Jahresbericht und den monatlichen Missionsberichten dieser Gesellschaft ein so umfangreiches und doch so scharf gezeichnetes Bild der religiösen und wirtschaftlichen Verhältnisse in den einzelnen von ihm persönlich in Augenschein genommenen Missionsstationen, daß wir im Interesse der Kolonial-Forscher und Freunde es für zweckmäßig erachten, außerhalb des Rahmens eines allgemeinen Missionsberichtes über unsere deutschen Kolonien die wirtschaftlichen Verhältnisse dieser Missionsstationen auf Grund jener Berichte darzulegen. Zur Orientierung für Folgendes bemerken wir, daß die Missionsstationen, um die es sich hier handelt, sämtlich auf deutschem Gebiet liegen und noch sehr jung sind. Obgleich die Missionsgesellschaft seit Jahrzehnten ein weites Missionsfeld in Südafrika und China bebaut, glaubte sie bei Eintritt Deutschlands in die Kolonialaera sich dennoch der Pflicht nicht entziehen zu dürfen, an ihrem Teile zur kulturellen und sittlichen Hebung der neuen deutschen Unterthanen mitzuhelfen; sie hat seit 1891, der Gründung der ersten Station (Wangemannshöh), bis jetzt 13 Stationen in Deutsch-Ostafrika gegründet; anfangend von der Nordspitze des Nyassa erstreckt sich jetzt ihr vermittelnder Einfluß schon weit nach Norden und Nordosten in das Innere der Kolonie über das Kondeland, Ringaland, Bena- und Hehrland. Im Kondelande finden wir die Stationen Wangemannshöh, Manow, Mwakaleli und Jkombe, im Ringalande: Bulongua Tandala und Magoje, im Bena- und Hehelande: Kidugala, Rusindi, Muhanga, Mpangile, Luyembe und Jlembula. Auf diesen 13 Stationen arbeiten 14 Missionare und 5 von der Missionsgesellschaft angestellte Kolonisten, welchen letzteren vornehmlich die wirtschaftliche Thätigkeit auf den Stationen zufällt. Für den gesamten Missionsbetrieb auf diesen Stationen incl. Ausrüstung und Reise der Missionare brachte im letzten Jahre die Gesellschaft laut Rechnung im letzten Jahresbericht 83,037 Mark auf.

Jkombe: (etym.: Schulterblatt oder Augenwinkel), vielleicht wegen seiner Lage in der Nordecke des Nyassa, ist die südlichste der 13 Stationen und hat eine unvergleichlich schöne Lage. Das große massive Wohnhaus des Missionars enthält 8 hohe große Räume, auf beiden Seiten ist das Haus durch Veranden geschützt und geschmückt, Thüren und Fenster sind aus solidem Holz hergestellt, welches der Vernichtung durch die weißen Ameisen nicht ausgesetzt ist. Der Garten des

Missionars ist mit Benutzung der alten vorgefundenen Bäume sehr geschickt und geschmackvoll angelegt, auch die neu gepflanzten Bäume haben bereits eine stattliche Höhe erreicht. Üppige Vegetation hüllt die Umgebung der Station in Grün auch während des Winters ein. Den Hintergrund der paradiesisch liegenden Station bilden die immer grünen Bergketten des Livingstonegebirges, welche morgens und abends in Wasserdunst gehüllt dunkelblau herüberschimmern. Vor der Station der Rhassa mit seinen klaren blaugrünen Fluten ruhig daliegend. — Aber — an diesem herrlichen Orte ist der Aufenthalt sehr gefährlich, denn das Fieber herrscht hier und verbietet Europäern längeres Verweilen. Ein Missionar ist bereits von ihm hinweggerafft, und die häufigen Fiebererkrankungen der beiden jetzt dort stehenden machten es auf Zeiten nötig, sich zurückzuziehen und die Arbeit von der in der Nähe liegenden Gesundheitsstation Bubopelo aus zu betreiben. Sie liegt 2000 Fuß über dem Meere und ist fieberfrei.

Die im Jahre 1900 eingeweihte Kirche ist einfach aber würdig geschmückt: Die Christen sitzen während des Gottesdienstes an den Wänden, zur Feier meist in Weiß gekleidet, die Heiden, oft bis zu 500 anwesend, nehmen auf dem Sandboden der Kirche Platz, ihre Aufmerksamkeit läßt nichts zu wünschen übrig. Der Schulunterricht wird in der Kirche abgehalten, der Missionar wird hierbei von 2 eingeborenen Helfern, die es mit ihrer Aufgabe ernst nehmen, unterstützt. Der Unterricht erstreckt sich zunächst nur auf Lesen, Schreiben, Rechnen und Gesang. Das Lesebuch bilden die ersten 3 gedruckten Evangelien, die begabtesten unter den Schülern lesen fließend und schreiben die Diktate fast korrekt; die Katechumenen zeigen besonders geweckles Verständnis des Gelesenen. Die Schüler singen gern, aber ihr Gesang ist noch ohne Wohlklang. Die Häuser der Eingeborenen sind von herrlichen Baumgruppen, besonders Bananen, beschattet, die Bauart ist die der 4 eckigen Tembe, doch giebt es auch noch etliche runde Hütten, sämtliche Häuser, insbesondere die der Neuchristen, sind äußerlich und innerlich sauber gehalten, malerisch schön gerade wegen ihrer Einfachheit, im innern mit seltsamen Fresken bemalt, bei welchen die Farben schwarz weiß rot hervortreten, — ob das an die deutschen Farben erinnern will? Unter Einfluß der Missionare findet man in den Christenhäusern eine dem jungen Stande der Gemeinde entsprechendes gesittetes Familienleben. Die Missionare genießen auch in der heidnischen Bevölkerung allgemeine Achtung. Die Eingeborenen treiben besonders Fischfang, Feldbau nur so weit, als sie für den täglichen geringen Gebrauch Feldfrüchte brauchen; beide Beschäftigungen füllen aber ihre Zeit längst noch nicht aus. Um sie deshalb an stete Arbeit zu gewöhnen, und zugleich der Stationskasse eine geringe Einnahme zu verschaffen, wurden Ziegel für einige europäische Firmen am See gebrannt.

Bei weiterem Ernst und treuer Arbeit der Missionare darf man hoffen, daß diese Station innerlich wie äußerlich sich weiterhin gut entwickeln wird.

Magoje: Die jüngste Station dieser Gesellschaft in Deutsch-Ostafrika, sie wurde 1900 gegründet, liegt an der Grenze des Kondelandes und des Berglandes Buandsi im obersten Gebirgsstock des Ringagebirges ca. 6500 Fuß über dem Meere auf einem Hochplateau; in der Ferne dehnt sich rings ein Gebirgswall, doch ist die Station vollständig freiliegend, ventiliert durch reine leichte Bergluft und somit fieberfrei. Die des Nachts sich aufmachenden Winde bereiten den Schläfern angenehme Kühlung im Sommer, im Winter sind aber Katarrhe, so wie Lungen- und Brustfellentzündungen hier ziemlich häufige Erscheinungen; sie werden nicht etwa verursacht von hohen Kältegraden, denn man hat im Juli, und das ist der relativ härteste Wintermonat, abends nie unter 7 Grad R., morgens nie unter 8—10 Grad R., sondern hervorgerufen durch den schroffen Temperaturwechsel zwischen Tag und Nacht, sobald gegen abend der Wind einsetzt. Das vorzügliche Trinkwasser der Station wird durch eine für 60 Mk (!) hergestellte 3 klm lange Leitung aus den Bergen herangeholt und bis auf 100 Schritt der Station nahe gebracht. Zur Zeit besteht das Missionsgebäude noch aus einem 3 Zimmer umfassenden Bambushaus, dessen Wände mit Lehm beworfen sind, die Kirche ist aus demselben Material gebaut, Kirchen- und Hausbau haben zusammen 300 Mk. gekostet. Die Schule mit 24 Erwachsenen und Kindern wird in der Kirche gehalten. Die Leistungen in ihr stehen natürlich noch in den Anfängen. Die Unterstufe buchstabiert, die Oberstufe liest aus den Evangelien, die besten Schüler lesen allerdings schon fließend. Der Neubau des Wohnhauses für den Missionar ist unaufschiebbar, das Baumaterial ist im Juli dieses Jahres hierzu bereits geschnitten, ein Teil desselben besteht aus hartem Cedernholz, nachdem man am Anfang dieses Jahres nicht allzu weit von der Station einen Cedernwald entdeckt hat; das ganze Holzwerk ist sehr billig für 250 Mk. hergerichtet worden, auch mit dem Ziegelformen ist ein Anfang gemacht, so daß voraussichtlich der Bau Weihnachten vorigen Jahres fertig gestellt worden ist.

Von dieser Station aus ist die zahlreiche Bevölkerung des Landes (ca. 4500 Köpfe), die Grasteraketen in 3 Stunden, leicht zu erreichen, der engere Kreis mit einem Radius von einer Stunde umfaßt ungefähr 2000 Eingeborene. Sie begegnen dem Missionar mit Achtung, Vertrauen und mit der Hoffnung, daß sie in Zukunft von ihm vor den umwohnenden räuberischen Stämmen geschützt werden. Sie standen bis vor einem Jahre besonders in Furcht vor den weiter nördlich wohnenden Sanzu, mehrere wurden hierdurch veranlaßt, sich in der Nähe der Missionsstation anzusiedeln und den Anfang zu einer Dorfgemeinde zu bilden.

Neu-Wangemannshöh: Diese Station wurde nach Aufgabe der 10 km östlicher gelegenen Station Alt-Wangemannshöh, im Jahre 1899 angelegt, nachdem die Erfahrung gezeigt hatte, daß der alte Platz trotz seiner Höhenlage zu wenig von erfrischenden Winden bestrichen wurde und daher ungesund war. Neu-Wangemannshöh hat vor der alten Station entschieden klimatische und kulturelle Vorteile: sie liegt 1100 m über dem Meere, ist den West- und Südwinden zugänglich, welche in Deutsch-Ostafrika Erfrischung bringen und Fieber vertreiben, sie hat zudem gesundes Wasser, welches durch eine praktisch angelegte Leitung, welche nur 100 Mark kostete, in die Station geführt wird, sie bietet schönes Ackerland und eine herrliche Fläche für Bananen, Bohnen und neuerdings auch für eine Kaffeeplantage. Die Stationsgebäude sind für jetzt noch sämtlich von Bambus aufgeführt. Das Wohnhaus des Missionars enthält 5 geräumige und ein kleines Zimmer und ist rings mit einer Veranda umgeben, daneben steht ein Haus mit 3 Zimmern für den 2. Missionar. Die Bambuskirche hat 40—60 Sitzplätze, außerdem Raum für 250 Personen, welche sich auf Matten setzen können. Es besteht die Absicht, das erste Missionshaus sowie die Kirche durch massive Gebäude zu ersetzen, dem ersteren zugleich auch einen höheren und gesunderen Platz anzuweisen.

An Naturschönheit übertrifft diese Station alle übrigen dieses Missionsdistriktes: Die Gärten in dem frischen Grün der Bananen, der Blick von der

Höhe des Missionshauses auf das fruchtbare wellige und wasserreiche Terrain, vor allem aber die entzückende Fernsicht in das ostwärtsliegende schluchtenreiche Singagebirge, dessen grüne Bergesriesen und Matten im Glanz und Farbenspiel der Sonne, wie Missionsdirektor Gensichen schreibt, die Schönheit des Rigi übertreffen, und schließlich in weiter Ferne das waldige Haupt des Kißjo und im Süden die Nordspitze des blauen Nyassa, — das alles bildet das Entzücken des ankommenden Europäers.

Die auf dem Stationsgrund wohnenden Eingeborenen werden als bescheidene, arbeitsame und saubere Leute geschildert, welche, so weit sie Christen sind, einen guten Einfluß auf die umwohnenden Heiden ausüben, sie haben bereits 70 Mark kirchliche Abgaben freiwillig geleistet und machen mit ihrer christlichen Haltung dem jetzigen Missionar Freude.

Seit 2 Jahren besteht auf der Station ein Gehilfenseminar, welches jetzt von 7 Eingeborenen besucht wird: sie werden in Religion, Lesen, Schreiben, Rechnen und Singen unterwiesen und leisten in anbetracht der kurzen Zeit vorzügliches: sie lesen fließend, schreiben korrekt, im Rechnen sind sie noch in den Anfängen, dem Gesange fehlt es noch an Weichheit und Reinheit des Tones. Das Seminar wird bei ruhiger regelmäßiger Entwickelung und bei genügender Anzahl von Lehrkräften Zöglinge ausbilden, welche in diesem Missionsbezirk den Missionaren wirksame Unterstützung leisten werden. Die Elementarschule besteht aus 10 Kindern im Alter von 10—14 Jahren, sie dient den Seminaristen zugleich als Übungsschule (Seminarschule) für ihre spätere Lehrthätigkeit. Man plant eine Neuregelung ihres Betriebes, welcher nach dem von den Missionaren unter Leitung des Direktors Gensichen ausgearbeiteten Schulplan für die gesamten Stationen sobald als möglich aufgenommen werden wird: so soll in Zukunft statt des abstumpfenden Buchstabirens auf Lesetafeln die Schreiblesemethode eingeführt werden, auch die Schule in Neu-Wangemannshöh unter Leitung eines im Schulfach tüchtigen 2. Missionars gestellt werden, welcher zugleich die in der Schule wochenweise vorlesenden Seminaristen in ihre praktische Schulthätigkeit einführt und sie während des Unterrichtes im Lehren unterweist und beaufsichtigt.

Von Sachkennern ist anerkannt, daß Neu-Wangemannshöh 4—5 ha vorzüglichen Kaffeeboden besitzt. Es sind bis jetzt ca. 1500 Pflanzen auf einer Fläche von ¼ ha ausgesteckt und gut angewachsen, in 2 Jahren werden sie die erste Ernte geben. Auf 4—5 ha werden etwa 12000 Pflanzen Platz haben, deren mittlerer Ertrag auf 10000 Pfund geschätzt wird. Bei einem Preise von 1 Mark pro Pfund ergäbe sich dann ein Jahresgewinn von 10000 Mark mit ziemlicher Sicherheit, da man die Bewässerung der Bäumchen vollständig regulieren kann. Das Anlagekapital, Ankauf der Pflanzen, Arbeiterlohn nebst Zubereitung des Bodens und Reinerhaltung der Kulturen werden auf 400 Mark geschätzt. Die Plantage steht unter einem zu ihrer Pflege von der Missionsgesellschaft angestellten Gärtner. Man kann mit ziemlicher Sicherheit nach Abrechnung aller Unkosten und bei rechter Umsicht und Energie des Plantagenleiters selbst in den ersten 4 Jahren auf eine Gesamteinnahme von 400 Mark rechnen. So wäre das wirtschaftliche Bild dieser Station ein ganz besonders aussichtsvolles und erfreuliches.

Manow liegt 4500 Fuß hoch über dem Meere auf einem Plateau am Fuße des waldgekrönten Kißjo also in schöner gesunder Lage. Die

Station wurde bereits 1892 gegründet. Das religiöse und wirtschaftliche Leben auf der Station zeitigt deshalb schon in Stetigkeit und Ordnung erfreuliche Früchte: das Missionshaus ist massiv gebaut, gut erhalten, besitzt 5 luftige geräumige Zimmer und ist mit Blumenanlagen und schönen afrikanischen Cedernbäumen umgeben. Der Fernblick in das Livingstonegebirge erquickt das Auge. Die Kirche ist ein alter in letzter Zeit erweiterter Bambusbau, sie liegt noch etwas höher als die Station und besitzt ein von einem Berliner Wohlthäter geschenktes Glockenpaar. Der Bau einer neuen Kirche ist in Aussicht genommen, die Steine dazu sind schon geformt, gutes Bauholz findet sich in den Schluchten des nahen Libhoberges. Ein Stück Land von etwa 50 ha wird erworben werden müssen, damit die neue Kirche auf dem Grund und Boden der Mission steht und der Missionsbesitz abgerundet wird. Der Häuptling beansprucht für die Überlassung des Grundstückes nicht mehr als eine Flinte, die ihm natürlich nicht gegeben werden darf, doch wird sich mit ihm unter geringem Kaufpreis eine Einigung erzielen lassen.

Die Eingebornen wohnen in saubern, oft mit Wandmalereien in einheimischem Stil geschmückten Hütten. Ihre Beschäftigung ist Ackerbau, Viehzucht und Bananenpflege, ihre Mühe gehört einer kleinen Kaste an, die gegen die Nachtlüfte empfindlich ist und deshalb nachts in die Hütten getrieben werden muß.

Der christliche Charakter der auf der Station wohnenden Eingeborenen, welcher sich besonders in einer erfreulichen Schlichtheit, Sittsamkeit und der Wahrung des häuslichen Friedens zeigt, sticht wohlthuend gegen das unsittliche Verhalten der umwohnenden Heiden ab, denen das Festhalten an der bei den Konde tief eingewurzelten Vielweiberei das Haupthindernis ist, sich von den Missionaren beeinflussen zu lassen. Zuvor muß von den Missionaren dahin gewirkt werden, daß mit Hülfe der eingeborenen Christen die verkehrte Anschauung der Heiden gebrochen wird, je mehr Frauen, desto mehr Ehre, erst dann werden die aus der Vielweiberei herrührenden Streitigkeiten und Unsittlichkeiten zu schwinden beginnen. Ihre Liebe zu den Missionaren und dem in diesem Sommer sie besuchenden Missionsdirektor Gensichen bezeugten sie ebenso wie die Eingeborenen auf allen übrigen Stationen durch die freudige Aufnahme des letzteren; als Geschenk brachten sie einen Ochsen, welcher mit den anderen 7, die den Missionsdirektor auf seiner Visitationsreise geschenkt wurden, zum Besten der Missionskasse verkauft wurde.

Die Schule auf dieser Station besteht aus 40 Schülern; wenn dann und wann ein Säugling mitgebracht wird, der während des Unterrichts der Pflege bedarf, so bildet seine Gegenwart eine nicht gerade störende Zugabe. Es wird in Religion, Lesen, Schreiben, Rechnen und Gesang unterrichtet. Die Kenntnis in biblischer Geschichte ist genügend, im Lesen sind 5 Stufen eingerichtet, die erste Stufe liest fließend; während im Schreiben und Rechnen die Schüler noch nicht über die Anfangsgründe hinaus sind, leisten sie im Gesang überraschendes, und zwar sowohl in der Kenntnis einer großen Anzahl von Liedern als auch im Wohllaut des Gesanges. Sechs Eingeborene helfen dem Missionar im Unterricht, denn derselbe hat neben seiner Predigtthätigkeit und dem Verkehr mit den Eingeborenen um und in der Station noch täglich Katechumenenunterricht zu erteilen. Auch auf hiesiger Stationsschule wird das von der Missionsbezirkskonferenz ausgearbeitete Schulstatut eingeführt werden, um dieser Schule auf dem bisher gut gelegten Grunde einen sichern Weiterbau zu ermöglichen.

Bei dem Zustrom der umwohnenden Bevölkerung zur Station, auf welcher allerdings nur Männer und Frauen wohnen dürfen, die nicht in Polygamie leben und sich verpflichten, sonntäglich den Gottesdienst zu besuchen und den Anordnungen des Missionars Folge zu leisten, ferner bei dem entgegenkommenden Verhalten der umwohnenden Häuptlinge, bei dem geradezu kindlichen Vertrauen der Eingebornen zu den Missionaren sind die Vorbedingungen zu einem erfreulichen Gemeindeleben und zugleich zum Aufschwung der wirtschaftlichen Verhältnisse auf dieser Station gegeben.

Mualareri (Mualaleli), gegründet 1893, liegt 4780 Fuß über dem Meer, ihrer Höhenlage wegen also eine der gesundesten Stationen auf diesem Missionsdistrikt. Ungefähr drei Stunden weit von ihr entfernt erhebt sich westlich der Rungweberg, an ihm die gleichnamige und nächstliegende Missionsstation der befreundeten Brüdergemeinde. Das gesamte Terrain, auf welchem Neu-Wangemannshöh, Mualareri und Rungwe liegen, trägt vulkanischen Charakter: der Kirgo-Gipfel, der Rungweberg sind ausgebrannte Vulkane, der Ulumgululifee ist ein alter Krater. Dicht bei Mualareri sieht man noch in einem Hohlwege tiefe Schichten Lavaerde.

Die Stationsgebäude liegen auf einem Plateau, welches von Manow aus nach Durchschreitung verschiedener Schluchten und Überwindung schmaler an Abgründen sich hinziehender Gebirgspfade erreicht wird. Um die Stationsgebäude herum gruppieren sich die unter Anleitung der Missionare in regelrechter Ordnung ausgebauten sauberen Hütten der Eingeborenen. Sie sind von Bananen beschattet, mit zierlichen Blumenanlagen umgeben; im Innern machen sie einen schönen, netten Eindruck. Die Decke des unteren Raumes ist aus geglätteten Bambusstäben zusammengefügt, die von Rauch geschwärzt in tiefem angenehmen Schwarz des Ebenholzes glänzt. Die Kirche samt Turm ist Fachwerkbau und mit Ziegeln gedeckt, sie hat bereits unter der zerstörenden Arbeit der weißen Ameisen gelitten; im Innern ist sie einfach, reinlich und würdig gehalten, der Fußboden ist mit Steinfliesen belegt. Das 100 Meter von der Kirche entfernte Haus des Missionars ist massiv und praktisch angelegt; es enthält 8 kleinere Zimmer, dahinter eine schöne freie Hoflage mit massiven Stallgebäuden und Küche. Das Baumaterial ist aus nächster Nähe beschafft, deshalb konnten die Gebäude verhältnismäßig schnell und billig hergestellt werden.

Die ganze Lage des Dorfes mit seinem Pfarrhaus und Kirche ist so anheimelnd durch den Schmuck der Blumen um die Häuser, der grünen Sträucher und blühenden Aloe zwischen Kirche und Missionshaus — das Ganze umschlossen von Bergkegeln, die trotz mageren vulkanischen Bodens mit Vegetation überzogen sind und mit laubholzbewaldeten Kuppen in die Wolken ragen, dazu in den Abgründen sprudelnde Bergbäche — daß das Auge des Fremden mit Bewunderung auf diesem fremdartigen Dorfidyll ruht. Die Station mit ihrem geordneten Gemeinwesen ist in der That eine anerkennenswerte kulturelle und wirtschaftliche Leistung ersten Ranges; was hier die Thätigkeit und Tüchtigkeit der Missionare geschaffen, ist sowohl von den kaiserlichen Beamten als auch sonstigen Reisenden lobend erwähnt worden. Die Beziehung der Missionare zu den Regierungs- und Polizeibeamten ist durchaus freundschaftlich, gegenseitiges Entgegenkommen und gastfreundliche Aufnahme ist bei beiden selbstverständlich. Auch ist das Verhältnis der Missionare zu den höheren in der Nähe der Station wohnenden

Häuptlingen gut, sie haben ein gefälliges Auftreten und kommen den religiösen und wirtschaftlichen Bestrebungen der Missionare entgegen.

Was das Kirchen- und Schulwesen der Station anbetrifft, so ist zu bemerken, daß die Aufmerksamkeit in den Hauptgottesdiensten wie Kindergottesdiensten und im Katechumenenunterricht musterhaft ist; es finden sich zu den Gottesdiensten außer den in ihrer Vollzahl erscheinenden Christen jedesmal ca. 80 Heiden ein; der versittigende Einfluß der einzelnen Christen samt ihren Familien auf die unter der Missionsarbeit stehenden ca. 7000 heidnischen Einwohner der Umgegend ist unverkennbar. Die Neigung zum Diebstahl, welche in den ersten Jahren sogar den Kirchenschmuck nicht verschonte, scheint zu schwinden. Die Polygamie mit ihren die Familie zerrüttenden Folgeerscheinungen ist vielen ein Haupthindernis, zum Christentum sich zu bekennen, obwohl sie zu den Missionaren unbedingtes Vertrauen haben. In einem Nebengebäude des Missionshauses ist für die Schule Raum geschaffen worden: sie hat im ganzen 34 Schüler. Die Leistungen in der biblischen Geschichte sind befriedigend; die Oberstufe liest fließend, im Schreiben, Rechnen und Geographie ist bei sämtlichen Schülern ein guter Grund gelegt. Die Geographie von Afrika ist ihnen bekannt, Deutschland steht allerdings noch außerhalb ihres Gesichtskreises. Sämtliche Leistungen sind für Missionare und Schüler um so anerkennenswerter, als die Schule mit den dürftigsten Lehrmitteln, die zum Teil von dem Missionar selbst angefertigt waren, sich hat behelfen müssen. Die paedagogischen und missionstechnischen Verhandlungen, welche in Zukunft auf den Konferenzen der Missionare dieses Bezirks geführt werden, versprechen wie auf anderen Stationen, so auch hier, der Weiterentwickelung der gut fundamentierten Schulen dienlich zu werden; auch wird auf jenen Konferenzen bei dem jetzigen aussichtsvollen Zustande der Missionsschulen die Frage in Erörterung gezogen werden, wie die Schüler zu den untersten Stufen der Beamten herangebildet werden können; gleichzeitig wird die Sprachkommission ihre Thätigkeit fortsetzen, um nach grammatischer und lexikalischer Fixierung der Dialekte an eine Verbesserung der Evangelienübersetzung heranzutreten. Die Weiterentwickelung Musaferris in wirtschaftlicher und kultureller Hinsicht erscheint nach obigem äußerst günstig.

Bulongoa, gegründet 1895, liegt in einem fruchtbaren Thalkessel 7000 Fuß über dem Meere, gewährt also den Vorzug annähernder Fieberfreiheit. Landschaftlich ist die Station von größter Schönheit: in nächster Nähe trifft der Blick auf die mit Wald oder mit grünen Matten bedeckten Gebirgszüge, durchschnitten von einem Thal, in welchem der Rumakatia rauscht. Der Fernblick von dem über der Station gelegenen Platz für die neue Kirche auf die großartigen Formen der mächtigen Berge und die mit Wald bedeckte Landschaft, überwölbt vom tiefblauen Himmel, ist von überraschender Schönheit.

Im Frühjahr 1902 gedenkt man die neue Kirche schon fertig gebaut zu haben, da die jetzige sehr baufällig ist. Die Anlage der übrigen Stationsgebäude ist praktisch und ihre Bauart besonders solid, sie sind sämtlich mit Ziegeln gedeckt. Das massive große Missionshaus umfaßt 7 hohe geräumige Zimmer — es hat nur 7000 Mark gekostet, — ein zweites von dem Missionsarzt Dr. Schröter vorläufig bewohnt, sonst als Schule benutzt, ist ebenfalls massiv und enthält 4 Zimmer. Diese Häuser sind von einem sorgfältig gepflegten Garten mit anschließendem Park umgeben. Die Wohnungen der christlichen Eingeborenen (Kinga)

sind sauber, in ihnen herrscht ein friedliches Familienleben, allen gemeinsam ist
der Fleiß, mit dem sie ihre Felder bestellen: Erbsen werden hier ziemlich häufig
gebaut. Die Aussichten für die Entwickelung der Station sind in sofern günstig,
als im Umkreis von einer Stunde ca 1000, im weiteren Umkreis ca. 7000 Eingeborene wohnen, welche unter dem religiösen und kulturellen Einflusse des
Missionars stehen, bis jetzt bereitet allerdings der Hang zur Unzucht, Zauberei,
Lüge der erfolgreichen Thätigkeit des Missionars große Hindernisse. Die große
Zahl der jetzigen Katechumenen verspricht indes schon für die nächste Zukunft unter
diesem Volk in sittlicher Beziehung einen fröhlichen Aufschwung, und das um so
mehr, als die umwohnenden Häuptlinge und Eingeborenen dem Missionar überraschend schnell ihr ganzes Vertrauen entgegengebracht haben. Noch vor 5 Jahren
wurden die hiesigen Einwohner als das scheue Gebirgsvolk der Kinga bezeichnet,
und jetzt erscheinen sie zahlreich und regelmäßig im Gotteshause, hören aufmerksam zu und verkehren freundschaftlich mit dem Missionar. Derselbe wird besonders
in seiner Schulthätigkeit von zwei Eingeborenen als Schulgehülfen unterstützt; es
bestehen hier 2 Schulen, die eine für Kinder, die andere für Erwachsene. Beide
Schulen werden abgesehen von den 3 Monaten, während denen der Acker bestellt
wird, regelmäßig besucht; nächst Religion wird in 2 Abteilungen Leseunterricht erteilt,
die Leistungen sind gut. In der Schule der Erwachsenen, (aus 10 Personen
bestehend), überrascht die Sicherheit in der Kenntnis der biblischen Geschichte, im
Lesen sind fast alle perfekt.

1½ Stunden von der Station entfernt hat sich auf einem Waldgrundstück
der Missionsgesellschaft ein Kolonist niedergelassen, auf dessen Farm der Missionar
einen zweiten Sammelpunkt für die heidnische Umgebung zu bilden sucht.

Tandala: liegt östlich und unweit von Bulongoa 2040 m über dem
Meere auf einem Plateau im weiteren Umkreis von den Höhenausläufern des
Livingstonegebirges umgeben, seine Lage ist daher gesund. Von Bulongoa nach
hier wechseln Schluchten mit steilem Abstieg und Aufstieg, oft führt der schmale
Weg an schwindelnden Berghängen entlang, je näher man aber an die Station heran-
kommt, desto wegsamer wird der Pfad, bis er kurz vor der Station in eine bequeme breite Straße einmündet. Diese erfreuliche Beobachtung kann man in der Nähe
der meisten Missionsstationen machen, sie erinnert uns an die Zeit, wo, nachdem die Missionare jetzt den Anstoß dazu gegeben, mit Hülfe der Regierung in
unsern Kolonien sich einst bequeme Fahrtstraßen von Ort zu Ort ziehen werden. —

Tandala macht durch die Sauberkeit seiner Straßen und durch die sorgfältige Pflege der Anpflanzungen einen glänzenden Eindruck, dem hier stationierten
Missionar ist es besonders gut gelungen, die Station für wenig Geld wirtschaftlich gut zu fundamentieren. Die Kirche ist das schönste Gebäude des gesamten
Missionsbezirkes, das Missionshaus ist ebenfalls massiv und fest gebaut. Die
Aussicht auf eine günstige religiöse wie wirtschaftliche Entwicklung dieser Station
beruht zugleich auch auf der Bevölkerungsdichtigkeit — 2000 Einwohner im
nächsten Umkreise, doch sind dieselben gegen Fremde noch zurückhaltend, stehen
insbesondere der missionarischen Arbeit noch fremd gegenüber. Vielweiberei bei
den Häuptlingen mit dem steten Gefolge von Zank, Streit und Grausamkeit,
Unzucht und Trunksucht unter den Stämmen sind die großen Hemmnisse für des
Missionars Wirksamkeit.

Die Station ist erst 1897 angelegt worden; von tiefgehender religiöser Einwirkung auf größere Kreise der Heiden und von einer Schulthätigkeit unter ihnen kann daher noch nicht die Rede sein. Dem Missionar war es bisher möglich, Sagen, Sprüchwörter und Rätsel der Bevölkerung, auch etliche Züge aus dem Leben ihrer Vergangenheit zu sammeln: die Kinga wollen aus einem fern im Nordosten liegenden Lande hierher eingewandert sein.

Ehe wir zur Beschreibung der übrigen Stationen schreiten, bemerken wir hier im allgemeinen: die übrigen zur Missionsgesellschaft Berlin I gehörigen 6 Stationen liegen in der Bena- und Hehelandschaft, die älteste der Stationen, Kibugala, ist erst 1898 gegründet, man darf also von ihnen in keiner Weise irgend eine weit vorgeschrittene Entwickelung erwarten, doch ist sowohl in religiöser wie wirtschaftlicher Beziehung auf allen Stationen ein guter Grund gelegt; mehr als Anfängliches von diesen jungen Stationen zu verlangen wäre ungerecht. — Landschaftlich unterscheidet sich das Benaland von dem Kingalande wenig; an Stelle der bewaldeten Berge von Bulongoa finden wir hier in der Nähe der Eingeborenenniederlassungen die Berge mit Gras bewachsen, welches im Winter abgebrannt wird und durch die schwarzen Brandflächen den Bergen und der gesamten Landschaft etwas Düsteres verleiht. Für die Reisenden ist diese Grasvernichtung indes von Vorteil, da andernfalls dem Reiter sowohl als dem Träger der Vormarsch ungemein durch das manneshohe Gras und Gestrüpp erschwert wird. Dagegen unterscheiden sich die Dorfanlagen und die Bauart der Häuser bei den Benaleuten wesentlich von denen der Kinga: sie haben nur einen Eingang und Ausgang, die von einem aus rohem Holz gezimmerten engen Thore verschlossen werden, die Häuser dieser abgeschlossenen Dörfer sind zusammenhängend neben einander gebaut. Die Einwohner sind ebenso wie die Kingaleute heiteren Charakters, unter einander zwar lügenhaft und unzuverlässig, dem Weißen gegenüber aber stets treu und anhänglich, dankbar für jede kleine Gabe. Wenn der Weiße bei tiefem Flußübergang sich genötigt sieht, der lebendigen Hängematte von 3 Eingeborenen sich anzuvertrauen, also mit seinen Armen ihre 2 schwarzen Hälse fest umklammert und auf ihren fest aneinander gedrückten Schultern sitzt, einem 3. vor ihm seine Beine auf die Schultern legt und sicher hindurchgetragen und drüben abgesetzt als Mann von guter Sitte „danke" sagt, antworten die beschiedenen Eingeborenen mit ihrem bescheidenen Lächeln auch „danke" oder mit ähnlichen Verbindlichkeiten. Eigentümlich ist den Babena die Neigung für Bekleidung, sie nehmen als Bezahlung für ihre Arbeit am liebsten Zeug, von dem sie zuweilen eine große Menge auf den ebenholzschwarzen Körper hängen. Ackerbau und Viehzucht ist auch bei ihnen wie bei den Kinga, die Hauptbeschäftigung, wenn sich aber Gelegenheit bietet, Trägerdienste zu thun, so greifen sie gern zu. Da sie schlank und gelenk sind, sich frei und gerade halten, eignen sie sich vorzüglich zu dieser Arbeit. Zum Tragen einer Person in der Hängematte werden bei schnellem Marschtempo 12 bis 14 Mann geworben, schwere Gepäckstücke werden an eine Bambusstange gebunden und von 2 Mann getragen. Die Träger laufen meist im Trabe, in der Meinung, so trage es sich leichter; alle drei Minuten ungefähr wechseln sie sich schnell aus; ohne dabei anzuhalten, wird die Bambusstange auf die Schulter der Ablösenden geschoben. Die eintönige Trägerarbeit erleichtert sie sich durch marschmäßige Trägergesänge, die wenig Sinn haben; eigentümlicherweise schützen sie die Druckstelle der nackten Schulter nie mit einer Unterlage, vielleicht hat sich an dieser Stelle die Haut so verdickt, daß der Druck ihnen keinen Schmerz mehr bereitet. Das Reisen im Ringa- und Babenalande ist weniger beschwerlich, als man im allgemeinen vermuten könnte; so weit die Missionare vorgedrungen, bietet ihr Stationswohnhaus den Reisenden Unterkunft, zudem befinden sich auf den Missionsstationen vielfach besondere Logierhäuser. Wo Missionsstationen auf einem Tagemarsche der Entfernung wegen nicht erreicht werden können, ist von den Missionaren für Rasthäuser gesorgt. Sie bieten allerdings nur 4 Wände aus dünnen Holzstäbchen und ein Dach aus Stroh und liegen vereinsamt, gewähren aber doch Schutz gegen Regen, Unterkunft für die Nacht und zum Ausruhen am Tage; sie rechnen mit der Sitte, daß der Reisende Bett, Nahrungsmittel und Kochgeschirr selbst mit sich führt. Noch sei kurz bemerkt, daß die Religion dieser Völkerschaften im allgemeinen in der Verehrung der Abgeschiedenen besteht, denen sie Opfer bringen. Versittlichenden Einfluß kann man von diesen religiösen Anschauungen nicht erwarten, im Gegenteil sind sie gerade vielfach der Grund zu oben erwähnten Unsittlichkeiten.

Kibugala hatte früher seinen Platz, ca. 2 Stunden südlicher, doch mußte diese Station verlegt werden, weil die weite Entfernung vom fließenden Wasser in Haus- und Viehwirtschaft sich lästig fühlbar machte, bei seiner jetzigen Lage kann man innerhalb 6 Minuten, vom Stationshause aus gerechnet, aus einer Wasserleitung sich gutes Trinkwasser verschaffen. Die Station liegt 8 deutsche Meilen von Tandala entfernt auf einer bis jetzt noch kahlen Anhöhe, doch werden die jetzt noch jungen Baumpflanzungen später ein freundliches Bild der Umgebung gewähren. In weiterer Entfernung schließen höhere Bergrücken den Horizont ab. Da Kibugala 3(0)—4(0) Meter niedriger als Bulongoa liegt, ist man vor Fiebern schon nicht mehr sicher, doch hat bis jetzt kein schwerer Fall konstatiert werden können; die Stationsarbeiter litten indes in diesem Jahre vielfach an katarrhalischen Krankheiten.

Das Haus des Missionars ist massiv gebaut, eine breite auf Steinsäulen ruhende Veranda umschließt dasselbe, es hat im Unterstock 4 große luftige Zimmer; das alte Wohnhaus ist zu Küche und Lagerraum umgebaut worden. Die Kirche ist ein alter und dürftiger Bau: ein größerer Neubau ist deshalb in Angriff genommen worden. Die dazu nötigen Ziegel liefert die einfache, aber praktische Stationsziegelei zu billigem Arbeitspreis, da ein Lehrnlager sich dicht bei der Station befindet. Das Bauholz ist allerdings 3 Stunden weit aus dem Walde zu holen; es wird sogleich dort geschnitten und zugerichtet, um den Transport zu verbilligen. Eigentümlicher aber praktischer Weise werden die Kirchenfenster statt mit Glas mit gemustertem Zeug gefüllt; das Meter mit stilvollem Muster wird aus Berlin schon für eine Mark bezogen. Die Glocken für diese Kirche sind aus Berlin geschenkt und bereits unterwegs. Ein einfaches Logishaus mit 6 Wohnräumen, welches den in diesem Jahre zur Synode versammelten 13 Missionaren dieses Distrikts mit ihrem Direktor Genfichen Unterkunft gewährte, ist für 100 Mk. erbaut. Es schließt auf einer Seite den Stationshof ein.

Die Entwickelungsaussichten dieser Station, die jedenfalls immer der Mittelpunkt der Benamission bleiben wird, sind deshalb gute, weil die Gegend ihrer Fruchtbarkeit wegen dicht bevölkert ist — man baut besonders Körnerfrüchte und Kartoffeln, — und weil die Predigt der Missionare große Anziehungskraft auf die Eingeborenen ausübt: es versammeln sich zum Gottesdienst durchschnittlich 300 aufmerksame Zuhörer. Eine Schule ist bisher noch nicht gegründet, auch sind die Katechumenen erst zu kurze Zeit in Unterricht genommen worden, um über ihre Fähigkeit ein endgiltiges Urteil abgeben zu können.

Mufindi ist 1898 angelegt. Die Bedingungen zu einer günstigen wirtschaftlichen Entwickelung sind in der gesunden Lage und dem Reichtum an Wasser und Bauholz gegeben; auch liegt die Station in einer landschaftlich schönen Gegend, — doch die Hauptsache, um derentwillen Missionsstationen angelegt werden, fehlt: die Eingeborenen; die ganze Gegend ist so spärlich bevölkert, daß die Anlage als Missionsstation wenig verspricht; es ist dem Missionar, nachdem er die Station in kurzer Zeit billig und doch recht praktisch aufgebaut hatte, auch nicht gelungen, die im weiten Umkreis aufgesuchten Eingeborenen zur Ansiedelung in Mufindi zu bewegen, selbst das Entgegenkommen der Regierung, welche im Jahre 1900 durch den Oberleutnant v. b. Marwitz dem Häuptling Jambelepobasi mit 450 seines Stammes zum Zwecke der Bevölkerung der Missionsstation in der Nähe von Mufindi Wohnsitze anwies, hat dem mißlichen Zustande keine Abhülfe schaffen können, da in Jahresfrist sämtliche Eingeborene bis auf 5 bereits wieder von der Station fortgezogen waren. Es befinden sich jetzt auf ihr im Ganzen 22 Personen, die Durchschnittszahl der oft nach stundenlangem Wegen zum Gottesdienst kommenden beträgt 30. Nach Lage der Dinge ist es daher unvermeidlich, daß die Station verschoben werden muß; man beabsichtigt sie entweder nach dem 80 km nord- nord-östlich gelegenern Lungemba oder nach dem 8 Stunden fernen südwestlich gelegenen Gabadu zu legen, welches 10—20 mal so volkreich ist, als Mufindi.

Muhange, Ende 1899 gegründet, ist die am weitesten nach Norden liegende Station dieses zu Berlin I gehörigen Missionsbezirks. Bei dem Bau des Missionarshauses und der Kirche leisteten die umwohnenden Häuptlinge mit ihren Leuten gern und willig Dienste, auch finden sich jetzt schon auf der Station sonntäglich an 1000 Eingeborene als aufmerksame Zuhörer ein, während sie zu Anfang der Missionsthätigkeit den Missionar noch oft durch Lärmen störten. Schon im vorigen Jahre konnte eine kleine Schule mit 18 Schülern ins Leben gerufen werden, sie kommen regelmäßig zum Unterricht, im Lesen und Singen sind bereits gute Erfolge erzielt worden. Die Station wird sich augenscheinlich stetig weiter entfalten. Der freundliche Charakter und die Zutraulichkeit der Eingeborenen zum Missionar geben dafür die beste Bürgschaft.

Mpangile, 1899 angelegt und nach dem jetzt dort wohnenden Häuptling benannt, liegt in gleicher Höhe wie das 0 deutsche Meilen entfernte Kidugala, auf einem an das Livingstonegebirge sich anschließenden Hochplateau. Die Station ist fieberfrei. Außer der provisorischen Kirche und 3 aus Lehmfachwerk aufgeführten Häusern befinden sich das Missionarshaus mit 3 Zimmern und einem Stallgebäude auf dem Platze. Die Vorarbeiten für den Bau eines Steinhauses sind im Gange, 10000 Ziegelsteine sind im vorigen Herbst bereits gestrichen, Bauholz ist in der Nähe in genügender Menge bereits gefällt und herangeschafft. Noch in diesem Jahre wird der Hausbau vollendet sein. Die Bevölkerung der Umgegend ist mitteldicht, in einem Kreise mit dem Durchmesser von einer Stunde befinden sich ca. 2000 Eingeborene, im weiteren Umkreise, der dem Einflusse des Missionars noch zugänglich ist, vielleicht 10000 Einwohner. Vielweiberei, Trunksucht und Unzucht bilden allerdings ein starkes Hindernis für die Annahme der im ganzen aufmerksam gehörten Predigt, doch ist bei dem freundlichen Entgegenkommen der Eingeborenen zu hoffen, daß dieser in ihren Anfängen stehenden Station eine gute Weiterentwickelung nicht fehlen wird.

Jlembula, Ende 1899 gegründet, liegt in gleichnamiger Landschaft nord-nordöstlich 5 Stunden von Kibugala, etwas tiefer als dieses, leichte Fieber treten hier schon auf. Bis jetzt sind schon trotz der Kürze ihres Bestehens eine provisorische Kirche und 2 provisorische Wohnhäuser mit je 3 Zimmern errichtet. Sie sind nach Art der Tembes gebaut, bestehen aus Pfahl- und Strauchwerk, welches mit Lehm beworfen und abgeputzt wird. Das flache Dach ist mit festgehauenem Lehm bedeckt. Hierdurch erhalten diese Häuser zwar den Vorzug, während der Hitze kühl zu bleiben, haben aber den Nachteil, den weißen Ameisen gegenüber wenig dauerhaft zu sein. Daher macht sich der Bau von massiven Wohnhäusern sehr nötig: das Fundament zum Steinhaus des Missionars ist bereits ausgehoben, Bauholz im nahen Walde gefällt und zugeschnitten. Arbeiter hierzu finden sich bei der starken Bevölkerung im nächsten Umkreise bei billigem Lohn in genügender Zahl. Bei dem Vertrauen der Eingeborenen zu dem Missionare und der Bereitwilligkeit, ihn zu hören, sind die Aussichten zu religiöser und auch wirtschaftlicher Entwickelung dieser jüngsten Missionsstation des Bezirkes nicht ungünstig; es verhält sich allerdings bis jetzt der Häuptling dem Missionar gegenüber durchaus ablehnend. Bei dem geringen Ansehen aber, welches die Häuptlinge unter den Stämmen der Kinga, Babena und Sakebe haben, und bei der Achtung und Furcht vor der Regierung, die feindliche Belästigungen nachdrücklich ahndet, kann ein der Mission mißgünstiger Häuptling dem Fortgange derselben nicht wesentlich und dauernd hinderlich sein.

Lupembe, zu gleicher Zeit wie Jlembula gegründet, liegt 1700 m über dem Meere auf einem freien Plateau, welches nach allen Seiten freien Ausblick auf die entfernten Berglinken gestattet; von der nächsten Station Mpangile ist er 6 deutsche Meilen entfernt. Zur Station führt auch hier ein von dem Missionar angelegter schöner breiter Weg. Die weiß gestrichene kleine Kirche sowie das Wohnhaus des Missionars sind Notbaue aus Pfahlwerk, das neue massive Wohnhaus geht indessen schon jetzt seiner Vollendung entgegen. In unmittelbarer Umgebung der Missionsbaulichkeiten wohnen cr. 100 Eingeborene, in weiterem Gebiet von 12 Meilen Durchmesser mindestens 10000. Trotz der erst kurzen Zeit seiner Wirksamkeit hat der Missionar doch schon das Vertrauen der früher ängstlichen und eingeschüchterten Leute gewonnen. Dazu trug wesentlich der Umstand bei, daß derselbe die bei einer beginnenden politischen Unruhe auf die Station geflüchteten Eingeborenen freundlich aufnahm, vor allem den Häuptling bewog, sich den Regierungsbeamten zu stellen und mit ihnen zu unterhandeln, und so zwischen Regierung und Militär einerseits, dem Häuptling und den Eingeborenen andererseits ausgleichend wirkte.

Die Station ist noch zu jung, um bei ihr von wirtschaftlich greifbaren Erfolgen reden zu können. Die 16 Katechumenen werden den Grundstock einer zukünftigen Gemeinde bilden und durch ihren Wandel der auch hier herrschenden heidnischen Unmoralität entgegenwirken.

Wir bemerken zum Schluß, daß es uns bei unseren Ausführungen nur darauf ankam, die wirtschaftliche Seite dieser k. k. zu Berlin J gehörigen Missionsstationen ins Auge zu fassen und auf ihre treffliche Fundamentierung und glänzende Weiterentwickelung hinzuweisen. Wir wollten in dieser Skizze veranschaulichen, wie die Mission auf einzelnen Punkten einsetzt (cf. die letzten 4 obigen Stationen), wie dann wirtschaftliche und kulturelle Entwickelung durch Kirchen-, Häuser-, Wegebau, Anpflanzungen u. s. w. einerseits, durch Schulgründungen und religiöse Arbeit der Missionare andererseits Hand in Hand gehen und sich einander fördern, und wie sich schließlich schon in wenigen Jahren Gemeinden und Gemeinwesen durch eine umfassende Missionsthätigkeit herausgestalten, die mit ihren religiösen und wirtschaftlichen Zuständen den heimatlichen Missionskreisen sowohl wie dem Kolonialfreunde Freude und Bewunderung abnötigen.

Sodann wollen wir hier noch einmal das ungetrübte Verhältnis und die gegenseitige Unterstützung, welche Regierung und Mission speziell auf obigem Missionsdistrikte sich gewähren. Jede, Mission wie Regierung, geht zwar ihren eigenen Weg, ebnet aber der andern den Weg: die Regierung sorgt zur Kultivierung der neuen deutschen Unterthanen im allgemeinen für Sicherheit derselben, die Mission sorgt dagegen in positiver Weise für Gründung und Hebung der geistigen Kultur durch Gründung und Hebung der christlichen Sittlichkeit; und gerade deshalb, weil sie im kleinsten Punkte, d. h. mit Gründung einzelner Stationen, ja mit der Bildung des einzelnen Menschen in Eifer und Aufopferung einsetzt, wird sie um so stetiger und tiefgründiger die Kulturentwickelung der Eingeborenen vorwärtsführen, und weil die Mission die Kultur auf der christlichen Religion aufbaut, und nur allein auf ihr, wird diese Kultur mit Sicherheit ihrem wahren Ziele entgegengehen.

Welcher Dialekt der Evhesprache verdient zur Schrift- und Verkehrssprache im Evheland (Togo) erhoben zu werden?

Von G. Härtter, Missionar.

Vor 50 Jahren sah es im Evheland noch ganz anders aus als heutzutage. Überall herrschte Unordnung und Unsicherheit; Stammesfehden und Kriege waren im ganzen Lande an der Tagesordnung. Die mächtigeren Stämme unterjochten die schwächeren, und ihre Könige beanspruchten bis zu einem gewissen Grade auch die Gerichtsbarkeit bei diesen abhängigen Stämmen. So nahmen z. B. die Angloer an der Küste und die Pekier im Innern bis in die neueste Zeit herein eine dominierende Stellung unter den Evhestämmen ein. Aber während es den Angloern gelungen war, stets ihre Selbständigkeit und Unabhängigkeit gegenüber den Nachbarstämmen und Völkern zu behaupten, so waren die Pekier mit einer großen Anzahl der Inlandstämme nach und nach unter die Gewaltherrschaft der Atwamuer und anderer Fremdvölker gekommen. Ein volles Jahrhundert übten beispielsweise die Atwamuer ihre Schreckensherrschaft über diese Evhestämme aus, bis es zu Anfang der 30er Jahre des vorigen Jahrhunderts dem Pekistamm in Verbindung mit anderen Inlandstämmen gelang, das harte, unerträgliche Joch der Atwamuer abzuschütteln. Diesen Abfall jedoch ließen sich die Atwamuer nicht ohne weiteres gefallen, sondern versuchten immer wieder teils allein, teils mit Hilfe der Angloer und Asanteer, ihr früheres Anrecht auf die Inlandstämme zurückzuerobern. Aber auch die Pekier waren auf ihrer Hut und schlossen einen Vertrag mit den Akraern, den Erbfeinden der Atwamuer, die den Pekiern gerne Unterstützung an Kriegsbedarf gegen die Atwamuer zukommen ließen.

Infolge hiervon entwickelte sich seit dem Jahre 1833 ein reger und lebhafter Verkehr zwischen Peki und Akra. Hier war es auch, daß die Pekier nicht nur die weißen Sklavenhändler, sondern auch die Missionare kennen lernten; denn bereits seit dem Jahre 1828 waren Baseler Missionare in Christiansborg an der Arbeit. Als daher im Jahre 1847 die ersten Missionare der Norddeutschen (Bremer) Missionsgesellschaft nach der Goldküste kamen und ein Arbeitsgebiet suchten, da lud sie der Pekikönig ein, unter seinem Volk mit der Missionsarbeit zu beginnen. Gerne nahmen sie diese Einladung an und eröffneten im November desselben Jahres in der Hauptstadt des Pekistammes, in Blengo, die Missionsarbeit. Allein nach fast 6jähriger Arbeit, nachdem verschiedene Versuche, sich im Pekibolk festzusetzen, fehlgeschlagen waren, mußte im April 1853 die Missionsarbeit, infolge der häufigen Kriegsdrohungen und beständigen Kriegswirren, die sie zu seiner gedeihlichen Entwicklung kommen ließ, im Peki aufgegeben und ein passenderer

— 343 —

Ort für eine Missionsstation im Gobeland gesucht werden. Schon das Jahr zuvor hatte Missionar Däuble in der richtigen Erkenntnis, daß mit der Missionsarbeit an der Küste eingesetzt und von dort aus das „Goheland erobert" werden müsse, eine Reise der Küste entlang bis Keia unternommen und Vorschläge zur Gründung einer Missionsstation an der Küste gemacht. Aber erst im folgenden Jahre, nachdem die Akwamuer aufs neue Peki mit Krieg bedrohten, kam es zur Gründung der Küstenstation Keia.

Wenn wir heute nach 60jähriger Arbeit, nachdem wir nicht nur Land und Leute, sondern auch die Gohesprache besser kennen gelernt haben, diese anfänglich vergeblichen Versuche, im Pekithale mit der Missionsarbeit zu beginnen, betrachten, so können wir uns des Eindrucks nicht erwehren, daß Gott seine weisen Absichten dabei hatte. Damals war den meisten diese Führung unsrer Mission im Goheland unverständlich; heute aber, wo wir alles besser überschauen können, müssen wir zugestehen, daß auch das Fehlschlagen dieser Anfänge der Missionsarbeit im Pekithale unter göttlicher Providenz geschehen ist. Niemand konnte in jener Zeit begreifen, warum die Missionsarbeit im Pekithale nicht Wurzel fassen konnte, und auch diejenigen, die tiefer blickten, dachten nicht, daß es um der Sprache des Gohevolkes willen so gehen mußte; vielmehr dachte man allgemein nur an die eigentliche Missionsarbeit. Daß aber diese dabei nicht in erster Linie in Betracht kam, zeigte bald die ganze Entwicklung der Missionsarbeit im Gohelande. Trotzdem es bis heute nicht zur Gründung einer Europäerstation im Pekithal gekommen ist, so hatte doch die Missionsarbeit gerade unter dem Pekistamme von Anfang an die schönsten Erfolge zu verzeichnen. Der Gohesprache wegen, die dem Gohevolke rein und lauter erhalten werden sollte, wurden die Missionare von Gott aus dem Innern des Landes an die Küste unter den Anglostamm geführt, bei dem sich das Gohe bis herauf in unsre Zeit am reinsten erhalten hat. Wegen der Schriftsprache, die durch Bibelübersetzung und Schaffung einer Schulliteratur einem unkultivierten Volke gewöhnlich durch die Mission gegeben wird, mußten die Missionare Peki verlassen und sich unter dem Anglostamm an der Küste niederlassen, um hier mit der Missionsarbeit zu beginnen. Zwar hat es im Lauf der ersten Jahrzehnte auch hier nicht an Kriegen und allerlei Kriegswirren gefehlt; aber die Missionare waren jetzt am rechten Platz, und darum hat Gott auch hier die wiederholt drohende Vertreibung der Missionare vereitelt. Der Anglodialekt war von Gott dazu bestimmt, fürs ganze Gohevolk zur Schrift- und Verkehrssprache erhoben zu werden. Und in der That, wir mögen jeden Dialekt der Gohesprache nehmen — an der Küste oder im Innern, im Westen oder im Osten, den Peki- oder den Anechodialekt — keinen werden wir finden, der an Vollkommenheit, Reinheit und Wohlklang dem Anglodialekt gleich käme. Überall, auch wenn der Dialekt ein reines Gohe, ohne Beimischung fremdsprachlicher Bestandteile, enthält, werden wir auf eine gewisse Abschleifung, Weichlichkeit oder gar Korruption in der Aussprache stoßen. Da und dort ist diese Abschleifung und Verweichlichung der Sprache ganz auffällig; ebenso verhält es sich mit der Beimischung fremdsprachlicher Bestandteile. Die Kraftlosigkeit und Energielosigkeit, an denen viele Gohestämme kranken, haben sich ganz naturgemäßig auch auf die Sprache übertragen. Ich denke dabei an so manche Inlandstämme, die jahrhundertelang unter der Gewaltherrschaft der Akwamuer und anderer Tyrannen schmachteten. Wie sie selbst, infolge dieser Bedrückung, an Energie und Kraftbewußtsein verloren haben, ebenso hat auch ihre Sprache an

Markigkeit und Wohlklang Einbuße erlitten. Der Indifferentismus, der sich dieser Stämme bemächtigte, mußte mit Naturnotwendigkeit auch in der Sprache zum Ausdruck kommen.

Dazu kommt noch ein weiterer Umstand. Durch die jahrhundertelangen Beziehungen vieler Inlandstämme, nicht allein zu den Akwamuer diesseits des Volta, sondern auch zu verschiedenen Volksstämmen jenseits des Volta, nahmen sie nicht nur teilweise ihre Sitten und Gebräuche an, sondern auch aus ihrer Sprache ging manches Wort in die Sprache dieser Stämme über, so daß den Inlandstämmen mit der Zeit manch gutes Wort und manch schöner Ausdruck in der eigenen Sprache verloren ging. Ja es kam da und dort so weit, daß die fremde Sprache ebenso oder fast ebenso geläufig wurde wie die Landessprache. Denn woher anders kommt es, daß man im Hinterland so lange Jahre brauchte, um festzustellen, ob Tschi oder Eʋhe die Vorherrschaft habe, bezw. die Landessprache sei? Einzig und allein von dem mächtigen Einfluß, den die Tschistämme und ihre handeltreibende Bevölkerung schon seit langer Zeit auf jene Stämme ausgeübt haben. Mit Naturnotwendigkeit mußte hier das Eʋhe Einbuße erleiden, und wenn sich auch die Volkssprache neben der eingedrungenen Handelssprache erhalten hat, so hat sie doch sehr unter deren Einfluß gelitten. Dies läßt sich wieder am schlagendsten an dem Peḱidialekt nachweisen. Es entstand hier ein Eʋhe, das von Fremdwörtern wimmelt, und darum sagte ich oben, daß es providentiell gewesen sei, daß Gott den Anfang der Eʋhemission in Peki nicht gelingen ließ. Es sollte dem Eʋhevolk in seiner Schriftsprache kein korrumpiertes mit Fremdwörtern gespicktes, sondern ein reines und lauteres Eʋhe gegeben werden.

Aber auch in Beziehung auf den Südosten des Eʋhelandes begegnen wir, was die Sprachverhältnisse betrifft, einem ähnlichen Vorgang. Dort waren vor mehr als 200 Jahren Stammesteile der Adangmeer und anderer Stämme von der Goldküste ins Eʋheland eingewandert und hatten sich teils an der Küste, teils im Innern angesiedelt. Alle diese fremden Einwanderer haben auch ihre Sprache ins Eʋheland mitgebracht und dort beibehalten, bis sie von der Eʋhesprache mehr oder weniger absorbiert war. Deshalb werden bis auf den heutigen Tag die Kleinpopoer von den Eʋheern Gɛ̃yigbɔwo (Untere Gaer), im Gegensatz zu den (Kǒdzitɔwo (Obere Gaer), den Bewohnern der Goldküste, genannt. Aber auch die Kleinpopoer selbst halten sich, obgleich sie im Lauf der Jahrhunderte sich mit den Eʋheern vermischt haben, doch noch für Gaer, und auch ihre Sprache nennen sie heute noch „Gasprache", obgleich sie ein Dialekt des Eʋhe geworden ist, der neben vielen Dahome- und Yorubawörtern mit der Gasprache nichts weiter gemeinsam hat, als daß er bis heute ziemlich viele Ga- bezw. Adangmewörter herübergerettet hat. So schreiben z. B. die schwarzen Übersetzer des wesleyanischen Katechismus, der im Jahr 1890 in Klein Popo gedruckt wurde: „Dieses Büchlein ist eine Übersetzung des ersten Katechismus der wesleyanischen Methodisten in der „Gasprache." Ebenso wird im Gesangbuch derselben Mission, das im Jahre 1900 gedruckt wurde, wiederum die Sprache nicht als Anechosprache, geschweige denn als Eʋhesprache, sondern als „Ɛgɛgbe" (Gasprache) bezeichnet. Diese Bezeichnung schon genügt, um uns zu zeigen, daß wir es in Anecho mit keinem reinen Eʋhedialekt zu thun haben. Dies geht aber auch zur Genüge aus allen bisher im Anechodialekt erschienenen Büchern hervor. Den schlagendsten Beweis jedoch liefert das Glossar der Henriciſchen Grammatik, in dem z. B. auf der 1. Seite zirka 20 Wörter Fremdwörter ſind.

Nachdem die Kleinpopoer uns geſagt haben, wofür ſie ihre Sprache halten und auch die bisher im Anechodialekt erſchienenen Bücher dies beſtätigen, ſo iſt, glaube ich, erwieſen — und darauf kommt es hier an — daß Anecho nicht der Dialekt iſt, in dem dem Eheholl ſeine Sprache möglichſt rein und lauter überliefert werden könnte; denn abgeſehen von dem Namen Egegbe (Galſprache), enthält der Anechodialekt, wie wir bereits oben erwähnt haben, ein Gemiſch von Gohe, Ga, Dahome und Yoruba, und ein ſolches Rauderwelſch ſollte zur Schriftſprache ſämtlicher Eheſtämme erhoben werden? Nimmermehr! — Dazu kommt noch ein weiterer Punkt. Infolge dieſes Sprachengemiſchs wird dieſer Dialekt auch nur innerhalb ſeiner Stammesgrenzen verſtanden. Sobald man aber über die weiteren Stammesgrenzen hinauskommt, ſo hört ein Sichverſtändlichmachen mittelſt Anecho auf. Es kann darum ſchon vom rein praktiſchen Standpunkt aus Anecho niemals, weder als Schrift-, noch als Verkehrsſprache für das Eheland in Betracht kommen. Dazu eignet ſich nur ein Dialekt, der die Eheſprache möglichſt rein und unvermiſcht bis herauf in unſere Tage bewahrt hat. Es ſollte darum in der für ein ganzes Volk überaus wichtigen Frage weder kleinlicher Ehrgeiz, noch eigenſinniger Partikularismus den Entſcheid trüben oder beſtimmen, ſondern es ſollte das ganze Volkswohl und die Volksſprache ohne perſönliche Liebhabereien ausſchlaggebend ſein. Bezüglich der Rechtſchreibung des Ehe kann man vorerſt noch verſchiedener Meinung ſein; denn ſie iſt für das Eheholl nicht von dieſem eminenten Wert und von ſo ungeheurer Tragweite, wie eine einheitliche Schrift- und Verkehrsſprache; aber was die Wahl der Schrift- und Verkehrsſprache betrifft, ſo ſollte hier von vorn herein eine Einigkeit und Übereinſtimmung erzielt werden.

Alſo das Hauptgewicht bei dieſer Wahl muß auf die Reinheit und Lauterkeit des Ehe gelegt werden; ſodann wird die derzeitige Verbreitung und Bekanntſchaft des Dialekts übers ganze Eheland ſehr in die Wagſchale fallen; und für den Fall, daß dieſe beiden Bedingungen bei einem Dialekt zutreffen ſollten, ſo ſollten alle andre Bedenken und Auslegungen fallen und dieſer Ehedialekt zur Schrift- und Verkehrsſprache erhoben werden. Von dem Anechodialekt aber wiſſen wir bereits, daß er keine der beiden Bedingungen in ſich ſchließt. Anecho kann darum auch nicht als Schrift- und Verkehrsſprache in Betracht kommen und alle in dieſem Dialekt bisher geſchaffenen litterariſchen Erzeugniſſe können nur einer Verlangſamung der fürs Eheholl notwendigen Schrift- und Verkehrsſprache dienen, niemals aber zu ihrer Verbreitung beitragen oder dieſelbe gar beſchleunigen. Hier kann nur der ſchon oben erwähnte Anglodialekt in Betracht kommen. Ihm haften die beiden obengenannten Bedingungen und Vorausſetzungen in hohem Maße an.[1]) Darum haben auch die Miſſionare der Norddeutſchen Miſſionsgeſellſchaft in der richtigen Erkenntnis ſchon ſeit bald 50 Jahren gerade den Anglodialekt zur Schrift-

[1]) Daß das, was ich hier ſage, keine leere Behauptung iſt, beweiſt ſchon die eine Thatſache, daß, als im Jahre 1898 das revidierte Neue Teſtament in die Hände unſerer eingeborenen Chriſten kam, ſie ſich nicht nur erfreut über daſſelbe ausſprachen, ſondern an der Küſte ſowohl, als auch im Innern des Landes Stimmen laut wurden, die ihrer Freude darüber Ausdruck gaben, daß das Neue Teſtament ein Ehe enthalte, wie es thatſächlich vom Volk geſprochen werde. T. B.

sprache erhoben und seither litterarisch bearbeitet.¹) Wohl müssen auch die anderen Ovhedialekte mit dazu beitragen, daß wir ein möglichst vollkommenes Ovhe erhalten; aber die Grundlage zu diesem Ovhe kann nur das Anglo geben. Dieser Ovhestamm hat auch während der schwersten Zeiten, die über das Ovheland hereingebrochen sind, sich seine Selbständigkeit und Unabhängigkeit zu bewahren gewußt und die Kraft, Energie und Markigkeit, die in diesem Volksstamm sich verkörpern, kommen auch in der Sprache zum Ausdruck. Es kann uns darum nicht wundernehmen, wenn Missionar Spieth, der 20 Jahre unter den Inlandstämmen gearbeitet hat, sich immer wieder erfreut über das kräftige und markige Ovhe des Anglo'ers ausspricht, das ihm im Vergleich zu dem Inlandhdialekt wie „liebliche Musik" in seinen Ohren klinge.

Aber nicht allein die Reinheit und Markigkeit ist dem Anglodialekt im höchsten Grade eigen, er ist auch derjenige Dialekt, der die weiteste Verbreitung gefunden hat. Durch die Handelsbeziehungen, die die Angloer seit Jahrhunderten fast mit allen Ovhestämmen pflegten und heute noch pflegen, ist auch ihr Dialekt im ganzen Lande bekannt geworden. Wir mögen auf unsern Reisen im Ovhelande hinkommen, wohin wir wollen, überall werden wir Angloern begegnen, die entweder auf einer Handelsreise sich befinden oder die bleibend in der Fremde sich niedergelassen haben. Aus diesen Gründen glaubt die Norddeutsche Mission in der Dialektwahl das richtige getroffen zu haben und in Kirche und Schule bisher schon wesentlich zu einer einheitlichen Schrift- und Verkehrssprache im Ovhelande beigetragen zu haben. Sie hofft ferner, daß es ihr mit Hilfe der Bibelübersetzung und der Beschaffung anderer Bücher in der Ovhesprache über kurz oder lang gelingen werde, dem Ovhevolk eine gemeinsame und einheitliche Schriftsprache zu geben, so daß, wie einstens Dr. M. Luther unsrem deutschen Volke durch seine Bibelübersetzung eine einheitliche Sprache gegeben hat, es auch ihr durch dieselben Mittel gelingen werde, dem Ovhevolk die gleiche Wohlthat zu erweisen.

Calw im Januar 1902.

¹) Mancher könnte denken, daß die Missionare der Norddeutschen Missionsgesellschaft, weil seither den Anglodialekt litterarisch bearbeitet haben, darum eine besondere Vorliebe gerade für diesen Ovhedialekt haben. Daß dem aber nicht so ist, beweist schon die eine Thatsache, daß wir gegenwärtig im Begriff sind, unsre bisherige Eingangsstation ins Ovheland, die, wie wir oben gesehen, uns durch die Verhältnisse gegeben worden war, von Keta nach Lome zu verlegen — wir also wohl imstande sind, den Zeitverhältnissen und der Erschließung des Landes Rechnung zu tragen und sie uns zu Nutzen zu machen. Ebenso wenig würden wir uns, wenn erwiesen wäre, daß ein anderer Dialekt als der Anglodialekt — etwa der Anechodialekt — sich noch besser als dieser zur Schrift- und Verkehrssprache eignen sollte, dieser Thatsache verschließen.

Handel und Wandel in Adis Abeba.
Von Major a. D. Karl v. Bruchhausen.

Fernab von den großen Weltstraßen, im gesunden abessinischen Hochland, erstreckt sich die „Blume des Frühlings" — denn so ist „Adis Abeba" zu übersetzen — über flache Hügel und breite Thäler. Erst nachdem sich Menelik im Jahre 1889 zur Würde des „Königs der Könige" (Negus Negesti) aufgeschwungen, verlegte er seine Residenz in das liebliche, holz- und wasserreiche Gelände und gab der über Nacht entstandenen neuen Stadt den klangvollen poetischen Namen. Aber schon ist's ihm dort zu laut geworden: seit Beginn dieses Jahres hat er sich eine Nebenresidenz 70 km weiter westlich in Adis Alam geschaffen, in die er sich manchmal auf Monate zurückzieht. Das ändert aber vorläufig nichts an der Bedeutung Adis Abebas, wo die Fäden des abessinischen Regiments in Folge der Gewohnheit eines Jahrzehnts, der Schaffung von Verbindungen und der Seßhaftmachung der amtlichen und nichtamtlichen Vertreter des Auslandes zusammenlaufen.

Ueber das Leben in Adis Abeba hat nun der Vertreter Italiens an Meneliks Hofe, Major Cicco di Cola, einem Mitarbeiter der „Stampa" allerlei interessante Dinge erzählt. Seit 4 Jahren ist er ununterbrochen dort und kennt daher Land und Leute gründlich.

Zur Zeit sind vier Mächte amtlich in Adis Abeba vertreten: Frankreich durch Lagarde, England durch Oberstleutnant Harrington, Italien durch den genannten Major und Rußland durch den Generalkonsul Blassow. Die vier „Legationen" liegen weit auseinander, da z. Z. ihrer Einrichtung die Hütten-Stadt schon stark bevölkert und gewaltig in's Breite gewachsen war, so daß Menelik den Abgeordneten der genannten Mächte nur noch an den Rändern der Stadt Grundstücke anweisen konnte. So sind von der einen „Legation" zur anderen oft Ritte von ¹/₂ Stunden Dauer zurückzulegen. Aber der Verkehr unter ihnen ist ein überaus herzlicher; nicht nur, weil es die amtliche Stellung so mit sich bringt, sondern auch auf Grund persönlicher Sympathie unter ihren Spitzen. Daraus hat sich ein reger geselliger Verkehr entwickelt, dem übrigens auch die abessinischen Großen, die Ras und Dedschasmatsch, nicht abgeneigt sind. Diese abessinischen Feudal-Herren laden die Mitglieder der Gesandtschaften gern zum Mittag oder Abend zu sich ein und gehen ebenso gern zu ihnen. Bei Champagner und allerlei Süßigkeiten, von denen jene Würdenträger große Freunde sind, geht es dann recht lustig zu. An europäischen Damen sind nur die Gattinnen des Staatsrats Alfred Ilg, eine muntere Schweizerin, und von vier französischen Kaufleuten vorhanden. (Major Cicco di Cola vergißt dabei, daß der unmittelbar vor seiner Abreise in Adis Abeba eingetroffene dauernd der italienischen Vertretung dort zugeteilte Stabsarzt Lincoln be Casiro seine junge Frau dorthin mitgebracht hat).

Der Negus Negest hat nicht etwa besondere Audienztage, sondern man geht zu ihm, wenn grade etwas Besonderes vorzubringen ist, und man wird dann fast immer sofort vorgelassen. Ebenso finden die großen Empfänge ganz unregelmäßig statt, abgesehen von den großen nationalen Festtagen, zu denen auch der Geburtstag Menelits gehört. Einladungen zu solchen Festlichkeiten erfolgen entweder schriftlich durch Vermittlung des Staatsrats Jlg oder auch mündlich durch einen besonderen Boten. Menelits Residenz ist nicht etwa ein hölzer Palast, sondern eine Gruppe von einstöckigen Baulichkeiten, von den jede gleichsam einen einzigen Saal darstellt. Will man von dem einen Saal zum andern, so hat man ein Stück unter freiem Himmel dahinzuschreiten, indes ist das Ganze durch eine hohe Mauer von der übrigen Stadt abgeschlossen. Der Thronsaal, der gewaltigste von allen, mißt 50 m in der Länge und 30 m in der Breite. Dort findet auch nach altem Brauch an jedem Sonntag die Speisung der gesamten männlichen Bevölkerung der Hauptstadt auf Menelits Kosten statt. Dann drängen sich 20—25000 Gäste heran. An den Tischen des Saales können etwa 5—6000 Platz finden. Daher folgt manchmal von früh 9 Uhr bis nachmittags 3 Uhr eine Ablösung der anderen. Die Mahlzeiten bestehen in der Hauptsache aus der „Angherà", das ist eine Art recht wohlschmeckenden Kuchens, gebacken aus dem Mehle des „Tieff", b. i. eine Körnerfrucht ähnlich der Hirse. Die „Angherà" ersetzt den Abessiniern das Brot. Dann giebt es eine von ihnen ganz besonders geliebte, überaus pikante Sauce, bereitet aus „Berberi" (rotem Pfeffer), Butter und aromatischen Kräutern. Hierin tunken die Abessinier ihre Angherà, oder auch eine Art gehacktes Fleisches ein. Weiter essen sie wohl ein ganz gut mundendes Linsen-Puré und zum Schluß allemal „Tebs", d. i. Braten in mächtigen Portionen. Als Getränk wird „Tedich", gegohrenes und ziemlich stark berauschendes Honigwasser, sowie „Talla", das abessinische Bier, verabreicht.

Bisweilen ladet Menelik auch die Vertreter der europäischen Mächte samt ihrem ganzen Personal zu diesen großartigen Abfütterungen ein. Für diese Gäste wird dann aber in einer Ecke des Saales besonders gedeckt, und sie erhalten nur Speisen vorgesetzt, die nach europäischer Weise zubereitet sind. Das weibliche Geschlecht ist ein für alle mal von solchen Festlichkeiten ausgeschlossen, es wird dafür von der Kaiserin Taitu, freilich viel seltener, in deren Gemächern bewirtet. Diese stehen mit denen Menelits in Verbindung, bilden aber doch eine Gruppe einzelner Häuser für sich.

Der Handel bewegt sich zu Adis Abeba noch in recht ursprünglichen Formen. Er ist trotzdem schon ziemlich bedeutend und würde leicht an Bedeutung zu steigern sein, wenn es mit der europäischen Initiative weniger mangelhaft bestellt wäre. Mitten in der Stadt befindet sich ein großer Platz, auf dem fast jeden Morgen gehandelt wird; der eigentliche Markttag aber ist der Sonnabend. Dann dauert das Getriebe bis zur sinkenden Nacht. An Kaufhäusern ausländischer Händler sind 25 vorhanden. Deutsche befinden sich darunter nicht. Und dennoch berichtete ein im vergangenen Jahre veröffentlichter Bericht des britischen Generalkonsuls in Aden Herrn Baird, den Gesamtwert der jährlichen Einfuhr Adis Abebas nach Abzug der Maria Theresien-

Thaler, so daß Deutschland in der Reihe der dort einführenden Länder die fünfte Stelle einnahm. Major Cicco di Cola hat diesen merkwürdigen Widerspruch erklärt. Es sind nämlich zwei indische Kaufleute, die in Adis Abeba fast ausschließlich deutsche Waren feilhalten, und jene Inder beziehen diese Waren — Teppiche, Seidenstoffe, Kunstschlösser, emaillierte Eßgefäße, Hüte u. s. w. — nicht etwa direkt von den Herstellern, sondern aus Bombay! Wahrscheinlich wissen die in Frage kommenden deutschen Firmen garnichts von dieser seltsamen Wanderung ihrer Fabrikate, auf deren Preise natürlich die Kosten der unnützen Doppelfahrt von Bab-el-Mandeb nach Bombay und zurück geschlagen werden. Die „Köln. Ztg." schrieb unter'm 2. Januar d. Js. darüber: „Sollte deutsche Unternehmungslust in Adis Abeba mit seinem gesunden Klima¹) nicht ein lohnendes Feld der Thätigkeit finden? Wertvoll würde für solche Bestrebungen sein, daß Menelik, der vor etwa einem Jahrzehnt dem Fürsten Bismarck das Großkreuz des Sterns von Aethiopien verlieh, grundsätzlich allen Nationen die gleichen Rechte einräumt, wie er sich denn auch gegenüber der deutschen Expedition von Erlanger — Neumann in jeder Weise entgegenkommend verhalten hat. Und in Meneliks vielvermögendem Staatsrat Ilg, dem geborenen Deutsch-Schweizer, würden sie sicher einen unparteiischen Förderer ihrer Bemühungen finden, mit dem sie obendrein in ihrer Muttersprache verkehren könnten."

Es steht zu erwarten, daß diese Anregung nicht auf unfruchtbaren Boden fallen wird, und deshalb sei noch erwähnt, was Cicco de Cola weiter über den Handelsverkehr mit den Abessiniern sagte.

Es ist nichts falscher, als die vielfach verbreitete Annahme, daß die Abessinier in einem gewissen trotzigen Stolze der Halbkultur von den Dingen des Auslandes nichts wissen wollen. Im Gegenteil gehen sie bereitwilligst auf Neuerungen ein und gewöhnen sich leicht neue Bedürfnisse an. Vor einigen Jahrzehnten noch bestand — und für viele Abessinier besteht noch heute — die ganze Kleidung aus einem Hemd und einer bis zum Knie reichenden weißen Hose (Major Cicco di Cola vergißt das große Umschlagetuch aus weißem Baumwollenstoff mit bunten Kanten, Schamma genannt, zu erwähnen). Heute gefallen ihnen bereits allerlei fremde Dinge „vom Gürtel bis zum Ring am Finger, von Schuhen und Strümpfen (die Abessinier, auch die vornehmsten unter ihnen, gingen in früherer Zeit barfuß) bis zum richtigen Beinkleid, von Filzhüten bis zu Lichten und Seife." Auch das Petroleum ist ein begehrter Artikel; ferner feingemusterte Seidenstoffe für die Vornehmen, die jetzt meist von Frankreich geliefert werden, und wirklich guter Flaschenwein im Preise von etwa 1 Maria Theresien-Thaler die Flasche. Auch mit vielen anderen Artikeln ließen sich gute Geschäfte machen. Die Abessinier zahlen mit den genannten Thalern, die in ganz Nordostafrika beliebt sind, oder auch in Landesprodukten, wie Kaffee, Elfenbein, Fellen u. s. w. Von den Thalern und zugehöriger Scheidemünze²), die Menelik mit seinem Bildnis hat prägen lassen, sagt Major Cicco di Cola nichts. Auf anderem Wege hat verlautet, daß sie nach anfänglichem Widerstand der Bevölkerung guten Eingang gefunden haben und den Handelsverkehr sichtlich erleichtern. Uebrigens darf

¹) Wir fügen hier noch hinzu, daß es für Europäer durchaus zuträglich und angenehm ist. Tuberkulose ist auf dem ganzen abessinischen Hochlande ein unbekanntes Ding.
²) Bis dahin gelten als einzige Scheidemünze des Thalers rechteckige Salzlatten, die „Amole".

kein Europäer, der, um Handel zu treiben, nach Adis Abeba kommt, glauben, daß sich diese gelben, braunen und schwarzen Burschen etwa mit Leichtigkeit über's Ohr hauen lassen. Weit gefehlt. Der Abessinier sieht sich genau an, was er kauft und verlangt einerseits strenge Rechtlichkeit beim Handel, andererseits ein getreues Festhalten an den einmal eingeführten Warenmustern.

Ueber die Verbindung Adis Abeba's mit der Küste wird noch w. u. die Rede sein; zunächst kehren wir an der Hand Cicco di Cola's zu Land und Leuten zurück.

Die herrschende Sprache ist die amharische. Das Wort „abessinisch" und „Abessinien" hört man im Lande nicht gern, denn abesa bedeutet „Mischung". Die Abessinier wollen aber kein „Mischvolk", sondern eine einheitliche, reine, aus der „amharischen" Rasse bestehende Nation sein, und sie ziehen die Bezeichnung „Amhara" oder auch das alte Wort „Aethiopier" vor. Menelik spricht für seine Person immer amharisch und bedient sich im Verkehr mit den Europäern stets der Dolmetscher. Aus verschiedenen Anzeichen schließt der Major Cicco di Cola aber, daß er vom Italienischen und Französischen einzelne Redewendungen ganz gut versteht. Übrigens kommen in unregelmäßigen Sendungen ganze Ballen europäischer Zeitungen für Menelik in Adis Abeba an. Alle Stellen darin, die sich mit seiner Person befassen, werden übersetzt und ihm vorgelegt.

Alles in allem ist das Bild, das Cicco di Cola von dem Leben und Treiben in Adis Abeba entwirft, ein weit günstigeres, als man hätte vermuten sollen. Zu wünschen läßt freilich die Verbindung mit der Küste. Der Major erzählt, wie die italienische Regierung, der naturgemäß daran liegen muß, in möglichst sicherem und raschem Verkehr mit ihrem Vertreter zu stehen, sich geholfen hat. Es ist auf ihre Kosten ein regelmäßiger allwöchentlicher Kourierdienst nach der Küste eingerichtet. Bis Harrar (450 km) reiten die Eilboten auf Maultieren, und sie gebrauchen dazu 8 Tage, während Karawanen dieselbe Strecke in 14—20 Tagen zurückzulegen pflegen. Der englische und italienische Eilbote reiten zusammen, weil dadurch die Sicherheit eine größere wird und auch etwaigen Unglücksfällen leichter abgeholfen werden kann. In Harrar übernimmt der englische Agent die versiegelten Depeschensäcke und sendet sie auf dem Rücken von Kameelen in 5 bis 6 Tagen nach Zeila (300 km). Von dort werden sie durch den Dampfer einer indischen Handelsgesellschaft nach Aden gebracht, was trotz der verhältnismäßig nicht großen Entfernung drei Tage dauert, da der Dampfer aus händlerischen Rücksichten Berbera und noch einige andere Häfen anlaufen muß, bevor er sich nach Aden wendet. Von dort endlich sendet der italienische Generalkonsul die Depeschen mit englischen Dampfern nach Italien ab. So beansprucht ihre Uebermittlung an das Auswärtige Amt in Rom fast immer achtundzwanzig Tage. Ganz eilige Depeschen werden von Adis Abeba nach Harrar in Chiffren telephoniert (telegraphische Verbindung zwischen den beiden Orten ist der wiederholten gegenteiligen Meldung zum Trotz noch nicht vorhanden), wodurch dann die 8 Tage für den Eilboten gespart werden. Gegenwärtig wird nun auch eine telegraphische Verbindung zwischen Adis Abeba und Asmara (also auch mit Massaua) hergestellt. Man rechnet darauf, daß sie in der ersten Hälfte des Jahres 1902 vollendet sein wird. Dann wird es möglich sein, wichtige Meldungen nach Massaua zu telegraphieren und sie von dort mittelst Kabels (über Perim) oder auch per Schiff (etwa 10 Tage) weiterzusenden; auch wird es vielleicht später vorteilhaft sein, Briefschaften längs dieser Telegraphenlinie zu befördern. Wir bemerken dazu erklärend, daß Menelik an der neuen Telegraphenlinie alle 1000 m eine mit 2 Abessiniern zu besetzende Wachthütte errichten läßt. Bei der Schnellfüßigkeit dieser Wächter kann die Weitergabe der Briefe von Posten zu Posten mit großer Beschleunigung erfolgen.

Major Cicco di Cola zieht, wohl aus nationalen Gründen, die im Bau begriffene Bahn Dschibuti-Harrar für die Verbindung mit der Heimat nicht in Betracht. Soll das französische Gebiet bei Verfolgung solcher Zwecke auch gemieden werden, wenn erst die Bahn, was in 1—2 Jahren der Fall sein dürfte, Harrar erreicht haben wird? Das erscheint doch kaum glaublich. Die 300 km von Harrar zur Küste können dann bequem in 8—9 Stunden zurückgelegt werden, und der damit verbundenen Zeitersparnis wegen dürften Engländer und Italiener übersehen, daß die Linie in französischen Händen ist. Von englischer Seite sind Bemühungen, den mit finanziellen Schwierigkeiten kämpfenden Bahnbau in die Hand zu bekommen, fehlgeschlagen; jetzt scheint man wenigstens eine Anschlußbahn von Zeila an die französische Linie herausschlagen zu wollen. Ihre Kosten würden nur gering sein, und dann dürfte sie zur Rentabilität der Bahn erheblich beitragen. Es wäre nicht unmöglich, daß diese Erwägung schließlich doch noch die nationalen Eifersüchteleien überbrückte und die Weiterführung der Bahn von Harrar nach Adis Abeba ermöglichte. Auch diese Strecke ist vom Staatsrat Ilg konzessioniert, aber bei der Schwierigkeit, das für den Bau erforderliche Kapital zu beschaffen, steht ihre Verwirklichung in weiter Ferne.

Endlich soll nicht unerwähnt bleiben, daß die Bedeutung Adis Abeba's z. Zt. wenigstens und so lange nicht die in Rede stehende Bahn gebaut ist, auf der Person Meneliks beruht. Schließt der einen direkten Erben nicht besitzende einmal die Augen und verlegt sein Nachfolger in der Würde des Regus Regest, wie das in Abessinien fast die Regel geworden ist, seine Residenz nach einem ganz anderen Teil des weiten Reiches, so können die stolzen Tage Adis Abebas gezählt sein.

Dr. Max Schoellers „Aequatorial Ost-Afrika und Uganda".

Von Eugen Wolf, München.

„Seiner Durchlaucht dem Fürsten Christian Kraft zu Hohenlohe-Oehringen, Herzog von Ujest in dankbarster Verehrung", so lautet die Widmung dieses, ich kann es nicht anders nennen, „fürstlichen" Werkes des Verfassers, der vielen Orts selbst die Hand mit an unsere Kolonien gelegt und sich mit namhaften Kapitalien an der Entwickelung derselben praktisch beteiligt hat.

„Fürstlich" ist das Buch von dem Verlag von Dietrich Reimer (Ernst Vohsen) Berlin hergestellt und ausgestattet; es verdient die Bezeichnung „fürstlich" auch infolge der Bescheidenheit seines Verfassers, die den Grundtenor des Werkes bildet, und mit welcher er immer in den Hintergrund tritt, um anderen, so z. B. dem Organisator seiner Karawane Wiegand und seinem Reisegefährten Kaiser Verdienste zuzuschreiben, die sie sich allerdings in hohem Maße erworben haben; solche gründliche Mitarbeit wie die von Kaiser war aber denn doch nur ermöglicht durch Schoellers ruhigen, klaren Blick, seine eiserne Konsequenz, das auch durchzuführen, was er vorhatte, seinen festen Willen, verbunden mit der Verträglichkeit, Selbstbeherrschung und Ruhe, die, wenn mehrere Europäer in den Tropen zusammen reisen, die erste Bedingnis des Erfolges ist. Das soeben erschienene Buch habe ich von Anfang bis zu Ende in einem Atem durchgelesen und die dem Werke in einem Separatband beigefügten, hervorragend vorzüglichen Karten mit dem Auge desjenigen Kritikers gemessen, der die Reise Schoellers fünf Jahre vorher selbst zum größten Teile gemacht hat.

In der That ist die Genauigkeit und Zuverlässigkeit des Kartenmaterials eine derartige, daß ich jetzt, nachdem zehn Jahre verstrichen sind, seitdem ich meine Reisen nach dem Kilimandjaro, durch deutsches und englisches Gebiet, nach Uganda, und zurück usw. durchgeführt habe, auf den im Maßstabe von 1: 150,000 in 13 Spezialkarten hergestellten Blättern der Reiseroute heute jeden Höhenzug, jede Niederung, Weideplatz, See, Fluß, ja in vielen Fällen sogar jeden Lagerplatz wieder erkenne. Mit dem Schoeller'schen Kartenmaterial versehen, kann heute jeder diese Reise nach Ost-Aequatorialafrika unternehmen, ohne Gefahr seine Karawane betreffs Verpflegung oder Wasser in Verlegenheit zu setzen. Schon allein die penibel genaue Herstellung dieses Kartenmaterials von Seiten Kaisers würde dem Werke einen allersten Platz in der Afrikalitteratur für alle Zeiten sichern.

Das Werk selbst ist so vielseitig, daß man es nicht unternehmen kann, dasselbe mit kurzen Worten abzupreisen. Bei Dr. Schoeller fühlt man gleich den warmen, für sein Vaterland strebenden Kolonialpolitiker, wenn man das, was er bei der Ausreise nach Sansibar über Abessinien, unsere dort mißlungene Politik und über die Notwendigkeit deutscher Vertretungen daselbst sagt, liest. Durch das

ganze Werk wiederholen sich die Betrachtungen des Kolonialpolitikers und National-
ökonomen. Seine Bemerkungen, von denen ich nur eine hervorheben will, wie
z. B.: „Intensive Beteiligung des Großkapitals, Errichtung von Handwerker-
schulen, Eisenbahn- und Wegebauten sind die Faktoren, welche die schlummernde
Kraft des Eingebornen in praktische Arbeitsleistung übersetzen müssen." Ferner
seine Frage: „Was kann der Besitz afrikanischer Kolonien überhaupt bezwecken?"—
Mit nachfolgender, äußerst logischer Beantwortung dieser Frage, die Monologe,
welche er an seine Beobachtungen über eine eventuelle wirtschaftliche Entwickelung
der Massaisteppe knüpft, die handelspolitische Klugheit, sowie das immerwährende
Bedürfnis nur mit der praktischen Seite der Entwickelung unserer Kolonien zu
rechnen, werden jedem angenehm auffallen, der sich in dem Besitz des Buches
befindet.

Besonders der Kolonialabteilung des auswärtigen Amtes, sowie den Gou-
verneuren unserer Kolonien kann ich die Lektüre der vielen Kapitel, die das
Wirtschaftliche berühren, nur sehr empfehlen.

Schoeller ist auch als Passant ein scharfer Beobachter bis in die kleinsten
Details; so z. B. entdeckt er in der Vorstadt Malindi auf Sansibar die kleinen
Schlammlucken, die von den Suahilifrauen mit besonderer Vorliebe verzehrt
werden. Wenige Europäer werden dies je beobachtet haben, und doch steckt ein
ganzes Stück Geschichte in diesem Schlammluckenessen.

Das was Schoeller in seinem Werke über die Ausrüstung, über Waffen,
Löhnung, Personal, Lebensmittel, mitgenommene Tauschwaren, Gewichtsverteilung,
Karawanenführer u. s. w. sagt, ist so maßgebend und so richtig, daß jeder, der
eine größere Reise in Afrika oder nach den Inseln des Indischen Ozeans unternehmen will, nur daraus lernen kann. Es ist eine vollkommene Instruktion mit
Schoellerscher Gründlichkeit ausgearbeitet, jeder alte Afrikaner, der selbst auf dem
Safari war einschließlich Willmanns, wird mir zugeben, daß man umsichtiger
wie Schoeller nicht verfahren kann. Der Waidmann wird Schoellers Indignation
über nicht waidgerechtes Hinmorden, Abfangen in Fallen und Niederknallen edlen
afrikanischen Hochwildes teilen und des Interessanten über Schoellers Jagdzüge,
Jagdabenteuer und über afrikanische Jagdgesetze in dem Buche vieles finden.
Ausführlich wie in allem andern beschäftigt sich der Verfasser mit der Konservierung
der Felle, Häute und Bälge seiner großen und kleinen Jagdbeute. Mit großem
Genuß liest man die Eifrigkeit seiner Tierbeobachtungen, gleichviel, ob es sich um
den Angriff eines Rhinozeroses auf seinen Geologen oder eines Bienenschwarmes
auf seine Träger handelt; man sieht, daß der Verfasser ganz und gar bei der
Sache ist, und daß er bei seinen Beobachtungen mit sich selbst raisonniert und auf
den Grund einer jeden Sache kommen will. Deshalb ist alles interessant, sogar
seine Auslassungen über die klimatologischen Einflüsse auf seine Esel, ja mehr als
interessant, denn sie sind höchst lehrreich. Seine Beobachtung der Eingeborenen,
sein Verkehr mit denselben wie z. B. beim Lebensmitteleinkauf, bei den verschiedenen Schauris mit Häuptlingen lassen den erfahrenen ruhigen Reisenden erkennen; oft glaubte ich mich inmitten der Karawane zu befinden.

Die Kuli- und Arbeiterfrage wird von Schoeller als eine der wichtigsten
in unseren Kolonien des Oefteren besprochen, und ich habe mich gefreut, daß Herr
Schoeller, der selbst größter Plantagenbesitzer ist, auch dahin neigt, daß wir mit
chinesischen Kulis aus Deutsch-China Versuche machen müssen. Es ist natürlich, daß

infolge seines Verkehrs bei den Missionaren Schoeller auch diese Frage berührt, und sein Satz, „daß Missionare nur dadurch erfolgreich wirken, wenn sie den Schwerpunkt auf Erlernung eines Handwerkes und die systematische Bodenbearbeitung legen", wird jedermann, der unseren Kolonien wohlwollend gegenübersteht, unterschreiben.

Daß Schoellers Reiseerlebnisse ihm bei einer zehnmonatlichen anstrengenden Tour auch manche schwere Stunde gebracht haben, ist natürlich, welcher Afrikareisende hätte solche nicht durchgemacht. Die Beschreibung seines langen, wasserlosen Marsches wird manchem Leser Mitleid und Bedauern mit seinen Trägern abnötigen. Vielleicht hätte ich es anders wie Schoeller gemacht, vielleicht hätte ich in einem solchen Falle Wasser etappenmäßig voraustragen und vergraben lassen, hernach zur Quelle zurückgekehrt dasselbe mehrmals wiederholt und dann den Marsch angetreten, wie ich es seinerzeit gethan, aber es ist leichter, mit einer Zigarre vom Sofa aus zu kritisieren, als es besser zu machen.

Ja, der Traum eines schönen Tropenabends, im hellen Mondschein vor seinem Zelte zu sitzen, um dem König der Bäke zu lauschen und die Gedanken arbeiten zu lassen! Aber die Fliegen, die Mosquitos, die Sandflöhe, die Ameisen, die Kakerlaken, die Käfer, — wenn sie alle nicht wären!

Schoellers fester Entschluß, mit den Eingeborenen gut auszukommen, konnte bis auf einen Fall, wo die Eingeborenen mit ihm nicht auskommen wollten, und eine Knallerei, für die er und seine Mitreisenden ganz schuldlos waren, katzland, durchgeführt werden; es ist eben nicht leicht, ganz kampflos durch diese Gebiete zu ziehen. Wie ich aus eigener Erfahrung weiß, (wenn ich auch keine einzige Knallerei in Afrika gehabt habe,) sind die Eingeborenen in jenen Gegenden vom Jahre 1891 ab von durchziehenden „Schwerterrittern" der sogenannten Antisklavereiexpedition genug um behelligt und oft ihres Viehs und ihrer Lebensmittel beraubt worden.

Mit dem praktischen Werte unserer Militärstationen in Ostafrika beschäftigt sich Schoeller ebenfalls eingehend. Über alle Maßen hervorragend ist der geologische Teil des Buches, der aber nicht ein in sich abgeschlossenes Kapitel bildet, da er sonst für den Laien langweilig werden könnte, sondern der sich entsprechend dem Terrain, das bereist wird, durch das Buch zieht.

Seine zoologischen Beobachtungen zeigen den waidgerechten Jäger, der Liebe für das Wild hat, und als solcher ist Schoeller hinlänglich bekannt; auch die Botanik kommt nicht zu kurz in seinem Buche, und über die Klimatologie des Landes wie z. B. am Kilimandscharo u. s. w. läßt sich Schoeller genügend aus, um mit seiner Ansicht nicht zurückzuhalten, daß auch die Höhenlage von Deutsch-Ostafrika wegen der großen Temperaturschwankungen nicht zu Rekonvaleszentenheimen geeignet erscheint.

Daß ein Reisender wie Schoeller, der sich mit großen Mitteln in eingehendster Weise an vielen wirtschaftlichen Unternehmungen in unseren Kolonien beteiligt hat, dem Plantagenbetriebe, den wirtschaftlichen Unternehmungen, dem Bahnbau, nicht eine, sondern Dutzende von Seiten hervorragenden, mit kühlem Verstande abgewogenen Inhalts widmet, versteht sich von selbst. Sein kurzer Satz: „So lange die Küstengebiete nicht durch Bahnen der wirtschaftlichen Kultur" zugängig sind, darf man an das Hinterland keinerlei Hoffnungen knüpfen", sei hier erwähnt, um darzuthun, daß Schoeller für Stichbahnen, welche die näher liegenden kultivierungsfähigen Hochplateaus erschließen, wie z. B. die Usambarabahn und die Eisenbahn Dar-es-Salaam—Mrogoro, plaidiert.

Ethnologisch und ethnographisch ist das Buch für unsere Kenntnisse eine wissenschaftliche Bereicherung ersten Ranges. Die dreißig Tafeln mit Abbildungen der Völkerschaften der durchzogenen Gebiete, die siebzehn Gehörntafeln sind wunderschön ausgeführt, die Typen der Eingeborenen mit Sorgfalt ausgesucht und die Herstellung Leistungen allererften Ranges von Seiten des Verlegers.

Auch in linguiftischer Beziehung giebt sich Schoeller viel Mühe, den Sprachenwirrwar Zentralafrikas mit aufklären zu helfen. Ganz teile ich seine Ansicht, daß man mit neuen Benennungen, sei es von Flüssen, Thälern oder Höhen, sei es von Tierarten, sehr vorsichtig zu Werke gehen sollte, um nicht eine Konfusion zu schaffen, oder gar nach Art berühmter Reisender, Kaiserin-Augusta-Wasserfälle an einer Stelle in die Karte hineinzuzeichnen, wo nur ein brauner Sumpf vorhanden ist, oder Gordon-Bennen-Gebirge im Buch in die Lüfte ragen zu lassen, die sich lediglich als Fata Morgana herausstellen.

Doch eins der Besten sei zuletzt berührt. Ich meine die Schoeller'sche Beschreibung der Landschaftsbilder. Wer einige derselben, wie z. B. auf den Seiten 21, 53, 57, 88, 121, 174, 176, 181, 184, 187 gelesen, selbst wenn er nicht so nachempfinden kann wie der Reisende, welcher diese Landschaften selbst gesehen hat, wird doch einen großen Genuß davon haben, weil das Bild aus eigener tiefer Empfindung und mit Liebe gesehen und zugleich zu Papier gebracht ist.

Das Schoeller'sche Buch Aequatorial-Oft-Afrika und Uganda ist ein glänzendes Zeugnis für richtiges Zusammenarbeiten eines mit warmen Empfindungen in die Welt gehenden Reisenden, seiner fachmännischen Mitarbeiter und des Verlegers. Es ist meiner Ansicht nach ein Afrikawerk allererften Ranges, wie ich am Eingang erwähnt habe, einem Fürsten gewidmet, „ein fürstliches Werk."

Soeben erschien in der Verlagsbuchhandlung
von Wilhelm Süsserott, Berlin W., Potsdamerstr. 42.

Kreuz und Quer
durchs Leben.

I.

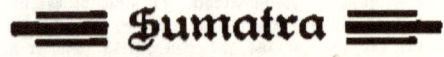

Sumatra

von Woldemar von Hannecken.

Preis Mk. 1,20; postfrei Mk. 1,30.

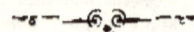

Der Verfasser, welcher viele Jahre in Ostasien und der deutschen Südsee zugebracht, schildert in diesem ersten Bändchen, welches in die Abschnitte „Wie ich Tabakpflanzer wurde", „Lehrzeit" und „Wanderjahre" eingeteilt ist, seine persönlichen Erlebnisse auf der Insel Sumatra. Der zweite Teil, welcher in einiger Zeit erscheinen wird, behandelt China, Kaiser Wilhelmsland und Bismarck-Archipel. China wurde vom Verfasser zweimal besucht und zwar das erste Mal während der Jahre 1884-1889 und dann im Jahre 1900, in welchem er als Hilfsdelegierter der freiwilligen Krankenpflege an der ostasiatischen Expedition teilnahm.

Viel Trauriges und manch Freudiges ist dem Verfasser auf seinem Lebenswege begegnet. Die Zeit hat ersterem allmählich die Schärfe genommen und so begegnen wir überall einer sachlichen und ruhigen Beurteilung der Verhältnisse und der in Betracht kommenden Personen. Das Werk bietet durch seine flüssige Schreibweise eine sehr interessante Lektüre.

Versuch einer Monographie des Kiwu-Sees und seiner Umgebung als Begleittext zu Dr. Kandt's Karte.

von K. v. Bodelmann.

Fern im äußersten Nordwesten unserer deutsch-ostafrikanischen Kolonie liegt zwischen Viktoria-See und dem zentralafrikanischen Graben ein schönes Hochland, dessen beträchtlichste Erhebung in das ausgedehnte Reich Ruanda fällt. Das Hochland senkt sich nach Westen steil zum zentralafrikanischen Graben hinab. Auf der Grabensohle, aber noch immer in ca. 1500 Meter Seehöhe liegt zwischen dem Tanganyka und Albert-Edward-See der Kiwu-See, dessen Abfluß, der Russisi, in das Nordende des Tanganyka mündet. Nördlich vom Kiwu-See erheben sich drei Gruppen von Vulkanen; die Westgruppe enthält — trotz ihrer Lage mitten im Kontinent — thätige Vulkane: den 3500 Meter hohen Kirunga Kicha Gongo und den noch lebhafter arbeitenden, aber niedrigeren Kirunga Kicha Ramlagira. In der Mittelgruppe der Vulkane scheinen einige Berge zu über 4000 Meter Höhe anzusteigen.

Es ist Gebrauch, daß die in Verträgen durch Längen- und Breitengrade bestimmten Grenzen der Schutzgebiete später durch Vermessungen im Gelände selbst endgültig festgelegt und reguliert werden. Um ein Gebiet, in dem die entscheidende Festlegung der Grenze zur Zeit noch fehlt, handelt es sich in dem oben kurz charakterisierten äußersten Nordwesten von Deutsch-Ostafrika, wo dieses Land an den Kongo-Staat stößt. — Als Graf Götzen, der Entdecker des Kiwu-Sees, auf seinem Wege quer durch Afrika im September 1894 am Kongo eintraf, erfuhren durch ihn die Belgier viel über die günstigen Aussichten, die dem Grafen Götzen für eine Beförderung der Landschaften um den Kiwu-See und vor allem für die Ausbeutung des Elfenbeinreichtums derselben zu bestehen schienen. Die Belgier beeilten sich, Truppen zu entsenden und am Russisi sowie am Ost- und Südufer des Kiwu-Sees Stationen zu gründen. Erst im Jahre 1896 wurde diese Thatsache bekannt, und erst jetzt ging die deutsche Bezirksverwaltung am Tanganyka damit vor, wenigstens eine Station an der Russisi-Mündung zu besetzen, um weiterem Vordringen der Belgier zunächst Halt zu gebieten. Die Belgier glaubten im Recht zu sein, indem sie sich auf die Neutralitäts-Erklärung vom 1. August 1885 beriefen, die ihrer Meinung nach mit aller Bestimmtheit die Grenzen des Kongo-Staates festgestellt hat.

Anm. d. Verf. In den Anmerkungen bedeutet die Abkürzung P. M. stets Petermann's Mitteilungen.

„Diese Erklärung, welche zur Zeit den verschiedensten Mächten notifiziert wurde, hat folgender Weise die in Frage stehenden Grenzen bestimmt: à l' Est le 30. degré de longitude Est de Greenwich jusqu'à la hauteur de 1° 20' de latitude Sud; — une ligne droite menée de l'intersection du 30° long. E. Gr. avec le parallèle 1° 20' de latitude Sud jusqu'à l'extrémité septentrionale du lac Tanganika . . . ." Es liegt klar an der Hand, daß beiliegender Text jede Zweideutigkeit oder Interpretationsschwierigkeit ausschließt. Nun, in erwähnter Erklärung ist von irgend welcher Karte keine Rede, bloß wird daselbst eine genau beschriebene Linie angegeben, welche die Gegenden westlich von der Linie und namentlich den Kivu, den Rusisi und die angrenzenden Landschaften zu dem Gebiet des Kongostaates anweist", — schreibt Dr. René Bauthier in der deutschen Kolonialzeitung, Jahrgang 1899, pg. 363 und fügt später noch hinzu: „Es ist vielleicht nicht überflüssig, zu bemerken, daß der 1890 zwischen Deutschland und Großbritannien abgeschlossene Vertrag dem deutsch-ostafrikanischen Schutzgebiete gerade die kongostaatliche Grenze, wie dieselbe in der 1885er Erklärung angegeben, als westliche Grenze zugewiesen hat."

Dagegen wird von deutscher Seite unbedingt bestritten, daß die Neutralitätserklärung vom 1. August 1885 — der Berliner Kongreß hat sich mit den Grenzen des Kongostaates überhaupt nicht beschäftigt, sondern die Erledigung dieser Frage den Abmachungen der verschiedenen Staaten mit dem Kongostaate überlassen — und der deutsch-englische Vertrag von 1890 die Grenze des Kongo-Staates nach dem deutschen Gebiet endgültig geregelt hätte,¹) vielmehr sei dieselbe durch den Vertrag vom 8. Nov. 1884, in dem das Deutsche Reich bereits vor Beginn der Berliner Kongo-Konferenz den Kongo-Staat anerkannt habe, bestimmt: „Eine Beschreibung der 1884 anerkannten Grenze ist nun in diesem Vertrage nicht erfolgt, sondern das Deutsche Reich erklärt in Art. 6 nur seine Bereitwilligkeit, diejenige Grenze des Staates anzuerkennen, welche „auf der anliegenden Karte verzeichnet ist." Das einzige amtliche Dokument, in welchem diese vereinbarte Grenzlinie veröffentlicht wurde, ist die der Generalakte der Kongo-Konferenz beigefügte Karte von Zentralafrika in 1:5000000 von L. Friedrichsen; nach dieser Darstellung liegt der ganze Rusisi nebst dem Kivu-See außerhalb des Kongostaates. Nach den Verträgen mit Frankreich und Belgien bildet das Westufer des Kivu-Sees und der Rusisi die Grenze. Lage und Größe des Kivu-Sees, wie auch der Verlauf des Rusisi, welche damals von einem Europäer noch nicht besucht waren, waren zur Zeit des Abschlusses jener Verträge nur durch Erkundigungen annähernd bekannt, aus der Darstellung der Karte geht aber klar hervor, daß das deutsche Reich den Zugang zum Kivu-See dem Kongostaate nicht überlassen wollte; denn die westliche Wasserscheide jenes Beckens und seines Abflusses sollte die Ostgrenze des Kongostaates bilden.²) Eine erst im Jahre 1889 veröffentlichte Karte des Kongostaates stützt sich bei der Grenzbestimmung auf die Neutralitätserklärung vom 1. August 1885, in welcher die Grenzen des neuen Staates, angeblich in Übereinstimmung mit den verschiedenen Verträgen angegeben sind, thatsächlich ist dies in Beziehung auf den Vertrag mit Deutschland vom 8. Nov. 1884 nicht der Fall; trotzdem ist derselbe bis heute

---

¹) Deutsche Kolonial-Zeitung 1899, pg. 362.
²) O. Lichmann im Geogr. Anzeiger von Justus Perthes in Gotha, August 1899.

noch unbedingt maßgebend, da seitdem kein neuer Grenz-Vertrag zwischen dem deutschen Reiche und dem Kongostaat geschlossen wurde. Die erwähnte Karte weist den Kiwu-See und das Gebiet des Russisi ganz dem Kongostaate zu; eine Prüfung auf ihre Richtigkeit hat nicht stattgefunden, und so ist die falsche Grenze nicht nur in die meisten Kartenwerke des In- und Auslandes übergegangen, sondern sogar die von der Kolonial-Abteilung des Auswärtigen Amtes herausgegebene Karte von Deutsch-Ostafrika enthält sie.[1]) Das ist ein bedauerlicher Irrtum, aber er gab in keinem Falle Belgien das Recht, einseitig, ohne Verständigung mit Deutschland, die Besetzung des fraglichen Gebietes ohne weiteres vorzunehmen.[2]) — Nachdem schon zwischen der deutschen und kongostaatlichen Regierung vereinbart worden war, daß sich eine besondere Kommission in das streitige Gebiet begeben und dort neue Ortsbestimmungen vornehmen sollte, traf plötzlich am 15. Mai 1900 eine Alarmdepesche über London in Berlin ein. Der berüchtigte Dècle, der Führer der vom Daily Telegraph ausgerüsteten Expedition vom Kap nach Kairo, sandte dem Daily-Telegraph aus Budira (Nord. Tanganyka) unterm 20. April folgende Drahtung: „Die Lage ist hier kritisch. Die Deutschen beschlagnahmten gewaltsam das ganze Kongofreistaatgebiet bis zum Russisiflusse und bis zum Norden des Kiwu-Sees und besetzten 3000 Geviertmeilen vom Kongogebiet mit 1000 Soldaten, 15 Offizieren und Kanonen. Ende Februar sandten sie ein Ultimatum, das unter Kriegsandrohung die unverzügliche Zurückziehung der kongostaatlichen Stationen östlich vom Russisi forderte. Da die Posten nicht zurückgezogen wurden, sandten die Deutschen vor drei Wochen an den Befehlshaber der belgischen Station ein neues Ultimatum des Inhalts, wenn er am nächsten Tage, den 1. April, sich nicht zurückgezogen habe, würden die Deutschen die Station angreifen. Der belgische Offizier zog sich darauf zurück, und die Deutschen verbrannten die Station".[3]) Die Nachricht trug den Stempel der Unwahrheit an sich, und es bedurfte durch die Deutsch-Ostafrikanische Zeitung kaum des Hinweises darauf, daß Herrn Dècles Zuverlässigkeit überaus gering sei, daß er im Dienste Cecil Rhodes' stände und sich bereits bei Gelegenheit einer Reise am Victoria-See über Tabora nach der Küste durch Verunglimpfung der deutschen Kolonie, trotz der Gastfreundschaft, die man ihm damals bot, in trauriger Weise hervorgethan habe. Bereits am 19. Mai 1900 brachte die Norddeutsche Allgemeine Zeitung eine offiziöse Mitteilung, in der die Depesche des Daily Telegraph als eine Hunnennachricht gestempelt wurde. Die Zeitung faßte den Stand des Kiwu-See-Grenzstreites noch einmal kurz in folgender Weise zusammen: „Nach Ansicht der Reichsregierung wird die Grenze durch den Russisi-Lauf, die Mittellinie des Kiwu-Sees und eine Linie bestimmt, die vom Endpunkt jener Mittellinie bis zum Schnittpunkt des 30. Grades östlicher Länge von Greenwich mit dem Parallel vom 1. Grad 20' südlicher Breite läuft; der Kongo-Staat dagegen nimmt für sich in Anspruch, daß die Grenze bestimmt sei durch eine gerade Linie, die von dem oben erwähnten Schnittpunkt bis zum nördlichsten

---

[1]) H. Wichmann a. a. O.
[2]) Ausführlichere Darstellungen des Grenzstreites finden sich außer in den angeführten Orten auch in der Deutsch. Kol. Zeitung. Jahrg. 1899, pg. 205 u. 326, Jahrg. 1900, pg. 24 u. 37.
[3]) Afrika-Post. 13. Jahrg. 1900. Nr. 10.

Punkt des Tanganyka läuft. Nun ist es nach den neueren Forschungen wahrscheinlich geworden, daß der Kiwu-See und der Russisi erheblich weiter östlich liegen, als die vorhandenen Karten angeben, und es erscheint daher möglich, daß diese Gewässer in ihrer ganzen Ausdehnung östlich der vom Kongostaat in Anspruch genommenen Grenzlinie gelegen sind. Unter diesen Umständen sind die beiderseitigen Regierungen am 10. April 1900 in Brüssel unter ausdrücklichem Vorbehalt ihrer Rechte und Ansprüche dahin übereingekommen, zunächst eine genaue Bestimmung der Lage des Kiwu-Sees und des Russisi an Ort und Stelle durch eine gemischte Kommission von vier Fachmännern vornehmen zu lassen, die ihre Arbeit innerhalb zweier Jahre zu beendigen hat. — Diese Kommissianen sind zusammengetreten und haben voraussichtlich bereits an Ort und Stelle ihre Arbeit abgeschlossen; sie setzen sich aus folgenden Personen zusammen: deutscherseits aus den Kommissaren Hauptmann Herrmann und Professor Lamp, dem Führer der Truppe, Leutnant Fand II. und den Hülfskräften Vermessungsgehülfe Dannert und Feldwebel Richter; belgischerseits aus dem Kommissaren Kapitän im Regiment der belgischen Grenadiere Bastian und Leutnant Mercier und den Hülfskräften Dr. Tilmann, Sergeant-Major Jarineau und Sergeant Hevers.

Die deutsche Kommission traf bereits am 9. Dezember 1900 in Ujiji am Tanganyka ein. — Nach dem Grafen Götzen ist das Gebiet des Kiwu-Sees, Ruanda und die Kirunga-Vulkankette von einer ganzen Reihe deutscher Forscher besucht worden. Routen-Aufnahmen vom südöstlichen Ruanda und Urundi lieferten Trotha, Ramsay, von der Burgt, das eigentliche Grabengebiet besuchten Hauptmann Bethe, Hauptmann Richter, Stabsarzt Dr. Hüsemann und von Beringe; am längsten hat sich aber in diesen interessanten Landschaften der nach jetzt dort weilende Dr. Kandt aufgehalten.

Nach im April-Heft von Petermanns Mitteilungen, Jahrgang 1901, wird unter der Überschrift: „Das Bessere ist der Feind des Guten" die bewegliche Klage laut, daß Dr. Kandt, der das Gebiet des Kiwu-Sees seit 3 Jahren „mit außerordentlicher Gründlichkeit" untersucht, sich nicht entschließen könne, seine Aufnahmen zu veröffentlichen. „So sind", berichten Petermann's Mitteilungen weiter, „inzwischen bereits die Ergebnisse der Aufnahmen von Grogan und Sharpe und von Moore erschienen,[1]) welche beide an Genauigkeit und Reichtum der Angaben mit den Kandt'schen Aufnahmen sich zweifellos nicht messen können. Es ist also die deutsch-kongolesische Grenzkommission gezwungen, zur Einleitung ihrer Arbeiten sich dieses englischen Materials bedienen zu müssen." — Nun, wir sind heute erfreulicher Weise in der Lage, die lang erwartete Karte des Dr. Kandt zur Kenntnis bringen zu können. Den Notizen, die der unermüdliche Forscher der Karte beigegeben hat, entnehmen wir, daß seine kartographische Arbeit der deutschen Kiwu-Grenzkommission zunächst als Unterlage ihrer Arbeits-Triangulations-Organisation gedient hat.

Das Gebiet des Kiwu-Sees wurde, wie bereits angeführt, zuerst von der Expedition des Grafen Götzen im Jahre 1894 erschlossen. Was früher über den See und die ihn umgebenden Landschaften, vor allem auch über Ruanda in die Öffentlichkeit drang, war unsicher und teilweise entstellt. Es zeigt sich, daß in

---

[1]) Die Karte nach den Forschungen der Expedition Moore ist auch wiedergegeben f. Deutsch Kol.-Zeitung 1900, pg. 396.

den früheren Jahrzehnten über diese Gegenden auf Grund von Erkundigungen offenbar sicherere Nachrichten vorlagen als unmittelbar vor der Götzen'schen Reise. Als Stanley mit Emin Pascha im Jahre 1889 auf dem Rückweg zur Küste war, zog er als eine der ihm vom Albert-Edward-See aus offen stehenden Marschrouten den Weg durch Ruanda in Betracht. Seine Erkundigungen über das Land ergaben nur, daß es groß sei und eine zahlreiche kriegerische Bevölkerung enthalte, die Fremden stets den Zutritt verwehre. Zufällig in das Land eingedrungene Karawanen, so berichtete man Stanley weiter, seien niemals zurückgekehrt. „Es giebt einige Leute in diesen Gegenden, die Rabba-Rega nicht besiegen kann; sie leben in Ruanda, wohin sich selbst der König von Uganda nicht wagt.[1]" Über einen größeren See in dem Land erfährt Stanley diesmal nichts. Vor dem Grafen Götzen ist Ruanda nur noch von O. Baumann 1892 betreten worden. Er schreibt darüber aus Tabora am 8. November 1892: „Am 11. September setzten wir in Canoes über den Akanyaru und betraten Ruanda. Ich stellte dort selbst viele Erkundigungen betreffs eines etwa existierenden großen Sees an; doch wußte niemand etwas von einem solchen. Der Mvorongo (hier Nyavarongo genannt) ist ein Fluß, der sich nördlich von meiner Route in den Akanyaru ergießt. Ich traf in Ruanda Leute, die den Mfumbiro, den Russissi-Fluß, den Viktoria-See und Luta-Nsige (Albert-Edward) genau kannten und einstimmig erklärten, daß in ganz Ruanda kein See die Größe des Urigi erreicht und daß der Akanyaru der größte Fluß Ruandas sei.[2]" — Wenn so die neueste Zeit vor der Reise des Grafen Götzen vom Kivu-See wenig wußte oder seine Größe unterschätzte — auf Blatt 71 von Stielers Handatlas 1883 ist der Kivu-See angegeben, er hat aber keinen Abfluß nach dem Tanganyka, auf Blatt 69 Ausgabe 1890 und 1896 ist dieser Abfluß gezeichnet, der See aber viel kleiner als der Urigi-See und auf der deutschen Seite der Grenze zwischen Kongostaat und Deutsch-Ostafrika gelegen; Debes Handatlas 1895 Blatt 50 verzeichnet wohl unter dem Einfluß der Ergebnisse von O. Baumann's Reisen den Kivu-See garnicht — so ist es, wie schon oben angedeutet wurde, um so intreressanter festzustellen, daß bereits in Petermanns Mitteilungen Jahrgang 1863 Tafel 10 auf einer Karte des Nil-Quellgebiets zur Übersicht der Entdeckungen von Speke und Grant der Kivu-See unter dem Namen Russisi-See mit angedeutetem Abfluß zum Tanganyka in beträchtlicher Größe eingetragen ist. Die Mfumbiro-Berge sind als östlich vom See liegend eingezeichnet. — Sicher ist auch die in früherer Zeit immer wiederkehrende Ansicht von einem Zusammenhang des Tanganyka mit dem Albert-Edward-See, der auch Livingstone, bevor er seine Entdeckungen zur Lösung des Kongo-Problems machte, huldigte,[3] zum Teil auf Nachrichten von dem Vorhandensein des Russisi und von größeren Seen in seinem Gebiet zurückzuführen. — Eine Erweiterung der Kenntnis der uns beschäftigenden Gegenden brachte das Jahr 1871. „Als Livingstone und Stanley Anfang Dezember 1871 das Nordende des Tanganyka explorierten, erfuhren sie von dem Häuptling Ruhinga, der an der Mündung des Russisi wohnt, dieser Fluß entspringe bei einem See Kivo in einem gleichnamigen Lande, das östlich an Urundi und westlich an Ruanda

---
[1] Henry M. Stanley. Im dunkelsten Afrika, II Aufl. 1890
[2] F. D. 1893, pg. 46 ff.
[3] F. M. 1869, pg. 467.

stoße und auch an Murumbi (wahrscheinlich das von Speke und Baker erkundete, am Südende des Mwutan liegende Utumbi) grenze. Der See Kivu soll etwa 18 engl. Meilen lang und 8 breit sein, auf der West- und Nordseite umgeben ihn Berge und auf der Südwestseite von einem dieser Berge entspringt der Rusisi als ein kleiner reicher Bach. Er nimmt dann eine ganze Reihe von Zuflüssen, zuletzt den Ruanda auf. Das Land Ruanda soll zehn Tagereisen vom Nordende des Tanganyka beginnen und eine weite Ausdehnung haben."[1]) — Bei seiner Erforschung Karagwes am Viktoria-Nyanja im Jahr 1876 konnte Stanley über die Gegend im Westen des Klanyaru keine sicheren Erkundigungen einziehen: „Er hörte von einem andern westlich gelegenen großen See,[2]) konnte aber nicht ermitteln, in welcher Beziehung derselbe mit dem Kongo steht; einige erklärten ihn für einen Teil des Mwutan, andere für ein selbständiges Seebecken."[3])
Das Land Ruanda wird zu dieser Zeit ganz auf die Westseite des Kivu-Sees verlegt. Zehn Jahre später 1886 ist von einer Förderung unserer Kenntnis dieses Gebiets noch keine Rede; in dem Artikel, in dem Alfred Kirchhoff die hydrographische Zubehör des Muta Nsige (Albert Edward) zum Nil erweist, oder vielmehr zunächst zu erweisen sucht; denn die Richtigkeit seiner scharfen Schlüsse wurde erst einige Jahre später voll bestätigt,[4]) spricht er auch nur von dem „kleinen" Kivu-See und davon, daß sich sein Abfluß, der Rusisi, als recht unbedeutend gezeigt habe; seine Angaben sußen auch nur noch allein auf den Erkundungen Livingstone's und Stanley's. 1888 enthält eine Karte von Alexander Supan, die die Fortschritte der Afrikaforschung 1788—1888 darstellt,[5]) den Kivu-See überhaupt nicht, Ruandas an das Südufer des Muta Nsige (Albert Edward) gerückt. 1892 auf Emin Pascha's letzter Expedition bekam Dr. Stuhlmann von einem Ort Kisu aus Peilungen auf die Mfumbiro-Bulkane; den westlichsten der Bulkane bezeichnet er als „Birunga" und als thätig; er giebt Ruanda als südlich von dieser Berggruppe gelegen an und erkundet, daß in Ruanda „der große See Nyavarongo" gelegen sein soll."[6]) Der Name Kivu klingt dann noch an in einer Hypothese A. J. Wauters über die Zuflüsse des Albert Edward-Sees (Mouvem. géogr. 13. Dez. 1891);[7]) ein bedeutender Zufluß dieses Sees, der Kiju, — übrigens ist derselbe auf der provisorischen Original-Routen-Skizze der Expedition Dr. Emin Pascha's im Westen des Viktoria- und des Albert-Nyanja, die Dr. Franz Stuhlmann aufnahm und entwarf, garnicht enthalten — soll aus Uba, einer Landschaft im Westen des Tanganyka kommen und somit der südlichste und Hauptzufluß des Nil sein. Vielleicht handelt es sich hier auch nur um Angaben von Eingeborenen, die sich auf den Kivu-See beziehen.

Über die Bulkane im Norden des Kivu-Sees waren sicherere Nachrichten vorhanden als über den See selbst. Schon Speke hat ja diese Berge von Karagwe aus gesehen und in ihnen die höchsten Erhebungen der alten „Mondberge" ver-

---

[1]) P. M. 1873, pg. 21
[2]) Anm. d. Verf. Nach dem Standpunkt unserer jetzigen Kenntnis dieser Landschaften kann damit nur der Kivu-See gemeint sein.
[3]) P. M. 1876, pg. 382 83
[4]) P. M. 1886, pg. 107 ff
[5]) P. M. 1888, II 11.
[6]) P. M. 1892, pg. 142 und Ts. 16
[7]) P. M. 1892, pg. 24

mutet. Nach Stuhlmann entspringt auf ihnen der Rutschurru, ein südlicher Zufluß des Albert-Edward-Sees, also eine der Nilquellen. Wenn Graf Götzen meint, „phantastische Köpfe bringen vielleicht die Röte, die vom Kirunga und Namlagira ausstrahlt, mit der altarabischen Erzählung in Zusammenhang, daß der Nil an einem kupfernen Berg und einer kupfernen Stadt seinen Anfang nehme", so sei daran erinnert, daß auf der nach Angabe von Jakob Erhardt und Johann Rebmann von A. Petermann entworfene Skizze von Ost- und Zentral-Afrika¹) mitten im See von Unjamwesi — aber auf nahe derselben Länge, auf der nach Götzen die Kinunga-Vulkane liegen, ein Inselberg „Kavogo" angegeben ist, von dem es auf der Karte heißt: „Er soll am Morgen und Abend rötlich und während des Tages blau oder weiß aussehen", — sicher eine Hindeutung auf einen schneebedeckten Vulkan.

Der Kreis dessen, was man von dem Kiwu-See und der ihn umgebenden Landschaft vor der Expedition des Grafen Götzen wußte, ist hiermit geschlossen; wir verstehen es, daß der Graf Götzen diese Stelle im äußersten Nordwesten unserer ostafrikanischen Interessensphäre, wo das Kartenbild noch eine weiße Stelle aufwies, zu seinem Arbeitsfelde auswählte. Hier sollte das mächtige Reich Ruanda liegen, das sich bisher völlig unberührt von der Außenwelt erhalten hatte, selbst noch Stuhlmann's Reisewerk „Mit Emin Pascha in's Herz von Afrika" enthielt nur unsichere Angaben. „Stuhlmann erzählt von merkwürdigen Leuten, die aus Ruanda nach Karagwe gekommen wären, eine eigenartige Tracht und ein stolzes Benehmen zur Schau getragen und sich sogar geweigert hätten, ohne Erlaubnis ihres Herrn, des Königs Kigeri, Geschenke anzunehmen." Nüchterner war, was Graf Götzen durch O. Baumann von Ruanda wußte; aber auch Baumann's Erlebnisse bestätigten, was schon Stanley einst erkundigte, daß es schwer nach Ruanda hineinzukommen, aber noch schwerer hinauszukommen sei; mußte er doch zu den Waffen greifen, weil der Orakel ihn ohne Erlaubnis seines Oberherrn nicht wieder aus dem Lande hinauslassen wollte. An Ruandas Grenzen hatten die arabischen Sklavenjäger, hatte Mirambo, der einstige Schrecken des inneren Ostafrika, hatten die Scharen der nach Norden vordringenden Zulustämme, — so schreibt Graf Götzen in seinem Werk: „Durch Afrika von Ost nach West" Halt machen müssen. Besonders die zuletzt angeführten Thatsachen erklären auch den respektvollen Schrecken, so meint der Entdecker des Kiwu-Sees, den schon der bloße Name „Ruanda" unter den Eingeborenen verbreitete und die wunderbaren Berichte eingeschüchterter oder verlogener Händler über das Gebiet. Da gab es „Gerüchte von einem Berge, dem unter Donner Feuer und Rauch entströme, und der einen roten Schein weithin über das Land verbreiten solle. Fabeln von zahllosen Amazonenheeren, von Zwergen mit langen Bärten, auf deren Schultern sich der Landesherr umhertragen lasse. Nachrichten von einem Volksstamme, dessen Angehörige ganz schwache Beinchen und riesige Köpfe hätten, so schwer, daß sie öfters das Gleichgewicht verlören und hinpurzelten. Um sich dann wieder aufrichten zu können, bedürften sie der Hülfe anderer; und um stets in solchen Fällen freundliche Helfer herbeirufen zu können, trüge jeder eine Flöte bei sich." — Mit solchen Vorkenntnissen über das Land ausgerüstet, bewerkstelligte Graf Götzen zu seinem eigenen größten Erstaunen unter freundlicher Beihülfe der Eingeborenen

---
¹) P. M 1856 Tafel 1.

am 3. und 4. Mai 1894 seinen Übergang über den Kagera-Nil, die Südost-Grenze Ruandas. Bald erhielt er nun bestimmtere Kunde von einem großen See im Nordwesten, den man Kivu-See nannte, und an dem sich der Kigeri, der Herrscher von Ruanda aufhalten solle; in der Nacht vom 26. zum 27. Mai erblickte er, von dem Gefreiten der Lager-Wache mit dem Rufe: „Der Himmel brennt, Herr!" geweckt, den westlichsten Kegel der Mfumbiro-Vulkane, den Kirunga-tscha-gongo, den schon Stuhlmann 1892 als thätig erkundet hatte, in voller Arbeit, den Himmel mit leuchtender, glühender Röte bedeckend. Nachdem Graf Götzen dann auf weiter Hochfläche Ruandas Kigeri Luabugiris Lagerstätte getroffen und hier kurze Zeit geweilt hatte, wurde ihm vom Herrscher die Erlaubnis zum Besuch der Feuerberge und zum Marsch nach dem Kivu-See nicht vorenthalten. Er brach am 1. Juni zum Weitermarsch auf.

Als er am 4. Juni 1894 schon jenseits der hohen östlichen Randgebirge des zentralafrikanischen Grabens nach fast übermenschlichen Strapazen mit seiner erschöpften Karawane an der Grenze des Landes Bugois lagerte, konnte er berichten, daß bereits am Tage vorher mit bewaffnetem Auge einige Buchten des Kivu-Sees zu erkennen waren; über seine Größe konnte man einstweilen keine Vorstellung gewinnen. Nachdem Graf Götzen dann zunächst seine Expedition nach dem Kirunga-Vulkan geführt hatte und auf dem Wege dahin am 6. Juni wieder ein Stück vom Kivu-See zwischen Hügeln sichtbar geworden war, schlug er am 18. Juni sein Lager am See selbst auf. Er schreibt darüber: „Unser Lager liegt ideal schön, hart am Nordgestade des Kivu-Sees; die Zelte stehen nur wenige Meter vom Ufer entfernt, und wenn wir die Zeltthüren zurückschlagen, so durchzieht eine frische Seebrise den sonst so dumpfen und heißen Raum. Der Boden unter unseren Füßen ist ein weicher Grasteppich; aber dicht am Wasser tritt ausgewaschener Fels zutage und umzieht, so weit man sehen kann, den blauen Wasserspiegel mit einer blendend weißen Kante. Oft wird diese Linie an kleinen vorspringenden Landzungen von grünem Laubbusch unterbrochen, dessen Äste bis zum Spiegel des Wassers hinunterhängen. Uns zur Rechten steht ein dunkler Hain hoher, blühender Kandelaber-Euphorbien, während sich vor uns, nach Süden zu, wo die Wasserfläche sich in's Unendliche verliert, die verschwommenen Formen einiger Inseln am Horizonte abheben. Die Berge, die im Osten und Westen den See einrahmen, scheinen sehr steil zum Seespiegel abzufallen. Ihr Anblick läßt die Erinnerung weit zurückschweifen: denn ähnliche Landschaftsbilder waren unserem Auge damals geboren worden, als wir in rascher Fahrt an den Seen Oberitaliens vorbei der Mittelmeerküste zueilten, um Europa zu verlassen."

Die mehrtägige Kanu-Fahrt, die ihn über den Nordteil des Sees zu schattigen, paradiesisch schönen Buchten und zum Ausblick auf die große, berdige Insel Kwijwi führte, ließ ihn nirgends im Süden ein Ende des Sees erkennen. „Wie auf der Ostsee, wo Wind und Wetter uns durchkälteten", scheint ihm am 21. Juni die Fahrt zu gehen, während am Tage vorher die Sonnenglut schier unerträglich war.

Seit den Veröffentlichungen des Grafen Götzen steht der Kivu-See und seine Umgebung in höchstem Interesse. „Selbst für einen Laien ist es augenscheinlich, daß die zwischen dem Kivu- und Albert-Edward-See gelegene Gegend den Schlüssel zu allen geographischen und geologischen neueren Problemen Afrikas enthält, ebenso wie wahrscheinlich der Ruwenzori der Schlüssel zu den vergangenen Rätseln ist¹), sagt der englische Forscher M. Grogan. — Für uns Deutsche liegen hier Spezialinteressen vor, handelt es sich doch um die Feststellung der bauernden Grenze zwischen Kongostaat und Deutsch-Ostafrika. „So erschien uns", schreibt Graf Götzen 1894, „die wir als die ersten diese Länder sahen, der „Graben" als die Scheide zwischen zwei großen Gebieten, als die gegebene und natürliche Grenze zweier Interessensphären, und der herrliche Kiwu-See als der Treffpunkt, an dem sich die Kolonisten zweier Länder, Deutschlands und des Kongostaates, die Hände reichen können zur friedlichen Kolonialarbeit."

Im folgenden wollen wir nun versuchen an der Hand von Graf Götzens Reisewerk und vor allem von Dr. Kandt's verschiedenen, besonders in den Beiheften des Deutschen Kolonialblatts abgedruckten Berichten und seiner der Karte beigegebenen, vom 19. Juli und vom 2. August 1901 datierten handschriftlichen Notizen ein Bild von den Landschaften um den Kiwu-See und von diesem selbst zu entwerfen. Auch die Deutsche Kolonialzeitung und Petermann's Mitteilungen enthalten seit 1894 wiederholt kleinere Aufsätze und kurze Notizen über das Gebiet, das uns beschäftigen soll. Daß es sich sowohl nach dem Grafen Götzen, wie nach Dr. Kandt zur Kolonisation durch Europäer eignen soll, macht es uns wert und steigert das Interesse an dem Versuch einer zusammenfassenden Darstellung.

Zunächst seien wenige Worte über die diesem Heft beigegebene Karte nach den oben angeführten handschriftlichen Notizen Dr. Kandt's gestattet: Die Karte enthält das Material aus Land- und Bootreisen in den Jahren 1898 und 1899; nicht mit übertragen wurden die Routen, die im Norden des Sees sich anschließen. Von Terrainaufnahmen wurden — abgesehen von den Seekonturen — nur die der nächsten Umgebung des Weges berücksichtigt. Der Nordwestzipfel und das Nordufer sind nach der Götzen-Prittwitz'schen Karte mit unwesentlichen Veränderungen anzusehen. Dr. Kandt nimmt an, daß die Arbeiten der Grenzkommission das Bild etwas verändern werden, namentlich dürfte der Nordwestzipfel des Sees noch etwas nach Norden verrückt werden. — Um überhaupt zur Absendung der Karte zu kommen, ließ Dr. Kandt die Routen aus den Jahren 1900 und 1901 unbenutzt; es handelt sich hierbei z. B. um Aufnahme der Insel Kwidjwi und des Laufes des Kalunburu-Flusses. — Auf eine letzte Umfahrung des ganzen Sees mit der Karte in der Hand zum Zweck von Korrekturen verzichtete Dr. Kandt nach Eintreffen der zehn mit allen Mitteln der Wissenschaft und Technik ausgerüsteten Herren der Grenzkommission. — Die Genauigkeit der Karte entspricht einem ziemlich strengen Maßstab; es kam Dr. Kandt vor allem darauf an, eine Unterlage zu liefern, die dem Konstrukteur in Europa die Arbeit wesentlich erleichtern soll. — Mit Rücksicht auf die schwebenden diplomatischen Verhandlungen der Kommission wollte Dr. Kandt derselben in Beziehung auf die Lage des Sees im Längen- und Breitennetz nicht vorgreifen.

Der Zentralafrikanische Graben, in dem der Kiwu-See gelegen ist, ist eine große, den afrikanischen Kontinent durchziehende Bruchspalte, die durch Tanganyka, Russisi-Thal, Ruischurru-Thal, Albert-Edward-See, Issango-Szemliki-Thal und Albert-See nach Stuhlmann gebildet wird. Wenn diese Störungslinie auch eine

---

¹) Anm. d. Verf. Nach Stuhlmann dürfte diese letzte Ansicht M. Grogans ein Irrtum sein.

mehr lokale ist als die ostafrikanische, so steht sie ihr doch an Großartigkeit kaum nach. Zum Unterschiede vom ostafrikanischen Graben, für den charakteristisch ist, daß nur sein Westrand scharf ausgeprägt hervortritt, sind hier beide Ränder deutlich zu erkennen. Alle Reisenden betonen dies ausdrücklich für Ost und West der Umgebung von Tanganyika, Kiwu- und Albert-Edward-See. Nur da, wo die Kiwu-Sultane liegen, scheint nach Hauptmann von Beringe[1]) im Osten an der Ruanda-Seite von einem scharf ausgeprägten Grabenrande nicht die Rede zu sein, vielmehr gehen hier wahrscheinlich die Hochländer von Nord-Ruanda und die von Mpororo allmählich und fast unmerklich in die Sultanplatte des Grabens über. Kleinere Seen, die Hauptmann von Beringe hier entdeckte, und die zum Teil unzweifelhaft dem Graben angehören, entwässern daher auch — für den westlichsten und größten See fehlt noch der Nachweis — zum Kagera und nicht zum Kiwu oder Albert-Edward-See. Die höchste Erhebung der Grabenränder liegt da, wo die rein meridionale Richtung des Grabens in eine nordöstliche übergeht; schon Suess hatte eine Aufwulstung der Grabenränder vermutet, die bedeutendste dieser Aufwulstungen bildet der in der Höhe über 4200 bis 4400 M. mit Schneefeldern bedeckte Runssóro, der Ruwensori Stanley's. Mit einem Sultan, wie Stanley vermutete, hat man es hier nicht zu thun. Nach Stuhlmann ist für diese Behauptung nicht der geringste Beweis erbracht; auch Elliot und Gregory betrachteten den Ruwensori als Schollengebirge, allerdings ohne damit ein obsiegendes Urteil auszusprechen zu wollen[2]). — Der Abfall der Grabenränder ist steil und schwierig zu passieren; wir erinnern uns der Schilderungen des Grafen Götzen, der aus seinem Tagebuch anführt, wie er am 4. Juni 1894 den Abstieg über den östlichen Rand begann: „Das Bambusdickicht will kein Ende nehmen. Um 3 Uhr wird der Abstieg so steil, daß wir in einem Gemisch von Schlamm und Wasser buchstäblich abwärts rutschen. Mit Besorgnis denke ich an den langen Zug der Leute hinter mir. Die Frage nach einem trockenen Lagerplatz wird immer ernster; denn der Tag neigt sich schon seinem Ende zu. Es steht außer allem Zweifel, daß mindestens die Hälfte der Mannschaft liegen bleiben muß. Der Weg hört nun völlig auf, und wir folgen, nur um hinab zu kommen, dem Bett eines rauschenden Wildbaches, dessen eisiges Wasser uns bis an die Knie spritzt. So geht es noch eine Stunde lang weiter." Auch am 5. Juni sind die Strapazen noch nicht zu Ende: „Wieder geht es durch hochstämmigen Bambuswald langsam vorwärts. Die dunkelgrünen, glatten Stämme und die silbergrauen 25 m hoch über dem Boden befindlichen Blattkronen bieten einen imponierenden Anblick. Aber uns fehlt die Stimmung zur Betrachtung von Naturschönheiten. Ein kalter Regen strömt wieder herab, die Kräfte der Träger lassen bedenklich nach, und auch die Soldaten beginnen müde zu werden. Für mich selbst wird das Peilen und das Skizzieren der Wegrichtung, eine Arbeit, die niemals ausgesetzt werden darf, zur Unmöglichkeit; denn der Regen durchweicht mein Notizbuch und selbst in den Kompaß ist Wasser gedrungen." Auch der Aufstieg am westlichen Grabenrand war nicht minder anstrengend; vom 1. Juli 1894 berichtet Graf Götzen: „Nach beschwerlichem Marsch (täglich 8-9 Stunden) sind wir gestern und heute zum Kamm des Gebirges emporgestiegen, das als westlicher Rand den zentralafrikanischen Graben

[1]) Deutsch. Kol. Zeitung 1901 pg. 125.
[2]) P. M. 1896 pg. 49

begrenzt. Anfangs war es 3 m hohes Gras, dann wieder ein undurchdringliches Bambusdickicht, das uns viel zu schaffen machte und mich zwang, ein starkes Pionierkommando vorauszuschicken. Laut erkrachten die von den Haumessern und Äxten getroffenen und gefällten hohen Stämme, und ein deutliches Echo hallte im Walde wieder." Dr. Randt, der allerdings nach einer Reihe trockener Jahre den östlichen Grabenrand besuchte, giebt von ihm folgende Beschreibung: „Ich habe nur wenig Gebiete berührt, die einen so intimen, landschaftlichen Reiz bieten wie diese Hochthäler am Osthange der Randberge. Wo ich sie kennen lernte, von der Breite, die dem Norden des Tanganjika entspricht, bis zu jener des Kiwu-Nordens, überall tragen sie den gleichen Charakter: „wasserreiche Wiesengründe, aus denen Tausende von bienenumschwärmte Königskerzen aufragen, durchflossen von krystallreinen Bächen, die Mimosen oder Eberschen ähnliche Bäume begleiten; zu beiden Seiten sanft geneigte Hügel, auf deren Kamm der dunkle Urwald beginnt, sich scharf von dem hellen Grün der Hänge abhebend¹)." „Ein unbeschreiblich zerklüftetes Gebirge mit wenigen großen Thälern, aber zahllosen Nebenthälern, Schluchten, Mulden und Furchen und einer Unmenge von Kuppen und Kämmen, die aus der Vogelperspektive einen fast unentwirrbaren Anblick gewähren," nennt Dr. Randt in den der beigehefteten Karte zugefügten Notizen die Grabenränder. Sie steigen in der Umgebung des Kiwu-Sees zu 2400—2700 m. an; nur wenige Spitzen, besonders des westlichen Grabenrandes, erreichen eine beträchtlichere Höhe. Der Kamm des östlichen Randgebirges bildet mit der oben angeführten Ausnahme die Wasserscheide für die Zuflüsse von Kiwu-See und Kagera-Nil. Da er ziemlich in der Richtung von Norden nach Süden sich erstreckt, so liegt die Wasserscheide im Süden drei bis viermal so fern vom Seeufer wie im Norden.

In der Namengebung und Namenschreibung der im Norden des Kiwu-Sees gelegenen Bullangruppen besteht noch große Verwirrung; doch hat sich die schon auf der Götzen'schen Karte deutlich hervortretende Teilung in drei Gruppen als durchaus richtig erwiesen. An ihr hält auch Hauptmann Hermann, der Führer der Kiwu-Grenzregulierungs-Kommission, fest, — ihm verdanken wir wohl die letzten in die Öffentlichkeit gekommenen Nachrichten über die Kiwu-Bullane; sie sind enthalten in einem Brief, den Hauptmann H. am 28. Juni 1901 von Ischangi am Kiwu aus an Professor Salomon in Heidelberg²) gerichtet hat. Sämtliche Bullane stehen nach ihm mit dem Fuß im Urwald, der an Üppigkeit seinesgleichen sucht. Breite Lavaströme des verschiedensten Alters sind bis in den See geflossen; „die ältesten sind bereits zu schwarzer Erde zerkrümelt, auf der eine großartige tropische Vegetation gedeiht; die jüngsten sind noch ganz scharfzackig, ganz mit auskrystallisierten Augitzwillingen bedeckt und sehr olivinhaltig." Auf einem solchen jüngeren 6—12 km breiten Lavastrom stieg Dr. Kersting, der bekannte Teilnehmer an der Götzen'schen Expedition fast bis zum Gipfel des Namlagiro-ba-gongo (dem Kitunga Richa Namlagira Hermanns) empor. „Wir konnten mit Lanzen, so schreibt Dr. Kersting, aus den rosen, dicken Massen, die sich in den Wald verschoben, zähe, plastische Fetzen herauskratzen. Ich steckte eine Rupie in solch knetbarres Lavafeld und sah sie rasch zerschmelzen. An mehreren Stellen brannte der Wald, wo er mit dem glutflüssigen Mineral in Berührung

---
¹) Mitteilungen aus den deutschen Schutzgebieten Bd. XIII. Heft 3.
²) P. M. 1901 pg. 250.

gekommen war. Später zog ein Gewitter herauf, und der auf der Lava verdampfende Regen hüllte alles in ein weißes Gewölk." Auf solche jüngeren Ströme bezieht sich auch Dr. Randt's Bemerkung: „Das Klimagebiet namentlich in der Nähe der Vulkane, infolge fast ständig wehender Winde, zu den rauhesten von Ruanda, während in der Ebene die nackte Lava eine erstickende Hitze ausströmt."

„Die Westgruppe der Vulkane enthält die thätigen, nämlich den ca. 3500 m hohen Kirunga Ntscha Gongo, einen hohen, oben breit abgestumpften Kegel, der noch raucht, aber keine Lava auswirft." Er ist außer vom Grafen Götzen noch vom englischen Major Gibbons bestiegen worden. Bei dem hohen Interesse, das die im Innern eines Kontinents gelegene und doch thätige Vulkangruppe für sich beansprucht darf, sei es gestattet, die Schilderung hier Platz finden zu lassen, die der erste Besteiger des Kirungo Ncha Gongo, Graf Götzen, von dem Schauspiel auf dem Gipfel des Berges entwirft. Wenn schon ungeheure Anstrengungen erforderlich waren, um den den Berg umschließenden Urwaldgürtel zu durchbrechen, so war das Emporklimmen, nachdem die Waldgrenze überschritten war, noch anstrengender; denn ganze Wälle und Mauern von Lava mußten überklettert werden; ihre scharfen Kanten und Spitzen rissen den Begleitern des Grafen Götzen die Füße wund. Schon ließ auch die beträchtliche Höhe, in der man sich befand, Lungen und Pulse beängstigend schlagen. Alle 20 Minuten mußte Halt gemacht werden, damit wieder Atem geschöpft werden konnte. Endlich ertönte von oben ein gewaltiges Donnern, das den Ruf der Stimme ungehört verhallen ließ. Ich stürze, so schreibt Graf Götzen, die letzte Kraft zusammennehmend vorwärts und pralle zurück vor dem Anblick, der sich mir bietet. . . . „Wie eine riesige Arena, ein vergehnfachtes Kolosseum, liegt ein Kraterkessel zu meinen Füßen. Fast senkrecht stürzt sich die Wand, auf deren äußerstem Rande wir stehen, in die Tiefe hinab; der Grundton ihrer Farbe ist tiefstes Schwarz; nur die Ränder der unzähligen Risse, von denen sie durchzogen ist, sind violett gefärbt. Im ersten Augenblick ist die ganze Arena mit Wolken und Dampf angefüllt, gleich als befürchte die Natur, daß Sinn und Augen der ersten Menschen, denen es vergönnt war, eines ihrer großartigsten Geheimnisse zu schauen, nicht auf einmal den ganzen mächtigen Eindruck zu fassen vermöchten. Aber ein Windstoß fegt die Wolken rasch hinweg, so daß auch der jenseitige Rand des Kraters sichtbar wird. Dann blicken wir hinab, aber nicht in einen dunkeln, unergründlichen Schlund, sondern auf eine helle, völlig eben erscheinende Fläche, die wie marmoriert in den verschiedensten Farbentönen herauf schillert. Und in der nördlichsten Hälfte dieser Bodenfläche sehen wir die Oeffnung zweier Schachte, so glatt und regelmäßig geformt, als seien sie von Menschenhand hineingemauert worden. Ununterbrochen strömen aus der einen gewaltige Dampfwolken hervor, und in kurzen, unregelmäßigen Zwischenräumen hört man halb donnerndes, halb zischendes Geräusch aus der Tiefe heraufdringen, dessen Wiederholung meine staunenden Leute jedesmal erschrocken zurückfahren läßt[1])."

Hinter dem Kirunga-Ntscha-Gongo liegt der niedrige Krunga Ntscha Ramlagira, der die Hauptthätigkeit entfaltet. Nach Götzens Weitermarsch haben beide Vulkane einmal pausiert, so daß die Eingeborenen schon Götzen beschuldigten,

---

[1]) Graf von Götzen. Durch Afrika von Ost nach West 1901 pg. 259.

er habe die Vulkane ausgelöscht, und Hauptmann Langheld baten, er möge sie wieder anstecken. Dann ist ein furchtbarer Ausbruch des Namlagira erfolgt, bei dem riesige Urwaldareale durch Lava verbrannt wurden und der Berg sich höher aufwarf. Jetzt ist wieder etwas Stillstand, doch soll immer noch Lava langsam ausfließen. — Die Mittelgruppe besteht aus zwei scharfen Zacken, von denen der eine, Sjabingo, dem Winklerturm in den Dolomiten ähnlich sieht, während der andere, Kariissimbi, ein regulärer Zuckerhut ist. Beide müssen über 4000 m hoch sein und werden wahrscheinlich auch Kletterschwierigkeiten bieten, während alle anderen, wenn man nur Zeit hat, sich einen Weg durch die Urwaldzone schlagen zu lassen, leicht zu ersteigen sind. Die Ostgruppe liegt etwas weiter ab, sie besteht aus drei Kegeln, 3000—3500 Meter hoch, die aber weniger schroff als die andern Berge sind. Einer wurde von Hauptmann Bethe bestiegen, der oben einen Kratersee fand¹). — Nach Hauptmann Hermann liegen im Umkreis der Vulkane, aber auch rings um den Kiwu-See, viele heiße Quellen, und sogar einige kleine heiße Seen. Einige dieser Quellen sind ausgesprochene Schwefelquellen; andere sind von sehr verschiedenartigem Geschmack, unter diesen soll eine dem Karlsbader Mühlbrunnen zum Verwechseln ähnlich schmecken.

Die Seen, die im Graben liegen, sind nach Baumann sämtlich durch leichtbradiges Wasser ausgezeichnet, und der Tanganyka legitimiert sich durch seine Fauna deutlich als Reliktensee. Auf einer seiner Reisen im Gebiet des Kiwu-Sees hatte Dr. Kandt im Lande Kishari, nördlich von Kamerouke der Götzen'schen Karte, von Hügeln der westlichen Vulkangruppe aus einen Blick, der ihm die geographischen Verhältnisse im Graben außerordentlich klärte. „Von meinem Lager auf einem hohen Gipfel sah ich, tief unter mir beginnend ein breites, weithin nach Nordnordost sich dehnendes Becken, das vier durch Sumpf getrennte Seen enthält und offenbar ehemals einen einzigen See gebildet hat. Ich vermute, daß dies Becken den Rest eines Verbindungsarmes zwischen den Seen des zentralafrikanischen Grabens darstellt aus einer Zeit, da die gewaltigen Veränderungen des Terrains durch die vulkanischen Katastrophen noch nicht erfolgt waren." Leider konnte Dr. Kandt das Becken nicht verfolgen, da seine Durchwanderung selbst bei günstigen Verhältnissen eine harte Arbeit gewesen wäre, er aber in dieser Gegend weiter, während eine Hungersnot herrschte und die Regenzeit ihre Schrecken täglich mehr entfaltete.

Wie schon Graf Götzen gibt Dr. Kandt für die Höhe des auf dem Dach der zentralafrikanischen Grabensohle gelegenen Kiwu-Sees ca. 1500 m an. Seine Zuflüsse erhält er durch zahlreiche kleinere Wasserläufe, von denen der am Südostufer mündende Kalumbura Graf Götzen hat bekanntlich den südlichen Teil des Sees nicht besucht und diesen Fluß daher auf seiner Karte auch noch nicht verzeichnet — der größte ist. Das vulkanische Nordufer ist sehr wasserarm; nur am West- und Ostzipfel tritt je ein größerer Bach ein, im übrigen entsendet die nahe Vulkangruppe nur periodische Gerinnsel zum See. — Im Norden steigt das Ufer als zum Teil noch nackte Lavafläche, von einzelnen kleineren vulkanischen Hügeln unterbrochen, noch ca. 20 km langsam an; auf der Lavafläche baut sich das mächtige Massiv des stets rauchenden Niragongwa-Vulkans auf.

---

¹) P. M. 1901 pg. 250.

Am Südende des Sees ist die Grabensohle nicht mehr zu erkennen. Die nördliche Fortsetzung der an das Nordende des Tanganyka tretenden breiten Ebene, die zunächst jedem als alte Grabensohle imponieren, wird bald durch Riegel von beiden Seiten verlagert und verschwindet schließlich in dem zerworfenen, bergigen Terrain.

Der Abfluß des Sees, der Russisi, tritt aus seinem Südende aus und geht zum Tanganyka; der See gehört also zum Kongosystem. — Schon Graf Götzen wies darauf hin, daß hier eine interessante Frage ihrer Lösung harre: „Vergleicht man nämlich das Niveau des Kiwu-Sees (1485 m) mit dem des Tanganyka (810) m nach Willmann), so erhält man die Differenz von 675 m. Nimmt man nun für den Kiwu-See eine Länge von 80 km an, so hätte die Luftlinie von seinem Südende bis zur Nordspitze des Tanganyka eine Länge von 90 km. Diese Strecke überwindet der Russisifluß mit dem ganz außerordentlich starken Gefälle von 1 : 133." Graf Götzen kommt so zu der Annahme, daß der Fluß in gewaltigen Kataraften den bedeutenden Unterschied der beiden Seehöhen überwinden muß. — Dr. Kandt berichtet, daß der Oberlauf des Russisi in von steilen Wänden eingeengtem Thale liegt, bis er durch eine schmale Pforte in die Tanganyka-Ebene eintritt. Schon R. Grogan sprach in einer Sitzung der Kgl. Geographischen Gesellschaft in London von einer Reihe von Fällen in diesem Thal.

„Der Boden", so schreibt Dr. Kandt, „besteht hauptsächlich aus stark in die Tiefe gehendem roten Laterit oder schwarzer Humuserde. An den Wasserläufen findet sich fast überall gelber oder schwarzbrauner Thon. Vielfach ist der Boden mit Glimmer durchsetzt, namentlich in den höheren Lagen, wo er überwiegend aus hellrotem oder gelblichem, bröckligem Gestein (Verwitterungsprodukt von Gneiß?)¹) besteht. Eine weiße Linie, die sich um das ganze Seeufer und die Inseln herumzieht und nur selten von Sandufer unterbrochen wird, ist nackter Fels. Betrachten man diese Linie genauer, so zeigt es sich, daß es sich hier um Bestandteile handelt, die der See ablagert, die sich allmählich zu festen Massen verdichten und alles in ihrem Bereich Liegende umhüllen. Zerbricht man mühsam die Schale, die vielfach von Muscheln durchsetzt ist, so findet man als Kern meist Gestein, aber oft auch Baumstämme jeder Dicke, Wurzelwerk, selbst ganze Rohrbüschel, die äußerlich ihre alten Formen bewahrt haben; aber ein Querschnitt zeigt, daß mit Ausnahme des hohlen Markkanals alles Gewebe zu Stein verwandelt ist." Der Sinter besteht nach Hauptmann Hermann hauptsächlich aus kohlensaurem Kalk.¹)

Zwei Momente charakterisieren den See ganz besonders: erstens die Zerrissenheit seiner Ufer und zweitens die große Zahl von Inseln, die er enthält. Das Bild des Sees beherrscht die große, gebirgige, nach einem ihrer Distrikte „Kwidjwi" (Graf von Götzen schreibt Kwischwi — Moore Kwijwi), nach ihrem Beherrscher „Jscha Mihiggo" genannte Insel: sie ist die Fortsetzung einer langen zu Ruanda gehörigen Landzunge, von der sie nur ein schmaler Kanal trennt.

---

¹) „Durch Afrika von Ost nach West" von G. A. Graf von Götzen. — Anhang: „Über die vom Grafen von Götzen gesammelten Gesteine", von Prof. Dr. Jenne, Nr. 31. Handstück, anstehender Fels am Nordufer des Kiwu-Sees, in's Wasser hineinreichend. — „Auch dieses Gestein trägt auf der Oberfläche eine Sinterkruste. Der Kern ist zum Teil stark verwitterter granitischer oder gneißartiges Gestein."

¹) P. M. 1901 pg. 250.

über 100 kleinere Inseln, die fast alle mehr oder weniger hügelig sind, unterbrochen in reichem Wechsel die Wasserfläche des Sees; ihre Lage weist in der Nähe des Ufers zeugt für ihren früheren Zusammenhang mit dem Festlande. Eine große Zahl der Inseln und viele von Nord nach Süd sich erstreckende Thalgründe und Buchtufer zeigen im kleinen, was an der erwähnten Landzunge und der Insel Kwidjwi nach Dr. Kandt als vielfach beobachtete Bruchlinien-Eigentümlichkeit besonders auffallend ist, nämlich größere Steilheit der nach Ost als der nach West fallenden Ufer. Vieles spricht dafür, daß der See früher einen höheren Wasserstand gehabt hat, wenngleich dieser Umstand sich mit einiger Sicherheit nur für eine Differenz von etwa 10 Metern nachweisen läßt.

In tiergeographischer Beziehung weicht, nach Dr. Kandt, der Charakter des Sees sehr wesentlich von dem anderer afrikanischer Gewässer, insbesondere des Tanganyika- und Albert-Eduard-See ab. — Sehr auffällig ist vor allem das Fehlen von Krokodilen und Nilpferden, an denen der Abfluß des Kiwu-Sees, der Russisi, in seinem Mittel- und Unterlauf nicht arm ist. Das Wasser kann daran nicht schuld sein; es unterscheidet sich in seinem schwach natronartigen Geschmack[1]) kaum von dem des Tanganyika. Das Fehlen der Nilpferde läßt sich leicht aus dem Mangel an Futter erklären; denn der Boden des Sees ist nackter Fels oder nur von niederen Pflanzenorganismen sammetartig überzogen. Übrigens fällt er auch bereits in der Nähe des Ufers zu großer Tiefe ab. — Graf von Götzen erreichte schon in ziemlicher Ufernähe mit einer 53 Meter langen Lotleine nicht mehr den Grund. Von Säugern beobachtete Dr. Kandt noch sehr verstreckt lebende Fischottern (die Weißbart- und Krallenotter; vielleicht auch eine Kreuzung beider). — Im Vergleich mit anderen afrikanischen Gewässern ist die Zahl der den See und seine Umgebung besuchenden Wasservögel relativ gering; auch an Fischen ist der See relativ arm. Nach Moore giebt es nur acht Arten; nur zwei davon, darunter ein Wels, erreichen eine ansehnliche Größe.

Von Krabben kommen im See je eine Reiter- und eine Schwimmkrabbe vor. Die am Tanganyika häufige große Muschel, deren Schalen zur Kalkbereitung benutzt werden, findet sich im Kiwu-See nicht. Kurz vor der Absendung seines Berichts machte Dr. Kandt aber eine interessante Entdeckung. Das äußerste Nordende Kwidjwis ist durch eine schmale Landbrücke mit dem andern Teil der Insel verbunden. Als Dr. Kandt hier nach Spuren für einen früheren höheren Wasserstand des Sees suchte und zu dem Zweck an einigen Stellen die Humuserde entfernte, fand er unter derselben den oben beschriebenen weißen Sinter. Derselbe war von wahren Muschelkolonien durchsetzt, er enthielt auch Exemplare einer kleinen Taschenmuschel, die bis jetzt von Dr. Kandt nicht lebend im See gefunden ist; vor allem aber eine bis 15 cm große, innen und außen perlmutterartigen Glanz zeigende Muschel, die der am Tanganyika vorkommenden in der Form sehr ähnlich sieht, die heute aber sicherlich ausgestorben ist, weil keiner der eingeborenen Fischer sie kannte. — Zu derselben Zeit fand Dr. Kandt nach einem

---

[1]) Daß über den Geschmack auch im Innern des Schwarzen Erdteils nicht zu streiten ist, beweisen die Angaben über den Geschmack des Kiwu-See-Wassers, das Graf Götzen als frisch und süß schmeckend bezeichnet, während Hauptmann Hermann schreibt: „Das Wasser schmeckt schlecht; es muß große Mengen Kali und andere Salze enthalten."

außergewöhnlich harten Sturm am Ufer eine bohnengroße Quelle mit silbriggrauem Kern, der in Alkohol violett wurde.¹)

Politisch gehört das uns besonders interessierende Ostufer und ein Teil des Nordufers des Kiwu-Sees zu Ruanda. Herrscher ist jetzt Yuhi Mzinga, ein Sohn des Luabugiri Rigeri, der uns seit dem Besuch Ruandas durch den Grafen Götzen bekannt war. Die Insel Kwidjwi, 1894 unter der Herrschaft Ruandas stehend, bildet jetzt nebst einigen vorgelagerten kleinen Eilanden ein selbständiges Reich unter Mitziggo. — Am Westufer, jenseits des Russisi beginnend, folgen sich die Länder Bunjabungu (Sultan Namarre), Ziambi (Sultan Salimimwumba), Ubunga (Sultan Mbunga). Der westliche Teil des Nordufers gehörte einst zu Kameranje (Sultan Lohunga); dieses Land ist aber jetzt von den in Ubungu sitzenden, vom Kongo stammenden Waregga zerstört und von seinen Bewohnern geräumt worden.

Wenn Dr. Friedrich Ratzel sagt: „Den kleineren Seen kommt in der Landschaft eine vereinigende, zusammenfassende Wirkung zu, sie halten die Einzelbilder zusammen, aus welchen ein Landschaftsbild sich zusammensetzt, indem ihr ruhiger Spiegel einen ruhigen und beruhigenden Mittelpunkt demselben verleiht. Ihre geschichtliche Bedeutung beruht zunächst auf einer ähnlichen vereinigenden und zusammenhaltenden Wirkung" — so trifft das für die Bildung des großen Reichs Ruanda zu, dem der Kiwu-See eine Anlehnung zu ungeteilter Entwicklung dargeboten hat. — Man bezeichnet heute wohl, nach dem Vorgang des „Handbook of British East Afrika", die Wahuma-Reiche im zentralafrikanischen Seengebiet, zu denen auch Ruanda gehört, mit dem Sammelnamen „Kitara", welcher dem alten traditionellen Reich Kitara entlehnt ist. Es handelt sich hier um Länder, in denen eine bemerkbare anthropologische Differenzierung in der Bevölkerung uns entgegen tritt, welche durch ihr Zusammenfallen mit ethnischen Unterschieden doppelt bedeutsam erscheint. „In ethnischer, oder wenn man will, in kultureller Beziehung schließt sich dieser Gegensatz an denjenigen an, der zwischen Ansässigen und Nomaden wiederholt für das südlichere Ostafrika zu zeichnen ist; aber er ist hier in seiner ethnographischen Grundlage klarer als dort, denn in den Ansässigen erkannten schon die ersten Besucher der Nilquellseenregion eine andere Rasse als in den unter ihnen wandernden und teilweise sogar sie beherrschenden Hirtenvölkern. Jene stehen dem extremen Neger näher als diese; aber in ihrer Gesamtheit stellen sich auch jene den dunkleren Negervölkern als eine in der Farbe hellere und in der Körperbildung edlere Rasse gegenüber."²) Anthropologische Gründe lassen nach Ratzel die Verwandtschaft der Abessinier und Galla und weiter mit den Wahuma und deren Verwandten als sicher erscheinen. — In Ruanda liegen die Verhältnisse so, daß die hellfarbigen Wahuma als herrschende Klasse, als Watussi, der dunkleren Bevölkerung, den Wahutu oder Knechten, streng gesondert gegenüber stehen. Schon Oscar Baumann berichtet von seinem kurzen Marsch durch Ruanda, wie die Wahutu ihm überall einen freundlichen Empfang bereitet und mit Laub umwundene Spaten als Friedens-

¹) In seinem vorliegenden Bericht sagt Dr. Kandt an anderer Stelle: „Die Tanganjika-Quelle fehlt" — Es scheint also ob durch seine letzten Funde, die von ihm und auch z. B. von Moore früher ausgesprochene Ansicht von der gänzlichen Isoliertheit der niederen Fauna des Tanganjika erschüttert würde

²) Völkerkunde von Dr. Friedrich Ratzel 1885, Bd 1. pg 451

zeichen überreichten, während die sich durch schlanken Körperbau und fast europäischen Typus auszeichnenden Watussi sich zurückhaltend benahmen. Auch Graf Götzen fand bei seinem Marsch durch Ruanda einen freundlichen Empfang durch die dunkelfarbige Bevölkerung; anfangs steigerte sich derselbe oft bis zu begeisterten Ovationen: „Die Männer, so berichtet er, warfen sich zur Begrüßung vor uns auf die Erde, klatschten in die Hände und führten Tänze auf; die mit Ziegenfellen bekleideten und oft nicht unschönen Weiber drängten sich in die vordersten Reihen, schoben die Männer bei Seite und stießen ein schrilles Geschrei aus. Wenn die Begeisterung in dieser Weise angehalten hätte, so wäre unser Marsch durch Ruanda ein wahrer Triumphzug geworden." — Die Bahuma beteiligten sich nie an den allgemeinen Freudenäußerungen, und bald unterblieb auch die laute Bethätigung derselben durch die Wahutu, wenn sie auch noch immer ehrfurchtsvoll und neugierig beim Vorbeimarsch der Karawane sich heranbrängten. Graf Götzen gewann den Eindruck, daß die Bahutu in ihm zunächst einen Befreier von der Herrschaft der Bahuma erwartet hätten; durch das herrschende Volk sei ihnen darum später Ruhe geboten worden. Daß diese Herrschaft schwer auf den Wahutu lastet, dafür führt Graf Götzen wiederholt Beispiele an; so berichtet er, wie für den ihn auf seinem Marsch begleitenden Sohn des Rigeri, Schirangawe, rücksichtslos jeder einigermaßen kräftige Landmann, der sich neugierig am Wege sehen ließ, eingefangen und zu Trägerdiensten gezwungen wurde. Schlug man das Lager auf, so wählte Schirangawe für sich eine Behausung, aus der er die Bewohner mit Gewalt vertrieben ließ. Vieh, das nicht sorgfältig versteckt war, wurde ohne weiteres requiriert. Lodernde Flammen und dicke Rauchwolken, die sich aus brennenden Dörfern erhoben, verkündeten dem Grafen Götzen, daß er sich dem Lager des Herrschers von Ruanda nähere. „Schirangawe erklärte triumphierend", so schreibt er — „daß sei sein Vater, der die Abgaben der Einwohner eintreibe und die Widerstrebenden bestrafe. Neben Schirangawe aber wehte die schwarz-weiß-rote Flagge und winkte so den ersten, drohenden Gruß der Civilisation hinüber zu den Vertretern der rohen Barbarei."

Nach dem Tode Rigeri Luabugiris scheint das straffe, einheitliche Regiment das Graf Götzen in Ruanda fand, etwas erschlafft zu sein, dafür spricht schon der Umstand, daß ein so kleines Landgebiet wie die Insel Kwidjwi sich der Herrschaft Ruandas entziehen und sich selbständig machen konnte; Dr. Kandt spricht es geradezu aus, daß er die politische Organisation Ruandas nicht mehr so kraftvoll gefunden habe, wie sie dem Grafen Götzen erschienen war. —

In dem südwärts von Ruanda liegenden, aber nicht mehr an den Kiwu-See stoßenden Urundi liegen die politischen Verhältnisse ähnlich wie in Ruanda; nur scheint hier der Gegensatz zwischen Herrschern und Beherrschten noch schärfer zu sein und in den Wahutu einen heftigen Haß gegen ihre Unterdrücker erzeugt zu haben. Eine einheitliche Organisation des ganzen Landes unter einem Herrscher ist hier nicht vorhanden. Da Urundi wirtschaftlich fast gleiche Verhältnisse mit Ruanda zeigt, so wurde hier wenigstens kurz auf die Landschaft hingewiesen. —

Über die Völker in den westlich vom Kiwu-See gelegenen Ländern ist noch immer recht wenig bekannt. Von den Wanyabungu, den Bewohnern Bunyabungus, wissen wir aber wenigstens durch Dr. Kandt, daß sie in Dörfern wohnen, sich allmählich zu furchtlosem Verkehr bewegen ließen und sich dann durch liebenswürdige Zutraulichkeit auszeichneten. — Schon oben wurde darauf aufmerksam gemacht, daß in den nordwestlich von unserem See gelegenen Landschaften Waregga eingebrochen sind; sie haben die Eingeborenen in eine überaus kümmerliche Situation gebracht. Voraussichtlich bezeichnen die Eingeborenen mit dem Namen „Waregga" nicht nur solche Manyema-Horden, wie sie bereits Graf Göhen in Butembo traf, sondern auch kongostaatliche Meuterer, die raubend und plündernd das Land vielleicht noch heute durchziehen.

Endlich sei bemerkt, daß in den besprochenen Gebieten, vor allem in der Gegend der Vulkane, Zwerge angetroffen werden, also jene Urrasse, die nach Stuhlmann in der Vorzeit die tropischen Gebiete von Afrika bewohnte, bevor die heutigen Bewohner dort einwanderten. Schon Dr. Kerfting, der Begleiter Göhens, erzählt in seinem Bericht über die Expedition nach dem Namlagira: „Wir hatten unterwegs in den Spalten des Gesteins Feuerstellen gesehen und beim Eintritt in den Wald einige sich scheu zurückziehende zwerghafte Gestalten bemerkt, mit denen Wabesi gesprochen hatte. Er erzählte mir jetzt, daß „die kurzen Leute" im Busch lebten und Batwa hießen. (Jule Jäger seien sie nicht, sie äßen besonders die Leichen auf, die die Wahutu nicht zu beerdigen, sondern in den Wald zu werfen pflegten. Wir sahen auch Bogen, die aus mehreren Stäben zusammengebunden waren mit Rotangsehnen, und Pfeile mit nicht vergifteten Holzspitzen und nur einseitigen Widerhaken." Hauptmann Hermann schreibt in dem schon mehrfach herangezogenen Brief[1]), daß in den großen Urwäldern, in denen sämtliche Vulkane stehen, und die sich nach Westen zu mit dem großen Urwald Stanley's vereinigen, Zwerge, die Batwa, wohnen. — Wenn er weiter hinzusetzt, daß die Zwerge auch in ganz Ruanda als Töpfer zerstreut leben und eine zwar kleine, aber durchaus nicht zwerghafte Menschenrasse repräsentieren, die teils gefürchtet, teils verhaßt und verachtet ist, so dürfte es sich hier doch vielleicht um eine Mischrasse handeln, wenn wir uns daran erinnern, daß Dr. Kandt schon berichtet hat[2]): „In den Wäldern des Sjabjiri (des Sjabingo Hauptmann Hermann's) hausen Batwa, Pygmäen, die im Gegensatz zu ihren seßhaften, meist der Töpferei obliegenden und mit den Wahutu stark vermischten Verwandten ein nomadisierendes Jäger- und Räuberdasein führen, mit der Bevölkerung ihres jeweiligen Wohnsitzes in ständiger Feindschaft leben und von ihr gleich Unholden gehaßt und gefürchtet werden." Übrigens erwähnt Dr. Kandt, daß die Zwerghaftigkeit der Watwa von den Eingeborenen übertrieben geschildert wurde. —

Was nun die wirtschaftlichen Verhältnisse der Umgebung des Kivu-Sees betrifft, so sind wir bei ihrer Besprechung auf zerstreut in den Reisebeschreibungen enthaltene Berichte angewiesen. Offenes Land wechselt mit dichtem Urwald ab. Oscar Baumann empfing von den südöstlichsten Teile Ruandas, den er auf kurzem Marsch durchwanderte, folgenden Eindruck: „Wir zogen durch stark welliges, offenes Land mit grünenden Thälern und steilen Hängen gegen Südwest. Überall rieselten klare Bäche, welche, in zahlreiche Gräben abgeleitet, die schönen Felder bewässerten. Viele Rinder mit ungeheuren Hörnern sind zu sehen[3])." Schon ehe Graf Göhen am 4. Mai 1894 den Kagera-Nil, der auf einer Strecke die Ostgrenze Ruandas bildet, überschritt, kam er auf ein „weites Gradplateau, dessen Ost an die Massai-

---

[1]) P. M. 1901 pg. 250.
[2]) Mitteilungen aus den deutschen Schutzgebieten Band XIII Heft 3 pg. 246.
[3]) Baumann. Durch Massailand zur Nilquelle. 1894 pg. 84.

steppe erinnern, nur mit dem Unterschied, daß hier verkrüppelte Laubbäume die dortigen Dornengebüsche vertreten." Als er dann am jenseitigen Ufer des Kagera von neuem das Plateau erstiegen hatte, befand er sich auf einer fast baumlosen Hochebene 1700—1800 m über dem Meeresniveau. Schluchten durchschnitten sie nach den verschiedensten Richtungen, einzelne stehen gebliebene ganz flache Schollen gestatteten einen weiten Überblick. „Die dunkeln Hänge" so schreibt er, „sowie der Grund der Schluchten und die Einsattelungen sind meist mit üppigen Bananenhainen oder Feldern von Sorghum, Bohnen und Erbsen bedeckt, zwischen denen zahllose Rundhütten zu sehen sind. Oben auf den Hochflächen wächst niedriges Gras, inmitten dessen eine gelbe Komposite (Gnaphalium?) in solchen Mengen vorkommt, daß das ganze Land gelb gefärbt aussieht. Hier und da ragt aus dem schiefrigen Boden eine Kandelaber-Euphorbie oder ein anderer großblättriger Wollmilchbaum empor, und in der Nähe der Behausungen begegnet man häufig dem Rinderstoffbaum, einer Ficusart, aus deren breitgeklopftem Bast die Wanyaruanda, ebenso wie die Waganda und andere Völker, den Stoff für ihre Kleidung herstellen. Neben den Hütten, die vielfach an der Vorderseite eine Umzäunung haben, sind außerdem Kürbis- und Tabakbeete angelegt. Vieh sah man weniger, als wir erwartet hatten; auch hier schienen Seuchen geherrscht zu haben." Später in der Landschaft Karoware waren die Bananenhaine so üppig, daß einige Leute der Karawane die Landschaft mit dem reichen Uganda verglichen; auch wurden die Rinderherden, — es handelt sich um das mit riesigen Hörnern geschmückte Sanga-Rind — zahlreicher. Auf den Hochweiden waren große Herden zu sehen, und selbst auf den steilsten Hängen wurde Feldbau betrieben; „was die Eingeborenen durch Anlage künstlicher Böschungen ermöglichen, wie es bei uns in den Weinbergen geschieht. Es sah aus, als seien die Felder gleich riesigen Treppenstufen über einander aufgebaut."

Graf Götzen faßt sein Urteil über Ruanda in wirtschaftlicher Beziehung — ohne dabei, wie es bei seinem verhältnismäßig nur kurzem Aufenthalt in diesem Lande natürlich ist, etwas anderes als einen skizzenhaften Überblick liefern zu wollen, — kurz dahin zusammen: „Wenn es erlaubt ist, von der Dichtigkeit der Bevölkerung auf die Fruchtbarkeit eines Landes zu schließen, so wird Ruanda zweifellos zu den reichsten unter den innerafrikanischen Ländern zu rechnen sein. Da reiht sich Gehöft an Gehöft, und man findet dazwischen kaum ein Stück Land, das nicht für irgend welchen Feldbau oder als Weideland nutzbar gemacht worden wäre. — — Die Reliefgestaltung des Landes bedingt hier gewisse Verschiedenheiten. Während nämlich die östlichen und südlichen Gebiete, die mehr den eigentlichen Charakter von Hochebene tragen, annähernd zum vierten Teil mit den üppigsten Bananenwäldern bedeckt sind, treten diese weiter im Nordwesten, wohin das Terrain merklich ansteigt, mehr in den Hintergrund. Den schroffen Gebirgsformationen entsprechend sind hier die Stellen, die nutzbar gemacht werden können, von beschränkterer Ausdehnung, und wo sie nicht als Hochweiden Verwendung finden, baut man auf ihnen Bohnen, Bataten, zuckerhaltigen, roten Sorghum, vorzugsweise aber Erbsen an. — — Die Holzarmut auf den Hochplateaus ist empfindlich, und darauf ist es wohl vor allem zurückzuführen, daß Dorfgemeinden fehlen; Holz zur Herstellung von schützenden Palisaden, wie sie Dörfer bedürften, mangelt überall. Wo Bambuswaldungen grünen, sieht man wohl sauber hergestellte Umfriedungen; „aber sie scheinen mehr zum Einhegen der Viehherden als zur Verteidigung bestimmt." —

Nach Graf Goͤtzen scheint Ruanda mindestens so reich zu sein wie das im Osten benachbarte Zwischenseenland Karagwe, von dem wir aus Stuhlmann's[1] Feder eine wirtschaftliche Würdigung besitzen. Es sei bei der Bedeutung, die gerade die Beobachtungen dieses Forschers für eine Erweiterung unserer Kenntnisse der wirtschaftlichen Verhältnisse in Deutsch-Ostafrika haben, gestattet, zum Vergleich kurz auf seine Schilderung Karagwes einzugehen. Er besuchte das Land, bevor die Rinderpest ihren Einzug hielt. Nach ihm beruhte der Reichtum der Wabuma auf den Rinderherden; manche Leute besaßen damals Tausende von Rindern. Auch Ziegen wurden wie in Ruanda viel gehalten. Der Ackerbau wurde damals nur von den Wahutu, der Urbevölkerung, betrieben. „Man baut — nach Stuhlmann — vor allem Bananen, die jedoch in den letztern trocknen Jahren recht spärlich gediehen sind. Nächstdem bildet ein Hauptnahrungsmittel das kleine, bittere Eleusine-Korn, das auch bei Dürre noch leidliche Erträge liefert; dann kommen Bohnen, unsre europäische Art Phaseolus vulgaris, die hier Mahorágwe genannt wird und meistens braune mit bläulich-grauer Marmorierung versehene Früchte trägt — sowie Bataten, Kürbisse und Erbsen. Tabak und stellenweise auch Canabis indica sind als Reizmittel im Gebrauch, zu denen sich noch der aus Uganda oder vom Seeufer bezogene Kaffee gesellt"/'. Nicht ganz so günstig wie Graf Goͤtzen urteilt Dr. Kandt über Ruanda. Wir lassen hier sein in Band XIII Heft 8. 1900 der „Mitteilungen von Forschungsreisenden und Gelehrten aus den deutschen Schutzgebieten." Seite 260 enthaltenes, auch Urundi mit behandelndes, zusammenfassendes Urteil der Vollständigkeit wegen ganz folgen:

„Von den Ländern, die ich auf meinen Reisen berührt habe, beanspruchen, als in unserer Interessensphäre liegend, vor allen anderen Ruanda und Urundi Beachtung. Über Urundi wage ich kein Urteil zu fällen, da ich mich nicht oul mehr als zwei Monate darin aufgehalten habe. Sicher aber ist, daß es den Eindruck eines sehr reichen Landes macht, und hochgespannte Erwartungen eher übertrifft, als enttäuscht, was ich in gleichem Maße von Ruanda nicht sagen kann. Wenn ich nicht irre, hat Ramsay sich ähnlich geäußert. Ich glaube, daß mein Urteil über Ruanda einige Glaubwürdigkeit beanspruchen darf, weil ich mich nun schon einigermaßen lange in ihm aufhalte, es in ziemlich seiner ganzen Ausdehnung kennen gelernt habe.

Auf mich macht das Ruanda, wie es jetzt ist, den Eindruck eines in seinen Teilen sehr ungleichen Landes, das nur an wenigen Stellen sehr reich oder sehr arm ist, im übrigen aber die verschiedenen Grade mäßiger Wohlhabenheit aufweist. Allerdings beziehen sich meine Bemerkungen nur auf Alt-Ruanda. Das junge Ruanda, Kisassa, kenne ich nicht, und vielleicht hat Goͤtzen gerade dort hauptsächlich seine Eindrücke gewonnen. Auch mag das Land heute einen andern Anblick gewähren als vor sieben Jahren; denn die Klagen über eine Reihe trockener Jahre sind allgemein."

Über die westlich vom See liegenden Länder entnehmen wir dem oben herangezogenen Bericht des Dr. Kandt in Hinsicht auf ihre wirtschaftlichen Verhältnisse, daß Bunyabungu sehr bevölkert und außerordentlich gut bebaut ist. In Itambi giebt es zwar noch viel Pori, das ist lichter, niederer Wald, dessen Boden mit Gras bewachsen ist; an andern Stellen aber drängt sich wieder eine zahlreiche

---

[1] Stuhlmann. Mit Emin Pascha ins Herz von Afrika, 1894. Bd. 1 pg. 231.

kräftige Bevölkerung in riesigen Dörfern zusammen. Die Bebauung des Landes wird hier viel energischer betrieben als in dem auf dem gegenüber liegenden Ufer des Kiwu-Sees sich ausdehnenden Ruanda; von hier kommen in Zeiten der Trockenheit Händler über den See, um gegen Tauschwaren und Kleinvieh in Bunyabungu und Jrambi Erzeugnisse des Ackerbaues einzuhandeln.

Wie schon nach Dr. Kandt erwähnt ist, werden neben Bananen in den Ländern um den Kiwu-See rotes Sorghum, Bohnen, Bataten und Erbsen kultiviert, daneben Mais, Kürbisse und Kolokasia; seltener Maniok, Zuckerrohr und Erdnuß. Viele Kräuter werden als Gemüse gegessen. Dr. Kandt warnt davor, in den volkreichen Gebieten von einer Erweiterung des Bananenanbaues eine Verhinderung von Hungersnöten zu erwarten. „Wie sehr die Banane überschätzt wird", so schreibt er an dem oben angeführten Ort Seite 255 , lehrt die Bemerkung in dem Englerschen Sammelwerk, daß sie geeignet sei, die „Massenlieferantin" des zukünftigen Menschengeschlechts zu sein. Das ist in Wahrheit wenig hoffnungsvoll für unsere Zukunft. Daß sich die Banane nur mit Schneckengeschwindigkeit verbreiten kann, ist bei ihrer Samenlosigkeit a priori verständlich, während jede Samenpflanze gleichsam im Fluge über Meer und Länder bringen kann." Am geeignetsten hält Dr. Kandt für den oben angeordneten Zweck die Papaya, die er bereits in Ruanda mit gutem Erfolg eingeführt hat. — Versprechend für die Zukunft sind vielleicht die vielen Ficus-Arten, „die in Ruanda und besonders am Kiwu-See wie Unkraut gedeihen und das Land rasch bedecken würden, wenn sie nicht bei gewisser Höhe zu Bauten- und Feuerungszwecken geschlagen würden." Ihr Saftreichtum ist groß; ob sie ein für Kulturzwecke brauchbares Produkt geben, ist in der Zukunft festzustellen. Über die Möglichkeit des Anbaues von Kulturpflanzen, wie Kaffee, Kakao, Thee und in den Höhen Chinarindenbaum fehlen in dieser zur Zeit noch so weit abgelegenen Ländern natürlich alle Nachrichten, da irgend welche Versuche noch nicht angestellt werden konnten. — Über die Viehzucht macht Dr. Kandt an einer Stelle die Bemerkung „Einen Wert stellt vorläufig auch noch nicht der hiesige Viehbestand dar. Abgesehen von der Pest, hängt dieser Umstand, ähnlich wie es bei der Ackerwirtschaft der Fall ist, mit tieferen und in der Geschichte des Landes wurzelnden Ursachen zusammen, über die ich vereint an andrer Stelle berichten werde." — Uns ist nicht bekannt geworden, daß Dr. Kandt dieses Versprechen erfüllt hätte. — Der Reichtum des Landes an Elefanten, vor allem um die Vulkane herum, scheint bedeutend zu sein, schon Graf Götzen wies darauf hin, und das erste Exemplar eines Elefanten, das Dr. Kandt in den Wäldern am Ramlagivulkan erlegte, hatte gleich so gewaltige Zähne, daß die Kraft von vier Mann zum Transport in Anspruch genommen wurde. — Um auch Kleines nicht zu vergessen, sei darauf aufmerksam gemacht, daß die Eingeborenen in den östlichen Randbergen des Grabens mit ihren wundervollen Hochtälern eifrig Bienenzucht treiben. Dr. Kandt traf hier Bienenjäger, die Hunderte und Hunderte von Bienenhäusern aufgestellt hatten.

Wir haben in Afrika einen Erdteil vor uns, der zum weitaus größten Teil der tropischen Zone angehört; es ist nach Hann der tropische Kontinent par excellence. Das und beträchtigende Landgebiet fällt ganz der zwischen dem 30° nördlicher und 30° südlicher Breite liegenden Klimazone zu, die von den Passaten der beiden Hemisphären beherrscht wird. Charakteristisch für diese Zone, wenn man von einigen nordafrikanischen Küstengebieten und einigen Teilen Kaplands absieht, ist das Vorhandensein von tropischem Regen oder der gänzliche Mangel an Regen. Im allgemeinen folgen die Regen der Sonne und wandern mit deren Zenithständen von Norden nach Süden und wieder zurück. Unser Landgebiet scheint ähnliche Regen-Verhältnisse zu zeigen wie das Nordufer des Viktoria-Sees und die Umgebung der Nilseen überhaupt, d. h. Regen zu allen Jahreszeiten. Zum Vergleich sei bemerkt, daß Rubaga am Nordufer des Viktoria-Sees nach Hann ca. 127 cm jährliche Regenmenge hat.

Zusammenfassende Urteile über das Klima haben wir im allgemeinen nur von den Ländern im Osten des Kiwu-Sees, also von Ruanda. Graf Götzen urteilt nach zweimonatlichem Aufenthalt in Ruanda: „Der Himmel selbst sorgt hier in liberalster Weise dafür, daß alles auf das üppigste gedeihe. Ruanda muß als regenreiches Land bezeichnet werden. Die Niederschlagsmengen scheinen ziemlich gleichmäßig über das Jahr verteilt zu sein. Eine eigentliche Regen- und eine Trockenperiode wird nicht unterschieden. Frische Gebirgswinde wehen dem Wanderer auch während der heißen Mittagsstunden angenehme Kühlung zu, und die Abend- und Nacht-Temperaturen erinnern an die angenehmsten Herbsttage in der deutschen Heimat." Dr. Kandt hat sich auf der Landzunge, die die beiden großen südlichen Buchten des Kiwu-Sees von einander trennt, im Schatten prächtiger alter Sykomoren eine Station eingerichtet. Sie liegt in günstiger Lage 1800 m hoch und gewährt einen herrlichen Blick auf den tiefblauen See mit seinen schön geformten grünen Inseln, seinen langgestreckten Landzungen, den verschwiegenen Buchten und auf die dunkel bewaldeten Höhen der östlichen und westlichen Randberge. Von hier liegen genaue klimatische Beobachtungen vor: „Ich registriere seit 7', Monaten die meteorologischen Verhältnisse meiner Station hinsichtlich Luftwärme, -Druck und -Feuchtigkeit, Bewölkung, Winde, Niederschläge u. a., und wie ich selbst erstaunt war über die erfreulichen Zahlen, so werden sie auch anderwärts Überraschung hervorrufen. Die durchschnittlichen Maxima der letzten Monate erreichen z. B. nicht 23° C., die Minima 16° C. Die vorhergehenden Monate waren noch ein Geringes günstiger. Dabei liegt meine Station nur 1800 m hoch, während ausgedehnte Flächen über 2100 m noch unbebaut sind, die zweifellos noch wesentlich günstigere Zahlen liefern. Während hier im Juli die Temperatur kaum unter 13° C. sank, erlebten wir in jenen Höhen eine Frostnacht und in anderen Nächten Grade, die sich nur wenig unter 0 hielten. Dazu kommt, daß von Oktober bis Mitte Mai der Himmel sehr oft bedeckt ist, also gerade in der Zeit der Landarbeit. In der Trockenzeit liegt die Durchschnittsmaximaltemperatur (war etwa 6° C. höher; dafür sind aber die Nächte kälter und die das ganze Jahr wehenden frischen Südostwinde vielleicht noch etwas stärker. Es ist klar, daß in solchem Klima jeder arbeiten kann.")

Welche Zeit, so fragen wir zum Schluß, haben nun diese Gebiete für eine Besiedelung durch Europäer? Auch hier können wir ein Urteil im wesentlichen nur über die Landschaften im Osten des Kiwu-Sees, also über Ruanda, abgeben und das benachbarte Urundi, das nach Hauptmann Ramsay vielleicht noch rauher als jenes Land ist, in die Betrachtung mit einbeziehen. — Gelöst ist die Frage, ob überhaupt in hochgelegenen Äquatorialländern eine Besiedelung durch Europäer möglich ist oder nicht, bis jetzt keineswegs, und verschiedene Meinungen stehen sich noch immer schroff gegenüber. — Mir fällt bei Beantwortung dieser Frage eine interessante Reisebekanntschaft ein, die ich auf dem „Prinz Heinrich" im indischen Ozean machte; es handelt sich um einen deutschen Chinapflanzer aus der Preangerlandschaft auf Java, der mit Frau und Tochter nach dieser Insel zurückkehrte. Der Mann, der den deutsch-französischen Krieg mitgemacht hatte, und Frau und Tochter waren Bilder blühender Gesundheit. Wie oft äußerten sie die Freude auf die Rückkehr in ihre hochgelegene neue Heimat und die rüstige Arbeit, die ihrer dort wieder wartete. Gewiß hatte die Frau im Hause viel mehr Dienerschaft zur Verfügung, als sie uns in Europa umgiebt, aber von Selbsthandanlegen war sie durchaus nicht frei, und neben ihren zahlreichen häuslichen Verrichtungen hatte sie doch auch Freude an eigener Arbeit im Garten und an aufregender Jagd; denn, wie ich erfuhr, zwei Tiger hatte sie bereits selbst erlegt. Nun — Dr. Sandt hat, an starke Bewegung bei seinen vielen Expeditionen gewöhnt, gerne auf seiner Station „Bergfrieden" mehrere Stunden am Tage mit der Hacke auf den Feldern gearbeitet und Wohlbefinden dabei gehabt, nicht den geringsten Nachteil für die Gesundheit verspürt. — In Beziehung auf das Fieber, das die Arbeitsfähigkeit herabdrücken oder gar vernichten könnte, bemerkt Dr. Sandt: „Die Arbeitsfähigkeit scheint mir für den Ansiedler das Wichtigste; ob er daneben ein paar mal im Jahre sein Fieber hat, das scheint mir um so weniger ein Abschreckungsgrund zu sein, als die Fieber in den hohen Bergen zweifellos seltener sind und leichter überwunden werden als in der Ebene." Das stimmt auf ein Haar mit dem Urteil des Chinapflanzers, den ich oben erwähnte, überein; und dieser Mann sprach aus der Erfahrung von zwei Jahrzehnten.

Das Urteil des Dr. Sandt über das Volk in Ruanda ist nicht besonders günstig, aber daß hier für die Europäer Hülfskräfte für die Arbeit zu gewinnen sein werden, ist nicht zu bezweifeln; dabei dürfte eine vollständige und endgültige Besetzung des Landes auf besondere Schwierigkeiten nirgends stoßen, denn: „diese Völker, in jahrhundertelanger Knechtschaft entmannt, wissen nicht — und es ist gut so — welche latente Kraft in den Leibern ungezählter Millionen schlummert, und, jedes Nationalbewußtseins bar, werden sie gefügige Werkzeuge einer vernünftigen Kolonisation bilden und nie den kraftvollen Wunsch finden, sich zu einer Abwehr gegen fremde Invasion zu verbinden." Dies scheint Dr. Sandt sehr beruhigend angesichts der Hoffnungen, die diese hochgelegenen fruchtbaren Länder für eine spätere Kolonisation durch weiße Ansiedler bieten. Ein Land voller aussichtsreicher Möglichkeiten nennt er Ruanda: zwar sind noch keine Werte da, aber es wird leicht sein, sie zu schaffen, wenn die Gelegenheit gegeben wird, sie umzusetzen. Diese Gelegenheit wird da sein, sobald eine Bahn unser Schutzgebiet erschließt.

Über Ruanda sagt Graf von Götzen: „Gerade so, wie man im Südwesten Deutsch-Ostafrikas, im Norden des Nyassa-Sees, erst in jüngster Zeit auf Gebiete aufmerksam geworden ist, die in absehbarer Zeit deutschen Ackerbauern und Viehzüchtern rechte Felder ersprießlicher Thätigkeit gewähren werden, so haben wir hier im Nordwesten ein Land von unschätzbarem Wert, das freilich durch seine große Entfernung von der Meeresküste jetzt noch schwer zu erreichen ist, das aber vermöge seiner Fruchtbarkeit, seines kühlen Klimas und seiner dichten Bevölkerung ein kostbarer Besitz sein wird, wenn erst einmal bequeme und billige Verbindungen geschaffen sein werden." — Auch Dr. Handt hat, wie wir gesehen haben, über die Landschaften um den Kiwu-See ein ähnlich günstiges Urteil gefällt. Die Thätigkeit energischer deutscher Forscher, unter denen einer als erster Europäer diese Landschaften betrat, und unser gutes Recht lassen hoffen, daß die jetzt thätige Grenzkommission, die ihre Arbeit bereits beendete, dies in für Deutschland befriedigender Weise gethan hat. Wenn dann in späteren Tagen wackere Landsleute an den Ufern des herrlichen Bergsees Erholung suchen und die Ansiedelungen anderer sich in seinen klaren Fluten spiegeln werden, wird man dankbar jener ersten Entdecker und Erforscher dieser Gegenden gedenken.

Was 1895 dem Grafen von Götzen wohl noch in weiter Ferne zu liegen schien, nämlich die Herstellung billiger und bequemer Verbindungen mit diesen Landschaften ist inzwischen der Verwirklichung näher gerückt, wenn auch wohl in anderer Gestalt als Graf von Götzen und mit ihm alle deutschen Kolonialfreunde es erhofften; schreibt doch Hauptmann Herrmann: „Wenn die Engländer in einem Jahre ihre Eisenbahn von Mombassa zum Viktoria-Nyansa fertig haben, ist ein Besuch jenes Sees nur noch eine Kostenfrage. Bis Neapel 2 Tage, bis Mombassa 18—10, von dort noch 3 Tage! Jedenfalls wird dann später die Eisenbahn vom Nyansa zum Albert-Edward- und Albert-See weitergeführt, um von dort auf die Sudanbahn zu stoßen. Wer also die Gletscher des Ruwenzori besuchen will, kann von Kairo hinfahren und in Mombassa wieder enden"[1]. Vom Ruwenzori aber bis zum Kiwu, zu den rauchenden Kirunga-Vulkanen und ihren brilkräftigen Quellen, bis zu den schönen gesunden Bergthälern Ruandas sind nur wenige Tagereisen. — Werden wir Deutschen nach einem der schönsten Teile unserer wichtigen Kolonie wirklich zunächst und für lange Zeit nur auf einer Bahn gelangen können, die englische Energie, beschämend genug für uns, fertigstellte?!

[1] P. M. 1901. pg. 280.

Panklippen
Kamumbonde | Okasise | Kamukoto
Kapenguesi | Okahandja
Swakop
Omatako | Otjihavera | Brackwater
Windhoek

Die Bahn Swakopmund-Windhoek.¹)
Von Gerbing, Oberst und Kommandeur des Eisenbahnregiments 1.

Nachdem der Telegraph bereits am 1. August 1901 Windhoek erreicht hat, wird die Bahnverbindung zwischen Swakopmund und Windhoek aller Voraussicht nach, dem aufgestellten Bauplan entsprechend, am 1. Oktober dieses Jahres eröffnet werden können. Im Dezember vorigen Jahres hatte der Gleisbau Okahandja, 311 Kilometer, und der Unterbau Otjihavera, 350 Kilometer, erreicht. Sollten daher nicht unerwartete Ereignisse eintreten, so ist an der Fertigstellung der ganzen Strecke bis zum 1. Oktober nicht zu zweifeln. Für den Fall, daß etwa die große Brücke über den Swakop bei Okahandja nicht zur rechten Zeit fertig werden sollte, kann der Betrieb provisorisch über die Flußsohle geleitet werden.

Der Bau der Bahn, welcher im Herbst 1897 begonnen ist, hat somit im ganzen 6 Jahre in Anspruch genommen, eine Leistung, welche in Anbetracht der geringfügigen Mittel, mit denen der Bau zunächst begonnen wurde und der außerordentlichen Schwierigkeiten, die zu überwinden waren, ein glänzendes Zeugnis ablegt von dem sachgemäßen Vorgehen, dem Eifer und der Hingabe sämtlicher an der Leitung des Baues und an diesem selbst beteiligten Offiziere und Beamten.

Es sind im Lauf des letzten Jahres sowohl in der Presse, wie auch innerhalb der Kolonie und in Deutschland selbst, viele unzutreffende und abfällige Urteile über diese Bahn laut geworden, welche zum Teil auf mangelnder Sachkenntnis und übertriebenen Anforderungen, teils auf unzuverlässigen und parteiischen Berichten einzelner Laien beruhen, welche die noch im Bau begriffene unfertige Bahn bereist haben.

Derartige Urteile können aber nicht nur den Interessen der Bahn selbst und der Kolonie, deren Verkehr sie erschließen soll, Abbruch thun, sondern sie sind gerade in der jetzigen Zeit höchst bedenklich, weil sie den Gegnern unserer Kolonialpolitik Stoff liefern, gegen die so wichtige weitere Erschließung unserer Kolonien durch Eisenbahnen einzutreten.

Ich halte es daher im Interesse der Sache für geboten, noch einmal an dieser in allen kolonialen Kreisen gelesenen Stelle eine kurze Beschreibung der für die Entwicklung von Deutsch-Südwest-Afrika so wichtigen Bahn zu geben und daran einige Erläuterungen über den Zweck, die Leistungsfähigkeit und die Ertragsaussichten derselben zu knüpfen.

¹) Hierzu eine Übersichtskarte und die Bilder Nr. 1 bis 17.

— 382 —

Aus der deutsch-ostafrikanischen Eisenbahn- und Stationsgebäude in Daressalam.

Die Maschinenwerkstatt der deutsch-südafrikanischen Giesserei in Swakopmund.

Wie aus der beigegebenen Karte des Näheren zu ersehen ist, führt die Bahn von Swakopmund zunächst in östlicher Richtung, das tiefeingeschnittene Flußbett des Khan durchquerend, bis Jakalswater (Kilometer 99), von hieraus biegt sie in nordöstlicher Richtung auf Karibib ab (Kilometer 184,5) und führt, dann wieder die östliche Richtung aufnehmend, nach Okahandya. Von hieraus führt die Linie unmittelbar südlich auf Windhoek.

Diese Führung der Linie mit ihrer starken Ausbiegung nach Norden wurde bedingt durch die seitens der Kolonialverwaltung gegebene Bedingung, daß die Bahn sich nördlich des Swakop zu halten und auf kürzestem Wege durch die Namib hindurch die nächsten Weideplätze zu erreichen habe, durch die Geländehindernisse, welche sich einer geraden Führung von Jakalswater über Oijimbingue auf Okahandya entgegensetzen, sowie durch das Bestreben, mit der Bahn einen möglichst guten und weitgehenden Anschluß an den zukunftsreichen Norden der Kolonie zu gewinnen und zu gleicher Zeit möglichst viel nutzbares und besiedelungsfähiges Gelände in nahen Bereich der Linie zu bringen.

Außer den beiden Endpunkten war bei der Festlegung der Linie Okahandya der einzige von Weißen und Schwarzen besiedelte Ort und Karibib die einzige nennenswerte Farm im ganzen Zuge der Linie. Es sind also fast sämtliche Stationen der Bahn nur sogenannte Betriebsstationen, welche sich erst in Folge des Bahnbaues je nach ihrer Lage zu mehr oder weniger bedeutenden Siedelungsplätzen ausgebildet haben und noch ausbilden werden und damit die kulturverbreitenden Zwecke der Bahn in erster Linie erfüllen.

Die namentlich im Vergleich zu unseren europäischen Bahnen außerordentlich schwierigen Steigungsverhältnisse der Linie gehen aus der in der Karte gegebenen Höhenskizze hervor. Dieselbe giebt die Höhenzahlen jedoch nur auf Grund flüchtiger Messungen. Ein genauer Höhenplan hat wegen Mangel an geeigneten Kräften noch nicht aufgenommen werden können.

Die Bahn erreicht bereits bei Kilometer 289 eine Höhe von 1500 m, fällt dann bis zum Swakop auf 1289 m und erreicht mit ihrem Endpunkt Windhoek die größte Höhe von 1637 m, rund 300 m höher als der Brennerpaß.

Geschnitten wird diese Linie durch eine große Zahl tief eingeschnittener Flußthäler, sowie einzelner Gebirgszüge, welche, um zeitraubende und sehr kostspielige Kunstbauten, namentlich auch Tunnels, zu vermeiden, mit außerordentlich steilen, teils für Adhäsionsbetrieb kaum noch zulässigen Gefällen überschritten werden mußten. Hierher gehören das Khan- und Dorfrevier, die Pforte, der Engpaß von Kubas, sowie das Granitgelände zu beiden Seiten des tief eingeschnittenen Kainutoto und andere.

Bis Kubas durchzieht die Bahn, abgesehen von dem südlich liegenden Thal des Swakop, von welchem die einzelnen Stationen leicht zu erreichen sind, vollkommen ödes, nicht siedelungsfähiges Gelände. Von Kubas, wo zu gleicher Zeit die großen ausgedehnten Marmorklippen, welche ganz Europa mit Marmor versorgen könnten, ihren Anfang nehmen, wird das Gelände für Anlage von Farmen und Besiedelung günstiger und bietet vielfach ausgedehnte Weideflächen, sowie weiterhin in den Flußniederungen für Garten- und Ackerbau nutzbares Gelände.

Fast im ganzen Zuge der Linie, auch in der Wüste, steht der Granit, an einzelnen Stellen auch Kalkstein, meist von einer dünnen Sandschicht bedeckt, zu

Station Nüchtern der deutsch-südwestafrikanischen Eisenbahn.

— 386 —

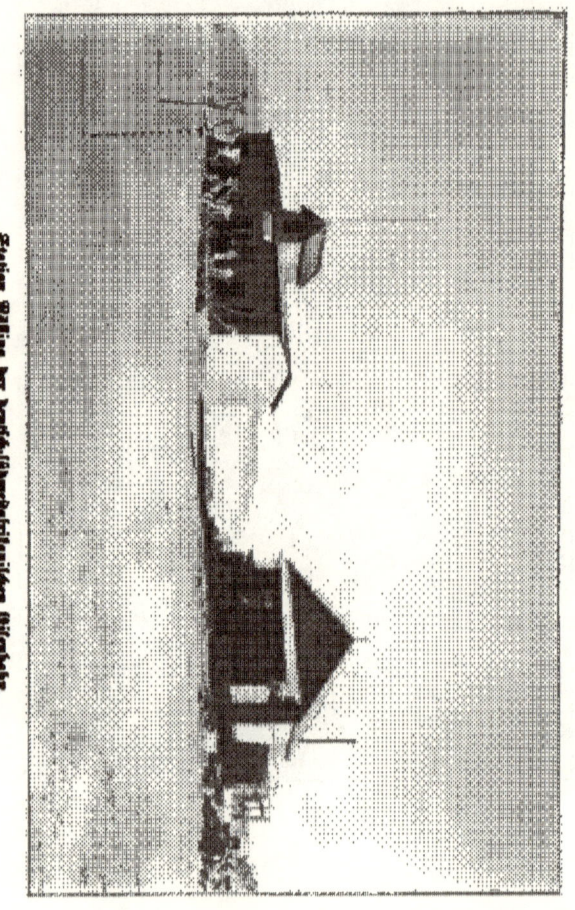

Station Usakos der deutsch-südwestafrikanischen Eisenbahn.

Tage und erschwert damit jeden Bodenausgleich für die Herstellung eines Bahnunterbaus außerordentlich.

Die Wasserverhältnisse sind durchweg sehr ungünstige, sowohl der Menge wie der Beschaffenheit des Wassers nach, welches auf den meisten Stationen aus großen Tiefen in Granit erbohrt werden muß und vielfach sowohl als Trinkwasser wie als Speisewasser für die Kessel der Maschinen ungeeignet, stellenweise sogar wegen starken Salzgehaltes überhaupt nicht zu verwenden ist.

Unter den geschilderten Verhältnissen würde die Anlage einer breitspurigen Bahn nach europäischem Muster mit durchgängigem Bodenausgleich und einigermaßen günstigen und gleichmäßig verlaufenden Gefällverhältnissen derartig teuer und zeitraubend gewesen sein, daß an ihre Ausführung mit Rücksicht auf die Verkehrsverhältnisse der Kolonie und die in absehbarer Zeit zu erwartenden Frachten garnicht zu denken war. Wenn man nicht billig baute, war niemals vorauszusetzen, daß überhaupt eine Eisenbahnverbindung zu Stande kommen würde.

Von diesem Gesichtspunkte aus, sowie von dem Umstande, daß die Landungsverhältnisse in Swakopmund noch heute den Bau einer breitspurigen Bahn vollkommen ausschließen, und daß zur Zeit des Beginns des Baues Rinderpest und drohende Hungersnot im Innern eine möglichst rasche Inangriffnahme irgend einer, wenn auch nur der dürftigsten Bahnverbindung unbedingt erforderlich erscheinen ließen, muß man die Baugeschichte und die Bauart der ganzen Bahn, welch letztere in nachstehenden kurz beschrieben werden soll, betrachten.

Die Bewohner und die Freunde der Kolonie aber, welche jetzt an der Bahn, noch bevor sie fertig ist, herum mängeln und ihre Leistungsfähigkeit beanstanden, sollten dem jetzigen Staatssekretär von Richthofen dankbar sein, daß er 1897 die günstige Gelegenheit ergriff und rücksichtslos mit dem Bau der Bahn vorging. Andernfalls würde die Kolonie noch heute ohne jede Bahnverbindung, ja ohne jede Aussicht auf eine solche sein.

Bei der Absteckung der Bahn ist mit Rücksicht auf die außerordentlichen Kosten und die Zeit, welche ein durchgehender Bodenausgleich und bedeutende Erdarbeiten überhaupt in dem fast durchweg nur mit Sprengung zu bearbeitenden Boden erfordern würde, der Grundsatz befolgt, die Bahnlinie nach Art einer Kriegsbahn möglichst dem Gelände anzuschmiegen, die verlorenen Steigungen, soweit sie nicht umgangen werden konnten, in den Kauf zu nehmen und die vorhandenen schwierigen Einzelsteigungen nur soweit zu mildern, als es die von der Bahn zu verlangende Leistungsfähigkeit unbedingt erforderte.

Im Beginn des Baues ist man in dem Bestreben, vorwärts zu kommen, in dieser Beziehung vielleicht zu weit gegangen; später aber hat man den Grundsatz durchgeführt, keine steileren Steigungen als 1 : 40 zuzulassen.

Anfänglich hatte man die Absicht, die durchweg trocken liegenden Flußreviere auf der Sohle zu überschreiten, um Brückenbauten zu vermeiden. Dies hat man aber mit Rücksicht auf die wahrscheinlichen Unterbrechungen der Bahn bei dem zur Regenzeit periodisch eintretenden Abkommen der Flüsse bald aufgegeben, und nunmehr werden fast sämtliche tieferen Einschnitte und Flußreviere mit einer großen Zahl von Brücken überschritten.

Nur das Khan- und Dorstrevier werden auf der Sohle ohne Brücken durchquert; in dem ersteren wird sogar die Linie mehrere Kilometer weit auf der Sohle entlang geführt, weil sich dem Abstieg gegenüber kein passender Aufstieg

Die deutsch-südamerikanische Eisenbahn unten im Schneetreiben.

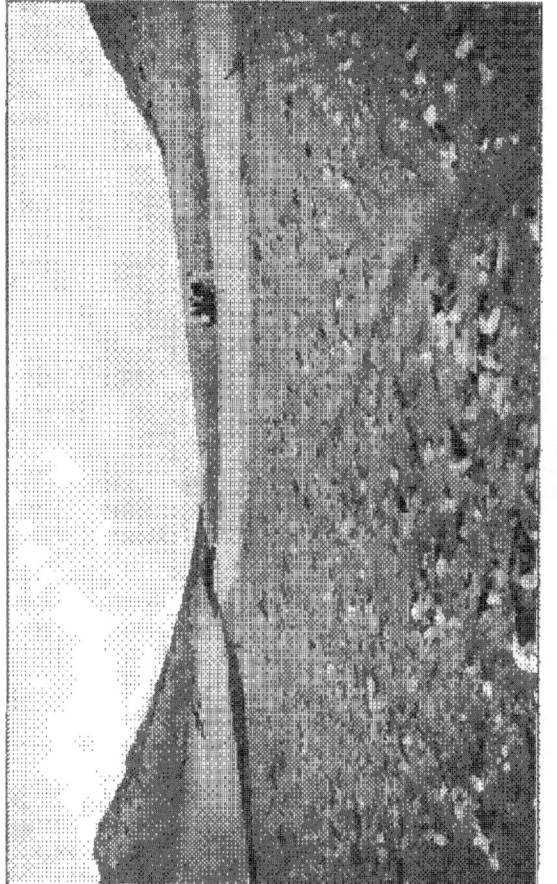

Ajan-Fjorte.

findet. Mit starkem Durchschnittsgefälle steigt die Bahn von Station Rösing her in dieses Thal hinab, um dann die jenseitige Hochebene in einer schmalen Schlucht, welche nur geringe künstliche Entwickelung gestattet mit einer Steigung von 1:20 auf 4 Kilometer zu erklimmen. Der Aban muß somit als das größte Betriebshindernis im Zuge der ganzen Linie bezeichnet werden. Es ist aber trotz der eingehendsten Erkundungen nicht möglich gewesen, eine bessere Übergangsstelle zu finden. Natürlich ließen sich diese Verhältnisse durch Anlage großer Kunstbauten, Brücken, Tunnels und Einschnitte günstiger gestalten; derartige Bauten würden aber wahrscheinlich ebensoviele Millionen kosten, wie jetzt die ganze Bahn. Es erübrigt daher nur, den vorhandenen Übergang in seiner jetzigen Form so leistungsfähig zu gestalten, daß er den Anforderungen des in absehbarer Zeit zu erwartenden Verkehrs genügt. Auch die Führung der Linie auf der Flußsohle selbst ist nicht so bedenklich, wenn man berücksichtigt, daß der Fluß erfahrungsmäßig höchstens alle 8 bis 10 Jahr abkommt, und daß in einem solchen Falle etwa eintretende Unterbrechungen leicht und billig wieder herzustellen sind.

Durch Einstellung schwerer Vorspannmaschinen ist schon jetzt die Betriebsfähigkeit der Steilrampen am Aban wesentlich gesteigert; sollte auch dies auf die Dauer nicht genügen, so dürfte es nicht schwerfallen, Zahnradstrecken einzulegen.

Der Übergang über das Dornierevier ist bedeutend günstiger, auch konnte hier mit künstlicher Entwickelung gearbeitet werden. Der Übergang auf der Sohle des Reviers hat hier gar kein Bedenken, da sich die ältesten Ansiedler nicht erinnern, daß der Fluß jemals abgekommen wäre.

Trotzdem man nun alle bedeutenderen Erdarbeiten nach Kräften vermieden hat, war doch die Herstellung der unbedingt erforderlichen Bodenarbeiten eine äußerst schwierige und zeitraubende, da Kreuzhauen und Spaten fast nirgends zu gebrauchen waren, sondern fast überall mit Dynamit gearbeitet werden mußte. In Folge dessen wurden auch große Mengen dieses Sprengstoffes verbraucht, und es waren gerade die Bohr- und Sprengarbeiten, in welchen die Eingeborenen mit der Zeit eine große Gewandtheit erlangten.

Wie bereits gesagt, ist die Zahl der herzustellenden Brücken eine sehr bedeutende. Als solche kommen je nach den örtlichen Verhältnissen Brücken mit freitragenden Eisenconstruktionen auf hölzernen und gemauerten Pfeilern oder Brücken mit geringerem Spannweiten von 4 bis 6 m mit teilweise hölzernen, in der Mehrzahl aber eisernen Trägern auf Pfahljochen oder Steinpfeilern zur Verwendung. Die freitragenden Eisenconstruktionen haben eine normale Spannweite von 20 m, sind in Deutschland fertig gestellt und können an Ort und Stelle auch von ungeübten Leuten in der einfachsten und schnellsten Weise zusammengesetzt werden.

Im ganzen werden 18 derartige Spannungen eingebaut werden. Die bedeutendste Brücke ist diejenige über den Swakop bei Okahandja, dieselbe hat eine Länge von ungefähr 300 m, wovon 180 m als eiserne Strombrücke in 9 Spannungen zu 20 m auf gemauerten Pfeilern, der Rest als Pfahljochbrücke hergestellt werden soll. Im ganzen werden außer den 18 freitragenden Eisenkonstruktionen ungefähr 1400 laufende Meter Brücken erforderlich werden.

Der Oberbau hat eine Spurweite von 60 cm, 9,5 Kilogramm schwere und 6 m lange Schienen mit 8 eisernen Querschwellen für jede Schienenlänge. Das fertige Meter Schienengleis wiegt 40 Kilogramm. Die einzelnen Schienenlängen

Gasfanggebäude und Brunnen in Jakobsweiler.

Durchslch von Dorfivelir.

werden im Depot als Gleisrahmen fertig montiert, um hierdurch ein schnelleres und einfacheres Montieren an der Bauspitze zu ermöglichen.

Wie die ersten Gleise, so wurde auch das erste rollende Material den Kriegsbeständen des Armeefeldbahnmaterials entnommen und diese Konstruktionen dann im allgemeinen auch bei den späteren Beschaffungen beibehalten.

Die Lokomotiven sind Doppel- oder sogenannte Zwillingsmaschinen, d. h. jede Doppellokomotive besteht aus zwei einzelnen Maschinen, welche mit den Führerständen zusammengekuppelt sind, sodaß sie von einem Führer nebst Heizer gemeinschaftlich bedient werden können. Dieses System wurde gewählt, um trotz der leichten Gleise und der leichten Einzelmaschinen mit einem Führerpersonal möglichst schwere Züge fahren zu können. Natürlich können die Lokomotiven leicht und jeder Zeit auseinander gekuppelt und als Einzelmaschinen gefahren werden. An Stelle dieses Systems gleich leistungsfähige, lange sechsige Einzelmaschinen zu verwenden, verbot sich schon durch die Landungsverhältnisse in Swakopmund.

Die Güterwagen, offene und bedeckte, laufen den scharfen Krümmungen der Bahn entsprechend durchweg auf Drehgestellen nach amerikanischem System. Die Tragfähigkeit des einzelnen Wagens beträgt 6000 Kilogramm.

Die Personenwagen sind gleichfalls vierachsige und entsprechen im allgemeinen der Form unserer Straßenbahnwagen. Die Längssitze sind umklappbar und zum Schlafen eingerichtet und der Wagen selbst durch Sonnenglas, dunkle Verglasung und Jalousien gegen die Sonnenhitze möglichst geschützt. Geräumige Plattformen an beiden Stirnwänden gewähren lustige Außensitze.

Sämtliche Wagen müssen mit Rücksicht auf die schwierigen Gefällverhältnisse der ganzen Linie mit Bremsvorrichtung versehen sein.

Die Bahnhofsgebäude, Unterkunfsträume, Depots, Werkstattsanlagen u. s. w. wurden zunächst nur provisorisch in Barackenform verschiedenster Konstruktion ausgeführt, und erst nach und nach traten an Stelle dieser Provisorien die endgültigen Bauten.

Swakopmund und Windhoek als Endpunkte der Bahn, sowie ersteres als einziger Hafen- und letzteres als Landeshauptstadt mußten unbedingt größere und stattlichere Bahnhofsgebäude erhalten nebst größeren Güter- und Lokomotivschuppen; ebenso ist in Karibib, der Hauptzwischen- und Abgangsstation für den Frachtverkehr nach dem Norden, ein größeres Stationsgebäude mit Restauration und Güterschuppen errichtet. Außerdem sind in Okahandja und Jakalswater etwas größere Stationsgebäude mit Restauration, Güter- und Lokomotivschuppen vorgesehen, und auch Bradtwater, nach welchem ein gewisser Vorortsverkehr von Windhoek zu erwarten steht, soll ein etwas stattlicheres Stationsgebäude erhalten.

Alle anderen Stationen erhalten jedoch nur kleine Gebäude, aus 4 Räumen bestehend, und zwar 1 Raum als Telephonbude und Bureau, 1 als Depot und Proviantraum, 1 zur Unterbringung des Weichenstellers, welcher zu gleicher Zeit als Telephonist und Stationsvorsteher funktioniert und 1 zur Unterbringung des Bahnmeisters.

Die Art der Ausführung der Gebäude richtet sich danach, welche Baumaterialien an Ort und Stelle am billigsten zu beziehen, beziehungsweise herzustellen sind, und erfolgt dementsprechend bei den kleinen Gebäuden in Holz, Eisenfachwerk und

Station Lüdas der deutsch-südwestafrikanischen Eisenbahn.

Brücke der deutsch-südwestafrikanischen Eisenbahn über den Kubuschpß.

Weißblech, bei den größeren in Stampfbeton oder Bruchsteinmauerwerk mit Luft- oder gebrannten Ziegeln.

Von der ursprünglichen Absicht, die Hauptwerkstätte für die Bahn in Swakopmund anzulegen, ist abgegangen, weil einmal eine Lage in der Mitte der Linie aus Betriebsrücksichten vorteilhafter erscheint und zweitens das Klima im Innern für eine derartige Werkstatt bedeutend günstiger ist; denn in Swakopmund leiden alle Maschinen- und Eisenteile, wenn sie auch nur kurze Zeit der freien Luft ausgesetzt sind, außerordentlich durch den Rost.

Aus diesen Gründen ist die Hauptwerkstatt nach Karibib gelegt worden, wo gutes und reichliches Wasser vorhanden ist.

Das Gebäude der Hauptwerkstatt ist in Eisenfachwerk mit Korksteinplatten konstruiert, in Berlin gefertigt, dann in seinen einzelnen Teilen an Ort und Stelle befördert und hier durch Monteure der Fabrik unter Aufsicht eines Vize- feldwebels der Eisenbahn-Brigade aufgestellt. Es enthält die für alle größeren Reparaturen von Lokomotiven und Wagen notwendigen Werkzeugmaschinen, Lackiererei, Schmiede u. s. w. In ihm wurde die erste stationäre Dampfmaschine innerhalb der Kolonie aufgestellt und das erste elektrische Licht entzündet.

Die endlich erfolgte Aufstellung der Hauptwerkstatt ist für die Durchführung des Bahnbetriebes von großer Bedeutung; denn durch die Unmöglichkeit, größere und wichtigere Reparaturen an Lokomotiven und Wagen in der Kolonie selbst auszuführen und auch kleinere Schäden des Betriebsmaterials sachgemäß und schnell auszubessern, wurde die Aufrechterhaltung des Betriebes bisher außer- ordentlich erschwert. Außer der Hauptwerkstatt in Karibib bleibt die bisherige kleine Werkstatt in Swakopmund als Nebenwerkstätte bestehen und wird außerdem eine zweite Nebenwerkstätte in Windhoek errichtet. An ihrer jetzigen Ausstattung an Betriebsmaterial, 28 Doppel- und 4 schweren Zoripann-Lokomotiven und ungefähr 200 Wagen, ist die Bahn sehr wohl im Stande, täglich zwei Güterzüge und außerdem wöchentlich zwei Personenzüge in jeder Richtung fahren zu lassen. Außer mit den letzten können natürlich auch mit den Güterzügen Personen befördert werden.

Die Fahrzeit für die Personenzüge ist im allgemeinen auf zwei Tage mit Nachtaufenthalt in Karibib, diejenige für die Güterzüge auf 3—4 Tage bemessen. Die Fahrgeschwindigkeit ist für Personenzüge auf 20, für Güterzüge auf 12 Kilo- meter festgesetzt.

Nehmen wir nun an, daß jeder Güterzug auch nur 25 Tonnen Fracht mitführt, und daß sein übriger Laderaum für Kohlen, Wasser und sonstiges Bahngut ausgenutzt wird, so können an 300 Betriebstagen im Jahr (an Sonn- und Feiertagen wird der Betrieb eingestellt) 15000 Tonnen Güter in jeder Richtung befördert werden.

Diese Leistungen können natürlich durch Vermehrung der Züge den An- forderungen entsprechend gesteigert werden; hierzu ist nur eine rechtzeitige Ver- mehrung des Betriebsmaterials erforderlich.

Mit einer derartigen Leistungsfähigkeit dürfte die Bahn allen Anforderungen, welche in absehbarer Zeit an sie herantreten können, mehr als genügen, und es steht im Interesse der Kolonie nur zu hoffen, daß die Bahn nach ihrer Fertig- stellung auch möglichst bald voll und ganz in Anspruch genommen werde.

Dampfbahn der deutsch-südwestafrikanischen Eisenbahn bei Okahita.

— 306 —

Gesamtansicht von Karibib.

Wenn trotzdem in neuerer Zeit wieder von vielen Seiten die Leistungsfähigkeit der Bahn in Zweifel gezogen wird, so liegt dies nach wie vor an dem Umstande, daß die Bahn noch im Bau begriffen ist und also das ganze Baumaterial sowie die Verpflegung für die an der Bahn beschäftigten Arbeiter auf der Bahn nach vorwärts geschafft werden muß, und daß diesen Transporten naturgemäß in vielen Fällen der Vorzug vor den Frachttransporten gegeben wird. Dazu kommt, daß auch heute noch die Wasserquellen nicht in genügender Weise erschlossen sind, und daß der jetzige Wasserbedarf, sowohl an Trinkwasser wie an Speisewasser, für die Lokomotiven, den späteren vielleicht um das Vierfache übersteigt. Die Folge davon war häufiger und für die Lokomotiven geradezu verderblicher Wassermangel. Hinzu kam der Mangel einer leistungsfähigen Reparaturwerkstatt, welcher wiederum im Verein mit nicht rechtzeitig eintreffendem Nachschub aus der Heimat einen empfindlichen Mangel an dienstfähigen Lokomotiven zur Folge hatte. Außerdem trat mehrfach starker Kohlenmangel, hauptsächlich in Folge der Strandung zweier mit Kohlen beladener Segelschiffe auf der Reede von Swakopmund, ein. Daß unter solchen Umständen die Frachtbeförderung nicht immer eine gleichmäßige sein konnte, sondern daß erhebliche Betriebsstörungen und Verzögerungen in der Beförderung von Privat- und Regierungsgütern vorkamen, ist wohl natürlich; denn ohne Wasser, Kohlen und Lokomotiven ist kein Bahnbetrieb möglich.

Daß aber derartige Betriebsstörungen und Stockungen bei einer unter so schwierigen Verhältnissen im Bau begriffenen Bahn auch bei weitester Voraussicht und den umsichtigsten Dispositionen in der Heimat und im Lande selbst nicht zu vermeiden sind, das weiß jeder Fachmann und jeder Laie, welcher derartige im Bau begriffene Erschließungsbahnen bereist hat. Auch als ich die englische Ugandabahn in Chafrila befuhr, brauchte ich 7 Tage, um von Mombaſſa bis zu dem 580 Kilometer von der Küste entfernt liegenden damaligen Endpunkte der Bahn vorzubringen und blieb während dieser Zeit nicht nur auf den Stationen, sondern auch auf freier Strecke wiederholt mit dem Zuge liegen. Den Kaufleuten in Nairobi, 525 Kilometer von der Küste, waren zu unserm großen Bedauern die Getränke ausgegangen, weil die Bahn seit 4 Wochen kein Privatgut befördert hatte. Es beschwerte sich aber kein Mensch darüber in der richtigen Einsicht, daß man an eine unter solch' schwierigen Umständen im Bau begriffene Bahn nicht die Anforderungen stellen kann, wie an eine fertige; noch viel weniger aber bringt der Engländer derartige Ereignisse an die große Glocke.

Anders bei uns, wo auf Grund der oben geschilderten ganz natürlichen Vorgänge von vielen Seiten der Stab über das ganze Bahnunternehmen gebrochen wird, noch bevor es 'fertig ist, ohne daß die ganz außerordentlichen Schwierigkeiten anerkannt und berücksichtigt werden, mit welchen der Bahnbau zu kämpfen hat. Fälschlicher Weise werden auch die mangelhaften Betriebsergebnisse während des Baues vielfach noch immer der schmalen Spurweite zugeschrieben. Ich habe bereits betont, daß sowohl die Landungsverhältnisse in Swakopmund wie die Verkehrsverhältnisse des ganzen Schutzgebietes die Annahme einer breiteren Spurweite von Haus aus vollkommen ausschlossen. Eine solche ist aber auch unnötig; denn die schmale Spurweite ist an und für sich in dem vorliegenden Falle vollkommen leistungsfähig genug. Das beweisen die Betriebsresultate so mancher Bahn von gleicher Spurweite, das beweist der Umstand, daß

Technische Anlage, Wasserturm und Maschinenhaus der deutsch-südwestafrikanischen Eisenbahn in Karibib.

Das Empfangsgebäude der deutsch-(überseeischen) Eisenbahn in Kurtköi.

die deutsche Heeresverwaltung auf derartig flüchtig verlegten Bahnen Mengen von 800 und 900 Tonnen täglich zu befördern gedenkt, während hier in absehbarer Zeit noch nicht der zehnte Teil derartiger Mengen in Frage kommt.

Was die Leistungsfähigkeit der Bahn begrenzt, den Betrieb verteuert und erschwert, das ist nicht, wie so viele annehmen, die schmale Spurweite, sondern das sind die mehrfach erwähnten außerordentlich ungünstigen Steigungs- und Wasserverhältnisse. Diese würden aber ebenso ungünstig auf die Leistungsfähigkeit breiterer Spurweiten einwirken und sind ohne weiteres nicht aus der Welt zu schaffen.

Ob es besser gewesen wäre, an Stelle der 60 cm Spurweite die 75 cm Spur zu setzen, ist meiner Ansicht nach eine ziemlich gleichgiltige Frage, da die Unterschiede zwischen diesen Spurweiten in Bezug auf Leistungsfähigkeit nur sehr gering sind.

Frankreich und England haben die 75 cm Spur so ziemlich gänzlich zu Gunsten der 60 cm Spur bei Seite gelegt, und in Deutschland sowohl wie in anderen Ländern macht die 60 cm Spur der 75 cm Spurweite erhebliche Konkurrenz. Auch der „Manager of railways" der Kapkolonie Mr. Price hat sich neuerdings dahin erklärt, daß er da, wo es sich um Anlage schmalspuriger Bahnen in den afrikanischen Kolonien handele, der 60 cm Spurweite den Vorzug gebe. Meiner Ansicht nach eine sehr gewichtige Stimme.

Die Otaviminengesellschaft hat allerdings ihre Bedenken, ihre Ausbeutungsbahn an die Staatslinie anzuschließen, damit begründet, daß die 60 cm Spurweite nicht leistungsfähig genug sei, um die regelmäßige Abfuhr ihrer Erzeugnisse sicher zu stellen. Dabei rechnet dieselbe nur auf eine tägliche Maximalbeförderung von 100 Tonnen, ein Quantum, was leicht von der Bahn befördert werden könnte, zumal die letztere so gut wie gar keine Rückfracht hat und die Züge leerwärts fast durchweg im Gefälle fahren.

Sollte aber die gesamte Minenindustrie der Kolonie sich einmal derartig entwickeln, daß die jetzige Spurweite zur Beförderung ihrer Erzeugnisse nicht mehr ausreicht, so wird sich auch schnell das Kapital finden, um die Bahn mit einer breiteren und leistungsfähigeren Spur zu versehen. Man wird aber dann nicht etwa nun zu der 75 cm Spur, sondern gleich zu der Kapspur von 1,067 übergehen müssen. Der Kolonie will ich wünschen, daß dieser Zeitpunkt recht bald herannahen möge. Auch dann ist der jetzige Bahnbau nicht vergeblich gewesen, sondern hat seinen Zweck erfüllt.

Vorläufig aber werden die Klagen über mangelhafte Leistungsfähigkeit der Bahn verstummen, sobald der Bau beendigt und der regelmäßige Betrieb auf der ganzen Strecke eröffnet ist. Die Bahn wird alsdann in der Lage sein, den ihr zufallenden Verkehr spielend zu bewältigen, und es wird vielmehr die Frage in den Vordergrund treten, ob der Verkehr genügend ist, um die Bahn ohne Betriebszuschuß zu erhalten.

Ängstliche Gemüter sehen auch in dieser Beziehung außerordentlich schwarz, indem sie aus den bisherigen Betriebsergebnissen des Baues die Notwendigkeit erheblicher Betriebszuschüsse auch während der nachfolgenden Betriebsjahre folgern.

Selbstverständlich kann man nicht sofort nach Eröffnung des Betriebes der Bahn mit einem vollen Betriebe und günstigen Betriebsergebnissen rechnen, sondern der Bahn wird Zeit gegeben werden müssen, den Verkehr zu entwickeln,

Arbeiterwohnhaus in Lariśit.

Einschnitt bei Mil. 210 der deutsch-südwestafrikanischen Eisenbahn hinter Karibib.

Deutsch-Südwestafrikanische Eisenbahn; Kil. 212.

zu beleben und an sich heranzuziehen. Erst wenn dies der Fall ist, wird die volle Ertragsfähigkeit der Linie eintreten können.

Bei den geringen Anlagekosten der Bahn wird schon ein verhältnismäßig geringer Verkehr von 15000 Tonnen in jeder Richtung genügen, um nicht nur die Betriebsausgaben zu decken, sondern auch eine bescheidene Rente abzuwerfen. Nur muß man, um dies zu erreichen, den Betrieb der Bahn ihrem Charakter entsprechend nach dem Muster europäischer Kleinbahnen oder auch der amerikanischen Bahnen des Westens unter möglichster Einschränkung der Betriebskosten, namentlich des Beamtenpersonals organisieren.

Daß aber ein derartiger Verkehr, wenn auch nicht sofort nach Beendigung des Baues, sondern erst nach einer Reihe von Jahren eintreten wird, sieht mit Bestimmtheit zu erhoffen, oder man müßte an der Entwickelung der Kolonie, welcher mit der Erbauung dieser Bahn eine mächtige Handhabe gegeben ist, überhaupt verzweifeln.

Die Besteuerung der Eingeborenen.
Von Regierungsrat Dr. Jacobi.

Eine der zur Zeit am meisten erörterten Fragen auf kolonialem Gebiete ist die, wie die Eingeborenen zur Arbeit herangezogen werden, oder, noch allgemeiner ausgedrückt, veranlaßt werden können, zur Schaffung wirtschaftlicher Werte in den Kolonien beizutragen. Von verschiedenen Seiten und u. a. auch von Herrn Major von Wissmann (vgl. Kol.-Ztg. 1902, Nr. 3), ist als ein geeignetes Mittel hierzu die Heranziehung der Eingeborenen zur Steuerzahlung bezeichnet worden. Die vielberufene Steuerschraube erweist sich also auch hier als ein recht brauchbares Instrument, für dessen Nutzbarmachung allerdings viel auf die richtige Art der Handhabung ankommt. Der Wert einer zweckmäßigen Besteuerung der Eingeborenen liegt aber nicht nur auf dem Gebiete der Erziehung zur Arbeit, sondern ebenso groß ist ihr Wert für die so wichtige und nötige Selbständigmachung der Kolonien in finanzieller Beziehung. Wenn wir nun uns darüber klar werden wollen, was in dieser Beziehung geschehen kann und soll, so ist es hier wie überall notwendig, erst einmal zu sehen, was denn bereits geschehen ist, und zwar nicht nur bei uns, sondern auch in den Kolonien anderer europäischer Völker, denn gerade auf kolonialem Gebiete ist es durchaus notwendig, von den andern zu lernen, von ihren Leistungen und auch von ihren Fehlern. Das wird uns vor Ueberschätzung, aber auch vor Unterschätzung unserer eigenen Leistungen bewahren. Und auf dem Gebiete der Steuerpolitik gegenüber den Eingeborenen ergeben sich aus der Ähnlichkeit in geographischer und ethnographischer Beziehung in den einzelnen europäischen Kolonien doch recht viele Berührungspunkte. Die Grenzen zwischen den deutschen, englischen, französischen Kolonien sind ja oft recht willkürlich in nuhistorisch erklärbarer Weise durch ethnographisch und geographisch ein Ganzes ausmachende Gebiete hindurchgezogen, wo die Stellung des Europäers, sei er nun Deutscher, Engländer, Franzose, gegenüber dem Eingeborenen annähernd dieselbe ist.

In nachfolgendem soll nun zunächst eine Zusammenstellung der thatsächlichen Verhältnisse gegeben und daran einige kurze Schlußfolgerungen geknüpft werden. Die Zusammenstellung macht auf Vollständigkeit keinen Anspruch, was der entschuldigen wird, der die Schwierigkeit kennt, sich die einschlägigen Notizen zu verschaffen. Sie soll nur einen Anfang machen und wird hoffentlich von berufenerer Seite ergänzt und weitergeführt werden.

Ich beginne mit Frankreich. Eine Besteuerung der Eingeborenen findet sich in folgenden französischen Kolonien: 1. in Afrika: Senegal, Dahome, Mayotte (Komoren), Madagaskar, Französisch-Somaliland (Obok). 2. in der Südsee:

Tahiti. 3. in Asien: Kochinchina. Die Steuer in der Senegalkolonie ist eine Kopfsteuer. Die Eingeborenen der Baumwrile von Dakar und des sich daran schließenden zweiten Arrondissements bezahlen 1,50 Fr. auf den Kopf. In Dahomey wird gleichfalls eine Kopfsteuer erhoben, die in den Orten Colonou, Ouidah, Grandpopo, Agome und Porto-Novo jährlich 2 Fr. 25 C., sonst jährlich 1 Fr. 25 C. beträgt. Die Steuer wird von den Häuptlingen innerhalb der ersten 6 Monate des Jahres unter Aufsicht der Lokalbeamten erhoben, und es erhalten als Vergütung Könige, Oberhäuptlinge und unabhängige Häuptlinge 25 C. für Stadtbewohner, 10 C. für Landbewohner ihres Bezirks, die den Königen untergeordneten Häuptlinge 15 C. Die Steuer wird in Bargeld bezahlt, provisorisch ist jedoch für die inneren Bezirke Zahlung in Kauris, Kautschuk, Vieh u. s. w. nach einem jährlich festzusetzenden Kurse zugelassen. Die Steuer kann in besonderen Fällen nachgelassen werden. Der Ertrag betrug 1898 221697 Fr.

Auf den Komoreninseln Mayotte und Anjouan (auch Johanna genannt) findet sich zunächst eine Kopfsteuer, die auf Anjouan 5 Rupie jährlich beträgt. Auf letzterer Insel besteht außerdem eine Hütensteuer von 1 Rupie jährlich und endlich eine Steuer in Frohndiensten von 3 Tagen im Monat. Nichteuropäer, die nicht Eingeborene der Komorra sind, müssen ferner für die Aufenthaltserlaubnis Afrikaner 10 Fr., Indier, Araber und andere Nichteuropäer 26 Fr. jährlich entrichten.

Recht entwickelt ist die Besteuerung der Eingeborenen auf Madagaskar. Erstens besteht eine Kopfsteuer von verschiedener Höhe in den verschiedenen Provinzen. Sie beträgt in Majunga 25 Fr., in Imerina und Tamatave 15 Fr., in Fort Dauphin 5 Fr. Zweitens eine Hüttensteuer. Drittens eine Abgabe auf Rinderherden. Viertens eine Besteuerung der Reisfelder. Schließlich muß jeder Malagasse von 25 Jahren und darüber, der nicht Vater von mindestens einem Kinde ist, eine Steuer von 15 Fr. und eine Frau im gleichen Falle eine solche von 7½ Fr. entrichten. Asiaten haben auch in Madagaskar für die Aufenthaltserlaubnis eine besondere Steuer von 25 Fr. zu geben. Sie sind gezwungen, sich zum Zwecke der Erhebung dieser Steuer zu Vereinigungen zusammenzuschließen, die für die richtige Ablieferung der Steuer an die Ortskassen verantwortlich sind.

In Französisch-Somaliland (Obok) wird eine Hüttensteuer von 3—5 Fr. erhoben.

Unter den französischen Südseekolonien hat Tahiti mit den dazu gehörigen Inselgruppen eine besondere Besteuerung der Eingeborenen. Sie besteht in der Verpflichtung zu 6 Tagen Naturaldienst im Jahre. Diese Verpflichtung kann durch Zahlung von 2 Fr. für den Tag abgelöst werden. Die Personalsteuer von 20 Fr. wird auch von Nichteingeborenen erhoben.

Französisch-Kochinchina (mit Annam und Tonking) gehört ja eigentlich nicht in dieselbe Kategorie wie die bisher aufgezählten Kolonien, da die Annamiten mit den „Eingeborenen" der afrikanischen und Südseekolonien nicht auf eine Stufe zu stellen sind; jedoch sei erwähnt, daß hier eine Kopfsteuer für jeden Mann bis zu 55 Jahren besteht, die den einzelnen Dörfern auferlegt, und zur Unterverteilung überlassen wird, und daß nichteingeborene Asiaten (Chinesen u. s. w.) eine besondere Kopfsteuer bezahlen, in drei Kategorien abgestuft, nach der von ihnen bezahlten Grund- oder Patentsteuer, und zwar

die 1. Kategorie jährlich 80 Piaster,
„ 2.   „   „ 30   „
„ 3.   „   „   7   „

Sind mehrere solcher Asiaten zu gemeinschaftlichem Geschäftsbetrieb vereinigt, so bezahlen sie solidarisch einmal den vollen Satz, und für jeden Teilhaber außerdem die Hälfte.

Algier ist mit unseren Kolonien noch weniger zu vergleichen; ich sehe daher davon ab, auf die „Araberabgaben", wie sie dort bestehen, einzugehen. Ferner habe ich in der vorstehenden Uebersicht mich darauf beschränkt, die lediglich den Eingeborenen auferlegten Abgaben anzugeben, nicht aber solche, die wie die indirekten, insbesondere die „Patentabgaben" und Licenzen, sowohl Eingeborene wie Europäer belasten.

Wenn ich nun zu den englischen Kolonien übergehe, so will ich dabei von einer Darstellung der Verhältnisse Indiens gänzlich absehen. Indien ist bekanntlich nach der offiziellen englischen Terminologie überhaupt keine Kolonie, sondern ein Kaiserreich. Es sind aber auch, worauf es hier ankommt, seine Verhältnisse gerade in Bezug auf die Stellung der Eingeborenen zu den Europäern zu verschieden von denen in den afrikanischen und Südseekolonien, als daß eine Darstellung der dortigen sehr verschiedenartig gestalteten Steuerverhältnisse hier von Wert sein könnte. Ich beschränke mich auch bezüglich der englischen Kolonien auf die uns näherstehenden.

In der Südsee besteht eine Eingeborenenbesteuerung in der Kolonie Fidschi. Die Eingeborenensteuer brachte 1897 19 217 Pfund, 1898 20 767 und 1900 19 285 Pfund und wird in Produkten bezahlt. Die Kolonie ist in 14 Provinzen geteilt, die die Steuer nach einem bestimmten Maßstab aufzubringen haben. Sie wird bezahlt, wie gesagt, in Zuckerrohr, Copra, Tabak, Baumwolle, Mais, Trepang und anderem. Die abgelieferten Produkte werden von der Regierung zu festen Tagespreisen oder auch in öffentlicher Auktion verkauft. Das Verhältnis der Einnahme aus dieser Steuer zu den Gesamteinnahmen der Kolonie war 1897 das, daß die Steuer 19 217 Pfund, die Gesamteinnahme 74 000 Pfund betrug.

Wenn wir nun nach Afrika übergehen, so finden wir zunächst in Britisch-Nyassaland eine Hüttensteuer von 3 shill., die durch einen Monat Arbeitsleistung ersetzt werden kann. Sie wird unnachsichtlich eingetrieben, um dadurch eine Art Zwangserziehung zur Arbeit auszuüben. Hütten von Rückständigen werden rücksichtslos niedergebrannt.

Das südlich an Britisch-Nyassaland sich anschließende Rhodesia hat ebenfalls eine Hüttensteuer, die für 1896/97 4737 Pfund einbrachte, während die Gesamteinnahmen 122 542 Pfund betrugen.

Ebenso finden wir die Hüttensteuer in den südafrikanischen Kolonien Basutoland und Britisch-Betschuanaland. In letzterer Kolonie betrug sie 1895 5283 Pfund bei einer Gesamteinnahme von 67 156 Pfund, in ersterer 1900/01 53341 Pfund von 71 800 Pfund Gesamteinnahme.

In Natal zahlen Eingeborene, die auf Kronland leben, 1 Pfund, Eingeborene, die nicht auf Kronland leben, 14 Schilling für die Hütte. Die letzteren zahlten früher eine (seit 1875 aufgehobene) Steuer von 5 Pfund, wenn sie heirateten, und 7 Schilling für die Hütte.

— 420 —

In Uganda ist eine Besteuerung noch nicht durchgeführt, aber (vgl. Kol. Ztg. Nr. 34 Jahrg. 1901) für später in Aussicht genommen.

In den englischen Kolonien Goldküste, Lagos, Nigeria, Sierra-Leone und Gambia an der Westküste Afrikas findet keine besondere Besteuerung der Eingeborenen statt. Eine in Sierra-Leone erhobene Haussteuer beschränkt sich anscheinend nicht auf die Eingeborenen, gehört also nicht hierher.

In Britisch-Nord-Borneo wird eine Eingeborenensteuer erhoben, über die ich aber näheres nicht angeben kann.

Von anderen Nationen erheben die Italiener in ihrer Kolonie Eritrea ziemlich bedeutende Eingeborenensteuern. Schon ihre Besitzvorgänger, die Egypter, zogen aus den Bogosländern (dem nördlichen Teil des jetzigen Eritrea) jährlich gegen 100 000 Thaler. Die Italiener, die zuerst nichts erhoben hatten, gingen seit dem 1. Januar 1892 zur Besteuerung der Eingeborenen über. Für das erste Jahr wurden 109 640 Lire erhoben. Teils durch Anziehen der Steuerschraube, teils infolge wachsenden Wohlstandes hob sich der Ertrag 1894.95 auf 245 680, 1899 1900 587 650, 1900 01 607 450 Lire. Für 1899 1900 verteilte er sich auf die einzelnen Bezirke wie folgt: Massaua 193 000, Deutsch-Kusai 100 000, Asmara 90 000, Keren 82 000, Mogareb 77 000, Mareb 40 000, Assab 5000 Lire. Die Geistlichen des christlich-abessinischen Ritus sind steuerfrei. Die Steuern werden durch die Stammes- und Ortsältesten eingetrieben, die dafür einen Aufschlag von 10 % für sich einziehen dürfen.

In der portugiesischen Kolonie Mozambique in Chalrita wird von der Regierung eine Hüttensteuer erhoben, die 800 Reis = 4 Mark, im südlichen Bezirk von Gaza 10 Mk. jährlich beträgt. Außerdem erhebt die Kompanhia de Mozambique noch für sich eine Hüttensteuer, die 1899 1900 000 Mark, 1900 240 000 Mark einbrachte.

Die Besteuerung der Eingeborenen in Niederländisch-Indien ist sehr verschiedenartig. In Java und Madura werden drei Steuern erhoben, eine Grundsteuer (landrent), eine Art Gewerbesteuer (belasting op het bedrijf), eine Steuer auf Fahrzeuge und eine Kopfsteuer. Die erstere wird dorfweise erhoben, wobei die Dörfer in 10 Klassen geteilt sind und jedes Dorf eine bestimmte Summe aufzubringen hat. Die Gewerbesteuer beträgt für Javaner 2 %, des Ertrages, für andere Orientalen (Chinesen usw.) 4 %. Sie wird durch besondere Lokalkommissionen veranlagt und durch die Dorfhäuptlinge, bezw. Vorsteher der Chinesenquartiere eingezogen. Ein Ertrag von unter 25 Gulden ist frei. Der Durchschnittssatz auf den Kopf war 1895 für Eingeborene von Java und Madura 1,73 Gulden, für Chinesen 10,50 Gulden, für andere Orientalen 8,00 Gulden. Die Steuer auf Fahrzeuge muß auf Java jeder eingeborene Besitzer eines Wagens oder Karrens entrichten. Die Kopfsteuer dient zur Ablösung der Verpflichtung zu Naturaldiensten und wird allmählich auf immer neue Bezirke ausgedehnt.

Was schließlich die deutschen Schutzgebiete betrifft, so haben wir eine Besteuerung der Eingeborenen bis jetzt in Deutsch-Ostafrika, Samoa, den Marshallinseln und dem Gebiet der Karolinen, Palau und Marianen. In Deutsch-Ostafrika besteht die Häuser- und Hüttensteuer. Sie brachte im Jahre 1894 1 039 058,51 Mark, im Jahre 1900 791 862,51 Mark. Davon entfielen 1900 auf das Gouvernement 489 064,00 Mark, auf die Kommunalverwaltung 302 798,51 Mark. Die Steuer zerfällt in die Haussteuer von den nach Europäerart gebauten

Häusern (Klasse I) und die Steuer von den Hütten nach Eingeborenenart (Klasse II). Die Klasse II zerfällt in Klasse IIa und b. IIa hat 2 Steuerstufen zu 12 und 6 Rupien jährlich, IIb zahlt 3 Rupien. Die Steuer kann in Geld und Landesprodukten entrichtet werden

In Samoa ist nach Proklamierung der deutschen Herrschaft eine Kopfsteuer von 4 Mark auf den Kopf der eingeborenen männlichen Bevölkerung mit Ausnahme der kleinen Kinder eingeführt worden. Sie ging im Jahre 1900/01 ohne Schwierigkeit ein, brachte 10 488 Dollar und wird zur Zahlung der Gehälter an die samoanischen Beamten, für Geschenke an Eingeborene und als Belohnung für Wegebauten und loyales Verhalten verwendet. Im Etat für 1902 ist sie mit 40 000 Mark Ertrag eingestellt.

Auf den Marshall-Inseln finden wir eine persönliche Steuer für die Eingeborenen, bestehend in der Aufbringung von 300 000 Pfund Kopra jährlich. Das Pfund wird mit 4 Pfennig bewertet = 14 400 Mark im Ganzen. Der dritte Teil davon fällt den die Kopra einsammelnden Häuptlingen als Prämie zu.

Für die Karolinen, Palau und Marianen endlich sind in den Etat für 1902/1903 4000 Mark Personalsteuer und Arbeitsablösung für die Eingeborenen eingestellt.

Fassen wir das in vorstehender Uebersicht Gesagte kurz zusammen, so finden wir, daß von den uns hauptsächlich interessierenden Gebieten Westafrika, Ostafrika und Südsee die Besteuerung der Eingeborenen am meisten in Ostafrika und der Südsee zur Durchführung gelangt ist, in Westafrika weniger. Ostafrika ist das klassische Land der Hüttensteuer. Die Hüttensteuer ist die Form, in der die Eingeborenenbesteuerung in den französischen, englischen, deutschen und portugiesischen Kolonien erscheint, von Französisch-Somaliland bis herunter nach Natal. Aus dieser Gleichmäßigkeit ist zu schließen, daß sie die richtige Form für diese Gebiete ist, und daher auch in Deutsch-Ostafrika mit ihrer Einführung das Richtige getroffen ist.

Ein ganz anderes Bild bietet die Südsee. Hier wird die Besteuerung fast durchweg in Naturalleistungen (Fidschi-, Marshallinseln) und Naturaldiensten (Tahiti, Karolinen) erhoben. Eine Ausnahme bildet nur Samoa mit der Kopfsteuer. In Westafrika (Senegal, Dahomey) finden wir nur die Kopfsteuer. Die französischen Kolonien, in denen das Steuersystem ja überhaupt, auch für Europäer recht reichhaltig ausgebildet ist, haben dann noch Spezialitäten, namentlich die Aufenthaltssteuer für nicht eingeborene Farbige (Madagaskar, Komoren) und die Steuer auf Kinderlose in Madagaskar.

Das nun die Erziehung der Eingeborenen zur Arbeit durch die Besteuerung betrifft, so wird diese am sichersten durch die Art der Steuerzahlung in Produkten und Arbeitsleistung, wie sie in der Südsee besteht, erreicht. Diese Art der Erfüllung der Steuerpflicht ist aber auch wohl in insularen Gebieten am leichtesten und sichersten durchzuführen. Außerhalb der Südsee finden wir daher eine solche prinzipiell in Arbeitsleistung zu entrichtende Steuer auch nur auf der französischen Komorrinsel Johanna.

Das Verhältnis der Einnahmen aus der Eingeborenenbesteuerung variiert in den Kolonien, für die mir die Zahlen vorliegen, recht erheblich. Es betrug (jedoch in verschiedenen Jahren) für

Britisch-Betschuanaland   5 283 : 67 156 £   rund ¹⁄₁₃
Rhodesia   4 737 : 122 542 „   „ ¹⁄₂₅

Fidichi	19217 :	74000 „	„	¹⁄₄
Basutoland	53341 :	74890 „	„	¹⁄₄
Deutsch-Ostafrika	489604 :	2860111 M.	„	¹⁄₆
Karolinen pp.				
(Etat 1902)	4600 :	33100 „	= „	¹⁄₄
Samoa	40000 :	275000 „	„	¹⁄₄

Es schwankt also von ¹⁄₄ in Basutoland bis ¹⁄₆ in Rhodesia. Immerhin ist der Ertrag überall ein nicht zu verachtender Faktor in den Einnahmen, so daß schon aus finanziellen Gründen die Einführung auch da, wo sie noch nicht besteht, wohl erwägenswert ist. Dabei wird für unsere westafrikanischen Kolonien der Umstand zu beachten sein, daß die englischen Kolonien in Westafrika keine Eingeborenensteuern haben, sondern nur die französischen; man wird sich fragen müssen, worauf dies beruht, und ob für uns in Westafrika die englischen oder die französischen Erfahrungen maßgebender sein sollen. Die Höhe der deutsch-ostafrikanischen Hüttensteuer mit 12, 6 u. 3 Rupien = rund 14, 8, 4 Mark bewegt sich ungefähr auf derselben Linie, wie die Steuersätze in den anderen Kolonien mit 4 M. (Mozambique), 3 M. (Brit.-Nyassaland), 20 und 14 M. (Natal), 4 M. (Französ.-Somaliland). In dieser Beziehung geben die Verhältnisse der Nachbarkolonien also keinen Anlaß für uns, Aenderungen zu erwägen. In Frage kommen könnte besonders für Deutsch-Ostafrika, ob man die französische Aufenthaltsabgabe für nicht eingeborene Farbige einführen sollte. Es dürfte sich eine solche aber für ein Land wie Ostafrika, wo Inder, Araber u. s. w. eine so wesentliche Rolle namentlich als Kaufleute spielen, wohl kaum empfehlen, da für eine Belastung dieser für den Handel zur Zeit noch unentbehrlichen Elemente darstellen würde.

In Deutsch-Ostafrika und Samoa finden wir noch die Eigentümlichkeit, daß ein Trilertrag oder der Gesamtertrag der Eingeborenensteuer (Samoa) von vornherein für bestimmte Zwecke erhoben wird. Eine solche Maßregel liegt wohl nicht im Interesse der Einheitlichkeit der Finanzverwaltung und ist auch in Samoa nur als eine Uebergangsmaßregel gedacht, die aus politischen Gründen eingeführt ist. In Ostafrika sollte die Ueberweisung eines Triles des Ertrages der Hüttensteuer an die „Kommunen" den Anfang einer kommunalen Selbstverwaltung bilden. Ob diese Maßregel sich auf die Dauer bewähren wird, wird abzuwarten sein.

Im vorstehenden habe ich eine Uebersicht der gesamten Materie zu geben versucht. Eine eingehendere Bearbeitung derselben im einzelnen ist im Interesse unserer kolonialpolitischen Einsicht sehr wünschenswert.

Landbau in Deutsch-Südwestafrika.
Von G. Hermann, Ramkas.

In Nummer 30 der „Deutschen Kolonialzeitung" vom 25. Juli 1901 hat Herr Prof. Th. Rehbock sich in der Hitze des Gefechtes zu einer Behauptung hinreißen lassen, die nicht unerwidert bleiben kann.

Herr Prof. Rehbock sagte: „Es ist ja begreiflich, daß manche der im Schutzgebiete mit Ackerbau beschäftigten Farmer in großen landwirtschaftlichen Kolonien in der Einwanderung fleißiger deutscher Bauern einen gefährlichen Wettbewerb erblicken; es mag berechtigt erscheinen, daß sich diese Farmer gegen die Ausdehnung des Landbaues im Schutzgebiet zu wahren versuchen" u. s. w. Aus dem Zusammenhang geht hervor, daß Herr Prof. Rehbock hier die „mit Ackerbau beschäftigten" Farmer in Deutsch-Südwestafrika gemeint hat.

Zunächst kann ich nicht einsehen, warum Herr Prof. Rehbock mit so großer Vorliebe die englischen Worte „Farm und Farmer" anwendet, während die deutsche Sprache recht zahlreiche und auch recht hübsch klingende Worte für die landwirtschaftlichen Betriebe jedes Grades und deren Inhaber hat.

Also Prof. Rehbock behauptet, es entspringt der Furcht vor Wettbewerb und dem Broterwerb, wenn ältere Ansiedler in Deutsch-Südwestafrika davor warnen, allzu große Hoffnungen auf künstlich ins Leben gerufene Bodenkulturen in unserer Kolonie zu setzen. Ich bin einer der ältesten Ansiedler im Lande, also gleichsam verpflichtet, diesen Angriff abzuwehren.

Bitte, Herr Prof. Rehbock, wo sind die „mit Ackerbau beschäftigten Farmer" in Deutsch-Südwestafrika? Bitte, Namen nennen! Ich kenne keinen Ansiedler hier im Lande, der so viel Korn baut, um auch nur annähernd seinen eigenen Bedarf an Brotstoffen damit zu decken. Ich bin gezwungen, jährlich etwa für 500 Mk. Mehl und Reis zu kaufen, und muß außerdem dann noch die teuren Frachtkosten von der Küste hierfür tragen. Ebenso geht es allen meinen Berufsgenossen. Jeder Unbefangene wird es uns doch gerne glauben, daß wir eine Ersparnis an diesem stets wiederkehrenden Ausgabeposten mit Freude begrüßen würden. Heute müssen wir unsere landwirtschaftlichen Arbeiter, durchweg Eingeborene, in der Hauptsache mit Milch und Fleisch ernähren, das Fleisch wird von Jahr zu Jahr teurer, die Milch wird zu Zeiten sehr knapp, wie schön wäre es da, wenn uns Kartoffeln und Mais reichlich zur Verfügung ständen. Freilich 50 Pfg. für nie Pfund Mais und 30 bis 40 Pfg. für ein Pfund Kartoffeln könnten wir nicht bezahlen, diese Preise entsprechen nicht dem Nährwert besagter Nahrungsmittel, bei den heutigen Weltpreisen kann der Handel uns billiger mit vegetabilischen Nahrungsmitteln versorgen als ein mit teuren Stauanlagen arbeitender Ackerbau.

Andern Orts habe ich mich so eingehend über Bodenkultur und Stauanlagen in unserer Kolonie ausgesprochen, daß ich mich hier nicht zu wiederholen brauche, nur eins kann nicht oft genug gesagt werden: wir Ansiedler hier in Deutsch-Südwestafrika haben ganz und garnichts dagegen, wenn der Staat kapitalkräftige Gesellschaften oder reiche Privatleute hier große Stauanlagen bauen und würden uns freuen, wenn diese Unternehmer später auf eigene Kosten und Gefahr mit Hilfe dieses angesammelten Wassers Ackerbau treiben wollen. Wir behaupten aber, daß es recht bedenklich wäre, wenn später arme Ansiedler dazu verführt werden sollten, sich zu verpflichten, das angelegte Kapital zu verzinsen und zu amortisieren.

Unserer Kolonie sind durch die großen Landkonzessionen, welche die Besiedlung fördern sollten, tiefe Wunden geschlagen, da sie in der That die Besiedlung aufhalten. Wünschen wir, daß es uns mit den Dammgründungen nicht ähnlich geht. Ein künstlich ins Leben gerufener schwindsüchtiger Ackerbau legt die Gefahr nahe, daß er später durch hohe Schutzzölle am Leben erhalten wird, und damit hätten wir nicht billigere, sondern teurere Nahrungsmittel als heute.

Landbau in Deutsch-Südwestafrika.
Von Prof. Th. Rehbock.

Meinem Aufsatz „Landbau in Deutsch-Südwestafrika" in Nr. 30 des Jahrganges 1901 der Deutschen Kolonialzeitung hat Herr E. Hermann in Komsas einer Besprechung unterzogen. Durch die Schriftleitung von dem Inhalte dieser Besprechung in Kenntnis gesetzt, bemerke ich zu derselben das folgende:

Herr Hermann glaubt, die sich mit Ackerbau beschäftigenden Ansiedler, von denen ich behauptet habe, daß manche von ihnen in großen landwirtschaftlichen Kolonien einen gefährlichen Wettbewerb erblicken und sich daher gegen dieselben wehren, in Schutz nehmen zu sollen. Ein Grund für eine Verteidigung liegt insofern nicht vor, als dieser Wettbewerb, wie ich wiederholt betont habe, thatsächlich besteht und eine Abwehr desselben seitens der Geschädigten, wenn dieselben sich nicht dem Vorwurf der Gleichgültigkeit gegen die eigenen wirtschaftlichen Interessen aussetzen wollen, nicht nur berechtigt, sondern sogar geboten ist.

Die Rücksicht auf die sehr kleine Zahl dieser bereits heute im Kleinbetriebe Landbau treibenden Ansiedler darf aber nicht soweit getrieben werden, daß um derentwillen alle Versuche, Landbau in größerem Umfange ins Leben zu rufen, unterbleiben. Grade bei seinen ungünstigen klimatischen Verhältnissen muß Südwestafrika die vollkommensten technischen Mittel, deren Anwendung nur bei großen Betrieben möglich ist, zu Hülfe zu nehmen, wenn es seinen Platz an der Sonne finden will. Der Landbau bedarf in Südwestafrika der künstlichen Befeuchtung. Das Wasser dazu kann in Ermangelung von dauernd fließenden Gewässern in ausreichenden Mengen preiswert nur durch den Bau großer Stauwerke beschafft werden, zu deren Anlage Südwestafrika glücklicherweise so günstige Bedingungen bietet, daß die Einheit des Fassungsraumes trotz der augenblicklich noch sehr hohen Baukosten um ein vielfaches billiger ausfällt als bei den seither in Deutschland angelegten Staubecken.

Das Mittel der Aufstauung von Wasser durch Stauwerke kann und muß daher angewandt werden, wenn in den regenarmen Teilen des Schutzgebietes Landbau in größerem Umfange betrieben werden soll, ohne den auch die Viehzucht und höchst wahrscheinlich auch der Bergbau nicht lebensfähig sein werden. Die Aussichten für die wirtschaftliche Zukunft Südwestafrikas stehen und fallen daher meines Erachtens mit der Frage der Stauanlagen, nicht weil der Landbau an und für sich im Schutzgebiete besonders glänzende Aussichten hat, sondern weil Viehzucht und Bergbau, in denen der Wert des Schutzgebietes in erster Linie zu suchen ist, ohne die Gewinnung pflanzlicher Lebensmittel an Ort und Stelle nicht gedeihen können. Eine Ausnahme würde höchstens beim Auffinden von ungewöhnlich reichen Mineralfunden eintreten, deren Abbau auch bei eingeführten Lebensmitteln das Aufblühen einzelner, freilich örtlich engbegrenzter Bezirke ermöglichen würde. Abgesehen von solchen jedenfalls seltenen Ausnahmen hat der Bergbau und die Viehzucht im Schutzgebiete ohne gleichzeitige Bodenkultur meines Erachtens keine Zukunft.

Am Schlusse seines Schreibens glaubt Herr Hermann sogar, daß durch den Landbau im Schutzgebiete eine Verteuerung der Lebensmittel eintreten könne, insofern zu befürchten stehe, daß der künstlich ins Leben gerufene Ackerbau später nur durch hohe Schutzzölle lebensfähig zu erhalten sei. Ich kann diese Ansicht nur auf die Annahme des Herrn Hermann zurückführen, daß bei künstlicher Bewässerung gezogene Kartoffeln 30—40 Pfg., Mais sogar 50 Pfg. per Pfund kosten würden.

In der Rentabilitätsberechnung für die landwirtschaftliche Kolonie Hatsamas ist indessen der Verkaufswert der Kartoffeln nur mit 7,5 Pfg., des Weizens nur mit 16 Pfg. per Pfund eingesetzt worden, obschon das Unternehmen durch die geplante ausschließliche Ansiedlung von Familien und durch die Einsetzung eines sehr reichlichen Gewinnes für dieselben stark belastet wurde. Die Erzeugungskosten würden durch die Verwendung von Lohnarbeitern noch wenigstens um ein Drittel, wahrscheinlich sogar um mehr als die Hälfte verringert werden können. Bei den von Herrn Hermann angegebenen mehr als dreimal zu hohen Preisen wäre der Landbau allerdings nicht lebensfähig und die Entwickelungsfähigkeit des Schutzgebietes überhaupt zweifelhaft.

Zu der Frage des Herrn Hermann, wo die mit Ackerbau beschäftigten Farmer in Deutsch-Südwestafrika sind, die ihren eigenen Bedarf an Landbauerzeugnissen bereits heute decken, muß ich zunächst bemerken, daß ich von solchen Farmern gar nicht gesprochen habe. Bei der Frage der Stellungnahme gegen große landwirtschaftliche Kolonien ist es aber auch ganz gleichgültig, ob die solchen Kolonien widerstrebenden Landwirte bereits thatsächlich einen Ueberschuß von Bodenerzeugnissen zum Verkauf gewonnen haben, oder ob sie dies erst für die spätere Zeit nach Vollendung der angefangenen Anlagen erwarten. Es giebt aber auch heute schon einige Männer im Schutzgebiete, die Landbauerzeugnisse verkaufen. So habe ich bereits in dem Aufsatze, den Herr Hermann einer Besprechung unterzieht, einen Farmer genannt, der in einem Jahre allein für 8000 Mark Kartoffeln verkauft hat und nebenbei noch 4000 Bündel Hafer und für etwa 5000 Mark Tabak erntete. Es sind ferner die Farmer Brandt und Wheeler im Ramaland zu nennen, die seit Jahren an größeren Bewässerungsanlagen arbeiten, mit denen sie bedeutende Mengen von Landbauerzeugnissen zum Verkauf zu gewinnen hoffen, und die auch bereits kleinere Mengen von solchen abgesetzt haben. Auch in Kleinwindhoek giebt es einige Kleinsiedler, die jährlich für einige Tausend Mark Kartoffeln, Mais und Gemüse verkaufen, wie auch in dem amtlichen Jahresbericht über die Entwickelung der deutschen Schutzgebiete im Jahre 1897/98 Seite 133 angegeben ist. Wie verschwindend klein aber diese ersten Anfänge sind, darauf habe ich ja gerade stets zur Begründung meiner Vorschläge für landwirtschaftliche Kolonien hingewiesen. Wahrlich, Herr Hermann könnte meinen Vorschlägen keine bessere Unterstützung bieten, als indem er ausspricht, daß er, einer der ältesten Ansiedler des Schutzgebietes, keinen Ansiedler im Lande kenne, der so viel Korn baut, um seinen eigenen Bedarf an Brotstoffen damit zu decken. Bei solchen einwandsfreien Zeugnis müßten doch wohl endlich die Bedenken gegen eine landwirtschaftliche Kolonie bei Hatsamas, daß es an Absatz für die gewonnenen Nahrungsmittel fehle, und daß durch den übermäßigen Wettbewerb die Preise allzusehr gedrückt werden müßten, verstummen.

Daß noch heute, 18 Jahre nach der Besitzergreifung des Schutzgebietes durch das Deutsche Reich, eine Behauptung wie die angegebene des Herrn Hermann mit einigem Recht ausgesprochen werden kann, ist höchst bedauerlich. Es zeigt, wie sehr die wirtschaftliche Erschließung des Schutzgebietes noch in den ersten Anfängen steht. Die Schuld daran trägt nicht zum wenigsten der Umstand, daß der Regierung und den Ansiedlern seither jede technische Beratung fehlte, und daß in Folge dessen alle Versuche, künstliche Bewässerungsanlagen ins Leben zu rufen, fehlgeschlagen sind. Diese, aus mangelnder Sachkenntnis mißglückten Versuche, die schon hunderttausende von Mark gekostet haben, ließen natürlich den Unternehmungsgeist erlahmen. Ja, es ist heute thatsächlich bereits so weit gekommen, daß vielfach die Meinung geäußert wird, die Bevölkerung des Schutzgebietes sei auch auf die Dauer zweckmäßiger mit eingeführten, als mit im Lande gewonnenen Lebensmitteln zu ernähren.

Erfreulicherweise ist dem nicht so; denn daß ein so ungünstig zum Weltverkehr gelegenes Steppenland wie das Innere von Südwestafrika, wenn es auf die Einfuhr der pflanzlichen Lebensmittel angewiesen bleibt, überhaupt nicht kulturfähig ist, das bedarf wohl keiner Begründung.

Zum Glücke können, wie in fast allen regenarmen Ländern, von denen einige sogar Landbauerzeugnisse ausführen, auch in Deutsch-Südwestafrika sehr wohl die zur Ernährung der Bevölkerung erforderlichen Nährstoffe bei künstlicher Bewässerung preiswert gewonnen werden, und damit steht auch die Besiedelungsfähigkeit des Landes außer Frage.

Was endlich den Vorwurf des Herrn Hermann gegen die Verwendung der englischen Worte „Farm" und „Farmer" anbelangt, von denen ich übrigens in jenem Aufsatze nur das letztere gebraucht habe, so möchte ich dazu bemerken, daß diese Worte nicht nur von mir, sondern soweit mir bekannt, von allen Gelehrten verwendet wurden, die über Südwestafrika geschrieben haben, und daß sie auch in den amtlichen Denkschriften der Regierung wiederholt vorkommen und dadurch gewissermaßen sogar einen amtlichen Charakter erhalten haben.

Bereits lange, ehe es deutsche Kolonien gab, war übrigens das allerdings undeutsche Wort Farm in Deutschland schon weitverbreitet, wie aus dem im Jahre 1862 erschienenen dritten Bande des deutschen Wörterbuches von Jakob und Wilhelm Grimm hervorgeht. Das Wort, das aus dem mittelalterlichen Latein firma stammt, findet sich als ferme oder farm in den Sprachen aller Länder, die Kolonien besitzen, und läßt sich wohl kaum durch ein völlig gleichwertiges deutsches Wort ersetzen.

Die Rio Grande Nord-West-Bahn
als Deutsche Kolonisations-Gesellschaft.
(Südbrasilien).
Von N. Kayskein-Curityba-Parana.

Nachdem die Trace dieser, von der Regierung des Staates Rio Grande do Sul der Rio Grande Nord-West-Bahn (G. m. b. H.) konzessionierten Eisenbahnlinien (Gesamtlänge 1200 km) bis jetzt in einer Ausdehnung von 781 km fertiggelegt und die Fertigstellung derjenigen Strecke, — welche das von der Gesellschaft 33 km nördlich von San Luiz zunächst erworbene Kolonisationsgebiet von 10000 Hektaren mit der Itarare-Bahn verbindet — innerhalb dreier Jahre gesichert worden ist, ging die Rio Grande Nord-West-Bahn zu ihrer nächsten Aufgabe, der Besiedlung jener angekauften Landfläche, über, zu welchem Zwecke der Aufsichtsrat der Gesellschaft einen Betrag von (500 000) Mark zur Verfügung gestellt hatte. Kolonielose zu 25 Hektaren wurden vermessen, ein Stadtplan angelegt, und außerdem wird die neue Kolonie „Serro-Azul" in wenigen Jahren Knotenpunkt des Bahnnetzes der Rio Grande Nord-West-Bahn, wodurch sie eine direkte Eisenbahnverbindung mit Porto Alegre wie auch mit dem Hafen von Rio Grande erhält. Die nächsten Bemühungen der Gesellschaft in Porto Alegre (Rua dos Andradas Nr. 583) waren darauf gerichtet, eine Anzahl älterer Ansiedler oder Söhne derselben für die Niederlassung auf der Kolonie „Serro-Azul" zu gewinnen, um aus diesen einen Stamm zu bilden, welcher später nachkommenden europäischen (deutschen) Einwanderern als Instruktoren in dem neuen, noch unbekannten Berufe dienen sollte; diese Bemühungen hatten guten Erfolg, da einerseits die von der Gesellschaft erworbenen Ländereien, als zu den fruchtbarsten im Staate Rio Grande do Sul zählend, bekannt sind, andererseits die günstige Arbeitsgelegenheit beim Eisenbahnbau es auch Wenig-Bemittelten möglich macht, ein Kolonielos käuflich zu erwerben. Der Preis eines Loses von 25 Hektaren beträgt 400 bis 600 Milreis (Papier), wovon bei Abschluß des Kaufvertrages wenigstens 10 °/₀ angezahlt werden müssen, die Restsumme auf 6 Jahre gegen 8 °/₀ Zinsen gestundet und zur Abzahlung derart in 4 Raten verteilt wird, daß die erste dieser vier Raten nicht vor Ablauf des zweiten Jahres der Ansiedelung entrichtet zu werden braucht; dagegen muß der Käufer eines Kolonieloses sich verpflichten, dasselbe innerhalb eines Zeitraumes von drei Monaten nach Abschluß des Vertrages, selbst oder in Vertretung zu bewohnen oder zu bewirtschaften, widrigenfalls er alle Ansprüche an das Land verliert. Letztere Bestimmung hat hauptsächlich den Zweck, Spekulationskäufen vorzubeugen. Die einzelnen, in sich geschlossenen Kolonien werden nach Konfessionen gesondert angelegt; die Gesellschaft wird Kirchen- und Schulbauten unterstützen.

Unterhandlungen wegen Ermäßigung des Ueberfahrtspreises im Zwischendeck für Auswanderer nach den Kolonien der Rio Grande Nord-West-Bahn sind mit verschiedenen Dampfschiffsgesellschaften angeknüpft und Fürsorge zur Aufnahme von Einwanderern bei der Landung in Rio Grande sowie in Porto Alegre getroffen worden. Die Beförderungskosten von Porto Alegre nach Serro-Azul hat der Einwanderer zu zahlen; sie betragen 50 Milreis für die erwachsene Person, jedoch gewähren die Eisenbahngesellschaften von Rio Grande do Sul nach einem Abkommen mit der Rio Grande Nord-West-Bahn-Gesellschaft bei Beförderung von 50 und mehr Personen 30 bis 40 %. Rabatt auf die jeweils geltenden Fahrpreise.

Auf der Kolonie „Serro Azul" erhalten die Einwanderer für sechs Tage Unterkunft und Verpflegung auf Kosten der Gesellschaft, deren Vertreter daselbst angewiesen ist, die Neuankommenden in jeder Weise zu unterstützen, und die weniger bemittelten Ansiedler — auf deren Wunsch — mit auf der Kolonie stets vorhandenen Arbeiten zu beschäftigen, wenn dieselben in ihrer freien Zeit etwas verdienen wollen. An Tagelohn erhält heute der gewöhnliche Arbeiter in Serro Azul 2 Milreis und die Kost.

Hat der weniger bemittelte Ansiedler sein Interims-Wohnhaus errichtet, was in wenigen Tagen der Fall ist, und seine Roça gemacht, d. h. seine Pflanzung bestellt, so ist demselben bei Wegebauten und hauptsächlich beim Eisenbahnbau genügend Gelegenheit geboten, so viel zu verdienen, um nicht allein seine Familie bis zur ersten Ernte unterhalten zu können, sondern auch noch Ersparnisse zu machen, um damit entweder die auf seinem Grundstücke haftende Hypothekenlast (Restkaufgeld) in kürzerer Frist als stipuliert zu bezahlen, oder auch seine Wirtschaft zu verbessern und sich auf die eine oder andere Weise schneller vorwärts zu bringen.

Kaufleute (Vendisten), welche sich auf dem Gebiete der Gesellschaft niederlassen, sind verpflichtet, die Preise, welche sie für Bedürfnisse der Ansiedler fordern, oder denselben für Landesprodukte bieten, der Kontrolle der Kolonie-Verwaltung zu unterwerfen, auch wird die Gesellschaft durch Schaffung geeigneter Konkurrenz jeglicher Ausbeutung seitens der Vendenbesitzer einen Riegel vorschieben.

Der Wert des Zuckerrohres kann in den primitiven Mühlen, wie solche die Mehrzahl der Zuckerrohrpflanzer Südbrasiliens besitzt, nie derart voll ausgenutzt werden wie in einer Rohrzuckerfabrik, wie solche die Rio Grande Nord-West-Bahn auf ihrem Gebiete zu erbauen beabsichtigt. Ähnlich wie in Deutschland bei den Rübenzuckerfabriken werden Feldbahnen die reife Frucht — das Zuckerrohr — nach der Fabrik der Gesellschaft befördern; der Ansiedler erhält hier seine Ernte nach Kilogewichte in barem Gelde bezahlt und hat nicht nötig, wie bisher, mit dem mühsam selbstgewonnenen Rohzucker nach der nächsten Kampstadt zu fahren, um dort in allen Venden den gleichen Minimalpreis angeboten zu erhalten und dafür schließlich noch Waren anstatt baren Geldes in Zahlung nehmen zu müssen.

Mehl ist einer derjenigen Konsumartikel, welcher nicht nur in Rio Grande do Sul, sondern in ganz Brasilien vorzugsweise aus Argentinien eingeführt werden muß, da die Getreideproduktion des Inlandes den eigenen Bedarf nicht deckt.

Dem Weizenbau wird die Rio Grande Nord-West-Bahn auf ihren Kolonien ganz besondere Aufmerksamkeit widmen und denselben, z. B. durch Erteilung guten Samens, auf jede mögliche Weise fördern und die von den Kolonisten geernteten Frucht in eigenen Mühlen verarbeiten; was dann der Ansiedler über seinen eigenen Bedarf erntet, findet in der Getreidemühle der Gesellschaft stets einen normalen Käufer. Berücksichtigt man, daß an jeder Seite der tracierten, 741 km langen Eisenbahnlinie in einer Breite von 10 km sämtliche vorhandenen devoluten Ländereien der Rio Grande Nord-West-Bahn zu einem Minimalpreise von der Regierung des Staates Rio Grande do Sul zu Kolonisationszwecken überlassen sind, gelingt es der Gesellschaft ferner, durch eine intensive, mit dem Eisenbahnbau gleichmäßig fortschreitende Kolonisation, jene Ländereien der Kultur zu übergeben, so dürfte der Weizenbau an der Eisenbahnlinie derartige Dimensionen annehmen, daß zum mindesten die Bevölkerung von Rio Grande do Sul kein importiertes Mehl mehr zu kaufen, aber auch — an das Bundesschatzamt einen Eingangszoll dafür nicht mehr zu zahlen braucht.

Die Vorbedingungen für eine Ansiedlung auf dem Gebiete der Rio Grande Nord-West-Bahn und die Aussichten auf ein schnelles Fortkommen der Ansiedler daselbst sind durchaus günstig; jedoch ist Wohlstand auch dort nicht spielend zu erreichen. Große Barmittel sind zwar zur Ansiedlung nicht erforderlich, dagegen der ernste Wille zur Arbeit und die nötigen physischen Kräfte dazu.

Leitende politische Kreise Deutschlands werden eine Ansiedlung deutscher Auswanderer in den überseeischen Reichskolonien stets begünstigen und zwar mit Recht. Wer aber die Steppenwirtschaft, deren Hauptbetrieb die Viehzucht, besonders Schafzucht ist und welche dem Ansiedler, wie z. B. in Deutsch-Südwest-Afrika, die Haupterträge liefern muß, aus eigener Anschauung kennt*), der wird auch wissen, daß zu jenem Betriebe ein mehr oder weniger größeres Anlagekapital erforderlich ist, welches die Mehrzahl unserer deutschen Auswanderer nicht besitzt.

Den Strom dieser weniger bemittelten Auswanderer nach solchen außerdeutschen Ländern zu lenken, woselbst neben günstigen Erwerbsverhältnissen die Erhaltung deutscher Sprache und Sitte gewährleistet ist, war seit Jahren das Bestreben deutsch-nationaler Kreise und dürfte es auch für die Zukunft bleiben. Wohl in keinem Teile der Welt hat sich das Deutschtum reiner erhalten als hier in Südbrasilien und dort mehr zusammengeschlossen als im Staate Rio Grande do Sul, woselbst aus der geringen Zahl von einigen dreißig Deutschen, welche vor etwa 77 Jahren als erste Ansiedler (S. Leopoldo) sich niederließen, durch Nachwuchs und Zuwanderung die stattliche Zahl von über 200000 Köpfe emporgewachsen ist. Daß die Gesamtzahl der in Südbrasilien seßhaften Deutschen von mehreren Hunderttausenden in der wirtschaftlichen Entwicklung dieses Landes seit Jahrzehnten eine hervorragende, wenn nicht die erste Stelle eingenommen hat, ist eine Thatsache, welche von brasilianischer Seite nicht besser anerkannt, mehr gewürdigt werden konnte als dadurch, daß die Regierung des Staates Rio Grande do Sul

---

*) Persönlich. In der fast baumlosen Steppe Süd-Patagoniens traf Schreiber zerstreut an den Ufern des Rio Coyle und Rio Gallegos wohnend, „Schotten", welche von den Falklandinseln eingewandert, mit Erfolg Schafzucht auf der dortigen Steppe betreiben.

durch Erteilung der Konzession zum Bau einer der wichtigsten Eisenbahnlinien an eine deutsche Gesellschaft, die — Rio Grande Nord-West-Bahn —, gleichzeitig die fruchtbarste Zone des südlichsten Staates von Brasilien „Deutscher Kolonisation" überließ.

Groß ist die Aufgabe, welche die Rio Grande Nord-West-Bahn als „Deutsche Kolonisationsgesellschaft" sich gestellt hat, segensreich deren richtige Lösung für die deutschen Ansiedler, ehr- und gewinnbringend für die Gesellschaft, von der weittragendsten politischen Bedeutung jedoch für den Staat Rio Grande do Sul — indem sie denselben im wirtschaftlichen Sinne unabhängig macht.

Einige Bausteine zur Geschichte der Ewheſtämme (Togo).

Zuſammengetragen von G. Härtler, Miſſionar.

I.

Bis auf den heutigen Tag iſt es noch eine offene Frage, wie und wann die Negervölker in Afrika eingewandert ſind. Kein Blatt der Geſchichte gibt uns bis heute darüber Aufſchluß. Wohl iſt bekannt, daß ums Jahr 1800 v. Chr. die Hykſos, ein ſemitiſches Hirtenvolk, in Aegypten einfielen und ſich 3 Jahrhunderte lang dort behaupteten. Sie wurden zwar im Jahre 1500 v. Chr. wieder vertrieben, aber es iſt anzunehmen, daß ſie ſich in der Zwiſchenzeit mit den vorher dort wohnhaften Völkerſchaften vermiſchten. Im Jahre 1700 v. Chr. kamen die Iſraeliten nach Aegypten und wurden im Jahre 1500 v. Chr. durch Moſes wieder ausgeführt. Ferner wiſſen wir, daß die Abeſſynier aus Aſien in Afrika einwanderten und ſich im Hochland von Habeſch feſtſetzten. Ebenſo iſt bekannt, daß die Phönizier an der Küſte Nordafrikas landeten und Karthago gründeten. Im 5. Jahrhundert n. Chr. drangen die Vandalen in Nordafrika ein und eroberten Karthago; aber ſchon im folgenden Jahrhundert wurde das Vandalenreich durch das oſtrömiſche Reich zerſtört. Dieſen folgten im 7. Jahrhundert die Araber unter Omar und eroberten Aegypten und Karthago. Endlich überfluteten im 16. Jahrhundert die Türken, von Aſien kommend, ganz Aegypten und Nordafrika und nahmen es in ihren Beſitz. Einige dieſer Völkerſchaften haben ſich dauernd niedergelaſſen und ſich mehr oder weniger mit der Bevölkerung, die ſie antrafen, vermiſcht; andere haben erkennbare Spuren ihres ehemaligen Daſeins hinterlaſſen; dagegen weiß man von einzelnen dieſer Völkerſchaften nicht mehr mit Sicherheit zu ſagen, ob noch Spuren ihres einſtigen Daſeins vorhanden ſind oder nicht. Aber mit keinen dieſer geſchichtlich beglaubigten Völkerſchaften und -Stämme ſind die Neger ſo nahe verwandt, daß man ihre Einwanderung mit dem einen oder anderen Ereignis in Verbindung bringen könnte. Wahrſcheinlich jedoch iſt, daß alle Neger und negerartigen Völker ein und dieſelbe Heimat haben, vielleicht Südaſien; denn man findet bei den Negervölkern manches, was auf aſiatiſchen Urſprung deutet. So ſtammt z. B. ein großer Teil der Kulturpflanzen und Haustiere zweifellos aus Aſien. Ebenſo haben die Geräte und Waffen der afrikaniſchen Neger häufig große Aehnlichkeit mit den der aſiatiſchen und auſtraliſchen.

1. Die früheren Wohnſitze der Ewher.

Auch die Erinnerung der Ewheſtämme in unſerem heutigen Togoland reicht nicht ſo weit zurück in die Vergangenheit, um ſagen zu können, woher ſie gekommen ſind. Aber allgemein iſt die Annahme, daß ſie von Norden kommend in ihre heutigen Wohnsitze eingewandert sind. So wissen z. B. die Angloer noch zu sagen, daß sie ursprünglich in Adele wohnten, daß sie aber von dort nach Notsie, im Nordosten des heutigen Ewhelandes gelegen, ausgewandert seien. Dort wohnten sie nicht bloß mit den übrigen Ewhestämmen, sondern auch mit den Atwamuern und Dahomern zusammen. Doch infolge eines heftigen Streites, der unter ihnen ausbrach, sahen die Atwamuer sich genötigt, auszuwandern. Ursprünglich sollen sie nicht so genannt worden sein, aber weil die Ewhestämme lange Zeit jegliche Spur von ihnen verloren hatten, nannten sie sie nicht mehr mit dem ursprünglichen Namen, sondern Asobuawo, d. h. solche, deren Fußspuren verloren gingen. Im Laufe der Zeit soll aus diesem Asobuawo, Atwamuawo d. h. Atwamuer geworden sein. Freilich heute würde niemand denken, daß auch die Atwamuer ursprünglich ein Ewhestamm sein sollen; denn infolge ihres jahrhunderte langen Wohnsitzes unter dem Tschivolk auf der Goldküste haben sie fast gänzlich deren Sitten und Gebräuche angenommen.

Nachdem die Atwamuer abgezogen waren, griffen auch die anderen Ewhestämme, vor allem die Angloer und Dahomer zum Wanderstab und ließen sich an einem Ort nieder, den sie Dogbonyigbo nannten. Hier wohnten sie wieder mit anderen Ewhestämmen, die sie nicht mehr alle mit Namen wissen, unter denen aber jedenfalls die Aguer waren, eine lange Zeit. Auch von hier aus lösten sich wieder etliche Stämme los und wanderten nach Süden, und als wieder ein Streit unter ihnen ausbrach, da griffen auch die Dahomer, Angloer und Beer zum Wanderstab. Die Dahomer zogen nach Süden bis ans Meer und gründeten dort die Stadt Shlahu. Später wandten sie sich nach Osten, bis sie auf die Jorubaer stießen und gründeten eine Stadt, die sie Davheme nannten, was allmählich in Dahome umgewandelt wurde; denn „ho" heißt in der Dahomesprache Haus, Heim, Heimat. Im Laufe der Jahre wurde dieser Name nicht nur auf diese Neugründung angewendet, sondern auf das ganze Königreich Dahome. Die Angloer dagegen und viele andere Ewhestämme (Ho, Peki, Gbedzigbe, Agome u.a. m.) wandten sich nach Notsie und wohnten dort eine lange Zeit. Nach ihrem früheren Namen, Dogboawo, wurden sie auch in Notsie genannt. Die Angloer und Beer wohnten in einer Stadt namens Tegbe, während die Ghetaer in Agbleadome und die Miloer in Elli wohnten.

2. Veranlassung zur Auswanderung aus Notsie.

Während die Ewhestämme in Notsie wohnten, kam der König Asimabi von Alando und warb um eine Angloer'in. Er erhielt sie zur Frau und sie gebar ihm einen Sohn, den er Sri nannte. Als dieser zum Jüngling herangewachsen war, starb sein Vater Asimabi. Da er keine Bestimmungen über seinen Nachfolger getroffen hatte, so entbrannte unter seinen verschiedenen Söhnen ein heftiger Streit über die Nachfolgerschaft, bis schließlich Sri den Königsstuhl mit Gewalt an sich riß und zu den Angloern nach Notsie floh. Die Angloer und übrigen Ewhestämme, die bis dahin noch keinen König gehabt hatten, nahmen Sri freudig auf und machten ihn zu ihrem ersten König. Aber auch jetzt noch wohnten sie friedlich neben den Notsiern, bis eines Tages der Sohn des Notsiekönigs den kleinen Sohn des Königs der Dogboawo beim Spiel verwundete. Sri nahm darauf seinen Sohn und versteckte ihn. Gleichzeitig nahm er einen anderen Knaben, der eben gestorben war und machte den Notsiekönig glauben, sein Sohn sei an der Verwundung, die ihm von seinem Sohn beigebracht worden war, gestorben. Wohl oder übel mußte der Notsiekönig der Blutrache ihren Lauf lassen und zugeben, daß sein Sohn getötet wurde. Allein nicht lange nachher drang dies und das von dem Betrug in die Öffentlichkeit, so daß Sri endlich bekennen mußte, daß er den Notsiekönig betrogen habe. Darob wurde dieser sehr zornig und verlangte, daß der Sohn des Sri unter allen Umständen getötet werden müsse. Da trat das Volk der Dogboawo zusammen wie ein Mann und bat den Notsiekönig, von seinem Vorhaben abstehen zu wollen. Zugleich verpflichteten sie sich, dem König alles thun zu wollen, was er je von ihnen verlangen sollte. So befahl er ihnen, daß sie ihm Lehm, vermischt mit Dornen und Kaktusstacheln zu seinem Palast, treten sollten. Obgleich er damit etwas fast unmögliches von ihnen verlangte, so thaten sie es doch. Aber als er dazu noch verlangte, daß sie aus Kaktus und Dornen Seile flechten sollten, damit er den Palast, den sie ihm bauen, vollenden könne, da wurden sie ärgerlich und zogen vor, Notsio zu verlassen, um der Tyrannei des Notsiekönigs zu entgehen.

Nach einer andern Überlieferung, die in vielem mit der obigen Erzählung übereinstimmt, wurde ein Thronwechsel die Veranlassung zum Auszug der Ghestämme aus Notsio. Von weisen Räten unterstützt, regierte ein guter König lange Jahre hindurch; aber sein Nachfolger auf dem Throne, der noch sehr jung war, entließ nicht nur die erfahrenen Ratgeber seines Vaters, sondern verlangte von den jungen, die er an deren Stelle gesetzt hatte, daß sie sämtliche Ältesten seines Vaters töten sollten. Sie richteten jedoch den Befehl nicht völlig aus, sondern verbargen etliche von ihnen. Als der junge Tyrann glaubte, auf diese Weise seine Umgebung gereinigt zu haben, stellte er an seine Unterthanen das Ansinnen, Lehm mit den Stacheln von Kakteen und Dornen vermischt zu treten. Die noch lebenden Ältesten wiesen die Unterthanen an, zu gehorchen, was diese auch thaten, freilich um den teuren Preis, daß ihnen die Kaktusstacheln und Dornen in den Füßen stecken blieben. Darob war der König verwundert und sann darauf, seine Unterthanen noch härter zu quälen. Deshalb befahl er ihnen, daß sie Kaktus und Dornen zu Seilen flechten, damit er das von ihnen zu bauende Haus damit einbinde. Wieder suchten die Bedrückten der Ältesten Rat und diese gaben ihnen den Rat, der König möge ihnen ein Muster anfertigen, nach dem sie arbeiten könnten. Dieses Begehren weckte in dem König den Verdacht, daß noch von seines Vaters Ältesten am Leben sein müssen und er verlangte gebieterisch deren Auslieferung. Statt dessen rüstete sich das Volk zur Flucht.

Da wo diese Tradition noch bekannt ist, findet sich auch die nachfolgende über die Flucht. In Notsio wohnten die Unterthanen nicht an ein und demselben Ort mit ihrem König zusammen, und da das Volk nicht den Mut hatte, offen gegen den Tyrannen vorzugehen, so galt es, die Flucht unter allerlei Täuschungen zu bewerkstelligen. Etliche Leute wurden ausgestellt, die Trommeln in der üblichen Weise zu schlagen, um den König glauben zu machen, seine Leute seien lustig und guter Dinge. Dabei zog die ganze Bevölkerung mit Hab und Gut ab und zwar rückwärtsgehend, um etwaige Nachforschungen und Verfolgungen unmöglich zu machen. Bei Tagesanbruch wurde dem König mitgeteilt, daß sein Volk verschwunden sei. Die Verfolgung blieb resultatlos, weil überall auf den Wegen Fußspuren hervorarts, nie aber hinwärts entdeckt werden konnten. Und so gelang die Flucht.

3. Die Besiedlung des heutigen Togolandes durch die Ehestämme.

Obgleich diese Erzählung unter vielen Ehestämmen bekannt ist, so mutet sie einen doch wenig glaubhaft an. Wie konnte auch ein Volk mit Hab und Gut auf den Köpfen, den Säuglingen auf dem Rücken, den Kranken und Greisen so schnell hinwegeilen, und zwar auf ungebahnten Wegen, so daß die Verfolger sie nicht mehr hätten einholen können! Und daß sie in eine ungebahnte Wildnis hineinzogen, zeigt schon der Umstand, daß sie die 3—4 Tagereisen nicht ununterbrochen zurücklegen konnten, vielmehr sich schon nach kurzer Entfernung niederlassen mußten, um die für die nächste Zukunft notwendigen Lebensmittel zu pflanzen. Hierfür finden sich auch überall in den Erzählungen Belege. Wir werden darum nicht fehl gehen, wenn wir die erste Tradition für die richtige halten und annehmen, daß das Volk der Dogboawo oder sämtliche Ehestämme mit ihrem König aus Notsie ausgezogen sind. So weiß man von den Gbedzigbern und ihren Brüdern, den Peliern, daß sie sich nach ihrem Auszug zunächst in Agotpo (vielleicht zwischen Agu und der Landschaft Danyi gelegen) niederließen. Schon der Bedürfnisse wegen war es nicht möglich, daß die einzelnen Stämme dicht nebeneinander wanderten. So geschah es, daß einzelne Stämme oder Familien sich in den Bergen niederließen, um dort die Lebensmittel für ihren Weiterzug zu pflanzen. Als sie aber fanden, daß das Land in den Bergen fruchtbarer sei, als in der Ebene, so entschlossen sie sich bleibend an diesen ursprünglich als Zwischenstation gedachten Plätzen niederzulassen. So haben wir uns wohl die Besiedelung des Inlandes von Togo zu denken, während die Stämme, die in der Ebene vordrangen, in der Hoffnung auf besseres Ackerland zu stoßen, schließlich bis an die Lagune und die Meeresküste vorgedrungen sind, wo das Meer ihrem Wandertrieb ein Ziel setzte. Von den meisten dieser Stämme wissen wir, daß sie Jahre hindurch auf der Wanderschaft waren. So erzählen z. B. die Angloer, daß ihre Vorfahren nach Tevie bei Bolu gekommen seien. Dort machten sie eine Haltestation und pflanzten Bohnen. Aber ehe diese Bohnen reif waren, wollte ein Teil weiter, während der andere Teil die Bohnenernte abwarten wollte. Darum sagten sie zu ihren Stammesgenossen: „Mlawola miano, mia yome, ayi la netsa na mi vie gba." = Wir werden euch folgen, wenn die Bohnen uns erst etwas getragen haben. So wurde von da an der Ort Tsevie genannt, und bis auf den heutigen Tag halten sich die Angloer und Tevier für Nachkommen von ein und demselben Stamm. Diese Annahme wird auch durch eine Sage der Waer auf der Goldküste bestätigt, die die Eher Ahigbewo nennen. Die Gastämme, die aus derselben Gegend mit den Ehern ausgewandert sind, wanderten mit den Ehestämmen Seite an Seite. Als sie einmal neben einander wohnend Lebensmittel pflanzten und die Waer bereits ihre Ernte eingebracht hatten, ließen sie den Ehern sagen, daß sie weiterziehen möchten. Darauf antworteten die Eher, ihre Bohnen seien noch nicht reif, sie könnten noch nicht weiterziehen. Darüber scherzten die Waer und sagten: „Ayiwu gbe na wo" d. h. die Bohnen verwehrten es ihnen, woraus Ahigbewo geworden ist und bis auf diesen Tag gebraucht wird.

Da von einer früheren Bevölkerung des Ewhelandes bis jetzt nichts bekannt ist, so kann man sich die Einwanderung der Ewher auch gar nicht anders vorstellen. Die Einwanderer hatten ein völlig wegloses Gebiet vor sich, bewohnt von wilden Tieren; Löwen, Leoparden und Herden von Elefanten tummelten sich in der weiten Ebene, neben Büffeln, Pferantilopen und anderen großen Tieren. Die größeren Flüsse waren unsicher durch Flußpferde und Krokodile, die sich in dem üppigen Pflanzenwuchs ihrer Ufer versteckt hielten. Und diesen Gefahren gegenüber standen etliche Häuschen Menschen, bewaffnet mit Pfeil und Bogen.

Diente der Aufenthalt an den Lagerplätzen einerseits der Pflanzung von Lebensmitteln, so andererseits auch der Erforschung des Landes; eine Arbeit, die hauptsächlich von den Kühnsten unter ihnen unternommen wurde. Eine große, schwere Arbeit, voller Gefahr! Heute geht kein Jäger in den Busch ohne ein gutes Buschmesser, das er abseits vom Wege auf Schritt und Tritt handhaben muß. Damals aber war der Ewher noch nicht mit eisernen Werkzeugen ausgerüstet, sondern nur mit Steinbeilen, wie sie heute noch in großer Anzahl vorhanden sind. So mußte dem damaligen Erforscher des Landes schon in der Umgebung eines Lagerplatzes die Erforschung der Gegend ein schweres Stück Arbeit werden. Darum scheint uns, daß das Vordringen der Einwanderer nur sehr langsam stattgefunden haben kann. Dies dürfte um so mehr der Fall sein, als nach den Aussagen verschiedener Stämme die Einwanderer sich sehr bald voneinander loslösten, ja daß dann und wann die Glieder ein und desselben Stammes nicht einmal zusammen geblieben sind, wie wir später Gelegenheit haben werden, zu sehen. Jede Gruppe marschierte eben für sich und suchte, so gut und so schnell sie konnte, die schweren Hindernisse, die sich ihr entgegenstellten, zu beseitigen.

Anfänglich werden sämtliche Stämme des Ewhevolkes miteinander marschiert sein; aber bald wird schon die eigene Existenzfrage und der Kampf ums Dasein ein getrenntes Wandern notwendig gemacht haben. Während man sich an einem Ort vorübergehend niederließ, untersuchten die einzelnen Familien das um sie her liegende Land, und wenn die Zeit zum Aufbruch kam, beliebte diese oder jene Familie an einem ihr passenden Orte dauernd sich niederzulassen. So haben sich beispielsweise die Bewohner vom Agu nur zwei kleine Tagereisen von der alten Heimat entfernt, bis sie sich in ihren heutigen Wohnsitzen niederließen. Ihnen ist wohl der hohe Berg, den sie schon aus weiter Ferne sahen, das Ziel ihres Wanderns gewesen. So zeigen die Agu-Nyagboer noch heute die Stätte, wo die Angloer oder ein Teil derselben in alten Zeiten neben ihnen gewohnt haben sollen. Aber nur für kurze Zeit haben diese und andere Stämme sich an solchen Zwischenstationen festhalten lassen. Bei ihnen war der Trieb ins Weite zu ziehen stärker. Sie suchten besseres, bis sie schließlich an der breiten Ketalagune standen, die zunächst ihrem Wandertrieb ein Ziel setzte. Aber auch diese wurde in Fächerpalmbooten gekreuzt, und erst als das Meer ihrem Wandern ein Ziel setzte, ließen sich die Vorfahren dieses Stammes bleibend nieder. Andere zogen hinter der Lagune weiter und weiter und gelangten schließlich an den Volta, den sie bei niedrigem Wasserstand überschritten, so die Awatimer, Nyagboer, Tafier, Hauer, Wodzer u. a. So wohnt heute noch ein Teil der Apeler im Südwesten des Ewhegebiets in Ada. Ebenso scheinen auch Reste des Anglostammes den Volta überschritten und lange Zeit in Prampram gewohnt zu haben. (Siehe Reimdorf „History of the Gold-Coast and Asante" S. 31.)

Systematisch ist es jedenfalls bei der Besiedelung des Togolandes nicht zugegangen, vielmehr erhält man den Eindruck, daß es recht willkürlich geschah, und daß der Zufall eine große Rolle gespielt habe. So haben z. B. die vereinigten Gbedzigber und Peki er gleichzeitig die Heimat verlassen und sind beisammen geblieben bis nach dem heutigen Gbedzigbe. Hier haben sie sich häuslich eingerichtet; aber nachdem sie nach 8jährigem Aufenthalt Nachricht von der nicht allzu fernen Meeresküste erhalten haben mochten, verließen sie den Platz und zogen südwärts. Als sie aber auf Hindernisse und feindliche Völkerschaften stießen — wahrscheinlich die Guangs — mußte der Gedanke, an die Küste zu kommen, aufgegeben werden, und während die Hälfte der Wandernden im Pekithale eine neue Heimat fand, kehrte die andere Hälfte enttäuscht nach dem alten Wohnort zurück. Andre hatten andre Geschicke. z. B. die Spedzer hatten sich nach der Einwanderung auf den Bergen des heutigen Lume und Dodome oberhalb Matie niedergelassen. Dann traten Ereignisse ein, die sie veranlaßten, einen andern Platz zu suchen. So zogen sie nach einem Ort, den sie Lŏmo nennen, und der zwischen Safievhe, Tshome und Giafi gelegen ist. Hier löste sich eine Familie los und begab sich nach Peli, wo sie bei den Avetilern Aufnahme fand. Aber auch hier war ihres Bleibens nicht lange, und sie brachen abermals auf und zogen an den jetzigen Ort, wo sie sich von einem jetzt völlig ausgestorbenen Stamm Land erwarben. Aber ihre Beziehungen zu Peli haben sich bis auf den heutigen Tag erhalten. Die Veer kamen auf ihrer Wanderung von Nyllie her an das Agomegebirge. Dort angekommen, konnte eine Frau Gbana nicht mehr weiter, weil sie vor ihrer Entbindung stand. Ihre Familie blieb mit ihr zurück, und gründete das heutige Gbanave, während der Stamm über das Gebirge weiterzog, hinunter in die Dayi-Ebene, wo er sich von Gbakpali aus seine Dörfer anlegte. Die in Gbanave hatten kühne Jäger unter sich. Sie erlegten einen Elefanten und gründeten an der Stelle ein Dorf, das heutige Nyioe. Die Agomer wohnten früher ebenfalls zusammen, und zwar auf dem Gebirge, dem heutigen Apoeta zu; aber es war Streit unter ihnen entstanden, der sie veranlaßte, den damaligen Wohnsitz zu verlassen und sich familienweise neue Wohnplätze aufzusuchen. Die eine Familie zog hinter den Fluß zurück, das heutige Agome-Tomegbe, die andern siedelten sich da und dort an

Ähnlich ist es auch mit der Besiedelung des Küstenlandes gegangen. Hier mag uns die Überlieferung, wie sie der Anglostamm noch besitzt, als Wegleiter dienen. Bis in die Gegend von Gavhe marschierten die Küstenstämme zusammen; dort aber trennten sich die Ghenvier, Tover und Aloevher von den Angloern. Auch die Angloer selbst lösten sich nach und nach in ihre einzelnen Familien auf. So zog z. B. der König der Angloer, Sri, auf dem Nevireg weiter, und kam bei Avhivhe an die Ketalagune. Die Avhivher ließen sich dort nieder, während Sri mit seinen Leuten bis Kodzi, eine Insel in der Ketalagune, vordrang und dort die Stadt Kodzi gründete. Sein Onkel Ghenya mit seinen Leuten kam nach dem heutigen Tsevie. Dort machte er, wie wir bereits gehört haben, eine Haltestation, und als er von dort weiterziehen wollte, blieben etliche seiner Leute zurück, weil ihre Bohnen noch nicht reif waren. Bei Ohrta stieß auch er auf die Lagune und bat die Ghevaer mit ihrem Häuptling Ago, sich hier bleibend niederzulassen, damit wenn noch Nachzügler kommen sollten, sie ihnen sagen könnten, wohin sie sich gewandt haben. Er selbst aber umfuhr mit seinen Leuten die

Keialagune bis er an das gegenüberliegende Ufer kam. Als er des Ortes ansichtig wurde, an dem heute Keta liegt, rief er: „mekpɔ kɛ we la", d. h. ich habe den Kopf des Sandes gesehen. Hier ließ sich sein Sohn Aloga mit seinem Sohn Avhanyebo nieder und nannten den Ort Keta. Wenya aber zog weiter, um sich die Küste genauer anzusehen und kam zunächst nach Tegbui, und als er auch hier weiter zog, blieb sein Neffe Atpomanyogbli mit seiner Familie in Tegbui und gründete die Stadt Tegbui-Phedome. Doch der Marsch in dem tiefen Küstensand muß den alten Mann sehr bald ermattet haben; denn als er an den Platz kam, auf dem heute die Hauptstadt des Anglostammes Anloga steht, da war er sehr müde und sagte: „Nyeama meva ɔlɔ; aɓadekeyiyi magalɔ ɖonyɔ wò; aɓɪla kɔ ɪfi gɔ mɑlɑ", d. h. „Ich bin ganz gekrümmt. Nirgends mehr hingehen gefällt mir; hier will ich bleiben." Bald hörte Sri auf Radzi, daß sein Onkel jenseits der Lagune angekommen sei. Sofort machte er sich mit den meisten seiner Leute auf, um zu seinem Onkel zu gehen und bei ihm zu wohnen. So sind es nach der Überlieferung der Anloer 4 Städte, die anfänglich von ihnen gegründet, und von denen aus das übrige Land bevölkert wurde: Keta, Tegbui, Anloga und Radzi.

Der Hauptcharakterzug dieser Zeit war Spaltung und Trennung. Die Familien verästelten sich in ihre einzelnen Bestandteile, zwar mit dem Bewußtsein der Zusammengehörigkeit, aber räumlich oft sehr weit von einander getrennt, z. B. Fodome und Abutia, Agome, um die Station Misahöhe her, mit einer Kolonie in der Nähe von Anum, Anglo mit Ablegern in Tsevie und Seviga und anderen Orten. Jede Familie suchte einen ihr passenden Platz, wobei die Ansichten oft auseinander gingen und bei gänzlichem Mangel an einheitlicher Führung stets neue Teilungen verursachten. Sicherlich sind oftmals die Erwartungen der Ansiedler getäuscht worden. Hier fehlte es an einer permanenten Quelle, dort ließ die Fruchtbarkeit des Landes zu wünschen übrig. Anderswo gab es auch wohl Streitigkeiten in den Familien, die eine weitere Trennung herbeiführten. Diese und andere Einflüsse veranlaßten wieder zu einer Verlegung der Wohnsitze, wenn auch nicht mehr in größere Entfernungen.

Dadurch war auch eine einheitliche Regierung verloren gegangen. Die Stämme als solche hatten sich aus dem Auge verloren, und es brauchte Zeit, bis die nicht nachbarlich wohnenden Stammesteile und Stämme sich wieder gefunden hatten; denn der gegenseitige Verkehr war einstweilen durch das Fehlen der Wege sehr erschwert. Wege entstanden erst, als das Wandern einigermaßen zum Stillstand gekommen war, und auch dann war niemand bemüht, rationell Verkehrswege herzustellen. Das scharfe Ohr hörte in den stillen Abendstunden die dumpfen Klänge einer Trommel, und man erkannte darinnen die Anwesenheit anderer in kürzerer oder weiterer Entfernung. Neugierig schlich man sich hinan, und nach und nach bahnte man notdürftige Wege von Farm zu Farm, von Dorf zu Dorf. Sicherlich sind die meisten Wege auf diese Weise entstanden, was man mit Leichtigkeit an den zwecklosen Krümmungen und oft großen Umwegen nachweisen könnte.

Hatte eine Familie sich irgendwo niedergelassen, so betrachtete sie selbstverständlich auch die Umgebung ihrer Ansiedelung als ihr Eigentum, und hier ist der Punkt, an dem wir eine bedeutsame Änderung für die nächstfolgende Periode eintreten sehen. Einigermaßen daran gewöhnt ein großes Areal als Eigentum anzusehen, mußte man plötzlich das Eindringen anderer auf dem für selbstverständlich geglaubten Eigentum wahrnehmen. Neue Stämme kamen noch nach, andre verließen die bereits heimisch gewordenen Plätze aus irgend einer Nötigung. Der Friede war gestört, die Ruhe vorbei, und der Kampf begann. Der Stamm der Spandoer, offenbar einer der spät eingewanderten, arbeitete sich bis an den Dayi durch. Diesen bei hohem Wasserstand bedeutenden Fluß scheint er bei hohem Wasserstand erreicht zu haben. Diesseits fand er keinen passenden Platz zur Niederlassung; da gelang es ihm, eine Stelle zu entdecken, an der man, von Fels zu Fels vorbringend, das jenseitige Ufer erreichen konnte. Um die Übergangsstelle, im Falle eines Rückzugs, leicht wieder finden zu können, wurde in einen gabelförmigen Baum ein Stein gelegt. (Dieser Stein soll, wenn der betreffende Baum abstirbt, auf einen andern gelegt werden und heute noch vorhanden sein). Glücklich drüben angekommen, drang man weiter vorwärts und stieß in der Gegend des heutigen Apando auf Wohnstätten. Es gelang den Spandoern, sich der Niederlassungen zu bemächtigen und die Bewohner zu verjagen. Die Verjagten sollen den Namen Ape, Apeawo geführt haben. „Kpeawo miedo" wäre das Losungswort der Spandoer gewesen, aus dem der Name Spando entstanden sei.

Konnte es einem numerisch überlegenen Stamm, wie den Spandoern, gelingen, die Schwächeren zu vertreiben, so war das anders, wo ungefähr gleiche Kräfte sich einander gegenüber standen. Die einen nötigte der Schutz des häuslichen Herdes zum Aufbieten aller Kräfte gegen die Eindringlinge, während den andern die Sorge um die Existenz Kraft und Mut verlieh. Die Aoatimer, die zuerst in Fante sich angesiedelt hatten, kehrten aus unbekannten Gründen nach Adangme bei Ada zurück. Aber ihre scheußlichen Thaten machten sie ihren Nachbarn überdrüssig, und sie jagten sie zum Land hinaus. Sie faßten den Aballu als Ziel ins Auge; aber als sie ihn rings herum bevölkert fanden, zogen sie weiter und fanden schließlich in den fruchtbaren Thälern von Tafiebje und Waje eine Unterkunft. Aber auch hier war man ihrer bald müde, und sie verließen den Ort, nachdem sie die Quellen verstopft hatten, und zogen nach Ngagbo, welcher Stamm damals auf dem Gebirge wohnte. Von diesen freundlich aufgenommen, erreichten sie unter Führung der Ngagboer ihre jetzigen Wohnsitze. Aber auch hier waren sie als Eindringlinge nicht willkommen. Akome und Kpedje lagen damals auf dem Gebirge südlich von Avatime und befehdeten von hier aus die Avatimer fortwährend. Von Westen her machten die Tafieoher Einfälle, während von Norden her die Tafier dafür sorgten, daß der Streit nicht aufhörte. Dazu waren im Lande selbst Stämme, denen die Aoatimer nicht angenehm waren. Die Bajawo, Cbeoier und andre wollten sich ihren Besitz nicht schmälern lassen. Trotz alledem gelang es den Avatimern nicht nur, ihre Existenz zu behaupten, sondern auch eine Art Oberhoheit über die Stämme zu erringen und so schließlich geordnetere Zustände herbeizuführen.

Ähnlich waren auch die Zustände unter den Stämmen an der Küste. So war z. B. das weite Avenogebiet noch unbewohnt, als der erste Einwanderer mit seinem Anhang in das Land einzog. Dies war ein Mann namens Senua, den die Anuamuer aus seiner Wohnsitz vertrieben hatten. Er gründete mit seiner Familie die Stadt Aveno Bhedo und besiedelte von da aus das Avenogebiet. Eine zweite Familie, die im weiten Avenogebiete neue Wohnsitze suchte, war eine Familie, die einer verübten Mordthat wegen von ihren Stammesangehörigen aus Kume vertrieben wurde. Auch die dritte Familie, die sog. Afiameawo, wurden ebenfalls

einer Mordthat wegen aus Tſawla, woſelbſt ſie nach ihrem Auszug aus Notſie
ſich niedergelaſſen hatten, von den Akwamuern mit ſamt den Agavenwo vertrieben
und gründeten die Stadt Tſiawe jenſeits der Lagune, während die Agavenwo
unter den Angloern ihre Wohnſitze aufſchlugen. Ähnlich erging es auch dem
unter den Angloern bis heute in großem Anſehen ſtehenden Vorfahren Le. Nach
der Überlieferung ſoll er urſprünglich in Letpo an den Ufern, bezw. auf einer
Inſel des Volta gewohnt haben. Eines Tages ſpielte ſein Enkel und der einer
ebenfalls dort wohnenden Frau mit Pfeil und Bogen. Dabei war der Enkel der
Frau ſo unglücklich, den Enkel des Le mit einem Pfeil zu treffen, ſo daß er bald
darauf an der Verwundung ſtarb. Darob wurde Le ſehr zornig und verlangte
einen Mann aus der Frau Familie, den er tötete. Nicht lange nach dieſem Vorfall
kam eine Teuerung ins Land; und da kein Fleiſch zu bekommen war, ſo fing
Le die Katze dieſer alten Frau und ſchlachtete ſie. Sobald die Frau dies erfuhr,
verklagte ſie Le bei dem König der Akwamuer, und dieſer verurteilte ihn zur
Zahlung von ſo viel Menſchen, als die Katze Haare hatte. Er verſprach es zu
bezahlen; aber in der Stille fing er an, Boote zu zimmern, und eines ſchönen
Tages machte er ſich mit ſeiner Familie auf und davon. Als zu den Angloern
gehörend, wurde er von dieſen freundlich aufgenommen. König Eri, der noch
gelebt haben ſoll, wies ihm ſeinen Wohnſitz bei einer Frau namens Bhi an, die
ihn freundlich aufnahm, und zu deren Familie ſeine Nachkommen bis auf den
heutigen Tag gezählt werden.

Endlich müſſen wir noch zwei kleinere Stämme erwähnen, die noch etwas mit
den Angloern verwandt ſind. Es ſind dies die Aphioher und Aboloawo. Sie verließen mit den Angloern Notſie; konnten aber nicht ſo ſchnell vorwärts kommen
wie die Angloer. Zufällig ſtießen ſie unterwegs wieder zu Eri mit ſeinem Anhang
in Doweme, und als Eri von dort aufbrach, brachen auch die Aphioher und Aboloawo auf und zogen mit ihm, bis ſie an den Rand der Lagune kamen. Dort
ließen ſie ſich nieder, während die Angloer noch weiter zogen. Sie gründeten eine
Stadt an Stelle des heutigen Aboloe. Hier wohnten ſie lange Zeit mit den
Angloern und Ohetaern in Ruhe und Frieden. Als aber die Aboloawo eine Anglo-
frau die von Sheta nach Anglo wollte, töteten, da erklärten die Angloer im Bunde
mit den Ohetaern ihnen den Krieg. Die Aboloer wurden geſchlagen und mußten
Haus und Hof verlaſſen. Die Überreſte flohen nach Tſevie und Davie und
wohnen dort bis auf den heutigen Tag. Die Aphioher aber, die mit den Aboloawo
verbündet und ebenfalls geflohen waren, wurden von den Angloern wieder zurückgebracht und mit dem Land der Aboloawo beſchenkt. So könnten noch manche
Beiſpiele davon angeführt werden, wie zwar nicht ganze Stämme, aber einzelne
Familien oder ganze Stammesteile fern von dem eigentlichen Stammſitze verſchlagen
wurden. So haben wir bereits gehört, wie Teile des Angloſtammes bis nach
Ehwe und Awe gekommen ſind. Andere, z. B. Teile von Djodje, kamen bis an
den Volta und haben teils den Volta überſchritten, teils ſind ſie dieſſeits des
Volta geblieben und bilden heute den Stamm der Mafer.

4. Der Verkehr mit den Europäern.

Zu dieſen Störungen des Friedens, die aus dem Innern hervorbrachen und
Spaltung und Trennung nach ſich zogen, geſellten ſich im Lauf der Zeit noch

solche, die von außen an sie herantraten, denn von dem Augenblick an, von dem unsre Gofer mit den Europäern bekannt wurden, war es mit ihrem Frieden vorbei. Ein charakteristisches Beispiel liefert uns der Anglostamm. Wir haben bereits gehört, daß ein Sohn des Ältesten Ghenyo, Aloga mit Namen, sich an dem Ort niederließ, an dem heute Keta steht. Bald nach der Ansiedlung, so wird erzählt, seien die Europäer, die Portugiesen und später die Dänen gekommen, um in Keta eine Sklavenfaktorei zu gründen. Von überall her seien da die Leute gekommen, um den Europäern zu dienen und Geld zu verdienen. Wie es noch heute sei, so sei es schon damals gewesen. Die Ketaer verdienten viel Geld und fingen an, die Auswärtigen zu verlachen und zu verspotten. Diese Uneinigkeit bemerkte auch ein dänischer Kommandant und benutzte die Gelegenheit, die Ketaer gegen die Angloer aufzustacheln. Eines Tages verteilte er Gewehre und Pulver unter die Ketaer mit der Aufforderung, mit den Angloern zu kämpfen, damit er auch einmal sehe, wie Schwarze unter sich Krieg führen. Aber die Angloer gaben den Ketaern den Rat, blind zu schießen und etliche Hunde zu töpfen, deren Köpfe sie dann als die der Gefallenen dem Kommandanten zeigen sollten. Aber die Ketaer, jedenfalls übermütig infolge ihrer vielen Gewehre, begannen scharf zu schießen, weshalb die Angloer, die darauf nicht vorbereitet waren, sich zurückziehen mußten. Die Angloer ließen sich diesen Treubruch nicht gefallen und griffen kurze Zeit darauf die Ketaer mit großem Ungestüm an und schlugen sie vollständig in die Flucht. Der ganze Stamm mußte fliehen und sich einen neuen Wohnsitz bei den Alipoern suchen. Als sie in die Nähe von Alito kamen, da weigerte sich ihr König, Amu mit Namen, weiter zu ziehen. Darum befahl er seinen Unterthanen, sich ruhig zu verhalten und ja keinen Streit mit den Alipoern anzufangen. So lebten sie lange Zeit zwischen Furcht und Hoffnung. Nie wußten sie, ob nicht eines Tages die Alipoer oder die Angloer kommen und sie überfallen würden. Darum waren sie froh, als eines Tages ein Zauberer erschien, der ihnen sagte, daß, wenn sie ein Opfer bringen würden, so würde der Krieg aufhören. Gerne gingen sie auf die Forderung ein und opferten einen Widder. Den Kopf grub der Zauberer in die Erde, so daß die beiden Hörner noch heraus schauten. Nicht lange darauf wuchsen zwei Sopalmen aus dem Widderkopf hervor, wie der Zauberer prophezeit hatte, und sie nannten nun da an ihre Niederlaßung Agbodzobome (zwischen den Widderhörnern), unser heutiges Agbosome, das etwa 6 Stunden von Lome entfernt ist. Ein kleiner Teil der Ketaer wurde bis nach Togo verschlagen und gründete dort die beiden Städte Keta und Beoa. Die Folge des unseligen Ansinnens dieses Europäers war, daß dieser Stamm, der heute den Namen Someawo (Bewohner unter der Sopalme) trägt, nicht nur sein Hab und Gut, sondern auch sein Land verloren hat; denn auch heute noch besitzt der ganze Stamm keinen Fuß breit Land, sondern wenn einer eine Plantage anlegen will, so muß er zu einem Alipoer gehen und diesen erst um Abtretung eines Stück Landes bitten.

Welchen verderblichen Einfluß überhaupt die Europäer in jener Zeit auf die Neger an der Westküste Afrikas ausübten, sagt Cruidschanl S. 138: „Es ist unmöglich, den Ursprung dieses Verkehrs zwischen den europäischen und den Negerstämmen an der Westküste Afrikas zu betrachten, ohne zurückzuschaudern vor dem grauenvollen Gemälde, daß sich mit ihm verknüpft. Wir sehen den weißen Verführer vor dem verblendeten Auge des rohen Wilden die wertlosen flimmernden Tänderwaren eines künstlichen Gesellschaftszustandes ausnamen und ihn auffordern, nun auch die Produkte seines Bodens zu zeigen. Wir bemerken, wie aus seinem Auge der Blitz der Habgier springt, als er mit Staunen und Verwunderung Anzeichen von Gold entdeckt und mittelst verständlicher Zeichen erfährt, daß das Land reich daran ist. Wir sehen, wie nachdrücklich und feurig er sie zur Entdeckung ihrer verborgenen Schätze zu bewegen versucht, wie seine Gier bei der Kleinheit des Vorrats sich getäuscht sieht, wie sein Verdacht erregt wird, daß sie die Schätze vor ihm verhehlen und verstecken; wie er ihnen schmeichelt, wie er ihnen droht, wie er sie foltert, wie er sie mordet. Endlich breitet er die Schwingen seines Schiffes wieder aus und sinkt allmählich vor ihrem erstaunten Blick unter dem Saum des Horizonts hinab."

"Bemerke aber nun, welch eine Veränderung dieser fremde Besuch in diesen schlichten Menschen bewirkt hat. Kaum haben sie seine fernen Segel aus den Augen verloren und sich noch nicht ganz von ihrer unbestimmten, vagen Überraschung erholt, als ihre ganze Aufmerksamkeit von der Betrachtung der Artikel, die unter sie verteilt wurden, verschlungen wird. Alsdann werden diese die Gegenstände eines heftigen Verlangens und fallen zuletzt nach Hader und Kampf dem Starken zu. Nun sehen wir die Wirkung dieses neuen Elements auf den geselligen Verkehr. Sich nicht mehr begnügend mit der Befriedigung ihrer früheren einfachen Bedürfnisse, nehmen neue Bedürfnisse und Gelüste ihr Gemüter in Besitz. Und diesen, hat man sie glauben gelehrt, können sie Genüge leisten, wenn sie mit dem weißen Manne das Gold ihres Bodens gegen die ersehnten Gegenstände austauschen."

"Zur Erlangung dieses Goldes ist Arbeit nötig, und zur Arbeit sind Hände nötig. Die Häuptlinge und Kabusiere erzwingen den widerspenstigen Gehorsam eines Teils des Stammes, dessen Dienste sie als ein Recht beanspruchen, das erst durch den natürlichen Gehorsam des Kindes gegen den Vater erworben und dann durch überlegene Kraft und Gewohnheit des Befehlens befestigt worden ist. Der Wert dieser Dienste, der vorher mit ziemlicher Gleichgültigkeit betrachtet worden war, wird nunmehr in seiner vollen Geltung gewürdigt. Während sie den Boden nach Gold umgraben und waschen, in Erwartung des Rückkehr des weißen Mannes mit seinen ersehnten Waren, und während sie jedes Häuflein des gewonnenen kostbaren Minerals zu dem Vorrat legen, den die Häupter der Familien jetzt systematisch anzusammeln beginnen, erfüllen ihre Phantasie angenehme Träume von ihrer neubackenen Wichtigkeit und regen ihre Begierden auf. Oft schweifen ihre Augen sehnsüchtig über die Wasserwüste hin, um des Fremdlings weiße Segel zu erspähen. Jeder folgende Morgen und Abend sieht ihre ersten und letzten Blicke nach dieser Richtung hingewandt, und während die Zeit dahinfließt und ihre Hoffnung ermattet, kehren sie sich mit einer gewissen heiligen Scheu zu den wenigen ihnen verbliebenen Andenken des weißen Mannes hin und sehen die Dinge an, die ein Geist, der sie besuchte, zurückgelassen hat."

"Endlich zeigt sich abermals ein Segel, und obgleich längst schon brünstig herbeigesehnt, traut sich der Eingeborene doch nicht ohne starke Regungen der Furcht in die Nähe des weißen Mannes. Und wie seltsam, wie kompliziert sind die Empfindungen, mit denen er ihn betrachtet! Sein wundergleiches Nahen aus dem fernen Ozean, den er als Grenze der Welt anzusehen gewohnt geworden ist, sein Fahrzeug, dieses gehorsame, scheinbar lebende Wesen, das er, während es seinen Lauf hemmt und seine Schwingen in Falten legt, als den Geist des großen

Wassers ansieht: die Farbe, die Kleidung, die Waffen des fremden Volkes, so ganz verschieden von allem, was ihm bekannt ist; die Schönheit und Mannigfaltigkeit der Dinge, die vor seinem staunenden Blick ausgebreitet werden; die Gier, mit welcher diese gegen den anscheinend werthlosen Erdstaub ausgetauscht werden; die Ordnung, welche in der kleinen Welt an Bord herrscht; der laute Donner seines Geschützes; die ganze reiche Menge ihm gänzlich neuer Gegenstände, die seinen Sinnen sich darbieten — alles erfüllt sein Gemüt mit einer solchen außerordentlichen Verwirrung und Berauschung, daß er an der Wirklichkeit seiner Eindrücke zweifelt und sich unter dem Bau eines Zauberers glaubt."

„Während er dasteht, in Zweifel versunken, zu welcher Klasse von Wesen er diese neuen Ankömmlinge rechnen, ob er sie als wohlwollende Geister, gekommen ihn zu beglücken, oder als böse Dämonen, gekommen ihn zu quälen, betrachten soll, steigt der seine Geist ihres „Feuerwassers" ihm ins Gehirn, und übertriebene Vorstellungen von ihrer Macht nehmen seine Phantasie gefangen."

„Aber ach! bald erwacht er aus diesen trügerischen Träumen, um die ganz außerordentliche Änderung zu gewahren, welche diese neuen Bekannten in seiner Seele zuwege gebracht. Hier baut jetzt die Habsucht ihren Thron auf und behauptet sich in ihrer sündhaften Herrschaft durch alle Art von Ungerechtigkeit und Tyrannei. Die Bande des Bluts werden für nichts geachtet; der Vater verschachert sein Kind gegen einen glitzernden Tand, ein buntes Tuch oder eine wüste Bauerei, und die Fesseln der Sklaverei werden durch jede nachfolgende Wareneinfuhr aus Europa fester und fester vernietet."

„Vor diesem Zeitpunkt hatten wir zwar wohl das blutende Opfer unter dem Opfermesser hingestreckt liegen sehen und Zeugen sein können, mit welchem wahnwitzigen Entzücken der Wilde die ersterbenden Qualen seines gefangenen Feindes belauschte, oder wie der verdächtige Zauberer und die Zauberin mit allen ihren Sippen den Flammen übergeben wurden; aber bei alledem ward doch den allgemeinen Banden eines gemeinsamen Stammes oder Banden von noch engerer Art noch einige Rücksicht gezollt. Kaum aber wird der Neger im Austausch gegen die Waren Europas angenommen und selbst dem Golde vorgezogen, als ein allgemeines Raubsystem losbricht und die heiligsten Gefühle unsrer Natur mit Füßen getreten werden. Einmal sehen wir den Weißen zur abscheulichsten Verstellung greifen, den arglosen Afrikaner in seine Gewalt verloden und sein verpfändetes Wort ohne Gewissensbisse brechen; ein andres Mal sehen wir ihn mit einem freundlich gesinnten Stamme im Bunde Feuer und Schwert in schutzlose Dörfer tragen und die wehrlosen Einwohner nach seinen Booten schleppen. Wieder ein andres Mal sehen wir eine Bande landstreicher, Kerle mit einer Seele schwarz wie die Mitternacht und zur Verübung jedweder empörenden Schandthat abgefeilt, nach volkreichen Ortschaften hin, deren Bewohner schlafend in ihren Hütten eingesperrt werden; er kommandiert den wilden Sturm, und inmitten der Schrecken eines nächtlichen Angriffs und des Flammenmeers der brennenden Hütten, bei ihrem grellen Widerschein auf blitzende Schwerter und furchtbare Gestalten, wie sie der Neger nie zuvor gesehen, werfen, macht er eine leichte Beute, indem er den Starken durch grausame Schläge und unbarmherzige Stichwunden zwingt und den Schwachen durch die bloße Wirkung der Furcht unter seinen Willen zwingt. Die Alten und Kranken bleiben als werthlose Ware unbeachtet, und werden ihre Klagen und Einreden für immer zum Schweigen gebracht. Für die Männer von gewaltigem Körperbau, deren man sich mit besonderer Gier bemächtigt, giebt es Fesseln und Peitschen, für die hülflosen Frauen und Kinder Schande und Schreckworte."

„Bisweilen, und dies wird zuletzt der allgemein herrschende Brauch, begnügt sich der Europäer, für seine Sklaven bloß zu zahlen, und überläßt die Details ihrer Gefangennehmung dem eingebornen Händler, seinem Verbündeten, dessen Geschmack an solchem Geschäft man unablässig durch alle möglichen Reizmittel, welche Scharfsinn und Habsucht nur auszudenken vermochten, ausgebildet hat. Und in der That sind die Lehren des Weißen nicht in den Wind geredet worden. Sein Schüler geht mit dem ganzen Feuer seines natürlichen Instinkts auf die Sache ein und betreibt sie fort und fort, ohne durch ein moralisches Bedenken sich darin stören und entmutigen zu lassen. Dabei greift er von einer Verfahrungsart zur andern, um dem Begehren des Weißen nach Sklaven nachzukommen, einmal zu offenem Krieg, ein andres Mal zu List und Raub; der Schuldner, der Verbrecher und das Opfer einer öffentlichen Anklage sind auf gleiche Weise der Sklaverei verfallen. Selbst wenn der Vater seines Kindes schont und pflegt, so thut er es nur aus Rücksicht auf seine Preiswürdigkeit als Waare. Das ist das Bild oder vielmehr die Bilderreihe, die unsrer Betrachtung sich darbietet." Soweit Cruickshank, der im Jahre 1834 als englischer Beamter nach Cape Coast gekommen war.

Die in diesen Ausführungen niedergelegten Studien und Erfahrungen jenes Engländers, der in 18 jährigem Aufenthalt im Fantelande die Verhältnisse des Landes sehr genau kennen lernte, sind auch für das Gebiet der Evhestämme in jener Zeit so vollkommen zutreffend, daß sie genau das wiedergeben, was die Nachforschungen auch hier ergeben. So schildern auch heute noch die Eingeborenen selbst das erste Erscheinen der Europäer und ihren Einfluß auf die Bevölkerung. Sie erzählen folgendermaßen: „Als das erste Schiff sich zeigte, flohen die Eingeborenen, als sie seiner ansichtig wurden. Aber es ging bei Keta vor Anker, und als die Insassen gelandet waren, besprachen sie sich mit den Ältesten und fingen dem Menschenhandel an. Früher, wenn jemand einen Mord begangen hatte, so wurde er nicht getötet, sondern er mußte eine bestimmte Geldsumme bezahlen. Aber als die Weißen kamen, da wurden solche erbarmungslos an die Sklavenhändler verkauft, ja ohne daß jemand irgend etwas Böses gethan hatte, konnte er in die Sklaverei verkauft werden. Menschenfang und Wegelagerei war an der Tagesordnung, so daß große Furcht im ganzen Lande herrschte. Trotzdem versuchten die Könige und Häuptlinge es nicht zu verhindern; denn jedes Jahr bezahlten die weißen Sklavenhändler eine große Summe Geldes an dieselben. Allmählich jedoch mußten sie notgedrungen einschreiten; denn es wurden der Kriegsleute mit der Zeit so wenige, daß die Häuptlinge genötigt waren, dem Menschenhandel im eigenen Stamm Einhalt zu gebieten. Als dann die Dänen ihr Fort in Keta bauten, da waren es die Portugiesen, die überall an der Küste entlang ihre Sklavenfaktoreien hatten. Diese gaben den eingebornen Händlern Geld, und diese wanderten im ganzen Land umher und kauften Sklaven für sie. Aber dadurch wurden diese Leute nur zu Dieben gemacht; denn wenn die Weißen kamen und Geld oder Sklaven forderten, so behaupteten sie, Sklaven gekauft zu haben, aber sie seien, weil sie so lange ausgeblieben seien, inzwischen gestorben. Als aber die Engländer kamen, hörte die Sklavenausfuhr auf, und wenn

— 445 —

auch in dieser Zeit nach von den Portugiesen Sklaven gekauft wurden, so konnten sie sie doch nicht mehr in Aeta und an andern Plätzen verschiffen, sondern mußten sie erst nach Whydah bringen." ....

Das Gebiet der Evhser hat in jener Zeit den Namen Sklavenküste erhalten; warum, ist eigentlich nicht recht klar; denn daß an anderen Orten der Küste wenigstens ebensoviel, wenn nicht noch mehr Sklaven ausgeführt wurden, ist mit Sicherheit anzunehmen. Auch im Evheland waren es die Küstenbewohner und unter ihnen in erster Linie die Anglœr, die mit den Europäern in Verbindung traten. Schwierig war für beide Teile, daß man sich gegenseitig nicht recht verstehen konnte. Sehr treffend sagt Cruickshank über das Verhältnis der Europäer zu den Eingeborenen S. 13: „Der Eingeborene mit scharfem Sinne seinen Vorteil erspähend, geschmeidig und kriechend schmeichlerisch, erkannte bereitwillig die Überlegenheit des Weißen mit Worten an und begrüßte ihn, ohne daß sein Stolz irgendwie Anstoß daran nahm, als seinen Herrn. Aber er machte im Innern einen Vorbehalt und macht ihn heute noch, welcher die Bedeutung des Wortes nach seiner eigenen Auslegung bestimmt, und er hat, so oft sein Behagen und seinen Vorteil gestört und bedroht zu werden scheinen, so wenig die Absicht unbedingten Gehorsam zu leisten, als ob er niemals irgendwelche Verbindlichkeit dazu übernommen hätte. Dabei ist es nicht etwa sein Wunsch, sich vom Zwange des Gehorsams frei zu machen. Sein Zweck ist, bei allen Gelegenheiten das Opfer, das er neuen Wünschen zu Gefallen bringt, recht herauszustreichen, nicht sowohl weil er entschlossen ist, ihnen nicht nachzukommen, als vielmehr um für seinen Gehorsam ein Geschenk oder eine Vergünstigung zu erlangen."

Ein derartiger Dienst scheint an der Goldküste — auch an der Sklavenküste — das Wesen der Abhängigkeit des Afrikaners vom Europäer von ihrem frühesten Verkehr an gewesen zu sein. Er hat gewiß zu einem beständigen Kampfe Anlaß gegeben, der auf beiden Seiten erfinderisch in jeglicher Art von List war, indem der eine Teil seine Macht und seinen Einfluß zu befestigen und auszudehnen, der andere aber neue Vorteile zu erringen suchte. Das Verhältnis, in dem sie zu einander standen, scheint niemals klar bestimmt worden zu sein, und vielleicht hat kein Teil dies gewünscht, weil jede Gewißheit hierüber die Möglichkeit der Vorteile vermindern konnte. „Unser einziger Zweck bei Errichtung so vieler Forts", sagt Cruickshank weiter, „war der, die Mittel in Händen zu haben, uns bei Betreibung des Sklavenhandels zu schützen. Wir hatten keine territoriale Gewalt im Auge, wir trachteten nicht danach, eine Oberleitung in den Angelegenheiten des Landes uns zuzueignen, wir wollten nur eine gewisse Art vermittelnden Einflusses ausüben zu dem Ende, allen aus dem Hader der verschiedenen Stämme entspringenden Störungen des Handels vorzubeugen.... Die uns den Eingeborenen gegenüber beherrschenden Triebfedern wurden von ihnen vollkommen verstanden und stellten uns auf gleichen Fuß mit ihnen. In gleichem Maße Teilhaber an einem schändlichen Handel, hatten sie den Vorteil vor uns voraus, daß die Versorgung des Marktes mit guter Ware in ihren Händen lag, und da sie von kommerziellen Störungen und Verzögerungen weniger zu leiden hatten, so machten sie es sich zu Nutzen, uns zeitweilige Hemmnisse in den Weg zu werfen, von denen sie wußten, daß sie durch Bestechungen und Zugeständnisse zu beseitigen gesucht würden, da sie versichert waren, daß unsre Habgier uns vermögen würde, ihre unverschämten Forderungen und ruhig gefallen zu lassen und ihre frechen Beleibigungen geduldig in uns hinunterzuwürgen."

Wir schickten diese Schilderungen voraus, weil nur auf Grund dieser Thatsachen die geschichtliche Entwicklung — wenn man überhaupt jene traurige Periode eine Entwicklung nennen kann — verstanden werden kann.

Nachdem die Agotimer auf der Bildfläche des Ewhelandes erschienen waren, teilten sie sich mit den Angloern in den Handel. Sie unterhielten Beziehungen mit den Adangmern, von denen sie ausgezogen waren, versorgten die Nachbarstämme mit Salz, Tabak, Gewehren und Pulver und nahmen dafür Sklaven und Elfenbein von den Konsumenten. Auch in ihnen erkannten die Ewher bald Leute, die ihnen unentbehrlich wurden, was ihnen die nötige Sicherheit auf ihren Reisen gewährte.

Die Angloer an der Küste hatten zwei wesentliche Vorzüge vor den Inlandstämmen voraus; denn sie beherrschten bald den ganzen Küstensaum vom Volta im Westen bis in die Gegend von Klein-Popo. Die Lagune lieferte ihnen mühelos von Zeit zu Zeit enorme Quantitäten Salz, und da die Deckung dieses unumgänglichen Bedürfnisses eine Lebensfrage für die Inlandstämme war, so gelang es den Angloern schon sehr frühe, durch Salzlieferungen den Zugang zu den Inlandstämmen zu finden, auch da, wo diese unter sich schwer verfeindet waren. Zum Salz trat bald der von den Europäern eingeführte Tabak hinzu, der binnen kurzem dem einheimischen, der ohne Zubereitung gebraucht wurde, den Rang abließ. So kam es, daß die Angloer, seit den frühesten Zeiten nach der Einwanderung, wieder das Bindeglied unter den Ewhestämmen geworden sind. Sie waren klug genug, sich auf ihren Handelsreisen nicht in die Streitigkeiten der sich befehdenden Stämme einzulassen, und waren ihrer Waren wegen gern gesehene Freunde. Auf der andern Seite waren wiederum sie es, die den Handel mit den Europäern vermittelten.

Für Salz hatten sie, abgesehen von einiger Arbeit, keine Auslagen. Daß sie sich aber dennoch von den Konsumenten gut bezahlen ließen, lag schon in der Natur der Sache. Geld war überhaupt nicht vorhanden. Raums führten die Sklavenschiffe zwar nach und nach ein; aber sie bahnten sich nach dem Innern doch nur langsam ihren Weg. Des Salzes aber bedurfte man, und Tabak war sehr begehrt; so drängte sich den Inlandstämmen der Menschenhandel fast als Bedürfnis von selbst auf, und die Angloer unterstützten ihn mit Ausnützung ihres eigenen Vorteils mit beiden Händen. Damit sind wir bei der traurigsten Periode der Ewhegeschichte angelangt. War es bis dahin nur der Kampf um Länderinteressen oder die Betrafung von Mord- und Schandthaten gewesen, der dauernde Feindschaft zwischen einzelne Stämme und Stammesteile brachte, so verlegte man sich von jetzt ab darauf, dem Nachbar möglichst viel Menschen wegzufangen, die ungesäumt den Händlern für Waren ausgeliefert wurden. Ein also beraubter Stamm nahm natürlich bei der nächsten Gelegenheit Rache und holte sich wiederum so viele Menschen, als er habhaft werden konnte; denn auch ihm boten sich dieselben Händler, die seine eigenen Leute fortgeführt hatten, als Abnehmer an.

Bald jedoch beschränkte man sich nicht mehr nur auf Gefangene. Da war ein Dieb auf frischer That ertappt; zur Strafe lieferte man ihn an die Händler aus. Eine Frau, die bei ihrem Mann zu bleiben sich weigerte, bot eine günstige Gelegenheit, die durch ihren Verlauf erstandenen Waren zur Zahlung einer

Schuld zu erhalten. Ein ungeratener Sohn, von deſſen ſchlimmen Streichen man nur Verlegenheiten und Unkoſten zu erwarten hatte, lieferte durch den Verkauf wenigſtens noch einiges von Dort. Eine Tochter, die ſich weigerte, den ihr vom Vater beſtimmten Mann zu heiraten, lohnte für die Mühe des Aufziehens mit ihrem Kaufpreis. Ein leichtſertiger Schuldenmacher, den die Familie nicht mehr tragen konnte oder mochte, ermöglichte durch ſeinen Verkauf wenigſtens die teilweiſe Befriedigung ſeiner Gläubiger. Immer tiefer und tiefer ſank die von Habſucht ergriffene Natur, bis wir an dem Punkte ankommen, auf dem der Vater die Zuſtimmung der Brüder ſeiner Frau einholt, um ſein dem Säuglingsalter kaum entwachſenes Kind zu verkaufen. Oft genügte die bloße Verdächtigung eines Jungen von ſeiten eines Nachbarn, und der Vater verkaufte ihn für 30 head Kauris. Es iſt geradezu unbegreiflich, wie die Mutterliebe es über ſich brachte, in einen ſolchen Handel einzuwilligen. Aber die Thatſachen ſind zu gut verbürgt, als daß ſie anzuzweifeln wären. Daß dieſer Handel für die Küſtenſtämme, insbeſondere für die Angloer, ein ſehr einträglicher geweſen iſt, muß angenommen werden. Nachdem die Ausfuhr der Sklaven längſt unterdrückt war, ſie aber doch immer noch im Lande Abnahme fanden, koſtete ein Kind durchſchnittlich 32', Dollar. Sie verdienten alſo an einem einzigen rund 100 Mk. Daß ſie auch da, wo ſich Gelegenheit bot, Kinder ungefragt mitnahmen, wird ebenfalls vielfach bezeugt. Außerdem bedienten ſie ſich noch beſonderer Liſt in Fällen, in denen etwa einem Stamm Kriegsgefahr drohte. Zu Salz und Tabak hatte ſich in ſolchen Fällen als ſehr begehrte Ware Pulver und Gewehre geſellt. Beiden ſtreitenden Parteien lieferten ſie, getreu ihren Handelsintereſſen, ſo viel eben anging, und wo ein Stamm in der Lage war, möglichſt viele Perſonen für den Kriegsbedarf zu verausgaben, war ihm auch der Sieg geſichert. Daß ſie in ſolchen Fällen die Preiſe etwas herabdrückten, um noch größerem Verdienſt zu haben, braucht nicht wunder zu nehmen.

Die Küſtenſtämme von den Europäern zu dem ſchändlichen Handel verführt, übertrugen den Fluch auf das ganze Volk, das leider ebenſo wenig Widerſtand zu leiſten vermochte, wie die Küſtenbewohner den Europäern. Während aber die Küſtenſtämme ſich an dem Handel bereicherten, blieb den Innlandſtämmen nichts übrig, als eine Verminderung der Bevölkerung, ſamt dem demoraliſierenden Einfluß, geſchürt durch die Habſucht, die jedoch keine Befriedigung fand. Aber das Bild wird noch um einen Schatten düſterer, wenn wir erwähnen müſſen, daß der ſchwunghaft betriebene Ausfuhrhandel mit Sklaven ſich auch noch in andrer Weiſe geltend machte. Die weſtlichen Stämme waren mit der Zeit unter fremde Herrſcher gekommen. Im eigenen Lande war niemand, der es wagen konnte, eine Art Oberhoheit in Anſpruch zu nehmen. Jeder Stamm hatte mit ſeinen eigenen klerikalen Angelegenheiten zu thun. Während für die fremden Angloer das ganze Land offen ſtand, wagten die Angehörigen der einzelnen Stämme ſich nicht über die enge Grenze ihres Stammes hinaus; wurden doch oft genug am Waſſerplatz ſogar Leute weggefangen. Ja die Unſicherheit war ſo groß, daß bei Einbruch der Nacht jedermann ſich ins Haus zurückzog und dasſelbe nicht eher wieder verließ, als bis der neue Tag angebrochen war. Unter dieſen Umſtänden hätte es eines Mannes von außergewöhnlichen Fähigkeiten bedurft, wenn er es hätte wagen wollen, die Stämme zu einigen und zu regieren. Ein charakteriſtiſches Beiſpiel, das man wohl auf die Zuſtände des ganzen Landes wie der einzelnen Volksstämme anwenden darf, liefern uns die Nhiver und Atikpuier ums Jahr 1700. Zwischen beiden Städten waren Feindseligkeiten ausgebrochen. Um die Atikpuier besiegen zu können, erkaufte sich der Häuptling Gugu von Nhive die Hilfe der Agotimer. Als aber der Häuptling von Atikpui, Osori, davon hörte, nahm er acht bewaffnete Männer und seine Tochter und ging nach Agotime, um die Agotimer wieder abwendig zu machen. In Agotime angekommen, sagte er zu dem König der Agotimer, Oku mit Namen: „Ich habe gehört, daß Du von den Nhivern um Hilfe gebeten wurdest, und daß diese Hilfe ihnen zugesagt wurde; aber so lange Du, der alte Elefant, an dem Kampf beteiligt sein wirst, ist es für uns Atikpuier unmöglich, zu siegen. Zu meinen Lebzeiten soll aber Atikpui nicht zerstört werden. Deßhalb bin ich bereit, mich selbst zu opfern, und diese 8 Männer sollen mein Blut von Deinen Händen waschen; dazu gebe ich Dir meine Tochter zur Frau." Darauf versammelte der König seine Häuptlinge und Ältesten aus sämtlichen Agotimestädten; aber diese erklärten, daß die Nhiver bereits eine zusagende Antwort erhalten hätten, die nicht wieder rückgängig gemacht werden könne. So mußte der Häuptling von Atikpui wieder unverrichteter Sache heimkehren. Aber sofort fing er an, die Stadt zu befestigen. Endlich kam der Tag der Schlacht herbei. Die Atikpuier wurden angegriffen, aber sie verteidigten sich sehr tapfer. Nach mehrstündigem Kampf gelang es ihnen, die Nhiver in die Flucht zu schlagen und den Agotimern ungeheure Verluste beizubringen. Darob wollte sich der König zurückziehen; aber sein Feldhauptmann erklärte ihm, daß, wenn er sich in dieser Weise zurückziehen wollte, so sollte er seines bisherigen Beinamens „Elefant" verlustig gehen und in alle Zukunft Antilope genannt werden. So kam es zu einem zweiten Gefecht, in dem die Agotimer das Schlachtfeld behaupteten, und die Atikpuier wurden von da an den Agotimern tributpflichtig, während die Nhiver als Feiglinge verschrien wurden und versprechen mußten, die Agotimer entsprechend zu entschädigen dafür, daß sie sie bei dem ersten Treffen so schmählich im Stich gelassen hatte. Diese Entschädigung bestand zum Teil darin, daß der Häuptling Gugu von Nhive seine Tochter dem König Oku von Agotime zur Heirat anbot. Da dies Angebot von Oku ausgeschlagen wurde, so nahm sie sein Bruder Nate Ngo zur Frau. Aber gerade diese Heirat wurde ein Grund zu neuen Feindseligkeiten und Kriegen, in die schließlich die Akwamuer, Angloer und Akraer verwickelt wurden, und die für die Inlandstämme den Anlaß boten, unter der Hegemonie der Peker das harte Joch der Akwamuer abzuschütteln, wie wir später sehen werden.

Formosa.
(Mit Karte.)

Formosa (japanisch Taiwan) nebst zugehörigen kleinen Inseln und den Pescadores bildet einen, von der Verwaltung des japanischen Reichs unabhängigen Bezirk, eine Provinz oder eine Kolonie, an deren Spitze in militärischer und Verwaltungsbeziehung ein Generalgouverneur steht.

Die Provinz (Ju) ist eingeteilt in 3 Präfekturen (Ken) und 4 Präfekturen 2. Ranges (Cho). Diese Einteilung, auf Verwaltungsrücksichten basiert, soll in der allernächsten Zeit abgeändert werden. Man will eine größere Anzahl — zwanzig — Cho schaffen und die Ken eingehen lassen, um eine größere Zentralisierung der Zivilverwaltung zu ermöglichen.

Der Flächeninhalt Formosas beträgt 34080 qkm, die Einwohnerzahl beläuft sich auf annähernd 3 Millionen. Davon sind 2¾ Millionen Chinesen, 23000 Japaner und — schätzungsweise — 150000 Wilde. Die Seelenzahl der Wilden hatte man bislang geringer geschätzt, auf etwa 90 bis 100 Tausend, die allerneuesten Mitteilungen der Cho-Präfekten in den Wildengebieten haben jedoch zu dieser Zahlenangabe geführt.

Im großen Ganzen betrachtet, scheidet sich die Insel, ungefähr der Länge nach, in eine kultivierte Ebene mit zivilisierter Chinesenbevölkerung und ein zumeist mit Urwald bestandenes Gebirgsland, bewohnt von ungebändigten Wilden. Die japanische Verwaltungseinteilung hat sich der orographischen Teilung der Insel angeschlossen und in der kultivierten Ebene drei Präfekturen geschaffen, die annähernd gleichstark bevölkert sind; sie haben ihren Sitz in Taipeh (japanisch Taihoku), Taichu und Tainan. — Die Präfekturen zweiten Ranges befinden sich in Gilan, Taito (Pinan) und Koshun. Die Pescadores (japanisch Hoko10 oder Boko10) bilden die vierte Präfektur zweiten Ranges. — Die weitere Einteilung der Ken und Cho ist, geradeso wie im eigentlichen Japan, in Benmusho — Kreise — und gai, sho oder sha, d. h. Gemeinden und ähnliches.

Verwaltungsapparat. — Die Stadt Taihoku ist Sitz des Generalgouvernements. — Der Gouverneur übt seine militärischen Befugnisse mit Hülfe eines Generalstabes aus. — Für die Zivilverwaltung ist, unter einem besonderen Chef, so zu sagen ein Ministerium des Innern vorhanden und außerhalb dieses, dem Gouverneur direkt unterstellt, eine Anzahl Abteilungen. Diese sind: eine Geheimabteilung, ein oberster Gerichtshof und je eine Abteilung für Verwaltung der Monopole, für Landesvermessung, Leuchtfeuerwesen, Eisenbahnen, Lazarettwesen und für Schulen — Das „Ministerium des Innern" ist eingeteilt in eine Personalabteilung, Registratur und Kanzlei und in die Abteilungen für: Etat- und Rechnungslegung, Steuern und Zölle, Handel, Land- und Forstwirtschaft, sowie

Bergwerke, Unterrichtsſachen, Polizeiſachen, Geſundheitspflege und Poſt- und Telegraphie. — Der an der Spitze der Zivilverwaltung ſtehende Chef, Herr Goto, iſt ein früherer, in Deutſchland gebildeter Arzt, ein äußerſt thatkräftiger und intelligenter Mann, der als die Seele des Formoſa-Gouvernements bezeichnet wird. —

Außer den vorgenannten Verwaltungs- u. ſ. w. Behörden exiſtieren noch Sonderbehörden für Hafenbau, Quarantäne, Zollangelegenheiten und meteorologiſche Beobachtung. Sie haben ihren Sitz vornehmlich in den beteiligten Hafenſtädten.

Wie überall in der japaniſchen Verwaltung, findet ſich auch im Gouvernement von Formoſa ein zahlreiches Heer von Beamten. — Es ſei geſtattet, die Einteilung der japaniſchen Beamten im allgemeinen hier zu ſtreifen.

Beamteneinteilung und Rangſtufen. — Die Rangſtufen der Beamten — und des Militärs — von unten angefangen, ſind: Hanin, Sonin, Chokunin und Shinnin. — Hanin ſind alle Unterbeamten und, vom Militär, die Deck- und Unteroffiziere. Es ſind Gehaltsempfänger mit Penſionsberechtigung, deren Beſtallung und Ernennung durch obere Beamte und Behörden erfolgt. — Sonin, Chokunin und Shinnin werden durch kaiſerliche Erlaſſe mit Patenten (Shirei) ernannt. Um Sonin-Rang zu erlangen, iſt die höhere Schulbildung Erfordernis; es iſt beim Beginn der Carrière ein beſonderes Staatsexamen nötig, und dem Sonin ſtehen die höheren Rangſtufen offen. Für die Hanin iſt letzteres nicht oder doch nur in beſchränktem Maße zutreffend, in ſofern, als beſonders verdiente Deckoffiziere der Bootsmann-, Feuerwerker- und Zimmermeiſterlaufbahn und Feldwebel ausnahmsweiſe Offizierrang erhalten können. (Feldwebelleutnants, Feuerwerksleutnants u. ſ. w.) — Bequem faßlich iſt die allgemeine Rangeinteilung beim Vergleich mit den militäriſchen Rangſtufen, nämlich: Sonin ſind alle Offiziere vom Unterleutnant bis zum Oberſten incl.; Chokunin: die Generale und Admirale und Gleichgeſtellte (Miniſterialdirektoren und oberſte Verwaltungsbeamte); Shinnin: die Marſchälle und aktiven Staatsminiſter.

Beamtenuniform. — Sämtliche Beamte des Gouvernements Formoſa tragen Uniform mit Säbel — auch die Hanin; ſo findet man z. B. auch die Leuchtturmwärter mit dem Säbel.

Die Uniform iſt folgende. Es giebt eine Sommer- und eine Winteruniform. Die erſte: weißes Leinenzeug, die andere: ſchwarzes Tuch oder Serge; dazu gehörig ein langer ſchwarzer Tuchmantel. Die Uniform beſteht nur aus Hoſe, Jacke und Mütze; ſie hat goldene Knöpfe und goldene Rangabzeichen. Die Rangabzeichen beſtehen aus 1 bis 3 Streifen um den ſteifen Mützenrand und 1 bis 3 einſchraubbaren Abzeichen nach Art unſrer Rangſterne auf dem Unterarm. Die Mützenſtreifen ſind je 1 cm breit; die ſchwarze Mütze hat außerdem noch einen dunkelroten Streifen als Paſpel, um den Mützendeckel. Die weiße Mütze hat dieſen Streifen nicht. Die Aermelabzeichen ſind zwei mit der Baſis zuſammengeſtellte Dreiecke; ſie ſtellen den Anfang des chineſiſchen Zeichens für das Wort „Tai" (von Taiwan) in doppelter Ausfertigung dar: Dies Zeichen iſt auch auf den goldenen Knöpfen eingepreßt. — Auf den Aermeln befindet ſich außerdem, in Höhe unſrer Aermelſtreifen, ein 1 cm breiter goldner und ein ſchmaler roter Tuchſtreifen — auf der Winteruniform; die Sommeruniform hat dort nur einen weißen Zeugſtreifen. Die Rangabzeichen ſitzen unter den Aermelſtreifen. — Hanin haben ein Armabzeichen und einen Streifen um die Mütze, Chakunin je drei dieser Abzeichen. Der Mantel hat, für alle Beamten gleich, nur einen schmalen roten Unterarmstreifen. — Der Säbel wird, in schwarzer Lederscheide mit goldnen Beschlägen, an schwarzem Lederkoppel getragen. — Zur Winteruniform gehören Epaulettes, für Hanin ohne, für die höheren Beamten mit den Rang unterscheidenden Kantillen. — Der Gouverneur trägt eine solche Beamtenuniform nicht, da er bestimmungsmäßig stets General oder Admiral ist.

Erhöhte Besoldung. — Wegen der kostspieligeren Lebensführung auf Formosa und um für die klimatischen Unbilden ein Aequivalent zu bieten, ist das Gehalt der Offiziere und Beamten auf Formosa um etwa $^1/_3$ höher, als das der entsprechenden Rangstufen im eigentlichen Japan. Außerdem kommt pro Dienstjahr in Formosa ein, im Durchschnitt 10 prozentiger, Dienstzeit-Zuschlag hinzu. Daß die Lebensführung teurer ist als im Mutterlande, rührt daher, daß fast alle Bedürfnisse, auch einige Hauptlebensmittel, eingeführt werden müssen, so daß auch die Arbeits- und Dienerschaftslöhne höher sind, als zu Hause. Reis und Rindfleisch für den japanischen Konsum wird der Hauptsache nach, aus Japan importiert. Der formosanische Reis soll von geringer Güte sein und weit hinter dem japanischen zurückstehen. Schlachtvieh, Rindvieh, kommt schlecht fort und wird wenig gezogen. Das Fleisch der zahlreichen, in Formosa gut gedeihenden Wasserbüffel kommt als Nahrungsmittel nicht zur Verwendung.

Verbindungen mit und auf der Insel. — Formosa steht mit Japan in regelmäßiger Dampferverbindung. Die beiden Hauptdampferlinien Japans vermitteln den Verkehr durchschnittlich mindestens 8 mal im Monat. Telegraphische Verbindung wird durch 2 Kabel aufrecht erhalten, von denen eins über die Liukiu-Inseln geht, das andere über die chinesische Küste. · Für die Kommunikation auf der Insel selbst wird durch eine im Ausbau begriffene Eisenbahn, durch Dampferfahrten um die Insel herum und nach den Pesdadores, ferner durch ein ausgedehntes Post- und Telegraphennetz — darunter 2 Kabel nach Makung — und durch Landstraßen gesorgt. Die Landstraßen sind allerdings im allgemeinen von geringer Güte. — Von den zahlreichen Flüssen ist eigentlich nur einer, und zwar auch nur in beschränktem Maße schiffbar. Kanäle fehlen ganz.

Was die Flüsse anbelangt, so gestatten die meisten wohl einen Verkehr mit leichten, flachgehenden Sampans, für eine kurze Strecke, sind jedoch für größeren Warentransport durchaus ungeeignet. Nur der Tamsui-Fluß, im Norden, kann Anspruch erheben, in gewissem Maße als schiffbar bezeichnet zu werden. Von der Hafenstadt Tamsui bis zur Landeshauptstadt wird er regelmäßig durch Dampfboote und durch große, bis zu 50 t Ladung haltende Leichter und seegehende Dschunken befahren. Dieser Verkehr dehnt sich dann noch etwa 5 km weiter ins Innere aus; weiter hinauf können nur noch flache Boote gehen.

Häfen. — Den Hauptmangel Formosas bilden seine schlechten Häfen. Während die Westküste zu flach verläuft, mangelt es der steil aus dem Meere aufsteigenden Ostküste an Gliederung und an Einschnitten. — Dem internationalen Verkehr geöffnet sind 4 Häfen: Kilung, Tamsui, Anping und Takao. Außerdem ist Dschunkenverkehr, mit der chinesischen Küste, erlaubt für die an der Westküste gelegenen kleinen Hafenorte: Auuko, Koro, Goro oder Gojei, Rokko, Rakkuko, Tosetiko, Toko und auf den Pesdadores für Makung. · Diese kleinen Häfen an der Westküste Formosas können für europäische Schiffahrt nicht in Betracht

29*

kommen, da die Schiffe zu weit vom Lande ab in See ankern müssen. — Die Verhältnisse sind so, daß z. B. bei Goro, 4 km von Land, erst 12 Fuß Wasser bei H. W. sind, und bei Rollo, 8 km von Land nur 8 Fuß. Die von regelmäßig verkehrenden Dampfern an der Ostküste angelaufenen Plätze: Sao, Garenlo und Pinan entbehren, — außer Soo — jeglichen Hafens. Landen ist in allen dreien nur mittels Brandungsbooten möglich und beschränkt sich, für Garenlo und Pinan, während der Zeit des Nordost-Monsuns auf einige Morgenstunden. — Die navigatorischen Verhältnisse der offenen Häfen sind aus unsern Segelanweisungen bekannt. Der beste Hafen: Kilung ist jedoch auch weit davon entfernt, als sicher und gut bezeichnet werden zu können. Er allein kommt für die Verbindung mit Japan in Betracht. Für den Verkehr mit der chinesischen Küste ist z. B. noch Tamsui der Hauptplatz, obgleich seine ungünstigen Wasserverhältnisse, da vor der Flußmündung eine Barre liegt, die nur bei Hochwasser passiert werden kann, den Verkehr auf Dampfer unter 1000 t beschränkt halten. — Es sind daher ganz außerordentlich umfangreiche, kostspielige Hafenverbesserungen geplant, zunächst für Kilung und Talao, dann für Tamsui. In Kilung sind die Arbeiten bereits in Angriff genommen.

Durch Ausgestaltung Kilungs zu einem wirklich guten Hafen hofft man auch den großen Thee-Export nach Amerika direkt vermitteln zu können. Jetzt geht er, da großen Dampfern die Liege- und Ladeverhältnisse in Kilung zu unsicher und schlecht sind, mit kleinen Dampfern über Tamsui nach Amoy und von dort erst über den Ozean. — Amoy wird dann voraussichtlich noch mehr von seiner ehemaligen Handelsbedeutung verlieren.

Man erzeugt vornehmlich: im Norden der Insel Thee, im Süden Zucker und leitet aus dem Wildengebiet die dritte Haupteinnahmequelle her, den Kampher. — Überall auf der Insel werden Reis, Bohnen, Mais und die laubbuschigen Gemüse für den Lebensunterhalt angebaut, daneben hauptsächlich Indigo und Hanf.

Der Thee ist von vorzüglicher, namentlich in den Vereinigten Staaten geschätzter Qualität und sehr ertragreich. Das Zuckerrohr steht an Stärke und daher an Ergiebigkeit hinter dem zurück, was in anderen, ganz tropischen Ländern produziert wird. Mit dem Kampher, einem Monopol der Regierung, will Formosa den Weltmarkt beherrschen. — Für den Thee-Export ist Tamsui der Hafen-, Twatutia, eine Vorstadt von Taihoku, der Stapelplatz. Die Ernte beginnt im Frühling und dauert bis zum Oktober. Während dieser Zeit ist der Frachtverkehr nach Amoy auf dem Höhepunkt. — Die Zuckerrohrernte und Zuckerproduktion dauert von Februar bis Mai; Verschiffung vornehmlich in Takao und Anping nach Hongkong. — Die Kampherproduktion hat das ganze Jahr über statt. Der Kampher soll jetzt hauptsächlich aus Kilung über Japan auf den Markt gehen.

Die Theeproduktion und der Handel liegt noch ausschließlich in chinesischen Händen, Aufkauf und Export vornehmlich in englischen und amerikanischen. Der Zuckerhandel ist noch fast durchweg chinesische Domäne, doch bemühen sich die Japaner, sich seiner zu bemächtigen und machen neuerdings Anstrengungen, ausländisches Kapital hineinzubekommen. Vorläufig ist eine japanische Aktiengesellschaft vorhanden, die eine mit modernen Maschinen ausgerüstete Fabrik zu Beginn nächsten Jahres in Thätigkeit treten läßt. Die Fabrik liegt an der Eisenbahnstrecke zwischen Takao und Tainan. — Der Kampherhandel, Regierungs-

Monopol wie der Opiumhandel, wird durch die englische Firma Samuel & Co. betrieben. Sie hat die Ausbeutung beider Monopole in Händen. Rohkampher und Rohopium, das über Hongkong eingeführt wird, erfahren ihre Raffinierung in großen Regierungsfabriken in Taihoku. — Aus dem Kamphermonopol zieht die Formosaregierung einen jährlichen Gewinn von ca. 1,3 Millionen Yen, aus dem Opiummonopol einen solchen von etwa über 1 Million.

Mineralreichtum. — Aus dem noch unerschlossenen Mineralreichtum der Insel treten bis jetzt nur Gold, Kohle und Petroleum, sowie Schwefel in die Erscheinung. Kohle, Petroleum und Schwefel bilden keinen nennenswerten Exportartikel. Die Kohle wird nur in kleinen Betrieben gefördert; die Gewinnung des Schwefels ist primitiv; gegen die mächtige Produktion in Amerika und Süd-Europa kann sie nicht konkurrieren.

Gold wird vorläufig nur im Norden planmäßig ausgebeutet. Es ist Regierungsdomäne, die verpachtet ist. — Das Edelmetall findet sich in Gängen im Gestein der südöstlich von Kilung gelegenen hohen Berge der Nordküste Formosas und im Sande des Kilungflusses. Im Gebirge wird es in zwei, durch Japaner betriebenen Bergwerken ausgebeutet; die Goldwäscherei im Fluß ist an Chinesen vergeben. — Der Bergwerksbetrieb soll, nach Auskunft an Ort und Stelle, noch nicht besonders gewinnbringend sein, da die Anlagen noch jung — anderthalb Jahr — und dementsprechend klein sind. Wegen der Auffindung und des Erschließens reicherer Adern, auf die man neuerdings gestoßen ist, hat man jedoch begründete Aussicht auf bessere Erträge. In der allerjüngsten Zeit sind nun auch Meldungen und handgreifliche Beweise von der Goldhaltigkeit des an der Ostküste mündenden Karenko-Flusses und des Flusses bei Pinan eingelaufen.

Da die formosanische Regierung das Ausbeuten der in Frage kommenden Flüsse in größerem Style betreiben möchte als durch die Handarbeit der Chinesen, so ist es nicht unmöglich, daß sich hier für ausländisches Kapital eine gewinnbringende Anlage bieten wird.

Wieviel Gold monatlich im ganzen gewonnen wird, kann man nicht sagen. Die eine Mine fördert täglich für 200 bis 300 Yen Gold, so daß man hier mit einem Monatserträgnis von 6000 bis 9000 Yen rechnen kann. Die geringere Ausbeute als sicher angenommen und den Ertrag der anderen Mine gleich gesetzt, sowie das Flußgold zu ⅓ der Produktion einer Mine veranschlagt, so ergiebt sich ein Gesamtertrag von 6000 plus 6000 plus 1500 = 13500 Yen monatlich. Die gesamte Goldausbeute muß an die formosanische Regierung verkauft werden, die sie ihrerseits an die Bank von Japan abgiebt. Das Gold wird an die Münze in Osaka geliefert.

Banken. — Diesen Goldan- und Verkauf, sowie alle anderen Geld- und Bankgeschäfte des Gouvernements besorgt die Bank von Formosa, die einzige Bank auf der Insel. — Sie ist ein Privatunternehmen — Aktiengesellschaft mit 5 Millionen Yen Kapital — unter Regierungsaufsicht. — Die Hauptbank hat ihren Sitz in Taihoku, Zweigbanken sind in Kobe und Amoy und, auf Formosa, in Tainan. Kleinere Zweigbankstellen befinden sich in Tamsui, Kilung (wohin das Gold aus den Minen abgeliefert wird), in Gilan, Taichu, Shinchiku, Takao und Makung. In Fuchau wird eine Zweigstelle anzulegen beabsichtigt.

Die Formosa-Bank hat das Recht der Notenausgabe; ihre Kassenscheine, sind aber nur auf Formosa in Umlauf. Die Hauptbank beherbergte zur Zeit meines Besuchs ca. 20 Millionen Yen in Formosa Kassenscheinen und 2 Millionen in gemünztem und barem Silber. Sämtliche Zweigbanken besitzen gleichfalls einen Vorrat an Silber. — Goldreserve hat die Bank nicht, da die Währung im Gouvernement Formosa Silberwährung ist.

Sanitäre und Witterungsverhältnisse. — Unter den Einwirkungen des Nordost- und Südwest-Monsuns gelegen und häufig von verheerenden Taifunen heimgesucht, hat Formosa, namentlich im Norden, ein äußerst regenreiches Klima. — Die meisten Regentage hat Kilung und dessen nächste Umgebung zu verzeichnen, wo es, nach dem Durchschnitt der letzten 4 Jahre, 272 Tage im Jahre regnen soll.

Wenn dieser Regenreichtum im Verein mit der den größten Teil des Jahres herrschenden Sommerhitze dem Pflanzenwachstum zuträglich ist und in guten Jahren 3 Reisernten gestattet, so läßt er andererseits verschiedene Krankheiten nicht aussterben. Malaria, Typhus und Dysenterie sind heimisch; sie erwiesen sich, besonders in der ersten Zeit nach der Okkupation den Japanern gefährlich. Seit zwei Jahren ist auch die Pest eingeschleppt und nicht wieder erloschen. Vornehmlich herrschen diese Krankheiten in den dichtbevölkerten Chinesenquartieren der größeren Städte. — Dank der Anstrengungen der Regierung leidet das Militär jetzt nur noch wenig. — Die Europäer sind, mit geringen Ausnahmen, fast ganz verschont und bezeichnen den Aufenthalt in Formosa als gesund. Verschiedene der angesiedelten Kaufleute, die 8 bis 10 Jahre dort leben, einer sogar 21 Jahre, haben sich fortgesetzt wohl befunden. Gewiß ist ihren besseren Wohnungs- und Ernährungsverhältnissen dies zuzuschreiben.

In Taihoku, Taichu und Tainan befinden sich große Militär-Hospitale. Außerdem ist ein umfangreiches Militär-Sanatorium, von 250 Betten, in der Nähe der Hauptstadt, in Hokuto angelegt. Es ist mit der nach Tamsui führenden Bahn in einer halben Stunde erreichbar, und liegt etwa 50 m hoch, auf bewaldetem Hügel am Ausläufer hoher Berge, in der Nähe einer starken Schwefelquelle, deren Wasser zum Baden benutzt wird.

Meteorologische Stationen sind 4 vorhanden, je eine in Taihoku, Pinan, Tainan und, auf den Pescadores, in Makung. Sie stehen natürlich untereinander in telegraphischer und, durch die Kabel mit der chinesischen Küste und mit Japan in Verbindung. Die Fruchttürme sind durch die nächste Telegraphenstation, teils telegraphisch, teils nur telephonisch angeschlossen. Besondere Sturmwarnungssignale werden nirgends gegeben; eine Auskunft, die mir auf ausdrückliche Nachfrage zu Teil wurde. Anfragen von Schiffen werden jedoch durch Flaggensignale nach dem internationalen Signalbuch beantwortet.

Die Pescadores. — Diese Inselgruppe hat nur militärische Bedeutung. Makung, einer der Taifunhäfen, könnte als Operationsbasis ausgestaltet werden; sein Besitz ist deshalb von Wichtigkeit. Produziert wird auf den Eben, jeder nennenswerten Vegetation baren Inseln nichts. Die Einwohner leben zum größten Teil vom Fischfang; der Fischersport erreicht jedoch auch keinen bedeutenden Umfang. Stehende Fischerflotten existieren hier so wenig, wie an den Küsten Formosas; die Fischer betreiben ihr Gewerbe zumeist in der Nähe der Küste.

Die Einwohnerzahl der ganzen Gruppe beläuft sich auf 64400, wovon

1027 Japaner find; in der Stadt Malung, mit 3408 Einwohnern, leben 841 Japaner, das übrige find Chinefen.

Allgemeine Beurteilung der Kolonie und kurzer Rückblick auf die Thätigkeit der Japaner.

Ohne Zweifel hat Japan mit Einverleibung Formosas einen reichen Zuwachs erfahren. Wie sich bisher jedoch die Insel allen denen als harte Nuß erwiesen hat, die sie in der Eigenschaft als Herren knacken wollten, so zeigt sie sich auch den Japanern und wird ihnen noch viel Arbeit und Geld kosten.

Die Beschaffenheit des Landes einerseits, seine feindselige Bevölkerung andererseits, setzen der Erschließung, der Kolonisation und dem Eindringen in den bereits existierenden Handel ganz ungewöhnliche Schwierigkeiten entgegen.

Besonders ungünstig für die Erschließung des Landes sind der Mangel an brauchbaren Häfen und die Hindernisse, die die zahlreichen Flüsse und die großen, unwirtlichen Gebirgsmassen dem Eisenbahnbau bereiten. Der Bahnbau hat mit einer ganzen Reihe flacher, breiter Flußbetten zu kämpfen, die, nach dem Niedergange eines Taifuns, verheerende Wassermassen zu Thal führen und sich häufig und unberechenbar verschieben.

In der aktiven und passiven Widerstand leistenden Bevölkerung müssen zwei ganz verschiedene Elemente unterschieden werden, erstens die Chinesen, zweitens die Ureinwohner oder Wilden.

Die Chinesen tragen die japanische Herrschaft nur widerwillig und beteiligen dies in fortgesetzten Rebellionen. Wenn auch die umfangreichen Aufstände der ersten Zeit nach der Okkupation ihr Ende erreicht haben, so hat doch, namentlich im mittleren und südlichen Teil der Insel, Polizei, Gendarmerie und Militär noch fortwährend mit Unterdrückung kleiner Rebellenhorden zu thun, die jetzt vornehmlich Räubereien in größerem Maßstabe ausführen. Daß man es aber nicht bloß mit gelegentlichen Räubern zu schaffen hat, sondern daß sich das Gouvernement einer ernsten Gefahr gegenüber sieht, zeigen die strengen Maßnahmen gegen sie. — Das Gefängnis in Taihoku beherbergte s. Zt. 5 zum Tode verurteilte Rebellen, 13 andere erwarteten ihre Aburteilung und im Laufe der vorhergehenden 14 Tage waren 8 Rebellen hingerichtet worden, — alles Chinesen. — Obgleich über das ganze Land hin japanische Garnisonen verteilt sind, kann von Beherrschung des ganzen Gebiets und von völliger Anerkennung der japanischen Herrschaft nicht die Rede sein. — Es wird erzählt, daß noch einige Bezirke existierten, wo die alten chinesischen Mandarine nach wie vor die Gewalt in Händen hätten, zu Gericht säßen und selbst ihre alten Steuern erhöben. Eine gewisse Glaubwürdigkeit erlangte diese Erzählung durch die Mitteilung des englischen Konsuls in Anping, der unlängst, auf einer Reise ins Innere, an ein als abgegrenztes Chineseuland bezeichnetes Gebiet gekommen war, wo er durch eine Rotte uniformierter und bewaffneter Chinesen angehalten und am weiteren Eindringen verhindert wurde. Erst nachdem er sich als nicht zu den Japanern gehörig ausgewiesen hatte, erlaubte man ihm den Weitermarsch, doch wurde er bald danach von neuem von einer neuen Wachtmannschaft angehalten und ausgeforscht.

Daß es bislang den Japanern nicht oder doch nur in verschwindendem

Maße gelungen ist, in den en-gros-Handel hineinzukommen, ist Thatsache. Er befindet sich, trotz gemachter Anstrengungen, noch fast ganz in Händen der Chinesen. Die wilden Einwohner – malaiischer Abstammung – setzen den Japanern Widerstand entgegen, wie jedem der vorhergehenden Herren der Insel. — Sie leben von der Jagd, halten aber auch Schweine und Hühner und bauen Bergreis und einige andere Feldfrüchte und Gemüse. — Immer mehr in die Berge zurückund zusammengedrängt, in denen sie unter patriarchalischer Gewalt von Häuptlingen in größeren und kleineren Dörfern angesiedelt sind, hassen sie alle Eindringlinge tötlich. Sie bethätigen ihren Haß, wo sie es können und überfallen mit Vorliebe einsame Arbeiter, in den an ihr Gebiet angrenzenden Feldern und in den Wäldern. Hier sind es besonders die Kampherarbeiter und Rattanschneider. Ihren Opfern hauen sie den Kopf ab, der als Trophäe heimgebracht wird. Vornehmlich haben sie es auf Chinesen, ihre Erbfeinde, abgesehen, überfallen jedoch jetzt ebenso Japaner.

Von jeher wird mit diesen Wilden ein beschränkter Tauschverkehr aufrecht erhalten, der namentlich zum Erlangen einer gewissen Sicherheit für die Kamphergewinnung nötig erachtet wird, und so existieren jetzt so zu sagen: halbzivilisierte, Dreiviertel- und Ganz-Wilde. — Man muß das Wildengebiet als von der formosanischen Regierung durchaus anerkannt betrachten. Rings um ihr Gebiet ist ein Kordon von Wachtposten gezogen, den sie nicht überschreiten dürfen und in den Fremde, ohne vorherige Übereinkunft mit dem zunächst in Betracht kommenden Wildenhäuptling, sich nicht hineinwagen dürfen, ohne Gefahr zu laufen.

Ueber die Behandlung der Wilden im großen scheint sich das Gouvernement noch nicht klar zu sein. Die milde Auffassung herrscht vor, die Wilden seien Menschen im Kindheitszustand, noch so weit in der Kultur zurück, daß sie für die von ihnen verübten Mordthaten nicht so zur Rechenschaft gezogen werden könnten, wie Menschen mit höher ausgebildeter Moral. Demgemäß ist es den Präfekten anheimgegeben, die von Wilden verübten Verbrechen entweder nach der Strenge des japanischen Gesetzes zu ahnden, oder nach ihrem Gutdünken, milder. — Die schärfere Auffassung, sie mit Gewalt zu unterjochen und, wenn sie sich unzivilisierbar erweisen, auszurotten, die auch zuweilen nach Geltung ringt, muß zunächst an Unausführbarkeit scheitern. Daß sie gewisse Berechtigung hat, erhellt aus dem Umstande, daß durchschnittlich jährlich 680 Menschen, Chinesen und Japaner, der Kopfjägerei zum Opfer fallen. Im Jahre 1900 waren es: 687.

An Versuchen, die Wilden für besondere Frevelthaten im großen zu bestrafen, hat es auch seit der japanischen Zeit nicht gefehlt. — Aus der Reihe mir mitgeteilter Überfälle gegen japanisches Militär, Gendarmerie und andere, sei hier nur einer angeführt. Eines Morgens fand man den zur Bedeckung Karrenlos detachierten Zug Infanterie, 1 Offizier und 25 Mann, tot vor und auf die übliche Art verstümmelt. Die darauf hin abgesandte Strafexpedition, in Stärke von 1000 Mann, verlor beim Vordringen im Urwald, in fortgesetzten Scharmützeln, über 100 Mann an Toten und mußte sich, ohne die Überzeugung zu erlangen, auch nur einen der Feinde getötet zu haben, nach Abbrennen einiger Hütten wieder zurückziehen. — Der jungfräuliche Urwald, mit undurchdringlichem Schlinggewächs, in dem ein Pfad immer erst gebauen werden muß, macht schnelles Vordringen unmöglich und bietet dem leichtfüßigen, mit ihm vertrauten Wilden sichern Schutz.

Doch auch an Versuchen, die Wilden schneller der Kultur zu unterwerfen, als es die spärlichen Handelsbeziehungen vermögen und durch den Verkehr im langsamen Verlauf der Zeiten bewirkt werden kann, fehlt es nicht. — Es sind, verteilt über die Grenzbezirke des ganzen Wildengebiets, 11 Schulen errichtet, in denen Unterricht im Japanischen erteilt wird. Die Mädchen lernen außer der Sprache Weben, wofür sie übrigens schon von Hause aus vorgebildet sind. Den Knaben wird ein Handwerk nicht gelehrt. — Der vor 3 Jahren angestellte Versuch, die kriegerischen Instinkte der Wilden auszunutzen und sie zu einer Truppe heranzubilden, ist bereits wieder aufgegeben. Man hatte 8 Kompagnien formirt, je eine in Gilan, Polisha und Pinan, jede 200 Mann stark. Ihre Schießfertigkeit war ausgezeichnet; auch wurde die eine der Kompagnien mit Erfolg gegen die chinesischen Rebellen verwendet, — allein ihre Disziplin blieb schlecht, und es erwies sich als unmöglich, die Leute zu halten. Sie gingen, wenn es ihnen paßte, mit den Waffen davon.

Dem großen Einfluß, den die Christianisierung auf Heranziehung der Wilden zur Kultur ausübt, gewähren auch die Japaner offene Thür, wie das gleichfalls unter chinesischer Herrschaft der Fall war. Die, vornehmlich allerdings unter der Chinesenbevölkerung zahlreichen und wirklich aufs wärmste anzuerkennenden Erfolge des leider verstorbenen amerikanischen Missionars Mac Kay sind natürlich nur wie ein Tropfen Wassers für den zu löschenden großen Brand.

Erhellt aus dem Vorgesagten, daß die Japaner in Erschließung des Landes einer schweren Aufgabe gegenüber stehen, so muß andererseits anerkannt werden, daß sie sich mit Energie an deren Bewältigung gemacht haben und sich bereits guter Erfolge und Fortschritte rühmen dürfen.

Für die militärische Sicherung der vom Mutterlande weit abliegenden Kolonie ist das nötige gethan. In naher Zukunft, nach Fertigstellung sicherer, durch Küstenwerke verteidigter Häfen wird sie sogar einen vorgeschobenen Stützpunkt für eigne agressive Unternehmungen bilden.

Ihre finanzielle Seite ist allerdings, wie man das bei der Jugend der Kolonie nicht anders erwarten kann, noch unbefriedigend. Zu einem Jahresbudget von rund 21 Millionen Yen muß das Reich etwa 3 Millionen zuschießen und ca. 4,5 Millionen werden aus einer Anleihe entnommen. Dabei sind die Kosten für Militär, Gendarmerie und die Befestigungsanlagen ganz außerhalb dieses Budgets. Sie werden, in Höhe von rund 8 Millionen (bis zur Beendigung der Festungswerke), vom Mutterlande getragen.

Der Dampferverkehr mit der Insel ist fast ganz ausschließlich in japanische Hände gebracht. Man hat das erreicht durch starke Subventionierung der japanischen Linien, wodurch die früher konkurrierenden Ausländer verdrängt wurden. — Umfassende Vorbereitungen zum Ausbau des Hafens von Kilung sind im Gange; 2 große und mehrere kleine Bagger mit dem nötigen Zubehör sind bereits vorhanden.

Der Eisenbahnbau schreitet rüstig vorwärts; beinahe die Hälfte der projektierten Strecke ist schon in Betrieb. Es ist allerdings die, auf der die geringsten technischen Schwierigkeiten zu bewältigen waren. — Mit welchem Eifer an der Vollendung gearbeitet wird, zeigt, daß die zunächst vorgesehene Bauzeit von 8 Jahren, neuerdings auf 5 bis 6 reduziert worden ist. — Die Bahn ist durchweg eingleisig und, mit Ausnahme der Strecke Taihoku — Tamsui, nach Aussage Sachverständiger, gut gebaut. Die Tunnel sind von vornherein so weit gehalten, daß das zweite Gleis, ohne sie verändern zu müssen, gelegt werden kann.

Post- und Telegraphenanlage lassen nichts zu wünschen übrig. — Es sei hier als Merkwürdigkeit erwähnt, daß weder die Rebellen, noch die Wilden den Eisenbahnkörper oder die Telegraphenleitungen jemals zerstört haben.

Wie die Regierung alle japanischen Unternehmungen thatkräftig unterstützt, durch billigen Pachtzins, wie z. B. dem Goldbergwerksbetrieb, durch gewisse Zinsgarantie, wie für das in die Zuckerproduktion gesteckte Kapital und durch anderes mehr, so gewährt sie den nach dem Wildengebiet vordringenden Unternehmungen unentgeltlich und andauernd Schutz. So ist seit etwa Jahresfrist eine Baumschule für Aufforstung unausgesetzt unter behördlicher Bedeckung. Trotz des ungeheueren Waldreichtums der Insel wird hier ein umfangreiches Gebirgsterrain mit den verschiedensten Nutzhölzern bepflanzt, da die Schwierigkeiten und Kosten des Holztransports aus den Wildenbergen so groß sind, daß z. B. fast alles Bauholz und Holzkohle über See eingeführt wird.

Der Hebung der sanitären Verhältnisse auf der Insel durch geeignete Verordnungen, Errichtungen von Ärzteschulen (für Chinesen), Anlagen von Hospitälern, von großen Wasserleitungen und Brunnen, sowie der Herstellung besserer Kommunikationen, wird unausgesetzt Aufmerksamkeit und Geld gewidmet.

Wenn zum Schluß dem Bau von Tempeln und der Freilegung der von einer dicken Chinesenmauer eingeschlossenen Hauptstadt und ihrer augenfälligen Verschönerungsanlagen Erwähnung geschieht, so ist aus dem weiten Felde der Kolonisierung wohl eine Reihe von Arbeiten aufgeführt, auf die das Gouvernement von Formosa mit Genugthuung zurückblicken kann.

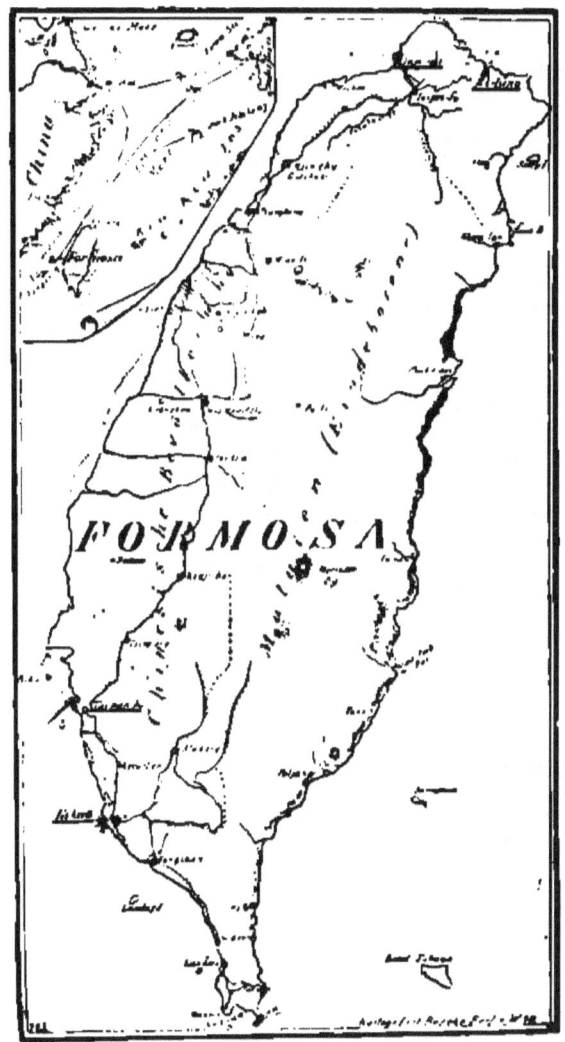

Südpatagonien.
Von Paul Sander.

Angeregt durch den in N. 41 43 des Jahrganges 1901 der Deutschen Kolonialzeitung enthaltenen Aufsatz über Südargentinien als Auswanderungsziel für Deutsche möchte ich durch nachfolgende, den Briefen und Erzählungen eines Bekannten entnommenen Angaben die Aufmerksamkeit der kolonialen Kreise insbesondere auf Südpatagonien lenken.

Mein Gewährsmann hält sich seit mehr als 6 Jahren im Bezirk Gallegos, landein von Puerto San Julian als Schäfer im Dienste englischer Schafzüchter auf, nachdem er vorher 5 Jahre zwischen Buenos-Ayres und San Pedro Ackerbau und Viehzucht getrieben hat.

Reise.

Die Reise dorthin geht über Buenos-Ayres mit deutschem Dampfer, der Fahrpreis beträgt im Zwischendeck 250 Mark; von B. A. bis San Julian fahren seit kurzem gleichfalls deutsche Dampfer. Der Weg ins Innere wird zu Pferde oder auf Wagen zurückgelegt.

Klima.

Das Klima hat große Ähnlichkeit mit dem Norddeutschlands, ist gesund, wenn auch etwas rauh, der Sommer kühl. Die höchste Sommertemperatur beträgt 20—24° R., die größte Kälte im Winter 18° R., es fällt viel Schnee und herrschen anhaltende und starke Südwestwinde.

Bewachsung und Bodenbeschaffenheit.

Das Land ist fast ausschließlich mit Gras, niedrigen Sträuchern und Büschen bewachsen, besitzt eine terrassenförmige Oberfläche mit teilweise tief eingeschnittenen Thälern, der Boden besteht meist aus mildem Lehm, welcher mit Steinen stark übersät ist.

Weiter landein, am Fuße der Anden soll es große Waldbestände geben, namentlich in der Umgegend des Argentinischen Sees, der diesem entspringende Fluß Rio Santa Cruz ist schiffbar, hat jedoch ein starkes Gefälle.

Landerwerb.

Alles Land, welches noch nicht im Privatbesitz sich befindet, ist Eigentum der Regierung, (die Ureinwohner sind fast ganz verschwunden); an der Küste sind bereits alle Plätze verkauft, erst 6—8 Tagereisen à 6 Stunden Wagenfahrt landeinwärts giebt es noch freies Regierungsland.

Der Kaufpreis für 25 qkm beträgt an der Küste 8000 Fr. á 1,55 Mk.; je weiter landein, desto billiger wird dasselbe.

Das Regierungsland wird auch gegen eine 6 prozentige Verzinsung des Wertes verpachtet, Pachtland kann von der Regierung an Dritte nicht verkauft werden.

Vermessungskosten.

Dieselben betragen für je 25 qkm 400 Mark.

Landwirtschaftsbetrieb.

Der Lebenserwerb kann fast ausschließlich durch Betrieb von Viehzucht erfolgen, und zwar in der Hauptsache durch Schafzucht, Pferde und Maultiere werden nur für eigenen Bedarf gezüchtet, desgleichen Rindvieh.

Am geeignetsten für Schafzucht sind tief eingeschnittene Thäler mit Quellen da dieselben Schutz gegen die heftigen Winde gewähren und Tränkwasser besitzen.

Irgend welche Gebäude zum Unterbringen der Schafe werden nicht errichtet, höchstens kleine Schutzwälle aus Steinen oder Sträuchern; die Tiere bleiben vielmehr Sommer und Winter im Freien und müssen sich ihr Futter selbst suchen.

Auf 25 qkm können bis 2000 Schafe gehalten werden, ein Schäfer kann 600—800 Stück beaufsichtigen, wobei ihm, meist schottische, Schäferhunde von großem Nutzen sind.

Die Schafe werden entweder auf Schiffen von den Falkland-Inseln eingeführt oder von den nördlicher gelegenen Provinzen Südargentiniens herangetrieben, es sind meist Merino-Schafe, welche durchschnittlich 8 Pfund Schmutzwolle Ertrag liefern.

Der Preis eines weiblichen Zuchtschafes beträgt im Lande 10 Mark, denselben Preis haben im Lande gezogene einjährige weibliche Lämmer, männliche Schafe (wohl Hammel) kosten 7—8 Mark das Stück.

Frisch eingeführte Schafe erfordern viel Aufsicht, da dieselben das Bestreben haben, ihre Heimat wieder aufzusuchen; nach dem ersten Lammen entfernen sie sich jedoch nicht mehr weit von ihrem Lamm, sodaß dann die Bewachung eine wesentlich leichtere ist.

Gefahren.

Die Schafzucht in Südpatagonien hat im Tierreiche nur einen Feind, den Puma, doch weiß ein erfahrener Schäfer sich gegen ein Einbrechen desselben in seinen Schafstamm zu schützen, sodaß große Verluste durch diese Raubtiere bei gegenwärtiger Aufmerksamkeit nicht entstehen.

Von eigentlichen Krankheiten und Seuchen scheinen die Schafe dort ganz verschont zu sein; nur Schafkrätze (wohl Räude) ist sehr verbreitet, derselben wird begegnet durch jährlich dreimaliges Baden der Tiere in einer Tabakabkochung, welches je 6 Pfg., im ganzen 18 Pfg. das Stück kostet.

Die Einrichtung des Tabakbades für etwa 1200 Schafe erfordert eine einmalige Ausgabe von 4—500 Mark.

Die in Buenos-Aires erzielten Wollpreise betragen p. 100 kg 120—220 Mk., die Frachtkosten von S. J. nach B. A. 1,20 Mk., einige Farmer senden auch die Wolle direkt nach London zu den Wollauktionen.

Zu diesen Kosten kommt noch der Transport vom Platze bis zur Küste, welcher auf Pferden gezogenen Wagen erfolgt und bei größeren Entfernungen Schwierigkeiten verursacht.

Gewinnberechnung.

Im allgemeinen kann mit einer Vermehrung der Herde von mindestens

26°/₀ gerechnet werden, doch hat ein Engländer seine Herde von 1500 Stück in 8 Jahren auf 35000 Stück gebracht, was einer Vermehrung von etwa 80°/₀ entspricht. — Es fallen von den Muttertieren etwa 80°/₀ Junge.

Bei Ankauf einer aus 600 Schafen bestehenden Herde wird sich der Gewinn nach einem Jahre etwa wie folgt stellen:

Anlagekapital.
1. Ankauf von 600 Stück à 10 Mk. . . . . 6000 Mk.
2. Ausrüstung, Wagen, Pferde, Reise, Hausbau, Land, Kauf u. f. w. 6000 „

Anlagekapital 12000 Mk.

Unkosten.
1. 1 Schäfer, resp. Wert der Arbeit des Besitzers 12 × 130 . . 1560 Mk.
2. 12000 Mk. Anlagekapital zu 6°/₀ . . . . 720 „
3. Baden, Scheren, Transport und Unvorhergesehenes . . . . 520 „

Sa.: 2800 Mk.

Einnahmen.
1. 600 Schafe à 4 kg = 2400 kg Wolle zu 1,20 . . . . . . 2880 Mk.
2. 300 Stück Zuwachs (= 50°/₀) à 8,00 . . . . 2400 „

Einnahme 5280 Mk.
Ausgabe 2800 „

bleibt Gewinn 2480 Mk.

Da 50°/₀ Vermehrung von einer aus nur in den besten Jahren stehenden Zuchtherde von Muttertieren sehr niedrig gerechnet ist, so wird sich in Wirklichkeit der Gewinn noch erheblich höher stellen.

Löhne und Lebensunterhalt.

Die Löhne, welche dort an Schäfer gezahlt werden, betragen 70—130 Mk. monatlich neben freier Station; da die Hauptnahrung aus Fleisch besteht, welche die Herde und die Jagd liefern, betragen die monatlichen Kosten für die allerdings sehr einfache Kost etwa 10 Mk.

Die Behausung des Schafzüchters oder Schäfers richtet sich ganz nach dessen Mitteln, besteht häufig aus einem Zelte oder einer Erdhütte, bei Vorhandensein von mehr Geld in einem Haus aus Wellblechdach und luftrockenen Lehmziegeln.

Ausrüstung.

Obgleich keinem Auswanderungslustigen geraten werden kann, ohne einen 1—2 jährigen Aufenthalt im Lande, oder ohne Anschluß an einen ehrlichen, längere Zeit dort als Schafzüchter thätigen Mann in Südpatagonien mit der Schafzucht zu beginnen, so soll doch Einiges über die notwendige Ausrüstung für einen Auswanderer mitgeteilt werden.

Es ist erforderlich: ein Wagen mit Plan, zwei Reserverädern und Stange, etwas Tischlerhandwerkzeug u. a. eine kleine Feldschmiede, gute Kleidung und Schutzzeug, Gemüsesamen, wollene Decken, aber kein Sattelzeug, welches man sich dort selbst anfertigen muß, da das europäische nicht hält und für dortige Verhältnisse unpraktisch ist. Die wenigen zum Hausbau notwendigen Materialien sind im Lande zu erwerben.

In Buenos-Ayres wären noch 6 Maultiere mitzunehmen, welche einschließlich Fracht bis San Julian das Stück 125 Mk. kosten, in San Julian sind dann noch etwa 10 Pferde à 120 Mk. zu kaufen. Auch ein Kochherd und Küchengeschirr sind zweckmäßig aus Europa mitzubringen.

Eine große, direkt an die Küste bei San Julian anstoßende Schaf-Estanzia ist nach dem Tode des bisherigen Besitzers, eines Engländers, in die Hände einer englischen Aktiengesellschaft mit einem Kapital von 2 Millionen Mk. übergegangen; die Estanzia hat an der Küste eine Breite von 40 km, im Westen 25 und von Ost nach West (landein) 75 km Ausdehnung und umfaßt demnach etwa 2500 qkm.

Nach obigen Mitteilungen scheint demnach für energische Menschen, welche ein einfaches, anstrengendes Leben nicht scheuen und über ein Kapital von 8—10000 Mk. verfügen, in Südpatagonien sich die Möglichkeit zu bieten, in 1—2 Jahrzehnten ein Vermögen zu erwerben.

Noch vorteilhafter dürfte jedoch sich ein größeres Unternehmen in Gestalt einer Gesellschaft rentieren, deren Mittel es gestatten, bessere Verkehrsbedingungen nach dem Innern zu schaffen, z. B. durch Beschaffung eines Dampfers auf dem Rio Santa Cruz, zum Hinaufschaffen von Lebensbedürfnissen, Schafen, und der für den stromabwärts gehenden Wolltransport bestimmten Schiffe.

Die fast noch gänzlich unbekannten Gegenden am östlichen Fuße der Anden, in der Nähe des Argentinischen Sees, sollen nach Angaben von Bekannten meines Gewährsmannes reich an Bauholz und wertvollen Hölzern sein — beides mangelt aber im Küstengebiete. — Die Ausnutzung dieser Schätze wäre sehr erleichtert, wenn ein Dampfer Menschen u. s. w. dorthin bringen würde. — Der Holztransport nach der Küste hätte mittelst Flößen zu geschehen.

Da das Klima dem deutschen sehr ähnlich ist und keine Gefahren, wie Fieber u. s. w. drohen, so dürfte der Besiedlung durch Deutsche kein Hindernis entgegenstehen, umsoweniger wenn eine deutsche kapitalkräftige Gesellschaft die größeren Flächen beiderseits des Flusses erwürbe und für eine regelmäßige Verbindung mit der Küste und für den Transport der Produkte sorgte.

Einige Bausteine zur Geschichte der Ephestämme (Togo).

Zusammengetragen von G. Härtter, Missionar.

II.

5. Die Inlandstämme unter Etanfa, dem Könige von Alabi.

Unter solchen Umständen und Verhältnissen konnte es einer Macht außerhalb der eigenen Grenzen ohne Schwierigkeit gelingen, einen Stamm nach dem andern zu Vasallen zu machen. So gelang es zuerst einem Herrscher des Königreichs Alabi, jenseits des Volta gegenüber der Daßi Mündung, Etanfa mit Namen, eine Reihe der westlichen Ephestämme unter seine Oberhoheit zu bringen. Seine Nachbarn schloß Apando, Avatime und wahrscheinlich alle die nördlich des Gebirges lebenden Stämme, Tasi, Nyagbo, Have, Agate, Wodze und Akpewe ein. Unentschieden ist noch, ob die Peki, ehe sie unter die Akwamuer kamen, ebenfalls unter Etanfa standen. Die Ephestämme zwischen Volta und Daßi, südwestlich von Apando, scheinen erst in späterer Zeit jene Wohnsitze bezogen zu haben.

Etanfa hatte es leicht, die Stämme zu unterwerfen, da keiner sich dazu verstehen konnte, dem Nachbar gegen den gemeinsamen Feind beizuspringen. Flüchten ging auch nicht an; denn wohin man sich wenden mochte, lauerte Gefangennahme und Sklaverei. Natürlich hatte Etanfa kein Interesse daran, nur als nomineller Herrscher von diesen Stämmen anerkannt zu werden. Tributpflichtige Gebiete waren es, wonach Eroberer jener Zeiten trachteten. Und der Tribut bestand in den weitaus meisten Fällen in Sklaven. Der Eroberer verlangte von den Dörfern eine bestimmte Anzahl Menschen, die geliefert werden mußten, wollte man nicht furchtbare Rache auf sich ziehen. Es blieb kein Ausweg übrig, man mußte Folge leisten, und die Dorfhäupter hatten die saure Aufgabe, aus den Leuten ihres eigenen Fleisches und Blutes eine genügende Anzahl zur Uebergabe in die Sklaverei auszuwählen.

In einer Zeit, in der in Alabi wohl noch eine Vorfahr Etanfas regiert haben mag, wurde schon ein Versuch gemacht zur Unterwerfung der Eher. Dieser soll jedoch nicht gelungen sein, weil auf das Bemühen eines Regenmachers, der aus Pogba stammte, es eine ganze Woche lang geregnet haben soll, wodurch das Pulver feucht wurde. Den Ehern gelang es nun, infolge ihrer Bewaffnung mit Pfeil und Bogen, die Alabier zu verjagen. Eine Frau, die von den Avatimern gefangen genommen wurde, wurde in Ghana einem Mann angetraut und gebar ihm 3 Söhne. Als es aber später Etanfa gelungen war, die

Stämme zu unterwerfen, machte auch diese Frau mit ihren Söhnen einen Besuch in ihrer alten Heimat. Diese Gelegenheit nahm Ofansa wahr, um die Awatimer jetzt an sich zu knüpfen. Er setzte den ältesten Sohn als König von Awatime ein und gab ihm die königlichen Insignien, Stuhl und Schwert. Sein Name ist Odam, und er scheint es verstanden zu haben, sich bei den Awatimern Respekt zu verschaffen; denn es gelang ihm, in den 7 Awatimedörfern je einen verantwortlichen Häuptling mit einem Feldherrn zu ernennen. Damit war den Awatimern eine Staatsverfassung gegeben, die sie bis dahin nicht gekannt hatten, und diese Verfassung war im Gegensatz zu der herrschenden Willkür ein bedeutender Fortschritt.

Daß Odam für die Verleihung des Thrones dem Ofansa sich erkenntlich zeigen mußte, liegt auf der Hand. Dies geschah durch eine jährliche Beschickung des Jamsfestes in Asabi. Natürlich bedeutete die Beschickung nichts anderes, als die Ablieferung des Tributs. Als aber nach einer Reihe von Jahren ein gewisser Dzedze, der als Bote geschickt worden war, nicht wiederkehrte, weil er nach den einen ertrunken, nach den andern ermordet sein sollte, hörte man auf, jene Feste zu beschicken. Daß dies ungestraft geschehen konnte, beweist den Niedergang des Asabireiches, das heute kaum noch durch ein paar Fischerhütten repräsentiert wird.

Ähnlich wie in Awatime, so ist es Ofansa auch bei den andern Stämmen im Innern gelungen, Könige und Heerführer einzusetzen, und es wird von den Eoheständen im Innern weit und breit allgemein bestätigt, daß die Einrichtung der Stammeskönige und Dorfhäuptlinge aus Asabi-Kobiabe stamme.

6. Die Jalambistämme unter der Gewaltherrschaft der Akwamuer.

Daß der Übergang von der patriarchalischen Verfassung, die nach und nach in gänzliche Willkür ausartete, zum Königstum einen bedeutenden Fortschritt darstellt, ist klar, und insofern haben diejenigen Eoheständemme, die unter den Einfluß der benachbarten oder fremden Macht kamen, gewonnen, und die allgemeine Unsicherheit hätte vermindert werden können. Allein nun trat eine neue Macht auf, eine Macht, die Grausamkeit und Eroberungslust von den Asantern gelernt hatte. Das waren die Akwamuer. Sie sind ein volles Jahrhundert, von 1733—1833, die Zuchtrute der westlichen Eoheständeme von ihren Wohnplätzen bis an den Agu geworden.

Um ihre Bedeutung zu verstehen, dürfte es sich lohnen, einen Blick auf ihre Herkunft und Entwicklung zu werfen. Während die Angloer, wie wir bereits gesehen haben, die Akwamuer als eine Familie, die ursprünglich zum Eohevolke gehörte, bezw. ehe die Eoheständeme nach Notsie einwanderten, als neben ihnen wohnhaft ansehen, betrachten die Tschi auf der Goldküste, laut Reindorf, History of the Gold Coast and Asante S. 13, sie als einen Ableger der Tschi. Aber sei dem, wie ihm wolle; ihre Geschichte wird ja dadurch nicht beeinträchtigt. Gegen Ende des 15. Jahrhunderts siedelte sich dieser Volksstamm um Akwapid an. Nach Reindorf ist der Stammvater ein Tschipring, der die Frau seines Bruders entführte und sich unter dem Schutze eines Akrakönigs am Akwapid angesiedelt hat. Allerlei Leute, Flüchtlinge und Sklaven, gesellten sich zu ihm, und so entstand allmählich ein kleines Staatswesen. Doch blieben die Akwamuer bis 1680 den Akraern tributpflichtig. Mit Hilfe der Fanter, denen sie eine Reihe Goldstaub versprachen, aber nie bezahlten, brachten sie am 20. Juni 1660 den Akraern eine schwere Niederlage bei, infolge dessen ein Teil der Akraer nach Klein-Popo floh. In 20jährigem Kampfe zwischen den Akwamuern und den übrig gebliebenen Akraern, unter ihrem König Aschangmo, in dem das Kriegsglück bald den einen, bald den andern Teil der Streitenden begünstigte, sah sich doch schließlich Aschangmo genötigt, das Feld zu verlassen und nach sich Klein-Popo zurückzuziehen (1680). Der zurückgebliebene Teil der Akraer war nun den Akwamuern tributpflichtig geworden. Dies war ihnen auf die Dauer unerträglich, und sie suchten den Gouverneur der Holländer, dem das Machtbewußtsein der Akwamuer auch anfing unheimlich zu werden, für ihre Sache zu gewinnen. Doch würde diese Macht kaum genügt haben, die Akwamuer auch nur ernstlich zu beunruhigen; aber da sie gleichzeitig verweigerten, ihrer Tributpflicht gegen Akem nachzukommen, so gelang es den Akraern leicht, auch die Akemer für sich gegen die Akwamuer zu gewinnen. 40000 Mann stark griffen die Verbündeten die Akwamuer an, und trotz schwerer Verluste waren die Akwamuer unter Akwamos Führung nicht besiegt worden (1731). Zur Rache rückten Akwamos Horden im Januar 1733 nach der Küste und belagerten Akra 4 Monate lang, was eine schwere Hungersnot verursachte. Erst als 3 starke Stämme der Akemer sich bereit erklärten, den Akraern zu Hilfe zu kommen; aber von dem Ajantekönig erst einen 6monatlichen Waffenstillstand um 500 Sklaven erkaufen mußten und dann noch 40 Tagen den Belagerten in den Rücken fielen, gelang es die Akwamuer niederzuwerfen. Aber jetzt begnügte man sich nicht nur mit einer Niederlage, sondern die Akemer, denen sie schon längst lästig geworden waren, trieben sie hinüber über den Volta und verfolgten sie hinauf nach Abedzigbe. Von hier aus versuchten sie, sich an ihren alten Feinden den Klein-Popoern zu rächen, was ihnen auch gelungen wäre, wenn nicht am zweiten Tage des Kampfes die Akraer gegen Abend erschienen wären und die Akwamuer in wilde Flucht geschlagen hätten. Sogar ihr König Akwamo Numa fiel in ihre Hände und wurde enthauptet. Allmählich sammelten sich die zersprengten Reste wieder und kehrten nach der Stelle zurück, wo sie auf dem linken Ufer des Volta ihre neuen Wohnsitze bezogen, die sie heute noch inne haben. Die Wa- und Tschistämme hatten sie nun los; aber dafür hatten sie die Eweer auf dem Nacken sitzen.

Von der Küste zurückgekehrt, hatten sie sich zunächst in ihren neuen Wohnsitz zu finden und von dem herben Schlag zu erholen, durch den sie nicht nur bedeutend dezimiert, sondern auch verarmt waren. Beides aber, die Mehrung des Stammes und des Besitzes war am schnellsten dadurch zu erreichen, daß man dem Nachbar so viel als möglich Menschen wegfing. Davon dienten die einen zur Pflanzung der Lebensmittel, während die andern durch Verkauf den verloren gegangenen Wohlstand wieder schnell herstellten. Daß man sich dadurch bei den Nachbarn verhaßt machte, schadete nichts; im Gegenteil, man liebte Verwicklungen mit ihnen und ließen sich die Nachbarn zu Gewaltthaten gegen sie hinreißen, so boten sie damit wiederum den Akwamuern Anlaß zu kriegerischen Vorgehen und vertrauend auf ihre früheren Kriegsthaten waren sie überzeugt, daß sie dabei entschieden den Sieg davontragen würden. So finden wir denn auch bald die Feder im Dienst der Akwamuer und sehen, wie sie zielbewußt auf Erweiterung ihres Machtbereichs ausgehen. Ihr kriegerischer Sinn konnte den Ewestämmen nicht verborgen bleiben; und da man schon durch Clanios Einfluß und durch die Einführung des Königtums gelernt hatte, daß man mittelst einer Verbindung mit einem Stärkeren sich des Feindes am besten erwehren könne, so schickte ein bedrängter Stamm in seiner Not um Hilfe nach Akwamu, indem man zur Belohnung Oberhoheit und Tributpflicht der Akwamuer anerkannte. Willkommener konnte den Akwamuern nichts sein; denn einen Stamm hatte man mit der Zusage der Hilfe auf friedliche Weise gewonnen und mit seiner Hilfe war es hinwiederum leicht, den feindlich gesinnten zu unterjochen, was natürlich ebenfalls für Akwamu geschah.

In der neuen Heimat sich Achtung und Einfluß zu verschaffen, gelang um so leichter, als sie durch Ansiedlung auf dem linken Voltaufer ihren von früher her ergebenen Freunden, den Angloern, näher gerückt waren. Schon um 1702 hatten die Akwamuer, die von den Akraern in Klein-Popo bedrängten Angloer unterstützt und ihnen zur Rückkehr in ihr Land verholfen. Den Kitt zwischen den beiden Volksstämmen bildete der gemeinsame Haß gegen die Akraer, und schon hier liegen die Anfänge zu dem Ajantekrieg von 1869. So hatten die Akwamuer zu Anfang des 19. Jahrhunderts Einfluß auf eine ganze Reihe Ewestämme im Norden ihrer neuen Heimat erlangt. Ho, Taseove, Matse, Alome, Apedze, Avatime Vogba, Tafi bildeten ungefähr die Nordgrenze ihrer Interessensphäre. Durch Bezahlung von Tribut an den damals und noch heute weit bekannten König Akoto von Akwamu, gewöhnlich Akwamukoto genannt, anerkannte man seine Oberherrschaft. Und dieser Tribut bestand meist aus Sklaven. Meinsdorf sagt hierüber: „Sie (die Akwamuer) lebten von Raub und Krieg seit der Zeit ihres Bestehens am Akempid. Zwischen 500—600 Sklaven wurden vom König jeden Monat an europäische Sklavenhändler verkauft. Die gleiche Politik führten sie auch jenseits des Volta fort, sogar in der Zeit nach ihrem schweren Schlag. Manch eine Stadt wurde verwüstet durch wiederholte Einfälle, Menschendiebstahl, Erpressungen und dergl. Manch ein Elternpaar wurde all seiner Kinder beraubt durch Krieg und Erpressungen. Ganze Gebiete waren entvölkert worden und starke Stämme geschwächt durch Zahlung jährlichen Tributs und Bestreitung der gesetzmäßigen Auslagen. Knaben und Mädchen wurden in die Sklaverei verkauft, nur um dem König durch die erzielten Einnahmen Luxusartikel zu verschaffen. Für einige Pfund Fische verkaufte ein Akwamu-Gesandter in irgend einer Ewestadt einen Knaben oder ein Mädchen, um sich ein angenehmes Frühstück zu bereiten. Arme herrenlose Leute wurden verkauft wie Hühner und Schafe. Im Jahre 1822 auf 1823, als der Ajante-General Jaro Oserhere von seinem König Osei den Akwamuern zur Hilfeleistung gegen die Ewher zugesandt worden war, wurden Tausende unschuldige Ewher gefangen und ein Knabe oder Mädchen von 10 Jahren für 25 String Kauris, ein Erwachsener für 1 Mark 25 String verkauft. Tausende der Gefangenen wurden in Häuser eingeschlossen und diese über ihnen angezündet, weil kein Absatz nach außen mehr vorhanden war."

Hatten die Angloer und Agotimer mit einiger Berechnung die Quellen ihres Gewinns, nur so weit ausgenützt, daß sie ihnen dauernd den erwünschten Wohlstand lieferten, so waren die Akwamuer nicht gewohnt, jemand Schonung angedeihen zu lassen. Wer ihnen in die Hände fiel, wurde in die Sklaverei geschleppt oder erbarmungslos niedergemetzelt. Sie spannten den Bogen allzu straff, und die Zeit kam, wo er brechen sollte. Im Jahr 1833 erlitten sie endlich von den vereinigten Evhestämmen, deren Herzblut sie bisher erbarmungslos ausgesogen hatten, eine Niederlage, von der sie sich nicht wieder zur früheren Macht und Gewalt aufschwingen sollten. Zu dieser Erhebung hatte vielen Stämmen die Frage um Sein oder Nichtsein das Schwert in die Hand gedrückt. Dieses Bewußtsein, daß allmählich bei diesen Evhestämmen durchgedrungen war, ließ sie allen Stammeshader vergessen. Die Führung übernahm der Pekistamm, und es ist begreiflich, daß es ihm, wenn auch nur sehr langsam, gelang, eine Art Oberherrschaft über die früher unter dem Joch der Atwamuer seufzenden Stämme zu erreichen. Nicht als ob man gewillt gewesen wäre, nach ihrer Niederwerfung einfach den grausamen Bedrücker zu wechseln und sich etwa unter denselben Bedingungen unter Peki zu stellen, sondern in Erinnerung der Waffenthaten Pekis schien es im Streit mit andern Stämmen wünschenswert, Peki als Bundesgenossen zu gewinnen. So finden wir im Jahre 1864 die Pekier, nachdem sie der Bitte der Peer aus heute noch unbekannten Gründen nicht stattgegeben haben, im Avatime-Logbafrieg auf seiten der Avatimer. Aber die Hinterlist der Anfoer trug ihnen eine Niederlage ein. Trotzdem gelang es Peki bis in die neueste Zeit eine Art Oberhoheit auszuüben und so ein einigermaßen einigendes Band zu bilden unter den herrenlosen Stämmen. Durch Aufhebung des überseeischen Sklavenhandels kamen die Pekier nicht in die Versuchung, Menschenraub auszuüben, und eine Tributpflicht auf die Stämme zu legen, wagte man nicht, wohl in der richtigen Erkenntnis, daß die Macht fehle, sie mit Nachdruck durchzusetzen. So blieb es bei einer Oberhoheit, die sich damit begnügte, größere Palaver von Peki-Gesandten schlichten zu lassen, die dann, nachdem sie sich meist selber nicht gar zu bescheiden entschädigten, eine Summe der Strafzahlungen an ihren König ablieferten. Daß diese Form der Oberhoheit gegen alles frühere nicht nur erträglich, sondern geradezu als wohlthätig empfunden wurde, leuchtet ein, wenn gleich auch hier noch allerlei Ungesetzlichkeiten mit unterliefen.

Endlich brachen im Laufe der zweiten Hälfte der sechziger Jahre die Ajantihorden ins Land, veranlaßt durch die Atwamuer und Angloer. Die Pekier hatten nicht den Mut, ihre Verbündeten zu sich zu entbieten und dem gemeinsamen Feind den Einzug ins Land unmöglich zu machen. Sie flohen und bargen sich unter ihren Verbündeten und öffneten so Thür und Thor einem Feind, der an Grausamkeit alles bisher dagewesene überbot und alles ruinierte, was er vorfand: Menschen, Dörfer, Felder, so daß er schließlich an den Folgen seines eignen Barbarismus am schwersten zu leiden hatte. Endlich griff die englische Regierung ein und nötigte den grausamsten aller Eroberer, sich zurückzuziehen, und brachte ihm durch die Einnahme der Hauptstadt Kumase eine Niederlage bei, von der sich die Ajanteer bis heute noch nicht wieder ganz erholt haben. Erst durch den Thee ist den Inlandstämmen der Evher einigermaßen der Vorteil einer Verbindung mit den Europäern zum Bewußtsein gekommen, trotzdem sie schon seit Ende des 15. Jahrhunderts im Lande waren. Wenn wir aber hören, was Cruikshank über den Einfluß der Europäer an der Gilste bis herauf in seine Zeit gewiß treffend sagt, dann wundern wir uns nicht mehr darüber. „Es ist recht demütigend und schmerzlich, wenn man die in Cape Coast noch zu findenden Nachrichten aus jenen Zeiten durchliest. Sie machen im allgemeinen den Eindruck gelähmter Schwäche der Sünde auf seiten der Europäer und der triumphierenden Schurkerei auf seiten der Eingeborenen."

„Dem Namen nach Herren, übten wir doch keine Macht aus, oder doch nur eine solche, welche uns freiwillig zu machen, die Eingeborenen sich nicht die Mühe nahmen. Billig machten sie uns ein Geschenk mit ihrer Unterwürfigkeit und achtungsvollen Anerkennung in Worten, strasten aber diese Worte Lügen durch ihre Thaten. Sie ließen uns ihre Könige ein- und zuweilen absetzen, in dem einen Fall, um der bei dieser Gelegenheit gegebenen Geschenke willen, in dem andern Fall, weil die betreffenden Persönlichkeiten sich ihnen ebenso verhaßt gemacht haben mochten, wie uns."

„Viel von ihrer Verderbtheit ist ohne Zweifel auf Rechnung des tiefen Standes der Moralität unter den Europäern zu setzen, einer natürlichen Folge des demoralisierenden Einflusses des Handels. Sie waren im allgemeinen nicht die Leute darnach, sich Achtung zu verschaffen. Gemeine Schwelgereien waren eine sehr gewöhnliche Erscheinung, und der Gouverneur und Rat schienen ihre Zeit vorzugsweise mit Versuchen, sie in Ordnung zu halten, ausgefüllt zu haben. Viele ihrer Briefe und amtlichen Berichte zwingen einem ein Lächeln ab, wenn man die schamlosen Einzelheiten, die sie mitteilen, ließt und bemerkt, wie sie auch nicht einmal eine Ahnung von echten moralischen Grundsätzen haben. Wieder andere belustigen durch ihre knabenhaften Versuche, sein schreiben zu wollen. In dem Schreiben eines Herrn von Winneba finden sich merkwürdige Vorstellungen von der Unterwürfigkeit der Eingeborenen; denn nachdem er dem Gouverneur eine Beleidigung, die er von einem derselben erfahren, gemeldet hatte, fährt er fort: „Ich ergriff eine Muskete und stürzte auf ihn los; aber der Schurke war so verwegen, dem Bajonette auszuweichen." — ... Kurz, man kann mit Sicherheit behaupten, daß wir von unsrer ersten Ansiedlung an der Küste bis zur Aufhebung des Sklavenhandels im Jahre 1807 dem Volke in seiner Gesamtheit nicht eine einzige dauernde Wohlthat erzeigten und nur dem und jenem einige wenige vereinzelt dastehende Vorteile zubrachten. Es war kein Versuch gemacht worden, ihnen Erziehung angedeihen zu lassen, keiner ihrer grausamen und barbarischen Gebräuche zu unterdrücken. ... Wenn wir die mit Erfolg von Adams im Jahr 1706 an 2700 Eingeborenen ausgeführte Impfung, wofür er den Dank des Rats erhielt, sowie einen gelegentlichen Versuch, ein Menschenopfer zu verhindern, ausnehmen, so dürften Regungen der Humanität die Herzen der Europäer an der Goldküste in dieser langen Reihe von Jahren niemals heimgesucht haben. Aber wenn schon unsrer Wohlthaten so wenige waren, wer wird die Größe des Fluches ermessen, den wir über sie gebracht? Unsere sündhafte und habgierige Politik entfesselte alle schlimmsten Leidenschaften des menschlichen Herzens und ließ die zügelloseste Verderbtheit alle Schranken durchbrechen, bis daß selbst der letzte Schimmer von Menschlichkeit erloschen zu sein schien und nichts mehr übrig war als das unbändige Wüten wilder Tiere und rasender Teufel."
(S. 14—17.)

7. Die Aufhebung des Sklavenhandels.

Im Jahre 1803 hatte die dänische Regierung in allen ihren Kolonien den Sklavenhandel verboten, und im Jahre 1807 folgten ihr die Engländer und sandten

Kreuzer, um die Sklavenschiffe an der Westküste von Afrika zu kapern. Aber beide Regierungen stießen bei den Eingeborenen auf harten Widerstand, der hin und wieder nur mit Gewalt der Waffen gebrochen werden konnte. Um die Entdeckung zu vermeiden, wurde am Sitz dieser Regierungen der Sklavenhandel bei Nacht betrieben. Bei Nacht wurden auch die Sklaven auf die portugiesischen Sklavenschiffe gebracht. Häuptlinge und Volk verbanden sich gegen die europäischen Regierungen, um den Sklavenhandel aufrecht zu erhalten. Und als einmal ein Sklavenschiff von einem englischen Kreuzer verfolgt wurde und sich genötigt sah, seine Sklaven in Tema bei Akra zu landen, da rückte der Häuptling von Akra mit seiner ganzen Mannschaft aus, um den Sklavenhändlern gegen die englische Regierung beizustehen, damit sie ihre Sklaven in Sicherheit bringen konnten.

Es kann daher nicht Wunder nehmen, wenn es eine lange Zeit brauchte, um die Eingeborenen davon zu überzeugen, daß die Anwesenheit der Europäer für die einzelnen, wie für das Volk und die Staatserhaltung dennoch von Nutzen sei. Denn wenn schon die europäischen Beamten diesen traurigen Eindruck von den damaligen Kolonialregierungen hatten, wie mußten sie erst von den Eingeborenen selbst beurteilt werden! Und wenn es sogar an der Goldküste so traurig aussah, wie traurig muß es da erst an der Sklavenküste ausgesehen haben! Da konnte es nur gut und segenbringend für die Bevölkerung sein, daß der Kolonialbesitz der Dänen, Holländer und Engländer an der Goldküste allmählich in die Hände einer von diesen drei Nationen überging. So hatten bereits im Jahre 1851 die Dänen ihren Kolonialbesitz an der Goldküste um 10000 Pfund Sterling an England verkauft. Damit war auch Keta, bezw. der ganze Küstenstrich vom Volta bis Keta, in englischen Besitz übergegangen. Dieser Übergang wurde aber damals ebenso wenig mit Freuden begrüßt, als heute ein solcher an Deutschland von der eingeborenen Bevölkerung begrüßt werden würde. Und als die Engländer bald nach der Übernahme des Forts in Keta mit einer Kopfsteuer hervortraten, da kam es ums Haar zu kriegerischen Verwickelungen. Obwohl diese Kopfsteuer zwecks Wegebau erhoben werden sollte, so wurde sie doch von der Bevölkerung nicht verstanden. Sogar der König von Anglo sagte dem Gouverneur Hill, als er ihm diesen Plan vorlegte: „Ich weiß nicht, in welcher Weise ich mich gegen die Engländer versehlt haben soll, daß sie mich zum Steuerzahlen zwingen wollen. Von meiner Vorfahren Zeit her ist nie gehört worden, daß der Schwarze dem Weißen Steuern bezahlt hat. Was hat denn der Schwarze, davon er dem Weißen Steuern bezahlen sollte? Ist es nicht vielmehr umgekehrt — der Weiße muß dem Schwarzen geben, damit dieser zu essen hat!" Und als der Kommandant von Keta wirklich mit der Steuererhebung ernst machen und beim König den Anfang machen lassen wollte, da trieb er die Steuereinnehmer weg, mit den Worten: „Ich bin König in meinem Land, und nur ich habe ein Recht, Steuern zu erheben." Damit war England mit seinen, dem Eweland zugedachten, Wohlthaten zunächst am Ende; ja von 1859—1874 war überhaupt kein englischer Beamter mehr in Keta, und die Angloer waren mehr oder weniger sich selbst überlassen. So kam es, daß es bis 1874, also bis nach dem Ajantekrieg, dauern konnte, bis zunächst den Stämmen im Innern, denen die Engländer die Ajanteer, den schrecklichsten der Schrecken, vom Hals genommen hatten, ein Bewußtsein davon ansging, daß sie einer Kolonialregierung doch manches zu verdanken haben. Aber bei den Küstenstämmen, insbesondere bei den Angloern, die schon Jahrhunderte lang mit den Europäern in Verbindung standen, dauerte es bis zum Jahre 1886, bis die Engländer des bekannten Giralbo habhaft geworden waren und sie von diesem unruhigen Übel befreit hatten. Da endlich merkten auch die Angloer, daß eine Kolonialregierung von Nutzen sein könne. Denn weder eine Steuererhebung zum Zweck des Wegebaues im Lande, noch auch die Aufhebung des Sklavenhandels wurde von ihnen als Wohltat angesehen. Fernstehende meinen zwar, man habe in der Abschaffung des Sklavenhandels den westafrikanischen Völkern eine Wohltat erwiesen, für die sie den Unterdrückern dieses schändlichen Handels zugejubelt hätten. Aber gerade das Gegenteil ist der Fall. Überall wurde dies angesehen als ein Eingriff in die speziellen Rechte der Könige und Häuptlinge, und die verschiedenen Kolonialregierungen hatten schwere Kämpfe zu bestehen, weil das Verbot mißachtet und umgangen wurde. Aber hierin zeigt sich gerade am deutlichsten das moralische Verderben dieses Handels.

Einen gleichen, wenn nicht noch schwereren Kampf hatten die Dänen mit den Sklavenhändlern und den Angloern an der Sklavenküste zu bestehen. Von der Mündung des Volta bis hinab nach Whydah waren in jedem größeren Dorfe Sklavenfaktoreien errichtet, z. B. in Atoko, Whe, Bodja, Medsi, Blokusi, Abina, Aduhann, Pagida, Porto Seguro x. xc. und heute noch erinnern nicht nur die Namen wie Porto Seguro u. a., sondern auch die Nachkommen von Sklavenhändlern an jene Zeit. Da begegnen wir noch Namen wie Baëta, Giralbo de Lima, Gregorio de Souza u. a. m., die uns daran erinnern, wie die Portugiesen es waren, die bis in die neuere Zeit herein, besonders östlich von Keta, diesen fluchwürdigen Handel betrieben. Wohl war ihnen verboten, im dänischen Gebiet diesem Handel obzuliegen. Aber da das Volk der Angloer, insbesondere ihre Könige und Häuptlinge, großen Nutzen daraus zogen, so war es auch hier den Beamten recht schwer gemacht, diesen Handel mit Nachdruck zu unterdrücken, um so mehr, als an der ganzen Küstenlinie vom Volta bis hinab nach Popo nur eine einzige Stelle war — das Fort in Keta — von der aus der Sklavenhandel unterdrückt wurde. So hatte beispielsweise ein portugiesischer Sklavenhändler, Don José Mora mit Namen, noch im Jahre 1844 seine Faktorei in dem zwei Stunden von Keta entfernten We. Obgleich der damalige dänische Kommandant entschlossen war, den Handel zu unterdrücken, so durfte der Sklavenhändler es doch wagen, einen Trupp Sklaven sogar an dem Fort in Keta vorbeizutreiben. Denn dem Kommandanten gelang es jedoch mit Hilfe seiner Soldaten, ihm die Sklaven abzujagen. Aber der Sklavenhändler hatte die Angloer auf seiner Seite, und diese zwangen den Kommandanten, die Sklaven wieder herauszugeben.

Aber wenn es auch recht schwierig war, den durch die Europäer entfachten überseeischen Sklavenhandel zu unterdrücken, so ist es England doch gelungen, diesen fluchwürdigen Handel durch Energie und mit vielen und großen Kosten zu beseitigen. Im Lande selbst aber bestand die Sklaverei weiter, und weder England noch Dänemark konnten dieselbe, wenn sie nicht eine allgemeine Anarchie heraufbeschwören wollten, über Nacht aufheben. Nur ganz allmählich trat die englische Regierung an die Unterdrückung der Haussklaverei heran. Anfänglich stieß sie auch hierin auf großen Widerstand. Von Seiten der Sklavenbesitzer ist dies begreiflich; denn mit der Freierklärung der Sklaven verloren dieselben einen großen Teil ihres Besitztums. Daß aber auch Sklaven häufig die Sklaverei der Freiheit vorzogen, könnte dem Fernerstehenden verwunderlich vorkommen. Aber wenn man bedenkt, daß rohe Behandlung zu den Seltenheiten gehörte, daß vielmehr auch die Sklaven mit zur Familie gerechnet wurden und noch werden, so läßt sich dieses Verhalten der Sklaven einigermaßen verstehen.

Um die Mitte des vergangenen Jahrhunderts jedoch war die englische Regierung soweit vorgeschritten, daß sie Klagen von Sklaven gegen ihren Herrn wegen schlechter Behandlung prüfte, und wenn ihr die dem Sklaven zuteil gewordene Behandlung als gar zu schlecht erschien, so erhielt der Sklave einen Freiheitsschein; ein Verfahren, das auch die öffentliche Meinung billigte, weil es das einzige Mittel war, die Strenge eines grausamen Herrn zu zügeln. Wenn aber die Klage leichtsinnig geschah, so wurde er seinem Herrn zurückgegeben, der dann für eine gute Behandlung sich verbürgen mußte. Weiter aber konnte auch die englische Regierung nicht gehen. Noch im Jahre 1850, als Major Hill ein 900 Mann starkes Lokalkorps ausheben wollte, stieß er auf große Schwierigkeiten. Nur aus der Klasse der Sklaven konnte er seine Rekruten bekommen, von denen viele kamen, um sich einschreiben zu lassen. Aber dieses Verfahren des Gouverneurs erzeugte im ganzen Land eine heftige Bewegung, das ihn beinahe in feindselige Kollision mit dem Volk gebracht hätte. Die Häuptlinge schienen fest entschlossen, zur Verteidigung ihrer Rechte alles zu wagen, und nur der Besonnenheit und Klugheit des Gouverneurs war es zu verdanken, daß es nicht zum äußersten kam. Er führte einen Ausgleich herbei, nach welchem die früheren Herren dieser Sklaven einen Teil ihrer monatlichen Löhnung erhalten sollten, bis diese die üblichen 8 Pfund Sterling abbezahlt hatten. Aber wenn schon solche geringe und nichtssagenden Eingriffe in die Rechte der Sklavenhalter solches Unbehagen ihrerseits hervorriefen, so können wir verstehen, wenn Cruidjhanf meint, daß wegen der Behandlung der Sklavenfrage die größten Schwierigkeiten zu befürchten wären. So schreibt er: „Unsere Kolonialbehörden in Downing Street scheinen vor der bloßen Erwähnung des Wortes „Sklave" im Munde eines ihrer Gouverneure zusammenzuschrecken und es kaum jemals übers Herz gebracht zu haben, der Schwierigkeit gerade ins Gesicht zu sehen. Die Folge davon ist gewesen, daß von unsern Statthaltern an der Goldküste in Bezug auf diesen Gegenhand eine Art schüchterne, nicht anerkannte Politik befolgt worden ist. Unsere Niederlassungen scheinen, insoweit diese Frage in Betracht kommt, als rein britisches und dem britischen Gesetze unterworfenes Territorium angesehen zu werden, ohne daß je dabei in Rechnung gezogen wird, daß die britischen Behörden über mindestens eine Million Eingeborener, die einen sehr ausgedehnten Strich des Landes einnehmen, einen höchst wohlthätigen Einfluß ausüben. Unsre Gouverneure sind angewiesen, keine entlaufenen Sklaven auszuliefern, weil man voraussetzt, daß sie mit dem Betreten eines britischen Forts ihre Freiheit wiedererlangen, und weil innerhalb unserer Gerichtsbarkeit keine Sklaven als vorhanden angenommen werden" (Seite 263). Dies die Theorie zu obiger Praxis! Erst im Jahre 1874 nach dem Aschantikrieg, nachdem das ganze Land England für die erwiesene Wohlthat der Befreiung von den Aschantern dankbar und freudig zujubelte, benutzte es die Gelegenheit und holte zum letzten Schlag aus und erklärte sämtliche Sklaven für freie Unterthanen. Aber auch jetzt noch setzten die Sklavenhalter der Emanzipation der Sklaven heftigen Widerstand entgegen. Diese Einrichtung war dem ganzen Volk so sehr in Fleisch und Blut übergegangen, daß sie eigentlich von ihrem Denken untrennbar war. Darum ist es auch bis heute noch nicht ganz gelungen — sowohl im englischen als auch im deutschen Ehurland — die Hausſklaverei, bezw. den inländiſchen Sklavenhandel vollſtändig zu unterdrücken. Noch im Jahre 1884, als es ſich bei den Baleuten (Lome) darum handelte, ob ſie die deutſche oder engliſche Flagge nehmen ſollen, war die Sklavenfrage entſcheidend. Man hatte ihnen irrtümlicherweiſe geſagt, daß die Deutſchen die Hausſklaverei, überhaupt den noch beſtehenden Sklaven-handel nicht antaſten würden, und dies war für ſie entſcheidend, ſich nicht unter engliſchen, ſondern unter deutſchen Schutz zu ſtellen.

6. Die Angloer.

Doch kehren wir nach dieſem Exkurs über Sklaverei, Sklavenhandel und Sklavenemanzipation wieder zur Geſchichte der Eweſtämme zurück. Während die Inlandſtämme im großen und ganzen nur noch wiſſen, daß auch ſie aus Notſie, auch Hogbo genannt, mit den übrigen Eweſtämmen ausgewandert ſind, ſo hat ſich unter dem Küſtenſtamm der Angloer, nicht nur dieſe Tradition erhalten, ſondern ſie erinnern ſich ſogar noch an die Häupter der Familie. So ſind wir bereits früher, dem König der Dogboawo, Eri begegnet. Sein Onkel war Ehenwa, der ebenfalls mit aus Notſie ausgezogen iſt. Wir ſind ihm bereits in der Beſiedelung von Anglo, insbeſondere bei der Gründung der Hauptſtadt von Anglo, Anlo, Awenome, begegnet. Ein anderer Neffe von Ehenwa war Zilpi, auch Abedzi genannt. Endlich hatte auch der König, abgeſehen von ſeinem früher erwähnten Sohn, zwei Neffen, Söhne von ſeinen zwei Schweſtern, Atogolo und Adeladza. Dieſe ſollen nach der Ueberlieferung die Stammväter des heutigen Angloſtammes ſein.

Bereits haben wir gehört, wie der Auszug der Eweſtämme vor ſich ging Auch davon haben wir gehört, wie die Angloer und andere Stämme bis an die Lagune, ja bis an die Küſte vorgedrungen ſind. Aber während die Inland-ſtämme ſich zumeiſt in einzelne Familien auflöſten, ſcheint den Angloern auch während ihrer langen Wanderſchaft das Gefühl für einen engeren Zuſammen-ſchluß und das Bewußtſein der Zuſammengehörigkeit nicht verloren gegangen zu ſein; denn während den Inlandſtämmen dieſes Bewußtſein erſt von fremden Volksſtämmen, den Alabiern und Akwamuern oktroyert werden mußte, ſehen wir die Angloer von Anfang an unter einem Stammeskönig geeinigt. Wohl waren und ſind bis heute auch die Angloer in einzelne Familien geteilt, wie wir ſpäter ſehen werden; aber die Zuſammengehörigkeit ging darob nicht verloren. Ja noch mehr; die Ueberlieferung bietet wiederholt Anhaltspunkte dafür, daß die Angloer ſich von jeher Mühe gegeben haben, verloren gegangene Familien oder Stammesteile wieder ausfindig zu machen. Dazu boten ihnen ihre Handels-beziehungen, die ſie von Anfang an mit den meiſten Eweſtämmen anknüpften und unterhielten, die beſte Gelegenheit. Dadurch ſind auch die verwandtſchaftlichen Beziehungen zu den und dort weit entfernten Stammesteilen, z. B. den Tſeviern u. a. m., lebendig erhalten worden.

Daß die Angloer, die nicht allein die längſte Wanderung vor ſich hatten, ſondern auch, nachdem ſie an der Meeresküſte angekommen, ſich genötigt ſahen, an einem für den Ackerbau denkbar ungünſtigen Ort ſich anzuſiedeln, ſich nicht

auch in ihre einzelnen Bestandteile auflösten, daran war nur das bereits in
Notsie eingeführte Königtum schuld. Sie hatten bereits ein gemeinsames Haupt,
das sie führte, und dem sie Folge leisteten. Daß dies bei den Inlandstämmen
nicht geschehen konnte, mag mit darin seinen Grund haben, daß Sri, der König
der Dogbaawo, der Familie der Angloer angehörte und mit dieser wanderte.
Dazu kommt noch, daß schon damals der Königsstuhl die Würde und das Ansehen des afrikanischen Königs vervollständigte. So haben wir bereits gehört,
wie Sri mit dem Stuhl seines Vaters zu den Dogbaawo geflohen ist und infolge davon zu ihrem König gemacht wurde. Weil aber nach dem Abzug der
Angloer den Inlandstämmen nicht nur die Person des Königs, sondern auch der
Königsthron verloren ging, darum sind sie wieder zur ursprünglichen patriarchalischen
Regierungsform zurückgekehrt, bei der jedes Familienhaupt auch obrigkeitliche
Macht und Ansehen genoß. Selbst den Angloern hätte das geblüht, obgleich die
Person des Königs unter ihnen war; denn der Stuhl war, wie die Ueberlieferung
ausdrücklich erwähnt, in der Eile der Flucht vergessen und zurückgeblieben. Darum mußte dieser erst wieder beschafft werden, ehe Sri auch in der neuen Heimat
die Würde und Macht des Königs übertragen werden konnte. Zu diesem Zweck
wollte er seinen Sohn Zänyedo, den der Sohn des Königs von Notsie verwundete,
und um deswillen letzterer der Blutrache zum Opfer fiel, nach Notsie senden,
um den Königsstuhl zu holen. Allein die Mutter gab die Erlaubnis nicht dazu
und sagte zu ihrem Mann, dem Könige: „Weil Du eine Bosheit in Notsie begangen hast, darum willst Du mein Kind dorthin schicken, daß es getötet werde!"
Da traten die beiden Schwestern des Königs herzu und boten ihre beiden
Söhne, Adeladja und Atogolo, an. Darüber war der König sehr erfreut und
sandte sie nach Notsie. Der Notsie-König empfing sie freundlich und versprach
ihnen den Königsstuhl auszuliefern, sobald sie ihm den Kopf des Sri überliefert
haben würden. So kehrten sie denn wieder zurück und teilten Sri die Antwort
des Notsie-Königs mit. Aber dieser wußte Rat, um den begehrten Königsstuhl zu
erhalten. Er hatte einen Sklaven, der ebenso vom Dschobu (eine Auslatari) befallen war, wie er. Diesen gab er ihnen mit und befahl ihnen, ihn in der Nähe von
Notsie zu töten, die Hände abzuhauen und dem Könige zu zeigen mit der Entschuldigung, daß sie Sri nicht hätten den Kopf abschlagen können, weil er ein so
alter Mann sei; aber er könne ja an den Händen sehen, daß es Sris Hände
seien. Damit gab sich der König zufrieden und lieferte den Stuhl aus, den sie
Sri brachten. Darob war große Freude im ganzen Lande, insbesondere aber
bei Sri selbst. Aber diese Angelegenheit hatte nicht allein für den Sohn des
Königs, sondern für den ganzen Stamm wichtige Folgen. Denn als es mit
Sri zum Sterben ging, da beschied er die Ältesten des Anglostammes zu sich und
bestimmte, daß sein Sohn, weil er verweigert habe, nach Notsie zu gehen, zunächst
von der Thronfolge ausgeschlossen sein soll. Erst wenn Adeladja, der an seiner
Statt gegangen sei, gestorben sei, soll das Erbrecht wieder auf seinen Sohn
zurückkehren. So kams denn, daß in ganz Anglo das sog. Reffnerbrecht ein-
und durchgeführt wurde und bis heute festgehalten wird. Auch in Bezug auf
die Erbfolge wurde diese Bestimmung durchgeführt, und nur, wenn der rechtmäßige Nachfolger schon vor dem Ableben des Königs gestorben ist, wird der
Nachfolger wieder aus derselben Familie genommen. So wechselte in Anglo
die Thronfolge zwischen den beiden königlichen Familien, den Abjodiawo und den

Bateawo, bis auf den heutigen Tag, wobei die Thronfolge niemals auf den Brudersohn, sondern auf den Schwestersohn des Königs übergeht, wie die folgende Liste der Anglokönige, seit dem Auszug der Angloer aus Nottse zeigt.

Adzoviawo.
1. Sri
3. Zannedo
5. Fiavidziehr
7. Ndizi
9. Alsa
10. Ariasa

Bateawo.
2. Adeladza
4. Agodomalu
6. Akosfui
8. Acholunumha

11. Gbagba
12. Amedo Apegla

9. Die Familien der Angloer.

Schon oben habe ich erwähnt, daß auch die Angloer in verschiedene Familien sich auflösten, die im Laufe der Jahre noch vermehrt wurden, die aber bis auf den heutigen Tag streng unterschieden und getrennt werden. Ursprünglich bestanden in Anglo drei solcher Hlo wie sie genannt werden, später aber sind es, teils durch Trennung, teils durch Zuwachs von außen zwölf solcher Familien geworden. Die fünf ersten Hlo oder Familien waren folgende:

1. Laoheawo, ihr Stammvater ist der bereits genannte Bhenya.
2. Adzoviawo, diese stammen von Sri ab. Von ihnen wird erzählt, daß sie den adzovia, einen Serfisch, nicht essen dürfen. Ein Vorfahre dieser Familie nämlich, so wird erzählt, hatte einen adzovia gefangen; aber um seine Hände zum Fang eines zweiten frei zu machen, steckte er den gefangenen in den Mund, der ihm dann in den Hals hinuntergeschlüpft und dort stecken geblieben sei. Trotz aller Bemühungen hätte der Fisch nicht entfernt werden können, weshalb der alte Mann hätte ersticken müssen. Die Folge davon sei, daß die ganze Familie seither keinen adzovia mehr essen dürfe. Ihr Gott ist der tome, (Wasser, Meerestiefe), und ihr Priester ist der tomesi.
3. Bateawo, sie verehren den Abeladza als ihren Stammvater. Sie und die Adzoviawo bilden die Königsfamilie. Ihr spezieller Fetisch ist das Flußpferd (izomnyi). Sie essen kein Rindfleisch und verfertigen nichts von der Lapalme. Stirbt aber einer von dieser Familie, so wird mit einem netzartigen Geflecht aus der Lapalme, das mit roter Erde überstrichen wird, das Gesicht des Verstorbenen bedeckt. Auch der Leichnam wird ganz mit roter Erde bestrichen und dann in eine Binsenmatte, eketi genannt, gewickelt. Der Hauptbestandteil dieser Familie besteht aus Fetischleuten und Zauberern.
4. Amladawo, sie nennen als ihren Stammvater Abedzi oder Zilpi, einen Neffen von Bhenya. Ihre Hauptbeschäftigung ist Handel und Fischung.
5. Olteawo, der Stammvater dieser Familie ist Alogolo. Sie sind bekannt als solche, die keinen Sägefisch (liko) essen dürfen.

Zu diesen fünf ursprünglichen Familien traten später noch folgende:
6. Agaveawo; diese Familie verdankt ihre Entstehung der Heirat einer Angloerin, wohl aus der Königsfamilie stammend, mit einem Mann aus Agave. Sie sollen es auch gewesen sein, die den ersten Krieg nach Anglo gebracht haben

follen. Heute werden aus dieser Familie die Schwertträger des Königs genommen. Sie sind die Wächter des Gesetzes und die Vollstrecker der Strafen. Auch der Feldhauptmann der Angloer kann nur ein Agabermann sein. Als Verbot für diese Familie gilt, daß sie eine Art kleiner Früchte, Alsia genannt, nicht essen darf.

7) Dseviawo, ihr Stammvater heißt Aduadui. Seine Frau stammte von der Goldküste. Von seinen Kindern wird gesagt, daß sie gerne Salz gegessen hätten. Er selber soll bereits mit einem Zahn geboren worden sein. Später soll er ein guter Bogenschütze und infolge davon ein leidenschaftlicher Jäger geworden sein. Ferner soll er es gewesen sein, der den Nhigbladienst in Anglo einführte. Nhigbla wird sichtbar in der Sternschnuppe und wird besonders in Angloga, Ateta, Alakple Aohiohe und Be verehrt. Jährlich werden ihm zweimal Opfer gebracht. Nhigbla ist der Kriegsgott der Angloer und Beer (Lowe). Die Dseviawo hatten das Recht, Salz auf dem ausgetrockneten Lagunengrund zu sammeln. Sie selber aber dürfen Salz nur aus ganz bestimmten Gefäßen essen.

8) Toviawo.

9) Tsiamewo, der Stammvater dieser Familie ist Akplomada. Er wohnte ursprünglich bei den Akwamuern, in Tsawla; aber infolge eines Krieges floh er nach Anglo. Dies soll in der Zeit geschehen sein, als Adeladja im Anglo regierte. Später heiratete er eine Tochter von Adeladja. Ein Sohn, der aus dieser Ehe hervorging, hieß Adala, der sehr beliebt und geehrt war. Er fiel aber in dem ersten Krieg der Angloer, den sie mit den Agavern führten. Sein Tod that jedermann wehe, darum wenn heute jemand stirbt, dessen Tod eine allgemeine Teilnahme hervorruft, so sagt man: „Ist sein Tod nicht wie der des Adala?"

10) Aleviawo.

11) Baueawo; sie müssen für den Nönig die Häuser bauen und jede Hausreparatur besorgen. Wenn ein Glied dieser Familie stirbt, so wird eine Ziege geschlachtet und der Leichnam mit dem Blut bestrichen.

12) Vhiohcawo; dies sind die Nachkommen von Le, der erst später in Anglo einwanderte und bei einer Frau namens Bhi Unterkunst fand.

Zu diesen zwölf Familien kommen noch einige kleinere spätere Familien, die jedoch keine eigentliche Existenz haben und darum mehr oder weniger von einem sagenhaften Gewand umgeben sind. Dagegen können wir nicht weitergehen, ohne zuerst noch kurz auf die zwei bezw. vier Familien der Avenoer hingewiesen zu haben. Es sind die Fiatoawo, Hleawo, Lumoawo und Alfiameawo. Anfänglich zerfielen auch die Avenoer nur in zwei Familien: Die Fiatoawo und die Hleawo. Der Stammvater der Hleawo soll der Neffe des Stammvaters der Fiatoawo sein. Später ließ ersterer in dem weiten Avenogebiet auf die Lumeawo, die wegen eines sittlichen Vergehens aus Lume vertrieben wurden und endlich auch noch auf die etwas in Sage gehüllten Alfiameawo. Von diesen wird erzählt, daß sie ihre Abstammung auf einen gewaltigen Jäger, Tsiali genannt, zurückführen, der in der Gegend des heutigen Tsiame sein Wesen trieb. Als Tsiali schon sehr alt geworden war, suchte er wiederholt den Tod, aber immer vergeblich. Schließlich soll er sich den Unterkiefer selbst abgenommen haben und dann gestorben sein; aber seine Söhne beerdigten ihn mit dem Unterkiefer unter einem großen Seidenbaumwollbaum. Denn es wird als eine große Schande angesehen, wenn einer ohne Unterkiefer in der Unterwelt erscheinen muß. Darum schlagen die Feinde wohl den Erschlagenen den Kopf ab; im Grunde genommen haben sie es aber nur auf die Unterkiefer abgesehen.

10. Kriege der Angloer.

Wiederholt haben wir bereits von den Kriegen der Angloer gehört, die sie in Verbindung mit ihren Bundesgenossen den Akwamuern geführt haben. Auch von ihrem ersten selbständigen Krieg haben wir schon Andeutungen gemacht. Es war dies ein Krieg, der infolge von verübten Grausamkeiten, begangen an Handelsleuten und Lastenträgern, geführt wurde. Nach Überlieferung der Angloer waren es die Agaver und Adaer, die sich etlicher Mordthaten schuldig gemacht hatten. Nach der Mitteilung der Adaer war gerade das Gegenteil der Fall, die Angloer waren die Friedensstörer. So erzählten die Adaer, daß der erste Krieg zwischen ihnen und den Angloern ums Jahr 1750 geführt wurde. Mit Unterstützung etlicher Tichistämme, besonders der Akwapemer, gelang es den Adaern die Angloer zu besiegen; aber auch die Adaer erlitten schwere Verluste, insbesondere wurde die Jrrube durch die Gefangennahme zweier Könige sehr gedämpft, die sie nur mittelst eines großen Lösegelds, bestehend in Farbholz, loskaufen konnten. Nach Überlieferung der Angloer wurde dieser Krieg bereits im Zeitalter des Königs Abeladza geführt. Die beiden Feldhauptleute waren der bereits erwähnte Abola und ein gewisser Abuabzi. Aber da Anglo in jener Zeit noch nicht so mächtig war, wie später, so konnten sie dem gemeinsamen Feind nicht Stand halten. Die Feinde rückten bis nach der Hauptstadt vor und verbrannten sie mit Feuer. Im Jahre 1767 waren die Angloer genötigt, Frieden zu schließen.

Diese schwere Niederlage schmerzte die Angloer sehr; deshalb begannen sie sofort nach dem Friedensschluß sich für einen neuen Krieg mit den Adaern zu rüsten. Heimlich verbanden sie sich noch mit etlichen andern befreundeten Stämmen und überfielen die Adaer im Jahre 1776. Die Schlacht war furchtbar, so daß beinahe die halbe Bevölkerung erschlagen wurde. Der Rest floh und suchte sich in der Nähe von Ringo anzusiedeln.

Während dieser Zeit führten die dänischen Kaufleute ihre Geschäfte in Keta und Ada ruhig weiter; denn solange man sie in Ruhe ließ, mischten sie sich nicht in die Stammesfehden der Eingeborenen. Nur wenn sie wagten, sich an ihnen oder an ihrem Eigentum, sei es Sklaven oder Waren, zu vergreifen, dann rafften auch sie sich auf, um die dänische Regierung für sich zu gewinnen. So geschah es, daß die Angloer zu Ende der 70er Jahre des 18ten Jahrhunderts einige Kanuleute aus der Faktorei von Keta wegfingen und als Sklaven verkauften. Dazu kam noch, daß sie einen dänischen Beamten oder Kaufmann von Keta (welches von beiden ich nicht mehr mit Bestimmtheit zu sagen) auf seinem Weg nach Ada in ein Gehölze lockten. Dort sperrten sie ihn in einen Schweinestall und fütterten ihn wie die Schweine mit Stockyams. Sehr erbost über diese Beleidigung und Schmach, die ihm zugefügt worden war, wußte er den dänischen Gouverneur zu einem Kriegszug gegen die Angloer zu bewegen. Nach langen Unterhandlungen konnte dieser endlich eine ganze Anzahl Stämme jenseits des Volta für sein Vorhaben gewinnen. Am 4. Febr. 1784 versammelten sie sich in Ada zwischen dem Volta und dem Fort Kongensteen und hielten eine große Versammlung mit dem dänischen Gouverneur und den dänischen Kaufleuten. Aber erst am 25. März, als genügend Boote und Kanus zur Stelle waren, begann die Überschreitung des

Bolla. Der Feind, die Angloer, erwarteten sie bereits bei Aniveti und überschütteten sie mit einem Hagel von Geschossen. Ihre Heerführer waren Dodzara und Tsuatpa. Heerführer und Soldaten kämpften sehr tapfer; aber es war ihnen nicht möglich der vereinigten Streitmacht der Adaer, Krobaer, Avaare und Akwapemer den Übergang zu verwehren. Nachdem einer der Heerführer, Dodzoto, verwundet worden war, mußten sie sich in ihr Lager nach Brogbe zurückziehen. Am 30. März hatten die Angloer in der Nähe von Bhuti hinter einer schmalen Lagune auf sumpfigem Boden Aufstellung genommen. Aber die Adaer, die aus Rache vor Kampfbegier brannten, durchwateten mit ihren Kampfgenossen den schmalen Lagunenarm, die Patronengürtel und Gewehre auf dem Kopfe tragend. Drüben angekommen fochten sie wie Tiger. Diesem gewaltigen Ansturm konnten die Angloer nicht Stand halten, sie mußten sich zurückziehen. Noch am selben Tage standen sämtliche Städte der Küste entlang mit Alakple und Anyako in Flammen. Wer in ihre Hände fiel wurde ergriffen; die gefallenen Feinde wurden verstümmelt; alle Fruchtbäume abgehauen und Ochsen, Schafe und Schweine geschlachtet. Die Angloer waren vollständig aufgelöst und flohen bis nach Bheta, jenseits der Lagune. Am 1. April erreichte die feindliche Armee Aeta, und am 4. stieß nach der Häuptling Late von Klein-Popo mit einer Armee von 1100 Mann zu ihnen. So war die feindliche Armee auf ca. 4000 Mann angewachsen. Endlich am 13. hatten sie in Erfahrung gebracht, daß der Feind bei Bheta stehe und dort ein befestigtes Lager bezogen habe. Die Angloer hatten Gräben gezogen, die sie teils als Deckung, teils als Falle für die Feinde benutzten. Noch einmal kam es zur Schlacht. Von früh bis abends spät wurde gekämpft, ohne daß eine Entscheidung eingetreten wäre. In der Nacht jedoch zogen die Angloer sich zurück bis Kuto mit einem Verlust von 54 Toten und 160 Verwundeten. Am 27. April sandten sie eine Gesandtschaft und baten um Frieden; aber ihre Erbfeinde, die Popoer, versuchten den Gouverneur zu bestimmen, den Frieden nicht zu gewähren, bis auch sie an ihren Feinden sich gerächt haben würden. Da der Gouverneur aber längst genug hatte an der Grausamkeit, womit gefangene und gefallene Feinde von ihnen behandelt worden waren, so kam er gerne dem Friedensgesuch entgegen. Am 18. Mai wurde eine große Versammlung in Aeta gehalten, und die Angloer mußten folgenden Bedingungen unterzeichnen.

1) Mußten sie erlauben, in Aeta ein Fort zu bauen.

2) Mußten sie jedem Händler und Reisenden freien Durchgang gewähren.

3) Mußten sie erlauben, daß im Lande Faktoreien errichtet werden, besonders in der Hauptstadt.

4) Wurde ihnen verboten, Handel in Sklaven, Elfenbein und andern Handelsartikeln mit anderen Europäern als den Dänen zu treiben.

5) Wurde ihnen der Wiederaufbau ihrer Städte erlaubt und ein dauernder Friede mit der Aetaleuten anbefohlen.

6) Um diesen Bedingungen der nötigen Nachdruck zu geben, mußten zehn Geiseln, Söhne von Häuptlingen, gegeben werden, die bei dem geringsten Friedensbruch in die Sklaverei verkauft werden sollten.

Sofort wurde mit dem Bau des Forts Prindsenstern in Aeta begonnen. Aber weil die Angloer nur gezwungen die Erlaubnis dazu gegeben hatten, so wurden die Häuptlinge Ofori Tofu und Pate mit ihren Leuten als Besatzung in Arta gelassen, um den Bau des Forts zu schützen.

Natürlich war diese Stellung der Klein-Popoer nicht dazu angethan, das ohnehin wenig freundschaftliche Verhältnis, das zwischen Klein-Popo und Anglo schon bisher bestand, zu befestigen. Vielmehr sahen letztere in den Klein-Popoern nur Helfershelfer der Regierung, die sie zwingen halfen, daß die dänische Regierung ihr Vorhaben ausführen konnte. Dies hatte zur Folge, daß die Küstenstämme mit Ausnahme der Agbosomer sich zusammenschlossen und den Angloern, die die Hegemonie behaupteten, Heerfolge leisteten. Insbesondere war dies von Anfang an bei den Bern, die in der Nähe von Lome wohnen, der Fall. Aber auch die andern Stämme, wie die Avenoer, Bhenhier, Kliloer u. a. leisteten gerne den Angloern Heerfolge; denn auch sie waren einstens von derselben Wildheit und Grausamkeit bekelt, wie die Angloer. Dazu kommt noch, daß zwischen diesen Stämmen, auch in der schlimmsten Zeit des Sklavenhandels und während der größten Zerrissenheit der Ebhestämme, ein gewisses Freundschaftsverhältnis bestand und ein mehr oder weniger stark ausgeprägtes Gefühl der Zusammengehörigkeit vorhanden war, das sie in Zeiten der Not und Bedrängnis nie im Stiche ließ. Dies ist der Grund, daß wir an der Küste nicht die gleichen traurigen Verhältnisse haben wie im Innern. Durch den Zusammenschluß der Stämme gelang es diesen, nicht nur nach Osten, den Klein-Popoern gegenüber, sondern auch nach Westen hin, den Adaern, überhaupt den Stämmen auf der Goldküste gegenüber, ihre Freiheit und Unabhängigkeit zu behaupten. Ja nicht nur das! Die Angloer standen bis vor kurzem im gleichen Ruf der Tapferkeit und Grausamkeit wie die Akwamuer und Asanteer, mit denen sie Jahrhunderte lang aufs engste befreundet waren. So finden wir sie fast in beständigem Kampf mit den Klein-Popoern seit der Zeit sie ins Eoheland eingewandert sind (1680). Bereits haben wir gesehen, wie sie den Akwamuern halfen, die Klein-Popoer unter ihrem König Afchangmo zu bekämpfen. Dafür wurden die Angloer ums Jahr 1700 von den Klein-Popoern überrumpelt und aus ihrem Lande verjagt. Aber weil Afona, der König der Akwamuer, ein größeres Interesse daran hatte, die Angloer wieder herzustellen, so half er diesen im Jahre 1702 ihr Land zurückzuerobern. Natürlich suchten den Angloern diese Scharte auszuwetzen, und als die Klein-Popoer etliche Jahre später im Auftrag des Königs von Dahome die Whydaer bekriegten, da beschlossen die Angloer, diese Gelegenheit zu benützen, um sich an ihren Erbfeinden, den Klein-Popoern zu rächen. Auf dem Rückzug von Whydah hörten die Klein-Popoer, daß die Angloer im Begriffe seien, sie anzugreifen, und ihr König Ofori, obgleich sie knapp an Munition waren, beschloß dennoch sich den Angloern entgegenzustellen, wurde aber mit großem Verlust zurückgeschlagen. Ergrimmt darüber stürzte sich der König in das dichteste Kampfgewühl, woselbst er mit einer großen Anzahl seiner Getreuen fiel. Aber sein Tod wurde später durch seinen Bruder an den Angloern gerächt, indem dieser stets die Angloer angriff, wenn sie durch anderweitige Kriege bereits geschwächt waren. Die gleiche Taktik haben auch seine Nachfolger verfolgt. So haben wir bereits gesehen, wie sie im Jahre 1784 noch nachträglich dazu kamen, um in Gemeinschaft mit den Dänen und Adaern die Angloer zu züchtigen. Aber wenn auch ihre Dazwischenkunft ganz den Eindruck des Esels in der Fabel macht, der dem Pferde riet, dem sterbenden Löwen noch einen Fußtritt zu geben, so lag ihrem alten König Obli doch sehr am Herzen, daß die Angloer möchten gänzlich gedemütigt werden. Lieber gestatte er der dänischen Regierung den Bau einer Faktorei in Bglabu, als daß die Angloer eine glimpfliche Behandlung von seiten der Dänen erfahren sollten.

Erst um die Mitte des vorigen Jahrhunderts scheint eine Aussöhnung zwischen den Angloern und Klein-Popoern stattgefunden zu haben. Denn es wird erzählt, daß Awadzo Padzelpo, König von Klein-Popo, in verwandtschaftliche Beziehungen zu dem Feldherrn der Angloer, Acholu mit Namen, getreten sei. Dies hatte zur Folge, daß letzterer bereitwillig seine Hilfe zusagte, als im Anfang der 60er Jahre ein Krieg zwischen Klein-Popo und Ague ausbrach. Diese Gelegenheit aber benutzten die Somer, um die Adaer zu einem Krieg gegen die Angloer aufzustacheln. Sie sandten Boten nach Ada und teilten den Adaern mit, wie es augenblicklich in Anglo stehe. Diese aber ließen sich das nicht zweimal sagen, sondern nahmen die Gelegenheit wahr, um sich an ihren Erbfeinden, den Angloern, zu rächen. Wer fliehen konnte, floh vor den Adaern her. Diese aber zogen mordend und brennend der Küste entlang bis Tegbu, ohne auf Widerstand zu stoßen. Hier aber verband sich die junge Mannschaft, die nicht mit den älteren in den Krieg nach Ague gezogen war, mit einem Eid, die Feinde zu verjagen, bis ihre Väter aus dem Krieg herbeieilen würden. Sie entschlossen sich, den Adaern in offener Feldschlacht entgegenzutreten zu wollen. Aber noch am selben Tage rückte Adompre der Laschibi-Feldherr mit einem Teil des Heeres herbei, nachdem er erst die Verräter, die Somer, gezüchtet hatte. In Keta angekommen, hörte er bereits das Flintengeknatter, und als er sich dem Schlachtfeld näherte, stieß er auch schon auf tote und verwundete Jünglinge. Sofort griff er in das Gefecht ein, und noch ehe die Sonne unterging waren die Adaer in die Flucht geschlagen.

Die Heranziehung der kolonialen Erwerbsgesellschaften zu den direkten Steuern in Preußen.

Von Regierungsrat Dr. G. Jacobi.

Von Seiten der in den Kolonien thätigen kolonialen Erwerbsgesellschaften wird häufig darüber geklagt, daß sie sowohl in den Kolonien, wie in der Heimat der direkten Besteuerung unterlägen. Es wird sich daher lohnen, zunächst einmal festzustellen, wieweit ihre Heranziehung zu den direkten Steuern in dem größten deutschen Bundesstaat, Preußen, in den gesetzlichen Vorschriften begründet ist.

Von den direkten Steuern in Preußen kommen im wesentlichen nur zwei in Betracht. Die Einkommensteuer und die Gewerbesteuer, beide vom 24. Juni 1891. Von diesen ist bekanntlich nur die Einkommensteuer eine Staatssteuer; die Gewerbesteuer wird zwar vom Staate veranlagt, aber nicht erhoben. Sie dient nur als Unterlage für die Gemeindebesteuerzuschläge.

Was nun zunächst die Einkommensteuer betrifft, so würden die kolonialen Erwerbsgesellschaften zu dieser überhaupt nur herangezogen werden können, wenn sie zu den in § 1 No. 4 u. 5 des Einkommensteuergesetzes genannten Gesellschaften gehören, d. h. wenn sie „Aktiengesellschaften, Kommanditgesellschaften auf Aktien und Berggewerkschaften, welche in Preußen einen Sitz haben, oder solche eingetragene Genossenschaften sind, deren Geschäftsbetrieb über den Kreis ihrer Mitglieder hinausgeht, oder endlich (No. 3) Konsumvereine mit offenem Laden, sofern dieselben die Rechte juristischer Personen haben." Das letztere wird kaum vorkommen. Andre Gesellschaftsformen, insbesondere auch die Kolonialgesellschaft nach dem Reichsgesetz vom 15, 18 März 1888, unterliegen der Einkommensteuerpflicht in Preußen nicht. Ebensowenig die Gesellschaft mit beschränkter Haftung (Reichsgesetz vom 20. April 1892). Sobald eine der vorbezeichneten, in § 1 genannten Gesellschaften eine andre, den Besteuerung nach diesem Paragraphen nicht unterliegende Form der Personenvereinigung annimmt, z. B. sich in eine Gesellschaft m. b. H. verwandelt, erlischt ihre Steuerpflicht. Solange dagegen eine koloniale Erwerbsgesellschaft die Form der Aktiengesellschaft u. s. w. beibehält, ist sie der Einkommensteuer unterworfen. Ihr Einkommen ist dann nach den Bestimmungen des § 16 des Einkommensteuergesetzes zu berechnen, auf die hier näher einzugehen, zu weit führen würde. Wichtig dagegen ist es für jetzt jedere Frage, daß die Möglichkeit der Heranziehung einer solchen Gesellschaft zur preußischen Einkommensteuer ihre Grenze findet an den Bestimmungen des Reichsgesetzes wegen Beseitigung der Doppelbesteuerung vom 13. Mai 1870. Nach § 3 dieses Gesetzes darf der Grundbesitz und der Betrieb eines Gewerbes, sowie das aus diesen Quellen herrührende

Einkommen nur von demjenigen Bundesstaate besteuert werden, in welchem der Grundbesitz liegt oder das Gewerbe betrieben wird. Die deutschen Schutzgebiete sind nach § 6 des Reichsgesetzes vom 15. März 1888 den Bundesstaaten gleichgestellt. Sofern also der Gewinn einer kolonialen Erwerbsgesellschaft bezw. das Einkommen aus Grundstücken derselben aus dem in der Kolonie betriebenen Gewerbe oder den dort belegenen Grundstücken herrührt, bleibt dieser Teil des Einkommens bei der Besteuerung in Preußen außer Betracht. Wie weit eine gesonderte Ermittelung des in den Kolonien und im Mutterlande erzielten Einkommens möglich ist, ist Thatfrage. Wenn ein zutreffender Maßstab für die Verteilung nicht zu finden ist, so tritt schließlich Verteilung nach verständigem Ermessen ein (Art. 17 der Ausführungsverordnung zum Einkommensteuergesetz). Keinesfalls kann aber eine Heranziehung des in der Kolonie betriebenen Unternehmens zur Einkommensteuer in Preußen bei dem Grietz entsprechendem Verfahren vorkommen.

Aehnlich liegt es mit der Gewerbsteuer. Dieser sind nach dem Gewerbesteuergesetz vom 24. Juni 1891 die in Preußen betriebenen Gewerbe unterworfen, ohne Rücksicht darauf, von wem sie betrieben werden. Es kommt also für die Heranziehung zur Gewerbesteuer — im Gegensatz zur Einkommensteuer — nicht auf die Form der kolonialen Erwerbsgesellschaft an. Vielmehr muß sie zur Gewerbesteuer veranlagt werden, sofern sie ein Gewerbe betreibt. Frei dagegen von der Gewerbesteuer würde sie bleiben, wenn ihre Thätigkeit unter die in § 4 des Gewerbesteuergesetzes angegebene Ausnahmen fällt. Als solche kommen für uns in Betracht „die Land- u. Forstwirtschaft, die Viehzucht, die Jagd, die Fischzucht, der Obst- und Weinbau, der Gartenbau — mit Ausnahme der Kunst- und Handelsgärtnerei, — einschließlich des Absatzes der selbstgewonnenen Erzeugnisse in rohem Zustande, oder nach einer Verarbeitung, welche in dem Bereiche des betreffenden Erwerbszweiges liegt." Diese Bestimmung findet jedoch keine Anwendung auf diejenigen, welche gewerbsweise Vieh von erkauftem Futter unterhalten, um es zum Verkauf zu mästen oder mit der Milch zu handeln, sowie auf diejenigen, welche die Milch einer Herde, das Obst eines Gartens, den Fischfang in geschlossenen Gewässern und ähnliche Nutzungen abgesondert, zum Gewerbebetriebe pachten." (§ 4 Absatz 1).

Eine ganze Anzahl kolonialer Erwerbsgesellschaften wird nach dieser Bestimmung für die Gewerbesteuer nicht mehr in Frage kommen, da sie lediglich Landwirtschaft betreiben. Ein anderer Teil treibt Landwirtschaft und Gewerbe; dieser ist dann für letzteres gewerbesteuerpflichtig, aber auch nur für letzteres, es sei denn, daß die Landwirtschaft mit dem Gewerbe in einem so engen Zusammenhang steht, daß die erstere nur als ein Teil des letzteren erscheint und das Gewerbe als die Hauptsache. Wann dies der Fall ist, ist wiederum lediglich Thatfrage, und bestimmte Fälle zu erörtern ist hier nicht am Platze.

Betreibt aber nun die Gesellschaft wirklich ein Gewerbe, und unterliegt sie demnach an sich der Gewerbesteuer, so doch nur mit dem auf Preußen entfallenden Teil des Ertrages und des Anlage- und Betriebskapitals. Nach § 21 des Gewerbesteuergesetzes bleibt bei inländischen Gewerben, welche außerhalb Preußens einen stehenden Betrieb durch Errichtung einer Zweignicderlassung, Fabrikations-, Ein- oder Verkaufsstätte, oder in sonstiger Weise unterhalten, derjenige Teil des Ertrages, bezw. des Anlage- und Betriebskapitals, welcher auf den in andern

Bundesstaaten unterhaltenen Betrieb entfällt, für die Besteuerung außer Ansatz, jedoch nach Abzug des auf die in Preußen befindliche Geschäftsleitung zu rechnenden Anteils von einem Zehntel des Ertrages. Den Bundesstaaten stehen auch in Bezug auf diese Bestimmung die deutschen Schutzgebiete gleich.

Nach den vorstehend angeführten Bestimmungen wird auch bei der Gewerbesteuer eine Besteuerung eines Ertrages, der schon in den Kolonien besteuert wird, kaum vorkommen können. Ueber die die kolonialen Erwerbsgesellschaften treffenden direkten Steuern in den Kolonien ein andermal.

Deportation nach Deutsch-Südwestafrika.
(Von einem deutsch-südwestafrikanischen Ansiedler.)

In den Nummern 38 und 47 (1901) der „Woche" tritt Herr Professor Dr. Bruck (Breslau) von Neuem für die Deportation von Verbrechern nach unsern Kolonien ein.

Der leitende Gedanke in den beiden, „Strafkolonien" und „Die Gegner der Strafkolonien" überschriebenen Artikeln ist in Kürze der: Das herrschende System der Freiheitsstrafen hat sich nicht bewährt und bedarf dringend der Reorganisation. Das einzige Mittel wirksamer Abhilfe bietet die Deportation und zwangsweise Ansiedelung unserer Verbrecher in einer dazu geeigneten überseeischen Kolonie. Wir haben eine solche Kolonie, deren Entwicklung nach dazu an mangelhafter Besiedelung des Landes krankt — Deutsch-Südwestafrika. Also dorthin mit unsern Verbrechern nach dem Vorbilde der Engländer und Franzosen unter Vermeidung der von diesen beiden Nationen gemachten Fehler.

Herr Dr. Bruck sucht die Hauptgegner der Deportation unter den sogenannten Gefängnisreformern, den Spitzen der preußischen Gefängnisverwaltung, den bisherigen Chefs des Kolonialamts und dem Reichsjustizamt, ohne den großen fast einmütigen Widerstand der Gouvernements sowohl, als auch der Ansiedlerbevölkerung unserer Kolonien zu erwähnen, der doch sicher mit einer der ausschlaggebenden Faktoren bei der Ablehnung der bisherigen Deportationsvorschläge gewesen ist.

Für die Ansiedler unserer Kolonien hat die Frage, ob das herrschende System der langjährigen Freiheitsstrafen durch die Deportation zu ersetzen sei, an sich nur geringes Interesse. Anders dagegen ist es mit der Frage, ob die Deportation der Entwicklung einer unserer Kolonien nützen würde. Diese Frage wird von den Ansiedlern selbst fast einstimmig verneint. Der Grund der Ablehnung scheint jedoch weniger das Resultat einer wirklich ernsthaften, von rein objektivem Standpunkte ausgehenden Prüfung, als eher die allgemeine persönliche Abneigung der Kolonialbevölkerung gegen den Gedanken zu sein, mit einer größern Anzahl schwerer Verbrecher beglückt zu werden.

Wenn auch der Gedanke einer Deportation nach Deutsch-Südwestafrika, den Prof. Dr. Bruck in erster Linie im Auge hat, durchaus ernster Erwägung wert ist, so ist doch eine Verwirklichung desselben in der von ihm vorgeschlagenen Weise deshalb nicht durchführbar, weil das Land einen Teil der Vorbedingungen und Eigentümlichkeiten, die Prof. Dr. Bruck voraussetzt, nicht besitzt. Auch hier zeigt sich, wie wenig selbst das eifrige Studium ausgezeichneter Werke über ein Land imstande ist, dem Lesenden ein richtiges Bild der geschilderten Zustände und Verhältnisse zu geben.

In dem Artikel „Strafkolonien" heißt es: „In der Strafkolonie angelangt, wird der Sträfling hauptsächlich als Ackerbauer auf einer der Straffarmen des Reiches beschäftigt." Nun ist aber Deutsch-Südwestafrika kein Ackerbauland, sondern ein reines Viehzüchterland, das wegen der herrschenden Regen- und Wasserarmut, und aus andern Gründen, selbst Gartenbau im Kleinen auf manchen Farmen nicht einmal gestattet. Die Farmwirtschaft beschränkt sich daher ausschließlich auf Viehzucht. Die Herden bleiben, von wenigen eingeborenen Hirten begleitet, Tag und Nacht in der Steppe und benötigen weder Ställe noch Fütterung in europäischem Sinn. Diese, durch die Umstände gebotene und dem Eigentümlichkeiten des Landes angepaßte Art des Farmbetriebes würde dem Zweck einer „Verbrecherfarm" aber wenig entsprechen; Ackerbaufarmen dagegen, die eine dauernde, nutzbringende Beschäftigung der Sträflinge ermöglichen würden, sind eine Unmöglichkeit im Lande. Vielleicht wird einmal der tropische Norden der Kolonie in den bewässerungsfähigen Gebieten des Okavango und Kunene Ackerbau oder Plantagenbau ermöglichen; aber vorläufig sind diese Gebiete noch wenig erschlossen und ihre Bevölkerung noch nicht einmal thatsächlich der deutschen Regierung unterworfen.

Aber auch selbst, wenn eine Besiedelung des Landes mit Deportierten in der vorgeschlagenen Weise möglich wäre, würden schwerwiegende andere Gründe dagegen sprechen.

Die Entwicklung Deutsch-Südwestafrikas krankt an der mangelhaften Besiedelung des Landes; nicht, weil die Lebensbedingungen, die das Land bietet, schlechter wären oder wegen der Unmöglichkeit, einen Teil des deutschen Auswandererstromes hierher zu leiten, sondern weil die Kolonie der freien Besiedelung nicht geöffnet ist; im Gegenteil, die unverhältnismäßig hohen Landpreise[1]) (man rechnet als Mindestkapital für einen rationellen Farmbetrieb 20000 M) schrecken den größten Teil der Auswanderungslustigen ab, die naturgemäß fast ausschließlich in der armen oder wenig bemittelten Bevölkerung zu suchen sind. Wollte man dagegen den Ansiedlern im Schutzgebiet alle die Vergünstigungen bieten, die für die anzusiedelnden Verbrecher gefordert werden, wie unentgeltliche Abgabe eines Farmplatzes, Aufstellung einer Hütte, Saatgut, Gerätschaften, die unentgeltliche Nachbeförderung der Familien u. s. w., so würde man mit den dafür aufzuwendenden Mitteln in wenigen Jahren die Kolonie mit einer ausgesuchten, zuverlässigen Ansiedler-Bevölkerung besiedeln können und brauchte nicht auf die Insassen unserer Zuchthäuser zurückzugreifen. Daß eine Kolonisation in der Weise vorläufig nicht möglich ist, daran trägt die jetzige Verwaltung der Kolonie sicherlich nicht die Schuld, die leider mit den früher begangenen Fehlern rechnen muß.

Gegen eine Deportation indessen, die den Zweck verfolgte, billige Arbeitskräfte ins Land zu bringen, die die Anlage von öffentlichen Bauwerken ermöglichen, welche bisher aus Mangel an Geld nicht ausgeführt werden konnten, würde meines Erachtens vonseiten der Ansiedlerbevölkerung kaum Einspruch erhoben werden.

Eine der wichtigsten Vorbedingungen für die Entwicklung unserer Kolonie ist die Schaffung besserer Verkehrsstraßen, die bisher wegen mangelnder Mittel

---

[1]) Der Landpreis von 1—2 M. pro ha ist keineswegs hoch; aber der Viehzuchtbetrieb beansprucht verhältnismäßig großen Landbesitz. Anmerkung der Schriftleitung.

nur geringe Fortschritte machen konnte. Dringend notwendig ist die Schaffung von Wasserstellen in den wasserarmen Gegenden, besonders in den Durststrecken der vielbefahrenen Frachtstraßen. Auch hier geschieht wenig, da die Mittel fehlen. Die Anlage von Staudämmen, die eine Aufspeicherung der großen Wassermengen ermöglichen würden, welche nach einem heftigen Regen sich die sonst trockenen Flußbetten entlang wälzen und nach wenigen Tagen abgeflossen sind, scheitert allein an den großen Kosten, die solche Bauwerke verursachen würden. Hier würde die Entsendung billiger Arbeitskräfte Abhilfe schaffen, die, ohne den Etat der Kolonie mehr zu belasten, dem Lande von größtem Nutzen sein könnte und obendrein noch nach den von Prof. Dr. Bruck aufgestellten Berechnungen für die Gefängnisverwaltungen in Deutschland Ersparnisse bedeuten würde.

Wenn sich die Aussichten auf Minenbau im Lande verwirklichen sollten, würden die deportierten Sträflinge ein billiges Arbeitspersonal abgeben, der Regierung noch Einnahmen bringen und manches Minenunternehmen ermöglichen helfen, das sich vielleicht sonst wegen der zu hohen Ausgaben für die nötigen Arbeitskräfte nicht bezahlen würde und nur deshalb unterbleibt. Der häufig gegen die Deportation erhobene Einwand, daß durch eine derartige Maßregel das Ansehen der weißen Bevölkerung in den Augen der Eingeborenen leiden würde, wird widerlegt durch die Zustände in allen größeren Städten Südafrikas, in denen Zuchthäuser und Gefängnisse sind, von denen dort kein Mensch einen ungünstigen Einfluß auf die Eingeborenen fürchtet.

Der Gedanke, den Deportierten nach Wiedererlangung ihrer Freiheit den Verbleib im Lande zu gestatten, ist im Interesse der Wohlfahrt der Kolonie durchaus zu verwerfen. Deshalb würde sich auch nur die Deportation solcher Sträflinge empfehlen, die lebenslängliche oder sehr hohe Freiheitsstrafen zu verbüßen haben. Deutsch-Südwestafrika ist zwar dreiviertelmal größer als Deutschland, wird aber trotzdem niemals auch nur den zehnten Teil der Bevölkerung Deutschlands aufnehmen, selbst wenn großartige Minenunternehmungen vielen Tausenden Beschäftigung und Lebensunterhalt gewähren sollten. Bei der geringen Bevölkerungsdichtigkeit*) und dem großen Prozentsatz von Nichtdeutschen in der Ansiedlerbevölkerung, der die Gefahr einer Ueberflutung des Landes mit Ausländern, besonders Buren, befürchten läßt und deshalb eine schnellere Besiedelung mit deutschen Ansiedlern notwendig macht, wird die Qualität der deutschen Ansiedlerbevölkerung von ganz besonderem Wert sein. Eine Stärkung des deutschen Elements nicht nur der Zahl nach, sondern auch in seinem moralischen Wert ist eine der wichtigsten Aufgaben des Gouvernements, die jede Zuführung von moralisch minderwertigen Elementen in die seßhafte Bevölkerung durchaus verbietet. Nur so kann die Kolonie dem Vaterlande das sein, was sie sein soll, ein Aufnahmegebiet für einen Teil des Bevölkerungsüberschusses in Deutschland, und nur eine kräftige, nationaldeutsche und moralisch hochstehende Bevölkerung wird uns davor bewahren, daß auch hier einst das holländische Element den Ruf erschallen läßt: „Afrika den Afrikanern."

Gentz, Keetmannshoop.

---

*) Deutsch-Südwestafrika hat jetzt kaum 4000 weiße Ansiedler.

Madagaskar unter französischer Herrschaft.
Von Dr. Emil Jung.

Nachdem diese große Insel, die bereits am 24. Juni 1642 auf Betreiben des Kardinals Richelieu durch König Ludwig XIII. für ein Besitztum Frankreichs erklärt worden war, am 6. August 1896 sich unter die französischen Kolonien hatte einreihen lassen müssen, sind die Fortschritte, welche unter französischer Verwaltung gemacht wurden, sehr bedeutend, wenn auch langsam gewesen.

Jetzt liegt ein Bericht des Generals Gallieni, Generalgouverneurs von Madagaskar nebst dessen Dependenzen: Diego Suarez, Nossi Bé, Sainte Marie de Madagaskar und den Gloriosainseln, vor, der beweist, wie zielbewußt und umsichtig der Gouverneur und seine Verwaltungsorgane daran gearbeitet haben, Ruhe und Sicherheit in allen Teilen des großen Gebiets herzustellen, die Produktion und den Handel zu fördern, zugleich aber auch durch weise Beschränkung, gepaart mit Wachsamkeit, die eingeborenen Volksstämme mit dem neuen Stand der Dinge zu versöhnen.

Die Bevölkerung Madagaskars ist noch recht spärlich; bedeutend größer als das Deutsche Reich, zählt die Insel nur soviel Einwohner wie das kleine Württemberg. Freilich ist die durch die jüngsten amtlichen Erhebungen festgestellte Zahl von 2242000 Menschen mit großer Vorsicht aufzunehmen, da einmal mancher mit der Zählung beauftragte Häuptling nur die Zahl der Steuerpflichtigen festgestellt hat, andererseits aber auch viele, welche eine solche, ihnen ganz neue Erhebung mit sehr mißtrauischen Augen betrachteten, sich derselben gänzlich entzogen, endlich aber auch die nicht ortsansässige Bevölkerung vielfach gar nicht berücksichtigt wurde. So kommt Gallieni zu dem Schluß, daß die Volkszahl aller Wahrscheinlichkeit nach zum mindesten die Zahl 2500000 erreicht.

Dieser Zahl entspricht die gegenwärtige Handelsbewegung bisher noch durchaus nicht; aber gehoben hat sich dieselbe in den letzten Jahren sehr bedeutend, namentlich soweit dies Frankreich angeht. Im Jahre 1900 erreichte die Einfuhr aus dem Mutterlande 35 Millionen Francs, das sind nahezu ⁷/₁₀ des gesamten Einfuhrwertes, während sie 1899 nur den Betrag von 25 Millionen Francs aufwies und bei dem Antritt der französischen Herrschaft über die Insel der französische Anteil nur ⁴/₁₀ der Gesamteinfuhr, die einen Wert von 6¹/₂ Millionen Francs darstellte, betragen hatte. Demnach hat sich in dem kurzen Zeitraum von vier Jahren die Kaufkraft der Kolonie zum Vorteil des Mutterlandes um 29 Millionen Francs erhöht.

Mit dem Steigen der Einfuhr hat auch die Ausfuhr Schritt gehalten. Von 8 Millionen im Jahre 1899 ist sie auf 10700000 Francs im Jahre 1900 gewachsen. Sie hatte im Jahre 1896 erst 3600000 Francs erreicht, sodaß sich demnach der Wert der Umsätze verdreifacht hat. Das ist noch nicht bedeutend, auch ist der Anteil Frankreichs hier weil weniger hervortretend als bei der Einfuhr; aber es ist doch auch hier ein Fortschritt zu verzeichnen, mit dem das Mutterland zufrieden sein kann. Bemerkenswert ist hierbei, daß mit dieser Zunahme der Werte eine Abnahme des Gewichtes der Waren Hand in Hand geht, das von 13626221 kg im Jahre 1898 auf 11299944 kg im Jahre 1899 und auf 10285193 kg im Jahre 1900 herunterging. Das erklärt sich nicht etwa aus einer Preissteigerung der ausgeführten Handelsartikel, die nur bei Ochsen stattgefunden hat, vielmehr aus der Verdrängung der früheren billigeren, schwer wiegenden Produkte durch wertvollere, aber weniger ins Gewicht fallende, aus dem Aufschwung der bergmännischen Produktion und aus der Ausnutzung des wertvollen Waldbestandes, die seit dem Erlaß vom 10. Februar 1900, durch den sie geregelt wurde, mit größerer Lebhaftigkeit stattgefunden hat. Die Steigerung des Preises der ausgeführten Rinder ist auf den Ankauf von Schlacht- und Zugvieh durch die englische Regierung infolge des Krieges in Südafrika zurückzuführen.

Gold spielt bereits eine recht beachtenswerte Rolle in den Ausfuhrlisten. Die Entdeckung von reichen Goldlagern an dem östlichen Abfall der Insel führte Scharen von Arbeitern im Gefolge von europäischen Goldsuchern und Unternehmern in diesen Teil der Kolonie; Betsileo, Betsimaraka, selbst Tanala strömten zu den Arbeitsplätzen, bei denen sich zu Zeiten bis zu 10000 Menschen zusammenfanden. Naturprodukte wie Wachs und Kautschuk, die sonst stark zur Ausfuhr kommen, haben eine solche Konkurrenz schart empfinden müssen. Ob man sich aber zu einem derartigen Erfolge Glück wünschen könne, erscheint für G a l l i e n i sehr zweifelhaft.

Die von außen kommende Anregung zu erhöhter Handelstätigkeit hat auch auf die Handelsbewegung im Innern belebend gewirkt. Der Handel mit Rindvieh an der Küste für den Export sowohl als für die Verbringung in die zentralen Landschaften ist besonders stimulierend gewesen. Dabei hat sich gezeigt, welches Gefühl der Sicherheit unter der französischen Herrschaft bei den verschiedenen Völkerschaften Platz zu greifen beginnt. Zahlreiche Händler, Hova sowohl als Betsileo, haben, meistens als Agenten europäischer Häuser, Aufkäufe von Vieh bis hinein in die Kreise von Bara, Fort Dauphin, Manitrano, Morondava, Mahawawi gemacht, wohin sie vor der Besitzergreifung des Landes durch Frankreich sich nur in seltenen Ausnahmefällen wagten, und dann auch nur unter größter Lebensgefahr.

Diese Überführung von Vieh aus den unbekannteren und von wilden Volksstämmen bewohnten Landschaften in die Wohnsitze der Hova und Betsileo, die arbeitsamer, weniger unbedacht und den Ratschlägen der Regierungsbeamten zugänglicher sind als die Sakalaven, ist als ein namhafter Fortschritt zu begrüßen; und wenn auch die Niederlassung von Kolonisten in dem westlichen Teil der Insel zur Zeit noch nicht ratsam erscheinen dürfte, so werden dieselben doch mehr und mehr in die Lage versetzt, sich aus den genannten Völkerschaften Elemente zu holen, die ihnen bei ihrer fortschreitenden Kolonisationsarbeit wertvolle Dienste zu leisten geeignet sind.

„In diesem Teile der Kolonie," sagt Gallieni, „wo die Herstellung unserer Autorität neuesten Datums ist, bereitet das Eindringen des Handels die tätige Kolonisation vor; sie hat bereits dazu geführt, in den Bereich der halbwilden Völkerschaften des Westens die Erzeugnisse unserer Industrie zu bringen, Bedürfnisse in ihnen zu wecken und sie den praktischen Wert des Geldes kennen zu lehren."

So hat sich die Zahl der Händler, insbesondere von Eingeborenen, die eine

Gewerbesteuer zahlen und einen kleinen Detailhandel mit europäischen Waren treiben, in kurzer Zeit bis zum Jahre 1900 ganz bedeutend gehoben, in dem Kreise Morondava von 161 auf 255, in dem von Mahavavy von 34 auf 392, in dem von Analalava von 585 auf 1000. Auch muß als ein Wahrzeichen des wirtschaftlichen Fortschrittes die Verschiebung der Bevölkerung nach der Richtung der großen Verkehrsstraßen hervorgehoben werden, welche das Zentrum Madagaskars mit den Küstenstrichen verbinden. Mdvatanana ist ein wichtiger Mittelpunkt der Eingeborenenbevölkerung geworden. Der Ort zählte am Ende des Jahres 1900 schon 204 Händler, die einen Gewerbeschein gelöst hatten; 1899 zählte man nur 101. Ganz ähnlich haben sich die Verhältnisse in Moramanga, Brisorona und Mahatsara gestaltet.

Diese neuen Gruppierungen der Bevölkerung mußten, während sie dem Handel vielfach Erleichterung brachten, in glücklichster Weise die Bodenkultur heben, zumal sich gleichzeitig der Einfluß der Regierung fördernd bethätigen konnte. So ist es gekommen, daß in den Provinzen Moramanga und Mdvatanana das Areal der Reisfelder sich im Jahre 1900 in der ersten von 1874 auf 2480 Hektar, in der zweiten von 2400 auf 3600 Hektar vermehrt hat.

Trotz aller dieser Fortschritte bleiben die Ansprüche der Madagassen an das Leben noch recht bescheiden, und die europäische Industrie hat noch wenig Gelegenheit gefunden, ihre Produkte bei ihnen abzusetzen. Einige Anfänge sind jedoch gemacht worden. In Imerina und Betsileo richten sich die Bewohner bedeutender Bevölkerungszentren bereits mit einem gewissen Komfort ein und zeigen in ihrem äußeren Auftreten sogar etwas wie Eleganz. Viele junge Städtebewohner haben ihren Haushalt ganz nach europäischem Vorbilde gestaltet und halten sich fortwährend auf dem Laufenden in allen „nouveautés". So hat in der Hauptstadt Tananarivo der Verkauf kleiner Fahrräder bei der madagassischen Bevölkerung in sehr kurzer Zeit einen recht ansehnlichen Umfang gewonnen. Auch das ist ein Zeichen für die Anpassungsfähigkeit der Rasse.

Freilich sind das vorläufig nur vereinzelte Erscheinungen. Die Masse der Bevölkerung lebt und kleidet sich in einer Weise, die allen Gesetzen, selbst den elementarsten, der Reinlichkeit und Hygiene Hohn spricht. So wäre es auf das dringendste zu wünschen, daß die eingeborene Bevölkerung in den kalten Regionen des zentralen Plateaus wollene Kleider trüge, was insbesondere die jetzt sehr große Kindersterblichkeit vermindern würde. Der Generalgouverneur berichtet, daß er zu wiederholten Malen an die Bevölkerung wollene Kleiderstücke geschenkweise habe verabfolgen lassen, wofür man ihm sehr herzlich gedankt habe. Insbesondere sei ihm für eine Schenkung von 2000 wollenen Kleidern bei dem großen nationalen Kinderfest der wärmste Dank aller Mütter geworden. Vielleicht wirkt das Beispiel, das einige madagassische Notabilitäten den unteren Ständen setzen, und ermuntert zur Nachahmung, wobei man freilich nicht außer Acht lassen darf, daß die Kaufkraft der einheimischen Bevölkerung noch sehr gering ist, wenngleich selbst ihre bescheidenen Arbeitsleistungen ihnen immer noch Überschüsse zur Verfügung lassen.

Daher ist ihr Anteil an den Einfuhrwaren nach wenig bedeutend. Von dem Import des Jahres 1900 entfallen zunächst als ansehnlichster Posten 7 161 000 Francs auf die Verproviantierung der Truppen. Die Zahl der Kolonisten europäischer Geburt, Pflanzer, Kaufleute, Industrielle, war 1845. Da aber bei den von den Vorstehern der Provinzen gemachten Aufstellungen nur die Unternehmer und die Chefs der Handelshäuser berücksichtigt worden sind, so steht die Zahl unter dem wirklichen Sachverhalt. Das Okkupationskorps zählt 850 Offiziere, an Beamten in den verschiedenen Zweigen der Verwaltung sind 80 vorhanden. Ohne zu hoch zu greifen, wird man die Ausgaben eines jeden Europäers für Einfuhrwaren, die den Bedürfnissen des Lebens dienen sollen, auf durchschnittlich 1000 Francs im Jahr berechnen dürfen. Danach würde auf die Europäer, unter Abrechnung der Truppen, ein Einfuhrwert von 3400000 Francs entfallen.

Eine bedeutende Steigerung des Verkehrs und des Güteraustausches und damit auch des Wohlstandes der Bevölkerung wird ohne Zweifel der jetzt in Angriff genommene Eisenbahnbau bringen. Die von Aniverano, einer kleinen, am rechten Ufer des Wohitra, eines Nebenflusses des Jarola, gelegenen Ortschaft, nach Tananarivo im Bau befindliche Bahn wird nach dem „Journal des transports" eine Länge von 280 km haben, meterspurig sein und 12 Tunnel, darunter einen von 200 m Länge, aber nur eine einzige große Brücke von 100 m Spannweite über den Mangoroflußerfordern. Die Kosten des Bahnbaus von Aniverano nach Tananarivo sind auf 47', Million Francs geschätzt; doch will man sich zunächst auf den Bau der Bahn von Aniverano zum Mangorofluß beschränken, der 27 Millionen Francs erfordert. Die Fortsetzung nach Tananarivo wird erst dann in Angriff genommen werden, wenn der Verkehr genügend entwickelt ist; die Länge dieser Strecke würde 110 km betragen, durch ebenes Land führen und somit geringe Schwierigkeiten bieten. Eine 100 km lange Zweigbahn zur Verbindung von Aniverano und Andevoranto durch die Thäler des Wohitra- und Jarolaflusses ist gleichfalls geplant, ebenso eine Bahn von Tamatave nach Tananarivo durch das Thal des Joandronasflusses.

Das Budget von 1901 berechnet auf rund 10 Millionen Francs, das sind 6 Francs 40 Centimes pro Kopf, die den Eingeborenen auferlegten Lasten zur Verwaltung der Kolonie. Diese Summe schließt eine Personalsteuer ein, die seit dem 31. Dezember 1900 an die Stelle der früher üblichen Naturalleistung getreten ist. Es wird nun berechnet, daß jeder Eingeborene zur Entwicklung der französischen Industrie und des französischen Handels und zu den Kosten der politischen, administrativen und wirtschaftlichen Organisation seines Landes jährlich 15 Francs beisteuert. Von dem regelmäßigen lokalen und dem militärischen Budget hat die madagassische Bevölkerung jährlich rund 18 Millionen Francs, das sind 7 Francs 20 Centimes pro Kopf, aufzubringen. Frankreich hat seit der Eroberung Madagaskars 48 Millionen Bargeld eingeführt, wovon etwa 20 Millionen im Lande verblieben sind.

Aus dem Gesagten geht hervor, daß der Eingeborene weder durch seiner Hände Arbeit noch als Gewerbetreibender eine größere Kaufkraft bisher hat erlangen können. Bis auf diesen Tag hat er weit mehr empfangen, als er geben konnte. Frankreich würde fortfahren, in zweckwidriger Weise große Ausgaben zu machen, wenn es ihm nicht gelingen sollte, die Eingeborenen Schritt für Schritt dahin zu bringen, einen stetig wachsenden Anteil an der Erschließung der Hilfsquellen der Kolonie zu gewinnen und damit diese und sich selbst zu bereichern. Daher ist die Förderung des Wachstums der Ausfuhr eine der nächsten und wichtigsten Aufgaben der Regierung. Die Madagassen der Küstenlandschaften haben bereits in dem Sammeln solcher Naturprodukte, wie Kautschuk, Wachs, Raffia, Gummi x., eine naheliegende Quelle, die ihnen mühelos unmittelbar die Möglichkeit an die Hand giebt, ihre Einnahmen zu vermehren.

Leider ist der Raubbau, den man mit Kautschuk getrieben hat, schon jetzt dieser Industrie verhängnisvoll geworden, sodaß die Regierung ernstlich erwägt, durch bestimmte Vorschriften, Beschränkung des Sammelfeldes für den Kautschuk auf eine Fläche innerhalb eines um jedes Dorf gezogenen Kreises, Bestimmung des Höchstbetrages des zu liefernden Kautschuks, u. a. der Vernichtung der Kautschukpflanze ein Ziel zu setzen. Es hat dem Generalgouverneur da das Beispiel vor Augen gestanden, das die britische Regierung in Hinterindien gesetzt hat, wo sie zur Erhaltung der so wertvollen Teakbäume das Fällen solcher verbot, die ein Alter von 80 Jahren noch nicht erreicht haben.

Gallieni wünscht die Eingeborenen für Kulturen, wie die Kolospalme, Maniola, Baumwolle u. a., zu gewinnen, die zugleich Industrien ins Leben rufen könnten. Am 7. Mai 1901 veröffentlichte er einen Erlaß, in dem er die Beschleunigung von Anpflanzungen von Maulbeerbäumen in den zentralen Distrikten des Landes verlangte, durch die er eine Seidenindustrie begründen wollte. Er forderte ferner in einem Schreiben die Kommissare der einzelnen Distrikte auf, ihm Vorschläge für die Einführung weiterer Industrien zu unterbreiten. Schon hat er bei Tamatave durch die Direktion des Ackerbaudepartements eine Anstalt errichten lassen, die Personen, die den Anbau von Kokospalmen in die Hand nehmen wollen, neben dem Samen der besten Sorte auch die nötige Anleitung und Hilfe gewährt.

Die Goldindustrie, so sagt der Bericht, würde im Jahre 1901 weit befriedigendere Ergebnisse aufzuweisen gehabt haben, wäre nicht die Verschleuderung bei den reichsten Fundstellen eine gar zu große gewesen. Ein neues Bergbaugesetz, das in kurzem erscheinen soll, wird den Unternehmern alle Garantien geben, die sie wünschen können, um an den Fundstätten als Ersatz für das bisherige primitive Auswaschen der Goldkörner industrielle Einrichtungen zu treffen.

Aber da die Zukunft Madagaskars ganz von der Thätigkeit der eingeborenen Bevölkerung abhängt, allerdings unter der Führung und Leitung der Europäer, so muß die Steigerung des Wohlergehens der Madagassen und die Hebung ihres geistigen und sittlichen Niveaus die erste Bedingung erfolgreicher Kolonisationsarbeit sein. Die Erfahrung hat gezeigt, daß die einzelnen Bevölkerungselemente der Insel, allerdings in sehr verschiedenem Grade, wohl zu höherer Kultur herangebildet werden können. In mehr als einem Falle ist der Grund ihrer Apathie in ihrer Unwissenheit und ihrem Mißtrauen zu suchen gewesen.

„Daher muß es das Bemühen der Chefs der Provinzen sein", so beschließt Gallieni seine bemerkenswerten Ausführungen, „unsere madagassischen Unterthanen genau kennen zu lernen, in beständiger Berührung mit ihnen zu bleiben, auf sie, wie ich es wiederholt empfohlen habe, eine erleuchtete und geduldige Vormundschaft auszuüben, und aus ihrem Geist Unwissenheit und Mißtrauen zu entfernen und sie unserer Zivilisation mehr und mehr zuzuführen. Wenn wir das beherzigen, so werden wir vom Gesichtspunkt des Handels aus, wie von jedem anderen Gesichtspunkt aus, den besten Weg finden, um die wirtschaftliche Entwicklung unserer neuen Kolonie zu entfalten und die bereits erzielten Erfolge mehr und mehr zu steigern." Goldene Worte, die wir uns auch für unsere Kolonien zu eigen machen können.

Einige Bausteine zur Geschichte der Ephestämme (Togo).

Zusammengetragen von G. Härtter, Missionar.

III.

Um dieselbe Zeit tauchte ein portugiesischer Edelmann, Giraldo de Lima, an der Sklavenküste auf. Es ist nicht mehr auszumachen, ob er auf eigene Rechnung, oder im Auftrag eines andern an die westafrikanische Küste ging; so viel scheint sicher zu sein, daß er ursprünglich nach Ague oder einem andern benachbarten Ankerplatz bestimmt war. Allein unterhalb Blokusu ließ das Schiff auf, und er war genötigt, bei dem portugiesischen Sklavenhändler Baeta, der in Blokusu und an anderen Orten auf- und abwärts der Küste entlang seine Sklavenfaktoreien hatte, Dienste zu nehmen. Diesem kam Giraldo de Lima um so gerichtler, als er schon längst beabsichtigt hatte, zur Erholung nach Portugal zurückzukehren. Baeta machte Giraldo de Lima zu seinem Vertreter und vertraute ihm auch seine Konkubinen an. Nach Verfluß von 1—2 Jahren kam er wieder zurück. Die beiden Konkubinen hatten inzwischen mit Giraldo de Lima ein neues Verhältnis angeknüpft und wurden dafür von Baeta in die Sklaverei verkauft, während ihre beiden Kinder — zwei Mädchen — Giraldo de Lima zugewiesen wurden. Tiefgekränkt über die Untreue seiner Konkubinen und die Anmaßungen seines Stellvertreters ging Baeta nach der Hauptstadt Anglo und verlangte von dem König und seinen Häuptlingen, daß sie Giraldo de Lima den Prozeß machen und zum Tode verurteilen sollten. Der Häuptling von Medzi aber nahm sich Giraldos an und schützte ihn gegen alle auf ihn gemachten Anschläge.

Für Giraldo war es ein Glück, daß Baeta bald von der Bildfläche verschwand. Dadurch bekam er freie Hand und ließ sich in Bodja — ein bis zwei Kilometer unterhalb Keta gelegen — nieder. Hier baute er eine Faktorei und trieb Tauschhandel mit den Eingeborenen. Seine rechte Hand in seinem Geschäft war ein Sklave, Adzoviechla, den er sich von Ague geholt hatte. Eine Reihe von Jahren trieb Giraldo de Lima Handel in Bodja und an der ganzen Küste entlang. Seine Leute befuhren nicht nur die ganze Lagune, sondern auch den Volta bis hinauf nach Apong. Besonders war es Adzoviechlow, der schon zu Lebzeiten des Giraldo de Lima einen schwunghaften Handel auf dem Volta getrieben hatte. Hier befand er sich auch, als ihn die Todesnachricht von seinem Herrn erreichte. Sofort eilte er nach Bodja zurück und bemächtigte sich nicht nur des ganzen Besitztums seines Herrn, sondern legte sich von jetzt an auch seinen Namen bei. Ja er brachte es durch List und Gewalt sogar soweit, daß ihm Giraldos Hauptkonkubine den Ort verriet, an dem dieser für sie und eine ihrer Mitgenossinnen eine Flasche Goldstaub vergraben hatte.

So war es für diesen Abzoviechlo ein leichtes, mit den großen Reichtümern und den vielen Sklaven seines Herrn das Geschäft weiterzuführen. Er baute zunächst eine mächtige Faktorei, die er mit einer mehr als mannshohen Lehmmauer umgab. Die unteren Räume waren Lagerräume, während im oberen Stock eine ganze Anzahl schöner geräumiger Zimmer mit europäischen Luxusartikeln eingerichtet wurden. Heute noch, nachdem dieses Gebäude schon Jahrzehnte keine Reparatur mehr erfahren hat und infolge davon dem Verfall nahe ist, macht es einen ganz imposanten und mächtigen Eindruck und ist immer noch ein stummer Zeuge früherer Pracht und Herrlichkeit. Jetzt freilich sitzt Abzoviechlo alt und erblindet in seinem früheren Palast. Sein früherer Reichtum ist dahin. Auch seine politische Macht und sein früheres Ansehen im Volk ist geschwunden, und einsam und verarmt muß er seine letzten Tage in seiner Ruine zubringen, als ein abschreckendes Beispiel für die Wahrheit des Sprichwortes: "Wie gewonnen, so zerronnen!"

Zwei volle Jahrzehnte freilich spielte Abzoviechlo oder Giraldo, wie auch wir ihn fernerhin mit seinem angenommenen Namen nennen werden, eine ganz bedeutende Rolle. Nicht nur unter den Händlern stand er an erster Stelle, sondern auch in politischen Kreisen besaß er eine große Macht, und mehr als einmal hat seine Stimme über Krieg oder Frieden entschieden. Leider war er aber keine friedliebende Persönlichkeit, und manche politische Verwickelung mit den Nachbarstämmen sowohl, auch auch mit der englischen Kolonialregierung, hatten die Angloer in den 60er bis 70er Jahren dem Einfluß des Giraldo zu verdanken. So wurde er bald, nachdem er das Eigentum seines Herrn an sich gerissen hatte, die Veranlassung zu ernstlichen Unruhen, die im Jahre 1865 zu dem sogenannten Chunukrieg führten.

Wie schon oben bemerkt wurde, dehnte er seine Handelsbeziehungen bis nach Apong hin aus. Insbesondere betrieb er in allen Dörfern an den Ufern des Volta einen schwunghaften Handel mit Zeugstoffen, Tabak, Pulver und Gewehren. Eines Tages wollte er in einem dieser Dörfer rückständige Zahlungen eintreiben und geriet dabei mit seinen Schuldnern in Streit, der in eine allgemeine Prügelei ausartete, bei der Giraldo ums Haar sein Leben eingebüßt hätte. Nach einer anderen Überlieferung soll er auf dem Volta angefallen und ausgeraubt worden sein. Welche Lesart die richtige ist, kann ich nicht sagen — vielleicht beide. Kurz, diese Sache führte zu einem Krieg zwischen den Angloern und den Adaern. Rachesschnaubend kehrte Giraldo nach Anglo zurück und bot seine ganze Beredtsamkeit auf, um die Angloer zum Krieg aufzustacheln. Nur zu gern kamen die Angloer diesem Wunsche Giraldos nach.

Die Adaer, nichts Gutes ahnend, besetzten sofort 1500 Mann stark das jenseitige Voltaufer, während die Angloer sich 3—4000 Mann stark am diesseitigen Ufer aufstellten. Mehrere Friedensanerbieten wurden von den Angloern kurzer Hand abgewiesen. Sie wollten sich unter allen Umständen an den Adaern rächen. Da erschienen glücklicherweise am 13. Mai 2 englische Kriegsschiffe, Dart und Lee, auf der Rhede von Ada. Aber auch jetzt noch versuchte man die Streitsache auf gütlichem Wege auszugleichen. Als Friedensvermittler sandte der Kapitän der Dart zuerst seinen Zahlmeister in Begleitung von Missionar Ungar, der in Verbindung mit der Norddeutschen Mission in der Faktorei von Fr. M. Vietor Söhne in Ada angestellt war, ins Lager der Angloer. Aber sie wurden nur verhöhnt, und es war ein Wunder, daß sie unbehelligt wieder abziehen konnten. Am folgenden Tag ging der Kapitän selbst ins Lager der Angloer; aber auch er wurde in gleicher Weise heimgeschickt, so daß er beschloß, das Lager der Angloer zu bombardieren; er mußte aber seinen Plan wieder aufgeben, weil er wegen der vielen Sandbänke an der Mündung des Volta nicht nahe genug herankommen konnte. Deshalb landete er 70 Matrosen und 9 Offiziere. Mit diesen begab er sich in Booten unter Parlamentärflagge nach Afteri. Auch die Angloer kamen ihnen mit einer weißen Fahne entgegen; aber als sie nahe genug herangekommen waren, schossen die Angloer in ihre Boote, und im nächsten Augenblick waren sie auch schon von 100 Kanus und 1500 Bewaffneten umschwärmt. So sah der Kapitän sich genötigt, sein und seiner Leute Leben zu schützen, und gab den Befehl, zu schießen. Darüber verloren die Angloer zirka 100 Mann, während der Kapitän nur einen Schwerverwundeten hatte, aber beim Einschiffen noch 2 Mann in der Brandung verlor. Die Tart verließ nun die Küste, während die Ler zum Schutz von Abafo liegen bleiben mußte. Damit war dieser Krieg zunächst zu Ende; aber zu einem Friedensschluß kam es nicht. Und wenn auch die Angloer nicht besiegt worden waren, so hatten sie doch einen Eindruck davon bekommen, daß es unter den Kanonen der Europäer nicht so leicht Krieg zu führen sei, und auch sie zogen sich auf die erlittene Schlappe hin zurück.

Noch im Jahre 1865, als die Angloer ihren Kriegsmut an den Abaern nicht beweisen konnten, kam es ihnen in den Sinn, ihre frühere Niederlage an den Aguern zu rächen. Nach der Überlieferung der Angloer wurde eine Streitsache zwischen Ladzefpo, dem König von Klein-Popo und Kumi, wahrscheinlich König von Ague, die Veranlassung zu diesem Krieg. Ladzefpo ging mit einem Sklavenschiff nach Amerika. Nach seiner Rückkehr sollte er den Gewinn mit Kumi teilen; aber sie konnten nicht eins werden, und die Sache führte zum Krieg zwischen ihren Anhängern, in dem Ladzefpo in die Flucht geschlagen und bis nach Klein-Popo verfolgt wurde. Deshalb suchte er bei Acholu, dem Feldherrn der Angloer, Hilfe. Gern gingen die Angloer auf sein Bittgesuch ein; denn sie freuten sich, daß sich eine Gelegenheit bot, die frühere Scharte auszuwetzen. In der Nähe von Kedzi, unterhalb Keta, sammelte sich recht langsam das Heer, das auf 10000 Mann geschätzt wurde. Darob wurde den Aguern recht angst und bange, und sie boten den Angloern 8000 head Kauris = 4 bis 6000 Dollar an, wenn sie von ihrem Bündnis mit Ladzefpo abstehen wollten. Aber die junge Mannschaft schlug wider den Rat der Alten das Angebot aus und verlangte nach Krieg, indem sie sagte, sie hätten Kauris genug, sie wollten Blut sehen. Darauf verbarrikadierten die Aguer ihre Stadt, und die europäischen Kaufleute in Anecho gaben ihnen den Rat, daß der ganze Aguestamm zur besseren Verteidigung sich in die Hauptstadt zusammenziehen solle. Nach vergweifeltem Kampf und mit schweren Verlusten, die durch einige Kanonen, die im Besitze der Aguer waren, vergrößert worden waren, mußten die Angloer sich zurückziehen. An Toten sollen sie 20 Mann gehabt haben; aber es soll eine sehr große Zahl an den Wunden gestorben sein, weil die Aguer ihre Kugeln vergiftet gehabt haben sollen.

Es war vorauszusehen, daß die Angloer nach einem so geringen Widerstand ihre Feindseligkeiten mit den Adaern nicht aufgeben, sondern nur eine bessere Gelegenheit abwarten würden, um den Krieg zu erneuern. Auch Giraldo selbst, dem von den Adaern so übel mitgespielt worden war, suchte mit allen Mitteln und seiner ganzen Beredsamkeit, Anglo zum Krieg gegen Ada aufzustacheln. Es gelang ihm denn auch, im Februar 1866 aus allen Anglostädten ein Heer zu sammeln, mit dem er den Volta hinaufzog bis Apong, das sie überfielen und verbrannten. An Menschen, Gold, Öl etc. hatten sie große Beute gemacht und zogen nun am jenseitigen Ufer des Volta herunter und stürmten auf Ada los. Mit jedem Tag trafen nun Hiobsposten in Akra ein. Dort wurde beschlossen, diesmal die Angloer gründlich zu züchtigen. Alle mit England verbündeten Volksstämme jenseits des Volta sollten an diesem Feldzug gegen die Angloer teilnehmen. Der Gouverneur selbst marschierte an der Spitze von 120 westindischen Truppen und den Kriegern von Akra etc. nach dem Volta. Dort warteten sie auf eine endgültige Antwort von den Angloern. Es war inzwischen eine Gesandtschaft an sie abgegangen und dieser hatte man 3 Steinchen mitgegeben, mit der Bemerkung, daß diese 3 Steinchen 3 Tage bedeuten, und wenn innerhalb 3 Tagen Giraldo nicht ausgeliefert sein würde, so würden die Feindseligkeiten beginnen und ihre Städte der Küste entlang beschossen werden. Eingeschüchtert durch diese Drohung, versprachen die Angloer die Auslieferung Giraldos; aber statt seiner brachte die Gesandtschaft einen Brief von Giraldo. Er selbst hatte sehr viel Pulver in sein Lager am Volta bringen lassen und war entschlossen, sich aufs äußerste zu verteidigen. Da die Sache für die Angloer recht bedrohlich aussah, so säumten sie nicht, sich zu verstärken. Sie sandten sofort Boten nach Akwamu und Akanse und baten sie um Unterstützung gegen die Engländer, Akraer und Adaer. Doch die Sache zog sich in die Länge und Giraldo wurde nicht ausgeliefert; aber endlich kam es zur Schlacht zwischen den Angloern und den Adaern und ihren Verbündeten. Dabei wurden die Angloer in die Flucht geschlagen. Da sandten die im Felde stehenden Angloer etliche Köpfe von ihren erschlagenen Feinden in alle Städte der Angloer und forderten sie allgemein zum Kampfe auf. Die Angloer mußten sich über den Volta zurückziehen, wobei ihnen die Adaer mit ihren Verbündeten auf dem Fuß folgten und alle Anglostädte diesseits und jenseits an den Ufern des Volta plünderten und anzündeten. Die Angloer dagegen bezogen bei Bhule ein Lager, um sich von Anglo und Aveno her zu verstärken. Doch die Adaer warteten nicht, bis der Feind Verstärkungen herangezogen hatte, sondern folgten ihm auf dem Fuße nach, und so kam es am 5. April 1866 bei Bhule zur Schlacht. An diesem Tag sollen sich hauptsächlich die Avenoer tapfer gehalten und den Feind an weiterem Vordringen verhindert haben. In den folgenden Tagen kam ein Häuflein Krieger nach dem andern im Lager an, obgleich der eigentliche Feldherr der Angloer, Djoloto, der erst kürzlich von Agwe zurückgekommen war, keine Lust zeigte, sich an diesem Feldzug zu beteiligen. Da ließ ihm der Häuptling von Akropong sagen, daß er binnen kurzem kommen und sein Haus und Hof zu einer Städte des Gestanks machen werde. Das war Djoloto zu viel, und er ließ ihm wieder antworten, daß er bald zu ihm kommen und Tschiblut trinken und seinen Kopf auf einen Pfahl in seinem Hofe stecken werde. Nach diesen löblichen Absichten kam es wiederum 5—6 Stunden hinter Angala am 11. April zum Gefecht, in denn es auf beiden Seiten viele Tote und Verwundete gab, und in dem der Feind schließlich in die Flucht geschlagen wurde. Auf der Flucht, die in eine allgemeine Auflösung ausartete, mischten sich die Angloer unter ihre Feinde und verfolgten sie bis an den Volta. Viele kamen noch auf der Flucht um oder ertranken in den Fluten des Volta, weil nicht genügend Boote vorhanden waren, um die feindlichen Heeresmassen zu befördern. An Beute machten sie sehr viel Pulver, Gewehre, einige Kanonen, Geld und Goldstaub. In der Tradition aber lebt dieser Krieg im Volke fort unter dem Namen: „Dafutagbaoha."

11. **Kriege der Inlandstämme und ihre Befreiung vom Joch der Akwamuer.**

Noch schlimmer als an der Küste stand es im Innern des Landes. Schon früher hatten wir bei der Abhandlung des Sklavenhandels Gelegenheit, uns die Verhältnisse im Innern etwas genauer anzusehen. Dort haben wir gesehen, daß wie an der Küste die Angloer die Hegemonie an sich gerissen hatten, so im Innern die Akwamuer, die in einem Freundschaftsverhältnis zu den Angloern standen. Ein volles Jahrhundert lang haben die Akwamuer ihre Gewaltherrschaft über die Inlandstämme ausgeübt und es verstanden, die Schwächen der einzelnen und die gegenseitig gepflogenen Feindseligkeiten und Befehdungen zu ihrem Nutzen auszubeuten. So waren Peki und alle umliegenden Stämme längst unter die Oberhoheit der Akwamuer geraten; allmählich gelang es ihnen, ihre Gewaltherrschaft bis nach Ho hinüber auszudehnen. Sie verstanden eben, jede Gelegenheit zu ihren Gunsten auszunützen. Es konnte ihnen daher nur lieb sein, als sie ums Jahr 1830, wie Reindorf, History of the Goldcoast and Asante, berichtet, sogar von den Agotimern um ihre Hilfe angesprochen wurden. Diese hatten etliche Jahre vorher als Bundesgenossen der Rhyver gegen die Atiſpuier gekämpft, und da die Rhyver sich wenig tapfer in diesem Kriege gezeigt hatten, so mußten sie die Agotimer dafür entschädigen. Ein Teil der Entschädigung bestand darin, daß der Häuptling Gugu von Rhyve seine Tochter dem Bruder des Königs von Agotime zum Weibe gab. Später jedoch floh die Frau mit ihren Kindern zurück nach Rhyve, und die Rhyver verweigerten ihre Zurücksendung. Dafür erklärten die Agotimer den Rhyvern den Krieg, die sich nun mit den umliegenden Stämmen gegen die Agotimer verbanden. Dadurch sahen die letzteren sich genötigt, Hilfe bei Akwamu nachzusuchen. Bereitwillig sandte der König Aloto von Akwamu seinen Feldherrn Alono Ruma; aber noch ehe der Krieg beendigt war, rief dieser seinen Feldherrn wieder zurück, was die Agotimer aufs tiefste verletzte. Infolge davon sah der König von Agotime sich genötigt, in Akra um Hilfe zu bitten. Er sandte seinen Sohn und seine Tochter mit dem Gesandtschaftsstab nach Akra zu Kwatei Modjo, den sie um jeden Preis für die Sache Agotimes gewinnen mußten. Dieser hielt es aber für eine leichte Sache und willigte ein. Am Volta angekommen, verweigerte Aloto von Akwamu den Weitermarsch, den Kwatei blos nur mit großen Geschenken erkaufen konnte. Nachdem er diese erhalten hatte, schloß er sich selbst mit seinem Heer den Akraern an. Vereinigt marschierten sie nun von Solobe aus über Ho nach Sutpe und Adame, wo sie zu den Agotimern stießen. Die gesamte Macht der Agotimer bestand nun aus 4—5000 Mann. Am Flüßchen Hedjo kam es zur Schlacht, wo die Anjwer 3 Tage lang den Agotimern mit ihren Verbündeten Stand hielten. Gegen Schluß des dritten Tages jedoch hatten die Agotimer alle Munition verschossen und mußten sich, vom Feind verfolgt, bis nach Agotime zurückziehen. Aber auch jetzt blieben die Peerx noch im Feld, obgleich nichts geschehen konnte, weil die Munition verbraucht war und neue nicht so schnell beschafft werden konnte. Endlich schickte der Häuptling Kwalei von Atra nach dort, und seine Schwester sandte ihm eine große Anzahl Gewehre und Pulver die Fülle. Aber König Aloto von Atwamu, um dessen Begleitung er gebeten hatte, beanspruchte einen großen Teil davon für sich. Nach mancherlei Zwischenfällen und einigen kleineren Scharmützeln in Solode und Ho kam die Munitionskarawane bei der Armee an. Nun konnte der Kampf gegen Anjwe und seine Bundesgenossen wieder aufgenommen werden. Aloto beanspruchte die Führung des Zentrums, sein Feldherr Atono sollte den linken und Kwatei Kodjo den rechten Flügel befehligen. Im ersten Treffen wurden die verbündeten Eweslämme geschlagen, und die feindliche Armee bezog Quartiere in Rhiwe. Allein nach etlichen Tagen wurden sie in ihren Quartieren überrumpelt und nach Jeviewhe zurückgedrängt. Trotzdem erschien etliche Tage später eine Gesandtschaft mit der Bitte um Frieden; aber aus irgend einem Grunde wurden die Friedensunterhandlungen verzögert. Es verstrich ein Tag um den andern, ohne daß etwas geschah. Dazu stellte sich auch Mangel an Nahrungsmitteln ein, was Kwadjo De, der König der Peki, Aloto sagen ließ. Aber dieser antwortete kurz: „Ein jeder muß sich von Maise oder Lume selbst seine Nahrung kaufen; der König giebt keinen Unterhalt für das Heer."

So fing denn allmählich, infolge der Verzögerung der Friedensunterhandlungen, eine allgemeine Mißstimmung gegen Aloto, den König von Atwamu, an, Platz zu greifen; denn man merkte nach und nach durch, daß Aloto es war, der bisher die Verhandlungen zu hintertreiben gewußt hatte. Aus Ehrgeiz wollte er Kwatei Kwadjo den Ruhm nicht gönnen, obgleich letzterer 3 volle Jahre im Felde gelegen hatte. Dazu kam noch, daß Krankheiten im Lager ausbrachen. Unter den Erkrankten befand sich auch der Sohn des Pekikönigs Edjeanyi. Da Kwadjo De es für unmöglich hielt, seinen Sohn im Felde zu kurieren, so bat er Aloto um Erlaubnis, nach Peki zurückkehren zu dürfen. Aber kurzer Hand wurde ihm das verboten; deshalb ging er ohne Erlaubnis, was ihm von Aloto sehr übel genommen wurde. Aber nachdem Kwadjo De mit seinen Leuten abgezogen war, machte es Kwatei plausibel, daß er nach Hause gehen und das Jamsfest feiern müsse; Kwatei möge ihn begleiten bis Bome, wo er sich für seine Mühe eine Anzahl Leute wegfangen könne. Aber als sie dorthin kamen, war nichts zu fangen, worauf Kwatei Aloto sagte, daß die Akraer nicht vom Raub, sondern von ehrlichem Handel leben, und er möge sich darauf verlassen, daß, wenn er lebend Akra erreiche, so soll kein Glas Branntwein, kein Schuß Pulver und kein Kleidungsstück mehr nach Atwamu kommen. Bei Atwudome schieden sie von einander. Kwatei Kwadjo zog weiter über Abutia nach Akra, während Aloto nach Atwamu ging.

Nachdem die Atwamuer sich in dieser Weise von ihren bisherigen Bundesgenossen losgesagt, bezw. ihre Freundschaft verscherzt hatten und ihnen auch die Zufuhr von Waffen und Munition ernstlich bedroht war, da war für die Peker der Zeitpunkt gekommen, das harte, schwere Joch der Atwamuer abzuschütteln.

Nachdem Kwadjo De das Lager in Ahibe verlassen hatte, sandte Aloto Boten auf Boten ihm nach und schwor Eid auf Eid; aber es half ihm nichts. Kwadjo De hörte nicht mehr auf ihn. Als alles nichts helfen wollte, sandte er ihm 12 Welschkornkolben und ließ ihm sagen, falls er darauf bestehe und abziehe, so in die Strafe für seinen Ungehorsam die, daß er jedes Korn dieser 12 Kolben mit 1 head Mauris bezahlen müsse; aber Kwadjo De's Antwort lautete: „Die 12 Kornkolben sind an die Mündungen der Gewehre bei Bame befestigt; du mußt aber selbst kommen und sie holen." Dies war eine große Beleidigung, die sich Aloto nicht so ohne weiteres gefallen lassen konnte. Aber Kwadjo De wußte genau, was er that; er wußte, daß er unter seinen Unterhäuptlingen eine ganze Anzahl hatte, die mit ihren Kriegern treu zu ihm stehen würden. Sie versprachen ihm denn auch, bis aufs äußerste Hilfe leisten zu wollen. Bei Bame begegneten die vereinigten Pekistereimächte Aloto. Er wurde mit seinen Leuten geschlagen und bis nach Abutia verfolgt. Beleidigt über diese Behandlung von seiten seiner Unterthanen, zog er sich bis Wata zurück, da ihm sein Weg nach Akwamu von Kwadjo De verlegt war. Hier beriet er mit seinen Offizieren, wohin er sich um Beistand gegen die Pelier wenden sollte. Daß ihm weder die Akraer noch die Agotimer helfen würden, nachdem er sie so schmählich behandelt hatte, war ihm so ziemlich klar; aber es blieben ihm ja noch seine alten Freunde, die Angloer und diese waren gerne bereit, ihm wieder in sein Königreich zu verhelfen. Wieder gings nach Bame, wo es zur Schlacht kam; aber nach einem furchtbaren Gemetzel mußten die Pelier sich zurückziehen. Auch in einem zweiten Treffen bei Apalime wurden die Pelier geschlagen, und Aloto besetzte die Pelistädte und Dörfer. Kwadjo De war nun nahe daran, an seiner Sache zu verzweifeln, und wollte nach Gbedzigbe fliehen; aber einer seiner Häuptlinge hielt ihn zurück, indem er sagte: „Du hast die großen, schwarzen Ameisen aufgestöbert und in ihrer Ruhe gestört, und nun glaubst Du nach Gbedzigbe fliehen zu dürfen? Ich werde dir nie erlauben zu gehen! Laß uns Pelier uns vereinigen und kämpfen auf die Gefahr hin, Leben und Freiheit zu verlieren." Dies veranlaßte Kwadjo De, noch einmal einen Versuch zu machen. Nachdem alles wohl vorbereitet war, auch Anum und Bofo ihre Hilfe zugesagt hatten, gingen sie zum Angriff über. Die Akwamuer mit ihren Verbündeten, die Anglöern, hatten sich inzwischen die Zeit mit allerlei Festlichkeiten vertrieben. Kwadjo De verteilte sein Heer in drei Abteilungen. Er selbst befehligte das Zentrum, die Anumer und Bofoer hatten den rechten und die Akwudumer und übrigen Ewhestämme den linken Flügel inne. In der Nähe von Apalime stießen sie auf einen Fetischpriester in Begleitung einer Anzahl Akwamuer. Der Fetischpriester und etliche Akwamuer wurden erschossen; der Rest aber floh und machte Aloto von dem Anrücken der vereinigten Ewhestämme Mitteilung. Bei Blengo kam es zur Schlacht. Nach 2 tägigem Kampf wurden die Akwamuer auf Tzogbati zurückgeworfen; aber hier wurde die Lage sehr kritisch; denn auf beiden Seiten waren die Verluste groß geworden. Am meisten hatten die Angloer gelitten. Auch die 4 einflußreichsten Häuptlinge des Kwadjo De waren gefallen; selbst sein Sohn Kutio und viele bedeutende Persönlichkeiten waren unter den Erschlagenen. Am dritten Tage sandten die Pelier Spione aus; denn die Akwamuer hatten sich über Nacht zurückgezogen, um ihre Stellung auszukundschaften. Zu ihrer großen Überraschung entdeckten diese, daß die Akwamuer ihr Lager mit sehr viel Gewehren und Munition im Stiche gelassen hatten. Aloto war mit seinem Heer und den Angloern nach Ananfe geflohen, und dort trennte er sich unter Schmach und Schande von den Angloern. Awadzo De aber, der noch einige Zeit bei Tsadome stehen geblieben war, kehrte nach Peki zurück und wurde nicht nur König der Peties, sondern auch von den umliegenden Stämmen als Oberhaupt anerkannt.

Eine andere Überlieferung schildert den Abfall der Peties von Atwamu folgendermaßen: Tulu Awadzo De, der König von Peki, war einer von Alotos Feldherren. Lange Zeit ging alles gut; aber als Awadzo De die Frau eines seiner Nebenfeldherren gewaltsam wegnahm und heiratete, da beabsichtigte Aloto, ihn dafür zu bestrafen. Da sich dieser eine solche Behandlung nicht gefallen lassen wollte, so wollte Aloto Gewalt brauchen. Dies führte zum Krieg zwischen Peki und Atwamu. Aber Awadzo De überrumpelte Aloto, ehe sich dieser versah, und schlug ihn in die Flucht, so daß er genötigt war, sich bis Baya zurückzuziehen. Dort angekommen, sandte er eine Botschaft nach Anglo und bat die Angloer um ihre Unterstützung. Diese aber ließen ihm sagen, er möge zunächst bei den Adakluern und Mafiern um Hilfe bitten; denn sie seien augenblicklich im Kriege mit den Wydahern, und da würde es als Flucht angesehen werden, wenn sie so plötzlich von den Wydahern abließen. Deshalb wollten sie erst diesen Krieg ausfechten und dann auch ihm zu Hilfe eilen. Aber Aloto wartete lieber die Hilfe der Angloer ab, als daß er mit den Adakluern und Mafiern ein Bündnis einging. Endlich erschienen die Angloer und zogen mit den Atwamuern gegen die Peties und ihre Verbündeten, die sich an den Ufern des Dzawoe aufgestellt hatten. Die Schlacht war heftig und auf beiden Seiten die Verluste groß. Lange wußte man nicht, wem das Kriegsglück günstig sein werde. Als die Schlacht aber so lange unentschieden hin- und herschwankte, da warfen die Angloer die Gewehre weg und stürzten sich mit dem Schwert in der Faust auf die Feinde. Dies führte schnell die Entscheidung herbei; denn die Guawo konnten diesem Ansturm der Feinde nicht standhalten und mußten sich zurückziehen. Die Angloer stürmten ihnen nach und besetzten die Pekistädte und -Dörfer. Der Pekikönig aber floh nach Obedzigbe. Später jedoch entstand Uneinigkeit zwischen den Angloern und Atwamuern, die die ersteren veranlaßte, heimzukehren. Dies war aber auch für die Inlandstämme das Zeichen, ihrer Tributpflicht gegen Atwamu sich zu entledigen.

12. Versuche der Angloer, die gestörten Handelsbeziehungen mit den Inlandstämmen wieder herzustellen.

Die Folge dieses Kriegszuges war, daß die Angloer sich mit den Inlandstämmen sehr verfeindet hatten, und daß der Handel, der vor dem in schönster Blüte stand, nun völlig ins Stocken gekommen war. Aber die Angloer ließen sich nicht so leicht zurückschrecken, ihre Waren wieder ins Innere zu tragen. Sie wurden daher nicht nur nicht gerne gesehen, sondern es wurden sogar in Hodzo, Agove und andern Plätzen etliche Anglohändler getötet. Als der Anglokönig davon Kunde erhielt, sandte er eine Gesandtschaft in jene Städte, um zu erfahren, warum sie die Angloer getötet hatten. Aber auch diese Gesandtschaft wurde sehr unfreundlich empfangen und kehrte deshalb so schnell als möglich an den Adaklu zurück. Von dort aus sandte sie dem Anglokönig Botschaft über ihren Mißerfolg und wartete eine weitere Ordre ihres Königs ab. Diese bestand darin, daß er einen großen Teil des Kriegsheeres sandte, das in einer Nacht vom Abaklu nach Hodjo und Tasla marschierte. Dort angekommen, umstellten sie die Dörfer in aller Stille, und nachdem das geschehen, wurden die Leute herausgerufen und Alt und Jung gefangen genommen. Wer nicht entkam, wurde nach Anglo geschleppt und dort in die Sklaverei verkauft. Nicht viel besser erging es den Ahiorm, die zuerst mit dem Feinde kämpften, dann aber nur durch ein schweres Lösegeld, das natürlich ebenfalls in Sklaven bestand, sich loskaufen konnten. Außerdem mußten sie durch ein sog. Fetischessen den Angloern versprechen, nie wieder gegen sie kämpfen zu wollen.

Derselbe Haß gegen die Angloer wurde auch bei den Peliern hervorgerufen. Aber gegen diesen mächtigen Feind konnten die Angloer nicht in derselben Weise verfahren, wie gegen die Hodjoer u. v. a. Deshalb versuchte der König von Anglo, die Pelier und andere Inlandstämme auf andere Weise für sich zu gewinnen und wieder für den Handel zugänglich zu machen. Er sandte eine Friedensbotschaft von Stamm zu Stamm, die überall verkündigen mußte, daß die Angloer nicht fortwährend Krieg mit ihnen führen wollten, auch solle der Krieg nicht ewigen Haß hervorbringen. Darum wollten sie sich vereinigen und durch Fetischessen sich gegenseitig verbinden. Die Adakluer mußten ihren Sprecher vorausschicken und den Städtmern mitteilen, daß die Angloer in friedlicher Absicht kämen. So durchzogen sie Städte und Dörfer und verkündigten überall ihres Königs friedliche Absichten. Die Städte sollten ihre früheren Marktlage wieder einführen und den Angloern öffnen, dann würden sie wiederkommen und ihre Waren zum Verkauf anbieten. Da und dort wurde dieses Anerbieten mit Freuden aufgenommen, häufig aber — und dies war auch mit Peli der Fall — wurde ihm mit Mißtrauen begegnet. Als die Gesandten auch in Peli dem Auftrag ihres Königs ausgerichtet und dem Pelikönig mitgeteilt hatten, daß alle Stämme, durch die sie gezogen seien, die Friedensbotschaft bereitwillig angenommen hätten, da neigte der König nachdenklich sein Haupt und ließ den Gesandten durch seinen Sprecher sagen, sie sollten einmal über Nacht bleiben, denn er müsse dieses Wort mit allen seinen Ältesten zuerst prüfen. Nach 9 Tagen mußten die Gesandten noch einmal in Gegenwart aller Häuptlinge die Sache vortragen. Darauf antwortete der König durch seinen Sprecher: „Euer Wort ist nicht unrecht. Ein Friedenswort ist wohl ein gutes Wort; aber vielleicht ist doch etwas Unlauteres dabei. Ich höre gerne ein Friedenswort, aber wenn wir Frieden machen sollen, so müssen auch meine Boten zu eurem König gehen, damit man rechtlich darüber verhandle. Gehet ihr nun wieder zu eurem König und saget zu ihm: „Kwadjo Dei sagte, wenn Du Frieden mit ihm machen willst, warum hast Du nicht zwei Ochsen gesandt, damit wir sie schlachten und über ihrem Fleische Fetisch miteinander essen, um uns zu verbinden und uns miteinander zu freuen?" Die Gesandten erwiderten auf diese Worte Kwadjo Deis: „Wir erichen aus Deinem Wort, daß Du unsere Botschaft verwirfst und einen Hohn daraus machst. Wir haben es gehört; es thut nichts, wir gehen eben wieder heim, wenn wir nichts ausrichten können. Und wegen des Rindfleisches, fuhren sie fort, Du hast ja den Büffel in Deinen Revieren. Dieser ist ein Bruder des zahmen Rinds; es ist ein und dasselbe Fleisch, jage Deine junge Mannschaft und die Jäger hinaus und laß einige töten. Niemand kann das Rind von der Küste zu Dir über diese Berge treiben.

Von allen Städten, in denen wir bisher gewesen sind, hat keine Rindfleisch gefordert, auch sind wir nicht des Rindes wegen hierher gekommen. Laß uns ziehen, damit wir unserem König Dein Wort mitteilen, will er Dir ein Geschenk machen, so mag er es thun; wir haben keines für Dich erhalten."

Am folgenden Morgen brachen sie auf nach dem Adaklu und von dort nach Anglo. 5 Monate waren sie unterwegs gewesen, um ihren Auftrag an die Inlandstämme auszurichten, und als sie ihrem König und den Ältesten darüber Bericht erstatteten, waren diese ganz damit zufrieden; nur das Gebahren des Pekikönigs gefiel ihnen nicht. „Allein", sagten sie, „die Sache hat nichts weiter auf sich, da Peki schon ziemlich westlich von unsern Handelswegen liegt. Wir können ja jene Gegend meiden."

13. **Bündnis der Peker mit Akra und Anfang der Missionsarbeit im Evhelande.**

Awadjo De aber, der dem guten Wetter doch nicht ganz traute, verband sich vorsichtigerweise mit dem König von Akra. Diesem sandte er als Geschenk 6 Jünglinge und 6 Mädchen mit dem Anerbieten, daß er sich unter seine Oberhoheit stellen wolle. Außerdem sollte für alle Akrahändler der Weg geöffnet sein in alle mit Peki verbundenen Stämme. Dies gefiel natürlich dem Akrakönige und seinen Ältesten so sehr, daß sie ihm Gegengeschenke sandten und Awadjo De einluden, selbst nach Akra zu kommen, damit sie mit ihm persönlich unterhandeln könnten. Seit dieser Zeit, also seit Mitte der 30er Jahre des 19. Jahrhunderts, stehen Peki und Akra in Wechselbeziehungen zu einander.

Mit der Lossagung von Akwamu hatten die Peker nicht nur ihre Unabhängigkeit beansprucht, sondern auch für die ganze Folgezeit behauptet; denn die Akwamuer gaben ihr Unrecht, daß sie glaubten auf die Inlandstämme zu haben, nicht so leichten Kaufs auf. So wissen wir, daß kurz nach der Ankunft von Missionar Walf in Peki im Jahre 1847, in welchem Jahr die Norddeutsche Missionsgesellschaft ihre ersten Missionare nach dem Evhelande auf der Sklavenküste sandte, die Peker, überhaupt die Inlandstämme, um ihre Unabhängigkeit mit den Akwamuern kämpfen mußten. Damals behaupteten die Akwamuer, den Pekern eine 17 tägige Schlacht, freilich ohne Erfolg, geliefert zu haben.

Diese Kriegsunruhen hatten zur Folge, daß es zu keiner gedeihlichen Entwicklung der Missionsarbeit kommen konnte. Wiederholt waren die Missionare genötigt, zeitweilig Peki zu verlassen; und weil es im Laufe der Jahre zwischen Akwamu und Peki nie zu einem rechten Frieden kommen konnte, so entschlossen sie sich, Peki zunächst zu verlassen, um an der Küste mit der Missionsarbeit einzusetzen. Dies geschah im Jahre 1853, als in Peki aufs neue die Kriegstrommel mächtig gerührt wurde. Die Ajanter waren es diesmal, die mit Hilfe der Akwamuer sich einen Weg an die Küste bahnen wollten.

14. **Versuche der Ajanter, mit Hilfe der Akwamuer und Anglers sich einen Weg durch Evheland an die Küste zu bahnen.**

Sie konnten es nicht verwinden, daß ihnen durch die Engländer bei Cape Coast die direkte Verbindung mit der Küste entzogen worden war. Darum suchten sie immer wieder, ihre Herrschaft bis an die Küste auszudehnen und ihr früheres

Recht sich wieder zurückzuerobern. Um dies zu erreichen, beschlossen sie einen Kriegszug gegen die Engländer und ihre Verbündeten. Eine Armee sollte durchs Fanteland an die Küste vordringen, eine zweite über Akem und Akuapem, während die dritte Armee mit Hilfe der Akwamuer durchs Goheland an die Küste gelangen sollte. Da wurden auch die Petier aufgefordert, die Engländer gegen den gemeinsamen Feind, die Ajanter und Akwamuer, zu unterstützen und nur zu gerne kamen diese der Aufforderung nach. Noch ehe die Feindseligkeiten von seiten der Akwamuer eröffnet wurden, fingen sie den Sohn des verstorbenen Königs mit etlichen andern Akwamuern an der Grenze weg. Diese wurden mit Messern greulich zerschnitten und verstümmelt in Peli herumgeführt, um allgemein zum Krieg zu reizen, und endlich auf Befehl des Königs geköpft. Dadurch ward auf beiden Seiten das Signal zum Kriege grausam und blutig gegeben. Den ganzen Tag dauerte der Kriegslärm und steigerte sich immer mehr, je mehr verbündete Volksstämme in Peli eintrafen. Aber es sollte diesmal noch nicht zum eigentlichen Krieg kommen. Auch im Jahre 1863, als die Ajanter mit Hilfe der Akwamuer wiederum durchs Goheland einen Weg an die Küste sich bahnen wollten, kam es nicht zur Ausführung; aber an allerlei Blutvergießen und kleinen Plänkeleien zwischen Peli und Akwamu hat es trotzdem nicht gefehlt. Und wenn die Ajanter auch diese beiden Male ihr Vorhaben nicht ausführen konnten, so hatten sie es darum noch nicht aufgegeben, sondern nur auf eine spätere, günstigere Zeit verschoben.

Bereits im Jahre 1865 und 1866, während die Anglorr mit den Adaern und Akraern Krieg führten, hatten erstere eine Gesandtschaft an Akwamu und Ajante gehen lassen und diese beiden Völkerschaften um ihre Unterstützung gegen ihre Feinde gebeten. Der Krieg wurde zwar ohne ihre Hilfe ausgefochten; aber dennoch sandten die Ajanter eine Gesandtschaft an die Anglorr, die zugleich der ihrigen das Ehrengeleit in die Heimat geben mußte. Während nun diese Völkerschaften sich mit einander verbanden, sagte sich ein bereits von Ajante abhängiger Häuptling in Akem, Adompre mit Namen, von Ajante los und empörte sich gegen die Ajanter, wurde aber aus seinem Lande verjagt und über den Volta zurückgebracht. Hier fiel er ins Gebiet der Akwamuer, Freunde der Ajanter, ein, soll aber von diesen zwei Mal geschlagen worden sein. Während dieser Ereignisse passierte gerade eine Anglogesandtschaft, von Ajante kommend, Akwamu. Der König von Akwamu hielt sie fest und sandte gleichzeitig nach Anglo, indem er den Anglorrn sagen ließ: „Zwei Mal habe ich Adompre besiegt; wie es mir aber beim dritten Mal gehen wird, weiß ich noch nicht. Darum kommt um eurer Gesandtschaft willen; denn diese wird das gleiche Los, wie ich und meine Leute, teilen." Darauf wurden in ganz Anglo große Beratungen gehalten, wobei insbesondere die Fetischpriester zum Krieg gedrängt haben sollen; aber nach viel Lärm und Geschrei verlief die ganze Sache auch diesmal wieder im Sand. Aber eine Frucht ist doch aus diesen Verbindungen herausgewachsen; denn es war diesen Gesandtschaften gelungen, ein gegenseitig verpflichtendes Bündnis zwischen Anglo, Akwamu und Ajante zustande zu bringen. So hatten auch die Anglorr im Jahre 1866 zwar die verbündeten Adaer und Akraer besiegt; aber zu einem Friedensschluß war es nicht gekommen. Somit war genug Zündstoff vorhanden, und die drei Völkerschaften warteten nur auf eine günstige Gelegenheit, um loszuschlagen. Im Jahre 1867 begleiteten die Anglorr wieder eine Gesandtschaft der Ajanter, 70 Mann stark, nach Kumase zurück. Der Vorschlag ging dahin, daß die Anglœr in Akwamu zum Heer der Ajanter stoßen und von dort aus in Verbindung mit Akwamu und Asante die Eweskämme bekriegen sollten. Die Anglœr gingen auf diesen Vorschlag ein und schlossen ein Bündnis mit den Aiantern. Im Kriegsrat, der im Februar 1869 abgehalten wurde, versprachen sie, nach Verfluß einer Woche aufbrechen zu wollen. Die erledigten Führerstellen wurden besetzt und alles zum Krieg gerüstet. Allein Anfang März war nach alles beim alten, und um ein Haar wäre das Bündnis wieder in die Brüche gegangen. Ein abziehender Alanter erlaubte sich nämlich eine Gewaltthat, die von den Anglœrn mit gleicher Münze heimbezahlt wurde, und ohne die Dazwischenkunft der Ältesten wäre es ohne Zweifel jetzt schon zu Blutvergießen gekommen.

16. Der Ajantekrieg und seine Folgen für die Eweskämme.

Endlich Ende Mai marschierten die vereinigten Ajanter und Akwomuer auf Anum und Peki los, während die Anglœr sich bei Ohute sammelten. Der Pekikönig bot seine Leute und die mit ihm verbündeten Eweskämme zum Krieg gegen den gemeinsamen Feind auf. Nur der Abolluhamm, die Tavievher und Matker hatten sich den Ajantern angeschlossen. Aber obgleich der Pekikönig am 24. Mai vollständig zum Krieg gerüstet bereit stand, so gelang es dem Ajantern doch — man sagt durch Verrat des Königs — Peki ohne Schwertstreich zu besetzen, was für die andern Stämme eine vollständige Niederlage bedeutete. Dem Hakönig ließ er sagen, er möge zu Hause bleiben und gut aufpassen, damit die Ajanter nicht einen unerwarteten Einfall in Ho machen. Nachdem die Nachricht vom Einzug der Ajanter in Ho eintraf, erklärte der Hakönig den Missionaren, daß er jetzt nichts mehr für sie thun könne; denn er selbst sei jetzt genötigt, sich zurückzuziehen. Inzwischen lagen die Anglœr immer noch bei Ohute und hatten versucht, auch die andern Eweskämme für sich, d. h. für die Ajanter zu gewinnen.; Unter andrem hatten sie auch an die Agotimer Korn und eine Kugel gesandt aber Agotime entschied sich für die Kugel, d. h. für den Krieg gegen Ajante und Angla. Die Agotimer waren zwar, abgesehen von der gegenwärtigen kritischen Lage, schon wegen der Feindschaft, die ohnehin zwischen Agotime und Angla bestand, genötigt, sich für den Krieg zu entscheiden; denn sie hatten nicht viel Gutes von den Anglœrn zu erwarten, da sie erst kurz vorher etliche Anglahändler ausgeraubt und getötet hatten.

Von Anum, wo die Ajanter die Baseler Missionare Ramseyer und Kühne anfangs Juni gefangen genommen hatten, rückten sie Mitte Juni nach dem Abaklu vor und besetzten am 26. Juni die Missionsstation Ho, der Norddeutschen Mission gehörend, und zogen in die verlassenen Hastädte ein. Die Missionare, die von dem Anrücken der Ajanter benachrichtigt worden waren, hatten Ho noch eben zu rechter Zeit verlassen und waren so mit genauer Not dem Schicksal der Baseler Missionare entronnen. Auf der Missionsstation Ho wurde ein französischer Kaufmann, Bonnat mit Namen, der sich seit einem halben Jahr in der Gegend aufgehalten hatte, gefangen genommen und seine beiden Gehilfen, 2 Mulatten, die beschuldigt wurden, auf die Ajanter geschossen zu haben, zuerst fürchterlich gemartert und dann geköpft. Zwischen der Station und dem Dorfe Ohegbe entspann sich ein Gefecht, in dem die Hoer der Übermacht der Ajanter weichen und sich auf dem Weg nach Spengoe zurückziehen mußten. Darauf zerstörten die Ajanter die drei Hoedörfer, Sbegbe, Ahliha und Banhafoe und verbrannten die Missionsstation. Sobald jedoch Aholu, der Herrführer der Angloer, von dem Einzug der Ajanter in Ho hörte, zog auch er nach Ho und schloß sich den Ajantern an. Diese hatten sich recht gemütlich eingerichtet und wollten erst die Früchte ihres Sieges genießen, als sie ziemlich unsanft aus ihrer Ruhe aufgeschreckt wurden. Am 8. Juli überfielen die Hoer, Agotimer u. a. plötzlich die Ajanter in ihrem Lager und brachten ihnen schwere Verluste bei. Unter den Gefallenen befanden sich auch 2 Offiziere der Angloer. Aber die vereinigten Eheftämme waren auf die Dauer der Übermacht des Feindes nicht gewachsen, und wenn sie sich auch tapfer schlugen, so mußten sie sich doch zurückziehen, bis nachmittags 4 Uhr ein Regen den weiteren Kampf unmöglich machte. Um nun ganz Anglo für den Krieg zu begeistern, wurden etliche Köpfe gefallener Agotimer nach Anglo gesandt, was zur Folge hatte, daß alles sich aufmachte, um sich an dem Krieg zu beteiligen.

Nach einer einmonatlichen Rast rückte das ganze Kriegsheer der Ajanter in Baha ein. Alle Gehöfte wurden in Beschlag genommen, selbst die Missionsstation und der ganze Hofraum war fortwährend von Leuten belagert, die kochten, ausruhten oder sonst etwas trieben. Wo etwas zu stehlen und zu rauben war, wurde gestohlen und geraubt. Am 14. August kamen die ersten Ajanter nach Baha; aber wenn von diesen einer beim Diebstahl ertappt wurde, so nahm er seine Flinte, spannte den Hahn und sagte zu dem, der ihm den Raub abjagen wollte: „Wenn Du es mir nimmst, so richtige ich mich; aber das Palaver kommt dann über Dich!" Am 18. August kam es zwischen ihnen und den Agotimern zur Schlacht. Als einer der ersten Gefallenen wurde der Angloofsizier Dsatpoiu, ein Herr, nach Baha zurückgebracht, um dort beerdigt zu werden. Den ganzen 18. und 19. August dauerte die Schlacht. Aber obgleich die Angloer und Ajanter glaubten, mit den Agotimern bald fertig zu sein, so hatten sie sich doch sehr getäuscht. Zwar konnten auch die Agotimer der Übermacht der Ajanter nicht Stand halten, haben ihnen aber doch große und schwere Verluste beigebracht. Nach ihrem Rückzug bezogen sie in Agotime ein Lager und wollten warten, bis sich die Agotimer ergeben würden. Dies wollte aber ihren Bundesgenossen, den Angloern, Avenoern, Mahern und Adaflluern zu lange dauern. Dazu hatte inzwischen die Regenzeit tüchtig eingesetzt, was viele veranlaßte, heimzukehren, um ihr Feld zu bestellen. Dadurch wurde das Heer der Ajanter immer kleiner; deshalb machten sie sich auch auf, um die Agotimer in den Bergen aufzusuchen. In den Agome- und Numabergen hatten nämlich die bedrängten Agotimer eine Zufluchtsstätte gefunden, und auch Adompre hatte sich dort mit den Seinen verschanzt. So machten sich die Ajanter auf und zogen nach Norden, um Adompre aufzusuchen, den sie nach ihres Königs Befehl tot oder lebendig nach Kumase bringen sollten. Dieser war aber inzwischen den Ajantern zu mächtig und zu listig geworden, und wo sich eine Gelegenheit bot, brachte er ihnen schwere Niederlagen bei, obgleich unter seinem eigenen Heer, wie unter dem der Ajanter, Hunger und Krankheit übel hausten. So soll Adompre zu Anfang des Jahres 1870 den Ajantern eine schwere Niederlage bereitet und große Beute gemacht haben. Darunter sollen Schwerter mit goldenen Griffen, goldene Diademe und unter den

Gefangenen viele von hohem Rang gewesen sein. Dadurch wurden die Ajanter genötigt, den Rückzug anzutreten; aber Adompre ließ am Volta die Boote zerstören und wegnehmen, weshalb sie sich noch weiter nach Norden begeben mußten, um dort den Übergang über den Volta zu bewerkstelligen. Aber auch hier soll sie Adompre noch einmal überfallen und ihnen große Verluste zugefügt haben. Inzwischen hatte Adompre auch in Erfahrung gebracht, daß die den Ajantern gegenüber stehenden Häuptlinge sich in Awudome vereinigen wollten, und daß auch die Akraer sich diesen anschließen würden; deshalb ließ er von den Ajantern ab und bezog ein Lager bei Awudome. Der Zweck dieses Zusammenschlusses war, die mit den Ajantern verbundenen Stämme zu züchtigen. In den letzten Tagen des März 1870 brachen die Akraer nach Peli auf, und nun sollte der Krieg gegen die Alwamuer, Adakluer, Tavievher und Aguer beginnen. Eine Ausnahme wurde zunächst noch mit den Angloern gemacht; aber auch sie sollten später drankommen. Im Mai 1870 fuhr auch der englische Gouverneur in einer kleinen Dampfbarkasse den Volta hinauf, um die Aktion gegen Atwamu zu unterstützen. Aber auch die Ajanter, die inzwischen noch im Norden in den Bergen ihr Unwesen trieben, waren auf die Nachricht zurückgekehrt und sollten sich in Abutia sammeln. So sollten die Angloer unter ihrem Herrführer Aholu mit einem Teil der Ajanter durch Agotime über Waha marschieren und von dort aus Abutia erreichen. Allein am Agu kamen sie zum Stillstand, weil Adompre inzwischen sein Lager nach Ho verlegt hatte. Während dies vor sich ging, waren die Akraer den Volta heraufgezogen und hatten Dofo, eine den Alwamuern freundlich gesinnte Stadt, angegriffen, geplündert und niedergebrannt. Von hier zogen sie weiter hinauf und plünderten die 4 Atwamudörfer, die der Gouverneur mit seinen Kanonen hatte beschießen lassen. Die Ejanter selbst konnten nicht den Atwamuern zu Hilfe eilen, sondern drangen vom Hunger geplagt bis Waha vor, wo sie eine Gewalttat nach der andern ausübten, und wo Raub und Mord an der Tagesordnung war. Längst hätten die Angloer sich gern von ihnen losgesagt und getrennt; aber sie mußten befürchten, daß, so lange sie noch die Übermacht hatten, sie selber vor einem Einfall in Anglo nicht sicher seien. Auch den Ajantern entgingen diese Absichten der Angloer nicht, weshalb sie Aholu unter allen Umständen im Lager festzuhalten suchten. Aber daneben wurden sie immer frecher und unverschämter und raubten den Abalustamm vollständig aus, und als es da nichts mehr zu rauben gab, drangen sie bereits ins Krobogebiet vor. Auch gegen die Missionare wurden sie grob und unverschämt und hätten ihnen gerne ein gleiches Los bereitet, wie den Basler Missionaren in Anum, wenn nur die Angloer selbst ihnen nicht im Wege gestanden wären. Schließlich jedoch trennte sich Aholu von den Ajantern und traf am 15. Juni 1871 mit seinen Kriegern in der Heimat in Anglo ein. Inzwischen waren auch die Ajanter unter Führung von Abubofo über Apando in ihre Heimat zurückgekehrt. Der Rest der Ajanter geleitete den König von Alwamu in die Heimat und überschritt ebenfalls im Juni 1871 den Volta. Aber auf dem Marsche sollen noch viele infolge von Mangel und Krankheit zu Grunde gegangen sein.

Während die Kriegswogen des Ajanterkriegs im Innern immer noch hoch gingen, sah es an der Küste ziemlich friedlich aus, wenngleich das Kriegsheer der Angloer noch nicht zurückgekehrt war. Aber plötzlich erhoben die Engländer erneuten Anspruch auf Keta und die Küste, die sie seit 1850 gänzlich vernachlässige hatten. Der Gouverneur schrieb nämlich am 11. Juli 1870 einen Brief an den König von Anglo und Giraldo, worin er sie des Friedensbruches beschuldigte, weil sie Dofo am Volta Hilfe geleistet hatten; außerdem hätten sie 5 Jahre lang den Handel auf dem Volta gehemmt, was ihn veranlasse, Dzelulovhe zu beschießen. Ferner erinnerte er sie daran, daß ihm Recht und Macht zustehe, Keta wieder zu besetzen. Sofort sandten sie eine Antwort zurück, die aber den Gouverneur nicht befriedigte; deshalb erschien Anfang August Usher, der Administrator der Goldküste, mit dem Kriegsschiff Fly, um Dzelulovhe und Dodza zu beschießen. Zunächst sandte er nochmals einen Brief ans Land, in dem er erklärte, daß er gekommen sei, dem Krieg, den die Angloer mit den Stämmen im Innern führen, ein Ende zu machen und ein für allemal den Anmaßungen der Asanter, die von Giraldo herbeigerufen seien, ein Ziel zu setzen. Wenn daher nicht bis Samstag den 13. August aus jeder Anglostadt Abgesandte bei ihm an Bord J. M. Schiff Fly eintreffen und einen Friedensvertrag mit Kru schließen sollten, so werde er Gewalt brauchen. Darauf luden die Angloer Usher ein, an Land zu kommen, was er aber rundweg ablehnte, weil er früher einmal so schmählich von den Angloern hintergangen worden war. Auf diese bestimmte Erklärung hin fand bei Amegasi, dem Fetischpriester von Keta, eine Versammlung statt, in der wiederum gebeten wurde, Usher möchte an Land kommen. Da dies verweigert wurde, so gingen nach vielem vergeblichen Hin- und Herreden etliche Abgesandte an Bord der Fly; aber Usher war damit nicht zufrieden, sondern forderte alle Oberhäuptlinge zu einem sog. Fetischessen, um den Friedensvertrag zu bekräftigen. Als dies nicht geschah, feuerte er eine Kanone ab und zog eine rote Flagge auf, was den Leuten zeigen sollte, daß jetzt die Feindseligkeiten beginnen würden.

Zu Anfang des Jahres 1871 war jedoch der Generalgouverneur Sir Arthur Kennedy an der Küste entlang gefahren bis Lagos. Bei dieser Gelegenheit wollte er auch die Streitsache mit den Angloern schlichten. Zunächst untersagte er zwar das Bombardement, verlangte aber die Auslieferung Giraldos. Zugleich sollte Keta, überhaupt Anglo, wieder unter die Oberhoheit Englands gestellt werden. Während er selbst an der Küste entlang reiste, sollten seine Dolmetscher Lawson und Bannermann bis zu seiner Rückkehr die Verhandlungen vorbereiten. Die Zusammenkunft wurde auf den 24. April 1871 angesetzt, wozu alle Häuptlinge von Anglo, die Kaufleute und Missionare eingeladen wurden. Aber auch jetzt wurde Giraldo nicht ausgeliefert, und so kam es auch diesmal zu keinem rechten Friedensschluß. Darum trugen die Engländer sich ernstlich mit dem Gedanken, Keta wieder zu besetzen, um damit den Asantern die Gelegenheit zu nehmen, sich von Anglo aus mit Pulver und Gewehren zu versorgen; denn diese unternahmen, nachdem sie kaum von der Sklavenküste zurückgekehrt waren, einen neuen Kriegszug gegen die Engländer. Darum entschlossen sich die Engländer, den Asantern mit einer Armee entgegenzutreten, um ihre Macht ein für allemal zu brechen und sie zu demütigen. Dafür wurde Sir Garnet Wolseley in Aussicht genommen, während Kapitän Glover in Verbindung mit den Akraern, Adaern und Akuapemern zuerst die Akwamuer züchtigen und dann gegen Asante marschieren sollte. Auch die Angloer sollten wegen ihrer Verbindung mit Asante und ihrer Unbeugsamkeit und Widerspenstigkeit halber zuerst bestraft werden. Zu diesem Zwecke wurde auch der König Mensa in Porto Seguro von den Engländern aufgefordert, gegen die Angloer Hilfe zu leisten, was dieser aber nur scheinbar gethan hat, weil, wie er selbst sagte, sie und die Angloer Brüder seien. Durch diese neuen Unruhen, kamen auch die Missionare in große Gefahr; denn während im Jahr 1869 der Hofönig versprochen hatte, Leben und Eigentum der Missionare zu beschützen, so wollten hierin die Häuptlinge von Anglo keinerlei Verpflichtungen auf sich nehmen.

Ende November oder Anfang Dezember 1873 zog Glover mit seiner Negertruppe den Volta hinauf und griff Mañ und Akwamu an. Dabei ergriff ein panischer Schrecken alle Gemüter ringsumher; denn allgemein verbreitete sich das Gerücht, bis die Mañer und Akwamuer nur den Hahn an ihren Gewehren spannten, hätten die Engländer 3 und 4 Mal geschossen, so daß alles tot sei, was nicht vorher fliehe. Vom Volta rückten diese Negertruppen unter Goldworthy und noch 2 oder 3 weiteren Engländern nach dem Adaflu vor, woselbst sie in den ersten Tagen des Januar 1874 eintrafen. Hier schlossen sich die Agotimer an; und nun sollten die Adafluer, Awenoer und Angloer gezüchtigt werden. Durch Lügen und Umtriebe der Adafluer wurde die Vermittlung von Missionar Merz hintertrieben, und die Folge davon war, daß Abuadi und Helelpe am Adaflu verbrannt wurden; dagegen blieb Waña verschont. Ende Januar brach die Armee von Waña auf und rückte nach der Küste vor. Am 24. Januar kamen die ersten Verwundeten in Anyako an. Es hatte nämlich zwischen Afati und Abo ein Gefecht stattgefunden, und am 27. Januar fand ein zweites bei Tsiame statt, in dem die Angloer abermals geschlagen wurden. Alle Städte und Dörfer, durch die die Feinde zogen, wurden geplündert und angezündet. Dasselbe Schicksal traf auch Anyako am 27. Januar. Von Anyako aus wollte Goldworthy um die ganze Lagune herumziehen und sämtliche Städte und Dörfer verbrennen, mußte aber diesen Plan aufgeben und mit Dr. Parke, der krank geworden war, nach Cape Coast zurückkehren und sich selbst von den empfangenen Wunden kurieren lassen. Nach Abgang des Führers der Expedition kehrte auch ein großer Teil der Armee in die Heimat zurück. Im Februar sollten auch die Küstenbewohner gezüchtigt werden; aber auf Befragen Goldworthy's ließ Sir Garnet Wolseley die Feindseligkeiten einstellen, und am 21. Februar erschien ein Kriegsschiff vor Keta, das die Nachricht brachte, daß Friede sei. Der Friedensschluß selbst fand aber erst am 22. Juni 1874 in Tselufovye statt. Bei diesem Friedensschluß haben die Engländer den Angloern die Erlaubnis abgenötigt, jeden Ort in Anglo besetzen zu dürfen; aber obgleich dieser Vertrag fast von sämtlichen Anglohäuptlingen unterzeichnet wurde, so hat er doch den meisten Angloern nicht zugesagt. So hat z. B. der Feldherr von Anglo, Aholu, im Ärger darüber das eigentliche Anglogebiet verlassen und sich in Vheta angesiedelt. Ein anderer Unzufriedener war Amegaß, der Fetischpriester von Keta. Obgleich dieser durch einen Stellvertreter den Vertrag unterzeichnen ließ, so war er doch nicht damit zufrieden, sondern hat sich hinter die Lagune nach Añadenblgba zurückgezogen, woselbst er bis zum Jahre 1889 verblieb.

16. Aussöhnung zwischen den Angloern und den Hoern.

Nicht so schnell war aber eine Aussöhnung zwischen den Stämmen, die sich mit den Asantern verbunden hatten und den übrigen Ewestämmen zustande gekommen. So war zwischen dem Ho- und Anglostamm ein volles Jahrzehnt eine bittere Wurzel in den Herzen zurückgeblieben. Der Hoßönig konnte den Angloern nicht vergessen, daß sie auf seiten der Alanter gegen ihn gekämpft hatten. In seiner Verbitterung gegen die Angloer soll er geschworen haben, daß zu seinen Lebzeiten kein Angloer mehr nach Ho kommen dürfe. Von diesem Schwur machte er jedoch eine Ausnahme, als die Norddeutsche Missionsgesellschaft einen ihrer Gehülfen, den Angloer J. Amih, nach Ho versetzte. Im Jahre 1881, am 25. April ließ er eben diesen Lehrer Kwist rufen und teilte ihm mit, daß er jetzt gesonnen sei, wieder mit den Angloern Frieden zu schließen; aber vier Tage später starb der König von Ho, und dadurch wurde der Friedensschluß zwischen diesen beiden Stämmen noch weiter hinausgeschoben. Erst am 11. September 1884 erschien eine Gesandtschaft von Ho in Keta, um Frieden zu schließen und den bisher für den Handel ins Innere verschlossenen Weg wieder zu öffnen. Diese Gelegenheit nahm der englische Kommissar, Campbell, in Keta wahr, um sie zu Gunsten Englands auszunützen. Mit Urlaubnis des Gouverneurs gedachte er selbst nach Ho zu gehen, begleitet von einigen Anglosütteften, um den Friedensschluß seierlich zu bestätigen.

Am 14. November trat Campbell in Begleitung seines Dolmetschers J. Malm und des Häuptlings Akolatse von Keta und Chr. Jakobson seine Reise nach Ho an. Auf seinen besonderen Wunsch, daß ein Missionar ihn begleiten möchte, ging Missionar Zurlinden mit. Auf dem Weg ließ er überall proklamieren, daß jetzt der Weg wieder bis Ho offen sei. Auch die Tavierofer sollten in den Friedensbund aufgenommen werden, und vor aller Augen sollten Hoer, Angloer und Tavieroher Fetisch mit einander essen. Nach vielen Hin- und Herreden und allerlei aufregenden Szenen gelang es dem Kommissar, den Friedensbund zu befestigen, und wohlgemut und erfreut kehrte er wieder nach Keta zurück. Dort versammelte er alle Häuptlinge im Fort und teilte ihnen den Erfolg seiner Sendung mit. Zugleich sagte er ihnen auch, daß der Gouverneur für jede Meile Weges, die von Angolo nach Ho gemacht werde, 10 Mark bezahlen werde. Damit war also nicht nur die Verbindung mit der Küste wieder hergestellt und der Handel für Keta gesichert, sondern sämtliche Stämme waren, ohne daß sie eine Ahnung davon bekamen, spielend unter englische Oberhoheit gekommen. Und während 10 Jahre zuvor den Engländern es kaum der Mühe wert erschien, Keta besetzt zu halten, suchten sie jetzt nicht mehr bloß auf den schmalen Küstensaum ihre Herrschaft auszudehnen, sondern auch die Inlandstämme sollten ihre Flagge annehmen. Aber dies war nur durch die Dazwischenkunft Deutschlands, das sich in jenen Tagen ebenfalls aufgemacht hatte, noch einen Fetzen von Westafrika zu bekommen, hervorgerufen. Da wollte zuerst England sich von dem bisher wenig begehrten Besitz so viel als möglich noch sichern.

Herr Campbell glaubte gewiß, ein schönes Friedenswerk vollbracht zu haben; aber da wurde ihm auch von jener Versammlung im Ketasort mitgeteilt, daß er in großer Gefahr schwebe, weggefangen zu werden; denn es sei von dem Häuptling Tenge von Anialo in Verbindung mit Ifitsi und Giralbo ein Komplott gebildet worden, ihn auf dem Weg nach Ho zu überrumpeln. Besonders Giralbo war es wieder, der Umtriebe machte. Dieser war als Händler ein Geschäftsfreund des deutschen Konsuls Randad im deutschen Togogebiet und soll im Auftrag von Randad den Anvaloern gesagt haben, daß sie ebenso gut unter deutschen Schutz kommen könnten, wie der Küstenstrich zwischen Lome und Klein-Popo, und dann leien sie die Engländer mit samt ihren Bladerrien und ihrem Zoll los. Diese Umtriebe des Giraldo fallen hauptsächlich in die Zeit, in der Campbell in Ho seinen Friedensvertrag abschloß. Ende Dezember hatten sich die meisten Männer des Anglostammes bei Thame versammelt. Dort wurde beschlossen: 1. Es soll kein Rommarkt mehr in Keta stattfinden. 2. Der Kommissar darf nie wieder ins Innere, und nur die Kaufleute und Missionare haben freien Zugang. Alle vakanten Stellen wurden besetzt. Um sich aber mehr Ansehen zu verschaffen, gab Giraldo der ganzen Sache einen religiösen Anstrich, indem er sich für den Gott der Engloer ausgab und den Anyaloern öffentlich ein Götzenbild machte, von dem er sagte, daß es der gleiche Gott sei, den die Missionare verkündigen, obgleich er dem Namen nach von Jugend auf katholisch war. Das Ende seiner Umtriebe war, daß es der englischen Regierung schließlich doch gelang, seiner habhaft zu werden, die ihn dann von 1885—1894 in Elmina in Haft behielt.

17. Der Tavievhekrieg.

Wie bereits erwähnt wurde, wurden im Jahre 1884 auch die Tavievher in das Freundschaftsbündnis aufgenommen, das die Hoer mit den Angloern geschlossen hatten. Die Tavievher hatten, wie noch etliche andere Stämme im Innern, aus augenblicklichen Nützlichkeitsrücksichten, sich im Jahre 1868 an die Aloaler angeschlossen, was aber in der Folgezeit manch' bittere Frucht für sie zeitigte. Der Grund hierzu lag nicht an und für sich in dem Bündnis, sondern vielmehr in der ausgesuchten Grausamkeit, mit der sie in jener Zeit einzelne in ihr abgelegenes Thal sich verirrende Flüchtlinge behandelten. Dabei that sich besonders ein reicher Mann namens Gbotsu hervor. Von diesem wird erzählt, daß er flüchtige Frauen mit ihren Kindern in Palmölgruben mit Zukustößern wie Palmkerne zerstoßen ließ. Infolge seines Reichtums mußte er sich ein solches Ansehen zu verschaffen, daß der ordnungsmäßig gewählte König zum bloßen Strohmann herabsank, er aber zur maßgebenden Persönlichkeit im ganzen Stamme wurde. So war es begreiflich, daß die umliegenden Stämme darauf ausgingen, sich an diesem Mann zu rächen. Besonders war es Kwadjo De, der König von Pekí, unter dessen Oberhoheit auch Tavievhe stand, der auf Rache sann. Nach längerer Zeit gelang es ihm denn auch, dem Gbotsu durch seine Frau, die eine Schwester des Kwadjo De und ein Werkzeug in seiner Hand war, eine friedfertige Absicht und Meinung von seinem Vorhaben beizubringen. So nahm Gbotsu endlich die wiederholte Einladung des Kwadjo De an, mit seinen Ältesten zu Friedensverhandlungen nach Ziavi zu kommen. Mit 30 bis 40 Männern begab er sich dorthin, um gemäß dem von Kwadjo De gemachten Vorschlag dort „Frieden zu essen". Dort angekommen, wurden sie von Kwadjo De mit der ausgesuchtesten Freundlichkeit empfangen und bewirtet; aber als ihr Herz guter Dinge war, lud er Gbotsu mit etlichen seiner Getreuen ein, mit ihm in den Busch zu gehen, damit sie die Sache in aller Stille abmachen könnten. Da dergleichen in solchen Fällen oft vorzukommen pflegt, so hatte dieser Vorschlag des Königs nichts Verdächtiges an sich. Aber an Ort und Stelle angekommen, fiel der von Kwadjo De bestellte Hinterhalt über die Tavievher her und machte alle nieder bis auf Gbotsu; denn diesen konnte keiner wegen seiner außerordentlichen Muskelstärke bezwingen. Allein außer seiner männlichen Begleitung nahm Gboisu auch seine Frau mit in den Busch hinaus — vielleicht ist sie auch ohne sein Wissen mit in den Busch gegangen — aber so viel ist gewiß, daß sie es war, die ihrem Mann mit dem Fufustößer einen Streich ins Genick versetzte, daß er keines zweiten mehr bedurfte. Dieser Frauen Blut schrie zum Himmel, das er unschuldig vergossen hatte, so wurde auch er, den starke Männer nicht bezwingen konnten, von einer schwachen Frau zu Boden gestreckt. Mit Fusukstößern ließ er viele unschuldige Kluber wie Jams zerstoßen, mit einem Fufustößer wurde auch ihm der Garaus gemacht.

So durften die Tavievher nach dem Asantekrieg es kaum wagen, ihr enges Thal zu verlassen; denn auch die Asanter, deren Bundesgenossen sie zu sein glaubten, hielten sie mit Schimpf und Schande von sich abgeschüttelt. Schon während des Asantekriegs wären sie trotz ihres angeblichen Freundschafts-verhältnisses mit den Asantern vom Erdboden weggerollt worden, wenn die Angloer nicht Fürsprache für sie bei den Asantern eingelegt hätten. So waren die Tavievher zwischen 2 Stühlen hintergesessen! An Asante hatten sie keine Freunde und Beschützer, rings umher aber nichts als Feinde! Dazu war im eigenen Stamm Streit und Unfriede ausgebrochen. Es wurde dem König nämlich der Vorwurf gemacht, daß er Gboisu aus persönlichem Haß verraten und an Awadzo De ausgeliefert habe, und wiederholt mußte er das Ala (Gottesgericht) über sich ergehen lassen, in dem er jedesmal schuldig befunden wurde. Deßhalb hieß es: Degbe, der König, ist ein Verräter, und stürmisch verlangten seine Wider-sacher, daß er erschlagen werde; aber seine Familienangehörigen und Dorfgenossen verweigerten seine Herausgabe und wollten lieber die Heimat verlassen, als einen Vater- und Königsmord begehen. In ihrer Not sandte die Familie eine Gesandt-schaft an dem Hokönig und bat um ein Asyl für sich und den alten König. Seit jener Zeit (1846 oder 1847) wohnt Degbe, der alte König von Tavievhe, mit seinen Familienangehörigen in Akovievhe, einem Dorfe 3 Stunden östlich von Ho, woselbst sie sich unter dem Schutz des Hokönigs recht heimisch fühlen.

Einige Wochen oder gar Monate mögen vergangen sein, bis die Tavievher sich wieder ein Haupt gesucht und gewählt hatten; aber ehe der neue König dem Volke vorgeführt werden konnte, mußten die Trommeln mit Menschenschädeln ge-schmückt und mit Menschenblut bestrichen werden. Um beides zu bekommen, wurde der Beschluß gefaßt, in dem nahe gelegenen Siavi Lume einen Einfall zu machen. Am 27. März 1888 wurde dieser Plan ausgeführt. In der Nacht wurden die nichts ahnenden Siavier aufgeschreckt; 4 Personen wurden an Ort und Stelle getötet, und 5 bekamen sie lebendig in die Hände. Eine von diesen, ein junges Mädchen, verkauften sie nach Tolor; ein zweites Mädchen wurde beim Sabatramtanz unter dem Gesang: „eghle xoxoxo, eghle xoxo!" (sie ist bereits verdorben) ent-hauptet, die 3 andern, noch Kinder, wurden in einer Ölgrube zerstoßen. Dieser Sabatramtanz fand in der Charwoche des Jahres 1888 statt.

Sobald die Nachricht vom dem Überfall der Siavier nach Peki zu König Awadzo De kam, sandte er sofort Boten zu dem englischen Kommissar nach Akuse, die ihm genauen Bericht über den Vorfall in Tavievhe und Siavi machen mußten; denn seit 1886 hatte sich Peki mit den ihm im Kriege und Frieden Folge leistenden Stämmen unter englische Oberhoheit gestellt, und dazu gehörte auch Tavievhe. Aber die nach Rache dürstende Ungeduld des Pekikönigs konnte die Rückkehr der

Boten von Aluse nicht abwarten; denn schon am 28. März verließ er Peki und kam am 29. nach Akrosu, wo er sein vorläufiges Standquartier bezog. Er erwartete, daß hier seine Unterhäuptlinge, sowie die Häuptlinge von Anum und Boso ohne weiteres zu ihm stoßen würden. Es scheint jedoch, daß diese keine rechte Lust dazu zeigten. So soll der Häuptling von Anum dem Könige von Akrosu geantwortet haben, als dieser ihn aufforderte, mit seinen Kriegern zum Könige von Peki zu stoßen: „Wenn der König von Peki von den Engländern Geschenke erhält, so teilt er ale mit mir; wenn er aber kampfgerüstet einem Feind gegenüber treten soll, dann darf ich immer daran teilnehmen."

So verließ Kwadjo De am 16. April Akrosu und rückte nach Siavi vor woselbst die Häuptlinge von Ho sich versammelt hatten. Hier wurde der Kriegsplan entworfen, und hier sollte sich auch das Heer sammeln. Vom 16.—27. April zogen täglich Kriegerhaufen unter Trommelwirbel, Hörnerklang und Kriegsgesang in Siavi ein; denn von Agotime bis hinauf an den Dayi waren alle Stämme zum Kampf gegen Tavievhe aufgefordert. So mögen 2000—2500 kampfbereite Männer in dem oben genannten Zeitraum in Siavi zusammengekommen sein, die alle von unbeschreiblicher Kampfbegierde brannten. Der König von Peki hatte im Beisein seiner Häuptlinge geschworen, daß er innerhalb 3 Jahren nicht wieder nach Peki zurückkehren werde, wenn er nicht zuvor als Sieger in Tavievhe eingezogen sei. Die Christen waren am 18. April, nachdem sie zuvor das heilige Abendmahl empfangen hatten, begleitet von dem Evangelisten B. Akude, der ihnen Morgen- und Abendandachten hielt, ins Lager nach Siavi abmarschiert. Am gleichen Tage rückten auch zwei englische Regierungsbeamte, Dalrymple und Bennett, mit ungefähr 60 Haussa in Siavi ein. Dalrymple, ein Offizier, war der Bevollmächtigte des Gouverneurs, und sein Begleiter Bennett war der Beamte von Aluse, zu dessen Verwaltungsbezirk auch Peki und Ho gehörten. Dalrymple hatte den Auftrag, vor allen Dingen das von Kwadjo De gesammelte Heer wieder nach Hause zu schicken und auf irgend eine Weise sich der Rädelsführer in Tavievhe zu bemächtigen. Als der König von Peki diese Zumutung vernahm, soll er sich wütend von seinem Stuhl erhoben und gesagt haben: „Die Königin von England hat mich zu ihrem Diener gemacht, und in ihren Diensten werde ich die Tavievher züchtigen." Am 21. April schickte Dalrymple einen geheimen Boten mit zwei Briefen und seinem Degen nach Matse. Der eine war an den Tavievhekönig gerichtet, in dem er ihm mitteilte, daß er vom Gouverneur geschickt sei, das Heer des Pekikönigs zu zerstreuen und die Angelegenheit zwischen Tavievhe und Siavi im Frieden beizulegen; er werde deshalb als ihr Freund nach Matse und Tavievhe kommen und bitte, für ihn eine Wohnung bereit zu halten. Darauf kamen 2 Gesandte von Matse in Begleitung des Gehrimboren, die Dalrymple eine Antwort auf seine Briefe brachten und zwar: 1. Sie seien dankbar, wenn es ihm gelinge, die sie umgebenden Feinde zu zerstreuen. 2. Wenn sie nicht angegriffen würden, so solle jeder, der es wage, auf einen Europäer oder seine Begleiter zu schießen, von ihnen erschossen werden. 3. Sie seien gerne bereit, ihn in ihrer Mitte zu empfangen und sich seinem Urteilsspruch zu fügen.

Nach viel Mühe und Beredtsamkeit gelang es Dalrymple, den Pekikönig zum Abzug zu bewegen. Am 27. April zogen die Krieger nach Hause, während gleichzeitig Dalrymple mit seinen Haussa nach Matse hinüberging, wo sie am 28. eintrafen; aber erst am 8. oder 9. Mai rückten sie nach Tavievhe vor, woselbst sie freundlich empfangen und behandelt wurden. Gemäß der Instruktion des Gouverneurs handelte es sich nun noch darum, die Rädelsführer von dem Überfall in Siavi gefangen zu nehmen und nach Akra zu transportieren. Um diesen Zweck leichter zu erreichen, schickte er die junge Mannschaft weg. Aber dieses Vorgeben Dalrymples mußte Mißtrauen erwecken; noch mehr aber der Vorschlag, in welchem er die Ältesten einlud, ihn nach Peli zu begleiten, um die Sache zu schlichten; denn Awadzo De war es ja seinerzeit gewesen, der Gbotju und seine Begleiter hinterlistig aus dem Wege räumen ließ. Die Taviewhe-Ältesten verweigerten dies zu thun, worauf sie Dalrymple kurzweg als seine Gefangenen erklärte, was diese sich scheinbar ruhig gefallen ließen. In aller Stille gaben sie aber der jungen Mannschaft ein Zeichen, und diese eilte voraus und legte sich in einen Hinterhalt, um, sobald er anmarschieren sollte, ihn zu erschießen. Ohne Zweifel hatte Dalrymple an nichts weniger als an den Tod gedacht; da — plötzlich krachte ein Schuß und Dalrymple, mitten durch die Brust geschossen, stürzte tot zu Boden. Die Soldaten stürzten sich sofort auf den Feind und es sollen 45 Taviewher, der König von Watje, samt dem Boten, der etliche Tage vorher ins Lager nach Siavi gekommen war, auf dem Platz geblieben sein. Bei der Abmusterung der Hauffas stellte sich heraus, daß 7 Mann fehlten und 2 schwerverwundet auf die Missionsstation Ho gebracht wurden. Am 12. Mai wurde Dalrymple auf dem Kirchhof in Ho beerdigt.

Am 25. Mai traf ein Herr E. Alers mit 150 Hauffa und 70 Trägern in Ho ein und brach am 29. um Mitternacht nach Taviewhe auf, so daß er in aller Morgenfrühe in Taviewhe eingezogen war. Dorthin begaben sich auch der Pekikönig und der Hokönig. Täglich hoffte man auf einen endgiltigen Abschluß des Kampfes; aber nur so viel war sicher, daß Alers mit seinen Kanonen etliche Dörfer zusammengeschossen hatte. Erst am 18. Juni, nachdem es zuvor noch mancherlei Reibereien und Plänkeleien gegeben hatte, nahm er das Lager der Taviewher ein. Was später sich ereignete, kann nicht mehr Krieg genannt werden, sondern es war nur noch eine Hetzjagd, in der die Taviewher wie das Wild gejagt und niedergeschossen wurden.

Endlich Ende Juni, nachdem die Taviewher schwer unter Hunger, Krankheit und den Unbilden der Regenzeit gelitten hatten, ließen sie sich zu Friedensverhandlungen herbei. Zwei Hauptschuldige wurden von ihren eigenen Leuten gebunden und ins Lager gebracht, wo sie ihrer Strafe entgegensahen. Die Hauptschuld trifft jedoch eine Frau, die die Taviewher zu jener Greuelthat in Siavi verleitet hatte, und die auch später ihr Geld in Pulver umgesetzt haben soll. Auch sie wurde gefangen ins Lager gebracht. Außerdem waren bis Ende Juni 700 bis 800 Leute freiwillig aus dem Busch zurückgekehrt und fanden Unterkunft im Lager, konnten aber thun, was sie wollten.

Auf Dienstag, den 3. Juli, waren die Friedensverhandlungen anberaumt. Zuerst stellte Alers den Taviewhern den neuen von ihm ernannten König vor, der von 5 älteren Männern, die ihm als seine Räte beigegeben worden waren, begleitet wurde. Sodann hatten alle Stammeshäupter ein Schriftstück zu unterzeichnen, in dem sie versprachen, stets freie und offene Wege halten und machen zu wollen, und nachdem alle Treue geschworen hatten, erhielten Taviewhe, Matje, Adaklu, Watja und andere Städte und Stämme die englische Flagge. Schließlich verkündigte Herr Alers den Taviewhern ihre Strafe, die sie aber, wie gewöhnlich auch die andern, nicht bezahlten. Sie wurden zu 6000 Mark verurteilt, von denen sie 3000 Mark in drei und die fehlenden 3000 Mark in sechs Monaten bezahlen sollten. Auch der Mission gedachte Alers, indem er den Matjerrn besahl, sofort ein Lehrerhaus zu bauen, was diese auch thaten, und den Tavievhern sobald als möglich. Den Schluß bildete die Absteuerung von 21 Salutschüssen unter den Klängen der Militärmusik: „God save the Queen".

Als letzte Frucht des Tavievbekrieges darf die Freigebung des Weges auf den Adaklu, der bis dahin noch von keinem Europäer betreten worden war, angesehen werden. Die Adakluer hatten nämlich nur sehr langsam ihr Kontingent zum Tavievbekrieg gestellt, und dieses ist erst denn geschehen, als Alers den Adakluern im Fall der Weigerung mit Krieg drohte. Aber nach Beendigung des Krieges marschierte er selbst nach dem Adaklu und verlangte kurzer Hand, daß ein gut gangbarer Weg auf den Berg gebauen werde, und betrieg am 17. Juli als erster Europäer den Adaklu. Ihm sind später die Missionare Seeger und Köhler gefolgt. Was die Missionare früher mit einer großen Geldsumme sich erkaufen wollten, mußten die Adakluer jetzt unter dem Druck der Verhältnisse ohne die geringste Vergütung gestatten.

18. Deutsche Besitzergreifung

Damit sind wir bereits in die Anfänge der deutschen Kolonialära eingetreten; denn im Jahre 1884 wurde von dem deutschen Afrikareisenden Dr. Nachtigall erstmals die deutsche Flagge an der Küste des Ewelandes zwecks Besitzerwerbs zu Gunsten Deutschlands gehißt. Im Juli jenes Jahres hißte er in der Nähe von Lome in der Stadt Togo die deutsche Flagge und stellte damit diese und alle später erworbenen Gebietserweiterungen unter den Schutz des Deutschen Reichs. Nach einem kleinen Volksstamm, der seinen Sitz an der Togolagune hat und Togo heißt, wurde das ganze Kolonialgebiet, das nach und nach 19000 Quadratkilometer betrug, genannt, obgleich die Bewohner ihr Land Eweland nannten und auch heute noch nennen. Endlich wurde am 1. Juli 1890 zwischen Deutschland und England ein Vertrag abgeschlossen, der Deutschland eine bedeutende Vergrößerung seines Kolonialbesitzes im Eweland sicherte. In diesem Vertrag machte England nur noch auf den Küstenstrich vom Volta bis an die bereits bestehende deutsch-englische Grenze und auf Peki und seine Umgebung Anspruch. Eine Grenzregulierungskommission wurde eingesetzt, die aus Deutschen und Engländern bestand und die Aufgabe hatte, die Grenze zwischen deutschem und englischem Eweland festzulegen. Außerdem mußte sie denjenigen Stämmen, die bereits unter englischer Oberhoheit gestanden hatten, im Namen der Königin von England erklären, daß England sein Anrecht auf sie an Deutschland abgetreten habe und sie somit unter deutschem Schutze stehen. Diese Grenzregulierung fand in den ersten Monaten des Jahres 1892 statt.

Damit sind wir am Schluß unserer Aufzeichnungen angelangt. Die Geschichte der Ewestämme im letzten Jahrzehnt ist so gut bekannt, daß meinerseits nichts hinzugefügt zu werden braucht. Ich kann aber nicht schließen, ohne auf den Unterschied von einst und jetzt hingewiesen zu haben. Im ganzen ist es ein düsteres und unerfreuliches Gemälde, das sich unsern Blicken entrollt hat. Krieg und Blutvergießen, Verbrechen und Ungerechtigkeit bilden die Grundlage der Geschichte der Eweſtämme von ihren erſten Anfängen bis in die neuere Zeit herein. Spaltung und Trennung iſt das Zeichen, unter dem die Eweſtämme zu einander ſtehen. Da iſt es denn wohlthuend zu ſehen, wie durch den Einfluß der Kolonialregierungen — nicht am wenigſten auch durch den Einfluß der Norddeutſchen Miſſion, die in mehr als 50jähriger ſchwerer, aber ſegensreicher Arbeit im Krieg und Frieden unter den Eweſtämmen gearbeitet hat, allmählich eine Veränderung Platz gegriffen hat, ſo daß ſie angefangen haben, nicht bloß die Nachbarſtämme zu reſpektieren, ſondern auch Leben und Eigentum des Einheimiſchen ſowohl, als auch des Fremdlings zu beſchützen. Wohl ſind auch heute die Eweſtämme noch nicht geeinigt zu einem einheitlichen Gemeinweſen: aber es iſt doch ſo viel erreicht, daß ſie friedlich neben einander wohnen und ſich nicht mehr, wie in früheren Zeiten, gegenſeitig bekriegen. Das Bewußtſein, daß alle Eweſtämme Nachkommen ein und derſelben Familie ſind, bricht, je mehr das Land für den gegenſeitigen Verkehr erſchloſſen wird, im ganzen Lande durch. So ſteht denn zu hoffen, daß auch die Eweſtämme in künftigen Zeiten wieder einmal unter einem Haupt geeinigt daſtehen werden, wie ſie es vor 4—500 Jahren vor ihrem Auszug aus Notſie bereits geweſen ſind.

Die Pflanzungen des Kamerungebirges.

Es ist zu bedauern, aber nicht zu ändern, daß man es nicht jedem gerecht machen kann. Die Pflanzungen des Kamerungebirges machen keine Ausnahme von der Regel. Sie haben Gegner im eignen Schutzgebiet: die protestantischen Basler Missionare, denen sie die Arbeiter, die jungen wie die älteren, wegnehmen. Daran schließen sich die Kritiker im Parlament, die nur von Hörensagen sprechen, und die Kenner anderer Kolonien, die mit ihren für diese gültigen Anschauungen Kamerun glücklich machen wollen. Wer sich aber ein richtiges Bild von diesen Pflanzungen machen will, der lese zunächst den ausführlichen, kritischen Bericht durch, den der Direktor des Botanischen Gartens, Dr. Paul Preuß, ihnen in dem diesjährigen Bericht über die Entwickelung der Schutzgebiete widmet. Die Mitteilungen des Herrn Dr. Preuß sind indes neun Monate alt, sodaß sie einer Ergänzung bedürfen. Wir finden letztere in einem Vortrag, den der Redakteur der Kölnischen Zeitung, P. Müllendorff, in der Abteilung Köln der D. K. G. am 20. März d. Js. gehalten hat. Daraus ergiebt sich, daß sich in den letzten Monaten manches im Pflanzengelände geändert und gebessert hat.

Zunächst, führte der Redner, der das Pflanzengebiet bereist hat, aus, ist es notwendig, sich die Entwickelung wieder zu vergegenwärtigen, um dem Einwande zu begegnen, daß die Fortschritte der Pflanzungen nicht rasch genug vor sich gegangen seien.

Im Jahre 1868 gründeten ehemalige Negersklaven aus den Vereinigten Staaten die Niederlassung Viktoria am Fuße des Gebirges. Die Leute waren nach ihrer Befreiung zuerst auf die Spanien gehörige, dem Gebirge gegenüber liegende spanische Insel Fernando Pôo gebracht worden, die damals unter englischer Verwaltung stand. Spanien verlangte und erhielt die Insel zurück, worauf es die Aufhebung der Glaubensfreiheit anordnete. Die ehemaligen Sklaven hielten jedoch an ihrem protestantischen Glauben fest und siedelten nach dem Festlande über. Als im Jahre 1884 die deutsche Flagge in Kamerun gehißt wurde, fand man an den Hängen und um Viktoria mehrere hundert Kakaobäume, welche diese Ansiedler angepflanzt hatten. Dies bewog den um das Schutzgebiet so hoch verdienten Gouverneur Frhrn. v. Soden, im Botanischen Garten zu Viktoria, den wir richtiger als amtlichen Versuchsgarten bezeichnen, regelrechte Pflanzungsversuche mit Kakao anstellen zu lassen. Die Berichte des Herrn v. Soden über deren Versuche und deren Erfolge bewirkten die Gründung von zwei Pflanzungsgesellschaften, der Kameruner-Land- und Plantagengesellschaft in Kriegsschiffshafen und der Debundscha-Pflanzung am Kap Debundscha und bei dem Dorfe Bibundi.

Die Pflanzung Kriegsschiffshafen ist bereits seit mehreren Jahren in der Lage, Dividende zu zahlen; die älteren Bäume ergeben einen durchschnittlichen Ertrag von 3 Pfund auf den Baum. Gleich günstig liegen die Verhältnisse auf der Debundscha-Pflanzung, wo ebenfalls seit einigen Jahren Überschüsse erzielt werden; ja, die Ernte von 1902 beträgt schon 5 Pfund auf den Baum. Anderwärts rechnet man jetzt auf einen Ertrag von 4 Pfund vom vierten Jahre an, während man vor einigen Jahren noch nicht mehr als 1 Pfund zu erhoffen wagte.

Als im Jahre 1895 der verdienstvolle Forscher Dr. Eugen Zintgraff aus dem Reichsdienst verabschiedet und gezwungen wurde, seine Forscherthätigkeit in Kamerun aufzugeben, entschloß er sich, als Privatmann weiter der Kolonie zu dienen. Das rasche Aufblühen der genannten beiden Pflanzungen bewog auch ihn, gemeinschaftlich mit Dr. Esser eine größere Pflanzung ins Leben zu rufen. Durch Zusammenlegung der den Herren v. Soden, Viktor Hoesch, Dr. Esser u. Dr. Zintgraff gehörigen Ländereien entstand die Westafrikanische Pflanzengesellschaft Viktoria. Es war das erste mit einem großen Kapital, 2½ Mill. Mk., arbeitende Unternehmen. Bei der Kapitalbeschaffung war Herr v. Soden sehr thätig. Es gelang ihm, den Prinzen Alfred zu Löwenstein bergestalt für das Unternehmen zu interessieren, daß er den Vorsitz im Aufsichtsrate übernahm und sich mit großen Beiträgen an der Kapitalbildung beteiligte, im Vereine mit rheinischen Kapitalisten. Dem Aufsichtsrate der Gesellschaft traten Mitglieder der Familien Hoesch und Schöller, Geheimrat Andreae aus Köln und sonstige Förderer der kolonialen Bestrebungen bei. Während so Herr v. Soden in Europa wirkte, hatte Dr. Zintgraff im Verein mit den Herren Esser und Hoesch seine dritte Expedition nach Bali unternommen und von dem dortigen Häuptling Garega viele Arbeitskräfte erhalten, sodaß schon im Jahre 1896 mit Anpflanzungen im großen Stile bei Viktoria begonnen werden konnte. Dr. Zintgraff übernahm die Leitung in Viktoria, bis er im Jahre 1897 infolge seiner aufreibenden Thätigkeit schwer erkrankt, seine geliebte Pflanzung verlassen mußte und bereits am 3. Dezember 1897 in Teneriffa verstarb. Sein Unternehmen aber entwickelte sich rasch weiter. Mit der wachsenden Ausdehnung der Pflanzungen entstanden naturgemäß Schwierigkeiten mit den Eingeborenen, die auf einzelnen Stellen des Gebietes ansässig waren, und die Regierung beauftragte daher den Hauptmann v. Besser, sowohl die Grenzen der Pflanzungen festzulegen, wie auch die Eingeborenenreservate im Pflanzungsgelände zu vermessen, mit der Maßgabe, daß 2 ha für jeden Haushalt vorbehalten werden sollten. Dieser Arbeit, der sich alsbald die Vermessungen von Kriegsschiffshafen, Debundscha und Bibundi anschlossen, ist zu verdanken, daß weitere Kenntnisse über das bei Viktoria gelegene Land zu erlangen waren, und auf die günstigen Berichte des Hauptmanns v. Besser hin erfolgte im Jahre 1898 die Gründung der Pflanzungsgesellschaft Soppo sowohl wie der Pflanzung Esser-Oechelhäuser, an denen wiederum rheinische Kapitalisten, vor allem aber Prinz Alfred zu Löwenstein und Geh.-Rat Oechelhäuser sich mit namhaften Zeichnungen beteiligten.

Unterdes hatten sich auch die Hamburger und Bremer Kaufleute unter Führung der Firma Jantzen und Thormählen nicht auf die Pflanzungen Kriegsschiffshafen und Debundscha beschränkt, sondern, nachdem Debundscha in die Hände der Herren Wenger, Linnel u. v. Certen übergegangen und von Bibundi getrennt worden war, im Jahre 1897 zur Kapitalerhöhung und Gründung der Westafrikanischen Pflanzungs-Gesellschaft Bibundi entschlossen (1½ Mill. M.). Alsdann gelang es dem unermüdlichen Herrn v. Soden 1899, die Pflanzung Scipio ins Leben zu rufen. Geheimrat Oechelhäuser nahm zu gleicher Zeit noch eine zweite Pflanzung, auf einem ebenfalls von Hauptmann v. Besser am kleinen Kamerunberg vermessenen Gelände in Angriff. In demselben Jahre entstand südlich der Soppopflanzung auf Anregung des Bonner Professors Geh. Rat Wohltmann die Moliwe-Pflanzung, der ein Kapital von 1,1 Mill. M. zur Verfügung steht. Das Jahr 1901 brachte dann mit Rücksicht auf die Erfolge der Gesellschaft Viktoria eine neue Belebung der Esserschen Gruppe, und es gelang 2,0 Mill. M. zur Schaffung der Bolifamba-Molyko-Lifofa-Ekona-Koke und Meanja-Pflanzung aufzubringen. In demselben Jahre entschloß sich dieselbe Kapitalistengruppe zum Bau einer Schmalspurbahn von Viktoria über Soppo bis zur Pütz-Quelle in Ekona und darüber hinaus bis nach Meanja. Die Leitung des Bahnbaues ist dem mit dem Gelände durch und durch vertrauten Hauptmann v. Besser übertragen worden. Zur Ausführung steht ein Kapital von 1. Mill. M. zur Verfügung. Zuletzt wurde eine neue Pflanzung, Bulu, als G. m. b. H., mit einem Kapital von 300000 M. auf dem Gelände von Soppo errichtet.

Die Entwickelung der Pflanzungen des Kamerungebirges bis zum 1. Juli 1901 bildet den Gegenstand eines ausführlichen amtlichen Berichtes des Direktors des amtlichen Versuchsgartens, Dr. Paul Preuß. In diesem Bericht übt der von allen Pflanzern infolge einer zehnjährigen Erfahrung im Schutzgebiet, einer wissenschaftlichen und praktischen Durchbildung in der tropischen Landwirtschaft und einer unverwüstlichen Gefälligkeit unschätzbare Fachmann eine eingehende Kritik an den einzelnen Pflanzungen. Er ist in der Lage, eine erfreuliche Verbesserung des Kakaos festzustellen, einmal weil man allmählich für den betreffenden Boden die geeigneten und die besten Spielarten von Kakao anpflanzt, dann weil das Verfahren beim Trocknen der Ernte besser geworden ist. In beiderlei Hinsicht dürfen wir das Verdienst daran Herrn Dr. Preuß selbst zuschreiben, weil er sich vor drei Jahren im Auftrage des Kolonialwirtschaftlichen Komitees einer Reise nach Mittel- und Südamerika zum Studium der dortigen Kulturen unterzogen hat, deren Ergebnisse, was die Behandlung der Ernte betrifft, sofort bemerkbar wurden. Die Pflanzer selbst haben bereits gelernt, in welchen Abständen die Bäume zu pflanzen sind, und andere nützliche Erfahrungen mehr gemacht. Die vorsichtigen Schätzungen der Ernte für 1901, wie Dr. Preuß sie veröffentlicht, sind bedeutend übertroffen worden. So z. B. betrug die Ernte bei der Viktoriagesellschaft über 1000 Zentner statt der angenommenen 500, und im nächsten Jahre wird bei der einen oder andern Gesellschaft eine namhafte Dividende fällig werden, während der Kamerunkakao allmählich in größeren Mengen auf den Markt gelangt und in unserer Volkswirtschaft einen Faktor bildet, mit dem man rechnet. Ich muß dabei für heute von den andern Erträgen absehen und will nur bemerken, daß die Ergebnisse der Tabakkultur noch immer nicht befriedigend sind. In Soppo ist sie endgültig aufgegeben, in Bibundi dagegen wird sie fortgesetzt.

An Kakaobäumen dürften am 1. Januar 1902 im Schutzgebiet gestanden haben.

auf der Pflanzung Scipio oder Banje etwa		10000
„	Bestafr. Pflanz. Ges. Bibundi	30000
„	Debundscha-Pflanzung	15000
„	Pflanzung-Oechelhäuser	18000
„	Bestafrit. Pflanz.-Ges. Biktoria	60000
„	Pflanz.-Ges. Soppo	12000
„	Molifamba-Pflanzung	5000
„	Molyko-Pflanzung	11000
„	Lisoka-Pflanzung	15000
„	Clona-Pflanzung	5000
„	Moliwe-Pflanzung	12000
„	Kamerun-Land- und Planlagen-Ges.	25000
	den verschiedenen Eingeborenen-Pflanzungen	10000
	Insgesamt also etwa	2,38000

Kakaobäume, die nach Angabe von Dr. Preuß und sonstigen Sachverständigen vom vierten Lebensjahre an, also spätestens von 1906 ab einen Ertrag von 2—3 Pfund für den Baum, also mindestens 2,380000 kg oder 47600 Zentner oder Sack im Jahre ergeben werden. Für die Zukunft ist dabei in Betracht zu ziehen, daß durchschnittlich jede der 15 Pflanzungen (mit den jüngsten: Mole und Meanja und Buku) mindestens 30000 Bäume im Jahre anpflanzen wird, zusammen also etwa 400000 Bäume, sodaß jedes Jahr, auch wenn das Areal der Pflanzungen sich nicht vergrößern sollte, einen Zuwachs von 400000 kg oder 8000 Zentnersack Kakao mehr bringen wird. Eine außerordentlich günstige Aussicht, die wohl zu der Annahme berechtigt, daß dereinst Kamerun einen großen Teil des Kakao-Bedarfs Deutschlands zu decken in der Lage sein wird.

Die Pflanzungen haben namentlich in den ersten Jahren mit Schwierigkeiten zu kämpfen gehabt. Zunächst mangelte es an erfahrenen Pflanzern, dann an arbeitswilligen Eingeborenen. Als ich vor drei Jahren das Schutzgebiet bereiste, mußten die meisten Arbeiter von auswärts, aus Liberia, Lagos, dann von Bali und Bande im Kameruner Schutzgebiet selbst nach dem Pflanzungsbezirk befördert werden. Jetzt haben sich die Bakwiri und anderen im Bezirk ansässigen Stämme allerdings entschlossen, die Arbeit, deren Wert sie allmählich erkennen, aufzunehmen, indes wird es notwendig sein, das Grasland zu erschließen, wo mehr arbeitsfreudige und mehr arbeitstüchtige Leute wohnen, damit sie sich als Arbeiter für die Pflanzungen anwerben lassen. Gouverneur v. Puttkamer hatte in weiter Vorsorge von weiteren Landverläufen über das Kamerungebirge hinaus vorläufig Abstand genommen, weil die neuen Pflanzungen den älteren die Arbeitskräfte ablaufen könnten. Diese Ursache ist, da etwa von Soppo landein ab die Eingesessenen zur Arbeit willig sind, jetzt weggefallen, indes bleibt Vorsicht geboten und ist eine Hinterlandpolitik nach wie vor auch im Interesse der Arbeiterbeschaffung für die Pflanzungen geboten.

Um einen Begriff von der Arbeit und dem Kraftaufwand der einzelnen Pflanzungen zu geben, sei erwähnt, daß bei der Gesellschaft Biktoria zur Zeit auf den Pflanzungen 14 Europäer, beim Bahnbau 5, als Strandmeister und Maschinist je 1, an Inspektoren und Direktoren 3, als Kaufleute 12, also insgesamt 36 Europäer tätig sind. Dazu kommen etwa 1000 schwarze Pflanzungearbeiter, etwa 300 schwarze Eisenbahnarbeiter und etwa 60 am Strande beschäftigte schwarze Ruderer und Lastträger.

Von der Fertigstellung der vorläufig auf 60 km Länge berechneten Schmalspurbahn (60 cm) versprechen sich die von ihr durchschnittenen Pflanzungen der Esserschen Gruppe außerordentlich viel. Nicht nur wird es möglich sein, die Ernten der von der Küste ferner gelegenen Pflanzungen (nach der Schätzung des Herrn Dr. Breuß etwa 800 Zentner allein an Kakao für 1902; in wenigen Jahren, da dort 400000 Bäume stehen, mindestens 8000 Zentner) zur Verschiffung zu bringen, sondern auch alle Lasten, welche die kaiserliche Regierung in Buea oder die Schutztruppe in Soppo, wie die Pflanzungen selber zu ihrem Unterhalte bedürfen, werden auf der Eisenbahn hinaufgebracht werden. Am Tage der Fertigstellung der Bahn wird auch die Arbeiterfrage eine weitere Besserung erfahren. Heute werden als Träger bei der Regierung, der Truppe und den Pflanzungen mindestens 1000 Menschen beschäftigt, die zur Verfügung stehen werden, wenn die Transporte auf der Bahn geschehen. Die Trägerlöhne sind zur Zeit sehr hoch. Eine Last von 60 Pfund nach Buea (etwa 22 km) kostet z. B. 2,50 M. (ohne Verpflegung), darüber hinaus, nach Efona, dem wahrscheinlichen Endpunkt der Bahn (etwa 45 km auf den jetzigen Wegen) schon 4 M. Wenn nun die Bahn auch zu weit geringeren Frachtsätzen berg- und thalwärts befördert, so ist allein hierdurch ihre Verzinsung gewährleistet, abgesehen von dem Nutzen, den sie den Pflanzungen selbst zum billigen Transport der Früchte nach den Trockenstellen und dem kleinen Kalaohafen bei Viktoria gewährt. Die Bahn wird hoffentlich im nächsten Jahre vollendet sein. Wir können den Pflanzungen der Esserschen Gruppe zu dieser Selbsthülfe im Verkehrswesen Glück wünschen, umsomehr als das neue Verkehrsmittel der Regierung zugute kommen wird. Daß die Bahn, die bis Soppo um etwa 800 m steigt und dann stark fällt, der Ausgangspunkt einer größeren Erschließungsbahn nach dem Innern werden könnte, ist nicht wahrscheinlich. Der Plan einer solchen Bahn, die von Kriegsschiffhafen nach Mundame und später vielleicht bis Bali führen soll, behält daher seine Berechtigung, wenn auch die Pflanzungsbahn, da sie dem öffentlichen Verkehr dienen soll, mehr als eine bloße Feldbahn sein wird. Hoffentlich bringt die Anwesenheit des Gouverneurs in Deutschland die Förderung dieses Eisenbahnplanes nunmehr in Fluß.

Wenn man bedenkt, daß bei den jetzigen Pflanzungen 12 Millionen Mk. deutsches Kapital beteiligt sind und dazu noch 1 Million für die Bahn nach Efona kommt, die allerdings für die beteiligten Pflanzungen eine Lebensfrage ist, so muß man sich sagen, daß das deutsche Kapital nicht, wie so oft behauptet wird, die deutschen Schutzgebiete meidet. Im Gegenteil, was Kamerun betrifft, so finden wir es in der Hauptsache an den drei Punkten beteiligt, von denen aus die Erschließung im Gange ist: am Kamerungebirge, an der Sangha-Ngoko-Ecke bei der Gesellschaft Südkamerun und am Großfluß bei der Gesellschaft Nordwest-Kamerun.

Die Kulturarbeit, welche die Pflanzungen verrichten, wird von manchen Gruppen unterschätzt, zumal von den protestantischen Missionaren, die wir im Schutzgebiete mit einem geschäftlichen Unternehmen verbunden vorfinden. Sie klagen über die knappe Bemessung der Reservate für die Eingeborenen, weil ihre eigenen Bemühungen, von den Pflanzungen Land für die Errichtung von Außenstationen zu erlangen, vor zwei Jahren trotz der Vermittlung des Auswärtigen Amtes gescheitert sind. Den Pflanzungen kommt es auf ein bischen Land mehr oder weniger nicht an. Nach meiner Kenntnis würden sie gerne bereit sein, einer Missionsgesellschaft Land einzuräumen, vorausgesetzt, daß diese Missionsgesellschaft nicht auch, wie es der Fall ist, geschäftliche Interessen verfolgt und daß ihre schwarzen Hülfslehrer, welche die Außenstationen leiten sollen, die nötige Gewähr für ein ersprießliches Zusammenwirken mit dem Pflanzungspersonal bieten. Bu die Dinge aber jetzt liegen, ist der Krieg entbrannt und bei der Zähigkeit, die Missionaren eigen ist, wird er wohl nicht so bald aufhören.

Was die Referrate betrifft, so wird die Frage sich wohl von selbst durch das Interesse der Pflanzungen lösen, das dahingeht, daß in erster Linie die eingesessene Bevölkerung sich zur Arbeit heranziehen läßt und dann auch möglichst zahlreich wird. Von Eingebornen-Kulturen kann bei der Art des Kameruner Buschvolkes keine Rede sein. Wer heutzutage die Pflanzungen besucht, kann bei einiger Beobachtung die vorhandenem Arbeiter nach ihrer Leistungsfähigkeit etwa folgendermaßen klassifizieren; Leute aus Togo und Lagos, dann Weh aus Liberia, und zum Schluß erst Boll und Yaunde aus dem Kameruner Hinterlande und Bakwiri und andere Eingesessene. Der Pflanzer wird viel lieber eine Anzahl von Togoleuten zum Monatslohn von 20 Mk. u. mehr (nebst Beköstigung und Unterkunft) als eine gleiche Anzahl von Eingebornen zu 15—20 Mk. (nebst Station) beschäftigen. Nebenbei bemerkt sind diese Löhne, wie Prof. Wohltmann in seiner Schrift über die Arbeiter- und Beamtenverhältnisse ausführt, höher als die sonstwo, u. a. in Java, für Eingebornen-Arbeit üblichen. Immerhin dürfte es keinen Pflanzer geben, der die Seßhaftigkeit seiner Arbeiter nicht schätzen und fördern wollte. Aber in Bezug auf die Eingebornen-Arbeit gilt der Satz: eines schickt sich nicht für Alle. An der Goldküste und in Togo mögen Eingebornen-Kulturen ihre Berechtigung haben; in Togo richtet sich die Kolonialwirtschaft allmählich darauf hin. Aber wie könnte man im Kameruner Küstenstrich bei der dortigen Bevölkerung die sachkundige, fortdauernde Leitung durch Europäer entbehren? Hierauf kommt es umsomehr an, als unsere Pflanzungen, die weit jünger als die der Briten an der Goldküste sind, noch wenigen Jahren einen Kakao liefern, der bereits in der Industrie geschätzt wird, wogegen der Accrakakao für eine Fabrik, die gute Ware liefern will, völlig unbrauchbar ist. Und doch stehen die Goldküstenneger höher als alle Kameruner Vorderländer. Ja, im Schutzgebiete selbst haben wir gesehen, was die zielbewußte, europäische Leitung — deren Mittelpunkt für alle Pflanzungen Dr. Preuß ist und bleibt gegenüber der besten Eingebornen-Wirtschaft vermag: der Kakao der Viktorianer war stets minderwertig und schadete dem „Kamerun-Kakao", d. i. dem der europäischen Pflanzungen bei dessen Erscheinen auf dem Markte.

Wenn man annimmt, die Eingeborenen des Küstenstriches könnten sich anderen Kulturen als der schwierigen des Kakaos widmen, so täuscht man sich wiederrum. Ein französischer Kolonialschriftsteller hat einen Gegensatz aufgestellt zwischen der cueillette, der Pflückwirtschaft, bei der die Eingebornen sozusagen nicht säen, sondern nur ernten und die abgeernteten Früchte und sonstigen Erzeugnisse des Waldes den Faktoreien zutragen, und der culture, der Landwirtschaft, mag letztere nun von den Eingebornen allein oder unter der Leitung von Europäern betrieben werden, allein im höher gelegenen Hinterlande, auf den Pflanzungen der Weißen dagegen in dem Urwaldstrich mit seiner trägen, wenig aufgeweckten Bevölkerung. Die Pflückwirtschaft, der durch das Verhältnis von Trägerfracht und Warenpreis schon räumlich enge Grenzen gezogen sind, hörte sehr bald nach der Besitzergreifung durch das deutsche Reich auf, die einzige Art der Nutzung des Schutzgebietes zu sein. Jahrzehnte, bei andern europäischen Besitzmächten an der Westküste Afrikas Jahrhunderte lang, war sie die einzige Nutzung gewesen, ohne daß die Eingebornen in der Hoffnung auf einen fortlaufenden Verdienst sich auf regelrechte Kulturen eingelassen hätten. Eine der älteren Handelsfirmen, Jantzen und Thormählen, hat dann als erste unter den Handelsfirmen des Kameruner Küstenstrichs den Übergang von der Pflückwirtschaft zur Pflanzenwirtschaft eingeleitet, und dadurch hat sie der Gesittung einen wesentlichen Dienst geleistet. Nur die Herangewöhnung zur fortlaufenden Arbeit, das labora von dem ora, wird die Eingeborenen des Schutzgebietes fähig zur Aufnahme einer höheren Gesittung gestalten. Ohne die Pflanzungsarbeit, für welche auch die Gesellschaft Nordwest-Kamerun bereits die nötigen Vorbereitungen trifft, wären wir noch genau so weit wie im Jahre 1884, vielleicht hätten wir einige hundert Tonnen Palmkerne mehr zu verzeichnen. Wenn daher im Interesse der Eingeborenen ein gelinder Arbeitszwang in dem Sinne ausgeübt würde, wie Prof. Wohltmann andeutet, könnte man sich nicht hartüber beschweren.

Das Fetischessen der Evheneger in Togo.

In dem Artikel: „Einige Bausteine zur Geschichte der Evheneger", der in Heft 14—16 dieser Zeitschrift zur Veröffentlichung gelangt ist, ist wiederholt vom „Fetischessen" oder „Friedensessen" die Rede gewesen. Für diese beiden Ausdrücke, die ein und dasselbe besagen, übermittelt uns der Verfasser, Missionar G. Härtter in Calw, noch einige erläuternde Bemerkungen:

Dieser Akt bildet den Schluß einer Friedensverhandlung, wodurch der Friedensvertrag bekräftigt und sanktioniert wird. Dabei geht es folgendermaßen zu. Jede Partei bildet einen leicht geschwungenen Bogen oder Halbkreis. In die Mitte treten die Repräsentanten der beiden Parteien mit demjenigen, der den Friedenstrank bereitet, was immer ein Fetischpriester ist. Dieser wird Tsoto, Sosu, auch Tsonalo genannt. Das erste Wort bedeutet in diesem Fall: Eigentümer des Zaubers oder Zauberer. Das Zaubermittel, das die Verbindung der beiden Parteien bewirken soll, ist ein Trank, dem allerlei vegetabilische und animalische Substanzen beigemischt werden. Diese werden fein zerrieben, gemischt und zu einem Klumpen geformt. Dieser Klumpen wird nun von dem Tsoto mit dem Trank gemischt und verrührt. Darauf stellt er die Kalabasse auf den Boden, legt ein Messer und eine ganz dünne Blattfaser von der Sopalme, die die Form und Stärke von einer Linse hat, daneben. In den Trank selbst wirft er ein Klümpchen Gold, eine Blumenkugel, eine Perle von Agath und etliche schwarzrote Körner von einem Strauch, hier Burgundschi genannt. Darauf läßt er die Vertreter der Friedensverhandlung siebenmal nach dem Lauf der Sonne von rechts nach links die Kalabasse umkreisen. Sodann zieht er einen Kreis um die Kalabasse und läßt die Beteiligten außerhalb dieses Kreises niedertreten, und ermahnt sie, das Bündnis treu zu halten, weil derjenige, der es verletze, unfehlbar sterben werde; denn der Trank werde gewiß seine Wirkung thun, ja Gott selbst werde den Übertreter töten. Darauf nimmt er das Messer und sagt: „Der Übertreter ist wie einer, der dieses Messer nimmt und sich selbst tötet." Ebenso nimmt er die Blattfaser von der Sopalme, macht eine Schlinge davon und sagt: „Wer dieses Bündnis verletzt, der ist wie einer, der sich erhängt, er wird umkommen." Dann greift er die Blumenkugel heraus und sagt: „Die Kugel an und für sich thut nichts; wenn sie aber jemand in seine Flinte ladet und abschießt, tötet sie gewiß jemand. Darum wer abtreibt, ist wie einer, der sich selbst erschießt." Endlich nimmt er auch das Gold und den Edelstein heraus und sagt: „Sehet das Gold ist's, womit man Dinge kauft und davon lebt, und Edelsteine holt man aus dem Innern der Erde, damit sie zum Schmuck dienen; wer übertritt, der soll so gelb und rot werden wie das Gold und der Edelstein und so dick wie eine Hütte," d. h. er soll wassersüchtig werden. Und die Samenkörner zeigend, sagt er: „Der Übertreter soll so fest verschlossen werden, wie diese runden Samenkörner, so daß er nichts in sich aufnehmen und nichts abgeben kann."

Wenn alle diese Zeremonien erledigt sind, nimmt der Tsoto die Kalabasse und läßt jeden außerhalb des Kreises knieenden davon trinken. Außerdem taucht jeder seine Hand in die Flüssigkeit und benetzt Brust, Rücken und Scheitel damit, während die Zunge dreimal mit einem gewissen Kraut bestrichen wird. Das Bündnis ist geschlossen, und die Knieenden erheben sich und machen einen Luftsprung, der von der umstehenden Versammlung unter lautem Beifall erwidert wird. Der Friedensschluß selbst aber wird von den Beteiligten noch mit einem Trunk Branntwein besiegelt, worauf sie einander die Hände reichen und sich entfernen.

Angola und der gegenwärtige Stand seiner Erschließung.

Vortrag, gehalten auf dem Herrenabend der Abteilung Berlin der deutschen Kolonialgesellschaft am 17. Februar 1912 von Gustav Rengenennbl.

Von dem großen Kolonialbesitz, den die Portugiesen durch die kühnen Entdeckungszüge Heinrich des Seefahrers im 15. Jahrhundert erwarben, ist ihnen heute nicht viel mehr geblieben. Außer einigen belanglosen Besitzungen in Indien behaupten sie in Afrika noch: An der Westküste: Die Kapverdischen Inseln, diesen gegenüber Portugiesisch-Guinea, dann im Golf von Guinea die fruchtbaren Inseln Sao Thomé und Principe, weiter nach Süden die Provinz Angola und an der Ostküste Mocambique mit der im Burenkriege vielgenannten Hauptstadt Lourenço Marques an der Delagoa-Bay. Von diesen Kolonien ist die Provinz Angola, über welche ich Ihnen auf Grund von in 7 jährigem Aufenthalte daselbst gesammelten Eindrücken einiges berichten möchte, die hervorragendste. Ich schicke dabei voraus, daß ich in meiner Eigenschaft als Kaufmann naturgemäß in erster Linie die Handels- und wirtschaftlichen Verhältnisse dieser Kolonie beobachtet habe. Diese werden daher im Vordergrunde meiner Erörterungen stehen.

Die Provinz Angola grenzt im Norden an den französischen Kongo-Distrikt und den unabhängigen Kongostaat, im Osten ebenfalls an den Kongostaat und die englischen ostafrikanischen Besitzungen, im Süden an Deutsch-Südwestafrika. Die Provinz zerfällt in 4 Distrikte: Die Enklave von Kabinda mit dem Kongodistrikt, die Distrikte Loanda, Benguella und Mossamedes.

Angola wurde im Jahre 1486 durch Diago Cao entdeckt und bald darauf mit Nachdruck besiedelt. Schon im folgenden Jahrhundert gründete Portugal die zeitweilig zu hoher Blüte gelangte Stadt Sao Salvador do Congo, welche namentlich durch die Jesuiten sehr gefördert wurde und Sitz des Bischofs von Kongo war. Heute ist diese Stadt eine Ruine, und nur die Mauern der stolzen Kirchen und Paläste erinnern an vergangene Herrlichkeit.

Im Anfang des 17. Jahrhunderts wurde Loanda zur Residenz gewählt. Loanda liegt auf einem Landvorsprung und erstreckt sich in einem Halbkreise an dem schönen, durch eine vorgelagerte Insel geschützten, vorzüglichen Hafen. Der untere Stadtteil am Hafen ist der Handelsteil; die obere Stadt liegt ziemlich höher und ist der Sitz der Behörden und der besser situierten Einwohner. Die Einwohnerzahl wird auf 15000 Seelen geschätzt, von denen 3000

Weiße und 12000 Schwarze sind. Loanda ist Sitz des General-Gouverneurs von Angola, der einen schönen Palast bewohnt und ein Gehalt von ca. M. 36000 bezieht. Die Gouverneure werden meistens aus Marine-Offizieren gewählt, die von dem Kommando eines Schiffes weg zu General-Gouverneuren von Angola ernannt werden, ohne in der Regel von den ganzen Sachen viel zu verstehen. Ehe sie sich dann eingearbeitet haben, was beim besten Willen jahrelang dauert, werden sie meist abberufen. Um nun in der Zeit ihrer Regierung wenigstens etwas gethan zu haben, beschenken sie das Land mit einer Reihe von übereilten und unverstandenen Gesetzen und Reformen, bis dann der Nachfolger kommt und alles wieder aufhebt, was sein Vorgänger gemacht hat. Es ist ein großes Unglück für derartige Kolonien, wenn die Gouverneure aus Personen gewählt werden, die Land und Leute nicht genügend kennen, und wenn sie obendrein noch so häufig wechseln. Diesem unverständigen System ist es jedenfalls mit zuzuschreiben, daß die so überaus reiche Provinz Angola in ihrer wirtschaftlichen Erschließung noch so weit zurück ist.

Loanda ist Sitz des Bischofs von Angola. Trotzdem die weiße Bevölkerung durchweg der katholischen Religion angehört, und auch die Neger, soweit sie von der Zivilisation berührt sind, als Katholiken gezählt werden, ist die Bethätigung der Religion eine sehr schwache. Es sind daher, ganz im Gegensatze zu den spanischen Kolonien, nur sehr wenige Geistliche in Angola, und diese können sich nicht wegen Ueberanstrengung beklagen. In Loanda sind 3 Kirchen, an den kleineren Plätzen je eine.

Die Rechtspflege wird durch die gewöhnlichen Gerichte in Loanda, Benguella, Mossamedes, Ambaca ausgeübt; in Loanda befindet sich außerdem das Apellationsgericht, welchem die Insel Sta Thomé ebenfalls untergeordnet ist. Gegen die Entscheidungen dieses Apellationsgerichts kann Berufung bei dem obersten Gerichtshof in Lissabon eingelegt werden.

Die Gesundheitsbehörde wird durch den Chef da Saude präsidiert, welcher die Aufsicht über die in der Provinz ansässigen Aerzte hat, die durchweg Militärärzte sind. Den Marineärzten der in der Provinz stationierten Kriegsschiffe ist Privatpraxis erlaubt. Ferner ist den auf den medizinischen Schulen von Goa (Portug. Indien) und Madeira ausgebildeten Ärzten die Praxis in den Kolonien gestattet, während sie im Mutterlande nicht praktizieren dürfen. Die Hospitäler sind durchweg gut und ohne jede Rücksicht auf den Kostenpunkt praktisch und schön angelegt; namentlich zeichnen sich die Hospitäler von Loanda und Benguella durch überaus sachentsprechende Bauart aus. Leider stehen die Leistungen der Ärzte nicht auf gleicher Höhe, trotzdem sie die landläufigen Krankheiten durch die tägliche Übung bald erfolgreich zu behandeln verstehen.

Das Klima in Angola ist im allgemeinen erträglich. Wie überall in tropischen Ländern, hängt auch hier die Widerstandsfähigkeit des Europäers sehr davon ab, wo und wie er lebt. Wer an und für sich gesund ist, eine gesunde komfortable Wohnung hat, regelmäßig lebt, sich gut nährt, das richtige Maß an Arbeit und Ruhe einzuhalten weiß und heitern zufriedenen Sinnes ist, der kann sich in Angola lange Jahre aufhalten, ohne seine Gesundheit zu gefährden. Dabei darf er aber nicht vergessen, sich von Zeit zu Zeit in Europa zu erholen. Die schlimmsten Feinde des Europäers sind hier wie überall in den Tropen: die Ausdünstungen des Bodens, die Sonne, der Alkohol und die Uebermüdung. Diese

diese Dinge muß man in erster Linie vermeiden, überhaupt alles, was den Körper schwächen und seine Widerstandsfähigkeit beeinträchtigen könnte; denn die Fieber-Plasmodien besiegen bekanntlich viel leichter einen geschwächten als einen kräftigen Menschen.

Ueber die klimatischen Verhältnisse Angolas, läßt sich im allgemeinen sagen, daß an der Küste das Klima infolge der herrschenden regelmäßigen Winde erträglich, und stellenweise, wie in Mossamedes, sogar ganz gut ist. In Loanda zerfällt das Jahr in die regenreiche, wärmere Jahreszeit, von Oktober bis April, und die regenlose, kühlere Jahreszeit von Mai bis September. Die Durchschnittstemperatur beträgt etwa 23° Celsius, die Höchsttemperatur (im Schatten) etwa 37° C., die Mindesttemperatur 13° C. Durch seine vorzügliche Lage auf einem Landvorsprung wird Loanda von einer ständigen Meerbrise durchweht, die alle Miasmen mit sich nimmt. Trotzdem das Klima von Loanda durch Anlage einer Wasserleitung, Zuschüttung von sumpfigen Uferstrecken, bessere Bauart der Häuser, größere Reinlichkeit und Ordnung in Häusern und Straßen, sich gegen früher erheblich gebessert hat, könnte es doch durch weitere hygienische Vorkehrungen noch sehr verbessert werden. Ich sehe nicht an zu behaupten, daß dann Loanda nicht ungesünder sein würde, als irgend ein Platz in Portugal oder Spanien.

In Benguella ist das Klima nicht so gut, weil der Boden sehr wasserreich ist, und die Stadt in einer Ebene, unter dem Meeresspiegel, liegt, so daß sich bei starken Regen Sümpfe bilden. Man hat in den letzten Jahren auch in Benguella durch umfangreiche Erdarbeiten viel zur Besserung der klimatischen Verhältnisse beigetragen, so daß es sich jetzt auch da einigermaßen leben läßt.

Mossamedes ist sehr gesund; die Europäer leben dort gerade wie in Europa, und hier kann man das merkwürdige Phänomen sehen, daß die vierte Generation von Europäern blüht und gedeiht.

Das Innere des Landes wird um so geeigneter für den Aufenthalt von Europäern, je weiter man ins Land vordringt. Die Hochebenen und Gebirgsgegenden sind klimatisch ähnlich wie in Süd-Afrika, namentlich in der Provinz Mossamedes, wo in der kalten Jahreszeit das Wasser gefriert. Im Norden Angolas ist es natürlich wärmer, und hier kann man als Regel nehmen, je wasserreicher und üppiger in Vegetation eine Gegend ist, desto weniger wird der Europäer sich auf die Dauer dort wohl fühlen.

Es mag paradox klingen, wenn ich sage, daß in Afrika im Verhältnis mehr Leute an Erkältungen sterben als in Europa. Namentlich die Neger sind gegen die Einwirkungen der kühlen, nebligen Nächte in der trockenen Jahreszeit sehr empfindlich; daher sterben viele von ihnen an Lungenentzündung. Für Europäer kommen in erster Linie Malaria-Erkrankungen in ihren verschiedenen Formen in Betracht; im allgemeinen tritt die Krankheit jedoch mild auf, und bei rechtzeitiger Fürsorge lassen sich die schweren Formen und Folgen leicht vermeiden.

Loanda hat eine ziemlich starke Garnison. Von der über die ganze Provinz verteilten Macht von 13 Kompagnien Infanterie mit ca. 3000 Mann entfällt wohl die Hälfte auf Loanda. Das Militär besteht zum Teil aus weißen Soldaten, die wegen irgend eines Vergehens bei ihrer Truppe im Mutterlande nach den Kolonien degradiert bezw. deportiert werden, jedoch weitaus zum größten Teil aus schwarzen Soldaten, zu denen die Rekruten aufgegriffen werden, wo man sie eben findet. Die Ausbildung der Soldaten ist nach unseren Begriffen eine ziemlich oberflächliche. Die Offiziere werden jetzt sämtlich aus dem Heere des Mutterlandes genommen und genießen mit ihren Kameraden in der Heimat den gleichen Rang, was früher nicht der Fall war. Außer den Offizieren, die bei der Truppe stehen, sind noch eine Menge in der Verwaltung in den verschiedensten Ämtern thätig. Loanda ist die Hauptstation für die nach Angola verschickten Deportierten. Auf der Festung São Miguel, dem größten Depot, sind durchschnittlich 600 Verurteilte in starken Gefängnissen untergebracht. Leute, die sich gut führen, werden als Arbeiter im Zollhause oder bei den öffentlichen Arbeiten verwandt, als Gärtner und Diener bei den Beamten der Regierung usw.; sie müssen vor Sonnenuntergang wieder auf der Festung erscheinen und werden während der Nacht eingesperrt. Wenn sie sich längere Zeit gut geführt haben, so können sie sich in der Stadt irgend welche Beschäftigung suchen und dort wohnen, müssen aber einen Bürgen beibringen, der mit irgend einer Summe für sie haftet. Zu langen Strafen oder lebenslänglicher Deportation Verurteilte erhalten auch Erlaubnis, in der Stadt und selbst im Innern der Provinz Handel zu treiben, Pflanzungen anzulegen oder sonst einen Erwerb zu suchen. Angola verdankt einen großen Teil seines Handels und seines Plantagenbaus diesen Deportierten, die wissen, daß sie im Lande bleiben müssen, und sich daher das Leben durch ihre Arbeit möglichst angenehm zu gestalten suchen. Eine Flucht nach dem Innern ist selten, da der Flüchtling wegen Mangels an Lebensmitteln nicht weit kommen kann; nach der Seeseite ist ein Ausreißen unmöglich, da die Schiffe niemandem Passage geben dürfen, der nicht einen von der Behörde in aller Form besonders für die betreffende Reise ausgestellten Paß beibringt, so daß die Kapitäne sich wohl hüten, solche Passagiere aufzunehmen, und Leute, die sich dennoch an Bord schmuggeln sollten, an die nächste Behörde abliefern.

Loanda ist Ausgangspunkt der Eisenbahn nach Ambaca, die jetzt ihr Ziel erreicht hat. Später soll sie bis nach Malange weitergeführt werden. Die Eisenbahn sollte den reichen, für Plantagenbau besonders geeigneten Bezirk Cazengo erschließen, ferner den minenreichen Distrikt Golungo Alto und die für Landwirtschaft und Viehzucht so günstige Gegend von Ambaca. Sie ist auch so weit geführt worden; aber sie vermag ihre Aufgabe nicht zu erfüllen, da bei ihrer Anlage der schwere Fehler begangen wurde, sie von der Küste aus durch ein ganz unfruchtbares Steppengebiet zu führen, anstatt, wie es allein richtig gewesen wäre, sie in Dondo beginnen zu lassen und bis hierhin weiter den Wasserweg des Flusses Cuanza zu benutzen, der bis dahin fast allen Verkehr vermittelt hatte.

Von Dondo aus hätte die Eisenbahn für die Hälfte der Kosten in alle aufzuschließenden Gebiete gebracht werden können; und von Dondo wäre der billige Wassertransport geblieben und diese Anlage für die Provinz von großem Nutzen gewesen. Die Eisenbahn ist im ganzen bis Ambaca ca. 360 km lang; die ersten 300 km führen jedoch durch eine wasserarme, ungesunde Steppe, in welcher sich seit der Eröffnung der Bahn noch keine Spur von dauernder Ansiedlung zeigt, so daß diese ersten 300 km für die Bahn gar keinen Ertrag liefern. Der Transport zu den reicheren Distrikten wird aber hierdurch so teuer, daß die Bahn für die meisten Waren nicht benutzt werden kann. Daher befördern die Kaufleute die meisten Waren nach jenen Plätzen, zu welchen die Eisenbahn führt, nach wie vor zu Wasser bis Dondo, und von dort weiter durch Träger. Mithin ist die Eisenbahn nur auf den Passagier-Verkehr und einige eilige Waren angewiesen und kann dabei unmöglich bestehen. Die portugiesische Regierung hat für diese Bahn die größten Opfer gebracht; außer einem erheblichen Zuschuß à fond perdu für jeden ausgeführten Kilometer leistet sie eine Zinsgarantie von 6% für die Aktionäre. Da die Einnahmen der Bahn die Betriebskosten nicht decken, ist die Eisenbahngesellschaft sehr verschuldet und kaum imstande, den Betrieb in gegenwärtiger Weise lange Zeit aufrecht zu erhalten. Zur Zeit verkehrt täglich in jeder Richtung ein Zug, der bis an sein Ziel zwei Tage gebraucht. Nachts fährt der Zug nicht. Fast alle Materialien und Ingenieure für diese Bahn sind aus Belgien gekommen.

Loanda ist an das Kabel der West African Telegraph Co. Ltd. angeschlossen, wozu die Regierung jährlich einen erheblichen Zuschuß leistet. Die größeren Plätze im Innern der Provinz sind durch telegraphische Linien mit Loanda verbunden, und im allgemeinen ist über diesen Dienst nicht zu klagen. Ebenso ist der Postdienst durchaus zuverlässig und geregelt. Die seewärts eingehende Post ist nach 4—6 Stunden in den Händen der Empfänger, einerlei, ob die Dampfer tags oder nachts einlaufen. Nach dem Innern befördert die Eisenbahn die Post alle drei Tage, und von den Bahnstationen geschieht die Weiterbeförderung durch eingeborene Soldaten prompt und zuverlässig. Der Neger hat vor einem Briefe abergläubische Furcht, so daß er einen solchen nie veruntreut.

Der Wert des Handels der Provinz Angola ist schwer zu schätzen, da die offiziellen Statistiken der Zollbehörden höchst ungenau sind. Man wird jedoch nicht sehr fehl gehen, wenn man ihn auf rund 50 Millionen Mark veranschlagt, wobei sich Ein- und Ausfuhr mit ziemlich gleichen Summen gegenüberstehen.

Die Enklave von Cabinda hat für den portugiesischen Handel kaum irgend welchen Wert, da dieselbe an den beiden Hauptküstenplätzen Cabinda und Landana fast ganz in den Händen der Ausländer — Holländer, Engländer, Franzosen ist, weil hier für portugiesische Waren und Schiffe keine Differentialabgaben existieren. Dasselbe gilt vom ganzen Distrikt Kongo, der sich von der Mündung des Kongo oder, wie der Fluß bei den Portugiesen heißt, Zaire, bis Ambriz erstreckt. Die bedeutenden Handelsplätze Sao Antonio und Noqui am Kongo, Mucula, Ambrizette, Musserra, Quinzembo und Ambriz sind fast ganz in Händen holländischer, belgischer und englischer Häuser.

Anders liegen die Handelsverhältnisse in den Distrikten Loanda, Benguella und Mossamedes. Hier hat Portugal durch die schutzzöllnerische Gesetzgebung vom Jahre 1892 den größten Teil des Handels an sich gebracht. Der Zolltarif von 1892, welcher ziemlich hohe Abgaben für alle eingeführten Waren festsetzt, enthält die Bestimmungen, daß

1) portugiesische Erzeugnisse, mit portugiesischen Schiffen eingeführt, nur 10% des Tarifs bezahlen,

2) ausländische Waren, in portugiesischen Schiffen eingeführt und über einen Hafen des Mutterlandes reexportiert, 80% des Tarifs bezahlen;

3) ausländische Waren, die ohne das Mutterland berührt zu haben, in ausländischen oder portugiesischen Schiffen eingeführt werden, den vollen Zoll bezahlen.

Für die Ausfuhr gelten folgende Bestimmungen:

1) Ausfuhrzoll nach portugiesischen Häfen 3 und 3% vom Werte,

2) „ „ dem Auslande 15 und 3% vom Werte.

Dieser bedeutende Schutz der nationalen Erzeugnisse, des nationalen Zwischenhandels und der nationalen Schifffahrt hat die Handelsbewegung zu Ungunsten des Auslandes in den letzten Jahren sehr verschoben. Am meisten haben England und Deutschland dabei verloren. England beherrschte früher den Angola-Markt mit seinen billigen Kattunen. Jetzt ist ⅘ des Verbrauchs an die portugiesischen Fabriken gefallen, die sich unter dem Schutze des hohen Eingangszolles im Mutterlande etabliert haben. Deutschland hatte früher in Angola einen bedeutenden Markt in Sprit. Die Eingangszölle sind jedoch nach und nach so erhöht worden, daß in Angola selbst eine Unmenge Zuckerrohr-Pflanzungen entstanden sind, die aus dem Safte des Zuckerrohrs einen bei den Negern sehr beliebten Schnaps bereiten. Heute kommt aus Deutschland nicht ein Liter Sprit mehr.

Die überaus verwickelte Zollverwaltung verschlingt einen bedeutenden Teil ihrer eigenen Einnahmen aus den Zöllen und Verbrauchssteuern. Im Zollhause in Loanda z. B. sind ungefähr 30 weiße höhere Beamte, 50 eingeborne Schreiber und Aufseher und etwa 150 Arbeiter thätig. Letztere bestehen zum größten Teil aus den deportierten Sträflingen. Die Verzollung ist bei dem Mißtrauen gegen Zuverlässigkeit und Ehrlichkeit der Beamten so verwickelt, daß die einfachste Verzollung mindestens 3 Tage dauert und dabei 10 große Bogen Papier vollgeschrieben werden, die von wenigstens 10 verschiedenen Beamten unterzeichnet sein müssen. Und doch kommen die größten Unterschleife vor. Wie sehr der Handel durch diese umständlichen und zeitraubenden Formalitäten einerseits und durch die hohen Abgaben auf alles und jedes andererseits leidet und in seiner freien Entwicklung gehemmt wird, liegt auf der Hand. Unerschlossene Länder wie Angola müssen dem Handel aller Nationen ohne fühlbare Beschränkung geöffnet sein; nur so allein können sie den unternehmenden Kaufmann heranziehen, der am besten geeignet ist, den natürlichen Reichtum eines Landes zu erkennen und aufzuschließen. Um die Niederlassung des Tauschhandel treibenden Kaufmanns reihen sich von selbst die Hütten der Eingeborenen; von ihr aus werden sich bald Verkehrswege zu den benachbarten Dörfern bilden; der Kaufmann ist der natürliche und willkommene Pionier, da er durch seine Thätigkeit den Erzeugnissen des Landes einen bisher unbekannten Wert verleiht.

Der Hauptausfuhr-Artikel aus Angola ist der Kautschuk. Das ganze Hinterland Angolas ist sehr reich an diesem wertvollen Produkt, das in erheblichen Mengen, in Loanda, Novo Redondo und hauptsächlich in Benguella zur Ausfuhr kommt.

Nach Benguella wird der Kautschuk von Eingeborenen in großen Karawanen, die oft monatelang unterwegs sind, gebracht. An einzelnen Tagen in der Hauptzeit kommen bis zu 1000 Träger an, die jeder 20—30 Kilo Kautschuk bringen und froh sind, wenn sie die beschwerliche Reise über das unwirtliche Gebirge überstanden haben. Die Neger, welche den Kautschuk an die Küste bringen, sind nicht selbst die Erzeuger, sondern sie kaufen das Produkt von den weit im Innern ansässigen Stämmen.

In der Ausfuhr steht an zweiter Stelle der Kaffee. Derselbe kommt teils wild, teils auch angepflanzt, in den Distrikten von Cazengo und Golungoalto vor; dieser Artikel ist leider in den letzten Jahren sehr im Preise zurückgegangen, so daß es sich kaum lohnt, ihn zu ernten und an die Küste zu bringen.

Das Wachs von wilden Bienen kommt in seit Jahren fast gleichbleibenden Mengen zur Ausfuhr; gegenwärtig dürfte für ca. M. 1½ Millionen dieses Produktes exportiert werden.

Elfenbein kommt nur noch in Benguella in nennenswerten Quantitäten auf den Markt.

Der lokale Handel erstreckt sich vornehmlich auf: Branntwein, getrocknete Fische, lebendes Vieh, Bohnen, Mais und andere Lebensmittel.

Die bedeutendste Kultur in Angola ist die des Zuckerrohrs zur Schnapsbereitung. Das Zuckerrohr gedeiht in den feuchten, wasserreichen Niederungen, besonders in den Thälern der zahlreichen Flüsse und Bäche. Einzelne Pflanzungen beschäftigen Tausende von Arbeitern und erzeugen große Quantitäten des von den Negern so begehrten Zuckerrohr-Schnapses, der im Lande selbst raschen und lohnenden Absatz findet. In allen Teilen der Provinz, besonders aber in den wärmeren und wasserreichen Distrikten Loanda und Benguella haben genügend- und arbeitsame Portugiesen Pflanzungen angelegt. Ihre Zahl dürfte hundert übersteigen.

Diese Kultur war früher sehr gewinnbringend, da eine Pipe Zuckerrohrschnaps (ca. 450 Liter) einen Verkaufswert von durchschnittlich 800 Mark hatte, oft aber auch bis zu 400—500 Mark stieg. Mittlerweile sind die Preise durch Überproduktion sehr gefallen. Das gleiche Quantum Kartoffelsprit von gleicher Qualität und Stärke liefert Deutschland für ca. M. 100. — frachtfrei nach Angola; die Eingangszölle sind aber wie schon erwähnt, in den letzten Jahren allmählich so erhöht worden, daß der deutsche Sprit seinen bedeutenden Markt inzwischen fast ganz verloren hat. Während die Einfuhr deutschen Sprits im Jahre 1894 noch einen Wert von ca. M. 900.000 hatte, sank sie schon 1895 auf M. 700 000, 1896 auf M. 300.000 und 1897 auf M. 180.000! Jetzt wird kein Sprit aus Deutschland mehr bezogen, da die einheimische Erzeugung schon mehr als nötig liefert.

Das Zuckerrohr ist in 18 Monaten reif. Der Saft wird zwischen eisernen Walzen ausgepreßt, dann gegohren und später destilliert.

Das Zuckerrohr braucht viel Wasser; man findet die Pflanzungen daher vielfach in Gegenden, die von Flüssen in der Regenzeit regelmäßig überschwemmt werden; doch sind solche Gegenden für den Europäer äußerst ungesund. In vielen neueren Pflanzungen wird das Wasser durch Pumpwerke gehoben und durch sachgemäß angelegte Kanäle auf die Beete gebracht.

Die Pflanzer bringen es meistens in kurzer Zeit zu großem Wohlstande, da sie die Ländereien billig erwerben und auch die günstigen Arbeiterverhältnisse ihren Unternehmungen sehr zustatten kommen. Nach der Abschaffung der Sklaverei hat Portugal in seinen afrikanischen Kolonien das Kontraktsystem eingeführt, nach welchem jedermann eine beliebige Anzahl schwarzer Arbeiter auf die Dauer von höchstens 5 Jahren verpflichten kann, wobei er dem, der ihm die Arbeiter vermittelt oder zuführt, eine „Vermittelungsgebühr" bezahlt. Diese Gebühr beträgt je nach Geschlecht, Alter und Konstitution des Arbeiters 100—300 Mark für den Kopf. Der Arbeitgeber meldet den oder die Arbeiter, die er in den Dienst zu nehmen wünscht, bei der Behörde an, die eine Abgabe für jede Person erhebt, und vor welcher dann zwischen Arbeitgeber und Arbeiter ein schriftlicher Vertrag geschlossen wird. In diesem verpflichtet sich der Arbeiter, seinem Herrn für 5 Jahre treu zu dienen, der Arbeitgeber, seinen Arbeiter zu beköstigen und zu kleiden und ihm einen, allerdings minimalen Lohn zu zahlen. Bei Streitigkeiten zwischen den Parteien wird Schutz und Vermittlung der Behörde angerufen. Die Arbeiter, meistens Kriegsgefangene aus den vielen Streitigkeiten zwischen eingeborenen Häuptlingen, werden von weißen und schwarzen Händlern von den Häuptlingen gegen Waren oder Geld erworben und dann in Trupps von 10—60 Personen an die Küste gebracht. Hier werden sie in irgend einer Faktorei untergebracht, wo sie dann bleiben, bis Mieter dafür erscheinen, die sie auf ihre Pflanzungen mitnehmen. Auf den Plantagen werden die Leute im allgemeinen gut behandelt und verpflegt, da dies ja im Interesse des Arbeitgebers liegt; denn von einem kräftigen, wohlgenährten Mann kann er mehr Arbeit verlangen. Meistens gefällt es den Leuten, die man in der Regel verheiratet, auf den Pflanzungen so gut, daß sie gerne für ihr Leben dableiben. Die Kinder solcher Arbeiter wachsen auf und werden zur entsprechenden Zeit zur Arbeit herangezogen.

Dieses Kontraktsystem ist wie die Verhältnisse in Afrika nun einmal liegen, jedenfalls sehr beachtenswert. Der Weiße kann in diesem Klima nicht arbeiten, der Neger will nicht, also muß man ihn sanft dazu zwingen. Auf einer Plantage, wo die Arbeiter human behandelt werden, ist solch ein Neger viel besser daran als bei seinem Stamme, wo die Unthätigkeit und Begehrlichkeit der Männer immer nur zu Kriegen mit den Nachbarn führt.

Auf der Insel Sao Thomé ist der ganze blühende Plantagenbau der Arbeit dieser Kontrahierten zu verdanken. Im Jahre 1897 wurden über 410 Arbeiter aus Angola eingeführt. Die Leute werden in Sao Thomé im allgemeinen gut behandelt; sehr viele erwerben oder bekommen nach Ablauf ihrer Kontraktzeit ein kleines Stück Land, wo sie Kakao und Kaffee pflanzen und mit ihren Familien in dem herrlichen Klima glücklich und sorglos leben. Als Kriegsgefangene wären sie zu Hause vielleicht dem Tode geweiht worden.

Die Unterhaltungskosten dieser Arbeiter sind sehr geringe, da fast alles, was sie brauchen, an Ort und Stelle wächst. Fleisch bekommen sie höchst selten, dagegen erhalten sie getrocknete Fische zur täglichen Nahrung, die außerdem vornehmlich aus Mandiola, Mais und Bohnen besteht. Jede Familie hat ihre eigene Hütte; Junggesellen wohnen in größerer Anzahl zusammen.

Nächst dem Zuckerrohr ist Kaffee am meisten angepflanzt. Die Pflanzungen befinden sich sämtlich im Distrikt „Cazengo". Die gesamte Ausfuhr von Kaffee aus Angola betrug im Jahre 1895 ca. 8000 Tons; doch ist schwer zu sagen, wieviel davon auf wild vorkommenden Kaffee entfällt. Der Kaffee von Angola ist nicht sehr geschätzt; er ist von gutem aromatischen Geschmack, aber sehr schlecht behandelt und schlecht gereinigt, so daß er an den europäischen Märkten zu den niedrigst berechneten Sorten gehört. Der überaus niedrige Preisstand des Kaffees seit einigen Jahren hat die Ausfuhr dieses Produktes aus Angola sehr zurückgehen lassen, da die Pflanzungen bei den hohen Transportkosten zur Küste keine Rechnung bei dem Anbau finden. Auch der wildwachsende Kaffee wird von den Negern nicht mehr gesammelt; voraussichtlich wird daher die ganze Produktion von Kaffee in Angola erheblich zurückgehen, da man der Kultur seine Aufmerksamkeit mehr zuwendet.

Außer Zuckerrohr und Kaffee giebt es keine Pflanzungen von Belang in Angola. Man hat in den letzten Jahren angefangen, Kautschukbäume zu pflanzen, die zwar prächtig gedeihen; mir ist aber noch kein Beispiel bekannt, daß die Versuche ein befriedigendes Ergebnis gehabt hätten. Die künstliche Zucht von Kautschul scheint nicht so leicht zu sein. Tabak wird in kleinen Mengen gepflanzt. Er ist von guter Qualität und auch vorübergehend schon exportiert worden. Seit zwei Jahren hat man ferner im Cazengo-Bezirk Versuche mit Kakao gemacht, die sehr befriedigende Resultate ergeben haben sollen.

Die Steppen-Gegenden Angolas eignen sich vorzüglich zur Kultur von Baumwolle. Diese Pflanze wurde früher, vor 20 und 30 Jahren, in erheblichem Umfange gebaut; seither ist die Produktion sehr zurückgegangen, besonders seit die Vereinigten Staaten die Baumwolle in so großem Maße erzeugen. Es macht sich seit einiger Zeit eine starke Bewegung geltend, die Anpflanzung von Baumwolle in Angola wieder zu beleben. Gegenwärtig schwankt die Ausfuhr zwischen 100—200 Tons jährlich, meistens aus Mossamedes stammend.

In der ganzen Provinz wird Mandioca, Mais, Bohnen, süße Kartoffel (Batate) Bananen etc. zur Nahrung von Eingeborenen und Europäern gepflanzt; auch die europäische Kartoffel kommt im Süden Angolas ausgezeichnet fort. In Mossamedes und besonders in seinem Hochlande gedeihen alle europäischen Gemüse und Getreidearten. Die Patres der Mission von Huilla, meistens Elsässer, brauen ein ganz trinkbares Bier aus selbstgezogener Gerste und Hopfen, ebenso wie sie Roggen und Weizen für ihr tägliches Brot ernten und aus selbstgezogenem Wein Most keltern.

An Mineralien ist Angola reich. An vielen Stellen hat man Gold und Kupfer gefunden. In der Mitte des vorigen Jahrhunderts wurden die Kupferminen von Bembe (zwischen Loanda und Ambriz) eifrig ausgebeutet; die Arbeiten sind aus Mangel an Transportmitteln für das gewonnene Erz wieder eingegangen. Besonders der Reichtum an Kupfer ist in allen Teilen der Provinz sehr bedeutend. Die Eingeborenen kennen den Prozeß der Kupfergewinnung, so daß im Innern große kreuzförmige Stücke geschmolzenen Kupfers als Zahlungsmittel im Gebrauch sind. (Ein solches Stück befindet sich in meinem Besitz).

Gold findet sich als Alluvialgold in vielen Flüssen und Bächen Angolas. Ebenso findet es sich im Gestein, in Quarz und Schiefer, namentlich im Bezirk Mossamedes, wo in der Region Cassinga überaus reiche Goldlager gefunden worden sind, die man als Fortsetzung der Goldvorkommen in Transvaal betrachtet. Leider stehen das schlechte Klima dieser Gegend, Arbeitermangel und die leidigen Transportschwierigkeiten einer energischen Ausbeutung dieser Schätze bislang im Wege.

Eisen findet sich überall in Angola, teils im Gestein, teils in Flüssen frei umherliegend. Schon Ende des vorvorigen Jahrhunderts gab es im Innern von Loanda, bei Cuelay am Curalla Eisenschmelzöfen und Gießereien, die der weitsichtige Marquez de Pombal angelegt hatte und von Deportierten betreiben ließ. Die Ruinen jener Werke stehen heute noch.

Steinkohlen treten verschiedentlich zutage, u. a. bei Dondo, an beiden Ufern des Cuanza, und bei Novo Redondo. Die Kohle ist bei von mir selbst veranlaßten Versuchen in Europa als gut befunden worden.

Quecksilber kommt in Mossamedes vor; es ist mir leider nicht gelungen, den von den Eingeborenen verschwiegen gehaltenen Fundort ausfindig zu machen.

Blei und Zinn sind nach glaubwürdigen Berichten ebenfalls vorhanden.

Schwefel kommt in den von mir besuchten Minen von Dombe grande in reinstem Zustande und großen Mengen vor.

Steinsalz wird am Cuanza, sowie am Cacoco in großen Lagern gefunden.

In den Jahren 1895 und 96 habe ich mehrere Expeditionen zur Auffindung von Mineralien ausgesandt, die teilweise sehr befriedigende Ergebnisse hatten. Nach diesen Erfahrungen stehe ich nicht an, Angola als ein sehr mineralreiches Land zu bezeichnen, dessen Schätze an edlen und unedlen Metallen noch einmal eine große Rolle spielen werden und diesen Besitz zu einem sehr wertvollen machen. Leider fehlen den Portugiesen Neigung, Kenntnisse und Geld, neben der nötigen Ausdauer, um sich der Hebung dieses Reichtums zu widmen. Ausländisches Kapital ist für Unternehmungen in jenen Gegenden nur schwer heranzuziehen, aus allgemeinem Mißtrauen gegen portugiesische Verwaltung und Verhältnisse, trotzdem das portugiesische Berggesetz ein sehr liberales ist und zwischen Ausländern und Einheimischen nicht unterscheidet.

Angola ist sehr reich an Flüssen. Die bedeutendsten außer dem Konga sind: der Loje-Fluß bei Ambriz, der Dande und Bengo nördlich von Loanda, der Quanza südlich von Loanda, auf dem eine regelmäßige Dampfschiffahrt nach Dondo stattfindet, der Rio Cuba bei Benguella velha, der Rio Egito, Rio Catumbella und Rio Cavaco bei Benguella, der Rio Coporollo südlich von Benguella an dessen Ufern sich die bedeutendsten Zuckerrohr-Pflanzungen befinden, und in der Provinz Mossamedes die Flüsse São Nicolau, Giraul, Bero und Caraca. Alle diese Flüsse sind wichtige Faktoren im Leben der Ansiedler und Eingeborenen; an ihren Ufern reiht sich Ortschaft an Ortschaft, und Pflanzungen aller Art vermehren den Wohlstand der Bewohner. Die meisten Flüsse sind schiffbar bis zu der Region, wo sie sich in Fällen von den Hochländern herabstürzen. Der Dande wird ebenso wie der Quanza mit Segelschiffen und Kanus befahren, die übrigen mit Kanus oder Einbäumen, welche durch geschickt benutzte Segel aus gewebten Gräsern oder Fasern eine ziemliche Schnelligkeit erlangen können.

Ebenso wie an Flüssen, ist Angola reich an vorzüglichen Häfen. Einige derselben zeichnen sich durch besondere Größe und Sicherheit aus. Die bedeutenderen und schönsten Häfen sind: Loanda, Lobito, Benguella, Mossamedes, Porto Alexandre und Tiger- oder Große Fischbai[*]. Häfen zweiter Größe und Güte sind Kabinda, Santa Antonia, Ambriz, Novo Redondo, Elephantenbai und St. Martha-Bai.

Der Hafen von Loanda ist durch die vorgelagerte langgestreckte Insel „Ilha de Loanda" gegen das Meer vollständig abgeschlossen und bietet den Schiffen somit einen durchaus geschützten Ankerplatz. Seine Tiefe ist bei der nordwestlich belegenen Einfahrt beträchtlich, so daß Schiffe jeder Größe dort ankern können. Nach der Küste zu ist der Hafen versandet, hauptsächlich durch die Sandmassen, die durch den Regen von den Höhen hinabgespült werden. Seit mehreren Jahren ist ein Bagger beschäftigt, eine Fahrstraße von den Landungsbrücken zu dem Ankerplatze der Seeschiffe offen zu halten.

Der Hafen von Lobito ist ebenso wie der von Loanda durch eine vorgelagerte Landzunge gegen die See abgeschlossen. Der Lobito-Hafen ist etwas kleiner als der von Loanda, dafür aber tiefer. Stellenweise erreicht seine Tiefe 40 m. Es ist zu verwundern, daß die Portugiesen für ihre Niederlassung nicht diesen prächtigen Hafen, sondern den etwa 30 km südlich gelegenen Hafen von Benguella

---

[*] Vgl. die Annexe weiter unten S. XX.

gewählt haben. Vielleicht liegt es daran, daß in Lobito Mangel an Trinkwasser herrscht; doch ließe sich diesem Mangel durch Ableitung des nötigen Wassers aus dem etwa 6 km südlich mündenden Flusse Catumbrella leicht abhelfen. Es ist viel die Rede davon gewesen, als Ausgangspunkt für die ins Innere der Provinz Benguella geplante Eisenbahn den Lobito-Hafen zu wählen, was jedenfalls sehr praktisch wäre, da die Seeschiffe im Lobito-Hafen sicherer liegen und laden können als in der Bucht von Benguella.

Der Hafen von Benguella ist nach Norden offen, nach Süden dagegen durch den hohen „Sombreiro" Tafelberg gegen die häufigen Südweststürme geschützt. Die Brandung ist ziemlich stark, so daß die Dampfer weit draußen liegen bleiben müssen.

Der Hafen von Mossamedes öffnet sich nach Nordwesten gegen das Meer. Gegen Süden ist er durch die Ponta de Noronha begrenzt; unter dem Schutze dieses Vorgebirges ankern die Seeschiffe in beträchtlicher Tiefe und ganz dicht am Lande.

Wir kommen jetzt zu den beiden größten und schönsten Häfen der ganzen Küste: Alexanderbai und Tigerbai. Beide Häfen sind durch von Süden nach Norden verlaufende Sanddünen gegen den Ozean abgeschlossen und bieten den Schiffen einen geschützten Aufenthalt gegen die oft sehr heftigen Südwestwinde.

Der Hafen von Porto Alexander ist 748 ha groß. Seine Tiefe schwankt zwischen 9 und 36 m. Die Schiffe ankern ganz dicht am Lande.

Die Tigerbai ist 13.165 ha groß und bietet bei einer Tiefe von 6½, bis 36 m über 5000 Reg.-t. großen Seeschiffen einen prächtigen Ankerplatz[1]). Dieser schöne Hafen ist fast gänzlich unbenutzt. Auf der Sanddüne wohnen einige arme Fischer, die sich den überaus großen Fischreichtum der Bai zu Nutzen machen und die getrockneten Fische nach Porto Alexander und Mossamedes zum Verkauf bringen.

Seit ca. 2 Jahren laufen die portugiesischen Postdampfer die Tigerbai an, trotzdem daselbst fast kein Waren- oder Passagierverkehr ist. Die portugiesische Regierung will hierdurch ihre Souveränität bekunden. Aus demselben Grunde hat sie seit einiger Zeit einen Offizier als ihren Vertreter dahin geschickt, und bisweilen läßt sich ein portugiesisches Kriegsschiff daselbst sehen.

Einen großen Wert würde die Tigerbai als Ausgangspunkt einer Eisenbahn nach Deutsch-Südwestafrika besitzen[2]). Die deutsche Grenze des Cunene ist von der Tigerbai nur 30—40 km entfernt; das Hochland, welches sich zwischen diesen beiden Punkten erstreckt, bietet der Anlage einer Eisenbahn keine unüberwindlichen Schwierigkeiten. Der Cunene ist etwas oberhalb seiner Mündung nicht sehr breit; seine Ufer sind hoch; es ließe sich also mit Leichtigkeit eine Brücke über ihn legen, und der Zugang zum Norden Deutsch-Südwestafrikas wäre gefunden[3]).

Die eingangs genannten kleinen Häfen von Kabinda, Sto Antonio, Ambriz und Novo Redondo sind mehr oder weniger geschützte Buchten, in denen See-

---

[1]) Die seitens der Ciaol Expedition vorgenommenen Erkundigungen stellen den Wert der Tigerbai in eine weit minderer Beleuchtung. Die Schriftleitung.

[2]) Diese Ansicht hat sich als hinfällig erwiesen. Vergl. o. S.

[3]) Dieser Zugang ist durch Anschluß an die Eisenbahn-Swakopmund-Windhoek bei Karibib gegeben. Die Schriftleitung.

schiffe ankern und arbeiten können. In Novo Redondo ist die Brandung sehr hart; es kommen daher beim Landen durch das Umschlagen der Boote oft beklagenswerte Unglücksfälle vor, denen jetzt durch Anlage einer eisernen Landungsbrücke abgeholfen werden soll. Die Elephantenbai und St. Martha-Bai sind große und schöne Häfen, die jedoch nach der Landseite durch unzugängliche Wüsten abgeschlossen sind und so wirtschaftlich keinen Wert haben.

Außer den genannten Häfen giebt es an der Küste von Angola eine Unmenge weiterer kleiner Häfen, Ausbuchtungen und Flußmündungen, die für den lokalen Schiffsverkehr von großem Wert sind.

Diese leichte Zugänglichkeit der Küste, die regelmäßigen Winde, die Abwesenheit schwerer Stürme und die natürlichen Neigungen der seefahrenden portugiesischen Ansiedler haben es herbeigeführt, daß der lokale Schiffahrtsverkehr ein überaus reger ist. Zwischen allen Häfen der angolesischen Küste kreuzen die flinken Segelschiffe; ebenso fahren sie die Flüsse hinauf, namentlich den Cuanza, Bengo, Dande und Kongo und vermitteln den Warenaustausch zwischen den einzelnen Handelsplätzen, Pflanzungen und sonstigen Niederlassungen. Von Süden bringen sie getrocknete Fische, lebendes Vieh, Bohnen, Mais, Mandioca, Mehl, Branntwein u. s. w. nach Loanda, dem Kongo und S. Thomé. Von Norden holen sie Brennholz, Bauholz, Palmrippen u. s. w., um den holzarmen Süden damit zu versorgen.

Während die größeren Segelschiffe aus Europa oder Amerika bezogen werden, baut man die kleinen Schiffe im Lande; namentlich in Loanda und Benguella sind gut ausgerüstete Werfte.

Regelmäßige Dampferverbindungen zwischen Angola und Europa sind die folgenden: 1) Die Empreza Nacional de Navegação von Lissabon, Abfahrt von dort zweimal monatlich, am 6. und 21. jeden Monats, — vermittelt den raschesten Verkehr mit Europa. Die Dampfer dieser Gesellschaft sind von 2500 bis 3500 Registertons groß und bieten den Comfort, den man beanspruchen darf. Die Portugiesen sind umsichtige und vorsichtige Seeleute, so daß diese Gesellschaft niemals von einem nennenswerten Unfall betroffen wurde. Die Passagepreise sind, besonders bei dem gegenwärtigen niedrigen Kurse des portugiesischen Geldes, billig zu nennen. — 2) Die Woermann-Linie läuft Loanda, Benguella und einige kleine Häfen der Nordküste (Ambriz, Ambrizette, Mussera, Musulla, Landana) einmal monatlich an. Ihre Dampfer erfreuen sich wegen ihres sicheren, korrekten Dienstes, ihrer Reinlichkeit und Ordnung, ihrer umsichtigen, zuverlässigen Führung, der Zuvorkommenheit ihrer Kapitäne und Offiziere eines guten Rufes an der Küste. Zum Lobe unserer Seeleute sei es gesagt, daß die an Bord der portugiesischen Dampfer so zahlreichen Beraubungen von Kaufmannsgütern an Bord der deutschen Schiffe selten vorkommen. — 3) Die African Steam Navigation Co., sowie die British & African Navigation Co. lassen abwechselnd jeden Monat einen Dampfer von Liverpool bis nach Loanda laufen. Diese Dampfer haben jedoch weder für den lokalen noch für den Verkehr mit Europa große Bedeutung für Angola.

Außer der schon oben erwähnten Eisenbahn von Loanda nach Ambaca giebt es noch eine Schmalspurbahn von Benguella nach Catumbella, ca. 25 km. die dem sämtlichen Handelsverkehr zwischen den genannten beiden Handels-

Fahrbare Straßen giebt es in Angola nur sehr wenige, trotzdem die Regierung schon große Summen dafür aufgewandt hat. Es sind schon oft gute Anläufe genommen worden, um zwischen den Hauptpunkten Fahrstraßen anzulegen; aber meistens sind die Arbeiten an irgend einem schwerer zu überwindenden Hindernis oder an zu frühzeitigem Verbrauch der bewilligten Geldmittel gescheitert. Das Wenige, was fertig geworden war, ist dann auch nicht erhalten worden, und nach einigen Jahren hat die üppige Vegetation wieder alles überwuchert.

Der Verkehr des Innern vollzieht sich auf den engen Negerpfaden. Die Europäer bedienen sich meistens einer Hängematte, in selteneren Fällen der Pferde, Reitochsen oder Esel. Im Süden der Provinz, in Benguella und Mossamedes vermitteln die Buren in ihren mit vielen Ochsen bespannten Wagen den Waren- und Personen-Transport. Sonst werden die Waren überall im Innern durch schwarze Träger befördert, die mit Lasten von 30—40 Kilo auf dem Kopfe wochen-, ja oft monatelange Märsche zurücklegen und dabei guter Dinge sind. Der Transport durch Träger ist übrigens sehr teuer. Wo Flüsse überschritten werden müssen, liegen an den meisten Stellen Boote bereit, die von der Regierung oder nächsten Ortsbehörde angeschafft und unterhalten werden, und für deren Benutzung eine kleine Abgabe zu zahlen ist.

Eine Flußdampferlinie geht von Loanda den Quanza hinauf bis nach Dondo. Projektiert sind Eisenbahnen von Benguella nach Caconda und Bihé, sowie von Mossamedes nach Huilla; doch dürfte es mit deren Ausführung noch gute Weile haben, umsomehr, als die Resultate der Ambaca-Bahn so wenig befriedigt haben.

An Industrieen findet man in Angola nur wenige. In Loanda erzeugt eine gut eingerichtete Fabrik Mauersteine und Dachziegel. In Cacuaco (Loanda) wird in 2 Anlagen Kalk aus Kalkstein gewonnen. Außerdem wird viel Kalk aus Muscheln hergestellt, die am Meeresstrande aufgeschwemmt werden.

Zur Gewinnung von Salz sind an verschiedenen Orten am Meeresstrande, namentlich in Cacuaco, Benguella und Mossamedes große Salinen angelegt. Das Meerwasser wird in flache Behälter geleitet, wo es an der Sonne verdunstet, das Salz zurückläßt. Salz ist ein großer Handelsartikel nach dem Innern, wo es an vielen Orten fehlt, da Steinsalz nicht überall gefunden wird.

In Mossamedes giebt es einige kleine Fabriken von baumwollenen Decken, Wirkwaren und Netzen für Hängematten.

In Loanda existiert eine Fabrik von Zigarren, Zigaretten und Rauchtabak, die den einheimischen Tabak verarbeitet. Mangels guter Einrichtungen und verständiger Leitung erzeugt die Fabrik nur minderwertiges Fabrikat, das vornehmlich von den Schwarzen konsumiert wird, die leidenschaftliche Raucher sind, namentlich die Frauen.

Die Thätigkeit christlicher Missionen ist in Angola nicht sehr groß und tritt wenig in die Erscheinung, da an den meisten Orten fest angestellte katholische Geistliche die Seelsorge ausüben. Die bedeutendste der in Angola wirkenden Missionen ist die französische Kongregation der Brüder vom Herzen Jesu. Sie hat Niederlassungen in São Salvador (im Kongogebiet), in Malange, Libollo, Bailundo, Bihé, Caconda und Huilla. Die Missionare sind vorwiegend Elsässer, sowie Franzosen und in französischen Missionsschulen erzogene Portugießen. Die Thätigkeit dieser Mission ist segensreich, da sie ihre Arbeit nicht nur auf die christliche Heilslehre beschränkt, sondern die ihr anvertrauten Kinder daneben im Lesen, Schreiben, Rechnen und namentlich in allen Handwerken unterweist. Einige ihrer Anstalten, besonders die in Huilla, unterrichten hunderte von Kindern und erziehen sie theoretisch und praktisch zu brauchbaren, gesitteten Menschen. Bei der Anstalt in Huilla befinden sich Handwerksstätten der verschiedensten Art; ebenso wird Gartenbau, Ackerwirtschaft, Plantagenbau etc. gelehrt, sodaß das Wirken dieser tüchtigen, schlichten Leute kulturell von großem Segen ist.

Von protestantischen Missionen sind einige amerikanische und englische thätig. Von den amerikanischen hat die Taylor's Self Supporting Mission die meisten Vertreter. Da diese Leute, wie schon aus dem Namen der Mission hervorgeht, im wesentlichen darauf angewiesen sind, sich selbst ihren Unterhalt zu verdienen, betreibt die Mehrzahl der Missionäre Handel, vornehmlich mit den aus der Heimat empfangenen Liebesgaben. Ihr erziehender, sittlicher Einfluß ist unbedeutend, umsomehr, als die durch die Missionen vertretenen verschiedenen Sekten sich gegenseitig befehden und sich in wenig christlichem Sinne ihre Adepten streitig machen. Ihr dem Glanze abholder Gottesdienst ist dem, äußeren Eindrücken so zugänglichen, Neger wenig sympathisch; die in seine Sprache schlecht übersetzten Lieder bleiben ihm unverständlich. Daher sieht das ganze Wirken dieser Missionen in den Berichten, die sie mit vielen Bildern an ihre Zeitungen nach Hause senden, größer und bedeutender aus, als es dem unparteiischen Beobachter im Lande erscheint.

Deutsche oder Schweizer Missionen giebt es in Angola nicht.

Die Bevölkerung Angolas, die zwischen 4 und 8 Millionen geschätzt wird, gehört der großen Familie der Bantu an. Diese zergliedert sich wieder in verschiedene Stämme, von denen ich einige erwähnen möchte.

Die Cabinda-Neger sind wohlgebaut, intelligent und geschickt. Sie finden vielfach im Dienste der Europäer Verwendung als Köche, Handwerker, Diener; namentlich jedoch sind sie sehr geschickte Seefahrer.

Im Innern Angolas wohnen die Ambaquistas, ein in der Zivilisation sehr vorgeschrittener Volksstamm, der am meisten von der europäischen Kultur profitiert hat. Fast jeder Ambaquista kann lesen und schreiben, kleidet sich nach europäischem Muster und ahmt in seinem Leben europäische Sitten und Gebräuche nach. Sehr verbreitet ist der Ambaquista als Privatsekretair und Ratgeber der kleinen Häuptlinge, für die er, stets mit Tinte, Feder und Papier bewaffnet, die endlosesten Eingaben an die portugiesischen Behörden zu machen pflegt. An den Ufern des Quanza leben die Quissamas, ein noch heute von Portugal nicht unterworfener Volksstamm. Stolz und unabhängig hat er sich allen Eindringungs-Versuchen widersetzt.

Weiter im Süden sitzen die Bihé-Leute, die den Karawanenverkehr vermitteln und gute Handelsleute sind.

Im großen Ganzen ist Angola von friedfertigen Völkern bewohnt, die ihren Beherrschern wenig Widerstand entgegensetzen und die portugiesische Hoheit als eine traditionelle Einrichtung respektieren.

Zum Schlusse kommend, möchte ich meine Ansicht über Angola dahin zusammenfassen, daß diese Kolonie unstreitig eins der wertvollsten Juwele der portugiesischen Krone bildet. Sein im allgemeinen erträgliches Klima, sein Reichtum an Häfen und schiffbaren Flüssen, seine friedfertige und anstellige Bevölkerung, sein zu tropischen Kulturen aller Art geeigneter Boden und die großen Mineralschätze, die es in seinem Innern birgt, sichern dem Lande eine entwicklungsfähige Zukunft. Im wirtschaftlichen Leben des Mutterlandes spielen die Beziehungen zu Angola heute schon eine große Rolle und würden es noch mehr thun, wenn die beste Kraft Portugals durch die immer noch sehr starke Auswanderung nach Brasilien nicht abgelenkt, sondern sich mehr an der Aufschließung von Angola beteiligen würde. Für das übrige Europa aber bietet Angola heute kein begehrenswertes Feld der Thätigkeit, da die hohen Zölle, welche portugiesischen Handel und Schifffahrt gegen den Wettbewerb anderer Länder schützen, dem ausländischen Unternehmungsgeist keinen genügenden Raum bieten, sich dort mit Aussicht auf Erfolg zu versuchen.

Deutsche Interessen in Zentralamerika.
Von Dr. Emil Jung.

Wie in vielen andren Gebieten Amerika's, so haben sich auch in Zentralamerika Deutsche in ganz hervorragender Weise an der Erschließung der Hilfsquellen des Landes und an seinem Handel beteiligt. Aber nicht mit Unrecht beklagt es Karl Sapper in seinem jüngst erschienenen, auf 12jährigen Studien fußenden Werke[1]), daß das Interesse für die mittelamerikanischen Gebiete bei uns nur gering ist. „Und doch, so schließt er sein in Briefform gegebenes Vorwort, handelt es sich hier um so schöne und wichtige Länder, um Länder, in welchen deutsches Kapital und deutsche Arbeit sich in so starkem Maße eingewurzelt haben, daß sich der Versuch wohl lohnt, ein allgemeineres Interesse für Mittelamerika zu wecken."

Spricht man von Zentralamerika, so versteht man darunter meist das schmale Verbindungsglied zwischen Nord- und Südamerika, fünf kleine Republiken sowie Britisch-Honduras und den zu Kolumbien gehörigen Staat Panama, doch wollen wir in unsere Betrachtung auch den Bundesstaat Mexiko hineinbeziehen, der sich wirtschaftlich so natürlich an seine kleinen Nachbarn anschließt.

Mexiko hat für uns Deutsche ein ganz besonders wohlthuendes Interesse, da sich hier die Vertreter und Träger der deutschen Kapitalien fast sämtlich ihre deutsche Staatsangehörigkeit bewahrt haben und nur in seltenen Fällen Mischehen mit Kreolinnen eingegangen sind. Unter den Inhabern der mehr als 50 deutschen, namentlich hanseatischen Handelshäuser mit 70 Millionen Mk. Betriebskapital giebt es nur zwei oder drei sogen. „Deutsche," die nicht mehr dem Reichsverband angehören. Den auf eine halbe Milliarde Mk. geschätzten Außenhandel Mexikos mit den Vereinigten Staaten, England, Frankreich und Deutschland — der letzte beläuft sich allein auf 30 Millionen Mk. — vermitteln zum größten Teil Deutsche. Einzelne deutsche Handelshäuser erzielen außerdem im Bankgeschäft Umsätze von mehr als 5 Millionen Mk. jährlich. Wegen der im Überseegeschäft bei Warenlieferungen üblichen Fristen von 3—6 Monaten schweben, trotz der häufig nach unten schwankenden Silberpreise, dauernd Kreditverpflichtungen bis zu 20 Millionen Mk. zwischen mexikanischen und reichsdeutschen, namentlich Hamburger Firmen, sowie zwischen deutsch-mexikanischen Häusern und eingeborenen Lieferanten und Kunden. Während in den Eisenbahnunternehmungen meist amerikanisches Geld thätig ist, hat sich deutsches Geld mehr den industriellen Unternehmungen und

---
[1]) Mittelamerikanische Reisen und Studien aus den Jahren 1888 bis 1890 von Dr. Karl Sapper. Braunschweig. Friedrich Vieweg und Sohn. 1902.

dem Plantagenbetriebe zugewendet. Etwa 17 Millionen Mk. deutschen Geldes arbeiten im Bergbau auf Silber, Blei, Gold und Eisen, 11 Millionen in Textilunternehmungen, in Öl- und Weizenmühlen, Tabakfabriken u. a., 15 Millionen in Pflanzungen von Kaffee, Tabak, Vanille, Zucker und Baumwolle.

Der starke und thatkräftige Stock der in Mittelamerika ansässigen Deutschen bildet die feste Grundlage und den Angelpunkt des deutschen Export- und Importhandels mit den dortigen Republiken. Es sind fast ausschließlich Hamburg und Bremen, die dorthin Handel treiben. Bremen führte im Jahre 1899 aus Mexiko für 461,008, aus Zentralamerika für 4,641,782 Mk. Waren ein und dorthin für 408,220 bez. 164,782 Mk. Waren aus. Hamburg dagegen führte aus Mexiko für 14,303,830, aus Zentralamerika für 44,872,230 Mk. Waren ein, und nach Mexiko für 26,238,850, nach Zentralamerika für 12,601,320 Mk. In früheren Jahren hatten diese Beträge weit höher gestanden. Vor drei Jahren führte Guatemala allein für fast 35 Millionen Mk. Waren aus. Der Rückgang erklärt sich aus dem enormen Preissturz der Landesprodukte, namentlich des Kaffees, der für Guatemala von jeher Hauptausfuhrartikel gewesen ist.

Auch in Zentralamerika hat deutsches Kapital im Handel und in der Industrie, hauptsächlich jedoch in Plantagenunternehmungen, ein lohnendes Arbeitsfeld gefunden; nicht weniger als 225 Farmen und Ländereien bedecken 3300 qkm in Gesammtwerte von 76 Mill. Mk. und liefern allein an Kaffee 2000 Tonnen. Von dem Werte des deutschen Grundbesitzes entfallen 85 Proz. auf Guatemala.

Gerade in Guatemala haben sich besonders viele deutsche Pflanzer niedergelassen, auch sind hier Kredite in großem Umfang gewährt worden. Nach Mitteilungen des Herrn Hugold von Behr, bis 1899 Organisationssekretär der kaiserlichdeutschen Gesandtschaft in Guatemala, betrug der deutsche Grundbesitz in der ganzen Republik 2725 qkm, also bedeutend mehr als der Umfang des Herzogthums Anhalt, im Werte von 64 Mill. Mk. Der deutsche Grundbesitz nimmt etwa 2,25 Proz. der Gesamtfläche der Republik ein. Die Zahl der Kaffeebäume auf den deutschen Besitzungen betrug 17,7 Millionen. Die 40 im Lande thätigen deutschen Handelsfirmen mit 15 Zweiggeschäften arbeiten mit einem Kapital von 18,9 Mill. Mk. und Krediten in Höhe von 19,3 Mill. Mk. In Eisenbahnen und industriellen Unternehmungen haben Deutsche 5,1 Mill. Mk. angelegt, die deutschen Kredite beliefen sich auf 66 Mill. Mk., die Gesamtsumme des in Guatemala angelegten Kapitals auf 155,5 Mill. Mk. „Leider", fügt Sepper, dem wir diese Zahlen entnehmen, dieser Aufstellung hinzu, „müssen diese Werte in Folge der schweren Finanzkrise, die in den letzten Jahren über Guatemala lastete, bedeutend herabgesetzt werden, aber immerhin ist deutscher Besitz in Guatemala ein höchst wichtiger Faktor und es ist zu verwundern, daß das deutsche Kapital die günstigen Gelegenheiten nicht wahrnahm, sich die Kontrolle über die wichtige auszubauende Nordbahn des Landes zu sichern; doch haben die Erfahrungen mit der Verapaz- und der Leosbahn, an denen deutsches Kapital hauptsächlich interessirt ist, allerdings nicht zu weiteren Vorstößen ermuntern können.

Auch über die Beteiligung deutschen Kapitals an wirtschaftlichen Unternehmungen in den übrigen kleinen Republiken, Salvador allein ausgenommen, liegen Angaben vor. In Nicaragua gab es acht deutsche Handelshäuser mit einem Kapital von 1,8 Mill. Mk. Der Wert des deutschen Grundbesitzes in den

Städten dieser Republik betrug 450,000 Mk. In Plantagen waren 1,650,000 Mk. angelegt, die Kredite beliefen sich bei landwirtschaftlichen Unternehmungen auf 9,2, bei kaufmännischen auf 1,02 Mill. Mk.; die Gesamtsumme des in der Republik arbeitenden deutschen Kapitals wird auf 14,1 Mill. Mk. angegeben.

Viel bedeutender ist die Teilnahme deutschen Kapitals an den verschiedenen Erwerbszweigen Costaricas. In dieser kleinen Republik hatten die Deutschen in ländlichem Grundbesitz angelegt 9,7 Mill. Mk., in städtischem Grundbesitz 2,4 Mill. Mk., in kaufmännischen Unternehmungen 7,5 Mill. Mk., in kaufmännischen Krediten 20 Mill. Mk., in landwirtschaftlichen Krediten 300,000 Mk., zusammen 39,9 Mill. Mk. Für Honduras wird die Gesamtsumme des deutschen kaufmännischen Kapitals in elf deutschen Handelshäusern auf 2 Mill. Mk. veranschlagt.

Frankreichs koloniale Eisenbahnpläne.

Der Bericht des früheren Ministerpräsidenten Dupuy an den Senat über das Kolonialbudget enthält eine Anlage, worin der gegenwärtige Stand der Eisenbahnpläne in den französischen Kolonien dargestellt wird. In erster Linie werden die drei Strecken aufgeführt, die den Niger erreichen sollen.

1. Eisenbahn vom oberen Senegalfluß nach dem mittleren Niger.

Der Ausgangspunkt ist Kayes am Senegal, der Endpunkt Kulikoro am Niger. Die Gesamtlänge wird 583 km betragen. Am 1. Juli 1901 war km 279, am 31. Dezember km 309 erreicht. Für dieses Unternehmen ist in das diesjährige Budget ein Zuschuß von 668000 Fr. gestellt. Die Fortführung war einen Augenblick in Frage gestellt, weil man vergessen hatte, für die Finanzierung über Ende 1901 hinaus zu sorgen; es wurde daher unterm 2. März 1902 ein besonderes Gesetz erlassen. Der Bahnbau kann bis Ende 1904 den Niger erreichen. Die größten Schwierigkeiten, die das Gelände bietet, sind bereits überwunden.

2. Eisenbahn von Konakry nach dem Niger (Franz. Guinea).

Der Endpunkt ist Kurussa am Niger. Die ganze Strecke beträgt 681 km. Die erste Strecke von 135 km bis Frigiagbe wird wahrscheinlich im Jahre 1903 in Betrieb gesetzt werden. Diese Strecke baut die Kolonie auf ihre Kosten, und zwar 120 km durch Verdingung, 15 km durch ihr eigenes Personal. Für die weiteren Strecken sind Unterhandlungen mit einer Gesellschaft im Gange, die gegen feste Zuschüsse und Ländereien den Bau und den Betrieb übernehmen würde. Die ganze Strecke von 681 km wird auf 68 Mill. fr. oder 100000 fr. für den Kilometer angeschlagen, alles einbegriffen. Die ersten 135 km kommen auf 88000 fr. für den Kilometer, zusammen also rund 12 Mill. fr. Durch eine Verordnung vom vorigen Jahr ist die Kolonie ermächtigt worden, eine Anleihe von 4 Mill. fr. zur Fortsetzung des Bahnbaues aufzunehmen. Wenn die Unterhandlungen wegen der weiteren Strecken zum Ziele führen, wird ein Teil dieser 12 Millionen fr. der Kolonie zurückerstattet werden. Der französische Staatsschatz wird nicht in Anspruch genommen.

3. Eisenbahn von Kotonu nach dem Niger (Dahome).

Diese Verbindung zerfällt in drei Strecken: 1. die bereits konzedierte Stichbahn von 101 km von Kotonu nach Pouignan nebst Küstenbahn von 16 km von Bahu nach Biddah; 2. die bedingt konzedierte Strecke von 200 km von Bauignan nach Tschauru; 3. die Verlängerung von Tschauru nach Mabelali am Niger. Die Kolonie läßt den Unterbau aus ihren eigenen Mitteln, ohne Anleihe, fertigstellen und liefert ihn der Konzessionsgesellschaft, die den Oberbau, die Lieferung des Fahrmaterials und den Betrieb übernimmt. Dafür gewährleistet die Kolonie der Gesellschaft eine Mindesteinnahme, ohne daß ihr Zuschuß 2000 fr. für den Kilometer übersteigen kann. Der Betriebsgewinn wird zwischen der Kolonie und der Gesellschaft nach einer gegebenen Formel geteilt werden, erst nach Vierteln, dann nach Dritteln, endlich zur Hälfte. Die Bauarbeiten, die von einheimischen, von den Häuptlingen gestellten Leuten bewerkstelligt werden, schreiten rasch voran. Der Unterbau der ersten Strecke ist nahezu vollendet. Die Arbeit wird im Stücklohn bezahlt. Die Kosten für die 208 ersten Kilometer werden auf 60000 fr. für den Kilometer, im ganzen also 12,86 Mill. fr. geschätzt; davon kommen auf den Unterbau rund 15000 fr. für den Kilometer. Auch hier wird die Hilfe des französischen Staates nicht in Anspruch genommen.

4. Elfenbeinküste.

Eine 240 km lange Eisenbahn soll demnächst vergeben werden. Sie zerfällt in folgende Teilstrecken: 1. Alleye nach Bolicio am Nii, 200 km; 2. Lüftenbahn nach dem Hauptort Bingerville, 40 km. Eine spätere Verlängerung nach Kong, wodurch die Gesamtlänge auf 550 km gebracht würde, wird bereits in Aussicht genommen. Diese Konzessionierung, die unter ähnlichen Bedingungen wie bei der Dahomebahn stattfinden soll, wurde einer belgisch-französischen Gruppe verweigert. Die Kosten für die 200 ersten Kilometer werden auf 15 Mill. oder 75000 fr. für den Kilometer geschätzt. Der französische Staatsschatz wird ebenfalls nicht beansprucht.

5. Französisch-Kongo.

In seinem Bericht führt Herr Dupuy folgendes aus: „Wenn wir uns nach dem Kongo wenden, können wir uns gegenüber dem Projekt der Deutschen, eine Eisenbahn von Batanga (Kamerun) nach Uesso am Sangha anzulegen, nicht gleichgültig bleiben. Diese Bahn würde für die Sangha-Gegend dieselbe Bedeutung haben wie die Bahn von Matadi nach Leopoldville für den Süden unserer Kolonie. Es wäre nun bedauerlich, wenn wir uns für das Land nördlich vom Kongo eine französische Bahn nicht besser zu sichern wüßten, als für das Land im Süden. Allerdings werden wir in den Berichten der Reisenden und den Artikeln der Zeitschriften zahlreiche Projekte empfohlen. Allem für Französisch-Kongo scheint das Studium zweier Strecken wesentlich zu sein: einer Erschließungsbahn, die von Libreville nach Uessa ginge, und die von dem Administrateur Joureau, einer der zuständigsten Persönlichkeiten in Kongo-Angelegenheiten, empfohlen wird; einer Verbindungsbahn zwischen dem Ubanghi und dem Schari-Becken, von Fort Sibut (an einem Nebenfluß des Ubanghis) nach Fort Crampel (am Zusammenfluß des Nanas und des Gribinghis) führen und eine Länge von etwa 160 km erhalten würde. Letztere Bahn, die Herr Gentil für unentbehrlich hält, würde die Verbindung zwischen den beiden Teilen des Kongogebietes herstellen, die bereits durch die Flußschiffahrt zugänglich sind ... Auf diese Weise würde die politische Einheit dieser großen Besitzung hergestellt werden."

6. Madagaskar (Eisenbahn von Tamatave nach Tananarivo.)

Diese Linie, die einzige, für die ein abgeschlossenes Projekt vorhanden ist, wird eine Länge von 396 km in folgenden drei Abschnitten haben: 1. Tamatave nach Andevorano am Pohitra, 106 km. Die Ausführung dieses Abschnittes kann zurückgestellt werden, weil man vorläufig den allerdings noch zu regulierenden Palangane-Kanal benutzen kann; 2. und 3., zusammen 290 km zur Verbindung von Andevorano mit Tananarivo. Die Kolonie hat im Jahre 1900 für den Bahnbau eine Anleihe von 60 Mill. fr. aufgenommen. Die Arbeiten werden in kleinen Losen an Unternehmer vergeben. Sie begannen am 1. März 1901 mit einer Strecke von 66 km, die jetzt vollendet sein müßte. Über den Betrieb ist noch nichts entschieden. Die Ausgabe wird mit Einschluß des beweglichen Materials auf 170000 fr. für den Kilometer geschätzt, sodaß noch für 7 bis 8 Mill. fr. Mittel zu beschaffen wären. Das Mutterland braucht nicht einzugreifen.

7. Somaliküste. Eisenbahn von Djibuti nach Harrar.

Diese Bahn geht von Djibuti nach dem in der Luftlinie 560 km entfernten Addis-Abeba, der Hauptstadt Abrejiniens, wird also in Wirklichkeit eine Länge von 750—800 km erhalten. Die Strecke von 285 km bei Harrar ist vorstudiert; nach letzterem Orte wird eine 12 km lange Zweigbahn führen. Es sind 225 km im Bau und 200 vollendet.

Auf abessinischem Gebiete wurde die Eisenbahn der Compagnie impériale des chemins de fer éthiopiens konzediert, an deren Spitze die Herren Ilg und Chefneux stehen. Die Gesellschaft ist französisch. Mit einem Kapital von 10 Mill. soll sie auf ihre Kosten den Unterbau und den Oberbau herstellen und den Betrieb sichern. Es sind ihr 100 ha Land für jeden Kilometer überwiesen; auch darf sie eine Wertgebühr von 10 % auf die beförderten Waren erheben. Bei der Konzessionierung war die französische Regierung nicht beteiligt. In den letzten Monaten jedoch ereigneten sich Zwischenfälle, die sie zum Einschreiten veranlaßten. Die abessinische Gesellschaft war in Schwierigkeiten geraten, die sich englische Kapitalisten sofort zunutze machen wollten, um das Unternehmen an sich zu reißen. Nachdem der Abgeordnete Etienne, einer der leitenden Kolonialpolitiker Frankreichs in der Kammer die Aufmerksamkeit der Regierung auf diesen Vorgang gelenkt hatte, brachte der Kolonialminister einen Gesetzentwurf ein, der bezweckte, die Gesellschaft über Wasser zu halten. Zu dem Ende war zwischen dem Schutzgebiet der Somaliküste und der Gesellschaft ein Abkommen getroffen worden, das durch diesen Entwurf gutgeheißen werden sollte. Das Gesetz wurde vor Schluß der Tagung verabschiedet. In der Begründung wurde ausgeführt: „Selbst wenn die wirtschaft-

lichen Ergebnisse der nächsten Jahre weniger zufriedenstellend sein sollten, ist die
Regierung der Ansicht, daß die Vorteile, welche die Anlage dieser Eisenbahn den
französischen Interessen in dieser Gegend sichern wird, in ihrer Gesamtheit wesentlich genug sind, um die der Gesellschaft der äthiopischen Bahnen gesicherte Mitwirkung mittels des beifolgenden Abkommens zu begründen."

8. Algerisches Hinterland. Ain Sefra nach Djenan ed Dar.

Im Hinterlande Algeriens ist eine Eisenbahn in der Richtung nach der
Oase Figig und darüber hinaus im Bau, zwischen Ain Sefra und Duveyrier ist
die Strecke fertig und der Bahnholzdienst eröffnet; die Züge verkehren je nach
dem Bedarf für die Verproviantierung der Militärstationen und die Beförderung
von Truppen. In der Richtung nach Djenan ed Dar ist die Schienenlegung
von Duveyrier bis Ued el Haffi beendigt; letzterer Ort liegt 4 km von der
Stadtmauer von Figig gegenüber dem Dattelpalmenwald. Man beabsichtigt von
dort unter Umgehung Figigs nach Norden über Beni Ussef abzuschweifen, um
dann nach Süden, nach Djenan ed Dar, fortzusetzen. Der Staat vollführt den
Bahnbau, während die Gesellschaft, die in Algerien den Betrieb der Staatsbahnen
bewirkt, auch den Betrieb dieser Strecke übernommen hat.

„Ist es eine Stichbahn für die Saharabahn?" fragt Herr Dupuy in
seinem Bericht. Man darf sich fragen, ob das Riesenwerk einer Durchquerung
der Sahara mittels des Schienenstranges durch ein thatsächliches wirtschaftliches
Interesse geboten ist. Zahlreiche Projekte sind aufgetaucht und auf Reisen studiert
worden, zu dem Ende, Algerien mit dem Niger und dem Tschadsee zu verbinden.
Ohne die Schwierigkeiten zu erwähnen, die aus dem Wettbewerb der algerischen
Provinzen um den Ausgangspunkt entstehen, muß man sich fragen, ob nach dem
Abkommen vom 14. Juni 1898, das England alles reiche Gebiet im Sudan
überläßt, wir noch immer Interesse an einer Saharabahn haben. Der Forscher
Foureau wirft diese Frage am Schlusse des Werkes über seine Reise (D'Alger
au Congo par le Tchad) auf. Wenn man bedenkt, daß es sich um den Bau
einer Bahn von 2500 bis 2700 km durch die Wüste handelt, so kann man der
sehr wichtigen Schlußfolgerung des Forschers nur beipflichten, deren Wortlaut
hier angeführt sein mag: „Wenn man das Unternehmen vom geschäftlichen
Standpunkt erwägt und bedenkt, daß es ein ungeheures Kapital verschlingen
würde, dann habe ich nur ein geringes Vertrauen auf die wahrscheinliche Ertragsfähigkeit der Saharabahn, da ich einen Verkehr auf ihr nicht vorauszusehen vermag. Will man es jedoch nur als ein gewaltiges Herrschaftsinstrument auffassen
— andere würden eine Reichsbahn sagen, und es ist schließlich dasselbe — so
würde die Saharabahn unter diesem besonderen Gesichtswinkel als ein herrliches
Werk erscheinen, das manche Schwierigkeiten ebnen und manche Hindernisse beseitigen würde." Aus diesen Äußerungen ergiebt sich eine deutliche Mahnung zur
Vorsicht und selbst zum Mißtrauen; es wird klug sein, nicht darüber hinweg
zu sehen."

9. Eisenbahnen in Indochina.

Das Parlament hat zwei Gesetze über den Bau von Eisenbahnen in In-
dochina erlassen, nämlich:

1. Das Gesetz vom 25. Dezember 1898, wodurch die Kolonie ermächtigt wird, eine Anleihe von 200 Millionen Fr. mit 75jähriger Tilgung ausschließlich für Eisenbahnbauten aufzunehmen. Es handelt sich um folgende Strecken, deren Betrieb durch Verträge vergeben werden kann, die der Genehmigung des Parlaments unterliegen:

Strecken:	Ungefähre Länge in km.	Voraussichtliche Ausgabe in Millionen Fr.
a. Haiphong nach Hanoi und Laokay	385	50
b. Hanoi—Nam Dinh—Vinh	320	32
c. Turan—Hué—Luang und Tri	195	24
d. Saigon—Chau Hoa—Lang Bian	650	80
e. Mytho—Binh Long—Cantho	95	10
dazu für Unkosten der Anleihe und verschiedenes		4
Zusammen	1645	200

Millionen Fr. Außerdem ist die Regierung ermächtigt worden, der Gesellschaft, welche die Konzession einer Eisenbahn von Laokay nach Jünnanfen und Arbeitsstrecken erhalten wird, eine Zinsgewähr bis zu 3 Mill. Fr. auf 75 Jahre zu bewilligen. Der Vertrag des Generalgouverneurs mit der Gesellschaft unterliegt ebenfalls der Genehmigung des Parlaments.

2. Das Gesetz vom 5. Juli 1901, welches die Genehmigung eines solchen Vertrages für den Bau und den Betrieb eines Teiles der Eisenbahn von Haiphong nach Jünnanfen anordnet.

Im einzelnen ist der Stand der Arbeiten folgender:

a. Auf der Strecke Haiphong—Laokay sind die Arbeiten im Gange. Im März 1902 sollte die Strecke Haiphong—Hanoi beendet sein;

b. auf der Strecke Hanoi—Nam Dinh—Vinh sollte ebenfalls eine Teilstrecke, bis Ninh Binh, im März 1902 eröffnet sein, eine weitere bis Giem im November 1902 und die letzte im Jahre 1905;

c. auf der Strecke von Turan nach Luang Tri wird bis Hué (104 km) am Unterbau und der Anlage der großen Brücken gearbeitet. Die Strecke bis Hué soll 1904 vollendet sein. Die Vor-Studien bis Luang Tri sind eingeleitet.

d. Im Bau ist die Strecke bis Ving (132 km). Die Vollendung wird 1903 erwartet. Weiterhin sind die Vorstudien im Gange.

e. Ueber die Vorstudien ist man auf der Strecke von Mytho nach Cantho noch nicht hinaus.

Was die von Laokay nach Jünnanfen, also in das chinesische Gebiet führende, 468 km lange Eisenbahn betrifft, so soll sie 1907 bis Monsé und 1910 bis Jünnanfen vollendet und dem Betrieb übergeben sein. Die Gesellschaft hat die Vorstudien begonnen. Das Kapital, dessen sie für den Bau und den Betrieb bedarf, wird auf 101 Mill. fr. geschätzt. Frankreich verspricht sich von dieser Bahn ein großes Geschäft mit China und hofft, den Verkehr der Gegend von Suifu am Blauen Fluß nach Haiphong zu lenken, dessen Hafen übrigens entsprechend den neuen Bedürfnissen instand gesetzt werden müßte. Die Erschließungsbahn nach China bildet die Fortsetzung der bereits in Betrieb stehenden Privatbahn von Hano nach Na Cham, Langloz und Dong-Dang (chinesische Grenze.) Diese Bahn war vorläufig mit der Spur von 60 cm angelegt worden, erhält jedoch Meterspur.

10. Cayenne.

Das Kolonialministerium hat das Projekt des Ingenieurs Croat für eine Bahnverbindung von Cayenne nach den Goldbezirken angenommen und diesem Fachmann eine Bau- und Betriebskonzession verliehen, die noch der Genehmigung des Präsidenten der Republik bedarf, da der Konzessionär die Aufbringung des nötigen Kapitals nachweisen muß. Vergeben sind:

1. eine Bahn von Cayenne längs der Flüsse Comé und Orapu in das Approuague-Becken und durch das Thal des Iniui nach dem Arva, einem Nebenfluß der Maronis; von der Approuague-Gegend soll eine Zweigbahn nach dem Krickfluß Yaoué im Becken des Oyapok führen.

2. eventuell, Zweigbahnen, die der Konzessionär in einem Bereich von 50 km zu beiden Seiten der Hauptbahn anlegen will, sowie eine Verlängerung der sub 1 erwähnten Strecken, in südlicher Richtung.

Der Konzessionär erhält im Interesse der Kolonisierung 200000 ha Domanialland. Die Kolonie gewährt ihm einen Zuschuß von 300000 fr. jährlich.

11. Neukaledonien.

1. Dem Industriellen Culès in Noumea ist der Bau und der Betrieb einer Bahn von Mandai nach Bourail ohne Zuschuß oder Zinsgewähr übertragen worden.

2. Eine 250 km lange Bahn von Noumea nach Bourail ist nicht vergeben worden. Der Kostenanschlag beträgt 13,238 Mill. fr. Die Kolonie unternimmt die Fertigstellung des Unterbaues selbst und hat letzteren auf 54 km vollendet. Die Gesamtausgabe für diese erste Strecke wird durch eine bei der französischen Altersrentenkasse aufgenommene Anleihe von 5 Mill. fr. gedeckt werden.

Dabei wird die Kolonie nicht stehen bleiben, denn der Gouverneur kündigte bei dem Beginn des Bahnbaues im vorigen Jahre die Absicht der Privatbahn an, Nepoui mit Voya im Süden und Lone im Norden zu verbinden. Wenn man also die Bourailer Staatsbahn nach Voya fortsetzt, kann die Verbindung mit Lone leicht erreicht werden. Außerdem soll in jedem Thale von Osten nach Westen eine Straße gebaut werden, um die Zufuhr zur Eisenbahn zu sichern.

Wir können Frankreich um diese klar und deutlich vorhandene Politik mit Bezug auf die Eisenbahnen beneiden, die in einzelnen Fällen, wie in Neukaledonien, bereits durch ein Programm für den Straßenbau ergänzt wird. Sehr verschieden sind die Interessen, denen die 6000 km Eisenbahnen in vier Erdteilen förderlich sein sollen, und dem entsprechend ist auch die Art der Heranziehung des französischen Kapitals zu den kolonialen Eisenbahn-Unternehmungen verschieden. Aber ob es sich um Reichs-, Kolonial- oder Privatbahnen handelt d. h. ob die Bahnen auf Veranlassung des Mutterlandes und durch dieses oder mit dessen

Gelde, durch eine Kolonie oder für sie durch einen Unternehmer mit oder ohne Landbewilligung und Zinsgewähr oder endlich als reines Privatunternehmen gebaut werden, die Ausführung der einzelnen Projekte ist gesichert. Denn in den meisten Fällen ist es, dank der finanziellen Selbständigkeit, welche die Kolonien genießen, nicht nötig, das zeitraubende Verfahren der Gesetzgebung durch das Parlament einzuschlagen, das sich übrigens mehr und mehr kolonialfreundlich erweist und im Notfall, wenn es sich um Sein oder Nichtsein einer französischen Unternehmung handelt, wie im Falle der Eisenbahn nach Abessinien, auch einmal schleunig zu handeln bereit ist. Die finanzielle Mündigkeit, welche die für uns wichtigsten, westafrikanischen Besitzungen Frankreichs dadurch erreicht haben, daß das Mutterland ihnen die militärischen Kosten nicht aufbürdete, gestattet die selbständige Aufnahme von Anleihen. Nicht auf dem offenen Markt, wo bei dem erklärlichen Anspruch des europäischen Kapitals, von außereuropäischen Geschäften höhere Zinsen zugesichert zu erhalten als von heimischen, und bei der bekannten Ängstlichkeit grade des französischen Kapitals gegenüber überseeischen Unternehmungen, unerschwingliche Bedingungen gestellt werden würden, sondern bei den reichen Kassen, die das französische Verwaltungsrecht geschaffen hat, wie der Hinterlegungs- und der Altersrentenkasse. Vielleicht liegt darin ein Wink für unsere Regierung und unsere Finanzwelt, die das Mittel finden müssen, die Schutzgebiete der vernichtenden Allmacht eines kolonialfeindlichen Parlaments wenigstens dann zu entrücken, wenn dieses Parlament keine unmittelbare Reichshilfe genehmigen soll.

Soeben erschien in der Verlagsbuchhandlung
von **Wilhelm Süsserott**, Berlin W, Potsdamerstr. 42.

Kreuz und Quer
durchs Leben.

I.

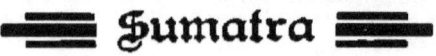 **Sumatra**

von Woldemar von Hanneken.

Preis Mk. 1,20; postfrei Mk. 1,30.

Der Verfasser, welcher viele Jahre in Ostasien und der deutschen Südsee zugebracht, schildert in diesem ersten Bändchen, welches in die Abschnitte: „Wie ich Tabakpflanzer wurde", „Lehrzeit" und „Wanderjahre" eingeteilt ist, seine persönlichen Erlebnisse auf der Insel Sumatra.

Der zweite Teil, welcher in einiger Zeit erscheinen wird, behandelt China, Kaiser Wilhelmsland und Bismarck-Archipel. China wurde vom Verfasser zweimal besucht und zwar das erste Mal während der Jahre 1884—1886 und dann im Jahre 1900, in welchem er als Hilfsdelegierter der freiwilligen Krankenpflege an der ostasiatischen Expedition teilnahm.

Viel Trauriges und manch Freudiges ist dem Verfasser auf seinem Lebenswege begegnet. Die Zeit hat ersterem allmählich die Schärfe genommen und so begegnen wir überall einer sachlichen und ruhigen Beurteilung der Verhältnisse und der in Betracht kommenden Personen. Das Werk bietet durch seine flüssige Schreibweise eine sehr interessante Lektüre. . . . .

Die wirtschaftliche Entwickelung unserer Schutzgebiete in Afrika und der Südsee im Jahre 1900/01.

Auf Grund des amtlichen Jahresberichts dargestellt von Professor Dr. G. K. Anton (Jena).

I. Ostafrika.

Deutsch-Ostafrika, das größte und der absoluten Zahl nach bevölkertste unserer Schutzgebiete, bietet im ganzen ein Bild ruhig vorwärts schreitender Entwickelung, die die ungünstige Beurteilung nicht rechtfertigt, der es heute im Mutterlande vielfach begegnet. Ich führe diese zurück auf die viel zu großen Erwartungen, die der schwärmerische Enthusiasmus kolonialer Optimisten anfangs von seiner Zukunft gehegt und verbreitet hatte. Naturgemäß mußte ein pessimistischer Rückschlag in seiner Wertschätzung eintreten, als die Enttäuschungen, die uns auch in Ostafrika nicht erspart geblieben sind, zusammentrafen mit den resignierten Ausführungen, in denen Professor Wohltmann seine amtlichen Untersuchungen über den Kulturwert der Kolonie weiteren Kreisen zugänglich machte. Und dies umsomehr, als unsere öffentliche Meinung noch viel zu sehr befangen ist in der aus mißverstandenen Systemen kolonialer Lehrbücher abgeleiteten Ansicht, eine unter den Tropen gelegene Kolonie müsse die Bedeutung eines europäischen Treibhauses haben, für den Plantagenbau der edleren und wertvolleren tropischen Gewächse geeignet sein, wenn sie überhaupt Wert besitzen solle.

Mit demselben Rechte könnte ein afrikanischer Neger dem deutschen Mutterlande allen wirtschaftlichen Wert absprechen, weil es nur in der Rheingegend für den Weinbau in Betracht komme. Jene nicht genug zu bekämpfende Meinung übersieht gänzlich, daß der Plantagenbau nur einer der vielen Faktoren ist, von denen der wirtschaftliche Wert Ostafrikas abhängt, und daß selbst bei dieser Einschränkung, die ihn der ausschlaggebenden Rolle entkleidet, noch hinreichende Endstrecken für ihn übrig bleiben, um seine Zukunft aussichtsvoll erscheinen zu lassen. Hier, in den Ergänzungsheften zum verbreitetsten kolonialen Organ unsers Vaterlandes, bedarf es ebenso wenig der Widerlegung jenes üblichen Urteils, nach welchem zwei Drittel der Fläche unseres Schutzgebietes aus unbrauchbaren Steppen und Wüsten bestehen, wie der Hervorhebung, daß die bisher bei den Pflanzungsbetrieben erlebten Enttäuschungen im wesentlichen darauf zurückzuführen sind, daß ohne genügende Kenntnis der Bedingungen des Plantagenbaues in übereilter Weise gehandelt wurde. Wir dürfen annehmen, daß heute das unumgängliche Lehrgeld gezahlt worden ist. Die Gewächse, die lohnenden Anbau im ostafrikanischen Pflanzungsbetriebe versprechen, sind herausgefunden, die technischen Methoden ihrer Aufzucht und Zubereitung sind verbessert. Wird auch Ostafrika für einzelne der feineren Kulturen, wie z. B. Kakao und Pfeffer, gar nicht, für andere, wie Zuckerrohr, Tabak, Vanille, nicht in erheblichem Umfange in Betracht kommen, so zweifelt doch der Bericht nicht mehr an der Rentabilität des Kaffeebaues in Usambara. Die Ernte des Berichtsjahres hat zwar nur 3800 Zentner ergeben, aber wir dürfen nicht übersehen, daß unter den heute tragenden Kaffeebäumen noch alle alten und früher falsch behandelten mit inbegriffen sind. Wie ich höre, plant man die Errichtung einer wissenschaftlich-praktischen Versuchsstation für Kaffee, in ähnlicher Weise, wie sie das holländische Ostindien in Buitenzorg besitzt. Sicherlich ist sie eine Notwendigkeit, und es bleibt nur zu bedauern, daß ihr erst jetzt näher getreten wird. Auch in anderen Bergländern Ostafrikas dürfte der Kaffee ihm zusagende Wachstumsbedingungen finden, wenn er auch niemals für die Kolonie die große Bedeutung erlangen kann, die den Faserpflanzen und den Ölpflanzen, wie z. B. Erdnüssen, Kokospalmen, Agaven, Boden und Klima anweisen.

Über die Rentabilität des Plantagenbaues entscheiden freilich Boden und Klima und die richtige Auswahl der Gewächse nicht allein; es müssen auch geeignete Arbeitskräfte, günstige Transportverhältnisse und entsprechende Weltmarktspreise hinzukommen. Hiermit hängt es zusammen, daß zur Zeit die europäischen Pflanzungsbetriebe sich vornehmlich auf den Bezirk Tanga und das Usambaragebirge beziehen, dessen östlicher Teil bereits durch eine Eisenbahn mit der Küste in Verbindung steht. Die hier gelegenen Pflanzungen sind bekanntlich hauptsächlich solche arabischen Kaffees. Wie der Bericht hervorhebt, bedienen sie sich nur noch ausnahmsweise importierter Malaien und Chinesen. Während früher die Arbeiterfrage sehr darunter zu leiden hatte, daß gerade die kräftigsten Eingeborenen es vorzogen, sich als Träger für die Karawanen anwerben zu lassen, ist hier neuerdings eine wesentliche Besserung dadurch eingetreten, daß mit der Fertigstellung der Ugandabahn der Karawanenhandel eine Einschränkung erfuhr, die viele der Träger ihres bisherigen Verdienstes beraubte. Gerade von den besten eingeborenen Arbeitskräften, den Wanyamwesi und Wassukuma, hat eine ganz bedeutende Anzahl auf den Pflanzungen Arbeit genommen, um Ersatz für den entgehenden Trägerverdienst zu finden. Diese Leute haben bereits gelernt, Arbeiten in Akkord zu übernehmen, und es ist den Pflanzungen gelungen, einen genügenden Stamm von ihnen zu halten. Der Bericht schätzt die zur Zeit dauernd auf den Plantagen beschäftigten Arbeiter, ohne die Tagelöhner aus der Nachbarschaft, auf 4—5000.

Was die Kafferpreise anlangt, so steht der Weltmarkt bekanntlich unter dem Druck einer kolossalen Überproduktion. Wie diese jedoch nicht gehindert hat, daß gewisse Kaffeemarken Sumatras das Doppelte bis Dreifache des Preises für Javakaffee erzielen, so scheint auch die Usambarakaffeebohne eine Qualitätsbohne zu sein, die Käufer zu höheren Preisen findet.

Viel günstigere Bedingungen als für den Plantagenbau der Europäer bietet Ostafrika der Landwirtschaft der Eingeborenen. In Folge der günstigen Witterungsverhältnisse der letzten zwei Jahre, namentlich sehr ergiebiger Regenfälle, sind große Strecken Landes, die früher brach lagen, wieder angebaut worden, und die in Natal erfundene Impfung der Heuschrecken mit einem die vernichtenden Pilz hat diese schlimmste Gefahr für die Ernten so reduziert, daß die Eingeborenen seit 1899 im Rufidjigebiet zum Reisbau zurückgekehrt sind. In früheren Zeiten war es so blühend, daß jährlich für 200 000 Rupien Reis nach Sansibar und Indien ausgeführt wurde. Freilich kennt der Neger keine Bewässerungsanlagen, und deshalb leiden seine Reisfelder sehr unter den unsicheren Feuchtigkeitsverhältnissen. Übrigens ist, den Bedingungen des Bodens und Klimas entsprechend, nicht der Reis wie in Indien oder Java, das Hauptnahrungsmittel der Eingeborenen, sondern Mtama (Sorghum), dessen Ernte im nördlichen und mittleren Teil des Schutzgebietes sehr gut ausfiel, während der südliche unter Trockenheit, vor allem aber unter der durch eine Heuschrecke hervorgerufenen Mtamakrankheit zu leiden hatte, die in den Bezirken Kilwa und Lindi die ganze Ernte vernichtete. Neben dieser Hauptgetreideart liefern den Eingeborenen Mais und Bananen, diese vorwiegend im Hinterlande, und Manjok und Bataten, diese vorwiegend in den Küstengebieten, das hauptsächlichste Nahrungsmittel. Auch der Anbau von Bohnen, Kartoffeln, Gemüsen hat Fortschritte gemacht und dehnte sich aus im Usambaragebiet und am Viktoriasee.

Die Regierung bemüht sich sowohl um die Hebung des Ackerbaues der Eingeborenen, der noch recht primitiv und großer Verbesserung fähig ist, als auch um die Hebung ihrer Viehzucht, die sich in Folge der im allgemeinen günstigen Ernten, der Sicherung des Landfriedens und des Ausbleibens großer Seuchen günstig entwickelte. Den größten Viehreichtum finden wir im Norden, namentlich in Westusambara und der Gegend am Viktoriasee. Die meisten Stationen haben beträchtliche Viehbestände, die in der Regel durch Steuer- und Strafzahlungen erworben wurden. Aus ihren Beständen geben sie Tiere an Stationen ab, die in viecharmen Gegenden liegen. Bei weitem der größte Teil der Bestände wird leihweise an zuverlässige Dorfschulzen überlassen. Auf diese Weise ist es gelungen, die Viehzucht in Gegenden zu bringen, in denen sie bisher unbekannt war, während gleichzeitig Kreuzungen mit europäischem Vieh die eingeborene Rasse zu verbessern suchten. Hinsichtlich der Hebung des Ackerbaues der Neger wird berichtet, daß in manchen Gegenden bisher unbekannte Kulturen eingeführt worden sind, z. B. Kartoffeln, Weizen, Reis. Auf dem Vorwerke Mombo am Fuße des Usambaragebirges sind durch indische Bauern Rieselterrassen für den Reisbau hergestellt worden, und die Regierung trägt sich mit dem Gedanken umfangreicherer Ansiedelungen solcher Bauern, damit diese durch ihr Beispiel die Eingeborenen in der künstlichen Bewässerung der Reisfelder unterweisen. An anderen Orten werden Kokospalmen, Erdnüsse, Kautschuk, Baumwolle, Zuckerrohr oder auch nur das gewöhnliche Negergetreide in rationeller Weise gebaut, wobei man zum Teil, so in Kilwa und Wilhelmsthal, diejenigen Eingeborenen, die weder in bar noch in Feldfrüchten Steuern entrichten, zur Steuerzahlung in Arbeit heranzog. Dadurch erzielte man in Wilhelmsthal nicht nur den Erfolg, daß die Arbeitskräfte der Eingeborenen für die Landeskultur nutzbar gemacht und Saatmaterial für Ansiedler gewonnen wurde, sondern es hat auch die rationelle Beschäftigung der Neger die erfreuliche Wirkung gehabt, daß sie selbst Saat erbaten und jetzt bereits selbständig Kartoffeln auf ihren Feldern pflanzen.

Diese Erfahrung erscheint mir als die wichtigste Stelle des Berichtes über Ostafrika. In der Heranziehung der Eingeborenen zur Steuerleistung in Arbeit liegt unbedingt der Hebel, der unsere Kolonie schließlich auf eigene Füße stellen wird, je mehr es gelingt, mit dem Zwang zur Arbeit das Selbstinteresse der Eingeborenen zu verbinden. Hier bietet sich auch ein wirkungsvolles Arbeitsfeld für die Missionen, die es zum Teil schon jetzt mit gutem Erfolge bearbeiten, und hier liegt meines Erachtens die Zukunft unseres Schutzgebietes: die produktive Kraft der durch uns zur Arbeit in ihrem eigenen Interesse erzogenen und kaufkräftig gemachten Eingeborenen wird immer mehr den Platz einnehmen, den früher Elfenbein und Sklaven inne hatten, und sie wird im Gegensatz zu diesen Quellen des wirtschaftlichen Reichtums eine dauernd fließende sein, die sowohl dem Herrscher wie dem Beherrschten zum Segen gereicht. Dem Sklavenhandel hat unsere Herrschaft das Ende bereitet, den früher sehr umfangreichen Elfenbeinexport hat die Entwicklung des Kongostaates und des englischen Ostafrika insofern ungünstig beeinflußt, als ein großer Teil des Elfenbeins, das ehemals durch unser Schutzgebiet zur Küste gelangte, nun auf den Verkehrswegen des Kongostaates und mit der Ugandabahn aus Afrika geführt und so von uns abgeleitet wird.

An dieser Ablenkung wie der des Durchgangshandels überhaupt können selbstverständlich Stichbahnen nichts ändern. Ob wir sie bauen oder nicht, immer werden die Ugandabahn, die zukünftigen Bahnverbindungen des Tanganyikasees mit dem oberen Kongo und die durch Eisenbahnen verbesserte Wasserstraße auf dem Schire und dem Nyassasee es verhindern, daß Ostafrika seine frühere Bedeutung für den Durchgangshandel wieder erlangt. Dagegen würden wir allerdings von ihm retten können, was noch zu retten ist, wenn wir eine Zentralbahn zum Tanganyikasee legten, die auch Anschluß an die zukünftige Kap-Kairobahn finden würde. Es fragt sich nun, ob der zu erwartende Gewinn dem zu bringenden Opfer entspräche; gehen doch selbst die Meinungen unter den Kolonialfreunden hierüber sehr auseinander. Es kann nicht meine Aufgabe sein, in der vielumstrittenen ostafrikanischen Eisenbahnfrage hier eine Entscheidung zu fällen. Während bekanntlich die Einen die Zentralbahn verteidigen, verwerfen sie die Andern und verlangen Stichbahnen, der mir vorliegende amtliche Bericht solcher Eisenbahnen überhaupt. An den verschiedensten Stellen klingen seine Darlegungen in dieses ceterum censeo aus. Das ersichtliche Bestreben der Berichterstatter, die an sich spärlichen Motive der dem Reichstage gleichzeitig vorgelegt gewesenen und bedauerlicher Weise von ihm teilweise abgelehnten Eisenbahnvorlagen zu ergänzen, ist erklärlich, aber es hat naturgemäß zu einer gewissen Einseitigkeit ihrer Darstellung geführt. Ganz so schlimm, wie sie die Dinge sehen, liegen sie nicht, insbesondere steht und fällt die Zukunft Ostafrikas nicht mit dem Eisenbahnbau. Denn so wünschenswert er auch ist, er ist meines Erachtens nicht unumgänglich nötig für die Entwicklung unseres Schutzgebietes. Wohl aber sind dies gute Wege und Straßen. Zwar erfreut sich die Kolonie schon eines ausgedehnten Wegenetzes, das die einzelnen Stationen und Hauptverkehrsplätze miteinander verbindet und in die fünf großen Karawanenstraßen einmündet, die das Land durchziehen; doch ostafrikanische Karawanenstraßen sind nur groß in der Länge, nicht in der Breite und auch sonst europäischen Fahrstraßen auch nicht entfernt zu vergleichen. Gute Fahrwege aber, wie wir sie heute nur an der Küste schon besitzen, sind uns dringend nötig, sowohl für die Rentabilität des Plantagenbaus und seine fortschreitende Ausdehnung als auch für die Entwicklung der eingeborenen Landwirtschaft und den Landeskultur im allgemeinen. Vor den Eisenbahnen haben sie den Vorzug billigerer Herstellung, wenn wir nach dem Muster des Wegebaues in Togo von den Eingeborenen die Arbeit an den Wegen als Steuerleistung verlangen, und für den ostafrikanischen Verkehr werden sie

Ähnliches leisten wie jene, sofern wir sie mit der modernsten Errungenschaft der Verkehrstechnik, mit Automobilen, befahren; hat doch deren Verwendung bereits in Algerien und in der Sahara zu recht befriedigenden Ergebnissen geführt.

Die Ablenkung des Durchgangshandels ist eine der Ursachen, welche die zur Zeit ungünstige Handelsgestaltung unseres Schutzgebietes erklären. Ein zweiter Grund liegt in der Ableitung des Eigenhandels; ist dieser auch durch die neue Ugandabahn keineswegs in solchem Maße in neue Bahnen geführt worden, daß es sich hierdurch allein erklärt, wenn im Berichtsjahre an der englisch-deutschen Binnengrenze dreimal so viel an Ausfuhrzöllen vereinnahmt worden ist als im Vorjahre, während an den deutschen Küstenplätzen der Ertrag der Ausfuhrzölle zurückging. Die enorme Steigerung der Ausfuhrzölle an der Binnengrenze beruht vielmehr zum größten Teil auf der Ausfuhr des räuberischen Maffais als Strafe abgenommenen Viehs, das nach dem benachbarten englischen Gebiet verkauft wurde. Die dritte und wichtigste Ursache erblicke ich in den Produktions- und Konsumtionsverhältnissen unserer Kolonie, insbesondere im Raubbau der Eingeborenen, namentlich bei der Gewinnung von Kautschuk einerseits und in ihrer geschwächten Kaufkraft als Rückwirkung der Dürre und Hungersnot des Jahres 1899 andererseits.

Die erwähnten drei Ursachen haben es bewirkt, daß der auswärtige Handel unseres Schutzgebietes im Berichtsjahre 1900 die Höhe, die er vor der Hungersnot hatte, noch nicht wieder erreichte und selbst gegen das Jahr 1899 kaum eine Besserung erkennen läßt, wenigstens nicht in der Einfuhr. Denn wenn auch der Bericht neben der Steigerung der Ausfuhr eine noch größere der Einfuhr[1]) aufweist, so würde es doch irreführend sein, aus der größeren Einfuhrziffer eine Steigerung des Einfuhrhandels abzuleiten. Nur scheinbar liegt eine solche vor. Thatsächlich nämlich erklärt sich die Zunahme der Einfuhrziffer lediglich aus der Zunahme der Einfuhr von Rohreisen, eisernen Schienen, Stangen, Platten[2]) u. s. w. für die Fortsetzung des Baues der Usambaraeisenbahn, keineswegs aber aus gediegener Kaufkraft der Bevölkerung, wie daraus erhellt, daß der für sie wichtigste Artikel, Baumwollenwaren[3]), gleichzeitig eine sehr erhebliche Abnahme seiner Einfuhr erlitt. Im Gegensatz zum Berichterstatter, der die Hauptursache für den Rückgang der Baumwollwareneinfuhr in der englischen Ugandabahn erblickt, sehe ich sie jedoch in der geschwächten Kaufkraft der Eingeborenen, und schließe daraus, daß es sich hier nicht um eine dauernde, sondern um eine vorübergehende Erscheinung handelt.

Für noch günstiger halte ich die Zukunft des Ausfuhrhandels. Jetzt stehen in ihm an erster Stelle Kautschuk und Elfenbein, die in Folge ihres hohen Wertes allein imstande sind, die bei den mangelhaften Wegeverhältnissen noch sehr hohen Transportkosten aus dem Innern zur Küste zu tragen. Beide werden in Folge des Raubsystems bei ihrer Gewinnung immer mehr zurückgehen, aber

---

[1]) Die Einfuhr (11,4 Millionen Mark) hat sich gegen 1899 um 648(000) Mark, die Ausfuhr (4,3 Millionen Mark) um 367(000) Mark.

[2]) Es wurde allein an solchen Eisenwaren für 847(000) Mark mehr eingeführt als 1899.

[3]) An Baumwollwaren war 1899 für 4,6 Millionen Mark importiert worden. 1900 weist die Einfuhr einen Rückgang um 936(000) Mark auf und in der ersten Hälfte des Jahres 1901 gegenüber dem gleichen Zeitraum des Vorjahres eine abermalige Abnahme um 350(000) Mark.

der Kautschuk wohl nur vorübergehend. Seine Ausfuhr ist zwar im Berichtsjahre erheblich gesunken¹), und in den Bezirken Langenburg und Kisaki sind die Bestände an Kautschukpflanzen nahezu vernichtet, aber nach den hochinteressanten Anbauversuchen, die der Leiter des botanischen Gartens in Kamerun angestellt hat, dürfen wir der Hoffnung Raum geben, daß es gelingen wird, den Ausfall in der wilden Kautschulgewinnung durch rationellen und planmäßigen Anbau zu ersetzen. Die in den Kautschukgebieten Ostafrikas gelegenen Stationen haben bereits umfangreiche Versuche mit der Anpflanzung von Kautschukbäumen in die Hand genommen. So glaube ich, daß auf die Dauer nur der Elfenbeinexport zurückgeht, daß aber dieser und der einstweilige Rückgang der Kautschukausfuhr schließlich mehr als ausgeglichen werden wird durch die Zunahme aller übrigen Exporte. Sie werden nicht nur wachsen mit den Fortschritten des Plantagenbaues, der Hebung der Viehzucht und der Verbesserung und Ausbreitung der Kulturen der Eingeborenen, — die schon im Berichtsjahr eine die Steigerung der Gesamtausfuhr erklärende Mehrausfuhr von Getreide und Hülsenfrüchten, Sesam und Kopra aufweisen —, sondern sie werden auch zunehmen in Folge der höchst dankenswerten und nachdrücklichen Bemühungen der Regierung um die Aufforstung und die Einführung wertvoller Nutzhölzer, sowie Dank der Entwicklung des ostafrikanischen Bergbaues. Schon jetzt gelangten aus dem Bezirke Lindi 9285 Pfund Granaten im Werte von 41902 Rupien zur Ausfuhr, und der Glimmerbergbau im Uluguru-Gebirge förderte einen Musterkopf von vorzüglicher Ebenflächigkeit und Spaltbarkeit, der sowohl von Siemens und Halske wie von der Allgemeinen Elektrizitätsgesellschaft erprobt und dem sehr wertvollen indischen Glimmer gleichwertig befunden wurde. Ueber Goldvorkommen, auf welche eine Expedition der Irangigesellschaft sich richtet, ist noch nichts in die Oeffentlichkeit gedrungen, ebensowenig über die Ausbeutung der Salzquellen östlich von Udjidji, die angeblich die reichsten von ganz Afrika sein sollen. Auch die Steinkohlenlager am Nordende des Nyassasees können noch nicht ausgebeutet werden. Aber deshalb ist die Erwartung nicht unzulässig, daß aus dem im Verhältnis zum Mutterlande fast zweimal so großen Schutzgebiet noch manches wertvolle Mineral zutage treten und umsomehr zu seiner wirtschaftlichen Blüte beitragen wird, je mehr im Laufe der Zeit die ostafrikanischen Transportverhältnisse sich bessern.

Eine unbedingt erfreuliche Seite der Entwicklung unserer Kolonie darf nicht unerwähnt bleiben. Bekanntlich bestehen schon seit einiger Zeit Ansätze kommunaler Selbstverwaltung in Ostafrika. Wie der Bericht erzählt, wurde ihnen durch die Verordnung vom 29. März 1901, betreffend die Schaffung kommunaler Verbände, die rechtliche Grundlage gegeben. Hiernach haben die unter Zivilverwaltung stehenden neun Bezirksämter Tanga, Pangani, Bagamoyo, Dar-es-Salam, Kilwa, Lindi, Langenburg, Kilossa und Wilhelmsthal eine Kommunalverwaltung erhalten, indem dem Bezirksamtmann, der die Kommune nach außen vertritt, ein aus drei oder fünf Mitgliedern bestehender Bezirksrat zur Seite gestellt worden ist. Da Selbstverwaltung ohne eigene Finanzen nicht leben kann, wurde den Kommunen 50°, der Hüttensteuer — diese niedrige Steuer pädagogischen Charakters hat im Berichtsjahr 702000 Mark Ertrag geliefert, 122000

---

¹) Von 1337000 Mark auf 1069000 Mark.

Mark mehr als im Vorjahr —, 20 %, der Gewerbesteuer und eine Reihe von städtischen Steuern und Abgaben als Einnahmequellen zugewiesen und, um unordentlicher Wirtschaftsführung vorzubeugen, zugleich bestimmt, daß sie ihren Wirtschaftsplan dem Gouvernement zur Genehmigung vorzulegen haben. In den Militärbezirken mit ihren noch unentwickelten Verhältnissen hat man vorläufig von dieser Einrichtung noch abgesehen. Ich erblicke in ihr nicht nur einen Beweis dafür, wie sich die Verwaltung unseres Schutzgebietes immer zweckmäßiger gestaltet, sondern auch den besten Hebel zur Förderung der Landeskultur. Schon jetzt haben sich die jungen Kommunen wie auch eine Reihe von Militärstationen um den Ackerbau der Eingeborenen und durch die Anstellung planmäßiger Versuche für die Ausnutzung des Grund und Bodens überhaupt, sehr verdient gemacht. —

Wenn ich nun zum Schlusse dieser Ausführungen die Wünsche noch einmal zusammenfasse, die mir für die zukünftige Entwicklung des Schutzgebietes als dringend erscheinen, so stehen im Vordergrunde als wichtigste Postulate die Besserung der Transportverhältnisse durch rationellen Wegebau und, wenn sich die Möglichkeit bietet, selbstverständlich auch durch Eisenbahnen, und die Hebung und Ausbreitung der eingeborenen Kulturen. Daneben halte ich die Erweiterung der bestehenden Versuchsstationen und Regierungsfarmen durch einen Sachverständigen für Kaffeebau für notwendig.

Die beiden ersten Postulate werden sich um so zweckmäßiger erfüllen lassen, je mehr es gelingt die vorhandenen Anfänge kommunaler Selbstverwaltung weiter zu entwickeln und auszubauen zu kraftvollen Kommunalwirtschaften auf der Grundlage kommunaler Domanialpolitik, die auf geeigneten Flächen kommunalen Landes die Eingeborenen erzieht zu rationellen Kulturen, deren Erzeugnisse sowohl für die Wirtschaft der Neger als für den Handel in Betracht kommen. Ich denke mir diese Erziehung in der Art des früheren Kultursystems der Holländer in Ostindien, jedoch mit der wesentlichen Modifikation, daß mit dem Zwange zur Arbeit das Selbstinteresse der Eingeborenen verbunden wird. Es ist auszugehen von der Steuerpflicht der Eingeborenen, die Steuerleistung ist in Arbeit zu fordern, die die Pflichtigen auf den Versuchs- und Unterrichtspflanzungen der Kommunen zu ihrem eigenen Nutzen zu leisten hätten. Ein Teil des Reinertrages würde zum unmittelbaren Vorteil der Arbeiter zu verwenden sein, z. B. in der Form von Belohnungen für besonders gute Arbeitsleistungen oder in Gestalt einer Verteilung von Saatmaterial an ausgelernte Arbeiter, die in ihre Dörfer zurückkehren. In derselben Weise wären Steuerpflichtige zum Wegebau heranzuziehen. Ich zweifle nicht, daß vermittelst der in solcher Weise von uns ausgebildeten und planvoll in ihrem wohlverstandenen eigenen Interesse geleiteten Negerarbeit Ostafrika zu einer blühenden Kolonie sich entwickeln wird. Besteht doch seine Bevölkerung aus der widerstandsfähigsten Rasse unserer Erde, die nach dem Urteil der Sachkenner keineswegs ihrer Vernichtung entgegengeht und den größten Reichtum unseres Schutzgebietes bildet.

II. Kamerun.

Im Gegensatz zu Ostafrika ist Kamerun bekanntlich ein von der Natur reich ausgestattetes Land, dessen Boden und Klima der tropischen Agrikultur und insbesondere dem Plantagenbau die günstigsten Aussichten bieten

Zur Zeit liegt der Schwerpunkt seiner wirtschaftlichen Bedeutung in der Urproduktion der Eingeborenen und dem Umsatz ihrer Erzeugnisse gegen europäische Fabrikate. Namentlich sind es Palmkerne, Palmöl, Kautschuk, Elfenbein, Kolanüsse, die von den Eingeborenen eingehandelt werden. An der Spitze aller für den Handel in Betracht kommenden Nutzgewächse stehen die Ölpalmen. Da sie sich mit Leichtigkeit von selbst fortpflanzen, braucht man auf ihre Kultur keine besondere Sorgfalt zu verwenden. Obgleich bisher von den Eingeborenen noch keine großen Bestände zur Ölgewinnung herangezogen sind, war die Ausfuhr an Palmöl und Palmkernen zusammengenommen doch die erheblichste des Schutzgebietes[1]. Einen ähnlichen Wert boten die Kautschukpflanzen der Ausfuhr[2]; an dritter Stelle stand Elfenbein[3], dessen Export ebenso wie der des Kautschuks zurückgegangen sein würde, wären nicht neue Handelsbeziehungen mit Stämmen, die große Vorräte von Elfenbein aufgehäuft haben, angeknüpft worden, und hätten nicht die Eingeborenen bisher von ihnen noch gar nicht in Angriff genommene gummireiche Landstriche sich nutzbar gemacht.

Die europäischen Fabrikate, mit denen der Handel jene tropischen Erzeugnisse von den Eingeborenen eintauscht, sind in erster Linie Gewebe, deren Einfuhr im Jahre 1900 sich fast um ein Drittel ihres Betrages im Vorjahre hob[4]. Weiter folgen in der Einfuhr Material- und Spezereiwaren, Eisenwaren, Rum und andere Alkoholien, Tabak, Reis, Salz, Tiere und tierische Produkte u. s. w.

Salz wurde im Werte von 383 000 Mark eingeführt. Vielleicht bringen die künftigen Jahre eine Abnahme der Salzeinfuhr, dank den ergiebigen Salzquellen unseres Schutzgebietes, von denen im Berichtsjahr die bei Rissianfang gelegenen reichhaltigen und auch ihrer geographischen Lage halber bedeutsamen, bei der Festsetzung der Besitzgrenze nicht England, sondern uns zugesprochen worden sind. Eine rationelle Salzgewinnung an Stelle der bisherigen sehr primitiven würde vielleicht dazu führen, unser Schutzgebiet nicht nur von der Salzeinfuhr unabhängig zu machen, sondern auch noch einen schwunghaften Handel in die benachbarten nichtdeutschen Gebiete zu ermöglichen. Beides könnte der Regierung zu unmittelbarem finanziellen Vorteil gereichen, wenn wir sie als Betriebsunternehmerin eines Salzmonopoles denken, wie es auf Java die holländische Regierung ausübt, und von den sehr lehrreichen holländischen Erfahrungen Nutzen zögen. Hier liegt meines Erachtens eine wesentliche Quelle zukünftiger eigener Einnahmen des Schutzgebietes.

Augenblicklich fließen solche hauptsächlich aus den Zöllen, die zusammen im Berichtsjahre (1./7. 1900—30./6. 1901) sechsmal[5] so viel einbrachten als alle übrigen eigenen Einnahmen in Summa. Bedeutet auch die Totalziffer[6] der eigenen Einnahmen gegen das Vorjahr eine Erhöhung um etwa 100000 Mark, so reichten sie doch noch keineswegs aus, um die Ausgaben des Schutzgebietes zu bestreiten, die der Bericht — der kurzsilbigste von allen — ganz übergeht.

[1] Im Jahre 1900 betrug die Ausfuhr an Palmöl: 3106874 Liter im Werte von 992411 Mark, an Palmkernen: 7945169 kg im Werte von 1611022 Mark.
[2] 647348 kg im Werte von 2068626 Mark.
[3] 68150 kg im Werte von 685708 Mark.
[4] Von 2 604 395 Mark auf 3 623 264 Mark.
[5] 1 216 849 Mark. [6] 1 431 760 Mark.

Auch schweigt er sich aus über die großen Konzessionen, die das Hinterland erschließen sollen, und ihre bisherigen Erfolge. Der Berichterstatter mag gute Gründe dazu haben.

Mittelpunkt des Kameruner Handels und Erwerbslebens ist das in Duala umgetaufte Kamerun, das bisher auch der Mittelpunkt der Verwaltung war. Seit dem 1..4. 1901 ist jedoch das „Zentralgouvernement" — so sagt der amtliche Bericht, warum nicht Landesverwaltung oder Regierungssitz? nach Buea verlegt worden, das den Beamtenpersonal die Vorzüge eines viel angenehmeren und zuträglicheren Klimas bietet.

Während die Einfuhr Kameruns im Jahre 1900 von 11 133 196 auf 14 245 014 Mark stieg, hob sich die Ausfuhr von 4 840 781 auf 6 886 458 Mark. Von den 6,8 Millionen entfiel aber erst der zwölfte Teil auf Erzeugnisse des Plantagenbaues[1]). So mäßige Erfolge weist dieser heute noch auf. Zwar haben sich die Pflanzungen, die sich bis 1898 ängstlich an der Küste hielten, auch auf die fruchtbaren südöstlichen Abhänge des Kamerunberges ausgedehnt, und es sind in den Jahren 1898—1900 soviel neue Anlagen gemacht worden, daß es im Interesse einer sich nicht übersteigernden Entwicklung augenblicklich gar nicht wünschenswert erscheint, noch neue Plantagen in's Leben zu rufen. Aber diese für die Zukunft unter der Voraussetzung vielversprechende Thatsache, daß bis zum Produktivwerden der Pflanzungen eine gute Straßen- und Eisenbahnverbindung mit der Küste hergestellt wird, ist keine Entschuldigung für die geringe Entwicklung der Vergangenheit. Ich führe sie im wesentlichen auf zwei Ursachen zurück.

Die eine liegt in der Gestaltung der Arbeiterverhältnisse. Ist es auch für mich außerordentlich schwer, über sie ein zutreffendes Urteil zu gewinnen, da ich nur javanische Pflanzungsbetriebe, aber keine Kameruner aus eigener Anschauung kenne, so glaube ich doch auf Grund der mannigfachen Veröffentlichungen über diese Frage soviel sagen zu dürfen, daß Kamerun vortreffliche Bevölkerungselemente besitzt, die für die Arbeit auf den Pflanzungen sich ausbilden lassen, daß wir es aber leider bisher nicht verstanden haben, diese Leute heranzuziehen. Gerade in Kamerun hat uns ein besonderes Mißgeschick verfolgt, indem ungeeignete Persönlichkeiten durch Rohheit und Gewalt die Arbeiterverhältnisse von Grund aus verdarben und keine rechtzeitige Abhülfe durch die Verwaltung erfolgte. Auch der mir vorliegende Bericht spricht wieder davon, daß einige weiße Kaufleute wegen räuberischer Erpressung, Nötigung und Mißhandlung von Eingeborenen zu schweren Strafen verurteilt werden mußten. Und erst neulich wieder ist ein Dampfer in Hamburg gelandet, der aus solchen Gründen Verurteilte zur Abbüßung ihrer Strafe in das Mutterland zurückführte. Auch sonst ist in der kolonialfreundlichen Presse und der Missionspresse wiederholt hingewiesen worden auf diese wundeste Stelle unserer Kolonisation Kameruns. Es kann wohl keinen Zweifel unterliegen, daß die vielfachen Klagen über Trägheit, Unverständigkeit und Unzuverlässigkeit der eingeborenen Arbeiter seltener gehört werden würden, wenn diejenigen, die sie erheben, es verstünden, ihre Arbeiter richtig zu behandeln. Übrigens hebt der Bericht hervor, daß sich im Berichts-

---

[1]) Nämlich auf Kakao: 333 969 Mark für 260 617 kg, Tabak: 183 875 Mark für 25 725 kg und Kaffee: 36 Mark für 26 kg. (!)

ahre allmähliche Fortschritte zum Besseren zeigten, und daß an Stelle der auswärtigen Arbeiter, die man importieren mußte, weil man Kameruner Leute nicht bekam, immer mehr einheimische traten. Diese Besserung wird jedoch nur unter der Voraussetzung anhalten, daß auch die lokale Regierung Kameruns eine andere Stellung d·   ·borenenfrage gegenüber einnimmt als bisher.

Hierüber sagt der Bericht nichts. Bei der großen Wichtigkeit der Frage, die ja auch in der Kolonialzeitung wiederholt und erst vor kurzem wieder besprochen wurde, glaube ich dem nächsten Jahresbericht voraustellen zu sollen, indem ich schon heute die sehr dankenswerte Eingabe des Evangelischen Afrikavereins an den Direktor unserer Kolonialabteilung vom 16. November 1901, die darauf ergangene Antwort und das Reskript des Direktors an den Gouverneur von Kamerun vom 28. Dezember 1901 hervorhebe. Die genannten Dokumente werfen ein eigentümliches Licht auf die bisherige Stellung der Kameruner Regierung in dieser Sache. Es gewinnt den Anschein, als habe sie bei der Zuweisung von Land für die Anlagen von Plantagen auch die Flächen mit überwiesen, die als von den Eingeborenen genutztes Land keineswegs als Kronland anzusehen waren, und als habe sie die Plantagengesellschaften nicht daran gehindert, von den innerhalb der ihnen zugewiesenen Gebiete wohnenden Eingeborenen für deren unbestreitbares Eigentum einen Pachtzins zu verlangen, sei es in Geld oder in Form von Arbeitsleistungen. Die klaren und deutlichen Ausführungen des Direktors unserer Kolonialabteilung in seinem Reskript an den Gouverneur, nach denen eine solche Handlungsweise der Allerhöchsten Verordnung vom 15. Juni 1896 direkt widerstreitet, und seine Anweisung, die Regelung der Landverhältnisse der Eingeborenen am Kameruner Gebirge nunmehr „ohne Verzug und mit allen Kräften" nach den Bestimmungen jener Verordnung in die Hand zu nehmen, werden hoffentlich diesen bedauerlichen Zuständen ein Ende machen und der Willkür gegen die Eingeborenen ebenso eine Schranke setzen, wie das Gebot, nur dann die kleineren Niederlassungen der Eingeborenen mitten im Gebiet der einzelnen Plantagen zu größeren Dörfern zusammenzulegen oder die Eingeborenen ganz außerhalb des Plantagengebietes anzusiedeln, wenn dies im Wege gegenseitiger Vereinbarung möglich ist.

Den anderen Grund für die bisherige geringe Entwicklung des Kameruner Plantagenbaues sehe ich darin, daß er bis vor kurzem sozusagen im Dunkeln tappte. Es berührt sehr eigenartig, daß der ausgezeichnete Leiter des botanischen Gartens in Viktoria, Dr. Preuß, dessen Berichte in dem Beilagenbande den wertvollsten Teil des amtlichen Materials über Kamerun darstellen und eine Fülle von Belehrung bieten, erst im Jahre 1900 eine Studien- und Informationsreise in die wichtigsten Kakao-, Kaffee-, Vanille- u. s. w. Länder Mittel- und Südamerikas unternehmen konnte, und es ist noch eigenartiger, daß diese für die Entwickelung Kameruns hochwichtige Reise nur dadurch zustande kam, daß das kolonialwirtschaftliche Komitee die Mittel gewährte. Längst hätte die Regierung auf ihre Kosten und unter eventueller Heranziehung der Interessenten einen so hervorragend qualifizierten Beamten in jene Länder entsenden sollen. Viel überflüssiges Geld würde unseren Kameruner Pflanzern erspart geblieben sein. Erst dank dieser Reise werden jetzt auf der Versuchspflanzung Viktoria die besseren Kakaosorten von den schlechteren richtig unterschieden; Pflanzen, die vorher für den hochwertigen Guayaquil-Kakao gehalten wurden, haben sich durch den nun möglichen Vergleich als ganz minderwertige erwiesen, einige der wirklich besten

Kakaosorten der Welt sind aus Amerika nach Kamerun überführt worden. So steht zu hoffen, daß es schließlich gelingen wird, dem Kamerun-Kakao seinen strengen und bitteren Geschmack zu nehmen, der ihn bei der Chokoladenfabrikation wie auch beim Konsum reinen Kakaos nur in der Mischung mit anderen nicht kameruner Sorten genießbar macht. Zum Teil erklärt sich dieser mangelhafte Geschmack wohl auch durch die bisherige Methode der Aufbereitung der Kakaobohnen. Heute sind sowohl für ihre Trocknung und Gährung erhebliche technische Fortschritte erzielt, als auch in der Pflanzweise und Behandlung der Bäume, so daß in Verbindung mit den Ergebnissen der Reise von Dr. Preuß genügende Gründe vorliegen, um der Kakaokultur Kameruns, die in der feuchtheißen Küstenniederung und an den küstennahen Abhängen des Kamerunberges die besten Wachstumsbedingungen findet, die günstigste Zukunft zu prophezeien.

Zur Zeit steht und fällt mit ihr der ganze dortige Plantagenbau. Ist nun auch beim Kakao eine ähnliche Preisbewegung wie beim Kaffee nicht zu erwarten, da der Kakaokonsum noch ungeheuer ausdehnungsfähig ist, so erscheint es doch nicht unbedenklich, daß der Kakao bis jetzt fast die einzige plantagenmäßig angebaute Kulturpflanze Kameruns ist. Nicht nur Käferlarven, meist Cerambyciden und Raupen, auch andere Schädlinge, insbesondere der die schwarze Fleckenkrankheit verursachende Pilz Phytophtora omnivora bedrohen die Kakaokultur, und wenn es auch nicht wahrscheinlich ist, so ist es doch auch nicht ausgeschlossen, daß sie einmal das Schicksal der früheren Kaffeekultur Ceylons teilt. Man sollte daher den sehr verständigen Rat von Dr. Preuß befolgen und mit viel größerer Energie als bisher auch anderen aussichtsvollen Kulturen, wie z. B. der Vanille, der Muskatnuß, dem Thee, dem Zuckerrohr sich zuwenden und vor allem auch mehr Viehzucht treiben.

Stellenweise ist der Tabakbau wieder aufgenommen, während der Bau des Kaffees, der im Schutzgebiet sehr vielen Schädlingen begegnet, eingeschränkt wurde und bald ganz aussterben wird. Von großer Bedeutung erscheint es, daß einige Pflanzungen in Bitioria und Südkamerun sich anschicken, die Kautschukkultur in größerem Maßstabe ins Werk zu setzen, im Anschluß an eingehende und höchst interessante Versuche, die im botanischen Garten — der gegenwärtig die meisten bis jetzt bekannten Kautschukpflanzen der Welt besitzt — Dr. Preuß in dieser Richtung anstellte.

Hiernach kommen für den Anbau in Kamerun sowohl die Kickxia africana wie die Castilloa in Betracht, von der in Costarica schon sehr rentable Pflanzungen bestehen. Auch erzielte Preuß bis jetzt günstige Ergebnisse mit der Verwendung von Hevea brasiliensis als Schattenbaum für Kakao, m. a. W. indem er die zu größerer Höhe wachsende Kautschukart zwischen die langsamer wachsenden und niedriger bleibenden jungen Kakaobäume pflanzte, so daß diese im Schatten jener den für ihr Gedeihen erforderlichen Schutz gegen die Tropensonne fanden. Da der Raubbau der Eingeborenen die natürlichen Bestände an Kautschukpflanzen vermutlich unaufhaltsam erschöpft, so würde das glückliche Gelingen dieser sehr dankenswerten Bemühungen, einen Kautschukplantagenbau bezw. eine Kautschukwaldkultur ins Leben zu rufen, von außerordentlicher Tragweite sein.

Wenn nun auch Kamerun dem Plantagenbau viel günstigere Bedingungen bietet als Ostafrika, so ist doch nicht anzunehmen, daß mit seinen Fortschritten die Kolonie zu einer vorwiegenden Pflanzungskolonie sich entwickeln wird. Im

Gegenteil. Je mehr unsere Herrschaft sich ausbreitet und von dem zukunftsreichen Hinterlande nicht nur nominellen Besitz ergreift, desto bedeutender wird der Handelsverkehr werden, der Umsatz europäischer Fabrikate gegen Erzeugnisse der Urproduktion der Eingeborenen. Bekanntlich trennt ein breiter Urwaldgürtel die Küstenlandschaft Kameruns vom Hinterlande. In diesem Waldgebiet und an der Küste bilden Bantuneger den Hauptbestandteil der Bevölkerung und haben das Monopol des Zwischenhandels mit den Stämmen des Hinterlandes, die vorwiegend Sudanneger sind. Von ihnen haben die von Norden eingedrungenen muhamedanischen Fullahs die heidnische Urbevölkerung verdrängt und das große Reich Adamaua gegründet, eine Gruppe von Vasallenstaaten, die alle dem Emir von Yola tributär sind. Adamaua ist eines der reichsten Länder Zentralafrikas. Seine seßhafte und fleißige Bevölkerung treibt Ackerbau und Viehzucht und besitzt eine große Anzahl bevölkerter und ausgedehnter Städte. Der Handel mit diesen kaufkräftigen Bewohnern unseres Hinterlandes kommt uns jedoch nur zum kleinsten Teile zugute weil er hauptsächlich durch Haussaneger mit dem englischen Niger-Benuegebiet und den nördlichen Sudanländern vermittelt wird, im übrigen aber, soweit er von unserer Küste aus vor sich geht, am Handelsmonopol der Bantustämme eine sehr lästige Fessel findet. Um dieses Monopol zu brechen und direkte Beziehungen mit den Bewohnern Adamauas anzuknüpfen und ferner die Handelskonkurrenz der Engländer vom Niger-Benuegebiet zu bekämpfen, war es unumgänglich unsere Herrschaft sowohl bei den Bantustämmen des Waldgebietes, als in Adamaua fest zu begründen. Seit 1899 richtet sich eine Reihe von Expeditionen auf dieses Ziel, die auch der geographischen Erforschung des Landes dienten und dienen. Unter anderem bezweckten sie, dem bei der englisch-deutschen Grenzregulierung in höchst kluger Weise von unseren Vettern sich bekanntlich vorbehaltenen Yola, von dem, wie ich sagte, der größte Teil unseres Kameruner Hinterlandes politisch abhängig ist, ein Paroli zu bieten. Es soll dies dadurch geschehen, daß das Yola benachbarte deutsche Garua am Benue zu einem Hauptstützpunkt unserer Macht und unseres Handels erhoben wird. Ein sehr aussichtsvoller Plan, für den, wie die Leser der Kolonialzeitung wissen, die Deutsche Kolonialgesellschaft aus eigenem und aus dem Ertrage der Wohlfahrtslotterie 125000 Mark beisteuerte.

Leider haben jedoch unsere Bemühungen bisher den erwünschten Erfolg noch nicht gezeitigt. Es sieht augenblicklich noch recht kriegerisch im Schutzgebiet aus. Zur Bestrafung unbotmäßiger und räuberischer Stämme war im Berichtsjahre eine größere Anzahl von Expeditionen in das Innere wieder nötig. Auch die jüngst veröffentlichten Berichte Pavels, des neuen Kommandeurs der Schutztruppe, über die Kämpfe im Dezember 1901 lassen auf die großen Schwierigkeiten schließen, denen die Hauptaufgabe der Expeditionen begegnet, begründen jedoch gleichzeitig die Hoffnung, daß bei der energischen Leitung das ferne Ziel wohl erreicht werden wird.

Immerhin halte ich es für höchst wünschenswert, daß wir unsere Schutztruppe, die wir 1000 nach der anfangs mißlungenen Besser'schen Strafexpedition auf 900 Farbige und 74 Weiße vermehrten, abermals verstärken. Wir können nur unter der Voraussetzung das Handelsmonopol der Bantustämme brechen und die kriegerischen Stämme des Hinterlandes zu unseren Freunden machen, wenn wir eine sehr geschickte Diplomatie anwenden und diese nicht des Nachdrucks entbehren lassen, den eine starke militärische Macht verleiht. Möchten wir aus den holländischen Erfahrungen in Atchin und aus den unsrigen in Okasrika lernen, und nicht an der solchen Stelle sparen! Die Verstärkung der Kameruner Schutztruppe erscheint mir als das dringendste Erfordernis, um Ruhe und Frieden auch im Innern einkehren zu lassen und die wirtschaftliche Entwicklung Kameruns in die Bahnen zu leiten, die die reiche natürliche Ausstattung des Landes ihr anweist.

III. Togo.

Togo, das kleinste aber am dichtesten bevölkerte unserer Schutzgebiete, hat bekanntlich durch jenes deutsch-englische Abkommen, das uns Dank der Tapferkeit der Buren die Hauptinseln von Samoa gab, zugleich eine Änderung seiner Grenze gegen das benachbarte englische Gebiet erfahren, deren Festlegung an Ort und Stelle durch eine gemischte Kommission zur Zeit ausgeführt wird. Wenn uns nun auch jenes Abkommen einen Teil der sogenannten „neutralen Gebietes" definitiv gewährte, so hat es doch leider die unnatürliche Grenzgestellung im Südwesten unseres Schutzgebietes nicht beseitigt. Noch wie vor mündet die breite Handelsstraße des Hinterlandes, der Volta, im englischen Gebiet.

Ebensowenig ist die Gestaltung unserer Ostgrenze gegenüber dem französischen Dahomey eine günstige zu nennen. Ein großer Teil des Handels aus dem Hinterlande wird daher noch lange nach links und rechts über englisches und französisches Gebiet abfließen.

Diesem Übelstande, der neuerdings noch dadurch verschärft wird, daß bei unseren Nachbaren zu den vorhandenen Wasserstraßen Eisenbahnen hinzutreten, läßt sich nur entgegenwirken durch Verbesserung der Verkehrsverhältnisse Togos. Ist nun auch die ihrer Vollendung nahe Landungsbrücke, die endlich den Schiffen den direkten und sicheren Verkehr mit dem Lande ermöglichen wird, und die kleine Küstenbahn Lome-Klein Popo, deren Bau im Berichtsjahr noch nicht begonnen war, mit Freude zu begrüßen, sie allein vermögen jenem Mißstand nicht abzuhelfen. Wohl aber könnte bei der geringen Breite des Schutzgebietes hierzu eine Eisenbahn wesentlich beitragen, die von der Küste in das Innere verliefe und deren Linienführung festzustellen die Aufgabe einer neuen Expedition des Kolonialwirtschaftlichen Komitees bildet. Jedenfalls würde eine solche Bahn der Landeskultur umsomehr zu gute kommen, als es bisher noch nicht gelang, leistungsfähige und der Surrahseuche, die den Viehbestand unserer Kolonie dezimiert, widerstehenden Zugtiere zu züchten. Ohne solche aber ist die volle Ausnutzung der vortrefflichen Landwege unmöglich, deren sich Togo heute wie kaum eine zweite Tropenkolonie an der Westküste Afrikas erfreut.

Das Schutzgebiet verdankt sie seiner ausgezeichneten Verwaltung, die in richtiger Erkenntnis der Sachlage sich mit allem Nachdruck auf die Herstellung guter Landwege legte als des einzigen Mittels, um nicht überhaupt allen Verkehr mit dem Hinterlande zu verlieren. Der Bericht erwähnt, daß die schöne Fahrstraße von Lome nach Misahöhe jedenfalls auch für Automobile fahrbar sei; unter der Voraussetzung, daß die übrigen Straßen eine ähnliche Verfassung haben oder doch in absehbarer Zeit bekommen, weist er damit auf den besten Ersatz für die Zugtiere und den einstweiligen Ersatz für die Eisenbahn hin.

Der Wegebau Togos ist ein nachahmenswertes Vorbild für unsere anderen Kolonien. In sehr verständiger Weise haben ihn die Stationsleiter im Frohndienst durch die Eingeborenen ausführen lassen, die keine Steuern in Geld oder Erzeugnissen ihres Ackerbaues zahlen und zu dieser Steuerleistung in Arbeit fast überall sich willig zeigten, wohl weil sie den Nutzen der Wege für sich selbst einsahen. In gleicher Weise wurde die Arbeit der Eingeborenen für andere öffentliche Bauten und für die Versuchspflanzungen der Stationen verwendet, wobei diese zugleich Eingeborene als Garten- und Wirtschaftslehrlinge im Pflügen, Pflanzen, Mähen usw. unterwiesen und über Zweck und Verwendung der Pflanzen belehrten. Ebenso ließen sich die Stationen die Ausbildung von Zimmerleuten, Maurern, Schneidern, Brettschneidern, Ziegelbrennern mit bestem Erfolge angelegen sein.

In derselben Richtung bewegen sich die außerordentlich dankenswerten Bemühungen des kolonialwirtschaftlichen Komitees, die Baumwollkultur, die die Eingeborenen schon seit langem treiben, als Volkskultur zu heben. Unter der Leitung sachverständiger amerikanischer Baumwollfarmer aus Alabama, die Neger sind, wurde bei Misahöhe im Januar 1901 zu diesem Zweck eine Baumwollpflanzage ins Leben gerufen, auf der die Eingeborenen gegen einen Lohn von 35--75 Pfg. tätig sind und in rationeller Baumwollkultur und -bearbeitung unterrichtet werden. Auch mehrere Stationen haben Baumwollpflanzungen in größerem Umfange unternommen. Bisher gediehen die Pflanzen, die teils aus amerikanischem, teils egyptischem, teils aus einheimischem Saatgut gezogen wurden, recht gut.

Diese Erziehung der Eingeborenen zu größerer Leistungsfähigkeit, rationeller Bodenbebauung und Baumwollkultur erscheint für die Zukunft des Schutzgebietes um so wichtiger, als der landwirtschaftliche Betrieb der Eingeborenen sich noch auf einer sehr niedrigen Stufe befindet und ein nennenswerter europäischer Plantagenbau der edleren tropischen Gewächse nicht in Betracht kommt. Düngung ist unbekannt, soweit nicht der bei der Rodung verbrannte Busch als Dünger wirkt. Einziges Werkzeug ist eine eiserne Hacke, mit welcher keine auch nur einigermaßen intensive Bearbeitung des Bodens möglich ist, und die Pflanzen selbst entbehren sachgemäßer Behandlung. Für den Plantagenbau von Kaffee, Kakao und Tabak sind zwar Versuche gemacht worden, aber ohne sonderlichen Erfolg. Das ist um so mehr zu bedauern, weil die Bevölkerung Togos friedfertig ist und zur Arbeit auf Pflanzungen so sehr sich eignet, daß im Berichtsjahre wieder 600 Plantagenarbeiter nach Kamerun geschickt werden konnten, abgesehen von 140 Handwerkern und 250 Rekruten für die dortige Schutztruppe.

Während auf der einen Seite die vortreffliche Regierung der Kolonie, deren verdienstvoller Leiter viel zu früh durch den Tod uns entrissen wurde, die Arbeit der Eingeborenen in der geschilderten Weise zur Hebung der Landeskultur verwendet, sucht sie auf der anderen bei der Rechtspflege und der Verwaltung die Eingeborenen in höherem Maße zur Mitwirkung heranzuziehen. Die Häuptlinge, soweit sie hierzu sich eignen, haben die Rechtsprechung in unbedeutenderen Angelegenheiten, bei anderen fungieren sie als Beisitzer. Ihre vermutlichen Erben behält man eine Zeit lang auf den Stationen, um sie mit den Anschauungen und Zwecken der Regierung vertraut zu machen. Andere Angehörige der Häuptlingsfamilien wurden auf den Hauptstationen zu Polizisten erzogen und dann zur Besetzung von Außenposten verwendet oder den Häuptlingen zur Unterstützung beigegeben. Sie erhalten keine regelmäßige Bezahlung, sondern nur eine Uniform und gelegentliche Belohnungen für geleistete Dienste. Der Station, der sie in gewissen Zeiträumen Meldung zu machen haben, sind sie für alle Vorkommnisse verantwortlich. Im übrigen leben sie wie vorher und gehen ihrer Beschäftigung nach. Dieses System hat sich sehr bewährt, nicht nur das Ansehen der Häuptlinge, sondern auch das Interesse an der deutschen Verwaltung gehoben.

Die zur Zeit wichtigsten Erzeugnisse des Schutzgebietes sind wie in Kamerun Palmöl und Palmkerne. In Zukunft wird auch die Kokoskultur reichen Ertrag abwerfen, während die Kautschukgewinnung unter dem Raubbau der Eingeborenen leidet, aber gleichwohl im Berichtsjahr zu einer gesteigerten Ausfuhr führte, die zum Teil jedenfalls eine Rückwirkung der durch den Wegebau verbesserten Transportverhältnisse darstellt. Insgesamt stieg die Ausfuhr im Jahre 1900 um das doppelte der Zunahme der Einfuhr[1]), in der hauptsächlich Ackerbauprodukte, Pulver, Baumwolle und Baumwollwaren eine Steigerung erfuhren, während gleichzeitig der Posten Spirituosen eine sehr erfreuliche Mindereinfuhr[2]) aufwies, dank der Erhöhung des Einfuhrzolls.

Läßt sonach die wirtschaftliche Entwickelung Togos kaum etwas zu wünschen übrig, so ist leider nicht das Gleiche von den gesundheitlichen Verhältnissen zu sagen. Sind sie auch an der Küste infolge der hier besseren Lebensbedingungen beträchtlich günstiger als im Hinterlande, so ist doch unter den Europäern Malaria stark verbreitet — von 60 während des Berichtsjahres im Nachtigalkrankenhause Aufgenommenen litten nicht weniger als 39 an ihr —, und unter den Eingeborenen grassierten sowohl echte Pocken als Lepra, die im Innern des Schutzgebietes große Ausdehnung gewonnen zu haben scheint; auch Erkrankungen der Augen und Geschlechtskrankheiten waren unter ihnen stark vertreten. Es ist ein geringer Trost, wenn der Bericht angesichts dieser Zustände die Gesundheitsverhältnisse im allgemeinen als günstige bezeichnet. Vermutlich meint er dies im Vergleich zu früheren Jahren, in denen der Alkoholkonsum noch ein sehr ausgedehnter war und die physische Widerstandskraft erheblich schwächte.

Nach dem Gesagten läßt sich für Togo, abgesehen von der sehr wünschenswerten Besserung der sanitären Verhältnisse, für welche in Ansehung der Malaria die in Kamerun erprobte Chininprophylaxe sich empfehlen dürfte, kaum ein anderes Postulat aufstellen, als daß die Verwaltung in der bisherigen bewährten Weise fortfahren möge, die Landeskultur und die Eingeborenen zu heben.

IV. Südwestafrika.

Viel weniger dicht bevölkert als das kleine, nur wie Bayern große Togo, dessen Einwohner auf zwei Millionen geschätzt werden, ist unser südwestafrikanisches Schutzgebiet, das nur etwas mehr als 200000 Einwohner zählt, also kaum so viel wie Sachsen-Koburg-Gotha, bei einer Flächengröße vom anderthalbfachen des deutschen Reiches.

---

[1]) Die Ausfuhr (3068902 M.) stieg um 476201 M., die Einfuhr (8618786 M.) um 237078 M.

[2]) 1899 wurden Spirituosen im Werte von 633824 M. eingeführt, 1900 nur für 481803 M., was eine Abnahme im Werte von 153171 M. ergiebt, und in der Menge von 810000 Liter.

Südwestafrika ist bekanntlich das einzige unserer Schutzgebiete, dessen Klima die dauernde Ansiedlung von Söhnen des Mutterlandes gestattet. Die vielen kriegerischen Unruhen, die das Land heimgesucht und zu einer starken Vermehrung der Schutztruppe geführt haben, sind seiner Besiedlung insofern zu statten gekommen, als viele entlassene Mannschaften der Schutztruppe es vorzogen, in Südwestafrika zu bleiben, anstatt in die Heimat zurückzukehren. Hiermit und mit der Kopfzahl der Schutztruppe überhaupt hängt es hauptsächlich zusammen, daß von der am 1. Januar 1901 3643 Köpfe starken weißen Bevölkerung, zu welcher der Bericht auch die wenigen mit Weißen verheirateten eingeborenen Frauen rechnet, 2223 deutsche Staatsangehörige waren. Von den hierin enthaltenen 1682 männlichen Erwachsenen gehörten die meisten 789 zur Regierung und Schutztruppe, 478 waren Handwerker und Arbeiter, 187 Kaufleute und Händler, 183 Ansiedler und Farmer. Von den übrigen Nationalitäten stellte England 16 Kaufleute und Händler, 56 Ansiedler und Farmer, 29 Handwerker und Arbeiter; Transvaal hingegen 1 Kaufmann, 8 Handwerker und Arbeiter, aber 153 Ansiedler und Farmer. Daß Transvaal in dieser letzteren Kategorie sich zur zweiten Stelle emporschwang, erscheint als eine Folge des Burenkrieges. Nicht weniger als 124 Buren wanderten im Berichtsjahre ein und der Zuzug derartiger Einwanderer, in denen bekanntlich Fürst Bismarck im Gegensatz zu seinem Nachfolger das günstigste Kolonisationselement erblickte, war in fortgesetzter Steigerung begriffen. Kein Wunder, daß die Farmniederlassungen, von denen im Rechnungsjahre 1898 nur 2 mit einer Gesamtfläche von 19815 ha in Betrieb genommen wurden, 1899 auf 10 Farmen mit 70416 ha und 1900 auf 21 Farmen mit 158503 ha stiegen. In diesen Ziffern sind nur die Verkäufe von Kronland und diejenigen Verkäufe von Land der Eingeborenen enthalten, die von der Regierung genehmigt wurden, nicht hingegen solche von den mit Landbrief versehenen Gesellschaften. Deren Anzahl ist indessen unbedeutend, da die Gesellschaften an ihren hohen Preisen festhalten, im Gegensatz zur Regierung aus dem Landverkauf ein Geschäft zu machen suchen und deshalb nur selten Käufer finden, so lange noch Kronland zu haben ist.

Es mag sein, daß die Besiedlung Südwestafrikas heute weiter vorgeschritten wäre, die angeführten Zahlen dies erkennen lassen, hätten nicht unsere früheren Kolonialverwaltungen jene Landgesellschaften zwischen die Regierung und die Ansiedler gestellt. Der infolge dessen nur geringe Umfang von Kronland wird bald erschöpft sein, sicher werden dann jene Gesellschaften ihre Landpreise nicht erniedrigen, eher sie erhöhen und so der Besiedlung noch größere Fesseln anlegen. Es erscheint daher wünschenswert, daß die Regierung sich neue Bestände von Kronland sichere.

Der Bericht sagt hierüber nichts. Vor fünf Jahren befanden sich nach einer Schätzung Leutweins 50 % des verfügbaren Landes in den Händen von Privatgesellschaften und nur 7 %, in denen der Regierung. Wie das Verhältnis heute liegt, nachdem schon damals begonnen war, diese ungünstige Entwicklung wieder rückwärts zu schrauben, andererseits aber inzwischen auch neue Konzessionen erfolgt sind, ist uns nicht bekannt. Eine gute Handhabe zur Gewinnung neuen Kronlandes dürfte sich beim Verfall früher erteilter Konzessionen darbieten. Sie ─── ─── ─── ─── der vorgesehenen Frist auch nachkommen würden. Soweit diese Voraussetzung nicht eingehalten wird, ergiebt sich die Möglichkeit der Rücknahme der Konzession oder doch der Abnahme eines Teiles ihres Landes als Kronland.

Ob die Zukunft der Kolonie mehr in der Viehzucht im großen oder im Bergbau liegen wird, läßt sich heute noch nicht sagen. Ebensowenig lassen sich schon nähere Angaben über die wirtschaftlichen Aussichten des nördlichsten Teiles, des Ovambolandes, machen, in dem allein ein eigentlicher Ackerbau tropischen Charakters möglich ist, wo wir aber eben erst Fuß zu fassen im Begriffe stehen.

Die Viehzucht hat erfreuliche Fortschritte gemacht. Vielversprechende Kreuzungen mit europäischem Viehrassen sind versucht worden. Die Rinderpest, die früher den Viehbestand des Schutzgebietes so arg mitnahm und auch im Berichtsjahre unter dem Vieh der Eingeborenen großen Schaden anrichtete, zum Teil mit Texasfieber und Gallenseuche kompliziert war, wird heute von der Verwaltung nicht mehr gefürchtet. Die Koch'sche Impfmethode hat sich so bewährt, daß die vollständige Unterdrückung der Rinderpest in absehbarer Zeit zu erwarten steht. Ist diese Auffassung der Regierung keine zu optimistische, so wird unsere Kolonie dann imstande sein, in den durch den Burenkrieg hart mitgenommenen übrigen Teilen Südafrikas als Konkurrent in der Lieferung von Zug- und Schlachtvieh aufzutreten.

Recht gute Erfolge erzielte auch die Pferdezucht, von 79 Stuten 77 Fohlen, von denen nur 6 nach der Geburt eingingen, so daß 34 Hengste und 37 Stuten übrig blieben. Die Qualität der Fohlen zeigte einen bedeutenden Fortschritt gegen früher, namentlich bei den von einem Trakehner Hengst gefallenen.

In bergbaulicher Beziehung scheinen die großen Hoffnungen, die an Kupferfunde im Otavigebiet geknüpft wurden und zur Absplitterung einer Otavi-Minen- und Eisenbahngesellschaft von der englisch-deutschen South West-Afrika Co. führten, sich nach den jüngsten Mitteilungen noch nicht erfüllt zu haben. Dagegen hat man im Gebiet der deutschen Kolonialgesellschaft für Südwestafrika nördlich vom Zulsib vielversprechende Kupferfunde gemacht, deren gewinnbringender Abbau deshalb gesichert erscheint, weil die Bahnverbindung mit der Küste nur geringe technische Schwierigkeiten bietet. Sie liegen 160 km von Swakopmund entfernt und können leicht an die Bahnlinie Swakopmund-Windhuk angeschlossen werden.

Die bisher der spärlichen eingeborenen Bevölkerung gegenüber befolgte Politik, ihr genügende Flächen als Reservat anzuweisen, hat sich bewährt und das Vertrauen der Eingeborenen zur deutschen Verwaltung entschieden zugenommen. Von Oktober bis Dezember 1900 unternahm die Schutztruppe unter Führung des Gouverneurs und unter Beteiligung des Oberhäuptlings Maharero mit fünfzig seiner Leute eine Expedition nach dem Norden des Schutzgebietes, die in erfreulichem Gegensatz zur Zurücklegung desselben Weges im Jahre 1896 als reiner Friedensmarsch ausgeführt werden konnte. An Stelle der damaligen Feindseligkeiten erwiesen die Eingeborenen der durchziehenden Truppe überall ihre Sympathiebezeugungen.

Der Ackerbau im Schutzgebiet leidet noch sehr unter der Unregelmäßigkeit der Niederschläge und hat auch mit den in der kalten Zeit hin und wieder eintretenden Nachtfrösten zu kämpfen. Der Wassermangel führte im Berichtsjahre auch dazu, daß die neue Eisenbahn salzhaltiges Wasser benutzen mußte. Eine Besserung wird eintreten, wenn die Stauanlagen erst weiter gediehen sind, von denen es auch abhängt, ob ein eigentlicher europäischer Ackerbau dort möglich ist, wo heute nur eine kleine Gartenkultur stattfinden kann. Als vorbereitender Schritt für eine solche Ausdehnung der Bewässerungs- und Berieselungsanlagen, welche die dem Ackerbau entgegenstehende Ungunst der Natur überwindet, erwähnt der Bericht die Entsendung zweier Ingenieure. Sie hatten die Aufgabe, das Hatsamas-Dammbauprojekt an Ort und Stelle auf seine technische Durchführbarkeit zu prüfen, auch andere Stauanlagen zu besichtigen und weitere für Dammbauten in Betracht kommende Stellen in Augenschein zu nehmen.

Viel Schaden haben die Heuschrecken angerichtet, gegen welche die Regierung ein systematisches Vorgehen plant. Von vielen Privatleuten wurden zu ihrer Vernichtung Versuche mit der Lösung des Heuschreckenpilzes angestellt. Die Beobachtung der Wirkung war jedoch nicht überall möglich. Jedenfalls werden bei richtiger Vornahme der Impfung die Erfolge nicht ausbleiben.

Bestehende Wege wurden verbessert und neue angelegt, Tränkanlagen und Brunnen längs der Wege gereinigt, verbessert und vermehrt und die Wasserversorgung der wichtigsten Wohnplätze zum Teil wesentlich gehoben. Dies und die gleichzeitige Besserung der Wohnungsverhältnisse, sowie die Maßnahmen gegen die von Kapstadt drohende Pestgefahr waren von günstigstem Einfluß auf den Gesundheitszustand.

Die durch die Rinderpest geschwächte Kaufkraft der Eingeborenen lag noch sehr darnieder. Hierdurch erklärt es der Bericht in erster Linie, daß die Einfuhr im Jahre 1900¹) um fast zwei Millionen Mark geringer war als im Vorjahre. Auch die Ausfuhr²) verminderte sich um ungefähr eine halbe Million. Charakteristischer Weise nimmt zwei Drittel ihres Umfanges der Guano ein, dessen Ausbeute bekanntlich einer englischen Gesellschaft überlassen wurde. Sie exportierte nicht weniger als 6,1 Millionen Kilo im Werte von 610000 Mark, 485000 Mark weniger als im Vorjahr, so daß sich hierdurch der Rückgang der gesamten Ausfuhr fast vollständig erklärt. Die Abnahme des Guanoexports hängt teils mit ungünstigen Landungsverhältnissen zusammen, teils mit der allmählichen Erschöpfung der Guanolager am Kap Croß.

Es wäre zu wünschen, daß die Regierung die Küste unserer Kolonie nach Guano absuchen ließe, da es wahrscheinlich ist, daß auch an anderen Stellen Guanolager sich finden. Die Erfahrungen der Vergangenheit sollten dann dazu führen, dieses für die Ausfuhr zur Zeit noch wichtigste Produkt zu einem Domanialprodukt zu erklären, so daß nicht nur der Ausfuhrzoll, sondern der ganze Reinertrag den Finanzen des Schutzgebietes zu Gute käme.

Diese waren im Rechnungsjahr 1900 noch recht notleidend. Den eigenen Einnahmen in Höhe von 1022000 Mark, von denen 800000 auf Zölle und 48000 auf Landverkäufe entfielen, mußte ein Reichszuschuß von 7½ Million Mark hinzutreten, um das Budget in's Gleichgewicht zu bringen. In Zukunft steht glücklicherweise eine erhebliche Besserung zu erwarten. Einerseits werden die großen Ausgaben für den Ausbau des Hafens von Swakopmund und für die Eisenbahn von dort nach Windhoek und die diesen Kosten entsprechenden Teile des Reichszuschusses mit der Vollendung jener wichtigen Bauten verschwinden, andererseits wird das Schutzgebiet wachsende Einnahmen aus dem Betriebe der

---

¹) 6568000 Mark. ²) 2815000 Mark.

Eisenbahn ziehen, die am 1. Juli 1901 bis zur Station Okasise (264,10 km) eröffnet wurde, während am 31. desselben Monats der Telegraph bereits das noch 100 km entferntere Windhoek erreichte. Im Oktober dieses Jahres soll die Eisenbahn ihm folgen.

V. Südseeschutzgebiete.

Über unsere Besitzungen in der Südsee ist nicht viel zu sagen. In unserem alten Schutzgebiet von Neu-Guinea hat bekanntlich das deutsche Reich seit einigen Jahren die verlorengegangene Erbschaft der Neu-Guineakompagnie wieder angetreten, über deren Mißwirtschaft Hans Blum in seinem Buche „Neu-Guinea und der Bismarckarchipel" uns so beredte Schilderungen gab. Kein Wunder, daß Kaiser Wilhelmsland heute kaum entwickelter erscheint als in den ersten Jahren nach seiner Besitzergreifung. Unser Einfluß reicht kaum über die Küstengegenden hinaus, und im Bismarckarchipel ist er stellenweise noch so gering, daß auf den Matthiasinseln, auf denen das Gouvernement durch zwei unblutig verlaufene Expeditionen bereits eine friedliche Entwicklung angebahnt hatte, gleichwohl die sehr gut ausgerüstete und bewaffnete Expedition des Herrn Mencke im Lager überfallen werden konnte, wobei zwei Europäer getötet wurden. Auch die allerjüngste Bluttat von Papemtata lehrt, wieviel heute noch unsere Herrschaft selbst auf Neupommern zu wünschen übrig läßt.

In wirtschaftlicher Beziehung sieht es im Bismarckarchipel viel günstiger aus als in Kaiser-Wilhelmsland. Die dort fast ausschließliche Kokos- und Baumwollkultur kommt mit einheimischen Arbeitern aus und die durchaus aussichtsvollen Unternehmungen auf der Gazelleshalbinsel und in der Umgegend von Herbertshöh stehen in erfreulichem Gegensatz zu den traurigen Erfahrungen, die wir auf der von der Natur in der verschwenderischsten Weise ausgestatteten Hauptinsel gemacht haben. Wenn es nicht gelingt, der außerordentlichen Fruchtbarkeit des Landes Plantagenkulturen wertvoller Gewächse abzuringen, — was hoffentlich möglich ist, wenn auch die Bewirtschaftung hier ausschließlich in den Händen der Neu-Guineakompagnie verbliebe —, dann wird die Zukunft von Kaiser-Wilhelmsland vor allem in der Gewinnung von Kopra, Kautschuk und Guttapercha durch die dazu erzogenen Eingeborenen liegen, die diese Erzeugnisse an europäische Händler absetzen, möglicherweise auch in seinem Bergbau, sofern sich die großen Hoffnungen erfüllen, die man auf Goldfunde im Ramugebiete gesetzt hat. Im Berichtsjahre ist auch für den Süden des deutschen Teiles der Insel einem deutschen Syndikat unter Führung der Diskontogesellschaft eine ausschließliche Konzession zum Aufsuchen von Gold erteilt worden.

Im Bismarckarchipel hat sich die Regierung mit gutem Erfolg um die Anlage einer Kokospflanzung im neuen Bezirke Kufo auf Neu-Mecklenburg und um die Erziehung der dortigen intelligenten, kräftigen und arbeitswilligen Eingeborenen zu Kokospflanzern bemüht. Sie hält sich zu der Annahme für berechtigt, daß, wenn europäisches Kapital sich zur Anlage von Pflanzungen nicht finde, mit der Zeit eine solche durch und für die Eingeborenen möglich sein wird.

Der Handel des Schutzgebietes erstreckte sich im Berichtsjahre in erster Linie auf Kopra, Trepang, Perlschalen, green snail shells und Schildpatt, die von den Eingeborenen in primitiver Weise eingetauscht werden. Im Bezirke Kula geschah es in der Weise, daß der Händler den Eingeborenen gefüllte Warenkisten mit der Verpflichtung übergiebt, ein bestimmtes Äquivalent ihrer Erzeugnisse dafür zu liefern. Begreiflicherweise erwachsen aus dieser Kreditgewährung um so häufiger Streitigkeiten, als den Eingeborenen das Verhältnis von Soll und Haben meist ganz klar ist. Auch die Verwaltung kann niemals Klarheit schaffen, da über die beiderseitigen Lieferungen nur die Aufzeichnungen des Händlers vorliegen, während der Eingeborene kaum jemals weiß, was er erhalten und was er dagegen zu liefern übernommen und bereits geliefert hat. Vielfach scheinen die Eingeborenen die Kisten nur aus Furcht vor dem betreffenden Händler anzunehmen.

Wie der Handel, so leidet auch die Beschaffung von Arbeitern für die Pflanzungen vor allem am Mangel sicherlicher und leistungsfähiger Fahrzeuge, vermittelst deren Handelsbeziehungen mit den zerstreut wohnenden Eingeborenen aufrecht erhalten werden können. Namentlich gilt dies für Kaiser Wilhelmsland. Auch im Interesse der Beherrschung des Schutzgebietes erscheint die Erweiterung der völlig unzureichenden Gouvernementsflottille außerordentlich wünschenswert.

Lassen in dieser Beziehung die Verkehrsverhältnisse noch viel zu ändern übrig, so haben sie sich auf dem Lande entschieden gehoben. Namentlich im Bismarckarchipel, wo die Verwaltung in den Bezirken Herbertshöh und Kula sich um den Wegebau sehr verdient machte, sind in Kula allein 100 km neue Wege angelegt. Teilweise waren die zu überwindenden Schwierigkeiten sehr große. Kilometerlange Sümpfe waren zu überbrücken oder auszutrocknen, ganze Steinfelder, aus mannshohen Korallenfelsen bestehend, mußten mit Dynamit und der Steinhacke Fuß für Fuß bearbeitet und schwerer Busch niedergeschlagen werden. Durch Vermittlung der von der Regierung eingesetzten Häuptlinge wurden die Eingeborenen zum Wegebau herangezogen, und sie haben diese Arbeiten mit wachsender Geschicklichkeit ausgeführt, im allgemeinen auch willig unter ihren Häuptlingen gearbeitet. Zugleich hat die gemeinschaftliche Arbeit die feindlichen Gegensätze zwischen den einzelnen Stämmen zu einer friedlichen Eifersucht gemildert, aus der die Verwaltung Vorteil zieht.

Was endlich die Finanzen anlangt, so hat das erste Jahr der staatlichen Verwaltung des alten Schutzgebietes von Deutsch-Neuguinea mit einem kleinen Überschuß abgeschlossen; auch für das laufende zweite Wirtschaftsjahr wird ein solcher erwartet.

Eine erfreuliche Entwicklung zeigen die Marschall-Inseln, auf denen völlige Ruhe herrschte. Die Eingeborenen haben ihre Kopra-Kopfsteuern willig und pünktlich abgeliefert, und die reiche Ernte an Kokosnüssen, die die ausschließliche Produktion des Schutzgebietes bilden, ist sowohl den europäischen Pflanzungen zu Gute gekommen, als auch von anregender Wirkung auf die Eingeborenen gewesen, die selbst Anpflanzungen vorgenommen haben. Bekanntlich kostet hier die Verwaltung dem Reich keinen Pfennig, weil die Jaluitgesellschaft deren Kosten trägt.

Von unseren neuen Erwerbungen in der Südsee haben die Karolinen eine administrative Teilung in Ostkarolinen (Ponape) und Westkarolinen (Jap) erfahren. Ihre Entwicklung befindet sich begreiflicherweise noch in den ersten An[fängen]. In den Ostkarolinen waren die von der spanischen Verwaltung [in der Um]gebung der Regierungsniederlassung angelegten Straßen zugewachsen; [sie sind] erneuert worden. Eine energische Inangriffnahme des Straßen[baus] bau wird erst erfolgen, wenn entschieden ist, in welcher Gegend Pflanzungsbetriebe sich entwickeln können. Möglich, aber nur in beschränktem Umfange, sind solche auf Kusaie und Ponape, freilich müssen aber die dazu nötigen Arbeitskräfte eingeführt werden, und die Absatzmärkte liegen bei der Weltentlegenheit der Inseln weit, so daß die Frachten hohe sind. Die Kopra, die schon heute in erster Linie steht, wird auch in Zukunft diesen Platz behaupten.

Erfreulicher steht es in den Westkarolinen deshalb aus, weil hier vor allem die Bewohner der großen Insel Jap sich als intelligente und vortreffliche Arbeiter erwiesen haben. Nicht nur bringen sie der deutschen Verwaltung Verständnis und großes Vertrauen entgegen, so daß sie mit bestem Erfolg zu Polizeidiensten verwendet werden konnten, sondern sie haben auch bei ihrer Geschicklichkeit und ihrem guten Willen es ermöglicht, den Wegebau ganz erheblich zu fördern. Mehr als 50 km vortrefflicher Straßen sind angelegt worden. Die Polizeisoldaten zeigten sich so gelehrig, daß sie nach kurzer Unterweisung größere Zimmer- und Maurerarbeit allein ausführten und andere Eingeborene dabei gleich anlernen konnten. Sie haben große Freude an den neuen Wegen, erkennen, daß die Wege, Dämme und Brückenbauten ihrer eigenen Bequemlichkeit dienen. Ihre Instandhaltung liegt den angrenzenden Dörfern ob, alle zwei Monate wird ihr Zustand geprüft. Wie die Japer, so besitzen auch die Palauleute ein großes Maß von Pflichtgefühl und gutem Willen.

Dem gegenüber ist es außerordentlich zu beklagen, daß die vortreffliche eingeborene Bevölkerung Japs sehr rasch abnimmt. Hauptsächlich liegt dies am ungünstigen Gesundheitszustande. In großem Umfange herrschen Lungenkrankheiten bis zu schwerer Tuberkulose, Syphilis ist sehr verbreitet und tritt in den schwersten Formen auf. Daneben ist auch noch im Jahre 1901 durch die Besatzung eines Lloyddampfers Beri-Beri eingeschleppt worden. Es scheint mir höchst wichtig zu sein, dieses für die zukünftige Entwicklung des Schutzgebietes außerordentlich wertvolle Menschenmaterial, das hoch über den Papuas steht, vor seiner weiteren Vernichtung zu schützen, die zweifellos eine Folge der früheren Berührung dieser paradiesischen Inseln mit den rohesten Abenteurern und Menschenhändlern aller Herren Länder darstellt.

Noch weltentlegener als die Karolinen waren im Berichtsjahr die Marianen, weil sie seit der Aufhebung der nur von kurzer Lebensdauer gewesenen Dampferlinie Hongkong—Saypan—Sydney ohne regelmäßige Verbindung mit dem Mutterlande standen, nur von wenigen Segelschiffen angelaufen wurden, die meist nach und von Yokohama gingen.

Die Hauptbedeutung der Karolinen und der Marianen liegt in ihrer geographischen Lage. Einerseits sind sie die Brücke zwischen unseren bisherigen Schutzgebieten der Marschallinseln und Neu-Guineas — welcher Umstand die unmittelbare Veranlassung und Rechtfertigung ihrer Erwerbung bildete, da wir naturgemäß lebhaft daran interessiert waren, diese Brücke nicht in fremde Hände fallen zu lassen. Andererseits sind sie Durchgangshäfen für den immer mehr wachsenden australisch-japanisch-ostasiatischen Verkehr, von dem man gegenwärtig freilich in diesen Häfen noch wenig spürt, der aber in seiner umfassenden Bedeutung zc. E. die Aufmerksamkeit der deutschen Verkehrsinstitute in nachhaltigster Weise wachzurufen geeignet ist. —

Zukunftsreicher in wirtschaftlicher Beziehung erscheinen die uns gehörigen beiden Hauptinseln von Samoa. Seit der Proklamation unserer Schutzherrschaft am 1. März 1900 ist indessen die Zeit noch eine zu kurze, um schon von wirtschaftlicher Entwickelung sprechen zu können. Zunächst galt es, geordnete Zustände herzustellen, den Eingeborenen die noch in ihrem Besitz befindlichen Waffen auf friedlichem Wege abzunehmen, sie und die Fremden mit der neuen Lage der Dinge zu versöhnen. Das ist unserer Verwaltung in überraschender Weise gelungen, dank der großen Geschicklichkeit, die sie dabei entfaltete.

Das an Naturschönheiten außerordentlich reiche Schutzgebiet zählte im Herbst 1900 32815 Eingeborene, daneben 606 männliche und 92 weibliche Schwarze, m. a. W. von der deutschen Handels- und Plantagengesellschaft größtenteils aus Neu-Guinea im Laufe der Jahre eingeführte Pflanzungsarbeiter, die der Kontrolle der samoanischen Beamten und ihrer Rechtspflege entzogen sind, ferner 300 fremde Ansiedler. Diese setzten sich zusammen aus Deutschen, Engländern, einschließlich Australiern und Neuseeländern, Amerikanern, Norwegern, Dänen, Schweden, Franzosen, Belgiern, Luxemburgern, Chinesen und Japanern nebst ihren zahlreichen Mischlingen.

Der Hauptteil der Ausfuhr besteht zur Zeit noch aus Kopra, wovon für 1256000 Mark ausgeführt wurde bei einer Gesamtausfuhr von 1266000 Mark. Die nicht ganz doppelt so große Einfuhr kommt zumeist aus Australien und Neuseeland, an zweiter Stelle standen früher die Vereinigten Staaten, jetzt Deutschland mit 447000 Mark. Für den Handelsverkehr ist es nachteilig, daß heute die zwischen San Franzisko und Sydney verkehrenden amerikanischen Postdampfer nicht mehr in Apia, dem einzigen Hafen unseres Schutzgebietes für den Fernverkehr, Anker werfen, sondern nun den Hafen Pago-Pago der benachbarten amerikanischen Insel Tutuila anlaufen. Der Bericht meint zwar, der hierdurch hervorgerufene Ausfall im Rauminhalt der Schiffe, die Apia anlaufen, mache sich mehr statistisch geltend, denn als wirklicher Schaden. Die ausfallenden Importe von Amerika seien von Neuseeland und den australischen Kolonien bezogen worden, zu denen der Handelsverkehr der geographischen Verhältnisse halber naturgemäß gravitierte.

Boden und Klima läßt die Inseln für den Plantagenbau wertvoller Gewächse sehr geeignet erscheinen, namentlich für Kakao, der in ausgezeichneter Qualität erzielt und fast ganz nach Hamburg exportiert wurde. Die zukünftige Entwickelung des Plantagenbaues hängt vor allem von der Lösung der Arbeiterfrage ab, für welche jene von Neu-Guinea bisher eingeführten Schwarzen kein genügendes Angebot bilden. Eine weitere Anwerbung fremder Arbeiter erscheint unvermeidlich. Denn die Samoaner selbst stehen zwar wie die Japer auf wesentlich höherer Stufe als die Papuas, aber sie sind nach der Meinung der Sachkenner für die Arbeit auf europäischen Pflanzungen zur Zeit noch ungeeignet. Gelang es auch der deutschen Verwaltung, sie dazu zu bringen, daß sie auf ihren brachliegenden Feldern Kokospalmen in rationeller Weise pflanzten, und ließ auch die katholische Mission es sich angelegen sein, ihre Zöglinge praktisch auf ihrer Kakaopflanzung zu unterrichten, so wird es doch noch gute Weile haben, ehe eine genügende Anzahl von Samoanern sich bereit finden wird, als Arbeiter in den Dienst weißer Pflanzer zu treten.

Während bei vielen intelligenten Polynesiern von Rechts- und Gerechtigkeitsgefühl wenig zu spüren ist, die Urteile samoanischer Richter durchgängig parteiisch, teilweise sogar haarsträubend ungerecht sind, besitzen sie eine unverkennbare Anlage für die Verwaltung. Eine durchgreifende Reform ihrer Justizpflege ist jedoch noch nicht an der Zeit, und hat sich das Gouvernement mit strenger Ueberwachung der samoanischen Richter umsomehr begnügen können, als alle Straffälle wichtiger Art von den Eingeborenen aus eigenem Antriebe vor den weißen Richter gebracht werden.

Dagegen benützte unser Gouvernement sich mit gutem Erfolge um die samoanische Verwaltung. Der Bericht betrachtet das Ergebnis nur als einen Versuch. Mir scheint dieser Versuch sehr lebensfähig zu sein, da er in verständiger Weise an die alten Traditionen der Bevölkerung sich anlehnt. Im Anschluß an ihre auf das Clanwesen gestützte Familienverfassung wurden Bezirke und Kommunen eingeteilt und den an ihre Spitze tretenden Häuptern schöne Titel gegeben, worauf die Samoaner besonderen Wert legen. Den schönsten Titel — Le Alii Sili — empfing Mataafa, der zur Zeit an der Spitze dieser samoanischen Selbstverwaltung steht, einen Rat zur Seite hat und die Vermittelungsinstanz zwischen ihr und dem Gouverneur bildet. Die in dieser Weise ausgezeichneten Häuptlinge und Häupter fanden nun bald heraus, daß sie als kaiserliche Selbstverwaltungsbeamte auch einen Gehalt beziehen müßten. Es wurde ihnen bedeutet, das sei nur möglich, wenn sie auch etwas dafür leisteten, aber das deutsche Mutterland, das von Samoa nichts haben wolle, könne natürlich auch kein Geld auf Samoa verwenden; das samoanische Volk müsse den Gehalt seiner Beamten selbst aufbringen. Hiermit waren sie nicht nur einverstanden, sondern verlangten auch, um die Einnahmen der Selbstverwaltung, aus denen ihre Gehalte gezahlt werden sollten, zu erhöhen und sich dadurch höhere Gehalte zu verschaffen, es möchten die Steuern nicht nur von männlichen Erwachsenen, sondern auch von Frauen und Kindern eingezogen werden! --

Von den 40000 Mark, die vereinnahmt wurden, hat nur ein Teil zur unmittelbaren Auszahlung der Gehalte gedient. Das übrige wurde zur Belohnung für loyales Verhalten und als Ehrengeschenk verwendet, z. B. in Gestalt von Wagen. Je bessere Wege von den Eingeborenen gebaut werden, einen um so größeren Wagen erhält der Häuptling. Das Gouvernement beabsichtigt, noch für die nächsten drei bis vier Jahre eingehende Steuergelder in solcher Weise zu verwenden. Denn das Mißtrauen der Samoaner in Geldangelegenheiten gegenüber Fremden ist groß, und die Regierung würde an Ansehen und Vertrauen einbüßen, falls bei den Samoanern die, wenn auch irrtümliche, Ueberzeugung Platz griffe, daß die neue Regierung Gelder der Eingeborenen auch für die Zwecke der Fremden gebrauche.

Ich glaube wohl, daß die deutsche Verwaltung der Inseln sich auf dem besten Wege befindet, um diese Perle der Südsee zu einem Kleinod unseres Kolonialbesitzes zu machen. Möchten wir niemals aufhören, die Ermahnung zu beherzigen, die neulich bei der Etatsberatung im Reichstage der vortreffliche Gouverneur mit den Worten aussprach: diesen Südseeinsulanern möglichst wenig mit Gewalt entgegenzutreten, sondern lieber mit Geschenken und Liebesgaben.

Der Rundgang, den wir unter Führung des amtlichen Weißbuches durch unsere Kolonien in Afrika und in der Südsee gewandert sind, hat uns nicht überall befriedigende Zustände gezeigt. Nach allem, was wir bisher für unsere Kolonien gethan und aufgewendet haben, erscheint die Frage berechtigt, warum ihre Entwicklung noch nicht weiter vorgeschritten ist, als dies die Jahresberichte erkennen lassen. Selbstverständlich scheiden hierbei unsere jüngsten Erwerbungen aus, aber für unsere älteren Besitzungen läßt sich die aufgeworfene Frage nicht von der Hand weisen.

Ich kann es mir nun nicht anmaßen, eine begründete Antwort auf sie zu geben. Denn ich kenne wohl holländische, französische und englische Kolonien aus eigener Anschauung, aber leider nicht die unsrigen. Aus der Studierstube im fernen Mutterlande gesehen, erscheinen koloniale Dinge leicht ganz anders als an Ort und Stelle. So kann ich nur mit allem Vorbehalt den Eindruck wiedergeben, den ich aus meiner litterarischen Beschäftigung mit dem Gegenstande gewonnen habe.

Meines Erachtens liegt der tiefere Grund der geringen wirtschaftlichen Entwicklung unserer Kolonien entweder in ihnen oder in uns selbst.

Langen unsere Kolonien in der That so wenig, daß in ihrer noch nicht zwanzigjährigen Entwicklung mehr zu erzielen als wir erzielt haben, ein Ding der Unmöglichkeit war? Ich glaube diese Frage getrost verneinen zu dürfen. Weder in ihrer Allgemeinheit noch im einzelnen scheinen sie mir die ungünstige Beurteilung zu verdienen, der sie in der Litteratur stellenweise begegnet sind.

Mit dieser Verneinung habe ich mich für die anderen Alternative entschieden: in uns selbst liegt die Ursache, m. a. W. in unserer durch die Jugend unserer Kolonisation erklärlichen Unerfahrenheit in kolonialen Dingen.

Wie neulich die „Morning-Post" treffend hervorhob, begnügen wir Deutsche uns mehr mit dem System der Franzosen, die unermeßliche Landstriche ihrem Einfluß unterstellen und schon in dieser Thatsache allein ausreichende Befriedigung ihres kolonialen Ehrgeizes erblicken, noch mit dem nüchtern englischen Geistern, die viele Millionen auf unkultivierten Gegenden Afrikas verausgaben und in Geduld abwarten, bis ihnen die Früchte ihrer Bemühungen in den Schoß fallen. Wir wollen vielmehr sofort die wirtschaftlichen Resultate unserer kolonialen Arbeit sehen, sind mißvergnügt und schimpfen gleich auf unsere Kolonien, wenn die günstigen Ergebnisse ausbleiben, anstatt uns zu fragen, ob wir es nicht falsch angestellt haben, um Resultate zu erzielen.

Ich glaube in der That, daß wir es falsch angestellt haben. Die zahllosen Mißgriffe, die wir beim Tabakbau in Ostafrika erlebten, die niederdrückenden Erfahrungen, die wir im Neuguineaschutzgebiete, abgesehen von der Wirksamkeit des Herrn von Hagen, machen mußten, die ältere Gestaltung der Kakaokultur in Kamerun, bis ihr Dr. Preuß die richtigen Wege wies, alles dies und vieles andere spricht ganze Bände von unserer kolonialen Unerfahrenheit und beweist deutlich, daß wir sehr viel überflüssiges Lehrgeld gespart haben würden, hätten diejenigen, die wirtschaftliche Unternehmungen in unseren Kolonien ins Leben riefen, es verstanden, gleich von Anfang an die geeigneten Kräfte für ihre Leitung zu gewinnen. Ausgezeichnete Betriebsleiter und Pflanzer waren im Ausland vorhanden und geneigt, in den Dienst deutscher Unternehmungen zu treten, aber sie waren unserem Privatkapital zu teuer. Es sparte an der falschen Stelle. Hierauf in erster Linie führe ich es zurück, daß die wirtschaftliche Entwicklung unserer Schutzgebiete heute noch vieles zu wünschen übrig läßt.

Daß es uns im Mutterlande an dem für solche Zwecke geeigneten Menschenmaterial zunächst gebracht, war natürlich. Niemand kann von einem Volke, das eben in die koloniale Laufbahn eintritt, verlangen, daß es gleich einen Stamm dafür geeigneter Personen mitbringe. Seit einigen Jahren bemühen wir uns, diesem ganz natürlichen Mangel abzuhelfen; in echt deutscher Weise versuchen wir es auf dem Schulwege, für den übrigens auch englische Analogien sprechen. So wertvolle Dienste unsere junge Kolonialschule auch zu leisten verspricht, wir sollten uns nicht mit dem genügen lassen, was wir auf diese Weise erreichen können. Es sollte vielmehr das Risiko, das unser Privatkapital zu laufen vermieden hat, von unserer Regierung übernommen werden, diese es für eine ihrer vornehmsten Aufgaben erachten, nicht nur für Beamte und Offiziere zu sorgen, sondern vor allem auch für die in jungen Kolonien eines eben erst kolonisierenden Volkes wichtigsten Personen, für wirtschaftliche Lehrmeister. Wenn sie ihnen ähnliche Gehalte aussetzt wie den höheren Beamten, wird sie zweifellos solche uns dringend notwendige Führer ersten Ranges zu engagieren in der Lage sein und durch entsprechenden Ausbau der bereits vorhandenen Versuchsstationen, Musterfarmen, Musterpflanzungen usw. unserer kolonialen Entwicklung die größten Dienste leisten. Wir haben bisher viel Geld in nicht immer zweckmäßiger Weise verwendet. Das Engagement von erstklassigen Pflanzern und Kaufleuten, die wirkliche Erfolge und reiche Erfahrungen aufweisen können, ist eine Ausgabe an der rechten Stelle, bei der wir nicht knausern dürfen. Sie wird sich sicher bezahlt machen und um so günstiger wirken, je besser wir es verstehen, solche Lehrmeister als wirtschaftliche Beiräte unserem kolonialen Beamtenorganismus einzugliedern. Die guten Erfahrungen, die wir bei der preußischen Ansiedlungskommission im Mutterlande gemacht haben, lassen die Hoffnung nicht zu kühn erscheinen, daß sich bei dem vortrefflichen und elastischen deutschen Verwaltungsapparate auch die geeigneten Formen finden werden, um die Mitwirkung solcher zunächst fremdartigen Elemente qualifizierter Art zum Wohle des Ganzen zu ermöglichen.

Die Transaustralische Eisenbahn.

Von Oberleutnant a. D. Kirchhoff.

Der Handelsverkehr Deutschlands ist, besonders seitdem die deutschen Erzeugnisse dank der Ausstellungen in Melbourne und Sidney auf dem australischen Kontinent eingeführt worden sind, mit diesem jüngsten Festland ein ziemlich reger. Jede Veränderung, welche der Förderung des Verkehrs dient, verdient deshalb auch in deutschen Kreisen das weitgehendste Interesse.

Seit dem 1. Januar 1901 haben sich die meisten der bis dahin ziemlich unabhängig von einander bestehenden englischen Kolonien auf dem Festlande Australiens zu einem Bunde unter gemeinsamem Bundesparlament zusammengethan. Das letztere hat sich in letzter Zeit mit der Herstellung einer transaustralischen Eisenbahn beschäftigt, jedoch handelt es sich nicht um eine Eisenbahn, welche den ganzen Kontinent durchquert, sondern dieselbe folgt im allgemeinen der Südküste und soll Freemantle, den Hafen von Perth, an der Westküste über Kalgoorlie, Port Augusta, Adelaide, Melbourne und Sidney mit Brisbane an der Ostküste verbinden. Diese ganze zu durchquerende Strecke würde eine Länge von 5670 km erlangen, jedoch sind hiervon schon 3910 km in Betrieb, und zwar Freemantle—Kalgoorlie und Port Augusta—Brisbane, und wären demnach nur noch 1760 km zu erbauen.

Es kämen zunächst zwei Tracen in Betracht, die eine längs der Küste der grossen australischen Bucht, die andere direkter geführt, nördlich des Gawler-Gebirges. Topographische Schwierigkeiten sind auf beiden Linien nicht zu überwinden, wenn man von Wassermangel absieht, aber die von diesem verursachten Schwierigkeiten werden das Unternehmen nicht hindern können, zumal die Ingenieure schon an dem Bau der Linie Freemantle—Kalgoorlie gelernt haben, diesem Übel abzuhelfen.

Wenn auch der definitive Entscheid noch aussteht, so erscheint doch die südliche Trace als gesichert, für welche besonders West-Australien eintrat, da dieselbe die wertvollen Goldfelder dieses Bundesstaates, welche sich über ein 1½ mal so grosses Gebiet als das deutsche Reich es einnimmt, ausdehnen, am kürzesten mit dem östlichen Bahnnetz verbindet.

Längs der beabsichtigten Trace führt jetzt schon ein im Betriebe befindlicher Telegraph, und bietet diese Richtung auch den Vorteil, dass die Herstellung in vier Bau-Abteilungen erfolgen kann, indem von der Hafenstadt Eucla das Schienenlegen gleichzeitig in westlicher und östlicher Richtung zu bewerkstelligen ist.

Das zu durchquerende Gebiet ist jetzt fast völlig unbewohnt und bietet, da es völlig arm und öde ist, bei dem fast gänzlichen Fehlen von Wasser auch wenig Zukunfts-Aussichten. Gerechnet wird vor allen Dingen auf den Durchgangsverkehr zwischen Osten und Westen. Diesen hofft man nun der Schiffahrt abzuziehen, da die Beförderungspreise bei dieser sehr hoch sind. Während jetzt die Reise von Ost-Australien zur See nach Freemantle und von da zu den Goldfeldern langwierig und kostspielig ist, würde man nach Fertigstellung der Linie innerhalb 96 Stunden von der Ostküste nach Kalgoorlie, dem Mittelpunkt der Goldlager kommen können. Somit scheint es, daß West-Australien von der zu erbauenden Linie den Hauptvorteil hat, denn durch diese Verbindung wird eine große Menge Bevölkerung in diese Gebiete hinüberfließen und erst eine vollständige Ausnutzung der reichen Bodenschätze möglich machen. Eine derartige Rücksicht auf die bis noch vor kurzem am ungünstigsten dastehende Kolonie kann aber nicht Wunder nehmen, wenn man bedenkt, daß dieselbe seit 1898 hinsichtlich der Goldproduktion in Australien die erste Stelle einnimmt.

Eine derartige Zunahme der Bevölkerung muß aber auch den anderen Staaten Vorteile bringen, denn der Absatz der Agrarprodukte müßte sich doch unbedingt größer gestalten. So ist die Kolonie Süd-Australien eines der ersten Weizenländer der Welt, und außerdem gedeihen hier Fruchtbäume, Ölpflanzen, Tabak und Wein vortrefflich.

Ähnliches gilt von der Kolonie Queensland, woselbst sich der größte Teil des Bodens ganz gut für die Kultur des Zuckers, der Baumwolle und des Mais eignet, außerdem wird Wein, Weizen, Tabak, Kaffee und stellenweise auch die Kartoffel gebaut. Als Hauptausfuhr-Artikel der letztgenannten Kolonie käme aber noch die Steinkohle hinzu, von welcher West-Australien nichts besitzt, während Queensland an diesem Mineral über einen reichen, noch unaufgeschlossenen Vorrat verfügt. Das Bindeglied Kalgoorlie—Port Augusta hofft man bei einem Kostenaufwand von 80—100 Mill. Mk. innerhalb vier Jahren fertigstellen zu können. Hindernd tritt einem vollständigen Durchgangsverkehr der Umstand entgegen, daß die einzelnen Strecken in den verschiedenen Kolonien von einander abweichende Spurweiten haben, welche zwischen 1,061 und 1,422 m schwanken. Das Bindeglied soll die normale Spurweite von 1,422 m erhalten, da bei größerem Schienen-Abstand sich die Anlagekosten wesentlich werden, ohne daß ein entsprechender Vorteil erzielt würde, eine geringere Spurweite ließe aber die volle Ausnutzung der Anlage bei dem zu erwartenden großen Güterverkehr nicht zu. Es kommt ferner noch hinzu, daß sich bei einzelnen Strecken schon jetzt die Spurweite von 1,061 m als unzureichend erwiesen hat, und wahrscheinlich wenigstens auf der Linie Freemantle—Kalgoorlie erweitert wird.

Je mehr der junge Staatenbund ausgebaut wird und je mehr er sich dann zu einem Faktor entwickelt, mit welchem in der Politik gerechnet werden muß, desto mehr wird sich auch darthun, daß die Eisenbahn eine erhebliche strategische Bedeutung besitzen wird, denn sie verbindet die wichtigsten Häfen des Kontinents und gestattet an einem solchen, wenn etwa bedroht, ein schnelles Zusammenziehen von Truppen. Ungünstig muß es allerdings sein, daß bei der Nähe des Meeres eine leichte Gefährdung von Seiten eines energischen Landungskorps sich ermöglichen läßt, sodaß, wenn dieser Zeitpunkt erst eintritt, die Anlage von Befestigungen an verschiedenen wichtigen Stellen folgen muß.

Grund und Boden in Nordamerika.

Von M. Hans Klöffel.

Als die ersten englischen Ansiedler in Nordamerika das Land verteilten, verfuhren sie wie 12 Jahrhunderte vorher ihre Ahnen in Britannien, d. h. sie gaben jedem Familienhaupt Wohnplatz und Ackerland, während außerhalb der freie Gemeindegrund lag. Was die großen Eigentümer betraf, die die englischen Könige durch Patentbriefe zu schaffen suchten, so sahen die Ansiedler klar genug die Ungerechtigkeit des angestrebten Monopols, und keiner dieser Eigentümer erhielt viel aus diesen Bewilligungen; aber der Überfluß an Land verhinderte, daß die Aufmerksamkeit auf das Monopol gelenkt wurde, welches der individuelle Grundbesitz selbst bei kleinen Flächen mit sich bringen muß, sobald der Grund und Boden selten wird.

Der Kontinent schien so groß, das Gebiet, über welches sich die Bevölkerung noch ergießen konnte, so ungeheuer, — schreibt einer der hervorragendsten amerikanischen Volkswirte, Henry George, der bekanntlich für die Beseitigung der Grundrente eintritt, — daß wir, an den Gedanken des individuellen Grundbesitzes gewöhnt, dessen Ungerechtigkeit nicht erkannten. Denn nicht allein verhinderte dieser Hintergrund von unbesiedeltem Lande, die volle Wirkung der privaten Aneignung selbst in den älteren Teilen zu fühlen; sondern es schien auch nicht unbillig, jemanden mehr Land nehmen zu lassen, als er benutzen konnte, und die später Kommenden zur Zahlung für die Benutzung zwingen zu können, so lange andere genau dasselbe thun konnten, wenn sie etwas weiter gingen.

Die Leute, die aus der Werterhöhung des Landes Nutzen zogen, sind größtenteils Männer, die ohne einen Heller angelangen haben. Ihre großen Vermögen, die sich vielfach hoch in die Millionen belaufen, erscheinen ihnen und auch vielen anderen als die besten Beweise der Gerechtigkeit der bestehenden sozialen Verhältnisse, unter denen, wie ihnen scheint, Klugheit, Vorsicht, Fleiß und Sparsamkeit ihre Belohnung fanden, während in Wahrheit diese Vermögen nur die Gewinne des Monopols sind. Aber die Thatsache, daß die so Bereicherten als Arbeiter anfingen, verbirgt dies, und dasselbe Gefühl, das dem Inhaber eines Lotterieloses die Größe der Gewinne entzückend vorspiegelt, hat selbst die Armen verhindert, sich gegen ein System zu rühren, welches so viele Arme reich macht. Die allgemeine Intelligenz, der weitverbreitete Komfort, der thätige Erfindungsgeist, die Fähigkeit der Anpassung und Assimilation, der freie, unabhängige Geist, die Energie und das Selbstvertrauen, die das amerikanische Volk auszeichnen, sind nicht Ursachen, sondern Wirkungen — sie sind aus dem freien Grund

und Boden erwachsen. Alles, was den Amerikaner mit Stolz erfüllt, alles, was die amerikanischen Verhältnisse und Einrichtungen besser macht als die älterer Länder, kann man auf die Thatsache zurückführen, daß der Grund und Boden in den Vereinigten Staaten billig war, weil dem Einwanderer neuer Boden offen stand. Aber schon ist man bis zum Stillen Ozean vorgerückt. Weiter westlich kann man nicht gehen, und die zunehmende Bevölkerung kann sich nur nach Nord und Süd ausbreiten und ausfüllen, was übergangen worden ist.

Die Republik ist in eine neue Ära eingetreten. Das öffentliche Gebiet ist beinahe vergeben, einige wenige Jahre werden dessen bereits schwindendem Einfluß ein Ende machen. Es soll damit nicht gesagt sein, daß es kein öffentliches Gebiet mehr geben wird. Noch lange werden Millionen Morgen öffentlicher Länderreien in den Büchern des Land-Departements der Vereinigten Staaten aufgeführt werden. Aber man muß berücksichtigen, daß der beste Teil des Landes für Ackerbauzwecke schon besetzt und nur das ärmste Land noch übrig ist. Man muß daran denken, daß das, was übrig ist, die großen Bergketten, die unfruchtbaren Wüsten, die nur zum Abweiden tauglichen Hochebenen einbegreift. Viele Länderreien, die in den Berichten als offen für die Ansiedelung bezeichnet werden, sind noch nicht vermessener Grund und Boden, der durch Besitzanspruch oder Vormerkung angeeignet wurde. Californien erscheint in den Büchern des Land-Departements mit dem größten öffentlichen Gebiete. Allein davon wird durch Eisenbahn-Konzessionen so viel vorabgenommen, so viel besteht aus nicht pflügbaren Bergen oder Berieselung erfordernden Ebenen, so viel wird durch die Pachtungen der Wasserläule monopolisiert, daß es thatsächlich schwer ist, dem Einwanderer noch irgend einen Teil des Staates zu zeigen, wo er Land nehmen könnte, auf dem er sich niederlassen und eine Familie erhalten kann.

Die öffentlichen Länderreien umfassen schätzungsweise 1835017692 Acker, einschließlich derjenigen Gebiete, welche die Vereinigten Staaten von Frankreich, Spanien, Mexiko, Rußland und Texas erworben haben. Die sogenannten „Reservationen" allein umfassen nach dem letzten Berichte des Generallandamts der Vereinigten Staaten

    18 903 240 Acker für Wälder,
       825 425 „ „ militärische Zwecke,
     81 645 413 „ „ Indianer-Stämme,
      3 272 000 „ „ Nationalparks,
     27 704 696 „ „ Verschiedenes,
_____
zus. 132 441 774 Acker.

Henry George kritisiert die wirtschaftlichen Verhältnisse in den Vereinigten Staaten in folgender Weise:

„Wir pflügen neue Felder, öffnen neue Minen, gründen neue Städte; wir treiben den Indianer zurück[1]) und rotten den Büffel aus; wir umgürten das Land mit Eisenbahnen und säumen die Luft mit Telegraphendrähten; wir häufen Kenntnisse auf Kenntnisse und machen Erfindung auf Erfindung nutzbar; wir

_____
[1]) Die Gesamtzahl der indianischen Bevölkerung in den Vereinigten Staaten betrug nach dem Zensus von 1880: 248253 Köpfe. Hiervon sind jedoch die als zivilisiert bekannten Stämme ausgenommen, deren Zahl auf 177178 Köpfe geschätzt wird. Letztere sind in 177 „Reservationen" zerstreut.

bauen Schulen und dotieren Lehranstalten; aber trotz alledem wird es den Massen unseres Volkes nicht leichter, ihr Brot zu finden. Im Gegenteil, es wird schwerer. Die wohlhabende Klasse wird wohlhabender, aber die Ärmere wird immer abhängiger. Die Kluft zwischen dem Arbeiter und dem Arbeitgeber wird weiter, die sozialen Gegensätze werden schärfer; mit den livrierten Equipagen kommen auch die barfüßigen Kinder. Wir werden daran gewöhnt, von den arbeitenden und den begüterten Klassen zu sprechen; Bettler werden so häufig, daß, wo es einst kaum für ein kleineres Verbrechen als Straßenraub galt, jemandem Speise und Trank zu verweigern, um die er bat, jetzt das Thor verriegelt und die Bulldogge losgelassen wird, während Gesetze gegen die Landstreicher erlassen werden, die an die Zeiten Heinrichs VIII. erinnern."

Möchten sich diejenigen das gesagt sein lassen, die trotz aller Warnungen noch immer glauben, in der großen nordamerikanischen Republik ihr Glück leicht finden zu können!

Aus dem Bereich der Mission in Deutsch-Süd-West-Afrika.

Von Pastor C. Hoefer.

Die nachfolgenden Zeilen wollen in Kürze die wirtschaftlichen Vorgänge Deutsch-Südwestafrikas darstellen, soweit sie in dem letzten Viertel des vorigen Jahres mit den christlichen Missionen in dieser Kolonie im Zusammenhang stehen und von den betreffenden Missionszeitschriften berichtet sind. Sie bilden zugleich die Fortsetzung zu einer wirtschaftlichen Rundschau „aus dem Buch der Missionen in unsern Kolonien," wie sie in der „Deutschen Kolonialzeitung" Nr. 4 und 5, 1902 mit der Darstellung der missionswirtschaftlichen Verhältnisse in Togo eröffnet und in Nr. 18 und 19 der „Deutschen Kolonialzeitung von 1902" fortgesetzt wurde. Dem nachfolgenden Aufsatz wird eine in gleicher Art und Weise angelegte Darlegung „aus dem Bereich der Missionen in Deutsch-Ostafrika" und „in den deutschen Südseeinseln nebst Kiautschou" folgen. Deutsch-Südwestafrika ist eins der Hauptarbeitsgebiete der rheinischen Missionsgesellschaft. Sie hat hier 61 Stationen besetzt, unter denen sich 14 Hauptstationen befinden. Außerdem arbeitet seit 1896 auf den beiden Stationen Windhoek und Swakopmund die Genossenschaft der Oblaten der heiligen unbefleckten Jungfrau Maria und in Heirageabies, im Südosten der Kolonie gelegen, die Genossenschaft der Salesianer. Im Norden, im Ovambolande, hat die evangelische Mission Finnlands drei Stationen mit 12 Missionaren.

In Windhoek hat sich im letzten Jahre eine ungemein rege Bauthätigkeit entwickelt. Die Stadt gewinnt durch ihre stattlichen Bauten und vollkommenen Verkehrseinrichtungen immer mehr das Gepräge einer aufstrebenden, wohlhabenden, modernen Handels- und Regierungsstadt. Auch von Seiten der Mission ist in der Bauthätigkeit des letzten Jahres viel geschehen: das Missionswohnhaus, sowie der nötige Erweiterungsbau des Schulhauses der evangelischen Mission ist im Rohbau fertig. Der Kirchbau ist im vollen Gange, 40000 Backsteine sind zum Baue bereits fertig, die Herbeischaffung der Backsteine vom Trockenplatz zur Baustelle besorgen die Eingeborenen freiwillig, auch die Schulkinder helfen dabei. Wesentlich kommt der Mission auch die schnelle Verkehrsverbindung mit der Küste durch den immer mehr der Stadt sich nähernden Eisenbahnbau, durch die Verbindung mit dem Mutterlande durch den Telegraphenanschluß zu gute. Noch vor 10 Jahren mußten die ersten Pioniere des Landes ein volles Jahr auf die Antwort ihrer Briefe warten, jetzt kann man, wenn man die Kosten nicht scheut, sich telegraphisch mit dem Mutterlande in Verbindung setzen und nach Aufgabe eines

Telegramms schon 6 Stunden darauf aus Berlin Antwort haben. Außerdem ist Windhoek mit Okahandja, Karibib, Swakopmund telegraphisch verbunden, nachdem auch im Norden gelegenen Outjo wird ein heliographischer Nachrichtendienst hergestellt werden. Die Bevölkerungszahl der Stadt hat sich durch den Zuzug von Weißen und Farbigen auch im letzten Jahre bedeutend gehoben; die Stadt zählt jetzt ca. 600 Weiße und 2000 Farbige. Durch diese Bevölkerungszunahme erwachsen der Mission neue und größere Aufgaben. Die deutsch-evangelische Gemeinde wird von einem im Mutterlande ordinierten Geistlichen pastoriert, die Gemeinde ist an die evangelische Landeskirche angeschlossen, ihre Gottesdienste hält sie in einem Kirchensaal, welchen sie in bereitwilligster Weise auch der evangelischen Mission unter den Farbigen zur Abhaltung von Gottesdiensten zur Verfügung stellt, solange deren Kirche noch nicht fertig gebaut ist. Im übrigen werden bei günstiger Witterung die Gottesdienste für die Herreros vormittags, für die Namas nachmittags im Freien abgehalten. Man kann unter den Bewohnern der Stadt 4 farbige Nationen unterscheiden, die Namas, die größtenteils Kriegsgefangene sind, doch bleibt ihnen der Besuch des Gottesdienstes unbenommen, in besonders großer Anzahl findet man hier ferner die Bergdamara, welche der Arbeit wegen nach Windhoek gezogen sind, ferner die Herero, sie bilden das unruhige Element inmitten der farbigen Bevölkerung, und die Bastards, welche im Dienste der Regierung beschäftigt werden. Sämtliche Farbige sind arme Dienstleute, aber von lobenswerter Kirchlichkeit und nicht unwillig Opfer zu bringen; so hat die evangelische farbige Bevölkerung in den letzten 9 Monaten 600 Mk. für Kirche und Schule aufgebracht. Ihrer freiwilligen Dienste zum Schul- und Kirchenbau ist schon Erwähnung getan.

Die katholische Mission wird in Windhuk von 7 Missionaren und 7 Brüdern gepflegt. Die Station liegt in der Mitte der Stadt auf einer freien und luftigen Anhöhe, die Gebäude sind massiv mit Wellblech gedeckt in gutem Zustande; in unmittelbarer Nähe der Kapelle und den Wohnungen der Missionare befindet sich die Schule, in welcher 30 Kinder unterrichtet werden, desgleichen die verschiedenen Werkstätten für Schmiede, Schneider, Schreiner, Schuhmacher, am Fuße des Berges zieht sich ein zur Station gehöriger Garten hin, in welchem besonders Weinbau betrieben wird; in diesem Garten werden die Schulkinder nachmittags zur Handarbeit angehalten. Die in Klein-Windhuk angelegte Missionsfarm ist wirtschaftlich vielversprechend.

Der deutsche Frauenverein für Krankenpflege in den Kolonien hat in das Krankenhaus von Windhoek eine Schwester geschickt, welche in der Heimat speziell für Leitung und Pflege auf der Frauenstation eines Krankenhauses ausgebildet ist. Nach dem Bericht des Oberstabsarztes Dr. Lüppert, des hier stationierten Chef-Arztes, wird eine wohl eingerichtete Frauenabteilung unter Leitung einer spezialistisch ausgebildeten Krankenschwester eine große Sicherheit in das dortige Familienleben bringen und zur Entwickelung des südwest-afrikanischen Schutzgebietes beitragen.

Das Lehrerseminar in Okahandja, nördlich von Windhoek im Hererolande, mußte wegen des Todes der beiden dort stationierten Missionare vorläufig geschlossen werden. Dagegen ist in Odjikaënena eine Anzahl junger, intelligenter Leute in weiterem Unterricht genommen, um sie zu Lehrern auszubilden. Die missionsfreundliche Bewegung unter den Herreros nahm auch im letzten Jahre ungeschwächt ihren Fortgang, doch konnten die Bitten der Herreros um Lehrer und Evangelisten des Lehrermangels wegen nicht befriedigt werden, obgleich sie die Besoldung der Lehrer oder Evangelisten auf Gemeindekosten gern übernehmen wollten; es sind indes für dieses Jahr neue Stationsanlagen geplant. In Olazewa bei Objihaënena ist bereits eine Kapelle und Schule erbaut. Die Einweihung der Kapelle und des Kirchhofs geschah unter besonders betrübenden Umständen: das erste Grab auf dem Gottesacker war das Grab der Missionarsfrau und die erste Taufe in der Kirche wurde an den beiden neugeborenen Kindern jener Verstorbenen vollzogen.

Eine Angelegenheit macht den Missionaren augenblicklich Sorge für die Zukunft der Eingebornen: es wird in dem Gebiete der Herero ähnlich wie in Kamerun die Landfrage nach und nach dadurch zu einer brennenden, daß die Bodenbesitzergreifungen der Pflanzer immer weiter um sich greifen und hierdurch den Besitz der Eingeborenen mehr und mehr einengen. So wohlwollend auch die Regierung den Eingeborenen gegenüber steht und so groß auch immer die Bemühungen der Missionare sind, Reservate für die Eingeborenen festzulegen, können es doch beide bisher nicht verhindern, daß die Herreos mit dem ihnen eigenen Leichtsinn ihren Landbesitz an die Weißen verschleudern. Die Missionare dürfen, um das Wohlergehen der Eingeborenen zu fördern und zur Sicherung ihrer eigenen zukünftigen ersprießlichen Thätigkeit hier sich dem Berufe nicht entziehen als Anwälte der Eingeborenen aufzutreten: so ist es ihnen unter freundlicher Mithilfe des Distrikts-Vorstehers gelungen, in Objimbingue ein größeres Terrain für die Eingeborenen zu reservieren. Gerade hier für die Festlegung dieses Reservates zu sorgen wurden die Missionare durch den eigentümlichen Umstand veranlaßt, daß Objimbingue, den Sitz der Regierung und durch den Eisenbahnbau auch seine Bedeutung als Handelsplatz verloren hat, zu einer Polizeistation und einem unscheinbaren, abgelegenen Landstädtchen herabgesunken ist und in Zukunft nur insofern einige Bedeutung erhält, als die zurückgebliebene, ruhige, seßhafte Bevölkerung wie früher Viehzucht in Großem treiben wird; dazu ist aber eine große Strecke Weidelandes nötig, welches, um den stetigen Betrieb der Viehzucht nicht zu stören, gegen Farmbetrieb geschlossen werden muß. Die hier errichtete Missionsstation ist durch die stark veränderte wirtschaftliche Lage der Stadt dennoch nicht unnötig geworden: wenn auch die Arbeit auf der Station selbst vermindert ist, so bleiben doch immer noch von hier aus 3 Außengemeinden zu bedienen, eine holländisch redende, eine Nama-Gemeinde und eine Herero-Gemeinde. In Objimbingue selbst hat der Missionar täglich 2 Stunden holländisch und 3 Stunden deutsch Schule zu halten.

Dagegen hat Karibib, seitdem es Bahnstation geworden, einen unerwarteten Aufschwung genommen, es hat das gesamte wirtschaftliche Leben und geschäftliche Treiben von Objimbingue an sich gezogen. Die zugezogene Menge von Weißen und Eingeborenen hat der Mission hier die Aufgabe gestellt, nachdrücklich für religiöse Unterweisung und für eine Schule zu sorgen. Die bisherige Außenstation Karibib wird deshalb zu einer Hauptstation ausgebaut werden.

Auf der im nördlichen Drittel der Kolonie gelegenen Missionsstation Gaub beabsichtigt die rheinische Missionsgesellschaft einem größeren landwirtschaftlichen Betrieb ins Leben zu rufen. Sie hat deshalb neben dem Missionar hier einen Ökonomen angestellt, welcher die erworbenen Ländereien in Kultur bringen soll. Es werden hier zunächst Gräben aufgeworfen und Pflanzungen angelegt.

Ganz im Norden der Kolonie, im Ovambolande, hat die rheinische Mission

3 Stationen angelegt. Auch die jüngste unter ihnen, Namakunde verspricht sich günstig zu entwickeln; der Missionar ist dabei, mit Hilfe von ca. 40 Arbeitern das Wohnhaus aufzubauen. Leider wird die Mission des gesamten Distrikts durch die in diesen Niederungen auftretenden Fieber in ihrer Arbeit vielfach gestört. Drei Missionare sind hier bereits dem Klima erlegen. Im allgemeinen ist hinzuzufügen, daß nach Jahren wirtschaftlichen Notstandes infolge anhaltender Dürre endlich die ersehnte Regenzeit im Ovambolande eingetroffen ist. Freilich werden die Folgen der Hungersnot und der zu gleicher Zeit damals auftretenden Rinderpest sich noch lange bemerkbar machen, doch wird von den Eingeborenen nicht vergessen werden, daß in der Zeit der Not die deutsche Kolonialregierung, sowie die Mission und die im Lande wohnenden Kolonisten ihnen soviel als möglich Hilfe geleistet haben.

Auch der südlich von Windhoek gelegene Teil der Kolonie ist von einem Netz evangelischer Missionsstationen überspannt; thatsächlich ist das ganze Volk der Nama-Hottentotten, die hier wohnen, mehr oder weniger von dem Christentume berührt, doch erschweren ihre Stammesumzüge oder, Trägheit, Unreinlichkeit, Leichtsinn und Lust zum Nomadenleben, vielfach die geordnete missionarische Thätigkeit. Die Nama leben wie die Kinder in den Tag hinein, verschleudern ihr geringes Besitztum für Luxus und Schlemmerei, wenn sich Gelegenheit dazu bietet, ihr Familienleben ist ungeordnet, geregelte Thätigkeit und Sauberkeit in ihren Wohnungen lieben sie wenig. Für sie ist deshalb das geordnete Familienleben und die tägliche Arbeit der unter ihnen wirkenden Missionare von großer erzieherischer Bedeutung; wo sich ein Stamm der Nama andauernd diesem Einflusse des Missionars entzieht, geht er allmählich seinem Untergange entgegen, er löst sich durch Verschwägerungen in einzelne Familien auf, die unter andern Stämmen verschwinden, oder stirbt aus Mangel an Nahrung und Obdach aus, oder wird durch Feindseligkeiten der anwohnenden Stämme aufgerieben.

Im einzelnen berichten wir von den letzten Vorkommnissen auf einigen Namastationen, daß in Scheppmannsdorf, einer Außenstation zu der angrenzenden englischen Station Wolfischbai, eine Schule errichtet ist, die regelmäßig von 30 Kindern besucht wird; es wird in ihr in Holländisch und in Nama unterrichtet. Erfreulich ist die Opferwilligkeit der Gemeinde, sie leistete im letzten Jahre 150 Mk. Kirchensteuern zur Deckung der kirchlichen Unkosten. Der Einfluß der Wolfischbai mit ihrer fraglichen Zivilisation einer Hafenstadt auf diese Außenstation ist vielfach schädigend, insbesondere haben die Missionare unter der Bevölkerung gegen den unmäßigen Genuß des von England eingeführten Branntweins zu kämpfen.

In Hochanas wird eine Kirche gebaut. Auf der alten Station Bethanien fürchtet man noch der Heuschreckenplage, welche die ganze üppige Vegetation des vorigen Jahres vernichtet hat, von neuem Hungersnot, mindestens aber eine beträchtliche Verminderung des Viehstandes. Östlich von hier liegt die Station Koes, sie ist neu gegründet und mit ihr der letzte der Stämme unter den Nama, die Belschöndrager, missionarisch versorgt. In Keiragobies, unweit der Oltgrenze der Kolonie, befindet sich eine Schwesternstation, in welcher Deutsch und Holländisch gelehrt wird; eine Kapelle wird in diesem Winter erbaut werden, doch verursacht der Transport der Baumaterialien aus weiten Entfernungen viele Unkosten; auch droht Mangel an Lebensmitteln, denn die sämtlichen Lebensmittel der Umgegend sind von den Engländern für den südafrikanischen Krieg aufgekauft worden, zu dem hat die Station Pella, auf dem südlichsten Punkte der Südgrenze gelegen, die bisherige Lebensmittelzufuhr aus demselben Grunde eingestellt. Die Kriegswirren des südafrikanischen Krieges machen sich also auf beiden Stationen bemerklich, besonders empfindlich aber in Bella; hier ist die Mission ganz und gar lahm gelegt, da die Eingeborenen des Krieges wegen geflohen sind. In gleicher Lage befindet sich das auf der Ostgrenze liegende, halb deutsche, halb englische Rietfontein, eine Niederlassung der in den 60er Jahren eingewanderten Bastards; sie sind durch den Krieg aller Lebensmittel beraubt, Wagen und Vieh haben sie den Engländern zur Verfügung zu halten, ein Teil der Bevölkerung steht im englischen Kriegsdienst, oft kommen auch wegen der unleidlichen Grenzlage Doppelbesteuerungen vor. Der Missionsbetrieb war hier schon immer schwierig, er ist jetzt durch das Kriegselend sogar unmöglich gemacht worden.

Telegr.-Adr.: Zeltreichelt.

Wasserdichte Segeltuche, Pläne
Zelte-Fabrik
Rob. Reichelt, Berlin C. Stralauerstr. 58.

Engros. — Export.

Illustrirte Zelt-Kataloge gratis.

Von Süsserotts Kolonialbibliothek
erschien bisher:

Bd. I. Ernst Tappenbeck, Deutsch-Neuguinea.
Preis gebd. Mk. 3.—, postfrei Mk. 3.30.
Mit zahlreichen Abbildungen und einer Karte.

Ernst Tappenbeck war ganz der rechte Mann, dieses Unternehmen glücklich zu inaugurieren. . . . (Kreuz-Zeitung v. 14. 9. 01).

Bd. II. Dr. C. Mense,
Tropische Gesundheitslehre und Heilkunde.
Preis gebd. Mk. 8.—, postfrei Mk. 8.30.

Der Verfasser, der auf eine langjährige ärztliche Thätigkeit in verschiedenen Tropenländern zurückblickt und durch das von ihm herausgegebene „Archiv für Schiffs- und Tropenhygiene" bekannt ist, hat mit seinem Buch dem in den Tropen wohnenden Europäer eine Hülfe an die Hand geben wollen, die ihm in seiner Abgeschlossenheit den Arzt ersetzen soll. Leicht und verständlich geschrieben, wird das Buch jedem in den Tropen lebenden Laien von grossem Nutzen sein. . . . (Deutsches Kolonialblatt v. 15. 2. 02).

Bd. III/IV. Dr. Reinecke, Samoa.
Preis gebd. Mk. 5.—, postfrei Mk. 5.30.

Demnächst erscheint:

Professor D. K. Dove: Deutsch-Südwestafrika.
Hauptmann d. D. Leue: Deutsch-Ostafrika.
Professor D. Fesca: Tropische Agrikultur.
Bergassessor a. D. Hupfeld: Togo.

Wilhelm Süsserott,
Verlagsbuchhandlung, Berlin W. 35, Potsdamerstr. 42.

Die Deutschen Kolonien.
Monatsschrift für die sittliche und sociale Hebung der Eingeborenen in den Schutzgebieten.

Herausgegeben von P. Gustav Mäller.

Monatlich ein Heft von 16 S. gr. Fey.-4.
Preis jährlich 3 M., mit Porto 3.50 M.
Nr. Durch des Verlagsanstalten.

❖ ❖ ❖ Verlag von C. Bertelsmann in Gütersloh. ❖ ❖ ❖

Ueber den Import von Kamelen und Dromedaren in unsere Schutzgebiete.

Von Dr. Alexander Sokolowsky,
Wissenschaftl. Assistent am Deutschen Kolonial-Museum-Berlin.

Bei der Wichtigkeit, welche die Kamele und Dromedare als Reise- und Lasttiere bei einem Teil der Menschheit haben, dürfte es nicht gleichgültig sein, der Frage nach der Überführung dieser Tiere in unsere afrikanischen Kolonien, in welchen geeignete Transportmittel schwerer Lasten fehlen, näher zu treten. Man hat allerdings schon Versuche gemacht, durch Import von Dromedaren aus anderer Gegend Afrikas dieselben in Deutsch-Süd-West-Afrika einzuführen. Diese Versuche lassen aber bis jetzt noch einen durchschlagenden Erfolg vermissen, da, meiner Ansicht nach, die importierten Tiere ihrer Herkunft nach nicht die geeignete Widerstandsfähigkeit besitzen.

Der bekannte Tierhändler Carl Hagenbeck in Hamburg importiert schon seit einer Reihe von Jahren mit gutem Erfolg größere Partien von Kamelen und Dromedaren aus dem südlichen Teil der sibirischen Steppe und aus Turkestan nach Europa und den Vereinigten Staaten von Amerika.

Als Beweis für die größere Resistenzfähigkeit der erwähnten Tiere den bisher importierten gegenüber, führe ich an, daß dieselben in ihren Heimgebieten des nördlichen Sibiriens weit größeren Temperaturdifferenzen ausgesetzt sind, als die anderen.

Bekanntlich herrscht in Südsibirien im Sommer eine große Hitze und im Winter eine ebenso große Kälte, wodurch die in diesen Steppen lebenden Tiere äußerst abgehärtet werden.

Im Vergleich zu den afrikanischen Dromedaren leisten diese großen südsibirischen Tiere das Doppelte. Hagenbeck hat in verschiedenen Ausstellungen Kamele als Reittiere für Erwachsene und Kinder verwendet und hat hierbei auf einem Kamel bis zu vier ausgewachsene Personen reiten lassen. Rechnet man nun durchschnittlich nur 125 Pfund pro Person, so würde dies schon ein Gewicht von 500 Pfund sein, welches die Tiere bequem befördern. Hierbei ist noch in Betracht zu ziehen, daß diese vier Personen nicht so ruhig auf dem Kamele sitzen, als wenn die Bürde eine tote Last wäre.

Daß die sibirischen Kamele und turkestanischen Dromedare sich überall afflimatisieren, diese Erfahrungen hat Hagenbeck schon sehr oft gemacht.

Auf den verschiedenen Reisen, welche die Tiere unter Deck haben durchmachen müssen, ging nicht ein einziges Stück ein.

— 586 —

In Amerika hat man mit der Einführung dieser Tiere sehr gute Erfahrungen gemacht, was schon aus dem Umstand hervorgeht, daß viele Nachbestellungen einliefen und sich von Jahr zu Jahr mehren.

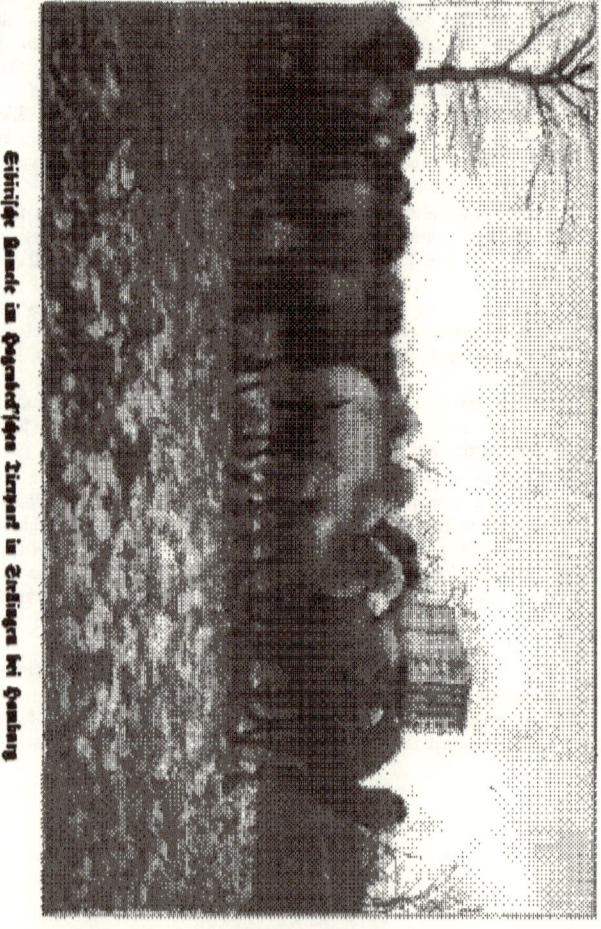

Eichiniche Kamele im Hagenbeck'schen Tierpark in Stellingen bei Hamburg

Es wäre daher der Vorschlag zu machen, mit diesen Tieren einmal einen Import-Versuch in Deutsch-Süd-West-Afrika, wenn auch erst in kleinem Maßstabe, zu machen. Zu diesem Zwecke wäre es ratsam, Tiere im Alter von 1½ bis zu

3 und 4 Jahren auszuwählen. Darunter müßten sich einige Stuten befinden, die tragend sind, auch müßte stets zu zwei Stuten ein Hengst genommen werden. Obwohl sich der Preis etwas höher stellt, als bei afrikanischen Dromedaren,

Turkestanische Dromedare, von Jugend als Jagdtier für den Tiertransport verwendet.

so ist dieses nur eine scheinbare Verteuerung, da die Güte und Leistungsfähigkeit der Tiere eine ganz andere als die der ersteren ist.

Des weiteren ist nicht außer acht zu lassen, daß die aus Sibirien importierten Kamele absolut gesund und nicht hautkrank sind, was für die übrigen in Deutsch-Südwest-Afrika gehaltenen Haustiere ein großer Vorteil ist. Herr Hagenbeck hat den Import von afrikanischen Dromedaren nach Europa gänzlich aufgegeben, da diese Tiere, wie ihn seine langjährigen Erfahrungen lehrten, außerordentlich viel an Krätze litten.

Die aus Turkestan stammenden großen Dromedare und südsibirischen Kamele sind daher weit geeigneter für den Import. Der Erwähnung wert ist ferner, daß sämtliche Kamele und Dromedare in Sibirien und Turkestan von 2 Jahren an beladen und eingefahren, resp. als Zugtiere benutzt werden.

Was die Heimat der durch Hagenbeck importierten Kamele anbelangt, so stammen die besten dieser Tiere aus der Gegend von Uralsk; wo sie von großen Kirgisen-Horden gezüchtet werden. Die Dromedare werden aus russisch Turkestan bezogen. Die Preise der Tiere variieren an Ort und Stelle sehr, es werden dort oft für besonders schöne Exemplare 150 und 160 Rubel pro Stück bezahlt. Minderwertige Tiere sind schon bedeutend billiger zu haben. Da aber die Transportspesen bis nach Hamburg pro Stück auf etwa 300 Mk. zu stehen kommen, so lohnt es sich schon aus diesem Grunde, nur die besten Exemplare zu importieren. Die großen turkestanischen Dromedare werden vielfach mit Kamelen gekreuzt. Aus dieser Mischung entstehen außerordentlich kräftige Tiere, für welche, da sie vortreffliche Arbeitstiere abgeben, die höchsten Preise bezahlt werden. Die Kamele aus dieser Gegend sind die schönsten und schwersten, welche es überhaupt giebt. Ein erwachsener Hengst kann ein Gewicht von gut 2000 Pfd. erreichen. Die turkestanischen Dromedare erreichen eine beträchtliche Höhe. Im Hagenbeck'schen Tierpark in Stellingen befindet sich augenblicklich ein Wallach, welcher von der Erde bis zur Spitze seines Höckers 2,55 m mißt. Die Hagenbeck'schen Reisenden, welche die Tiere brachten, behaupten, noch größere Exemplare gesehen zu haben. Dieselben konnten diese Tiere nicht bringen, da sie ihrer Größe halber nicht in die Eisenbahn-Waggons hineingingen. Diese an starke Temperaturverhältnisse gewöhnten Tiere würden sich außerordentlich gut zum Import nach Deutsch-Südwest-Afrika eignen, da dieselben als Last- und Wagentiere ganz Enormes leisten können, ohne zu ermüden.

Die Preise für diese prächtigen Tiere variieren selbstverständlich je nach Alter und Geschlecht. Junge 1—1½jährige Tiere, von welchen sich mehrere Exemplare in einem Waggon transportieren lassen, können schon für 500—600 Mk. pro Stück geliefert werden. Ältere Tiere steigen im Preise selbst bis zu 1000 Mk. pro Stück, wenn es sich um hervorragend schöne Exemplare handelt.

Der Durchschnittspreis würde sich ab Hamburg frei an Bord geliefert in M. Verpackung nach Herrn Hagenbecks Mitteilung auf 810 Mark pro Stück belaufen.

Wie unsere Bilder, die Aufnahmen aus dem Hagenbeck'schen Tierpark in Hamburg entstammen, beweisen, handelt es sich um ganz prächtige Tiere, welche sich voller Gesundheit erfreuen. Es wäre daher ein für die Wohlfahrt unserer südafrikanischen Kolonie äußerst wichtiger Versuch, die Akklimatisationsfähigkeit dieser Tiere für dieses Schutzgebiet zu erproben.

Die deutsche Kolonisation in Afrika und ihre sanitäre Bedeutung.

Von Dr. Emanuel Cohn.

Es sind jetzt neunzehn Jahre her, daß die deutsche Kolonisation in Afrika landete, dem Riesen-Oelteil, der massig und plump in seinen Formen, verbrannt von den Strahlen der tropischen Sonne, von ungastlichen Küsten mit wilder Brandung, düster und rätselhaft, wie die Sphinx der ägyptischen Wüste, dem Eindringling entgegenstarrt. Noch waren damals weite Gebiete im Innern unerforscht trotz des Wagemutes, der hervorragende Männer aller Kulturvölker, an erster Stelle die deutschen Reisenden, zur Aufhellung des dunklen Erdteils, getrieben hatte. Aber die geographische Aufschließung allein kam den Interessen der Kolonisation wenig zu statten. Für diese ist die Kenntnis der sanitären und wirtschaftlichen Verhältnisse, der Bodenbeschaffenheit und -bearbeitung notwendige Voraussetzung. Nach dieser Richtung fehlte nicht mehr, als alles. Wohl hatten einzelne Reisende, besonders Ärzte, wie Nachtigal und Rohlfs[1]), Kunde von verheerenden Krankheiten gebracht, die sie bei ihrem stets vorwärtseilenden Marsche wahrgenommen hatten, keine Aufhellung aber von deren Entstehen, ihrer Verbreitung und Ansteckungsgefahr. Hierzu ist längerer Aufenthalt und sorgsame Arbeit berufener Forscher notwendig. Auch die anderen Nationen hatten hierfür wenig oder gar nichts geleistet. Die Engländer, welche seit Anfang des Jahrhunderts in der Besitzergreifung Afrikas sich den Löwenanteil gewahrt hatten und welche durch ihre Kaufleute, Missionare, Beamte und Ärzte ein gewisses Maß heimatlicher Kultur, wohin sie bringen, zu verpflanzen pflegen, haben in Afrika mehr das Bestreben gehabt, sich selbst gesundheitlich zu schützen, als die sanitären Bedingungen der ihnen unterworfenen Völker zu studieren und zu bessern. Allerdings bewirkte der Egoismus Übertragung von Krankheiten durch die Eingebornen zu vermeiden, bei ihrer guten hygienischen Schulung auch einige wenige Vorteile für die letzteren. Zum Unterschiede von mangelhaft kolonisierenden Völkern, wie den Portugiesen, in deren Besitzung Angola die einzig wachsende Kolonie der Kirchhof ist.

Anders faßten die Deutschen ihre Aufgabe auf, der Virchow, welcher als Politiker der deutschen Kolonialbewegung nicht freundlich gegenüber steht, auf der Straßburger Naturforscherversammlung 1885 Ausdruck gab: „Es ist hier nicht der Ort, darüber zu diskutieren, ob wir eine Kolonialmacht herstellen sollen. Wir

---

¹) Rohlfs Buch: Zur Klimatologie u. Hygiene Ost-Afrikas erschien erst 1885.

Recht fordert die Regierung sowohl, wie die Nation von der Wissenschaft Antworten auf eine ganze Reihe von Fragen, die entscheidend sein werden für die Wege und Richtungen, welche die Gestaltung der einzelnen Verhältnisse nehmen muß. Es wird absolut notwendig sein, daß die Wissenschaft die Grundlagen darbietet, auf denen einstmals die Ordnung der neuen Gemeinwesen drüben eingerichtet wird." Mit diesem Programm setzte die deutsche Kolonialbewegung ein.

Sie fand sehr schlimme Verhältnisse vor. Der ganze, riesige Weltteil war anhaltend von inneren Kriegen aufgewühlt. „Immer von neuem wirbeln, vom Stoße kriegerischer Stämme aufgewühlt, die Völkermassen durcheinander, wie Staub vor dem Winde, und immer gleichförmiger werden die Schichten, die sich auf den breiten Flächen der Ebene niederschlagen; aber wie sich bei einem Sturme Laub und Spreu, die durch die Luft dahingefegt worden sind, in Winkeln und hinter schützenden Erhöhungen sammeln, so häufen sich die Völkertrümmer an allen den Stellen auf, die Schutz vor Verfolgung gewähren, seien es unwegsame Gebirge oder die sumpfigen Ufer und Inseln der Flüsse¹)." Nichts war beständig als der Wechsel. Die Stämme der schwarzen Race waren in ewiger Bewegung und Fehde. Diese Kriege wurden mit der größten Grausamkeit geführt und viele Tausende, da keine Gefangene gemacht wurden, niedergemetzelt. Ein großer Teil der afrikanischen Volkskraft verblutete.

Eine zweite Ursache der Schädigung derselben sind die Sklavenjagden. Es gab Jahre, die 30000 Sklaven, in Jagden erbeutet, an die Küsten führten. Aber die 6fache Zahl (180000 Mann) war alsdann teils bei den Greueln der Einfangung getötet, teils unter dem Elend des Transports und der Strapazen zu Grunde gegangen. England hat das Verdienst, zuerst diesen Scheußlichkeiten Einhalt gethan zu haben. Eingeschüchtert durch die energischen Vorstellungen des englischen Gesandten Sir Battle Frere und des Konsuls Dr. Kirk mußte 1873 der Sultan von Zanzibar für sein Reich die Aufhebung des Sklavenhandels zugestehen. Das Übel aber wurde hierdurch von Zanzibar nach der ostafrikanischen Küste getrieben. Die arabischen Plantagenbesitzer verarmten durch den Verlust der seitherigen billigen Arbeitskräfte und begannen nunmehr auf dem Festlande den Sklavenhandel auszubeuten und mit ihm das Hazardspiel des Elfenbeins zu verbinden, ihre Streifzüge bis Tabora und Udjiji am Tanganyika-See ausdehnend und ganz Ost-Afrika durch Raubbau unterwühlend.

Bei einigen Volksstämmen bestand die Unsitte, bei festlichen Gelegenheiten Sklaven zu opfern, als eine Art von Luxus reicher Leute, die ihren Überfluß hiermit bekunden wollten. Wie groß die Zahl dieser Opfer, entzieht sich mangels genauerer Angaben und der Kenntnis der Verbreitung jener Greuel jeglicher Schätzung.

Einer der dunkelsten Punkte aber im schwarzen Weltteil ist der Kannibalismus. Auch über seinen Umfang fehlen Anhaltspunkte. Keineswegs ist die Nahrungsnot als Ursache anzuführen, wie bei jener Nordpol-Expedition, in der die Verzweiflung des Hungers in bestialer Gier zur Abschlachtung von Gefährten trieb. „Denn der Kannibalismus tritt nicht immer bei den rohesten Stämmen, sondern auch bei sonst gutgearteten auf, die Eisenindustrie treiben und sich eines gewissen Wohlstandes der Lebenshaltung erfreuen, wie den Niam-Niam, Acuwimi

---

¹) Helmolt: Weltgeschichte Bd. I.

und Manyema." In den deutschen Kolonien hat ihn Freiherr v. Dankelmann zuerst mit Sicherheit in Kamerun nachgewiesen.

Zur Beurteilung der sanitären Verhältnisse ist die Kenntnis der Bevölkerungsziffer notwendig. Sie ist für Afrika noch in Dunkel gehüllt. Jedenfalls ist die frühere Schätzung von 200 Millionen übertrieben und die von 150 Millionen mehr begründet. Nur sehr wenige Gebiete sind dicht bevölkert. Auf den qkm wohnen in Kapland 2, in Transvaal 3, im Kongostaat 6, an der Küste von Kamerun 20, im Hinterlande von Kamerun 32 Menschen. Da die Grundlagen der Statistik fehlen, so ist die Bevölkerungsziffer auf die ungefähren Angaben der Reisenden gestellt, die nach subjektivem Eindrucke berichten. Strömt beim Herannahen des Fremden die Bevölkerung neugierig aus vielen Ortschaften zusammen, so nimmt er eine dichte Bevölkerung an, das Gegenteil, wenn sie aus Furcht davonläuft. In Afrika ist die Statistik eine Wissenschaft aus Kautschuk.

All diese Millionen verharren in Arbeitsunlust, da die Natur verschwenderisch für ihre geringen Bedürfnisse sorgt. Wir viele Freie und Herrschende unter ihnen, wie viele Sklaven, entzieht sich jeder Schätzung. Am meisten leiden diese unter den Martern der Sklavenjagden und den Gefahren des Transports. Verhältnismäßig mild dagegen ist die Form der Haussklaverei. Nicht überall werden die Sklaven zu anstrengender Thätigkeit herangezogen. In manchen Gegenden gilt es als ein Zeichen des Wohlstandes und für vornehm, sie nichts thun zu lassen. Brusch Pascha berichtet, daß, wenn man von weitem auf den Feldern Oberägyptens arbeiten sieht, man mit Sicherheit schließen kann, daß es nicht von Sklaven besorgt wird. Diese würden gehätschelt, gepflegt und überfüttert, um sie im Preise steigen zu lassen. Die meiste Arbeit in Afrika verrichten in schwerster Sklaverei die Frauen. Auf ihnen ruht die Besorgung der Felder, die Errichtung der Hütten, die Zubereitung der Lebensmittel und die Pflege der Kinder. Nur bei einigen Stämmen gelangen sie zu einflußreicher Stellung, erhalten Sitz und Stimme in Volksversammlungen, werden zur Schlichtung von Streitigkeiten berufen und können selbst Häuptlinge werden. Trotz der niederen Stellung, in der die meisten geknechtet werden, sind sie auch dort drüben die Trägerinnen der edelsten Gefühle, der Mutterliebe. Anschaulich wirkt eine Schilderung, die eine Schwester vom Rothen Kreuze in einem Schriftchen: „Unter dem Rothen Kreuze in Afrika" aus dem Nachtigalkrankenhause in Togo giebt. Ein Negerkind lag schwerkrank daselbst. Fünf Tage und Nächte wichen die Mutter und die Großmutter mit besorgten, scharf beobachtenden Mienen nicht von seiner Seite. Als der Tod das leichte Leben von der Lippe nahm, da stürzte sich die Mutter unter einem herzzerreißenden Schrei mit einem langen Kusse auf das entseelte Kind, um nach der Anschauung ihres Volkes die entfliehende Seele in sich aufzunehmen, bis man sie nach Stunden mit Gewalt aus der Umarmung trennen mußte. Solche Züge von tiefem Empfinden sind nicht vereinzelt. Bei der näheren Kenntnis der wilden Völker war man überrascht, Familiensinn und Pietät weit verbreitet zu finden, ebenso wie andere scharf ausgeprägte ethische Anschauungen. Persönliche Hingabe und Pflichttreue sind nicht selten. So pflegen nicht selten die Schwarzen die an schweren ansteckenden Krankheiten Leidenden, die fern von menschlichen Wohnstätten abgesondert werden, unter den größten Entbehrungen und in voller Kenntnis der ihnen drohenden Gefahr Wochen und Monate lang, bis Genesung oder Tod eintritt.

Die durchschnittliche Lebensdauer kommt der unsrigen gleich, trotz größerer

Kindersterblichkeit und Verheerungen durch Kriege und Sklavenjagden. Daraus folgt, daß der Afrikaner von kräftigerer Konstitution oder von weniger gefährdeter Gesundheit ist. Der Vorteil aber der besseren Konstitution wird durch die Opfer der Blutgreuel aufgehoben. Afrika ist für seine Kinder keine ungesunde Wohnstätte. Gegen die schlimmste Geißel, die Malaria, die so verderblich auf die Einwanderer wirkt, sind sie selbst, wenn auch nicht geschützt, so doch, wie die Koch'schen Forschungen ergeben haben, durch Überstehen in der Kindheit immunisiert. Von epidemischen Seuchen ist Afrika viel weniger, als andere Weltteile heimgesucht, wie z. B. Asien, von wo die Pest bedrohlich auf den Völkerstraßen einher ziehend die anderen Erdteile überfällt. Auch sie hat, gleich anderen ansteckenden Krankheiten, ihren Weg nach Afrika gefunden. Aber Epidemien haben daselbst lange nicht den verheerenden Einfluß ausgeübt, wie in Polynesien oder in Südamerika.

Es sind auch nicht die großen Raubtiere, wie Löwe, Tiger, Hyäne, deren Furcht einflößender Ruf selbst bis auf den Verdacht der Feigheit abgeblaßt ist, die die Einwohnerschaft gefährden. Viel schlimmer sind die kleinen und kleinsten Lebewesen: Erdflöhe, Stechmücken, Tsetsefliegen.

Die Erd- und Sandflöhe graben sich unter die Nägel der Zehen und Finger ein und ziehen von hier aus verheerende Gänge unter die Extremitäten, sie mit tiefen Geschwürsbildungen bedrohend. Die Stech- und Gabelmücken (Anopheles und Culex), die Überträger des Malariagiftes, haben den guten Ruf des ganzen Weltteils geschädigt. Auf sie ist ihrer Wichtigkeit gemäß ausführlicher zurückzukommen. Sehr gefürchtet ist die Tsetse-Fliege (Glossina morsitans), weniger für den Menschen, obwohl schon Livingstone von ihrem empfindlichen, scharfen Biß spricht, als für Tiere. Sie behindern die Besiedelung in den wärmeren Strichen Südafrikas, da sie den Gebrauch von Pferden und Zugochsen fast unmöglich macht, besonders wo Flußränder mit dichtem Gebüsch bewachsen sind. An der Ostküste häufiger, als an der Westküste, ist sie besonders stark am mittleren und unteren Limpopo, während sie im Kaplande nicht vorhanden ist. Eine eigene Anziehung hat sie zum Büffel; sie folgt ihm überall und verschwindet, wo er vertrieben wird. Sie ist für den Büffel, wie der Punkt zum I. Auch kulturfortschrittlich hat sie in einigen Gegenden Südafrikas gewirkt, wo durch ihre Verheerungen Armut und Elend bei der viehtreibenden Bevölkerung ausbrach und diese zwang, sich dem Ackerbau zuzuwenden. Eine wichtige Rolle für die Wirtschaftsverhältnisse Afrikas spielen die Viehseuchen. Die Rinderpest, die häufig in Südwest- und Ostafrika auftrat, aber auch nachgewiesenermaßen von hier aus in's Innere sich erstreckte, hat durch Vernichtung der Rinder-, Büffel- und Antilopenherden Not und Elend über die Bevölkerung verbreitet. Den stolzen Stamm der Massai hat sie zu Bettlern gemacht. Die größte Verheerung über Wild und Herden bringt die von den Eingeborenen „Sadoka" genannte, wissenschaftlich noch nicht erforschte Krankheit, die, von Abessynien eingedrungen, strichweise wechselnd ganz Afrika durchzieht. Sie tritt in zwei Formen, der chronischen und der acuten, auf, von denen die Letztere in 24—30 Std. tötet. Für Pferde gefährlich ist die Paardeziekte und Didopziekte in Südafrika, ebenso die Pferdesterbe, die im engsten Zusammenhang mit der Malaria steht, so daß aus ihrem Blute ein Heilserum zur Bekämpfung der menschlichen Malaria dargestellt worden ist (Philal. Kuhn). Die Brandziekte (burning sickness) befällt die Schafe und zerstört deren Wolle; sie ist eine Parasitenerkrankung mit Milben, die im Winter, der für höher gelegene Orte mit sehr niederer Temperatur auftritt, sich einstellt. Der schützenden Hülle beraubt gehen die Schofe zugrunde. Eine Folge der Viehseuchen bildete oftmals die Hungersnot, so 1889, die Tausende der Eingeborenen dahinraffte. In der Nachhut stellt sich eine Schar verheerender Epidemien ein, die das Elend verzehnfachend die Bevölkerung dezimierten. Zu all dem Unheil gesellen sich noch Heuschreckenschwärme, die in dichten Wolken anrückend, strichweise sich niederlassen und alle Vegetation zerstören. Eine Plage, die in allen Teilen des Kontinents sich wiederholt. Zu den Thierseuchen kommt eine Anzahl von Volkskrankheiten, wie Pocken, Ruhr, Syphilis, Pest u. a., die um so verderblicher wirkten, als jede Spur von Absperrungs- und Verhütungsmaßregeln fehlte und sie durch den Verkehr in die entferntesten Gegenden, nirgends aufgehalten, verschleppt wurden. Besonders die Karawanen erweisen sich als die Förderer der Infektionen: Sie brachten auf ihren Straßen Epidemien, wie Blattern aus dem Inneren an die Küste und tauschten hier Syphilis und Pest ein, die sie nach dem Innern überführten. Dieser Karawanenverkehr ist so bedeutend, daß in Bagamoyo alljährlich 10000 Schwarze mit Frauen und Kindern aus dem Innern eintreffen. Die größte Gefahr für Afrika bildeten die Pocken. Sie sind vom oberen Stromgebiet des Nils, von Nubien, Kordofan, dem Hochland von Abessinien, von der Ostküste bis nach Südafrika eingedrungen, während die Westküste von Guinea aus weniger heimgesucht worden ist. Die Seuche hat sich nach allen Richtungen ausgebreitet und ist im Innern so zusammengeflossen, daß (nach Steubel) die Hälfte aller Eingeborenen im Zentral-Afrika an Blattern stirbt. Aber auch abgesehen von den Todesfällen ist die Verwüstung groß, die sie für die Befallenen hinterläßt. Auffallend ist die große Zahl der Blinden durch Erkrankung der Augen im Folge der Blattern. Die gleiche Ursache konnte Professor J. J. Rein in Japan bei den vielen Bettlern nachweisen, die in Städten und Dörfern das Mitleid anflehen. Ein ergreifendes Bild bietet die Pockenkolonne, die Emin Pascha von der Stuhlmann'schen Expedition von Taboro aus abzweigte, ein Zug des Todes, an dessen Spitze er selbst, fast erblindet und mit dem Stocke sich vorwärts tastend, nach Westen zur Küste zu marschierte, bis ihn die Mordwaffe eines Eingeborenen erschlug.

Ein wichtiger Faktor für die sanitären Verhältnisse ist das Klima in Verbindung mit der Bodenbeschaffenheit. Hann nennt Afrika den tropischen Weltteil par excellence. Bei einem Riesen-Weltteil, der vom 38° n. bis 35° südlicher Breite sich erstreckt, kann von einem einheitlichen Charakter keine Rede sein. An den breiten Tropengürtel schließen sich nach Norden und nach Süden mit sanften Übergängen vollkommen differente Zonen an. Alle geologischen Bildungen sind vertreten, ebenso Bodenerhebungen von der unendlichen Wüste, den savannenbedeckten Hochflächen bis zu mit ewigem Schnee bedeckten Bergen aufsteigend. Umgekehrt sinkt die Skala von der Glut der Tropensonne auf Temperaturgrade unter Null in kühlen Nächten herab. Für die Bewohnbarkeit Afrikas sind die Temperaturunterschiede von der größten Wichtigkeit, die in den meisten Gegenden zwischen den wärmeren und kühleren Monaten, ganz besonders aber zwischen den heißen Tagen und kühleren Nächten herrschen. In den nördlichen hochgelegenen Toselländern im Seengebiet ist nächtlicher Schneefall häufig. In Uganda fand Emin Pascha die August-Nächte furchtbar kalt. In den Zentralländern leiden die Eingeborenen mehr durch die kühlen Nächte und den dichten, frostigen Morgennebel als durch die Tageshitze. Wo diese Temperaturunterschiede fehlen, die Nächte ohne

Abkühlung sind, ist Afrika, besonders für den Einwanderer am wenigsten gesund. Wichtig sind die Regenperioden, deren Auftreten mit Regelmäßigkeit von den Passatwinden herbeigeführt wird, sowohl für die Vegetation im allgemeinen, als für die Fortschwemmung von Fäulniskeimen im besonderen. Ein geflügeltes Wort ist die Behauptung G. A. Fischer's, der als Arzt in Sansibar gelebt hat, geworden: „Wo Afrika fruchtbar, ist es ungesund und wo es unfruchtbar, gesund." Dieses Urteil, das gern in unserem Parlamente angeführt wurde, um die junge Kolonialbewegung zu bekämpfen, ist vollkommen irrig. War es von vornherein verwegen aus der Kenntnis eines kleinen Fleckchens, die Fischer zu Gebote stand, einen Schluß auf die Gesundheit des Riesenkörpers zu ziehen, so schlagen die bekannt gewordenen Forschungen und Erfahrungen den Behauptungen ins Gesicht. Ungesund sind die heißen Küstenmündungen sowohl in Ost-, als in Westafrika, im Westen besonders die Guinea-Küste, im Osten die Küste von der Delagoa-Bai bis zum Zambesi. An ihnen gedeihen in dem Geflecht der Mangrove-Wurzeln und in dem von der Sonnenglut gärenden Schlamme die Fäulniskeime am üppigsten. Günstig aber ist nach den Untersuchungen gewissenhafter Forscher eine Anzahl von Plateauländern von großer Fruchtbarkeit, die selbst für eine europäische Besiedlung geeignet erachtet werden. So das hochgelegene Usambaragebiet, „ein Horst, der nach allen Seiten steil abfällt und besonders von der am höchsten gelegenen Westseite in Staffeln zum Panganithal mit reicher Vegetation und guter Bewässerung absteigt," so das vom Stabsarzt Dr. Ludwig Wolf erforschte Baluba-Gebiet am Kassai, das nördlich und nordöstlich vom Nyassa-See gelegene Gebiet nach den sicheren Angaben von Prof. Dove, das Lilimandscharo-, das Sali-Gebiet im Hinterlande von Kamerun, ferner Landschaften in Uhehe, auf dem Parsgebirge u. a. m. Aber auch der zweite Satz Fischers „wo Afrika unfruchtbar, ist es gesund" ist unzutreffend. Selbst in der unwirtbaren Wüste und Steppe genügt das Vorhandensein eines Wasserloches mit feuchtem Untergrund, um sie ungesund zu machen, während andrerseits die vielgepriesenen Oasen mit ihrer dichten, die Luft hemmenden Vegetation bei feuchtem Boden häufig ihren Ruf nicht verdienen. In der Wissenschaft sind verallgemeinernde Schlüsse, die nicht auf dem sicheren Boden einer Summe von Einzelbeobachtungen aufgebaut werden, von trügerischem Werte. Um wieviel mehr waren Irrtümer möglich in einer Zeit, da große Teile Afrikas noch unerforscht waren und die klassische Meteorologie von Hann über Afrika nur 40 Seiten enthielt. Nur einige wenige Worte über unsere afrikanischen Kolonien. Ostafrika ist im ganzen wärmer als Westafrika unter der gleichen Breite, besonders an der Küste, während dies für die kühlen hochgelegenen Plateauländer des Innern nicht zutrifft. Aber selbst die Küstenstationen mit ihrem Monsun-Charakter sind nicht übermäßig heiß. Ihr Ruf leidet unter dem Urteile, das man in Sansibar oder gar in Massaua gebildet hat, und das man geneigt ist, auf die ganze Ostküste zu übertragen. Kamerun wie die ganze Westküste Afrikas, von Sierra Leone bis über die deutschen Besitzungen, wird von ozeanischen Südwestwinden beherrscht, die die Wärme mildern. Die treibhausartige Feuchtigkeit der Luft wird aber sehr drückend empfunden und schädigt die Gesundheitsverhältnisse mehr, als an der Ostküste. Düstere Bewölkung lagert über der grauen, von Winden gepeitschten, savannenbedeckten Hochfläche. Ob erfolgen plötzliche, sprunghafte Abkühlungen, wie bei der Zintgraffschen Expedition 1889 beim Überschreiten einer 1500 m hohen Bergkette von der Bali-Station aus, wo bei einem

Unwetter mit Hagel und Platzregen, bei einem Fallen des Thermometers von 35° auf 3° 16 Mann der Expedition ihren Tod fanden. Günstig ist das subtropisch ausgesprochen kontinentale Klima Südwestafrikas mit erträglichen Tagestemperaturen, kühlen Nächten, mit Trockenheit von Mai bis September, Regenperioden während des südhemisphärischen Winters, mäßigen Winden und blauem Himmel. Auf den bisher geschilderten Grundlagen bauen sich die sanitären Verhältnisse Afrikas auf. Welchen Einfluß haben die Eingeborenen auf sie zu gewinnen gesucht, mit welchen Waffen hat Selbsterhaltungstrieb und Erfahrung dagegen angekämpft? Mit sehr stumpfen. Die Schwarzen ließen die Epidemien über sich ergehen, wie Heuschreckenschwärme, in dumpfem Fatalismus. Ihre Sorglosigkeit, der Mangel jeglicher Verhütungsmaßregeln ließ die Gefahren in's grauenhafte wachsen. Aber für Einzelerkrankungen suchten sie mitunter Abwehr. Auch bei ihnen, wie sonst bei vielen Völkern, giebt es eine Volksmedizin, die Nutzanwendung aus einer Summe von Beobachtungen und Erfahrungen, die von Geschlecht zu Geschlecht durch Tradition sich fortpflanzen, ein Schatz von Kenntnissen, der nicht gering zu achten ist. So wurde eine Mimosen-Rinde gegen das Fieber, in der Wirkung dem Chinin ähnlich und zu gleichem Zwecke, worauf Herr v. St. Paul-Illaire aufmerksam machte, ein Thee aus Chichawurzel (Amaranthus spinosus) mit Erfolg angewandt. Als ein besonderes Heil- und vorzügliches Nahrungsmittel wurde ganz unserer physiologischen Auffassung entsprechend, das Fett geschätzt. Mit Honig gemischt wird es bei einigen nördlichen Völkern pfundweise getrunken. Wöchnerinnen nehmen 10—12 Pfund auf einmal, was für Mutter und Kind sehr zuträglich sein soll. Die eigentliche Medizin aber steht unter dem Banne des Fetischismus. Der Medizinmann ist ein Zauberer, der mit seinen Zauberformeln und geheimnisvollen Manipulationen die Krankheit beschwört und austreibt. Im Nebmamt hat er noch die Besorgung des Regens. Ihnen zur Seite stehen auch in Afrika die alten Frauen, die sich eines großen medizinischen Ansehens, besonders auch in der den Frauen geleisteten Hülfe erfreuen. Bei den schwarzen Muhamedanern ist Universalmittel ein Koranspruch, der auf eine Holztafel mit Kienruß geschrieben, abgewaschen und als Waschwasser verschluckt wird, ein Brauch, der an unsere modernen Gebetheilungen erinnert. Selbst chirurgische Technik ist nicht unbekannt. Bei einigen Volksstämmen werden Blutentziehungen, nach Art der Schröpfköpfe, durch Aufsetzen eines oben abgeschnittenen scharfrandigen Hornes auf die Haut und durch kräftiges Saugen an demselben vorgenommen. Auch Amputationen werden gemacht, allerdings in einer sehr rohen Weise durch Abhacken mit einem scharfen Messer und Eintauchen des Stumpfes in heißes Öl. Letzteres sowohl zur Blutstillung, als zur Wundbedeckung. Seltsam, wie sich dieselben Anschauungen bei allen Völkern wiederholen und die Wissenschaft sich einen Pfad durch das gleiche Dickicht der Irrtümer zu bahnen hat. Auch in Europa war das heiße Öl zu demselben Zwecke bis zum Jahre 1530 im Gebrauch, sowohl zur Blutstillung, zum Ausbrennen der vermeintlich vergifteten Wunde, als zu deren Schutze. Als bei der Einführung des Pas de Suze der Vorrat ausgegangen war, mußte Ambroise Paré aus Not die Wunden einfach ohne siedendes Öl verbinden. Der Erfolg war über Erwarten günstig. Von diesem Tage datiert eine bessere Wundbehandlung.

Nachdem der vor der deutschen Besitzergreifung herrschende Zustand in breiten Pinselstrichen geschildert worden ist, erhebt sich von selbst die Frage:

Welchen sanitären Nutzen hat die deutsche Kolonisation gebracht? In erster Linie handelte es sich um die wissenschaftliche Aufhellung der erworbenen Länder, aber nicht allein nach der geographischen Richtung, sondern nach dem kolonialwirtschaftlichen Studium, nach der Feststellung der Bodenbeschaffenheit, seiner Bebauungsfähigkeit, der Heranbildung von Arbeitern, nach der Kenntnis der klimatischen und sanitären Verhältnisse. Zur Lösung dieser Aufgaben, die nicht allein der wissenschaftlichen Förderung, sondern der Entfaltung der vaterländischen Interessen dienen sollte, fand sich eine Schar begeisterter und opferfreudiger Männer, die in kaum zwei Jahrzehnten bewundernswerte und ersprießliche Leistungen erfüllt haben, eine Anzahl von Offizieren und Männern der Wissenschaft; eine stolze Reihe von Namen, die der geographischen Forschung dauernd zur Zierde gereichen werden. Erst durch ihre Forschungen verwandelte sich die bloße Besitzergreifung in die Nutzbarmachung des nach allen Richtungen erschlossenen Landes. Der Afrikafonds, der alljährlich von der Regierung mit ca. 290000 Mk. zur Verfügung gestellt wird, beteiligte sich vorteilhaft an der kartographischen und klimatologischen Aufnahme der Länder an ca. 100 Stellen.

Die Greuel der Kriege haben bedeutend nachgelassen. Zwar kamen in fast allen deutschen Kolonien gegen die Besitzergreifung Erhebungen vor, deren blutigste der Aufstand Buschiris 1889 war. Die Energie, mit der er niedergeworfen wurde, ließ neue vermeiden. Glimmt auch noch hier und da ein Funken auf, so kommt es doch nicht mehr zu größeren Bränden.

Die Sklavenjagden, die anfangs immer mehr in das Innere zurückgedrängt wurden, dann aber bei den Hemmnissen, die erbeuteten Sklaven an die Küsten zu bringen, an materiellem Wert für die Unternehmer verloren, haben fast ganz aufgehört; denn immer enger werden die Wege des Transports, immer schwieriger die Möglichkeit, die mit Sklaven gefüllten Dhaus aus irgend einem Hafen der Ost- und Westküste auslaufen zu lassen, seitdem die Berliner Kongo-Konferenz vom 15. November 1884 — 20. Februar 1885 den Sklavenhandel international beseitigt hat. Tabora und Udjiji, früher die wichtigsten Stützpunkte desselben, sind nunmehr in deutschem Besitz gesicherte Stationen der Karawanenstraße. Mit fester Hand hat die deutsche Herrschaft Wandel geschaffen. Auch an der Westküste haben sich durch die gemeinsame Thätigkeit der Kolonialmächte die Verhältnisse gebessert. In den größten Sklavenhandelsstaaten Dahome und Aschanti haben die Franzosen durch die Kämpfe des Generals Dodds den Menschenhandel vernichtet. Nach der gleichen Richtung wirkte die deutsche, die englische und die Kongo-Staat-Regierung. Noch ist das erlösende Wort der gänzlichen Aufhebung der Sklaverei nicht ausgesprochen, weil eine vollkommene Umwälzung der wirtschaftlichen Verhältnisse durch Ausfall der Arbeiter befürchtet und der Weg der allmählichen Ablösung der Zwangarbeiten vorgezogen wird. Ein sehr wichtiger Schritt ist vor kurzem gethan worden. Am 29. November 1901 hat die vom Kolonialrat gebilligte Verordnung des Reichskanzlers, betreffend die Haussklaverei in Ostafrika, Gesetzes-Kraft erlangt. Fortan kann durch Verkauf oder Selbstverkauf kein Sklavereiverhältnis daselbst neu begründet werden, jeder Sklave kann sich durch eine von der Verwaltungsbehörde festzusetzende Summe loskaufen, die Übertragung des Herrenrechts kann nur mit Zustimmung des Haussklaven vor der Verwaltungsbehörde erfolgen, jedem Haussklaven muß gestattet werden, zwei Tage in jeder Woche für sich selbst zu arbeiten, das Herrenrecht wird durch Pflichtverletzung verwird. Am 21. Februar d. Js. wurde auch in den Kolonien der Westküste, in Kamerun und Togo, durch Verordnung des Reichskanzlers die Hausſklaverei eingeſchränkt. Danach ſind in Kamerun Kinder von Hausſklaven und halbfreie Kinder von Halbfreien frei, in Togo die Kinder von Hausſklaven. Für beide Schutzgebiete wird Schuldknechtſchaft, Verkauf, Tauſch und ſonſtige Veräußerung verboten. Mit dieſen Regierungsmaßregeln, die am Tage ihrer Veröffentlichung in Kraft getreten ſind, iſt ein allmähliches Aufhören der Sklaverei in den deutſchen Beſitzungen eingeleitet. Auch konnte von den Behörden ein Nachlaß des Kannibalismus und der Sklavenopferung feſtgeſtellt werden, nachdem die Eingeborenen die Schwere der Strafe, die nach deutſchem Geſetz auf Mord ſteht, kennen gelernt haben. Die ſtrenge Ausführung der Todesſtrafe für dieſe Verbrechen wird nicht früher aufhören, als bis Massieurs los assassins ou commencent.

Eine Verbeſſerung der hygieniſchen Verhältniſſe iſt nur durch eine Beſſerung der ſozialen in Bezug auf Kleidung, Ernährung, Wohnung und Arbeit möglich. In Bezug auf die erſtere hat Stanley es als einen Kulturfortſchritt betrachtet, wenn es gelänge, die Neger mit Beinkleidern zu verſehen, was außerdem einen Export von jährlich 200 Millionen Dollars Baumwollſtoffen für Europa zur Folge haben würde. Die Anlegung einer Tracht ſtößt aber auf große Schwierigkeiten. Mit Recht macht Rohlfs geltend, daß in einer ſo heißen Gegend, in der die aus nördlicheren Ländern eingeführten Schafe ihre Wolle verlieren, die Menſchen ſich mit ſo wenig Kleidungsſtücken wie möglich einhüllen. Außerdem haftet dem Neger in hohem Grade die Gewohnheit der Urbekleidung an. Das beweiſt das Beiſpiel vieler Schwarzen aus der Republik Liberia, die Jahre lang in Amerika mit Kleidern und Komfort gelebt haben und beides bei der Rückkehr wieder abwerfen.

Für die Ernährungsfrage der Schwarzen iſt die leichte Beſchaffung der Nahrung entſcheidend. Sie wählen die Fleiſchkoſt, wo ſie ohne Mühe erreichbar iſt, gleichgültig ob von Elefanten, Springratten, Heuſchrecken, Krokodilen, Straußen, und ſind Vegetarianer, wo jene nicht vorhanden und die Natur den Bedürfnisloſen die Pflanzenkoſt mühelos darreicht. Eine Fürſorge für ſchlechtere Zeiten beſteht nicht. Sie ſind große Kinder, geborene Optimiſten, von einem Tag zum andern lebend, von jeder Fürſorge für die Zukunft frei. Selbſt das Elend der häufig auftretenden Hungersnot ändert ſie nicht. In ſtummer Reſignation gehen ſie zu Grunde. Die Überlebenden verharren in ihrer Trägheit weiter. Erſt durch die Erziehung zur Arbeit iſt eine Beſſerung der Verhältniſſe möglich. Nach dieſer Richtung ſind die Berichte ſowohl von den Oſt-, als von der Weſtküſte ermutigend, die über eine Gewöhnung einzelner Stämme an die Arbeit Kunde geben. Erzieheriſch wirken die von der Regierung verhängten Maßregeln, die die Erlegung einer Hüttenſteuer, ſowie eine an mehreren Tagen des Monats zu leiſtende Arbeit vorſchreiben. Eines guten Rufes in Bezug auf Fleiß und Intelligenz erfreuen ſich die Kruneger an der Weſtküſte, die ſtolz auf ihren Stamm ſich die Stirn mit einem langen blauen Strich tätowieren. Oftmals iſt es gelungen, durch überführen der Neger von der Oſt- zur Weſtküſte und umgekehrt ein gutes Arbeitsperſonal auf Grund von Verträgen mit freier Vereinbarung zu gewinnen. Die Anlegung von Plantagen von Reis, Kaffee, Kakao, Tabak u. a., der Wegebau ſowohl von Landſtraßen als von Eiſenbahnen, wie von Swakopmund und von

Dar-es-Salaam aus, vermehren die Arbeitsgelegenheit. Auch die Beispiele von Bodenkultur, wie sie die meist musterhaften Anpflanzungen der Missionen und der Stationen des Kaiserlichen Gouvernements, sowie der vortrefflich angelegten botanischen Gärten der Regierung wie in Kamerun durch Dr. Preuß. geben, wirken allmählich anregend auf die Eingeborenen. Zum Beweise genügt es, auf die Anpflanzung der Kartoffel durch die Bakonde am Knaisa-See hinzuweisen, durch welche die Stationen an demselben von Kondoland aus auf weite Entfernung mit vorzüglichen Kartoffeln zu einem billigeren Preise, als an der Küste versorgt werden. In den größeren Küstenstädten Ost-Afrikas haben sich europäische Viehhändler und Metzger niedergelassen, welche für frisches Fleisch sorgen, dessen Untersuchung durch geübte Lazarethgehilfen vorgenommen wird. In ganzen Dhaulabungen wird getrocknetes Haifischfleisch eingeführt und überall an der Küste Fischerei getrieben. Leider ist frische Milch wenig zu haben, da die Kühe kaum den vierten, manchmal nur den zehnten Teil des europäischen Quantums geben. Dagegen nimmt frisches Gemüse, aus europäischem Samm gezogen, auf allen Stationen und auch im Lande an Verbreitung zu. Nur ein dunkler Schatten senkt sich auf die deutsche Kolonisation von ihrem Anbeginn bis zum heutigen Tage: die Einführung von Alkohol, der von den Schwarzen mit schneller Gewöhnung gierig genommen, auf die Völkerschaften bis tief in das Innere hinein eine verheerende Wirkung ausübt. Es ist nicht übertrieben von einer Alkoholpest zu reden. Wenn bei uns schon der Alkohol von den schädlichsten Folgen für die Volksgesundheit ist, um wie viel mehr für die Schwarzen, zu denen er in einer viel schlechteren Form mit größerem Gehalt an Fuselöl eingeführt wird und auf die er bei der tropischen Temperatur viel stärker einwirkt. Es ist das Verdienst des Missionsinspektors Zahn in Bremen, hiergegen das öffentliche Gewissen in Deutschland zuerst wachgerufen zu haben. Zwar hat sich die Qualität seitdem gebessert, die Quantität aber hat zugenommen. Bedauerlicher Weise bildet der Branntwein immer noch einen bedeutenden Teil der deutschen Einfuhr.

Erfreulich sind die Fortschritte, die an vielen Gegenden der Küste unter Anwendung derselben Gesetze der Hygiene gemacht worden sind, die bei uns herrschen. Sie mussten den veränderten Verhältnissen angepaßt werden. Die Forderung von gesundem Boden, Trinkwasser und Wohnraum mußte auch dort erfüllt werden. In erster Linie gilt es, den Boden trocken zu legen. In subtropischen Gegenden gelingt es, durch Drainage eine Entsumpfung herbeizuführen und die Schilfvegetation mit Gesträuppmassen, den Schlupfwinkeln für allerlei Ungeziefer, auszuroten. Nützlich erwies sich den Engländern im Kaplande, sowie den Franzosen in Algier die Anpflanzung des Eucalyptusbaumes, sowie der Sonnenblume, die sich auch in der Umgegend des einst arg heimgesuchten Washington, ebenso wie früher in Deutschland an den stagnierenden Festungsgräben bewährt hatte. In den Tropenländern aber reicht die mühsame Trockenlegung des Bodens nur für wenige Jahre hin. Dann müssen die Arbeiten wieder von vorn begonnen werden. Hier liegen die Verhältnisse ungünstiger als in Batavia, Calcutta, Rio de Janeiro. Es ist auch fraglich, ob das Kultursystem van der Bosch's, das in Niederländisch Indien sich so erfolgreich erwiesen: die terrassenförmige Anlage der Felder mit fortwährendem Zu- und Abfluß von Wasser, das in Kanälen gefaßt wird, auf afrikanische Plantagen anwendbar ist. Dennoch hat deutscher Fleiß sowohl an der Ostküste, wie an der

Gefühle mit Überwindung aller Schwierigkeiten Erstaunliches geschaffen und einen Kranz von blühenden Städten mit breiten Straßen und weiten Fluchtlinien gegründet. Prof. Hans Meyer nennt Dar-es-Salaam das schönste Städtebild, das der Reisende von Alexandrien bis Natal findet. Seine Kaiser-, Bismarck- und Robert Koch-Straße können sich sehen lassen. Tanga, das 1888 noch ein Hüttenhaufen war, weist jetzt, ein Muster deutscher Kolonisation, 1550 Häuser und Hütten auf.

Wo immer nur möglich, werden die Ortschaften auf Granit, Porphyr, Gneis, Korallen-Kalkfelsen aufgebaut und wenig durchlässige Thonschichten vermieden. Die Begräbnisanstalten müssen fern von den Niederlassungen angelegt werden, während Sansibar noch auf Gräbern entstanden ist. Bauordnungen sorgen für eine rationelle Entwicklung, baufällige Häuser, die im Wege stehen, werden mit Entschädigung abgetragen, das Entstehen von größeren Gruben zur Entnahme des Ziegelmaterials ist in den Ortschaften verboten, weil sich in den Aushöhlungen stagnierendes Wasser mit allerlei Unrat ansammelt u. a. m. Ferner wird die Straßenreinigung streng gehandhabt, sowie die Entfernung und Beruhigung von übelriechenden Abfallstoffen. In den Küstenstädten geht der Charakter der Holzhäuser, die leicht den Termiten zum Opfer fallen und weder Schutz gegen die Hitze, noch Kühlung gewähren, immer mehr zurück und die Steinhäuser treten mehr vor, zu welchen der Korallenkalk der Ostküste ein vortreffliches Material bietet. Es ist ein Verdienst Wißmanns, Steinhäuser von Anfang an für die Schutztruppe gebaut zu haben. In der Mitte derselben befindet sich ein offener wesentlich der Ventilation dienender Hofraum, an der Außenseite ringsherum führt eine luftige Veranda. Sehr wichtig ist die Trinkwasserfrage. Nur einige Städte wie Sansibar, St. Louis, Dar-es-Salaam, Swakopmund erfreuen sich einer Wasserleitung, die das Wasser aus einem Reservoir in Röhren zu den Häusern führt. Zumeist ist man auf das Wasser der Brunnenlöcher der von den Europäern angelegten artesischen Brunnen, deren Bohrung in dem harten selsigen Untergrund oft sehr schwierig ist und mühsame Sprengungen erfordert, der Brunnen mit Zementringen mit Schöpf- oder Pumpvorrichtung, nachdem der ganze Platz trocken gelegt und die Trinkwasserstelle gereinigt und gemauert worden ist, sowie der Cisternen zum Auffangen des Regenwassers angewiesen. In Windhoek befinden sich mehrere zementierte Reservoire, ein Musterlauwerk mit Zementfassung, von der Siedelungsgesellschaft errichtet, zahlreiche Staudämme, Dammbauten und Ziehbrunnen. Durch Filterapparate sucht man die Schädlichkeiten des häufig verunreinigten Wassers zu entfernen. Noch mehr aber gelingt dies durch Kochen desselben, ein Brauch, der sich bei den Eingeborenen einzuführen beginnt und gegenüber der Gefahr von Krankheiten durch Genuß infizierten Wassers von großer Wichtigkeit ist. Eine Art von Kanalisation mit Benutzung des abfließenden Badewassers befindet sich nur in einigen deutschen Stationen, in andern sind unzementierte Senk-Gruben bei porösem Untergrund, Korallenkalk oder Sand, in welche reichlich Kalk zur Desinfektion versenkt wird. Gegen die Verschmutzung der Höfe durch die an denselben angebauten Fäkalien bestehen strenge Anordnungen. Nur an bestimmten Stellen in der Nähe werden die meist durch Gefangene fortgeschafften Tröge oder Tonnen in die See entleert. Sehr verbreitet ist an der Westküste das Eimer- und Tonnensystem. Die früheren Zustände waren Grauen erregend, nur ganz allmählig beginnen sie besseren Einrichtungen zu weichen, die aber bei der Indolenz und der Unreinlichkeit der Einwohner nur mit der größten Strenge und mit Strafen durchzuführen sind. Gegen diese Trägheit und Dummheit ist schwer anzukämpfen. Die letzte Regierungsdenkschrift zur Entwicklung der Schutzgebiete berichtet, wie in Togo sich die meisten Bäche in der Trockenzeit zu einer Kette einzelner seichter, schmutziger, übelriechender Tümpel umwandeln, einzelne derselben das Ziel der Wanderung der benachbarten Dörfer bildeten und auf einem Flächenraum von 100 qm, an einer Stelle die Eingeborenen ihre Gewänder mit Seife rauschen, an einer zweiten Stelle andre badeten, während an einer dritten Frauen und Mädchen das Wasser in ihre Kalebassen schöpften, um es teils in eigenem Haushalt zu verwenden, teils auf den Märkten der Umgegend für teures Geld zu verkaufen.

Mit der Hygiene sind die berufensten Vertreter derselben, die Ärzte, eingewandert. Zur Zeit befinden sich in den deutschen Kolonien 40 Ärzte der Schutztruppen sowie 6 Regierungsärzte in Dar-es-Salaam, Tanga, Kamerun, Togo, Lome und Windhoek. Den letzteren sind wissenschaftliche Laboratorien, ausgestattet mit dem vollen Rüstzeug der modernen Bakteriologie, zur systematischen Erforschung der endemischen Krankheiten eingerichtet. Die medizinische Wissenschaft verdankt ihnen eine Fülle von methodischen Kenntnissen über die Krankheiten Afrikas, und ihrem Wirken einen günstigen Einfluß auf die Gesundheitsverhältnisse sowohl der Europäer als der Eingeborenen, wie mehrfach durch die Statistik der Erkrankungen und der Todesfälle festgestellt wird. An den Hauptorten, sowie an vielen kleineren sind Krankenhäuser errichtet. An vielen wichtigen Stellen, wie Tabora, Udjiji u. a. hindert die ewige durch das Budget auferlegte Geldkalamität die Aufbesserung sehr dürftiger Hospitalsverhältnisse. Das erste Hospital entstand in Sansibar, das zweite in Dar-es-Salaam, wofür Pfarrer Larrille seiner Zeit die Kolonialkreise interessierte; es folgten Tanga, wo der 1897 begonnene Neubau eines Krankenhauses aus Mangel an Geldmitteln nicht weiter gediehen ist, Pangani, Kamerun, Togo und Windhoek. Das Nachtigal-Krankenhaus in Togo, in günstiger Lage dicht am Strande gelegen, nach dem System Monier gebaut, wurde 1894 von der Abteilung Leipzig des Frauenvereins für Krankenpflege in den Kolonien ausgestattet und mit Apotheke, Operationssaal, Bibliothek, getrennten Krankenräumen für Europäer und Schwarze und Liegehallen vortrefflich eingerichtet. Auf der gleichen Höhe der Einrichtungen befinden sich die übrigen 5 Hospitäler. Auch bei ihnen ist eine Teilung für Behandlung der Europäer und der Schwarzen der letzteren meist in Baracken — Lazarethen, eingeführt. Die Zahl der schwarzen Kranken ist bei weitem überwiegend. So wurden im Gouvernementslazareth zu Dar-es-Salaam im letzten Jahr 277 Weiße verpflegt, in dem Lazareth für Farbige 890. In sämtlichen Krankenhäusern werden poliklinisch ratbegehrende Kranke behandelt, teils Arbeiter und farbige Angestellte, teils aber auch Schwarze aus der näheren und weiteren Umgegend in jährlich wachsender Zahl; so besonders in Lome. Die ärztliche Hülfeleistung gewinnt zusehends unter den Eingeborenen an Vertrauen. Für Zivil und Militär bestehen überall getrennte Krankenhäuser mit der Zweiteilung für Weiße und Schwarze. Mit den einzelnen Krankenhäusern stehen kleinere Depots, durch die Kolonie verbreitet, meist unter der Leitung von Sanitätsunteroffizieren, im Zusammenhang; sie werden mit Medikamenten und Verbandstoffen, (sogenannten Sahlstock-Apotheken N. I, II, III, versehen. Mustershaft ist der Sanitätsdienst in Südwest-Afrika durch das ganze Land verbreitet. Außer Windhoek haben Lazarethe zu mehr als 30 Betten Swakopmund, Outjo, Keetmannshop; ferner bestehen 9 größere und 24 kleinere Stationen mit Kohlstock-Apotheken und guten Krankenpflege-Einrichtungen. Die Schwierigkeit der Hilfeleistung in den weiten Ländermassen der Kolonien lag einerseits in der beschränkten, durch den Etat festgelegten Zahl von Ärzten, andererseits in dem Mangel von Hilfskräften. Letztere heranzubilden war die Aufgabe der Lazarethe. Anfangs besorgten die Sanitätsunteroffiziere der Schutztruppe die Pflege der farbigen Kranken, sowie die Hilfeleistung in den Polikliniken. Als die Schwarzen sich erstaunlich gelehrig und befähigt für die Krankenpflege zeigten, gelang es, eine Anzahl derselben für den ständigen Hospitalsdienst zu erziehen. Außerdem haben die Lazarethe für intelligente Farbige eine ev. sechsmonatliche Lehrzeit eingeführt, in der sie kostenfrei im Anlegen einfacher Verbände, in der Verwendung der gewöhnlichen, ungefährlichen Arzneien, sowie in den Maßnahmen der Krankenpflege unterrichtet werden. Von dem richtigen Gefühl geleitet, daß die Verpflegung der Kranken durch Schwestern die beste sei, wurde trotz der erschwerenden Umstände, die die letzteren in mitten einer rohen, schwarzen Bevölkerung und ohne Rückhalt und Stütze vorfinden, die Entsendung von Schwestern vom Roten Kreuze geplant. Freiin Frida v. Bülow und Marsha Gräfin Pfeil hatten anfangs diesen Gedanken in Verbindung mit der evangelischen Missionsgesellschaft in Angriff genommen, und später den „Deutschen Frauenbund" gegründet, der die werkthätige Unterstützung der Frauen nicht bloß auf die Krankenpflege beschränkte, sondern auf die Erhaltung des Deutschtums über See ausdehnte. Aus ihm ist der „deutsche Frauenverein für Krankenpflege in den Kolonien" hervorgegangen; dessen Aufgabe die Entsendung von ausgebildeten Schwestern und die Einrichtung von Krankenhäusern und von Erholungsheimen ist. Nach der ersten Richtung wurden in die Krankenhäuser und das Erholungsheim Ulenge 37 Schwestern geschickt, nach der letzten das Nachtigallkrankenhaus in Togo ausgestattet. Die Zahl der Schwestern ist von 37 auf 14 heruntergegangen, im umgekehrten Verhältnis zu der zunehmenden Krankenzahl. Diese auffallende Thatsache erklärt sich durch die Wahrnehmungen der Ärzte, daß die schwarzen Heilgehülfen sich für den gleichen Dienst als erstaunlich brauchbar erwiesen und die Entsendung der Schwestern überflüssig machten. Um im ganzen 14 Schwestern nach Afrika zu schicken, bedarf es nicht einer über ganz Deutschland sich ausdehnenden Vereinsorganisation. Jeder Verein vom Roten Kreuze von mäßiger Größe würde einem solchen Verlangen entsprechen, umsomehr als die ausgesandten Schwestern meist den Reihen der Vereine des Roten Kreuzes entnommen worden sind. Um so wertvoller aber ist die Mitarbeit der Frauen in der Einrichtung und Unterhaltung von Anstalten für Krankenpflege und Wohlthätigkeit. Ergänzend stehen den Krankenanstalten die Sanatorien zur Seite, die entweder auf den Höhen oder am Seestrande gelegen den Rekonvaleszenten Erholung und Stärkung gewähren. Auf einer Bergkuppe des Handei-Gebirges in einer Höhe von 1000 m liegt im Tanga-Bezirke die Erholungsstation Amani in wundervoller Lage, von Muhesa in 2 Tagemärschen bequem zu erreichen. In der Mitte des Weges befindet sich am Fuße des Gebirges in Lungusa ein Rasthaus zum Übernachten. Eine zweite Erholungsstation ist vor der Hafeneinfahrt von Tanga auf der Insel Ulenge. Auch für diese ist von der Abteilung Leipzig des deutschen Frauenvereins für Krankenpflege die gesamte Ausstattung gestiftet worden. Für Heilzwecke ist eine Stunde landeinwärts

38

von Tanga eine warme Schwefelquelle von 37° in Amboni erschlossen und gefaßt, die nach der chemischen Analyse von Professor Dr. Harnack qualitativ und quantitativ den Thermen Aachens gleicht und zur Erwartung guter Erfolge berechtigt. Über die Quellen hat die Kommune Tanga ein Badehaus und oberhalb derselben auf einem stattlichen Hügel ein behagliches Kurhaus errichtet. Als günstig gelegene Kuraufenthalte kommen für Ostafrika Glauning's Höhe und am Allimandscharo hochgelegene Orte, wie Kilema und Moschi, in Betracht. Für Westafrika befindet sich auf der Landzunge Suellaba an der Mündung des Kamerunflusses, sowie an dem Kamerun-Pic, 1600 Meter hoch, ein Sanatorium. Hier wohnten weltvergessend die schwedischen Naturforscher Knutson und Walbau in einer halbzerfallenen Hütte, oft trotz der Höhe von Fieberanfällen heimgesucht, während ein dritter Gefährte an diesen zu Grunde ging. Gegen die Schädigung des Volkswohlstandes durch Viehplagen bestrebt man sich einerseits das strichweise Vorkommen derselben in gewissen Landstrichen festzustellen, andererseits die Krankheiten pathologisch zu ergründen und Heilmittel gegen sie zu finden. Das Auftreten der Tsetse-Fliege erwies sich an gewisse geographische Grenzen gebunden. Wenn auch eine Abwehr bisher nicht gefunden ist, so lehrt doch die Tsetse-Karte wenigstens die Gebiete vermeiden, in denen ein Ochsentransport nicht stattfinden darf. Ähnliches gilt vom Texasfieber, das unmittelbar an der Küste nicht vorhanden ist, dessen Grenzen aber von der Küste aus sich genau verfolgen lassen. Für diese Gebiete bleibt der Ochsenverkehr ausgeschlossen, während Esel und Maultiere, die gegen das Texasfieber immun sind, sich zum Transport verwenden lassen. Von Wichtigkeit waren die Versuche vom Stabsarzt Dr. Sander gegen die Didopzirkte mit Serum-Injektion vorzugehen. Gegen die Rinderpest, die 1898 die Viehherden in Südwest-Afrika bedrohte, erwies sich die Schutzimpfung hilfreich, die Robert Koch unter Assistenz von Kohlhof mit der Galle infizierter Tiere ausführte. Dieselbe geschah nicht zwangsweise, sondern wurde den Herdenbesitzern freigestellt. Es wurde etwas mehr als ⅓ des Viehstandes geimpft, der größere Rest durch Isolierung geschützt. Der Nutzen war ein bedeutender. Ein erheblicher Teil der Herden wurde erhalten und das Umsichgreifen der Seuche verhütet, sodaß die Rama vollständig geschützt blieben, und schon nach einigen Monaten der Frachtverkehr wieder beginnen konnte, wie die amtliche Denkschrift für 1897/98 hervorhebt.

Unter dem Einflusse dieser hygienischen Maßnahmen, der Bemühungen für gutes Trinkwasser, Trockenlegung sumpfiger Stellen in der Nähe von Wohnplätzen, für gesunde Wohnsitte und Ernährung, Fürsorge zur Verhütung von Krankheiten und Behandlung derselben, haben sich die sanitären Verhältnisse in den deutschen Kolonien Afrikas wesentlich gehoben. Dies beweisen die Ziffern der Erkrankungen und der Todesfälle, wie sie, alljährlich sich verringernd, in den Regierungsdenkschriften sich vorfinden. Die günstigsten Ergebnisse hat Südwest-Afrika mit seinem trocknen Klima, bei welchem Epidemien sehr selten sind. Nur im Herero-Gebiete sind während der letzten Jahre die Reihen der Eingeborenen durch die wirtschaftlichen Folgen der Rinderpest stark gelichtet. In Ostafrika befanden sich im vergangenen Jahre 529 Europäer in Krankenhausbehandlung, von denen 9 starben (Mortalität 1,9 °/₀), in Kamerun von 273 Kranken 16 (zirka 6 °/₀.). Daß aber jetzt bei dieser ungünstigen Ziffer ein Heruntergehen der Morbidität vorhanden, ergeben die Angaben F. Plehns. Es erkrankten nach ihm an Malaria:

1895   123
1896   113
1897   92
1898   33

Die Sterblichkeit in Afrika steht unter dem Einflusse von Seuchen und von Malaria. Sie bietet ein der unsrigen vollständig fremdes Bild. In Europa steht die Tuberkulose im Vordergrunde, während sie dort fast vollkommen fehlt, sodaß die Errichtung von Sanatorien für Lungenkranke in Südwestafrika — Natal und Horrick — von Professor Schüller empfohlen wurde. Genauere Beobachtungen indessen haben dort ergeben, daß infolge der Trockenheit der Luft Bronchialcatarrhe recht häufig sind und daß unter den Farbigen, den Bastards und den Afrikanderns Lungenschwindsucht nicht selten auftritt. Von Prof. Löffler war auf der letzten Naturforscherversammlung in Hamburg behauptet worden, daß in den Tropen Carcinom (Krebsleiden) nicht vorkommt, diese auffallende Erscheinung durch einen Antagonismus zur Malaria erklärt und die Beeinflussung des Carcinoms durch Malaria-Infektion therapeutisch in Erwägung gezogen. Es hat sich ergeben, daß der vermutete Antagonismus nicht besteht. Sehr verbreitet, sowohl an der Küste als im Innern, ist der Aussatz (Lepra) in furchtbar entstellenden Formen. Leproserien ("Gutleuthöfe") zur Isolierung der Erkrankten bestehen nur in geringer Zahl. Eine ist von dem indischen Großkaufmann Sewa Hadji in Bagamoyo, eine andere von der Kommune Kilwa gegründet. Die Bemühungen der deutschen Ärzte, eine Absonderung in den einzelnen Ortschaften herbeizuführen, sind an einzelnen Orten, wie Rüja-Höhe, von Erfolg gewesen. An vielen Orten, wie Kete Krailchi, ist Lepra etwas so alltägliches, daß die Einwohner jede Scheu vor diesem furchtbaren Übel verloren haben. Solange sie sich bewegen können, machen die Kranken von dem angeborenen Rechte der Freizügigkeit reichlich Gebrauch. Sobald sie aber nicht mehr gehen können, bleiben sie in ihren Hütten, zuweilen von ihren Angehörigen gepflegt, des öfteren aber ihrem Elend preisgegeben, ihr Leben von nur zeitweise hingeworfener Nahrung fristend. Nur die zwangsweise Isolierung und Einrichtung von Leprosen-Anstalten kann weitere Fortschritte zeitigen. Die Pest ist früher vielfach von Indien aus eingeschleppt worden. Die Übertragung geschah durch die Dhaus der Eingeborenen, die bald hier, bald dort die Küste berührten. Jetzt besteht der strenge Befehl des Gouvernements, daß alle Schiffe zur sanitätspolizeilichen Untersuchung Tanga anzulaufen haben. Die Verdächtigen werden auf die beiden Quarantänestationen auf der Todteninsel bei Tanga und auf der Insel Makatumbe bei Dar-es-Salaam in Quarantäne verbracht. Diese sorgsam überwachten Regierungsmaßregeln haben sich als vollkommen ausreichend zur Absperrung der Pest von den Küsten ergeben. Es besteht aber auch auf dem Landwege die Gefahr der Ansiedlung. Stabsarzt Jupitz entdeckte am Westufer des Viktoria-Nyanza im Sultanat Kiziba einen schon seit Jahrzehnten bestehenden Pestherd, der sich nach Uganda auf englisches Gebiet weiter verbreitet hat. Die Gefahr der Verschleppung war um so größer, als mitten durch das verseuchte Gebiet die Karawanenstraße führte. Das erste war, diese zu verlegen. Sodann wurde eine 11tägige Quarantäne für die aus der verdächtigen Gegend anlangenden Karawanen mit zwangsweise ärztlicher Untersuchung verhängt. Durch Eilboten wurden bei dem Nahen der Karawanen die Stationen benachrichtigt. In den heimgesuchten Ortschaften selbst wurden die Hütten der Pestkranken niedergebrannt.

Auf das Töten der Ratten, die bei der Weiterverbreitung der Krankheit eine unheilvolle Rolle spielen, wurden Prämien eingeführt, für je eine 1 Peſa = 2½ Pfg. (Der gleiche Betrag wird für den gleichen Zweck jetzt in Brasilien gezahlt). Durch alle dieſe Maßregeln iſt es gelungen, die Peſt auf ihren endemiſchen Herd in Miſiba zu beſchränken. Für die Häfen der Weſtküſte iſt gegen früher die Gefahr des Gelbfiebers von Sierra Leone aus durch genaue Quarantänevorſchriften verringert worden. An den Schiffsverkehr gebunden und von der Küſte nicht weit in's Innere greifend, ſuchte es ſich die volksreichſten Orte und in ihnen die ſchmutzigſten Quartiere mit ihren engen übelriechenden Straßen, den Stätten der Armut, des Elends und des Laſters auf. Jetzt kommen nur noch ſporadiſche Fälle vor. Sehr verbreitet ſind die Hautkrankheiten. Einerſeits wegen der empfindlichen, ſchweißtrieſenden, in ihren oberen Zellenlagen von Feuchtigkeit durchtränkten, blaßweiß ſchimmernden, tropen-anämiſchen Haut. Während die tägliche Schweißproduktion bei uns am Tage 200 Gramm beträgt, iſt ſie in den Tropen 850 Gramm. Andrerſeits wegen der auf der meiſt unreinlichen Haut befindlichen Epizoen. In die erſte Richtung gehören die Eczeme, wie „der rote Hund" in die letztere die Verwüſtungen, die an den Extremitäten durch Eindringen der Sandflöhe und des Guinea-Wurms entſtehen. Sachverſtändige Behandlung läßt allmählich die beiderlei Übel immer mehr zurücktreten. Zahlreiche Opfer fordert die Dyſenterie (Ruhr), die in allen Zonen auftritt, endemiſch aber, mit der Tendenz chroniſch zu werden, nur in den tropiſchen Ländern. Sie entſteht vielfach durch Genuß verdorbenen Trinkwaſſers, — mit deſſen Beſſerung ſie verſchwindet, wie die Erfahrungen in den Garniſonplätzen Holländiſch-Indiens gelehrt haben —, aber auch durch Genuß von unabgekochter Milch. Vielfach gelang es einen Zuſammenhang der Dyſenterie mit der gleichen Erkrankung der Kälber (febris enteritica) nachzuweiſen; ſo den Ärzten in Pietermaritzburg. Häufig waren es die Herdenbeſitzer und die Inhaber von Milchwirtſchaften, die zuerſt erkrankten. Kolb konnte vielfach bei Gewohnheitstrinkern Ruhr feſtſtellen, beſonders in Gegenden, wo der „Tumbo", das Getränk aus Zuckerrohr, bereitet wird. Die Todesfälle an Dyſenterie ſind in allen Lebensaltern zahlreich, am meiſten aber im erſten Kindesalter. Vielfach wird die Ruhr durch Karawanen verſchleppt, ſo daß ſie in den durchzogenen Ortſchaften ausbricht und ſich von hier aus weiter verbreitet. Sehr nützlich bewähren ſich Brunnen, die in Tagemarſchabſtänden auf den begangenſten Straßen angelegt ſind. Viel umſtritten iſt die Frage nach den Krankheitskeimen, die die Dyſenterie hervorrufen. Zwei Formen ſind endemiſch: eine mit Bakterien, der Dyphterie ähnlich, die mit geringfügiger Verſchwollung der Darmſchleimhaut in akuter und in chroniſcher Form auftritt, und eine andere, die mit Amoeben unter ſtarker Geſchwürsbildung chroniſch verläuft. Dieſe Zweiteilung iſt vielfach beſtritten. Nocht, Schellong u. a. haben in allen Fällen tropiſcher Ruhr Amoeben gefunden. Trotzdem bleibt die Frage offen, ob die letztern die Krankheitserreger oder deren Begleiter ſind. Gegen die erſtere Auffaſſung ſpricht ſich Virchow mit Entſchiedenheit aus und hat die neueſten Forſcher auf ſeiner Seite. Dieſe Studien über die Ätiologie der Krankheit ſind von großer Wichtigkeit, weil erſt mit ihrer Klarſtellung eine vorbeugende Bekämpfung derſelben möglich iſt. Immerhin hat ſich jetzt ſchon der Genuß abgekochten Waſſers, die Beſchaffung guten Trinkwaſſers, die Sanierung der Getränke als nützlich erwieſen. Eine ſchwere Landplage bilden die Pockenepidemien, die, wie die 1879 und 1881 vom

Roten Meer aus vordringenden, ⅕—⅓ der Völkerschaften vernichtet haben. Die Vorkehrungen der Regierung waren energischer Natur. Erstens wurden die Erkrankten zwangsweise in Pockenstationen isoliert und die Überwachung Eingeborenen übertragen, die bereits die Krankheit überstanden hatten, mithin relativ geschützt waren. Sodann wurde der Karawanenverkehr, der aus dem von der Seuche überfluteten Innern die Ansteckungsgefahr an die Küste brachte, sachkundig und wirkungsvoll überwacht. Endlich wurden Impfungen vorgenommen.

Diese waren den Moslemin nicht unbekannt, aber bei ihnen nur in vereinzelten Fällen vorgenommen. Die Eingeborenen erschienen ziemlich regelmäßig zu den öffentlichen Impfterminen. Kleine Geschenke, Zureden und ein gelinder Zwang wirkten anfangs wohl mit. Allmählich wuchs das Vertrauen. Die einzelnen Stämme nahmen zur Impfung eine verschiedene Haltung ein. Die erst kürzlich unterworfenen Wahehe meldeten sich in Scharen, während die sonst willigen Waseguha sie als ein Verderben bringendes Zaubermittel fürchteten. Die Schwierigkeiten der Ausführung lagen in dem Mangel eines geschulten Personals, sowie in der Schwierigkeit, sich große Mengen Lymphe zu verschaffen, die den Transport überdauerte und bei der großen tropischen Hitze sich nicht zersetzte. In Kamerun allein wurden in 1½ Jahren 140000 Impfungen vorgenommen, in entsprechender Zahl in den anderen Schutzgebieten. Zur Bewältigung solcher Riesenaufgaben bedurfte es vieler sachkundiger Hände. Die Ärzte wurden durch Missionare, Pflanzer, Beamte, Offiziere und Unteroffiziere unterstützt. Nur hierdurch war es möglich, der wütenden Seuche Einhalt zu thun. Es wurde teils animalische Lymphe aus den deutschen Impfanstalten, teils humanisierte, deren Anwendung nicht ohne Bedenken ist, verwandt. Jeder Dampfer, der aus Deutschland Dar-es-Salaam oder Tanga anläuft, bringt Mengen animaler Lymphe mit. Der Norddeutsche Lloyd hat die dankenswerte Einrichtung getroffen, die Lymphe in den Kühlräumen der Schiffe unterzubringen, wodurch die Haltbarkeit sehr erhöht worden ist. Nach dem Eintreffen wird sie sofort auf den Küstenstationen verimpft, die abwechselnd bedacht werden. In der Zwischenzeit wird aus den mit Kälberlymphe erzeugten Pusteln von Arm zu Arm, also humanisiert, weitergeimpft, um den Impfstoff nicht erlöschen zu lassen. Die Versorgung der Stationen im Innern war schwierig, da bei dem Wochen und Monate lang dauernden Transport die Lymphe zugrunde ging; nur bei geringerer Entfernung, wie zum Kilimandscharo, war die Beförderung gelungen. Für das innere Land rüstete man Impf-Expeditionen aus. Am Tage des Abmarsches wurde von den Ärzten eine Anzahl von Trägern mit frischer animaler Lymphe geimpft, am achten Tage von solchen, bei denen Impfpusteln angegangen waren, auf andere Träger, sowie in den durchzogenen Stationen auf deren Einwohner weiter geimpft, nach ferneren acht Tagen von den zweiten Trägern wieder auf andere und auf Dorfbewohner u. s. w. in monatelanger Reise. So ist es gelungen, die Schutzpockenlymphe bis zu den großen Seen zu tragen und erfolgreiche Impfungen daselbst zu erzielen. Der Segen dieser Maßnahmen für die sanitäre Besserung Afrikas erweist sich aus dem sicheren Nachlaß der Pockenepidemie. Er wird durch die unumstößliche Thatsache klargelegt, daß seit der Einführung der Schutzpockenimpfung in Deutschland das durchschnittliche Lebensalter um 3 Jahre verlängert worden ist.

Die Hauptgefahr für die Weißen bildet die Malaria in Afrika, die für die Eingeborenen von geringerer Bedeutung ist. Mit ihr steht und fällt die Gefährlichkeit der Tropen. Ohne Malaria würden die Tropen ein Eden für den Einwanderer sein. An Verbreitung steht ihr keine Krankheit nach. Ihr Hauptgebiet bilden die tropischen und subtropischen Gegenden mit breitem Gürtel zu beiden Seiten des Äquators. Nach August Hirsch lassen sich 3 größere Bezirke abgrenzen. Zunächst die Westküste vom Stromgebiet des Gambia und Niger zur Guinea-Küste, Kamerun und Sierra Leone. Sodann das östliche Küstengebiet von der Delagoabai aufwärts bis Sansibar mit Ausstrahlungen zu den Ufern des Zambese, Schire und Rovuma. Ein drittes Malaria-Gebiet erstreckt sich von den Abhängen Abessyniens über Nubien, durch die sumpfigen Niederungen von Kordofan und Darfur bis gegen den Tschad-See. Diese festumgrenzten Striche bilden das Herrschergebiet der Malaria. Bisher nahm man als begünstigend für die Krankheit hohe Temperaturen an, wenngleich nicht in direkter Proportion, ferner erhebliche Niederschläge, sumpfige Niederungen, Bodenfeuchtigkeit, Urbarmachung des Bodens, obwohl diese Annahmen durch mannigfache Erfahrungen sich als nicht immer zutreffend erwiesen. Diese ganze Malaria-Lehre ist durch die Forschungen Robert Koch's zusammengebrochen. Von 1897—1901, mit zeitweiliger Unterbrechung durch Studien in Grosseto in Toskana, sowie in Niederländisch-Indien, hat er Gesundheit und Leben in die Schanze schlagend, in den deutschen Kolonien Ost- und Südwest-Afrikas und in denen Neu-Guinea's seine tropenpathologischen Untersuchungen angestellt, Mittel zur Vernichtung und Heilung der Malaria, der Pest und der Rinderpest angegeben, und seinen unvergänglichen Verdiensten um die Wissenschaft neue hinzugefügt, mit deren praktischer Anwendung und Durchführung für die koloniale Entwicklung ein außerordentlich wichtiger Fortschritt, wenn nicht der wichtigste, erreicht werden wird. Ausgangspunkt seiner Forschungen ist die von Roß gemachte Beobachtung, daß die am 6. November 1880 von dem französischen Militärarzt Laveran entdeckten Malaria-Parasiten außer beim Menschen nur bei gewissen Arten von Stechmücken (Anopheles und Culex pipiens) bei hoher Temperatur zu leben vermögen, nur bei dieser zur Entwickelung gelangen, und daß der Mensch und die Stechmücke zur Entwickelung der Malaria-Parasiten, folglich auch zur Erzeugung von Malaria, aufeinander angewiesen sind. Die Untersuchungen in Grosseto in den Toskanischen Maremmen ergaben eine der tropischen vollkommen gleiche Form der Malaria. Aber in Grosseto vollzog sich nur innerhalb der 3 heißen Sommermonate die Entwickelung der Parasiten in den Stechmücken. In den übrigen 9 Monaten waren sie allein auf die Existenz im menschlichen Körper angewiesen. Gelingt es nun in diesem sie vollkommen zu vernichten, so finden die Stechmücken kein Material mehr vor, das sie übertragen können. Die Aufgabe ist daher, sowohl die Malaria-Attaque ganz zu heilen, als ihre Wiederkehr auszuschließen. Denn gerade die letztere, das Malaria-Recidiv, bildet den „Ausgangspunkt für den erfolgreichen Angriff der Stechmücken. Glückt es dieses Bindeglied, diese Brücke zu unterbrechen, dann wird auch die Erneuerung der Infektion verhindert, das Entstehen frischer Fälle wird seltener, die Malaria muß allmählich aufhören". Das thema probandum ist, die Malaria bis in ihre kleinste Verbreitung zu verfolgen und zu vernichten. Hierfür giebt es drei Wege: entweder die Tötung aller Stechmücken oder ihre Absperrung oder die Vernichtung der

Parasiten im Blute der Menschen. Auf den ersten beiden Wegen schützt man den Menschen vor den Moskitos, auf dem dritten die Moskitos vor den Menschen. Der erste Weg, der der Tötung aller Stechmücken, ist nicht gangbar. Deswegen ist der Vernichtungskrieg im Kleinen empfohlen worden. In erster Linie durch Abschließung der Oberfläche der Sümpfe und Tümpel, in denen die Anophelides leben, durch Petroleum. Nach Versuchen von Goffi in Italien genügen 2 ccm dieser Flüssigkeit, um eine Wasseroberfläche von 1000 qm von der Luft abzuschließen und die Mückenlarven in dem Sumpfe zu töten. In zweiter Linie durch Hineinschütten von Säuren, wie Schwefelsäure und Salzsäure, oder von Anilinfarbstoffen, wie Gallol und Larvicid. Beide Methoden sind ohnmächtig, sie sind ein Tropfen in einem See. Richtiger ist, die Wohnstätten mindestens 2 Kilometer entfernt von den Sümpfen anzulegen; denn die Stechmücken, die gegen Wind und Regen nicht ankämpfen können, vermögen nicht über ein Kilometer weit zu fliegen. Dies ist der Grund, warum die Malaria vor den Thoren Roms Halt macht, während sie die Campagna durchseucht. Von der größten Wichtigkeit aber ist die Austrocknung der Sümpfe und die Sanierung des Landes; Kulturaufgaben, die zu ihrer Lösung Jahrhunderte gebrauchen. Auch in unserem Vaterlande ist in früheren Zeiten die Malaria heimisch gewesen, an den Ufern des Rheins, in den Seitenthälern des Neckar, im Schwarzwalde, in Unter-Elsaß, in den Niederungen der Donau, auf dem Boden Württembergs und Baierns, in der norddeutschen Tiefebene, in den Stromgebieten der Weichsel, Oder und Elbe. Jetzt aber ist sie Dank den Kulturarbeiten nahezu ganz verschwunden. Prof. Frosch, vom Koch'schen Institute zur heimatlichen Malaria-Forschung ausgesandt, konnte 1900 in Deutschland keinen Malaria-Herd mehr auffinden.

Der zweite Weg ist die Absperrung der Moskitos von den Menschen und ihren Wohnungen. Da die Stechmücken nur Abends und in der Nacht stechen, so ist nur für diese Zeit der Schutz erforderlich: Tragen von Fausthandschuhen und Moskitoschleiern, obwohl dies nach des Tages Last und Hitze und zu der in den Tropen doppelt erwünschten gemütlichen Erholung in den Abendstunden sehr lästig ist. Zum Abschließen der Wohnungen, der Thüren und Fenster sind Vorhänge aus feinen, dichten Stahldrahtsieben angegeben und in den Krankenhäusern seitens des Gouvernements versuchsweise eingeführt. Die bisherigen Erfahrungen lauten günstig und fordern zur Fortsetzung und zur Verbreitung auf.

Aber richtiger, als alle angegebenen Polliotiomaßregeln sind die Vorschläge Koch's zur Malariabekämpfung. Nach Aufstellung des grundlegenden Satzes „ohne Moskitos keine Malaria", mit welchem die früheren Behauptungen über die klimatische Sicherheit der Höhen und über die Malaria-Freiheit ganzer Länderstrecken zu Boden sanken nach den im Grosseto gesammelten Beobachtungen, die ein Abbrechen der Brücke, Bekämpfung der frischen Fälle und Verhütung der Malaria-Recidive wünschenswert erscheinen ließen, empfahl er gegen die erstere die Anwendung von großen Chinindosen zu 1 Gramm, aber nur in der Intermissionszeit, sobald die großen, ringförmigen Parasiten im Blute erschienen, gegen die letztere die prophylaktische Darreichung von 0,5—1,0 Chinin jeden fünften Tag. Diese planmäßig durchgeführte Methode erwies sich als erfolgreich und sicher. 1899 ging Koch zur Fortsetzung dieser Studien nach Niederländisch-Indien, welches früher arg von der Malaria heimgesucht worden war, in den letzten Jahrzehnten aber wesentliche Besserungen erzielt hatte. Es gelang ihm, über die vermeintliche

Malaria-Freiheit einzelner Landstrecken vollkommen neue Thatsachen festzustellen, die über die gesamte Malaria-Frage helles Licht verbreiten. So galt Amboraba mit 80 000 Einwohnern in einem weiten Thalkessel mit großen natürlichen und künstlichen Sümpfen — letztere zur Betreibung der Reiskultur — auffallender Weise als von Malaria verschont. Die Blutuntersuchungen Koch's ergaben bei den dortigen Kindern unter 1 Jahr 16%, bei solchen über 1 Jahr 9%. Parasiten. In anderen als völlig gesund bekannten Dörfern fand er bei Kindern unter 1 Jahre 41%. Mit dem zunehmenden Alter stellte sich Immunität ein. Die angenommene Malariafreiheit bestand nicht. Das einzig sichere Kennzeichen für eine solche wäre das Verschontbleiben der Kinder, was durch Blutuntersuchungen sämtlicher festzustellen ist. Ein gleiches Ergebnis hatten die Untersuchungen Koch's in Neu-Guinea. Die ganze Küste von Kaiser Wilhelms-Land erwies sich durch Malaria infiziert. In allen Ortschaften derselben zeigten sich die Kinder im ersten Lebensjahr in ähnlichen Prozentzahlen, wie in Holländisch-Indien, befallen. Nur in einem Orte, Bogadjun, war über 5 Jahre kein einziger Fall mehr nachzuweisen, in anderen bis zu zehn Jahren. Die Erwachsenen waren überall immun. Die Szene änderte sich, als eine Anzahl neuer und frisch empfänglicher chinesischer Arbeiter eingeführt wurde. Von diesen Kulis erkrankten anfangs 40%; nach 4 Jahren waren nur 4°. Erkrankte. Aber nahezu die Hälfte der Eingewanderten war zugrunde gegangen. Durch eine größere Zahl von frischen Einwanderern beginnt der Malariaprozeß von neuem, wie bei den neugeborenen Kindern, und erschöpft sich erst mit Zunahme der Immunität. In dem Netze darf kein Loch sein. Es wurden alle nach den Blutuntersuchungen festgestellten Erkrankungen, sowohl die frischen, als die rezidivierenden mit Chinin in Behandlung genommen. Mit dieser streng durchgeführten Methode gelang es Koch ein Zurückgehen der Epidemie trotz einer Fülle erschwerender Umstände, wie ungünstige Witterungsverhältnisse, Wechsel von Regen und Sonnenschein bei sehr großer Hitze, Umarbeiten von Urwaldboden, Anlagen von Plantagen, herbeizuführen. Diese Besserung hielt auch in den folgenden Monaten seines Aufenthaltes, der im ganzen in Neu-Guinea 6 Monate währte, bei ungünstiger Regenzeit an. Von Neu-Guinea besuchte Koch die umliegenden Inseln, von denen er einige auf Grund seiner Untersuchungen als Malaria frei erklären und aus denen er die Einführung von Arbeitern nach Guinea empfehlen konnte. Koch spricht am Schlusse seines Reiseberichts das stolze Wort aus, mit Hülfe seines Verfahrens imstande zu sein, jede Malaria-Gegend je nach den Verhältnissen durch Herbeiführen künstlicher Immunität ganz oder nahezu frei von Malaria zu machen. Voraussetzung hierzu ist die erforderliche Anzahl bakteriologisch geschulter Ärzte, die die Untersuchung des Blutes sämtlicher Einwohner, von dem frühesten Kindesalter beginnend, vornehmen, wobei es sich nicht um eine größere Blutentziehung, sondern nur um die Entnahme von 1—2 Tropfen aus der Fingerkuppe handelt. Eine fernere Bedingung ist, daß die Eingebornen sich zu diesem geringfügigen Eingriff willig finden lassen, was in unzivilisierten Gegenden bei der Furcht der Bewohner vor den europäischen Medizinmännern recht schwer ist. Koch berichtet, diesen Widerstand durch Zureden und kleine Geschenke stets überwunden zu haben. Endlich ist eine ausreichende, große Menge von Chinin notwendig. In Niederländisch-Indien sind im letzten Dezennium jährlich 2000 Kilogramm Chinin (à 150 Mk. = 300000 Mk.) frei an die Zivil- und Militärbevölkerung abgegeben worden, welches Vorgehen Koch aufs wärmste zur Nachfeierung empfiehlt.

Gegen die Forschungen Kochs sind einige Einwendungen erhoben, die aber deren Kern keineswegs treffen. Einige stellen die stete Anwesenheit von Stechmücken bei Malaria in Abrede. Aber wenn sie nicht gefunden wurden, so beweist dies nicht, daß sie nicht vorhanden waren. In mehreren Fällen, in denen Zweifel geäußert wurden, ist ihr Nachweis geglückt. Sicherlich ist, selbst die Möglichkeit anderer Infektion zugegeben, die Übertragung durch Moskitos die Hauptquelle für Malaria. Die Richtigkeit der Malaria-Prophylaxe kann seit den viel bestätigten Erfolgen Grassi's in Paestum und in der Campagna di Roma nicht mehr geleugnet werden. Fr. Plehn führt an, daß die Verhältnisse in den Tropen anders liegen, als in Grosseto. Es gäbe daselbst keine Zeit, in der die Temperatur so niedrig ist, daß die Parasiten sich nicht entwickeln könnten. Um so mehr aber ist die anhaltende, methodische Chinin-Prophylaxe geboten. Ferner würden die Eingeborenen die strenge Durchführung derselben erschweren, weil sie eine große Abneigung gegen die langdauernde Darreichung von Chinin zeigen. Dieser Widerstand aber konnte durch Koch überwunden werden. Hinderlich ist ferner nach Plehn die Verstreuung der zu Behandelnden über ein großes Gebiet. Sie ist aber kein absolutes Hindernis. Wenn er außerdem die sorgsame Behandlung jedes Einzelfalles zur Verringerung der Gefahr der Weiterverbreitung, Moskitonetze, Drahtschutz, mückensichere Bauart der Häuser, Trockenlegung der Sümpfe, Anlegung der Stationen in Entfernung von Sümpfen, Ausrottung aller Schlupfwinkel für Moskitos, also auch der Bäume und Sträuche in der Nähe der Häuser, sowie der Schlingpflanzen in denselben empfiehlt, so verdienen diese Vorschläge volle Beherzigung; sie haben auch seit jeher keinen Widerspruch erfahren. Gegen seinen Rat aber, zunächst versuchsweise Eingeborene durch Infektion mit leichter Malaria zu immunisieren, haben sich Ruge, Löffler, Koch energisch ausgesprochen. Die Koch'sche Auffassung, und was noch wichtiger ist, seine Maßnahmen zur Bekämpfung der Malaria, bleiben siegreich bestehen, selbst wenn sie noch erweiterungsfähig sich erweisen sollten. Die wissenschaftliche Erkenntnis springt nicht, wie Minerva aus dem Haupte Jupiters, in blanker Rüstung strahlend, sofort vollendet hervor. Was aber Koch's genialer Forschergeist erkennen, berechtigt jetzt schon zu der sicheren Hoffnung, daß das größte Hindernis der kolonialen Entwicklung, das furchtbare Schreckgespenst der Malaria, weichen wird. Mit diesem erhebenden Ausblick in die Zukunft schließt heute die Geschichte der sanitären Bestrebungen in den deutschen Kolonien. Aber auch der Rückblick auf die einzelnen Phasen läßt in aller Bescheidenheit aussprechen, daß Erstaunliches in der kurzen Spanne zweier Jahrzehnte geleistet worden ist und daß sich die deutsche Wissenschaft, wie keine irgend eines andern Volkes, um die Entwicklung der Kolonisation und gleichzeitig um die Interessen der Menschheit und der Menschlichkeit wohlverdient gemacht hat.

Abessiniens Grenzen.
Von Dr. Rudolf A. Hermann.

Die politische Aufteilung von Afrika hat nur an wenig Stellen des dunkeln Kontinents noch Landstrecken übrig gelassen, welche auch nicht einmal durch mathematische Linien abgegrenzt sind. Bezeichnender Weise gehören zu diesen Ländern gerade die beiden einzigen noch unabhängigen größeren Eingeborenenstaaten Afrikas, nämlich Marokko und Abessinien. Letzteres nimmt auch noch in anderer Beziehung eine Ausnahmestellung ein. Nachdem während einer tausendjährigen Geschichte nur vereinzelte Berührungspunkte den europäischen Staaten hin und wieder das Dasein dieses Südreiches in Erinnerung gebracht, in welchem sich, inmitten der Heidenwelt, das Christentum in reinster Gestalt sollte erhalten haben, ist Abessinien seit Mitte des Jahrhunderts dauernd der geographischen Kenntnis, und seit einigen Jahrzehnten dem Bereich der hohen Politik einverleibt worden.

Gegenwärtig ist das äthiopische Reich das einzige Staatengebilde Eingeborener, welches nicht in eine rechtliche oder thatsächliche Abhängigkeit von einem der europäischen Staaten geraten ist. Ja, die geschickte, wenn auch stets etwas „asiatische" Diplomatie des Reiches hat es zustande gebracht, in friedlichen und kriegerischen Beziehungen mit den Westmächten nicht nur sein ursprüngliches Gebiet größtenteils zu bewahren, sondern auch noch seine Grenzen auszudehnen. Doch auch hier, wo die neuere Forschung die mittelalterliche Fabel eines schätzereichen Paradieses beseitigt, tritt nun die Konkurrenz der länderbegierigen Westmächte auf den Plan; ein Herd politischer Verwickelungen besteht hier, genau wie in Marokko, wenn auch Deutschland — ich weiß nicht, soll ich sagen: „leider" oder „gottlob" — weniger nah beteiligt ist. Trotzdem wacht das Interesse des deutschen Reiches auch über diesem entlegenen Hochland, und erst jüngst ist wiederholt auf das Zusammentreffen abessinischer Vorposten mit englischen, französischen oder italienischen Expeditionen hingewiesen worden[1]), aus dessen Örtlichkeit sich Anhaltspunkte für die thatsächliche Ausdehnung abessinischen Einflusses entnehmen lassen. Doch nicht von dem faktischen Machtbereich des christlichen Reiches des Negus soll hier die Rede sein, sondern von der Gestaltung, welche die Grenzen des Reiches im Laufe der letzten Jahrzehnte in den völkerrechtlichen Grenzkonventionen zwischen den europäischen Staaten untereinander oder zwischen einem solchen und dem Negus angenommen haben. Trotzdem diese Grenzen noch

[1]) S. z. B. „Beiträge für Kolonialpolitik und Kolonialwirtschaft" 1901/2, Heft 9.

keine endgiltigen und überall fixierten sind, zeigt sich in ihrer Entwickelung doch mancherlei Bemerkenswertes.

In den völkerrechtlichen Verträgen, die sich mit Abessiniens Grenzen beschäftigen, bemerkt man einen bedeutungsvollen Umschwung mit dem Jahre 1896, d. h. mit der entscheidenden Niederlage der Italiener bei Adua, welche die Stellung Italiens zu Abessinien vollständig änderte. Vorher trugen die Grenzlinien des letzteren Staates das Gepräge der Grenzen von einheimischen Staatengebilden, wie Adamaua, Bornu; d. h. die farbigen Streifen, die auf der Karte abessinisches Gebiet umrahmten, waren nicht als völkerrechtlich giltige Grenzlinien betrachtet, sondern dienten lediglich zur Bezeichnung des Umkreises des abessinischen Einflusses, der, wie es mit Adamaua seitens Englands und Deutschlands geschah, über den Kopf des einheimischen Herrschers hinweg, von konstruierten Grenzlinien durchbrochen werden konnte. Nachher hingegen trat Abessinien als selbständiger anerkannter Vertragsteil in Grenzkonventionen auf, damit eine völlig andere völkerrechtliche Stellung dokumentierend.

Beginnt man mit der Zeit, wo Italien seine Flagge zuerst auf afrikanischem Boden hißte (1882, Besetzung von Assab), so begegnet man zuerst einem Vertrage zwischen zwei einheimischen Herrschern, nämlich dem zwischen dem Khedive Mahomed Tewfik von Egypten und dem Negus Negesti[1]) Johannes von Aethiopien abgeschlossenen Vertrage von Adua (3. Juni 1884), worin Egypten sich das freie Durchzugsrecht von Massaua nach Westen sichert, dagegen die Landschaft Bogos an Abessinien zurückgiebt. Eine Festlegung irgend welcher Grenzlinien enthält der Vertrag nicht. Die nächste internationale Übereinkunft betrifft Gebiete, welche unmittelbar an Abessinien angrenzen, ja teilweise in das Einflußgebiet des Negus hineinreichen. Durch die Vereinbarung zwischen England und Frankreich, unterzeichnet zu London am 2. Februar 1888, trafen die beiden Staaten Bestimmung über die Abgrenzung ihrer beiderseitigen Gebiete an der Somaliküste, das französische Obock und das englische Somali-Gebiet. Die vereinbarte Grenzlinie zieht sich über Abussum nach Bia-Kabuba und folgt von da über Gildessa der Karawanenstraße von Zeila nach Harrar. Hinsichtlich Harrar — ob der Ort oder die Landschaft gemeint ist, ergiebt der Wortlaut nicht, doch ist letzteres anzunehmen — verpflichten sich die beiden Staaten im Vertrage, keine Besitzergreifung oder Protektoratsübernahme zu bethätigen, behalten sich aber das Einspruchsrecht für den Fall vor, daß eine dritte Macht solche Handlungen beabsichtigen sollte. Abessinien wurde bei der Übereinkunft nicht beigezogen, es ist in derselben nicht einmal erwähnt. Ein Jahr später erlangte Italien durch den Vertrag von Ucciali vom 2. Mai 1889 das Protektoratsrecht über das ganze abessinische Reich, und auf den Karten erschien das letztere nunmehr als ein Teil eines ungeheuren italienischen Kolonialbesitzes, der bis in das Herz des Sudans reichte. Der wenn auch zunächst nur mathematischen Abgrenzung dieses Besitzes dienen die beiden nächsten internationalen Verträge zwischen England und Italien. Der erste derselben, abgeschlossen zu Rom am 24. März 1891, enthält die beiderseitigen Grenzen zwischen Britisch-Ostafrika und dem italienischen Somali-Gebiet; die Grenzlinie geht den Fluß Juba aufwärts bis zum 6.° nördlicher Länge, folgt diesem bis zum 35.° östlicher Breite von Greenwich, und dann dem letzteren bis

---

[1] König der Könige.

zum blauen Nil. Der zweite Vertrag, abgeschlossen zu Rom am 16. April 1891, grenzt die italienische Interessensphäre am roten Meer im Norden und Westen gegen Egypten ab. Nicht mehr der Khedive, sondern die Königin von England ist der Kontrahent. Und des Herrschers von Abessinien wird in den beiden Verträgen nicht mit einem Worte Erwähnung gethan. Die Grenzbeschreibung im zweiten Vertrage ist bis zum Schnittpunkt des Kor Lemsen, eines rechten Seitenthales des Rahad, mit dem 35. Längengrad von Greenwich durch eine Menge namhaft gemachter Örtlichkeiten so ziemlich geographisch festgelegt¹); die von diesem Schnittpunkte ab nordsüdlich verlaufende Grenze folgt dem genannten Längengrad bis zum blauen Nil und vereinigt sich da mit der in gleicher Richtung verlaufenden Grenzfestsetzung des Vertrages vom 24. März 1891. Außerdem erhielt Italien noch das Recht zur militärischen Besetzung eines beschränkten Gebietes zwischen Atbara und Sabderat, wenn diese erforderlich werden sollte, sowie das freie Durchzugs- und Durchfuhrrecht durch das zwischen Metemma und Kassala gelegene englische Gebiet.

Die Aufteilung des Osthorns von Afrika wurde beendet durch den Vertrag zu Rom vom 3. Mai 1894, in welchem Großbritannien sein Gebiet Britisch-Somaliland gegen die italienische Einflußsphäre im Süden abgrenzte. Die Begrenzung, welche mit Ausnahme der näheren Umgebung von Gildessa lediglich auf mathematisch gezogenen Linien beruht, schnitt das britische Gebiet am Golf von Aden vom Hinterland ab und vollendete dabei, indem die italienischen Landstriche im Somaliland unmittelbar mit den Gebieten am roten Meer in Verbindung traten, die vollständige Entsklavierung des abessinischen Reiches in italienische Interessensphären. Auch dieser Vertrag wurde über den Kopf des abessinischen Herrschers weg abgeschlossen, ohne seiner Erwähnung zu thun.

Der Umschwung in der politischen Lage, der sich innerhalb der nächsten zwei Jahre am roten Meer vollzog, war gewaltig, und in der Geschichte der Erschließung Afrikas beispiellos. So glatt sich im allgemeinen die Etablierung Italiens in Afrika vollzogen, und so unbestritten sein Protektorat über Abessinien geblieben war, so demütigend gestaltete sich nun die Übereinkunft, welche der denkwürdigen Schlacht von Adua (1. März 1896) folgte, und welche am 20. Oktober 1896 in Abbis Abeba zwischen dem Regus Menelik II und dem italienischen Generalbevollmächtigten Nerazzini abgeschlossen wurde. In Artikel II dieses „Friedens- und Freundschaftsvertrags," wie er sich selbst bezeichnet, wird der Vertrag von Ucciali nebst seinen Anhängen für immer aufgehoben. In Artikel III erkennt Italien die absolute und unbeschränkte Unabhängigkeit des Kaisertums Äthiopien als eines souveränen Staates an. Artikel IV bestimmt hinsichtlich der Grenzen, daß bis zur endgiltigen Festsetzung der Grenzlinien der status quo bewahrt werden sollte, und daß als provisorische Grenze gegen Norden bezw. Südwesten die Flußläufe Mareb, Belessa und Muna dienen sollen. Artikel V verpflichtet Italien, bis zur endgiltigen Grenzregulierung an keine dritte Macht

---

¹) Hier mag erwähnt sein, daß der Vertrag sich mehrmals auf eine deutsche Karte beruft, nämlich die in der Perthes'schen Anstalt erschienene Munzinger'sche „Originalkarte von Nord-Abessinien und den Ländern am Mareb, Barca und Anseba, von 1864". Diese Karte ist für einen wesentlichen Bestandteil des Vertrages erklärt.

Gebiet abzutreten, und im Fall es Landstrecken aufgeben wolle, diese lediglich an Abessinien zurückzugeben.

Die Bedeutung dieses denkwürdigen, in abessinischer und französischer (nicht italienischer!) Sprache abgefaßten Übereinkommens, das nach seinem Wortlaut den übrigen Mächten kundgegeben werden sollte, ist hinsichtlich der räumlichen Erstreckung der beteiligten Staaten nicht klar. Sie ist es vor allem deshalb nicht, weil ja der status quo ante keine festen Grenzen aufzuweisen gehabt hatte. Selbstverständlich dabei ist, daß der frühere Zustand nur, wie er zwischen Italien und Abessinien bestanden, d. h. wie er vor dem Vertrag von Ucciali gewesen war, wieder hergestellt wurde. An sich üble aber das Übereinkommen von Addis Abeba keinerlei rechtliche Wirkung auf die zwischen Italien und dritten Mächten geschlossenen Grenzverträge. Trotzdem war auch in dieser Hinsicht die thatsächliche Bedeutung des Übereinkommens eine tiefgreifende, und zwar in erster Linie in Bezug auf die italienisch—englischen Grenzen. Die Verträge von 1894 basierten nämlich auf der Thatsache, daß die italienische Interessensphäre Abessinien in sich schließend, nach Westen über dessen Einflußgebiet hinausgreife oder mindestens damit sich decke. Nunmehr ward aber durch die Annullierung des Protektorats über das Reich des Negus der Bereich italienischen Einflusses restringiert, und eine neue Grenze Abessiniens gegenüber Italien im Osten geschaffen. Dies zu bewirken hätte es der provisorischen Grenze Mareb—Belesßa—Muna nicht bedurft; ihre Festsetzung macht aber das Sachverhältnis noch deutlicher. Im Westen dagegen waren damit die in den 1891ger Verträgen gezogenen Grenzen weggefallen, und insbesondere war auch Abessinien nicht durch diese Linien begrenzt. Vielmehr waren dort England und Abessinien, wenn nicht Angrenzer so doch Nachbarn geworden, die sich ihre Grenzlinien erst gegenseitig zu statuieren hatten. Nur für die Strecke, nördlich von Kassala und der Landschaft Tigré blieb die italienisch—englische Regelung auch ferner in Kraft.

Schwieriger ist die Frage, wie sich die Verhältnisse an der Südgrenze Abessiniens nach dem Vertrag von Addis Abeba gestaltet haben. Eine Thatsache allerdings ist unbestreitbar und auch in der italienischen Bezeichnung von Erythrea und Somalia Italiana als zweier getrennter Schutzgebiete schon zum Ausdruck gebracht worden: Der Zusammenhang der italienischen Interressensphäre am roten Meer und am atlantischen Ozean ist unterbrochen und zwar dadurch, daß sowohl französisch-Obol wie englisch-Somaliland in ihrem südwestlichen Ende bis in abessinisches Gebiet hineinreichen. Im übrigen wird man sagen müssen, daß Italiens sein Interessengebiet, wie es sich insbesondere durch die Verträge von 1891 gestaltet hat, insoweit nicht Abessinien in Betracht kommt, sich auch nach 1896 erhalten hat, und es ist ja völkerrechtlich unzweifelhaft, daß die Verträge mit England durch das Übereinkommen von Addis Abeba nicht irritiert worden sind. Da der Begriff der Interessensphäre ja keinerlei Okkupationshandlungen bezw. Verwaltungseinrichtungen voraussetzt, so kann man auch nicht zu der Meinung kommen, Italiens Grenzen seien auf das Bereich der okkupierten Küste gewissermaßen zurückgeschnurrt und das Hinterland sei terra libera. Im Gegenteil, man muß Italien nach wie vor als südöstlichen Nachbar Abessiniens betrachten.

In den Karten, welche in den nächsten Jahren nach 1896 erschienen sind, herrscht die größte Verschiedenheit. Der Debes'sche Handatlas von 1898 giebt die ungefähren Umrisse des äthiopischen Reiches innerhalb der italienischen Interessenfphären nach Maßgabe der 91er Verträge, berücksichtigt somit die Folgen der Übereinkunft von Addis Abeba nicht. Demgegenüber weist die 4. Auflage des Andree'schen Atlanten eine Begrenzung Abessiniens auf, welche sich vom Muna ungefähr parallel der Küste bis zum französischen Obok erstreckt, und bezeichnet als italienisch-Somaliland lediglich das Küstengebiet, während das Hinterland als herrenlos (weiß) bezeichnet ist. Endlich hat die im Vorjahr neu gedruckte Habenicht'sche Specialkarte von Afrika die Grenzlinien der 91er Verträge völlig beseitigt. Dem richtigen Sachverhalt dürfte keine dieser Karten entsprechen. Gegen die letztgenannte Karte wendet sich denn auch das Bullotino della società Geografica Italiana im Augustheft des Jahrganges 1901 (S. 750 ff.) mit der Behauptung, die Punktationen der 91er Verträge seien noch völlig unverändert in Geltung, da sie nur mit dem Willen beider Kontrahenten geändert werden könnten, was aber im großen und ganzen nicht geschehen sei. Diese Behauptung geht, wie oben ausgeführt, zu weit, sie ist aber zutreffend, soweit der nördliche Teil der italienisch-englischen Grenzfestsetzung in Frage steht.

Grade in diesem Teil ist eine nicht unwesentliche Grenzverschiebung eingetreten, indem England und Italien in Übereinkommen vom 7. Dezember 1898, 1. Juni 1899 und 16. April 1901[1]) die Grenzen Erythreas festgesetzt haben. Für Abessinien ist das letztgenannte Abkommen wesentlich; in demselben giebt nämlich Italien gegenüber England den 35. Grad östl. Länge von Greenwich auf und acceptiert eine Grenze, die von Tomat (an dem Zusammenfluß von Atbara und Setit) in einer Geraden ostnordöstlich bis Todluk am Gasß zieht, wo sie an die im Vertrag von Addis Abeba statuierte Grenzlinie sich anschließt. Südlich der Strecke Tomat-Todluk ist demnach freies Feld für britische wie abessinische Expansion, und keineswegs England allein berechtigt. Demnach ist denn auch auf der dem erwähnten Heft des „Bulletino" beigegebenen Kartenskizze mit Unrecht die Nordsüdgrenze entlang dem 35. Grad ö. L. v. Greenwich beibehalten und das italienische Ostafrika als eine kompakte Ländermasse dargestellt worden.

Demnach ist bis heute die Linie Mareb-Belessa-Muna die einzige völkerrechtlich festgelegte Grenzlinie Abessiniens. Dagegen beruht jene auf einzelnen Karten gezogene Linie Muna-Obok auf Fiktion; in Wahrheit ist diese Strecke noch nicht Gegenstand einer Regelung zwischen Abessinien und Italien gewesen.

Dagegen kommt noch ein zwischen England und dem Herrscher Äthiopiens geschlossener Vertrag von Addis Abeba den 28. Juli 1897 hier in Betracht, der nicht ohne politisches Interesse ist. Er betrifft die Südgrenze von Britisch-Somaliland, die, wie bereits erwähnt, bereits Gegenstand einer Regelung zwischen Italien und England war [Vertrag vom 5. Mai 1894], und stellt gegenüber Abessinien eine neue Grenze des britischen Schutzgebietes fest[1], die das letztere im Vergleich zu der englisch-italienischen Grenze wesentlich beschränkt. Sie zieht nämlich von Dschildessa im Bogen gegen Arran Arrhe und trifft erst unterem Schnittpunkt des 47. Grades ö. L. von Greenwich mit dem 8. Grad nördl. Breite mit der italienisch-englischen Grenze vom 5. Mai 1894 zusammen. Die Bedeutung dieses

---

[1]) Abgeschlossen zwischen den Bevollmächtigten der Kolonie Erythrea und der egyptischen Regierung.

[2]) s. Anhang 3 des Vertrages, Schreiben Rennell Rodds an Ras Makonen, vom 4. Juni, und des letzteren Antwort vom gleichen Tage.

Vertrages ist eine doppelte: Einmal enthält er die Thatsache, daß Italien in diesem Gebiet als para negligenda betrachtet wird (es wird im Vertrag garnicht genannt) und daß seine Ansprüche auf diesen Teil der früheren Interessensphäre als erloschen gelten. Ferner aber bedeutet er einen diplomatischen Sieg des Herrschers von Äthiopien gegenüber England, indem er einerseits durchsetzte, daß England den abessinischen Einfluß (südlich von Britisch-Somaliland als den überwiegenden anerkannte, und andrerseits England veranlaßte, diesem Einfluß ein Stück seines Schutzgebietes preiszugeben.

Im Vorstehenden sind die internationalen Vereinbarungen, welche für die völkerrechtliche Gestaltung der Grenzen des Reiches Äthiopien von Bedeutung sind, nach Thunlichkeit erschöpfend betrachtet. Es ist natürlich nicht ausgeschlossen, daß noch die eine oder andere Vereinbarung getroffen worden ist, die geheim gehalten wird oder wenigstens in die mir zugänglichen regelmäßig der Publikation dienenden Organe nicht aufgenommen wurde; ich wäre für jede diesbezügliche Ergänzung sehr zu Dank verpflichtet. Wenn also auch für absolute Lückenlosigkeit des hier behandelten Materials keine Garantie übernommen werden kann, so hat dasselbe vielleicht doch in einer oder der anderen Hinsicht eine Klärung gebracht. Jedenfalls dürfte soviel sich ergeben haben, daß, außer im Norden, Abessiniens Grenzen überall noch fließende sind, und daß gerade bei der gegenwärtig so eifrigen Expeditionsthätigkeit besonders seitens Englands eine Regelung im Westen und Süden des Reiches erwartet werden kann. Die Position des Negus' ist dabei im Lauf der Jahre eine sehr viel günstigere geworden. Aus einem Protektoratsland ist Abessinien souveräner Staat mit lebhafter Expansionstendenz geworden, der im Völkerverkehr den größten Kolonialmächten gegenüber sich mit steigendem Glück behauptet hat. Nicht zum wenigsten fördernd hierbei dürfte die entente cordiale mit Rußland sein, das dem Herrscher Äthiopiens seinen Schutz gewährt, ohne dabei seinen Grenzen als Nachbar gefährlich zu sein.

Schluß des redaktionellen Teils.

Referat.

Es ist ein erfreuliches Zeichen für das Wurzelschlagen der kolonialen Idee im deutschen Volk, daß die Produkte unserer Kolonien mehr und mehr Anklang im Mutterlande zu finden beginnen. Nicht unwesentlich hat hierzu das opferwillige Vorgehen des Deutschen Kolonialhauses, Bruno Antelmann, Berlin, Jerusalemer- und Kronenstraßen-Ecke beigetragen. Wenn Kamerun-Kakao und -Schokoladen, Usambara-Kaffee's und Neu-Guinea-Zigarren allmählich zum Range von Qualitätsmarken emporgestiegen sind, so darf man dieses zum großen Teil als die Frucht der unermüdlichen Arbeit betrachten, deren sich das oben genannte national-ökonomische Institut unterzieht. Je mehr es aber den deutschen Kolonialwaren gelingt, die bisher allein gebräuchlichen fremdländischen Produkte aus dem Felde zu schlagen, um so mehr muß der Wohlstand bei uns steigen, weil dann ungezählte Millionen, die solange fremden Taschen zuflossen, dem deutschen National-Vermögen erhalten bleiben.

Australien und die Südsee
an der Jahrhundertwende.

Kolonialstudien
von
Moritz Schanz.

Ein Band groß Oktav mit zahlreichen Illustrationen auf Kunstdruckpapier.
Preis Mk. 8.—. — In künstlerisch ausgeführtem Originalband Mk. 10.—

In einem Bande von über 500 Seiten führt der Verfasser dem Leser die Summe seiner Reisebeobachtungen vor. Die Vielseitigkeit der Beobachtungsgebiete, das Eindringen in die Materie, die Genauigkeit der Wiedergabe lassen Zweifel darüber zu, ob man in dem Verfasser einen Kaufmann, einen Gelehrten oder einen Politiker zu erblicken habe. Die Darstellung ist durchweg leicht und fesselnd, und selbst das reiche statistische Material ist in einer Weise gruppiert, daß auch der Leser ohne nationalökonomisches Interesse nicht in Versuchung kommt, diese Abschnitte des Buches zu überschlagen. Der größere Teil des Werkes ist dem australischen Kontinent gewidmet. Die Zeichen der Deportation ziehen an dem Leser vorüber, man sieht, wie allmählich das Land eine politische und wirtschaftliche Gestalt erhält, in welcher Weise diese durch die Entdeckung der reichen Goldlager beeinflußt, ihr Wachstum gefördert wird. Von besonderem Interesse ist die Form, in welcher der Verfasser die Aussichten schildert, welche sich dem neuen Einwanderer eröffnen. Wiewohl die natürlichen, bedeutenden Vorzüge des Landes stets in das rechte Licht gestellt werden, so ist doch jede Uebertreibung sorgfältig vermieden. Für jeden Leser von lebhaftem kolonialpolitischem Interesse und patriotischem Gefühl bildet indessen das Kapitel „Samoa" den Kern des Buches.

Das Buch ist unbedingt zu empfehlen, nicht nur dem Unterhaltung und Belehrung suchenden Leser, sondern auch dem, der selbst ähnliches zu schreiben beabsichtigt. Herr Schanz belehrt, indem er unterhält und mehr als die spannendsten Erzählungen von Abenteuern in unseren Kolonien ist die von ihm gewählte Form der Darstellung geeignet, Kolonialpolitik bei denkenden Leuten wirklich populär zu machen."

Joachim Graf von Pfeil-Friedersdorf in der „Deutschen Kolonialzeitung."

Die Verkehrsverhältnisse in den deutsch-afrikanischen Schutzgebieten.

Vom Geh. Regierungsrat a. D. Schwabe

I. Eisenbahnen und Landwege.

Durch die ungünstige Lage des Reichshaushaltsetats sind die ohnedies schon zweifelhaften Aussichten auf die Bewilligung der Mittel seitens des Reichstages zum Bau der ersten Teilstrecke Dar-es-Salaam-Mrogoro der ostafrikanischen Zentralbahn noch ungünstiger geworden, und man wird sich daher, so bedauerlich das auch sein mag, auf eine weitere Verschiebung dieses so hochwichtigen Bahnbaues gefaßt machen müssen, und noch weniger darauf rechnen dürfen, daß seitens des Reichstages Mittel zur Anlage von Bahnen in Kamerun und Togo bewilligt werden.

Da es unter diesen Umständen eine schwere Schädigung für die wirtschaftliche Erschließung der vorgenannten Schutzgebiete sein würde, die Zwischenzeit, bis sich das Reich oder das Privatkapital zum Bahnbau entschließt, ungenutzt vorüber gehen zu lassen, so kann ich nicht umhin, auf den von mir inbetreff der ostafrikanischen Eisenbahn schon früher gemachten Vorschlag zurückzukommen: mit dem straßenmäßigen Ausbau des Karawanenweges, von welchem nach Maßgabe des früheren Gouverneurs v. Liebert bereits ausgedehnte Strecken hergerichtet sind und dem ja auch im wesentlichen die Zentralbahn folgen wird, fortzufahren und auf der so gewonnenen Straße, als Vorläufer der Eisenbahn, einen Wagenverkehr zur regelmäßigen Beförderung von Personen und Gütern durch einen Unternehmer einzurichten.

Nun hat zwar Oberstleutnant Gerding dem Anschein nach in der Befürchtung, daß dadurch die Anlage von Eisenbahnen hinausgeschoben und verzögert werden könnte, in seinem Vortrage über die ostafrikanischen Bahnen ein ganz absprechendes Urteil über diesen Vorschlag gefällt, indem er u. a. bemerkt: „Der mit der Kolonie nicht bekannte Europäer macht sich in der Regel einen

---

*) Quellen: Die dem Reichstage zugegangenen Denkschriften, Deutsches Kolonialblatt, Deutsche Kolonialzeitung, Deutsches Kolonialhandbuch von Dr. R. Fitzner; Kolonial-Handels-Adreßbuch vom Kolonialwirtschaftlichen Komitee. Zur Oberflächengestaltung und Geologie Deutsch-Ostafrikas von Bergassessor Bornhardt; die Verkehrsverhältnisse der deutsch-südwestafrikanischen Schutzgebiete von Geheimrat Schwabe; Mit Schwert und Pflug in Deutsch-Südwest-Afrika von Oberleutnant Schwabe; Kamerun von Oberleutnant Dominik; Togo von Heinrich Klose u. a.

gänzlich falschen Begriff von dem Zustand dieser, in den Reiseberichten vielfach mit Karawanenstraßen oder auch mit „große Karawanenstraßen" bezeichneten, kümmerlichen Fußwege.

Diese Wege entstehen lediglich durch die Benutzung der Mann hinter Mann marschierenden Eingeborenen und Trägerkolonnen. Auf einzelnen Strecken sind diese Wege auf Veranlassung der Regierung durch Wegnahme des Grases und des Buschwerks verbreitert, eine Maßregel, welche bei dem raschen und üppigen Nachwuchs in den Tropen immer nur auf kurze Zeit anhält. Auch einige wenige Brücken über die zu durchkreuzenden Flüsse und Bäche sind vorhanden, aber sie sind zum großen Teil nicht imstande gewesen, den zur Regenzeit niederkommenden Wassermengen zu widerstehen, sondern liegen zusammengebrochen und unbenutzbar da. Die Verwendung von Zugtieren zum Lastentransport ist bisher wenig versucht worden, und namentlich sollen die Ochsen, welche ja in Südafrika den Hauptfrachtverkehr vermitteln, die Strapazen des Weges und des Klimas nicht vertragen können, auch soll das Vorkommen der Tsetsefliege die Verwendung von Ochsen ausschließen. Ferner ist das Gelände im allgemeinen der Einführung des südafrikanischen Ochsenwagens nicht günstig. Jedenfalls würde die Einführung eines auch nur einigermaßen leistungsfähigen Wagenverkehrs zuvor eine gründliche und kostspielige Besserung der bisher nur für den Fußgängerverkehr berechneten Verbindungen bedingen.

Hierdurch werden am besten jene allgemein bekannt gewordenen Behauptungen widerlegt, daß für die Kolonie (Ostafrika) zunächst die Herstellung eines leistungsfähigen Wegs genüge, und daß erst nach Vorhandensein eines solchen und, nachdem die Kolonie entsprechende Fortschritte in der Kultur gemacht habe, an die Herstellung von Eisenbahnen nicht gedacht werden könne."

Dessenungeachtet ist man jedoch in letzter Zeit an verschiedenen Stellen des ostafrikanischen Schutzgebietes mit der Anlage von Straßen und der Einrichtung eines Ochsenwagenverkehrs vorgegangen. So wird in dem Bericht über das Postwesen in Deutsch-Ostafrika 1899/1900 erwähnt, daß eine Privatgesellschaft beabsichtigt, die Post nach dem Kilimandjaro von der Endstation der Usambara-Bahn mittelst Ochsenwagens zu befördern, und von dem Missionar B. Schneider aus Kiloma wird mitgeteilt, daß der erste Ochsenwagen von der Station Boi der Uganda-Bahn am Kilimandjaro angekommen und es hierdurch gelungen sei, die Transportkosten einer Trägerlast von 12 Rupien (etwa 1,38 Mk.) auf 5 Rupien zu ermäßigen.

Oberleutnant Glanning berichtet über seinen Marsch Kilwa—Barikiwa—Songea—Nyassa u. a. folgendes:

Kaufmann Behlau, der eine Niederlassung am Barikiwa-Bach besitzt und vorzugsweise Gummihandel betreibt, hat den Weg Barikiwa—Kilwa für Ochsenwagenverkehr eingerichtet; der hierzu dienende Wagen ist zweirädrig nach südafrikanischem Muster in Elberfeld gebaut und kostet einschließlich Transport bis Barikiwa 600 Rupien. Er kann eine Ladung bis zu 50 Zentner Gewicht aufnehmen, wird von 6 Ochsen gezogen und legt täglich etwa 6 Stunden zurück. Der Wagenverkehr würde etwa in der Zeit von Mai bis Dezember möglich sein.

Ferner empfiehlt Gouverneur v. Liebert die Erschließung des Uhehe-Gebietes durch Dampfer auf den Flüssen Rufidji und Ulanga, sowie durch Herstellung einer etwa 100 km langen Fahrstraße behufs Umgehung der Schuguli-Fälle, bis wohin flachgehende Dampfer gelangen, um auf diese Weise eine ausreichende Verbindung mit der Küste zu schaffen.

An einer anderen Stelle wird inbetreff der 300 km langen Verbindung Ost-Ukehes mit der Küste bemerkt: Eine Eisenbahn für solche Strecke würde, wenn man den bisherigen Bau der Tanga-Bahn als Maßstab nimmt, viel zu lange Zeit in Anspruch nehmen. Eine einfache Fahrstraße würde sich eher empfehlen, würde nicht sehr kostspielig sein und ziemlich schnell bergestellt werden können. Als Transportmittel würden für diese Straße lediglich Zugochsen und allenfalls einheimische Esel Inbetracht kommen.

Von besonderer Wichtigkeit ist endlich folgende der „Deutsch-ostafril. Ztg." entnommene Mitteilung:

Der Bau der deutschen Verbindungsstraße zwischen dem Tanganyika-See und Nyassa-See schreitet rüstig vorwärts und ist zu zwei Dritteln beendet. Es wird von beiden Endpunkten aus gearbeitet, und zwar ist man von Bismarckburg, dem Südende des Tanganyika, aus mit dem Bau der Straße bereits bis zum Sfaiffi-Fluß vorgedrungen, während vom Nyassa aus die Straße bis zum Rungweberg fertig gestellt ist. Die Straße besteht aus festem Lehm mit Lavaschüttung, ist genügend breit und führt durch landschaftlich herrliche Gegenden. Die parallel mit dieser neuen Straße laufende, auf englischem Gebiet befindliche Stevensonroad wird ihrer schlechten Beschaffenheit und des dort sehr schwierigen Geländes wegen selbst von englischen Transporten kaum mehr benutzt.

Die vorstehenden Mitteilungen dürften erkennen lassen, daß bei der Ungewißheit über den Bau der Zentralbahn und der Fortsetzung der Usambara-Bahn und bei der unter diesen Umständen vollständigen Aussichtslosigkeit, die Mittel noch für andere Bahnen, wie z. B. für die Eisenbahnverbindung mit dem Nyassa-See, zu erlangen, die Kolonialverwaltung, des langen Wartens müde, den einzig richtigen Weg, den der Selbsthilfe, beschreitet, um durch Anlage von Straßen und Einrichtung eines Wagenverkehrs den Bedürfnissen des zunächst auch nur geringen Verkehrs soweit als möglich zu genügen und dadurch dem späteren Eisenbahnbau die Wege zu ebnen. Im übrigen wird es auch schon mit Rücksicht auf die lange Bauzeit der Zentralbahn für die wirtschaftliche Erschließung des Landes notwendig sein, auch nach der Inangriffnahme der Bahn von Dar-es-Salaam aus auf die Anlage einer Straße und eines Wagenverkehrs zwischen dem jeweiligen Endpunkte der Bahn und den Seen behufs Erleichterung des Baues Bedacht zu nehmen.

Da nämlich der jährliche Baufortschritt bei der südwest-afrikanischen 104 km langen Feldbahnteilstrecke Swakopmund—Karibib sich auf etwa 72 km stellt (0,60 m Spurweite), bei der Kongo-Bahn (0,75 m Spurweite) in den ersten 4 Jahren nur je 42 km betrug und erst in den letzten Jahren sich auf 90, 100 und 120 km erhob und nur bei der Uganda-Bahn (1 m Spurweite) infolge der ohne Rücksicht auf die Kosten beschleunigten Bauweise in den ersten 3 Jahren auf etwa 130 km gesteigert werden konnte, so wird beim Bau der Zentralbahn ein jährlicher Baufortschritt von höchstens 100 km anzunehmen und es schon als ein außerordentlich günstiger Erfolg anzusehen sein, wenn es bei ununterbrochener Bewilligung der Mittel seitens des Reichstages gelingen sollte, die ungefähr 1300 km lange Strecke von Dar-es-Salaam bis zum Viktoria-Nyansa in 13 Jahren fertig zu stellen. Daß es bei einer so langen, voraussichtlich aber noch

Ungeren Bauzeit ausgeschlossen erscheint, den Trägerverkehr aufrecht zu erhalten, und daß nicht nur im Interesse des Verkehrs, sondern auch zur Erleichterung, Beschleunigung und Verbilligung des Bahnbaues großer Wert darauf zu legen ist, den Karawanenweg durch eine fahrbare Straße zu ersetzen und einem Wagenverkehr einzurichten, wird hiernach keiner weiteren Begründung bedürfen.

In unseren übrigen afrikanischen Schutzgebieten sind übrigens ähnliche Bestrebungen im Gange.

So wird u. a. in der dem Reichstage zugegangenen Denkschrift über Togo folgendes erwähnt:

„Die Hauptstraße von Lome nach Misahöhe wurde an zahlreichen Stellen verbreitert, erhöht, mit neuen Brücken und Durchlässen versehen und — zur Umgehung eines größeren Ueberschwemmungsgebietes bei Gbid — über Gadja und die Aguplantage verlegt.

Eingefahrene Gespanne und wahrscheinlich auch Automobile werden die Straße ohne besondere Schwierigkeit passieren können

Was insbesondere den so wichtigen Ersatz tierischer Zugkraft durch Maschinen betrifft, so beabsichtigt bekanntlich Oberleutnant Troost auf seine Kosten eine Güterbeförderung mittels Straßenlokomotiven von Lüderitzbucht ins Innere in der Richtung nach Kreimaushoop einzurichten, um auf diese Weise die fast unüberwindlichen Schwierigkeiten zu beseitigen, welche bisher die Durchquerung der bis zu 40 m hohen Sandrrdünen und des bis zu 130 km von der Küste von brauchbarem Wasser entblößten Einöde dem Ochsenwagenverkehr bereitete.

I. Binnenschiffahrt.

Was zunächst die Benutzung der natürlichen Wasserstraßen — der Flüsse — für die Personen- und Güterbeförderung durch Hebung der Binnenschiffahrt betrifft, so ist leider unsere Kenntnis der Häfen, sowie der schiffbaren Flüsse und des Grades ihrer Schiffbarkeit noch sehr gering und mangelhaft, wie dies auch nicht anders sein kann, da wir die afrikanischen Schutzgebiete erst seit dem Jahre 1884 besitzen, da ihr gesamter Flächenraum von 2407400 qkm den des Deutschen Reiches von 540484 qkm um mehr als das Vierfache übertrifft, und daher große Landstriche vorhanden sind, die noch nie der Fuß eines Weißen betreten hat.

So mangelhaft aber auch unsere Kenntnisse darüber sein mögen, so macht sich doch in zahlreichen wirtschaftlichen Fragen, wie bei der Anlage von Bahnen, Plantagen usw. das Bedürfnis geltend, über die Landungsverhältnisse und die Schiffbarkeit der Flüsse unterrichtet zu sein.

Aus diesem Grunde habe ich Veranlassung genommen, das darüber vorhandene Material übersichtlich zusammenzustellen und zu veröffentlichen, in der Hoffnung, daß dadurch nicht nur die Kenntnis unserer afrikanischen Kolonien erleichtert werden, sondern diese Arbeit auch zur Berichtigung und Vervollständigung derselben anregen und somit nach und nach eine wissenschaftliche Grundlage dafür gewonnen wird.

In Bezug auf den Charakter der Flüsse im allgemeinen ist zu bemerken, daß bei der meist schon in geringer Entfernung von der Küste beginnenden Bodenerhebung und der dann in mehreren hohen Terrassen ansteigenden Gestaltung des Landes die Schiffbarkeit der Flüsse am Fuße jeder Terrasse durch Schnellen unterbrochen wird und daher vielfach schon in geringer Entfernung vom Meere aufhört.

Außerdem ist die Schiffbarkeit der Flüsse durch den großen Wasserwechsel zwischen dem Niedrigwasser und dem während der Regenzeiten eintretenden Hochwasser starken Schwankungen unterworfen und vielfach überhaupt nur während der Regenzeiten ausführbar.

I. Deutsch-Ostafrika.

Das Schutzgebiet von Deutsch-Ostafrika, 906 000 qkm, etwa 6 Mill. Einwohner, umfaßt die Gebiete zwischen dem Indischen Ozean im Osten, dem Tanganyka- und Nyassa-See im Westen, dem Viktoria-See und Kilimandjaro im Norden und dem Laufe des Rowuma im Süden, einschließlich der der Küste vorgelagerten Inseln mit Ausnahme von Sansibar und Pemba.

Die im Schutzgebiet an der etwa 1000 km langen Küste des Indischen Ozeans vorhandenen Landungsplätze, welche von den Dampfern der Deutsch-Ostafrika-Linie (Europa- und Bombay-Route), der Messagerie Maritime, die jedoch jetzt ihre Fahrten eingestellt hat, und seit kurzem von den Dampfern der British-Jndia-Steam-Navigation Co., welche sich von Dar-es-Salam nach Portugiesisch-Ostafrika befördert, angelaufen werden, sind: Tanga, Pangani, Saadani, Bagamoyo, Dar-es-Salam, Kilwa, Lindi und Mikindani.

Tanga. Bezirksamt, Gericht, Hauptzollamt-Post und Telegraph, Dampferstation, Ausgangspunkt der Usambara-Bahn Tanga-Mnhesa-Korogwe. Die Stadt Tanga, etwa 8000 Einwohner, liegt auf dem Steilufer am Südrande der Tangabai; ein Schienengleis stellt die Verbindung zwischen dem Bahnhofe und der ins Meer hinausführenden Landungsbrücke her.

Pangani. Bezirksamt, Zollamt, Post und Telegraph, Dampferstation, 8700 Einwohner. Die Stadt liegt am linken Ufer des Pangani-Flusses, unweit seiner Einmündung in die von Korallenriffen umsäumte Panganibai. Durch Anlage einer Kaimauer mit fünf Landungsstellen für Boote ist zwar das Landen einigermaßen erleichtert, doch ist der Hafen wegen der vorgelagerten Sandbänke für größere Schiffe nur während der Flut zugänglich, und nur in ganz besonderen Fällen laufen Küstendampfer der D.-O.-A.-Linie in der Flut ein; für gewöhnlich aber bleiben sie draußen auf der Rhede liegen, welche als die schlechteste und gefährlichste des ganzen Schutzgebietes gilt. Die immer hohe Dünung des Indischen Ozeans zwängt sich durch die Öffnung zwischen den Inseln Sansibar und Pemba hindurch und trifft gerade die Rhede von Pangani mit voller Kraft. Ladung zu löschen oder einzunehmen ist manchmal dort ganz ausgeschlossen; selbst der Personenverkehr ist häufig sehr gefährlich. Den Handelsverkehr vermitteln daher hauptsächlich die Dhaus, die in den Hafen frei einlaufen können.

Pangani ist der Ausgangspunkt des Karawanenverkehrs nach dem Massai-Lande und über Nord-Unguu nach Jrangi.

Saadani. Nebenzollamt, Post und Telegraph, Dampferstation. Der Ort, etwa 4000 Einwohner, hat zwar eine schlechte Rhede, ist aber der bedeutendste

Müstenplatz Usegukas, da er als Ausgangspunkt der nördlichen Karawanenstraße Mpapua-Mamboho von jeher in lebhafter Verbindung mit Sansibar steht.

Bagamoyo. Bezirksamt, Hauptzollamt, Post und Telegraph, Dampferstation; die Stadt, etwa 15000 Einwohner, liegt auf einer vom sandigen Meeresstrande sanft ansteigenden Hügelkette und verdankt ihr Aufblühen der günstigen Lage Sansibar gegenüber, die es zum Endpunkt der großen Karawanenstraßen aus dem Innern machte.

Die gegen Süden und Osten durch eine vorspringende Landzunge geschützte Rhede kann wegen ihrer geringen Tiefe nur von Dhaus benutzt werden. Größere Schiffe müssen etwa 3 km vom Strande entfernt auf der schlechten Außenrhede vor Anker gehen.

Dar-es-Salâm. Sitz des Gouverneurs, Ober- und Bezirksgericht, Militärstation, Station der Gouvernementsflottille, Hauptzollamt, Post und Telegraph, Dampferstation.

Die Hauptstadt Deutsch-Ostafrikas mit etwa 20000 Einwohnern liegt in halbmondförmiger Gestalt am Nordgestade der schönen Bucht, die dem Ort seinen Namen „Hafen des Friedens" gegeben hat. Eine nur 250—300 m breite, gewundene Einfahrt führt in den etwa 5,5 km langen und 1,85 km breiten Hafen, der groß genug ist, um zahlreiche Schiffe aufzunehmen und denselben in Folge der günstigen Lage durchaus Schutz gegen Wind und Seegang zu gewähren, auch die Tiefenverhältnisse gestatten selbst großen Schiffen die Benutzung des Hafens. Der Strand ist meist sandig und nur an wenigen Stellen mit Mangrovegebüsch bedeckt.

Besonders wichtig für Dar-es-Salâm ist die gesicherte Anlage einer befestigten Kohlenstation und eines großen Schwimmdocks, da die Versorgung mit Kohlen und die Möglichkeit der Vornahme von Reparaturen an der Küste des Indischen Ozeans für die deutsche Handels- und Kriegsmarine von großer Bedeutung ist.

Von Dar-es-Salâm führt die Hauptkarawanenstraße über Kilossa, Tabora nach Udjiji am Tanganjika-See, an deren Stelle, wenigstens bis Tabora, demnächst die projektierte Centralbahn, treten soll.

Außer den Dampfern der Deutsch-Ostafrika Linie verkehrt vier wöchentlich ein Dampfer von Bombay. Eine regelmäßige Verbindung der nördlichen und südlichen Hafenplätze mit Dar-es-Salâm erfolgt durch die „Rufiyi" und „Rovuma". Die Zahl der im Hafen von Dar-es-Salâm vom 1. April 1900 bis eben dahin 1901 angekommenen Dampfer betrug 240 mit 280268 Rg. Tons, die Zahl der abgehenden Dampfer 241 mit 279913 Rg. Tons.

Kilwa-Kivindje. Bezirksamt, Hauptzollamt, Post und Telegraph, Dampferstation, liegt dicht an dem ganz flachen Strande, entwickelt sich aber trotz seiner offenen flachen Rhede immer mehr in seinen Verkehrs- und Handelsverhältnissen. Eine belebte Handelsstraße über Ssongea nach dem Nyassa-See vermittelt den Verkehr nach dem weiten Hinterland.

Lindi. Bezirksamt, Zollamt, Post und Telegraph, Dampferstation, etwa 4500 Einwohner, liegt an dem tiefen 7 km in breiten Einschnitt der Lindi-Bucht, in welcher der Lukuledi einmündet. Da die Verhältnisse selbst den größten Schiffen bei jedem Wasserstande das Ein- und Auslaufen gestatten, so ist Lindi der zukunftsreichste Hafen des Südens. Er gilt für den gesundesten Platz an der Küste und erfreut sich während des ganzen Jahres einer erfrischenden Seebrise.

Mikindani, Bezirksnebenstelle, Zollamt, Post, Dampferstation, liegt an einer kreisrunden Bucht, welche durch einen engen und gewundenen Kanal mit der großen, offenen Außenbucht in Verbindung steht. Die Bedeutung Mikindani's ist in den letzten Jahren mehr und mehr zu Gunsten Lindis zurückgegangen.

Was die in dem ostafrikanischen Schutzgebietes vorhandenen Flüsse betrifft, so sind nur wenige derselben schiffbar, und zwar nur immer auf kurze Strecken. Auf der fast 1000 km langen Küste des Indischen Ozeans kommen nur 3 schiffbare Flüsse in Betracht. Der Pangani, welcher in seinem Unterlauf bis in die Nähe der Pangani-Fälle für Boote und flachgehende Dampfer schiffbar ist; der Lingani, welcher von der Mündung bis zur Mansisi-Fähre stets für Dampfpinassen und einen ansehnlichen Teil des Jahres hindurch auch für die schwersten Gütertransporte befahrbar sein soll, und der Rufiji. Der in Papenburg erbaute Heckraddampfer „Ulanga" hat die Versuche, den Rufiji zu befahren, fortgesetzt. Es ist jetzt bei hohem Wasserstande gelungen, die Fahrten bis zu dem 200 km von der Küste entfernten Orte Kiva und demnächst noch weiter bis Kungulio auszudehnen und bis dahin die Transporte für Kissall, Langenburg, Sangua und Ujiji zu befördern.

Allerdings leidet der Dampfer durch häufiges Festfahren, sowie durch die im Wasser treibenden Baumstämme ziemlich stark und bedarf deshalb öfterer Reparatur, zu welchem Zwecke bei Salale ein Slip angelegt worden ist. Die Wasserstraßen des Rufiji mit seinen Nebenflüssen Ulanga u. a. erschließen ein weites, fruchtbares Gebiet und dürften für die wirtschaftliche Erschließung des südlichen Teiles des Schutzgebietes zwischen dem Indischen Ozean und dem Nyassa-See von großer Bedeutung werden.

Über die Schiffbarkeit des die Grenze mit dem portugisischen Gebiet bildenden Rovuma-Flusses berichtet Gouverneur Liebert, daß der Rovuma, dessen Wassermassen das Meer weithin gelb färben, für die Verbindung mit dem Nyassa-Gebiet von einschneidender Bedeutung sein könnte. Leider ist dieser Fluß aber derartig von Bänken und Riffen durchsetzt, daß selbst bei größerer Tiefe jede Schiffahrt ausgeschlossen ist.

Wie übrigens die deutsch-ostafrikanische Zeitung soeben meldet, beabsichtigt der Gouverneur Graf Götzen der Schiffbarmachung der in den Indischen Ozean mündenden Flüsse sowie dem Bau geeigneter Fahrzeuge, die sich auch für die Überwindung mäßiger Schnellen eignen, erhöhte Aufmerksamkeit zuzuwenden. Zu diesem Behufe sollen auch hinsichtlich der Schiffbarkeit des Wami, der für die Ausfuhr für den fruchtbaren Bezirk Kilossa und vielleicht auch für die Bergwerkserzeugnisse des Uluguru-Gebirges in Betracht kommt, Ermittelungen angestellt werden.

Von größerer Wichtigkeit als die vorgenannten, dem Indischen Ozean zufließenden Flüsse sind die an der Westgrenze des Schutzgebietes gelegenen drei großen Seen.

Der Viktoria-Nyanza, das gewaltige Reservoir, das den Nil nährt und zumeist dessen periodisches Steigen und Fallen bewirkt, mit den Hauptzuflüssen Simiju, Lojugati und Kagera über deren Schiffbarkeit jedoch nichts näheres bekannt ist, etwa 330 km lang und ebenso breit, das Ost- und Westufer hoch und bergig, der Strand im Süden und Norden dagegen flach und sanfthügelig, erhält dadurch eine besondere Bedeutung, daß die von England erbaute Uganda-Bahn

Mombassa-Port-Florence in der am Nordufer des Viktoria-Njansa gelegenen Ugowebai einmündet und daher zur wirtschaftlichen Erschließung der an den See angrenzenden Landstriche beitragen wird. Dem breiten, flachen Viktoria-Njansa stehen in ihrer Umrißgestalt und ihren Tiefen verhältnismäßig der Tanganjika-See und der Nyassa-See als Gegensatz gegenüber. Beide sind in tiefe, schmale Felsmulden zwischen steil abfallenden Ufern eingelagert; der erstere, dessen bedeutendster Zufluß der aus Unyamwesi kommende, in seiner Schiffbarkeit durch Felsriffe und Stromschnellen sehr behinderte Malagarasi, dessen Abschluß in niederschlagsreichen Jahren, die eine Hebung des Wasserspiegels herbeiführen, durch den Lukuga westwärts zum Kongo erfolgt, ist rund 600 km lang, dagegen nirgends über 120 km, im schmaleren Südteil sogar nur etwa 60 km breit; der letztere, der Nyassa-See, etwa 500 km lang und 25—90 km breit, reicht nur mit seinem Nordzipfel in die deutsche Interessensphäre hinein. Auf den beiden letzt genannten Seen treten häufig heftige Stürme auf, die der Schiffahrt verhängnisvoll werden. Während der Schiffahrt auf dem Viktoria-Njansa bisher nur durch die deutsche Aluminium-Pinasse „Ufermo" vermittelt wurde, ist nunmehr auch englischerseits der erste Dampfer „William Mac Kison" in Port Florence, dem Endpunkte der Uganda-Bahn vom Stapel gelassen worden, und es ist wohl zu erwarten, daß in Verbindung mit dem Betriebe der Uganda-Bahn die Schiffahrt auf dem Viktoria-Njansa vorzugsweise in englische Hände übergehen wird.

Auf dem Tanganjika-See herrscht bereits ein lebhafter Schiffsverkehr, indem auf demselben z. B. verkehren der deutsche Regierungsdampfer „Hedwig von Wißmann" von 30—40 t Tragfähigkeit, der Dampfer „Good News" der African Lakes Corporation von 20 t, ein Dampfer der Katanga-Gesellschaft von 30—40 t, ein Dampfer des Kongostaates von 100 t, sowie der Dampfer „Cecil Rhodes" der Tanganjika Konzessions-Company.

Auf dem Nyassa-See versieht der Dampfer „Herrmann von Wißmann" einen regelmäßigen Dienst für die Beförderung von Personen und Gütern.

Den Verkehr von der Küste des Indischen Ozeans zum Nyassa-See auf dem Zambesi-Shire-Wege vermitteln die African Lakes Corporation Ltd. (Glasgow) und International Flotilla and Transport Co. Ltd. (Chinde) sowie die von dem Oberleutnant Schloifer gegründete „Central-Afrikanische Seen-Gesellschaft", welche bis zum Januar 1902 bereits 10000 Lasten nach dem Tanganjika befördert hat. Die Dampfschiffahrt auf dem Zambesi, dem Shire und dem Nyassa ist in stetiger Zunahme.

Vierzehn Dampfer verkehren auf dem Zambesi und unteren Shire, fünf auf dem oberen Shire und acht auf dem Nyassa.

Im übrigen wird schon in den nächsten Jahren eine vollständige Umänderung des Zambesi-Shire-Weges dadurch erfolgen, daß zwischen der britischen Regierung und der „Shire-Highlands Railway Co.", Nyassaland, ein Vertrag über Anlage einer Schmalspurbahn (1 m Spurweite) abgeschlossen worden ist, welche von Fort Johnston, an der Südspitze des Nyassa-Sees, ausgehen und über Blantyre nach Chiroma am Shire auf etwa 300 km Entfernung führen soll.

Die Beförderung der Güter vom Nyassa zum Tanganjika erfolgt von der an der Nordwestspitze des ersteren gelegenen Station Karonga der African Lakes Co. auf der hier mündenden Stevenson-Road nach dem Tanganjika.

Was die Regenzeit betrifft, so ist dieselbe an der nördlichen Küste bereits ausgeprägt in den Monaten April-Mai, August-September und November, letztere Regenzeit ist jedoch sehr unregelmäßig; im Dezember werden die Niederschläge geringer; die übrigen Monate sind je nach den Jahrgängen ganz verschieden.

An der mittleren Küste scheint eine Zweiteilung der Jahreszeiten einzutreten die Regenzeit fällt in die Monate März bis Mai, Juni bis Oktober sind regenarm, November bis Februar abwechselnd.

Im Süden giebt es nur eine Regenzeit, Dezember bis Januar und März; Juni bis Oktober sind ziemlich trocken, die übrigen Monate nach den Jahren wechselnd.

Wesentlich verschieden von den klimatischen Verhältnissen des Küstenstreifens und der Randgebirge sind diejenigen des Binnenlandes, in dem von April bis September ein zeitweilig heftiger; trockener Südostwind weht, während in der übrigen Zeit schwache Winde vorherrschen.

II. Deutsch-Südwest-Afrika.

Das Schutzgebiet von Deutsch-Südwest-Afrika, 835100 qkm etwa 200000 Einwohner, grenzt im Süden mit dem Oranjefluß an die Kapkolonie, im Osten an Britisch-Betschuana-Land und im Norden mit dem Grenzfluß Kunene an die portugiesische Kolonie Mossamedes. Durch einen langen, schmalen, nach Osten vorspringenden Landzipfel erhält das Gebiet in seinem nördlichsten Teile einen Zugang zu dem Stromsystem des Zambesi-Flusses, der bedeutendsten und wichtigsten Wasserstraße Südafrikas.

Die im Schutzgebiet an der Küste des Atlantischen Ozeans vorhandenen Landungsplätze, welche von den Dampfern der Woermann-Linie und von dem Küstendampfer „Leutwein" allmonatlich angelaufen werden, sind Kap Kroß, Swakopmund, Walfischbai und Lüderitz-Bucht.

Cap Kroß, Zoll- und Polizeistation, Postagentur. Die Bucht bei Cap Kroß, die etwa zwischen den Mündungen des Uhab und das Omaruru-Flusses liegt, bietet vorzüglichen Ankergrund, besitzt aber kein Trinkwasser in der Nähe. Das Wasser zum Trinken wird sondenkiert, zu welchem Zweck von der Damaraland-Guano-Gesellschaft ein Kondensator aufgestellt ist. Cap Kroß wird nach Bedarf von dem Küstendampfer „Leutwein" angelaufen, ferner verkehren die Schiffe, welche den Guano verfrachten.

Swakopmund, Sitz des Bezirkshauptmanns, Gericht, Polizeistation, Post, Eisenbahn- und Dampferstation zusammen 286 Einwohner.

Der deutsche Küstenplatz und Haupteingangshafen im mittleren Teile des Schutzgebietes liegt etwa 1 km nördlich der Mündung des Swakop-Flusses und ist, seitdem die Dampfer der Woermann-Linie sowie der Küstendampfer „Leutwein" regelmäßig anlaufen, auch die Eisenbahn (0,60 m Spurweite) nach Windhoek in Angriff genommen und voraussichtlich Ende 1902 in der ganzen Ausdehnung bis Windhoek eröffnet werden wird, in gedeihlicher Entwickelung begriffen.

Die Rhede ist gut; große Schiffe können fast jederzeit in etwa 1 km Entfernung vom Strande vor Anker gehen. Zur Beseitigung der wegen der starken Brandung sehr ungünstigen Landungsverhältnisse ist jedoch eine Hafenanlage im

Bau, von welcher eine Gleisverbindung nach den Lagerhäusern und nach dem Bahnhose führt. Trinkwasser ist vorhanden.

Walfischbai. Hasenplatz, englische Enklave, der Eingangshafen des Hererolandes, wird durch eine 9 km lange, südnördlich sich erstreckende Landzunge, die Pelikanspitze, gebildet. Die Bucht ist sehr geräumig und gegen die vorherrschenden Winde völlig geschützt, aber einer allmählichen Versandung ausgesetzt, so daß große Schiffe bis zu 6,5 km vom Strande abliegen müssen.

Der Kuisib-Fluß, der nur etwa alle 10 Jahre oberirdisch abläuft, mündet in die Bucht ein und hat in seiner Mündung eine weite, ebene Fläche von Sand und Schlick aufgeschwemmt.

Seit dem Aufblühen von Swakopmund, das den Verkehr des ganzen, nördlichen Schutzgebiets an sich gezogen hat, ist der Verkehr von Walfischbai in stetem Rückgange begriffen.

Lüderitzbucht. Hasenplatz, Zollamt, Polizeistation, Post, Dampferstation. Die Niederlassung liegt auf einem sandigen Küstenvorsprung, dessen Verlängerung die Halbinsel ist. Die Lüderitzbucht ist durch die westlich vorgelagerte Landzunge (Angra-Felsen ist die äußerste Spitze) sowie durch ein Riff (Angrapoint) gegen die Dünung des Ozeans geschützt und bietet Schiffen jeden Tiefganges guten Ankergrund. Ein kleiner Binnenhafen, welcher durch vorgelagerte Klippen wiederum vor den Wellen der Lüderitz-Bucht geschützt ist, gestattet Landungsbooten bis zu 60 t Zugang; eine hölzerne Landungsbrücke erleichtert das Löschen der Landungsboote.

Trinkwasser wird durch einen Kondensator gewonnen, zum Teil auch von Kapstadt mit dem hier regelmäßig anlaufenden Küstendampfer „Rennwein" bezogen. Die Verbindung mit dem Hinterlande wird durch die, die Meeresküste begleitenden Wanderdünen außerordentlich erschwert. Vom Oberleutnant Troost wird daher beabsichtigt, einen regelmäßigen Güterverkehr unter Verwendung von Straßen-Lokomotiven mit Seilbetrieb einzurichten.

Deutsch-Südwest-Afrika, welches in Bezug auf die klimatischen Verhältnisse wesentlich von unseren übrigen afrikanischen, näher dem Äquator liegenden Schutzgebieten abweicht, hat zwei deutlich von einander geschiedene Jahreszeiten, eine kalte Trockenzeit von Mai bis September und eine heiße Periode mit Zenithal-Regen von Oktober bis April. Die Menge der Niederschläge nimmt von Süden nach Norden und von Westen nach Osten zu; doch ist die Regenverteilung nach den Jahren äußerst ungleich, neben sehr trockenen Jahren finden sich solche mit reichlichen Niederschlägen.

Deutsch-Südwest-Afrika teilt mit der Kap-Kolonie, dem Oranje-Freistaat, der südafrikanischen Republik und Britisch-Betschuana-Land, kurz mit dem ungeheuren Gebiet von Südafrika, das gleiche Los, keine schiffbaren Flüsse zu besitzen; selbst der die südliche Grenze bildende Oranje-Fluß, dessen ausgedehntes Flußgebiet bis zu den Gebirgen von Natal an der afrikanischen Ostküste reicht, ist nicht schiffbar, ebenso wenig der die Nordgrenze gegen die portugiesische Kolonie Mossamedes bildende Kunene-Fluß.

Der Grund dieser auffallenden Erscheinung ist eines teils die mehr oder minder rasch von der Küste in Terrassen aufsteigende Oberfläche des Landes — eine Bodenerhebung, die z. B. dem Swakop von Otjimbingwe auf eine Entfernung von rund 180 km bis zur Küste ein durchschnittliches Gefälle von 1:200 giebt;

andernteils die Durchläſſigkeit des Bodens, welche zur Folge hat, daß z. B. der Swakop, der größte Fluß des Schutzgebiets, trotz des in der Regenzeit starken Hochwassers oder Abkommens, wie in Südwest-Afrika gesagt wird, nicht einmal alljährlich, sondern mitunter erst in Perioden von einigen Jahren das Meer erreicht, während der in die Walfiſchbai mündende Kuiſib-Fluß, wie ſchon erwähnt, nur etwa alle 10 Jahre periodiſch abläuft.

Für den Mangel an ſchiffbaren Waſſerſtraßen hat das Schutzgebiet einen Erſatz durch Anlage der 394 km langen Schmalſpurbahn Swakopmund-Windhoek erhalten, welche von dem Unterzeichneten als Privatbahn für die Ausführung vorbereitet, demnächſt aber infolge Eintritts der Rinderpeſt von der Reichsregierung übernommen worden iſt und auf Koſten des Reiches ausgeführt wird.

III. Kamerun.

Das Schutzgebiet von Kamerun, 495000 qkm, etwa 3500000 Einwohner, im Norden und Nordweſten durch den engliſchen Beſitz des Niger-Coaſt-Protektorats, im Oſten und Süden durch das franzöſiſche Kongo-Gebiet begrenzt und mit der äußerſten nördlichen Spitze bis an den Tſchad-See reichend, beſitzt an der ungefähr 320 km langen Küſte des Atlantiſchen Ozeans (Biafrabucht des Golfs von Guinea) folgende Landungsplätze, welche von den Dampfern der Woermann-Linie teils auf der Ausreiſe, teils auf der Heimreiſe angelaufen werden.

Rio del Rey,
Viktoria,
Kamerun (Duala),
Klein-Batanga,
{ Compji,
{ Plantation
{ Kribi,
Groß-Batanga.

Rio del Rey. Regierungsſtation, Nebenzollamt, Poſtagentur, Dampferſtation (12 Europäer, davon 6 Deutſche) liegt im nördlichen, verſchmälerten Teile des Rio del Rey-Ariels auf einer von Lagunenarmen umgebenen Inſel.

Das an das Alt-Calabar-Äſtuar oſtwärts anſchließende Äſtuar des Rio del Rey öffnet ſich ſeewärts in vier größeren langgeſtreckten Armen. Rio del Rey, Meta, Dougola und Meme.

Viktoria. Bezirksamt, Nebenzollamt, Poſtamt, Dampferſtation (52 Europäer, davon 49 Deutſche), liegt an der inneren Seite der weit in das Land einſchneidenden Ambas-Bucht am Südfuße des 3000 m hohen, großen Kamerun-Berges.

Die Ambas-Bucht wird nach dem Meere zu durch die kleinen Inſeln Mondoleh und Ambas abgeſchloſſen, welche als Wellenbrecher dienen.

Ein Felſenriff, das von der Mündung des Viktoria-Baches ſich teils unter, teils über dem Waſſer in ſüdlicher Richtung hinzieht, wehrt größeren Schiffen den Eintritt in den inneren Teil des Meerbuſens, die Morton-Bucht. Dieſe gehen daher gewöhnlich vor Mandoleh vor Anker.

In der Nähe von Viktoria liegt Kriegsſchiffhafen, Hauptpflanzung der

Kamerun Land- und Plantagen-Gesellschaft. Die Kriegsschiffsbucht besteht aus einer ziemlich breiten äußeren, und einer schmalen langgestreckten inneren Bucht.

Die erstere wird von etwa 60 m hohen, senkrechten Abstürzen von rotem Thon eingefaßt; das östliche Gestade ist niedriger und der Urwald mit seinen Nirsenbäumen tritt bis dicht an das Meer heran.

Kamerun, jetzt Duala, bisher Sitz der Regierung, Gericht, Zollamt, Post- und Telegraphenamt, Dampferstation, 174 Europäer, davon 150 Deutsche, liegt an der Ostseite der tief ins Land einschneidenden Mundja-na-Duala-Bucht. In der Höhe der auf hohem Ufer gelegenen Joß-Platte, auf welcher sich bisher alle Regierungsgebäude befanden, liegt, durch zwei Baaken kenntlich gemacht, die Kamerunbarre, die von Seeschiffen nur bei der Flut passiert werden kann.

Das Löschen und Laden der Schiffe wird durch eine am linken Flußufer entlang laufende, die Faktoreien untereinander verbindende Kaimauer mit Landungsbrücke erleichtert.

Zur Reparatur der Schiffe von der an dieser Küste üblichen Größe ist ein Shlip und eine Reparaturwerkstätte vorhanden.

Der Schiffsverkehr im Hafen von Kamerun betrug im Jahre 1900/1901 87 Dampfer mit 123 020 Reg. Tons gegen 60 Dampfer mit 75420 Reg. Tons im Vorjahre.

Im Interesse der Sicherheit der Schiffahrt ist die Anlage zweier Feuerschiffe im Kamerun-Flusse in Aussicht genommen.

Kribi. Bezirksamt, Nebenzollamt, Postagentur und Dampferstation, 13 Deutsche.

Klein-Batanga, Plantation, Lompji und Groß-Batanga; Küstenplätze und Dampferstationen.

Was die Bodengestaltung betrifft, die für die Schiffbarkeit der Flüsse von großem Einfluß ist, so sagt darüber Oberleutnant Dominik in seinem Buche über Kamerun folgendes: Wunderbar scharf ausgeprägt sind in unserm Kamerun-Gebiet die großen Terrassen, in denen das Land von der Küste ansteigt. Tief unten der dunkle Urwaldstreifen von der Küste bis an die Rhumba-Berge, dann die erste Terrasse ungefähr 700 m über dem Meere auf der Jaunde und die Bute-Ebene liegen; hier sind bereits bedeutende Erhebungen wie die Balofo-, Modelle- und Knutle-Berge aufgesetzt. Dann folgt die zweite Terrasse, Jolo-Tibati, ungefähr 1000 m hoch, die wieder ein Gebirge abschließt. Dieses führt auf die letzte Terrasse, auf der Ngaumdere liegt. Von hier geht es dann tief hinab ins Benue-Thal. Ist im Küstengebiet ausschließlich Urwald, der auch die erste Terrasse zum Teil bedeckt, so ist von Jolo ab die Bewachsung eine ganze andere. Niedere Grassteppe und Wald sind nur an den Flußläufen zu finden.

Die Flußläufe haben deshalb für die Erschließung des Landes nur einen bedingten Wert, da die Bodengestaltung der Schiffbarkeit derselben eng gezogene Grenzen gesetzt hat. Wenn auch manche Flüsse über die Stromschnellen der ersten Terrassen hinaus stromaufwärts schiffbar bleiben, so erleidet der Wasserweg eine jähe Unterbrechung durch die Wasserfälle der zweiten Terrasse; die Zuflüsse des Rio-del-Rey-Aestuars und des Kamerun-Beckens sind nur wenige Tagereisen weit im Kanu zu befahren; der Mungo bis zu seinen Schnellen oberhalb Mundame mit kleinen Dampfern und Booten, der Wuri bis zu den Schnellen bei Endoloko, für Dampfer jedoch nur in der Regenzeit auf eine Strecke von 65 km; der Abba-

Fluß bis Mangamba mit Kanus und bis Miang in der Regenzeit mit Dampfpinassen. Der Dibambe bis zu den Stromschnellen etwa 65 km mit Kanus. Der Sanaga mit Dampfern bis Edea.

Die in das Kamerun-Aestuar mündenden Flüsse sind durch verschiedene, vielgewundene, tiefe Kriels mit einander verbunden; so fließt ein Arm des Mungo unter dem Namen Binebie direkt ins Meer, ebenso wie der Sanaga vor seiner Einmündung ins Meer einen Seitenarm, den Kwakwa, nach dem Kamerun-Becken entsendet. Die wichtigste Verkehrsader für Kamerun bildet das Stromshstem des Sanaga, der von seiner Mündung, die in den beiden Armen Bungo und Bengo erfolgt, bis zur ersten Terrasse, den Wasserfällen von Edea, mit Dampfern schiffbar ist, weiter oberhalb dagegen bis zu den Nachtigallschnellen nur mit Kanus befahren wird.

Nach Süden steht der Sanaga zur Regenzeit durch einen Flußarm mit dem Nyong in Verbindung, der bis Dehana, einer Woermann'schen Faktorei, schiffbar ist. Noch schmaler, aber gleichmäßig tiefer ist der Lokundje, der auch jenseits der Schnellen von Mubea bis zum Randgebirge bei Bepindi schiffbar bleibt.

Sanaga und Nyong haben an ihrer Mündung ins Meer Barren, von denen die erste die Malimba, die letztere Baranga-Barre heißt.

Für die politische und wirtschaftliche Erschließung Adamaua und der Tschad-See-Länder besitzt das Niger-Benue-System große Wichtigkeit, da es die bequemste Zugangstraße darbietet. Außerdem ist noch der bedeutendste Zufluß des Tschad-Sees, der Schari, zu erwähnen, welcher das deutsche Gebiet im Osten umrandet, sowie der Croß, welcher in der Nähe der Croß-Schnellen bei Assahpe das Kamerun-Gebiet auf eine kurze Strecke berührt, und dadurch der Nordwest-Kamerun-Gesellschaft Gelegenheit bietet ihre Erzeugnisse auf dem Croß nach der Küste zu verschiffen. Zu diesem Zweck findet bereits ein reger, etwa zehntägiger Dampferverkehr mittels des von der Gesellschaft Nord-West-Kamerun betriebenen Dampfers „Oertha" statt.

Die bisherige Annahme, daß der Croß von seiner Mündung nur bis zu den Croß-Schnellen schiffbar sei, ist dadurch widerlegt worden, daß in neuester Zeit eine englische Kriegsschaluppe die Schnellen passierte und oberhalb derselben zum Zeichen ihrer Anwesenheit Schießübungen abgehalten hat.

Immerhin sind bei dem Mangel an Landwegen die vorhandenen Wasserstraßen von großem Vorteil und werden auch, besonders für den Verkehr an der Küste, vielfach benutzt.

Das Schutzgebiet von Kamerun hat zwei Regenzeiten, die stärkste Juni-September, die schwächere September-Oktober, regenarm November-Februar, während die heißeste Zeit in die Monate Februar und März fällt.

IV. Togo.

Das Schutzgebiet von Togo, 82340 qkm, mit 137 Europäern (die eingeborene Bevölkerung ist noch nicht ermittelt), stößt im Osten mit dem Grenzfluß Mono an die französische Kolonie Dahome, im Westen mit dem Grenzfluß Volta an die britische Goldküsten-Kolonie und besitzt an dem nur 52 km langen Streifen der Slavenküste des Atlantischen Oceans die drei Stationen: Lome,

Bagida und Klein-Popo, welche von den Dampfern der Woermann-Linie und Elder-Dempster u. Co. (Liverpool), sowie von mehreren englischen Schiffahrts-Gesellschaften und einer französischen Schiffahrts-Gesellschaft teils auf der Ausreise, teils auf der Heimreise angelaufen werden.

Lome (Bay-Beach). Sitz der Regierung, Bezirksamt, Gericht, Zollamt, Post- und Telegraphenstation, Dampferstation (52 Europäer, darunter 47 Deutsche), in gesunder Lage unmittelbar am Meere stadtartig angelegt, besitzt für den Handel eine große Bedeutung, da es der natürlichste Ausgangspunkt für die Handelsstraße über Aguewe, Kewe, Agotime, Agome nach der Gebirgsstation Misahöhe und weiterhin von Kpandu und Kratschi geworden ist.

Lome hat aber in Folge der starken Brandung sehr ungünstige Landungsverhältnisse, welche die Anlage einer hölzernen Landungsbrücke notwendig gemacht haben, die, vom Sturm fortgerissen, nunmehr durch eine eiserne ersetzt wird.

Nach Fertigstellung der Landungsbrücke sollen die Küstenorte des Schutzgebietes durch eine von Lome nach Klein-Popo führende Schmalspurbahn Anschluß an die Landungsbrücke erhalten.

Bagida. Küstenplatz, Dampferstation.

Klein-Popo (Anehöh). Bezirksamt, Handelsplatz, Zollamt, Post- und Telegraphenamt, Dampferstation. Der Ort zieht sich lang gestreckt auf der schmalen Nehrung hin, welche die Lagune vom Meere scheidet. Die Landungsverhältnisse sind sehr ungünstig, da kein Hafen vorhanden ist und die fast unausgesetzt vom Süden gegen die Küste heranrollende Dünung eine mehr oder weniger heftige Brandung verursacht, die das Landen, besonders in der Regenzeit, sehr erschwert. Die Seeschiffe finden erst in etwa 1 km Entfernung von der Küste guten Untergrund.

Abgesehen von der Kanuschiffahrt auf der Lagune des Togo-Sees und der Küstenlagune bis zur Mündung ins Meer kommen für die Schiffahrt des Togo-Gebietes vorzugsweise in Betracht die Grenzflüsse desselben, Volta und Mono.

Der erstere auf eine ansehnliche Länge die Westgrenze von Togo bildend und bei Adda in die See mündend, liegt zwar in seinem ganzen Unterlauf auf englischem Gebiet, wird aber dessen ungeachtet mit Vorliebe von den Küstenhändlern benutzt, da er mit Dampfschaluppen bis Akusa und in der Regenzeit mit Kanus bis Kete-Kratschi schiffbar ist, und daher bis in das mittlere Togo-Gebiet hinein die natürlichste und bequemste Verbindung von der Küste aus bildet.

Der Volta-Fluß nimmt oberhalb Kete-Kratschi, wo die Schiffahrt durch unüberwindliche Stromschnellen gesperrt ist, den die Station Sansanne-Mangu bestreuenden, streckenweise für kleine Dampfer schiffbaren Oti auf, tritt bei Kpandu in das Bergland ein und durchströmt dasselbe ohne starke Schnellen in breit ausgewaschener Thalfurche.

Von minder großer Bedeutung ist der einen Teil der Ostgrenze mit der französischen Kolonie Dahomey bildende Mono-Fluß, der trotz seiner zahlreichen Krümmungen doch eine lebhafte Schiffahrt hat, die sich bis Togobo, etwa 242 Tagemärsche von Atakpame erstreckt.

Von den übrigen auf dem Gebirge im Innern entspringenden, der Küste oder großen Lagune zufließenden Wasserläufen: Haho, Sio, Asa, Tobje kommen für die Schiffahrt nur der Haho und Sio auf kurze Strecken ihres Unterlaufes in Betracht.

In Bezug auf die Flüsse im allgemeinen ist noch zu bemerken, daß ihre Schiffbarkeit in der Trockenzeit teils sehr gehindert, teils ganz aufgehoben ist. Die große Regenzeit währt im Küstengebiet von März bis Juni, die kürzere Regenzeit von Mitte September oder Anfang Oktober bis Ende November, im bergigen Innern bei Kiakpame dagegen von Februar bis November und die Trockenzeit nur etwa 3—4 Monate.

Der Schiffsverkehr betrug 1898/1899

Lome:
119 Schiffe mit 153337 Register-Tonnen,

Klein-Popo:
116 Schiffe mit 139293 Register-Tonnen.

Es ist zu hoffen, daß die vorstehenden Mitteilungen Veranlassung geben werden, bei ferneren Expeditionen der Schiffbarkeit der Flüsse besondere Aufmerksamkeit zuzuwenden, vornehmlich aber die Kolonialverwaltung zu bestimmen, durch einen Wasserbaumeister die Schiffahrtsverhältnisse in unsere Kolonien untersuchen zu lassen, da es nicht ausgeschlossen ist, daß vielleicht durch Aufwendung geringer Mittel die Schiffbarkeit der Flüsse wesentlich verbessert werden kann.

Einen Beleg hierfür bietet die Thatsache, daß durch die fast vollständige Beseitigung des Sedd, der den oberen Nil eine Reihe von Jahren verstopft hatte, nunmehr die Fahrstraße des Nil bis in den Kongostaat benutzt werden kann und bereits ein Passagierdampferverkehr zwischen Kartum und verschiedenen Plätzen am oberen Nil bis Lago hinauf durch die Egyptian and Souban Developonent Co. eingerichtet worden ist.

Einen weiteren Beleg dafür bilden die vom Bezirksamtmann Senfft in Yap mit Hilfe der Eingeborenen ausgeführten Wasserbauten. Derselbe hat einen Steindamm aus Korallenblöcken aufbauen lassen, welcher 360 m lang, 3,50 m breit, 2,40 m hoch ist. Dieser Damm gestattet jetzt das Anlegen von Booten an der Westseite der Tomil-Landschaft zu jeder Zeit, während dies sonst nur bei passendem Wasserstande möglich war. Ein zweiter Steindamm, der durch zehn Brücken unterbrochen wird, von denen die größte 31 m lang ist, verbindet die durch einen Meeresarm getrennten Landschaften Tomil und Gagil.

Er ist gleichfalls aus Korallenblöcken erbaut und im ganzen 916 m lang, 3 m breit und bis zu 2,80 m hoch. An demselben haben im Durchschnitt 200 Arbeiter 7 Monate gearbeitet. Eine noch größere Leistung stellt der Durchstich der Insel Yap im Norden und die Anlage eines Kanals daselbst dar. Diese für den Bootsverkehr sehr wichtige Wasserverbindung erspart bei dem Transport der Kokosnüsse nach den im Mittelpunkt der Insel befindlichen Niederlagen die Umseglung eines großen Teiles der Insel Yap, bei der früher manches Boot zum Opfer fiel.

Der Kanal ist 838 m lang, am Wasserspiegel 7 m breit und durchschnittlich 1 m tief. An dem Kanal arbeiteten 350 Eingeborene 8 Monate.

Der panamerikanische Kongreß.
Von Dr. Emil Jung, Leipzig.

Im Jahre 1823 sprach der damalige Präsident der Vereinigten Staaten von Amerika im Namen der Regierung der Republik den Entschluß aus, keine Einmischung europäischer Mächte in die inneren Angelegenheiten der amerikanischen Staaten und keine Übertragung europäischer Regierungssysteme auf Amerika zu dulden. Diese nach ihrem Urheber als Monroe-Doktrinn bezeichnete Lehre hatte freilich zugleich zur Voraussetzung, daß, wie die nordamerikanische Union keine Einmischung anderer, in ersterer Linie europäischer Mächte, die zur Zeit allein in Betracht kommen konnten, in die inneren Angelegenheiten des Weltteils, in dem sie die maßgebende Rolle spielte, dulden würde, sie auch bestrebt sein müßte, sich selbst jeder Einmischung in alle Fragen zu enthalten, die außerhalb Amerikas liegen. Bis zur Präsidentschaft Mac Kinleys ist man diesem leitenden Grundsatz auch treu geblieben, aber dann änderte sich die Sache. Hawaii wurde annektiert und den Spaniern Cuba und Puertorico, die Philippinen und Guam abgenommen. Der Grundsatz aber, den Monroe aufgestellt hatte, wurde trotzdem nicht verlassen. Amerika sollte allein den Amerikanern gehören, den latein-amerikanischen sowohl wie den anglo-sächsischen, und wenn noch europäische Mächte in dem oder jenem Teil des Kontinents Besitzungen hatten, so hoffte man, auch sie auf die eine oder die andere Weise aus denselben zu entfernen. Der Zustimmung und Mitwirkung der übrigen amerikanischen Staaten, die nach ihrer Vertreibung des einzigen auf amerikanischem Boden zu findenden Monarchen sämtlich Republiken waren, wollte man sich im Jahre 1889 durch einen panamerikanischen Kongreß in Washington versichern, der die „drei Amerikas" in eine Handelsunion mit politischem Schiedsgericht, Einheil von Münze, Maß und Gewicht zusammenfassen sollte, mit dem Hintergedanken, den Vereinigten Staaten den Markt in Mittel- und Südamerika zu gewinnen.

Dieser Kongreß war auf Veranlassung des Präsidenten Harrison von seinem Staatssekretär Blaine berufen worden, aber er führte ebensowenig zu einem befriedigenden Ergebnis, wie die schon im Jahre 1826 durch den Befreier Südamerikas, den Präsidenten Bolivar von Kolumbien, einberufene Konferenz; das einzige praktische Resultat war der Abschluß eines für die nordamerikanische Union günstigen Handelsvertrages mit Brasilien.

Als Präsident Mac Kinley im Jahre 1899 den Kongreß zu Washington eröffnete, empfahl er das Zusammentreten eines panamerikanischen Kongresses. Dem standen aber eine ganze Reihe von Streitigkeiten entgegen, die zwischen den Staaten Mittel- und Südamerikas nie aufgehört haben aufzutauchen, um sie von einan der zu entfremden. Es sind das vornehmlich solche über die Abgrenzung der einzelnen Gebiete gegen einander gewesen, die erst in jüngster Zeit den Ausbruch von Feindseligkeiten zwischen Chile und Argentinien zu veranlassen drohten. Glücklicherweise traten diese Streitfragen erst zu Tage, nachdem der panamerikanische Kongreß sich am 22. Oktober 1901 in Mexiko versammelt hatte; andernfalls wäre wohl keine der feindlichen Republiken auf dem Kongreß erschienen.

Die Punkte, die diesem Kongreß zur Beratung bez. zur Beschlußfassung unterbreitet wurden, waren im wesentlichen dieselben, die bereits 1889 in Washington vorgelegen hatten. Es handelte sich um die Errichtung eines internationalen Schiedsgerichts zur Entscheidung über Reklamationen, um den Schutz der Industrie, des Ackerbaues und des Handels der einzelnen Staaten, um die Ausdehnung der bestehenden oder projektierten Verbindungslinien zu Wasser und zu Lande zur Erleichterung der interkontinentalen Beziehungen, um die Reorganisation des internationalen Bureaus der amerikanischen Republiken u. a. m.

Dieses Programm war von einem zu diesem Behuf ernannten Ausschuß aufgestellt und von den Regierungen der nordamerikanischen Union Mexikos, der zentralamerikanischen und sämtlicher südamerikanischen Republiken angenommen worden. Um einzelne wichtige Punkte zu beraten und darüber an die Generalversammlung zu berichten, wurden Ausschüsse gewählt, die zu dieser Zeit wohl bereits das Endergebnis ihrer Arbeiten dem Kongreß vorgelegt haben werden. Von dem Ausschuß für Reciprocität und Handel ist die Forderung gestellt worden, daß die volkswirtschaftlichen Veröffentlichungen der einzelnen Republiken künftig der Entwicklung der heimischen Industrie größere Aufmerksamkeit widmen sollen. Solange die statistischen Nachweise über die Erzeugung von Produkten in den einzelnen Republiken unvollständig und unverläßlich sind, werden die heimischen Fabriken auch nicht den nötigen Nutzen aus diesen Veröffentlichungen bei der Verwendung heimischer Produkte ziehen können.

Der Ausschuß wies auch darauf hin, daß zur Förderung des Handelsverkehrs zwischen den einzelnen Republiken in Zollfragen ein größeres Entgegenkommen gezeigt werden solle. Eine einheitliche Zolltarifbestimmung sei dringend zu wünschen; es wird daher vorgeschlagen, innerhalb Jahresfrist eine internationalamerikanische Zollenquête zu New-York zu veranlassen, zu der jedoch nur Personen berufen werden sollen, die mit den technischen Fragen und allen Übelständen vertraut sind, die jetzt im Zollwesen, beim Schiffsverkehr und in den Häfen den Handel hemmen.

Die Schaffung eines „Board of Arbitration", das schon in 1880 vom Staatssekretär Blaine vorgeschlagen wurde, ist jetzt wiederum vom Kongreß geprüft worden; doch wurde der für dasselbe ernannte Ausschuß in seinen Arbeiten infolge des Umstandes behindert, daß die Versöhnung der verschiedenen gegenseitigen Interessen auf große Schwierigkeiten stößt. Immerhin hat man sich dahin geeinigt, im Streitfalle, falls diplomatische Schritte nicht imstande sind, denselben beizulegen, sich dem Haager internationalen Schiedsgericht zu unterwerfen. Es bleibt freilich abzuwarten, ob die heißblütigen jeweiligen Machthaber der großen und kleinen Republiken Mittel- und Südamerikas sich einem dort gefällten Urteilsspruch wirklich unterwerfen werden.

Auch die Frage eines interozeanischen Kanals ist zur Sprache gebracht und die Notwendigkeit der Erbauung eines solchen allseitig anerkannt worden. Nur waren die Meinungen darüber geteilt, ob das Panama- oder das Nicaragua-Projekt den Vorzug verdiene. Für jedes derselben fanden sich eifrige Vertreter. So hat man diese Frage vor der Hand noch offen gelassen. Dagegen bestand nur eine Ansicht darüber, daß ein ununterbrochener Schienenstrang durch den ganzen amerikanischen Kontinent von Norden bis zum Süden geführt werden müsse. Man will daher im Anschluß an die in Nord-, Zentral- und Südamerika bereits in Betrieb stehenden Eisenbahnen die noch fehlenden Zwischenlinien in Venezuela, Peru, Brasilien, Argentinien und Chile erbauen, ungefähr 5000 engl. Meilen (8000 km) Schienenstrang, die nach den Berechnungen des sachverständigen Senators Davies einen Kostenaufwand von etwa 40,000 Dollars per englische Meile oder 200 Millionen Dollars im ganzen erfordern würden.

Die Ausführung eines solchen Eisenbahnprojektes würde nach Ansicht der Amerikaner die gleichen Wirkungen auf Produktion und Handel des Kontinents haben, wie dieselben schon jetzt zum Teil wenigstens und unter weit ungünstigeren Bedingungen durch die Sibirische Bahn hervorgebracht worden sind; denn, obschon Schiffahrtsverbindung zwischen den einzelnen Republiken besteht, so reicht dieselbe bei weitem nicht aus. Müssen doch jetzt Briefsendungen von den Vereinigten Staaten und Mexiko, die nach Brasilien und Argentinien bestimmt sind, erst nach Europa gehen, um von dort an ihren Bestimmungsort befördert zu werden, da es an einer regelmäßigen Postverbindung zwischen diesen Ländern fehlt.

Auch mit dem jetzt bestehenden Telegraphenwesen hat man sich beschäftigt. Namentlich die Legung eines Kabels durch den Pazifischen Ozean ist ins Auge gefaßt worden, die für die Vereinigten Staaten seit der Erwerbung bedeutender Besitzungen in diesem Meere zur unabweisbaren Notwendigkeit geworden ist. Ein Kabel soll San Francisco mit Honolulu, Guam und Manila verbinden. Daß der amerikanische Handel, der schon jetzt im Stillen Ozean in regstem Wettbewerb mit dem Handel Englands, der australischen Kolonien, Deutschlands und Frankreichs auftritt, dadurch eine mächtige Förderung erfahren würde, unterliegt keinem Zweifel. Und dieser Plan wird um so schneller verwirklicht werden, als England und die australischen Kolonien nach langen Verhandlungen endlich auch den Beschluß gefaßt haben, ein Kabel zu legen, das, von Vancouver (Kanada) über die Fanning-Inseln und die Fidschi-Gruppe nach der Inkl Norfolk geführt werden soll, von wo es einerseits Brisbane (Queensland), anderseits einen Punkt auf der Nordinsel von Neuseeland zu erreichen hätte.

Ein weiterer Punkt war die Einführung eines einheitlichen Münz-, Maß- und Gewichtssystems in ganz Amerika. Bekanntlich sind gerade diese Verhältnisse recht buntscheckig. Schon die Verschiedenheit der Geldwährung ist im Handelsverkehr recht hinderlich. In der nordamerikanischen Union gilt der Dollar, in Mexiko der Peso, der auch in Mittelamerika gilt, aber mit verschiedener Währung, in Brasilien sind Milreis, in Argentinien, Chile und Kolumbien Pesos, in Bolivia Bolivianos, in Ecuador Sucres, in Venezuela Bolivars das Geld des Landes, wobei auch die gleichnamigen Münzen nicht einmal gleichwertig sind. Mit den Maßen und Gewichten sieht es noch bedenklicher aus. Daß diese verworrenen Zustände einem einheitlichen, geordneten System Platz machen müßten, darüber bestand allseitig kein Zweifel; aber wann dieser Zeitpunkt einzutreten habe, darüber ist man zu keinem Beschluß gekommen.

Auch von der Errichtung einer internationalen amerikanischen Bank wollte man nichts wissen, obschon einige Abgeordnete sehr warm für ein solches Projekt eintraten. Daß die verschiedenen Regierungen Amerikas die geplante Bank subventionieren sollten, stieß auf mehrseitigen Widerspruch. Doch beschloß der Kongreß in seiner Sitzung vom 20. Dezember 1901 mit 17 gegen 1 Stimme, daß ein durch das Privatkapital zu begründendes international-amerikanisches Bankinstitut errichtet, und baldigst in New-York, San Francisco, New-Orleans, Buenos Aires und anderen großen Plätzen Zweiginstitute begründet werden sollen. Durch ein solches Finanzinstitut hofft man den amerikanischen Handel bedeutend zu fördern.

Das Schatzamt in Washington hat den amerikanischen Kongreßmitgliedern vor ihrer Abreise nach Mexiko neben der Weisung, die Verhandlungen mit den Delegierten der übrigen Republiken in entgegenkommendster Weise zu führen, zugleich eine Aufstellung über den Handel der Union mit dem übrigen Amerika mitgegeben. Daraus ist ersichtlich, daß Kanada, das sich an die Nordgrenze anschließt, 52 Proz. seiner gesamten Einfuhr aus der Union bezieht, Mexiko, das durch die Südgrenze getrennt wird, dagegen 40 Proz., Zentralamerika, das schon ferner liegt und nur durch Dampfer erreichbar ist, 33 Proz.; denselben Prozentsatz empfängt Kolumbien, Venezuela 27 Proz., Westindien 20, Britisch Guiana 25, Niederländisch Guiana 17, Französisch Guiana nur 6, während die Importe aus den Vereinigten Staaten in Brasilien, Argentinien und den übrigen südamerikanischen Republiken nur 10 Proz. des gesamten Einfuhrhandels dieser Länder betragen.

Daß der Handel der Union in Südamerika bisher sich kein größeres Feld hat erobern können, das erklärt sich aus der mangelhaften Schiffsverbindung zwischen Nord- und Südamerika. Die Vereinigten Staaten beziehen große Mengen von Kaffee aus Brasilien, Schafwolle und Häuten aus Argentinien, Chile u. a., die von Dampfern nach New York gebracht werden, wo sie sogleich volle Ladung amerikanischer Produkte nach Europa finden, das sie dann wieder verlassen, um den südamerikanischen Häfen europäische Erzeugnisse zuzuführen. Auf diese Weise wurden im Jahre 1901 in die Vereinigten Staaten südamerikanische Produkte im Werte von 110,329,667 Doll. eingeführt, dagegen nach jenen Ländern nur Waren im Werte von 44,770,888 Doll. aus den Vereinigten Staaten ausgeführt. Man mißt dies dem Umstande zu, daß die bestehenden Dampferverbindungen nicht ausreichen, die Ausfuhr nach diesen Ländern auszudehnen, und will sein Möglichstes daran setzen, diesem Übelstande abzuhelfen.

Natürlich würde auch unsere Ausfuhr schwer dadurch getroffen werden. Wir führten im letzten Jahre für rund 142 Mill. Mk. Waren nach Venezuela, Brasilien, Argentinien, Uruguay und Chile aus, und diese Ausfuhr hat in den letzten Jahren eine steigende Tendenz gezeigt, was wir ohne Zweifel der guten und regelmäßigen Dampferverbindung aus jenen Ländern verdanken, und es ist natürlich, daß wir mit der ganzen europäischen Welt dem Ausgange des in der Hauptstadt Mexikos tagenden Kongresses mit Spannung entgegensehen; denn es ist, wie Emil Jäcker in einem in „Handels-Museum" veröffentlichten Aufsatz nachweist, jetzt jedem klar, daß darauf hingezielt wird, die panamerikanischen Ideen zu stärken, die Monroe Doktrin zu verteidigen und eine gemeinsame politische und wirtschaftliche Union allerer amerikanischen Republiken gegen kommerzielle und kriegerische Angriffe Europas zu errichten. Die latein-amerikanischen, wie auch die angelsächsischen Elemente sind sich darüber einig; sie arbeiten Hand in Hand, worauf in einer Rede des Kongreßpräsidenten Generals Raigosa hingewiesen wurde.

Welche Beschlüsse auch immer von dem Kongreß gefaßt werden mögen, für Deutschland, für ganz Europa werden sie von größter Bedeutung sein. Und was in den jetzigen Sitzungen nicht erreicht wird, das werden die kommenden Jahre bringen; denn einer der Beschlüsse des jetzigen Kongresses ist der, daß in Zukunft alle fünf Jahre ein panamerikanischer Kongreß zusammentreten soll.

Man hat schon einmal von einem zollpolitischen Zusammenschluß der führenden europäischen Staaten gesprochen als einer Maßregel, welche die von der nordamerikanischen Union her drohende Gefahr gebieterisch fordern muß, und zwar in nicht mehr allzu ferner Zeit. Ist einmal das panamerikanische Ideal verwirklicht, dann werden wir einer Gefahr gegenüberstehen, die weit furchtbarer ist, als die so oft zitierte „gelbe".

Aus dem Bereich der Mission in Deutsch-Ost-Afrika
Von Pastor C. Hoefer.

Dieselbe staatswirtschaftliche Kolonisationsfrage, welche jetzt betreffs der deutschen Kolonie Kamerun im Mittelpunkt der Erörterung bei Regierungs- und Missionskreisen steht, beschäftigt auch weite Kreise unseres Mutterlandes und der Kolonie selbst betreffs Deutsch-Ost-Afrikas, speziell des Kilimandjaro-Gebietes und der Bezirke Usambara und Usaramo: es handelt sich auch hier wie in Kamerun um die Zusammenlegung der zerstreut liegenden Wohnsitze der Eingeborenen zu Dörfern. Erfreulicherweise sprechen sich die Missionsnachrichten aus Ostafrika zustimmend zu diesem Vorgehen der Regierung aus, welches sowohl in die wirtschaftlichen und sittlichen Verhältnisse und Interessen der Eingeborenen weit eingreift als auch zugleich in der Entwickelung unserer Kolonie einen Wendepunkt bildet. Die Befürchtung, daß durch diese neue Verordnung die Eingeborenen sich besonders in ihren Eigentumsrechten beeinträchtigt fühlen würden und ihr Widerstand entgegensetzen oder aus Furcht und Opposition sich noch weiter zerstreuen würden, wird nirgends ausgesprochen, im Gegenteil wird von den an diesen Gebieten interessierten Missionen zugegeben, daß bei allmählicher, schonender Durchführung diese Maßnahme nicht nur für die Verwaltung des Schutzgebietes, und für die Ausnützung von Grund und Boden von Seiten der Plantagengesellschaft, sondern auch für die Eingeborenen selbst von Nutzen sein wird. Allgemein ist hierbei die Erkenntnis, daß diese Regierungs-Verordnung eine Umwälzung aller bisherigen Verhältnisse in den genannten Bezirken mit sich bringt, und daß, sollen Ungerechtigkeiten möglichst vermieden werden, eine Zeit von 2–8 Jahren gewährt werden muß, während welcher sich diese Dorfsiedelungen vollziehen können, oder wenigstens eine allgemeine Neigung unter den Eingeborenen sich einfindet, sich auf den von der Regierung bestimmten Zentren zusammen zu ziehen. Bei der regen Bauthätigkeit, welche namentlich die Missionsgesellschaften und Kongregationen in den letzten Jahren auch in Deutsch-Ost-Afrika entwickelt haben und bei der Neigung der Eingeborenen nach Vorgang der Missionen und in der Nähe derselben selbst sich festere Wohnsitze zu gründen, selbst Steinhäuser zu bauen und hierdurch seßhafter zu werden, wäre es geradezu wünschenswert, wenn in möglichst kurzer Zeit obige Regierungsverordnung durchgeführt werden könnte, damit nicht durch Verschiebung der Bevölkerung hier und da eine Missionsstation, welche erst ihre Gebäude unter hohen Kosten massiv aufgeführt hat, sich in die Lage versetzt sieht, ihren Platz zu verlassen und mit ihrer Umgebung der neuen Siedelung sich zuzuwenden. Es wird hoffentlich dieser Fall kaum eintreten, da die Regierung nicht bloß die von ihr gebahnten, breiten Wege, sondern auch die Missionsstationen als die gegebenen Punkte ansehen wird, an welchen die Eingeborenen sich zu sammeln haben, umsomehr als die Missionsstationen schon bisher vielfach eine Zugkraft auf die Eingeborenen ausgeübt haben, sich bei ihnen anzusiedeln; von besonderem Nutzen würde die Ausführung obiger Regierungs-Verordnung für die Missionare insofern sein, als sie nicht mehr von Schambe zu Schambe zu wandern brauchten und daselbst womöglich niemanden zu Hause antreffen, sondern zu ihrer Predigtarbeit Einwohner eines ganzen Dorfes vor sich haben könnten. Andererseits erleichtert diese neue Verordnung der Regierung selbst die Beaufsichtigung dieser Distrikte ungemein, nicht etwa insofern, als sie feindliche Bewegungen der Eingeborenen nachdrücklicher zu unterdrücken vermöchte, denn die Stämme, um die es sich hier handelt, sind friedlich und regierungsfreundlich, als vielmehr in der Hinsicht, regelrechter die Steuern erheben und die Eingeborenen in ihrer Allgemeinheit zum Wegebau heranziehen zu können, ferner auch in sanitärer Hinsicht, um die in diesen Stämmen epidemisch auftretenden Pockenkrankheiten wirksamer bekämpfen zu können, ferner auch, um den, besonders unter den Wadschagga am Kilimandjaro üblichen Kindermord zu steuern, die in allen Stämmen verbreitete Zauberei und die so viele Opfer fordernden Zauberränke, ferner die grausame Züchtigung von Sklavenkindern, sittenlose Tänze u. s. w. zu verhindern, — kurz um mit Hilfe der Mission diese heidnischen und kulturfeindlichen Sitten zurück zu drängen, diese Stämme zu zivilisieren, zu christianisieren, zu einer geordneten Thätigkeit anzuleiten und den Grund für geordnete soziale und wirtschaftliche Verhältnisse unter ihnen zu legen.

Ein Gemeinwesen, wie es in Ausführung obiger Verfügung der Regierung annähernd vor Augen steht, bietet vielleicht die Missionsstation Kisarawe in Usaramo: der Ort zerfällt in 2 von einander getrennte Teile, der eine wird von eingeborenen Muhamedanern bewohnt, der andere von Christen, deren Häuser um die Missionsstation gruppiert sind. Dieser letztere Teil des Dorfes hat eine bürgerliche Gemeindeverfassung, in dem Gemeindestatut befinden sich unter andern folgende Verordnungen: alle Kinder müssen die Schule besuchen, der Uinyamkera-Dienst, (Götzenopfer gelegentlich der Beschneidung) muß unterbleiben, der Hauptplatz und der Weg vor dem Hause müssen sauber gehalten werden, es müssen Gärten angelegt werden, alle, die sich hier ansiedeln, haben in jeder Hinsicht dem Dorfältesten zu gehorchen, sie müssen bei den öffentlichen Arbeiten, (Wegebauten), den andern mit gutem Beispiel vorangehen, der Sonntag muß geheiligt werden, niemand, der beim Anzug eine Frau hatte, darf sich eine zweite oder noch mehrere hinzunehmen. Diese Gemeindeordnung spricht bei den Eingeborenen so an, daß dieser Teil des Dorfes sich schnell vergrößert, indem sich hier die in der Nähe wohnenden Leute niederlassen, welche entweder selbst schon dem Christentum geneigt, oder mit Christen der Station verwandt sind.

Im folgenden legen wir nun in Kürze die wirtschaftliche Thätigkeit der einzelnen Missionsstationen Deutsch-Ost-Afrikas dar, welche sie im ungefähren Umfang des letztvergangenen Halbjahres entfaltet haben. Um uns aber auf der Rundschau nicht zu verirren, gruppieren wir die Stationen nach den in dieser Kolonie arbeitenden Missionsgesellschaften und Kongregationen. Von den 13 evangelischen Missionsgesellschaften treffen wir hier auf 4 derselben: die evangelisch-lutherische Missionsgesellschaft mit ihrer Zentrale in Leipzig, die Missionsgesellschaften (kurz genannt) Berlin III, Berlin I und die Mission der Brüdergemeinde.

katholischerseits arbeiten in Deutsch-Ost-Afrika: die Kongregation der Väter vom heiligen Geiste, der Trappisten-Orden, die St. Benediktus-Missions-Genossenschaft und die Missions-Gesellschaft der weißen Väter.

Die evangelisch-lutherische Missionsgesellschaft, oder kurz die Leipziger Mission genannt, arbeitet am Kilimandjaro im deutschen Gebiet auf 7 Hauptstationen mit 10 Missionaren. Da in dem unmittelbar am Kilimandjaro gelegenen Gebiet der Frieden zwischen der deutschen Besatzung und den Eingeborenen im vorigen Jahre wieder hergestellt worden ist, trug die Missionsgesellschaft kein Bedenken, die während der Unruhen aufgegebene Station Schira wieder zu besetzen. 2 Missionare brachen daher im August vorigen Jahres mit 10 Eingeborenen von Moschi auf, um die unterbrochene Arbeit auf der neuen Station wieder aufzunehmen. Es ist ein erfreulicher Beweis für das Vertrauen der Bevölkerung in Moschi zu den Missionaren, daß sich zu dieser Expedition mehr als 100 Arbeiter meldeten, welche mithelfen und mitziehen wollten. In Madschame und seinen Außenstationen nimmt das Schulwesen in letzter Zeit einen erfreulichen Aufschwung; zwar sitzt dort auf der Schulbank noch eine recht gemischte Gesellschaft, Männer und Knaben aus der Umgegend, Kostschüler, auch etliche Bräute von den eingeborenen Christen, doch sind die Leistungen in der Oberklasse mit Rücksicht auf den kurzen Bestand der Schule genügend; der Stundenplan giebt für die Woche 12 Stunden an, darunter 2 Stunden Rechnen auch eine Stunde Geographie, 2 Stunden Diktat und Aufsatz in der Landessprache. Allgemein kann man die Beobachtung machen, daß die von Moschi und Mamba übergesiedelten Schüler gewandter und schärfer im Auffassen sind, offenbar hängt diese gesteigerte Regsamkeit damit zusammen, daß diese Außenschüler 6 Jahre früher mit den Europäern in Berührung getreten sind; ihnen gegenüber erscheinen die Schüler von Madschame als eine Art Hinterwäldler. Außer der Schule auf der Station sind im vorigen Herbst 5 neue Schulen in der Umgegend errichtet worden; die eine, eine Art Privatschule, im Hause der Häuptlingsmutter. Sie wird von den im Häuptlingshause beschäftigten Mädchen besucht, eine zweite in Uburu, sie ist mit 40 Schülern besetzt, etliche von ihnen stammen aus der schon entfernt liegenden Landschaft Mschala; um ihnen den Schulweg zu ersparen, plant man auch dort eine Schule zu errichten; ebenso soll in Mru, einem stark bevölkerten Bezirk in der Nähe von Madschame, eine Schule errichtet werden. Frauen und Mädchen in diesen Schulen stehen im allgemeinen im Auffassungsvermögen und im Interesse an den Lehrgegenständen weit hinter den Männern zurück. Der Häuptling Schangali, welcher gegen die Missionare sich ausnehmend freundlich und zuvorkommend verhält, sorgt indessen für pünktlichen und regelmäßigen Schulbesuch. Leider hat dieser, von seinem Volke geachtete und geliebte Häuptling die Regierung niedergelegt, da er bei dem deutschen Gouvernement eine Zeit lang in dem unbegründeten Verdachte stand, mit dem Häuptling Mosai einen Aufruhr geplant zu haben; trotzdem ihm nach seiner Rechtfertigung und der durch die Fürsprache des Missionars bewirkten Befreiung aus dem Gefängnis in Moschi die Freundschaft der Regierung zugesichert wurde, ist er mißtrauisch geblieben und fürchtet an Leib oder Freiheit gestraft zu werden. Der Stationsmissionar hat zwischen ihm und der Regierung die Verhandlung über seine Abdankung geführt, da er von seinem Vorhaben abzubanken nicht abzubringen war, hat die Regierung seinem Wunsche nachgegeben. Die Unruhe, welche durch das Ausbleiben und durch das ungewisse Schicksal dieses in Moschi gefangenen Häuptlings hervorgerufen wurde und zugleich die Furcht vor einer Strafexpedition drohte bei aller sonst friedlichen und regierungswilligen Gesinnung der Eingeborenen zu einem Aufruhr auszuflammen, doch ist durch das vermittelnde und beruhigende Einschreiten des Stationsmissionars nach der schnellen Zurückführung Schangalis der friedliche Zustand bald wieder hergestellt worden.

In **Karanga** ist ein neues Schulhaus errichtet worden, zu welchem die 100 Stationsschüler zum großen Teil die Steine selbst herbeigeschleppt haben. Der Missionar wird von 3 seiner Kostschüler in Erteilung des Leseunterrichts unterstützt. Die Regierung hat die hier stationierte Schutztruppe zurückgezogen: es ist hierin von Seiten derselben ein Zeichen des Vertrauens zum hiesigen Häuptling Moreale zu finden, und zugleich ein Zeugnis von dem segensreichen Einflusse der Missionare auf das Verhalten des Häuptlings und des Volkes.

Moschi. Das von den weißen Ameisen stark beschädigte Missionshaus ist gründlich repariert worden. Auch der zweite hier stationierte Missionar erbaute sich im letzten Sommer ein massives Wohnhaus. Er sah sich durch den unerwartet eintretenden Mangel an Kalk zum Verputzen der Wände in die Verlegenheit gesetzt, den Bau unvollendet zu lassen. Doch hat ihm gerade noch zur rechten Zeit die Regierung 8 Lasten Kalk dazu geliefert. Das Herbeischaffen von Bauholz aus dem Walde wurde durch die starken Regen des letzten Jahres ungemein erschwert; trotzdem ist außer dem Missionshaus auch der Kapellenbau vollendet worden. Auf der in Moschi im Juli vorigen Jahres abgehaltenen Konferenz haben die Missionare dieses Distrikts für nicht weniger als 4 Stationen Neubauten beantragt: Die Leipziger Mission befindet sich also in Deutsch-Ost-Afrika in der Aera der ausgedehntesten Bauthätigkeit; zugleich wurde beschlossen, daß in Moschi ein Lehrerseminar errichtet werden solle, und zwar deshalb, weil die Station sich sowohl im geographischen Mittelpunkte der Leipziger Mission befindet, als auch der Moschi-Dialekt die Mitte zwischen den verschiedenen Dschagga-Dialekten hält; hierdurch wird es ermöglicht, daß die hier ausgebildeten Lehrer auf dem ganzen Kilimandjaro-Gebiet verstanden und beschäftigt werden können. Auf hiesiger Druckerpresse ist ein wichtiges Büchlein fertiggestellt worden, eine 34 Seiten starke Lesefibel in Kimamba. Damit haben alle drei Dialekte des Arbeitsfeldes dieser Mission, das Kimamba, Kimoschi und Kimadschame ihre eigene Fibel. Auch auf hygienischem Gebiet haben die Missionare dieser Station sich verdienstlich gemacht. Um der Ausbreitung einer Pocken-Epidemie, welche im vorigen Jahre wieder auszubrechen drohte, gründlich vorzubeugen, haben sie 760 Kinder geimpft.

In **Schigatini** ist das Missionshaus endlich vollendet worden, nachdem das Weißblechdach, auf welches man ein halbes Jahr lang gewartet hatte, eingetroffen ist. Auch die Schule ist fertiggestellt. Sie ist im Küstenstil erbaut und hat außer dem Schulraum noch einen größeren Versammlungsraum, welcher sich auch zur Unterbringung von Stationsgästen eignet. Die sämtlichen Stationsgebäude sind zum Staunen und zur Freude der Einwohner weiß angestrichen worden und leuchten weit ins Land hinein. Der Häuptling wurde durch ihr sauberes Aussehen veranlaßt, sich auch ein Wohnhaus im Küstenstil zu bauen. Die Feldanlagen der Station sind im letzten Jahre durch die wolkenbruchartigen Niederschläge ziemlich stark beschädigt worden, einmal erlebte die Station sogar die in diesem Klima so seltene Erscheinung eines Hagelwetters. Heulend flüchteten sich die nackten Eingeborenen in den Schutz ihrer Hütten, kamen aber, sobald das Unwetter vorüber war, wieder zum Vorschein, lasen die Hagelkörner emsig auf und verzehrten das ihnen so unbekannt und unerwartet gekommene Geschenk mit Behagen. Auf der Station entwickelte sich im letzten Jahre ein durch die Bauthätigkeit hervorgerufenes reges Leben. Neben den Maurern schnitten die Wabare aus dem Walde herbeigeholte Baumstämme zu Brettern. Die Wadschagga verarbeiteten dieselben zu Thüren, Fenstern u. s. w. Auch die Schule erhielt 12 Bänke. Eine hier wachsende Holzart eignet sich seiner Härte und Glätte wegen gerade vorzüglich zur Herstellung derartiger Gegenstände. Da die Leute sämtlich auf der Station beschäftigt werden, hat diese auch eine Anzahl von Köchen und Küchenjungen nötig; die Lohnzahlungen erfolgen monatlich; ein geschickter Zimmermann erhält im Durchschnitt 3 Rupien. Sobald die Stationsarbeiter Geld in Händen haben, ersetzt sie die Sehnsucht nach Hause zurückzukehren und sich wieder dem süßen Nichtsthun hinzugeben. Können sie doch nach ihrer Meinung mit dem verdienten Gelde die Steuern wieder auf ein Jahr bezahlen. Indessen wird das Geld für die Steuern bald wieder in „Bier" angelegt; besonders zur Erntezeit wird bei Nacht überall viel Bier „gekocht" und getrunken. So sehen sie sich bald wieder genötigt auf der Station um Arbeit anzuhalten und sich die Steuern noch einmal zu verdienen. Die Steuererhebung ist also ein nicht zu unterschätzender Faktor, die Eingeborenen an die Arbeit zu gewöhnen. Auf der Station sind 9 Knaben aus Ugweno als Kostschüler angenommen worden; sie sprechen den Kignweno-Dialekt, welcher in fast ganz Pare verstanden wird. Hierin liegt, wie schon erwähnt, für die Mission der Vorteil, daß diese Knaben als spätere Gehülfen ihre Thätigkeit auf einem größeren Gebiet entfalten können. Das Lesen wird in der Kisangi-Fibel, welche ebenfalls in Mloschi gedruckt wurde, geübt. Im Religionsunterricht leisten die biblischen Bilder ausgezeichnete Dienste. Auf dem Stationsgebiet befand sich bisher ein Geisterhain, in welchem in Mondscheinnächten die Eingeborenen ihre Tänze, Beschneidungsfeste und Trinkgelage abhielten. Der Missionar verbat sich den Lärm und die Raufereien auf dem Platze. Nachdem die Eingeborenen eine Zeit lang eine drohende Haltung deshalb gegen ihn eingenommen hatten, zogen sie sich zur Abhaltung ihrer Festlichkeiten auf einen entfernter gelegenen Hain zurück.

Die „Evangelische Missionsgesellschaft" für Ost-Afrika oder Berlin III unterhält in Usambara und Usaramo 8 Stationen mit 14 Missionaren, 5 Helfern und 20 eingeborenen Hülfskräften; ihre Einnahmen betrugen nach dem letzten Jahresbericht, abgesehen von den Hungersnot-Fonds, 104 846 Mk. Von den einzelnen Stationen ist aus dem letzten halben Jahre folgendes zu berichten: die Station Bumbuli hat dadurch ein neues Aussehen erhalten, daß die Gebäude sämtlich weiß abgeputzt worden sind. Bemerkenswert ist die Thatsache, daß die Missionare von den heidnischen Eingeborenen der Umgegend zur Schlichtung von Rechtshändeln vielfach in Anspruch genommen werden; es liegt hierin einerseits ein großes Vertrauen zu den Missionaren ausgesprochen, andererseits ermöglicht das Schiedsrichteramt Einblicke in eigentümliche Rechtsanschauungen der Stämme, und zugleich religiösen, christlichen Einfluß auf dieselben. Die meisten und zugleich verwickeltsten Prozesse sind Ehescheidungsstreitigkeiten. Die Missionare mußten bis jetzt nach subjektivem Ermessen zu vermitteln suchen, da bestimmte Rechtsgrundsätze über Ehescheidungsauseinandersetzungen sich im Volke nur spärlich vorfanden. Um so freudiger begrüßen daher die Missionare ein neuerdings erlassenes Gesetz des kaiserlichen Bezirksamtes, welches den wichtigsten Streitpunkt in diesen Angelegenheiten ein für allemal regelt: es ist bestimmt worden, daß eine neue Ehe von Seiten der Frau nur dann eingegangen werden darf, wenn sie vorher ihrem ersten Manne das Heiratsgut, das dieser ihren Eltern vor der Hochzeit gezahlt hatte, wieder zurückgibt und daraufhin einen Scheidebrief erhält.

Die Station Buga hat, nachdem sie eine Wasserleitung erhalten, einen unverkennbaren wirtschaftlichen Aufschwung genommen, und wenn nach Hinzufügung einer neuen Quelle zur Leitung selbst in der trockensten Jahreszeit ein Wassermangel nicht mehr befürchtet zu werden braucht, wird diese Station einer wirtschaftlichen Blüte entgegen gehen. Die gesamte Bevölkerung der Umgegend, welche an Wassermangel leidet, zieht sich immer näher an die Station heran oder siedelt sich auf ihr an. Durch den Zuzug steigert sich die Frage nach Wirtschaftsland und sie ist von den Missionaren dadurch gelöst worden, daß sie von den Stations-Ländereien, welche mit Wasser aufs beste versorgt sind, eine Anzahl Äckerstücke verpachtet haben. Die Pächter haben ein Zehntel ihrer Ernte (in natura) als Pacht an die Mission zu zahlen. Die gesamten christlichen Einwohner befinden sich eifrig bei der Arbeit Ziegel zu streichen und zu brennen, denn sie wollen baldmöglichst wie die Missionare in festen Häusern wohnen; so ist auch in diesem Punkte der Einfluß nicht zu verkennen, den die Mission auf die kulturellen Verhältnisse der Eingeborenen ausübt. Eine wirtschaftliche Schattenseite fehlt freilich auch dieser Station nicht: wie es bei den Stämmen des ganzen Bezirks Sitte ist, so werden auch hier Erntefeste gefeiert, auf welchen die Betrunkenheit fast allgemein ist. Natürlich ist die Unlust zur Arbeit nach diesen Festen allgemein.

Auf der Station Hohenfriedberg sammeln sich nach der großen Hungersnot immer mehr Eingeborene. In etlicher Entfernung von der Niederlassung werden etliche Aussätzige in einer eigens für sie erbauten Hütte verpflegt. Eine neugegründete Außenstation ist zunächst mit einem eingeborenen Lehrer besetzt worden. Seine Wohnung ist bereits fertiggestellt und von Hohenfriedberg aus mit allen Schul- und Hausgeräten ausgestattet worden; dieselben stammen aus der im letzten Jahre in Hohenfriedberg eröffneten Tischlerei, welche erfreulicherweise mit Aufträgen von anderen Stationen überhäuft wird. Die Waldarbeiter der Station haben im letzten Halbjahr eine Brücke über den Umba geschlagen, um zwischen der Station und Luandei eine Verbindung herzustellen. Das Bezirksamt hat sich bereit erklärt, die entstehenden Unkosten aus der Kolonialkasse zu decken. Auf der Station wurde im letzten Jahre ein Lehrgehilfenkursus abgehalten, die jungen Leute zeigten sämtlich die Fähigkeit, ihre Gedanken in kurzen und klaren Ausdruck zu fassen, aus den Sprüchwörtern des Volkes ein gutes Stück Menschenkenntnis zu entwickeln.

Missarawe. Die Gemeindeverfassung dieser Missionsstation, welche für die zukünftige soziale und kommunale Entwicklung des ganzen Bezirks vorbildlich ist, hat oben schon Erwähnung gefunden; hinzuzufügen ist noch, daß die Missionsgesellschaft Missarawe auch zu einem geistigen Mittelpunkt des Bezirks durch das dort errichtete Lehrerseminar zu heben sucht. Neben dem Seminar befindet sich eine Mittelschule; ferner wird ein Kosthaus für Schulmädchen errichtet. Auf dieser Missionsstation wird auch der Sohn des Sultan Kamba aus Milimabinde erzogen, er wird in diesem Jahre nach Beendigung seiner Erziehung in sein Sultanat zurückkehren und die Regierung seines Vaters übernehmen. Hoffentlich werden die vielseitigen geistigen Einflüsse, unter denen er während seiner Erziehung auf der Missionsstation gestanden hat, so nachhaltig sein, daß er als ein einigermaßen kultivierter Eingeborener auch seine Umgebung kultivierend beeinflussen wird. In Kissawawe ist die letzte Ernte wie im gesamten Bezirk Uiaramo gut ausgefallen; es wird vornehmlich Reis gebaut. Die christlichen Eingeborenen statteten in Freiwilligkeit auch ihren Dank in Geld und Naturalien an die Mission und Kirche ab. Die Unsitte unter der heidnischen Bevölkerung in Usombara und Usaramo nach der Ernte nächtliche Trinkgelage, Tänze und Beschneidungsfeierlichkeiten abzuhalten, bei welchen das Erworbene bald wieder verpraßt wird, droht auch die christliche Bevölkerung immer wieder in wirtschaftliche und sittliche Unordnung zu stürzen.

In Maueromango hat man sich im letzten Jahre mit Wegebau beschäftigt. Es ist von dieser Station nach der von Dar-es-Salaam ausführenden breiten Regierungsstraße ein Weg gelegt worden.

Im allgemeinen ist zu bemerken, daß in Usaramo der Gesundheitszustand auf den Missionsstationen im letzten Jahre befriedigend gewesen ist. Es stellt sich immer mehr heraus, daß gerade die fruchtbaren Regenzeiten für die Gesundheit am nachteiligsten sind; Eingeborene und Europäer werden in diesen Wochen leicht von Fiebern ergriffen, Zahnschmerzen, Rheumatismus und sonstige Erkältungskrankheiten stellen sich fast allgemein ein. Dazu kommt die Erdflohplage, welche schmerzende Beinwunden verursacht. In diesen Krankheitszeiten wird auf sämtlichen Stationen die Missionarsfrau zum allgemein begehrten Missionsarzt.

Die dritte in Deutsch-Ost-Afrika arbeitende evangelische Missionsgesellschaft ist „die Gesellschaft zur Förderung der evangelischen Mission unter den Heiden," kurz bezeichnet mit Berlin I. Ihr Arbeitsgebiet erstreckt sich von der Nordspitze des Nyassa nach Nord-Nordwest in das Innere der Kolonie über das Kondeland, Ungaland, Bena- und Hehelland. Über die wirtschaftlichen Verhältnisse der zu diesem Missionsdistrikt gehörigen 13 Stationen ist mit Benutzung der neuesten Nachrichten aus den Visitationsberichten des Herrn Direktor Gensichen und der auf dieser im Oktober vorigen Jahres beendeten Visitation bezüglichen Reisebriefe über Deutsch-Ost-Afrika eine ausführliche Darstellung von dem Verfasser dieser Rundschau in der Zeitschrift „Beiträge für soziale und koloniale Politik, 3 ter Jahrgang Heft 11 gegeben worden. Wir bemerken hier auszugsweise und in Kürze folgendes: Auf diesen 13 Stationen arbeiten 14 Missionare und 5 Kolonisten. Der Distrikt braucht nach dem letzten Jahresbericht 83937 Mk. zu seinem Betriebe. Der wirtschaftliche Aufschwung sämtlicher Stationen, selbst derer, die erst ein Jahr hier Gründung hinter sich haben, müssen dem Kolonialfreunde zur größten Freude gereichen. Die Wohnhäuser der Missionare und die Kirchen sind auf den jüngsten Stationen noch aus Bambus mit Bewurf ausgeführt; diese provisorischen Gebäude machen aber schon in den ersten Jahren massiven geräumigen Bauten Platz. Sie enthalten eine genügende Anzahl Zimmer, sind mit Verandem umgeben und befinden sich inmitten von Gartenanlagen, wie wir sie in Deutschland um ländliche Pfarrhäuser zu sehen gewohnt sind. Baumaterial ist überall in Menge vorhanden, die Arbeitslöhne sind billig, da der ganze Distrikt von einer friedlichen, der Mission mit Vertrauen entgegenkommenden Bevölkerung bei einzelnen Ausnahmen dicht besetzt ist. In den christlichen Familien findet man durchgehend eine Schlichtheit des Benehmens, Sittsamkeit und Wahrung des häuslichen Friedens; der versittlichende Einfluß der christlichen Familien auf die heidnische Umgebung ist unverkennbar. Zauberei, Lüge und besonders Unzucht und Polygamie, welche in den heidnischen Familien vielfach Zank und Streit hervorrufen, ist in der Umgebung der Missionsstation im Verschwinden.

Die Missionsstation mit den sauberen durch originelle Wandmalerei geschmückten Hütten der Eingeborenen und den reinlichen Wegen, den sorgfältig gepflegten Anpflanzungen gewähren den Anblick eines Dorf-Idylls. Die Lage sämtlicher Stationen ist von großer Naturschönheit der Berglandschaft und Fernsicht in die schluchtenreichen bewaldeten Gebirge. Die Einwohner treiben auf gutem Boden Ackerbau und Viehzucht, auf der Station Jkombe, der einzigen, welche an dem See liegt, auch Fischfang. Augenblicklich sind die Eingeborenen vielfach mit Ziegelbrennen und Holzfällen beschäftigt, um sich nach dem Vorbilde der Missionshäuser bessere Wohnungen zu bauen. In Neu-Wangemannshöh verspricht eine Kaffeeplantage in 2 Jahren die erste Ernte. Alle Vorbedingungen zum guten Gedeihen derselben sind vorhanden. Die Plantage steht unter einem zu ihrer Pflege von der Missionsgesellschaft angestellten Gärtner. Man kann mit ziemlicher Sicherheit nach Abrechnung aller Unkosten in den ersten 4 Jahren auf eine reine Einnahme von 4800 Mk. rechnen.

Die Schulen des gesamten Distrikts befinden sich in durchaus geordnetem Betriebe nach fester Stundenzahl und festem Stundenplan. Zur eigenen pädagogischen und schultechnischen Fortbildung treten die Missionare in Konferenzen zusammen. Bei dem Unterrichte selbst werden sie von einem Stamm eingeborener Lehrer unterstützt. Das in Wangemannshöh begründete Lehrerseminar mit Übungsschule wird den angehenden Lehrern eine für das Lehramt durchaus grundlegende Vorbildung gewähren. In Bulongoa ist ein Missionsarzt stationiert, welchem die sanitäre Arbeit an dem Missionspersonal zufällt. Der Missionsdistrikt ist nicht gerade ungesund, freilich ist das Verbleiben in Jkombe für den Europäer des Fiebers wegen gefährlich, je höher indessen die Stationen liegen, desto gesunder und fieberfreier werden sie. Auf den höchst gelegenen sind katarrhalische Krankheiten nicht selten.

Auch Wegebauten haben die Missionare ins Auge gefaßt; trotz des Gebirges ist der Verkehr von Station zu Station möglich, wenn auch hier und da noch schwierig. Die Stationen selbst haben neben dem Wohnhause des Missionars vielfach noch ein Logierhaus; außerdem sind auf weiten Strecken noch Unterkunftshäuser gebaut, welche freilich nichts anderes bieten, als Schutz vor Regen und Sonnenschein.

Diese 13 Stationen mit ihrem geordneten Gemeinwesen sind in der That anerkennenswerte kulturelle, wirtschaftliche Leistungen. Was hier die Thätigkeit und Tüchtigkeit der Missionare in einem Jahre geschaffen hat, ist sowohl von den kaiserlichen Beamten als auch sonstigen Reisenden lobend anerkannt worden. Zu diesem erfreulichen Bestande hat nicht unwesentlich die durchaus freundschaftliche und gastfreundliche Beziehung der Missionare zu den Regierungs- und Polizeibeamten beigetragen, sowie das freundnachbarliche Verhältnis zu den in der Nähe der Station wohnenden Häuptlingen. Mission und Regierung gehen auf diesem Bezirke unserer Kolonie zwar ihre besonderen Wege, eine aber ebnet der andern entgegenkommend den Weg. Die Regierung sorgt im allgemeinen für die Sicherheit der Missionare und der eingeborenen Schutzbefohlenen, die Missionare in positiver Weise für Hebung der geistigen Kultur und der wirtschaftlichen Verhältnisse durch Gründung und Hebung der christlichen Sittlichkeit, und gerade deshalb, weil sie mit Gründung einzelner Stationen, ja, mit der sittlichen Bildung des einzelnen Menschen in Eifer und Aufopferung einsetzt, wird sie um so stetiger und sicherer eine segensreiche Kulturentwicklung der Eingeborenen vorwärts führen.

Das Missionsgebiet der Brüdergemeinde in Deutsch-Ost-Afrika hat in der Nordspitze des Nyassa mit Berlin I ihren gemeinsamen Ausgangspunkt, zweigt sich aber von hier aus in das Innere unserer Kolonie nach Nord-Nordwesten ab. Im Nyassa-Gebiet zählt sie 6, in den nördlich gelegenen Landschaften Uniamwesi und Riwere 3 Stationen. Die Station Jpiana unweit des Nyassa hat das gleiche Klima wie das zu Berlin I gehörige und entsprechend liegende Jkombe; äußerst fieberreich und für Europäer kaum bewohnbar. Deshalb müssen die Missionare dieser Station sich öfters zur Erholung nordwärts nach der in gesunder Berggegend liegenden Missionsstation Rubenganio zurückziehen. Die Einwohner dieser Station stehen zu den Missionaren in einem durchaus freundschaftlichen Verhältnis; da dieselben im letzten Halbjahr zur Dienstleistung von der Regierung herangezogen waren, fehlte es der Mission an Arbeitspersonal, um die neuen Stationsgebäude in erwünschter Schnelligkeit auszubauen. Man ist dabei sämtliche Stationsgebäude, sowie die Kirche, deren Dach im vorigen Jahre böswillig angezündet wurde, mit feuersicherer Bedachung zu versehen, und zwar mit Wellblech, da die Zeit zur Herstellung von Dachziegeln fehlte, man auch bisher noch keinen Versuch mit dieser Art Bedachung gemacht hat. Der kleine Kibila-Fluß, welcher an der Station vorüber dem Nyassa zufließt, dient einer Unmenge von Krokodilen zum Aufenthalte. Um diese gefräßigen und für die Anwohner äußerst gefährlichen Reptilien zu bekämpfen und besonders ihrer Vermehrung vorzubeugen, fahnden die Missionare eifrig nach den Eiern derselben; mehr als 2000 Stück sind bisher vernichtet worden. Da die Eingeborenen ohne Bezahlung zu der gefährlichen Suche nicht zu bewegen waren, sind durch Prämienzahlungen hier der Mission bedeutende Ausgaben erwachsen.

Die Station Rungwe bietet ein besonders erfreuliches Bild wirtschaftlicher Thätigkeit; gegen 100 Leute fällten und bearbeiteten ein halb Jahr hindurch Baumstämme, andere schnitten dieselben das ganze Jahr hindurch zu Brettern, welche in der Tischlerei der Station verarbeitet werden; 9 Leute finden in dieser bei 8stündiger Tagesarbeit regelmäßige Beschäftigung. Um das Tischlerhandwerk im ganzen Bezirk einzuführen, sollen von jeder der 7 Stationen hierher je ein Mann geschickt werden, um sich im Tischlerhandwerk auszubilden. Außerdem werden auf der Station noch viele Leute in der Kaffee-Plantage und zu Wegebauten beschäftigt. Die Stationsschule wird regelmäßig von 100 Kindern besucht. Seitdem das Bezirksamt von Langenburg nach Hohenkondel in die Nähe von Rungwe verlegt ist, herrscht in der Gegend größere Ordnung und reichere Beschäftigung der Eingeborenen im Dienste der Regierung. Auf der Station Mbozi ist eine Schule mit 30 Schülern errichtet worden; auch werden Wege angelegt und der Bau einer Wasserleitung ist in Angriff genommen worden.

Die Stationen Jgumila in der Landschaft Siwere ist erst im vorigen Jahre gegründet worden. Nach Vollzug des notwendigen Landkaufs am Litundaberge unweit der Residenz der Sultanin Mjawila, welche der Missionsgründung günstig gesinnt ist, begann die Bauthätigkeit; das Baumaterial ist ein von Termitenhügeln gewonnener Lehm; 5000 Lehmziegel waren am Anfang des Jahres bereits gestrichen, 100 Arbeiter sind mit der Stationsgründung beschäftigt, welche zum Teil mit dem Missionar als Träger nach hier übersiedelten. Die Eingeborenen waren zunächst scheu und zurückhaltend, später zutraulicher; dem Missionar wurden bereits von der Behörde befreite Sklavenkinder zur Erziehung übergeben. Die Station hat ein aussichtsreiches Feld ihrer allseitigen Entwicklung, denn sie ist in der Mitte einer großen fruchtbaren mit Dörfern übersäten Ebene angelegt, außerdem ist die Landschaft wichtiger Knotenpunkt der hier aus verschiedenen Richtungen zusammenlaufenden Karawanenstraßen, von Kilimatinde, von Bismarcksburg und von der Nordspitze des Nyasse.

Die im Innern der Kolonie unweit Tabora liegende Station Urambo hatte zwar im vorigen Jahre eine reichliche Reisernte, doch deckte der schlechten Exportverhältnisse wegen der Verkaufspreis die Arbeitslöhne nicht. Auch dieser Station sind von der Regierung 10 befreite Sklavenkinder überwiesen worden. Durch die auftretenden Pocken wurde der Schulbetrieb gestört und schließlich eingestellt; dazu kam noch eine Zungenkrankheit, Kasindo, welche ebenfalls mehrere Opfer forderte.

Den evangelischen Missionen in ihren Bestrebungen verwandt ist die Waisen- und Erziehungsanstalt des evangelischen Afrika-Vereins Lutindi, in Usambara gegründet 1896. Es ist eine christliche Erziehungsanstalt für befreite Sklavenkinder, zugleich seiner gesunden Lage wegen ein Höhenkurort für fieberkranke Europäer, eine Pension für alle pflegebedürftigen Kinder der Weißen, zugleich auch eine Heilstätte für Eingeborene auch geeignet zur Rekrassstation für Beamte, Plantagen-Besitzer und Missionare. Sie erfüllt ihren Zweck in bester Weise. 60 Kinder, welche aus mehr als 20 Volksstämmen stammen und aus der Sklaverei gerettet sind, wurden hier untergebracht. Das Verhältnis zwischen ihnen und dem Lehrer ist vorzüglich, die Pension bildet eine große Familie. Stationssprache ist das Kisuaheli, gemeinsamer Geburtstag ist, da der wirkliche Tag ihrer Geburt nicht festgestellt werden kann, der 20. August, zugleich der Gründungstag dieser Anstalt. Außerhalb der Schulzeit arbeiten die Mädchen in der Küche, die Knaben auf dem Felde, die größeren Knaben auf ihrer eigenen Schambe, die sie allmählich vergrößern und ihnen später die Möglichkeit giebt, einen eigenen Hausstand zu gründen. Sonnabends fällt die Schule aus, die Station wird innen und außen gesäubert, Sonntags herrscht unbedingte Ruhe auf der Station, Gottesdienst wird gefeiert. Die Stationsgebäude bedürfen trotz der Kürze ihres Bestehens mehr oder weniger schon eingreifender Reparaturen.

www.ingramcontent.com/pod-product-compliance
Lightning Source LLC
Chambersburg PA
CBHW021222300426
44111CB00007B/395